CHASSEURS DE NUIT ET *INTRUDERS* DE LA ROYAL AIR FORCE CONTRE LA LUFTWAFFE : LA PREMIÈRE GUERRE ÉLECTRONIQUE AÉRIENNE, 1939 - 1945

Frédéric GIL

CHASSEURS DE NUIT ET *INTRUDERS* DE LA ROYAL AIR FORCE CONTRE LA LUFTWAFFE : LA PREMIÈRE GUERRE ÉLECTRONIQUE AÉRIENNE, 1939 - 1945

En application de l'art. L.137-2.-I. du code de la propriété intellectuelle, toute reproduction et/ou divulgation de parties de l'œuvre dépassant le volume prévu par la loi est expressément interdite.

© Frédéric GIL, 2025

Édition : BoD · Books on Demand, 31 avenue Saint-Rémy, 57600 Forbach, bod@bod.fr
Impression : Libri Plureos GmbH, Friedensallee 273, 22763 Hamburg (Allemagne)

ISBN : 978-2-3225-4039-6
Dépôt légal : janvier 2025

Du même Auteur :

- La formation des aviateurs de la Royal Air Force et du Commonwealth 1934 - 1945. Histoire, programmes et matériels. ISBN 978-2322541973.
- Notes à l'intention des Pilotes (voir liste en fin d'ouvrage).

Table des matières

Remerciements et avertissement 11
Introduction 15
PARTIE A : La chasse de nuit comme outil défensif 23
A.1 - 1914 - 1918 : Premiers tâtonnements dans le noir 23
A.2 - 1935 - septembre 1940 : Retour à la chasse en aveugle de la guerre précédente 26
    A.2.1 - Les expériences sans lendemain 26
        A.2.1.1 - Les batteries de roquettes de 3 pouces 28
        A.2.1.2 - Short wire 29
        A.2.1.3 - Les Mines Aériennes Longues : *"Le rideau de mort des Pondeurs d'Œufs"* 30
        A.2.1.4 - Les mines sous ballons libres 42
        A.2.1.6 - L'emploi de bombardiers comme patrouilleurs 45
        A.2.1.7 - Turbinlite 46
        A.2.1.8 - Du cornet acoustique au radar 63
    A.2.2 - Les armes déjà éprouvées : canons, projecteurs, ballons et chasseurs 64
        A.2.2.1 - Les canons de DCA 64
        A.2.2.2 - Les projecteurs de DCA 69
        A.2.2.3 - Les barrages de câbles sous ballons 75
        A.2.2.4 - La chasse de nuit en 1939 : une réflexion après coup 79
A.3 - Octobre 1940 - juillet 1941 : La RAF contre le Blitz 95
    A.3.1 - La transition vers le 'Blitz' : la *"seconde Bataille d'Angleterre"* 95
    A.3.2 - La chasse de nuit 98
    A.3.3 - Le raid contre Coventry 101
A.4 - Le radar 115
    A.4.1 - Quelques notions de base 115
    A.4.2 - La Chain Home et ses limites, résumé sur les radars sol-air britanniques 116
    A.4.3 - Les radars GCI 119
        A.4.3.1 - L'option 100% radar air-air 119
        A.4.3.2 - Les tentatives de contrôle d'un chasseur par un radar au sol 120
        A.4.3.3 - L'affichage plan des données radar : l'avènement du radar moderne 121
        A.4.3.4 - La procédure d'interception : passer du "côté sombre" 125
        A.4.3.5 - Une demande en croissance exponentielle : 138
    A.4.4 - Les méthodes d'identification ami ou ennemi 143
        A.4.4.1 - Les débuts de l'identification avec la triangulation radiogoniométrique 144
        A.4.4.2 - L'identification ami ou ennemi par radar 145
        A.4.4.3 - Les fusées et lampes pour se faire reconnaître ("recognition lights") 155
        A.4.4.4 - L'identification visuelle 157
        A.4.4.5 - Les lampes d'identification infrarouge 162
        A.4.4.6 - L'identification par radio 163
    A.4.5 - Les radars britanniques air-air - Percer la nuit 168
        A.4.5.1 - La recherche 169
        A.4.5.2 - Les premiers radars air-air métriques : ça marche, mais 175
        A.4.5.3 - Les radars air-air centimétriques 195
        A.4.5.4 - Les contre-mesures électroniques 214
        A.4.5.5 - Pour conclure sur l'évolution des radars embarqués 220

A.5 - Les autres mesures qui ont amélioré l'efficacité de la chasse de nuit 223
    A.5.1 - Une unité dédiée à l'essai des matériels et des tactiques 223
    A.5.2 - La sélection et la formation des équipages et des techniciens radar 228
        A.5.2.1 - La formation des techniciens de maintenance des radars 233
        A.5.2.2 - La formation des équipages de chasse de nuit 236
        A.5.2.3 - La formation pratique des équipes sur le terrain 246
    A.5.3 - Les aides au vol de nuit 247
        A.5.3.1 - Les aides radio 250
        A.5.3.2 - Les aides radar 254
        A.5.3.3 - Les aides lumineuses et la conception des terrains 255
    A.5.4 - Les améliorations des chasseurs de nuit pendant la guerre 259
        A.5.4.1 - Les performances des appareils 259
        A.5.4.2 - L'armement 266
        A.5.4.3 - Les viseurs et les panneaux "de vision directe" 273
        A.5.4.4 - Le camouflage des chasseurs de nuit 274
A.6 - Efficacité comparée des avions avec ou sans radar 277
    A.6.1 - Avions et radar : côté Britannique et côté Allemand 279
    A.6.2 - Les questions restant en suspens au printemps 1941 280
A.7 - 1942 - 1945 La Défense du Royaume s'installe dans la durée 283
    A.7.1 - Les raids "Baedeker" d'avril à août 1942 283
    A.7.2 - Organisation d'un Escadron de chasse de nuit 290
    A.7.3 - La chasse de nuit, une activité hautement risquée 293
    A.7.4 - Des chasseurs de nuit parfois détournés, voire employés à contre-sens 315
    A.7.5 - Un rare exemple de prêt-bail inversé 321
    A.7.6 - Le *'Baby Blitz'* du printemps 1944 : le bouclier plus fort que l'épée 325
    A.7.7 - Une bataille oubliée : la défense nocturne en Normandie 326
    A.7.8 - Un épisode particulier de la guerre aérienne : la chasse aux V-1 'by night' ... 341
A.8 - Conclusion 352
PARTIE B : La chasse de nuit en outil offensif : 1941 - 1945 L'empire contre-attaque ... 357
B.1 - Le passage à l'offensive avant 1944 : Les missions "*Intruder*" 357
    B.1.1 - Le 23ème Escadron du Fighter Command et les missions *Intruder* 358
    B.1.2 - Les Escadrons "à temps partiel" sur les missions *Intruder* 360
    B.1.3 - 1942 : un accroissement modeste de l'effort *Intruder* 364
    B.1.4 - 1943 : La fin des Boston *Intruder,* de nouvelles cibles avant la réorganisation ... 368
    B.1.5 - Serrate et l'emploi des radars embarqués en territoire ennemi 383
    B.1.6 - Les problèmes de fiabilité des Mosquito F II 396
B.2 - Évolution de l'organisation des unités de chasse de nuit au début de 1944 400
    B.2.1 - Le 100ème Groupe de Support aux Bombardiers du Bomber Command 403
        B.2.1.1 - Les unités de soutien aux chasseurs de nuit du 100ème Groupe 409
        B.2.1.2 - Les autres matériels électroniques des chasseurs de nuit de la RAF ... 410
    B.2.2 - L'ADGB et la 2nde TAF 419
    B.2.3 - L'impact du 100ème Groupe, de l'ADGB et de la 2nde TAF 444
B.3 - L'immédiat après-guerre 452

PARTIE C : Les avions britanniques de chasse de nuit **454**
   C.1 - Résumé des performances des principaux avions de chasse de nuit de la RAF 454
   C.2 - Le Bristol Blenheim 455
   C.3 - Le Boulton-Paul Defiant 455
   C.4 - Le Bristol Beaufighter (Bristol Type 156) 458
   C.5 - Le Douglas DB-7 (Havoc en version de chasse de nuit dans la RAF) 462
   C.6 - Le de Havilland Mosquito 463
   C.7 - Le Fairey Firefly 466
   C.8 - Le de Havilland Vampire 467
   C.9 - Le Gloster Meteor 468

Annexes **471**
   Annexe 1 : Carte des principaux sites radar et aérodromes de la RAF mentionnés 472
   Annexe 2 : Principales activités de la FIU d'avril 1940 à octobre 1943 474
   Annexe 3 : Résumés des activités de certains Escadrons 478
   Annexe 4 : Missions *Intruder* et *Nickel* effectuées par le 418ème Escadron - 1943 488
   Annexe 5 : Détails des missions de 1944 du Flight Lieutenant Stanley H. R. Cotterill.491
   Annexe 6 : Contacts air-air de l'été 1944 des chasseurs de nuit du 85ème Groupe......495
   Annexe 7 : Boston III du 418ème Escadron détruits 497
   Annexe 8 : Les bons mots des rapports ou des Journaux de marche 499
   Annexe 9 : Quelques indicatifs et codes radio utilisés par les chasseurs de nuit 509
   Annexe 10 : Caractéristiques des principaux radars air-air de la RAF 512
   Annexe 11 : Fréquences utilisées par les principaux radars métriques allemands 514
   Annexe 12 : Principaux incidents ayant marqué la vie des unités Turbinlite 515
   Annexe 13 : Traduction de la Directive à l'intention des Contrôleurs 523
   Annexe 14 : Traduction de la procédure d'emploi des projecteurs pour la chasse.....529
   Annexe 15 : Pertes subies par quatre OTU de chasse de nuit 537
   Annexe 16 : Programme de formation dans les OTU de chasse de nuit 541
   Annexe 17 : Manuel du radar air-air AI Mk V pour les Pilotes....................................547

Glossaire et conventions **571**
Bibliographie **582**
Index chronologique des rapports traduits.. **592**

Crédits photographiques :

Les crédits photographiques sont mentionnés dans les légendes des photos. Merci aux Organisations et Individus qui ont donné leur accord pour leur utilisation.

Pour les photos de l'USAF : "The appearance of U.S. Department Of Defense (DOD) visual information does not imply or constitute DOD endorsement." (La présentation d'une photographie du Ministère U.S. de la Défense (DOD) n'implique ni ne constitue l'approbation du DOD [du contenu de ce livre]).

Remerciements et avertissement

<u>Remerciements</u>

Les personnels de nombreux musées et centres de recherche ont toujours fait preuve d'une très grande gentillesse et compétence pour assister mes recherches, lors de mes visites ou échanges de courrier. Qu'ils en soient ici remerciés. Parmi ceux qui ont eu à subir le plus mes visites ou demandes d'information :
- Les conservateurs du RAF Museum à Hendon et des autres musées d'aviation britanniques, canadiens, américains, néerlandais, etc.
- Les archivistes des National Archives à Kew et de l'Imperial War Museum.
- Les volontaires du Farnborough Air Sciences Trust Museum qui ont recherché de multiples rapports du Royal Aircraft Establishment sur microfilms.

De nombreuses personnes ont également contribué à titre individuel, en fournissant leur expertise, leur témoignage, ou en autorisant l'utilisation de documents ou photographies (comme indiqué dans les notes sur les sources).

Enfin, merci à mon épouse et mes enfants qui ont patiemment supporté ce projet pendant plusieurs années.

<u>Avertissement</u>

Ce livre s'appuie sur, et complète, la traduction des manuels pour les Pilotes rédigés par la RAF pour ses principaux avions de combat. D'autres ouvrages sur la formation des aviateurs et les activités des grands Commandements de la RAF sont prévus. Cette série de livres est l'aboutissement d'une quinzaine d'années de recherche. Elle a pour ambition principale de placer les Notes à l'intention des Pilotes dans leur contexte d'emploi de l'époque et de présenter brièvement les appareils concernés en se basant autant que possible sur des documents d'archives. Faute de place, la plupart des Notes à l'intention des Pilotes ont été publiées séparément (voir la liste détaillée en fin d'ouvrage), mais on trouvera en Annexe 17 la traduction intégrale du manuel pour l'afficheur du radar air-air AI Mk V.

Il serait évidemment impossible de couvrir en détail et au jour-le-jour à la fois l'histoire précise de l'emploi opérationnel de ces avions et leurs spécificités techniques. Juste à titre d'exemple, les deux excellents livres sur le Bristol Blenheim de Graham Warner comptent en tout 850 pages. C'est pourquoi le lecteur ne doit pas s'attendre à trouver ici autant d'informations sur chacune des opérations que dans les dizaines d'ouvrages qui leur ont été spécifiquement consacrés : une bibliographie détaillée avec quelques impressions de lecture est fournie en fin d'ouvrage et pourra guider les lecteurs qui voudraient approfondir certains aspects.

Avec la déclassification des archives, il a été parfois possible d'avoir accès à des informations que la plupart des auteurs précédents n'avaient pas à leur disposition : après-guerre, ces informations étaient encore classées secrètes. À titre d'exemple, la plupart des dossiers d'essais officiels conduits durant les années trente n'ont été ouverts au public que dans les années 1990, [1] et d'autres sur les opérations dans les années 2000, voire 2010. Les dossiers individuels des aviateurs ne sont pas encore tous ouverts [2] et certains documents particulièrement sensibles (par exemple certaines activités de guerre électronique du 100ème Groupe du Bomber Command) [3] sont soumis à la règle dite "des cent ans" avant d'être accessibles au public.

La partie historique a été divisée en deux grande sections :
- La première est consacrée à la chasse de nuit défensive, ce qui correspond sur le diagramme page suivante aux Escadrons de chasse de nuit avec et sans radar du Fighter Command et de l'Air Defence of Great Britain et du 85ème Groupe de la Seconde Force Aérienne Tactique (2ème TAF).
- La seconde étudie les missions offensives de la chasse de nuit, principalement effectuées par les avions "Intruder" du Fighter Command, de l'Air Defence of Great Britain, de la 2ème TAF et du 100ème Groupe du Bomber Command.

Une troisième partie décrit brièvement l'histoire et les performances des principaux appareils concernés.

Les deux premières sections suivent une séquence chronologique, mais il a fallu parfois faire des bonds en avant pour évoquer l'emploi tactique d'un matériel après avoir parlé de son développement technique, même si les deux étaient séparés de plusieurs mois (ou plus).

Pour que le lecteur puisse se repérer, le diagramme page suivante est une tentative de représenter visuellement, de façon très simplifiée, l'évolution de la répartition des Escadrons de chasse de nuit de la RAF en Europe du Nord durant la guerre. Les chiffres entourés d'un cercle correspondent au nombre d'Escadrons existants à la date considérée (par exemple en mai 1941, il y avait huit escadrons de chasseurs de nuit sans radar, huit avec radar et deux Escadrons *"Intruder"*).

---

[1] Par exemple, les dossiers sur certains équipements n'ont été accessibles que dans les années 2000. Ainsi les études par la Section de Recherche Opérationnelle du Fighter Command sur l'efficacité des radars embarqués (référence AIR 16/1510, The National Archives UK (ci-après TNA) ouvertes en 2007. D'autres sont encore fermés.
[2] Par exemple, les dossiers d'accidents survenus au sein des Unités de Formation Opérationnelle (OTU) de chasse de nuit ne sont à ce jour consultables que si l'événement est antérieur à 1943. Il en est de même pour tous les dossiers d'aviateurs tués, blessés ou portés manquants au combat. Les dossiers de cours martiales ne sont pas ouverts.
[3] D'après Janine Harrington, voir bibliographie.

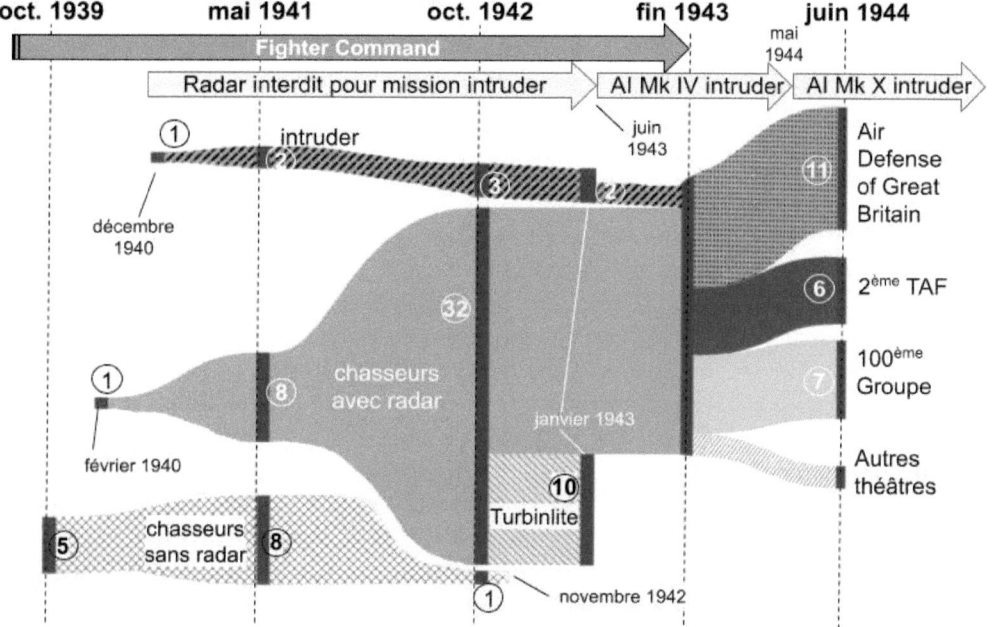

Le lecteur est également invité à prendre note des avertissements 'techniques', en fin de livre, sur les termes et conventions employés, les unités et la précision des données fournies.

Certains lecteurs critiqueront certainement l'absence de témoignages de l'autre camp (ou "de l'autre côté de la colline" pour reprendre l'expression consacrée en 1914-18). C'est un choix délibéré, car la recherche en archives est très chronophage, et il faut bien se fixer des limites, sans même parler de la taille de l'ouvrage. Les récits des équipages de bombardiers pris sous les tirs de chasseurs seront incorporés au livre consacré aux bombardiers de la RAF. Ce même livre couvrira en détail l'évolution et les tactiques adoptées par la Luftwaffe pour la chasse de nuit, elles n'ont donc été évoquées ici qu'à titre de comparaison lorsque nécessaire. Il en est de même pour la plupart des contre-mesures électroniques, sauf celles spécifiques aux radars embarqués allemands. Faute de place également, nous nous limiterons aux opérations sur le théâtre nord-européen, même si de nombreux Escadrons de chasse de nuit et *Intruder* ont combattu en Méditerranée (par exemple les 39, 89, 153, 255, 256 et 600èmes) ou en Asie (par exemple le 176ème).

Il faut aussi ajouter un mot sur le choix des rapports de combat traduits ici, puisqu'il aurait été impossible d'inclure les centaines de rapport consultés. Il est évident que certains noms sont incontournables, comme ceux de Braham, Stevens, Burbridge, Mansfeld, Chisholm ou Cunningham, mais des pilotes moins connus de nationalités diverses ont été sélectionnés pour illustrer les combats menés par différents types de chasseur, avec les différents modèles de radar (ou sans) et contre différents appareils ennemis. Je me suis efforcé de citer, je l'espère sans erreur, les noms de ces aviateurs, avec un petit résumé de leur histoire personnelle chaque fois que possible. On notera au passage que certains rapports ou Journaux de marche sont manuscrits et d'autres sont des duplicatas au papier carbone tapés sur des machines à écrire datant probablement de la guerre précédente, ce qui rend certains passages peu lisibles voire indéchiffrables ; il est donc possible que les retranscriptions comportent des erreurs. Bien qu'une forte proportion des rapports traduits ici mentionnent de multiples victoires durant une unique mission, il ne faut pas penser que ceci était la norme : ces rapports ont été choisis justement parce qu'ils sortaient de l'ordinaire. Beaucoup d'équipages rigoureux passaient des mois à patrouiller sans avoir le moindre contact radar ou visuel à se mettre sous la gâchette. Un index en fin d'ouvrage récapitule les rapports traduits.

La traduction de ces dizaines de rapports et de manuels a demandé des centaines de conversions d'unités pour en rendre la lecture plus facile, et des choix difficiles de terminologie (le mot "valve" en anglais par exemple se traduit aussi bien par "tube électronique sous vide", "robinet", "vanne", "soupape" ou "clapet" en fonction du contexte) et les lecteurs attentifs trouveront certainement des erreurs ou des maladresses de traduction. Merci par avance pour votre indulgence et toute suggestion constructive d'amélioration transmise à l'Éditeur sera cordialement appréciée !

Les ouvrages de cette série sont dédiés à tous ceux qui ont contribué au développement des avions alliés et à leur emploi, trop souvent au prix de leur vie.

Introduction
Un vol d'entraînement de routine en janvier 1944… [4]

Le Soleil était censé se coucher vers 17h35 en ce samedi 29 janvier 1944, mais pour les Flight Sergeants Leslie W. Neal et Ernest Eastwood, il semblait avoir disparu depuis des jours dans la grisaille entourant l'aérodrome de Coltishall dans le comté de Norfolk [5] en cet hiver. Au moins ce soir, l'Officier Météo leur avait promis une nuit claire au-dessus de la couche nuageuse basse. Une Austin 10 qui avait connu des jours meilleurs les avaient déposés au pied de leur chasseur Beaufighter VI quelques minutes auparavant ; Annie, l'auxiliaire féminine des WAAF qui conduisait cette guimbarde leur avait lancé un *"bonne chasse et à toute l'heure !"* mais Neal avait bien senti qu'elle se demandait si elle reverrait jamais ces deux 'bleus' tous frais émoulus de l'Unité de Formation Opérationnelle (OTU). Cela ne faisait que trois semaines que les deux hommes avaient rejoint le 68ème Escadron de chasse de nuit. Ils avaient bien sûr écouté avec attention comment le Pilot Officer Miloslav J. Mansfeld et le Sergent Slavomil A. Janáček avaient obtenu le premier doublé (presque un triplé) de l'Escadron dans la nuit du 11 au 12 octobre 1941 avec deux He-111 abattus et un troisième endommagé ; [6] Mansfeld, désormais Squadron Leader et titulaire de la Distinguished Flying Cross (DFC), était maintenant le commandant de l'Escadrille "A" et volait toujours avec le Flying Officer Janáček, DFM (Distinguished Flying Medal) pour leur second tour d'opérations de chasse de nuit.

Après avoir fait le tour de l'avion avec Dennis, le mécano attitré à l'avion, et signé le formulaire 700 de prise en charge, les deux aviateurs restaient murés dans leurs pensées en attendant l'heure du démarrage. Neal se remémorait son parcours : en fait pour lui, il s'agissait un peu d'un retour aux sources puisque trois ans auparavant, en janvier 1941, il était affecté à ce même Escadron comme Aviateur de première classe. Ce titre était bien ronflant puisque son métier était électricien au sol et qu'il ne montait dans les avions que pour y réparer un circuit électrique défectueux ou changer une batterie. S'ennuyant vite, et soucieux de participer plus activement à la défense du Royaume, il s'était porté volontaire pour rejoindre les rangs des personnels navigants. S'en était suivie une longue période de sélection et de formation entrecoupée de séjours dans des camps d'attente où l'ennui faisait rapidement surface. Neal était allé rejoindre des milliers d'autres jeunes hommes, embarqués sur des navires en partance pour le Canada ou la Rhodésie du Sud (aujourd'hui le Zimbabwe) dans le cadre de l'Empire Air Training Scheme : il était plus facile de former des pilotes et des navigateurs dans les grands espaces Nord-Américains

---

[4] Cette mission a été décrite à partir des informations glanées dans divers ouvrages cités par la bibliographie, ainsi que le journal officiel London Gazette, le Newcastle Journal du 12 février 1944, le Journal de marche de l'unité conservé sous les références AIR 27/604 et 605 (TNA), le rapport de combat conservé sous la référence AIR 50/27/25 (TNA), le livret *'A history of 68 Squadron'* de Peter L. Croft, 1944, publié en ligne sur https://no23squadron.files.wordpress.com/2015/09/raf-68-squadron.pdf, et le site de l'Association *"Free Czechoslovak Air Force"* répertoriant les avions de l'Escadron https://fcafa.com/2013/02/07/beaufighters/ consultés en mai 2022.
[5] La carte en Annexe 1 permet de situer les principaux aérodromes et sites radar de la RAF mentionnés.
[6] Rapport de combat conservé sous la référence AIR 50/27/20, TNA.

ou Africains avec une météo souvent clémente qu'au Royaume-Uni où un Focke-Wulf ou un Messerschmitt pouvait surgir à l'improviste. Après quelques semaines de théorie et de pratique sur biplan Tiger Moth pour la formation de base au pilotage, Neal avait réussi à passer à la formation avancée sur bimoteur Oxford avant de reprendre la mer vers le Royaume-Uni. Les cadets formés 'au-delà des mers' passaient ensuite par des écoles baptisées Unité Aérienne d'Acclimatation (AFU) permettant une adaptation aux conditions du théâtre de guerre Nord-Européen car ces nouveaux aviateurs avaient du mal à s'orienter dans un paysage où les routes et les voies ferrées sont denses et ne se croisent pas à angle droit, où le couvre-feu masque toutes les lumières des villes, où les nuages dominent et où la visibilité n'est pas de 30 km. Neal avait trouvé le temps de se marier avant d'être envoyé à la 51ème Unité de Formation Opérationnelle (OTU) de chasse de nuit de Cranfield, dans le Bedfordshire. Il y avait rencontré le Flight Sergeant Eastwood, navigateur et opérateur radar, et les deux hommes s'étaient co-optés pour former un équipage. Comme tous les Navigateurs / Opérateurs radar, Eastwood avait suivi une formation presque aussi longue que celle de son pilote : il avait passé huit semaines au sein d'une école pour les Observateurs Aériens (AOS), près de six mois dans une École Radio puis un mois dans une École de Navigation. Il avait ensuite appris les procédures de base de l'utilisation des radars embarqués sur des bimoteurs Anson équipés de radars AI Mark IV de la 62ème OTU d'Usworth, dans le comté de Tyne and Wear au nord-est de l'Angleterre. Neal et Eastwood avaient réussi à survivre aux semaines de vol de nuit sur des Blenheim et des Beaufighter fatigués relégués aux tâches secondaires d'entraînement : à raison de deux à trois accidents par mois en OTU, la plupart mortels, passer en Escadron ne paraissait finalement pas si dangereux, surtout maintenant que les trois semaines de vol d'accoutumance au secteur s'étaient bien passées malgré la météo hivernale... Cela faisait déjà 25 jours qu'il avait retrouvé le 68ème Escadron après avoir passé les fêtes de fin d'année en permission dans le Kent avec son épouse. Le pétaradage d'un moteur Hercules VI tira Neal de sa rêverie : il savait qu'il s'agissait du Beaufighter du Flight Sergeant Bullus et du Flying Officer Edwards qui devait décoller juste avant lui.

Neal eut un demi-sourire en voyant son opérateur radar soulager sa vessie sur la roulette de queue du Beaufighter, juste sous les marquages d'immatriculation V.8740 ; comme beaucoup d'autres aviateurs, et bien que les mécanos aient tenté de l'en dissuader, il avait pris cette habitude en OTU et c'était devenu une sorte de rituel superstitieux avant chaque vol. Écrasant sa cigarette, il regarda le ciel puis sa montre : assez sombre et 18h00, il fallait y aller. "*Ready Ernie ?*" Avec un grognement, Eastwood ramassa son parachute et sa trousse contenant ses cartes et codes radio et s'accroupit pour passer sous le ventre de l'avion avant de disparaître dans la trappe ventrale de l'arrière du fuselage. Neal savait que son opérateur préférait ne pas parler de peur que sa voix ne tremble ; il ne comprenait que trop bien. Le mois précédent, le Beaufighter V.8619 avait été abattu par les tirs défensifs d'un Dornier récalcitrant : le pilote, le Flight Sergeant S. G. Irvin avait réussi à sauter en parachute, mais l'opérateur radar, le Flight Sergeant Russel V. H. Brown était mort dans l'avion. Il avait 21 ans. Le pilote avait le double avantage de comprendre le premier que l'avion était condamné et d'avoir en permanence son parachute attaché : il était assis dessus. L'occupant du poste arrière devait recevoir et comprendre l'ordre d'évacuation, retirer sa ceinture de sécurité, puis trouver son parachute rangé sur la paroi, dans le noir et en essayant de s'orienter malgré les manœuvres violentes d'un avion désemparé. Il devait ensuite l'accrocher à tâtons sur son harnais, trouver la trappe inférieure, l'ouvrir et enfin sauter s'il était encore temps. Et en plus, pour l'avion d'Irvin et de Brown, les rumeurs du mess accusaient un Mosquito, plutôt que le Dornier de la version officielle... [7]

Avec un petit signe de la main à l'équipe au sol, Neal se glissa plus facilement que Eastwood par la trappe avant lui donnant accès au poste de pilotage. Une odeur d'huile, de poudre, de vieux cuir et d'essence remplaça immédiatement l'air humide de la campagne. Au moins, il savait qu'à partir de ce moment, l'attente était finie et les automatismes allaient accaparer toute son attention: vérifier que la trappe a été bien fermée par le mécano, s'assurer que les barres de blocage des commandes de vol ont été retirées, vérifier que l'armement est sur SAFE et que les contacts de l'allumage sont sur OFF, installer le canot de sauvetage individuel et le parachute dans le baquet du siège, s'asseoir, serrer les sangles, brancher le masque à oxygène et les écouteurs/microphone, vérifier que le levier du train d'atterrissage est bien sur la position DOWN n'étaient que les premières vérifications, toutes aussi importantes les unes que les autres. Il avait aussi ajouté quelques points à la check-list officielle, notamment de secouer fermement le dossier de son siège pour s'assurer qu'il était bien verrouillé en position "redressé" : il se souvenait d'un incident en OTU, décrit moultes fois autour d'un verre par un pilote qui s'était retrouvé presque allongé sur le dos quand son siège s'était rabattu au décollage. Neal savait qu'à l'arrière, Eastwood était aussi occupé à ses propres vérifications pendant que dehors les mécanos branchaient la batterie d'aérodrome, ouvraient les trappes d'accès aux pompes d'amorçage et aux magnétos de démarrage, et approchaient l'extincteur. Lors du vol d'essai de l'après-midi, il avait noté que la lampe d'éclairage du côté droit du poste de pilotage vibrait anormalement : une poussée de la main confirma que Dennis avait bien veillé à ce qu'elle soit fermement revissée. Neal aimait bien parler à son avion, il espérait juste qu'il n'avait jamais oublié de couper l'intercom ; en tout cas, Ernie ne lui avait jamais montré qu'il connaissait cette manie. *"Ok, lançons tes moulins, ma belle."*

À 18h10, le Beaufighter se trouvait en bout de piste et Neal avait terminé la checklist mnémotechnique de décollage par le verrouillage de la roulette de queue pour aider l'avion à garder sa trajectoire au sol. Dernière vérification de l'intercommunication : *"Ernie, Prêt pour décoller ?" "All set 'Chang'"*. Neal sourit une nouvelle fois à cet autre rituel observé par son opérateur radar : en vol il utilisait toujours son surnom *'Chang'*, mais au sol il lui donnait systématiquement du *'Dad'* car avec ses 25 ans Neal faisait presque figure de vieillard parmi les tout jeunes nouveaux pilotes ! *"Contrôle, Z - ZEBRA, prêt à décoller".*

---

[7] Le journal de marche de l'unité (op. cit.) mentionne des tirs défensifs d'un bombardier allemand, mais le site de l'Association "Free Czechoslovak Air Force" (op. cit.) évoque la piste de tirs fratricides d'un Mosquito.

"Z - ZEBRA, autorisé à décoller, bon vol". Malgré les craquements du poste radio, Neal avait reconnu la voix du Wing Commander Hayley-Bell, le patron de l'Escadron (CO) venu en personne surveiller l'envol de ses 'poussins'. Pour une première mission opérationnelle dite *"freshman trip"* (sortie des 'bleus'), le CO avait choisi une mission de routine de coopération avec le centre de contrôle au sol pour l'interception (GCI) de Neatishead et avec les batteries locales de projecteurs.

Avec les hélices réglées à 2.900 tours par minute, les moteurs Hercules VI font rapidement décoller le Beaufighter. Gros soupir de soulagement quand la vitesse de sécurité de 257 km/h est atteinte, désormais le 'Beau' peut voler même si un moteur tombe en panne. Rétracter le train, relever les volets hypersustentateurs, mettre le levier du circuit hydraulique sur OFF, éteindre les feux de navigation pour ne pas se faire repérer par un éventuel chasseur allemand en maraude, puis entamer la montée. Au poste arrière, Eastwood entra la première ligne de son journal de mission *"Décollage 18h11"*. Z - ZEBRA n'était pas tout neuf après sept mois d'emploi opérationnel, mais les machines de l'Escadron ronronnaient toutes comme des machines de luxe par rapport aux vieilles casseroles rencontrées en AFU et en OTU. Les mécanos bichonnaient rigoureusement "leur" avion et ils avaient bien fait comprendre aux aviateurs qu'ils n'avaient pas intérêt à l'abîmer ou ils auraient des comptes à rendre. Neal aimait bien le Beaufighter, les commandes étant bien disposées par rapport au Blenheim, mais cela ne l'empêchait pas de jalouser les pilotes du 151ème Escadron, normalement basés à Colerne, près de Bath dans le Wiltshire, mais qui ne se privaient pas de montrer leurs Mosquito XIII lors de fréquents détachements à Coltishall. Au moins, dans le Beaufighter, il avait le poste de pilotage pour lui tout seul et il se demandait s'il pourrait supporter que Ernie surveille ses moindres faits et gestes ou le surprenne en train de parler à son avion si jamais ils se retrouvaient tous les deux côte à côte dans un Mosquito.

Après quelques minutes de vol, Neal aperçut le faisceau vertical du projecteur du village de Cawston qui servait habituellement de point de repère central pour la zone de combat du Nord-Est du Norfolk. Chaque zone faisait cinquante à soixante-dix kilomètres par vingt-trois kilomètres et les chasseurs de nuit orbitaient normalement autour du projecteur central. Le signal qu'un 'client' se présentait dans la zone était simple : le faisceau du projecteur central s'abaissait de 20° dans la direction de l'ennemi. La coopération chasse - projecteurs avait été mise en place à l'automne 1941 pour permettre de faciliter l'interception visuelle pour les chasseurs sans radar air-air. Sur la côte, les vingt premiers kilomètres de la zone étaient armés par des projecteurs d'indication dont le but était d'indiquer au chasseur la direction d'arrivée de l'avion ennemi. Les trente à cinquante kilomètres restants servaient de zone de combat avec des projecteurs chargés d'illuminer l'avion ennemi. Un avion équipé d'un radar embarqué pouvait demander l'extinction des projecteurs. Niall signala sa position au contrôleur du Secteur : *"COYOTE, ici GRAMPUS 28, ANGELS 6 [altitude 6.000 pieds], LAMPION 22 en visuel."* [8]

---

[8] L'indicatif radio 'GRAMPUS' était celui donné aux avions du 68ème Escadron à cette époque (c'était par exemple devenu 'PYGMY' en avril 1944 (source : journal de marche de l'unité, op. cit.). Les

Après plus de deux heures d'interception simulée avec l'aide des projecteurs, un appel du contrôleur du Secteur demanda à Neal de passer sur la fréquence du GCI : *"GRAMPUS 28, COYOTE. Contactez FROGSPAWN 7"*. Neal bascula la radio sur le canal B. FROGSPAWN 7 était le nom de code du GCI de Neatishead, à dix kilomètres à peine à l'Est de Coltishall. *"FROGSPAWN 7 ? Ici GRAMPUS 28."* La réponse ne se fit pas attendre *"GRAMPUS 28, FROGSPAWN 7. BOGEY en entrée, BUSTER, VECTOR 180, ANGELS 12, COPY ?"* Tout en virant au nouveau cap plein Sud et en poussant les gaz pour monter à l'altitude prescrite de 12.000 pieds, Neal répondit *"GRAMPUS 28, bien reçu, BUSTER, VECTOR 180, ANGELS 12"*. Mille pensées se bousculaient dans sa tête : *"Encore un exercice ? Non, ils n'auraient pas dit BOGEY ce qui signale un avion non identifié. Concentre-toi, tu verras bien !"* Dans les écouteurs, la voix calme du contrôleur du GCI, le Flying Officer Robinson, revient de temps à autre et au bout de quelques minutes : *"GRAMPUS 28, FROGSPAWN 7. VECTOR 260 et CANARY s'il vous plaît"*. Le mot-code CANARY était l'ordre d'enfoncer le bouton marqué "G" du transpondeur d'identification ami-ennemi (IFF) : une fois ce bouton activé, la position du Beaufighter était clairement distinguée pendant 20 secondes sur l'écran du contrôleur au sol pour la différencier des autres échos. Enfin vint la phrase code demandant au Beaufighter d'allumer son radar AI Mk VIII *"GRAMPUS 28, FROGSPAWN 7. FLASH YOUR WEAPON"*. Ceci signifiait que l'avion non identifié se trouvait quelque part devant eux, à moins de six ou sept kilomètres puisque c'était la portée maximale de l'AI Mk VIII. Au poste arrière, Eastwood se concentrait sur son écran circulaire, sur lequel il pouvait voir plusieurs bandes vertes horizontales en bas qui correspondaient aux échos renvoyés par le sol, et… rien dans la zone supérieure représentant le ciel devant le Beaufighter. Après une courte attente, un écho commença à apparaître à peu près au milieu à droite de l'écran. Il était 20h30 et l'avion se trouvait alors au-dessus de Hunston, à 60 km au sud-ouest de sa base : *"Pilote, contact 1,5 mille à tribord, un peu au-dessus. Ralentis un peu."* Faisant face à l'arrière, l'opérateur radar ne pouvait pas utiliser les mots gauche et droite sans risquer la confusion. *"Ernie, c'est un contact solide ?" "Oui."* Neal avait l'ordre formel de ne pas indiquer par radio qu'un contact radar était établi, il ne pouvait donc pas encore informer le Flying Officer Robinson. Par petites touches Eastwood guida son pilote pour s'approcher du contact. L'écho sur l'écran radar était maintenant clairement délimité et ne présentait pas une grande empreinte semi-circulaire qui correspondrait à l'écho d'un transpondeur ami. Tout en surveillant sa vitesse du coin de l'œil, Neal tentait de percer la nuit sur le côté droit de son pare-brise. Soudain, à environ 300 mètres, une forme noire masqua les étoiles. *"Ernie, je l'ai, juste devant à tribord, à peu près à 1.000 pieds !"* En se cognant la tête sous la verrière du poste arrière, encore ébloui par son écran, Eastwood mit quelques secondes avant d'enfin apercevoir la forme noire. Neal libéra le

---

indicatifs des contrôleurs du Secteur et du GCI de Neatishead, et le mot code pour les projecteurs ne sont pas connus (ici COYOTE, FROGSPAWN 7 et LAMPION ont été utilisés). FROGSPAWN 7 a été choisi car le GCI de Bawdsey avait pour indicatif FROGSPAWN 2 (en novembre 1944, rapport de combat AIR 50/157/86, TNA). Quelques-uns des indicatifs radio connus sont listés en Annexe 9. Les mots ou phrases codes étaient standards au sein du Commandement de la Chasse : se reporter au glossaire.

Flying Officer Robinson pour qu'il puisse s'occuper de guider un autre chasseur vers une autre cible si nécessaire : *"FROGSPAWN 7, ici GRAMPUS 28, TALLY HO"* *"GRAMPUS 28, bonne chasse."*

Ami ou ennemi ? Les ordres sont stricts : aucun tir sans identification visuelle. Les instructeurs de l'OTU ne s'étaient pas privés de raconter leurs multiples exemples de poursuites haletantes dans leurs vieux Blenheim ou Defiant pour parvenir enfin à rattraper un avion et s'apercevoir juste avant d'ouvrir le feu qu'il portait la cocarde de la RAF au lieu de la Balkenkreuz de la Luftwaffe. La veille, plus de 700 bombardiers lourds du Bomber Command étaient allés déposer leurs cartes de visites sur Berlin et sur Kiel. Ce n'avait pas été une promenade de santé d'après ce qu'avait annoncé la BBC puisque 49 avions n'étaient pas revenus ; la chasse de nuit allemande semblait bien affûtée. Par contre, ce soir, l'Officier de Renseignement avait assuré lors du briefing que seuls quelques Mosquito allaient visiter l'Allemagne cette nuit. Est-ce que l'un d'eux avait eu une panne électrique et rentrait au bercail plus tôt que prévu ? Ceci expliquerait pourquoi le transpondeur radar ne donnait pas de signal 'ami'. À moins qu'il ne s'agisse d'une autre panne et que le Navigateur ait oublié de mettre le transpondeur en service en revenant au-dessus de la mer du Nord ? Tout près de l'intrus et presque simultanément, les deux hommes ont reconnu la silhouette contre le premier quartier de Lune : " *'Chang', c'est un fichu Junkers !"*

Le Beaufighter était maintenant à une altitude de 4.570 mètres, avec une vitesse de 310 km/h. Neal repris un peu de champ et à 140 mètres, il lâcha une courte rafale de ses canons, mais les obus se perdirent dans la nuit. Le Ju-88, désormais alerté, entama un piqué avec des manœuvres violentes et prit de la distance. Neal ne le quittait pas des yeux de peur de le voir disparaître et à 240 m de distance, une nouvelle rafale perça le fuselage de l'avion allemand qui partit en virage serré vers la droite. Maintenant à 275 mètres de la cible décalée de 30° à gauche, Neal prit une bonne mesure de déflexion pour son tir et garda la gâchette des canons enfoncée pendant deux longues secondes. Le moteur droit du Ju-88 fut touché et explosa. Le bombardier poursuivit son virage et disparut en feu dans la couche basse des nuages. Neal redressa le Beaufighter et quelques secondes plus tard aperçut une lueur d'explosion au sol. Le Ju-88 venait de percuter un champ à 20h40 près de Shrubland Hall, Suffolk, au nord-ouest d'Ipswich.

Après quelques instants pour laisser retomber l'adrénaline, le Beaufighter reprit de l'altitude et vira au-dessus du point de chute de la cible. "*COYOTE, ici GRAMPUS 28, un BANDIT abattu, je demande le relevé de ma position."* En laissant sa radio en émission, trois stations au sol pouvaient rapidement déterminer la position d'un avion par triangulation. "*GRAMPUS 28, COYOTE. VECTOR 15".* Juste après, le contrôleur du Secteur donna l'ordre de rentrer à la base "*GRAMPUS 28, COYOTE. PANCAKE, PANCAKE".* "*GRAMPUS 28, bien reçu, PANCAKE".*

Les moteurs du Beaufighter tournaient encore sur l'aire de stationnement quand Dennis passa la tête par la trappe ventrale avant. Il avait évidemment vu que les canons avaient été utilisés puisque les entoilages de protection étaient déchirés et noircis : "*Vous avez fait un carton ?" "Oui, un Junkers détruit". "Je le savais que cette bonne vieille Z - ZEBRA en avait encore dans le ventre. C'est pas comme ces fichus de Havilland en bois qui ne tiennent que grâce à de la colle !"* Neal n'était pas convaincu que le *Mossie* ne valait pas mieux que le *Beau*, mais au moins pour ce soir il était d'accord avec Dennis et il était presque prêt à le mentionner en contresignant le formulaire 700 de retour à la maintenance. Les quatre canons de 20 mm du Beaufighter avaient tiré 640 obus sans sourciller, ce qui était un événement rare si l'on en croyait les histoires du bar de l'Escadron. Neal prit note mentalement de payer une pinte de bière à l'armurier la prochaine fois qu'il le verrait au pub *Rose and Crown*.

Fidèle au poste, Annie était là avec son Austin 10 pour les amener à la salle de débriefing. Le Pilot Officer Leslie W. Kohler, Officier de Renseignement de l'Escadron leur donna des cigarettes avant de les questionner pour remplir le formulaire 'F' de retour de mission. Avant même que ce rapport ne soit tapé à la machine, Kohler, que tout le monde surnommait *"l'espion"*, devait envoyer un résumé au QG du Groupe par téléscripteur, puis plus tard compiler le bilan des missions du jour sur le formulaire 'G'. L'Adjudant de l'unité se servait lui de ces rapports pour alimenter le formulaire 540 du Journal de Marche ou le formulaire 541 détaillant les vols effectués durant le mois. Quelqu'un avait dit un jour à Neal qu'un monstre vivait au Ministère de l'Air à Londres, ne se nourrissant que de paperasses officielles et il voulait bien le croire ! Une WAAF leur amena une tasse de thé, avec une bonne rasade de rhum au fond pour les réchauffer après trois heures de vol. Ils venaient de finir l'exposé de leur soirée quand Annie a déposé le Flight Sergeant Bullus et le Flying Officer Edwards : tous deux ont confirmé avoir vu une explosion à l'heure et à l'endroit indiqués par Neal et Eastwood. Peu après, ce sont le Flying Officer Karel Seda and le Pilot Officer Drahomir Hradsky qui sont entrés bruyamment dans la pièce en discutant en tchèque de leur vol infructueux ; en plus des Britanniques, l'Escadron comptait un grand nombre de Tchécoslovaques, mais aussi quelques Canadiens et même un Français, le Flight Sergeant A. Honoré.

Un peu plus tard, le Flying Officer Robinson du GCI a téléphoné pour annoncer que la police du Suffolk avait trouvé l'épave et capturé trois aviateurs allemands ayant sauté en parachute dont un blessé. Près du poêle, le CO fumait la pipe, les yeux mi-clos, sans un mot. Neal soupçonnait que la tasse à côté de lui n'avait contenu aucun thé et que du rhum, mais il n'allait certainement pas le lui demander : le privilège du grade ! Juste quand Neal et Eastwood s'apprêtaient à passer au vestiaire pour retirer leurs tenues de vol, le CO leur adressa un sourire entendu et un court *"Good show chaps !"*

Pendant que les aviateurs britanniques avaient droit à leur repas post-vol, œufs et bacon, avant de fêter leur victoire au mess, les démineurs s'affairaient pour désarmer les bombes et retirer les munitions du Junkers afin de donner accès aux Officiers du Renseignement toujours curieux de voir si une nouvelle technologie n'avait pas été embarquée sur cet avion identifié comme un Ju88A-4 du 3./KG54. Le pilote, resté à bord jusqu'au bout, l'Unteroffizier Heinz Goergen, qui était âgé de 22 ans, fut enterré peu après. Il repose aujourd'hui au cimetière allemand de Cannock Chase dans le Staffordshire, près de Birmingham.

Deux jours plus tard, la victoire revendiquée par les Flight Sergeants Neal et Eastwood est officiellement validée. Dans une lettre envoyée peu après à ses parents à Thornaby-on-Tees dans le North Yorkshire, Neal s'est révélé content d'avoir rattrapé le Junkers dès son entrée en Angleterre : "*Au moins, ses bombes sont tombées avec lui*" écrivit-il.

Z - ZEBRA a effectué son dernier vol opérationnel dans la nuit du 12 au 13 avril 1944. [9] Le 18 avril 1944, lors du vol d'essai qui a lieu dans la journée en prévision de la mission de la nuit, Z - ZEBRA a fini sa carrière en se posant sur le ventre dans un bois après une panne du moteur droit au décollage Le Pilot Officer Miroslav Standera n'a pas eu d'autre choix que de se poser droit devant, train rétracté, l'avion n'ayant pas encore atteint la vitesse de sécurité de 257 km/h. Lui et le Warrant Officer Karel Bednarik, deux aviateurs Tchèques, sont sortis indemnes de l'épave. Comme beaucoup d'aviateurs, ils sont certainement devenus de fervents partisans du dicton qui dit que "*tout avion posé dont on sort en marchant a fait un bon atterrissage !*" [10] Pas sûr que le CO ait pensé la même chose, mais vu les circonstances, ils ont probablement obtenu assez vite son absolution car ils étaient à nouveau envoyés en mission une semaine plus tard sur une autre monture.

Neal et Eastwood ont continué à faire équipe. Ce n'est qu'en juillet 1944 que le 68ème Escadron a reçu ses premiers Mosquito XVII et XIX. Le 5 novembre 1944, sur le Mosquito NF XIX TA.389, ils se distinguent à nouveau en abattant, au-dessus de la mer du Nord à environ 60 km au large des côtes anglaises, un He-111H-22 du 5./KG3 qui venait de lancer un V-1 en direction de l'Angleterre. Ils ont ensuite tenté de rattraper le V-1 mais sans succès. Ils ont été nommés officiers avec rang de Pilot Officers (à titre probatoire) le 30 mars 1945 pour le premier, et le 2 février 1945 pour le second. [11] Tous deux ont survécu à la guerre. Neal a poursuivi sa carrière dans la RAF jusqu'au rang de Squadron Leader et a pris sa retraite le 30 septembre 1969. [12]

---

[9] Seul ce dernier vol est enregistré par le Journal de Marche (op. cit.) qui ne mentionne pas les vols d'essai ou de liaison. L'accident du 18 avril est résumé sur le site de l'Association "Free Czechoslovak Air Force" (op. cit.).
[10] Pour l'anecdote, ce bon mot est attribué à C. Gordon Bell, le centième aviateur à avoir reçu un brevet de pilote au Royaume-Uni avant la Première Guerre mondiale. Après cinq victoires, il avait été affecté à l'école Centrale de Pilotage comme instructeur où il aurait prononcé ces mots aprouvés ensuite par des milliers de pilotes. L'attribution est faite dans le paragraphe 4 du discours prononcé par Harold H. Balfour, Sous-Secrétaire d'État à l'Air, lors de la conférence de janvier 1942 au Royaume-Uni réunissant les représentants des différents pays impliqués dans le Plan d'entraînement aérien du Commonwealth britannique. Compte-rendu de la conférence "*Aircrew Training*", Document Secret (SD) n°349 de février 1942, conservé sous la référence AIR 10/4056, TNA.
[11] Suppléments de la London Gazette du 22 mai et 3 avril 1945.
[12] Supplément de la London Gazette du 14 octobre 1969.

PARTIE A : La chasse de nuit comme outil défensif
A.1 - 1914 - 1918 Premiers tâtonnements dans le noir

Dès 1914, les aviateurs britanniques ont compris que des incursions aériennes ennemies étaient possibles de nuit et ils ont tenté d'abord des patrouilles défensives, puis se sont enhardis jusqu'à mener les premières attaques nocturnes : le 21 décembre, le Commander Charles R. Samson de l'aviation navale britannique bombarde des batteries côtières près d'Ostende.

La première victoire de la chasse de nuit britannique est un peu inattendue puisqu'elle se produit au cours d'une mission… de bombardement. Le Sous-Lieutenant Reginald A. J. Warneford du 1er Escadron de l'aviation navale britannique décolle de Dunkerque à 01h00 du matin le 7 juin 1915 sur son Morane-Saulnier Parasol type 'L'. Il emporte six bombes de 9 kg pour aller bombarder le terrain de Berchem Sainte Agathe au nord-ouest de Bruxelles où sont basés des dirigeables allemands. En chemin, il aperçoit le LZ-37 en vol. Après plus d'une heure de poursuite, il pique sur le dirigeable et lâche ses bombes dont l'une au moins fait mouche. Le LZ-37 tombe en flammes près de Gand en Belgique, mais le moteur du Morane-Saulnier s'arrête lorsque l'avion est retourné sur le dos par l'explosion du dirigeable. Ayant réussi à se poser en vol plané en territoire ennemi, Warneford parvient à redémarrer son moteur après quinze minutes d'efforts. Il reçoit la Victoria Cross [13] et la Légion d'honneur pour cette action, mais il est tué dix jours après son combat lorsque l'aile de son avion se rompt soudainement.

Les Allemands, qui croyaient plus aux grands dirigeables pour les missions à grand rayon d'action, ont rapidement menacé directement le Royaume-Uni ; le 19 janvier 1915, les dirigeables L-3 (commandé par le Kapitänleutnant Hans Fritz) et le L-4 (du Kapitänleutnant Magnus von Platen-Hallermund) de la Marine Impériale allemande décollent de Hambourg en fin de matinée et lâchent plusieurs bombes de 50 kg et des incendiaires sur les villes de Great Yarmouth, Sheringham et King's Lynn dans le comté de Norfolk, causant quelques morts et une quinzaine de blessés. Il faut attendre la nuit du 2 au 3 septembre 1916 pour que le Lieutenant W. Leefe Robinson sur un Royal Aircraft Factory B.E.2c obtienne la première victoire aérienne nocturne au-dessus de l'Angleterre contre le dirigeable SL11 au nord de Londres. Cette victoire lui a valu de recevoir la Victoria Cross. [14]

Durant la Première Guerre, les Allemands ont monté un peu plus d'une centaine d'opérations de bombardement sur le Royaume-Uni, parfois avec un seul aéronef (comme la première attaque sur Douvres en décembre 1914) et jusqu'à une trentaine de dirigeables ou de bombardiers Gotha. [15]

---

[13] London Gazette du 11 juin 1915.
[14] London Gazette du 5 septembre 1916.
[15] Les lecteurs intéressés par les bombardements allemands du Royaume-Uni lors de la Première Guerre mondiale pourront se référer aux livres d'Alastair Goodrum et de Ken Delve (voir bibliographie), ou aux nombreux ouvrages détaillés sur ce sujet, en commençant par exemple avec

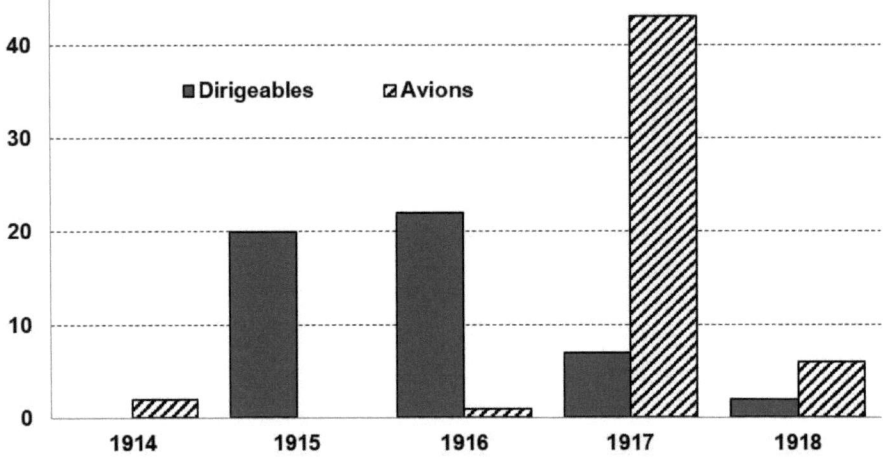

Les raids de grands dirigeables ont été répétés, et bien que les dégâts causés restent très limités, l'impact psychologique sur les populations visées a été bien plus significatif. La propagande allemande ne s'est pas privée de souligner que l'Angleterre n'était plus une île, au sens où la Manche et la Royal Navy ne la protégeaient plus des attaques directes. Peu à peu, sous la pression des médias et des politiques, de plus en plus de moyens sont affectés à la défense contre ces attaques aériennes. Des milliers d'hommes sont immobilisés loin du front dans ces unités de projecteurs, de batteries de DCA et de chasse. Les résultats sont plus que maigres, et le coût élevé : le vol de nuit est une activité à haut risque, sans même prendre en compte la météorologie britannique qui n'est jamais très favorable avec ses averses et ses brouillards. Pour ne donner qu'un exemple, lors d'un raid de neuf dirigeables allemands sur Liverpool le 31 janvier 1916, 32 chasseurs tentent en vain de les intercepter des deux côtés de la Manche. Six de ces chasseurs sont accidentés et deux pilotes britanniques sont tués pour un résultat nul. Ceci dit, les dirigeables ne sont pas mieux lotis, beaucoup étant perdus à cause de vents contraires et d'avaries diverses (par exemple, le Zeppelin LZ 45 se pose le 20 Octobre 1917 près de Sisteron dans les Basses Alpes (Alpes de Haute Provence aujourd'hui) au retour d'une attaque de Londres, l'équipage se rend aux gendarmes locaux après avoir incendié leur machine).

En février 1918, les *Riesenflugzeuge* ("avions géants" en allemand) Zeppelin-Staaken R.VI lâchent les premières bombes d'une tonne sur l'Angleterre. Quelques semaines plus tôt, dans la nuit du 28 au 29 janvier 1918, la chasse de nuit britannique avait remporté sa première victoire aérienne au-dessus du Royaume-Uni contre un bombardier allemand :

"German air raids on Great Britain 1914-1918", de Joseph Morris, Naval and Military Press, 2009, ISBN 978-1843421498, publié initialement en 1925 mais qui reste parfois plus précis que des ouvrages publiés ensuite.

deux Sopwith Camel du 40ème Escadron abattent un Gotha V. Le Lieutenant Charles C. Banks et le Capitaine George H. Hackwill reçoivent la Military Cross pour cette action. [16]

Une fois la guerre terminée, la RAF prend le temps d'analyser les tactiques utilisées. Même si le combat nocturne n'occupe que peu de place dans le Manuel de Formation au Pilotage de la RAF A.P.928 *"Part II - Applied Flying"* de février 1933 (trois pages sur une cinquantaine consacrées aux tactiques de combat), le constat préliminaire décrit bien la doctrine suivie à l'ouverture des hostilités un peu plus de quinze ans plus tard, que ce soit pour la chasse défensive ou pour les missions offensives de pénétration de type *"Intruder"* :

"Combattre de nuit - remarques générales

206. En raison de la difficulté pour apercevoir les appareils ennemis, le combat nocturne ne sera généralement efficace qu'au-dessus du territoire ami et avec la coopération d'une organisation au sol comprenant des détecteurs de son, des projecteurs et des canons de DCA. Le combat nocturne au-dessus du territoire ennemi sera habituellement limité à certaines zones comme les aérodromes de l'adversaire que l'on sait en activité, et ce combat ne sera possible que par nuits dégagées ou lumineuses.

207. Les patrouilles de combat nocturnes seront généralement effectuées par un avion seul travaillant au-dessus d'une zone définie et dans une tranche d'altitude précise. De ce fait, le combat nocturne se tiendra comme un duel isolé, avion contre avion."

---

[16] Supplément de la London Gazette du 9 février 1918.

A.2 - 1935 - septembre 1940 - Retour à la chasse en aveugle de la guerre précédente

"Si vis pacem, para bellum (Si tu veux la paix, prépare la guerre)"
Adage latin adopté comme motto par le 604ème Escadron de chasse de nuit

Avant la guerre, il était difficile de savoir quelle arme pourrait se révéler la plus efficace contre les bombardiers allemands qui s'aventureraient de nuit au-dessus du territoire britannique. Dans ce chapitre, nous allons dans un premier temps voir quelles étaient les pistes de recherche que les Britanniques ont poursuivies sans succès avant de faire le point sur les moyens classiques de défense aérienne disponibles (canons, projecteurs, ballons et chasseurs). Nous garderons l'histoire des radars pour les chapitres suivants.

A.2.1 - Les expériences sans lendemain : acoustique, infrarouge, éclairage des nuages, mines aériennes, roquettes, Turbinlite

En 1934, aiguillonné par son Secrétaire Albert P. Rowe, le Directeur de la Recherche Scientifique Harry E. Wimperis du Ministère de l'Air britannique s'inquiète des faibles progrès de la défense aérienne du pays. Il demande à Henry T. Tizard, conseiller scientifique du Ministère de l'Air, de présider un nouveau comité chargé d'étudier cette question et de faire des suggestions. [17] Ce Comité pour l'Étude Scientifique de la Défense Aérienne (CSSAD en anglais) tient sa première réunion au Ministère de l'Air le 28 janvier 1935, et le Comité d'Interception Nocturne,[18] dont nous parlerons plus tard, reprend le flambeau à partir de mars 1940 avant la dissolution du CSSAD en juin de la même année. Parmi les idées ou inventions qui sont examinées pour la lutte contre des avions ennemis (et qui peuvent paraître plus ou moins farfelues avec le recul, mais qu'il fallait certainement explorer pour arriver à cette conclusion), on peut citer :

- L'emploi de nouvelles munitions de DCA, notamment :
  - Une roquette de 3 pouces 'UP' (Unrotated Projectiles) ;
  - Un obus comportant un câble relié à deux masses (ou à une charge d'explosif et à un parachute) ;
- Le remorquage par des avions au-dessus des formations de bombardiers ennemis de mines aériennes sur un câble de 600 mètres de long ;
- Le largage de ces mêmes mines sous parachute par des avions ;
- L'envoi de ballons libres emportant des câbles et des charges explosives en avant des arrivées de bombardiers ennemis ;
- Le bombardement des formations de bombardiers ennemis à l'aide de petites bombes ou de bombes (voire même de simples masses) reliées entre elles par un câble ;

---

[17] La formation de ce Comité sera évoquée plus en détail dans l'ouvrage de cette série consacré à la bataille d'Angleterre.
[18] Ce Comité a ensuite décidé de s'occuper également des questions diurnes, et a été rebaptisé "Comité d'Interception" (paragraphe 29 du compte-rendu de la réunion du 4 juillet 1940, conservé sous la référence AIR 20/3442, TNA).

- L'utilisation de gaz toxiques contre les aviateurs ou de vapeurs explosives contre les moteurs de leurs avions ;
- L'illumination des nuages par en-dessous pour que des chasseurs en altitude puissent voir la silhouette des bombardiers au-dessus des nuages ;
- La création d'une aurore boréale artificielle pour aider l'interception de bombardiers ennemis ; [19]
- L'emploi de bombardiers pour patrouiller au-dessus d'une zone visée par des bombardiers ennemis ;
- La détection acoustique des aéronefs ;
- La détection par infrarouge ;
- La détection des émissions parasites des magnétos des moteurs ;
- Et enfin l'emploi d'un rayon d'ondes radio dit *"rayon de la mort"* pour arrêter les moteurs d'avions, faire exploser leurs munitions, faire fondre la structure des avions ou tuer leurs équipages. [20] Il est amusant de noter que c'est cette question du *"rayon de la mort"*, qui peut à priori être jugée farfelue, qui a provoqué la suggestion de Robert A. Watson-Watt, le patron de la Radio Research Station du Department of Scientific and Industrial Research, d'utiliser les ondes radio comme moyen de détection des avions, donnant naissance au radar.

L'écrivain Herbert E. Bates, recruté par la RAF pour écrire des nouvelles de propagande, a noté que des inventeurs avaient suggéré d'autres pistes, comme pulvériser les avions ennemis avec un abrasif en poudre (carbure de silicium) ou même avec de l'acide sulfurique ! [21]

Fermement convaincu que le radar embarqué était l'option la plus prometteuse, Sir Henry Tizard écrivait fin 1940 qu'il *"a été suggéré que des fusées éclairantes, des projecteurs ou un détecteur infrarouge devraient être utilisés durant les dernières étapes d'une interception menée au radar air-air. Je pense qu'il n'y a pas de preuve concrète en faveur de ces suggestions. L'enthousiasme lié à l'avènement d'un nouveau dispositif est principalement lié au fait que les radars air-air n'ont pas donné les résultats attendus. Si nous parvenons à faire fonctionner ces radars correctement, aucun dispositif supplémentaire ne sera souhaité, et pourrait même être contreproductif."* [22] Nous verrons que l'histoire lui a donné raison.

On ne peut évoquer le Comité pour l'Étude Scientifique de la Défense Aérienne sans mentionner la controverse survenue entre Tizard et Lindemann sur le choix des technologies à privilégier. En juillet 1935, Churchill parvient à imposer la présence de son

---

[19] Paragraphe 52 du compte-rendu de la réunion du 10 octobre 1940 du Comité d'Interception, conservé sous la référence AIR 20/3442, TNA.
[20] Pages 2 et 3 du compte-rendu de la réunion du 28 janvier 1935 du CSSAD, conservé sous la référence AIR 20/181, TNA.
[21] Page 1 d'une courte nouvelle baptisée *"Radiolocation"* du Flight Lieutenant H. E. Bates, conservée sous la référence AIR 20/4871, TNA.
[22] Mémorandum *"Night Defence"* du 31 décembre 1940 rédigé par Sir Henry Tizard pour une conférence sur l'interception nocturne présidée par le Secrétaire d'État à l'Air le 1er janvier 1941. Mémorandum conservé dans le dossier AIR 20/2419, TNA.

ami et conseiller scientifique Frederick A. Lindemann, physicien, au sein du CSSAD. Son attitude critique, y compris à l'extérieur du CSSAD, et sa personnalité ont rapidement posé des problèmes aux autres membres, en particulier Tizard, jusqu'à provoquer une série de démissions et la dissolution du CSSAD à l'été 1936, avant que ce comité ne soit reconstitué mais sans Lindemann, remplacé par le radiophysicien E. V. Appleton. [23] Certains auteurs ont reproché à Lindemann d'avoir gaspillé d'importantes ressources en poursuivant des recherches sur ces sujets favoris (détection par infrarouge, mines et barrages aériens, etc.) au détriment du radar. Cependant, il faut tenir compte du fait qu'aucune des technologies envisagées à l'époque n'avait fait ses preuves et qu'il fallait donc en explorer le plus possible en espérant que l'une au moins s'avérerait utile. Nombre d'idées qui ont été des impasses avaient été proposées bien avant que Lindemann ne soit admis au sein du CSSAD (par exemple, les barrages de câbles sous aéronef 'Long Aerial Mine', voir ci-après), ce que semblent oublier certains historiens. Comme conclut R. Corrigan, *"il est impossible de savoir comment ou si le développement du système de défense aérienne aurait progressé comme il l'a fait si Lindemann avait été aux manettes plutôt que Tizard. ... Mais le système de défense aérienne a été construit et il a permis au Royaume-Uni de gagner la Bataille d'Angleterre."* [24]

A.2.1.1 - Les batteries de roquettes de 3 pouces

Ces roquettes ont été conçues pour être tirées en salves sur le trajet des avions. Certaines semblent avoir été conçues sur le modèle d'obus "short wire", puisque l'Air Marshal Dowding indique qu'elles permettent de déployer un câble avec une charge explosive servant de mine aérienne. [25]

Ces systèmes ont été massivement déployés (841 lanceurs en mars 1941, 4.481 fin 1942, et 6.372 fin 1943), à raison de 64 lanceurs par batterie (baptisée batterie "Z"), avec 10 roquettes par lanceur. Beaucoup de ces batteries ont été confiées à la Home Guard : étant donné qu'un homme n'était appelé qu'une nuit sur huit et qu'il fallait 178 hommes par batterie et par nuit, chaque batterie demandait donc la formation de 1.424 hommes ! [26] Cependant, en-dehors d'un effet positif pour le moral des défenseurs, et potentiellement un effet inverse sur le moral des attaquants, il ne semble pas que ces lanceurs aient eu beaucoup d'effet. [27]

---

[23] Pour plus de détails sur ces controverses, se reporter aux livres de Ronald Clark, David Zimmerman, Stephen Phelps, Charles P. Snow et de Ian Wilson (voir bibliographie).
[24] Page 7 de son article *"Airborne minefields and Fighter Command's information system"*, The University of Edinburgh, School of Law, 24–25 septembre 2008.
[25] Paragraphe 150 de la *"Battle of Britain: despatch"* de Sir Hugh Dowding, conservée sous la référence AIR 8/863, TNA.
[26] Paragraphes 15 et 26, partie II du rapport *'The anti-aircraft defence of the United Kingdom'* du Général Sir Frederick Pile, décembre 1947, conservé dans le dossier CAB 106/119, TNA.
[27] Le Général Pile, paragraphe 16, partie II de son rapport (op. cit.), indique que ces batteries *"étaient traitées par les aviateurs allemands avec le plus grand respect"* mais n'avance pas de chiffres.

Le plus grand succès de ce système, à part la revendication dès 1940 d'au moins un avion allemand attaquant l'aérodrome de Kenley, a été de fournir à la Grande Bretagne un stock impressionnant de roquettes de 3 pouces qui ont été utilement modifiées pour :
- L'attaque air-sol et air-sous-marins/navires. Nous en reparlerons dans les ouvrages de cette série consacrée au Coastal Command et aux chasseurs-bombardiers.
- L'aide au décollage, que ce soit par catapultage de chasseurs à partir de navires marchands, ou même pour des avions et planeurs de l'aéronavale britannique (FAA) ou de la RAF (pour ne citer que quelques exemples de machines ayant testé ou employé ces roquettes d'aide au décollage : Sea Hurricane, Seafire, Swordfish, Hamilcar, Hotspur, Barracuda, Horsa, Whitley, Shark, Fulmar, Chesapeake, Martlet, Stirling, Walrus, Catalina). Nous en reparlerons dans les ouvrages de cette série consacrée à l'Aéronavale Britannique et aux planeurs.

A.2.1.2 - Short wire

Dès 1935, le Comité pour l'Étude Scientifique de la Défense Aérienne se penche sur la possibilité d'utiliser des obus de DCA spécialement modifiés pour tirer deux masses reliées ensemble par un câble. Cette munition, parfois qualifiée de *"bolas"* (par référence aux armes de jet nées en Amérique du Sud) dans les comptes-rendus du CSSAD, fait penser aux anciens boulets ramés utilisés par les marines à voile pour détruire les mâtures et couper le gréement. Puisque le câble est trop léger pour endommager une aile métallique, l'objectif est ici d'empêtrer les gouvernes de pilotage et d'obtenir des dégâts quand les masses viennent frapper l'avion. Pour la distinguer des longs câbles des ballons de barrage (ou des longs câbles remorqués par un aéronef, voir ci-après), cette munition est aussi baptisée *"short wire"* (câble court). Le professeur Frederick A. Lindemann suggère même que des petites charges explosives soient incorporées aux masses. [28]

Le Centre de Recherche Aéronautique (RAE) de Farnborough lance ainsi un avion à 97 km/h contre un petit câble de 7 mètres de long, avec une masse de 450 grammes à chaque extrémité. Les conclusions de ces essais ne permettent pas d'envisager des dégâts importants sans incorporer d'explosif, mais le CSSAD demande d'étudier aussi l'effet qu'aurait un petit parachute remplaçant l'une des masses. Le Capitaine Hutton, représentant le Comité des Munitions, calcule que même avec un petit parachute permettant au câble de présenter une menace plus durable qu'une simple explosion, les "bolas" n'ont qu'une chance sur 130 tirs de heurter un avion, alors qu'un obus de 76 mm avait une chance sur 120 d'endommager un avion. [29]

Fin 1936, le RAE conclut que la masse totale d'un câble de 30 mètres reliant un parachute d'un mètre de diamètre à une bombe de 225 grammes (la moitié étant une charge explosive) est désormais trop importante pour envisager un déploiement par obus ou par roquette. Il faut donc larguer ces mines aériennes *"short wire"* depuis un avion pour

---

[28] Paragraphe 55 du compte-rendu de la réunion du 25 juillet 1935 du CSSAD, (op. cit.).
[29] Page 6 du compte-rendu de la réunion du 25 septembre 1935 du CSSAD, (op. cit.).

qu'elles descendent sous leurs parachutes à environ 310 m par minute. Cette charge explosive reste trop faible pour détruire un avion, sauf si la charge parvient à pénétrer dans l'aile avant d'exploser. [30] Finalement, les mines *"short wire"* ont été abandonnées au profit des *"Long Aerial Mine"* (LAM - Mines Aériennes Longues).

A.2.1.3 - Les Mines Aériennes Longues : *"Le rideau de mort déployé par les Pondeurs d'Œufs"* de Churchill

"Une casserole trop surveillée ne parvient jamais à ébullition." [31]

Lors de sa réunion du 21 mai 1935, le Comité étudie plusieurs options pour que des aéronefs dressent un barrage de câbles remorqués. [32] Chaque appareil doit pouvoir traîner entre 600 et 1.525 mètres d'un câble pesant 15 kg pour 100 mètres sans rencontrer une surchauffe trop importante des moteurs. Plusieurs types d'aéronefs sont envisagés pour cette tâche : avion, autogire mais aussi hélicoptère (alors que ce type d'engin est encore très expérimental à l'époque : le compte-rendu du CSSAD mentionne les essais effectués par le Hongrois Oszkár Asbóth), voire même un cerf-volant tracté par une vedette rapide, ou une série de planeurs eux-mêmes remorqués par des avions. Il est espéré qu'un câble ayant une résistance à la rupture évaluée à une traction de 3,5 tonnes pourrait endommager sérieusement tout avion ennemi, comme cela était arrivé à un malheureux biplan Bristol Bulldog dont les deux ailes avaient été sectionnées par un câble de remorquage d'une cible lors d'un accident en 1934. La sécurité de l'aéronef porteur devait être assurée par un maillon faible libérant le câble lors de l'impact d'une cible.

Après de multiples recherches et essais, deux options restent en lice en 1940 et la 420ème Escadrille est créée fin septembre pour les tester en grandeur nature avec des bombardiers bimoteurs Handley Page Harrow II. En décembre, cette Escadrille est élargie et devient le 93ème Escadron par décision du Comité d'interception. [33] Les deux options ci-après devaient être partagées entre deux Escadrons, chacun avec un équipement de 16 avions opérationnels et 5 de réserve immédiate, mais finalement seul le 93ème Escadron est créé avec trois Escadrilles : [34]
- L'option du câble remorqué (décrite ci-dessus), utilisable au-dessus des terres, est confiée à l'Escadrille "C" sur Vickers Wellington. La tactique envisagée consistait à tenter de dresser le barrage dans la zone couverte par le faisceau radio guidant les

---

[30] Rapport du RAE D.I./41 de novembre 1936 *"Descriptive note on the short wire, or aerial mine, barrage"*, de H. Roxbee Cox, conservé sous la référence AVIA 6/8411, TNA.
[31] Résumé des activités de l'Escadron dans le Journal de marche du mois d'avril 1941, conservé sous la référence AIR 27/751/13, TNA.
[32] Compte-rendu de réunion conservé sous la référence AIR 20/181, TNA.
[33] Paragraphe 9 du compte-rendu de la réunion du 28 novembre 1940 du Comité d'Interception Nocturne, conservé sous la référence AIR 20/3442, TNA.
[34] Résumé des activités de l'Escadron dans le Journal de marche du mois d'avril 1941, conservé sous la référence AIR 27/751/13, TNA.

bombardiers allemands vers leur cible. [35] Le premier Wellington est réceptionné le 7 décembre 1940. [36] À la fin du mois suivant, cinq Wellington sont présents mais un seul a reçu ses cinq câbles [37] et les premières tentatives sont faites en février 1941. Cependant, il s'avère rapidement que si le Wellington parvient à tracter cinq mines à une altitude de 4.570 mètres, l'effort est trop important pour les moteurs à 5.500 mètres. [38] Le 21 mars 1941, lors d'une réunion du Comité d'études des Matériels Scientifiques, le Secrétaire d'État à l'Air décide d'abandonner cette option. L'Escadrille "C" est ensuite transférée pour servir de base au nouveau Centre Expérimental de la Chasse (Fighter Experimental Establishment), qui n'a finalement pas vécu très longtemps. [39]

- L'option, utilisable préférentiellement au-dessus de la mer, de libérer un grand nombre de câbles de 610 mètres de long sous parachute, chacun maintenu par un grand parachute et avec une petite charge explosive (l'ensemble étant baptisé "mine aérienne"). L'avion devait libérer ses mines une par une à peu près tous les 60 mètres, en légère descente pour qu'elles soient toutes à la même altitude puisqu'elles descendaient d'environ 275 mètres par minute. Si un avion ennemi touchait l'un des câbles, un maillon faible libérait alors le grand parachute et deux autres parachutes, plus petits, un à chaque bout du câble étaient conçus pour amener la charge explosive contre l'avion. [40] Le nom de code de *"Mutton Flights"* (Escadrilles *"Mouton"*) a été donné aux Escadrilles "A" et "B" sur Douglas DB-7 du 93ème Escadron et par extension à leurs missions. [41]

---

[35] On se reportera au livre de R. V. Jones (voir bibliographie) pour plus de détails sur les méthodes allemandes de radionavigation qui sortent du cadre du présent ouvrage.

[36] Entrée du 7 décembre 1940 du Journal de marche, conservé sous la référence AIR 27/751/5, TNA.

[37] Rapport d'activité du 93ème Escadron du 8 février 1941, conservé sous la référence AIR 20/2419, TNA.

[38] Sujet 7, paragraphe (b) du compte-rendu de la réunion du 27 février 1941 du Comité d'Interception, conservé sous la référence AIR 20/3442, TNA.

[39] Paragraphe 14 du compte-rendu de la réunion du 27 mars 1941 et paragraphe 13 du compte-rendu de la réunion du 10 avril 1941 du Comité d'Interception, conservés sous la référence AIR 20/3442, TNA.

[40] Rapport du RAE, E.X.8 du 5 décembre 1939 *"Summary of work leading to the design of the long aerial mine described in specification 02/779"* conservé sous la référence AVIA 6/19372, TNA. On notera que les masses indiquées et les modes de fonctionnement varient grandement en fonction de la date des documents consultés : par exemple, la description donnée pages 33-35 de la Publication de l'Air 1116 'RAF Signals - Volume V: Fighter control and interception' (voir bibliographie) indique que la charge explosive était en bas du câble et devait remonter (au lieu de descendre) vers l'avion ennemi et que la charge explosive était de 225 grammes dans une enveloppe pesant 5,4 kg.

[41] Ce nom de code est par exemple utilisé en juillet 1941 dans une note interne du Ministère de l'Air conservée sous la référence AIR 8/324, TNA, ou dans le Journal de Marche du 93ème Escadron (par exemple, entrées des 10 et 11 avril 1941, référence AIR 27/751/13, TNA). Le nom de code *"Pandora"* semble aussi avoir été employé mais il apparaît très rarement dans les archives. On le trouve page 76 de la liste des Publications de l'Air de la RAF, Air Publication 113, version de juillet 1942, conservée par le musée de la RAF de Hendon : les trois types de Havoc I sont décrits comme suit : *"Havoc I ; Havoc I (Intruder) et Havoc I (Pandora)"*.

La mine prenait la forme de deux containers cylindriques s'emboîtant l'un dans l'autre et protégeant tous les composants. Chaque mine assemblée était donc un cylindre de 36 cm de long et de 18 cm de diamètre, pesant 6,4 kg. [42] Un Harrow II pouvait emporter 158 de ces mines et elles étaient libérées séquentiellement par un mécanisme à minuterie pour un espacement régulier. [43] Les essais ont d'abord lieu sur la base de Martlesham Heath, dans le Suffolk, où un unique Harrow est utilisé en mars 1940 (deux autres étant prévus, ainsi qu'un Fairey Battle). [44]

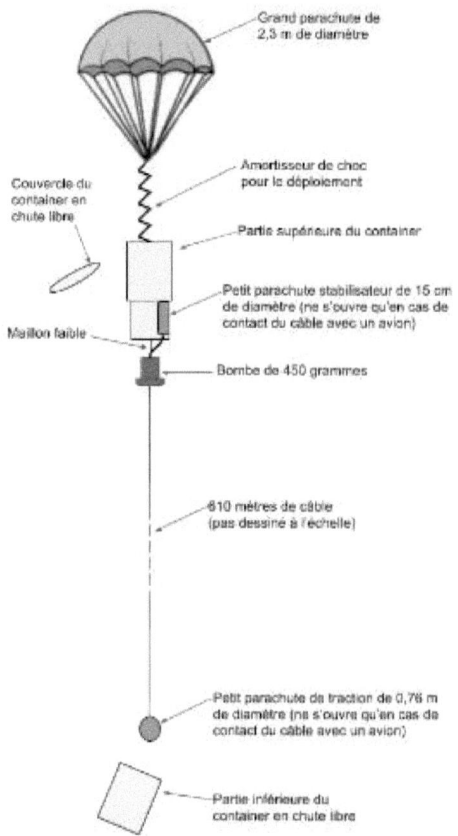

Schéma de principe de la mine aérienne longue lors de son déploiement (dessin de l'auteur à partir des plans de la spécification 02/779)

L'idée avait l'air simple, mais en fait il a fallu des années pour développer un conditionnement correct de tous ces composants pour en permettre le rangement, la manipulation et l'emploi sans soucis. Par exemple, dérouler d'un coup plus de 600 mètres de câble sans créer de nœuds ou de pliures demandait un enroulement très précis, la bombe à l'intérieur du paquetage devait être accessible pour y placer les détonateurs avant emploi sans libérer ni le câble ni les parachutes, le choc de l'ouverture du parachute principal devait être amorti pour ne pas casser le maillon faible prématurément, un détonateur brûlant très lentement devait assurer la destruction de la bombe avant que le sol ne soit atteint, etc. Fin 1939, plus de cent essais des composants avaient été effectués, mais il restait encore à tester l'ouverture des petits parachutes en vol, puis à tester des mines complètement assemblées. Trouver la méthode pour enrouler le câble dans le container était si délicat, qu'en avril 1940, bien que 10.000 mines aient été commandées,

---

[42] Rapport du RAE, E.X.8 du 5 décembre 1939 (op. cit.).
[43] Paragraphe 11.a) du mémorandum SR1/12/41, classé "Most Secret", *"Technical aids to night fighting"*, conservé sous la référence AIR 20/2419, TNA. Le Journal de marche de la 420ème Escadrille d'octobre 1940, référence AIR 27/751/1, TNA, mentionne 160 mines par Harrow, probablement un arrondi de circonstance.
[44] Paragraphe 41 du compte-rendu de la réunion du 28 mars 1940 du Comité d'Interception Nocturne, conservé sous la référence AIR 20/3442, TNA.

seules six avaient été produites de façon satisfaisante et l'on en prévoyait que 500 pour la mi-mai. [45]

Aiguillonné par le Professeur Frederick A. Lindemann, son conseiller scientifique, [46] Churchill revient à la charge à plusieurs reprises pour que le Ministère de l'Air accélère la mise en œuvre de ce qu'il baptise de façon grandiloquente de *"rideau de mort déployé par les Pondeurs d'Œufs"* ! Le 7 octobre 1940, il préside une réunion sur la "Défense Aérienne Nocturne" qui se penche notamment sur la question des mines aériennes et durant laquelle il se montre *"très insistant sur le fait que la mise en œuvre des mines doit se faire avec la plus grande priorité et il suggère que l'effort que nous avons proposé pour cela était insuffisant."* [47] L'extrait suivant d'une lettre qu'il envoie le 19 novembre 1940 au Secrétaire d'État à l'Air est révélateur de l'intérêt qu'il portait à ce projet : [48]

"J'ai été très satisfait de lire dans votre compte-rendu d'hier à propos des nominations, que vous allez de l'avant sur la proposition des Pondeurs d'Œufs. J'ai si longtemps et de façon répétée soutenu cette méthode, et j'ai si souvent rencontré des retards et des blocages, que je désespérais presque complètement de la voir un jour mise en œuvre. La pitoyable dotation de trois Harrow à cette tâche vitale est caractéristique des blocages qui nous ont paralysés. Le fait que l'ennemi est dépendant de faisceaux radio, et que nous pouvons déterminer à l'avance la direction probable de son attaque principale et dans la majorité des cas son altitude, devrait faire de cette méthode d'interception notre premier choix pour le dissuader. Mais même à ce stade, seulement 100.000 mines aériennes ont été commandées, et toutes sortes de difficultés sont faites au sujet des câbles, etc. Tout le monde sous leur trajectoire a entendu le flot des Bombardiers ennemis passant sans interruption à l'aller comme au retour pour bombarder Coventry [le 14 novembre 1940]. Il y avait largement le temps d'envoyer une vingtaine de Pondeurs d'Œufs en groupes de cinq, pour dresser un rideau de mort au travers duquel les appareils ennemis auraient dû passer à l'aller comme au retour. Vous auriez pu facilement en abattre 20 ou 30, avec l'effet dissuasif qui en aurait découlé pour le futur. De plus, l'ennemi ne pourrait pas répondre de la même façon contre nos Bombardiers, qui ne volent pas le long d'un faisceau radio mais grâce à leurs compétences de navigation. Si l'ennemi est chassé de ses faisceaux radio, il devra passer par une longue phase de formation pour atteindre un objectif spécifique.

Je vous prie de bien vouloir me faire parvenir un rapport tous les trois jours sur les progrès que vous avez fait."

L'enthousiasme ne fait pas tout. On voit que Churchill avait du mal à concevoir les difficultés techniques pour la conception d'une arme aérienne nouvelle, et qu'il plaçait beaucoup trop de confiance dans le discours optimiste du Ministère de l'Air qui croyait encore que leurs méthodes de navigation nocturne étaient plus efficaces que celles des

---

[45] Paragraphe 29 du compte-rendu de la réunion du 18 avril 1940 du Comité d'Interception Nocturne, conservé sous la référence AIR 20/3442, TNA.
[46] Note de Lindemann au Premier Ministre du 11 septembre 1940, conservée dans le dossier AIR 8/324, TNA.
[47] Note du 8 octobre 1940 du Chef d'État-Major en Second de la RAF à l'Assistant du Chef d'État-Major de la RAF chargé des Tactiques, conservée sous la référence AIR 20/2419, TNA.
[48] Lettre conservée dans le dossier AIR 8/324, TNA.

Allemands, alors que la réalité était toute autre. Le rapport de l'assistant du Professeur Lindemann, David Bensusan-Butt, en août 1941, démontrant l'incapacité de la grande majorité des bombardiers britanniques à trouver leurs cibles a certainement eu l'effet d'une bombe au 10 Downing Street ! [49]

Début septembre 1940, il s'avère que les trois Harrow qui avaient été utilisés à Martlesham Heath pour le développement ont été affectés à d'autres tâches. L'intérêt de Lindemann et Churchill oblige le Ministère de l'Air à repartir de (presque) zéro. [50] Trois Harrow sont à nouveau modifiés par le RAE en septembre-octobre 1940 pour être adaptés pour le lancement de ces mines. Il était prévu de les doter d'un poste émetteur/récepteur T/R.1133 et d'un récepteur Lorenz permettant de détecter les faisceaux de radionavigation utilisés par les Allemands pour guider leurs bombardiers. [51] Les Harrow doivent alors dresser leurs barrages de mines perpendiculairement à ces faisceaux. Cependant, pour hâter les essais, ce récepteur est initialement laissé de côté. Les premiers tests donnent des résultats contradictoires : un "possible appareil ennemi détruit" (revendication inférieure à "probable" dans le jargon de la RAF) lors du premier vol opérationnel du 26 octobre est concédé du bout des lèvres par la RAF à Lindemann qui crie victoire, mais le Harrow K6994, piloté par le Flight Lieutenant Patrick L. Burke, a été endommagé par deux bombes qui sont restées coincées sous le fuselage lors du lancement et ont explosé prématurément. [52] En novembre, des essais avec des mines factices sont effectués avec le Harrow K7020 et sont filmés par le Fairey Battle R7472 : sur 160 mines, 15 restent coincées et l'avion est ramené au RAE à Farnborough. Le 18 novembre, un nouvel essai est fait après réparations, mais cette fois c'est 48 mines (heureusement factices) qui restent accrochées à leurs racks ! Le Harrow retourne donc à Farnborough. À la fin du mois, c'est encore le Flight Lieutenant Patrick L. Burke qui joue de malchance : le Harrow K6993 est légèrement endommagé par l'explosion prématurée de deux bombes lors d'un essai. [53]

Churchill avait bien senti la réticence de la RAF à affecter des moyens à une technique qui n'avait pas fait ses preuves : lors de la réunion du 13 juin 1940, l'Air Vice-Marshal Robert H. M. S. Saundby, président du Comité d'Interception Nocturne, et Sir Henry Tizard avaient jugé que les LAM *"n'étaient pas une façon économique d'utiliser les ressources du pays."* [54] Tizard avait prévenu lors de cette réunion que les Harrow n'étaient pas assez

---

[49] Ce rapport et ses conséquences seront étudiés plus en détail dans l'ouvrage de cette série consacré aux bombardiers de la RAF.
[50] Paragraphe 5 du compte-rendu de la réunion du 11 septembre 1940 *"To discuss methods of night interception"*, présidée par le Secrétaire d'État à l'Air, conservé sous la référence AIR 20/2419, TNA.
[51] Paragraphe 53 du compte-rendu de la réunion du 12 septembre 1940 du Comité d'Interception, conservé sous la référence AIR 20/3442, TNA.
[52] Lettre du Secrétaire d'État à l'Air du 11 novembre 1940 au Premier Ministre, conservée dans le dossier AIR 8/324, TNA, et résumé des activités du 93ème Escadron dans le Journal de marche du mois d'avril 1941, conservé sous la référence AIR 27/751/13, TNA.
[53] Entrées des 14, 18 et 27 novembre 1940 du Journal de marche de la 420ème Escadrille, conservé sous la référence AIR 27/751/3, TNA.
[54] Paragraphes 42 et 43 du compte-rendu de la réunion, conservé sous la référence AIR 20/3442, TNA.

rapides. Même l'Air Chief Marshal Sir Hugh C.T. Dowding, patron du Fighter Command, *"ayant effectué quelques tests sur ce sujet, n'était pas particulièrement pressé de recevoir ces machines."* [55] Le qualificatif de "pitoyables" utilisé par Churchill n'est pas loin de la réalité puisqu'à peine mis en service, il faut les renvoyer au RAE pour que leurs tourelles et tout le matériel inutile soient démontés afin d'améliorer leurs performances. Ensuite, c'est le déclenchement électrique de la libération des mines qui est défectueux. Finalement, le premier Harrow remis à niveau est livré le 21 novembre 1940 à la 420ème Escadrille. [56]

Pour préparer la mise en service, la commande des mines aériennes est portée à 500.000 exemplaires en octobre 1940. Le Service de Censure de la Presse est prévenu le 14 décembre 1940 de ne publier aucun article dans les journaux locaux si des câbles ou des composants des mines sont retrouvés dans la campagne anglaise afin de garder le secret. [57]

Un système de lancement de mines aériennes avait aussi été préparé pour un De Havilland Flamingo, mais le Douglas DB-7 lui est finalement préféré (le Flamingo n'ayant été produit qu'à quatorze exemplaires, tous utilisés pour le transport de personnel ou de VIP, dont Churchill lui-même, ce choix n'était probablement pas très judicieux mais montre bien que le Ministère de l'Air ne prenait pas les mines aériennes très au sérieux jusque-là). Le 10 février 1941, une réunion sur la "Défense Aérienne Nocturne" présidée par le Premier Ministre fixe ainsi l'ordre de priorité d'affectation des DB-7 : [58]

1. Dépose de mines aériennes ;
2. Chasseurs *"Intruder"* ;
3. Chasseurs de nuit avec radar air-air.

Autant que la pression exercée par Churchill, c'est aussi le manque de pièces de rechange pour les Harrow qui pousse la RAF à se tourner vers les DB-7. [59] Douze de ces avions américains sont affectés à la 420ème Escadrille dès octobre 1940 (dix-huit en novembre), mais ils sont livrés "au compte-gouttes" au fil des remontages après avoir traversé l'Atlantique en caisses. Un DB-7 pouvait emporter 92 containers de mines aériennes. [60] À peine modifié pour le lancement de mines par le RAE, le premier DB-7 est détruit dans un accident, et le second est toujours en cours d'équipement début

---

[55] Paragraphe 52 du compte-rendu de la réunion du 12 septembre 1940 du Comité d'Interception, conservé sous la référence AIR 20/3442, TNA.
[56] Lettre du Secrétaire d'État à l'Air du 21 novembre 1940 en réponse à la lettre du Premier Ministre, conservée dans le dossier AIR 8/324, TNA.
[57] Lettre du Ministère de l'Information au Chef du Service de Censure de la Presse conservée dans le dossier AIR 8/324, TNA.
[58] Note du 13 février 1941 du Secrétaire Personnel du Vice-Chef d'État-Major de la RAF à l'Assistant du Chef d'État-Major de la RAF chargé des Tactiques, conservée sous la référence AIR 20/2419, TNA.
[59] Note AMSO/47/10 du 12 octobre 1940 de l'Air Chief Marshal Sir Christopher Courtney, Membre du Conseil de l'Air chargé de l'Approvisionnement et l'Organisation à l'Air Chief Marshal Sir Wilfrid R. Freeman du Ministère de la Production Aéronautique, conservée sous la référence AIR 20/2419, TNA.
[60] Paragraphe 11.a) du mémorandum SR1/12/41, classé "Most Secret", *"Technical aids to night fighting"*, rédigé par le Ministère de la Production Aéronautique, conservé sous la référence AIR 20/2419, TNA.

octobre. La mise au point est difficile car des libérations prématurées se produisent lors d'essais avec des charges inertes (blocs de béton au lieu de mines) en décembre 1940 et le mécanisme de lancement des DB-7 doit être modifié. [61] Sir Henry Tizard assiste le 11 décembre à l'un de ces essais de largage de charges inertes depuis un avion d'escorte. [62] Churchill n'a pas cette chance, puisque le mauvais temps empêche la démonstration d'un largage auquel il devait assister sur la base de Northolt à l'ouest de Londres le 16 mars 1941 : il doit se contenter de visionner un film. [63] Finalement, le premier emploi opérationnel des Havoc *"Pondeurs d'Oeufs"* n'a lieu que début avril 1941. [64] Ces avions avaient un équipage de deux hommes : un pilote et un opérateur radio/mitrailleur arrière. Une fois les Havoc à l'œuvre avec les LAM, il était initialement prévu d'équiper les Harrow d'un treuil manuel pour tester l'idée des mines sur câble remorqué, mais les Wellington ont finalement repris directement cette tâche. [65]

Une des premières stations radar GCI (voir le chapitre spécifique) est installée en novembre 1940 près de la base de Middle Wallop dans le Hampshire où se trouvait la 420ème Escadrille, mais l'emplacement étant peu adapté, ce radar est déplacé en février 1941 près de Bournemouth dans le Dorset, à peu près à 50 kilomètres au sud-ouest de Middle Wallop, pour couvrir les approches de Southampton et de Portsmouth. [66] Les Harrow, puis les Havoc, sont guidés par cette station, ou par la station radar CHL (*Chain Home Low* - station radar au sol complétant les stations principales (CH – *Chain Home*) pour la détection d'avion volant bas) de Worth Matravers dans le Dorset pour déployer leurs barrages de mines. Il semble que les contrôleurs pour cette tâche particulière étaient rattachés administrativement à la 420ème Escadrille (voir le tableau des effectifs ci-après).

Le rapport de combat traduit ci-dessous est un exemple d'emploi opérationnel des LAM. [67] Les mines ayant été déclarées à nouveau sûres le 15 décembre 1940 après modifications, les vols reprennent avec de vraies munitions au lieu de blocs de béton, et le Harrow K6993 décolle de Middle Wallop à 17h35 le 22 décembre.

---

[61] Lettre du 15 décembre 1940 du Secrétaire d'État à l'Air au Premier Ministre, conservée dans le dossier AIR 8/324, TNA. Les documents de l'époque utilisent l'appellation "DB-7" pour les avions sans mitrailleuses, et "Havoc" pour ceux disposant de quatre mitrailleuses tirant vers l'avant et d'une mitrailleuse dorsale défensive.

[62] Ces essais sont enregistrés dans le Journal de marche de décembre 1940, conservé sous la référence AIR 27/751/5, TNA. Le nom de Tizard a été changé en "Sir Henry Terrand" par le rédacteur du Journal, mais il y a peu de doute sur l'identité du passager.

[63] Entrée du 16 mars 1941 du Journal de marche, conservé sous la référence AIR 27/751/11, TNA.

[64] Entrée du 3 avril 1941 du Journal de marche, conservé sous la référence AIR 27/751/14, TNA.

[65] Paragraphe 45 du compte-rendu de la réunion du 10 octobre 1940 et paragraphe 41 du compte-rendu de la réunion du 24 octobre 1940 du Comité d'Interception, conservés sous la référence AIR 20/3442, TNA.

[66] Entrée du 20 février 1941 du Journal de marche du 93ème Escadron, conservé sous la référence AIR 27/751/9 TNA.

[67] Rapport de combat conservé en Annexe A du Journal de marche de décembre 1940, référence AIR 27/751/5, TNA.

SECRET	Formulaire "F"

RAPPORT DE COMBAT

Code du Secteur : -   N° de l'Ordre de patrouille : -
Date : 22 décembre 1940
Escadrille : -   Escadron : 93
Nombre d'avions ennemis : 2   Type d'avions ennemis : Inconnu
Heure de l'attaque : 19h07
Lieu de l'attaque : 15 milles *(24 km)* au sud de Worth Matravers *[dans le Dorset]*
Altitude de l'ennemi : 16.000 pieds *(4.875 m)*.
Dommages causés à l'ennemi : 1 détruit.
Dommages subis : Aucun.
Projecteurs (ont-ils éclairé l'ennemi, si non étiez-vous devant ou derrière la cible ?) : Aucun.
Canons de D.C.A. (Est-ce que les explosions d'obus ont aidé le pilote à intercepter l'ennemi ?) : Aucun.
Distance à laquelle le feu a été ouvert lors de chaque attaque et durée approximative de la rafale : Non applicable.

RAPPORT GÉNÉRAL :

Je patrouillais la zone de Worth Matravers à 19.000 pieds *(5.800 m) [d'altitude]*. À 19h02, j'ai reçu l'ordre de faire cap à 190°, et cinq minutes plus tard *"Virez à droite de 90° et Feu"*. Environ 30 secondes après la libération des mines, j'ai vu un éclair rougeoyant et à peu près 90 secondes plus tard quatre éclairs blancs l'un après l'autre. Après avoir déployé le barrage *[de mines]* j'ai viré au Nord et à peu près 3 minutes après la libération des mines j'ai aperçu deux autres éclairs assez bas. Je suis rentré à la base *[où j'ai atterri à 20h05]*.

Sur l'écran *[de la station radar]* CHL, deux avions ennemis ont été notés en approche de Worth Matravers depuis 190°, l'un se trouvant deux milles *(3,2 km)* en arrière de l'autre. Le premier avion a été intercepté, l'écho du barrage *[de mines]* a été vu en travers de sa trajectoire. Son écho a disparu dans celui du barrage. Un seul écho est ensuite sorti de l'écho du barrage, et si tardivement qu'il devait s'agir du second avion. Un seul écho d'avion est passé à travers le barrage.

Le F/O Bruce qui surveillait depuis le bord de la falaise à l'aide de jumelles et le Sgt Peters depuis le toit *[de la station radar]* CHL ont tous deux aperçu un éclair à 19h08 hrs suivi par deux éclairs à 19h09, puis deux ou trois éclairs à 19h10. Le Sgt Peters a déclaré avoir vu un rougeoiement d'une seconde à une seconde et demie ; il a dit que cette lueur ne ressemblait en aucune façon à l'éclair de l'explosion des bombes.

Signature : P. L. Burke - F/Lt

Plus tard, le mot code *"CRUMPET"* a été utilisé pour donner l'ordre de libérer les LAM. [68] Le Flight Lieutenant Patrick L. Burke a eu plus de chance cette fois-là que le 26 octobre et le 27 novembre, puisque c'était lui qui pilotait les Harrow endommagés par leurs propres mines. Le 9 avril 1941, aux commandes du Havoc BT465, il a revendiqué une nouvelle victime allemande "probable" à l'aide de LAM.

En avril 1941, le 93ème Escadron comptait les effectifs et matériels suivants : [69]

Avions	10 Havoc et 4 DB-7 ; 8 Wellington, 1 Battle, 3 Tiger Moth et 1 Monospar
Véhicules	8 camions, 3 camionnettes, 1 voiture, 3 tracteurs à roues et 3 tracteurs chenillés, 6 remorques de carburant de 2.046 litres chacune, 1 remorque avec groupe électrogène de 7 kW
Aviateurs — Officiers	13 Pilotes et 4 autres
Aviateurs — Sous-Officiers	5 Pilotes et 31 autres
"Rampants" — Officiers	12 dont 7 Contrôleurs
"Rampants" — Sous-Officiers et Hommes du rang	474
TOTAL	**539 hommes**

Le manque de résultats concrets observables (puisque la majorité des déploiements de mines ont lieu au-dessus de la mer), le peu de personnel pour gérer un parc d'avions hétéroclite et la pénurie de logements corrects sur la base de Middle Wallop nuisent au moral de l'Escadron. Le mois de février 1941 est probablement une des périodes les plus difficiles : le mauvais temps empêche toute sortie opérationnelle (sauf une le 1er du mois) et le Pilot Officer Reginald C. Hyett se tue le 21 février lorsque son Havoc AX915 s'écrase près de Shavington cum Gresty dans le Cheshire après avoir heurté un câble dans un barrage de ballons (probablement celui qui protégeait l'usine de moteurs Rolls-Royce de Crewe, 4 km plus au nord). L'attention permanente de différentes personnalités scientifiques, militaires et politiques (y compris le roi George VI qui visite l'unité en compagnie de l'Air Marshal W. Sholto, patron du Fighter Command, le 7 mai 1941) n'aide pas non plus. Le Wing Commander M. B. Hamilton le résume ainsi lorsqu'il prend les commandes de l'unité en avril 1941 : *"Une casserole trop surveillée ne parvient jamais à ébullition."* [70] Puisque l'on parle d'attention venant du sommet de l'État, début mai 1941, Churchill revient à la charge et demande la formation d'un second Escadron *"Mutton"*. L'Air Chief Marshal Charles F. A. Portal, Chef d'État-Major de la RAF, lui répond qu'il n'y a pas assez de Havoc disponibles pour cela et qu'il a demandé à ses équipes de

---

[68] Entrée du 1er mai 1941 du Journal de marche, conservé sous la référence AIR 27/751/15, TNA.
[69] Données compilées à partir des annexes du Journal de marche du 93ème Escadron pour le mois d'avril 1941, conservé sous la référence AIR 27/753, TNA. Pour l'anecdote, l'Escadron ne comptait pas moins de quinze Smith, probablement un cauchemar pour l'Adjudant lors de la rédaction des permissions !
[70] Résumé des activités de l'Escadron dans le Journal de marche du mois d'avril 1941, conservé sous la référence AIR 27/751/13, TNA.

"travailler jour et nuit, 7 jours par semaine, jusqu'à ce que les difficultés soient surmontées" pour équiper des Wellington de racks de lancement de mines aériennes. Il était prévu que ces avions puissent emporter chacun 252 mines sous parachute tout en conservant leur treuil de remorquage de mines sous câble. [71] Il mentionne aussi que *"le commandant du Fighter Command n'est pas encore convaincu que la méthode 'Mutton' deviendra un jour aussi efficace que celle du chasseur à radar air-air contrôlé par un GCI. Pour le moment, les statistiques depuis le 29 mars accordent 1,3 succès à 'Mutton' pour 100 sorties et 8,3% aux Beaufighter ; dans tous les cas le contrôle étant effectué par une station GCI. La technique d'interception 'Mutton' est bien plus délicate …"* [72]

Les problèmes des racks des containers des mines n'ont jamais été vraiment résolus, même lorsqu'après les déboires de la version Mk I, la fabrication d'une version Mk II est confiée à Vickers qui produit le premier dispositif pour essai en février 1941. [73] Par exemple, rien que dans la nuit du 3 au 4 mai 1941, deux barrages de mines sont dressés par les Havoc BB894 du Flight Lieutenant Siminson (avec le Sergent Huntley) et BB892 du Flight Sergeant Way (avec le Sergent Edwards) : le premier revient avec quarante mines coincées à bord, le second avec douze mines. Dans la nuit du 9 au 10 mai, le Flight Lieutenant Siminson (avec le Sergent Dineen) revient avec pas moins de quatre-vingt mines qui sont restées bloquées, soit 87% du chargement du Havoc BD113 ! [74]

Une autre technique de guidage est suggérée en juin 1941 par le Comité d'Interception [75] et testée durant l'été 1941, d'abord par l'Unité d'Interception de Chasse (FIU) (voir chapitre spécifique et l'Annexe 2) puis par le 93ème Escadron : un Havoc est équipé d'un radar air-air orienté vers un côté (et non pas vers l'avant comme c'était le cas sur les chasseurs de nuit). Si le radar détectait un avion ennemi, le Havoc pouvait alors libérer ses mines sur la trajectoire prévue pour cette cible. Il est aussi noté que puisque le Havoc avait quatre mitrailleuses tirant vers l'avant, il pouvait alors aussi tenter une interception plus classique. [76]

Le tableau ci-dessous résume les activités en opérations du 93ème Escadron du 17 décembre 1940 à fin octobre 1941. On voit qu'en un peu plus de dix mois, le bilan est maigre puisqu'un barrage de mines sous parachute n'a été dressé qu'en vingt-et-une occasions, alors que l'Escadron tenait en moyenne cinq avions prêts à décoller tous les

---

[71] Rapport d'activité du 93ème Escadron du 8 février 1941 (non signé mais probablement rédigé par l'Assistant du Chef d'État-Major de la RAF chargé des Transmissions), conservé sous la référence AIR 20/2419, TNA.
[72] Lettre du 11 mai 1941 du Chef d'État-Major de la RAF au Premier Ministre, conservée sous la référence AIR 20/2419, TNA.
[73] Rapport d'activité du 93ème Escadron du 8 février 1941 (non signé mais probablement rédigé par l'Assistant du Chef d'État-Major de la RAF chargé des Transmissions), conservé sous la référence AIR 20/2419, TNA.
[74] Entrées pour les nuits mentionnées dans le Journal de marche et ses annexes, documents conservés sous les références AIR 27/751/15 et 16, TNA.
[75] Paragraphes 6 et suivants du compte-rendu de la réunion du 12 juin 1941 du Comité d'Interception, conservé sous la référence AIR 20/3442, TNA.
[76] Note du Directeur des Opérations de Chasse du Ministère de l'Air au Chef d'État-Major de la RAF du 5 juillet 1941, conservée sous la référence AIR 8/324, TNA.

soirs. [77] Ils ont probablement endommagé autant, sinon plus, de Harrow et de Havoc que de bombardiers allemands puisque les mines avaient la fâcheuse tendance de détonner prématurément (et les revendications "avion probablement détruit" ci-dessous étaient sans doute très optimistes).

	Harrow	Havoc	Total
Sorties	14	168	**182**
Libération du barrage de mines	3	18	**21**
Cible détruite	1	1	**2**
Cible probablement détruite	1	6	**7**

<u>Les soucis de fiabilité des charges explosives employées</u> :

La charge explosive contenue dans la bombe à l'extrémité du câble pouvait être activée de deux façons : par l'impact de la bombe avec l'aile d'un avion, ou par un détonateur brûlant très lentement afin d'assurer la destruction avant que le sol ne soit atteint.

D'avril à juin 1939, le RAE et l'arsenal de Woolwich mènent des essais en grandeur réelle des charges explosives envisagées. Le RAE catapulte notamment des bombes à 240 km/h dans une aile d'avion. Tous ces tests sont couronnés de succès, et la conception de ces charges est figée en novembre pour servir la fabrication en série, une première commande de 100.000 mines étant passée peu après. Il faut cependant noter que ces essais n'ont été faits que sur un tout petit échantillon (3 mines en avril, six le 9 mai et une le 18 mai, trois détonateurs d'autodestruction en altitude simulée mi-juin) et avec des prototypes soigneusement préparés. Il n'est donc pas étonnant que les ennuis surgissent lors des premiers emplois. En octobre 1940, il est découvert que le détonateur d'impact doit être modifié et que le dispositif d'autodestruction ne fonctionne pas et toutes les mines, à part quelques-unes pour poursuivre les essais au-dessus de la mer, sont renvoyées à la Direction de la Production des Armements du Ministère de la Production Aéronautique. [78] Mr Owen, du RAE rédige un rapport le 6 octobre dans lequel il note que la préparation de chaque bombe est une opération minutieuse qui demande environ dix minutes à un armurier entraîné pour effectuer les cinq étapes nécessaires, et réclame un bon éclairage et un local chauffé. Pour le chargement complet de mines que pouvait emporter un Harrow II, il fallait donc prévoir 27 heures de main d'œuvre en tout. [79]

Malgré tous les efforts, les problèmes d'explosion prématurée ont persisté : le malheureux Harrow K6994, qui avait été endommagé le 26 octobre 1940, semble à nouveau avoir été secoué par l'explosion d'une mine lors d'un vol opérationnel dans la

---

[77] Données compilées à partir des Annexes du Journal de marche pour les mois concernés, conservées sous la référence AIR 27/753, TNA.
[78] Note de l'Assistant du Chef d'État-Major de la RAF du 8 octobre 1940 suite à une réunion de la veille présidée par le Premier Ministre sur l'interception de nuit, conservée sous la référence AIR 8/324, TNA.
[79] Rapport conservé en Annexe A du Journal de marche d'octobre 1940, référence AIR 27/751/1 (microfilm), TNA.

soirée du 14 mars 1941. Bien qu'ayant subi de gros dégâts, le Pilot Officer Lloyd est parvenu à le ramener à Middle Wallop. [80]

En décembre 1940, le nombre de mines restant défectueuses est évalué à 10%. [81] Ceci semble avoir été très optimiste puisqu'en mai 1941, ce nombre est estimé à près de 60% lors du déploiement, sans compter celles qui ne fonctionneraient pas correctement au contact d'un avion ennemi : le rapport rédigé par l'Officier de l'Armement d'un essai effectué dans la nuit du 28 au 29 mai 1941 est résumé par le tableau ci-après. Comme 16 mines n'ont pas été retrouvées, la première colonne donne le sort des 76 mines restantes, et la seconde colonne applique les mêmes ratios à la cargaison complète de 92 mines. [82]

	Mines retrouvées	Ratio appliqué à 92 mines
Explose dans les 45 secondes	21	25
Parachute principal se détache dès le départ	2	3
Mine explose au sol	21	25
Mine intacte au sol, détonateur armé	13	16
Mine intacte au sol, détonateur non armé	19	23
Total	76	92

On voit donc que 51 mines sur 92 n'ont probablement pas fonctionné correctement (lignes en gras décalées à droite), d'où le ratio de près de 60% d'engins défectueux. Moins de deux mois après sa prise de fonction, ceci amène le Wing Commander M. B. Hamilton à recommander que le 93ème Escadron abandonne les missions LAM et devienne une unité de chasse de nuit ou "*Intruder*". [83]

En plus des risques encourus par les aviateurs du 93ème Escadron, le danger de libérer des explosifs peu fiables au-dessus de son propre territoire était présent, même si la tactique officielle était d'effectuer préférentiellement ce minage au-dessus de la mer. Dans la soirée du mardi 16 septembre 1941, pas moins de quatre-vingt-cinq bombes sous parachute sont relâchées au-dessus du Norfolk et finissent leur course sur la ville de Norwich : deux personnes sont blessées et plusieurs maisons et une voiture sont endommagées par les explosions. Trente-cinq de ces bombes n'ont pas explosé et ont dû

---

[80] Rapport d'activité du 93ème Escadron du 22 mars 1941 rédigé par l'Assistant du Chef d'État-Major de la RAF chargé des Transmissions, conservé sous la référence AIR 20/2419, TNA. Le Journal de marche (référence AIR 27/751/11, TNA) accuse la DCA de Portland, mais le rapport d'activité évoque aussi la possible explosion d'une mine.
[81] Lettre du 15 décembre 1940 du Secrétaire d'État à l'Air au Premier Ministre, conservée dans le dossier AIR 8/324, TNA.
[82] Rapport du 3 juin 1941 du Pilot Officer Anthony Longden "*Report of L.A.Ms. dropped on night of 28-29/5/41*" conservé en page 34 des Annexes du Journal de marche, référence AIR 27/753, TNA.
[83] Lettre 93S/S.303/Arm. du 4 juin 1941 du Commandant de l'Escadron au Commandant de la base de Middle Wallop intitulée "*Ineffectiveness of L.A.M.*" conservée en page 33 des Annexes du Journal de marche, référence AIR 27/753, TNA.

être désarmées par des démineurs plus habitués aux munitions allemandes que britanniques ! [84]

En septembre 1941, sur proposition de son commandant, le 93ème Escadron s'était doté d'une troisième Escadrille pour s'entraîner à un nouveau type de mission, l'interception sur Havoc I Turbinlite (voir ci-après). Mi-novembre 1941, il est décidé de créer la 1.458ème Escadrille à partir de cette troisième Escadrille et d'affecter les personnels et appareils restants aux autres nouvelles Escadrilles Turbinlite. Le 93ème Escadron est donc dissous.

Pour conclure sur les LAM, il faut mentionner qu'entre 1936 et 1942, probablement inspiré par les travaux français sur ce sujet, le Centre de Recherche Aéronautique (RAE) de Farnborough a testé l'emploi de cerfs-volants pour déployer un barrage de charges explosives sous câbles. De multiples modèles de cerfs-volants ont été testés, notamment type "planeur", type "ptérodactyle", ou types cellulaires inspirés des modèles de Cody ou de Haldon. [85]

A.2.1.4 - Les mines sous ballons libres

Lors d'une réunion sur la défense aérienne le 7 octobre 1940, le Premier Ministre demande au Secrétaire d'État à l'Air d'étudier une variante des Mines Aériennes Longues consistant à envoyer des ballons libres emportant des câbles et des charges explosives sur la trajectoire prévue de bombardiers ennemis. [86] Cette technique n'a été employée qu'à quelques reprises en décembre 1940 et janvier 1941. Par exemple, dans la nuit du 27 au 28 décembre 1940, 658 ballons sont relâchés au-dessus de Londres. [87] Même avec 1.252 ballons relâchés en une seule fois le 11 janvier, aucun succès n'a été enregistré malgré le passage de 55 avions ennemis. [88] Dans une note envoyée à Churchill, le Professeur Lindemann suggère qu'il aurait fallu relâcher au minimum 10.000 mines sous ballons pour espérer abattre 6 à 8 avions de ce groupe de 55. Il classe ainsi les méthodes de minage du ciel, de la plus économique à la plus coûteuse : [89]
- Le remorquage de mines derrière un avion (testé sur Wellington) ;
- La dépose de mines par parachute par un avion (testé sur Harrow et DB-7) ;

---

[84] Rapport de la Police de Norwich, daté du 18 septembre 1941, conservé page 65 du dossier AIR 27/753, TNA.
[85] Dossier *"French Kite balloon barrage scheme"*, de 1936, conservé sous la référence AIR 2/1810, TNA, et rapports d'essais du RAE de 1936 à 1942 conservés sous les références AIR 6/14608, 14610, 14740, 20078, 8453, 8459, 7201.
[86] Note du 13 octobre 1940 du Secrétaire Personnel du Vice-Chef d'État-Major de la RAF au Directeur des Opérations (Royaume-Uni), conservée dans le dossier AIR 20/2419, TNA.
[87] Compte-rendu de la *"Conference on Night Interception held in the Air Council Room at 3 p.m. on 1st January, 1941"* présidée par le Secrétaire d'État à l'Air, conservé sous la référence AIR 20/2419, TNA.
[88] Paragraphes 53 et 54 du rapport *'Air operations by Fighter Command from 25th November 1940 to 31st December 1941'* du Marshal Sir Sholto Douglas, 29 février 1948, conservé dans le dossier CAB 106/1200, TNA.
[89] Note du 29 janvier 1941, conservée dans le dossier AIR 20/2419, TNA.

- La projection par roquettes de mines sous parachute ;
- L'envol de mines sous ballons libres.

L'Air Vice-Marshal Arthur T. Harris, Chef d'État-Major en Second de la RAF, calcule que pour ces 10.000 ballons à relâcher en une heure avec un vent en altitude inférieur à 30 km/h (conditions qui ne se rencontrent qu'une à deux fois par mois), il faudrait 5.000 hommes bien entraînés, 85.000 m^3 d'hydrogène, ce qui représente 4.848 bouteilles d'hydrogène à transporter par 162 remorques tirées par 81 tracteurs. Il conclut que *"toutes ces dépenses ne réussiront qu'à déployer une forme quasiment inutile de défense, causant peut-être des soucis et des risques pour nos propres opérations de bombardiers, pendant seulement une ou deux nuits par mois, et contre laquelle l'ennemi pourrait facilement se protéger [en installant des coupe-câbles sur ses avions]. ... Cette situation est typique de ce qui se produit lorsque des amateurs se mêlent d'un sujet auquel ils ne connaissent rien. Nous avons été poussés à produire une arme bancale d'une utilité plus que douteuse. Je propose que les équipements existants soient mis en stock, au cas improbable où il s'avérerait intéressant de reprendre ce projet ; que tous les contrats soient annulés ... et que ce projet coûteux, mal étudié et presque totalement inutile soit abandonné avant que nous ne soyons plus empêtrés par ses exigences en personnel et en matériel. Cela n'empêche pas de continuer à perfectionner le dispositif de façon expérimentale."* [90]

Bien que l'Air Chief Marshal Sir Charles F. A. Portal, Chef d'État-Major de la RAF, ait transmis ces réticences en termes plus choisis à Churchill, ce dernier remet le sujet sur la table lors d'une nouvelle réunion sur la défense aérienne le 24 mars 1941, en exigeant qu'un essai grandeur nature soit effectué en avril près de Liverpool. Le 29 mars, l'Air Marshal W. Sholto Douglas, patron du Fighter Command, tient une réunion à ce sujet, et cette fois c'est l'Amirauté (responsable de la fabrication de la partie explosive du dispositif) qui se montre réticente car les derniers essais ont montré que certaines mines sont retombées armées dans la campagne anglaise, faisant courir un risque à la population civile. Les Allemands ayant commencé à équiper leurs avions de coupe-câbles, le Directeur des Opérations de Chasse recommande donc fin avril que ces ballons-mines soient définitivement abandonnés. [91] Un essai est cependant planifié pour le mois de mai dans la région de Liverpool sous le nom de code d'opération *"Albino"*. [92] Bien qu'étant conçues pour s'autodétruire après un certain temps ou lorsqu'elles repassent sous une altitude de 3.660 mètres, certaines de ces mines se sont retrouvées éparpillées en Angleterre et jusqu'en Suède, et plusieurs accidents ont été signalés, notamment lorsque le câble d'acier a touché des lignes électriques, causant des électrocutions. Plusieurs civils ont ramassé les mines malgré l'avertissement "DANGER - DO NOT TOUCH" peint sur l'enveloppe, des anecdotes savoureuses étant rapportées de paysans ayant démonté

---

[90] Note du 4 février 1941 envoyée au Chef d'État-Major de la RAF, conservée dans le dossier AIR 20/2419, TNA.
[91] Note du 26 avril 1941 *"Free ballon barrage - Note for the Night Air Defence Committee"*, conservée dans le dossier AIR 20/2419, TNA.
[92] Instruction Opérationnelle du Fighter Command n°78 *"Free Ballon Barrage (Albino)"* du 3 mai 1941, reproduite en Annexe 20 du volume III de la monographie *"The Air Defence of Great Britain"* (voir bibliographie).

une mine sur sa table de cuisine ou un commerçant ayant attaché quatre mines sur son vélo en chemin vers sa boutique ! [93]

Un emploi similaire contre les avions allemands larguant des mines dans les estuaires britanniques a été tenté sous le nom d'opération *"Petard"*. Deux lâchers de ballons ont lieu en février et mars 1942, mais trois personnes sont tuées et sept autres blessées par les charges explosives retrouvées à terre. [94]

A.2.1.5 - Projecteurs, fusées éclairantes et éclairage des nuages

Le Comité pour l'Étude Scientifique de la Défense Aérienne présidé par Henry T. Tizard se penche à de nombreuses reprises sur les différentes méthodes possibles pour améliorer la visibilité d'avions, que ce soit de jour (par exemple grâce des filtres optiques étudiés par le Centre de Recherche Aéronautique (RAE) de Farnborough dans le Hampshire), ou de nuit (grâce des projecteurs ou des fusées éclairantes, que ces dernières soient larguées d'un avion ou tirées par des canons au sol). La principale difficulté rencontrée lors de l'illumination de cibles, notamment à l'aide de fusées éclairantes, était de ne pas détruire l'adaptation à la vision nocturne de l'équipage du chasseur. Il fallait aussi vaincre les réticences des équipages qui considéraient à juste titre *"qu'il était évident que les fusées allaient nous éclairer aussi, ce qui n'était pas du tout pris en compte ! Notre conception de la chasse de nuit était d'abattre l'ennemi avant même qu'il ne sache que nous étions présents, pas de lui donner l'opportunité de nous tirer dessus."* [95] Pour l'anecdote, on notera que, à partir de la seconde moitié de 1943, les Allemands ont utilisé des bombardiers (comme des quadrimoteurs He-177) pour larguer des fusées éclairantes dans les zones bombardées pour aider les chasseurs monomoteurs à trouver des cibles parmi les bombardiers britanniques.

L'idée la plus originale consistait à illuminer des nuages par en-dessous pour que des chasseurs en altitude puissent voir la silhouette des bombardiers se détachant sur le fond plus clair des nuages. Ce système, baptisé '*Silhouette detection*', est testé en 1936 par le RAE puis tombe dans l'oubli jusqu'à la guerre. Ce projet est soudainement relancé par une note du Ministère de l'Air du 22 septembre 1939 qui demande à la fois de faire des essais à grande échelle et de *"mettre ce dispositif en service aussi vite que possible en tant que partie intégrante de notre organisation de défense"*. L'Air Chief Marshal Sir Hugh C.T. Dowding, patron du Fighter Command, accepte de réaliser des essais mais refuse tout déploiement avant que ce concept ait fait ses preuves. [96] Cinquante projecteurs sont installés en rangées de cinq sur un axe Nord-Ouest - Sud-Est sur un rectangle d'environ 16 par 32 km dans l'Essex.

---

[93] Article *"Free Balloon Operations in World War Two"* sur le site http://www.bbrclub.org/free_balloon_operations_in_world.htm , consulté le 10 juin 2023.
[94] Article *"Free balloon barrage. Code-name Albino and Petard"*, page 17 du n°1 de la revue Aeromilitaria (Air-Britain) de 1996.
[95] Page 54 du livre de Dennis Gosling (voir bibliographie).
[96] Note S.42261 du Directeur Général des Opérations *"Silhouette Detection of Aircraft"* et réponse FC/S.15354/Air. du 25 septembre 1939 de l'Air Commodore Keith R. Park sur ordre de Dowding, conservées en pièces 1A et 4A sous la référence AIR 16/6, TNA.

Lors de quatre séries d'essais, un avion cible vole dans cette zone à différentes altitudes pendant qu'un avion de chasse et différentes batteries de DCA tentent de l'apercevoir. La transmission des ordres est difficile car il n'y a pas de liaisons téléphoniques entre les différents emplacements de projecteurs. Le projecteur du QG était censé s'incliner et effectuer une rotation dans un sens puis dans l'autre pour donner l'ordre d'éteindre les projecteurs, mais certains restent allumés plus longtemps avant qu'une estafette ne finisse par leur passer un message écrit. [97] Ces essais montrent que ce dispositif permet aux canons d'apercevoir parfois l'avion cible s'il vole sous les nuages mais qu'il est inefficace pour les avions de chasse : le rapport du Sergent Christopher F. Currant du 151ème Escadron, un futur as de la bataille d'Angleterre, est sans appel : *"À 00h02 le 3 janvier 1940, j'ai réalisé les Essais Silhouette comme stipulé par l'Instruction n°6. Il y avait une brume au sol montant jusqu'à 450 mètres. La visibilité était de 16 à 24 km sans nuages et sans Lune. J'ai patrouillé la zone de Woodham Ferrars à des altitudes débutant à 300 mètres et allant jusqu'à 2.400 mètres. Je n'ai pu, à aucun moment durant mes patrouilles, détecter l'avion cible, que ce soit de dessous ou de dessus."* [98] Comme l'avait prédit en septembre 1939 l'Air Commodore Keith R. Park, assistant de Dowding au QG du Fighter Command, *"les radars air-air rempliront cette tâche plus efficacement pour une fraction du coût en matériel et en personnel"*. [99] Finalement, Dowding préconise de redéployer ces projecteurs pour tenter d'aider la DCA contre les bombardiers allemands qui mouillent des mines dans l'estuaire d'Harwich, dans l'Essex. [100]

Pour l'anecdote, il est amusant de noter qu'à l'opposé des discussions sur l'illumination de cibles aériennes, le CSSAD étudie aussi lors de sa neuvième réunion, l'intérêt de recouvrir la Tamise d'une poudre sombre pour qu'elle ne serve pas de point de repère aux avions ennemis. [101]

A.2.1.6 - L'emploi de bombardiers comme patrouilleurs

Fin 1940, faisant feu de tout bois pour lutter contre le Blitz, les Britanniques tentent de mettre en place des patrouilles de bombardiers Handley Page Hampden au-dessus des villes bombardées dans l'espoir que l'un des quatre membres d'équipage apercevra un appareil ennemi. Une vingtaine de ces avions doit se répartir à raison d'un tous les 150 mètres d'altitude, entre 3.000 et 6.000 mètres et lorsqu'ils sont présents, les canons et les projecteurs de DCA doivent rester inactifs. Lors du premier essai au-dessus de Bristol,

---

[97] Instructions du 19 octobre 1939 pour les essais Silhouette et rapport du 24 octobre 1939, conservés en pièces 43A, 32A et 54A sous la référence AIR 16/6, TNA.
[98] Rapport *"Silhouette Detection Trials"*, conservé sous la référence AIR 16/6, TNA.
[99] Note interne du 23 septembre 1939 de l'Air Commodore Keith R. Park à Dowding, conservée en en-tête du dossier AIR 16/6, TNA.
[100] Lettre FC/S. 15354. du 16 février 1940 au Sous-Secrétaire d'État à l'Air, conservé sous la référence AIR 16/6, TNA.
[101] Compte-rendu de la réunion des 15 et 16 juin 1935, conservé sous la référence AIR 20/181, TNA. On notera que cette réunion se tient sur l'île d'Orfordness, Suffolk, où se déroulent les recherches sur le radar, sous couvert de recherche sur l'ionosphère.

les Hampden arrivent alors que les bombardiers allemands quittent les lieux. [102] Finalement, ce type d'expérience semble avoir été rapidement abandonné.

A.2.1.7 - Turbinlite

L'emport de projecteurs pour la chasse de nuit avait déjà été testé durant la Première Guerre mondiale. Par exemple, un Spad 11 Cn2 biplace et des Voisin LB à canon de 37 mm avaient été équipés, sans grand succès, d'un projecteur Cibié pour chasser les dirigeables Zeppelin qui bombardaient Paris en 1915. [103]

Lors de ces réunions à la mi-1935, le Comité pour l'Étude Scientifique de la Défense Aérienne étudie l'emploi des phares d'atterrissage d'un avion pour illuminer une cible aérienne. Le 25 février 1936, les premiers résultats d'essais d'illumination d'un avion à l'aide de projecteurs embarqués réalisés par le Centre de Recherche Aéronautique de Farnborough dans le Hampshire sont décrits comme "décevants" puisqu'un avion volant à 1.500 mètres d'altitude ne parvient à éclairer un plastron que jusqu'à une distance de 200 mètres avec un projecteur de 200.000 candelas. [104]

Au printemps 1940, l'étude de cette méthode de chasse est officiellement abandonnée. [105] Par un retournement surprenant, le sujet est remis sur la table suite aux rencontres distinctes de trois bombardiers britanniques avec des avions allemands qui les auraient illuminés (peut-être avec des phares d'atterrissage). [106] Une étude plus poussée montre que seulement une cinquantaine de cas similaires ont été rapportés sur 2.400 missions sans démontrer une réelle pratique de chasse "à la lanterne", et il est décidé d'abandonner une seconde fois ce sujet, Sir Henry Tizard soulignant *"qu'il fallait cesser de rouvrir une question qui a déjà été étudiée en détail et rejetée pour des raisons techniques et opérationnelles simplement parce qu'une tierce personne suggérait de revenir dessus. Une telle procédure sous-entendait que l'avis pesé des équipes techniques et opérationnelles devait être mauvais. Il n'y avait aucun fondement pour ce sous-entendu et si le Comité travaillait sur cette base, aucun progrès ne serait jamais effectué."* [107]

---

[102] Paragraphe 5 du rapport FC/S.22104 du 8 décembre 1940 'Night interception', conservé sous la référence AIR 20/2419, TNA.
[103] Article *"Lux Fiat ! Et l'avion eut la lumière"*, d'Arnaud Prudhomme, page 28 du Fana de l'Aviation n°374, janvier 2001.
[104] Compte-rendu de la seizième réunion du CSSAD conservé sous la référence AIR 20/181, TNA.
[105] Paragraphes 40 à 42 du compte-rendu de la réunion du 14 mars 1940 du Comité d'Interception Nocturne, conservé sous la référence AIR 20/3442, TNA.
[106] Annexe A et compte-rendu de la réunion du 2 mai 1940 du Comité d'Interception Nocturne, conservé sous la référence AIR 20/3442, TNA : dans la nuit du 23 au 24 mars 1940, un Wellington a été éclairé par un autre appareil près de Cuxhaven, en Basse-Saxe ; la nuit suivante un autre incident identique est rapporté à Wesermünde, près de Bremerhaven ; enfin le 30 avril, près du Danemark, un Hampden du 50ème Escadron est éclairé par un hydravion Do-18 qui s'enfuit dès les premiers tirs.
[107] Paragraphes 15 à 22 du compte-rendu de la réunion du 4 juillet 1940 du Comité d'Interception Nocturne, conservé sous la référence AIR 20/3442, TNA. Certains lecteurs reconnaîtront dans l'argumentation de Sir Tizard des pratiques managériales hélas toujours d'actualité, lorsque des décideurs (politiques ou privés) demandent de nouveaux rapports quand ils n'apprécient pas les conseils donnés par leurs équipes pourtant parfaitement compétentes.

L'idée est reprise par le touche-à-tout Australien F. Sidney Cotton dont nous parlerons plus longuement au sujet des avions de reconnaissance photographique de la RAF. [108] Avec l'aide du Wing Commander William Helmore, il dépose des brevets en septembre 1940 pour un projecteur embarqué : alimentée par de puissantes batteries, une lampe à arc avec électrodes en charbon est montée dans le nez d'un avion. Comme ce type de lampe demande quelques secondes pour monter en température, des volets occultants sont placés devant pour cacher la lueur tant que l'illumination maximale n'est pas atteinte.

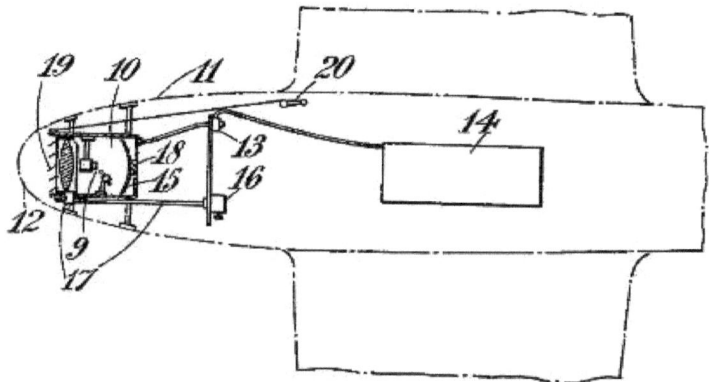

Figure 1 du brevet n°15311/40, demande déposée le 19 septembre 1940 par Cotton et Helmore.

La légende est la suivante :
9. Électrodes de la lampe à arc
10. Projecteur
11. Nez de l'avion
12. Fenêtre
13. Interrupteur
14. Batteries
15. Miroir
16. Détecteur *[radar]*
18. - *[support ?]*
17. Réglage de la lentille montée devant la lampe en fonction de la distance de la cible
19. Volets occultants
20. Commande des volets occultants

La lampe, fabriquée par la General Electric Company Ltd (GEC), émet 160 millions de candelas et le grésillement des charbons ainsi que la fumée de la combustion sont décrits comme étant terrifiants par les aviateurs qui ont assisté à une démonstration au sol. [109] Ne pouvant plus être montée sur le nez de l'avion, l'antenne d'émission du radar AI Mk IV est dédoublée, une de chaque côté, à l'avant du fuselage. Malheureusement, les masses des 48 batteries de 12 volts (1.676 kg) placées dans la soute à bombes, [110] de la lampe et de son mécanisme, plus le radar air-air, sont telles que même un bombardier bimoteur comme le Havoc doit être privé de tout armement. À titre de comparaison, la version *Intruder* du Boston III, pourtant chargée de quatre canons de 20mm, de six mitrailleuses (deux défensives) et de douze bombes de 18 kg, peut emporter 27% de carburant de plus (soit 532 litres) que la version Turbinlite. [111] Il faut donc que ce

---

[108] Voir l'ouvrage de cette série sur les chasseurs et avions de reconnaissance de la RAF.
[109] Page 61 du livre de Michael Allen (voir bibliographie).
[110] Entrée du 15 septembre 1942 du Journal de marche de la 1.457ème Escadrille, conservé sous la référence AIR 27/2004/19, TNA.
[111] Air Publication 2023B *"Notes à l'intention des Pilotes de Boston III"*, version d'avril 1942.

projecteur volant soit accompagné d'au moins un autre avion chargé d'abattre la cible (concept baptisé *"Hunter-Killer"* dans d'autres applications similaires d'un engin de recherche et d'un autre de tir). Pour permettre de garder le contact en vol de nuit, le pilote du chasseur "parasite" garde les yeux sur de longues bandes peintes en blanc à l'arrière des ailes du Havoc, sur l'intrados et sur l'extrados.

Norman Franks utilise une expression amusante pour décrire le concept de l'interception par projecteur Helmore : *"Comme beaucoup d'autres projets, il était long sur la théorie, mais court sur les résultats pratiques."* [112] Alors que le Comité d'Interception Nocturne avait refusé de poursuivre dans cette voie, Helmore, en tant que conseiller scientifique au sein du Ministère de la Production Aéronautique, développe son projecteur sous la forme de ce que le Secrétaire d'État à l'Air qualifie aimablement de *"petite expérience à votre initiative que nous suivons avec intérêt et espoir."* [113] Après des essais en mars-avril 1941 par l'Unité d'Interception de Chasse (FIU - Fighter Interception Unit, voir le chapitre sur les radars embarqués), la 1.422ème Escadrille, baptisée Unité d'Illumination de Cibles Aériennes, est formée à Heston en mai 1941, à l'ouest de Londres, pour tester ce concept. [114] Finalement, il est décidé avant l'été 1941 de déployer massivement le projecteur inventé par le Group Captain Helmore pour les interceptions durant les nuits sans Lune. En mai 1941, le commandant du Fighter Command prévoit de répartir les quinze premiers "DB7 porteurs du projecteur Helmore" sur cinq aérodromes (Charmy Down, Hunsdon, West Malling, Ford et Wittering). Il faut former des électriciens supplémentaires avec l'assistance du fabricant GEC Ltd, à raison de deux pour chaque avion, pour entretenir le système complexe du projecteur. [115]

On peut conclure que les Escadrilles de Havoc à projecteurs Helmore (baptisés du nom de code "Turbinlite" à partir de juillet 1941) [116] sont nées d'une part de la pression du Blitz qui oblige à faire feu de tout bois, et d'autre part d'un malentendu en grande partie causé par le manque de résultats des premiers chasseurs à radar air-air (Blenheim et Beaufighter). [117]

---

[112] Page 176 de son livre (voir bibliographie).
[113] Lettre du 21 mars 1941 du Secrétaire d'État à l'Air à Lord Beaverbrook, Ministre de la Production Aéronautique, conservée sous la référence AIR 20/2419, TNA.
[114] Entrée du 22 mai 1941 du Journal de marche de la 1.451ème Escadrille, conservé sous la référence AIR 27/2001/1, TNA. L'aérodrome d'Heston a disparu depuis longtemps, étant trop proche d'Heathrow. C'est là que, le 30 septembre 1938, Chamberlain avait brandi la résolution signée à Munich et avait annoncé que ce document garantissait *"la Paix pour notre époque"* … moins d'un an plus tard, l'Europe était en guerre.
[115] Note du 11 mai 1941 rédigée par le Group Captain John Whitworth-Jones, Directeur des Opérations de Chasse au Vice-Chef d'État-Major de la RAF, conservée sous la référence AIR 20/2419, TNA.
[116] Entrée du 4 juillet 1941 du Journal de marche de la 1.451ème Escadrille, conservé sous la référence AIR 27/2001/1, TNA.
[117] Voir pages 85-86 du livre d'Alastair Goodrum (voir bibliographie).

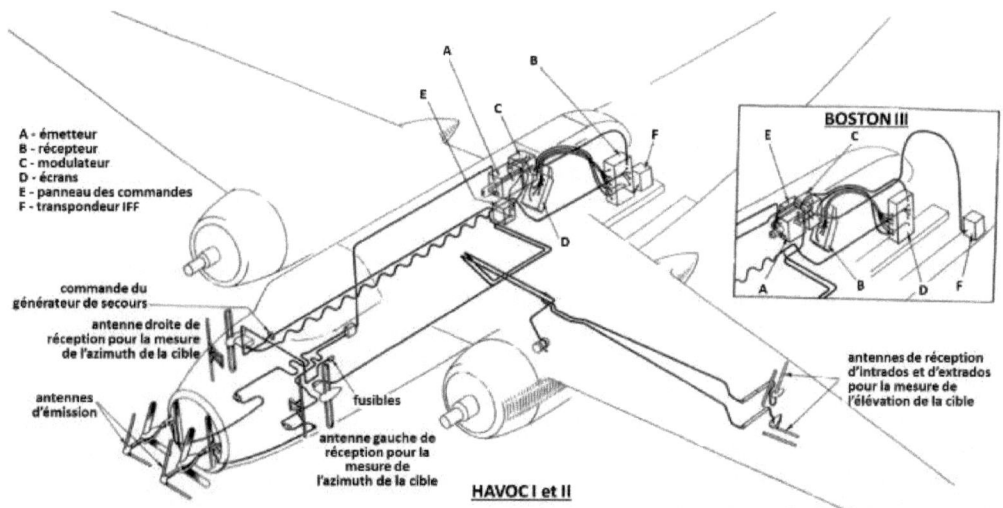

Schéma d'installation du radar air-air AI Mk IV à bord des Havoc et Boston Turbinlite. On note la présence de deux antennes d'émission de part et d'autre du projecteur alors que les premiers avions n'avaient qu'une antenne du côté droit. (Figure 44 du Secret Document 0165, chapitre 1 *"A.I. Mk. IV and ancillary equipment"*, 2ème édition de juillet 1942)

Entre fin mai et décembre 1941, dix Escadrilles de Havoc Turbinlite sont formées, avec une dotation théorique de huit bimoteurs opérationnels (plus un en réserve immédiate ; un Tiger Moth ou un Magister était aussi souvent ajouté). L'effectif complet de chacune de ces Escadrilles est le suivant : [118]

		Nombre
Aviateurs	Officiers	6
	Sous-Officiers *	16
"Rampants"	Officiers	2 **
	Sous-Officiers et Hommes du rang	128 ***

* Cet effectif théorique prévoyait onze équipages, dont tous les opérateurs radar étaient des Sous-Officiers. Dans les faits, certains étaient Officiers. En juin 1942, cet effectif théorique a été révisé pour admettre un Officier et dix Sergents Observateurs (Radio) (comprendre "Radar"). [119]

---

[118] Journaux de marche de l'été 1941 des 1.453 et 1.454ème Escadrilles, conservés sous les références AIR 27/2002/1 et AIR 27/2002/37, TNA.
[119] Entrée du 5 juin 1942 du Journal de marche de la 1.460ème Escadrille, conservé sous la référence AIR 27/2006/34, TNA.

** Adjudant de l'unité et Officier chargé des radars air-air. Chaque Escadrille a accueilli en 1942 plusieurs Lieutenants de l'US Signals Corps (un à la fois pendant quelques mois) pour les former à l'entretien et à la calibration de ces radars air-air. [120]

*** Dont un Warrant Officer responsable de la maintenance des avions.

Initialement, des Havoc I à moteurs Pratt & Whitney Twin Wasp R1830 S3 C4-G (1.200 ch chacun) sont utilisés mais ils sont écartés fin octobre 1941 en raison d'une vitesse insuffisante au profit de Havoc II à moteurs Wright R-2600-A5B Twin Cyclone (1.600 ch chacun). [121] Les pilotes de Havoc II ou de Boston III reçoivent trois jours de formation sur les particularités d'emploi des moteurs Twin Cyclone à la 21ème École de Formation Technique de Burtonwood, dans le Cheshire. Dès le début, afin de garder ces projecteurs aériens secrets, il est décidé de ne pas avoir plus d'un seul avion Turbinlite visible depuis la route d'enceinte des bases et de ne pas effectuer d'entraînement à moins de 24 km d'avions ennemis. Toutes ces Escadrilles doivent être déclarées opérationnelles ensemble pour profiter d'un effet de masse et de surprise ; c'est chose faite le 27 avril 1942, [122] mais depuis le 28 février l'emploi des projecteurs Turbinlite était autorisé *"en cas d'attaque massive de plus de 50 avions ennemis"*, ce qui ne s'était pas vu depuis la fin du Blitz. [123] Dès la nuit suivante, les Pilots Officers Beveridge et Scott sur le Havoc II AH460 de la 1.459ème Escadrille amènent le Hurricane du Flying Officer Beguin du 253ème Escadron à portée d'un Dornier qu'ils illuminent, mais le chasseur est mal placé et l'avion allemand s'esquive. [124] En moyenne, chaque pilote de Turbinlite a effectué mensuellement une vingtaine d'heures de vol de jour et une dizaine d'heures de nuit pendant l'été 1942. [125] Les chasseurs parasites devaient être fournis "à la demande" par des Escadrons de Hurricane (voir tableau [126] ci-dessous) qui sont loin d'être enthousiastes à l'idée de rester coller de nuit à une "nounou" pendant une heure ou plus. Les Hurricane ont aussi d'autres chats à fouetter : par exemple, en juin 1942, le 32ème Escadron basé à West Malling dans le Kent effectue des patrouilles défensives au-dessus de Canterbury, des escortes de convois maritimes en Manche, des raids *"Intruder"* sur la Normandie, des simulations d'attaques d'aérodromes de la RAF, des entraînements au tir, des mitraillages de navires

---

[120] Par exemple, entrée du 18 juin 1942, concernant l'affectation du 1er Lieutenant C. B. Fisher, et entrée du 28 août 1942 pour son remplacement par le 2nd Lieutenant K. R. Raulins, du Journal de marche de la 1.458ème Escadrille, conservés sous les références AIR 27/2005/15 et 19, TNA.

[121] Entrée du 15 novembre 1941 du Journal de marche de la 1.457ème Escadrille, conservé sous la référence AIR 27/2004/19, TNA.

[122] Entrées du 26 et 29 juin 1941, et 27/28 avril 1942 du Journal de marche de la 1.451ème Escadrille, conservé sous la référence AIR 27/2001/1, TNA. La 1.458ème Escadrille semble avoir été une exception : étant formée début décembre 1941 avec des équipages du 93ème Escadron (donc déjà compétents sur Havoc), elle est capable de placer tous les soirs un avion prêt à décoller en opérations dès la fin du mois (Journal de marche conservé sous la référence AIR 27/2005/3, TNA).

[123] Entrée du 28 février 1942 du Journal de marche de la 1.454ème Escadrille, conservé sous la référence AIR 27/2002/49, TNA.

[124] Entrée du 28 avril 1942 du Journal de marche, conservé sous la référence AIR 27/2006/12, TNA.

[125] Journal de marche de la 1.456ème Escadrille, conservé sous les références AIR 27/2004/10 et 18, TNA.

[126] Données des tableaux 4 et 5, page 114 du livre de Ian White sur la chasse de nuit (voir bibliographie).

allemands et … trois patrouilles avec des Havoc de la 1.452ème Escadrille. [127] Sans surprise, les commandants des unités Turbinlite se plaignent d'un manque de coordination (ou de coopération) et début septembre 1942, les Escadrilles de Havoc sont promues au statut d'Escadrons, incorporant leurs propres chasseurs parasites Hurricane.

juin 1941 à août 1942		septembre 1942 - janvier 1943
Escadron "parasites"	Escadrille Havoc	Escadron mixte Havoc-"parasites"
3 - Hurricane	1451	530
264 - Defiant puis 32 - Hurricane à partir de mai 1942	1452	531
151 - Hurricane et Defiant et 486 - Hurricane	1453	532
87 - Hurricane	1454	533
1 et 3 - Hurricane	1455	534
257 - Hurricane et Typhoon	1456	535
247 - Hurricane	1457	536
245 - Hurricane	1458	537
253 - Hurricane	1459	538
43 - Hurricane jusqu'à juin 1942 257 - Hurricane (juin-juillet 1942) 1 - Hurricane et Typhoon jusqu'à fin août 1942	1460	539

Cette solution avait été proposée plus d'un an plus tôt, le commandant de la 1.452ème Escadrille, offrant dès août 1941 de récupérer au moins six Defiant I puisque le 264ème Escadron était en cours de conversion sur Defiant II. [128] Finalement, il a fallu attendre septembre 1942 pour que le Ministère de l'Air se rende à l'évidence. Ces nouveaux Escadrons ont la dotation théorique suivante : [129]

Type d'avion	Avions opérationnels ('IE : Initial Equipment')	Avions de réserve ('IR : Immediate Reserve') pour les opérations de maintenance ou d'inspection
Havoc ou Boston Turbinlite	6	1
Hurricane IIc ou Defiant	6	1

---

[127] Journal de marche du 32ème Escadron, conservé sous la référence AIR 27/362/11.
[128] Bilans des mois d'août, septembre et octobre 1941 du Journal de marche, conservé sous la référence AIR 27/2001/21, TNA.
[129] Entrée du 15 septembre 1942 du Journal de marche du 535ème Escadron, conservé sous la référence AIR 27/2004/18, TNA. Cet Escadron disposait de 5 Boston III, 2 Havoc II, 1 Havoc I et 7 Hurricane à cette date, soit un avion de plus que la dotation théorique.

À titre d'exemple, en termes de personnel, l'effectif du 535ème Escadron au moment de sa dissolution est de 191 hommes, répartis ainsi : [130]

			Nombre
Aviateurs	Pilotes	de bimoteur Turbinlite *	7
		de Hurricane	8
	Opérateurs radar		10
"Rampants"	Officiers **		3
	Sous-Officiers et Hommes du rang		163

* Dont le Squadron Leader commandant l'unité. On note que ces Escadrons Turbinlite ne sont pas commandés par un Wing Commander comme les autres Escadrons de chasse de nuit sur bimoteurs (Beaufighter ou Mosquito).

** Adjudant de l'unité ; Officier responsable de la maintenance des avions et Officier chargé des radars air-air.

Ce mariage forcé de Hurricane et de Havoc dans les mêmes Escadrons se fait de façon assez désorganisée. Par exemple, le 534ème Escadron se plaint en septembre 1942 de ne pouvoir faire que des vols d'entraînement à cause de l'arrivée de trois équipages de Havoc et de trois pilotes de Hurricane inexpérimentés qui nécessitent l'emploi à plein temps des seuls deux Havoc et deux Hurricane que les mécanos parviennent à maintenir en condition opérationnelle. En effet, aucun mécano n'a été affecté à l'Escadron pour les Hurricane, et les mécanos de l'ancienne 1.455ème Escadrille de Havoc/Boston doivent répartir leurs efforts sur les deux types d'avions. La situation est identique au 531ème Escadron. [131] De même, les pilotes expérimentés de Hurricane ne sont pas enthousiastes à l'idée de voler de nuit sous les ordres d'un gros bimoteur et de ne plus avoir de missions de chasse diurne. Comme le note le Journal de Marche du 531ème Escadron : *"Les pilotes de Hurricane qui proviennent du 43ème Escadron sont plutôt un souci car aucun d'entre eux n'est particulièrement motivé par cette affectation."* [132] Ce sont donc souvent des novices qui sont affectés à ces Escadrons, ce qui remet en cause le statut opérationnel des Escadrons. Ainsi, en novembre 1942, le 530ème Escadron compte cinq pilotes de chasse (sur huit au total) qui sortent d'une OTU et qui n'ont jamais volé de nuit sur Hurricane. [133] Les

---

[130] Entrée du 25 janvier 1943 du Journal de marche, conservé sous la référence AIR 27/2004/18, TNA.
[131] Entrées des 18 et 26 septembre 1942 du Journal de marche du 534ème Escadron et bilan du même mois du Journal de marche du 531ème Escadron, conservés sous les références AIR 27/2004/5 et AIR 27/2001/27.
[132] Bilan du mois de septembre 1942 du Journal de marche conservé sous la référence AIR 27/2001/27, TNA.
[133] Bilan du mois de novembre 1942 du Journal de marche conservé sous la référence AIR 27/2001/15, TNA.

Turbinlite ne sont utilisés que lors des nuits noires, les nuits de pleine Lune étant baptisées *"Fighter nights"* et réservées à la chasse à l'œil nu par les avions monomoteurs. [134]

Des essais ont aussi été menés durant l'été 1942 avec un Typhoon en tant que chasseur parasite, mais ce chasseur a été jugé trop rapide pour voler correctement en formation avec un bimoteur Turbinlite. [135] Les 1.456 et 1.460èmes Escadrilles ont bénéficié un temps d'un mélange de Hurricane et de Typhoon comme avions parasites puisque les 1er et 257ème Escadrons disposaient de ces deux types d'appareils. Moins d'une centaine de Havoc et de Boston ont été convertis en Turbinlite. Dans les faits, l'idée d'illuminer brusquement une cible en plein ciel au profit d'un chasseur ne disposant pas d'un radar embarqué s'avère difficile à mettre en œuvre: le chasseur 'parasite' ne doit pas perdre des yeux le Havoc 'guide' ; deux avions impliquent deux fois plus de chances de se faire repérer ; l'attaque doit être parfaitement coordonnée ; quand le Havoc illumine la cible, tous les aviateurs risquent de perdre leur vision nocturne et l'avion ennemi sait immédiatement qu'il va être attaqué ; et dès que la cible sort du faisceau lumineux, le contact visuel est perdu pour de bon. La complexité de cette procédure d'interception conduit à des situations très frustrantes, comme par exemple le 4 août 1942, lorsque le Havoc II du Flight Sergeant Grew (pilote) et du Pilot Officer Cole (opérateur radar) de la 1.457ème Escadrille intercepte un He-111 et se fait tirer dessus par le mitrailleur dorsal du bombardier sans pouvoir faire quoi que ce soit puisque le Hurricane IIc parasite s'est perdu et demande par radio sa position au Havoc… autant chercher une aiguille dans une botte de foin ! [136] On ne parlera pas des cas où l'équipage du Turbinlite revient un peu penaud après avoir poursuivi pendant de longues minutes un contact radar pour réaliser qu'il s'agissait de son propre Hurricane "parasite" qui s'était égaré. [137] Même quand le Havoc Turbinlite amène le chasseur "parasite" à bonne portée, il est souvent avantageux de ne pas utiliser le projecteur comme le démontre l'attaque menée le 1er mai 1942 par le Flight Lieutenant Derek S. Yapp du 253ème Escadron sur Hurricane. Son rapport de combat est traduit ci-dessous : [138]

```
   SECRET                                            Formulaire "F"
                        RAPPORT DE COMBAT

Code du Secteur : W.D.1., W.D.2.    N° de l'Ordre de patrouille : -
```

---

[134] Par exemple, entrées des 29 et 30 juillet 1942, nuits de pleine Lune durant lesquelles les Havoc et Boston Turbinlite sont cloués au sol, du Journal de marche de la 1.456ème Escadrille, conservé sous la référence AIR 27/2004/18, TNA.

[135] Entrée du 11 août 1942 du Journal de marche de la 1.460ème Escadrille, conservé sous la référence AIR 27/2006/38, TNA.

[136] Entrée du 4 août 1942 du Journal de marche, conservé sous la référence AIR 27/2004/26, TNA.

[137] Entrée du 23 juillet 1942 du Journal de marche de la 1.459ème Escadrille, conservé sous la référence AIR 27/2006/18, TNA.

[138] Rapport de combat conservé sous la référence AIR 50/97/5, TNA. Le rapport de combat de Winn et Scott est conservé sous la référence AIR 50/502/2, TNA mais il a été choisi de donner ici le point de vue du "parasite". Pour le point de vue de l'équipage du bimoteur Turbinlite, voir le combat du 12 août 1942 ci-après.

Date : 1ᵉʳ mai 1942
Escadrille : A   Escadron : 253
Nombre d'avions ennemis : 1 He-111   Type d'avions ennemis : He-111
Heure de l'attaque : À peu près 02h28
Lieu de l'attaque : À peu près à 2 milles *(3,2 km)* au nord-est de Flamborough *[dans le Yorkshire de l'Est]*
Altitude de l'ennemi : 10.000 pieds *(3.050 m)*.
Dommages causés à l'ennemi : 1 He-111 détruit
Dommages subis : Aucun.
Projecteurs (ont-ils éclairé l'ennemi, si non étiez-vous devant ou derrière la cible ?) : Non
Canons de D.C.A. (Est-ce que les explosions d'obus ont aidé le pilote à intercepter l'ennemi ?) : Non
Distance à laquelle le feu a été ouvert lors de chaque attaque et durée approximative de la rafale : 100 yards *(90 m)*, beaucoup de courtes rafales.

RAPPORT GÉNÉRAL :

   J'ai décollé d'Hibaldstow *[dans le Lincolnshire]* en Hurricane IIC à 01h45 comme parasite du Havoc Turbinlite du F/Lt Winn *[de la 1.459ᵉᵐᵉ Escadrille]*. Le Havoc a reçu différents caps à suivre vers le Nord et est finalement passé sous le contrôle du G.C.I., à peu près à 02h18. Après avoir reçu différents caps à suivre du G.C.I., un contact a été obtenu sur son radar embarqué à une distance de 10.000 pieds *(3.050 m)*. Le Havoc m'a rapproché jusqu'à environ 2.000 pieds *(610 m)* tout en perdant de l'altitude jusqu'à 9.000 pieds *(2.745 m)* : c'est alors que j'ai obtenu un contact visuel sur un He-111. Je me suis rapproché à environ 100 yards *(90 m)*, mais au moment où j'allais ouvrir le feu, l'avion ennemi a dû apercevoir soit mon avion, soit le Havoc (qui se trouvait du côté de la Lune), car il a piqué à la verticale par la droite (en s'éloignant du Havoc). J'ai suivi l'avion ennemi dans sa spirale descendant à la verticale tout en tirant de nombreuses courtes rafales à environ 100 yards *(90 m)* de distance. Des impacts ont été observés à la fois sur les moteurs et le fuselage (l'équipage du Havoc les a également vus).

   L'avion ennemi a commencé à effectuer une ressource pour sortir du piqué à environ 5.000 pieds *(1.525 m) [d'altitude]*, mais après une rafale relativement longue qui a touché le fuselage, il est reparti dans un autre piqué à la verticale et a disparu dans des nuages bas peu épais à environ 1.500 pieds *(460 m) [d'altitude]*. J'ai continué à tirer jusqu'à ce que je sois juste au-dessus de ces nuages et j'ai alors commencé à redresser à environ 400 m.p.h. *(274 km/h)*, terminant ma ressource dans les nuages. En revenant au sommet des nuages, j'ai aperçu une grande lueur qui illuminait les nuages par en dessous (confirmée par l'équipage du Havoc). J'ai tourné au-dessus du feu et j'ai demandé à "Alarm" *[probablement le G.C.I. ou la salle d'opérations du Secteur]* de relever ma position. L'incendie s'est éteint après deux ou trois minutes, et j'ai donc supposé que l'avion ennemi était tombé en mer. Je suis ensuite rentré à la base pour m'y poser à 03h02.

> Je revendique cet avion comme étant indéniablement détruit.
> Signature : D. Yapp - F/Lt
> **Formulaire R.A.F. 1151.**

Le Journal de Marche de la 1.459ème Escadrille, [139] indique que le projecteur Turbinlite du Havoc II AH.484 du Flight Lieutenant Charles V. Winn, pilote, et du Pilot Officer Ray A. W. Scott, opérateur radar, *"n'a pas été utilisé jusqu'à ce que le Hurricane ouvre le feu"*, ce qui semble sous-entendre qu'il a été allumé ensuite. Les mots-code normalement utilisés pour prévenir le pilote du chasseur parasite que le projecteur allait être allumé étaient *"WARM"* (*"passez devant pour être prêt à attaquer"*) suivi de *"BOILING"* (*"je vais allumer le projecteur"*). [140] Promu plus tard Squadron Leader, Derek Yapp a pris la tête du 253ème Escadron avant de s'illustrer lors de l'opération Jubilee sur Dieppe, menée le 19 août 1942, ce qui lui a valu de recevoir la DFC. [141] Winn et Scott sont restés ensemble toute la guerre et ont reçu la DFC et le DSO, notamment pour leur travail au sein du 141ème Escadron que Winn a commandé de juin 1944 à la fin de la guerre. Pour l'anecdote, la carrière de ces deux aviateurs a failli être interrompue le 15 août 1943, non pas par les efforts de la Luftwaffe mais par ceux de la RAF ! Après avoir mitraillé l'aérodrome de Dreux, ils aperçoivent un avion à l'ouest de Paris, qu'ils pensent être un Me-110. En se rapprochant, ils identifient un Wellington et s'apprêtent à dégager quand le mitrailleur arrière leur décoche une rafale bien ajustée qui endommage le Beaufighter VI. Avec la radio et le circuit hydraulique hors service, Winn parvient à ramener l'avion à Wittering pour se faire tirer dessus par la DCA de l'aérodrome ! Ayant refait un circuit et tiré les couleurs du jour, il parvient à poser son avion sur le ventre, sans pouvoir utiliser les volets hypersustentateurs ou le train. [142] Winn est resté dans la RAF jusqu'au début des années 1970 avant de prendre sa retraite avec le rang d'Air Vice-Marshal.

Un combat similaire sous la lumière de la Lune, rendant inutile le projecteur, a été la seule victoire de la 1.455ème Escadrille, mais elle a été remportée au détriment d'un malheureux bombardier Short Stirling du 218ème Escadron qui rentrait d'une mission de bombardement. Dans la nuit du 4 au 5 mai 1942, le Squadron Leader George O. Budd, DFC, commandant cette Escadrille de Havoc Turbinlite et son Opérateur radar, le Sergent George Evans, DFM, ont amené le Hurricane IIc BD770 du Pilot Officer F. W. Murray du 1er Escadron en contact visuel avec la cible, et le Contrôleur au sol du GCI a confirmé qu'elle était hostile. Le reste s'est déroulé à la lettre … sauf pour les huit

---

[139] Journal de marche et ses annexes pour avril 1942 conservé sous les références AIR 27/2006/12 et 13, TNA.
[140] Page 63 du livre de Michael Allen (voir bibliographie). On trouve ainsi des expressions amusantes dans les documents d'époque comme *"Les conditions n'étaient pas bonnes pour faire bouillir"* ou *"Le Sergent Grew a fait bouillir pendant 45 à 50 secondes"* qui ne sont pas une référence au rituel britannique du thé mais à l'emploi des projecteurs Turbinlite (entrées du 31 janvier et du 5 mars 1942 du Journal de marche de la 1.457ème Escadrille, conservé sous les références AIR 27/2004/19 et 21, TNA).
[141] Second supplément de la London Gazette du 29 septembre 1942.
[142] Entrée du 15 août 1943 du Journal de marche et ses annexes conservés sous les références AIR 27/970/39 et 40, TNA.

occupants du Stirling W9313 "Q" (le Squadron Leader Ashworth, les Pilot Officers Farquharson et Green, le Flight Sergeant St John, et les Sergents Medhurst, Watt, Mulro et Hayden) qui s'en sont finalement bien sortis en terminant la nuit suspendus à leurs parachutes près de Norwich, alors qu'il ne leur restait plus qu'une cinquantaine de kilomètres à parcourir pour revenir à leur base de Marham dans le Norfolk. [143] Il ne faut pas trop s'étonner que lors d'une rencontre le mois suivant entre un Stirling et le Havoc III du Flight Sergeant Dickinson (pilote) et du Flight Sergeant Gradwell (opérateur radar) de la 1.457ème Escadrille, le mitrailleur arrière du bombardier a décidé d'ouvrir le feu avec une rafale de quatre secondes dès que le projecteur Turbinlite a été allumé. Le Flying Officer Hamilton dans le Hurricane parasite a riposté, heureusement sans succès, puisque le Stirling s'est ensuite identifié en tirant les couleurs du jour. [144]

Voler en formation de nuit présentait des risques importants de collision, comme le montrent les trois accidents suivants :

- Le 8 mars 1942, un Havoc Turbinlite de la 1.454ème Escadrille est percuté en vol par son Hurricane parasite du 87ème Escadron. Le pilote du Hurricane et l'Opérateur radar du Havoc (Sergent Arthur J. Matthews) sautent en parachute. Le pilote du Havoc, le Pilot Officer Arthur L. Barge, ramène l'avion malgré de gros dégâts au niveau de l'empennage. Un an plus tard, Barge et Matthews, qui venaient d'être affectés au 264ème Escadron, se tuent lorsque leur Mosquito II DD727 percute un arbre peu après le décollage le matin du 12 avril 1943. [145]
- Le 1er juin 1942, le Boston III Turbinlite W8257 de la 1.452ème Escadrille décolle à 23h35 de West Malling dans le Kent pour s'entraîner avec deux Hurricane IIc (Z3842 et BN383) du 32ème Escadron. Les détails de l'accident ne sont pas connus mais les trois appareils entrent en collision au-dessus de Maidstone. Le Pilot Officer Anthony F. McManemy et le Sergent Gordon R. Fennell à bord du Boston et le Flight Sergeant Wilbert J. Merrithew (Canadien) sur Hurricane sont tués. Le Flight Sergeant J. Walters (en fait Vejlupek, Walters étant un nom d'emprunt pour protéger sa famille, - Tchèque) sur Hurricane est sérieusement blessé. [146]
- Le 21 octobre 1942, le Hurricane IIc Z3081 du Sergent Arthur Davies et le Boston III AL871 du sergent Norman E. A. Ross (605ème Escadron) s'écrasent après une

---

[143] Entrées du 4 mai 1942 des Journaux de marche de la 1.455ème Escadrille et du 218ème Escadron, conservés sous les références AIR 27/2004/1 et AIR 27/1350/10, TNA. Le Journal de marche du 1er Escadron est plus laconique : le vol du P/O Murray est enregistré comme ayant eu lieu de 22h25 à 23h55 avec la mention *"Co-op avec Havoc - Rien à signaler"* (référence AIR 27/3/10, TNA). Ce combat est décrit en détail page 67 du livre de Michael Allen (voir bibliographie). D'après Allen, le Stirling revenait d'un raid sur les usines Skoda à Pilsen (aujourd'hui en Tchéquie).
[144] Entrée du 24 juin 1942 du Journal de marche de la 1.457ème Escadrille, conservé sous la référence AIR 27/2004/22, TNA.
[145] Entrée du 8 mars 1942 du Journal de marche de la 1.454ème Escadrille, conservé sous la référence AIR 27/2002/51.
[146] Entrée du 2 juin 1942 des Journaux de marche de la 1.452ème Escadrille et du 32ème Escadron et dossiers d'accident, conservés sous les références AIR 27/2001/23, AIR 27/362/11, AIR 81/14725 et AIR 81/14710, TNA. Le Journal de marche du 32ème Escadron émet l'hypothèse que le Hurricane de Merrithew est entré en collision avec les deux autres avions.

collision aérienne. Le Boston servait de cible lors d'un exercice d'interception Turbinlite. Les deux hommes sont tués. [147]

Le projecteur Helmore a été, sans doute possible cette fois, utilisé dans un combat au résultat positif lorsque l'équipage composé de Winn (encore lui, désormais Squadron Leader) et du Pilot Officer Harding sur Havoc, accompagné du Flight Sergeant McCarthy du 253ème Escadron sur Hurricane IIc revendiquent un He-111 endommagé le 12 août 1942. Le rapport de combat de Winn est traduit ci-dessous : [148]

SECRET **Formulaire "F"**
RAPPORT PERSONNEL DE COMBAT DU PILOTE

Code du Secteur : -   N° de l'Ordre de patrouille : -
Date : 12 août 1942
Escadrille : 1459   Escadron : -
Nombre d'avions ennemis : 1   Type d'avions ennemis : He-111
Heure de l'attaque : À peu près 01h00
Lieu de l'attaque : À 20 milles *(32 km)* au nord-est de la base [*Hibaldstow dans le Lincolnshire*]
Altitude de l'ennemi : 10.000 pieds *(3.050 m)*
Dommages causés à l'ennemi : 1 endommagé
Dommages subis : Impacts sous le moteur [*droit*] [149]
RAPPORT GÉNÉRAL :

J'ai décollé d'Hibaldstow sur un Havoc III [150] pour patrouiller avec le F/Sgt McCarthy du 253ème Escadron sur un Hurricane IIC à 00h30. Nous sommes montés à 7.500 pieds *(2.300 m)* [*d'altitude*] sur un cap de 110° et nous sommes passés sous le contrôle du GCI de Patrington [*dans le Yorkshire*]. J'ai reçu l'ordre de monter à 12.000 pieds *(3.650 m)* [*d'altitude*] sur un cap de 040°. J'ai ensuite suivi des caps au Nord puis à l'Ouest. J'ai eu un contact [*radar*] sur un avion ennemi dans une couche nuageuse à 100% [151] à une altitude de 10.500 pieds *(3.200 m)* mais je l'ai dépassé. J'ai été dirigé vers d'autres avions ennemis sur un cap à l'Ouest, l'identification "ennemi" étant incertaine. On m'a ensuite dit que c'était un avion non identifié, puis à nouveau un hostile. L'avion ennemi a zigzagué et le contact [*radar*] a été établi par mon Opérateur radar (le P/O Harding) sur un cap de 150°. Mon Opérateur radar m'a donné une correction de 40° à droite et 600 pieds *(180 m)* au-dessus. J'ai donné les avertissements "WARM" et "BOILING"

---

[147] Dossier d'accident, conservé sous la référence AIR 81/19010, TNA. Le Journal de marche du 605ème Escadron, conservé sous la référence AIR 27/2089/27, TNA, mentionne cet accident, mais pas celui du 534ème Escadron.
[148] Rapport de combat conservé sous la référence AIR 50/502/4, TNA. Le rapport de combat de McCarthy est conservé sous la référence AIR 50/97/19, TNA.
[149] Le Journal de marche du 253ème Escadron indique que c'est le moteur droit du Boston qui a été touché, Journal conservé sous la référence AIR 27/1511/51, TNA.
[150] En fait, le Boston III W8364 d'après les Annexes du Journal de marche, conservées sous la référence AIR 27/2006/21, TNA.
[151] La couverture nuageuse était estimée par la RAF sur une échelle de 0 (aucun nuage) à 10 (temps complètement bouché). Traduit ici en pourcentage.

> au Hurricane et j'ai éclairé un avion que je n'ai pas identifié. J'ai prévenu le Hurricane que ce pouvait être un ami, mais la cible a ouvert le feu sur nos deux appareils, les touchant tous les deux. Le Hurricane a utilisé toutes ses munitions et j'ai observé plusieurs impacts sur l'aile droite de la cible, le moteur [droit] et le fuselage. En coupant le projecteur Turbinlite, je n'ai momentanément plus rien vu et j'ai donc effectué une violente manœuvre de dégagement vers la gauche. J'ai ensuite aperçu une lueur rouge dans le ciel et je pense que cela devait être le moteur droit en feu de l'avion ennemi. Nous sommes rentrés à la base, pour nous y poser à 1h40. L'avion ennemi est revendiqué endommagé en attendant plus d'informations concernant un crash en A.44.[152]
>
> Signature : C. V. Wynn [sic] - S/Ldr

Durant la dizaine de secondes de fonctionnement du projecteur Helmore, McCarthy a identifié l'avion comme étant un He-111. De retour à Hibaldstow vers 1h40 du matin, il dû se poser sans l'aide de son badin, le tube de Pitot ayant été percé. Le bord d'attaque et le longeron principal de l'aile gauche de son Hurricane HL570 étaient aussi endommagés. Ses canons avaient tiré 300 obus de 20 mm, les derniers d'une distance jugée de l'ordre de 45 mètres seulement du Heinkel.

Les vols opérationnels ne représentent que le sommet visible de l'iceberg des efforts effectués par les unités Turbinlite. Par exemple, le graphe ci-dessous montre que la 1.460ème Escadrille réalise des dizaines de vols d'entraînement pour une poignée de vols opérationnels. [153] Il faut aussi réaliser que pour chaque vol de Havoc ou de Boston enregistré ci-dessous, il convient d'ajouter la participation d'un ou deux chasseurs "parasites", d'un avion servant de cible, et la mobilisation d'une station GCI pour le guidage initial. Alors que seulement un tiers des vols d'entraînement était effectué de nuit dans les premiers mois, cette proportion a atteint 50% en juillet 1942.

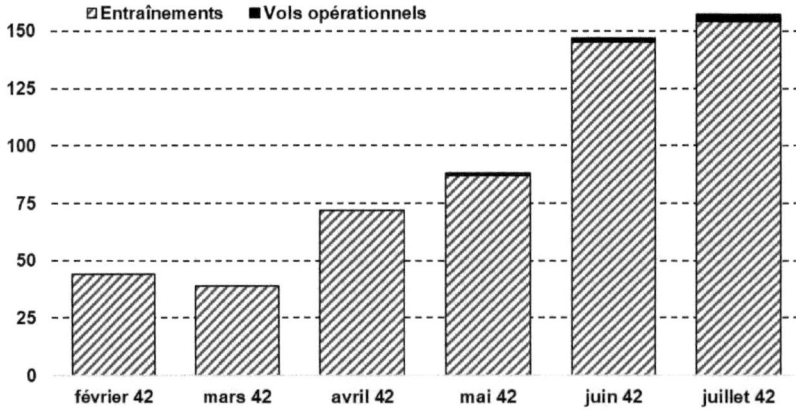

---

[152] Ces coordonnées correspondent à une zone située quelques kilomètres au nord de Lincoln.
[153] Graphe de l'Auteur à partir des bilans mensuels du Journal de marche, conservés sous les références AIR 27/2006/32 à 36, TNA.

Le tableau ci-dessous [154] résume le bilan des vingt mois d'activité des Escadrilles (puis Escadrons) Turbinlite. On notera que la colonne de droite est uniquement remplie grâce aux efforts de la 1.459ème Escadrille qui sauve ainsi l'honneur, et le projecteur Helmore ne semble avoir été allumé que dans le cas du He-111 revendiqué endommagé (voir rapport de combat du 12 août 1942 traduit ci-après) :

Passif	Actif
23 Havoc-Boston détruits et 48 endommagés par accident	1 He-111 revendiqué détruit
1 Boston et 1 Hurricane endommagés par des tirs ennemis	1 Do-217 revendiqué probablement détruit
15 Hurricane détruits par accident	1 Do-217 et 1 He-111 revendiqués endommagés
3 Tiger Moth détruits par accident	
1 Lysander détruit par accident	
1 Spitfire détruit par accident	
1 Stirling abattu	
48 aviateurs britanniques tués et 23 blessés	

Anticipant un succès du déploiement des Havoc à projecteur Helmore, l'État-Major de la RAF envisage dès juin 1941 une réaction allemande qui consisterait à insérer des chasseurs *"Intruders"* parmi ses bombardiers pour abattre les Havoc. Dans cette hypothèse, le Directeur des Opérations de Chasse du Ministère de l'Air demande au Comité d'Interception que soit étudié le développement d'un détecteur infrarouge pour les avions "parasites" puisque le projecteur Helmore peut être doté d'un filtre ne laissant passer que les rayonnements infrarouges : il est alors estimé que la lampe de 160 kW laisse passer 80 à 90 kW en infrarouge. [155]

L'installation réussie de radar AI Mk VI à bord de chasseurs monoplaces (dont nous parlerons en détail plus loin) rend obsolète le rôle d'éclairage des Havoc et Boston Turbinlite comme le conclut un mémorandum soumis au Comité d'Interception Aérienne mi-1942. [156] Finalement, étant donné leurs piètres résultats, l'absence de véritable retour au Blitz par la Luftwaffe et le succès des Beaufighter et Mosquito de chasse de nuit avec radar air-air, les Escadrons Turbinlite sont dissous en janvier 1943 sans que les Allemands n'aient jamais eu à s'inquiéter d'envoyer des chasseurs *"Intruders"* spécifiquement pour ces Havoc. Comme conclut le commandant du 533ème Escadron, *"l'expérimentation des Avions Turbinlite n'a pas été en pratique aussi réussie que ce qui était espéré. Ce n'est en aucun cas la faute des équipages et des équipes au sol qui ont, en tout temps, fait de leur mieux."* [157] La plupart des aviateurs ont probablement vu la fin des opérations Turbinlite comme la fin d'une fausse bonne idée et comme une opportunité d'avoir enfin un rôle

---

[154] Voir l'Annexe 12 pour plus de détails. Les personnels d'entretien tués ou blessés (jambe cassée en glissant d'une aile, main brisée par une hélice en rotation, etc.) n'ont pas été inclus ici car seule la 1.460ème Escadrille mentionne ce type d'accident dans son Journal de marche.
[155] Mémorandum IC-44 du 2 juin 1941 du Directeur des Opérations de Chasse du Ministère de l'Air soumis au Comité d'Interception, conservé sous la référence AIR 20/3442, TNA.
[156] Conclusion 4(5) du mémorandum AIC-109, mentionnée au paragraphe 11 du compte-rendu de la réunion du 2 juillet 1942 du Comité d'Interception, conservé sous la référence AIR 20/3442, TNA.
[157] Entrée du 3 janvier 1943 du Journal de marche, conservé sous la référence AIR 27/2002/71, TNA.

plus intéressant dans cette guerre. L'exception était peut-être le Pilot Officer John C. Fletcher, pilote de Hurricane du 539ème Escadron qui a dû se demander s'il ne tombait de Charybde en Scylla en passant d'un Escadron Turbinlite à l'Unité de Chasse des Navires Marchands (Merchant Ship Fighter Unit) pour être catapulté en mer sans espoir de pouvoir revenir se poser. [158] Les projecteurs Helmore ont eu une seconde chance lorsque le Coastal Command a voulu les recycler pour la chasse aux sous-marins allemands, mais finalement ce sont les projecteurs mis au point par le Wing Commander Humphrey de Verd Leigh qui ont eu le dessus. [159]

Au moment où l'État-Major de la RAF décidait de dissoudre les Escadrons Turbinlite, un projecteur Helmore a été greffé sur le Mosquito W4087. Testé par diverses unités, il est resté un exemplaire unique. [160]

Puisque le Havoc disposait d'un radar embarqué, la masse du projecteur et de ses batteries aurait été avantageusement remplacée par des mitrailleuses (ou mieux, des canons), dont l'installation générait une traînée bien moindre. D'ailleurs, les unités de chasse de nuit dotées de Havoc à mitrailleuses remportent bien plus de succès que celles à Havoc Turbinlite. Comme le souligne avec bon sens Howard-Williams, pilote de chasse de nuit expérimenté : *"S'étant aligné sur la cible et s'étant placé en position de l'éclairer, il semble incroyable que quiconque, y compris le Premier Ministre, puisse penser qu'il ne serait pas mieux de disposer de canons plutôt que d'un projecteur. ... Je n'ai jamais rencontré un aviateur sérieux qui défendait ce cirque pour lequel des centaines de milliers de Livres et d'heures de travail ont été gaspillées."* [161] Avant de passer sur Mosquito, le duo composé du Flight Lieutenant (plus tard Squadron Leader et Wing Commander) Gordon L. Raphael, et de l'Aircraftman 1st Class (plus tard Sergent puis Warrant Officer) Nat Addison a clairement démontré qu'un Havoc entre des mains expertes était un chasseur de nuit efficace. Raphael avait participé à la formation de la première Escadrille de Havoc Turbinlite en mai 1941. [162] Entre mai 1941 et août 1942, cet équipage revendique au moins six He-111 et Ju-88 détruits et deux autres endommagés en utilisant des Havoc I ou II. [163] Leur rapport pour les trois combats effectués dans la nuit du 13 au 14 juin 1941 est traduit ci-dessous : [164]

RAPPORT PERSONNEL DE COMBAT ET DE RENSEIGNEMENT
Formulaire "F"
Date : nuit du 13 au 14 juin 1941

---

[158] Entrée du 22 janvier 1943 du Journal de marche, conservé sous la référence AIR 27/2006/44, TNA. Voir le livre de cette série couvrant le Hurricane I.
[159] Voir l'ouvrage de cette série sur les avions du Coastal Command de la RAF.
[160] Entrées des 8 et 9 janvier 1943 du Journal de marche du 151ème Escadron conservé sous la référence AIR 27/1021/1, TNA.
[161] Pages 59 et 127 de son livre (voir bibliographie).
[162] Entrée du 22 mai 1941 du Journal de marche de la 1.451ème Escadrille, conservé sous la référence AIR 27/2001/1, TNA.
[163] Rapports de combat conservés sous la référence AIR 50/36/209, TNA. Pour être exact, Addison, envoyé en formation, avait été remplacé par le Sergent Bray lors de la victoire revendiquée contre un Ju-88 le 3 août 1942.
[164] Rapport de combat conservé sous la référence AIR 50/36/209, TNA.

<u>Unité</u> : Escadrille A du 85ème Escadron
<u>Nombre d'avions ennemis</u> : 2 <u>Type d'avions ennemis</u> : He-111 et He-111
<u>Heure de l'attaque</u> : *non renseigné*
<u>Lieu de l'attaque</u> : *non renseigné*
<u>Altitude de l'ennemi</u> : 10.500 pieds *(3.200 m)* et 12.500 pieds *(3.810 m)*.
<u>Dommages causés à l'ennemi</u> : 1 He-111 probablement détruit et 1 He-111 détruit.
<u>Dommages subis</u> : Aucun.
<u>Projecteurs (ont-ils éclairé l'ennemi, si non étiez-vous devant ou derrière la cible ?)</u> : (i) Non et (ii) non
<u>Canons de D.C.A. (Est-ce que les explosions d'obus ont aidé le pilote à intercepter l'ennemi ?)</u> : Voir la fin du rapport général.
<u>Rapport général</u> :

Un Havoc I du 85ème Escadron, Pilote F/Lt. Raphael, D.F.C. Opérateur radar AC.1 Addison (indicatif radio "Rainbow 23"), a décollé de Hunsdon *[dans le Hertfordshire]* à 00h20 et y est revenu à 02h20 le 14 juin 1941.

Après avoir été dirigé par *[la salle opérationnelle du Secteur de]* North Weald *[dans l'Essex]* pendant presque une heure, le Havoc est passé sous le contrôle du G.C.I. de Waldringfield *[dans le Suffolk]* à 01h10. À 12.000 pieds *(3.660 m) [d'altitude]*, il a été dirigé vers un raid allant au Sud-Ouest à 10.500 pieds *(3.200 m) [d'altitude]*. Un contact a été obtenu sur le radar embarqué à la portée maximale (12.000 pieds *(3.660 m)*) et le Havoc a commencé à perdre de l'altitude. Le contact visuel a été obtenu à environ 01h16, à approximativement 200 yards *(185 m)* alors que l'avion ennemi se trouvait approximativement 200 yards *(185 m)* plus bas et droit devant, aux coordonnées M7508.[165] Cet avion ennemi a été reconnu comme étant un He-111, mais le Havoc était en piqué vers la cible et la rattrapait trop rapidement ; le Pilote n'est pas parvenu à pointer ses mitrailleuses et a été forcé par les tirs de la position supérieure de l'avion ennemi d'effectuer un dégagement à une distance d'environ 50 yards *(45 m)*. Le contact visuel et le contact radar ont tous deux été perdus et bien que le Havoc ait cherché pendant un moment, aucun contact n'est apparu sur le radar embarqué.

En tournant en rond au-dessus de Shoeburyness *[dans l'Essex]*, l'Opérateur a repéré un avion ennemi *[au radar]* à environ 10.500 pieds *(3.200 m)* sans qu'aucun cap n'ait été donné par le G.C.I. L'écho était visible à la portée maximale et le Pilote s'est rapproché jusqu'à apercevoir un He-111 à environ 200 yards *(185 m)*, devant et légèrement plus bas. Il louvoyait considérablement d'un côté à l'autre. Le Havoc s'est encore rapproché et a ouvert le feu à une distance de 100 yards *(90 m)* alors que l'avion ennemi se trouvait droit devant et un peu plus haut. Le Pilote a utilisé deux rafales d'à peu près 5 secondes chacune

---

[165] Ces coordonnées correspondent à un point à peu près 20 km au nord de Margate, dans l'estuaire de la Tamise.

(avec les 8 mitrailleuses Browning) mais les deux armes inférieures extérieures ont cessé de tirer après 20 coups. La position arrière supérieure de l'avion ennemi a effectué un tir défensif continu avec des balles traçantes rouges ou des munitions incendiaires qui sont passées au-dessus de l'aile gauche du Havoc. Le Pilote a vu ses propres tirs frapper le fuselage du Heinkel, notamment vers le nez de l'avion, générant une grande quantité d'étincelles. L'avion ennemi a piqué et le Havoc l'a suivi jusqu'à environ 7.000 pieds *(2.130 m) [d'altitude]*; à ce moment la cible semblait hors de contrôle et a disparu. Cet avion est revendiqué comme étant probablement détruit.

Il était alors à peu près 02h00 et le Pilote a reçu sa position du contrôleur de North Weald comme étant R1989 [166] (près de Gravesend *[dans le Kent]*). Le contrôleur lui a dit de continuer à tourner en rond sans repasser sous la direction du G.C.I. Le Pilote a donc effectué des cercles à 12.000 pieds *(3.660 m) [d'altitude]* au-dessus d'une zone sur laquelle des bombes tombaient et son Opérateur a rapidement eu un écho *[sur son écran radar]* au hasard. L'avion ennemi croisait la trajectoire du Havoc en venant de la gauche à la même altitude et était en train de tourner fortement sur la droite, ce qui fait que lorsque le Pilote a obtenu un contact visuel, l'avion ennemi se trouvait à peu près à 100 yards *(90 m)* sur la droite en allant dans la direction opposée à celle du Havoc. Le Pilote a donc effectué un virage à 180° vers la droite et bien que l'écho ait été perdu durant ce demi-tour, il est apparu à nouveau peu après à la portée maximale ; l'avion ennemi se trouvait alors droit devant et à la même altitude. Le Pilote s'est rapproché à une distance d'environ 100 yards *(90 m)* et légèrement en dessous avant de tirer une unique rafale de 5 secondes avec ses six mitrailleuses restantes. Il a vu le tir frapper le fuselage et le moteur droit de l'avion ennemi qui était un autre He-111. Son Pilote a semblé perdre le contrôle et l'avion ennemi a piqué fortement vers la gauche. Tout en s'éloignant en virage, le Mitrailleur supérieur arrière a tiré une rafale de 10 secondes qui est passée à quelque distance au-dessus de l'aile droite du Havoc. L'équipage du Havoc a finalement vu le Heinkel exploser à environ 8.000 pieds *(2.440 m) [d'altitude]* dans un grand éclair orange qui s'avère avoir également été vu par nombre de personnes à Hunsdon. Le Havoc est ensuite rentré à sa base avec l'aide du radar sur une distance de 40 - 50 milles *(64 - 820 km)*.

<u>Météo</u> : Bancs de nuages à environ 5.000 pieds *(3.050 m) [d'altitude]*. Bonne visibilité avec l'éclairage de la Lune.

<u>Munitions</u> : Enrayages de la mitrailleuse gauche n°2 après 20 coups, et de la mitrailleuse droite n°2 après 30 coups, tous deux à cause d'un blocage des maillons de bande de cartouches dans la trappe d'éjection. Aucun autre enrayage. 2.270 coups tirés en tout.

<u>Signatures</u> : O. H. Grenchbrow (?) - F/Lt - Assistant de l'Officier de Renseignement de la Base

G. L. Raphael - F/Lt - Pilote

---

[166] Ces coordonnées correspondent à un point juste au sud du village de Wainscott dans le Kent.

Le Warrant Officer Nat Addison, DFC, DFM, a survécu à la guerre. [167]

Le Group Captain Gordon L. Raphael, DFC avec palme, DSO, a été tué dans une collision aérienne le 10 avril 1945.

Les pilotes de la FIU portaient un jugement à la fois sévère sur les Havoc en tant que chasseurs de nuit, et un tantinet impertinent envers les pontes du Ministère de l'Air, lorsqu'ils ont tenté de tester la zone couverte par le radar Mark V nouvellement installé sur un Havoc : *"Le Beaufighter servant de cible a dû voler à 135 m.p.h. (217 km/h) pour que le Havoc puisse rester à portée, ce qui fait que l'on peut se demander comment les Autorités envisagent, dans leur grande sagesse, que cet avion puisse rattraper un bombardier allemand."* [168]

A.2.1.8 - Du cornet acoustique au radar

Dès 1915, les Britanniques étudient à Farnborough la possibilité de détecter les avions allemands qui bombardent Londres à l'aide de cornets acoustiques de plus en plus grands. En 1925, une organisation spécifique de défense aérienne est mise en place, baptisée 'The Air Defence of Great Britain', pour placer sous le même commandement les Escadrons de chasse de la RAF, les unités de DCA (canons de l'Artillerie Royale et projecteurs du Génie Royal) et le Corps des Observateurs (réseau de guet). En 1932-33, des essais combinant un miroir acoustique à longue portée (sorte d'oreille géante en béton de soixante mètres de long avec des microphones filtrant les bruits de moteur) avec un autre plus petit (environ neuf mètres de diamètre) montrent qu'un avion peut être détecté à plus de 25 km avec le grand miroir, et 16 km avec le petit. [169] Malgré les inconvénients inhérents à la propagation du son (notamment le risque d'interférence d'autres sources de bruits et l'impossibilité de distinguer les avions amis de ceux de l'ennemi) ces résultats semblent suffisamment satisfaisants pour justifier la mise en place de plans pour construire une chaîne de postes d'écoute le long de la côte : 21 grands miroirs et 15 petits sont prévus. [170] Au moins, lorsque le radar devient une réalité, les esprits sont donc mûrs pour l'installation d'une série de postes de détection : au lieu de détecteurs acoustiques dont l'installation est suspendue en août 1935, ce sont des ondes radio qui seront employées. Lors de sa treizième réunion, le 5 novembre 1935, le CSSAD présidé par Henry T. Tizard espère encore pouvoir développer un dispositif acoustique permettant de guider un chasseur de nuit avec une portée de quelques centaines de mètres en captant les émissions sonores à haute fréquence des moteurs d'une cible aérienne. [171]

---

[167] Les Warrant Officers, bien qu'assimilés aux Sous-Officiers, avaient le droit de recevoir les décorations réservées aux Officiers (par exemple la D.F.C. au lieu de la D.F.M.).
[168] Entrée du 1er juin 1942 du Journal de marche de la FIU, conservé sous la référence AIR 29/27, TNA.
[169] Page 2 de son livre (voir bibliographie), Ian White indique une portée de 48 kilomètres pour le grand miroir : ceci semble être la portée maximale dans des circonstances idéales.
[170] Les lecteurs intéressés se référeront au livre de Colin Dobinson sur le radar (voir bibliographie) dont le premier chapitre est consacré aux recherches sur la détection acoustique.
[171] Compte-rendu de réunion conservé sous la référence AIR 2/2642, pièce 1A, TNA.

Une remorque avec quatre cornets acoustiques, un projecteur et un camion lors de manœuvres de l'armée américaine en 1932. Il fallait généralement trois opérateurs pour le détecteur acoustique : un homme écoutait les cornets gauche et droit, un second écoutait les cornets haut et bas, et le troisième relevait le pointage pour le transmettre aux servants du projecteur. Cette technologie n'a pas beaucoup évolué jusqu'à être supplantée par l'avènement du radar (photo US National Archives and Records Administration, référence 329578646).

D'autres pistes de détection que les ondes acoustiques ont aussi été étudiées, notamment les rayonnements infrarouges émis par les moteurs des avions sous l'influence du professeur Frederick A. Lindemann, [172] mais les technologies de l'époque n'ont pas permis d'obtenir des résultats probants. Finalement, ce sont les ondes radio qui ont offert une solution de détection des avions à grande distance, quelle que soit la luminosité ambiante ou la météo.

A.2.2 - Les armes déjà éprouvées : canons, projecteurs, ballons et chasseurs

A.2.2.1 - Les canons de DCA

En plus des liens étroits avec l'Observer Corps chargé du guet aérien (depuis des postes d'observation au sol), le Fighter Command a également le contrôle opérationnel des moyens de l'Anti-Aircraft Command de l'Armée de Terre (abrégé ci-après en "A.A. Command" (le Commandement de la DCA)) qui rassemble en particulier les canons de la DCA et les projecteurs et du Balloon Command (Commandement des Ballons de barrage). À la déclaration de la guerre, la Grande Bretagne n'est pas loin d'être démunie en DCA : moins de 1.000 canons sont disponibles pour l'ensemble du pays, dont beaucoup sont des modèles obsolètes. Par exemple, il n'y a que 76 canons Bofors de 40 mm pour tout le pays dont 36 sont déployés en France en novembre 1939 pour soutenir le Corps Expéditionnaire Britannique.

Pour gérer au mieux ce déficit de canons et faire face aux demandes multiples et contradictoires qu'il reçoit des autorités locales, des industriels, du gouvernement et autres bases de la Navy ou dépôts de l'Armée, Dowding met en place un Comité chargé d'allouer au mieux les défenses au sein duquel toutes les parties sont représentées. En général, les canons lourds sont répartis en ceintures protectrices en avant des zones à protéger, les avions britanniques étant clairement prévenus de ne pas s'en approcher sans communication préalable. Des zones de défense de DCA sont également créées pour les villes les plus importantes avec une salle d'opération (Gun Operations Room) pour

---

[172] Pour plus de détails, se reporter au livre de Reginald V. Jones (voir bibliographie).

chacune, reliée à la salle d'opérations du Groupe du Fighter Command qui lui fournit les positions des appareils ennemis repérés par l'Observer Corps ou les radars. Les canons légers sont utilisés pour protéger des cibles spécifiques (aérodromes, usines, etc.). [173]

L'effort d'équipement de l'A.A. Command en termes de canons au fil de la guerre est bien démontré par le graphe ci-après. [174]

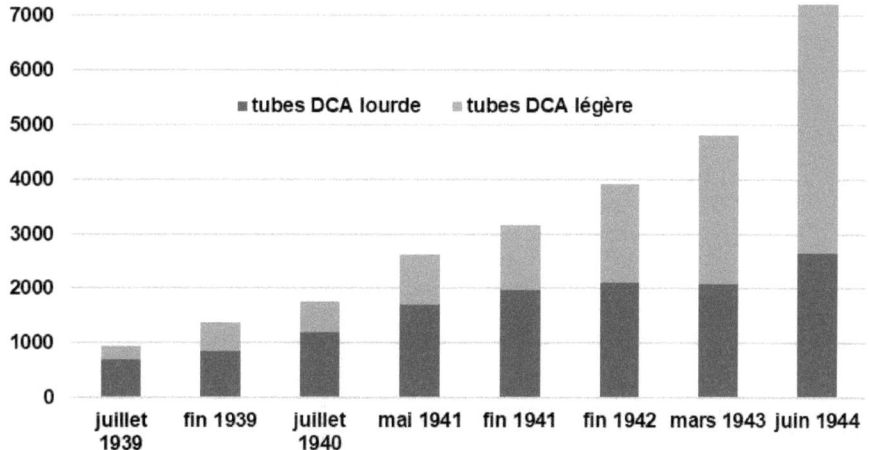

On constate que les moyens consacrés à la DCA se sont accrus continuellement, le nombre de canons lourds de DCA étant presque multiplié par quatre entre 1939 et 1944, tandis que le nombre de canons légers est multiplié par 18 ! Les seuls revers subis par l'A.A. Command ont été la perte de la plupart des armes envoyées en France en 1939-40 pour couvrir le déploiement de la Force Expéditionnaire Britannique, et une période de six mois au début de 1942 durant laquelle toute nouvelle production était envoyée en Asie suite à l'entrée en guerre du Japon (ainsi qu'un prélèvement de 66 canons lourds et 216 canons légers). [175] Les grandes villes ou les usines importantes étaient protégées par des Zones Défendues par la DCA (Gun Defended Areas - GDA) dans lesquelles les avions ne devaient normalement pas pénétrer sauf accord préalable. Lors des *"Fighter nights"* (nuits de chasse, généralement les nuits de pleine Lune) ces derniers étaient privilégiés, et les canons des GDA devaient se taire, ou étaient limités en altitude : par exemple, les canons pouvaient tirer jusqu'à 4.300 mètres, et les chasseurs opéraient au-

---

[173] Paragraphe 26, partie I du rapport du Général Sir Frederick Pile (op. cit.).
[174] Graphe de l'auteur à partir des données du rapport du Général Sir Frederick Pile (op. cit.). Les lecteurs intéressés par la disposition précise des batteries de DCA britanniques au fil des années pourront se référer au livre de Colin Dobinson sur l'AA Command (voir bibliographie)
[175] Paragraphe 25, partie II du rapport du Général Sir Frederick Pile (op. cit.).

dessus de 4.900 mètres, les 600 m de séparation constituant une marge de sécurité.[176] Chaque chasseur se voyait alors allouer une altitude de patrouille (par exemple, le premier à 4.900 mètres d'altitude, le second à 5.200 m, le troisième à 5.500 m, etc. ; voir le rapport de combat ci-après du Sergent Bodien). Ce concept de *"Fighter nights"* a été utilisé jusqu'à la disparition des chasseurs de nuit monomoteurs.

Une batterie lourde de la DCA britannique ouvre le feu (photo Library of Congress référence LC-DIG-ds-00737)

La DCA s'est révélée relativement efficace lors de la bataille d'Angleterre puisqu'elle a revendiqué 296 appareils allemands abattus et 74 endommagés pour cette phase de la guerre. [177] Il fallait plusieurs milliers d'obus pour espérer abattre un avion de nuit. [178] Elle permettait aussi de briser la cohérence des formations ennemies, facilitant

---

[176] Instructions Opérationnelles du Fighter Command n°71 et n°77 *"Fighter Nights"* des 13 mars et 2 mai 1941, reproduites en Annexe 20 du volume III de la monographie *"The Air Defence of Great Britain"* (voir bibliographie).

[177] Chiffres cités au paragraphe 41 du rapport du Général Sir Frederick Pile (op. cit.). On notera que l'annexe C-D des *'Despatches on the Battle of Britain'* de l'Air Chief Marshal Sir Hugh C.T. Dowding, septembre 1946, dossier AIR 20/5202, TNA revendique un total de 337 avions abattus par la DCA pour la période juillet-septembre 1940.

[178] Les chiffres des documents de l'époque diffèrent grandement sur le nombre d'obus à tirer pour espérer abattre un avion. Par exemple :
Dans les *'Despatches on the Battle of Britain'* de l'Air Chief Marshal Sir Hugh C.T. Dowding, (op. cit.) :
- Dans l'annexe C-C, entre le 3 septembre et le 3 novembre 1939, pour la DCA lourde :
    o Cibles visibles : 161 avions abattus par la DCA avec 48.155 obus, soit une moyenne de 298 coups par avion.
    o Cibles non visibles : 11 avions abattus par la DCA avec 26.869 obus, soit une moyenne de 2.444 coups par avion.
- Dans l'annexe C-D :
    o Juillet 1940 (principalement de jour) : 26 avions abattus par la DCA avec 8.935 obus, soit une moyenne de 344 coups par avion.
    o Août 1940 (principalement de jour) : 167 avions abattus par la DCA avec 38.764 obus, soit une moyenne de 232 coups par avion.
    o Septembre 1940 (jour + nuit) : 144 avions abattus par la DCA avec 258.808 obus, soit une moyenne de 1.798 coups par avion.

On notera que ces chiffres semblent très optimistes comparés à ceux cités par Sir Henry Tizard dans un mémorandum *"Night Defence"* du 31 décembre 1940, conservé dans le dossier AIR 20/2419, TNA : **Obus tirés par avion détruit**
Situation fin 1940   11.000
Espéré avec radars "Gun Laying" (GL) Mk I correctement calibrés   3.000

le travail des chasseurs, ou parfois leur indiquant la présence d'avions ennemis. Dans les deux camps, la DCA jouait un rôle important pour le moral des populations qui appréciaient que leur quartier soit protégé par de nombreux tirs. Lorsque le Secrétaire d'État à l'Air suggère d'utiliser les chasseurs de nuit dans les zones de DCA lorsque la visibilité était bonne (et donc d'imposer aux batteries de canons de cesser le feu), Dowding met en garde *"qu'il est possible que se produise un tollé au sein de la population si les tirs de DCA venaient à cesser soudainement dans la Zone Intérieure de l'Artillerie."* [179]

Les véritables freins à l'expansion de l'A.A. Command sont le manque général de moyens humains au Royaume-Uni, et la concurrence que se livrent toutes les branches des Forces Armées. Dès l'été 1941 et la fin du Blitz, des voix s'élèvent pour récupérer les hommes immobilisés au sein de l'A.A. Command (le Commandement de la DCA) pour l'Armée de Terre qui manque cruellement d'effectifs. L'A.A. Command mobilisait alors 300.000 hommes et femmes, quasiment le double de ce dont il disposait en juillet 1940, et le triple de l'effectif lors de l'entrée en guerre. [180] Ce besoin va aller croissant au fil des ans avec l'approche du débarquement sur le continent. En 1943, les Chefs d'État-Major britanniques décident de limiter les effectifs du A.A. Command à 180.000 hommes et 77.000 femmes, avec une réduction de 26.250 hommes. Cette décision s'explique par la supériorité aérienne britannique au-dessus de son territoire et l'arrivée des unités de DCA américaines. Preuve que l'efficacité de la chasse de nuit est reconnue, elle sert à justifier en partie cette analyse : *"Les Chefs d'État-Major considèrent qu'avec le dispositif amélioré de localisation au radar, les équipements radar air-air, l'augmentation du nombre de chasseurs, et l'emploi d'auxiliaires tels que la Home Guard pour servir les batteries de DCA, il n'y aura pas de détérioration des défenses du Royaume-Uni."* [181] Sous ces pressions successives, la part des femmes dans les unités de DCA a augmenté, [182] de même que celles des Home Guards (milice composée de volontaires locaux non mobilisables pour un service actif dans l'Armée) et des membres du nouveau RAF Regiment (unité chargée de la protection des sites de la RAF créée en 1942). Au début de 1944, une nouvelle décision est prise de réduire l'A.A. Command d'encore 17.500 hommes mais l'arrivée des V-1 sur Londres a perturbé cette intention. À partir de septembre 1944, une bonne partie du Royaume-Uni est jugée suffisamment sûre pour justifier la fermeture de plusieurs batteries de projecteurs (28 en septembre, 14 en novembre, 33 en janvier 1945), de batteries de canons lourds de DCA

On trouve aussi les chiffres suivants page 269 du livre *"Schonland: Scientist and Soldier"* de Brian Austin, CRC Press, 2001, ISBN 978-0750305013 ou page 341 du livre de Russell Burns (voir bibliographie) :

	Obus tirés par avion détruit
Pas de radar, détecteur de son	41.000
Avec radar "Gun Laying" (GL) Mk I (mise en service 1940)	18.500
Avec radar GL Mark I avec mesure d'altitude (1941)	4.100
Avec radar GL Mark II (mi-1942)	2.750

[179] Paragraphe 4.(2) du compte-rendu de la réunion du 11 septembre 1940 pour *"Discuss methods of night interception"*, conservé dans le dossier AIR 20/2419, TNA.
[180] Paragraphes 10 et 11, partie I du rapport du Général Sir Frederick Pile (op. cit.).
[181] Page 173 du volume V de la monographie *"The Air Defence of Great Britain"* (voir bibliographie).
[182] Les postes opérationnels ont été ouverts aux auxiliaires féminines à compter du 25 avril 1941, permettant par exemple l'établissement de batteries de DCA mixtes.

(112 en novembre, 6 en janvier 1945) et de batteries de canons légers de DCA (34 en novembre, 35 en janvier 1945).

Au début de la guerre, les systèmes de guidage de la DCA étaient relativement primitifs, et reposaient sur la visée directe de jour, et le son pour la nuit ou par temps nuageux. Même les systèmes de guidage acoustiques les plus sophistiqués étaient rapidement perturbés par la présence de plusieurs avions ou les bruits ambiants, et ne s'avéraient précis que sur des avions lents et volant relativement bas. Les premiers systèmes de guidage par radar (Gun Laying (GL) Mk I) avaient été livrés aux batteries de DCA et aux régiments de projecteurs fin 1939, mais faute de pouvoir estimer l'altitude des cibles, il fallait aussi utiliser des détecteurs de son pour espérer évaluer l'altitude d'une cible non visible depuis le sol. Le développement par la société A. C. Cossor Ltd. d'un dispositif complémentaire permettant de mesure de l'élévation de la cible a permis un premier emploi des radars GL Mk I pour tirer sur des avions allemands début octobre 1940. Même rudimentaire, ces premiers radars de guidage de DCA se sont révélés très utiles puisqu'ils ont revendiqué plus de 70 avions en quatre mois de l'hiver 1940-41, quatre fois plus que la chasse de nuit. [183] Ils ont peu à peu permis de remplacer les cornets acoustiques et d'améliorer l'efficacité des canons, notamment de nuit ou lorsque les avions volaient dans les nuages. Le tableau ci-dessous résume les caractéristiques des radars métriques de la DCA britannique : [184]

Radar GL	Mise en service	Fin de fabrication (Nombre produits)	Portée de détection (Portée de mesure de la distance)	Mesure de l'azimuth (Mesure de l'élévation)
Mk I	sept. 1939	1941 ? (425)	27 km (13 km)	Relevés toutes les 30 secondes, précision +/- 1,5° (Pas avant l'automne 1940)
Mk II	jan. 1941	août 1943 (1.679)	45 km (13 km)	Précision +/- 0,5° (Précision +/- 0,5°)

Les premiers radars métriques souffraient de perturbations importantes du signal jusqu'à ce qu'un grand tapis octogonal de grillage métallique soit déployé sur soixante mètres de rayon autour du récepteur. Ces tapis ont été installés à partir de décembre 1940 et ont fortement amélioré les performances des radars, mais *"en consommant tout le grillage métallique disponible au Royaume-Uni"*. [185]

Les radars centimétriques de DCA ont été mis au point d'abord par les Canadiens et 667 exemplaires du GL Mk III(C) ont été produits, en plus des 876 GL Mk III d'origine britannique qui ont été mis en service à partir de fin 1942. 135 exemplaires du radar

---

[183] Paragraphes 56 et 59, partie I du rapport '*The anti-aircraft defence of the United Kingdom*' du Général Sir Frederick Pile, décembre 1947, conservé dans le dossier CAB 106/119, TNA. Voir aussi les chiffres mentionnés dans la note de bas de page pour les systèmes radar "Gun Laying".
[184] Données du livre de Colin Dobinson sur l'AA Command (voir bibliographie).
[185] Page 183 du livre du Général Sir Frederick Pile (voir bibliographie).

américain SCR-584 ont aussi été livrés aux Britanniques dans le cadre du prêt-bail à partir de l'été 1944. [186] Le faisceau étroit des radars centimétriques obligeait à les installer à proximité d'une station métrique pour leur indiquer où pointer approximativement l'antenne initialement. Le suivi de la cible était ensuite fait manuellement, sauf pour le SCR-584 qui disposait d'un verrouillage et d'un suivi automatisé.

Au fur et à mesure du gain d'efficacité de la chasse de nuit, la part des victoires remportées par la DCA se réduit, mais elle reste de l'ordre de 20 à 30%. Ainsi, sur les six mois de mai à octobre 1943 inclus, les canons de DCA placés sous le contrôle du 11ème Groupe du Fighter Command (Sud-Est de l'Angleterre, y compris Londres) revendiquent 14,5 avions allemands abattus soit 22% des victoires du Groupe, les 78% restants étant au crédit des chasseurs de nuit. [187]

On notera que l'efficacité des canons de DCA contre les V-1 a été grandement accrue par la mise en service opportune des détonateurs de proximité provoquant l'explosion d'un obus de DCA près de la cible, invention nouvelle dont les USA ont assuré la production de masse. [188]

A.2.2.2 - Les projecteurs de DCA

Les projecteurs avaient déjà été utilisés pendant la guerre précédente, mais à l'époque, les avions (ou les dirigeables allemands) étaient plus lents et volaient bien moins haut. Les Britanniques s'aperçoivent rapidement que les avions volant au-dessus de 3.700 mètres ne sont pas visibles, même en combinant les faisceaux de plusieurs projecteurs. [189] Il fallait aussi compter avec le climat des îles britanniques : plus de 100 nuits par an, des nuages bas protègent les avions volant plus haut. [190] Ceci explique en partie le fait que le nombre de projecteurs ait eu un taux de croissance bien plus faible que celui des tubes de DCA. Le graphe ci-dessous [191] montre l'évolution du nombre de projecteurs déployés pour la défense du Royaume-Uni du début de la guerre jusqu'à la fin du Blitz.

---

[186] Tableau du Volume II, Chapitre V, du rapport *"Quantities of Lend-Lease Shipments: A Summary of Important Items Furnished Foreign Governments by the War Department during World War II"* publié le Chief of Finance du War Department, décembre 1946.

[187] Chiffres du rapport *"Summary of ennemy activity in n°11 Group"* du 10 novembre 1943, conservé pages 309 à 311 des Annexes du Journal de marche du 85ème Escadron sous la référence AIR 27/707, TNA.

[188] Paragraphe 26, partie II du rapport du Général Sir Frederick Pile (op. cit.). Le premier emploi opérationnel d'obus à détonateurs de proximité a eu lieu en janvier 1943 par le croiseur léger *USS Helena*. Les lecteurs intéressés trouveront plus de détails dans le livre de Ralph B. Baldwin (voir bibliographie).

[189] Les projecteurs de 150 cm de diamètre 'Elsie' guidés par radar pouvaient en conditions idéales permettre d'apercevoir depuis le sol un bombardier volant à 7.600 mètres d'altitude d'après l'Instruction Opérationnelle du Fighter Command n°90 *"Night interception with Fighters aided by AA Searchlights"* du 3 novembre 1941, reproduite en Annexe 20 du volume III de la monographie *"The Air Defence of Great Britain"* (voir bibliographie).

[190] Chapitre I du Volume III de *"The Air Defence of Great Britain : Night Air Defence, June 1940 - December 1941"* (voir bibliographie).

[191] Graphe de l'auteur à partir des données du paragraphe 9, partie I du rapport du Général Sir Frederick Pile (op. cit.).

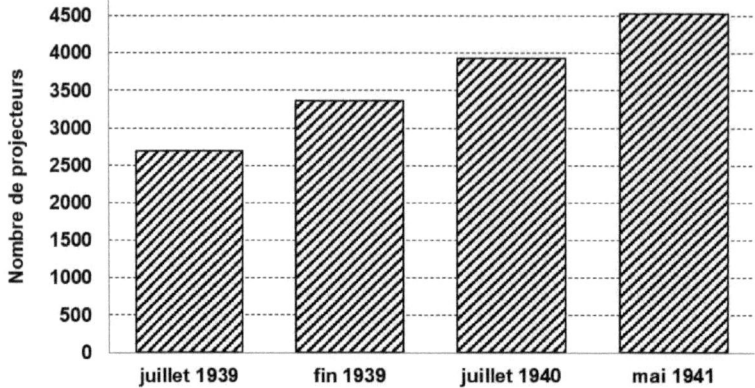

Ensuite, le nombre de batteries de projecteurs a été réduit petit à petit, car le Général Sir Frederick Pile, en charge de la DCA, soumis aux pressions des Chefs d'État-Major évoquées ci-dessus, jugeait qu'il valait mieux réduire le nombre de projecteurs plutôt que le nombre de canons. [192] Ceci explique aussi que l'augmentation du nombre de projecteurs entre 1939 et 1941 se soit produite à un rythme plus lent que celle des canons.

La signature de la loi de prêt-bail en mars 1941 a permis au Royaume-Uni de recevoir des montagnes de matériels américains comme ces groupes électrogènes diesel sur remorque permettant d'alimenter les projecteurs de DCA dont un exemplaire est sorti de sa caisse de transport dans un dépôt "quelque part en Angleterre". [193] (Photos Library of Congress, LC-USE6-D00975 et 00979)

En février 1941, l'Air Chief Marshal Sir Edgar R. Ludlow-Hewitt, Inspecteur Général de la RAF, rédige un mémorandum dans lequel il détaille les mesures qu'il serait possible de prendre pour rendre possible une coopération entre les projecteurs et les chasseurs de

---

[192] Paragraphe 64, partie I du rapport du Général Sir Frederick Pile (op. cit.).
[193] Le Royaume-Uni a reçu 220 projecteurs de 150 cm de diamètre et des milliers de groupes électrogènes de diverses puissances d'après les tableaux du Volume I, Chapitre IIA, du rapport *"Quantities of Lend-Lease Shipments: A Summary of Important Items Furnished Foreign Governments by the War Department during World War II"* publié le Chief of Finance du War Department, décembre 1946.

nuit. Il déplore notamment *"l'absence de moyens de communication terrestre permettant de contrôler les projecteurs, l'imprécision et la difficulté d'emploi des détecteurs de son et l'absence d'une recherche rigoureuse sur la valeur ajoutée que pourraient apporter les projecteurs s'ils étaient correctement contrôlés pour aider les chasseurs de nuit à localiser les bombardiers ennemis."* [194] Malgré cette suggestion, les progrès sont lents même si l'Unité d'Interception de Chasse (FIU) fait de nombreux essais (voir Annexe 2). Jusqu'à la fin de 1941, les batteries de projecteurs sont positionnées principalement pour supporter les canons de DCA autour des points à protéger, et la coopération avec les chasseurs de nuit est considérée comme un bonus (sauf quand il faut débattre de l'attribution des victoires revendiquées !). Au début de 1942, ayant réalisé que beaucoup de combats n'ont lieu que parce qu'un pilote a aperçu un mouvement anormal de projecteurs et s'est approché, il est décidé de redisposer les batteries de projecteurs de manière systématique en "aires tactiques". Le fait qu'une station radar GCI ne pouvait contrôler qu'un seul chasseur à la fois a aussi été un facteur pour tenter d'utiliser les projecteurs afin de guider d'autres avions. Chaque aire tactique mesurait environ 70 kilomètres de long et 23 kilomètres de large. Un projecteur orienté verticalement servait de point de repère pour qu'un chasseur de nuit puisse patienter sans s'égarer. Dès qu'un intrus était détecté approchant de l'aire, le contrôleur donnait les mots-code *"Trade"* (traduisant la présence d'un "client") puis *"Smack"* accompagné d'un cap pour diriger le chasseur. D'autres projecteurs s'allumaient indiquant au chasseur le point d'entrée prévu de cet appareil dans l'aire tactique. Par nuit noire, les intersections des faisceaux de trois projecteurs pouvaient être vues par un chasseur jusqu'à 40 km de distance. [195] Le chasseur pouvait alors engager la poursuite dans la première partie de l'aire tactique qui prenait le nom de "zone d'indication" ("Indicator Zone"), puis ayant obtenu un contact radar (si équipé d'un radar embarqué) puis visuel, on passait dans la "zone de combat" ("Kill Zone"). Ces aires tactiques d'interception en coopération avec les projecteurs au sol étaient calculées pour des chasseurs ayant un avantage de vitesse de 20% sur un bombardier ennemi. [196] Pour éviter que deux chasseurs ne poursuivent la même cible, une ligne à 3,2 kilomètres de la bordure extérieure de la "zone de combat" aide le Contrôleur à décider quel chasseur aura sa préférence : de façon amusante, cette ligne, tracée sur la table de suivi de la salle d'opérations du Secteur, est nommée *"The Rubicon"* ; comme César, beaucoup de contrôleurs ont probablement pensé *"alea jacta est"* une fois la décision prise et communiquée. [197] Si le chasseur sur la balise d'attente

---

[194] Note IG/330/6 envoyée au Chef d'État-Major de la RAF en couverture du rapport M.13 *"Night Interception : Notes on cooperation between searchlights and night fighters"* du 9 février 1941, note et rapport conservés sous la référence AIR 20/2419, TNA.

[195] Instruction Opérationnelle du Fighter Command n°90 *"Night interception with Fighters aided by AA Searchlights"* du 3 novembre 1941, op. cit.

[196] Rapport n°449 de l'ORS (FC) *"The effect of using A.I. fighters with lower commands of speed with the S/L Box Interception System"* du 24 août 1943, conservé sous la référence AIR 16/1510, TNA. Les mots code sont cités page 220 de la Publication de l'Air 1116 *"Signals"* Volume V (voir bibliographie)

[197] Instruction Opérationnelle du Fighter Command n°90 *"Night interception with Fighters aided by AA Searchlights"* du 3 novembre 1941, op. cit.

apercevait des faisceaux de projecteurs se croisant, il pouvait demander l'autorisation d'aller en chercher la raison en employant le mot-code *"Gauntlet"*.

La procédure du 11ème Groupe de mars 1943 décrivant très précisément la chasse en coopération avec les projecteurs est traduite en Annexe 14. Pour illustrer le déroulement d'une interception guidée ainsi, le rapport de combat d'un équipage du 25ème Escadron sur Mosquito XVII et radar A.I. Mk. X est traduit ci-dessous : [198]

```
                                                               SECRET
                    RAPPORT INDIVIDUEL DE COMBAT
      du F/Lt Greaves, D.F.C. (Pilote) et du F/O Robbins (Navigateur-
                               radariste)
      revendiquant 1 Me-410 détruit dans la nuit du 7 au 8 juin 1944
```

Nous avons décollé de Coltishall [*dans le Norfolk*] à 23h55 et nous avons reçu l'ordre de tourner autour de la balise du projecteur "D" à une altitude de 12.000 pieds *(3.660 m)*. Cette altitude s'est avérée nous placer au-dessus des nuages et nous avons donc reçu l'autorisation de la réduire à 8.500 pieds *(2.600 m)*.

À environ 00h15, nous avons proposé *"Gauntlet"* vers l'Ouest en direction d'un bon croisement d'environ 8 projecteurs distant de 8 à 10 milles *(13 à 16 km)*. Ce *"Gauntlet"* a été autorisé et on nous a indiqué qu'il était possible que la cible soit amie, volant vers l'Est. Nous avons contourné par l'arrière des projecteurs et avons obtenu un contact [*radar*] à 5,5 milles *(8,9 km)* de distance, presque droit devant et légèrement plus haut. Le [*contrôle au*] sol nous a alors dit que la cible était probablement hostile. La cible bougeait énormément et la distance n'a été réduite que très lentement jusqu'à ce que nous coupions un virage pour amener la distance de séparation à 2,5 milles *(4 km)* : la cible s'est alors stabilisée sur un cap à l'Est, en gagnant et en perdant de l'altitude en traversant et en sortant des nuages. La distance a été lentement réduite à 1.000 pieds *(300 m)* à 310 m.p.h. *(499 km/h)* au badin, et le pilote a alors obtenu un contact visuel et a immédiatement identifié l'avion comme étant un Me-410. Une fois à 500 pieds *(150 m)* de distance, le Navigateur, en utilisant les jumelles nocturnes, a confirmé l'identification en se basant sur la finesse du fuselage près de l'empennage, la bosse dorsale et les radiateurs placés sur l'extérieur des moteurs. Nous nous sommes approchés sur l'arrière à 150 pieds *(45 m)* pour tirer une rafale de 2 secondes qui a mis le feu au moteur gauche. L'avion ennemi a viré sur la gauche et a commencé à piquer. Une deuxième rafale de 2 secondes a aussi mis le feu au fuselage et l'avion ennemi a plongé directement dans la mer, l'explosion illuminant la basse couche nuageuse. Notre position a été relevée comme étant à peu près 60 milles *(97 km)* sur un gisement de 140° à partir d'Happisburgh [*dans le Norfolk*].

Nous sommes revenus en attente sur la balise visuelle et un second "Smack" vers l'Ouest nous a fourni un contact [*radar*] sur un avion volant très haut, apparemment à environ 30.000 pieds *(9.150 m)*

---

[198] Rapport de combat conservé sous la référence AIR 50/13/39, TNA. Les informations statistiques habituelles de ce type de rapport ne figurent pas dans le document original.

> *[d'altitude]*. La poursuite a été abandonnée lorsque l'on nous a indiqué que la cible était amie. Nous sommes revenus à la base pour y atterrir à 01h40.
> SIGNATURES
>   D. W. Greaves - F/Lt, D.F.C. (Pilote)
>   F. M. Robbins - F/O (Navigateur-radariste)
>   L. Melville (?) - F/O - Officier de Renseignement du 25ème Escadron

Il faut noter que même quand tous les chasseurs de nuit ont été dotés de radar embarqué, la *'Mark I eyeball'* (l'œil dans l'humour des pilotes) restait indispensable, non seulement pour le contact final et l'identification, mais aussi parfois directement pour l'interception, que ce soit par chance en apercevant un avion ennemi à la lumière de la Lune ou des projecteurs, ou parce que le radar embarqué était en panne. C'est par exemple ce qui est arrivé au Wing Commander Charles M. Miller et au Capitaine L. Lovestad lorsque leur radar A.I. Mark X les a lâchés en cours de mission. Leur rapport de combat sur le Mosquito VY-R est traduit ci-dessous : [199]

> W/Cdr C. M. Miller, D.F.C. et deux agrafes   **SECRET**
> 85ème Escadron, R.A.F. West Malling *[dans le Kent]*   Ref. 85/7
> **RAPPORT INDIVIDUEL DE COMBAT DU PILOTE**
> **DONNÉES STATISTIQUES** :
> Date : Nuit du 18 au 19 avril 1944
> Unité : Escadrille B du 85ème Escadron
> Type et version de notre avion : Mosquito XVII avec radar AI Mk X
> Heure de l'attaque : 01h16
> Lieu de l'attaque : Près de Dymchurch *[dans le Kent]*.
> Météo : Dégagé, ciel étoilé. Sans nuages au-dessus, légère brume basse.
> Dommages subis : Aucun.
> Dommages causés à l'ennemi en vol : 1 Ju-188 détruit.
> Dommages causés à l'ennemi au sol : Aucun
> Rapport général :
>   Le Mosquito XVII à radar embarqué AI Mk X du 85ème Escadron du W/Cdr. C. M. Miller (Pilote) et du Capt. L. Lovestad (Norvégien) (Opérateur) a décollé de West Malling à 00h40 et y est revenu à 2h10 le 19 avril 1944. Le Pilote a reçu pour instruction de se rendre sur la balise de rassemblement *"M - Mother"* et plus tard vers *"K - King"* à 18.000 pieds *(5.500 m) [d'altitude]*. Un *"client"* a commencé à apparaître venant du Nord lorsque le Pilote s'est aperçu que son *"arme était tordue"*, [200] mais il a reçu la permission de rester en orbite sur la balise de rassemblement. Peu après, il a aperçu une intersection *[de faisceaux de projecteurs]* environ 5 milles *(8 km)* à l'Est. Il a demandé l'autorisation d'investiguer, qui lui a été donnée. Il s'est rapproché rapidement à 300 m.p.h. *(483 km/h)* au badin de l'avion ennemi qui été pris dans les *[faisceaux des]* projecteurs, en léger piqué, et qui

---

[199] Rapport de combat conservé sous la référence AIR 50/36/107, TNA. Les sections émetteur/destinataire et la répétition de la météo en fin de rapport ont été ignorées.
[200] Comprendre *"son radar était en panne"* : le mot code radio pour le radar embarqué était *"weapon"* (arme) : se reporter au glossaire.

> semblait avoir un feu rouge allumé sous son empennage. L'avion ennemi volait à environ 275 m.p.h. *(443 km/h)* au badin, à une altitude de 14.000 pieds *(4.270 m)*. Le Pilote s'est approché à une distance de 300 pieds *(90 m)*, légèrement en dessous ; les croix noires d'intrados des ailes et la position du mitrailleur ventral étant clairement visibles, la cible a été identifiée comme étant un Ju-88 ou un Ju-188. Le Pilote a pris un peu de champ et le mitrailleur ventral de l'avion ennemi a ouvert le feu avec des balles traçantes d'une distance de 75 yards *(70 m)*, les traînées spirales de fumée passant sous le Mosquito. Le Pilote a alors tiré une rafale d'une seconde d'une distance inférieure à 100 yards *(90 m)*, directement depuis l'arrière et la cible a explosé dans une immense bouffée de fumées, des morceaux et des débris étant éjectés et frappant le Mosquito pendant que le Pilote dégageait vers la droite. L'avion ennemi a ensuite été vu en feu au niveau du moteur droit et du poste de pilotage et piquant rapidement, avant de brûler finalement au sol. L'heure a été notée comme étant 01h16 et la chute de l'épave en feu a été vue par le W/Cdr. Crew (rapport 96), et par le F/O Newell (rapport 85) qui ont relevé un gisement de 140° par rapport à la balise de rassemblement "L - *Love*", ainsi que par des mécanos se trouvant sur les aires de stationnement *[de l'aérodrome de West Malling à une quarantaine de kilomètres de là]* qui ont observé l'avion ennemi pris dans les *[faisceaux des]* projecteurs d'une grande distance.
> La Police d'Ashford a signalé le crash de l'avion ennemi près de Dymchurch ainsi que la capture de deux aviateurs et la découverte de trois corps.
> Le W/Cdr. Miller revendique un Ju-188 détruit.
>
> <u>Rapport sur l'armement</u> :
> Obus de 20 mm semi perforant incendiaire   24 obus
> Obus de 20 mm explosif incendiaire   24 obus
> Total   48 obus
> <u>Enrayages</u> : Aucun   <u>Durée de la rafale</u> : 1 seconde.
> <u>Déclenchement de la cinémitrailleuse</u> : 4 pieds *(1,2 m)* de pellicule exposés avec un dispositif spécial la laissant en marche quelque temps.
> SIGNATURES
>   Pilote: C. M. Miller - W/Cdr
>   E. A. Robertson (?) - F/O - Officier de Renseignement de l'Escadron
>   Base R.A.F. de West Malling

Le Wing Commander Charles M. Miller avait reçu la DFC à trois reprises [201] pour ses actions au sein des 9, 148 et 29èmes Escadrons (respectivement sur Vickers Wellington pour les deux premiers, sur Beaufighter If pour le troisième, avec un court passage sur Havoc au sein du 530ème Escadron). Il a reçu la DSO en novembre 1944 pour son leadership exemplaire du 85ème Escadron. [202] Il a été retiré du service actif pour raisons médicales le 24 février 1945. [203]

---

[201] London Gazette du 17 janvier et du 11 février 1941 ; supplément de la London Gazette du 27 juillet 1943.
[202] Supplément de la London Gazette du 17 novembre 1944.
[203] Supplément de la London Gazette du 13 mars 1945.

A.2.2.3 - Les barrages de câbles sous ballons

"La fonction principale des barrages de ballons est de "placer le faisan" [pour que la DCA puisse le tirer]." [204]

La première utilisation militaire d'un ballon remonte à la bataille de Fleurus le 26 juin 1794 : le Capitaine Coutelle de la Compagnie d'Aérostiers formée quelques mois auparavant et le Général Jean-Baptiste Jourdan de l'armée révolutionnaire française peuvent observer les mouvements ennemis depuis les airs. Plus d'un siècle après, avec l'arrivée des avions, les ballons prennent également un rôle défensif en plus de la fonction d'observation : les barrages de ballons ont été utilisés pendant la Première Guerre mondiale, que ce soit à terre ou pour protéger les convois de navires.

Le RAF Balloon Command est formé en novembre 1938. L'intérêt pour les barrages de ballons a été accru par le manque de canons légers de DCA au sein de l'Armée britannique au début de la Seconde Guerre mondiale, et par le fait que les premiers radars britanniques étaient incapables de détecter des avions volant bas : dans les deux cas, les ballons offraient un moyen d'obliger des avions ennemis à prendre de l'altitude, augmentant leur vulnérabilité et diminuant la précision de leurs attaques. En règle générale, l'altitude opérationnelle des principaux barrages de ballons était de 1.400 mètres. Sachant qu'il fallait compter 45 ballons pour protéger une petite installation vitale (par exemple une centrale électrique) avec une probabilité de collision espérée de 40%, à raison de dix hommes par ballon, [205] les besoins matériels et humains sont énormes. [206] Le graphe ci-après montre le nombre de ballons volant en moyenne par jour au-dessus du Royaume-Uni pour chaque mois entre novembre 1939 et septembre 1944 : [207]

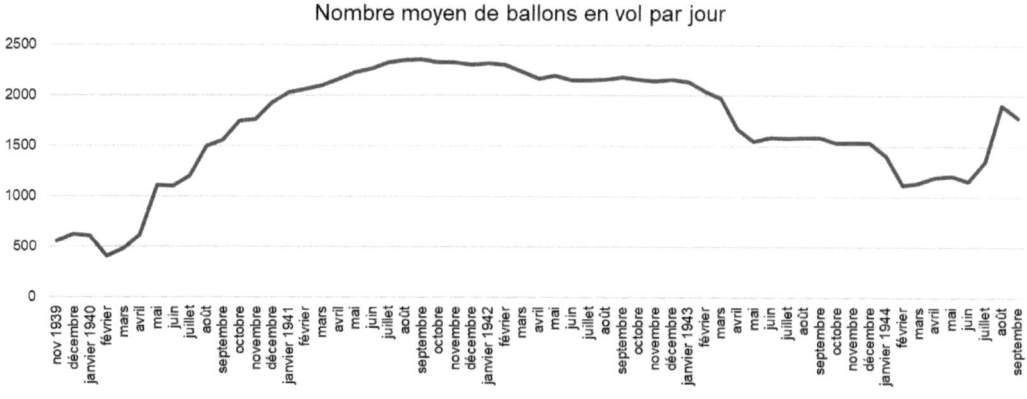

---

[204] Page 78 du livret de propagande *"Roof over Britain"* publié en 1943 par le Ministère Britannique de l'Information.
[205] L'équipe au sol pour la manutention d'un ballon a varié suivant les époques et les types de matériels : en général, de 9 à 12 hommes, ou 12 à 20 femmes.
[206] Pages 147 et 148 de la monographie *"Balloon Defences"* (voir bibliographie).
[207] Graphe de l'auteur à partir des données de l'annexe D de la monographie *"Balloon Defences"* (voir bibliographie).

On constate que tout comme les projecteurs, l'augmentation des moyens du Balloon Command plafonne vers la fin du Blitz à l'été 1941. Avec cette réduction de la menace aérienne et le fort accroissement du nombre de batteries de canons légers [208] ou de roquettes de DCA, le Balloon Command réduit la voilure jusqu'à l'été 1944 avec l'apparition des V-1. Même les raids "Baedeker" de 1942 n'ont pas entraîné de regain d'activité pour les ballons. Fin 1941, les premières pressions sont exercées pour réduire l'effectif du Balloon Command sous la barre des 50.000 hommes : Churchill demande une réduction de 25% du personnel sans changer le nombre de barrages de ballons. Comme ailleurs, les WAAF vont prendre une bonne partie de la charge de travail, avec un pic à 18.000 femmes en janvier 1943 au sein de ce Command. [209] En décembre 1942, le Ministère de l'Air demande au Ballon Command de réduire ses effectifs de 50.000 à 30.000. Ceci ne permet plus que de faire voler un peu plus de 1.600 ballons. En décembre 1943, le Balloon Command doit préparer le détachement de 1.600 hommes et femmes pour couvrir le débarquement en Normandie, [210] et l'établissement d'un barrage de 500 ballons au sud-est de Londres en prévision d'une "possible attaque par des engins volants sans pilote" pour lequel il faut environ 3.500 hommes (les femmes ne pouvant être affectées à cette époque à des postes qui demandent de vivre sous la tente). Au début de 1944, les ballons des barrages de plusieurs villes (Glasgow, Liverpool, Manchester, Coventry, etc.) sont dégonflés et réaffectés à ces deux nouvelles missions. Comme on le voit sur le graphe, le nombre de ballons en opérations est réduit de 400, pour passer à 1.263 ballons, ce qui permet de constituer une réserve et de libérer du personnel. [211]

Avant le début de la guerre, la seule usine capable de fournir de l'hydrogène de façon régulière se trouvait à Cardington, dans le Bedfordshire, puisque cet aérodrome avait été utilisé par les grands dirigeables britanniques dans les années 1920. Ce manque d'hydrogène a obligé certains ballons à être gonflés au gaz de ville moins performant, ou à un mélange gaz de ville - hydrogène, jusqu'à ce que suffisamment d'usines soient établies à l'été 1941. La consommation hebdomadaire d'hydrogène pour le Balloon Command pouvait atteindre 566.000 mètres cubes. [212] Cet hydrogène était produit par gazéification de charbon avant d'être stocké dans des cylindres haute pression dont il fallait ensuite assurer la logistique et la maintenance sept jours sur sept (chaque ballon consommait en moyenne le contenu de deux cylindres d'hydrogène par jour). En plus du personnel des usines de production d'hydrogène, 6.000 ouvriers travaillaient en mai 1941

---

[208] Par exemple, le canon de deux livres (calibre 40 mm) "pom-pom" est jugé efficace pour des cibles volant à une altitude comprise entre 150 et 600 mètres.
[209] Page 369 de la monographie *"Balloon Defences"* (voir bibliographie).
[210] Au passage, il faut mentionner l'origine du mot-code *"Plum Tree"* (prunier) attribué au transfert de ballons vers d'autres théâtres d'opérations (ici le continent européen) : au lieu de dégonfler les ballons et les mettre en caisse, ils étaient amarrés en vol sur les navires, ce qui libérait de la place dans les cales, et "cueillis comme des prunes bien mûres" au port de débarquement.
[211] Pages 469 à 482 de la monographie *"Balloon Defences"* (voir bibliographie).
[212] Annexe D de la monographie *"Balloon Defences"* (voir bibliographie). À raison de 17 m³ par cylindre sous 120 bars, cela représente plus de 4.750 cylindres pleins à manipuler chaque jour (et autant de cylindres vides). Durant le Blitz, les barrages de ballons de Londres étaient alimentés par deux trains de quarante à cinquante remorques routières portant ces cylindres d'hydrogène par semaine.

à la fabrication des ballons, notamment dans les usines Dunlop. En 1936, il fallait 3.500 heures de travail artisanal pour assembler les 1.592 pièces composant un grand ballon de barrage. Le passage à la production de masse a permis de faire baisser ce chiffre à 500 heures. Ces usines étaient si efficaces que le Royaume-Uni a pu envoyer, après Pearl Harbor, 4.000 ballons de barrage pour protéger la côte Ouest des États-Unis d'une éventuelle attaque aérienne japonaise. [213] En 1940, les usines américaines n'avaient pas encore baissé leurs coûts de production et un ballon "made in USA" coûtait près de trois fois plus cher que son équivalent britannique, certes un peu plus petit (566 m^3 contre 765 m^3). Le graphe ci-contre montre la répartition des coûts de fabrication d'un ballon britannique (2.421 $ de 1940). [214] On comprend que le Balloon Command était très consommateur d'énergie et de main-d'œuvre.

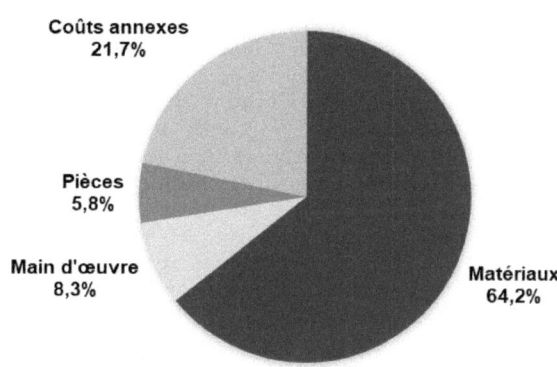

Les ballons s'échappent parfois et causent alors des dégâts lorsque leurs câbles arrachent des lignes téléphoniques ou s'empêtrent dans des lignes haute tension, coupant le courant à des régions entières. Ces dégâts se produisent parfois très loin, comme le 18 septembre 1940, lorsque des ballons arrachés la nuit précédente finissent en Suède et stoppent le trafic ferroviaire en plusieurs points, causant un incident diplomatique. [215] Ils gênent aussi alors les opérations aériennes, comme le 14 août 1944, lorsque les Mosquito du 157ème Escadron sont déroutés car des ballons égarés empêchent tout atterrissage sur l'aérodrome de West Malling. [216]

Comme le reconnaît le rapport rédigé par le Service Historique de la RAF, la valeur des barrages de ballons repose plus sur des effets indirects que sur les pertes infligées à l'ennemi. Par exemple, les bombardiers sont obligés de voler plus haut ou de faire des détours et les dispositifs de protection (blindage ou coupe-câble) imposent un surpoids qui réduit l'efficacité opérationnelle. En Angleterre, il faut attendre la nuit du 19 au 20 juin 1940 pour qu'un He-111 soit la première victime d'un barrage à Billingham, dans le comté de Durham : depuis le début de la guerre, les ballons ont causé bien plus de dégâts à la RAF qu'à la Luftwaffe puisqu'à cette date, ce ne sont pas moins de onze avions britanniques qui ont heurté des câbles, et cinq sont allés au tapis entraînant leurs équipages dans la mort. Durant l'hiver 1940-1941, 43 avions à cocardes entrent en

---

[213] Article *"Balloon Making"*, pages 47 à 50 du n°2 de la revue Aeromilitaria (Air-Britain) de 1985.
[214] Graphe de l'auteur à partir des données de la page 46 du document *"Barrage Balloon Development in the United States Army Air Corps"*, voir bibliographie. Pour les taux de change et conversions se reporter au glossaire en fin d'ouvrage.
[215] Article *"Operation Outward",* page 108 de la revue Aeromilitaria (Air Britain) n°4 de 1995.
[216] Entrée du 14 août 1944 du Journal de marche, conservé sous la référence AIR 27/1046/13, TNA.

collision avec des câbles, contre seulement neuf avions portant la Balkenkreuz. [217] Même les pilotes expérimentés commettent parfois l'erreur de traverser un barrage de ballons : par exemple, le 13 mai 1941, le Beaufighter du Wing Commander George H. Stainforth (pilote du Supermarine S.6B lors du Trophée Schneider de 1931), commandant du 600ème Escadron, heurte un câble au-dessus de Bristol. Le Journal de marche note que *"le fait que l'aile ait résisté à l'impact en dit long en faveur du Beaufighter."* [218]

En 1944, deux Auxiliaires Navales Féminines (WREN) canadiennes rendent visite à une équipe de WAAF en charge d'un ballon de barrage, probablement à proximité d'un port rempli de navires. Le chef d'agrès (à gauche de la photo) est facilement reconnaissable à son porte-voix. Quelques mois plus tard, ces mêmes WAAF ont probablement participé au déploiement des grands barrages de ballons qui ont détruit plus de 230 V-1 (voir le chapitre spécifique) (photo © Government of Canada. Reproduced with the permission of Library and Archives Canada (2024). Source: Library and Archives Canada/Department of National Defence fonds/e010777316).

Malgré différentes mesures mises en place (avertisseur *"Squeaker"* audible sur la radio de l'avion lors de l'approche d'une zone de barrage, feux d'avertissement, punition des pilotes bravant l'interdiction d'entrée dans ces zones, etc.), le score des ballons n'est pas franchement en faveur de leur camp, sauf pour les V-1 sur lesquels nous reviendrons plus tard. Pendant toute la durée de la guerre, sur les 52 avions allemands qui sont entrés en collision avec des câbles de ballons au-dessus des îles britanniques, seuls 23 se sont écrasés comme le montre le graphe ci-après. [219]

---

[217] Chiffres cités pages 483 et 485 de la monographie *"Balloon Defences"* (voir bibliographie).
[218] Entrée du 13 mai 1941 du Journal de marche de l'Escadron, conservé sous la référence AIR 27/2060/5, TNA.
[219] Graphe de l'auteur à partir des données de l'Annexe I de la monographie *"Balloon Defences"* (voir bibliographie). Il faut ajouter un avion abattu en juin 1940 au-dessus du Havre, et un autre en juillet 1944 au-dessus de la Normandie.

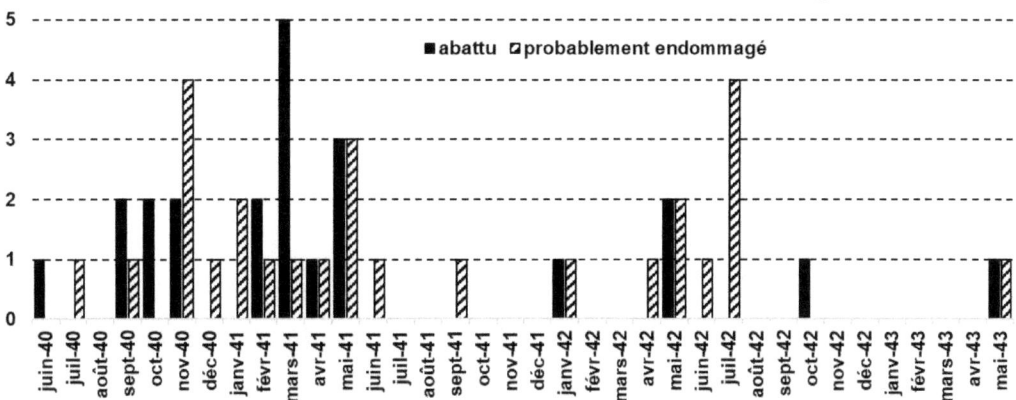

On peut donc être d'accord avec la conclusion du rapport du Service Historique de la RAF que *"l'objectif des barrages de ballons n'était pas tant d'abattre les avions ennemis que de les obliger à voler à des altitudes auxquelles nos chasseurs et nos canons de DCA pouvaient les engager."* Étant donné les moyens énormes nécessaires pour déployer entre 1.000 et 2.000 ballons par jour pendant les six années de guerre et le manque de résultats tangibles, il est difficile de quantifier le rapport bénéfice/coût du Balloon Command.

A.2.2.4 - La chasse de nuit en 1939 : une réflexion après coup [220]

"Seuls les hiboux et de sacrés imbéciles volent de nuit'
Titre des mémoires du Group Captain Tom Sawyer [221]

Comme nous l'avons vu dans l'introduction, la chasse de nuit en 1944 était codifiée avec des procédures bien établies pour guider les avions depuis le sol jusqu'à ce qu'ils soient correctement placés pour acquérir eux-mêmes un contact radar, ou à défaut pour effectuer une recherche visuelle en coopération avec les batteries de projecteurs disposées systématiquement en zones d'indication et en zones de combat. Les pilotes et les opérateurs suivaient un parcours comprenant des formations spécialisées sur plusieurs mois les amenant à être pleinement opérationnels et capables d'être efficaces dès leur première sortie opérationnelle en Escadron comme le prouve l'histoire des Flight Sergeants Leslie W. Neal et Ernest Eastwood.

---

[220] Voir l'anecdote sur John Cunningham et les besoins des services de propagande pour l'origine de cette appellation.
[221] "*Only Owls and Bloody Fools Fly at Night*" du Group Captain Tom Sawyer, William Kimber, 1982, ISBN 978-0718301194. Mémoires d'un pilote du Bomber Command (deux tours d'opérations), ce qui explique que ce livre ne figure pas dans la bibliographie, mais le titre est tout à fait applicable à la chasse de nuit.

En septembre 1939, la situation était bien différente. Si le besoin de disposer d'escadrilles spécialisées à la chasse de nuit s'était imposé durant la Première Guerre mondiale, cette leçon payée au prix cher avait été oubliée. Vingt et un ans après l'armistice de 1918, la RAF était dépourvue de toute unité dédiée de chasse de nuit. Pire, la formation des pilotes au vol de nuit était extrêmement limitée, plus conçue pour leur permettre d'atterrir en sécurité s'ils se faisaient surprendre par la nuit que de réellement combattre de nuit.

Il y avait eu très peu de recherches menées sur les tactiques défensives nocturnes puisque la RAF ne formait pas vraiment ses pilotes au vol de nuit (à part quelques rares unités de bombardement, par exemple celles sur Armstrong Whitworth Whitley, appareil qui était conçu pour opérer de jour comme de nuit). Le graphe ci-après montre que les heures de vol de nuit avant-guerre représentent moins de 5% du temps de vol des équipages de la RAF (pour être exact : 2,4% en moyenne pour 1934 à 1936, 3,7% pour 1967 et 4,5% pour 1938) : [222]

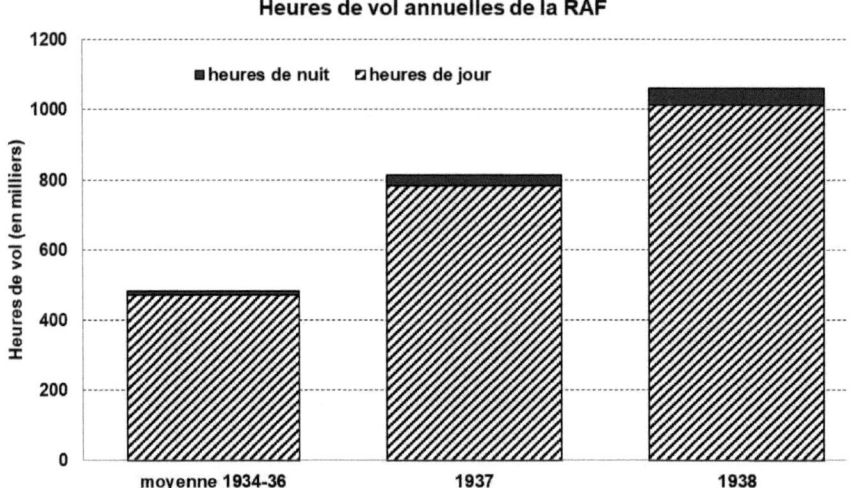

En d'autres mots, en 1934-36 les avions de la RAF volaient 42 fois plus de jour que de nuit ; en 1937 : 26 fois plus et en 1938 : 21 fois plus. [223] Par contre, et c'est certainement un facteur qui contribue au peu d'heures de vol de nuit, il y a trois à quatre fois plus d'accidents mortels de nuit que de jour (par exemple, en 1938, il s'est produit 1 accident mortel pour 11.000 heures de vol de jour, alors que la nuit ce ratio passe à 1 accident mortel pour 2.300 heures). C'est en quelque sorte un cercle vicieux : le manque de

---

[222] Graphe de l'auteur à partir des données des rapports pour 1937 et 1938 "*Fatal Accidents - Memorandum as to their Incidence and Cause*", classés SECRET (Document Secret n°119), conservés sous les références AIR 10/1632 et 1633, TNA.

[223] Page 25 de son livre "*The Other Battle: Luftwaffe Night Aces Versus Bomber Command*", Airlife, 2001, ISBN 978-0785814184, Peter Hinchliffe indique que les avions du Bomber Command volent 17 fois moins de nuit que de jour en 1937, ce qui est du même ordre de grandeur que les chiffres ci-dessus.

pratique au vol nocturne génère un fort taux d'accident qui n'incite pas à faire voler les avions de nuit. Ce n'est qu'en 1936 que le vol de nuit est mis au programme des écoles de pilotage (FTS) de la RAF : il ne s'agit que de faire six heures de vol nocturne, ce qui est peu sur six mois en FTS et ces heures sont consacrées à des circuits et atterrissages, à l'exception d'un unique vol aller-retour d'une quarantaine de kilomètres. De même, l'instruction au pilotage sans visibilité ("aux instruments" dans le jargon de la RAF) n'est déployée de manière systématique qu'en 1938, grâce à l'achat aux Etats-Unis de simulateurs Link qui sont installés dans les écoles. Cependant, même après trois ans d'expérience, cette *"formation au pilotage sans visibilité effectuée par les SFTS (nouveau nom des FTS) est jugé insuffisante pour le travail opérationnel."* [224]

Voler de nuit était jugé dangereux et peu nécessaire. Un pilote du 604ème Escadron, Roderick A. Chisholm, que nous retrouverons comme commandant de la Fighter Interception Unit (FIU), a très bien décrit les difficultés et les doutes que doit affronter un jeune pilote lors de ses premiers vols de nuit : [225] il faut d'abord apprendre à ignorer les sensations ressenties et se fier à ses instruments, puis partager son attention entre son tableau de bord et les repères extérieurs (par exemple les feux au sol pour l'atterrissage qui sont de simples lampes à pétrole placées sur le terrain le long de l'axe du vent), et parfois contrôler la montée de la panique lorsque l'on se croit perdu ou qu'un problème surgit (radio en panne, moteur qui tousse, etc.). Il n'y avait donc pas beaucoup de volontaires pour la chasse de nuit comme le décrit John Cunningham, également pilote au sein du 604ème Escadron sur Blenheim If. Cet Escadron avait été affecté aux missions diurnes et nocturnes de chasse : [226] *"Parfois, les gens disaient "Les chasseurs de nuit, ils tournent en rond la nuit, à quoi servent-ils ?" La plupart des pilotes de chasse de jour, primo n'aimaient pas voler la nuit, et secundo trouvaient que c'était un rôle peu satisfaisant, sans reconnaissance. Ils n'avaient aucun désir de voler la nuit, et ce n'est qu'à la fin 1940 que les premiers succès de la chasse de nuit ont commencé à attirer l'intérêt. À partir de là, il y a eu de plus en plus de demandes pour rejoindre les Escadrons de chasse de nuit."*

Une anecdote survenue le 14 octobre 1940 résume bien l'impréparation de la plupart des Escadrons de chasse aux opérations nocturnes : la Section Rouge de Hurricane du 73ème Escadron obtient, peu après 18h00, l'autorisation de décoller pour tenter d'intercepter un Heinkel 111 aperçu au-dessus de l'aérodrome de Debden, Essex. Le Journal de marche raconte : *"À 19h00, il faisait presque nuit et aucun des trois pilotes n'étant revenu, l'anxiété commençait à se faire sentir. Nous avons ensuite reçu des nouvelles du Pilot Officer McFadden (Hurricane "G") qui avait effectué un atterrissage forcé dans un champ à Harverhill, Suffolk sans endommager sa machine, et plus tard d'autres informations que le Squadron Leader Murray (Hurricane "L") avait fait de même près de Bartlow, Cambridgeshire. Le Pilot Officer Millist*

---

[224] Pages 20 et 30 du document de l'Air Historical Branch *"Flying Training - Aircrew Training 1934-1942"*, (voir bibliographie). Pour plus de détails sur les simulateurs Link, voir le livre de cette série consacré à la formation des aviateurs.
[225] Pages 30 à 32 de son livre (voir bibliographie).
[226] Interview de 1989, conservée par l'Imperial War Museum dans la collection 'Oral history', référence 10729 - bobine 1.

(Hurricane "D") s'est posé sur l'aérodrome vers 19h15 avec l'aide de fusées et les phares de deux voitures. C'est un bon résultat puisqu'il n'avait jamais volé de nuit sur Hurricane. Aucun des trois pilotes n'a aperçu d'avion ennemi." [227] Moins de dix jours plus tard, lorsque l'Escadron est affecté aux opérations de nuit, le Journal de marche confirme le témoignage de Cunningham : *"**Il n'y a aucun doute que tous les pilotes sont déçus et n'aiment pas l'idée de voler la nuit**, mais le Commandant a donné à chaque pilote la possibilité d'une autre affectation."* Et de fait c'est une véritable hémorragie : le jour même, six pilotes ont reçu leur nouvelle affectation et un septième attend sa destination. Les pilotes restants doivent avoir fait 25 heures de vol nocturne avant de commencer la chasse de nuit. [228] Finalement, cette mission de chasse nocturne au Royaume-Uni a été de très courte durée, puisque le mois suivant l'Escadron part pour l'Égypte.

Si plus tard les équipages volant de nuit ont été sélectionnés sur la base du volontariat, ce n'était pas le cas lors de l'expansion au forceps de la chasse de nuit fin 1940 - début 1941 et la formation n'était pas adaptée. Par exemple, le Sergent Robin J. McNair, qui avait fini sa formation de pilote de chasse fin juillet 1940 et rejoint un Escadron de Hurricane, est muté au nouveau 96ème Escadron de chasse de nuit en décembre 1940 alors qu'il n'a qu'une quinzaine d'heures de vol de nuit sur les 300 heures enregistrées dans son carnet de vol (soit 5%). [229]

La transmission de l'information au sein du Fighter Command ne s'avère pas non plus adaptée aux exigences de la chasse de nuit. Par exemple, dans la soirée du 10 décembre 1939, la nouvelle station radar de Walton on the Naze, Essex, détecte ce qu'elle soupçonne être un hydravion allemand cherchant à mouiller des mines magnétiques, qui finit par se poser sur l'eau à quelques kilomètres à l'est de Frinton on Sea, Essex, après un aller-retour d'une trentaine de kilomètres au Sud. La station a passé les coordonnées de cet avion à la salle opérationnelle du QG du Fighter Command, qui a demandé au QG du 11ème Groupe d'envoyer deux Blenheim sur la dernière position connue pour y larguer des fusées éclairantes et détruire cet avion. Toutefois, toutes les bases de Blenheim du 11ème Groupe étaient alors noyées dans le brouillard. Le QG du Fighter Command se retourne donc vers le QG du 12ème Groupe, mais il faut réveiller le Contrôleur d'astreinte de cette zone manifestement plus calme. Après cinq minutes d'attente, c'est un Air Marshal Hugh Dowding passablement irrité qui passe sa requête d'interception. Le Contrôleur demande au 29ème Escadron de Debden, Essex, d'envoyer deux Blenheim sur zone, et les avions L6740 et L6741 décollent à 23h10 et 23h11. Les officiers du QG du Fighter Command suivent leur trajectoire sur la grande table de la salle de filtrage des informations, mais lorsque le 12ème Groupe leur téléphone pour leur apprendre que le Blenheim du Sergent Bloor et de l'Aviateur de 2ème Classe Thirkill vient de libérer une fusée éclairante, ils constatent que les deux chasseurs sont à 19 km au sud-ouest de la

---

[227] Entrée du 14 octobre 1940 du Journal de Marche de l'Escadron, conservé sous les références AIR 27/629/25 et AIR 27/629/26, TNA.
[228] Entrée du 23 octobre 1940 du Journal de Marche de l'Escadron, (op. cit.). Les caractères gras ont été ajoutés par l'auteur.
[229] Page 68 du livre de Joe Bamford et Ron Collier (voir bibliographie).

position supposée de l'hydravion allemand. D'après les premières informations, les transmetteurs radio de localisation des appareils [230] étaient tombés en panne, empêchant la salle d'opérations du Secteur de savoir exactement où ils se trouvaient. Concentrés sur leur recherche, les deux Blenheim se séparent puis rentrent à la base. Cependant, le brouillard a également commencé à y apparaître. Le Sergent Bloor parvient à se poser à Debden à 00h30, mais le Flight Sergeant William H. Packer manque ses tentatives à Debden puis à Duxford. Le Blenheim L6740 finit par s'écraser, tuant son pilote et blessant gravement le Leading Aircraftman Edwin Jones. Parker est le premier mort de l'Escadron (Jones a été tué le 19 décembre 1940 lors de l'accident du Blenheim L6612). Le lendemain, Dowding écrit à l'Air Vice-Marshal Trafford L. Leigh-Mallory, patron du 12ème groupe pour lui demander de mener une enquête sur les ratés de cette interception, en notant en particulier qu'il lui semblait *"très inquiétant que [les Contrôleurs d']un Secteur ne puisse[nt] pas guider leurs chasseurs plus près d'un point immobile que 19 km : s'ils ne peuvent pas faire mieux, quelles chances ont-ils d'effectuer une interception lors d'une attaque de bombardiers rapides ?"* [231] Nous verrons plus tard que la réactivité de cette longue chaîne de commandement ne sera améliorée qu'avec la mise au point de stations radar dédiées à la chasse de nuit (stations GCI).

---

[230] Certains appareils (typiquement les chefs de section pour les chasseurs diurnes) peuvent transmettre automatiquement un signal permettant de déterminer leur position par triangulation (système baptisé '*Pip-Squeak*'). Ce système utilise la radio de bord pour transmettre un signal de façon régulière (14 secondes toutes les minutes) : trois stations au sol suffisamment éloignées les unes des autres notent le relèvement magnétique de l'avion émetteur et le transmettent par téléphone à une salle de triangulation, proche de la salle d'opération du secteur. En croisant les trois relèvements, les opérateurs peuvent alors déterminer la position de l'appareil et passer l'information en quelques secondes à la salle d'opération. Ceci est particulièrement utile au-dessus de l'Angleterre, puisque les radars CH ne 'regardent' que vers la mer.

[231] Entrée du 10 décembre 1939 du Journal de Marche de l'Escadron, conservé sous la référence AIR 27/341/3, TNA ; dossier d'accident conservé sous la référence AIR 81/1725, TNA ; et lettre de l'Air Marshal Hugh Dowding FC/S.18378 du 11 décembre 1939, conservée sous la référence AIR16/15, pièce 29A, TNA.

L'organisation de chasse de nuit en 1940

Faute de moyens et du fait de la priorité donnée pendant de longues années aux forces de bombardement, la RAF n'avait pas considéré nécessaire de se doter d'avions ou d'unités spécialisés dans la chasse de nuit. Pourtant, les manœuvres de juillet 1934, consistant en attaques nocturnes simulées de Londres et de Coventry, avaient bien montré les faiblesses des défenses : la moitié des bombardiers n'avaient pas été interceptés alors qu'ils avaient l'ordre de voler avec leurs feux de navigation allumés. [232]

Au début de la guerre, aucun des 34 Escadrons du Fighter Command n'est dédié à la chasse de nuit. Dès le 27 avril 1936, Henry Tizard, président du CSSAD, avait envoyé une lettre à l'Air Marshal Hugh Dowding, en charge de la production industrielle et de la recherche au Ministère de l'Air, dans laquelle il prophétisait que la chaîne de radars en cours de développement allait obliger les bombardiers ennemis à opérer de nuit plutôt que de jour. [233] Il se souvenait probablement des raids de bombardiers *Riesenflugzeug* ("avion géant" en allemand) de l'été 1917 qui avaient été forcés à passer au vol de nuit par les défenses Alliées. Devenu patron du Fighter Command durant l'été 1936, l'Air Chief Marshal Sir Hugh C.T. Dowding n'a pas oublié cette prévision, ni l'expérience des raids nocturnes allemands de la guerre précédente. Conscient que les bimoteurs Bristol Blenheim If n'ont que peu de chances de rattraper un bombardier moderne qui les a aperçus, il décide en octobre 1939 d'ajouter la chasse de nuit aux missions des Escadrons dotés de ce type d'avion. De la fin 1939 au milieu de 1940, les équipages des 23, 25, 29, 219, 600 et 604èmes Escadrons commencent donc à approfondir les difficultés associées avec le pilotage de nuit et à réfléchir aux tactiques à adopter pour mener une interception nocturne. Cependant, il ne faut pas imaginer que ces unités basculent d'un seul coup d'une activité diurne au vol de nuit : par exemple, le graphe ci-après montre la transition du 25ème Escadron de missions de couverture de convois maritimes à la chasse de nuit entre mai et décembre 1940 (volume mensuel de vol d'environ 300 à 400 heures). On note que si les heures de vol de nuit constituent finalement plus de 90% des missions de guerre, les vols d'entraînements ont eu lieu majoritairement de jour. Durant cette période, cet Escadron déménage cinq fois (North Weald, Martlesham Heath, Hawkinge, North Weald, Wittering) et passe (très lentement) du Blenheim au Beaufighter (premier Beaufighter reçu début septembre, dix fin décembre pour quinze Blenheim). [234]

---

[232] Page 3 du livre de Ian White (voir bibliographie).
[233] Correspondance mentionnée page 7 du livre de Ian White sur les radars, voir bibliographie.
[234] Graphe de l'auteur à partir des données des annexes du Journal de marche conservées sous la référence AIR 27/308, TNA. Les deux courbes ne sont pas cumulables : par exemple, en octobre 1940, l'Escadron effectue 99% de ses heures de vols opérationnels de nuit (151 heures de nuit et 2 de jour) mais seulement 11% de ses heures de vols d'entrainement de nuit (19 heures de nuit et 160 de jour).

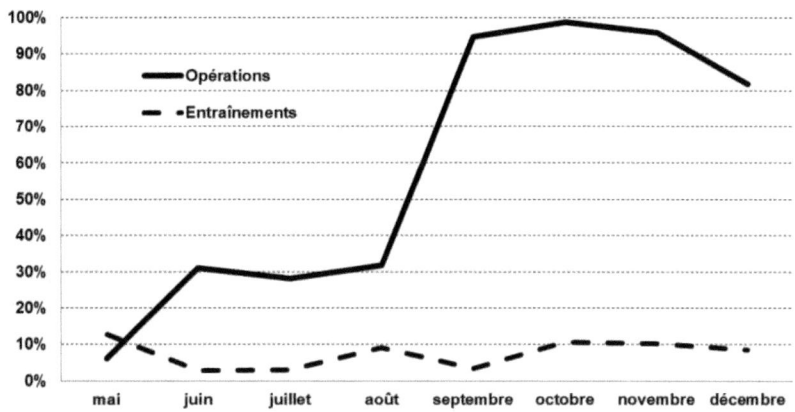

Ces Escadrons de Blenheim If ont une dotation normale de 18 avions opérationnels ('IE : Initial Equipment'), et d'un volant de quatre avions de réserve ('IR : Immediate Reserve') pour les opérations de maintenance ou d'inspection. En termes de personnel, l'effectif théorique est de 221 hommes par Escadron, répartis ainsi :

			Effectif théorique [235]
Aviateurs	Pilotes	Officiers	13
		Sous-Officiers	10
	Autres aviateurs	Officiers	3
		Sous-Officiers	22
"Rampants"		Officiers	1
		Sous-Officiers et Hommes du rang	172

Avant la fin de la bataille d'Angleterre, les vols nocturnes de la Luftwaffe sont plus l'exception que la règle, et les combats sont rares. Par exemple, la première victoire nocturne du 604ème Escadron intervient le 18 juin 1940, lorsque le Flying Officer Alastair S. Hunter et son Mitrailleur, le Sergent Gordon Thomas abattent un hydravion allemand He-115. L'Escadron avait reçu l'ordre d'envoyer successivement trois avions patrouiller une zone du Pas-de-Calais. Hunter et Thomas ont décollé de Manston, dans le Kent, en

---

[235] Annexe du Journal de Marche du 25ème Escadron, conservé sous la référence AIR 27/308, TNA. La dotation théorique des Escadrons de Blenheim de chasse de nuit était définie par le document WAR/FC/209A.

seconde position, une heure après le premier Blenheim. Leur rapport de combat est traduit ci-dessous : [236]

SECRET   **Formulaire "F"**
                                       RAPPORT DE COMBAT
 <u>Date</u> : 18 juin 1940
 <u>Section</u> : "Verte"   <u>Escadrille</u> : "B"   <u>Escadron</u> : 604
 <u>Nombre d'avions ennemis</u> : 1   <u>Type d'avions ennemis</u> : He-115
 <u>Heure de l'attaque</u> : 02h15
 <u>Lieu de l'attaque</u> : 12 milles *(19 km)* est-nord-est de Dunkerque.
 <u>Altitude de l'ennemi</u> : 100 pieds *(30 m)*.
 <u>Dommages causés à l'ennemi</u> : 1 appareil détruit
 <u>Dommages subis</u> : Aucun.
 <u>RAPPORT GÉNÉRAL</u> :
 Par : F/O A. S. Hunter, volant en tant que n°2 de la Section Verte.
      Alors que je revenais d'une patrouille en attente [237] au-dessus de Béthune - Merville - St Pol*[-sur-Ternoise]* - St Omer, j'ai aperçu de 10.000 pieds *(3.000 m)*, un avion qui avait un feu vert allumé volant Est-Nord-Est au-dessus de Dunkerque à environ 100 pieds *(30 m) [d'altitude]*. Je suis descendu en cercles et me suis placé derrière cet avion à peu près à 10 milles *(16 km)* est-nord-est de Dunkerque, à 100 pieds *(30 m) [d'altitude]*; volant à 160 m.p.h. *(257 km/h)*, en mer (à 200 yards *(180 m)* de la côte). Je me suis approché et j'ai reconnu l'avion comme hostile car il avait tous ses feux de navigation allumés. J'ai ouvert le feu pendant 5 secondes d'une distance de 150 yards *(135 m)*, jusqu'à ce qu'une pluie aveuglante d'étoiles dorées soit tirée par l'avion ennemi, bloquant complètement ma vue sur la cible. J'ai viré et me suis replacé derrière l'avion ennemi à environ 500 yards *(460 m)*, quand une nouvelle fusée éclairante à étoiles a été tirée. Dès que sa luminosité a baissé, je me suis approché à nouveau. L'avion ennemi volait alors très bas, à seulement 4 - 6 pieds *(1 à 2 m)* au-dessus de

---

[236] Rapport de combat conservé page 64 dans les Annexes du Journal de marche de l'Escadron, sous la référence AIR 27/2086, TNA. La date exacte de ce combat semble bien être la nuit du 17 au 18 juin 1940 car le rapport de l'Officier du Renseignement porte deux fois la mention "juin", de même que le rapport de combat et l'enregistrement des vols du Journal de marche pour le mois de juin (référence AIR 27/2082/18, TNA) présente bien le vol de trois Blenheim If cette nuit-là en patrouille aux bonnes heures. Cependant, le narratif du Journal de marche de mai 1940 (référence AIR 27/2082/15, TNA) note ce combat le 18 mai, ce qui a été repris par certains auteurs (par exemple, page 61 du livre de Ian White sur cet Escadron - voir bibliographie) mais l'enregistrement des vols du Journal de marche pour le mois de mai (référence AIR 27/2082/16, TNA) ne présente aucun vol de Blenheim cette nuit-là aux heures mentionnées par le rapport de combat. Autre indice, les missions de la nuit suivante sont également enregistrées en mai dans le Journal de Marche (référence AIR 27/2082/15, TNA), mais les rapports de combat correspondants et le rapport de l'Officier du Renseignement (pages 65 à 67, référence AIR 27/2086, TNA) portent la mention "juin" et notent que des He-111 utilisent l'aérodrome de Merville (que les Allemands n'ont occupé qu'en juin) et que les feux de la raffinerie et des dépôts pétroliers de Dunkerque sont encore visibles (ces incendies n'ont commencé que le 27 mai).

[237] Terme plus utilisé par l'Armée de Terre mais qui traduit bien la *"standing patrol"* consistant à faire des allers-retours suivant une ligne prédéterminée.

> la mer. J'ai tiré une nouvelle rafale de 5 secondes et le moteur gauche a pris feu. De l'huile (semblable à du glycol) a alors aspergé tout mon avion, obscurcissant toute vision vers l'avant. Pendant mon virage, le Mitrailleur arrière a tiré une courte rafale et a vu l'avion ennemi disparaître dans la mer, ses lumières et l'incendie s'éteignant immédiatement.
> Je suis ensuite rentré à la Base. Les mitrailleuses fixes tirant vers l'avant avaient consommé 200 coups chacune (donc 1.000 coups en tout tirés).
> <u>Signé</u> : A. S. Hunter, Flying Officer

Hunter et Thomas avaient tous deux volé ensemble sur les biplans Hawker Demon avant que leur Escadron ne reçoive ses premiers Blenheim au début de 1939. Le 6 février 1941, Hunter et le Pilot Officer Terence Genney, son Opérateur radar, ont été tués lorsque leur Beaufighter est parti en vrille durant l'approche pour se poser à Middle Wallop. Si Hunter n'avait que 24 ans, Genney en avait 44 et avait combattu durant la guerre précédente au sein du Régiment du Lincolnshire, ce qui lui avait valu de recevoir la Croix Militaire (MC) en 1918. Gordon S. Thomas a été promu Officier en mars 1944, a survécu à la guerre et a pris sa retraite de la RAF en mai 1961 avec le rang de Flight Lieutenant. [238]

Jusque-là, les sorties des Blenheim équipés ou non de radar air-air étaient décidées par les commandants des Escadrons en fonction des circonstances. Après la défaite de la France, le Fighter Command se rend soudainement compte que ces précieux radars risquent désormais d'être capturés si un Blenheim est obligé de faire un atterrissage forcé en territoire occupé. Les 19 et 20 juin 1940, deux télégrammes sont envoyés aux Groupes et Escadrons concernés pour leur donner l'ordre formel de *"ne pas risquer de Blenheim dotés de radar au-dessus des territoires où les forces terrestres ennemies opèrent."* [239]

Des raids de nuit allemands ont eu lieu sporadiquement en juillet 1940, mais ils étaient très minoritaires par rapport aux bombardements diurnes. Cette tendance s'est inversée progressivement en août et septembre. Les chasseurs de nuit britanniques ont donc peu d'opportunités d'exercer leurs talents nouvellement acquis. Les combats rapprochés du Pilot Officer Michael J. Herrick et du Sergent John S. Pugh du 25ème Escadron durant la nuit du 4 au 5 septembre 1940 constituent un contre-exemple puisque ces aviateurs réussissent le tour de force d'abattre deux bombardiers allemands en les repérant à l'œil nu sans aucun guidage depuis le sol et en les poursuivant en Blenheim, un appareil dont le différentiel de vitesse est notoirement insuffisant pour les missions de chasse qui lui ont été attribuées (comme le montre la première tentative de poursuite décrite ci-après). La veille, leur Escadron avait perdu deux Blenheim sous les tirs fratricides de Hurricane : le Pilot Officer Douglas W. Hogg avait été tué, son Mitrailleur, le Sergent Powell,

---

[238] Supplément de la London Gazette du 30 mai 1961.
[239] Télégrammes du QG du Fighter Command des 19 et 20 juin 1940, conservés sous la référence AIR16/15, pièces 40 et 41A, TNA.

réussissant à sauter en parachute, et le Pilot Officer Cassidy posant sa machine sur le ventre.[240] Le rapport de combat de Herrick et Pugh est traduit ci-dessous : [241]

SECRET	**PERSONNEL**	Formulaire "F"
	RAPPORT DE COMBAT	

<u>Code du Secteur</u> : - N° de l'Ordre de patrouille : -
<u>Date</u> : 5 septembre 1940
<u>Escadrille</u> : "A" <u>Escadron</u> : 25
<u>Nombre d'avions ennemis</u> : 3 <u>Type d'avions ennemis</u> : He-111 et Do-17
<u>Heure de l'attaque</u> : 00h20 ; 01h45
<u>Lieu de l'attaque</u> : Braintree *[dans l'Essex]* et Martlesham [242] *[dans le Suffolk]*
<u>Altitude de l'ennemi</u> : 15.000 pieds *(4.570 m)*.
<u>Dommages causés à l'ennemi</u> : 2 appareils détruits et confirmés
<u>Dommages subis</u> : Aucun.
<u>RAPPORT GÉNÉRAL</u> :

À environ 00h20, j'ai décollé de Martlesham *[dans le Suffolk]* pour surveiller une ligne de patrouille. J'ai reçu un cap à suivre, puis la radio est tombée en panne. Après environ 10 minutes, j'ai aperçu un avion ennemi droit devant dans *[le faisceau d']*un projecteur mais j'ai été incapable de réduire la distance et il a disparu hors de vue.

Ensuite, à environ 5.000 pieds *(1.525 m)* au-dessus de moi, j'ai aperçu un avion ennemi dans *[les faisceaux] des* projecteurs et je l'ai attaqué après environ 5 minutes. J'ai ouvert le feu à environ 300 - 400 yards *(275 - 365 m)* par une rafale de cinq secondes. L'avion ennemi a ensuite disparu. Immédiatement après, un autre avion ennemi a été éclairé et après l'avoir poursuivi pendant environ 10 minutes, je suis arrivé à portée de tir et j'ai ouvert le feu à environ 400 yards *(365 m)*. J'ai ensuite tiré plusieurs courtes rafales alors que la distance se réduisait. J'ai obtenu un bon tir avec déflexion. L'avion ennemi a alors semblé s'arrêter et vaciller en l'air et je l'ai dépassé puisque j'avais consommé toutes les munitions qui me restaient. Les projecteurs m'ont illuminé et je n'ai plus été capable de voir quoi que ce soit. Comme je dépassais l'avion ennemi, j'ai remarqué qu'il tombait en morceaux et que les deux moteurs fumaient beaucoup. Mon Mitrailleur arrière, le Sgt. Pugh, a ouvert le feu durant les deux combats. J'ai appris ce matin que le He-111 s'est écrasé à Rendlesham *[dans le Suffolk]* à 01h10 et que le Do-17 a fait de même près de Braintree *[dans l'Essex]* à 00h45.

Formulaire de la R.A.F. n°1151.

Cela faisait à peine six mois que Herrick, un Néo-Zélandais, avait été promu Pilot Officer après avoir terminé son parcours de formation de pilote entamé en avril 1939.

---

[240] Journal de marche du 25ème Escadron de septembre 1940, conservé sous la référence AIR 27/305/12, TNA.
[241] Rapport de combat conservé sous la référence AIR 50/13/45, TNA.
[242] Il faut probablement lire "Rendlesham" ici, voir la fin du rapport. Une douzaine de kilomètres séparent ces deux villages.

Grâce à ce combat il a pu arborer la DFC sur sa vareuse dès fin septembre, [243] alors qu'il avait abattu un autre He-111 dix jours auparavant lors d'un combat difficile, le Blenheim revenant à Martlesham avec près de 30 impacts de tirs défensifs et le pare-brise blindé fissuré. Herrick a été tué en combat en juin 1944 alors qu'il volait sur Mosquito FB VI au sein du 302ème Escadron ; il repose au cimetière de Frederikshavn au Danemark auprès de son Navigateur d'origine polonaise, le Porucznik Aleksander Turski. Deux des quatre frères de Herrick ont également été tués en servant au sein de la RAF (Brian H. du 272ème Escadron le 24 novembre 1940 et Dennis T. du 53ème Escadron le 30 juin 1941), tous deux sur Blenheim.

Le Mitrailleur arrière du Blenheim, John Pugh a poursuivi sa carrière au sein du Bomber Command et a été promu Officier en mars 1942; il a survécu à la guerre et a également reçu la DFC en 1945.

John Cunningham, pilote au sein du 604ème Escadron en 1940, ne mâchait pas ses mots lorsqu'il évoquait l'inadaptation du Blenheim aux missions nocturnes : [244] *"À la fin de 1938, nous avons été rééquipés avec la version de chasse du Bristol Blenheim, un bimoteur. C'était un avion très agréable à piloter, mais malheureusement pour nous c'était une machine de guerre inutilisable. Nous étions un Escadron de chasse de jour et de nuit, et si le jour nous parvenions à escorter des convois maritimes en mer de Nord, de nuit, sans radar, avec l'obscurité et les nuages, le Blenheim était virtuellement inutilisable pour chasser les avions ennemis intrus."* En plus d'être trop lent pour chasser les bombardiers allemands, l'armement du Blenheim (cinq mitrailleuses tirant vers l'avant) était trop léger pour assurer un coup mortel dès la première rafale, et les fenêtres incurvées (des côtés et du toit du poste de pilotage) rendaient l'identification d'une silhouette très difficile. [245]

Nous verrons au chapitre suivant que près de 150 Blenheim I avaient été équipés d'un radar air-air AI Mk. III fin août 1940. Cependant, comme ces équipements n'ont pas eu d'impact significatif sur les événements hormis quelques très rares victoires, il a semblé préférable de garder la complète cohérence chronologique du développement des radars embarqués en un seul chapitre.

Durant l'été et l'automne 1940, puisque la quasi-totalité des chasseurs en étaient réduits à chercher leurs adversaires à l'œil nu, nous allons rapidement évoquer les distances auxquelles un avion était visible de nuit, puis le camouflage des appareils.

---

[243] Éditions de la London Gazette du 19 mars et du 24 septembre 1940.
[244] Interview de 1989, conservée par l'Imperial War Museum dans la collection 'Oral history', référence 10729 - bobine 1.
[245] Commentaire du Wing Commander G. P. Chamberlain, commandant de la FIU, paragraphe 57 du compte-rendu de la réunion du 1er août 1940 du Comité d'Interception, conservé sous la référence AIR 20/3442, TNA.

Les chasseurs "aux yeux de chat", faute de mieux ...

Dès les premiers combats nocturnes de la Première Guerre mondiale, les aviateurs s'étaient rendus compte que la position relative des avions était tout aussi importante que les conditions d'éclairage pour apercevoir l'adversaire le premier. Le Manuel de Formation au Pilotage de la RAF A.P.928 *"Part II - Applied Flying"* de février 1933 donnait les conseils suivants :

*"**Observation nocturne des avions***

Les avions illuminés par des projecteurs au sol sont mieux vus par nuit noire de dessous, et par nuit de pleine Lune par-dessus. Sans les projecteurs, ils sont plus faciles à apercevoir de dessous, que ce soit par nuit noire ou par nuit de pleine Lune. ...

Par nuit noire avec un ciel dégagé, il est possible d'apercevoir les avions se détachant sur le ciel étoilé d'une distance de 200 yards (180 m), et par nuit de pleine Lune de 600 yards (550 m). Cependant, à ces distances, tout ce que l'on peut observer est une vague silhouette."

Le peu de contacts visuels établis de nuit lors des combats de 1939-40, même avec l'aide des premiers radars air-air, a amené les Britanniques à étudier de près les paramètres influençant la visibilité d'une cible. Le tableau ci-dessous est établi en avril 1941 sur la base des essais effectués par le RAE et par l'Unité d'Interception de Chasse : [246]

Situation	Visibilité en plan	
	Du dessus	Du dessous
<u>Nuit étoilé sans Lune</u> : Au-dessus des terres (sans gel ni neige) Au-dessus des terres (avec gel ou neige) Au-dessus de la mer Au-dessus des nuages Au-dessus de la brume **	 Moins de 90 mètres. 180 mètres. 180 à 245 mètres. 180 mètres. De 90 à 180 mètres.	 335 mètres. * " " " "
<u>Nuit avec Lune</u> : Au-dessus des terres (ciel dégagé) Au-dessus des nuages (ciel dégagé au-dessus) Au-dessus de nuages bas (cirrus hauts au-dessus) Au-dessus de la mer, sans nuages Au-dessus de la brume **	 Moins de 90 mètres. 1.220 mètres. 1.220 mètres. 1.220 à 1.525 mètres. De moins de 90 à 1.220 mètres.	 335 mètres. * " 1.525 mètres 335 mètres. * "

* 490 mètres avec la vision périphérique.
** En fonction de l'épaisseur de la brume et de l'altitude.

À titre de comparaison, par temps clair, un avion bimoteur est visible de jour à une quinzaine de kilomètres pour un pilote ayant une vue normale. [247] Le 28 mai 1941, le Comité de Combat de la Chasse publie des notes compilées par le Fighter Command sur

---

[246] Version résumée du tableau en Annexe 3 du rapport SR1/12/41 *'Technical aids to night fighting'*, classé Most Secret, rédigé par le Ministère de la Production Aéronautique en avril 1941, conservé sous la référence AIR 20/2419, TNA.
[247] Page 107 du livre de Roderick Chisholm (voir bibliographie).

la visibilité nocturne d'une cible aérienne. [248] Après quelques conseils basiques concernant l'adaptation de la vision à l'obscurité, le nettoyage des pare-brises et l'importance de tenir compte de la météo pour déterminer la tactique à employer, ces notes comportent un tableau donnant la distance maximale à laquelle un observateur peut espérer apercevoir un avion cible d'une envergure de 24 mètres, ce qui correspond grosso-modo à celle d'un bimoteur He-111 ou Ju-88.

Il faut imaginer que le bombardier ennemi se trouve au centre des cercles ci-dessous et est poursuivi par un chasseur dans lequel se trouve l'observateur. Ce dernier ne pourra voir cette cible que s'il se trouve dans la zone grisée. [249]

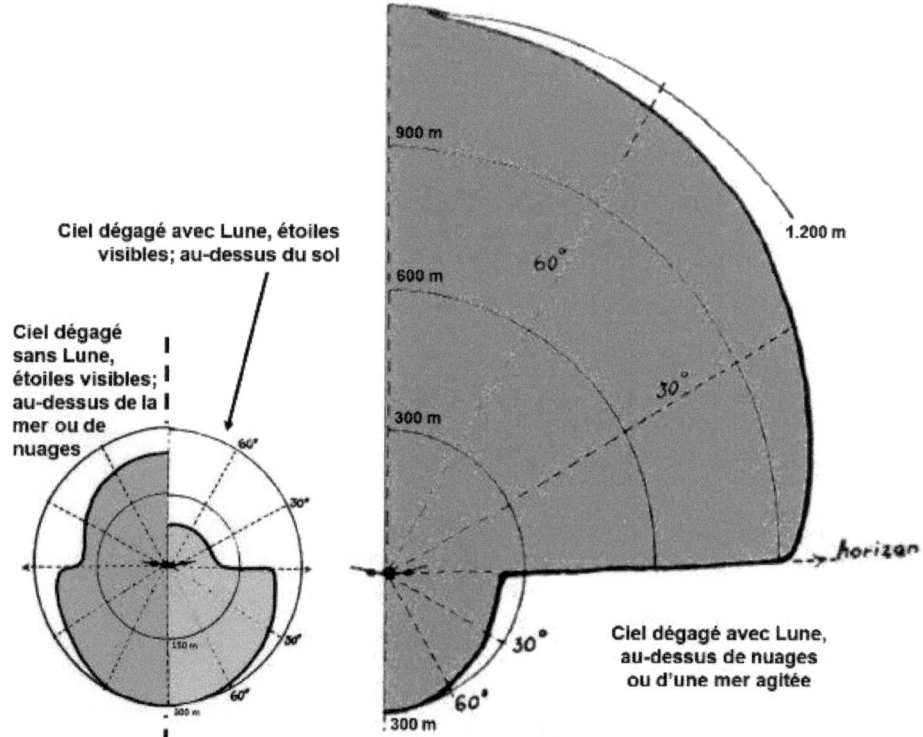

On comprend pourquoi les pilotes chassant à l'œil nu cherchaient à se placer au-dessus des trajectoires de cibles potentielles durant les nuits de pleine Lune avec une couverture nuageuse basse. Inversement, les pilotes d'avions avec radar ont vite demandé à leur opérateur radar de les placer au-dessous de la cible dans les mêmes conditions pour ne pas être détectés, le radar leur donnant un avantage sur leur proie, même si cela compliquait l'identification visuelle finale. L'importance du bon placement du chasseur

---

[248] Papier n°112 de l'Air Fighting Committee intitulé *'Notes for Air Crews on night visibility as applied to night fighting'*, classé Secret, conservé sous la référence AIR 16/933, TNA.

[249] Dessins mis à l'échelle et coloriés à partir des schémas en annexe du Papier n°112 cité ci-dessus.

en fonction des circonstances est parfaitement illustrée par le mea-culpa à la fin du rapport du Squadron Leader George H. Gatheral du 256ème Escadron après que son Defiant N3500 ait été aperçu et abattu par un Ju-88 : [250]

SECRET	Formulaire "F"

RAPPORT PERSONNEL DE COMBAT DU FIGHTER COMMAND

Code du Secteur : -   N° de l'Ordre de patrouille : -
Date : 8 mai 1941
Escadrille : 1 Defiant de l'Escadrille "A"   Escadron : 256
Nombre d'avions ennemis : 1
Type d'avions ennemis : Junkers 88
Heure de l'attaque : 01h10
Lieu de l'attaque : Au-dessus de St Helens [près de Liverpool, Merseyside]
Altitude de l'ennemi : 16.0000 pieds *(4.875 m)*
Dommages causés à l'ennemi : [1 Ju-88] endommagé
Dommages subis : [1 Defiant] détruit, personnel indemne
Projecteurs : Non applicable
Canons de D.C.A. : Non applicable
Distance et durée du tir : 2 rafales de 2 secondes et 1 de 1,5 secondes à 100 yards *(90 m)*.
Rapport général [du Mitrailleur] :

À environ 01h10 le 8 mai 1941, un Junkers 88 a été aperçu dans le secteur gauche, volant vers nous. Nous avons immédiatement viré à droite en piquant légèrement. L'avion ennemi se trouvait alors environ 100 yards *(90 m)* en avant et 300 pieds *(90 m)* au-dessus de nous. Tout en gardant ma visée sur lui, j'attendais que le Pilote manœuvre vers une position plus favorable lorsque son Mitrailleur arrière a ouvert le feu et j'ai été obligé de répliquer. Je lui ai mis deux rafales de deux secondes. Soudainement, la tourelle s'est emplie de vapeurs *[de glycol]* qui ont complètement bouché toute vision vers l'extérieur. J'ai ouvert le panneau de vision claire en grand, [251] mais ceci n'a fait absolument aucune différence et j'ai décidé de tirer une nouvelle rafale là où je pensais que l'avion ennemi se trouvait afin de démontrer que notre chasseur avait encore du mordant. Presque immédiatement après, mon Pilote, le S/Ldr Gatheral, m'a donné l'ordre d'évacuer en parachute. Il a fait clignoter plusieurs fois le voyant d'alarme rouge. Après qu'il m'ait dit qu'il pensait que le moteur était touché, j'ai fait tourner la tourelle sur un côté, j'ai ouvert les portes, retiré mon casque, passé une jambe au-dessus du fuselage et je suis resté assis là plusieurs secondes pour regarder par-dessus mon épaule pour savoir où se trouvaient la dérive et les plans fixes de l'empennage.

---

[250] Rapport de combat conservé sous la référence AIR 50/99/14, TNA (les sections émetteur/destinataire ont été ignorées). Voir également les autres rapports de combat traduits ci-après. Au chapitre 21 de leur livre (voir bibliographie), Joe Bamford et Ron Collier suggèrent que ce Defiant a été abattu par un autre du 256ème Escadron.

[251] Partie d'une fenêtre qui peut s'ouvrir au cas où le pare-brise est obscurci (par exemple par de la buée ou de l'huile). Traduit parfois du nom ronflant de 'vitre d'approche par mauvaise visibilité' (ou vitre AMV) dans les documents français de l'époque.

Une fois ceci établi, j'ai plongé du côté droit et j'ai reçu un énorme coup sur la gauche de la mâchoire : je n'ai pas raté l'empennage après tout. J'ai instinctivement tiré la poignée d'ouverture du parachute lors de ce choc, et après quelques secondes j'ai été redressé par une traction soudaine et je me suis retrouvé flottant calmement en descente, même si je n'ai ressenti aucune impression de descendre. Je me trouvais toujours à peu près 5.000 pieds *(1.525 m)* au-dessus des nuages et j'ai entendu plusieurs [avions] Boches [252] passer à proximité ce qui m'a incité à tirer sur les suspentes pour descendre sous la couverture nuageuse. Je me suis finalement posé près du village de Cronton, où j'ai été bien accueilli dans une ferme. J'ai finalement retrouvé mon Officier Commandant dans la salle de garde du poste de Police du village où nous avons eu droit à une tasse de thé.

J'ai appris plus tard de l'Officier Commandant qu'il a sauté environ 3 minutes après moi car il a eu quelques difficultés lors de l'ouverture de sa verrière.

J'ai sauté à 16.000 pieds *(4.875 m)*, et après une minute ou deux de descente, j'ai aperçu notre avion prendre feu, puis je l'ai vu et entendu s'abattre en suivant une immense courbe pour s'écraser finalement environ 3 miles *(5 km)* au loin. En s'écrasant, il s'est éparpillé en une grande masse de flammes.

<u>Rapport général *[du Pilote]*</u> :

À environ 01h10, j'ai aperçu un Ju-88 à environ 300 yards *(275 m)* de distance et légèrement en dessous. Nos trajectoires convergeaient, et j'ai donc viré sur la droite en perdant de l'altitude durant ce virage pour me placer en dessous. Je rattrapais peu à peu l'ennemi et je me trouvais dans son secteur gauche à une distance d'environ 100 yards *(90 m)* lorsqu'il a ouvert le feu de la position du Mitrailleur ventral. Mon Mitrailleur, le F/O Wallen a répliqué par deux courtes rafales. Les munitions traçantes de l'ennemi ont semblé passer en avant de notre avion alors que nos tirs ont impacté son fuselage, en arrière de l'emplanture des ailes. Il a touché notre réservoir de glycol et le poste de pilotage s'est tout de suite rempli de vapeurs blanches épaisses, et du glycol a été projeté dans mes yeux. J'ai tenté de larguer la verrière mais j'ai arraché le levier, [253] et j'ai donc dû l'ouvrir par la procédure normale. Le poste de pilotage était toujours plein de vapeurs et comme j'étais à demi aveugle, j'ai donné l'ordre au Mitrailleur de sauter.

Le moteur a commencé à tousser et à perdre de la puissance, j'ai allumé les lampes du poste de pilotage mais je ne pouvais lire les instruments qu'en me penchant complètement en avant et comme j'ai vu que l'aiguille de l'altimètre passait la marque "3", je me suis dit qu'il était temps d'abandonner l'avion.

---

[252] Le rapport original utilise le terme d'argot anglais 'Jerries'. Le terme d'argot français 'Boche' a été utilisé ci-après pour traduire 'Jerry', 'Hun' et autres noms d'oiseaux utilisés à l'époque par les Britanniques pour qualifier leurs adversaires germaniques.

[253] Ce levier n'existait pas sur les premiers Defiant et n'a été ajouté qu'à partir de l'avion immatriculé L6970. Manifestement, il n'était pas très robuste, au moins sur le Defiant N3500.

> J'ai plongé par-dessus le côté gauche et l'avion a semblé décrocher à ce moment. J'ai cherché la poignée d'ouverture du parachute et l'ai tirée. Quand le parachute s'est ouvert, j'ai réalisé que j'avais dû sauter à 13.000 pieds *(3.960 m) et non pas 3*.000 pieds *(915 m)*. J'ai atterri dans un champ cultivé et j'ai marché environ 1,6 km avant de trouver une ferme aux abords du village de Cronton. On m'a amené au poste de Police où j'ai retrouvé le F/O Wallen en train de boire une tasse de thé.
> Je suis arrivé à la conclusion que j'aurais dû passer sous l'avion ennemi jusqu'à son secteur droit avant de tenter de le rattraper car alors je ne me serais pas retrouvé entre lui et la Lune. En fait, je me suis montré trop empressé et je ne voulais pas le perdre de vue, voulant engager le combat d'aussi près que possible.
> Préalablement à ce combat, j'avais aperçu un Ju-88 mais il allait dans la direction opposée et je n'ai pas pu virer assez rapidement pour le rattraper.
> SIGNATURES :
>   Pilote :   George H. Gatheral - S/Ldr
>   Mitrailleur :   Denis S. Wallen - F/O

Denis S. Wallen a survécu à la guerre et a quitté la RAF en 1946, ayant atteint le grade de Wing Commander. George H. Gatheral a été blessé en mars 1942 lors de l'explosion de munitions sur la base de Debden, Essex, et a pris sa retraite de la RAF en 1958, lui aussi au grade de Wing Commander. [254]

On se doute que pour la chasse à l'œil nu, la vision nocturne des équipages était primordiale. Pourtant, avant la guerre, la RAF ne disposait d'aucune méthode de test pour sélectionner les aviateurs, et les techniques permettant d'améliorer la vision nocturne (adaptation à l'obscurité, utilisation de la vision périphérique, positionnement en fonction des sources d'illumination, etc.) n'étaient ni étudiées, ni enseignées. Les historiens (voir bibliographie) se sont surtout focalisés sur l'impact du radar. Pourtant, nous verrons que les efforts déployés par la RAF pour remédier à cet état de fait, notamment sous l'impulsion de deux Canadiens, le Group Captain Philip C. Livingston et l'Air Commodore Evelyn, mériteraient l'attention des chercheurs.

---

[254] Dossier d'accident conservé sous la référence AIR 81/13082, TNA, et supplément de la London Gazette du 25 févier 1958.

A.3 - Octobre 1940 - juillet 1941 La RAF contre le Blitz
La montée en puissance de la chasse de nuit britannique

A.3.1 - La transition vers le 'Blitz' : la *"seconde Bataille d'Angleterre"*

Fin septembre, découragée par les pertes, la Luftwaffe commence à jeter l'éponge et n'engage plus ses bombardiers qu'avec réticence dans des raids diurnes. Les Me-109 et 110 se voient confier des missions d'incursion à grande vitesse et à haute altitude en emportant quelques bombes (missions qualifiées par les Britanniques de *'tip and run'*, que l'on peut traduire par *'balance ses bombes et s'enfuit'*). Cette transition a été décrite ainsi par Adolf Galland *"Nous sommes partis du constat que les chasseurs étaient apparemment incapables d'assurer une protection suffisante aux bombardiers. Ceci était vrai, mais au lieu de s'attaquer à la cause ou de stopper ces attaques, la conclusion suivante a été tirée : si la chasse est incapable de protéger les bombardiers, elle doit elle-même livrer les bombes en Angleterre. ... Ce n'est pas une solution militaire mais une demande politique momentanée qui a créé le chasseur-bombardier. ... La valeur opérationnelle des chasseurs-bombardiers ne peut être niée, mais seulement si l'on dispose d'un surplus d'avions de chasse. Utiliser les chasseurs en tant que chasseurs-bombardiers quand l'organisation de chasse est insuffisante pour obtenir la supériorité aérienne consiste à mettre la charrue avant les bœufs."* [255]

Tout comme le Bomber Command britannique qui est passé aux missions de nuit après que ses équipages se soient fait saigner à blanc lors de missions à très haut risque au nord de l'Allemagne ou durant la bataille de France, les Allemands renoncent petit à petit aux sorties diurnes en septembre - octobre 1940 : ils passent dans la longue phase nocturne du Blitz qui ne sera mise en veilleuse qu'avec l'invasion de l'Union Soviétique à l'été 1941. L'écrivain Herbert E. Bates, recruté par la RAF pour écrire des nouvelles de propagande, a qualifié ce passage à une phase nocturne de la guerre aérienne de *"seconde Bataille d'Angleterre"*. [256]

Tout au long de ce livre, lorsque nous parlerons des résultats obtenus par la chasse de nuit ou par la DCA, il faut garder à l'esprit qu'il y a vraiment des périodes d'activités très différentes, que ce soit en termes d'efforts effectués par la Luftwaffe, de capacité de réponse des Escadrons de chasse de nuit de la RAF, ou simplement pour les deux camps à cause de la météorologie des îles anglo-saxonnes qui influence grandement les combats nocturnes. Par exemple, le graphe ci-dessous [257] montre clairement qu'un chasseur britannique avait presque vingt fois plus de cibles potentielles durant les six premiers

---

[255] Chapitre 5 du livre *"The first and the last"*, d'Adolf Galland, Buccaneer Books, 1990, ISBN 978-0899667287.
[256] Page 4 d'une courte nouvelle baptisée *"Radiolocation"* du Flight Lieutenant H. E. Bates, conservée sous la référence AIR 20/4871, TNA.
[257] Graphe de l'auteur à partir des données des volumes III et V de la monographie *"The Air Defence of Great Britain"*, pages 194 et 206 de la Publication de l'Air 1116 *"Signals"* Volume V, et page 72 du livre de Ken Delve (voir bibliographie). Ces chiffres sont uniquement ceux des survols allemands du Royaume-Uni. Ils sont plus importants si l'on inclut les eaux territoriales (par exemple, près de 5.000 sorties de plus en 1941).

mois de 1941 que durant la même période en 1943. De même, 30% des survols nocturnes allemands de 1942 ont été concentrés sur les deux semaines principales des raids "Baedeker", entre le 23 avril et le 9 mai 1942.

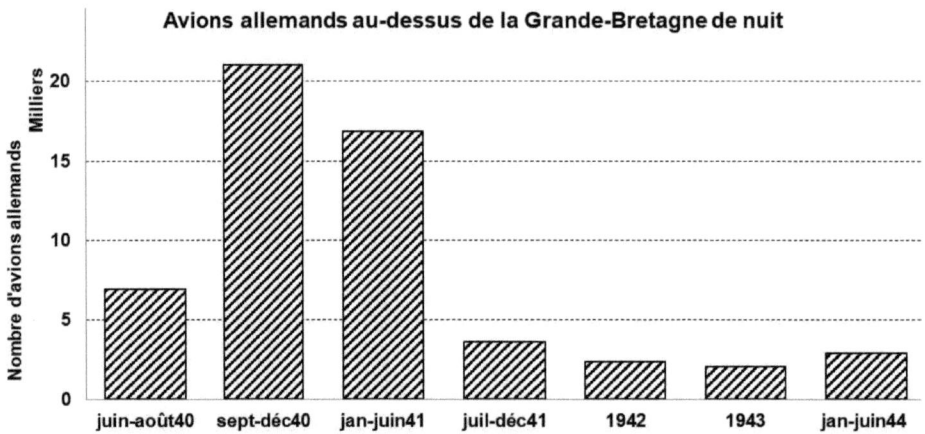

Une autre façon de mesurer l'activité allemande au-dessus des îles britanniques consiste à dénombrer les attaques ayant largué plus de 100 tonnes de bombes en une nuit : [258]
- 70 occurrences de mi-novembre 1940 à mi-mai 1941 avec un pic à 1.026 tonnes dans la nuit du 19 au 20 avril 1941 sur Londres ;
- 17 occurrences en 1942 et 1943, avec un maximum de 210 tonnes dans la nuit du 25 au 26 avril 1942 sur Bath.

Les Allemands n'envoient pas que des bombardiers sur le Royaume-Uni : leurs avions de chasse 'Intruder' font parfois des ravages parmi les bombardiers qui rentrent de mission ou parmi les avions des écoles. Par exemple, le Lieutenant Hans Hahn abat une dizaine de bombardiers au-dessus de l'Angleterre entre fin octobre 1940 et mai 1941. Ce n'est pas un chasseur de nuit qui a mis fin à sa série de victoires, mais la collision de son Ju-88C-4 avec un bimoteur d'entraînement Airspeed Oxford le 11 octobre 1941. Les occupants des deux avions ont été tués (Sergent Thomas D. Graham et Caporal Samuel J. Edwards dans l'Oxford AB767 ; Hahn et les Sous-Officiers Ernst-Wilhelm Meissler et Helmut Scheidt dans le Ju-88). [259] (Voir aussi le rapport de combat du Pilot Officer Henry C. Babington traduit plus loin).

L'activité nocturne allemande montre l'impuissance des défenses britanniques et la pression monte sur le Fighter Command. En plus des réunions régulières du Comité d'Interception, les sommets de la hiérarchie du Ministère de l'Air et du gouvernement s'intéressent subitement à ce sujet :

---

[258] Page 2 du livret *"Le petit Blitz"* de Hugh A. Halliday (voir bibliographie).
[259] Dossier de perte de l'Oxford et de ses occupants, conservé sous la référence AIR 81/9541, TNA.

- Le Secrétaire d'État à l'Air convoque le 11 septembre 1940 le gratin de l'État-Major de la RAF pour une première réunion pour *"discuter des méthodes d'interception nocturne"*.
- Le même mois, sur une suggestion de Lord Beaverbrook, Ministre de la Production Aéronautique, l'Air Marshal Sir Cyril Newall, Chef d'État-Major de la RAF demande à l'Air Marshal Sir John Salmond de présider un Comité chargé d'examiner les *"Défenses Aériennes Nocturnes"*. Ce Comité, connu ensuite sous le nom de *"Comité Salmond"*, remet ses conclusions fin septembre. [260]
- En octobre et les mois suivants, c'est le Premier Ministre lui-même qui préside plusieurs réunions sur la *"Défense Aérienne Nocturne"*.

On se doute que ce déluge de réunions sur le sujet de la défense aérienne nocturne, avec des participants différents, a produit de multiples avis, décisions, recommandations et priorités, avec parfois des doublons, ou plus graves des divergences voire des contradictions. Ces réunions ont également remis sur la table des sujets qui avaient déjà été étudiés en détail et rejetés par le CSSAD. À son corps défendant, l'Air Chief Marshal Sir Hugh C.T. Dowding passe un temps énorme durant l'automne 1940 soit dans ces réunions, soit à répondre à leurs différentes suggestions. Parmi quelques sujets soulevés par le Comité Salmond : [261]

- La modernisation du Blenheim. Dowding s'y oppose en argumentant que *"cet avion est si proche de l'obsolescence qu'il est douteux qu'il soit désirable à ce stade de tenter toute modification majeure : elles prennent toujours plus de temps que prévu et détournent les efforts d'autre sujets."*
- La décentralisation du filtrage (qui trie les informations remontées par l'Observer Corps, les stations radar CH et CHL, etc. au QG du Fighter Command). Dowding indique que cette question avait été étudiée et *"finalement conclue (du moins je l'espérais) par mes lettres FC/S.18082 datées du 17 et du 31 janvier 1940. ... Ce sujet n'a pas de lien particulier avec les interceptions nocturnes, et les arguments avancés contre cette proposition en janvier dernier sont toujours valides et je demande donc que l'on m'épargne le besoin de débattre à nouveau de cette question."*
- Le contrôle des interceptions de nuit par les stations CHL (voir le chapitre suivant) : ceci avait déjà été expérimenté durant l'été et avait été étudié par le Comité d'Interception, débouchant sur la décision de développer des stations radars mobiles (futures stations GCI, voir le chapitre suivant). [262]

Alors que le Comité d'Interception (et avant lui le CSSAD) avait joué un rôle central jusqu'à la fin 1940, il se transforme peu à peu en chambre d'enregistrement alors que les décisions sont prises ailleurs. Cet état de fait est regretté par l'Air Marshal Sir Philip Joubert de la Ferté, Assistant du Chef d'État-Major (Radio) (ACAS(R)) qui préside la

---

[260] Rapport conservé sous la référence AIR 2/7341, TNA. Salmond avait été Chef d'État-Major de la RAF au début des années trente.
[261] Lettre FC/S.21133 du 27 septembre 1940 de Dowding au Sous-Secrétaire d'État à l'Air, conservée sous la référence AIR 20/2419, TNA.
[262] Paragraphe 52 et suivants du compte-rendu de la réunion du 18 juillet 1940 du Comité d'Interception, conservé sous la référence AIR 20/3442, TNA.

23ème réunion de février 1941 du Comité d'Interception : il *"attire l'attention sur la tendance que prend le Comité à se transformer en outil de mesure des progrès. Ceci n'est pas une bonne chose et il est souhaitable de revenir à son rôle initial de produire de nouvelles idées. Il n'y en a eu aucune de valeur depuis un long moment."* [263] Assez bizarrement cependant, au lieu de se concentrer sur l'interception pour la défense des îles britanniques, le Comité décide, au cours de la même réunion, d'élargir son champ d'action aux radars air-mer (ASV) et à la recherche des sous-marins par les avions. On se souvient que le 4 juillet 1940, le Comité avait déjà agrandi son périmètre à l'interception de jour comme de nuit. Alors qu'elle était le sujet principal à la naissance du Comité, la chasse de nuit passe donc un peu au second plan. Ce n'est qu'en juillet 1941 qu'un Comité d'Interception Air/Mer voit le jour et soulage le Comité d'Interception de la chasse aux sous-marins et des radars ASV. [264]

A.3.2 - La chasse de nuit

Le 25ème Escadron a été le premier à recevoir quelques Blenheim équipés de radars air-air complètement expérimentaux juste avant la guerre. À partir du printemps 1940, les autres unités de Blenheim du Fighter Command ont peu à peu étaient équipées de radars embarqués un peu plus évolués, mais qui n'étaient pas encore très fiables ni très efficaces comme nous le verrons plus en détail. En août 1940, les six Escadrons affectés à la chasse de nuit étaient donc les suivants :

Escadron	Avions	Radar air-air
23, 25, 29, 219, 600, 604	Blenheim	oui *

* environ 50% des appareils équipés au début du mois, 80% à la fin du mois.

Les patrouilles nocturnes se faisaient le plus souvent suivant une ligne d'une quarantaine de kilomètres marquée par des feux arrangés de façon particulière au sol (par exemple trois feux en triangle) qui aidaient le chasseur à naviguer. Les feux étaient sous la responsabilité de l'AA Command et un petit détachement d'une batterie de projecteurs était chargé de démarrer le groupe électrogène pour allumer les feux lorsque nécessaire. Les lignes de patrouilles étaient placées en-dehors des Zones Défendues par la DCA (Gun Defended Areas - GDA) qui protégeaient les grandes villes ou les usines importantes (comme par exemple celle de Crewe, Chechire, où avait été bâtie en 1938 une immense usine pour produire les moteurs Rolls Royce Merlin). Chaque ligne de patrouille portait un nom de code (par exemple *"Salop West"* et *"Cotton South"* pour les deux qui se trouvaient respectivement au sud et au nord de Crewe début 1941), et elles étaient régulièrement déplacées ou renforcées en fonction des circonstances. Si l'Observer Corps ou les radars au sol détectaient un intrus, le chasseur pouvait alors être envoyé de cette ligne de patrouille vers la cible. Ces lignes de patrouilles ont plus tard été

---

[263] Introduction du compte-rendu de la réunion du 27 février 1941 du Comité d'Interception, conservé sous la référence AIR 20/3442, TNA.
[264] Sujet 1 du compte-rendu de la réunion du 24 juillet 1941 du Comité d'Interception, conservé sous la référence AIR 20/3442, TNA.

remplacées par des zones d'attente de chasse "Fighter Boxes" quand des radars au sol de contrôle des chasseurs ont été multipliés.

Si le Fighter Command a tenu face aux attaques diurnes, il s'est révélé impuissant de nuit : les Britanniques estiment que la Luftwaffe a envoyé environ 6.000 sorties de nuit en septembre 1940 sur le Royaume-Uni ; 1.140 missions de chasse ont tenté une interception, et elles ne peuvent revendiquer que quatre bombardiers abattus. [265] Lors d'une réunion présidée par le Secrétaire d'État à l'Air le 11 septembre 1940, l'Air Chief Marshal Sir Hugh C.T. Dowding avait refusé de spécialiser quelques Escadrons de chasseurs monoplaces pour l'interception nocturne, arguant que la demande en chasseurs de jour était trop forte. [266] Cependant, quelques semaines plus tard, en réponse à l'accroissement de l'activité nocturne allemande et poussé par les recommandations du Comité Salmond, Dowding affecte, faute de mieux, trois Escadrons de chasse à l'œil nu, sans radar, de Hurricane Mk I (85, 87 et 151èmes Escadrons) [267] et deux autres de Defiant (141 et 264èmes). Le Hurricane était jugé facile à piloter au sol comme en vol et plus adapté pour le vol de nuit que le Spitfire. [268] Le 1er octobre 1940, une réunion présidée par le Secrétaire d'État à l'Air décide d'affecter une Escadrille de huit Hurricane à la nouvelle Unité d'Interception de Chasse (voir le chapitre suivant) pour expérimenter les tactiques à utiliser pour la chasse de nuit sur avion monoplace. [269] Fin octobre 1940, les Escadrons de chasse de nuit étaient les suivants :

Escadron	Avions	Radar air-air
23, 29, 600, 604	Blenheim	oui *
25, 219	Blenheim et Beaufighter	oui *
141, 264	Defiant	non
85, 87, 151	Hurricane	non

Voir le graphe ci-dessous.
Radar AI Mk III pour les Blenheim ; AI Mk IV pour les Beaufighter. [270]

Les Escadrons de Hurricane ne peuvent pas être efficaces rapidement car les avions ne sont pas adaptés au vol de nuit (par exemple, il faut installer des pare-flammes pour que le pilote ne soit pas ébloui par les lueurs des échappements du moteur Rolls Royce Merlin) et les pilotes doivent s'aguerrir au vol de nuit. Ainsi par exemple, la première

---

[265] Annexes 4, 7, 15 et 23 du Volume II de *"The Air Defence of Great Britain"* (voir bibliographie), conservées sous la référence AIR 41/16, TNA.
[266] Paragraphe 2 du compte-rendu de la réunion *"To discuss methods of night interception"*, conservé sous la référence AIR 20/2419, TNA.
[267] Le 73ème Escadron avait été initialement mis sur cette liste, mais il a été envoyé presque immédiatement au Moyen-Orient et a été remplacé par le 87ème Escadron.
[268] Le 266ème Escadron a effectué plusieurs vols de nuit pendant le Blitz, mais ils ont confirmé que le Spitfire était trop délicat à poser de nuit (page 89 du livre de Ken Delve, voir bibliographie).
[269] Paragraphe 7.(a) du compte-rendu de la réunion *"Night Air Defence"*, conservé sous la référence AIR 20/2419, TNA.
[270] Graphe de l'auteur à partir des données d'une note de service du 13 octobre 1940 *"Night flying Squadrons in Fighter Command"*, conservée sous la référence AIR 20/2419, TNA.

victoire du 151ème Escadron est remportée mi-janvier 1941 par le Pilot Officer Richard P. Stevens (dont nous reparlerons plus loin) sur Hurricane, alors qu'ironiquement cette unité commence à s'entraîner pour passer sur Defiant. 271

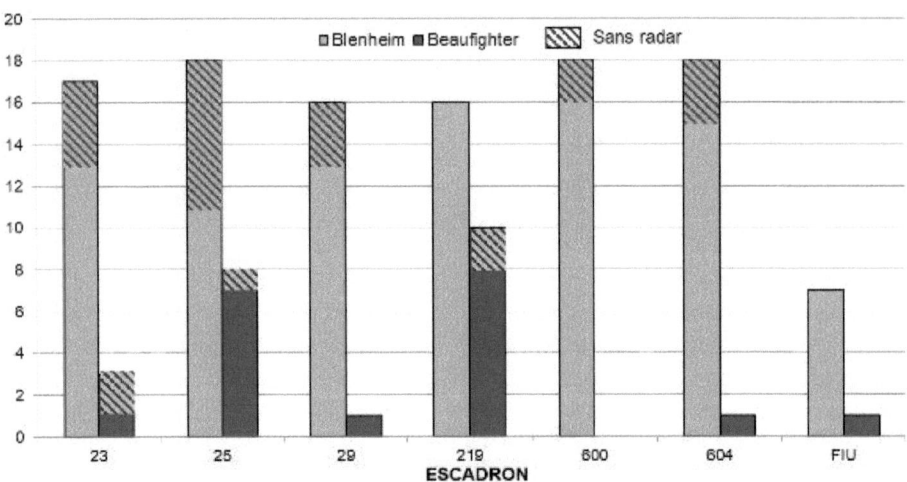

La production de l'usine Bristol est initialement lente et les Beaufighter arrivent au compte-gouttes dans les Escadrons de chasse. Le 25ème Escadron, par exemple, reçoit ses premiers Beaufighter début septembre 1940, mais fin décembre il n'en a que dix en dotation (dont quatre hors service en attente de réparation) et l'unité utilise encore quinze Blenheim I. Les mécaniciens n'ont pas la tâche facile, puisque différentes motorisations sont utilisées : 272

Avion	Moteurs	Dotation en avions
Blenheim I	Mercury VIII	2
	Mercury VIIIS	8
	Mercury XV	5
Beaufighter I	Hercules III	5
	Hercules V	5
Magister	Gipsy Major	2

Non seulement le nombre de Beaufighter est faible, mais la logistique ne suit pas : les avions arrivent en unités sans aucune procédure de maintenance ou mode d'emploi et sans que les personnels n'aient été formés. L'Air Chief Marshal Sir Edgar R. Ludlow-Hewitt, Inspecteur Général de la RAF, déplore que le 600ème Escadron *"n'a reçu aucune documentation sur cet avion ou sur son équipement. L'attention est attirée une nouvelle fois sur le besoin*

---

271 Journal de marche de l'unité de janvier 1941, conservé sous la référence AIR 27/1019/1, TNA.
272 Annexes du Journal de marche conservées sous la référence AIR 27/308, TNA.

de rédiger les instructions nécessaires avant que l'avion ne commence à être déployé dans les Unités opérationnelles. ... De même, il ne devrait pas être difficile d'organiser, avant de déployer un nouveau modèle d'avion en Unités, l'envoi d'un Sous-Officier superviseur de chaque spécialité à un stage de formation auprès des fabricants de l'avion, des moteurs et du matériel annexe en avance de façon à ce qu'ils rejoignent leur Unité avant l'arrivée du premier avion." [273]

Ce nombre a continué à augmenter sous la pression du Blitz. Des missions de type *'intruder'* sont également initiées : des Blenheim du 2ème Groupe du Bomber Command, puis à partir de décembre 1940 du 23ème Escadron du Fighter Command sont envoyés, sans radar pour éviter la capture de ce matériel secret, à proximité des aérodromes des territoires occupés pour perturber les opérations de la Luftwaffe (voir la Partie II).

A.3.3 - Le raid contre Coventry

Lors du raid sur Coventry dans la nuit du 14 au 15 novembre 1940, plus d'une centaine de chasseurs de la RAF ont tenté de localiser certains des 449 bombardiers allemands : [274] seule une dizaine de contacts visuels ont été établis, sans résultats tangibles. La DCA a abattu un unique Do-17. Le Chef d'État-Major de la RAF ayant réclamé un rapport complet, probablement sur la pression de Churchill, Dowding envoie le bilan suivant : [275]

- 10 Beaufighter ont obtenu 5 échos radar, l'un d'entre eux débouchant sur un contact visuel. Deux de ces Beaufighter ont également aperçu des bombardiers allemands sans avoir à faire usage de leur radar.
- 39 Blenheim ont obtenu 6 échos radar, aucun ne débouchant sur un contact visuel. Deux de ces Blenheim ont également aperçu des bombardiers allemands sans avoir à faire usage de leur radar et engagé un combat, l'un de ces bombardiers étant revendiqué "endommagé".
- 22 Defiant ont aperçu cinq bombardiers allemands (dont un grâce aux projecteurs au sol).
- 45 Hurricane n'ont vu qu'un seul bombardier allemand.
- 4 Gladiator et 1 Spitfire n'ont rien vu.

Les raisons invoquées par Dowding illustrent bien l'immaturité de la chasse de nuit britannique à ce stade de la guerre. Parmi elles, on note : la saturation du réseau de défense par les vagues successives d'avions ennemis, la piètre fiabilité des Beaufighter (appareil nouveau dont seuls dix ont pu être alignés sur les 43 en service à cette date), l'éblouissement des aviateurs par les échappements des Defiant et des Hurricane, la mauvaise vision offerte aux pilotes dans les postes de pilotage des Hurricane, des

---

[273] Rapport d'inspection n°89 du 17 septembre 1940 de la base de Redhill, dans le Surrey, conservé sous la référence AIR 20/2419, TNA.
[274] Les chiffres varient suivant les sources (par exemple, 437 d'après la Publication de l'Air 1116 "Signals" Volume V, page 131), voir bibliographie.
[275] Télégramme X.307 du Chef d'État-Major de la RAF du 15 novembre 1940 et réponse du Fighter Command du 16 novembre 1940, conservés sous la référence AIR 2/7415, TNA.

Blenheim et des Beaufighter. Même la pleine Lune, qui aurait dû normalement être un avantage pour les défenseurs est accusée d'avoir réduit l'utilité des projecteurs au sol isolés pour guider les chasseurs.

On peut aussi ajouter que les renseignements collectés par les Britanniques, notamment grâce aux interceptions et au déchiffrement des messages radio ('ULTRA') ne leur permettaient pas de connaître précisément la date et la cible de cette attaque. [276]

En plus de la chasse de nuit, les Britanniques ont utilisé deux autres stratégies pour contrer les raids de l'hiver 1940-41 et notamment celui de Coventry (*"contre-plan COLD WATER"*) : le bombardement préventif et le brouillage : [277]

- Dans la soirée du 14 novembre, des Hudson du Coastal Command et des Blenheim partent bombarder les aérodromes employés par la Luftwaffe en France et en Belgique. Une trentaine de bombardiers plus lourds est également envoyée contre des aérodromes néerlandais. Les antennes de radioguidage des bombardiers allemands sont attaquées près de Cherbourg par deux bombardiers spécialement équipés pour détecter leurs signaux
- Les Britanniques avaient opté pour une solution simple pour perturber les systèmes de radioguidage allemands : ils émettaient un signal sur la même fréquence à partir de plusieurs stations pour rendre la tâche des opérateurs allemands bien plus complexe pour se caler sur la bonne balise. C'est d'ailleurs ainsi qu'un Heinkel du Kampfgruppe 100 est capturé le 6 novembre 1940 : compas en panne, il suit une radiobalise qu'il croit être celle de St Malo et est en fait une station britannique : en panne sèche, l'avion se pose en catastrophe sur une plage du Dorset. La technique britannique était alors au point pour contrer le premier système de radionavigation allemand (brouillage '*Aspirin*' pour le système *Knickebein*), créant d'ailleurs le mythe que le tout nouveau service de contre-mesures électroniques de la RAF (80ème Escadre) était capable de

---

[276] Dans les années 1970, une polémique a éclaté sur le fait que Churchill aurait eu connaissance près de trois jours avant l'attaque des intentions allemandes et qu'il aurait sciemment sacrifié Coventry pour sauvegarder le secret d'ULTRA (parmi les documents défendant cette thèse: *Bodyguard of lies* d'Anthony Cave Brown, Harper & Row, 1975, ISBN 978-0060105518 ; *A man called intrepid* de William Stevenson, Harcourt, 1976, ISBN 978-0151567959; *Legal and moral dimensions of Churchill's failure to warn* d'Anthony D'Amato, Northwestern University School of Law, Faculty Working Papers, Paper 79, 2010). Plusieurs ouvrages et articles (voir notamment dans la bibliographie, les livres de R.V. Jones, du Group Captain F. W. Winterbotham et de Ronald Lewin ; et les articles *'Churchill, Coventry and ULTRA'* de Harvey A. DeWeerd, Aerospace Historian, Volume 27 n°4 (décembre 1980), pages. 227-229; *Air Intelligence and the Coventry Raid* de N. E. Evans, RUSI Journal, 1976, Volume 121, issue 3, pages 66-74) ont démontré qu'en fait les Britanniques savaient qu'une attaque massive (opération Mondscheinsonate - 'Sonate au clair de lune' en Allemand) aurait lieu entre le 15 et le 20 novembre, peut-être sur plusieurs jours, et que les cibles possibles seraient bien plus au sud du pays, entre Londres, Farnborough, Maidenhead et Reading, la ville de Coventry n'ayant été citée qu'une seule fois dans un message allemand, et de façon non chiffrée ce qui rendait le message douteux.

[277] Mémorandum du 17 novembre 1940 *"Note on German Operation "Moonlight Sonata" and Counter-plan "Cold Water""* rédigé par le Group Captain John Whitworth-Jones, Directeur en Second des Opérations (Royaume-Uni) suite à une demande du 15 novembre du Chef d'État-Major de la RAF ; demande et mémorandum conservés sous la référence AIR 20/2419, TNA.

'tordre' les faisceaux radios allemands. Mais lors du raid sur Coventry, seules quatre stations *'Bromide'* sont prêtes pour perturber le système plus sophistiqué X-Gerät et si elles émettent sur la bonne fréquence elles n'ont pas encore le bon signal et les opérateurs allemands arrivent facilement à faire la différence. Ce n'est que quelques jours plus tard, grâce à l'équipement radio capturé sur le Heinkel posé dans le Dorset, que les stations *Bromide* deviendront efficaces, à temps pour perturber le raid du 19 novembre sur Birmingham. [278]

La Luftwaffe a utilisé dans son jargon le terme *Coventrierung ('Coventrisé')* pour décrire la destruction d'une ville par bombardement aérien.

Un haut gradé de la RAF aurait résumé ainsi l'inadéquation des moyens de la défense aérienne nocturne de l'époque : *"Durant l'automne et l'hiver de 1940, nous avons dû courber l'échine sous les coups de la Luftwaffe avec peu d'opportunités de riposter. Nous devons bien plus rendre grâce à la météo anglaise qu'à notre effort militaire pour le fait que les bombardements allemands de cette période n'ait pas atteint un bilan bien plus lourd."* [279]

Dowding étant resté déjà très longtemps à la tête du Fighter Command (plus de quatre ans, ce qui est long à l'époque au sein de la RAF), l'État-Major décide fin novembre 1940 de le remplacer par l'Air Marshal W. Sholto Douglas. En décembre 1940, de nouveaux Escadrons sont affectés à la chasse de nuit :

Escadron	Avions	Radar air-air
25, 29, 219, 600, 604	Blenheim et Beaufighter	oui
141, 255, 256, 264	Defiant	non
85, 87, 96	Hurricane	non
151 *	Defiant et Hurricane	non

* Dans le cadre de sa conversion sur Defiant, le 151ème Escadron a été organisé en janvier 1941 pour comporter deux Escadrilles sur Defiant et une sur Hurricane, l'objectif indiqué dans le Journal de Marche étant *"de prouver que le Hurricane est un meilleur chasseur de nuit que le Defiant"*. [280] Il est probable que ceci était un geste d'apaisement envers les pilotes qui n'étaient pas de grands supporters du Defiant en raison de son absence d'armement fixe. Dans les faits, avoir deux paires d'yeux à bord était sans doute un avantage majeur sur un chasseur de nuit sans radar, et nous étudierons plus loin les avantages de disposer d'un armement orientable comme la tourelle du Defiant. Finalement, l'Escadrille "C" sur Hurricane a été dissoute le 18 mars 1941 ; l'Escadron a conservé quatre Hurricane, les autres étant affectés au 255ème Escadron. [281]

---

[278] Pour plus de détails sur la "bataille des faisceaux radio", se reporter aux excellents livres d'Albert Price et de R.V. Jones (voir bibliographie).
[279] Page 6 d'une courte nouvelle baptisée *"Radiolocation"* du Flight Lieutenant H. E. Bates, conservée sous la référence AIR 20/4871, TNA.
[280] Entrée du 31 janvier 1941 du Journal de marche de l'unité, conservé sous la référence AIR 27/1019/1, TNA.
[281] Entrée du 18 mars 1941 du Journal de marche de l'unité, conservé sous la référence AIR 27/1019/5, TNA.

Avant même sa prise de fonction et pendant les semaines qui suivent, Douglas rédige plusieurs memoranda et notes dans lesquels il demande, notamment au Secrétaire d'État à l'Air, l'autorisation de passer de onze (en novembre 1940) à vingt-quatre Escadrons de chasse de nuit, dont six Escadrons supplémentaires de chasseurs bimoteurs avec radar air-air. [282] Il se heurte à plusieurs pénuries :

- **De pilotes** : Cette question est discutée lors d'une réunion début 1941 sur la "Défense Aérienne Nocturne" présidée par le Premier Ministre. Pour trouver les quarante pilotes qui lui manquent, Douglas propose de déshabiller Pierre pour habiller Paul en suggérant de prélever ces hommes parmi *"des pilotes expérimentés au vol de nuit des autres Commands"*. L'Air Vice-Marshal Arthur T. Harris, qui a succédé à Douglas au poste de Chef d'État-Major en Second de la RAF, n'est pas dupe et comprend bien que seul le Bomber Command pourrait fournir ces hommes. La réponse du berger à la bergère ne se fait pas attendre et Harris indique que ceci ferait *"40 pilotes de moins pour lâcher des bombes sur l'Allemagne et 40 pilotes de bombardiers de plus à former. ... Un pourcentage de pilotes de monomoteurs [de chasse] ayant déjà l'expérience du vol de nuit devrait être converti sur avions bimoteurs. ... Il faut plus d'effort pour apprendre à un pilote de bombardier à maîtriser un chasseur que d'apprendre à un pilote de chasseur à voler de nuit,"* et donc qu'en gros Douglas n'a qu'à trouver ces pilotes parmi ses propres effectifs. [283] Malgré cette rebuffade, certains pilotes de bombardiers, habitués au travail en équipe et au vol de nuit, ont été réaffectés à des Escadrilles de chasseurs de nuit. C'est ainsi que Guy Gibson, qui a commandé plus tard le célèbre raid des Lancaster contre les barrages de la Ruhr, a effectué son deuxième tour d'opérations sur Blenheim puis Beaufighter au sein du 29ème Escadron de chasse de nuit qu'il rejoint le 13 novembre 1940. Il y a obtenu trois victoires confirmées et a failli être abattu peu avant minuit le 8 avril 1941 par un *'Intruder'* allemand qui a mitraillé son Beaufighter alors qu'il se posait sur l'aérodrome de Digby, dans le Lincolnshire : le Beaufighter R2250 a fini dans une haie en fin de piste, le circuit de freinage ayant été touché, et l'Opérateur radar, le Sergent Bell, a reçu une balle dans la jambe. [284]
- **D'avions** : Le 23 mars 1941, relancé par Douglas qui avait écrit la veille pour réclamer encore un accroissement du nombre d'Escadrons de bimoteurs de chasse, Harris convient *"que l'État-Major est généralement d'accord avec les raisons qui vous font conseiller l'augmentation du nombre Escadrons de chasseurs de nuit bimoteurs, mais la situation de la production du type d'avions Beaufighter et Havoc utilisés par le Fighter Command ne permet pas, d'après les estimations actuelles, d'envisager d'atteindre l'objectif proposé avant juin 1941 au mieux.*

---

[282] Note 'Night interception' du 18 novembre 1940 aux Chef d'État-Major et Chef d'État-Major en Second de la RAF, rapport FC/S.22104 du 8 décembre 1940 *'Night interception'*, lettres FC/22080 du 10 décembre 1940 et du 22 mars 1941 *'Expansion and re-equipment of night-fighter Squadrons'* et FC/S.22011/Air du 14 décembre 1940 au Secrétaire d'État à l'Air, mentionnés ou conservés sous la référence AIR 20/2419, TNA.

[283] Note du Chef d'État-Major en Second de la RAF du 8 février 1941 *"Supply of twin engined night fighter pilots"*, conservée sous la référence AIR 20/2419, TNA.

[284] Entrée du 8 avril 1941 du Journal de marche de l'unité et dossier d'accident, conservés respectivement sous les références AIR 27/341/33 et AIR 81/5742, TNA.

… Étant donné la priorité élevée accordée aux besoins du Coastal Command (en tenant compte de la situation sur nos côtes NO), il est tout à fait possible que plus de Beaufighter devront être détournés et modifiés selon les spécifications du Coastal Command pour être ensuite affectés aux Escadrons de ce Command [au détriment du Fighter Command]." Mais Harris concède toute de même l'autorisation de convertir deux Escadrons de Defiant sur Beaufighter, et la création d'un nouvel Escadron sur Beaufighter, *"sous réserve des considérations mentionnées ci-dessus."* [285] Suite à cette autorisation, les 141 et 255èmes Escadrons ont commencé à échanger leurs Defiant pour des Beaufighter, respectivement à partir d'avril et de juillet 1941. Le 406ème Escadron, première unité de chasse de nuit canadienne, voit donc le jour le 10 mai 1941, mais il reçoit d'abord des Blenheim ; le premier Beaufighter n'arrive que le 16 juin. [286]

- **De radars, d'opérateurs radar et de techniciens radar** : Ces points seront étudiés au chapitre suivant.

Du début de la guerre jusqu'en novembre 1943, tous les Escadrons de chasse de nuit et *Intruder* étaient placés sous l'autorité du Fighter Command. Il serait laborieux de détailler tous les mouvements géographiques et administratifs effectués au cours de ces 3 ans et 9 mois. L'organigramme ci-caprès est une 'photographie' de la répartition de ces unités début mai 1941, au moment des derniers raids majeurs du Blitz, et le tableau qui suit montre l'évolution chronologique et technologique des Escadrons de chasse de nuit avec l'introduction des radars embarqués. L'objectif des Britanniques était de pouvoir disposer de suffisamment d'unités de chasse de nuit pour répondre à tout raid important sur une grande ville du pays.

---

[285] Lettre S.7588 du Chef d'État-Major en Second de la RAF au Commandant du Fighter Command, conservée sous la référence AIR 20/2419, TNA.
[286] Entrée du 16 juin 1941 du Journal de marche de l'unité, conservé sous la référence AIR 27/1791/1, TNA.

On notera que ne sont détaillées ici que les unités effectuant la majorité de leurs missions la nuit ; par exemple, les Hurricane des 1er et 3ème Escadrons font occasionnellement des missions Intruder dont nous parlerons plus loin. Nous étudierons l'organisation administrative des Escadrons de chasse de nuit et Intruder après juin 1943 dans la section consacrée au rôle offensif des chasseurs de nuit. Le tableau chronologique ci-dessous résume l'affectation d'Escadrons à la chasse de nuit de 1939 à 1942 et donne en bas le nombre total d'Escadron chassant à l'œil nu ("cat's eyes" - ligne supérieure) ou avec radar air-air (ligne inférieure) :

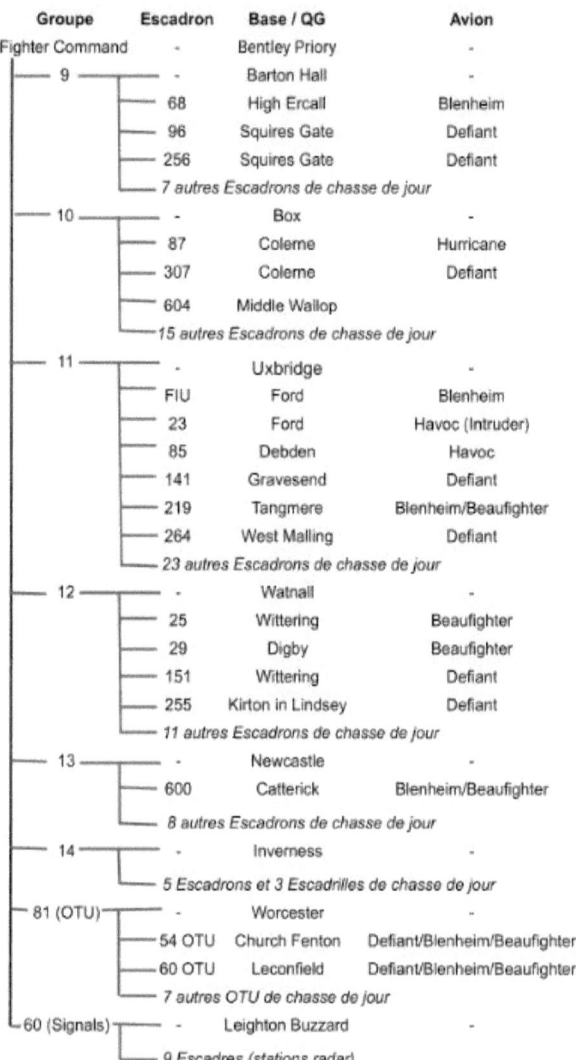

	oct 39	fév 40	sept 40	oct 40	déc 40	mai 41	oct 41	oct 42
"cat's eyes"	23, 29, 219, 600 et 604	23, 29, 219, 600 et 604	-	85, 87, 141, 151, 264	85, 87, 96, 141, 151, 255, 256, 264, 307	87, 96, 141, 151, 255, 256, 264, 307	87, 96, 141, 151, 153, 256, 410	87
	Blenheim	Blenheim	-	Hurricane, Defiant I	Hurricane, Defiant I	Hurricane, Defiant I	Hurricane, **Defiant I**	Hurricane
avec radar air-air	-	25	23, 25, 29, 219, 600 et 604 (en fait équipement partiel)	23, 25, 29, 219, 600 et 604 (en fait équipement partiel)	25, 29, 219, 600 et 604	25, 29, 68, 85*, 219, 406, 600 et 604	25, 29, 68, 85*, 125, 219, 255, 264, 307, 406, 409, 456, 600 et 604	25, 29, 68, 85, 96, 125, 141, 151, 153, 157, 219, 255, 256, 264, 307, 406, 409, 410, 456, 488, 530*, 531*, 532*, 533*, 534*, 535*, 536*, 537*, 538*, 539*, 600 et 604
	-	Blenheim	Blenheim	**Blenheim**, Beaufighter	Blenheim, **Beaufighter**	Blenheim, Havoc, **Beaufighter**	Blenheim, Havoc, Defiant II, **Beaufighter**	Blenheim, **Havoc**, Defiant II, Beaufighter, Mosquito
Totaux	5 / 0	5 / 1	0 / 6	5 / 6	9 / 5	8 / 8	7 / 14	1 / 32

Les avions notés en gras indiquent le type dominant dans les Escadrons.
* Escadron mixte Havoc Turbinlite et Hurricane I : seuls les Havoc sont équipés d'un radar AI Mk IV et chaque Havoc chasse en compagnie d'un ou deux Hurricane (parfois avec des Defiant) pour illuminer une cible à leur profit.

Le Haut-Commissaire du Canada en Grande-Bretagne (poste équivalent à celui d'un Ambassadeur), C. Vincent Massey, son épouse et son secrétaire, sont accompagnés par deux aviateurs lors d'une visite informelle du 410ème Escadron (RCAF) de chasse de nuit

basé à Drem en Écosse, probablement le 24 septembre 1941. [287] **Les lettres "RA" sur le fuselage de ce Defiant I correspondent au code de l'Escadron, et la lettre "O" ("Orange") est spécifique à l'avion** (photo © Government of Canada. Reproduced with the permission of Library and Archives Canada (2024). Source: Library and Archives Canada/Department of National Defence fonds/e011309027)

Avant l'avènement du nouvel outil que constituait le radar, les pilotes qui osaient approcher les zones de DCA et de projecteurs augmentaient grandement leurs chances de trouver les bombardiers allemands. Cette tactique était utilisée par le Pilot Officer Richard P. Stevens sur Hurricane et la phrase *"Canons de DCA : ont aidé en indiquant la position approximative de l'avion ennemi"* figure dans la plupart de ses rapports de combat. Celui du 11 mai 1941 est traduit ci-dessous : [288]

```
SECRET                                              Formulaire "F"
                    Renseignements de nuit
                       RAPPORT DE COMBAT
Code du Secteur : W.B.          N° de l'Ordre de patrouille : 55/4
Date : 11 mai 1941
Escadrille : "B"                          Escadron : 151
Nombre d'avions ennemis : 2
Type d'avions ennemis : He-111
Heure de l'attaque : Première à environ 03h30 ; seconde à environ
03h50.
Lieu de l'attaque : Ouest de Londres ; Nord de Londres.
Altitude de l'ennemi : 9.0000 pieds (2.745 m) et 11.0000 pieds (3.350
m).
Dommages causés à l'ennemi : 1 He-111 détruit, et 1 He-111 probablement
détruit.
Dommages subis : [Hurricane] endommagé (Catégorie 2).
Projecteurs : Aucun.
Canons de D.C.A. : Ont aidé pour localiser l'avion ennemi.
Distance et durée du tir : 5 rafales de 100 - 150 yards (90 - 135 m).
Rapport général :
  Le P/O Stevens, D.F.C. (Britannique) a quitté [Fowlmere] l'aérodrome
satellite de Duxford [dans le Cambridgeshire] (où il s'était posé après
une patrouille précédente [infructueuse]) à 03h11 sur un Hurricane Mark
I (à 8 mitrailleuses) (Nuit de chasse) et s'est posé à Wittering [dans
le Cambridgeshire] à 04h27. Il s'est rendu au nord-est de Londres où
de grands incendies étaient en cours. Des tirs de DCA ont été aperçus
à l'Ouest et le P/O Stevens s'est dirigé vers eux. Il a vu un He-11 à
environ 03h30, volant à [une altitude de] 9.0000 pieds (2.745 m). Des
explosions de DCA se produisaient à proximité des deux avions alors
que le Hurricane se rapprochait. Le P/O Stevens a piqué et a effectué
```

---

[287] Entrée du 24 septembre 1941 du Journal de marche de l'Escadron, conservée sur microfilm sous la référence C-12277, image 486, Bibliothèque et Archives Canada (BAC).
[288] Rapport de combat conservé sous la référence AIR 50/63/119, TNA.

une ressource sur l'arrière gauche *[du Heinkel]* pour ouvrir le feu d'une distance de 150 yards *(135 m)*. L'avion ennemi a été masqué par une pluie d'étincelles rouges lors de ce tir. Le P/O Stevens a tiré une seconde rafale de dessous sur l'arrière droit, ce qui a provoqué une importante explosion dans le fuselage et le Heinkel a piqué fortement. Il n'y a pas eu de tir défensif. Une fumée blanche a marqué sa trajectoire allant vers le Sud-Est dans les épais nuages causés par les incendies au sol.

Jugeant peu sage de poursuivre, le P/O Stevens a repris sa patrouille en tournant au-dessus du Nord de Londres et il a été entouré de tirs de DCA. Piquant pour y échapper, il a aperçu un autre He-111 plus haut et devant à 7.000 pieds *(2.135 m)*. Il était alors à peu près 03h50. Alors que le Hurricane se rapprochait pour attaquer, l'avion ennemi a ouvert le feu de la position ventrale. Le P/O a répliqué d'une distance de 100 yards *(90 m)* et a viré sèchement vers la gauche ce qui a donné une opportunité au mitrailleur dorsal de placer une rafale. La machine *[ennemie]* a temporairement été masquée par ce tir et le Hurricane a été touché dans une roue, les ailes et le longeron de la section centrale *[des ailes]*.

En faisant déraper le Hurricane sur la droite et en augmentant la vitesse, le P/O Stevens a tenté de se placer dans une position immédiatement en dessous mais l'avion ennemi a ralenti et le Hurricane l'a dépassé. Ceci a ensuite été corrigé et une longue rafale a été tirée dans la section centrale *[des ailes]* et le fuselage quand l'avion ennemi est réapparu dans le viseur. Le P/O Stevens est ensuite parti en perte de vitesse et a glissé vers la gauche pendant que l'avion ennemi piquait vers les nuages. Juste avant d'y entrer, il a reçu une dernière rafale du côté gauche et de nouveaux impacts ont été observés sur la section centrale *[des ailes]* et le fuselage. Il a alors dérapé apparemment hors de contrôle et a disparu. Le P/O Stevens savait que son avion avait été touché ; le moteur fonctionnait mal et il est rentré à la Base.

Le P/O Stevens pense que lorsqu'il l'a vu pour la dernière fois, l'avion ennemi s'abattait dans la région centrale de Londres. Le premier He-111 est revendiqué comme "Détruit", et le second comme "Probablement Détruit".

Viseur à réflexion utilisé. Pas de problème radio. Pas de cinémitrailleuse embarquée. Six mitrailleuses ont tiré 250 coups chacune. Les deux autres ont tiré respectivement 30 et 50 coups.

Très bonne visibilité au-dessus des nuages au-dessus de Londres. Pleine Lune.

Lors de cette nuit d'attaque sur Londres, la Luftwaffe a envoyé plus de 570 bombardiers, ainsi que 24 chasseurs à long rayon d'action (un Me-110 a d'ailleurs été abattu). La RAF a tenté de contrer ce dernier grand raid sur la capitale avec 325 sorties de chasse, revendiquant une trentaine d'appareils abattus pour un Hurricane perdu. [289] 2.154 incendies ont été signalés au sol et plus de 1.500 civils ont été tués et 2.000 blessés.

Stevens avait obtenu une grande expérience civile de vol avant-guerre, notamment de nuit, puisqu'il effectuait des transports de courrier ou de passagers entre Londres et Paris pour Wrightways Air Services Ltd. Considéré initialement trop âgé (31 ans en 1940), la RAF l'avait affecté à une Unité de Coopération avec la DCA avant de céder à ses demandes répétées de rejoindre un Escadron de chasse. Il a remporté ses deux premières victoires dans la nuit du 15 au 16 janvier 1941 en deux missions successives. En quelques mois, il revendique 14 victoires, sur Hurricane (Mark I à mitrailleuses, puis Mk IIc avec canons), et toutes sans radar. Il a reçu deux fois la DFC puis le DSO en 1941, [290] mais a été tué le 15 décembre 1941 en poursuivant sa quinzième victime lors d'une mission Intruder sur l'aérodrome de Gilze en Rijen aux Pays-Bas.

Nous avons vu que la version de chasse du Blenheim avait été affectée aux activités de défense nocturne par défaut, faute de pouvoir survivre de jour. Le Boulton-Paul Defiant, qui faisait face au même risque d'extinction massive, a fini par trouver sa place comme chasseur de nuit, les quatre mitrailleuses se révélant dévastatrices contre les bombardiers allemands. Les deux paires d'yeux de leurs équipages se révélaient souvent bien plus efficaces que les radars embarqués primitifs de 1940-41. Treize Escadrons de Defiant ont ainsi peu à peu été équipés pour la chasse de nuit, et certains équipages ont connu de bons succès entre fin 1940 et mi-1941. Par exemple, pendant les raids nocturnes du Blitz les Defiant ont abattu neuf avions allemands en avril 1941 et treize en mai. [291] James G. Sanders, un ancien pilote de Hurricane pendant la bataille de France avant de passer au 255ème Escadron sur Defiant, raconte un combat de nuit en 1941 : [292]

"C'était une nuit baignant sous la lumière de la lune. J'ai aperçu ce Heinkel près de Retford [Nottinghamshire], il volait vers Liverpool. ... Mon Mitrailleur m'a dit "Je ne peux pas le voir". Je lui ai répondu "Bon sang Charlie, je peux presque le toucher. Déplace tes mitrailleuses vers le haut et vers notre gauche, à 11 heures et ouvre le feu, tu ne peux pas le rater !" Mais bien sûr, puisque nous étions assis dos-à-dos, sa gauche était ma droite et il a ouvert le feu dans la mauvaise direction ! J'ai fait une glissade pour me dégager et je lui ai dit "Reprends ton souffle, on va essayer à nouveau, n'ouvre pas le feu tant que je ne te le dis pas." J'ai mis l'avion en montée et cette fois une grande colonne de fumée a jailli de son moteur droit. L'avion ennemi s'est automatiquement mis en virage et a commencé à perdre de

---

[289] La Luftwaffe a perdu onze avions cette nuit-là. En ce qui concerne la victoire revendiquée par Stevens, le tome 2, page 618, de "The Blitz : then and now" (voir bibliographie) enregistre bien un He-111P du 9/KG55 abattu vers 3h30 du matin près de Withyham dans le Sussex. Deux des quatre membres d'équipage avaient réussi à sauter en parachute, mais l'un est mort de ses blessures. L'autre, le Lieutenant M. Reiser, a été fait prisonnier. Alastair Goodrum (page 59 de son livre, voir bibliographie) évoque un possible avion du KG28.
[290] London Gazette du 4 février et du 2 mai, et supplément du 12 décembre 1941.
[291] Chiffres cités dans les livres de W. G. Ramsey sur le Blitz (voir bibliographie).
[292] Interview de 2001, conservée par l'Imperial War Museum dans la collection 'Oral history', référence 21291 - bobine 3.

l'altitude. ... Je l'ai suivi pendant un bon moment ... et il est finalement tombé quelque part au sud de Grimsby.

Pour la chasse de nuit, les Defiant étaient très bons. Ils auraient dû être utilisés dès le départ pour ce type de mission. ... Au lieu de cela, ils ont d'abord été affectés à la chasse de jour ce qui était ridicule, et ils se sont fait massacrer de tous côtés."

Fred Gash, sous-officier au sein du 264ème Escadron, a servi comme Mitrailleur sur Defiant durant la bataille d'Angleterre et il a donc vécu la transition du Defiant du rôle de chasseur diurne à chasseur de nuit : [293]

"Ce n'est qu'une fois que nous avons été retirés [des combats diurnes] que nous avons compris que le Defiant n'était pas vraiment à la hauteur de ce que nous en attendions. Avec le recul, le Defiant était un peu lent mais je crois qu'il n'a pas été employé comme il aurait dû l'être : nous aurions dû être dédiés uniquement à l'attaque des bombardiers allemands ... pendant que les Spitfire et les Hurricane prenaient soin des chasseurs ennemis. Ce sont ces derniers qui nous ont botté les fesses à nous qui volions sur Defiant, pas les bombardiers. ... À cette époque, en ce qui me concerne, je pensais que le Defiant était une machine merveilleuse, je me suis régalé sur cet avion. ... De nuit, nous avons abattu deux Heinkel et un Ju-88 ; et nous avons eu deux combats contre des Heinkel que nous ne pouvons que revendiquer comme ayant été endommagés. Mon premier succès de chasseur de nuit a eu lieu en octobre 1940, au départ de Luton. Nous avons aperçu un Heinkel * et nous nous sommes placés sous lui. J'ai ouvert le feu et ça a dû être un tir parfait car j'ai visé à l'endroit où le moteur droit rejoint l'aile. J'ai dû toucher une canalisation d'essence, une pompe de carburant ou quelque chose comme ça car une rafale d'une seconde, deux secondes au plus, a mis le feu au moteur. Moins de dix secondes après, l'avion entier s'embrasait."

* Le rapport de combat (traduit ci-dessous) identifie l'avion comme étant un Ju-88. [294]

SECRET

Formulaire 'F' : Rapport de combat du Fighter Command

<u>Émetteur</u> : QG du 11ème groupe   <u>Destinataire</u> : QG du Fighter Command

Rapport de Renseignement sur une patrouille - 264ème Escadron. Sortie du 16 octobre 1940, de 01h06 à 02h14.

À 01h52, le Defiant a reçu un cap de 265 alors qu'il était à 15.000 pieds. Il a immédiatement aperçu un appareil ennemi à 150 yards, clairement illuminé par la lumière de la Lune sur la brume.

Cet avion ennemi est passé devant le Defiant en allant à peu près vers le Sud. Le Defiant a viré rapidement à gauche et a exécuté des attaques en rattrapant la cible par en-dessous et sur sa droite. Le Mitrailleur a ouvert le feu à 185 mètres avec quatre courtes rafales de deux secondes chacune. Il a vu les munitions De Wilde toucher la section centrale et sous l'emplanture de l'aile droite de l'avion ennemi. Ce dernier n'a pas émis de tir défensif et est parti en lent virage vers la gauche en perdant de l'altitude. Le Defiant s'est à

---

[293] Interview de 1991, conservée par l'Imperial War Museum dans la collection 'Oral history', référence 12155 - bobine 1.
[294] Rapport de combat conservé sous la référence AIR 50/177/306, TNA.

> nouveau approché à 135 mètres et a tiré trois courtes rafales (de deux secondes) supplémentaires depuis une position identique à celle de l'attaque précédente. La section centrale de l'emplanture de l'aile droite et le moteur droit de la cible ont pris feu. Deux aviateurs ont abandonné l'avion ennemi avant qu'il ne s'écrase en feu en un point (référence carte M.0313) proche de Brentwood *[Essex]*. Une mitrailleuse du Defiant s'est enrayée à cause d'un blocage de la bande d'alimentation.
>
> Aucun tir défensif de la part de l'avion ennemi n'a été aperçu à aucun moment. Cet avion a été identifié comme étant un Ju-88. Lors du combat, le Defiant a perdu 7.000 pieds *(2.135 m)* d'altitude.
>
> Les projecteurs *[de la DCA]* n'ont pas illuminé l'avion ennemi avant qu'il ne soit en feu.
>
> En cherchant à atterrir à Luton avec un fort brouillard au sol, le Defiant s'est posé trop long et a subi des dommages (Catégorie 2). Le Pilot Officer Hughes et le Mitrailleur Gash sont tous deux indemnes.
>
> Le nombre total de cartouches tirées est de 716. Ceci correspond à environ 10 secondes de tir, et par conséquent l'estimation du Mitrailleur sur la durée des rafales est bien trop grande.
>
> **PERTES ENNEMIES** : 1 Ju-88 détruit.
> **NOS PERTES** : 1 Defiant Catégorie 2, mais pas en raison du combat.
> **Signé** : Flight Lieutenant R. F. Wilkins, Officier du Renseignement 1er novembre 1940

Le Sergent Fred Gash et le Pilot Officer Frederick D. Hughes ont finalement revendiqué cinq victoires sur Defiant (deux de jour et trois de nuit) avant que leurs chemins ne se séparent. Tous deux ont survécu à la guerre. Hughes, DFC avec deux agrafes, avec 18,5 victoires revendiquées, a pris sa retraite en 1974 avec le rang d'Air Vice-Marshal.

Au printemps 1941, les Defiant enchainent les combats. Ainsi le Sergent Henry E. Bodien du 151ème Escadron revendique un Do-17Z le 4 février 1941, un He-111 le 10 avril et un autre He-111 le 4 mai. Bodien a cependant eu une sacrée surprise en se posant à Wittering après le combat d'avril : [295]

> **SECRET**   Sgt. Bodien et Sgt. Jones   **Formulaire "F"**
> **RAPPORT RENSEIGNEMENT DE COMBAT NOCTURNE**
>
> Code du Secteur : WE   N° de l'Ordre de patrouille : 82/6
> Date : 10 avril 1941
> Escadrille : A   Escadron : 151
> Nombre d'avions ennemis : 1   Type d'avions ennemis : He-111
> Heure de l'attaque : à peu près 01h35
> Lieu de l'attaque : près de Birmingham

---

[295] Rapport de combat conservé sous la référence AIR 50/63/3, TNA.

Altitude de l'ennemi : 13.000 pieds *(3.960 m)*.
Dommages causés à l'ennemi : 1 détruit.
Dommages subis : Aucun.
Projecteurs (ont-ils éclairé l'ennemi, si non étiez-vous devant ou derrière la cible ?) : Non.
Canons de D.C.A. (Est-ce que les explosions d'obus ont aidé le pilote à intercepter l'ennemi ?) : Non.
Distance à laquelle le feu a été ouvert lors de chaque attaque et durée approximative de la rafale : 3 - 4 secondes à 200 yards *(180 m)*.
8 secondes à 30 yards *(27 m)*.
Longue rafale à 20 yards *(18 m) [? chiffre peu lisible]*.

RAPPORT GÉNÉRAL :

Le Sergent H. E. Bodien, avec le Sergent D. Jonas (Néo-Zélandais), Mitrailleur, a décollé de Wittering à 01h10 en Defiant (indicatif radio *Steeple* 6), avec pour ordre de patrouiller au-dessus de Birmingham dans le cadre des opérations *"Fighternight"*.

À 01h35, il a aperçu un He-111 à une distance d'environ 450 yards *(135 m)* à 13.000 pieds *(3.960 m) [d'altitude]*, volant vers le Nord-Est près de Birmingham, à une vitesse d'environ 180 m.p.h. *(290 km/h)*. Il s'est approché à environ 200 yards *(180 m)* et a attaqué directement sur l'arrière et d'une position légèrement en-dessous de l'avion ennemi. Une rafale de 3 ou 4 secondes a été tirée. Il n'y a pas eu de réponse défensive mais juste alors que notre Mitrailleur avait commencé une nouvelle rafale d'une distance de 30 yards *(27 m)* d'en-dessous et depuis le secteur arrière droit, trois membres de l'équipage ont sauté en parachute pendant que l'avion ennemi a piqué vers la gauche. Le Defiant a suivi d'une distance d'à peu près 300 yards *(275 m)* et lorsque l'avion ennemi s'est rétabli à 8.000 pieds *(2.440 m) [d'altitude]*, le Sergent Jonas a tiré une longue rafale depuis la même position. Le moteur droit *[du Heinkel]* était désormais en feu et la machine est parti en demi-tonneau avant de piquer verticalement à un position à l'est de Kings Norton *[quartier de la banlieue Sud de Birmingham]*.

Le Pilote a alors remarqué que les voyants rouge et vert d'intercommunication étaient allumés et il a supposé que le Mitrailleur avait perdu connaissance sous les effets des forces d'accélération. Le Defiant se trouvait alors à proximité des ballons de barrage et il a repris de l'altitude.

Ayant demandé un cap de retour en urgence, le Sergent Bodien est rentré à la base où il s'est posé à 02h10. Une fois au sol, il a trouvé le poste du Mitrailleur vide de tout occupant. Le Sergent Jonas avait sauté et était indemne à Kings Norton. Il avait cru que le Pilote était mort ou blessé en raison de l'angle du piqué.

448 coups ont été tirés avec un seul enrayage vers la fin. Le système d'intercommunication était en panne et la radio fonctionnait mal, et seulement sur la fréquence "D".

La météo était bonne. Excellente visibilité, et presque une pleine Lune. Couverture nuageuse de 50% à environ 3.000 pieds *(915 m) [d'altitude]*.

À son retour à Wittering, le Sergent Jonas a confirmé que deux ou trois objets étaient tombés de l'avion ennemi, qu'il supposait être des membres de l'équipage puisqu'il pensait avoir aperçu des parachutes s'ouvrir.

Il a également confirmé que l'avion ennemi descendait en spirale avec les moteurs en feu et qu'il y a eu une énorme explosion au sol peu après.

Après avoir sauté du Defiant, il s'est rendu à une unité de ballons de barrage (913ème Escadron, Escadrille "B") qui l'a informé qu'un avion ennemi s'était écrasé peu avant à Birmingham en tuant 12 civils (le combat a eu lieu juste au sud de Birmingham).

Un autre avion ennemi s'est également écrasé dans la zone de Birmingham.

Bodien avait rejoint la RAF en 1933 comme apprenti mécano avant d'être accepté pour une formation de pilote en 1940. Après une période comme instructeur au sein de la 51ème OTU en 1943 et être passé sur Mosquito, Bodien, DFC, DSO, a terminé la guerre avec cinq victoires revendiquées. Il a servi pendant la guerre de Corée sur B-26 Invader lors d'un détachement auprès de l'USAF (recevant pour cela la décoration américaine Air Medal) et a quitté la RAF pour émigrer au Canada en 1954. Il a servi au sein de la RCAF jusqu'en 1966 et a pris sa retraite avec le rang de Wing Commander. [296] Il semble que Dudley E. C. Jonas ait également survécu à la guerre.

Dans la nuit du 7 au 8 mai 1941, le 256ème Escadron a confirmé l'efficacité du Defiant pour la chasse de nuit lorsque les circonstances sont favorables. Alors que de nombreux bombardiers allemands se dirigent sur Liverpool et Manchester, les aviateurs de cette unité revendiquent trois He-111 abattus et deux He-111 et deux Ju-88 endommagés en 19 sorties, [297] mais le Defiant I N3500 "B" est perdu (voir le rapport de combat traduit ci-dessus du Squadron Leader George H. Gatheral et du Flying Officer Denis S. Wallen). Pourtant cet Escadron n'avait ouvert son score qu'un mois plus tôt lorsque le Flight Lieutenant West et le Sergent Adams avaient abattu un Ju-88 près de Stockport dans le Lancashire. [298]

Malgré des débuts difficiles, la chasse au radar va peu à peu s'imposer sur la chasse à l'œil nu, faisant disparaître Hurricane et Defiant du ciel nocturne. Il est donc temps d'étudier cette nouvelle technologie plus en détail.

---

[296] Suppléments de la London Gazette du 7 avril 1942, du 5 septembre 1944 et du 3 août 1954, et London Gazette du 25 mai 1951.
[297] Rapports de combat conservés sous les références AIR 50/99/10, 14 et 25, et Journal de marche du mois de mai 1941, conservé sous les références AIR 27/1523/5 et 6, TNA.
[298] Rapport de combat conservé sous la référence AIR 50/99/26, TNA.

A.4 - Le radar

A.4.1 - Quelques notions de base

Le principe du radar est d'émettre des ondes radioélectriques (plus communément appelées ondes radio) pour qu'elles rebondissent sur un objet à détecter et reviennent sur un récepteur. En mesurant le temps aller-retour de l'onde, on peut calculer à quelle distance se trouve la cible. En l'absence d'antenne directionnelle, la différence de signal reçu sur des antennes de réception séparées permet de déduire l'élévation et l'azimuth de la cible. Il faut cependant noter que le signal reçu en retour n'est qu'une infime fraction du signal émis, et il faut donc disposer de récepteurs très sensibles. Plus l'émetteur est puissant et plus le récepteur est sensible, plus la portée du radar est grande.

Les ondes radio se propagent à la vitesse de la lumière (300.000 kilomètres par seconde). Elles se caractérisent par une fréquence de plusieurs millions d'oscillations par seconde et par une longueur d'onde très petite :
- Fréquence : sachant qu'un Hertz (l'unité de mesure de la fréquence) correspond à une oscillation par seconde, nous sommes ici dans le domaine des mégahertz (1 MHz = 1.000.000 d'oscillations par seconde) ou des gigahertz (1 GHz = 1.000.000.000 oscillations par seconde).
- Longueur d'onde : la longueur d'onde est la distance parcourue par l'onde radioélectrique durant une seule oscillation.

Pour les radars dont nous allons parler ci-après, nous aurons donc :
<u>Radars au sol</u> :
    Chain Home (CH) :   Fréquence   25 MHz. Longueur d'onde   12 mètres.
    Chain Home Low (CHL) : [299]   Fréquence 200 MHz. Longueur d'onde   1,5 mètres.
<u>Radars embarqués</u> :
    Jusqu'à l'AI Mk VI : Fréquence 200 MHz. Longueur d'onde   1,5 mètres.
    À partir de l'AI Mk VII :   Fréquence   33 GHz. Longueur d'onde   9 centimètres.

En se basant sur la longueur d'onde, les trois premiers radars cités ci-dessus sont appelés des radars "métriques", et le dernier est dit "centimétrique". Plus tard, les scientifiques ont défini des "bandes de longueur d'onde", dont les principales qui nous intéressent ici sont :

---

[299] Dans la seconde moitié de la guerre, des stations radar Chain Home Extra Low (CHEL) centimétriques ont aussi été déployées pour détecter les avions volant au ras des vagues.

Bande	Fréquence	Longueur d'onde	Type de radar
HF	3 à 30 MHz	10 à 100 m	Stations radar sol-air "Chain Home"
P	30 à 300 MHz	1 à 10 m	Stations radar sol-air "Chain Home Low" ou GCI Radars air-air métriques AI Mk. I à VI
S	2 à 4 GHz	7,5 à to 15 cm	Radars air-air centimétriques AI Mk. VII à X
X	8 à 12 GHz	2,5 à 3,75 cm	Radar air-air centimétrique AI Mk. XV

A.4.2 - La Chain Home et ses limites, résumé historique sur les radars sol-air britanniques

> *"Installez-moi la troisième meilleure technologie.*
> *La deuxième meilleure ne sera pas prête à temps.*
> *La meilleure ne sera jamais prête."*
> Sir Robert A. Watson-Watt

L'histoire du développement du radar est étudiée en détail dans le livre de cette série consacré à la Bataille d'Angleterre. On rappellera juste ici qu'avant la guerre, plusieurs pays ont assemblé les différentes avancées technologiques disponibles sensiblement à la même époque pour obtenir des radars à usage militaire. Le 26 février 1935, un test proposé par Robert A. Watson-Watt, le patron de la Radio Research Station du Department of Scientific and Industrial Research, a lieu près de Daventry (entre Rugby et Northampton) et démontre la faisabilité d'utiliser les ondes radio pour détecter des avions : les ondes d'une station émettrice de la BBC sont renvoyées par un bombardier Handley Page Heyford, piloté par le Flight Lieutenant Robert S. Blucke, et sont captées sur la cathode du récepteur au sol. Cette technologie est baptisée RDF (pour Range and Direction Finding), ce qui permet de camoufler, pour des raisons de secret, ces recherches sous l'acronyme bien plus commun utilisé pour la radiogoniométrie (RDF = Radio Direction Finding). [300] Cette démonstration va convaincre l'Air Marshal Hugh Dowding, Membre du Conseil de l'Air pour la Production et la Recherche, qui sera plus tard nommé Commandant en Chef du Fighter Command, de débloquer le financement nécessaire pour les premiers travaux de développement des radars britanniques.

En mai 1937, la première station radar opérationnelle fonctionnant avec une longueur d'ondes de 12 mètres est installée au manoir de Bawdsey dans le Suffolk qui sert aussi de centre de recherche, initialement baptisé simplement Bawdsey Research Station (BRS). [301] Cette station est la première de ce qui deviendra la 'Chain Home' (CH), ce qui traduit

---

[300] L'appareillage utilisé par Watson-Watt pour cette démonstration est conservé au Musée des Sciences à Londres. Le terme 'radar', venu des USA, n'est adopté qu'en 1943 (RADAR est l'acronyme de RAdio Detection And Ranging). Par convention, nous emploierons le terme 'radar', même dans les périodes précédant l'adoption de ce terme par les Britanniques.

[301] Ce centre de recherche a ensuite pris le nom d'Air Ministry Research Establishment (AMRE) lors de son déménagement au début de la guerre à Dundee en Ecosse, avant de s'établir en mai 1940 à

l'idée d'une chaîne continue de stations radar couvrant toutes les côtes exposées des îles britanniques. La Chain Home est prévue dès le départ avec vingt stations radar couvrant l'estuaire de la Tamise et les côtes Sud de la mer du Nord (Essex et Norfolk). Le Viscount Swinton, Secrétaire d'État à l'Air, entérine cette décision en septembre 1935, à peine plus de six mois après l'essai initial de Daventry, ce qui montre bien les progrès réalisés en un court laps de temps, et une grande foi dans cette nouvelle technologie. Durant les mois précédant la guerre, au moins trois missions françaises ont été invitées par les Britanniques à étudier leurs systèmes radar CH et GL ("Gun Laying" de DCA). [302]

Si les Allemands pouvaient s'enorgueillir d'avoir mis au point des matériels performants et robustes, ce sont les Britanniques qui ont le mieux compris que le radar n'était qu'un outil qui n'apporterait pas grand-chose si l'information recueillie n'était pas transmise et analysée immédiatement pour une communication rapide aux chasseurs du Secteur concerné. La chaîne de collecte des informations (du radar mais aussi des postes de guet de l'Observer Corps), les techniques de localisation des appareils amis (notamment par triangulation radio) [303] et les méthodes d'analyse ont demandé des années de test, mais les dividendes sont tombés lors de la Bataille d'Angleterre. Le radar et la chaîne de transmission/analyse/commandement ont agi comme des multiplicateurs de forces en permettant au Fighter Command d'intervenir à bon escient et avec la proportion de moyens souhaitée au lieu d'épuiser ses forces lors d'interminables patrouilles. Le faible impact de la chasse allemande contre les bombardiers britanniques durant les premières années de la guerre, et la surprise américaine à Pearl Harbor malgré la présence d'une station radar démontrent clairement que les Britanniques étaient les seuls à avoir compris que le radar n'avait que peu de valeur si ses informations n'étaient pas filtrées et exploitées rapidement. Reconnaissant l'importance qu'ont pris les technologies radio et radar, le Ministère de l'Air crée le nouveau poste d'Assistant du Chef d'État-Major (Radio) (ACAS(R)) en juillet 1940, dont le premier titulaire est l'Air Marshal Sir Philip Joubert de la Ferté. [304]

Comme indiqué ci-dessus, les radars au sol de la Chain Home auraient presque été qualifiés d'antédiluviens par les Allemands, mais Watson-Watt qui était alors en charge du développement du radar avait sagement préféré dérouler une solution imparfaite mais fonctionnelle plutôt que d'attendre l'avancée technologique suivante. Les stations de la Chain Home comportaient donc initialement de sérieuses lacunes, en particulier leur mesure d'altitude qui restait imprécise à 600 mètres près, leur incapacité à détecter des cibles en-dessous de 1.500 mètres (plus tard résolue par l'installation de radars Chain Home Low avec une longueur d'ondes de 1,5 mètres, la première station CHL étant

---

Worth Matravers dans le Dorset puis prendre le nom de Telecommunications Research Establishment (TRE - Centre de Recherche des Télécommunications (radar)) vers la fin de 1940. En mai 1942, il a à nouveau déménagé vers Malvern dans le Worcestershire par crainte d'une attaque allemande.

[302] Page 177 du livre d'Yves Blanchard, voir bibliographie.
[303] Dispositif 'Pip-Squeak' déjà décrit ci-dessus.
[304] Page 11 de la Publication de l'Air 3237 *"Signals"* Volume I, voir bibliographie.

installée à Foreness Point dans le Kent en décembre 1939) et leurs antennes fixes qui ne pointaient que dans la direction de la mer. Churchill résume la situation ainsi lors du repas qui fait suite à sa visite du centre de recherche sur le radar de Bawdsey Manor, le 20 juin 1939 : [305]

> *"Messieurs, vous avez un problème à résoudre. Si je suis un aviateur allemand chargé de bombarder Londres, je suis terrorisé tout le temps de la traversée de la Mer du Nord car je sais que mes ennemis suivent ma progression sur cette merveille du XXème siècle qu'est le radar. Mais si je franchis la côte sans avoir été intercepté, je suis un aviateur allemand heureux : je viens de passer [de la technologie de détection] du XXème siècle au début de l'âge de pierre."*

Il est probable que personne n'a fait remarquer à Churchill qu'il n'y avait pas beaucoup de menaces aériennes à l'âge de pierre, mais à part cela, son résumé de la situation appuie exactement là où ça fait mal. L'Observer Corps, une organisation civile rassemblant 30.000 volontaires, prend le relais du radar une fois que les avions ennemis ont franchi la côte (depuis le milieu de la Première Guerre mondiale, la mise en place d'un réseau de guet et d'alerte est une pratique courante). Des postes d'observation, écartés de quatre à douze kilomètres sont répartis sur le territoire et équipés d'une ligne téléphonique directe avec la salle d'opérations de l'Observer Corps. La détection se fait à l'oreille ou à l'œil, avec de simples jumelles, ou pour les postes les plus importants à l'aide d'un théodolite (désigné comme étant un 'post plotting instrument') permettant de pointer la position des avions observés à la lunette sur une carte locale une fois que l'altitude a été estimée. Cependant, même de jour par beau temps, il est peu probable qu'un avion volant au-dessus de 6.000 mètres soit détecté à l'œil nu. [306] À partir du mois d'août 1940, le Fighter Command complète l'Observer Corps avec quelques Spitfire isolés, dotés de liaison radio VHF, pour pister les raids allemands et augmenter les informations disponibles dans les salles d'opérations des secteurs et du 11ème Groupe. [307]

Ce manque de moyens de détection radar vers l'intérieur des terres a été un grand handicap lors des raids de nuit du Blitz (ou même de jour avec couverture nuageuse), et n'a commencé à être résolu qu'avec l'installation des radars GCI (*Ground Controlled Interception*) à partir de fin 1940.

---

[305] Anecdote racontée par Edward Fenessy, un scientifique civil travaillant à Bawdsey Manor, bande son n°1 de l'interview du 24 septembre 1992, conservée par l'Imperial War Museum, référence 12777.
[306] Compte-rendu de la réunion du CSSAD du 15 mai 1935, conservé sous la référence AIR 20/181, TNA.
[307] Une pratique qui sera réinventée par la chasse de nuit allemande à partir de 1943 avec la technique des *'Cochons'* (*'Zahme Sau'*) : un ou plusieurs chasseurs de nuit sont chargés de s'insérer dans le flot des bombardiers britanniques (on ne peut pas vraiment parler de formation au sens strict, puisque chaque avion navigue individuellement, mais tous suivent la même route et ont des temps de passage imposés) et de transmettre la progression des bombardiers.

A.4.3 - Les radars GCI

A.4.3.1 - L'option 100% radar air-air

Au début du développement des radars air - air, les Britanniques espéraient que l'emploi d'un radar embarqué à bord d'un chasseur suffirait pour intercepter de nuit les bombardiers ennemis. Le graphe ci-dessous montre la zone de détection maximale devant un chasseur disposant d'un radar embarqué. On constate que la cible n'est pas détectable par le radar :

- dans la zone dite "de portée minimale" juste devant l'avion (de 0 à 275 mètres de distance par exemple pour l'AI Mk III) à cause du phénomène de saturation du radar par les échos venant du sol. Cette zone varie en fonction de l'altitude de vol du chasseur puisque les échos du sol mettent plus de temps à revenir si l'avion vole haut.
- Dans la zone dite "de portée maximale" au-delà de laquelle la cible ne renvoie pas assez d'énergie pour que le récepteur puisse la détecter (2.700 mètres de distance par exemple pour l'AI Mk III). Bien sûr, cette distance varie en fonction de la taille et de la nature de la cible (le métal renvoie mieux les ondes radio qu'une surface entoilée ou en bois par exemple) et de la surface présentée au chasseur "dite "surface équivalente radar (SER)" (d'où les formes anguleuses des avions furtifs comme le Lockheed Martin F-117 Nighthawk visant à disperser les ondes et réduire la SER).

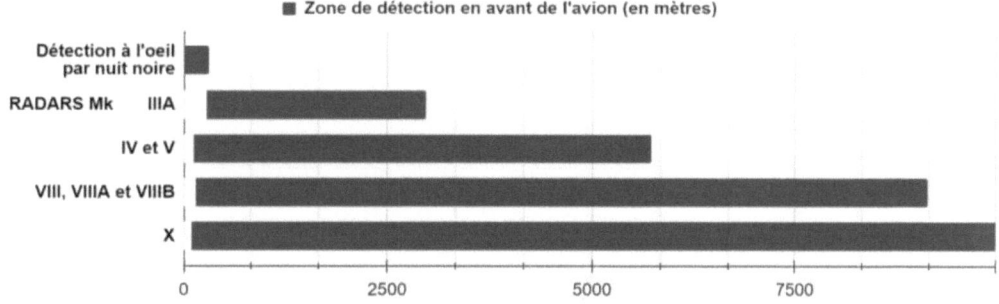

Le Centre de Recherche Aéronautique de Farnborough dans le Hampshire avait déterminé la distance à laquelle un avion pouvait être vu à l'œil nu à la lumière de la Lune comme étant au plus égale 610 mètres, mais pour les nuits sans Lune, cette distance était réduite d'au moins la moitié. [308] Il était donc impératif qu'un radar embarqué puisse amener le chasseur à moins de 300 mètres de la cible pour garantir l'obtention d'un contact visuel. Une portée minimale importante est donc un facteur rédhibitoire, à tel point que les Allemands ont par exemple été obligés de conserver leurs anciens radars air-air FuG 202 Lichtenstein sur leurs chasseurs de nuit lorsqu'ils ont adopté le FuG 220

---

[308] Recherche mentionnée page 19 du livre de Ian White sur les radars, voir bibliographie. Voir aussi le papier n°112 de l'Air Fighting Committee, op. cit.

SN-2, car ce dernier ne "voyait" plus la cible quand la distance de séparation passait sous le kilomètre. On voit sur le graphe ci-dessus que l'AI Mk III était très juste sur ce critère puisque sur les écrans du radar embarqué, la cible disparaissait dans les échos du sol vers 275 mètres (pour les matériels les mieux réglés).

Les radars air-air de l'époque ont donc une portée maximale bien trop courte pour qu'un chasseur patrouillant au hasard ait une probabilité raisonnable de voir apparaître une cible sur ses écrans (bien que parfois des équipages ont tenté leur chance en faisant de la chasse de nuit au radar, en *"freelance"* dans le jargon de l'époque). Il fallait par conséquent qu'un radar au sol les guide jusqu'à ce que leur radar embarqué se trouve à distance correcte.

A.4.3.2 - Les tentatives de contrôle d'un chasseur par un radar au sol

Dès le début de la guerre, les Britanniques se sont rendu compte que les radars CH ne permettaient pas une interception de nuit : non seulement ces radars ne détectaient pas en direction des terres, mais le système de transmission et d'analyse des informations était trop lent pour amener un chasseur à portée visuelle d'un bombardier. Il fallait que le chasseur soit directement guidé par radio par l'opérateur radar au sol, sans passer par une salle de filtrage et une ou deux salle(s) de commandement. Même en octobre 1940, lorsque le Comité Salmond recommande d'utiliser directement les stations côtières CH pour guider les chasseurs pour des interceptions au-dessus de la mer, les résultats sont très décevants : les stations CH parviennent à amener les chasseurs à proximité d'un avion intrus avec une précision de 5 à 8 km, ce qui est suffisant de jour mais ne permet souvent pas de trouver la cible avec un radar Mark IIIA ayant une portée maximale de 2.700 mètres. Par exemple, [309] la station CH de Pevensey, dans le Sussex de l'Est, guide 69 tentatives d'interception sur un mois à l'automne 1940 ; dans seulement dix cas, le chasseur parvient à obtenir un contact radar, et aucune victoire n'en découle. À titre d'anecdote amusante, on ajoutera que le travail des chasseurs de nuit britanniques au large des côtes comporte en plus le risque de se faire abondamment tirer dessus par la DCA des navires de la Royal Navy qui sont bien connus au sein de la RAF pour avoir la gâchette facile. Ainsi, le Journal de Marche de la FIU [310] note le 22 juillet 1940, avec un brin d'agacement que *"Le Flight Lieutenant A. G. Miller a effectué des essais d'un radar embarqué [installé dans un Blenheim pour détecter un hydravion] Sunderland au large de Mount Batten [près de Plymouth], durant lesquels la Navy, avec leur méprise habituelle, lui a tiré dessus avec leur maladresse coutumière."*

En novembre 1939, la Luftwaffe a commencé à mouiller des mines magnétiques, de nuit, dans l'embouchure de la Tamise et d'autres grandes rivières de la côte Est de l'Angleterre. Volant bas, ces avions passaient sous la zone couverte par les radars de la Chain Home. Les stations radar Chain Home Low sont développées à partir d'un radar

---
[309] Page 129 de la Publication de l'Air 1116 *"Signals"* Volume V, voir bibliographie.
[310] Entrée du 22 juillet 1940 du Journal de marche conservé sous la référence AIR 29/27, TNA.

de défense côtière "CD" (Coast Defence) avec une longueur d'ondes de 1,5 mètres conçu pour l'artillerie côtière de l'Armée britannique. Du fait de cette longueur d'ondes plus faible que celle des radars CH, le faisceau radar pouvait être concentré sur quelques degrés : en faisant tourner l'antenne (au début la rotation était manuelle), il était possible de balayer plusieurs portions du ciel (y compris au-dessus des terres) et déterminer où se trouvaient les avions détectés. Il était possible de suivre une cible en gardant l'antenne pointée dessus en permanence, mais il fallait alors guider le chasseur sur le même faisceau pour voir les deux avions (chasseur et cible), les tentatives d'alterner de l'un à l'autre s'ils se présentaient sur des gisements très différents s'étant révélées infructueuses. Des essais d'interception effectués ainsi en novembre et décembre 1939 à partir de la station CHL de Foreness, près de Margate dans le Kent, paraissent prometteurs, mais ce type de station n'a pas une couverture radar complète et ne parvient pas à donner l'altitude de la cible, même s'il s'avère précis dans l'évaluation de l'azimuth et de la distance. La solution utilisée plus tard par les Allemands d'installer deux radars, un pour suivre la cible et un pour suivre le chasseur, a été envisagée par les Britanniques, mais rejetée car trop consommatrice de ressources. [311] En mai 1940, Sir George Lee, Directeur du Développement des Communications (radar) du Ministère de l'Air, et l'Air Chief Marshal Sir Hugh C.T. Dowding, patron du Fighter Command, demandent que l'étude de radars capables de surveiller l'intérieur des terres soit ajoutée aux sujets suivis par le Comité d'Interception Nocturne. [312]

A.4.3.3 - L'affichage plan des données radar (Plan Position Indicator - PPI) : l'avènement de l'écran radar moderne

Jusqu'à ce point, les écrans des radars (sol-air ou air-air) présentaient un axe linéaire contre lequel s'affichait l'écho d'une cible : la base de l'axe représentait le point où se trouvait l'antenne de réception, et plus l'écho affiché en était éloigné, plus le temps mis par le signal était grand (et donc plus la cible était éloignée). Cette représentation n'était pas très intuitive et il fallait plusieurs calculs pour déterminer la position, l'altitude et la vitesse des avions repérés. Avec de la pratique, certains opérateurs pouvaient visualiser ces données mentalement, mais ce n'était pas le cas de tous et les calculs consommaient du temps et généraient potentiellement des erreurs. En mai 1940, les chercheurs du Centre de Recherche (radar) du Ministère de l'Air (Air Ministry Research Establishment - AMRE) avaient mis au point un écran cathodique présentant une vue en plan sur laquelle la station radar était censée être au centre ; le balayage de l'antenne tournait sur l'écran comme un rayon synchronisé avec la rotation de l'antenne. Un revêtement fluorescent de l'écran permettait à un écho lumineux de persister jusqu'au balayage suivant (voir Figure ci-après). Installé sur la station CHL de Swanage dans le Dorset, ce

---

[311] Pages 179-180 de la Publication de l'Air 1116 *"Signals"* Volume V, voir bibliographie.
[312] Paragraphes 46 à 50 du compte-rendu de la réunion du 2 mai 1940 du Comité d'Interception Nocturne, conservé sous la référence AIR 20/3442, TNA.

type d'écran permet en août 1940 de suivre la position de deux avions (ou plus) comme sur une carte, sans calcul supplémentaire. [313]

Un exemple de tube PPI montrant les échos de deux avions (marqués "RESPONSE"), mais aussi des échos permanents, comme par exemple ceux de la ville de Plymouth où semble avoir été installée cette station radar théorique. Le second tube a été ajouté lorsque le problème de détermination de l'altitude des contacts a été résolu. (Illustration diagramme 17 de la Publication de l'Air 1116 "Signals" Volume V, voir bibliographie).

Après plusieurs essais infructueux avec d'autres types de radars (notamment ceux utilisés pour guider les canons de DCA ou les projecteurs testés sur le secteur de Kenley en septembre-octobre 1940), [314] il est décidé de développer la première station expérimentale de contrôle de chasse, baptisée GCI à partir d'un radar CHL. L'antenne est modifiée et sectionnée par le Centre de Recherche Aéronautique de Farnborough dans le Hampshire pour permettre une meilleure couverture et la détermination de l'altitude des cibles détectées. Elle est montée sur un châssis tournant sur une remorque afin d'être mobile (un autobus à impériale avait même été envisagé, solution toute britannique) [315] et en octobre 1940, les premiers essais sont réalisés avec les chasseurs de l'Unité d'Interception de Chasse (FIU - voir le chapitre ci-après sur les radars embarqués) à partir du site de Durrington

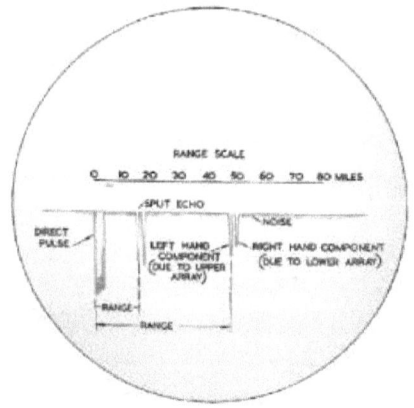

dans le Sussex. Avant même la fin des essais, six stations GCI ont été commandées le mois suivant car il était alors clair que les Allemands avaient entamé une nouvelle phase de leur offensive en bombardant désormais préférentiellement de nuit. Heureusement pour les Britanniques, la suite des essais opérationnels s'est avérée dans l'ensemble

---

[313] Page 185 de la Publication de l'Air 1116 *"Signals"* Volume V, voir bibliographie.
[314] Directive du 21 septembre 1940 de l'Air Marshal Dowding *"Night interception"* pour des essais de guidage des chasseurs grâce à des radars au sol "Gun Laying" (GL) couplés à des projecteurs sur le secteur de Kenley, Annexe n°11 du document *"The Air Defence of Great Britain, Volume III"* (voir bibliographie). Ces essais ont été un demi-succès et l'idée d'avoir un réseau de radars GL a été poursuivie sous une autre forme pour le guidage des chasseurs à l'aide des projecteurs au sol dans les "aires tactiques" mentionnées précédemment.
[315] Paragraphe 52 du compte-rendu de la réunion du 18 juillet 1940 du Comité d'Interception, conservé sous la référence AIR 20/3442, TNA.

satisfaisante, même si le radar GCI ne permettait pas encore d'identifier automatiquement un avion ami d'un appareil ennemi (voir le sous-chapitre suivant).

En octobre 1940, l'existence de l'écran PPI et ses avantages potentiels sont présentés dans un mémorandum au Comité d'Interception. [316] Il est décidé d'installer les douze premiers exemplaires aux nouvelles stations radar GCI, bien qu'il semble très difficile de pouvoir les produire rapidement. Mi-janvier 1941, cinq de ces stations sont en place en plus de celle de Durrington, et la sixième est gardée en réserve. Couvrant chacune une zone circulaire d'environ 280 km de diamètre, elles sont situées de façon à protéger de façon continue tout le Sud-Est de l'Angleterre, du Devon jusqu'au Lincolnshire. Faute de temps, aucune motorisation n'a été installée et deux personnes dans chaque équipe de veille ont la tâche ingrate de faire tourner l'antenne à la main.

Il a fallu recruter et former dans l'urgence tout le personnel de ces nouvelles stations, parfois au détriment des salles d'opérations des Secteurs du Fighter Command qui ont vu partir certains contrôleurs expérimentés. Le 7 octobre 1940, une réunion sur la "Défense Aérienne Nocturne" présidée par le Premier Ministre examine cette pénurie de personnel et recommande de prélever des techniciens qualifiés de la BBC, du Service des Postes et Télécommunications et de l'industrie. [317] La situation en personnel s'est encore dégradée en avril 1941 lorsqu'il a été décidé d'utiliser aussi les stations GCI de jour lorsque la météo était mauvaise : il a donc fallu doubler les équipes de veille. Il a aussi fallu établir une relation de confiance avec les équipages des avions de chasse de nuit, ainsi qu'entre contrôleurs des stations GCI, des Secteurs et des stations CH et CHL. Le rôle essentiel joué par les contrôleurs pour réussir une interception n'est que rarement mentionné dans les Journaux de marche ou dans les rapports de combat.

Au début, les contrôleurs de GCI ne comptaient que des Officiers, anciens pilotes, soit de la Première Guerre, soit ne pouvant plus voler, notamment à cause de blessures. Certains pilotes de chasse de nuit ont même été un temps affectés au rôle de contrôleurs, ce qui leur permettaient de mieux appréhender les difficultés et l'importance de ce poste. Par exemple, après avoir été pilote au 604ème Escadron, Roderick A. Chisholm a été affecté un temps comme contrôleur dans une station GCI ce qui *"s'est avéré une expérience instructive et qui m'a rabattu le caquet puisque j'avais été une sorte de prima-donna qui contribuait à rendre la vie des Contrôleurs misérable."* [318]

Avec l'expansion rapide du nombre de GCI, il a bien fallu trouver plus de contrôleurs en élargissant la sélection à des Sous-Officiers, parfois sans expérience de pilote, mais avec d'autres compétences acquises dans les salles d'opérations des Secteurs du Fighter Command. Stanley F. Wright avait travaillé dans les salles d'opérations de plusieurs bases de la RAF avant d'être sélectionné pour suivre une formation de contrôleur au sol pour

---

[316] Paragraphes 34 et 35 du compte-rendu de la réunion du 10 octobre 1940 et paragraphes 37 à 39 du compte-rendu de la réunion du 24 octobre 1940 du Comité d'Interception, conservés sous la référence AIR 20/3442, TNA.
[317] Mémorandum non daté ni attribué *"Provision of technical personnel"*, dont une copie pour le Chef d'État-Major de la RAF est conservée sous la référence AIR 20/2419, TNA.
[318] Page 101 de son livre (voir bibliographie).

la chasse de nuit. Il raconte une méthode de formation assez originale : [319] *"À peu près en 1941, j'étais raisonnablement expérimenté en ce qui concerne le travail des salles d'opérations : je pouvais prendre les messages au téléphone sans me tromper, ... je pouvais placer les repères sur la carte. ... C'est à ce moment que le Ministère de l'Air s'est rendu compte que s'il y avait des pilotes du rang d'Officier et d'autres du rang de Sergent, alors il pouvait y avoir des Contrôleurs du rang d'Officier et d'autres du rang de Sergent. Ils ont donc sélectionné certains d'entre nous pour être Assistant Contrôleurs. Il y avait un Contrôleur en Chef qui avait le rang de Squadron Leader ou de Flight Lieutenant, et durant les moments stressants, il devait faire appel à d'autres Contrôleurs, par exemple pour s'occuper d'un autre Escadron ou d'une seconde Escadrille. C'était moins cher d'utiliser des Sergents pour ce rôle et nous étions raisonnablement compétents. Certains d'entre nous ont donc été envoyés à Bentley Priory, au QG du Fighter Command. Quelqu'un avait eu une idée de génie pour notre formation en subtilisant tous les tricycles du marchand de glace Tommy Wall's qu'il avait pu trouver ... Chaque tricycle avait été modifié avec un métronome sur le caisson pour pédaler à une vitesse fixe, un émetteur radio dans le caisson et des écrans fixes pour que le cycliste ne puisse voir que par des meurtrières sans savoir où se trouvaient les autres tricycles. Ces tricycles représentaient les bombardiers, et un 'Joker' avec un récepteur radio sur son tricycle était le chasseur et recevait des instructions du Contrôleur. Ce dernier se trouvait sous la pelouse, dans le bunker de Bentley Priory, et avait devant lui une carte comme dans une salle d'Opérations. Depuis les toits au-dessus de la pelouse, trois binoculaires avec une plaque graduée en degrés permettaient de relever les gisements des tricycles pour mettre la carte à jour. C'était une idée merveilleuse et ça ne coûtait quasiment rien, aucune consommation d'essence ! ... Nous avons appris comment l'Observer Corps travaillait, comment les projecteurs fonctionnaient, etc. En gros, nous avons eu une formation peu coûteuse en quatre mois. Apprendre le rôle de contrôleur, c'est un peu comme apprendre à naviguer à la voile : on apprend tout en 20 minutes, mais on passe ensuite le reste de sa carrière à acquérir sur le tas comment agir correctement. Soit vous avez l'esprit capable de combiner les distances, les angles, etc., soit vous ne l'avez pas. Nous avons tous été promus Sergents et envoyés dans différentes salles d'Opérations pour être responsables d'une équipe de veille."*

Peu à peu, GCI et chasseurs ont appris à travailler ensemble mais ce processus a demandé plusieurs mois, les premiers résultats ne commençant à être engrangés qu'à la fin du printemps 1941.

Nous avons vu que fin 1940, le commandant du Fighter Command préconisait le doublement du nombre d'Escadrons de chasse de nuit et qu'il se heurtait à de nombreuses pénuries de matériels et de personnels. L'Air Marshal Sir Philip Joubert de la Ferté, Assistant du Chef d'État-Major (Radio) (ACAS(R)) ajoute que les recommandations de Sholto Douglas *"ne représentent que la moitié de nos problèmes, et que la question principale qui demeure est celle de l'organisation et du contrôle de nos Escadrons de Chasse de Nuit pendant leur vol."* Joubert indique qu'il faut choisir avec soin l'emplacement des stations GCI *"pour une couverture généreuse de toute l'Angleterre de Plymouth au cap de North*

---

[319] Interview de décembre 1990, conservée par l'Imperial War Museum dans la collection 'Oral history', référence 11744 - bobine 2. Roderick A. Chisholm décrit également cette formation du point de vue d'un pilote, en précisant qu'elle se tenait dans un stade (pages 34-35 de son livre, voir bibliographie), et Dennis Gosling l'évoque aussi page 43 de son livre (voir bibliographie).

Foreland au Sud, et jusqu'à Newcastle et Harrow au Nord." Il faut aussi décentraliser la transmission de l'information qui doit aller directement du contrôleur du GCI à l'avion de chasse, sans passer par le QG du Fighter Command et les salles d'opérations des Secteurs. Joubert souligne qu'il est important de clarifier le rôle des contrôleurs des Secteurs qui vont perdre la main sur les chasseurs lors de l'interception et qu'il y a donc *"un véritable danger de jalousie entre eux et les contrôleurs des GCI"*, qu'il faut organiser le passage d'informations entre les GCI, les stations CH et CHL et les Secteurs. Il faut aussi déterminer combien d'interceptions peuvent être menées de front lors de raids massifs de la Luftwaffe, et décider si les GCI doivent guider les avions sans radar (Hurricane ou Defiant) ou ceux avec radar (Blenheim, Beaufighter, Havoc). [320]

A.4.3.4 - La procédure d'interception : passer du "côté sombre"

La station GCI était prévenue par une liaison téléphonique directe de l'approche d'un avion inconnu ou hostile par le réseau d'alerte normal des stations CH et CHL. Ces stations étaient capables de dire si la cible montrait un signal ami ou ennemi. Le contrôleur de la salle d'opérations du Secteur était chargé "d'alimenter" le GCI en avions de chasse. En retour, la situation aérienne observée par le GCI était "lue" au téléphone pour le bénéfice de la salle d'opérations du Secteur. Une table portant une grande carte de la région permettait au contrôleur du Secteur de savoir où se trouvaient les avions (ennemis, amis et non identifiés). Cette carte couvrait le Secteur concerné ainsi que les Secteurs adjacents puisque certaines batteries de DCA ou de projecteurs placées sur un Secteur étaient commandées depuis un Secteur voisin, et pour anticiper les raids entrants ou sortants. Les zones de projecteurs d'aide à la chasse ("zones d'indication" ("Indicator Zones") et "zones de combat" ("Kill Zones"), la ligne du *"Rubicon"* et les balises visuelles d'attente étaient marquées sur cette carte, baptisée Table de Suivi pour la Chasse Nocturne ("Night Fighter Plotting Table"). Lorsqu'il était décidé d'effectuer une interception en guidant le chasseur par une station GCI (ou CHL), une plaque noire avec l'indicatif radio du chasseur et son altitude était ajoutée sur le marqueur du raid posé sur la table. La procédure était alors appelée "Raid Sombre" - *"Dark raid"* (par opposition à la procédure *"Bullseye (ou Searchlight) raid"* lorsque les projecteurs étaient utilisés, la plaque sur la table étant alors de couleur jaune). Pour les *"Dark raids"*, les batteries de projecteurs recevaient l'ordre de rester éteintes dans un rayon de 8 kilomètres autour de la position estimée du raid (d'où le nom de "raids sombres"). [321] Il faut noter que les besoins en communication étaient gigantesques, que ce soit pour transmettre les ordres, ou pour tenir les cartes à jour entre les différents Secteurs, les stations radar et l'Observer Corps, tout ceci se faisant par téléphone. Pour optimiser l'utilisation des GCI et offrir une

---

[320] Note *"Night Air Defence"* du 31 décembre 1940 de Joubert au Secrétaire d'État à l'Air (rédigée suite à la lettre FC/S.22011 du 14 décembre du commandant du Fighter Command au Secrétaire d'État à l'Air), conservée sous la référence AIR 20/2419, TNA.

[321] Instruction Opérationnelle du Fighter Command n°90 *"Night interception with Fighters aided by AA Searchlights"* du 3 novembre 1941, reproduite en Annexe 20 du volume III de la monographie *"The Air Defence of Great Britain"* (voir bibliographie).

certaine redondance contre les actions ennemies ou les aléas météorologiques, chacune de ces stations radar était généralement reliée à deux Secteurs (par exemple, Kenley et Tangmere pour le GCI de Durrington). Idéalement, il fallait que le chasseur se retrouve à moins de trois ou quatre kilomètres sur une trajectoire d'interception de la cible : si possible directement derrière, sur le même cap et à la même altitude, et avec une vitesse supérieure (mais pas trop pour ne pas la dépasser). Les contrôleurs ont dû apprendre à amener le chasseur à cette position jusqu'à ce que l'opérateur radar de l'avion indique qu'il avait acquis le contact sur ses écrans. Les échanges par radio VHF entre le contrôleur du GCI et le chasseur de nuit sont décrits dans plusieurs rapports de combat traduits plus loin, ou dans l'introduction (on se reportera au glossaire pour la signification des phrases-codes les plus utilisées). Les quatre fréquences disponibles du poste VHF d'un chasseur de nuit étaient allouées de la façon suivante : [322]

- Canal A : Fréquence de l'aérodrome (pour le décollage, l'approche ZZ [323] et l'atterrissage).
- Canal B : Fréquence de communication avec le GCI
- Canal C : Fréquence d'urgence pour les appels de détresse
- Canal D : Fréquence de communication avec le Secteur

Lorsque des avions étaient envoyés en renfort dans un autre Secteur, par exemple en anticipation d'une attaque massive sur une ville particulière, les cristaux du poste VHF devaient être changés.

La version la plus élaborée des GCI (voir ci-après) disposait de deux salles distinctes pouvant chacune en théorie contrôler deux interceptions simultanément. [324] Dans chacune de ces salles (en grisé sur le schéma ci-dessous) on trouvait :

- Un contrôleur face à un écran PPI et en communication radio avec le chasseur,
- Une WAAF devant un écran affichant l'altitude des contacts,
- Une WAAF chargée de tracer la course des avions sur une carte,
- Une WAAF responsable de transmettre les informations à la grande salle du GCI,
- Une WAAF chargée d'enregistrer les événements.

---

[322] Instruction Opérationnelle du Fighter Command n°72 *"R/T Control of Night Fighter Aircraft"* du 13 mars 1941, reproduite en Annexe 20 du volume III de la monographie *"The Air Defence of Great Britain"* (voir bibliographie). Les chasseurs de jour utilisaient les fréquences de la façon suivante (référence : page 11 du livre de Peter Berry (voir bibliographie)) :
- Canal A : Fréquence de l'aérodrome
- Canal B : Fréquence de communication avec le Secteur
- Canal C : Fréquence communication commune à tous les avions du Groupe
- Canal D : Fréquence d'urgence pour les appels de détresse

[323] Guidage par radio VHF par un contrôleur au sol pour l'atterrissage en utilisant des relevés radiogoniométriques. Pour plus de détails, voir l'AP 3024 *"Flying Control in the Royal air Force"*.

[324] Données du Chapitre 4 de l'AP 1093C, Volume I, Partie I *"Basic principles of radar and summary of radar devices"*, 1947.

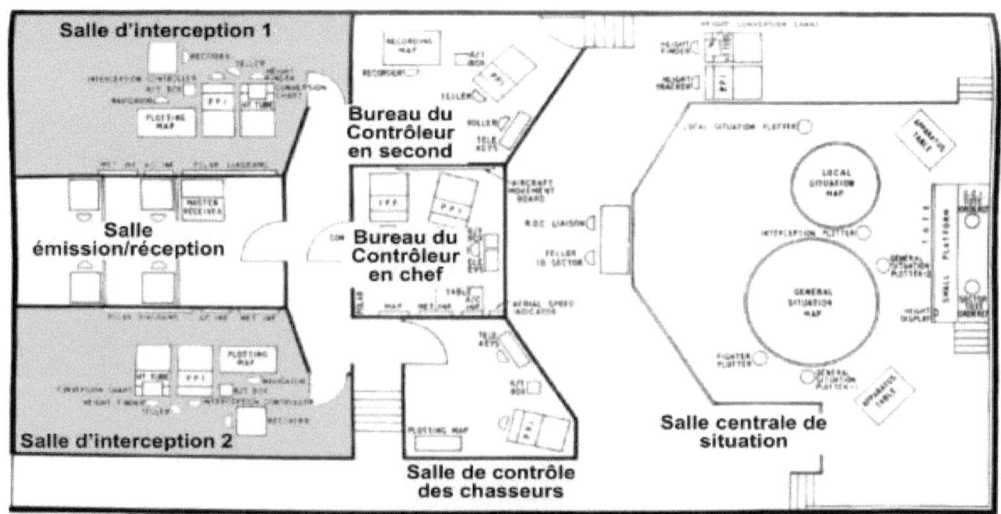

Exemple d'un bloc Opérations d'une station GCI "finale". Les trois bureaux du milieu avaient des baies vitrées donnant sur la salle centrale de situation. À l'étage inférieur, d'autres bureaux accueillaient les Officiers de liaison de la DCA et des projecteurs. Il y avait d'autres pièces dédiées aux liaisons radio, télex et téléphoniques, aux alimentations électriques, etc. (Diagramme 23 de la Publication de l'Air 1116 "Signals" Volume V, voir bibliographie).

Il faut noter que les Allemands ont vite compris que les Britanniques contrôlaient leurs chasseurs depuis le sol, et une de leurs stations d'écoute au sol parvenait parfois à prévenir leurs bombardiers qu'ils étaient probablement pistés de près et qu'il était temps d'effectuer quelques manœuvres violentes.

Dès février 1941, la RAF a imprimé un nouveau formulaire qui devait être rempli par les contrôleurs des stations radar au sol pour chacune de leur veille. Un exemple complété par le Flight Lieutenant Geddes a été traduit ci-dessous, ainsi que le rapport de combat rédigé par l'Officier de Renseignement qui a débriefé l'équipage qui se trouvait à l'autre bout de la liaison radio ce soir-là (Squadron Leader G. McLannahan et Flying Officer Wright : [325]

```
SECRET
     RÉSUMÉ DES OPÉRATIONS D'INTERCEPTION À LA STATION G.C.I. DE :
 Steamer Point CD/CHL [Coast Defence / Chain Home Low dans le Dorset]
Période : de 13h00 le 19 août à 20h00 le 19 août 1942
```

---

[325] Rapports conservés pages 41 à 46 des Annexes du Journal de marche, sous la référence AIR 27/1555, TNA. Les formulaires ont été simplifiés pour être plus lisibles et les sections météo et dommages causés n'ont pas été répétées en fin de rapport. L'appellation de "raid" employée pour un unique avion correspond à l'habitude de marquer chaque écho détecté par une station radar au sol comme étant un raid puisque les premières stations avaient beaucoup de mal à pouvoir estimer le nombre d'avions détectés, un écho pouvant correspondre à un ou plusieurs avions groupés.

1. **OPÉRATIONS** : Entamées à 18h18 le 19 août et terminées à 19h20 le 19 août 1942

   Raison : fin des raids.

2. **ÉQUIPE DE VEILLE** :

Veille	Équipe de Steamer		
De :	13h30 le 19 août	…h… le …	…h… le …
À :	19h30 le 19 août	…h… le …	…h… le …

3. **CONTRÔLEUR** :

Contrôleur	F/Lt Geddes		
De :	13h30 le 19 août	…h… le …	…h… le …
À :	19h30 le 19 août	…h… le …	…h… le …
Interceptions (a) tentées	2		
(b) Passées au chasseur	-		
(c) Combats	1		

4. **MÉTÉO DONNÉE PAR LE SECTEUR** :

Coucher du Soleil : 20h27   Lever du Soleil : 06h04 ⎫
Lever de la Lune : 14h21   Coucher de la Lune : -   ⎬ Journée
Phase de la Lune : Premier quartier   ⎭

Heure	…h…		…h…	
Altitude	Vent		Vent	
	Vitesse	Direction	Vitesse	Direction
Au sol	15-25 mph *(24-40 km/h)*	Sud		
5.000 pieds *(1.525 m)*	40-45 mph *(64-72 km/h)*	200-210°		
10.000 pieds *(3.050 m)*	40-50 mph *(64-80 km/h)*	250-260°		
15.000 pieds *(4.575 m)*	40-50 mph *(64-80 km/h)*	250-260°		
20.000 pieds *(6.100 m)*				
Nuages	Dégagé au-dessus de 500 pieds *(150 m)* jusqu'à 3.000-4.000 pieds *(900-1.200 m)*			
Visibilité	Forte pluie, très mauvaise visibilité.			
Niveau de gel	-			

5. **ACTIVITÉ ENNEMIE** :
   Début (environ) : 18h18 le 19 août   Fin : 19h20 le 19 août 1942

6. **AVIONS DE CHASSE** :

	1	2	3
Numéro d'ordre	1	2	3
Escadron	264		
Indicatif radio	Mandate 32		
Type d'avion	Mosquito		
Lettre			
Pilote	S/Lr. McLannahan		
Opérateur radar	F/O Wright		
Heure de prise en charge	18h07		
Heure de décharge	19h25		
Remarques	-		

7. **DÉTAIL DES TENTATIVES** :

N°	Heure	Début de l'interception						Contrôle passé au chasseur **		Résultat *
		Avion ennemi			Chasseur					
		Position	Alt.	Vitesse	Indic. radio	Position	Alt.	Heure	Position	
1	18h18	Z.9833	4		M-32	Z.9799	4	18h26	Z.7882	Combat
2	18h34	Z.8569	4		M-32	Z.8283	4			A
3										
4										
5										
6										

* Le résultat des interceptions est codé comme suit :
  A - Abandonné   F - Raté   D - Avion ennemi détruit
  HO - Contrôlé passé à l'Opérateur radar de l'avion
  V - Contact visuel   C - Combat
** Mention rayée et remplacée par "Contact visuel".
Notes : L'altitude est indiquée en milliers de pieds.
       L'indicatif radio a été abrégé faute de place.

8. **COMMENTAIRES DU CONTRÔLEUR** :

A. L'activité ennemie était / n'était pas très importante, consistant de :
   Quelques raids isolés approchant l'île de Wight et la baie de Bournemouth depuis le Sud-Ouest.

B. Des avions de chasse ont / n'ont pas été rendus disponibles comme demandé : -

C. Commentaires sur les tentatives d'interceptions :
   Tentative 1 : Le radar de Mandate 32 était en panne et le chasseur était de toute façon trop bas pour pouvoir l'utiliser. L'altitude a

été évaluée comme étant de 800 pieds *(245 m)* à l'aide du V.P.D. *[Diagramme Polaire Vertical donnant la réponse théorique du radar dans le plan vertical]*. Un contact visuel a été fourni à un peu moins d'un mille *(1,6 km)* de distance, croisant la trajectoire du chasseur devant ce dernier. Le combat a eu lieu à 12 milles *(19 km)* de Steamer Point, sur un gisement de 160°, c-à-d 5 milles *(8 km)* au sud des Needles *[pointe occidentale de l'île de Wight]* (Z.7595). L'avion ennemi n'a plus été vu après le combat.

De petits navires de surface (ne déployant pas de ballons de barrage) sont visibles *[sur l'écran radar CD/CHL]* à cette distance et sur ce gisement. En tenant compte de ceci, du témoignage du Pilote et étant donné les conditions météo, ce raid est jugé détruit.

Tentative 2 : Bien que Mandate 32 ait été placé à moins d'un mille *(1,6 km)* de ce raid, il ne l'a pas aperçu. Il est possible que l'altitude ait été mauvaise.

Signature : A. I. Geddes, F/Lt

Le rapport traduit ci-après de l'Officier de Renseignement relève une incohérence avec le rapport de la station radar au sol puisque le radar air-air du Mosquito n'était manifestement pas en panne.

S/Ldr G. McLannahan

FORMULAIRE 'F' DE RENSEIGNEMENT

DONNÉES STATISTIQUES :

Date : 19 août 1942

Unité : 264ème Escadron

Type et version de notre avion : Mosquito FII

Heure de l'attaque : 18h27

Lieu de l'attaque : 5 milles *(8 km)* au sud des Needles (Z.7595)

Météo : Pluie et crachin avec des couches de stratus à différentes altitudes, et couverture nuageuse de 80% à basse altitude sur la mer.

Dommages subis : Aucun.

Dommages causés à l'ennemi en vol : 1 Ju-88 probablement détruit.

Dommages causés à l'ennemi au sol ou en mer : Aucun.

Rapport général :

Un Mosquito F II du 264ème Escadron, avec radar A.I. Mk V, Pilote S/Ldr G. McLannahan (indicatif radio Mandate 32), Navigateur et radariste F/O Wright, armé de 4 canons de 20 mm et de 4 mitrailleuses de calibre 7,7 mm, a décollé de Colerne *[dans le Wiltshire]* à 17h50 le 19 août pour une patrouille sous le contrôle du Secteur. Il a reçu un cap à suivre de 170° et l'ordre de monter à 10.000 pieds *(3.050 m)* *[d'altitude]*. Le contrôle a été transféré à 18h00 à la station GCI de Sopley qui a donné un cap à suivre de 190°, avant que le contrôle ne soit passé à 18h07 à la station radar C.H.L. de Steamer point (Contrôleur F/Lt Geddes). L'altitude a été réduite à 5.000 pieds *(1.525 m)* de façon à être sous les nuages.

Le Mosquito a patrouillé un moment au sud de Bournemouth et a ensuite reçu l'ordre de suivre un cap à 190° vers un Raid venant au Nord en suivant un cap de 350° à approximativement 4.000 - 5.000 pieds *(1.220 - 1.525 m) [d'altitude]* et à 250 m.p.h. *(402 km/h)*. Le Contrôleur a indiqué que la distance se réduisait, a donné un cap de 280° lorsque le chasseur se trouvait à 3 milles *(4,8 km)* au nord du Raid puis a presque tout de suite donné l'ordre de virer à gauche.

Mandate 32 volait alors à 4.000 pieds *(1.220 m) [d'altitude]* à près de 260 m.p.h. *(418 km/h)* au badin et en pointant presque vers l'Est, un avion a été aperçu à environ 1,5 milles *(2,4 km)* en avant, volant vers le Nord à approximativement 5.000 pieds *(1.525 m) [d'altitude]*. En le poursuivant en virage, le contact visuel a été perdu sur un cap d'environ 045° quand l'avion est passé derrière un nuage. Mandate 32 a continué son virage jusqu'à 350° et a de nouveau aperçu l'avion devant et 800 pieds *(245 m)* plus haut. Le Mosquito a continué de se rapprocher et de prendre de l'altitude avant d'identifier l'avion comme étant un Ju-88.

Mandate 32 s'est aperçu qu'il se rapprochait bien trop vite et les gaz ont donc été réduits au minimum, les hélices mises sur le pas le plus petit, tout en tentant au mieux de rester sous l'avion ennemi avant de redresser. Le chasseur a alors été repéré par le Mitrailleur ventral de l'avion ennemi. Ce dernier a immédiatement ralenti et a essayé de piquer pour se placer sur l'arrière du Mosquito. Alors que l'avion ennemi se déplaçait sur l'arrière, Mandate 32 a dérapé sur la droite ; l'avion ennemi est passé sur l'arrière d'environ 30 pieds *(10 m)*, légèrement sur la gauche puis a piqué pour s'échapper. Mandate 32 a piqué pour le suivre, réduisant la distance à 300 yards *(275 m)* avant d'ouvrir le feu du secteur *[arrière]* gauche par une rafale de 2 secondes des canons. L'avion ennemi est alors entré dans la couverture nuageuse au-dessus de la mer. Comme le sommet de ces nuages était très bas (à peu près 500 pieds *(150 m)*), Mandate 32 a redressé pour voir si l'avion ennemi reprenait de la hauteur, ce qu'il a fait presque tout de suite. L'avion ennemi était alors sur la droite de Mandate 32 et en montée.

Mandate 32 était monté à 1.500 - 2.000 pieds *(450 - 600 m)* après le piqué et quand il a viré vers l'avion ennemi, ce dernier a commencé à piquer à nouveau. Mandate 32 a ouvert le feu avec une autre rafale de 2 secondes des canons d'environ 300 yards *(275 m)* du secteur *[arrière]* gauche avant que l'avion ennemi ne disparaisse à 500 pieds *(150 m) [d'altitude]* dans les nuages bas en piqué à environ 40°. Mandate 32 a redressé au niveau du sommet des nuages et a viré à gauche. Juste après que l'avion ennemi ait disparu, l'équipage de Mandate 32 a regardé en arrière sur la gauche et a aperçu, par un trou dans les nuages, une colonne d'eau s'élevant. En poursuivant le virage, l'équipage a pu observer une grande zone circulaire d'environ 100 yards *(90 m)* de diamètre d'eau perturbée.

Mandate 32 s'apprêtait à descendre prudemment sous les nuages pour vérifier que l'avion ennemi avait percuté la mer (ce dont l'équipage du Mosquito était persuadé) lorsque Steamer Point a donné l'instruction de poursuivre un autre avion ennemi. Mandate 32 a exécuté cet ordre et n'a donc pas pu terminer sa recherche concernant le sort du premier

> avion ennemi. L'équipage de Mandate 32 n'a pas pu apercevoir les impacts d'obus sur l'avion ennemi à cause du crachin et il n'y a pas eu de tirs défensifs en retour. Il a toutefois observé un peu de fumée noire émise par le moteur gauche de l'avion ennemi juste avant que ce dernier ne disparaisse définitivement, mais il est probable que cette fumée ait été causée par l'emploi de mélange riche aux pleins gaz.
>
> Mandate 32 a été amené à moins d'un mille *(1,6 km)* du raid suivant, mais les épais nuages et la forte pluie ont rendu impossible de voir à quelque distance que ce soit et la poursuite a été abandonnée. Mandate 32 s'est posé à la base à 19h40.
>
> L'équipement radar air-air n'a pas été utilisé étant donné la faible altitude des avions ennemis. Le combat a pris place à 18h27, 5 milles *(8 km)* au sud des Needles (Z.7595).
>
> Les canons seuls ont été utilisés, avec les consommations suivantes :
>
> | | |
> |---|---|
> | Obus de 20 mm explosifs incendiaires | 90 obus |
> | Obus de 20 mm pleins | 90 obus |
> | Total : | 180 obus |
>
> Le F/Lt Geddes mentionne que juste avant le combat, il y avait deux échos sur son écran qui ont finalement fusionné. Il pouvait voir jusqu'au niveau de la mer à 12 milles *(19 km)*. De petits navires de surface (ne déployant pas de ballons de barrage) sont visibles *[sur l'écran radar CD/CHL]* à cette distance et sur un gisement de 160° ce qui correspond à la position Z.7595 depuis Steamer Point. Après la fusion des deux échos *[et après le combat]*, l'écran n'a plus montré qu'un seul écho (c-à-d Mandate 32) se dirigeant vers le Sud-Ouest. Le F/Lt Geddes se dit convaincu à la vue de l'écran que l'avion ennemi (qui n'est pas réapparu) a été détruit. Dans le formulaire "Résumé des Opérations d'Interception de la station radar C.H.L. de Steamer Point" sur ce combat, le F/Lt Geddes indique que le radar air-air de Mandate 32 était en panne, ce qui n'était pas le cas. Ce radar embarqué n'a pas été employé pour la raison mentionnée ci-dessus. Il est possible que cette mention soit due à une mauvaise interprétation par le Contrôleur du message de Mandate 32 durant la patrouille que son Badin était peu fiable.
>
> Cette revendication a été depuis confirmée comme 'probablement détruit'.
>
> <u>Signature</u> : *[illisible]*, F/O, Officier de Renseignement, 264ème Escadron
> Base R.A.F. de Colerne

Une directive du 11ème Groupe (probablement de fin 1943) décrivant très précisément le rôle des contrôleurs des stations GCI ou CHL est traduite en Annexe 13. Pour illustrer le déroulement d'une interception guidée depuis le sol, la transcription des conversations radio entre chasseur et station GCI a été mise en face du narratif du rapport de combat traduit ci-dessous : [326]

---

[326] Rapport de combat conservé sous la référence AIR 50/36/201, TNA. Les sections émetteur/destinataire et la répétition de la météo en fin de rapport ont été ignorées. Transcription

S/Ldr W. H. Maguire		SECRET

FORMULAIRE 'F' DE RENSEIGNEMENT

<u>DONNÉES STATISTIQUES</u> :
<u>Date</u> : 15 au 16 octobre 1943
<u>Unité</u> : Escadrille "A" du 85ème Escadron
<u>Type et version de notre avion</u> : Mosquito NF.XII avec radar A.I. Mk VIIIA
<u>Heure de l'attaque</u> : 22h58 et 23h10
<u>Lieu de l'attaque</u> : Région d'Ipswich [dans le Suffolk] et au large de Clacton[-on-Sea, Essex]
<u>Météo</u> : Dégagée, Lune brillante, couche nuageuse basse à 3.000 pieds (915 m) [d'altitude].
<u>Dommages subis</u> : Aucun.
<u>Dommages causés à l'ennemi en vol</u> : 2 Me-410 détruits (le premier avion détruit a d'abord été pris pour un Ju-188).
<u>Dommages causés à l'ennemi au sol ou en mer</u> : Aucun.
<u>Rapport général</u> :
Un Mosquito XII avec radar A.I. Mk VIIIA, [indicatif radio "15"], Pilote S/Ldr W. H. Maguire, Opérateur radar P/O W. D. Jones, a décollé de West Malling [dans le Kent] à 22h15 et y est revenu à 23h35 le 15 octobre 1943.

Rapport de combat	Heure	Communications radio
Pendant la patrouille sous le contrôle de la station G.C.I. Sandwich (Contrôleur S/Ldr Guest), le Pilote s'est vu affecté un avion ennemi distant de 20 milles *(32 km)* et a reçu l'ordre de monter à 20.000 pieds *(6.100 m)*.	22h46m30s	GCI : À droite 080, BANDIT à 20 milles *(32 km)*. "15" : À droite 080°. Quelle altitude ?
	22h47	GCI : Cap 060°, à 10 milles *(16 km)*. Je pense qu'il est plus bas que vous, mais restez à ce niveau. "15" : Répétez.
	22h48	GCI : Attendez. Son altitude est 19.500 pieds *(5.950 m)*, mais gardez votre niveau. "15" : OK. GCI : Cap 040°. "15" : 040°.
	22h49	"15" : Distance ? GCI : 6 milles *(10 km)* à 2 heures. GCI : 5 milles *(8 km)* à 12 heures. "15" : OK. GCI : Cap à droite sur 100°. "15" : 100°
Le contact [radar] a été	22h50	GCI : Cap à droite sur 280°, altitude 20.000 pieds *(6.100 m)*.

des conversations radio conservée dans le Journal de marche, sous la référence AIR 27/705/19, TNA.

établi à 2,5 milles *(4 km)* de distance (sur la gauche et plus bas).		"15" : Répétez. GCI : Virez serré à droite pour venir au 280°, altitude 20.000 pieds *(6.100 m)*. "15" : 280°. GCI : Distance 2 milles *(3,2 km)* maintenant. "15" : OK.
	22h51	GCI : CANARY s'il vous plaît *[enfoncez l'interrupteur de la bande G de votre IFF]*. GCI : CANARY OK, merci. Distance 2 milles *(3,2 km)*, altitude 20.500 pieds *(6.250 m)*. GCI : Distance 1 mille *(1,6 km)*. GCI : Une touche ?
	22h52	"15" : *(incompréhensible)* GCI : CANARY s'il vous plaît. GCI : CANARY OK, merci.
	22h52m30s	GCI : Virez serré à gauche pour venir au 270°. Distance 3 milles *(4,8 km)*. "15" : 270°. GCI : Cap 240°. "15" : 240°.
	22h53	GCI : Virez à droite pour venir au 280°. Distance 2 milles *(3,2 km)*. "15" : 270°. GCI : Cap 240°. "15" : 240°. GCI : Altitude 19.500 pieds *(5.950 m)*. "15" : OK, merci. GCI : OK, bon travail.
	22h54	GCI : Il y a un ami présent, mais le Bandit est droit devant vous. "15" : Répétez.
	22h54m30s	GCI : Il y a un ami présent, mais le Bandit est à environ 1 mille *(1,6 km)* devant vous. "15" : Vous êtes sûr que c'est un ami ? GCI : Oui, je crois.
	22h55m30s	GCI : CANARY s'il vous plaît. Une touche ? "15" : Assurez-vous que c'est bien un ami. GCI : Oui. Il est passé bien en-dessous de vous ? Une touche ? "15" : *(incompréhensible)*

	22h56	GCI : Voulez-vous plus d'aide ? "15" : Non, merci.

Le Pilote s'est approché à une distance de 2.000 pieds *(600 m)*, altitude 18.000 pieds *(5.500 m)*. Lorsque le Bandit a viré serré à gauche en piquant, le Mosquito a coupé l'intérieur du virage. Le Pilote a aperçu la silhouette d'ailes pointues et les croix noires, et a temporairement identifié l'avion comme étant un Ju-188. Il a laissé passer le viseur sur la cible et a pris une marge de deux cercles pour la déflexion, ouvrant le feu d'une distance de 250 yards *(230 m)* jusqu'à 100 yards *(90 m)*. Des impacts ont été observés sur le moteur gauche qui a pris feu. L'avion ennemi a continué à virer serré à gauche avant de redresser et d'entamer un virage serré à droite en position cabrée, en perdant de l'altitude. Le chasseur a suivi et a attaqué à nouveau de la droite et de l'arrière, tirant d'environ 30° en s'approchant jusqu'à 50 yards *(45 m)*. Cette rafale a avivé et étendu l'incendie.

Rapport de combat	Heure	Communications radio
L'avion ennemi s'est abattu en brûlant vivement. Des tirs défensifs imprécis ont été observés pendant le combat. À la lueur de l'incendie, le Pilote a eu une bonne vue de la forme du poste de pilotage et a révisé son identification pour un Me-410. Le S/Ldr Maguire revendique cet avion ennemi détruit comme étant un Me-410 (mais peut-être un Ju-188). Le Pilote a vérifié l'état de son appareil après le combat et a immédiatement été affecté à un autre Bandit distant de 8	22h59	"15" : On l'a eu. GCI : Bravo.
	22h59m30s	"15" : Il tombe. Maudit-soit-il. GCI : Félicitations. J'en ai un autre quand vous êtes prêts.
	23h00m30s	"15" : Je vérifie juste ma machine et je fais un tour complet. GCI : OK "15" : CANARY. GCI : CANARY, merci. J'ai votre position.
	23h01	"15" : OK. Est-ce que c'était au-dessus des terres ? GCI : Tout à fait. "15" : Autre chose pour nous ? GCI : Deux amis, un Bandit? Cap sur 060°.
	23h02	"15" : 160°. GCI : Virez à gauche pour venir au 060°. Je crois que j'ai un Bandit. "15" : OK, 060°. GCI : Non, c'est un ami. Cap 100°. "15" : 100°. GCI : CANARY s'il vous plaît. "15" : CANARY.
	23h03	GCI : J'en ai un autre pour vous. Distance 12 milles *(19 km)*, cap à l'Ouest à 160°. "15" : Quelle distance ? GCI : 12 milles *(19 km)*. "15" : Distance ?

milles *(13 km)*, allant vers l'Ouest. Plusieurs caps ont été donnés et le contact *[radar]* a été établi à 1,5 milles *(2,4 km)* de distance, bien plus haut et passant de gauche à droite.		altitude 20.500 pieds *(6.250 m)*.
	23h03m30s	"15" : Quelle altitude ? GCI : 17.500 pieds *(5.335 m)*. Il est possible qu'il soit en montée. "15" : OK.
	23h04m30s	GCI : Allez plus vite sur 160°. Il a viré. "15" : OK. GCI : Distance 8 milles *(13 km)*. Il vole vers l'Ouest maintenant à vos 3 heures. "15" : OK.
	23h05m30s	GCI : Distance 4 milles *(6,4 km)*, altitude 18.000 pieds *(5.500 m)*.
	23h06	"15" : OK. GCI: Virez à gauche pour venir au 195°. Il passe de votre gauche à votre droite. Virez à droite pour venir au 220°. "15" : Désolé, besoin de plus d'aide. GCI: Virez à droite pour venir au 220°.
	23h06m30s	GCI : Virez à droite pour venir au 280°. Vitesse 240 *[m.p.h. (386 km/h) au badin]*, distance 4 milles *(6,4 km)*. "15" : OK. "15" : Il y en a d'autres à proximité ? GCI : Non, je ne crois pas qu'il y ait quelqu'un d'autre.

Le Pilote avait alors une altitude de 18.000 pieds *(5.500 m)* et il est monté par étapes, se rapprochant à une distance de 2.000 pieds *(600 m)* de la cible qui zigzaguait doucement en se dirigeant vers l'Ouest à une altitude de 23.000 pieds *(7.000 m)*. À une distance de 1.500 pieds *(460 m)*, l'avion ennemi s'est cabré et à dégagé sur la gauche, étant reconnu comme un Me-410. Le Pilote a poursuivi en contact visuel grâce à deux nuages clairs en arrière-plan et a réduit la distance en coupant le virage. L'avion ennemi s'est redressé à une distance de 1.000 pieds *(300 m)*, et le Pilote a ouvert le feu, espérant un carton mais aucun impact n'a été observé. Des tirs traçants de l'avion ennemi ont été vus passant au-dessus et au-dessous du Mosquito, mais ces tirs étaient très saccadés et imprécis, mal dirigés. L'avion ennemi a alors viré sèchement à gauche et le Pilote a réduit la distance en coupant le virage, amenant le viseur sur la cible pour ouvrir le feu de l'arrière, 20° sur la gauche, d'une distance de 250 jusqu'à 100 yards *(230 à 90 m)*. Des impacts ont été vus sur le moteur droit et la section centrale *[des ailes]* qui se sont enflammés. L'avion ennemi a viré fortement à gauche en descente et le Pilote l'a suivi des yeux en train de piquer en flammes.

Rapport de combat	Heure	Communications radio
Il a fait un tour complet et a vérifié l'état de sa machine, tout en observant une très grande lueur à travers les nuages lorsque l'avion ennemi a explosé en touchant le sol. La position a été relevée comme étant dans le Carré M62 et il était alors 23h10. Le S/Ldr Maguire revendique ce Me-410 comme étant également détruit.	23h13m30s	"15" : Il a disparu. On l'a eu. GCI : Bravo. "15" : Merci. Il est bien en flammes. GCI : *(incompréhensible)*
	23h14	GCI : CANARY, merci. "15" : Je suis un peu à court de munitions. GCI : Je crois que vous feriez mieux de rentrer. Cap au 190°. "15" : OK.
	23h15	"15" : Je vérifie juste ma machine et je fais un tour complet. GCI : OK. GCI : "25" *[Flying Officer Thomas et Warrant Officer Hamilton]* en a abattu un aussi.
	23h16	"15" : Je crains que mon Weapon *[radar]* ne soit en panne.

Rapport d'armement (obus tirés) :
  Obus de 20 mm semi-perforant incendiaire   194 obus
  Obus de 20 mm explosif incendiaire   188 obus
  Total :   382 obus
Enrayages : Le canon extérieur gauche s'est arrêté après 52 coups en raison d'un obus trop gros.
Durée des rafales : 9,25 secondes.
Déclenchement de la cinémitrailleuse : 5,5 pieds *(1,7 m)* de pellicule exposés.
<u>Signature</u> : Pilote : W. H. Maguire, S/Ldr
  Officier de Renseignement, 85ème Escadron, Base R.A.F. de West Malling

On notera que, pour préserver le secret du radar, les pilotes avaient l'ordre formel de ne pas indiquer par radio que leur radar air-air affichait un écho de la cible : le mot *"contact"* était strictement proscrit, et seuls les contacts visuels pouvaient être signalés par radio, par le mot-code *"TALLY-HO"*. [327]

---

[327] Annexe D *"R/T procedure for searchlight aided interceptions"* de l'Instruction Opérationnelle du Fighter Command n°90 du 19 mars 1943, conservée page 294 des annexes du Journal de marche

La première identification était finalement la bonne puisque les deux "Me-410" abattus par Maguire et Jones se sont avérés être deux Ju-188E-1, tout comme l'appareil abattu par Thomas et Hamilton cette nuit-là (que Maguire et Jones ont vu tomber). Envoyés pour bombarder Londres sous radioguidage *"Knickebein"*, il s'agissait des premiers Ju-188 à tomber sur le sol anglais, et ces avions et leurs équipages ont donc attiré l'attention des Officiers de Renseignement. [328] Les Britanniques ont eu la mauvaise surprise de s'apercevoir que les Allemands avaient équipé leurs Ju-188 de radars air-air d'alerte de secteur arrière (*"Neptun"*), même si l'un des avions abattus n'avait que les antennes et le câblage puisque le poste radar avait été démonté avant le vol pour réparation. Le plan de vol des bombardiers allemands était relativement long puisqu'ils devaient quitter leur base de Chièvres en Belgique avec leurs bombes à bord, pour rejoindre Münster en Allemagne afin d'y faire le plein de carburant avant de redécoller pour Londres en suivant le faisceau radio émis depuis Le Helder aux Pays-Bas. Le faisceau de bombardement était lui émis depuis Boulogne. Chaque avion emportait une bombe d'une tonne et dix bombes de 50 kg. Le Pilote et l'Observateur du premier Junkers victime de Maguire et Jones ont survécu et croyaient avoir été attaqués par au moins trois chasseurs simultanément. Ils ne pensaient pas rencontrer de chasseurs de nuit puisque leur Officier météo avait promis que le Sud-Est de l'Angleterre serait couvert de brouillard.

À la fin du mois suivant, William H. Maguire a reçu la DFC. [329] Le 17 février 1945, ayant alors le grade de Wing Commander, il a été tué, ainsi que son Navigateur (Flight Lieutenant Denis S. Lake, DFM) dans un accident lors d'un banal vol d'essai sur le Mosquito NF XIII MM550. William D. Jones a survécu à la guerre.

A.4.3.5 - Une demande en croissance exponentielle :

En janvier 1941, en plein Blitz et alors que les six premières stations GCI commencent à peine à fonctionner, le Ministère de l'Air programme la fabrication de 47 stations supplémentaires, un peu à l'image de la mise en place du réseau de la Chain Home lors des années précédentes. Le Fighter Command n'est pas le seul à réclamer des stations GCI : Gibraltar, Malte, l'Égypte ou la Birmanie sont des théâtres d'opérations stratégiques qui bénéficieraient de ces outils. Il y a aussi, l'Armée de Terre qui s'y intéresse pour informer la DCA de Londres, la Royal Navy pour guider le chasseur catapulté depuis un navire marchand pour assurer la protection d'un convoi contre les FW-200 Condor et les Américains (une station GCI complète est envoyée aux USA début juillet 1941). Il fallait aussi que le Centre de Recherche des Télécommunications (radar) (TRE) et le RAE disposent chacun d'une station GCI pour concevoir et tester les améliorations envisagées,

---

du 85ème Escadron, référence AIR 27/707, TNA. Cette règle semble avoir été relaxée vers la fin de la guerre, puisque Jeremy Howard-Williams (page 159 de son livre, voir bibliographie) indique avoir utilisé le mot-code "*Judy*" qui signifie "*Contact radar bien établi, je continue l'interception par mes propres moyens.*"

[328] Extraits des rapports d'interrogation des prisonniers des Ju-188, conservés dans le Journal de marche du 85ème Escadron, sous la référence AIR 27/705/19, TNA.

[329] Supplément de la London Gazette du 3 décembre 1943.

ainsi que pour rédiger les manuels correspondants. Mi-juillet 1941, alors qu'il n'y a que 17 GCI opérationnels, la demande est déjà montée à 178 stations ! L'utilisation des premières stations GCI a révélé une série de faiblesses à rectifier et des améliorations possibles. Ces modifications ont dû être menées de front avec le programme de fabrication de ces nouvelles stations, parfois avec un peu de confusion. [330]

Les premières stations GCI installées en 1941 sont de type "mobile" ou "transportable" (voir le tableau ci-dessous). Il est alors estimé qu'il faudrait encore plusieurs mois de travail pour développer une version "finale" fixe : baptisée officiellement "AMES Type 7" et officieusement *"Happidrome"*, le prototype de ces stations fixes, installé à Durrington, n'a été mis en service opérationnel qu'en juin 1942, bien après le pic de l'offensive aérienne allemande.

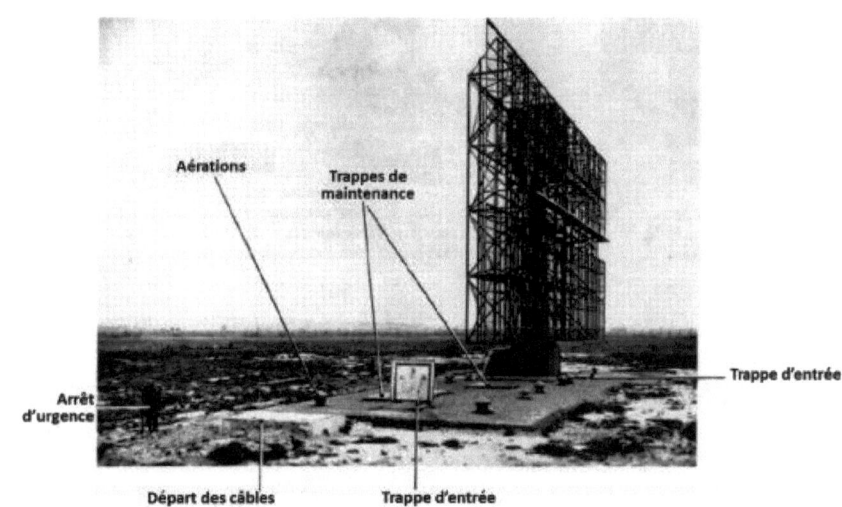

Vue de l'antenne d'un radar AMES Type 7 Mk 3. L'émetteur se trouve dans un bunker enterré sous l'antenne. Cette dernière mesure 16,5 m de long sur 7,6 m de haut et est posée sur un socle à 1,5 m au-dessus du sol. Sur la version Mk 3, cette antenne pouvait être placée très loin (quelques kilomètres) du reste de la station GCI. (Figure 1 du chapitre 1 de l'Air Publication 2901M, Volume I, Partie I, Section 2).

Les principaux types de station GCI fonctionnant grâce à un émetteur CHL standard (T.3079) sur une longueur d'ondes de 1,44 mètres (209 MHz) sont détaillés dans le tableau ci-après : [331]

---

[330] Pages 199 à 207 de la Publication de l'Air 1116 *"Signals"* Volume V, voir bibliographie.
[331] Données du Chapitre 4 de l'AP 1093C, Volume I, Partie I *"Basic principles of radar and summary of radar devices"*, 1947. Il y a eu de nombreuses déclinaisons de l'AMES Mk 8, qui ont ensuite été remplacées par l'AMES Mk 15 (aussi avec plusieurs versions). Pour une liste complète, se référer à l'Annexe 50 de la Publication de l'Air *"Signals"* Volume IV, voir bibliographie.

	Mobile ("intermédiaire")	Transportable ("intermédiaire")	Fixe ("finale")
AMES	Type 8F	Type 8C	Type 7
Caractéristiques	Antenne sur remorque, salles sous tentes.	Antenne sur portique démontable, salles sous tentes ou baraquements.	Antenne sur socle bétonné. émetteur et récepteur dans un bunker enterré. Salles et générateur de secours dans des bâtiments en dur.
Vitesse de rotation de l'antenne	0 à 6 tr/min	0 à 2 tr/min	0 à 8 tr/min
Performance	Portée maximale de 97 km. Couverture imparfaite.	Meilleure que la station mobile sur les avions volant bas grâce à une seconde antenne.	PPI affichant un rayon de 145 km. Les avions volant sous 300 m sont détectables jusqu'à 48 km.

Le terme de "station mobile" ou "transportable" est tout relatif, puisque chaque installation sur un nouveau site demandait jusqu'à sept jours pour le branchement des liaisons téléphoniques, la mise au point et la calibration avant que le GCI ne soit déclaré opérationnel.

Une station GCI de secours (mobile), AMES Type 19, a aussi été développée pour être utilisée en cas de brouillage : elle pouvait donc fonctionner sur une fréquence choisie parmi quatre (265, 275, 285 et 295 MHz) en fonction de la situation. À partir d'avril 1942, des radars AMES Type 11 et Decimetre Height (DMH) Mark II - (longueur d'onde autour de 50 cm) sont aussi installés en doublons près de quelques stations CHL, et à partir d'octobre 1943 près de stations GCI, pour le cas où les Allemands brouilleraient les GCI. Toujours dans l'hypothèse d'un brouillage des radars métriques, des radars GCI centimétriques ont aussi été développés : après des essais en 1943, les premiers AMES Type 13 et 14 ont été mis en service au début de 1944, et les principales stations GCI "fixes" étaient dotées de ces deux radars en juin 1944 (cette combinaison prenant alors le nom d'AMES Type 21).

Les radars des stations GCI couvraient chacun une zone d'environ 160 à 190 km de diamètre avec des recouvrements (voir la carte en Annexe 1). Preuve de leur excellente conception, les dernières stations radar Type 7 n'ont été retirées du service qu'au début des années 1960. [332]

---

[332] La Publication de l'Air 2901M, Volume 1 *"Radar Type 7 Mks 2, 2A, 3 & 3A and Radar Type 79 Mk I"*, conservée sous la référence AIR 10/6405, TNA, a été révisée au moins jusqu'en 1960. Des dérivés modernisés sont manifestement restés en service jusqu'à la fin des années 1970 : la Publication de l'Air 2901MA Vol1 *"Radar Type 7 Mks 4-7 et Type 79 (Mk 2)"*, conservée sous la référence AIR 10/8674, TNA, a été révisée au moins jusqu'en 1978.

Le centre nerveux d'une station GCI. Le tableau au fond indique à gauche les chasseurs pris en charge par la station GCI, et à droite ceux qui sont en attente et encore gérés par le Secteur. La petite table à carte montre la situation locale, alors que la grande table couvre une zone plus étendue pour anticiper les raids entrants. Assis au premier plan, une WAAF est en liaison avec l'Observer Corps et l'autre rapporte les  informations au Secteur. Les deux WAAF assises à gauche face à des écrans sont chargées du calcul de l'altitude des contacts. Cette salle est aussi visible depuis les baies vitrées des bureaux du Contrôleur en Chef, du Contrôleur en Second et du contrôle des chasseurs (voir plan précédent) (photo publiée dans le *"Radar Bulletin"* du 60ème Groupe d'octobre 1945). [333]

Le graphe ci-dessous montre l'accroissement rapide du nombre de stations GCI en 1941. [334] Les premières stations permettent de former une ceinture au Sud-Est de l'Angleterre, qui est ensuite étendue du Sud-Est de l'Angleterre jusqu'à la Cornouailles. Fin 1941, la quasi-totalité de l'Angleterre, du Pays de Galles et de l'Irlande du Nord est couverte. Une fois une station en place et calibrée, il fallait encore quelques semaines ou mois pour que les opérateurs acquièrent une expérience suffisante et se coordonnent correctement avec les Escadrons de chasse de nuit. On voit que les stations GCI sont arrivées trop tard pour influencer significativement l'issue du Blitz de 1940-41 avant le départ de la majorité des unités allemandes pour l'opération *Barbarossa* contre l'Union Soviétique. Les Britanniques ont donc eu ensuite tout le loisir nécessaire de réorganiser le maillage des stations GCI et d'en envisager l'emploi pour la reconquête du continent européen (voir le chapitre consacré au Jour J). Le programme de 1941 du Fighter Command qui prévoyait 36 stations GCI fixes est réduit à 21 en décembre 1942, avec aussi 13 stations mobiles ou transportables.

---

[333] Pour plus de détails sur les stations GCI fixes, se reporter à la Publication de l'Air 2527H, Volume I (révisée au moins jusqu'en 1957) *"Static radar stations type GCI"*, conservée sous la référence AIR 10/6124, TNA.
[334] Graphe de l'auteur à partir des données de l'Annexe n°13 du document *"The Air Defence of Great Britain, Volume III"* (voir bibliographie).

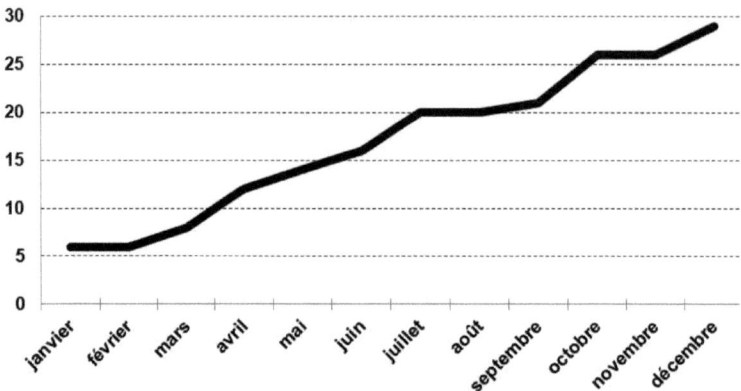

Nombre de stations radar GCI en 1941

Il ne faudrait pas croire que toutes les interceptions étaient contrôlées depuis des stations GCI. Non seulement les chasseurs étaient parfois autorisés à travailler indépendamment *"en freelance"* en se guidant *"au son du canon"* de DCA (en fait à la lueur des explosions), ou plus souvent à la lumière des projecteurs, puis avec leur propre radar. Parfois, c'est une station CH qui était la mieux placée pour guider le chasseur, ou plus souvent seule une station CHL pouvait localiser un avion volant bas. Ceci s'est souvent produit à partir de la seconde moitié de 1941, lorsque les Allemands se sont aperçus que les radars embarqués des chasseurs souffraient des échos parasites de retour du sol à basse altitude. Le tableau ci-dessous compare les résultats obtenus sur trois mois fin 1943 - début 1944, entre les chasseurs guidés par une station GCI, ceux guidés par une station GCI contrôlant aussi les projecteurs et ceux contrôlés par seulement par des projecteurs : [335]

Méthode de contrôle du chasseur	Nbre de tentatives	Victoires revendiquées	
		Nombre	Pourcentage de succès
Stations GCI seules	481	36	7,5%
GCI et projecteurs	105	5	4,8%
Projecteurs seuls	254	14	5,5%

On note qu'à cette date les stations GCI (avec ou sans contrôle des projecteurs) assurent presque 90% des tentatives d'interception et que leur rendement est globalement supérieur aux seuls projecteurs.

Pour en terminer sur le sujet les installations radar au sol de la RAF, à la fin de la guerre, 280 stations permanentes avaient été construites (CH, CHL, GCI, *Gee*, *Oboe*), nécessitant des centaines de kilomètres de liaisons téléphoniques et des baraquements

---

[335] Chiffres cités page 220 de la Publication de l'Air 1116 *"Signals"* Volume V (voir bibliographie).

pour les 77.000 hommes et femmes chargés de leur fonctionnement et de leur entretien. [336] Il faut aussi mentionner les nombreuses unités qu'il a fallu créer et maintenir tout au long de la guerre pour assurer les vols de calibration, que ce soit pour les radars de la RAF ou ceux de la DCA. Au début de 1941, alors qu'il y a encore peu de radars GL ("Gun Laying") pour les canons et projecteurs de DCA, l'Air Marshal W. Sholto Douglas, patron du Fighter Command, indique qu'il a besoin de 25 avions pour les vols de calibration alors que seuls 6 biplans Hector sont disponibles. [337]

Enfin, pour les lecteurs qui voudraient se remettre dans l'ambiance des années 1940, quelques bâtiments de la station GCI de Ripperston au Pays de Galles ont été remis en état et servent de 'Bed & Breakfast'. [338] Établie en juillet 1941 comme station mobile, puis de type "intermédiaire" avant d'être "finalisée" en 1943, ce GCI avait un effectif total de 89 hommes et 154 auxiliaires féminines (WAAF) pour assurer les trois équipes de veille.

A.4.4 - Les méthodes d'identification ami ou ennemi

"Lors des opérations de guerre, une identification fiable devient une question de vie ou de mort. De fait, il n'y a aucun intérêt à apprendre à un homme comment utiliser une arme mortelle si on ne lui apprend pas sur quoi tirer." [339]

Pour commencer par un peu de vocabulaire, la RAF distingue : [340]
- **L'identification** qui ne concerne que les avions hors de portée de vue ou d'audition ;
- La *"recognition"*, traduit ici par **"se faire reconnaître"** pour éviter la confusion avec le terme "reconnaissance" (mission militaire dont le but est de recueillir des renseignements), est *"l'identification des avions à courte portée"*.

Les bombardiers anglais rentrant au bercail doivent donc **s'identifier par radio** lorsqu'ils sont en mer du Nord, mais **se faire reconnaître par l'Observer Corps** une fois la côte franchie. Cette terminologie s'est appliquée pendant la guerre à une multitude de procédures et d'équipements à bord des avions (par exemple, les lampes d'identification, généralement blanches, étaient distinctes des lampes pour se faire reconnaître (colorées)). On trouve cependant beaucoup de cas de confusions dans les correspondances officielles, avec parfois l'un des termes rayé au crayon par un lecteur sourcilleux et corrigé à la main par le mot correct.

---

[336] Page 318 de la Publication de l'Air 3236 "The Royal Air Force builds for War: A history of design and construction in the RAF, 1935-1945", (voir bibliographie).
[337] Compte-rendu de la *"Conference on Night Interception held in the Air Council Room at 3 p.m. on 1st January, 1941"* présidée par le Secrétaire d'État à l'Air, conservé sous la référence AIR 20/2419, TNA.
[338] Voir https://www.classic.co.uk/holiday-cottage/desc-4760.html, consulté en août 2022.
[339] Page 23 du *"Monthly Aircrew Training Bulletin n°2"* publié en juin 1942 par le Département du Membre du Conseil de l'Air chargé de la Formation, conservé sous la référence AIR 22/327, TNA.
[340] Section *"Terminology"* de l'agenda d'une conférence prévue le 10 novembre 1938 sur *"The problem of recognition of friendly aircraft"*, conservé en pièce 70A sous la référence AIR 2/2615, TNA.

Les procédures et techniques d'identification et pour se faire reconnaître ont fait l'objet de nombreuses recherches et de multiples comités ont travaillé sur ces sujets : par exemple, avant la guerre, le Sous-Comité Pour Reconnaître les Avions est une émanation du Comité Scientifique de la Guerre Aérienne ; de 1942 à 1947, un Comité de Formation est chargé de développer et d'harmoniser les techniques d'apprentissage ("Visual Aircraft Recognition Training Comittee").

A.4.4.1 - Les débuts de l'identification avec la triangulation radiogoniométrique

Dès 1937, avec l'accroissement des effectifs des plans de réarmement successifs, les États-Majors de la RAF s'inquiètent de possibles tirs fratricides si un avion ami n'est pas rapidement reconnu comme tel. En mars, l'Air Chief Marshal Sir John M. Steel, commandant du Bomber Command envoie à l'Air Chief Marshal Sir Hugh C.T. Dowding, patron du Fighter Command, un mémorandum sur *"le problème du trajet des vols aller et retour de nos propres bombardiers pour traverser les défenses du Pays."* [341] Ce document indique que puisque le plan de réarmement "F" prévoit 31 Escadrons de bombardement de jour et 37 de nuit, il faut s'attendre à un volume d'opérations correspondant à une trentaine d'importantes formations de jour et environ 390 bombardiers navigant individuellement de nuit (soit une moyenne d'au moins 60 avions par heure au retour). Il précise avec une bonne prémonition que *"beaucoup, sinon la plupart de ces appareils, seront incertains quant à leur position et souhaiteront la connaître par [triangulation] radiogoniométrique. ... mais il est probable que l'organisation existante de radiogoniométrie sera incapable de répondre à toutes les demandes et que beaucoup d'avions arriveront sur la côte sans savoir exactement où. ... En bref, il semble improbable que tout dispositif d'identification ou de contrôle des avions rentrants fera mieux qu'être partiellement efficace et la différenciation entre amis et ennemis une fois la côte franchie sera infaisable de nuit."*

Lors d'une réunion du 14 octobre 1937 entre les États-Majors des Fighter et Bomber Commands, il est enfin convenu que l'État-Major du Bomber Command doit tenir à jour en temps réel une carte des positions connues ou estimées des bombardiers rentrants (baptisée *"Own Bombers Plot"*) et la communiquer au QG du Fighter Command. Ceci semble avoir été une façon diplomatique de renvoyer la balle dans le camp du Bomber Command puisqu'on se demande bien par quel moyen il aurait pu estimer la position de ses avions si ces derniers n'arrivaient pas à préciser leur position en mer par radiogoniométrie. Le compte-rendu note d'ailleurs que si *"le principe de la tenue à jour de la carte des positions de nos bombardiers est décrit ci-dessus, les détails de sa mise en application restent à établir."* [342] Il n'est donc pas étonnant que l'Air Chief Marshal Sir Edgar R. Ludlow-Hewitt, commandant du Bomber Command depuis septembre 1937, renonce à cette "carte des

---

[341] Mémorandum joint à la note de service BC/S.20072/Air *"Le trajet des bombardiers pour traverser les défenses du Pays en temps de guerre"* du 23 mars 1937, conservée en pièce 6B sous la référence AIR 2/2615, TNA.

[342] Compte-rendu de la conférence *"Routing of bombers in war"*, conservé en pièce 14B sous la référence AIR 2/2615, TNA.

positions de nos bombardiers" puisque qu'un exercice sur table effectué du 7 au 9 décembre a démontré que cette idée était impossible à mettre en œuvre. Il suggère que la seule méthode qui a une chance de fonctionner serait de mettre en place un réseau de stations de triangulation radiogoniométrique à grande distance communiquant directement les informations au QG du Fighter Command. [343] Il était alors envisagé que le Fighter Command prenne le contrôle des stations existantes de l'aviation civile. Finalement, les grandes manœuvres aériennes de 1938 ont démontré que la triangulation radiogoniométrique était encore moins performante qu'envisagée : les premières tentatives de radiolocalisation ne fonctionnaient pas lorsque le bombardier concerné n'émettait que pendant trente secondes ; il a fallu passer à trois minutes d'émission par avion pour obtenir un taux de succès satisfaisant, ce qui divisait au moins par six le nombre d'appareils pouvant bénéficier de ce service dans un temps donné. [344]

Alors que la crise de Munich approchait et pour répondre à l'inquiétude des officiers du Bomber Command, le Ministère de l'Air n'a que peu de solutions au problème de l'identification. À part le développement d'un essai d'une "cartouche de signalisation spéciale qui est pour le moment secrète", l'Air Vice-Marshal Donald F. Stevenson, Directeur des Opérations et du Renseignement, suggère que *"les bombardiers amis volant en vue de nos défenses volent lentement, avec leurs trains d'atterrissage abaissés. ... Il est peu probable que l'ennemi abaissera son train d'atterrissage comme ruse pour simuler l'apparition de nos bombardiers ... Une autre suggestion lorsque les avions sont en nombre est de voler en adoptant une formation particulière, ... cette formation pourrait être combinée avec l'abaissement des trains d'atterrissage."* On imagine bien quelle a dû être la réponse des aviateurs britanniques à qui l'on suggérait de voler groupés, à proximité de la DCA, à basse vitesse et avec leur train abaissé ! [345]

Finalement, ce sont les scientifiques qui vont apporter une réponse partiellement satisfaisante à la question de l'identification ami-ennemi grâce au radar. Nous allons donc étudier d'abord les outils d'identification des appareils à l'aide de cette technologie, avant de revenir sur les évolutions des autres méthodes conventionnelles.

A.4.4.2 - L'identification ami ou ennemi par radar

Après avoir mené avec succès un essai près de Daventry (entre Rugby et Northampton) qui démontre la faisabilité d'utiliser les ondes radio pour détecter des avions, Robert A. Watson-Watt, le patron de la Radio Research Station du Department of Scientific and Industrial Research, est invité à la sixième réunion, le 10 avril 1935, du CSSAD. [346] Il indique qu'il *"est probable que les avions amis ou hostiles puissent être distingués les*

---

[343] Lettre BC/S.20072/Ops *"The routing of Bombers in war"* du 5 janvier 1938 envoyée au Secrétaire d'État à l'Air, conservée en pièce 23B sous la référence AIR 2/2615, TNA.
[344] Premier point de l'ordre du jour d'une réunion prévue le 11 octobre 1938 *"Long range identification"*, conservé en pièce 67B sous la référence AIR 2/2615, TNA.
[345] Lettre S.39973 du 23 juin 1938 envoyée au Commandant du Bomber Command, conservée en pièce 46A sous la référence AIR 2/2615, TNA.
[346] Compte-rendu de réunion conservé sous la référence AIR 20/181, TNA.

uns des autres. Un circuit métallique formé par des [matériaux] conducteurs sur un avion ami pourrait être interrompu à une fréquence convenue, aidant ainsi à l'identification."

Les premières expériences sont menées avec de grandes antennes au début de 1938 qui handicapent les performances de l'avion, mais Dowding indique que ces essais *"ont donné des résultats très prometteurs. C'est l'un des plus importants développements en ce moment car, s'il fonctionne, ce dispositif permettra d'éviter les procédures très lourdes pour s'identifier et se faire reconnaître par [triangulation] radiogoniométrique et par la "lettre du jour" que nous mettons au point en moment."* [347] Finalement les grandes antennes sont abandonnées en septembre 1938 car pour reconnaître les amis des ennemis sur l'écran cathodique d'un radar, les scientifiques britanniques de Bawdsey ont mis au point un petit émetteur-récepteur (appelé aujourd'hui transpondeur) [348] qui donne une forme caractéristique à l'écho d'un avion ami sur l'écran (voir le dessin ci-après montrant les signaux de l'IFF Mark II). [349] Ce système est baptisé IFF (Identification Friend or Foe - identification ami-ennemi). Lorsque la partie réception du transpondeur détecte un signal radar, elle déclenche l'émission après amplification, ce qui fait que la station radar au sol reçoit un signal bien plus fort que le seul "écho" d'un avion sans IFF. Ainsi, les premiers dispositifs démontrent qu'un avion ami peut être détecté à probablement deux fois la portée normale puisqu'un "blip" de 3 cm est observé sur l'écran radar pour un avion avec IFF alors qu'un avion sans IFF à la même distance ne produit pas d'écho visible. [350]

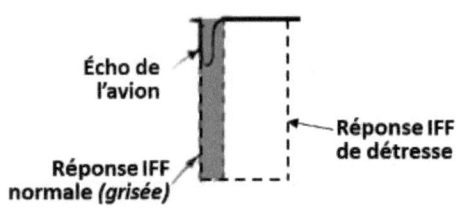

Dessin montrant les trois échos radar possibles :
- Le premier correspond à celui d'un avion ennemi, ou d'un avion ami n'ayant pas activé son transpondeur IFF ;
- Les deux autres montrent la réponse du transpondeur en mode normal et en mode détresse.

(Dessin de l'auteur à partir des Figures 2 et 3 du chapitre 20 de l'Air Publication SD410 *"RDF supervisor manual"* de 1943)

Les stations CH n'émettaient pas toutes exactement sur la même longueur d'ondes afin d'éviter les interférences. Par exemple, les 19 stations CH existant en juin 1939 émettaient entre 10,82 et 13,25 m. [351] Pour répondre à toutes ces stations sans avoir à

---

[347] Lettre FC/S.15849 du 12 mai 1938 envoyée au Group Captain Robert H. M. S. Saundby, Assistant du Directeur des Besoins Opérationnels du Ministère de l'Air, conservée en pièce 39A sous la référence AIR 2/2615, TNA.
[348] Le chapitre 6 de la Publication de l'Air 1093D, Volume I *'Introductory survey of radar - Part II'* de 1946 distingue un "répondeur" qui émet sur la même fréquence que celle de réception, d'un "transpondeur" qui émet sur une fréquence différente de celle reçue. Ici le terme "transpondeur" a été utilisé dans les deux cas.
[349] Dessin de l'auteur à partir des Figures 2 et 3 du chapitre 20 du *'RDF supervisor manual 1943, AP-SD410'*.
[350] Page 74 de la Publication de l'Air 1116 *"Signals"* Volume V (voir bibliographie).
[351] Annexe 56 de la Publication *"Signals"* Volume IV, voir bibliographie.

disposer d'un récepteur pour chacune, un petit moteur électrique faisait varier la plage de réception pour balayer toutes ces longueurs d'onde de façon régulière. La vitesse à laquelle ce balayage se faisait, et donc la fréquence à laquelle le transpondeur répondait à une station donnée, permettait une première forme de codage.

<u>IFF Mark I</u> : Début mars 1939, l'Air Chief Marshal Sir Hugh C.T. Dowding, patron du Fighter Command, en visite à la station expérimentale de Bawdsey, assiste à une démonstration convaincante d'un transpondeur IFF monté sur un bombardier bimoteur Handley Page Harrow. En quelques mois, les scientifiques réduisent la taille et la masse de leur prototype (moins de 5 kg), développent une version 24 volts en plus de celle fonctionnant sur 12 volts (par exemple, le Lockheed Hudson, utilisé par le Coastal Command, a un circuit électrique en 24 volts) et testent l'installation sur différents avions. Étant considéré secret, le transpondeur IFF était équipé d'une charge de destruction (composée simplement de deux détonateurs à déclenchement électrique, qui pouvaient être activés soit par le pilote avant d'abandonner l'avion, soit par un détecteur d'impact qui avait parfois la fâcheuse tendance de déclencher la destruction lors d'un atterrissage un peu dur !).

La production des premiers boîtiers IFF, version Mark I, est confiée à la société Ferranti Ltd, d'abord à trente exemplaires pour les manœuvres aériennes de l'été 1939. Ces premiers transpondeurs se sont révélés peu fiables et un programme d'urgence a permis de résoudre ces problèmes avant la production de masse : une commande est passée à Ferranti en octobre pour 1.000 transpondeurs Mark I, les premiers étant installés en décembre 1939 sur des bombardiers. En fait, très peu de Mark I ont été montés, car ils ne répondaient qu'aux stations CH (par exemple, les radars "Gun Laying" de DCA ne déclenchaient pas de réponse de leur part). En février 1940, 258 avions étaient équipés, 88% étant des appareils du Bomber Command. [352]

Autre difficulté, le taux de réponse des avions équipés était loin d'atteindre les 100% : certains boîtiers étaient mal réglés, d'autres n'étaient pas mis en marche par les équipages, et dans d'autres cas c'était l'opérateur radar qui ne détectait pas la réponse IFF de courte durée ou qui la confondait avec le signal d'une formation plus importante d'avions. En février 1940, ce taux de réponse n'était que de 50%, [353] avant de s'améliorer peu à peu. Même si un avion ne montrait pas de signal IFF, il restait donc très possible qu'il s'avère finalement ami. Les derniers IFF Mk I ont été remplacés par des Mk II en février 1941. [354]

---

[352] Page 77 de la Publication de l'Air 1116 *"Signals"* Volume V (voir bibliographie). Les histoires officielles se contredisent sur le nombre de boîtiers IFF Mark I produits et installés. Si l'AP 1116 indique une installation sur 258 avions en février, l'AP1093D Volume I, chapitre 6 parle d'un maximum de 50 transpondeurs produits, tout comme la page 73 du Secret Document 0410 *"R.D.F. Supervisor's manual"* d'avril 1943, conservé sous la référence AIR 10/4114, TNA. Une explication possible de cette inconsistance pourrait être que le premier document indique le nombre total d'avions équipés d'IFF Mk I, alors que les deux dernières références ne s'intéressent qu'aux avions du Fighter Command équipés d'IFF Mk I.
[353] Page 78 de la Publication de l'Air 1116 *"Signals"* Volume V (voir bibliographie).
[354] Page 81 de la Publication de l'Air 1116 *"Signals"* Volume V (voir bibliographie).

IFF Mark II et sous versions : Alors que l'IFF Mark I ne répondait qu'aux stations CH, la version Mk II a été développée pour couvrir en plus de nouveaux types de radars de la DCA ou de la Royal Navy (voir tableau récapitulatif ci-après). Les premiers exemplaires sont produits artisanalement en mai 1940 et montés sur les avions dans les semaines qui suivent. Après la défaite de la France, la priorité d'équipement change soudainement et les avions du Fighter Command commencent à être équipés en juillet 1940. Cependant, il faut attendre la fin de la bataille d'Angleterre pour que tous les chasseurs soient dotés du transpondeur Mk II (ou Mk I pour les rares appareils concernés). La tâche n'était pas simple puisqu'il fallait tirer un faisceau de câbles dans l'avion, monter des antennes, installer les différents boîtiers (transpondeur, commandes de destruction, etc.), tester les circuits puis calibrer le dispositif, soit 15 heures de travail pour chaque avion. Sachant que 21.000 transpondeurs Mk II ont été produits, on mesure l'énorme tâche réalisée par les équipes de montage de la RAF. [355]

Il a fallu attendre un peu plus pour être sûr que tous les avions britanniques soient dotés de ce système, ce qui explique que le filtrage soit resté centralisé en 1940 au niveau du QG du Fighter Command, puisque c'est là que se trouvaient des officiers de liaison des autres Commands, qui pouvaient donc confirmer si des avions détectés étaient, par exemple, des bombardiers britanniques rentrant d'une mission sur l'Allemagne. Même les chasseurs du Fighter Command n'étaient pas tous équipés à la fin de la bataille d'Angleterre. Ainsi, le 13 octobre 1940, deux Blenheim du 29ème Escadron de chasse de nuit sont pris pour cible vers 18h20 par des Hurricane du 312ème Escadron alors qu'ils patrouillaient au large de Liverpool. Bien que le Pilot Officer Humphrey, pilote du Blenheim L7135, ait tiré deux fusées des couleurs du jour, son avion rentre endommagé et le second Blenheim (L6637) est abattu en mer d'Irlande, causant la perte de ses trois occupants (Sergents Robert E. Stevens et Oswald K. Sly et l'Aviateur de 2ème Classe Arthur Jackson). L'absence de transpondeur IFF est pointée du doigt par la commission d'enquête. [356]

Plusieurs codages du signal IFF avaient été envisagées en jouant sur la durée de transmission pour distinguer les différents types d'avions, mais cela a finalement été jugé trop complexe. En pratique, seul un signal IFF court (10 microsecondes ; 6 à 8 microsecondes sur IFF Mk III) était normalement utilisé, un commutateur permettant de basculer en mode "détresse" sur un signal large (25 microsecondes sur IFF Mk II ; 60 à 100 microsecondes sur IFF Mk III) pour les cas d'urgence (amerrissage, incendie à bord, etc.).

À peine l'IFF Mk II mis en service, de nouveaux radars travaillant en-dehors des fréquences couvertes apparaissent, notamment en bande N pour la Royal Navy et en

---

[355] Page 81 de la Publication de l'Air 1116 *"Signals"* Volume V (voir bibliographie).
[356] Entrée du 13 octobre 1940 du Journal de Marche du 29ème Escadron, conservé sous la référence AIR 27/341/21, TNA. Ce document porte une mention manuscrite ajoutant que les Hurricane concernés appartenaient au 308ème Escadron, mais cette unité n'était pas encore opérationnelle à cette date. Joe Bamford et Ron Collier indiquent qu'il s'agissait plus probablement d'avions du 312ème Escadron (pages 29-30 de leur livre, voir bibliographie)

bande G pour les stations GCI de Royal Air Force. Ainsi, l'Air Marshal W. Sholto Douglas, patron du Fighter Command, souligne début 1941 que si tous les avions de chasse de nuit sont équipés d'un IFF répondant aux radars CH et GL ("Gun Laying" de la DCA), ces transpondeurs ne fonctionnent pas avec les radars air-air ou les stations de contrôle de chasse GCI. [357] Cette situation présente donc à la fois le risque d'un tir fratricide entre chasseurs de nuit, et une difficulté pour le guidage puisque le contrôleur au sol n'a aucun moyen de distinguer le chasseur de la cible sur son écran GCI. Ceci oblige à développer des sous-versions de l'IFF Mk II, baptisées IFF Mk IIN (pour les avions du Coastal Command et de l'aéronavale qui travaillent avec la Navy) et IFF Mk IIG (pour les chasseurs de nuit qui doivent être identifiés par les stations GCI). Elles répondent à ces nouveaux radars, mais perdent certaines caractéristiques de l'IFF Mk II :
- L'IFF Mk IIN ne répondait qu'aux radars en bande N (et N2) et risquait donc d'attirer les foudres de la DCA terrestre sur les avions qui en sont dotés ;
- L'IFF Mk IIG répondait aux stations CHL, GCI et GL, mais pas aux stations CH. Cette version a commencé à être déployée en mars 1941 sur les chasseurs de nuit, facilitant le travail des contrôleurs de ces stations.

Le contrôleur utilisait le mot code *"COCKEREL"* pour demander au pilote de mettre en marche son transpondeur ou pour l'arrêter.

Cette sorte de fuite en avant dans laquelle les développeurs tentent d'adapter l'IFF Mk II pour répondre à de nouveaux radars spécifiques ne pouvait mener qu'à une situation chaotique. Un chercheur du TRE, Frederic C. Williams, a proposé de dissocier l'identification des radars : jusqu'à ce point les transpondeurs répondaient en détectant directement le signal d'un radar particulier. Williams soutenait qu'en dotant chaque station radar, quelle que soit sa longueur d'ondes de travail, d'un interrogateur fonctionnant sur une unique fréquence, tous les avions pourraient répondre à cette unique fréquence. Ce principe d'interrogation indirecte a été adopté pour l'IFF Mk III.

<u>IFF Mark III</u> : Comme nous l'avons vu, la multiplication des fréquences radar et l'impossibilité d'adapter en permanence le système opérationnel IFF Mk II, ont conduit au développement de l'IFF Mk III, sorte de dispositif d'interrogation universel, indépendant de la fréquence du radar primaire. Une fois la conception de ce nouveau dispositif figée au début de 1941, la production a été d'abord confiée à quelques sociétés britanniques (dont Ferranti Ltd) avant de commencer en Amérique en 1942 (notamment par la Hazeltine Corporation). L'IFF Mk III a été adopté aussi bien par l'aviation britannique qu'américaine (y compris les forces aéronavales). Les matériels construits au Royaume-Uni et aux USA étaient conçus pour être en théorie interchangeables (mêmes dimensions, mêmes connexions, etc.), mais dans les faits, il était très difficile de remplacer un composant américain par un britannique et vice-versa à cause des technologies

---

[357] Compte-rendu de la *"Conference on Night Interception held in the Air Council Room at 3 p.m. on 1st January, 1941"* présidée par le Secrétaire d'État à l'Air, conservé sous la référence AIR 20/2419, TNA.

différentes utilisées (par exemple, la temporisation de certaines fonctions se faisait par une minuterie électronique sur les versions américaines, alors qu'elle était assurée par un disjoncteur thermique sur les matériels britanniques ce qui rend l'interchangeabilité inopérante dans certains cas). [358] Le déploiement de l'IFF Mk III a demandé une importante préparation : il y avait des milliers d'avions à équiper en plus des centaines d'interrogateurs à monter sur les stations radar au sol. Le basculement sur ce nouveau système s'est fait par grands théâtres d'opérations, l'emploi de l'IFF Mk III étant autorisé au Royaume Uni à compter du 15 avril 1943. [359]

Si la force de l'IFF Mk III était d'être indépendant du radar principal, cette caractéristique était un inconvénient pour les stations GCI : le contrôleur devait savoir immédiatement quel écho sur son écran était le chasseur avec lequel il communiquait. L'IFF Mark IIG répondait directement au radar GCI et donnait donc un écho particulier directement identifiable, ce n'était plus le cas avec l'IFF Mark III puisque l'écran de l'interrogateur était désormais distinct de l'écran du radar GCI. Il a donc fallu développer une version spécifique aux chasseurs de nuit pour que, en plus de répondre à l'interrogateur "universel", ils répondent aussi directement aux stations GCI lorsque le contrôleur le demandait. Cette sous-version, baptisée Mark IIIG, comprenait un interrupteur spécifique marqué "G". En temps normal, le transpondeur se comportait exactement comme un Mark III, mais quand le pilote enfonçait cet interrupteur, il répondait en plus au radar GCI (sur 209 MHz) pendant vingt secondes, générant immédiatement un écho clairement identifiable sur l'écran du contrôleur au sol. Le contrôleur utilisait le mot code *"CANARY"* pour demander au pilote d'appuyer sur cet interrupteur "G". Une autre sous-version, baptisée Mark IIIGR, possédait également ce mode "G" ainsi que la possibilité de servir de balise de ralliement volante (mode *"Rooster"* qui existait déjà sur l'IFF Mk IIN), surtout utile pour le Coastal Command lorsqu'un avion souhaitait rameuter des renforts pour attaquer un sous-marin.

<u>Lucero</u> : Les radars centimétriques (par exemple AI Mk VII, VIII ou X) ne pouvaient pas déclencher de réponse des transpondeurs IFF fonctionnant à des longueurs d'ondes métriques. Le dispositif Lucero a donc été développé pour permettre aux chasseurs de nuit équipés de radars centimétriques d'interroger les transpondeurs des avions détectés. Au passage, ceci leur a aussi permis de bénéficier du réseau de balises radar (fonctionnant à des longueurs d'ondes métriques) qui parsemait la plupart des aérodromes alliés.

<u>En résumé</u> : Le tableau ci-après rassemble les principaux types d'outils d'IFF utilisés par la chasse de nuit de la RAF durant la guerre : [360]

---

[358] Les paragraphes 146 à 158 du chapitre 6 de la Publication de l'Air 1093D, Volume I *"Introductory survey of radar - Part II"* de 1946, comprennent plusieurs tableaux détaillant les composants interchangeables et les modifications nécessaires.
[359] Page 96 de la Publication de l'Air 1116 *"Signals"* Volume V (voir bibliographie).
[360] Données du chapitre 6 de la Publication de l'Air 1093D, Volume I *'Introductory survey of radar - Part II'* de 1946, du chapitre 4 de l'AP 1093C, Volume I, Partie I *"Basic principles of radar and summary*

Type d'IFF	IFF	Répond à - fréquence	Remarques
Interrogation directe air - sol	Mark I (R3000 et R3001)	CH - 22,2 à 27,65 MHz	Très peu utilisé, décembre 1939 - février 1941.
	Mark II (ARI.5000)	CH - 22,2 à 30 MHz CH de secours et Type 79 (Royal Navy) - 39 à 51,25 MHz GL (DCA) - 54,5 à 84 MHz	1 réponse toutes les 12 secondes pour CH et Type 79, toutes les 6 secondes pour GL. Mai 1940 - 1943.
	Mark IIG (ARI.5010)	GL (DCA) - 54,5 à 84 MHz GCI - 180 à 210 MHz (et donc aussi aux stations CHL - 200MHz et aux radars AI IV, V et VI - 188 à 198 MHz)	1 réponse toutes les 6 secondes (environ) sur chaque bande de fréquence. Produit aussi aux USA sous les noms de SCR.535 et ABE.
Interrogation indirecte air - sol	Mark III (ARI.5025, 5640)	"Universel". Interrogation sur une fréquence précise entre 157 et 187 MHz. Réponse sur la fréquence d'interrogation.	1 réponse toutes les 2,8 secondes. Produit aussi aux USA sous les noms de SCR.595 et ABK. Avril 1943 - début des années 50.
Interrogation indirecte air - sol avec option d'interrogation directe	Mark IIIG (ARI.5628)	Identique à Mark III en mode normal. En mode "G", pendant 20 secondes, répond en plus directement aux stations GCI sur 209 MHz.	Produit principalement aux USA sous le nom de SCR.695. [361]
	Mark III GR (ARI.5131)		Mêmes capacités que IFF Mk IIIG avec mode "Rooster". Produit aussi aux USA sous les noms d'AN/APX-1, -2, -8.
Interrogation indirecte air-air ou air-sol	Lucero Mark II (ARI.5645)	Interrogation sur 193 MHz. Réception sur 196,5 MHz	Permet notamment à un chasseur d'interroger le transpondeur IFF d'une cible (et d'utiliser les balises radar métriques) même si le chasseur n'a qu'un radar centimétrique. Produit aussi aux USA sous le nom de SCR-729F. [362]

---

of radar devices", 1947 et du chapitre 20 de l'AP-SD410 *'RDF supervisor manual'* de 1943. Les applications navales n'ont pas été listées.

[361] La RAF a reçu 14.043 SCR-695 d'après les tableaux du Volume II, Chapitre V, du rapport "*Quantities of Lend-Lease Shipments: A Summary of Important Items Furnished Foreign Governments by the War Department during World War II*" publié le Chief of Finance du War Department, décembre 1946.

[362] La RAF a reçu 8.460 SCR-729 A et F d'après les tableaux du Volume II, Chapitre V, du rapport "*Quantities of Lend-Lease Shipments: A Summary of Important Items Furnished Foreign Governments by the War Department during World War II*" publié le Chief of Finance du War

Aspect important pour les chasseurs de nuit, les interrogateurs IFF permettent de concentrer les efforts en évitant de poursuivre en vain une cible qui s'avère au final être un avion du même camp. Le rapport de contact traduit ci-dessous est un exemple d'une telle économie. [363] Ces rapports de contact devaient être remplis par l'Opérateur radar, quelle que soit l'issue de l'interception afin qu'une analyse statistique puisse déterminer d'éventuelles améliorations. [364]

RAPPORT DE CONTACT AU RADAR EMBARQUÉ (A.I.)

INFORMATIONS GÉNÉRALES
Date : 24 juin 1943   Escadron : 604ème
Nom du Navigateur / Radar : P/O Barnson
Nom du Pilote et indicatif radio : P/O Irvine - Razor 30
Type d'avion et de radar embarqué : Beaufighter VI, AI Mk. VIII
Performance du radar et portée lors du dernier essai :
Portée maximale : 4,5 milles *(7,2 km)*. Portée minimale : 450 pieds *(135 m)*.
Zone de perte de contact entre les portées de 1,5 à 2 milles *(2,4 à 3,2 km)*, mais sinon bonne performance.

CONTACT *[radar]*
Type et nom de la station de contrôle au sol : C.H.L. d'Easington *[dans le Yorkshire du Nord]*
Heure du contact : 02h55
Météo et visibilité à ce moment : Ciel dégagé, lumière de la Lune.
Altitude du chasseur au moment du contact : 5.000 pieds *(1.525 m)*.
Au-dessus du sol ou en mer : En mer.
Distance et indication sur l'écran : Distance : 2,5 milles *(4 km)*, droit devant, légèrement au-dessus.

INTERCEPTION
Contrôle par l'Observateur ou par le Pilote : Observateur.
Cap initialement suivi par la cible par rapport au chasseur : Identique.
Action lors du contact : Augmentation de la vitesse et distance réduite à 2 milles *(3,2 km)*. La cible a piqué et j'ai demandé au Pilote de piquer. Easington nous a appelés pour nous informer que la cible était définitivement amie. L'interrogateur donnait une indication "ami". Nous avons stoppé l'interception alors que la cible se trouvait droit devant, à une distance de 2 milles *(3,2 km)*.
Description des actions échappatoires violentes, distance et position par rapport au chasseur : Aucune.

Department, décembre 1946. Le coût d'un exemplaire de SCR-729 était estimé en août 1943 à 1.000 £ (Note du 5 août 1943 du Membre du Conseil de l'Air australien en charge du matériel "Provision of airborne RDF equipment for night fighter aircraft", conservée sous la référence A14487, 35/AB/5152, Archives Nationales Australiennes (NAA)).

[363] Rapport de contact conservé page 133 dans les Annexes du Journal de marche de l'Escadron, sous la référence AIR 27/2086, TNA. Les instructions du Formulaire et les questions sans réponse ont été ignorées.

[364] Voir un exemple d'analyse de rapports de contact en Annexe 6.

L'IFF "retourné" contre ses utilisateurs : Le 4 janvier 1944, un avion de surveillance électronique du 192ème Escadron découvre que les Allemands sont capables d'interroger les transpondeurs IFF Mark III de la RAF. À cette époque, les bombardiers avaient pour instruction d'éteindre leurs transpondeurs une fois éloignés de 80 km des côtes anglaises lors du vol aller, et de l'allumer à environ 160 km des côtes britanniques lors du vol retour. Cependant, il suffisait que quelques bombardiers oublient d'éteindre leur transpondeur pour que les Allemands soient capables de les suivre à très grande distance et de déduire qu'un grand raid de bombardement était en cours. Malheureusement, la discipline radio était très difficile à faire respecter à 100%, et certains équipages croyaient encore que l'IFF était une sorte de "gri-gri" qui les protégeait des projecteurs. Les historiens de la RAF ont même jugé que *"les équipages pour l'intérêt desquels l'obligation d'éteindre l'IFF était en place ont montré un degré d'irresponsabilité qui était lamentable."* Cette découverte ayant fait l'effet d'une bombe au QG du Bomber Command, tout emploi de l'IFF est interdit dès le lendemain lors du vol aller des bombardiers. Cette instruction n'étant toujours pas bien respectée, tout emploi de l'IFF, sauf en cas d'urgence, est interdit au sein du Bomber Command à partir du 10 mars 1944 avec application d'un fil de plombage sur l'interrupteur du transpondeur et sanction en cas d'abus. Cette mesure a enfin eu l'effet attendu mais les radars CH étaient désormais incapables de reconnaître les bombardiers britanniques comme amis. [365]

Nous verrons dans la Partie II que les Britanniques ont eux aussi essayé de tirer avantage de l'IFF de l'ennemi : ils ont développé un interrogateur, baptisé *Perfectos*, pour déclencher les transpondeurs IFF montés sur les chasseurs de nuit allemands afin de les localiser et tenter de les abattre.

L'IFF, un outil imparfait : Le maillon faible était souvent humain, nombre de bombardiers rentrant régulièrement sans mettre en marche leur transpondeur à 160 km des côtes britanniques comme le voulaient les procédures en vigueur. Même si seulement 10% des avions oubliaient cette règle, lors des grands raids de plus de 600 avions qui étaient communs après 1942, cela représentait plus de soixante avions amis sans réponse IFF. Autre difficulté, la présence de trop d'avions amis, par exemple lors des retours des bombardiers, remplissait les écrans radar d'échos qu'il devenait impossible de distinguer individuellement (phénomène qualifié de *"clutter"*). Quelques avions *Intruder* allemands ont parfois réussi à passer inaperçus sur les écrans radar CH, leurs échos étant noyés dans la masse des échos avec réponse IFF des bombardiers de la RAF. [366] Avec la mise en service de l'IFF Mk III, cette saturation des écrans a parfois été aggravée par le déclenchement en cascade de transpondeurs : la réponse du transpondeur d'un avion déclenchait un autre transpondeur plus loin et ainsi de suite.

---

[365] Paragraphes 243 à 247 de la Note Historique *"War in the Ether: radio countermeasures in Bomber Command"* de la Branche des Transmissions du Bomber Command, d'octobre 1945, conservée sous la référence AIR 20/8962, TNA.
[366] Page 88 de la Publication de l'Air 1116 *"Signals"* Volume V (voir bibliographie).

Même dans des circonstances favorables, il a été estimé que 10% des IFF des avions amis ne fonctionnaient pas, et que dans 10% supplémentaires des cas, les stations radar au sol interprétaient mal une réponse IFF. Lors de grandes opérations, comme le débarquement en Normandie, le nombre d'appareils identifiés comme amis grâce à l'IFF a été très faible car il y avait d'énormes restrictions sur l'emploi des transpondeurs. D'octobre 1944 à mars 1945, 54% des interceptions contrôlées par des stations GCI du 85ème Groupe (sur le continent, voir Partie II) ont finalement révélé que la cible était un avion Allié. *L'histoire officielle conclut donc que "l'expérience de la campagne en Europe du Nord-Ouest a montré que le besoin d'identification n'a pas été rempli [par les transpondeurs IFF]. ... Le dispositif Mark III a été bénéfique en plusieurs occasions, mais il était loin d'être parfait."* [367]

Les stations GCI avaient aussi un rôle à jouer en informant les batteries de DCA ou de projecteurs de l'identité d'un avion passant dans leur secteur. Cependant, les moyens de traitement et de communication de l'époque n'étaient souvent pas assez rapides, comme dans les deux exemples résumés ci-après :

- Dans les premières heures du 10 mai 1941, le Flying Officer Roderick A. Chisholm (futur commandant de la FIU à compter de juin 1942) et le Sergent William G. Ripley du 604ème Escadron interceptent un avion que le GCI leur avait signalé derrière eux. Persuadé qu'il s'agit d'un avion hostile et suivant la procédure habituelle, Chisholm coupe sa radio pour se concentrer sur les indications données par Ripley ; il n'entend donc pas les appels suivants du Contrôleur du GCI qui voulait lui indiquer que cet avion était ami (probablement grâce aux indications de l'IFF). Le Journal de marche du 600ème Escadron raconte la suite : *"Une mini-tragédie a eu lieu. Durant une patrouille en patrouille GCI au-dessus des approches de Plymouth, le Flying Officer Woodward et son Opérateur, le Sergent Lipscombe, ont été attaqués et descendus par le Flying Officer Chisholm du 604ème Escadron sur un Beaufighter venu de Middle Wallop. Heureusement, tous deux ont sauté en parachute sans anicroche, mais un avion tout neuf a été détruit. Le Sergent Lipscombe a identifié l'attaquant comme étant un Beaufighter. Il est regrettable que le Pilote du 604ème Escadron n'ait pas fait de même."* Avec une ironie certaine, les Annexes de ce Journal enregistrent le dernier vol du Beaufighter T4641 sous la mention *"Abattu par un avion ennemi."* [368] Deux nuits plus tôt, Robert S. Woodward et Alfred J. Lipscombe avaient revendiqué un véritable He-111. Avant cet incident, Chisholm et Ripley comptaient quatre victoires et deux avions endommagés à leur tableau de chasse.
- Le Mosquito Mk XII HK120 du 85ème Escadron semble avoir été abattu dans la soirée du 8 octobre 1943 par la DCA de Douvres alors qu'il poursuivait un avion ennemi. La station GCI de Sandwich était alors occupée à guider un autre chasseur en interception, et il est possible que cela ait contribué à une transmission tardive de l'information à la DCA de Douvres. Le Lieutenant Per A. Thorén (Norvégien) et le Pilot Officer Stanley P. Benge ont tous deux été tués. Ce dernier avait 39 ans et était

---

[367] Pages 102-103 de la Publication de l'Air 1116 *"Signals"* Volume V (voir bibliographie).
[368] Entrée du 9 mai 1941 du Journal de marche du 600ème Escadron, conservé sous la référence AIR 27/2060/5 et 6, TNA, et pages 80 à 85 du livre de Chisholm. Le Journal de marche du 604ème Escadron passe cet épisode complètement sous silence.

Professeur de Sciences et passionné d'astronomie, ce qui avait sans doute orienté son affectation comme Navigateur lorsqu'il a rejoint la RAF en 1941. [369]

A.4.4.3 - Les fusées et lampes pour se faire reconnaître ("recognition lights")

En 1937, seul le Fighter Command dispose d'une procédure de "couleur du jour" grâce à laquelle un avion peut être reconnu comme étant ami en allumant une lampe colorée ou en tirant une fusée de signalisation. Il faut attendre une réunion le 14 octobre 1937 des États-Majors des Fighter et Bomber Commands, pour que l'idée *"d'une lettre du jour"* envoyée en Morse à l'aide de la lampe air-sol soit adoptée pour se faire reconnaître. L'installation à bord des bombardiers d'un système permettant de tirer des fusées de signalisation est aussi réclamée au Ministère de l'Air mais il s'avère que de nuit, les fusées colorées existantes semblent pour la plupart blanches puisque le magnésium contenu prend le dessus sur le colorant que l'on ne voit que de jour. [370] Il faut donc impliquer les centres de recherches pour développer de nouveaux systèmes pyrotechniques. D'autres idées sont aussi explorées, comme l'injection séquentielle d'un liquide fumigène dans les gaz d'échappement des moteurs pour émettre un signal en Morse par petits nuages de fumées (technique inspirée par les indiens d'Amérique ?), l'utilisation d'une lampe rotative envoyant un faisceau lumineux à la manière d'un phare avec une observation stroboscopique, ou l'émission d'une onde inaudible par un vibrateur supersonique. [371]

En septembre 1938, la crise de Munich permet de mesurer certaines complexités administratives de temps de paix qui entravent la mise en œuvre rapide de la *"lettre du jour"*. L'Air Chief Marshal Sir Hugh C.T. Dowding, patron du Fighter Command, indique qu'il a tenté de diffuser de manière simple cette *"lettre du jour"* aux centaines de batteries de DCA et de projecteurs dispersées à travers le pays, mais qu'il lui a été opposé (probablement par l'Amirauté) que cette pratique ne respectait pas les instructions du *"Manuel [de la Royal Navy] Pour se faire Reconnaître S.P. 0.2220"*, interdisant notamment tout emploi de la radio et qui de toute façon ne prévoit que *"deux couleurs du jour"*, pas une *"lettre du jour"*. [372] À moins d'un an de la guerre, un mémo interne à la Direction des Opérations du Ministère de l'Air résume ainsi la situation : *"La question [pour nos avions] de se faire reconnaître est compliquée par le souhait d'avoir un système qui satisfasse les Bomber et Fighter Commands, l'Amirauté et les Français, et si possible d'accommoder les besoins du Coastal Command.*

---

[369] Entrée du 8 octobre 1943 du Journal de marche, conservé sous la référence AIR 27/705/19, TNA, et rubrique nécrologique des "*Monthly Notices of the Royal Astronomical Society*", Vol. 105, p.65, 1945.

[370] Note interne S.43511/S.39973 au Directeur de la Branche Armements du 30 mai 1938, conservée en pièce 51A sous la référence AIR 2/2615, TNA.

[371] Correspondance entre le Centre de Recherche Aéronautique de Farnborough et le Ministère de l'Air *"Methods of deciding whether bombers are friendly or hostile"* en décembre 1937, conservée en pièces 21A et 22A sous la référence AIR 2/2615, TNA.

[372] Lettre FC/S.16209 du 8 octobre 1938 au Sous-Secrétaire d'État à l'Air *"Identification of Friendly Aircraft"*, conservé en pièce 68A sous la référence AIR 2/2615, TNA.

L'alternative est d'adopter une procédure pour se faire reconnaître pour notre pays, une autre au-dessus de la mer, et une troisième au-dessus des territoires Alliés." [373]

Même avec la technologie d'identification radar, il était impossible de considérer qu'un avion ne répondant pas à une interrogation IFF était un avion ennemi. Il pouvait très bien s'agir d'un avion ami ayant oublié de mettre en marche son transpondeur, ou rencontrant une panne l'empêchant de l'utiliser correctement. Le Fighter Command a donc toujours édicté des règles très claires d'engagement : le feu ne pouvait être ouvert que si la cible avait été formellement identifiée visuellement comme étant un avion ennemi. La contrepartie de cette procédure visant à prévenir les tirs fratricides était de devoir s'approcher très près et de perdre du temps, au risque d'être aperçu par l'avion suivi qui pouvait alors tenter de disparaître en manœuvrant violemment. À un moment, le pilote devait prendre une décision, parfois avec l'avis de son opérateur radar (qui, sur certains avions comme le Beaufighter ou du Havoc, avait une vue très déformée depuis la verrière du poste arrière) et décider d'ouvrir le feu ou pas. L'Air Chief Marshal Sir Hugh C.T. Dowding, patron du Fighter Command, était conscient de ce dilemme et il réclamait le développement d'un dispositif de signaux lumineux *"qui retirerait des épaules du pilote de chasse la terrible responsabilité qu'il porte à présent pour l'identification avant d'ouvrir le feu."* [374]

La première année de la guerre a amplement démontré le risque de tirs fratricides. Lors de sa réunion du 12 septembre 1940, le Comité d'Interception décide d'équiper tous les avions de la RAF (sauf les hydravions) de lampes rouges et vertes qui sont disponibles en grand nombre, avec plus tard aussi des lampes jaunes. Ces lampes prendront la place des feux de vols en formation ce qui permet une installation rapide puisque les câbles électriques sont déjà présents, sauf sur les Whirlwind et les Anson. Il est prévu de n'utiliser que la lampe rouge dans un premier temps, puis d'introduire un code du jour une fois que les Allemands auront réalisé l'existence de ces lampes. [375] À peine un mois plus tard, 30.000 lampes ont été distribuées pour montage et l'ordre de commencer à les utiliser est donné pour le 12 octobre : *"Après cette date, tout avion volant au-dessus de 1.525 m, ou au-delà d'un rayon de 8 km d'un aérodrome identifié, pourra être abattu s'il n'affiche pas les lampes prescrites pour se faire reconnaître."* La règle du rayon de 8 km autour d'un aérodrome était supposée exempter les avions des unités de formation (écoles de pilotage, OTUs, etc.), sous réserve qu'ils gardent leurs feux de navigation allumés. [376]

---

[373] Note du 12 octobre 1938 du D.O.1(a) au Directeur des Opérations (Royaume-Uni) du Ministère de l'Air, conservée en pièce 69A sous la référence AIR 2/2615, TNA.
[374] Paragraphe 64 du compte-rendu de la réunion du 1 août 1940 du Comité d'Interception, conservé sous la référence AIR 20/3442, TNA.
[375] Paragraphes 23 à 26 du compte-rendu de la réunion du 12 septembre 1940 du Comité d'Interception, conservé sous la référence AIR 20/3442, TNA.
[376] Paragraphe 30 du compte-rendu de la réunion du 10 octobre 1940 du Comité d'Interception, conservé sous la référence AIR 20/3442, TNA.

Pour l'anecdote, comme les "couleurs du jour" changeaient plusieurs fois par jour, [377] les aviateurs devaient les noter sur du papier de riz, tout comme les autres informations jugées sensibles. Ils avaient ordre de manger ces feuilles en cas d'atterrissage forcé en territoire adverse.

A.4.4.4 - L'identification visuelle

Le Manuel de Formation au Pilotage de la RAF A.P.928 *"Part II - Applied Flying"* de février 1933 donnait les conseils suivants :

"Observation nocturne des avions
… De nuit, il est rarement possible de déterminer si un avion est hostile ou ami à une distance supérieure à 100 yards (90 m). Les Pilotes et les membres d'équipage doivent donc soigneusement étudier les types d'avions ennemis et leurs silhouettes sous tous les angles. …

Tactiques de combat nocturne
… Avant d'ouvrir le feu, il est essentiel d'établir l'identité de l'appareil visé sans possibilité d'erreur, car, dans l'obscurité, un avion ami peut facilement être mépris pour un ennemi à grande distance."

Les aviateurs passaient donc des heures à s'entraîner à reconnaître les silhouettes des avions alliés et des forces de l'Axe, que ce soit à l'aide de manuels spécifiques mis à jour très régulièrement, [378] de projections sur écran ("Naviscope" ou "Episcope"), [379] de posters, [380] de maquettes ou simulateurs. La 52ème OTU d'Aston Down, dans le Gloucestershire, avait par exemple mis au point un *"Hunt recognition trainer"*, sorte de théâtre mécanisé avec un jeu de miroir permettant de présenter des maquettes d'avions en mouvement dans différentes attitudes, à des distances différentes et avec un éclairage variable. [381]

Cependant, ces outils ont des limites. Il existe dans les deux camps des avions ayant des silhouettes très proches. Volant de nuit à plus de 250 km/h, parfois au ras du sol, en territoire hostile, avec seulement quelques secondes pour prendre une décision, il n'est pas étonnant que les aviateurs puissent confondre, par exemple, la silhouette du Beaufighter pour celle d'un Ju-88 sous certains angles (voir l'incident du 23 décembre 1942 cité plus loin à propos des essais du radar air-air AI Mk IX) ; ou celle du Westland Lysander peut être prise pour celle d'un Henschel 126 puisqu'elles présentent de nombreuses similitudes : ailes hautes ou parasol, train d'atterrissage fixe, dérive

---

[377] À certains moments durant la guerre, les couleurs du jour changeaient toutes les deux heures (page 47 du livre de Dave McIntosh, voir bibliographie).
[378] Par exemple le *"Recognition handbook of British Aircraft"*, Air Publication 1480A, a été révisé huit fois en juillet 1941, et autant de fois le mois suivant.
[379] Par exemple, les ensembles de cartes de rétroprojection de silhouettes ou de photographies *"Episcope cards"*, Air Publication 4280A, D, F, K, L, M, T.
[380] Par exemple, le He-111 faisait l'objet du poster Air Diagram (AD) 1349, le Ju-88 de l'AD1350, le Me-109 de l'AD1351, le Me-110 de l'AD1352, et le Do-17 de l'AD1353.
[381] Ce simulateur est présenté en détail dans le manuel *"Fighter Command synthetic training"* publié en février 1943 par la Direction de la Formation Opérationnelle, et conservé dans le dossier AIR 16/1146, TNA. On notera que des enfants anglais ont certainement été privés de leur jeu de construction favori puisque ce simulateur requiert de nombreuses pièces de Meccano !

triangulaire, moteur en étoile, etc. comme le montrent ces images extraites de l'Air Publication 1480/Y *"Aircraft Recognition Training Handbook (N. W. European Theatre)"* de mars 1944 :

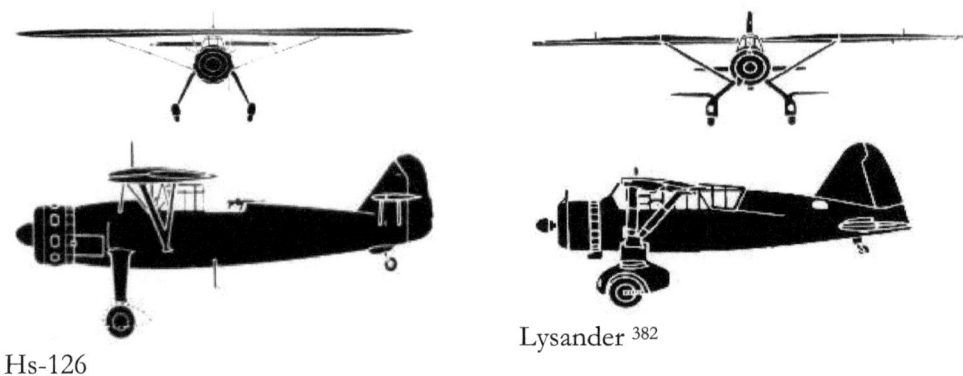

Hs-126

Lysander [382]

Cette méprise semble s'être produite le 5 août 1944 : croyant intercepter un Hs-126 d'observation de l'artillerie allemande, le Flight Lieutenant Walter G. Dinsdale et le Pilot Officer John E. Dunn, de l'Escadrille B du 410ème Escadron abattent l'avion. Il s'agissait en fait probablement d'un Lysander du 161ème Escadron piloté par le Flying Officer John P. Alcock, qui ramenait le résistant Lucien Germereau en France après un mois à Londres. Le rapport de combat traduit ci-après, revendiquant un Hs-126 abattu, porte la mention manuscrite *"Rejeté en raison des conclusions de la Cour d'Enquête"* : [383]

```
SECRET                                              Référence : n°410/39
           FORMULAIRE 'F' - RAPPORT PERSONNEL DE COMBAT
        410ème Escadron (RCAF), Hunsdon [dans le Hertfordshire]
DONNÉES STATISTIQUES :
Date : Nuit du 4 au 5 août 1944
Unité : 410ème Escadron (RCAF)
Type et version de notre avion : Mosquito XIII avec radar AI Mk. VIII
Heure de l'attaque : 00h30
Lieu de l'attaque : À peu près au sud de Tours.
Météo : Présence de la Lune. Bonne visibilité.
Dommages subis : Aucun.
Dommages causés à l'ennemi en vol : 1 Hs-126 détruit. [Mention
manuscrite :]
  "Revendication rejetée en raison des conclusions de la Cour d'Enquête"
Dommages causés à l'ennemi au sol ou en mer : Aucun.
Pilote : F/Lt Dinsdale (RCAF)           Navigateur :  P/O Dunn
(RCAF)
```

---

[382] Illustrations de la Section I de l'AP 1480/Y *"Aircraft Recognition Training Handbook (N. W. European Theatre)"*, édition de mars 1944.
[383] Rapport de combat conservé sous la référence AIR 50/141/15, TNA. Les sections émetteur/destinataire et la répétition de la météo en fin de rapport ont été ignorées.

> Rapport général :
> Nous avons décollé de Colerne [*dans le Wiltshire*] à 21h50 et sommes revenus nous poser à 1h50. Alors que nous étions sur la zone d'attente n°2 [dans la région de la tête de pont Alliée], on nous a donné un cap à suivre de 190° et on nous a dit de contacter le GCI [*indicatif radio*] "*Tailcoat*". Nous avons patrouillé sur un carré au sud des îles Chausey. Nous avons reçu l'ordre de chercher quelque chose décrit comme étant vague sur un cap de 240°. Cet ordre a été annulé, puis rétabli pour la même cible. Le F/Lt Dinsdale poursuit :
> "J'ai cherché et le contact [*radar*] a été obtenu à une distance de 5.000 pieds *(1.525 m)*, légèrement en dessous et sur la gauche, altitude 6.500 pieds *(1.980 m)*. Je me suis approché très rapidement, pensant effectuer une poursuite habituelle et j'ai dépassé la cible presque immédiatement. Un contact visuel fugace a été réalisé sur un avion d'observation se découpant clairement sur la lumière de la Lune. J'ai fait un circuit et ai rétabli le contact [*radar*] à 6.000 pieds *(1.830 m)* de distance sur la droite. Cette fois, je me suis approché très prudemment avec les volets hypersustentateurs abaissés à 130 m.p.h. *(209 km/h)* au badin. J'ai eu de grandes difficultés à identifier l'avion qui portait un réservoir supplémentaire entre les jambes du train d'atterrissage. J'ai suivi l'avion sur à peu près 25 milles *(40 km)* sur un cap de 140°. Je l'ai finalement reconnu comme étant un Hs-126. Aucun marquage de nationalité ne pouvait être distingué. J'ai ouvert le feu de 400 pieds *(120 m)* en deux courtes rafales et l'avion ennemi a explosé et s'est abattu en flammes. Il a été vu percuter le sol, toujours en feu. Sa position approximative se trouvait au sud de Tours.
> Je revendique un Hs-126 détruit.
> La cinémitrailleuse s'est déclenchée automatiquement [*lors des tirs*]."
> Munitions consommées :
>   Canon extérieur gauche   15 obus
>   Canon intérieur gauche   15 obus
>   Canon extérieur droit   15 obus
>   Canon intérieur droit   15 obus
> SIGNATURES :
>   Pilote : W. G. Dinsdale - F/Lt
>   Navigateur : J. E. Dunn - P/O
>   Officier du Renseignement de l'Escadron : [*illisible*] - P/O

Le journal de marche du 161ème Escadron enregistre ainsi la destruction du Lysander "D" : "*Une perte malheureuse a été subie lorsque le F/O Alcock n'est pas rentré de sa mission dans la nuit du 4 au 5 août 1944. Il semble qu'il a été abattu par l'un de nos propres "avions Intruder" au-dessus de la France.*" [384] Les deux occupants du Lysander reposent au cimetière de Messac en Ille-et-Vilaine. Il a fallu quelques mois pour identifier Lucien Germereau puisqu'il ne portait que de faux papiers au nom de Lucien Pradier.

La fatigue a peut-être joué un rôle dans ce cas. Les équipages de chasse de nuit volaient énormément à cette époque pour couvrir la tête de pont Alliée en Normandie. C'était la

---

[384] Journal de marche conservé sous la référence AIR 27/1068/23, TNA.

quinzième mission de guerre depuis début juin pour cet équipage. Dinsdale et Dunn avaient effectué un vol de 3h20 la nuit précédente, avec un combat victorieux contre un Me-110.

On notera qu'il y a tout de même près de 200 km entre le point de chute du Lysander et le lieu du combat estimé par l'équipage du chasseur. Il sera difficile d'en savoir plus tant que les documents de la Cour d'Enquête de l'époque ne seront pas disponibles.

Autre exemple, le 28 mai 1944, le FLying Officer H. D. C. Webbe et le Warrant Officer J. F. Newman du 488ème Escadron abattent par erreur deux Wellington d'une OTU. Le journal de marche de l'unité note qu'il *"régnait cette nuit-là une grande confusion car [le GCI] pensait que des avions ennemis s'étaient mêlés aux bombardiers d'une OTU."* [385] Bob Braham raconte aussi comment un de ses collègues du 29ème Escadron revient de patrouille en revendiquant un Dornier allemand peu avant qu'un Handley Page Hampden ne se pose sur leur base avec un équipage peu content d'avoir plusieurs impacts de balles britanniques dans le fuselage. Braham lui-même se fait tirer dessus peu après par un Wellington égaré près de Douvres. [386]

Notamment au moment du débarquement, la concentration d'avions amis et la nécessité de protéger la flotte d'invasion donnent une importance cruciale à l'identification visuelle des appareils rencontrés. De jour, ceci a été rendu plus facile par les bandes d'invasion noires et blanches qui ont été peintes sur les fuselages et les ailes des avions alliés. De nuit, le problème reste entier. Le rapport ci-après [387] montre que les circonstances sont bien différentes le 8 juin 1944 par rapport aux patrouilles effectuées en 1942 ou 1943, lorsqu'un unique contact par sortie était un événement prisé. Les Pilot Officers R. L. Green et A. W. Hillyew du 406ème Escadron ont croisé en moins de deux heures un Beaufighter du Coastal Command, un Liberator, un Stirling (probablement du 149ème Escadron de retour des bases de U-Boote de Bretagne devant lesquelles le Bomber Command a mouillé 94 mines cette nuit-là) [388] et … un Do-217 :

```
                                        Référence : n°406/13
                 FORMULAIRE 'F' DE RENSEIGNEMENT
              et Rapport Personnel de Combat du Pilote
       406ème Escadron (RCAF), Hunsdon [dans le Hertfordshire]
DONNÉES STATISTIQUES :
Date : Nuit du 7 au 8 juin 1944
Unité : 406ème Escadron (RCAF)
Type et version de notre avion : Mosquito XIII avec radar AI Mk. VIII
Heure de l'attaque : 00h40
```

---

[385] Entrée du 28 mai 1944 du journal de marche, conservé sous la référence AIR 27/1936/43, TNA. Christopher Shores indique, page 220 de son livre sur la 2nde TAF (voir bibliographie), que les deux hommes ont été acquittés par la cour d'enquête (mais il donne la date du 18 mai pour cet incident).
[386] Page 78 de son livre (voir bibliographie).
[387] Rapport en annexe n°33 du Journal de Marche de juin 1944, conservé sur microfilm sous la référence C-12272, BAC.
[388] Journal de Marche de juin 1944 du Bomber Command, conservé sur microfilm sous la référence C-12434, BAC.

Lieu de l'attaque : 2 milles *(3,2 km)* au nord de Lannion.
Météo : 50% de couverture nuageuse entre 3 et 4.000 pieds *(915 à 1.220 m) [d'altitude]*. Dégagé au-dessus. Brume au sol. Visibilité : 12 milles *(19 km)*.
Dommages subis : Aucun.
Dommages causés à l'ennemi en vol : 1 Do-217 détruit.
Dommages causés à l'ennemi au sol ou en mer : Aucun.
Utilisation de la cinémitrailleuse : Oui, avec de bons résultats.
Rapport général :

Le P/O R. L. Green (Pilote, Canadien) et le P/O A. W. Hillyew (Anglais), indicatif radio *'Verdict 38'*, en patrouille *Ranger* nocturne dans la zone de Lannion à Morlaix, ont décollé de Bolt Head *[dans le Devon]* à 23h20, et se sont posés à Winkleigh *[dans le Devon]* à 02h30. La côte française a été franchie à Plouescat en descente de 1.500 à 500 pieds *(450 à 150 m) [d'altitude]*, et nous avons surveillé la route menant à Lannion : six camions se dirigeant vers l'Est juste au sud de la côte ont été ignorés de façon à conserver les munitions pour le reste de la patrouille. Près de Morlaix, un contact *[radar]* a été obtenu à une distance d'un mille *(1.600 m)*. Le chasseur s'est approché pour un contact visuel et la cible a été identifiée comme étant un Beaufighter du Coastal Command.

La patrouille s'est poursuivie dans le sens inverse et un second contact *[radar]* a été obtenu à une distance de cinq milles *(8 km)*. Il a été tenu jusqu'à l'identification visuelle d'un Liberator à une altitude de 4.500 pieds *(1.370 m)*, en mer, sur un cap de 145°. En revenant vers la côte, de grandes fusées rouges retombant 'en pluie' ont été aperçues provenant de l'aérodrome de Lannion que nous avons contourné.

La patrouille a été reprise au-dessus de la baie se trouvant au nord-est de Morlaix. Un contact *[radar]* de face a été obtenu à une distance de deux milles *(3,2 km)* sur une cible se trouvant à une altitude de 2.000 pieds *(600 m)*. Nous l'avons identifiée comme étant un Do-217 qui semblait porter des bombes téléguidées par radio. En s'approchant à 75 yards *(70 m)* par en-dessous et de l'arrière, le chasseur a été redressé sur la gauche et sur la droite pour confirmer l'identification, puis a laissé filer la cible à 200 yards *(180 m)* avant de tirer deux courtes rafales. Les deux moteurs de l'avion ennemi ont pris feu et l'appareil s'est tourné sur le côté, des marques de nationalité allemande étant révélées à la lumière des flammes. L'avion ennemi et son chargement de bombes ont ensuite explosé et ont plongé dans la mer. Nous avons suivi la chute pour prendre des photographies à l'aide de la cinémitrailleuse.

La patrouille s'est ensuite poursuivie et un contact *[radar]* supplémentaire a été acquis, la cible s'avérant être un Stirling.
Camouflage *[du Do-217]* : Gris et noir.
Munitions consommées : 168 obus de 20 mm.
SIGNATURES :
    Pilote : R. L. Green - P/O
    Officier du Renseignement du 406ème Escadron (RCAF): *[illisible]*

Avec l'intense activité Alliée au-dessus du continent en juin 1944, on ne peut qu'émettre des hypothèses quant aux avions interceptés par le Mosquito de Green et Hillyew :
- Le Liberator, tout comme le Beaufighter, appartenait probablement au Coastal Command. Par exemple, à lui seul, le 224ème Escadron, basé à St Eval en Cornouailles, avait six Liberator en vol, dont certains en transit, aux heures de cette patrouille : le Liberator "G" du Flying Officer K. G. Moore, un Canadien, a notamment eu la distinction de couler deux U-Boote (le U-629 et le U-373) en une demi-heure au large de Brest cette nuit-là, après les avoir détectés grâce à son radar. Ce doublé a dû mettre un peu de baume au cœur des aviateurs de l'Escadron car dans les vingt-quatre heures précédentes, ils avaient perdu vingt-un des leurs lorsque deux Liberator ("M" du Flying Officer Ethan Allen, DFC (Canadien) et "B" du Flying Officer Ronald H. Buchan-Hepburn (Australien)) ont disparu sans laisser de trace. [389]
- Le Stirling était probablement un appareil du 149ème Escadron : cette nuit-là, le Bomber Command a mouillé 94 mines devant les bases de U-Boote en Bretagne. [390]

A.4.4.5 - Les lampes d'identification infrarouge

Les tentatives multiples de développer un détecteur infrarouge ont débouché sur l'installation d'une lampe infrarouge orientée vers l'arrière sous l'empennage des appareils de la RAF. Invisible à l'œil nu, cette lampe pouvait être vue à travers une lunette infrarouge, permettant d'identifier cet avion comme ami (d'où probablement le nom donné à cette procédure de "réponse F" ou "Type F" (Friend = ami)) si la bonne lettre-code du jour clignotait en Morse. Dès 1940, cette option avait été débattue par le Comité d'Interception, [391] et elle faisait encore l'objet de discussions en octobre 1942 puisque le Directeur des Besoins Opérationnels demandait alors si avoir une méthode d'identification par transpondeur IFF et une par infrarouge n'était pas exagéré alors que de gros efforts étaient faits pour réduire la masse des équipements ajoutés dans les avions. [392] Ce n'est que début février 1943 que les 150 premiers émetteurs infrarouges commencent à être montés sur les bombardiers et les avions de chasse de nuit (y compris *Intruder*) de la RAF. [393] Pour l'anecdote, les scientifiques à l'origine de ce système, les Dr Lee et Thewlis, MM. Stephens et Sherman, ainsi que MM. Elliot et Barber du RAE étaient connus sous le sobriquet "*d'Infra Redskins*" par les aviateurs de la FIU (jeu de mot sur

---

[389] Journal de Marche de l'Escadron et Annexes de juin 1944, conservés sous les références AIR 27/1389/11 et 12, TNA. Les noms de ces 21 aviateurs sont gravés sur le Mémorial de Runnymede, dans le Surrey puisqu'ils n'ont pas de tombe connue.
[390] Journal de Marche de juin 1944 du Bomber Command, conservé sur microfilm sous la référence C-12434, BAC.
[391] Paragraphes 49 et suivants du compte-rendu de la réunion du 1 août 1940 du Comité d'Interception, conservé sous la référence AIR 20/3442, TNA.
[392] Paragraphes 6 du compte-rendu de la réunion du 22 octobre 1942 du Comité d'Interception Aérienne, conservé sous la référence AIR 20/3442, TNA.
[393] Note AIC 126 du 2 février 1943 *"Air to air infra red identification"* pour information des membres du Comité d'Interception Nocturne, conservée sous la référence AIR 20/3442, TNA.

infrarouge et Peaux-Rouges). Il semble que les Allemands aient pris conscience dans les derniers mois de la guerre de l'existence de ce dispositif d'identification puisque des rapports d'interrogation de prisonniers le mentionnent, mais qu'ils n'aient pas trouvé moyen d'en tirer profit. [394] Vers la fin de la guerre, les chasseurs de nuit britanniques ont également reçu une lampe similaire dirigée vers l'avant afin de pouvoir se faire reconnaître des mitrailleurs arrière des bombardiers lourds ; cette lampe dans le nez du chasseur a été baptisée "Type Z" pour la distinguer de celle "Type F" de l'empennage.

A.4.4.6 - L'identification par radio

En dernier recours avant d'ouvrir le feu, la pratique s'installe de lancer un appel radio sur la fréquence de garde : la portée des postes VHF étant limitée, tout appareil entendant cet avertissement était censé balancer ses ailes pour montrer qu'il était dans le même camp. Le rapport de combat ci-dessous montre le panel des différentes méthodes d'identification employées à la fin de la guerre : [395]

```
F/Lt. Tarkowski                                    REF. CO/S.521/INT.
F/O. Taylor
                  RAPPORT PERSONNEL DE COMBAT 'INTRUDER'
Date : Nuit du 3 au 4 mars 1945
Unité : Escadrille A, 307ème Escadron (Polonais)
Type et version de notre avion : Mosquito XXX avec radar AI Mk X,
Monica VIII
Heure de l'attaque : 22h56
Lieu de l'attaque : À peu près 15 milles (24 km) à l'ouest-nord-ouest
de Bonn.
Météo : 100% stratocumulus à 12.000 pieds (3.660 m), dégagé au-dessus.
Bonne visibilité, pas de Lune.
Dommages subis : Aucun
Dommages causés à l'ennemi en vol : 1 Ju-188
Dommages causés à l'ennemi au sol ou en mer : Aucun
Rapport général :
  Le F/Lt. Tarkowski (Pilote) et le F/O. Taylor (Navigateur,
Britannique) ont décollé de Castle Camps [dans le Cambridgeshire] à
20h42 pour effectuer une patrouille à haute altitude dans la zone
51°40'N. 07°25'E. [396] et escorter la force principale des bombardiers
après qu'elle ait quitté la proximité des cibles [qui étaient l'usine
d'essence synthétique de Kamen et l'aqueduc du canal Dortmund - Ems à
Ladbergen, dans la Ruhr]. Leur rapport suit :
  "Nous avons franchi la côte ennemie à 21h18 au niveau [du phare de]
West Schouwen, à 15.000 pieds (4.570 m) [d'altitude]. En arrivant dans
la zone de patrouille à 21h50, nous avons vu des marqueurs de cible
```

---

[394] Paragraphe 58 du rapport d'interrogation ADI(K) n°125/1945 de dix aviateurs allemands de la chasse de nuit, sélectionnés parmi les 59 faits prisonniers les quinze derniers jours de 1944, conservé sous la référence AIR 40/2875, TNA.

[395] Rapport de combat, conservé sous la référence AIR 50/119/34, TNA. Les caractères gras ont été ajoutés par l'auteur.

[396] Ces coordonnées correspondent à peu près à 15 km au nord de Dortmund.

suivis par des bombardements à Ladbergen, et peu après des marqueurs de cible et des bombardements sur Kamen. Nous avons patrouillé du Nord au Sud à 12.000 / 16.000 pieds *(3.660 / 4.880 m) [d'altitude]* à l'est des deux cibles. De nombreux contacts *[radar]* ont été obtenus sur la trajectoire suivie par les bombardiers. À 21h56, nous avons vu un avion s'abattre en flammes en traversant les nuages, puis un éclair comme s'il avait explosé au sol au sud de Munster. Nous avons escorté les bombardiers sur un cap de 210° / 220° à 12.000 pieds *(3.660 m)* ; puis nous avons suivi les allées de projecteurs jusqu'à reprendre contact avec le trajet suivi par les bombardiers. Une fois au sud de Bonn, nous avons décidé de virer sur un cap de 120°. À 22h52, un contact *[radar]* a été obtenu à une distance de 4,5 milles *(7,2 km)*, passant de droite à gauche, 4.000 pieds *(1.220 m)* plus haut, suivant un cap de 350°. Nous avons viré serré à gauche en montant régulièrement, en gardant la cible à une distance de 3 milles *(4,8 km)* jusqu'à ce que nous ayons atteint 16.500 pieds *(5.030 m) [d'altitude]*. La cible était alors un peu plus bas avec une vitesse de 200 - 210 *[m.p.h.] (322 - 338 km/h)* au badin, slalomant très doucement sur la droite puis sur la gauche. Nous nous sommes approchés à 240 *[m.p.h.] (386 km/h)* au badin et nous avons obtenu un contact visuel à *[une distance de]* 2.000 pieds *(600 m)*, droit devant et 5° au-dessus. Nous n'avons pas réussi à l'identifier à cette distance et tout en nous approchant, **nous avons lancé l'avertissement "BOGEY, BOGEY, balance tes ailes"** et nous n'avons eu aucune réponse. **Nous avons cherché une réponse à l'aide du** *[télescope de]* **Type "F" et de l'I.F.F., sans succès.** Nous nous sommes approchés jusqu'à 100 pieds *(30 m)*, juste sous la cible et **nous l'avons identifiée** comme étant un Ju-188 grâce à la dérive angulaire et les saumons d'aile pointus. L'avion ennemi avait un petit feu blanc verdâtre allumé dans la dérive, à à peu près un tiers de la hauteur à partir du sommet. Nous avons pris du champ à 300 pieds *(90 m)*, et alors que la cible effectuait un virage doux vers la gauche, nous avons ouvert le feu avec une rafale de 4,5 secondes. L'avion ennemi a explosé dans un violent éclair blanc et l'épave a piqué en flammes. Nous avons traversé une épaisse fumée noire en passant de peu à côté de débris enflammés. L'avion en feu est passé à travers les nuages en piqué très raide et un rougeoiement a été vu pendant un moment se réfléchissant sur les nuages.

Nous ne sommes pas restés à tourner sur place pour vérifier le résultat mais nous avons déterminé la position à l'aide de "Gee" comme étant à 15 milles *(24 km)* à l'ouest-nord-ouest de Bonn à 22h57. Le crash a été confirmé par un Pilote du 151ème Escadron.

Nous avons mis le cap sur la base, quittant la côte ennemie à Boulogne à 23h48 à 10.000 pieds *(3.050 m)*. Nous nous sommes posés à la base à 00h23."

<u>Revendication</u> : 1 Ju-188 détruit.
<u>Munitions consommées</u> :
       Obus de 20 mm explosif incendiaire   90 obus
       Obus de 20 mm semi perforant incendiaire   90 obus
       Total :   180 obus
La cinémitrailleuse a fonctionné automatiquement *[lors du tir]*.
SIGNATURES
Tarkowski, F/Lt. (Pilote - Polonais)

```
Taylor, F/O. (Navigateur - Britannique)
    L. Herville (?), Officier de Renseignement de garde de la base
R.A.F. de Castle Camps
```

Sept Lancaster ont été perdus cette nuit-là dans ces deux attaques.

Dave McIntosh, Navigateur sur Mosquito au 418ème Escadron, décrit la frayeur ressentie lorsqu'il a entendu une voix britannique dans ses écouteurs alors qu'il survolait les Pays Bas *"Balance tes ailes, crétin, ou je te fume !"*. [397] Son Pilote, Sidney Seid, un Américain engagé dans la RAF, a immédiatement battu des ailes et la voix est revenue *"OK, fiston"*. Alors que McIntosh n'arrivait pas encore à parler, Seid n'a pas pu s'empêcher de s'exclamer qu'il *"descendrait bien ce salaud si seulement il pouvait le voir !"* D'autres n'ont pas entendu, ou n'ont pas reçu d'avertissement et le chasseur devient alors lui-même victime d'un tir fratricide comme l'ont vécu les Pilot Officers Leonard E. Fitchett et Alexander C. Hardy du 406ème Escadron, alors qu'ils rentraient après avoir abattu un Ju-52 dans les derniers jours de la guerre. Leur rapport de combat est traduit ci-dessous : [398]

```
SECRET                                                      REF. 409/53
              RAPPORT PERSONNEL DE COMBAT DU PILOTE
Date : Nuit du 24 au 25 avril 1945
Unité : 409ème Escadron (RCAF)
Type et version de notre avion : Mosquito XIII avec radar AI Mk VIII
Heure de l'attaque : 00h45
Lieu de l'attaque : Konigsberg 815045.
Météo : Ciel dégagé éclairé par la Lune, quelques stratus épars à 7.000
pieds (2.130 m).
Dommages subis : 1 Mosquito XIII - Catégorie E [détruit].
Dommages causés à l'ennemi en vol : 1 Ju-52 détruit.
Dommages causés à l'ennemi au sol ou en mer : Aucun.
Rapport général :
    Le P/O Fitchett (Pilote) et le P/O Hardy (Navigateur, RAF) ont
décollé de la base [avancée B.108 de Rheine en Rhénanie-du-Nord-
Westphalie] à 23h30, pour revenir y atterrir sur le ventre à 02h25
après avoir été attaqué par un Mosquito.
    "Nous effectuions la patrouille au Sud sur le contrôle du GCI 15121
à 10.000 pieds (3.050 m) [d'altitude] quand le contrôleur nous a demandé
de descendre à 6.000 pieds (1.830 m). Une fois parvenus à cette
altitude, nous avons été tout de suite dirigés vers un avion volant
lentement, à une distance de 16 km, à la même altitude, sur un cap de
30°, qui est ensuite passé à 50°. Le contact au radar air-air a été
obtenu à 5,6 km de distance, décalé de 5°, à 3 heures. [399] Nous nous
```

---

[397] Page 143 de son livre. Jeremy Howard-Williams indique, page 12 de la seconde édition de son livre, que c'est lui qui avait lancé cet avertissement, bien qu'il identifie ensuite l'avion comme étant du 605ème Escadron (page 145) (voir bibliographie).

[398] Rapport de combat, conservé sous la référence AIR 50/140/22, TNA. Les sections émetteur/destinataire ont été ignorées.

[399] Pratique utilisée par les aviateurs pour désigner une direction en termes d'heures, en imaginant que leur avion est au centre d'une pendule : midi est donc droit devant, six heures est derrière, 9 heures à gauche, etc.

> sommes approchés rapidement jusqu'à 800 mètres avant d'obtenir un contact visuel à 600 mètres mais nous l'avions doublé par la gauche. Nous avons fait un circuit par la droite et avons réacquis un contact radar à une distance de 3,2 km, vers la droite. J'ai abaissé les volets hypersustentateurs et j'ai réduit la vitesse à 140 m.p.h. *(225 km/h)* pour me rapprocher lentement et obtenir un contact visuel à 300 mètres : la cible était alors à 12h00, 5° au-dessus. Mon Navigateur, en utilisant les jumelles nocturnes, a tout de suite identifié la cible, qui volait à une altitude de 6.500 pieds *(1.980 m)*, comme étant un Ju-52. Je me suis rapproché à 150 yards *(135 m)* avant de tirer une rafale d'une à deux secondes qui a touché l'aile gauche, l'emplanture de l'aile et le poste de pilotage. L'avion ennemi a pris feu et a piqué fortement vers la gauche, l'incendie augmentant d'intensité. Nous l'avons observé s'écraser et exploser violemment sur une autoroute à 00h45. Durant le combat, le travail du Contrôleur et de mon Navigateur a été excellent. Nous avons poursuivi notre patrouille mais n'avons pas eu d'autre rencontre heureuse.
>
> Lors du retour vers la base à la fin de notre patrouille, nous avons été attaqués à 02h15 dans la région d'Osnabrück, W2505. L'attaque a été apparemment effectuée de directement derrière et de dessous, et par un Mosquito qui est passé au-dessus de nous après l'attaque. Mon Navigateur et moi-même avons observé une silhouette parfaite de cet appareil. L'attaque a détruit notre moteur gauche, y causant un incendie en partie inférieure. J'ai mis l'hélice en drapeau et j'ai effectué un atterrissage sur le ventre à la base.
> Je revendique un Ju-52 détruit."
>
> **SIGNATURES**
> L. E. Fitchett, P/O. (Pilote)
> A. C. Hardy, P/O. (Navigateur)
>   B. D. Whiff (?), Officier de Renseignement du 409ème Escadron
> Rapport d'armement : La quantité de munitions utilisée n'est pas connue en raison de l'atterrissage sur le ventre.

Malgré que le fait que le Mosquito MM588 ait été bon pour la casse, le rapport semi-mensuel de l'Escadron qualifie la fin de mission de Fitchett et Hardy *"d'atterrissage sur le ventre très réussi"*, nouvelle preuve que tout atterrissage dont on sort en marchant est un bon retour ! [400]

La mission remplie dans la soirée du 6 novembre 1944 par le Squadron Leader Robert D. Doleman et le Flight Lieutenant Douglas C. Bunch du 157ème Escadron montrent bien l'importance de l'identification ami-ennemi pour les chasseurs de nuit, aussi bien pour les cibles potentielles que pour ne pas devenir la proie. En se rendant sur le lieu de leur patrouille de soutien aux bombardiers à l'est de Cologne, ils chassent un contact ne montrant ni une réponse IFF ni de signal infrarouge d'une lampe de Type "F" mais qu'ils reconnaissent comme étant un Mosquito par la position de ses échappements. Près de Coblence, ils trouvent au radar une cible qu'ils identifient visuellement comme étant un

---

[400] Rapport 409S/S.9/Air *"Semi-monthly progress report 16 - 30th April 1945 inclusive"* du 1er mai 1945, conservé sur microfilm sous la référence C-12277, BAC.

Me-110 et *"le pauvre Hans a été abattu en flammes. Nous avons ensuite eu **des paquets de contacts, que ce soient des Mosquito ou des bombardiers quelconques qui jetaient des paillettes Window,*** [401] *ainsi que deux avions* (à différents moments) filant vers le Nord-Ouest à très grande vitesse. Même avec le Mosquito à fond, les contacts se sont éloignés peu à peu. Nous en avons eu un en visuel grâce aux lueurs de deux paires d'échappements à une distance de 6.000 pieds (1.830 m). Je ne sais pas de quel avion il s'agissait, mais ce n'était très certainement pas des Mosquito sur un seul moteur."* Finalement, ils décident de rentrer à leur base de Swannington, Doleman justifiant cette décision dans son rapport de combat par le fait que *"le niveau de notre stock de chewing-gum commençait à être bas."* [402] Ils ont d'abord été *"suivis par un morpion dans un avion ami pendant une quinzaine de minutes malgré [l'IFF] sur la bande "G", [la lampe infrarouge de] Type "F" et nos appels sur la Fréquence de Garde. ... Près de Bruxelles, **nous avons été interpellés par un [chasseur] Américain** sur le Canal C : nous avons allumé nos feux de navigation **alors qu'un second Américain conseillait à son pote de "descendre ce truc", sauf qu'il n'a pas utilisé le mot "truc".*** À la fin du mois suivant, le même équipage donne une description assez crue de l'identification par radio, alors qu'ils essayent de se débarrasser d'un contact sur leur arrière détecté par le radar de couverture Monica, [403] ce qui les a obligé à abandonner une poursuite en cours près de Bingen am Rhein en Rhénanie-Palatinat : *"Alors que nous virions à gauche, l'écran Monica, qui était précédemment fortement brouillé, s'est clarifié et nous avons vu que **le gars derrière donnait une réponse I.F.F.. Après plusieurs conversations par radio, commençant par "S'il vous plaît, éloignez-vous" et finissant par "_x_x_x_ - toi de là, espèce de pauvre _x_x_x_",*** nous nous sommes approchés de la trajectoire suivie par les bombardiers et nous avons piqué dans un nuage de paillettes Window où il nous a perdus. Ceci nous a fait perdre 20 minutes de temps précieux."* Malgré cela, Doleman et Bunch parviennent à abattre un Ju-88 près de Limbourg-sur-la-Lenne. [404]

Jusqu'au dernier jour de la guerre, les méprises ont fait des victimes : pour les Escadrons de chasse de nuit, la dernière est probablement le Mosquito XXX MV530 du 25ème Escadron qui a été abattu dans la soirée du 7 mai 1945 par une batterie de DCA américaine près d'Ingolstadt. Le Flight Lieutenant John F. R. Jones est parvenu à poser l'avion en feu, mais son Navigateur, le Flying Officer Reginald Skinner a été blessé.

Pour conclure sur les tirs fratricides, on pourra aussi voir les extraits du rapport des Flying Officer Mackinnon et Waddell en annexe 8, abattus le 21 novembre 1944.

---

[401] Voir le chapitre spécifique sur ces paillettes de contre-mesure radar.
[402] Rapport de combat conservé sous la référence AIR 50/66/22, TNA. Les caractères gras ont été ajoutés par l'auteur.
[403] Radar de couverture du secteur arrière : voir le chapitre sur les autres matériels électroniques.
[404] Rapport de combat du 22 décembre 1944 conservé sous la référence AIR 50/66/22, TNA. Les caractères gras ont été ajoutés par l'auteur.

A.4.5 - Les radars britanniques air-air - Percer la nuit [405]

Le principe de fonctionnement d'un radar embarqué est très similaire à celui d'un radar au sol : un émetteur envoie une onde radio pendant quelques microsecondes plusieurs centaines de fois par seconde grâce à une antenne généralement montée sur le nez de l'avion. Pour les premiers radars métriques, cette émission n'est pas directionnelle et "arrose" donc toute la zone qui entoure l'avion, y compris vers le sol et en partie vers l'arrière (en utilisant l'image d'un éclairage, les Anglo-Saxons parlent d'émission de type "floodlight", que l'on peut traduire par "gros projecteur", par opposition à un faisceau lumineux dirigé). Deux antennes directionnelles de réception, une placée sur, et l'autre sous, l'avion servent à déterminer l'élévation et la distance d'une cible par rapport au chasseur, l'antenne supérieure recevant un signal plus fort que celle montée à l'intrados si la cible se trouve plus haut que le chasseur, et vice-versa. Une antenne de réception du côté gauche et une autre du côté droit jouent le même rôle pour déterminer l'azimuth et la distance de la cible comme le montrent les schémas ci-dessous. [406]

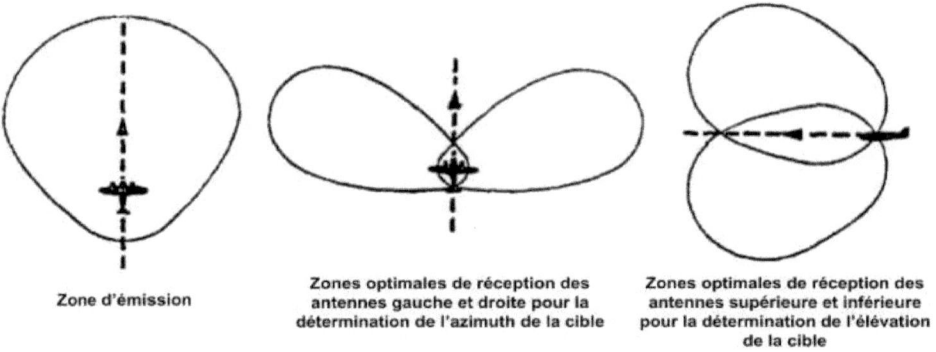

Zone d'émission

Zones optimales de réception des antennes gauche et droite pour la détermination de l'azimuth de la cible

Zones optimales de réception des antennes supérieure et inférieure pour la détermination de l'élévation de la cible

Il y a cependant d'importantes contraintes pour un radar embarqué : il faut par exemple concentrer le matériel dans l'espace restreint d'un fuselage, réduire la masse, se contenter d'une alimentation électrique ridicule par rapport à celle disponible au sol, déjouer les interférences que créent les circuits d'allumage des moteurs, trouver l'emplacement optimal des antennes sur chaque type d'avion, simplifier au maximum les réglages à faire en vol, etc.

---

[405] Des livres entiers ont été consacrés au développement des radars embarqués, détaillant notamment les nombreuses difficultés rencontrées par l'équipe du Dr Edward G. Bowen. Nous nous contenterons ici des points essentiels à partir des Publications de l'Air 1116 *"Signals"* Volume V et 1093D, Volume I *'Introductory survey of radar - Part II'* de 1946, et les lecteurs intéressés pourront se référer aux ouvrages mentionnés dans la section "radar" de la bibliographie.

[406] Schémas traduits à partir de la Figure 1 du chapitre I de la Publication de l'Air 1093D, Volume I *'Introductory survey of radar - Part II'* de 1946. L'avion dessiné n'est bien sûr pas à l'échelle des zones représentées.

A.4.5.1 - La recherche

Lors de sa quinzième réunion début février 1936, le CSSAD demande à Robert A. Watson-Watt de présenter ses propositions pour *"l'emploi des techniques RDF [radar] pour guider un chasseur vers un avion hostile d'une distance de quelques kilomètres"*. Lors de la réunion suivante, le 25 février 1936, [407] Watson-Watt souligne que *"la mesure de la distance [de la cible] est très souhaitable et que ceci requiert d'installer à la fois un émetteur et un récepteur [radar] dans l'avion de chasse. Bien qu'il serait souhaitable d'éviter toute émission de cet avion [pour éviter de se faire détecter], aucune méthode de mesure directe de la distance n'a été trouvée sans cela. ... Il est proposé d'utiliser une longueur d'onde aussi petite que possible ... qui devrait être comprise entre 0,5 et 4 mètres. ... Quatre antennes devraient servir pour la réception, deux au niveau des saumons d'aile et deux à l'avant et à l'arrière, plus une cinquième pour l'émission. ... Une pulsation d'une durée d'une microseconde devrait être faisable. D'après les observations lors d'essais à Orfordness dans les "retours" du sol, il est probable qu'une détection à courte distance pourra avoir lieu avec une portée minimale inférieure à 140 mètres. Il est supposé qu'une portée maximale de 5 kilomètres sera suffisante. Pour décrire la méthode à employer, il faudra procéder en premier lieu à une mesure de la distance. Les antennes des saumons d'aile serviront ensuite à guider le chasseur en azimuth. ... Les antennes avant et arrière seront enfin utilisées pour le guidage en élévation. ... Puisque la puissance d'émission nécessaire est seulement d'à peu près 1 watt, l'émetteur ne devrait peser que quelques kilogrammes et son volume ne devrait pas dépasser 0,06 m^3. ... Avec des ressources suffisantes, des essais avec la tour de Bawdsey pourraient être lancés deux d'ici deux mois si elle est disponible et après six mois de tests il devrait être possible de passer aux essais sur un bombardier léger. Il restera ensuite à rendre le matériel compatible avec un avion de chasse. Il existe aussi la possibilité, bien que plus lointaine, d'utiliser une longueur d'onde d'environ un centimètre avec une technique directionnelle ["beam technique"]."* On voit que même si Watson-Watt fait preuve de beaucoup d'optimisme sur les délais et sur certains aspects techniques, les chercheurs de son équipe ont les idées très claires sur la conception des radars métriques embarqués, et l'étape technologique suivante du radar centimétrique est déjà évoquée.

La recherche sur les radars au sol de la future Chain Home a été identifiée sous le nom de *"RDF 1"* à compter de la seconde moitié de 1936, et celle sur les radars embarqués *"RDF 2"*. La priorité étant placée sur *RDF 1*, seuls trois scientifiques sont affectés à *RDF 2*, et encore, ils ne peuvent s'y consacrer vraiment qu'à partir de la fin 1936. Sous la houlette du Dr Edward G. Bowen, les Dr A. G. Touch, et Perce A. Hibberd cherchent à rassembler tous les matériels qui peuvent être utilisés pour un radar embarqué. En discutant avec les aviateurs, Bowen se définit un cahier des charges pour que son radar ne dépasse pas 90 kg, n'occupe pas un volume plus grand qu'une baignoire (220 litres), ne consomme pas plus de 500 watts, n'utilise pas d'antennes dépassant 30 centimètres et soit facile d'emploi dans le noir pour le pilote ou à défaut par un opérateur dédié. [408] Faute de pouvoir mettre rapidement au point un émetteur suffisamment petit pour

---

[407] Compte-rendu de la seizième réunion du CSSAD conservé sous la référence AIR 20/181, TNA.
[408] Page 32 du livre de Bowen (voir bibliographie).

prendre place dans un avion, le CSSAD suggère dès octobre 1936 d'utiliser un émetteur au sol et un récepteur dans l'avion. [409] Cette solution intermédiaire, qualifiée plus tard de "*RDF 1,5*" (humour de scientifiques !), est testée en juin 1937 et donne de bons résultats, sous réserve que l'avion cible veuille bien se placer au bon endroit par rapport à la station émettrice et à l'avion portant le récepteur. Il n'est donc pas possible d'utiliser cette technique en opérations, mais elle valide au moins le récepteur embarqué. Les travaux pour concevoir un émetteur acceptable reprennent et finissent peu à peu par aboutir en juillet 1937 sur un premier modèle donnant une puissance maximale momentanée de 100 watts sur une longueur d'onde de 1,5 mètres. Monté sur un petit bimoteur Avro Anson (K260), il fait ses premiers essais le 17 août 1937. Il permet de détecter un navire marchand de taille moyenne jusqu'à une distance de huit kilomètres. Les 3 et 4 septembre, le radar de l'Anson permet de détecter la flotte britannique lors d'exercices, ainsi que des avions décollant du porte-avions *HMS Courageous*, validant le concept du radar embarqué. Ce succès va cependant orienter les recherches pour les douze mois suivants sur le développement d'un radar air - surface (ASV) utilisable par le Coastal Command. En mai 1938, une Escadrille dédiée à la recherche sur les radars est créée au Centre de Recherches Expérimentales sur les Avions et leurs Armements (A&AEE) à Martlesham Heath dans le Suffolk. Ses deux bombardiers légers Fairey Battle, son bombardier-transport Handley Page Harrow et ses deux Avro Anson vont permettre de faire avancer le travail des chercheurs plus facilement en évitant les montages/démontages et les bavardages indiscrets quand des appareils d'unités opérationnelles étaient "empruntés pour des recherches spéciales".

L'équipe d'Edward G. Bowen a fait preuve de beaucoup d'inventivité pour résoudre tous les problèmes évoqués précédemment, notamment en ayant recours à de nombreuses branches de l'industrie, comme par exemple pour concevoir un alternateur capable de fournir la puissance nécessaire à l'émetteur radar, ou pour adapter des équipements conçus initialement par l'industrie naissante de la télévision (tubes cathodiques, récepteurs fabriqués par Pye Ltd., etc.). Afin d'éviter d'avoir un récepteur pour chaque antenne réceptrice, les chercheurs ont mis au point un commutateur rotatif capable de basculer d'une antenne à l'autre pour envoyer leurs signaux à tour de rôle à un unique récepteur. À l'automne 1938, la Metropolitan Vickers se voit confier la fabrication des premiers émetteurs radar air-air embarqués.

En mai 1939, un premier radar embarqué est monté sur un bombardier léger Fairey Battle et permet le mois suivant de détecter pour la première fois un bimoteur Handley Page Harrow. Ce radar émet sur une longueur d'onde de 1,5 m et permet de détecter un avion se trouvant en avant du Battle au-delà de la portée minimale qui est supérieure à 300 mètres. L'interception est donc prévue en trois étapes :

---

[409] Compte-rendu de la vingt-troisième réunion du CSSAD du 31 octobre 1936, conservé sous la référence AIR 20/181, TNA.

1. Le chasseur de nuit est guidé vers l'appareil ennemi par le contrôleur du secteur à partir des informations des radars de la Chain Home ; [410]
2. L'opérateur radar en place arrière prend le relai du guidage une fois la cible détectée sur ses écrans ;
3. Le pilote termine l'approche quand il a le contact visuel avec la cible.

Fidèle à ses principes de tester les promesses des scientifiques sur le terrain, l'Air Chief Marshal Sir Hugh C.T. Dowding, patron du Fighter Command, demande une démonstration et prend place à l'arrière d'un Battle (K9208) avec Bowen mi-juin 1939 à Martlesham Heath. Suite à cet essai, l'atterrissage ayant été brutal et la roulette de queue endommagée, Dowding aurait dit au pilote embarrassé que *"l'essentiel est de toujours poser l'avion sur le bon côté"*! [411] Le 20 juin 1939, Churchill a eu droit à une démonstration similaire de l'équipement radar, le Battle restant cette fois au sol et un avion cible faisant des passages. Lindemann a effectué le même vol que Dowding le 10 juillet 1939.

Bowen raconte également qu'il avait été impressionné par les idées bien établies de Dowding sur les spécificités et les besoins de la chasse de nuit. Pour lui, il fallait disposer : [412]
- D'un chasseur doté d'une bonne autonomie puisque la poursuite de nuit est une affaire de patience et de longue approche (le Spitfire et le Hurricane avaient par exemple été conçus pour des interceptions au-dessus de l'Angleterre, avec une autonomie limitée, pas pour aller patrouiller des heures en Manche) ;
- D'un opérateur radar dédié car le pilote ne pourrait pas diviser son attention entre le pilotage de nuit et des écrans radar et qu'il fallait conserver sa vision nocturne.
- De la capacité de naviguer précisément pour retrouver sa position malgré une longue poursuite. Ceci nécessiterait peut-être l'ajout d'un navigateur.
- De procédures rigoureuses d'identification visuelle de la cible pour éviter tout tir fratricide.
- D'une puissance de feu importante pour abattre la cible du premier coup, car il n'y aurait pas de seconde chance une fois que l'adversaire avait compris qu'il était pourchassé.

Convaincu par le résultat de la démonstration en vol, Dowding a demandé l'équipement de quelques appareils opérationnels. Cette requête a conduit Watson-Watt à détourner l'équipe de Bowen de la recherche pour une production artisanale de radars air-air. Cette mauvaise affectation des ressources a retardé la mise en service d'un radar embarqué fiable qui a ensuite cruellement manqué lors des raids nocturnes du Blitz de 1940-41.

---

[410] Plus tard, des radars dédiés à la chasse de nuit baptisés GCI (Ground Controlled Interception) ont été installés, mais à l'époque le problème de radars surveillant l'intérieur des terres n'avait pas encore été résolu.
[411] Anecdote citée page 127 du livre de Vincent Orange sur Dowding (voir bibliographie).
[412] Pages 71-72 du livre de Bowen (voir bibliographie).

Lors de la 50ème et dernière réunion du CSSAD, moins de trois semaines avant la déclaration de la guerre, Watson-Watt peut annoncer que le prototype de radar embarqué a été transféré d'un Fairey Battle sur un Bristol Blenheim (non sans mal à cause des interférences causées par les moteurs) et que 21 exemplaires sont en cours de fabrication et devraient être disponibles fin septembre 1939. Sachant que ces matériels exigent la présence d'un opérateur spécifique, le CSSAD décide qu'ils devront être installés d'abord sur des Blenheim, puis sur des Defiant et des Beaufighter lorsque ces deux derniers types d'avions seront mis en service. [413] On notera que le CSSAD n'a pas alors conscience que l'exiguïté du poste du mitrailleur d'un Defiant empêche cette configuration. De fait, tous ces radars, ayant reçu l'appellation officielle "AI Mk. I" (Airborne Interception Mark I : en français : radar embarqué air-air Version I) ont été montés sur des Blenheim. Avec une fabrication artisanale et la dispersion des équipes à cause de l'imminence des hostilités, les progrès sont ralentis : au début de la guerre, seuls trois Blenheim IV sont équipés et testés par le 25ème Escadron (le premier ayant été livré le 30 août, quatre jours avant l'ouverture des hostilités). En novembre 1939, seuls trois autres avions ont été dotés d'un radar.

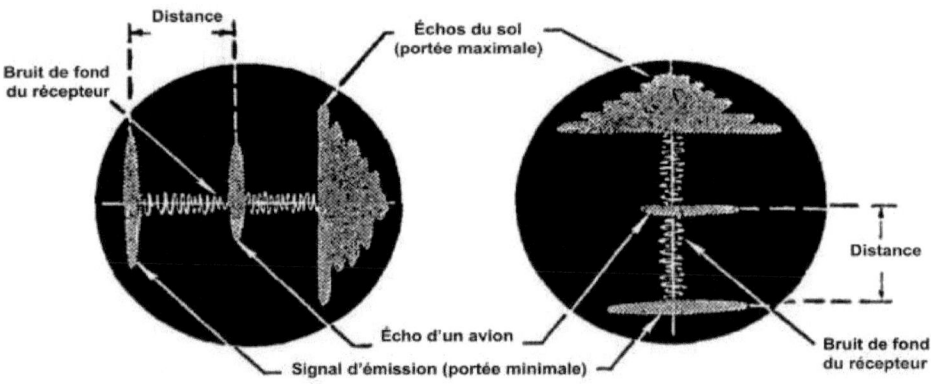

Sur le premier exemplaire du radar AI Mk. I de mai 1939, il n'y avait qu'un seul écran à tube cathodique et l'opérateur devait basculer manuellement des antennes de localisation en azimuth à celles de localisation en élévation et vice-versa. Très vite, et jusqu'à l'AI Mk. IV, l'opérateur radar a disposé devant lui de deux écrans d'à peu près 7 cm de diamètre : celui de gauche permet d'estimer la distance et l'élévation de la cible par rapport au chasseur, et celui de droite permet de déterminer la distance et l'azimuth de la cible. Les images sont rafraîchies 25 fois par seconde et ressemblent aux schémas ci-dessus (dans une teinte verdâtre tremblotante plus ou moins floue et bien souvent avec beaucoup d'interférences). [414] On notera qu'il n'y avait aucune échelle sur ces écrans. Sur

---

[413] Compte-rendu de la réunion du 16 août 1939, conservé sous la référence AIR 20/181, TNA.
[414] Schémas traduits à partir de la Figure 3 du chapitre I de la Publication de l'Air 1093D, Volume I *'Introductory survey of radar - Part II'* de 1946. Représentation typique des écrans d'un AI Mk. IV.

cet exemple, une cible a été détectée à environ mi-distance de la portée maximale de détection (disons 3 km), au-dessus et à droite du chasseur puisque :
- Sur l'écran de gauche, l'antenne supérieure montre un signal plus fort que celui de l'antenne inférieure.
- Sur l'écran de droite, l'antenne du côté droit capte un signal plus important que l'antenne du côté gauche.

Un Comité spécifique :

Avec la naissance des premiers radars air-air, le nombre d'entités impliquées s'accroît rapidement : il y a bien sûr le groupe de chercheurs de Bowen et le Centre de Recherche (radar) du Ministère de l'Air de Bawdsey Manor dans le Suffolk, mais aussi de nombreux industriels (assembleurs ou fabricants de composants électroniques), le Centre de Recherche Aéronautique de Farnborough dans le Hampshire qui se spécialise dans les antennes, la 32ème Unité de Maintenance de la RAF de St Athan au Pays de Galles chargée du montage des radars dans les Blenheim, le Fighter Command et ses Escadrons équipés de radars embarqués. Le Ministère de l'Air crée donc le Comité d'Interception Nocturne pour coordonner les efforts et éviter les doublons. Ce Comité, présidé initialement par l'Air Marshal Sir Richard Peirse, Chef d'État-Major en Second de la RAF, se réunit pour la première fois le 14 mars 1940. L'une de ses premières décisions est d'ordonner la formation d'unité dédiée pour tester, améliorer et préconiser les tactiques à utiliser pour la chasse de nuit : nous parlerons plus en détail de cette Unité d'Interception de Chasse (FIU) dans le cadre des mesures, autres que le radar, qui ont amélioré l'efficacité de la chasse de nuit. [415]

Sur le sujet des comités dont le Ministère de l'Air était très friand, il est difficile de résister à une courte digression pour mentionner la directive rédigée par Churchill le 14 mars 1941, qui s'inquiète de ce que l'on qualifierait en bon français de la "réunionite aigüe". Quelques extraits de cette Directive, qui amène le Comité d'Interception à mettre à jour le périmètre de ses activités, ses participants et son agenda, [416] sont reproduits ci-après car ils permettent de percevoir l'excellente maîtrise par Churchill des rouages de son administration et des écueils qu'elle rencontre parfois :

"Les réponses reçues par une trentaine de Ministères suite à la circulaire qui leur avait été envoyée le 7 janvier montrent qu'il y a environ 800 Comités au sein du Gouvernement Central. ... Lorsque plusieurs Ministères sont impliqués, un Comité correctement organisé économisera beaucoup de temps et de correspondances. Il est cependant clair que l'on a laissé la pratique des Comités s'emballer et que ce qui devrait être un système économiseur de temps est en danger, non seulement de faire perdre du temps aux administrateurs et de retarder les actions, mais aussi de miner la responsabilité de ceux qui doivent prendre les décisions et diriger les mesures." Le document cite ensuite les points à surveiller :

---

[415] Sujet n°6 du compte-rendu de la première réunion du Comité d'Interception Nocturne, conservé sous la référence AIR 20/3442, TNA.
[416] Mémorandum n°46 du 24 juin 1941 du Comité d'Interception, conservé sous la référence AIR 20/3442, TNA.

- "<u>Nombre de participants aux Comités</u> : *Le mal principal est qu'il y a trop de personnes aux réunions des Comités. … Cette augmentation du nombre de participants aux réunions des Comités a deux causes. Premièrement, le souhait que chaque Ministère impliqué soit consulté … Dans le futur, les Comités Interministériels ne comporteront que les représentants des Ministères essentiellement concernés. … Deuxièmement, une habitude s'est établie parmi les représentants des Ministères de chasser en meute. Parfois, jusqu'à six représentants du même Ministère se sont rendus à une réunion. Si plusieurs départements d'un Ministère sont concernés par un sujet, la pratique normale doit être que leurs représentants se réunissent en amont pour établir la ligne d'action à suivre, et pour choisir l'un des leurs pour participer à la réunion. …*
- <u>Responsabilités du Président d'un Comité</u> : *Les Présidents de Comités doivent prendre en charge la conduite ordonnée de l'ordre du jour. Ils doivent s'assurer qu'un ordre du jour pertinent soit publié, que sauf en cas d'urgence les sujets à débattre sont décrits de manière concise par écrit et diffusés avant la réunion. Par-dessus tout, ils doivent s'assurer que la discussion ne dévie pas du sujet étudié, que le nombre de participants soit réduit au minimum (voir ci-dessus) et que les réunions n'aient pas lieu si elles ne sont pas nécessaires. … Les Présidents doivent décourager la rédaction de comptes-rendus trop longs. … Enfin, les Présidents sont responsables de s'assurer que les Secrétaires, sur leurs instructions, s'enquièrent des sujets non résolus lors des réunions …*
- <u>Comités consultatifs et de conseil</u> : …
- <u>Comités de conseils scientifiques</u> : *Le besoin de consulter régulièrement des experts extérieurs scientifiques ou techniques a généré un accroissement important du nombre de Comités de conseils scientifiques depuis le début de la guerre. L'expérience montrera peut-être certains doublons … mais pour le moment, les contacts établis doivent être poursuivis librement.*
- <u>Comités internes à un Ministère</u> : *… L'habitude de créer des Comités formels au sein d'un Ministère est, de fait, probablement le symptôme qu'il n'y a pas d'administrateur véritablement responsable de chacun des départements principaux de ce Ministère.*
- <u>Officiers de liaison</u> : …
- <u>Comités ponctuels "ad-hoc"</u> : *Une recherche <u>ad-hoc</u> sur une question particulière peut souvent être réalisée plus efficacement et plus rapidement, non pas en créant un Comité, mais en confiant ce sujet à un unique individu dont la mission sera de consulter et de recueillir les conseils des différentes parties impliquées."*

La légende du destroyer arrachant de précieux tubes électroniques des griffes allemandes : Dans leurs tâtonnements pour produire un émetteur embarqué suffisamment puissant et pour réduire la taille et la masse des matériels, les chercheurs britanniques ont fait feu de tout bois et testé des tubes à vide américains (produits par Western Electric) et britanniques, ou du moins ils le croyaient. Un peu naïvement, ils pensaient que les tubes EF-50 installés par Pye Ltd. dans le récepteur du radar embarqué et fournis par la Mullard Radio Valve Co. Ltd. étaient fabriqués au Royaume-Uni, alors qu'en fait ils provenaient de l'usine Philips d'Eindhoven aux Pays-Bas. Pour reprendre les mots de Bowen, "*l'EF-50 allait jouer un rôle aussi important pour le Radar que le magnétron* *lui-même*" [417] (magnétron dont nous parlerons pour les radars centimétriques). Il semble que ce soit le patron de Pye ltd., Charles O. Stanley, qui ait alerté Watson-Watt au début de 1940 sur le fait que l'approvisionnement de ces tubes à vide pourrait être compromis par une attaque allemande contre les Pays-Bas. Le responsable de la production de Philips, Theodoor P. Tromp, rencontre Watson-Watt à Londres peu après. Ce dernier lui demande de permettre à la Mullard Radio Valve Co. Ltd. (filiale de Philips depuis 1927) de produire l'EF-50 en grande quantité au Royaume-Uni, et en attendant de fournir autant d'EF-50 que possible depuis Eindhoven. De retour, Tromp fait dupliquer tous les outils et gabarits utilisés pour fabriquer ces tubes, et les fait charger dans des camions avec 25.000 EF-50 et des composants pour en assembler 250.000 autres. Par une coïncidence assez extraordinaire, ce chargement quitte Eindhoven le soir du 9 mai 1940 et est embarqué sur l'un des ferries faisant la navette entre Flessingue et Harwich en Angleterre. Quelques heures plus tard, les Allemands lançaient leur offensive à l'Ouest. [418]

Le 13 mai, les destroyers britanniques *HMS Hereward* et *HMS Windsor* évacuent la famille royale néerlandaise, les membres du gouvernement et les plus hauts dirigeants de Philips. Il semble que certains témoins de l'époque, ou certains historiens, aient confondu cette évacuation dramatique sous la pression de l'invasion allemande avec celle, plus routinière des tubes EF-50, même si elle a eu lieu "juste à temps". [419] On ne peut pas leur en tenir rigueur, car les détails n'ont été révélés que quarante ans plus tard par Tromp, et on serait presque tenté de croire à la légende comme réplique le journaliste Scott au sénateur Ransom Stoddard (James Stewart) dans le film "L'homme qui tua Liberty Valance" de John Ford : *"Quand la légende est plus belle que la réalité, imprimez la légende"*.

A.4.5.2 - Les premiers radars air-air métriques : ça marche, mais …

Il est rapidement découvert que l'émetteur radar perturbe fortement le poste radio TR.9 utilisé à l'époque. Lorsque le radar embarqué est mis en marche, le pilote ne peut plus communiquer avec le contrôleur au sol, et plus grave, il ne peut plus communiquer non plus avec l'opérateur radar en place arrière puisque l'amplificateur du TR.9 est utilisé pour l'intercommunication ! L'arrivée des postes VHF a permis de contourner cette difficulté.

Le gros inconvénient du radar métrique est que sa portée est limitée par les échos du sol : le radar de l'avion "ne voit" donc plus rien au-delà d'une distance égale à l'altitude à laquelle il vole puisque les ondes radio qui sont renvoyées par le sol (un peu moins au-dessus de la mer) produisent un signal bien plus fort que celui de tout avion qui se trouve au-delà de cette distance. Un chasseur volant à une altitude de 1.000 mètres ne peut donc pas détecter un bombardier devant ou au-dessus de lui à une distance de plus de 1.000

---

[417] Page 77 du livre de Bowen (voir bibliographie).
[418] Pour plus de détails sur l'EF-50 et ses péripéties, voir l'article *"The EF50, the Tube that helped to win the War."* de Ronald Dekker, https://www.dos4ever.com/EF50/EF50_klein.html#flight , consulté le 7 novembre 2022.
[419] Par exemple page 77 du livre de Bowen, ou page 22 du livre de Ian White (voir bibliographie).

mètres puisque l'écho de cette cible est noyé dans ceux revenant du sol. Pour un avion volant très haut, c'est la puissance d'émission qui devient le facteur limitant, le signal revenant d'une cible lointaine étant alors trop faible pour être détecté (par exemple, le radar AI Mk. IV ne détecte que les cibles se trouvant à moins de 5.500 mètres lorsque l'avion porteur vole au-dessus de cette altitude).

Autre souci, pour ne pas être saturé, le récepteur doit être protégé chaque fois que l'émetteur envoie une onde, ce qu'il fait entre 670 et 750 fois par seconde. Ce n'est qu'à partir de l'AI Mk. IV que l'opérateur radar dispose d'un potentiomètre permettant d'ajuster la sensibilité du récepteur en accord avec la fréquence d'émission ; mais même ainsi, il est impossible de régler le récepteur de façon à ce qu'il puisse détecter une cible proche sans être saturé par la fin du signal d'émission. En plus d'une portée maximale dont nous avons parlé au paragraphe précédent, le radar a donc une portée minimale : la détection d'une cible n'est possible qu'au-delà de cette distance.

Avec l'AI Mk. I, la puissance d'émission était limitée (1 kW), et la portée minimale était grande (supérieure à 300 mètres), ce qui ne donnait que peu de chance à l'équipage du chasseur d'établir un contact visuel avec la cible avant que son écho ne se fonde sur les écrans avec le signal d'émission. Fragiles et difficiles à utiliser par des équipages encore peu habitués à l'emploi de ces "boîtes de magie noire", ces radars Mk I sont jugés inefficaces et n'ont été employés qu'à des fins de formation des aviateurs. [420] Ces premiers essais en unités opérationnelles font cependant clairement apparaître le besoin d'un guidage initial précis et en temps réel du chasseur depuis un radar au sol pour l'amener à bonne portée d'emploi de son radar embarqué. Ceci ne sera résolu qu'avec l'introduction des stations radars GCI (Interception Contrôlée depuis le Sol) dont nous avons parlé précédemment.

L'AI Mk. II était censé être une version de production en série de l'AI Mk. I, améliorant la portée minimale. En octobre 1939, il était prévu d'en produire trois cents exemplaires. En fait, les premiers matériels, testés à partir de février 1940 par les 25 et 600èmes Escadrons sur cinq avions se sont avérés peu performants. La distance minimale de détection restait d'au moins 305 m, et avec un Blenheim servant de plastron, la portée maximale était au mieux comprise entre 1.525 à 1.830 m. La production artisanale des AI Mk. II a accaparé momentanément les ressources du groupe de Bowen au détriment de la recherche. En plus des six premiers modèles, seuls trois avions ont été équipés de l'AI Mk. II au sein de chacun de six Escadrons de chasse de nuit (23, 25, 29, 219, 600 et 604èmes) afin *"de permettre aux équipages de se former autant que possible à cette nouvelle technologie dans l'attente de radars plus performants sans interférer avec les missions opérationnelles"*. [421] On peut se douter que les aviateurs des Escadrons opérationnels ont certainement rechigné à utiliser ces avions dans cette optique, préférant un chasseur de nuit emportant moins de

---

[420] Note du 10 janvier 1940 du Commandant Du Fighter Command, cité page 119 de la Publication de l'Air 1116 *"Signals"* Volume V (voir bibliographie).
[421] Page 120 de la Publication de l'Air 1116 *"Signals"* Volume V (voir bibliographie).

masse "inutile" et avec une seconde paire d'yeux pour trouver une cible. C'est d'ailleurs à cette époque que l'Unité d'Interception de Chasse (FIU) a été créée pour tester, améliorer et préconiser les tactiques à utiliser pour la chasse de nuit (voir ci-après la section spécifique aux essais et à la formation). Des Blenheim équipés de ce radar AI Mk II ont tenté d'intercepter les bombardiers de la Luftwaffe mouillant des mines magnétiques, de nuit, dans l'embouchure de la Tamise, sans succès car à basse altitude, le signal radar de la cible se fondait dans les échos renvoyés par la mer. La solution "*RDF 1,5*" utilisant un émetteur au sol (en l'occurrence une station radar CHL) et un récepteur dans l'avion est ressortie des cartons où elle avait été remisée après les essais de l'été 1937. En mars 1940, trois Blenheim sont adaptés par la 32ème Unité de Maintenance de la RAF de St Athan au Pays de Galles. [422] Ils sont utilisés avec la station CHL de Foreness Point dans le Kent mais comme l'avion cible n'était détectable que lorsqu'il était dans une position permettant à l'onde radar de la station émettrice d'être réfléchie vers le chasseur portant le récepteur, cette méthode a rapidement été jugée, tout comme en 1937, impraticable. Elle est officiellement abandonnée en juillet par une décision unanime du Comité d'Interception Nocturne. [423]

Deux versions améliorées (baptisées AIH et AIL) du radar AI Mk. II ont été développées mais n'ont pas eu de suite. [424]

L'AI Mk. III a bénéficié de l'émetteur du radar air - surface ASV Mk. I, ce qui a permis d'améliorer la portée maximale jusqu'à 5.180 m. Cependant, la portée minimale restait décevante, tout comme l'était la tendance à tromper l'opérateur par un phénomène d'inversion des signaux sur les antennes de localisation en élévation. Sir Henry Tizard se montre d'ailleurs très pessimiste sur la possibilité de réduire la portée minimale. Dans un mémorandum soumis au Comité d'Interception Nocturne, il écrit : "*Je suis convaincu qu'aucun type d'instrument ne donnera de bons résultats pour l'interception par nuit noire dans les 18 mois à 2 ans qui viennent.*" [425]

Une vingtaine d'exemplaires ont été montés sur des Blenheim If au printemps 1940. Des versions (baptisées IIIA et IIIB) ont été développées pour tenter de réduire la distance minimale de détection, sans succès. Malgré ces défauts et faute de mieux, le 2 mai 1940, le Comité d'Interception Nocturne décide d'équiper une centaine de Blenheim et la production en série débute. [426] La société E. K. Cole se voit confier la fabrication des émetteurs qui viennent compléter ceux qui sont "prélevés" sur la chaîne de

---

[422] Paragraphes 46 et suivants du compte-rendu de la réunion du 14 mars 1940 du Comité d'Interception Nocturne, conservé sous la référence AIR 20/3442, TNA.
[423] Paragraphes 1 et 2 du compte-rendu de la réunion du 4 juillet 1940 du Comité d'Interception Nocturne, conservé sous la référence AIR 20/3442, TNA.
[424] Pour plus de détails, se reporter page 35 du livre de Ian White (voir bibliographie).
[425] Paragraphe 43 du compte-rendu de la réunion du 23 mai 1940 du Comité d'Interception Nocturne, conservé sous la référence AIR 20/3442, TNA.
[426] Paragraphe 45 du compte-rendu de la réunion du 2 mai 1940 du Comité d'Interception Nocturne, conservé sous la référence AIR 20/3442, TNA. Cette décision avait déjà été discutée lors des réunions précédentes, mais la réunion du 2 mai lui donne la priorité de production sur les radars ASV.

production des radars ASV. [427] Ces premiers matériels tombent souvent en panne et la version IIIB est tellement complexe que très peu ont été utilisés. Le graphe ci-dessous [428] montre donc l'équipement des escadrons de chasse de nuit en Blenheim avec radar (principalement IIIA) alors que se déroulait la bataille d'Angleterre :

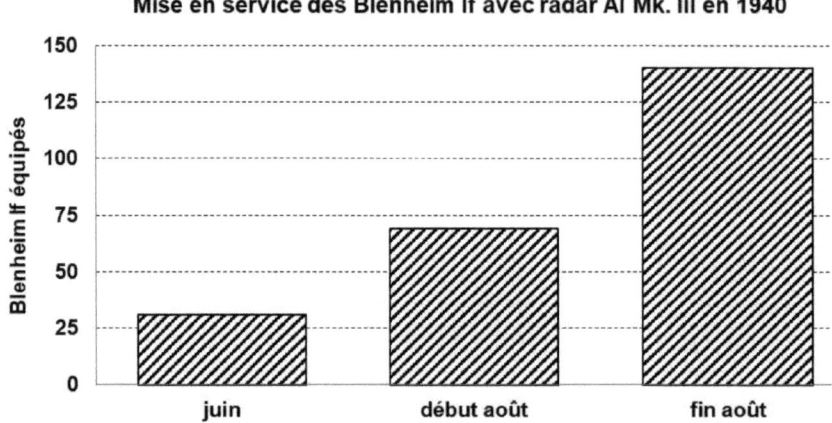

Mise en service des Blenheim If avec radar AI Mk. III en 1940

Même si l'intensification des survols de la Luftwaffe met assez rapidement en lumière le manque de puissance des Blenheim If pour les missions de chasse, elle donne aussi plus d'opportunités d'expérimenter ces nouveaux radars et le premier succès est remporté dans la nuit du 22 au 23 juillet 1940. Le rapport de combat du Flying Officer Glyn Ashfield de la FIU de cette première victoire acquise par interception au radar air-air sur le Blenheim L6836 est traduit ci-dessous : [429]

```
SECRET                                                    Formulaire "F"
                         RAPPORT DE COMBAT
Code du Secteur : -                              N°   de   l'Ordre   de
patrouille : -
Date : Du 22 au 23 juillet 1940
Escadrille : FIU                                 Escadron : -
Nombre d'avions ennemis : 1                      Type     d'avions
ennemis : Do-17
Heure de l'attaque : à peu près 23h37
Lieu de l'attaque : Position estimée à 20 milles (32 km) de Selsey Bill
[dans le Sussex de l'Ouest] sur un cap à 200°.
Altitude de l'ennemi : 6.000 pieds (1.830 m).
Dommages causés à l'ennemi : Un avion détruit (confirmé par des témoins
au sol et par le Pilot Officer Carey du 43ème Escadron).
Dommages subis : Aucun.
```

---

[427] Page 122 de la Publication de l'Air 1116 *"Signals"* Volume V (voir bibliographie).
[428] Graphes de l'auteur à partir des données de la page 124 de la Publication de l'Air 1116 *"Signals"* Volume V (voir bibliographie).
[429] Rapport de combat conservé sous la référence AIR 50/470/1, TNA. Le rapport du Pilote (tout comme celui de l'Opérateur radar et de l'Observateur) est manuscrit.

Projecteurs (est-ce que l'ennemi était éclairé, si non est-ce que les faisceaux des projecteurs étaient en avant ou en arrière de la cible ?) : Non applicable, en mer.
Canons de D.C.A. (est-ce que les explosions d'obus ont aidé le Pilote à intercepter l'ennemi ?) : Aucun tir de DCA.
Distance à laquelle le feu a été ouvert et durée du tir : À l'intérieur de la zone de portée minimale *[du radar embarqué]*, à environ 400 pieds *(120 m)* ouverture du feu en continu jusqu'à une distance d'environ 100 pieds *(30 m)*, 280 cartouches par mitrailleuse.
Rapport général :
À 23h00, on nous a demandé de patrouiller sur la ligne 8. À environ 23h30, un cap de 180° à partir de Selsey Bill nous été donné avec l'instruction d'allumer le radar embarqué. Après deux ou trois minutes, un contact a été obtenu sur le radar par le Sergent Leyland. Des corrections d'altitude de 10.000 à 6.000 pieds *(3.050 à 1.830 m)* ont été réalisées, ainsi que quatre corrections de cap de 5° vers la droite. Après environ 6 minutes, l'avion ennemi a été aperçu par l'Observateur, le Pilot Officer Morris, sur la gauche et juste en dessous. Un peu d'altitude a été perdue pour placer l'avion ennemi entre nous et la Lune. La silhouette du fuselage se détachant sur la Lune a permis d'identifier l'avion ennemi comme étant un Do-17. Nous n'avons fait aucun signal demandant les couleurs du jour. J'ai estimé la distance et bien que je n'ai pas pu voir la configuration de la dérive, le type de répartition des flammes d'échappement de l'avion ennemi a confirmé mon jugement que cet avion n'était pas Britannique. Nous avons volé pleins gaz jusqu'à passer sous la portée minimale du radar air-air et j'ai ouvert le feu à une distance de 400 - 500 pieds *(120 - 150 m)*. Comme je ne pouvais pas voir le guidon du viseur [430] je me suis rapproché en tirant en continu et à en juger par le grand spectacle de feu d'artifice créé par les impacts de balles au niveau des moteurs, il semble que la visée était bonne. J'ai poursuivi le tir jusqu'à ce que l'avion ennemi ait la taille d'une maison. Il a alors fait une embardée vers la droite et s'est mis en piqué. J'ai tenté de le suivre tout en continuant à tirer mais c'est alors que tout le Perspex [431] de la cabine s'est couvert d'huile provenant de l'avion ennemi. Dans les secondes qui ont suivi, nous nous sommes retrouvés en vol sur le dos et le rétablissement n'a eu lieu qu'à une altitude de 700 pieds *(215 m)*. Nous avions alors perdu tout contact avec l'avion ennemi.
Nous avons reçu un cap de 30° vers la base de la part *[du contrôleur au sol]* de Poling, et après 5 à 6 minutes nous avons franchi la côte à l'est de Bognor *[Regis]*. À ce moment-là, mon Observateur, le Pilot Officer Morris, a signalé un grand feu en arrière et légèrement sur la gauche. Il a estimé la position de ce feu comme étant 5 milles *(8 km)*

---

[430] Les avions de l'époque étaient équipés d'un viseur "anneau-bille", composé d'un guidon en forme de bille monté en avant du poste de pilotage, et d'un réticule en forme d'anneau de fil de fer fixé en haut de l'encadrement du pare-brise au-dessus du tableau de bord. Lorsque les viseurs à réflexion sont apparus, ces viseurs 'anneau-bille' ont servi quelques temps de moyen de visée de secours avant de disparaître.

[431] Perspex est le nom commercial britannique du polymère plus connu sous le nom allemand de Plexiglas.

> au sud de Bognor [Regis]. Cet incendie a duré entre 5 et 10 minutes. On m'a ordonné de tourner en rond au-dessus de la base à une altitude de 4.000 pieds *(1.220 m)* et d'attendre les instructions. À 00h05, nous avons reçu l'ordre d'atterrir, ce que nous avons fait à 00h10 le 23 juillet. Le Pilot Officer Carey du 43ème Escadron, qui était en patrouille au moment du combat, a aperçu les tirs et l'incendie qui a suivi sur la mer.
> SIGNATURE: G. Ashfield - Flying Officer - F.I.U. Tangmere

Le Journal de Marche de la FIU [432] indique que l'Officier commandant la FIU, le Wing Commander George P. Chamberlain, avait joué le rôle de contrôleur aérien depuis la salle d'opérations du Secteur de Tangmere en transmettant par radio les instructions à Ashfield à partir des informations que lui donnait la station radar CH / CHL de Poling. Chamberlain a pris sa retraite de la RAF en 1960, avec le grade d'Air Vice-Marshal.

Dans son rapport de combat, le Pilot Officer Geoffrey E. Morris, Observateur, indique que lorsque l'avion est passé sur le dos, il s'est retrouvé projeté hors de la tourelle pour tomber au fond de l'avion ! Plus tard durant la guerre, Morris a commandé différentes stations radar GCI. Il a pris sa retraite de la RAF au grade de Wing Commander en 1970.

Après la FIU, l'Opérateur radar, Reginald H. Leyland, a servi comme instructeur au sein de la 3ème École Radio qui a été créée en décembre 1940 à Prestwick pour former les nouveaux opérateurs radar. Il a ensuite été affecté comme Navigateur sur Mosquito au 151ème Escadron de chasse de nuit. Il a survécu à la guerre et a été démobilisé en 1946.

Glyn Ashfield s'était engagé dans la RAF en 1928 comme apprenti et avait ensuite demandé à devenir pilote. Pour son travail au sein de la FIU il a reçu l'AFC, et plus tard la DFC. [433] Il a été tué avec son Navigateur, le Flying Officer Douglas D. Deale, lorsque leur Mosquito Mk. II du 157ème Escadron a percuté le sol le 12 décembre 1942.

Le Pilot Officer Frank R. Carey, DFM, DFC avec agrafe, avait lui aussi rejoint la RAF en tant qu'apprenti en 1927 avant de demander à devenir pilote. En juillet 1940, il était déjà connu au sein de la RAF pour ses nombreuses victoires avant et pendant la bataille de France au sein du 43ème Escadron, qui lui avaient valu de recevoir la DFM puis deux fois la DFC. [434] Il a fini la guerre avec 15 avions allemands et 8 avions japonais abattus, et bien d'autres endommagés ou partagés (et une troisième DFC). [435] Il a pris sa retraite de la RAF au grade de Group Captain en 1960 pour travailler pour Rolls Royce.

Les quatre aviateurs allemands du Do-17 du 2/KG3 ont eu la chance de survivre à l'amerrissage, même si le pilote a été légèrement blessé. [436]

Le développement de **l'AI Mk. IV** (désignation officielle Aircraft Radio Installation (ARI) 5003) a commencé dès avril 1940 puisqu'il est vite apparu que la version III (ou IIIA et IIIB) n'était pas satisfaisante. Le mois suivant, la société Electrical and Musical

---
[432] Entrée du 22 juillet 1940 du Journal de marche conservé sous la référence AIR 29/27, TNA.
[433] Suppléments de la London Gazette du 17 mars 1941 et du 1er décembre 1942.
[434] London Gazette du 1er mars 1940 et supplément de la London Gazette du 31 mai 1940.
[435] Supplément de la London Gazette du 24 mars 1940.
[436] Page 546 du livre de Winston G. Ramsey sur la bataille d'Angleterre (voir bibliographie).

Industries (E.M.I. Ltd.) se voit confier une partie importante du développement de ce nouveau radar air-air. Contrairement aux modèles précédents, l'émetteur de l'AI Mk. IV dispose d'un modulateur indépendant qui améliore les caractéristiques des pulsations et commande l'isolement du récepteur au bon moment. Ce dernier point, couplé à l'ajout d'un potentiomètre d'ajustement sur le récepteur, permet d'arriver à une portée minimale de l'ordre de 120 mètres, bien meilleure que celle des versions précédentes. Les premiers essais de l'AI Mk. IV démarrent à la FIU fin juin 1940. Ce nouveau radar bénéficie aussi rapidement d'avancées récentes faites au Centre de Recherche Aéronautique de Farnborough sur le positionnement des antennes qui passent désormais d'une orientation horizontale à une orientation verticale ; l'inversion des signaux de localisation rencontrée sur la version Mk. III disparaît.

C'est à peu près à cette époque que le Dr Edward G. Bowen, lassé du manque de moyens attribués à son équipe, accepte l'offre de Sir Henry Tizard de se joindre à sa mission partant pour les USA afin de présenter les dernières innovations technologiques britanniques et demander l'aide de la machine de production américaine. [437]

Lors de la réunion du 15 août 1940 du Comité d'Interception, un rapport d'essai du radar air-air AI Mk IV apparaît favorable et l'Air Chief Marshal Sir Hugh C.T. Dowding suggère que les nouveaux avions de chasse bimoteurs produits par la Bristol Aeroplane Company en soient équipés. [438] Le 10 septembre, le Ministère de l'Air décide donc de stopper l'équipement de Blenheim en radar pour favoriser les Beaufighter. [439] Le rythme de production des Beaufighter est resté faible pendant les premiers mois : en novembre 1940, seuls 47 "Beau" avec radar sont en service au sein du Fighter Command. Conscient de cette faible production, le Secrétaire d'État à l'Air demande dès mi-septembre que l'emploi du Douglas DB-7 comme chasseur de nuit soit envisagé. [440]

L'AI Mk. IV est le premier modèle de radar air-air à avoir une capacité IFF, une capacité de ralliement sur radiobalise jusqu'à un maximum d'une centaine de kilomètres et d'approche radioguidée grâce à un transpondeur placé en bout de piste. Même si le sol doit être visible durant la phase finale de l'atterrissage, ces deux dernières capacités vont être très appréciées par les équipages qui ont désormais un outil performant pour leur permettre de retrouver leur base et pour s'aligner correctement avec la piste.

Autre particularité de l'AI Mk. IV, il a une certaine capacité à détecter vers l'arrière, sur une courte distance (moins d'un kilomètre, avec également une distance minimale de détection). L'écho d'un avion apparaît alors un peu plus faiblement qu'un écho "normal" d'un avion se trouvant en avant du chasseur et il faut un opérateur expérimenté pour saisir rapidement la différence. Si cela entraîne quelques confusions au-dessus de l'Angleterre, cette caractéristique va s'avérer très utile pour les Beaufighter et Mosquito

---

[437] Pour plus de détails sur cette mission importante pour la suite de la guerre, se reporter par exemple au livre de Stephen Phelps (voir bibliographie).
[438] Paragraphe 7 du compte-rendu de la réunion, conservé sous la référence AIR 20/3442, TNA.
[439] Page 128 de la Publication de l'Air 1116 "Signals" Volume V, voir bibliographie.
[440] Paragraphe 9 du compte-rendu de la réunion du 11 septembre 1940 *"To discuss methods of night interception"*, présidée par le Secrétaire d'État à l'Air, conservé sous la référence AIR 20/2419, TNA.

envoyés à partir de juin 1943 au-dessus des territoires occupés pour protéger les bombardiers lourds de la RAF : si un chasseur allemand tentait d'approcher, l'opérateur radar avait alors une chance de l'apercevoir sur ses écrans et de prévenir son pilote.

Photographie montrant l'antenne de l'émetteur du radar air-air AI Mk IV et les quatre mitrailleuses Browning dans le nez d'un Mosquito NFII. On notera que par rapport aux premières versions des radars embarqués, l'antenne d'émission est désormais dans le plan vertical, et non plus horizontal. Les quatre caissons de munitions des mitrailleuses venaient se loger au-dessus de ces dernières. (photo © BAE SYSTEMS)

L'AI Mk. IV rencontre son premier succès dans la nuit du 19 au 20 novembre 1940 lorsque le Beaufighter If du Flight Lieutenant John Cunningham et du Sergent John R. Phillipson du 604ème Escadron intercepte un Ju-88A-5 du 3./KG54 qui faisait partie des 356 bombardiers allemands envoyés bomber les usines de Birmingham. Leur rapport de combat est traduit ci-dessous : [441]

SECRET		Formulaire "F"
	RAPPORT DE COMBAT	
Code du Secteur : -	N° de l'Ordre de patrouille : Y1	
Date : 19 novembre 1940		
Escadrille : Jaune 1		Escadron : 604
Nombre d'avions ennemis : 1		
Type d'avions ennemis : Quadrimoteur, type incertain, F.W. Condor (mention rayée et corrigée manuellement "Ju-88")		
Heure de l'attaque : -		
Lieu de l'attaque : Près de Brize Norton [dans l'Oxfordshire].		
Altitude de l'ennemi : 18.000 pieds (5.500 m).		
Dommages causés à l'ennemi : Incertains, endommagé (mention rayée et corrigée manuellement "1 Ju-88 détruit, vérifié et confirmé avec l'Officier du Renseignement").		
Dommages subis : Aucun.		
Projecteurs : Non, mais les projecteurs éclairaient les nuages sous l'avion ennemi, donnant sa position approximative.		
Canons de D.C.A. : Aucun tir de DCA.		

---

[441] Rapport de combat conservé sous la référence AIR 50/168/158, TNA.

Distance à laquelle le feu a été ouvert et durée du tir :

200 yards *(180 m)*,
6 à 7 secondes, 190 obus.

Rapport général :

J'avais l'indicatif radio 'Blazer 24'. Nous avons décollé à 22h21, et nous avons atterri à 23h59 après avoir patrouillé la zone B à *[une altitude de]* 12.000 pieds *(3.660 m)*. En allant du Sud au Nord sur l'extrémité Est de la ligne de patrouille, j'ai aperçu une bande de fumée et j'ai pris de l'altitude pour vérifier. C'est alors que j'ai aperçu un avion ennemi au-dessus et en arrière sur ma droite avec ses feux de navigation allumés. L'avion ennemi est passé au-dessus de moi en arrière et j'ai donc viré à gauche et me suis rapproché par l'arrière, mais il s'est malheureusement engagé dans un nuage humide qui a obscurci mon pare-brise. J'ai suivi ce cap un moment en passant par des zones sans nuages lorsque six fusées rouges ont été tirées en paires sur ma gauche à une distance d'environ 0,25 milles *(400 m)*. En regardant dans cette direction, j'ai aperçu un autre avion ennemi avec ses feux de navigation allumés. Je pense avoir rencontré une formation de trois bimoteurs ennemis et avoir suivi le leader, mais j'ai changé pour l'avion de gauche dans la formation car il volait plus haut et je pouvais voir ses feux. Très vite après m'être aligné sur son arrière, l'avion ennemi a perdu de l'altitude et est rentré dans un nuage. Juste avant qu'il y arrive, j'étais suffisamment proche pour déterminer qu'il s'agissait d'un bimoteur. J'ai suivi pendant un moment puis l'ai abandonné dans les nuages. J'ai appelé 'Harlequin' pour demander des instructions. Il m'a été demandé de retourner sur la ligne de patrouille et je m'y rendais quand on m'a signalé un avion ennemi à environ 10 milles *(16 km)* à l'Est. J'ai viré dans cette direction pour vérifier les projecteurs mais le radar embarqué ne montrait rien. J'ai donc fait demi-tour pour une recherche et j'ai vu une autre concentration de lumières derrière moi. Très vite après avoir pointé vers cet endroit, le radar embarqué a détecté un avion volant vers le Nord. Je volais alors à *[une altitude comprise entre]* 15.000 et 16.000 pieds *(4.570 à 4.875 m)*. Sur les instructions de l'Opérateur, j'ai pris de l'altitude et il m'a dit d'accroître la vitesse. Après plusieurs modifications de cap, je suis arrivé au sommet des nuages et j'ai aperçu presque immédiatement des flammes d'échappement à peu près à 1.000 pieds *(300 m)* au-dessus de moi. L'avion ennemi volait en suivant une trajectoire en 'S' et je ne pouvais pas le suivre car je me trouvais trop loin en dessous. Cependant, en suivant les instructions de l'Opérateur, j'ai été amené à nouveau sur l'arrière de la cible et je me suis ensuite très lentement rapproché par en-dessous et légèrement en arrière. J'ai reconnu l'avion ennemi comme étant un quadrimoteur. Je suis monté quasiment au même niveau que lui et à moins de 200 yards *(180 m)* derrière. Je volais alors à la même vitesse que l'avion ennemi et j'ai ouvert le feu. Le viseur à réflexion était inutilisable à cause des vibrations. L'avion ennemi a répondu presque immédiatement par des tirs défensifs et a réduit sa vitesse : il semblait avoir soudainement ralenti tout en tournant simultanément vers la droite. Je n'ai pas

> aperçu d'autres effets. Le quadrimoteur ne montrait aucun feu de navigation.
> SIGNATURE : J. Cunningham, F/Lieut - 604ème Escadron.

Bien que Cunningham n'ait pas été certain du résultat, un Ju-88 s'est abattu à East Wittering, dont l'équipage a indiqué avoir été attaqué par un chasseur. Ce combat était la première victoire de ce pilote qui en a ensuite accumulé une vingtaine, la plupart avec son opérateur radar Cecil F. Rawnsley. Cunningham avait déjà acquis une bonne expérience de vol après avoir reçu son brevet de pilote en 1936 en tant qu'auxiliaire de la RAF puisqu'il travaillait pour De Havilland et s'était vu confié de plus en plus de vols d'essai. Il a été rendu célèbre par les services de propagande britanniques qui cherchaient un moyen de rassurer la population au moment du Blitz. De ce besoin et de la nécessité de cacher l'existence d'un radar embarqué est née la légende "des pilotes de chasse aux yeux de chat" qui se nourrissaient de carottes pour améliorer leur vision nocturne. [442]

En août 1942, Cunningham est affecté au 81ème Groupe du Commandement de la Formation pour diriger les OTU de chasse de nuit pendant que Rawnsley passe six mois comme instructeur au sein de la 62ème OTU. En janvier 1943, les deux hommes reforment un équipage lorsque Cunningham est nommé à la tête du 85ème Escadron, qui utilise des Mosquito NF II. En mars 1944, ils terminent leur second tour d'opérations. Cunningham est alors en charge des opérations de nuit au QG du 11ème Groupe du Fighter Command, toujours avec Rawnsley à ses côtés, jusqu'à la fin de la guerre.

Après-guerre, Cunningham a été pilote d'essai pour De Havilland puis Hawker Siddeley, contribuant à la mise au point de nombreux avions à réaction militaires et civils.

Le Warrant Officer John R. Phillipson, DFC, a été tué en Égypte le 5 janvier 1943 lorsque son Beaufighter du 89ème Escadron s'est écrasé durant une tempête de sable.

Même si l'AI Mk. IV a fait ses débuts opérationnels à la fin de 1940, son lent déploiement, lié à la faible production de Beaufighter et au temps d'apprentissage nécessaire, a fait que les premiers résultats concrets n'ont été recueillis qu'à compter du printemps 1941, juste quand l'effort allemand du Blitz commençait à s'essouffler. Un pilote du 604ème Escadron, Roderick A. Chisholm, évalue ainsi la valeur de la chasse de nuit britannique fin 1940 : *"En tant que chasseurs de nuit, nous étions totalement inefficaces. Nous ne pouvions pas trouver les avions ennemis, et même si nous l'avions pu, nos Blenheim, même améliorés par le retrait de leur tourelle arrière, étaient trop lents pour les rattraper. Les radars n'étaient pas fiables et les opérateurs étaient trop inexpérimentés pour les utiliser correctement."* [443] Ce n'est qu'au début d'avril 1941 que Douglas peut écrire au Secrétaire d'État à l'Air que *"bien que les Beaufighter avec radar air-air n'aient effectué que 21% des sorties nocturnes, ils sont responsables de 65% des avions*

---

[442] Cunningham raconte cette anecdote avec humour dans son interview de 1989, conservée par l'Imperial War Museum dans la collection *'Oral history'*, référence 10729 - bobine 2. Le Musée Mondial de la Carotte (musée virtuel) s'enorgueillit toujours de ce lien avec la RAF : voir http://www.carrotmuseum.co.uk/raf.html consulté le 19 juillet 2022.

[443] Page 44 de son livre (voir bibliographie).

ennemis détruits." [444] L'AI Mk. IV, de même que les stations GCI, est donc arrivé trop tard pour marquer cette phase de la guerre de façon décisive. Ces nouveaux outils n'ont pas eu, par exemple, le même impact que le réseau radar CH qui a fait pencher la balance durant la bataille d'Angleterre. Preuve que l'AI Mk. IV était un outil fiable, même avec l'apparition des radars centimétriques (voir ci-après) plus performants en 1942, ce radar est resté en première ligne jusqu'à la fin de la guerre dans certains théâtres d'opérations et dans les unités de formation (Écoles Radio, Unités de Formation Opérationnelle, etc.). L'AI Mk. IV a aussi été produit aux USA sous le nom de SCR-540.

Fin 1942, quelques Mosquito flambant neufs reçoivent les dernières finitions, avant d'être livrés aux unités opérationnelles (notez l'absence des lettres codes autour de la cocarde de fuselage). L'avion au premier plan est un chasseur de nuit (DZ265), les trois suivants sont des bombardiers, et le dernier au fond est un autre chasseur de nuit. On voit bien sur le Mosquito F.II DZ265 les antennes du radar métrique, et le pare-flammes du moteur gauche. Cet avion a notamment été utilisé par le 239ème Escadron pour des missions Serrate (voir le chapitre spécifique) (photo © BAE SYSTEMS).

Sur le Beaufighter, l'Opérateur radar fait face à l'arrière alors que l'affichage du radar lui présente la situation vue vers l'avant : la communication sur la cible se fait donc en utilisant les termes tribord / bâbord (et non pas gauche et droite) pour éviter toute confusion. [445] Sur les Havoc ou les Boston équipés de radar Mk IV, l'Opérateur radar fait face à l'avant et certains documents mentionnent que la présence de commandes de vol au poste arrière avait permis d'envisager que l'Opérateur radar dirige directement l'avion lors de l'interception. [446] On n'ose pas imaginer la réaction des Pilotes à cette proposition qui ne semble jamais avoir été mise à l'essai …

---

[444] Lettre du 8 avril 1941 cité page 75 du livre de Victor Bingham (voir bibliographie).
[445] Dennis Gosling indique, page 50 de son livre (voir bibliographie), que les deux écrans du radar AI Mk IV de son Beaufighter se trouvaient devant lui lorsque son siège était tourné vers l'avant. Il est donc possible que d'autres configurations que celle du schéma ci-après aient été utilisées.
[446] Voir par exemple le paragraphe 82 du Secret document 0165, chapitre I : *'A.I. MK. IV and ancillary equipment'* de juillet 1942.

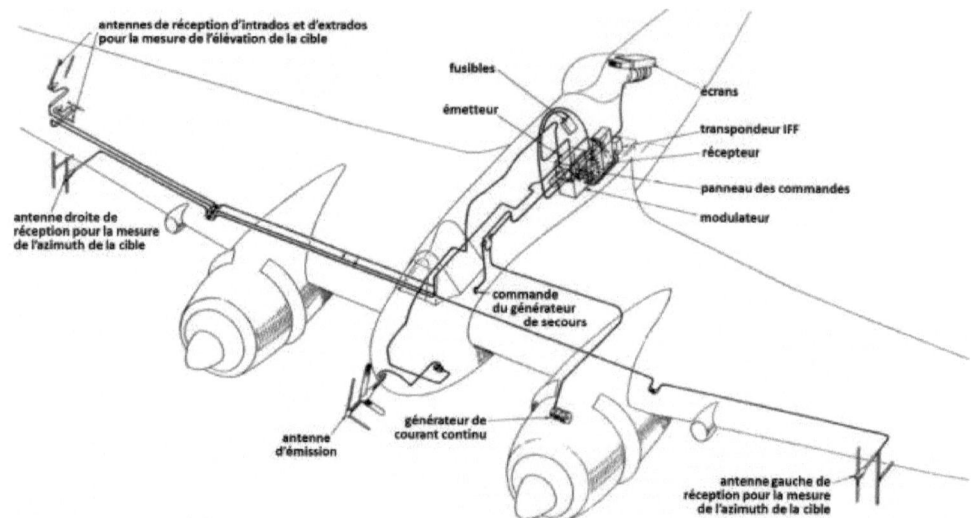

Schéma d'installation du radar air-air AI Mk IV à bord du Beaufighter (Figure 42 du Secret Document 0165, chapitre 1 *"A.I. Mk. IV and ancillary equipment"*, 2ème édition de juillet 1942)

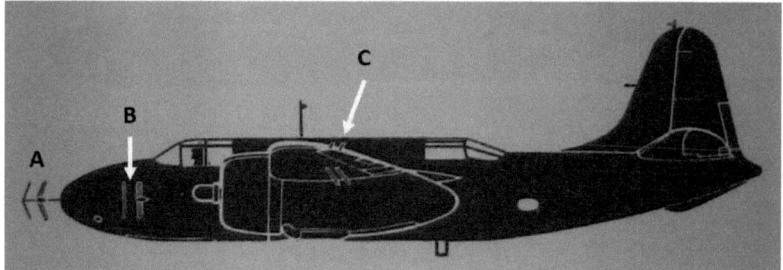

A - Antenne d'émission
B - Antenne gauche de réception pour la mesure de l'azimuth de la cible
C - Antennes de réception d'intrados et d'extrados pour la mesure de l'élévation de la cible

Position des antennes du radar air-air AI Mk IV sur un Havoc I (version armée de chasse de nuit, à ne pas confondre avec la version Turbinlite) (Dessin de l'auteur à partir de l'Air Publication 1480 A *"Recognition handbook of British aircraft"*, Part I, section B)

Les radars air-air Mark V (ARI 5005) **et Mark VI avec affichage pour le Pilote** : Robert Hanbury Brown, un chercheur du Telecommunications Research Establishment (TRE), a démontré que le délai de communication entre l'Opérateur radar et le Pilote était l'un des facteurs qui pouvait influer négativement la conversion d'un contact radar en contact visuel. [447] Afin d'éliminer ce délai et pour donner une information visuelle directement au Pilote, un écran spécifique a été développé : l'Opérateur radar guidait le Pilote à l'aide d'un afficheur placé dans le poste de pilotage : l'Opérateur positionnait un point lumineux sur l'écho de son écran de mesure de distance, et l'afficheur dans le poste de pilotage permettait au Pilote de visualiser ce point lumineux indiquant la position de la cible. Ces premiers afficheurs pour Pilote de fabrication artisanale, baptisés AI Mk. IVA, sont testés par la FIU dès octobre 1940 sur Blenheim et Beaufighter, puis sur des Havoc. Fin 1940, le Comité d'Interception décide d'en équiper une douzaine de Havoc pour le 23ème Escadron. [448] Les modèles fabriqués plus tard industriellement ont reçu la désignation AI Mark V. Au printemps 1941, les radars embarqués Mark IV avaient commencé à faire leurs preuves et le besoin pour une version de radar pour le Pilote a donc reçu une priorité moindre que prévu initialement.

L'AI Mark V, fonctionnant sur une longueur d'onde métrique, était techniquement identique à la version précédente (Mark IV), la principale différence étant l'affichage différent des informations pour l'Opérateur radar et l'addition d'un écran pour le Pilote. Les détails de l'affichage sont décrits dans le manuel de l'AI Mk V et ne sont donc pas exposés ici (ce manuel est à lire en parallèle avec le rapport de combat du Flight Lieutenant Glyn Ashfield ci-après). Onze mois après la première victoire obtenue à l'aide d'un radar embarqué, nous retrouvons le Flight Lieutenant Glyn Ashfield, le Pilot Officer Geoffrey E. Morris, Observateur de la FIU, mais cette fois l'Opérateur radar est le Flying Officer Randall : dans la nuit du 25 au 26 juin 1941, leur Beaufighter If remporte un succès grâce à l'AI Mk. V. Leur rapport de combat est traduit ci-dessous : [449]

```
 Formulaire "F" de substitution                           SECRET
            RAPPORT  PERSONNEL  DE  COMBAT  ET  DE  RENSEIGNEMENT
 Code du Secteur : -            N° de l'Ordre de patrouille : -
 Date : Nuit du 25 au 26 juin 1941
 Escadrille : -                                   Escadron : F.I.U.
 Nombre d'avions ennemis : 1
 Type d'avions ennemis : He-111.
 Heure de l'attaque : 03h34 le 26 juin 1941.
```

---

[447] Pages 64-65 du livre de Hanbury Brown (voir bibliographie).
[448] Paragraphe 2.a) du compte-rendu de la réunion du 12 décembre 1940 du Comité d'Interception, conservé sous la référence AIR 20/3442, TNA. Les lecteurs souhaitant une description détaillée du développement des radars AI Mk V et VI pourront se référer au livre de Ian White sur les radars air-air (pages 92-105, voir bibliographie).
[449] Rapport de combat conservé sous la référence AIR 50/469/4, TNA. Ian White, page 99 de son livre (voir bibliographie) date ce combat de la nuit suivante, mais le rapport de combat est très clair sur ce point.

Lieu de l'attaque : V.8773 *[d'après la salle d'opérations du Secteur de]* Tangmere *[dans le Sussex]* ;
V.8765 *[d'après le GCI de]* Durrington *[dans le Sussex]*.[450]
18 milles *(29 km)* au sud-sud-ouest du cap Bévéziers (d'après les Garde-Côtes et l'Observer Corps).
20 milles *(32 km)* au sud-ouest de Shoreham *[dans le Kent]* (estimation du W/Cdr Leigh et son Observateur du 23ème Escadron qui rentrait d'une mission Intruder).

Altitude de l'ennemi : 10.400 pieds *(3.170 m)* au début du combat.
Dommages causés à l'ennemi : 1 He-111 détruit.
Dommages subis : Aucun.
Projecteurs (est-ce que l'ennemi était éclairé, si non est-ce que les faisceaux des projecteurs étaient en avant ou en arrière de la cible ?) :
Non applicable.
Canons de D.C.A. (est-ce que les explosions d'obus ont aidé le Pilote à intercepter l'ennemi ?) : Non applicable.
Distance à laquelle le feu a été ouvert et durée du tir : Une rafale de six secondes en se rapprochant de 100 à 50 yards *(90 à 45 m)*.
Rapport général :
   Un Beaufighter de la F.I.U., Pilote F/Lt Ashfield, Opérateur du radar embarqué F/O Randall, Observateur P/O Morris, a décollé de Ford *[dans le Sussex]* à 02h20 le 26 juin 1941. Ce Beaufighter était équipé d'un radar Mark V avec affichage pour le Pilote. En suivant les instructions de *[la salle d'opérations du Secteur de]* Tangmere, le Beaufighter a patrouillé à *[une altitude de]* 10.000 pieds *(3.000 m)* au sud de Brighton jusqu'à passer sous le contrôle *[du GCI de]* Durrington. À ce moment, il y avait peu d'activité en raison de l'heure tardive de la patrouille, mais à environ 03h00 nous avons été mis sur la piste d'un avion ennemi retournant vers le Continent. À 15.000 pieds *(4.570 m)*, un contact a été obtenu sur le radar embarqué. Bien que l'on nous ait dit que l'avion ennemi volait sur un cap de 150°, le Beaufighter a stabilisé l'écho sur 320°, l'objectif étant de garantir une croissance rapide "des ailes" *[sur l'écran radar du Pilote]* avant de virer sur l'arrière de l'avion ennemi. Les "ailes" de l'avion ennemi ont commencé à grandir jusqu'à un huitième de pouce *(3 mm)* de chaque côté mais pas plus, et l'Opérateur radar a compris que l'avion ennemi devait se trouver derrière et 7.000 à 8.000 pieds *(2.130 à 2.440 m)* en dessous du Beaufighter. Nous avons viré sur un cap à 150° et le Contrôleur nous a demandé de perdre 4.000 pieds *(1.220 m)* car l'avion ennemi perdait de l'altitude. Bien que le Badin affichait 330 puis 260 m.p.h. *(531 puis 418 km/h)* pendant quelques 12 minutes, le Beaufighter n'a pas réussi à réduire la distance à moins de 3 ou 4 milles *(5 à 8 km)*. Ayant atteint la limite de la zone de patrouille au milieu de la Manche, il

---

[450] Ces deux coordonnées correspondent à peu près au milieu de la Manche entre Newhaven et Étretat, un peu plus vers l'Angleterre que vers la France. Le paragraphe consacré à la météo n'a pas été traduit.

a été ordonné au Beaufighter de virer vers le Nord. Quand ceci a été fait, le Pilote a compris que puisqu'il s'était trouvé au-dessus, le Beaufighter avait dû être aperçu par l'avion ennemi sur fond de la bande lumineuse du ciel au Nord. Le Beaufighter a alors contacté le Squadron Leader Devitt, contrôleur de Durrington, et a demandé à être placé au moins 2.000 pieds *(600 m)* sous l'altitude estimée de tout nouvel avion ennemi. Le Pilote a été informé qu'il ne restait plus qu'un seul avion ennemi qui se trouvait alors au-dessus de Portsmouth *[dans le Hampshire]* et que le Beaufighter devrait tenter de l'intercepter quand il prendrait la route du retour. Après plusieurs instructions de changement de cap, le Beaufighter a reçu l'ordre de prendre un cap de 150°, de voler à *[une altitude de]* 8.000 pieds *(2.440 m)* et d'allumer le radar embarqué. L'Opérateur radar a immédiatement signalé un contact et il a été affiché sur l'écran radar du Pilote, à une distance de 8.000 pieds *(2.440 m)*, au-dessus et plus de 35° sur la gauche. L'écho a ensuite était centré *[sur l'écran]* et le cap suivi par l'avion ennemi a été estimé à 142°, à une vitesse d'environ 210 m.p.h. *(338 km/h)*. En se rapprochant lentement, le Beaufighter a indiqué à 03h28 *[au GCI]* avoir un contact *[au radar]* et n'a fait aucun effort pour ajuster l'altitude tant qu'une distance de séparation d'à peu près 3.000 pieds *(915 m)* n'avait pas été atteinte. À ce moment, s'étant basé sur les indications de son écran radar, le Pilote a regardé dehors et a immédiatement obtenu un contact visuel sur la silhouette d'un avion à quelques 2.000 - 3.000 pieds *(610 - 915 m)* de distance volant un peu plus haut sur un cap stable. L'Opérateur radar a alors éteint son écran et le Beaufighter a gagné de l'altitude très lentement en passant dans le sillage de l'avion ennemi et en prenant position quelques 100 yards *(30 m)* en arrière. Pendant la montée, l'avion ennemi a été positivement identifié comme étant un He-111 par les trois membres d'équipage du Beaufighter. Nous nous sommes approchés jusqu'à ce que les deux échappements se trouvent à l'intérieur du réticule du viseur G.J.3, [451] et à 03h34 nous avons le feu. Le Pilote a trouvé la lumière du collimateur plutôt brillante et, ayant des impacts visibles sur l'avion ennemi, il a utilisé le viseur simple comme point fixe *[de l'œil droit]* et a tiré en utilisant l'œil gauche. Le Pilote a tiré une rafale de six secondes avec les canons en commençant directement depuis l'arrière, puis avec un tir en déflexion lorsque l'avion ennemi a viré vers la gauche en perdant de l'altitude jusqu'à à peu près 9.000 pieds *(2.745 m)*, suivi par le Beaufighter. Les obus ont été vus impacter le fuselage et les ailes de l'avion ennemi, produisant des étincelles. Presque dès l'ouverture du feu, un incendie s'est déclaré du côté gauche de l'aile droite, ainsi que dans le nez de l'avion. Ces feux se sont propagés au moteur droit. Des morceaux de métal en feu se sont détachés et l'appareil ennemi a continué une lente spirale descente jusqu'à 5.000 - 6.000 pieds *(1.525 - 1.830 m)*. Il a ensuite piqué à la verticale comme une météorite en flammes, en traversant une épaisse couche de nuage vers 3.000 pieds *(915 m)*. Il a été aperçu s'écraser en

---

[451] Ce viseur à réflexion, fabriqué par Barr & Stroud, était le modèle standard pour les mitrailleuses sur affût et en tourelle. Il est donc curieux de le trouver dans un poste de pilotage. Il est probable qu'il s'agissait là d'une expérimentation de la FIU pour voir s'il pouvait être utile pour la chasse de nuit.

mer et a continué à brûler en surface pendant environ deux minutes, illuminant les nuages sur une surface d'environ 4 à 5 milles *(6,5 à 8 km)* de diamètre. Le Beaufighter est ensuite monté à 6.000 pieds *(1.830 m)* au-dessus de ce point et a émis pour une localisation par Tangmere. Le Beaufighter a ensuite reçu pour instruction de poursuivre sa patrouille à [*une altitude de*] 12.000 pieds *(3.660 m)* mais aucun nouvel avion ennemi n'est apparu. Le Beaufighter s'est posé à Ford à 04h35. Après avoir atterri, le Squadron Leader Devitt a informé le Pilote que l'Observer Corps avait signalé un incendie en mer à quelques 20 milles *(32 km)* au sud-sud-ouest du cap Béveziers. Le W/Cdr Leigh du 23ème Escadron qui rentrait d'une mission Intruder a signalé un avion en feu sur la mer à environ 03h40, 20 milles *(32 km)* au sud-ouest de Shoreham. Les coordonnées des localisations par radio VHF ont été mentionnées au début de ce rapport.

Observations particulières du F/Lt Ashfield :

C'est le second avion ennemi détruit à l'aide de l'Affichage radar pour le Pilote et le premier à l'aide de l'AI Mk. V. Puisque c'est la première fois que le Mark V a l'opportunité d'être testé sur un avion ennemi, les observations suivantes peuvent être intéressantes :

1. Bien que j'ai piloté avec l'écran radar du Pilote réglé à une luminosité minimale confortable pendant quatre minutes durant lesquelles je me suis constamment référé au Badin, à l'altimètre, au conservateur de cap et à l'écran radar, quand j'ai relevé les yeux sur la position indiquée par l'écran radar j'ai obtenu immédiatement un contact visuel alors que j'étais au moins 1.500 pieds *(460 m)* en arrière et 2.400 pieds *(730 m)* en dessous. J'ai obtenu ce contact visuel au moins une minute et 1.000 pieds *(300 m)* avant le P/O Morris qui n'avait surveillé aucun instrument et qui savait exactement où regarder grâce à mes indications. Ceci montre que, lorsqu'il est correctement utilisé, l'écran radar ne dégrade pas la vision nocturne du Pilote. Le F/O Randall a obtenu un contact visuel à au moins 1.200 pieds *(365 m)* de distance depuis le poste arrière et n'a eu aucune difficulté à le conserver.

2. M'étant approché à 100 yards *(90 m)* et ayant d'abord regardé par le viseur G.J.3, tout ce que je pouvais voir était les deux échappements de façon indistincte. Le viseur était réglé sur sa luminosité minimale. Je suis d'avis qu'un filtre est tout à fait essentiel et que l'accoutumance des yeux à la vision nocturne sera gâchée par ce viseur dans son état actuel. Même à une distance de 50 yards *(45 m)*, je ne voyais de l'œil droit qu'une silhouette très médiocre par rapport à l'image visuelle normale que j'avais de l'œil gauche en regardant directement à travers le pare-brise blindé.

Heure de décollage	**Heure d'atterrissage**	**Obus tirés**
02h15	04h35	Canons : 225
		(un canon avait encore 15 obus dans le chargeur)

Équipage : Pilote F/Lt Ashfield,
Opérateur du radar embarqué F/O Randall,
Observateur P/O Morris

> **SIGNATURES :**
> G. Ashfield - Flight Lieutenant - Fighter Interception Unit
> Base R.A.F. de Ford
> G. *[illisible]* - Flight Lieutenant - Officier de Renseignement de la
> Base R.A.F. de Ford

Une centaine d'unités Mark V a été produite et mise en service à partir de décembre 1941 sur des chasseurs de nuit de type Beaufighter (219ème Escadron), Havoc Turbinlite, puis principalement sur Mosquito NF II (huit Escadrons). Le 151ème Escadron faisait partie des unités ayant reçu des Mosquito II équipés de ce radar, qui était mal perçu par les équipages expérimentés ayant maîtrisé l'AI Mk IV. [452] Quelques victoires sont pourtant enregistrées, comme celle décrite ci-dessous des Sergents Earl A. Knight (un Canadien tout juste arrivé au sein de l'Escadron) et William I. L. Roberts : [453]

> **SGT. E.A. KNIGHT**   **SECRET**
> **FORMULAIRE "F" DE RENSEIGNEMENT**
> **(Patrouille défensive de nuit)**
> Émetteur : R.A.F. Wittering (Renseignement) *[dans le Cambridgeshire]*.
> Date : Nuit du 15 au 16 janvier 1943
> Unité : 151ème Escadron.
> Type et version de notre avion : Mosquito II, radar AI Mark V.
> Heure de l'attaque : 20h50
> Lieu de l'attaque : 8 milles *(13 km)* au sud de Lincoln *[dans le Lincolnshire]*.
> Météo : Demi-Lune. Ciel dégagé. Bonne visibilité.
> Dommages subis : Aucun.
> Dommages causés à l'ennemi en vol : 1 Do-217 détruit.
> Dommages causés à l'ennemi au sol ou en mer : Non applicable.
> Rapport général :
> Le Sergent E. A. Knight (Canadien) et le Sergent W. I. L. Roberts, indicatif radio FIREWORK 53 ont décollé de Wittering à 20h25 et sont rentrés à 21h45. Ils sont passés sous le contrôle du GCI de Patrington *[dans le Yorkshire]* à 20h40 et 30 secondes pour intercepter un avion ennemi venant de la côte Est, et après des instructions de cap de 360° et 290°, un contact *[radar]* a été obtenu à la portée maximale (altitude 10.500 pieds *(3.200 m)*). L'avion ennemi avait été signalé sur un cap de 290° à 180 m.p.h. *(290 km/h)*, mais il est jugé que cette vitesse a été sous-estimée car la Mosquito à 220 - 230 m.p.h. *(354 - 370 km/h)* n'a pas gagné de terrain tant que la vitesse n'a pas été accrue.
> À cause d'interférences, ce contact a été perdu et le Sergent Roberts a éteint l'Indicateur *[radar]* du Pilote et a vu le "blip" disparaître dans les échos de retour du sol. Il a été demandé au Contrôleur d'aider et quelques minutes plus tard, le contact *[radar]* a été rétabli à la portée maximale sur une cible slalomant. Le Mosquito s'est rapidement

---

[452] Voir par exemple le témoignage page 149 du livre d'Alastair Goodrum.
[453] Rapport de combat conservé sous la référence AIR 50/63/137, TNA.

rapproché jusqu'à 5.000 pieds *(1.525 m)*, distance à laquelle le signal était suffisamment fort pour que les interférences n'aient plus d'effet. À une distance de 3.500 pieds *(1.070 m)*, un Dornier 217 a été vu, son altitude étant toujours de 10.500 pieds *(3.200 m)*, mais à ce moment-là l'avion ennemi a piqué par la gauche jusqu'à 4.000 pieds *(1.220 m)*, et ses actions échappatoires consistaient à virer à gauche et à droite et à faire des tours complets. La première rafale du Sergent Knight a été tirée d'un quart sur l'arrière juste quand l'avion ennemi a entamé son premier piqué et le moteur gauche a été touché. Des tirs défensifs (mitrailleuse de la position dorsale) ont été observés passant au-dessus du bout de l'aile droite, mais après la seconde rafale de Knight du côté droit, qui a touché le moteur droit, ces tirs défensifs ont cessé. Une troisième rafale sur le fuselage depuis le quart arrière gauche a détaché des débris de l'avion. Avec ses deux moteurs en feu, l'avion ennemi a piqué fortement de 4.000 pieds *(1.220 m)* jusque dans un champ où il a explosé. La distance entre les deux avions *[pendant le combat]* était de 150 yards *(135 m)* puis moins et le Mosquito a subi des dommages superficiels causés par l'impact de débris de l'avion ennemi.

Seuls les canons ont été utilisés (311 obus).

C'était la première sortie opérationnelle du Sergent Knight.

Le rapport d'armement est joint ci-après.

Nom du Contrôleur : S/Ldr Donaldson.

Ce Do-217 est revendiqué comme ayant été détruit.

SIGNATURE : E. A. Knight - Sgt

RAPPORT D'ARMEMENT POUR LA SECTION DE RECHERCHE OPÉRATIONNELLE [454]

<u>Nom du Pilote</u> : Sgt Knight

<u>Munitions consommées (total)</u> : 311 obus

<u>Dommages subis</u> : Aucun.

<u>Avion ennemi visé</u> : 1 Do-217.

Pour chaque rafale de tir air-air					
Altitude de la cible en pieds *(m)*	Direction de l'attaque	Durée de la rafale en secondes	Distances en yards *(m)*		Résultats
			Début	Fin	
10.000 *(3.050)*	Quart gauche	2	150 *(135)*	70 *(64)*	Moteur gauche touché.
7.000 *(2.135)*	Quart droit	1	100 *(90)*	70 *(64)*	Moteur droit touché.
4.000 *(1.220)*	Quart gauche et de dessus	2 - 3	100 *(90)*	90 *(80)*	Fuselage touché, avion a explosé au sol.

---

[454] Le tableau a été simplifié ici pour améliorer la lisibilité.

Pour éviter que le pilote ne disperse trop son attention entre les instruments, l'écran du radar et le pare-brise, une projection des indications du radar sur le pare-brise d'un Mosquito est testée en octobre 1943 par la FIU. Ce dispositif, ancêtre des futurs affichages 'tête haute', est aussi développé à titre expérimental pour les versions AI Mark VIII et IX et amélioré en ajoutant la projection des informations de l'horizon artificiel, du cap et du viseur. [455] Finalement, le radar Mark V a peu à peu laissé la place à partir de fin 1942 à la version Mk VIII, fonctionnant sur une longueur d'onde centimétrique, bien plus performante. En septembre 1943, il n'y avait plus d'AI Mk V en service opérationnel. [456]

Cette version Mark V ayant connu un certain succès avec 20% des victoires remportées d'avril à juillet 1942, [457] la suite logique était d'automatiser les tâches de l'Opérateur pour installer ce radar, baptisé Mark VI, sur des avions monoplaces. L'AI Mark VI n'avait pas de capacité IFF (mais une version Mark VIA a été étudiée avec cette capacité pour rejeter automatiquement les cibles amies). Une version sur Defiant a été testée durant l'été 1941 par l'Unité d'Interception de Chasse, et une version sur Hurricane l'a été en mai 1942. Ce radar a été monté sur des Defiant II et sur une douzaine de Hurricane II (ces derniers ont presque immédiatement été expédiés en Inde, étant jugés obsolètes face aux bombardiers modernes allemands), [458] mais a finalement été très peu utilisé. En effet, la production de Beaufighter et de Mosquito étant jugée suffisante, l'État-Major de la RAF décide le 2 mai 1942 de retirer les Defiant des unités opérationnelles. [459] Les monoplaces Hawker Typhoon et Westland Welkin devaient aussi être dotés de ce radar, ce qui explique peut-être les énormes quantités commandées, mais cette idée n'a pas dépassé le stade expérimental. [460] Heureusement, la plupart des 1.125 exemplaires du radar Mk V produits ont pu être "recyclés" en servant de base au radar d'alerte de secteur arrière "*m*" des quadrimoteurs du Bomber Command, ou des Mosquito *Intruder*. [461] La première (et unique) victoire d'un Defiant II équipé de ce radar a eu lieu dans la nuit du 17 au 18 avril 1942 : ayant décollé à 02h25 de West Malling dans le Kent, le Pilot Officer Antony I. Stuart, un pilote australien, et son mitrailleur le Flying Officer M. H. Maggs du 264ème

---

[455] Pages 87, 97 et 98 du livre de Jeremy Howard-Williams (voir bibliographie). Voir aussi l'Annexe 2.
[456] Page 138 de la Publication de l'Air 1116 *"Signals"* Volume V (voir bibliographie).
[457] Tableau présenté page 138 de la Publication de l'Air 1116 *"Signals"* Volume V (voir bibliographie).
[458] Note AIC 127 du 2 février 1943 *"A.I. Mark VI Hurricane night fighters"* pour information des membres du Comité d'Interception Nocturne, conservée sous la référence AIR 20/3442, TNA. L'installation sur Hurricane IIc est décrite en détail dans le dossier AVIA 7/2676 *"Installation of A.I. MKVI in Hurricane aircraft"*.
[459] Page 139 de la Publication de l'Air 1116 *"Signals"* Volume V (voir bibliographie).
[460] Paragraphes 23 et 24 du compte-rendu de la réunion du 22 octobre 1942 du Comité d'Interception Aérienne, conservé sous la référence AIR 20/3442, TNA. Le Welkin a été abandonné après la production de 77 appareils, et seuls deux exemplaires ont été utilisés par la FIU en 1944. Une version biplace du Welkin (NF. II) a été développée pour la chasse de nuit pour répondre à la spécification F.9/43, mais ce prototype à radar centimétrique AI Mk. X n'a pas été retenu. Un unique Typhoon a été équipé d'un radar Mark VI et testé par la FIU (page 95 du livre de Howard-Williams, voir bibliographie).
[461] Voir le chapitre consacré au 100ème Groupe du Bomber Command. Nous reparlerons aussi du radar ARI 5664 *"Monica"* dans l'ouvrage de cette série consacré aux avions du Bomber Command.

Escadron interceptent un He-111 et l'abattent vers 02h45 au sud du cap Béveziers. C'est une affaire rondement menée puisque leur avion rentre au bercail à 03h00. [462] Le 26 avril 1943, le Flight Lieutenant Stuart effectuait un vol d'essai en plein jour du Beaufighter X.7751 du 141ème Squadron en prévision d'une sortie nocturne lorsque son avion s'est écrasé sur l'aérodrome de Predannack en Cornouailles. Le pilote et son opérateur radar, le Pilot Officer Thomas B. Blackburn, DFM, un Néo-Zélandais ont été tués sur le coup. Tous deux reposent en Cornouailles, au cimetière de Helston. [463] Maggs a eu plus de chance et a survécu à la guerre.

Le principal reproche à l'encontre de ce type de radar, outre sa relative complexité d'entretien, est de diviser l'attention du Pilote entre un écran qui peut diminuer sa vision nocturne, ses instruments et son pare-brise. En opérations, le Mark V était donc probablement meilleur qu'un Mark IV avec un équipage novice, mais moins performant qu'un Mark IV avec un tandem Pilote-Opérateur radar bien rodé. Ainsi, après quelques essais de l'AI Mk V, Bob Braham décide d'ignorer tout simplement l'écran de son poste de pilotage pour continuer d'être guidé à la voix par son Opérateur radar. [464] Pour la version Mk VI, la portée était moindre que celle d'un radar Mk IV, puisqu'un Opérateur radar expérimenté pouvait identifier un signal lointain, donc faible, sur lequel le Mark VI ne pouvait pas "s'accrocher" automatiquement.

Le manuel à l'intention des Pilotes pour l'afficheur du radar AI Mk V est traduit intégralement en Annexe 17.

Pour conclure sur les radars métriques, les progrès techniques sont très rapides puisqu'il est proposé que l'opérateur du radar embarqué puisse directement régler le pilote automatique de l'avion pour une interception laissant le pilote libre de regarder dehors pour trouver et identifier la cible. En janvier 1941, bien que se disant *"pas encore convaincu que ceci soit essentiel,"* l'Air Marshal W. Sholto Douglas, patron du Fighter Command, demande qu'un prototype soit installé sur un Beaufighter ou un Douglas DB-7. [465] Après une série de tests d'un Havoc par la FIU à la fin de l'été 1941, ce dispositif est rejeté, *"la réaction finale des équipages étant hostile"*. [466] On notera que le Ministère de l'Air et le Centre de Recherche des Télécommunications (Telecommunication Research Establishment - TRE) de Malvern, dans le Worcestershire, se sont montrés gourmands en voulant courir plusieurs lièvres "métriques" à la fois (Mk IV, V et VI ; sous-versions

---

[462] La Publication de l'Air 1116 *"Signals"* Volume V, page 139 (voir bibliographie) décrit ce combat le 17 mars 1942, mais le Journal de Marche de l'Escadron indique qu'aucune interception n'a abouti ce mois-là. Journal de Marche conservé sous les références AIR 27/1553/45 à 48, TNA, pour mars et avril 1942.
[463] Cet incident est décrit en détail page 141 du livre de Braham (voir bibliographie) qui indique avoir déjà passé "un savon" à ce pilote pour des acrobaties dangereuses au ras du sol.
[464] Page 92 de son livre (voir bibliographie).
[465] Compte-rendu de la *"Conference on Night Interception held in the Air Council Room at 3 p.m. on 1st January, 1941"* présidée par le Secrétaire d'État à l'Air, conservé sous la référence AIR 20/2419, TNA.
[466] Entrée du 15 septembre 1941 du Journal de marche, conservé sous la référence AIR 29/27, TNA.

Mk IVA, et VIA), ce qui a conduit à une énorme dispersion des moyens de recherche et de production.

A.4.5.3 - Les radars air-air centimétriques (longueur d'onde de 9,1 centimètres et moins)
Les principales différences avec les radars précédents

Nous avons vu que dès février 1936, Robert A. Watson-Watt avait envisagé le passage aux longueurs d'onde centimétriques. Une petite longueur d'onde permettrait de concentrer directionnellement l'énergie émise sans utiliser des antennes démesurées. Cependant, la technologie de l'époque ne permettait que des puissances d'émission très faibles aux longueurs d'onde centimétriques. Différents scientifiques au Japon, en France, en Allemagne, en Union Soviétique et au Royaume-Uni avaient testé des tubes électroniques variés, notamment : [467]

- Des Klystrons qui avaient permis d'atteindre une longueur d'onde de 10 cm mais avec une puissance de seulement une centaine de watts ;
- Des Magnétrons à anode fendue, dans lesquels l'oscillation électromagnétique se produit entre deux pôles dans un tube à vide, avaient une puissance de l'ordre d'un millier de watts, mais elle chutait très fortement sous une longueur d'onde de 40 cm. [468]

Sous l'impulsion de l'Amirauté, le Professeur Mark Oliphant de l'Université de Birmingham qui travaillait principalement sur la piste des Klystrons, a confié au Dr John T. Randall et à Henry A. H. Boot la tâche de chercher un moyen de produire des ondes centimétriques à une puissance suffisante pour un radar avec un magnétron. Après une recherche bibliographique, les deux scientifiques construisent un magnétron à cavités résonnantes multiples, avec un circuit de refroidissement à liquide, une mise sous dépression par une pompe à vide et des électro-aimants. Mis sous tension pour la première fois le 21 février 1940, il produit immédiatement une puissance continue de 500 watts à une longueur d'onde de 10 cm. [469] Ce magnétron est composé d'un cylindre en cuivre, percé de six trous verticaux ("cavités") avec chacun une fente : ce cylindre

---

[467] Voir par exemple l'article *"Innovations et ruptures technologiques - l'exemple du magnétron"* de Yves Blanchard, Philippe Lacomme et Marc Leconte, publié dans la Revue de l'Électricité et de l'Électronique, janvier 2012.

[468] Les principes de fonctionnement des Klystrons et Magnétrons sont expliqués en détail au chapitre 4 de la Publication de l'Air 1093F Volume I *'Radar circuit principles with aerials and centimetre technique'* de juin 1946, ou dans le livre de Louis Ridenour (voir bibliographie).
En termes simples, un Klystron est un tube d'amplification dans lequel un flux d'électrons est dirigé à travers une série de cavités. Les cavités résonnant successivement amplifient la modulation de vitesse, ce qui se traduit par un gain de signal.
Dans un Magnétron, les électrons émis par une cathode suivent des trajectoires en spirale vers l'anode à travers un champ magnétique perpendiculaire. Les cavités à fentes de l'anode résonnent lorsque les électrons traversent la fente. Les puissances des oscillations de chaque cavité à fente se combinent pour produire un signal radioélectrique.

[469] Annexe 8 de la Publication *"Signals"* Volume IV, voir bibliographie. Le magnétron construit par Randall et Boot est conservé au Musée des Sciences de Londres.

constitue l'anode, et une cathode émissive en tungstène est montée en son centre dans une cavité centrale où débouchent les fentes. Le cylindre en cuivre est monté dans un électro-aimant.

La General Electric Company (GEC) se voit confier l'amélioration de ce prototype pour en réduire la taille et le fiabiliser puisqu'elle dispose notamment d'un spécialiste, Eric C. Stanley-Megaw, ayant travaillé des années à l'emploi des magnétrons pour des essais de propagation radio. En cela, les Britanniques vont recevoir l'aide de scientifiques français qui avaient mis au point des anodes recouvertes d'oxyde, qui ne se vaporisaient pas comme celles en tungstène. Début mai 1940, Maurice Ponte de la Société Française Radio-électrique livre à Stanley-Megaw, avec l'accord du gouvernement français, deux exemplaires du magnétron *M-16* à anode recouverte d'oxyde conçue dans son laboratoire par Henri Gutton. [470] Stanley-Megaw reprend cette innovation à son compte et la durée de vie du magnétron est grandement prolongée, le système de refroidissement devenant alors inutile. La GEC remplace également l'électroaimant par de simples aimants permanents, et scelle le magnétron sous vide ce qui permet de supprimer le circuit de vide et sa pompe. Tous ces gains de masse font que le magnétron *E-1189* n°2, qui est testé fin mai 1940, ne pèse plus que 3 kg environ et n'a besoin que d'une alimentation électrique. Les dimensions réduites du magnétron (une vingtaine de centimètres de long, corps cylindrique de 8 cm de diamètre et de 4 cm d'épaisseur) en font un outil idéal pour un radar embarqué. En juin, ce magnétron produit une puissance de crête de 10.000 watts à une longueur d'onde de 9,8 cm. En quelques mois, les scientifiques britanniques ont réussi à multiplier par 100 la puissance d'émission de leurs tubes électroniques aux longueurs d'onde centimétriques et ce n'était que le début : par exemple, le magnétron *CV-64* produit au début de 1942, et utilisé sur l'AI Mk. VIII, fournissait une puissance en crête de 40.000 watts, [471] et avant la fin de la guerre, le magnétron britannique *BM-735* produisait une puissance en crête de 3.700.000 watts. [472]

---

[470] En 1939, Gutton avait notamment essayé d'intéresser la Marine française à un prototype de radar utilisant ce magnétron, sans grand succès.

[471] Cette puissance est donnée sous le titre "*Performances typiques en service*" dans la fiche '*Valve electronic CV64 - Specification MAP/CV64/Issue 6*' de janvier 1949 du Ministère des Approvisionnements, mais Ian White cite une puissance de 50.000 watts, page 149 de son livre sur les radars (voir bibliographie).

[472] Page 343 du livre de Louis Ridenour (voir bibliographie). Les valeurs citées ont ici toutes été volontairement laissées en watts sans utiliser les préfixes habituels (kilo, méga, etc.) afin de faciliter les comparaisons.

Schémas du magnétron du brevet déposé le 22 août 1940 par Randall et Boot [473]

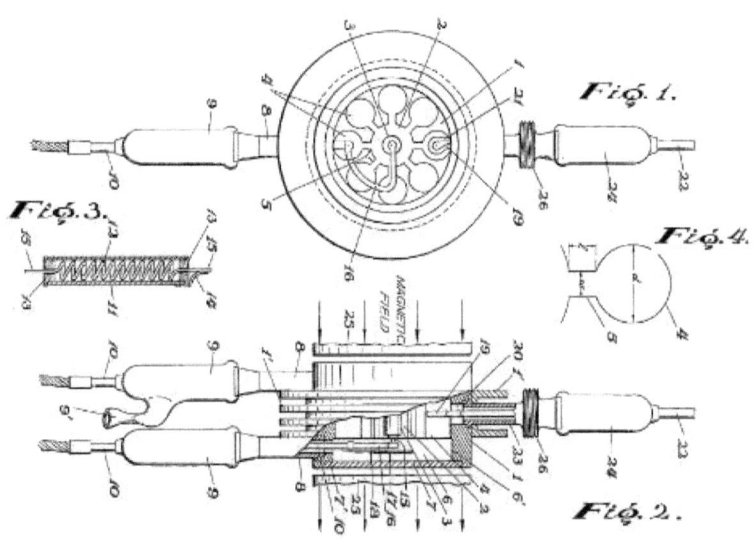

Le premier radar centimétrique britannique au sol détecte un Fairey Battle pour la première fois le 13 août 1940. Les progrès effectués en laboratoire sont clairement perçus par le Comité d'Interception comme étant une solution possible pour surmonter les défauts des longueurs d'onde métriques (portée limitée, interférence des retours du sol, grandes antennes extérieures, etc.). Pour accroître les échanges d'idées, il est décidé d'autoriser les contacts directs entre les différentes compagnies privées qui développaient isolément les différents composants (notamment l'Electric and Musical Industries Ltd (EMI) pour le récepteur, et GEC pour l'émetteur). [474]

Lors de la mission de septembre 1940 de Sir Henry Tizard aux USA, le Dr Edward G. Bowen présente les avancées britanniques dans le domaine du radar, et démontre les capacités du magnétron en remettant l'exemplaire n°12 aux Américains. [475] Un mois plus tard, la Bell Telephone Company a déjà produit 30 exemplaires de magnétron ! On notera à ce sujet une anecdote amusante : lors de la fabrication des douze premiers magnétrons au Royaume-Uni, dix comportaient six cavités, et deux autres testaient d'autres configurations (une à sept cavités et le dernier à huit cavités). Dans la précipitation du départ, Bowen avait emporté le magnétron à huit cavités mais les plans donnés aux Américains montraient six cavités. Ayant testé l'exemplaire à huit cavités à leur satisfaction, les Américains ont adopté cette configuration, alors que les Britanniques sont restés sur des magnétrons à six cavités. La puissance industrielle américaine va permettre

---

[473] Brevet britannique 588185 ; brevet US 2542966 pour un oscillateur électrique haute fréquence.
[474] Paragraphe 34 et suivants du compte-rendu de la réunion du 18 juillet 1940 du Comité d'Interception, conservé sous la référence AIR 20/3442, TNA.
[475] Cet exemple d'échange de secrets technologiques entre alliés n'est pas unique dans l'histoire de la Seconde Guerre mondiale. Comme nous l'avons vu, la France et le Royaume-Uni échangeaient des informations dans les domaines radio/radar, de l'armement, de l'aéronautique et du renseignement, y compris le déchiffrement (avec l'aide des Polonais), et les Allemands faisaient de même avec les Japonais, par exemple en envoyant plusieurs radars *Würzburg* au Japon mi-1942.

d'exploiter à fond les innovations britanniques amenées par la mission Tizard : sept mois plus, les premiers prototypes américains de radars air-air centimétriques vont prendre l'air et en moins de deux ans, les Alliés vont disposer d'une gamme complète de radars centimétriques (air-sol, air-air, air-mer, sol-air, mer-mer, etc.). En 1945, le Radiation Laboratory du Massachusetts Institute of Technology, créé juste après la mission Tizard, concentrait les efforts de plus de 4.000 chercheurs sur les radars. L'entreprise Raytheon (qui allait donner après-guerre une utilisation civile aux magnétrons en commercialisant les premiers fours à micro-ondes) produisait 2.000 magnétrons par jour, soit 80% de la production américaine. [476]

La seconde différence avec les radars précédents réside dans la conception des antennes. Au lieu d'envoyer les ondes simultanément sur une zone très importante, l'antenne d'émission est conçue pour projeter un faisceau d'une douzaine de degrés de large en avant de l'avion. Cette antenne est fixe et placée devant un réflecteur parabolique d'à peu près 90 cm de diamètre qui pivote afin que le faisceau balaye une zone dans les plans vertical et horizontal de part et d'autre de la trajectoire de l'avion. Puisque seule cette zone devant l'avion est balayée grâce à cette focalisation du faisceau d'ondes, il est anticipé que le problème de la portée minimale limitée par les échos du sol devrait disparaître. Le premier prototype comprenait une antenne émettrice et une antenne réceptrice, mais grâce à la mise au point d'un commutateur suffisamment précis, la même antenne a pu ensuite jouer alternativement les deux rôles. L'antenne de réception ne perçoit donc que les signaux provenant de la zone balayée par le mouvement du réflecteur parabolique.

Les présentations utilisées, avec des écrans différents, ont également évolué pour tirer parti du balayage de l'antenne.

Le premier radar centimétrique air-air baptisé AIS (AI fonctionnant en bande "S") est monté sur un Blenheim et commence ses essais en vol en mars 1941. [477] Ils confirment que les principaux bénéfices de ces nouveaux radars sont une portée maximale plus importante et la possibilité de détecter des avions à basse altitude puisqu'il n'y a plus (ou beaucoup moins) d'interférences du sol. L'utilisation d'une longueur d'ondes très courte (9,1 cm comparée à 1,5 mètres pour les radars précédents) a permis de focaliser le signal émis et donc de réduire considérablement les échos parasites provenant du terrain survolé : lorsque le faisceau était émis droit devant ou vers le haut, il n'y avait pas (ou peu) de retour du sol. Par conséquent, l'interception nocturne de cibles volant à basse altitude est enfin devenue possible. Cependant, sous une altitude de 1.500 mètres, les retours du sol restent encore gênants si l'avion poursuivi se trouve plus bas que le chasseur.

Les premiers tests opérationnels de l'AIS commencent fin novembre 1941 au sein de la FIU de Ford, Sussex de l'Ouest, avec deux chasseurs de nuit Beaufighter. Un premier avion ennemi est détecté et endommagé le mois suivant.

---

[476] Pages 287 et 295 du livre de Yves Blanchard (voir bibliographie).
[477] Les lecteurs souhaitant une description détaillée du développement des radars AI centimétriques pourront se référer au chapitre 9 du livre de Ian White sur les radars air-air (voir bibliographie).

Le radar air-air AI Mark VII (ARI 5049)

L'AI Mark VII est le premier radar air-air centimétrique utilisé par les Escadrons britanniques (voir l'AI Mk VIII pour une description plus détaillée). Il est développé à partir des deux prototypes de l'AIS. Une centaine d'unités est commandée en août 1941 avant même la fin des essais complets de l'AIS. Le radar AI Mark VII est une version 'intermédiaire' destinée à mettre rapidement un radar centimétrique en première ligne sans attendre le développement de toutes les capacités souhaitables à plus long terme, notamment la réception des signaux de radiobalises ou d'IFF. Cette petite commande "bouche-trou" est produite par la General Electric Company en attendant la mise en service des premiers AI Mk. VIII plus aboutis. La FIU reçoit deux Beaufighter équipés de ce radar fin novembre 1941. Le magnétron utilisé (*CV.38*) était capable de fournir une puissance d'impulsion en crête de 5 kW.

Les premiers exemplaires des cent radars air-air Mark VII commencent leur déploiement opérationnel à partir de mars 1942 sur Beaufighter : d'abord le 29ème Escadron basé à West Malling dans le Kent, puis les 68, 141 et 604èmes Escadrons, les équipages ayant préalablement suivi une formation adaptée. Tout comme les radars Mark IIIA et V, le premier succès de la version VII est remporté par la FIU dans la nuit du 5 au 6 avril 1942. Le rapport de combat du Flying Officer Derrick L. Ryalls et du Flight Sergeant Owen est traduit ci-dessous : [478]

```
Formulaire "F" de Renseignement                          SECRET
                         RAPPORT DE COMBAT
DONNÉES STATISTIQUES :
Date : 5 avril 1942
Unité : F.I.U.
Type et version de notre avion : Beaufighter
Heure de l'attaque : 21h35
Lieu de l'attaque : 20 milles (32 km) Est-Nord-Est de Foreness [Point
dans le Kent].
Météo : Bonne. Visibilité de 10 milles (16 km) vers l'Ouest, de 2
milles (3 km) vers l'Est.
Dommages subis : Aucun.
Dommages causés à l'ennemi en vol : 1 Do-217 détruit en mer.
Dommages causés à l'ennemi au sol : Non applicable.
Rapport général :
  Un Beaufighter avec radar A.I. Mark VII de la F.I.U., Pilote F/O
Ryalls, Opérateur radar F/Sgt Owen, a décollé de West Malling [dans le
Kent] à 21h08 et est revenu atterrir à West Malling à 22h28. J'ai été
placé sur la trace d'un avion ennemi sous le contrôle de [la salle
d'opérations du secteur de] Biggin Hill [au sud de Londres] qui m'a
```

---

[478] Rapport de combat conservé sous la référence AIR 50/469/10, TNA. Les sections émetteur/destinataires ont été ignorées. Ian White place ce combat dans la nuit du 5 au 6 juin 1942 (page 147 de son livre, voir bibliographie), probablement une erreur de frappe.

demandé de pousser les gaz. J'ai ensuite été pris en charge par le contrôleur de la station C.H.L. de Foreness, le F/Lt Mawhard, et j'ai reçu plusieurs caps à suivre. Alors que je me trouvais à [une altitude de] 6.500 pieds (2.000 m), un contact [radar] a été obtenu sur un avion ennemi sur le même cap à une distance de 4 milles (6,4 km). Après deux corrections de trajectoire demandées par l'Opérateur radar, un contact visuel a été établi à une distance de 3 milles (4,8 km) sur l'avion ennemi volant à [une altitude de] 7.000 pieds (2.135 m). La silhouette de l'avion ennemi était visible contre la lueur du coucher du Soleil. La distance a lentement été réduite en volant à 260 [m.p.h.] (418 km/h) au badin (l'avion ennemi volant à 230 [m.p.h.] (370 km/h) et en montant lentement. À une distance de 1.000 yards (915 m), l'avion ennemi a été reconnu comme étant un Do-217.

J'ai mené l'attaque de 50 pieds (15 m) plus bas, 3° sur la gauche, d'une distance de 300 yards (275 m) et en me rapprochant jusqu'à 200 yards (180 m), en utilisant les 4 canons et les 6 mitrailleuses, avec des rafales de 3 - 4 secondes. Des impacts ont été aperçus des canons et mitrailleuses sur l'avion ennemi qui a lentement viré vers la gauche et a piqué dans la mer où il a pris feu.

Durant le piqué de l'avion ennemi, un parachutiste a été vu quitter l'appareil. Le Pilote et l'Opérateur radar ont tous deux vus l'avion ennemi en train de brûler à la surface de la mer.

Dommages subis : Aucun.

Dommages causés à l'ennemi en vol : 1 Do-217 détruit en mer.

Heure de décollage	**Heure d'atterrissage**	**Obus tirés**
21h08	22h28	Canons : 240
		Mitrailleuses : 1.200

Équipage : Pilote F/O Ryalls
Opérateur du radar embarqué F/Sgt Owen

SIGNATURES :
D. L. Ryalls - Flying Officer - F.I.U. - Base R.A.F. de Ford
[illisible] - Flight Lieutenant - Officier de Renseignement de la Base R.A.F. de Ford

Ryalls s'était engagé dans la RAF en 1934 comme mécanicien et avait ensuite demandé à devenir pilote. Pour son travail au sein de la FIU il a reçu l'AFC, et plus tard la DFC.[479] Il a été tué avec son Navigateur, le Flight Lieutenant. John B. Hampson, lorsque leur Mosquito NF 30 du 219ème Escadron a été abattu le 26 décembre 1944 au-dessus de la Belgique par un Ju-88 de la Nachtjagdgeschwader 2.

Cette victoire sur un Do-217 volant à basse altitude pour mouiller des mines dans l'estuaire de la Tamise montre bien l'avantage de la version centimétrique par rapport aux radars plus anciens de longueur d'onde métrique. Les avions mouilleurs de mines nocturnes avaient été une épine dans l'aile de la RAF depuis le début de la guerre, car souvent insaisissables, passant d'abord sous le faisceau des stations CH avant l'avènement

---

[479] Suppléments de la London Gazette du 17 mars 1941 et du 1er décembre 1942.

des radars CHL, et restant dans les retours du sol des radars embarqués métriques. Ils ne sont désormais plus à l'abri. Il a été estimé qu'une centaine d'appareils de l'Axe ont été abattus, surtout sur le théâtre méditerranéen à l'aide de radars Mk VII, ce qui est remarquable vu le peu d'unités produites.

Le radar Mark VII (et les versions suivantes) obligeait à retirer les quatre mitrailleuses du nez du Mosquito, mais les quatre canons suffisaient amplement. Après moins d'une année en service, ce radar a laissé la place à partir de décembre 1942 aux versions Mk VIIIA, VIII et VIIIB, fonctionnant de façon identique mais prévues pour être développées graduellement avec de plus en plus de puissance et de fonctionnalités.

Le radar air-air AI Mk. VIIIA (ARI 5049), un peu plus puissant que l'AI Mk. VII grâce au magnétron *CV.64* (impulsion de 25 kW en crête), a été produit par la General Electric Company. Initialement 500 exemplaires ont été commandés (puis 500 autres) pour couvrir les besoins immédiats, puisqu'à la mi-1942, les Allemands avaient acquis la capacité de brouiller des radars métriques. Ce radar avait la capacité d'interroger les radiobalises centimétriques et les transpondeurs IFF Mk. III. Les premiers exemplaires sont testés par le Telecommunications Research Establishment (TRE) durant l'été 1942, et après quelques modifications la production débute. Le fait que les Allemands commençaient à cette époque à brouiller les radars métriques britanniques a renforcé l'urgence de la mise en service de l'AI Mk VIIIA. Les premiers Beaufighter dotés d'AI Mk. VIIIA sont livrés au 219ème Escadron fin décembre 1942. Après une montée en régime, les Unités de Maintenance ont été capables d'installer ces radars sur 80 Beaufighter par semaine. À l'usage, ces radars ont déçu par un temps moyen entre deux pannes relativement faibles et il a fallu attendre la fin 1943 pour que les problèmes d'arcs électriques dans certains tubes électroniques deviennent raisonnablement moins fréquents grâce aux efforts des concepteurs.

La première victoire avec ce radar est remportée contre un Dornier 217 par les Flight Lieutenants K. Davison et Clarke de la FIU dans la nuit du 20 au 21 janvier 1943. [480] Il ne faut pas attendre longtemps pour qu'une unité opérationnelle fasse de même : dans la soirée du 3 février 1943, le Beaufighter VI du Flight Lieutenant Willson et du Flying Officer Bunch du 219ème Escadron abat un Dornier 217 près de Filey dans le Yorkshire du Nord. [481]

---

[480] Rapport de combat conservé sous la référence AIR 50/469/14, TNA. Ce rapport mentionne un radar AI Mk VIII, faisant l'impasse sur le "A".
[481] Rapport de combat conservé sous la référence AIR 50/84/88, TNA. La Publication de l'Air "Signals" 1116, Volume V "Fighter Control and Interception" de 1952 indique page 156 que ce combat est la première victoire de l'AI Mk VIIIA.

Le radar air-air AI Mk. VIII (ARI 5093) est une version plus aboutie du Mk VIIIA, avec plus de puissance et intégrant les modifications demandées grâce à l'expérience acquise avec la version VIIIA. 1.500 exemplaires ont été commandés à E. K. Cole Ltd. [482]

Le mécanisme de rotation du réflecteur, entraîné hydrauliquement et conçu par la société Nash & Thompson spécialisée dans la mécanique de précision (notamment les tourelles de mitrailleuses), permet au faisceau d'ondes de balayer la zone en avant de l'avion de +/-45° dans les plans vertical et horizontal en suivant une spirale partant de la position droit devant et s'élargissant peu à peu. Une fois le faisceau d'ondes arrivé à l'extrémité du cône de +/- 45° devant l'avion, le mouvement en spirale se poursuit en se rétrécissant jusqu'à revenir à la position droit devant. Un tel cycle de balayage aller-retour prend environ une seconde. Le schéma ci-contre montre le mouvement en spirale du réflecteur parabolique (en trait plein, le mouvement s'élargissant vers l'extérieur et en trait pointillé, le mouvement se rétrécissant vers le centre). [483]

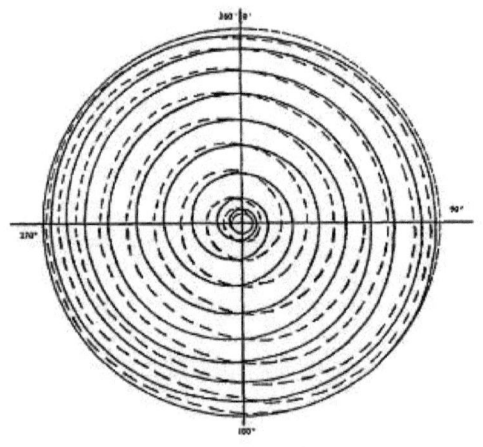

L'opérateur radar n'a plus devant lui qu'un seul écran, circulaire, qu'il faut imaginer comme étant une représentation de ce qui se trouve devant l'avion et qui est rafraîchi de façon rotative chaque fois que le réflecteur parabolique effectue un cercle au sein de son mouvement en spirale. Quand une cible devant l'avion renvoit une partie des ondes, les échos s'affichent comme un arc de cercle sur l'écran (illustration A ci-après). La distance sur l'écran séparant l'arc de cercle du centre (en fait du cercle d'un centimètre de diamètre au centre de l'écran) est proportionnelle à la distance de la cible (illustration C) : plus l'arc de cercle est proche du centre de l'écran, plus la cible est proche.

---

[482] Société aussi connue sous le nom de EKCO ou Eric Kirkham Cole Limited.
[483] Figure 11 du chapitre I de la Publication de l'Air 1093D, Volume I *'Introductory survey of radar - Part II'* de 1946.

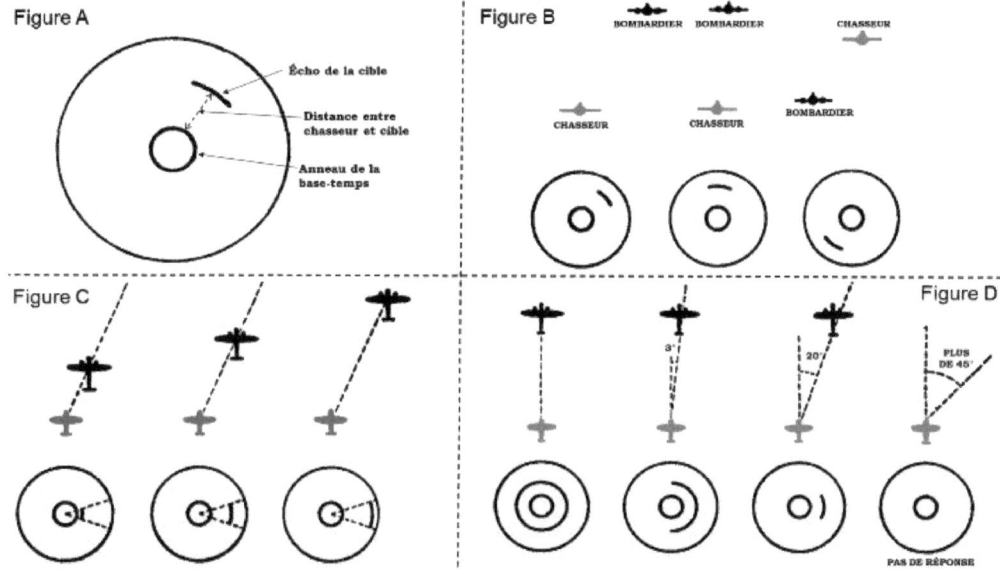

La position du centre de l'arc de cercle sur l'écran indique la direction dans laquelle se trouve la cible (illustration B) : par exemple, si l'arc de cercle est en bas à gauche de l'écran, c'est que la cible se trouve sur la gauche et plus bas que le chasseur. Cet arc de cercle est d'autant plus long que la cible est proche de l'axe du chasseur (illustration D) : si la cible est droit devant, l'arc de cercle se prolonge jusqu'à former un cercle complet ; si la cible est placée plus de quelques degrés d'un côté, l'arc de cercle diminue en longueur jusqu'à disparaître au-delà de 45°. Le tableau ci-dessous donne la longueur de l'arc en fonction de l'écart de la cible avec l'axe du chasseur : [484]

Position de la cible par rapport à l'axe du chasseur	Longueur de l'arc de cercle sur l'écran de l'opérateur radar
Droit devant (0°)	360° (cercle complet)
Décalée de 3°	180° (demi-cercle du côté où se trouve la cible)
Décalée de 10°	60° (du côté où se trouve la cible)
Décalée de 20°	30° (du côté où se trouve la cible)
Décalée de 45°	10° (du côté où se trouve la cible)
Décalée de plus de 45°	pas de signal

La longueur de l'arc est aussi influencée dans une moindre mesure par la distance à laquelle se trouve la cible (illustration C). [485] L'opérateur radar a le choix entre deux

---

[484] Tableau et illustrations du chapitre I de la Publication de l'Air 1093D, Volume I *'Introductory survey of radar - Part II'* de 1946.
[485] Pour plus de détails, se reporter au manuel d'utilisation de l'AI Mk. VII.

réglages de portée : de 0 à 3,2 km ; et de 0 à 13 km. Un bouton permet également d'afficher sur l'écran des cercles concentriques servant de graduations. La portée maximale est généralement de l'ordre de 9 km, mais elle peut aller jusqu'à 10,5 km dans de très bonnes conditions.

Le premier succès avec ce radar est obtenu dans la nuit du 15 au 16 septembre 43 par le Flight Lieutenant James A. Gunn, un Néozélandais, et le Flying Officer James Affleck sur le Mosquito XII HK203. Malheureusement, leur Mosquito est également détruit et ses deux occupants tués. Le rapport suivant a été rédigé par l'Officier de Renseignement : [486]

Formulaire "F"
RAPPORT DE RENSEIGNEMENT ET DE COMBAT

Émetteur : Station RAF de Bradwell Bay *[dans l'Essex]*
Destinataires : QG du Fighter Command, QG du 11ème Groupe, RAF North Weald, *[Station radar CHL]* RAF Foreness

DONNÉES STATISTIQUES :

Date : 15 septembre 1943
Unité : 488ème Escadron (NZ)
Type et version de notre avion : Mosquito Mk. XII, A.I. Mk. VIII
Heure de l'attaque : 21h38
Lieu de l'attaque : 4 milles *(6,4 km)* au nord de Foreness *[Point dans le Kent]*.
Météo : Lune brillante. Bonne visibilité.
Dommages subis : Un Mosquito Mk. XII.
            F/Lt J. A. Gunn (N.Z.) - Pilote
            F/O J. Affleck - Navigateur Radariste
Dommages causés à l'ennemi en vol : 1 He-111 détruit.
Dommages causés à l'ennemi au sol : Aucun.

Rapport général :

Un Mosquito Mk. XII avec radar A.I. Mk. VIII, Pilote : F/Lt J. A. Gunn (N.Z.), Navigateur Radariste : F/O J. Affleck, patrouillait sous la direction de la station C.H.L. de Foreness (Contrôleur F/O Morris) à ANGELS 16 *[altitude de 4.875 m]*. À 21h35 et 30 secondes, il a été dirigé vers un appareil non identifié. Le Pilote a indiqué à 21h36, par radio, qu'ils avaient établi un contact *[radar]* à 4 milles *(6,4 km)* au nord de Foreness *[Point dans le Kent]*. Le Contrôleur a signalé que le chasseur s'est ensuite approché à 0,5 mille *(800 m)*. À 21h37 et 30 secondes, le Pilote a indiqué, toujours par radio, que la cible était un Heinkel. L'altitude de cet avion était estimée à 2.000 - 3.000 pieds *(610 - 915 m)*. Voyant que les échos étaient très proches, le personnel de Foreness est sorti juste à temps pour apercevoir une grande explosion à peu près à 21h38 à l'altitude et à la position à

---

[486] Rapport de combat conservé sous la référence AIR 50/161/15, TNA. Ce rapport donne les initiales des prénoms de Gunn comme étant J. E., mais la Commonwealth War Graves Commission précise qu'il s'agit de J. A. (pour James Athol).

> laquelle le F/Lt Gunn aurait dû se trouver. Après l'explosion, le F/Lt Gunn n'a pas pu être contacté. Les Gardes-Côtes et le personnel de Foreness ont depuis trouvé des débris d'un avion allemand et d'un avion britannique sur la plage. Il en est conclu que le F/Lt Gunn a tiré sur, ou a percuté, l'avion ennemi et ce faisant, a fait exploser la mine ou les bombes à bord du bombardier ennemi. Cette explosion a détruit les deux avions.
> Sur la base de ces preuves, une revendication est faite d'un He-111 détruit.
> **SIGNATURE** : *[illisible]*, F/O, Officier de Renseignement - 488ème Escadron (NZ)

Moins d'une heure plus tard, le Flight Lieutenant R. G. Watts et le Flying Officer R. R. W. Folley du même Escadron revendiquent un Do-217 abattu après que la station CHL de Foreness dans le Kent les ait amenés à portée de leur radar AI Mk VIII. [487] Une semaine plus tard, le corps du Flight Lieutenant James A. Gunn a été rejeté par la mer près de Margate dans le Kent : il repose depuis dans le cimetière de cette ville. Son corps ayant reçu des impacts de balles, il semble bien que le Mosquito ait été victime des tirs défensifs du Heinkel, et non pas de l'explosion de ce dernier. [488]

Si l'introduction des longueurs d'onde centimétriques a permis de réduire considérablement les échos parasites provenant du terrain survolé, ils restent parfois problématiques comme le montre le rapport de contact traduit ci-dessous. [489]

RAPPORT DE L'OPÉRATEUR RADAR (R/O) POUR LES CONTACTS AU RADAR EMBARQUÉ (A.I.)					
Escadron	Nom du R/O	Type d'A.I.	Type d'avion	Nom du Pilote	Indicatif radio
604ème	Sgt. Weston	Mark VIII	Beaufighter Mk. VI	F./O. Surman	Razor 36
Station de contrôle	Heure et date du contact *[radar]*		Altitude du chasseur au moment du contact	Rapport distance/écho ou photo au moment du contact	
G.C.I. de Seaton Snook *[comté de Durham]*	03h45 24 mai 1943		6.000 pieds (1.830 m)	À 10h00, [490] 30°, distance 3 milles (4,8 km)	

---

[487] Rapport de combat conservé sous la référence AIR 50/161/71, TNA.
[488] Journal de marche de l'Escadron pour le mois de septembre 1943, conservé sous les références AIR 27/1936/27 et AIR 27/1936/28, TNA.
[489] Rapport de contact conservé page 122 dans les Annexes du Journal de marche de l'Escadron, sous la référence AIR 27/2086, TNA.
[490] Désignation de la direction en termes d'heures, voir Note de bas de page à ce sujet.

Courte description des instructions données au Pilote suite au contact radar et amenant au contact visuel, ou à la perte du contact	Virage serré à gauche et stabilisation ; virage serré à droite et stabilisation.
Distance et position relative de la cible quand le contact visuel a été obtenu	-
OU : Altitude du chasseur et rapport écho/distance quand le contact radar a été perdu	Altitude : 2.000 pieds *(600 m)* À 7h00, [491] distance 2 milles *(3,2 km)*
Courte description des circonstances de la perte de contact radar	La cible a piqué fortement en slalomant. Le chasseur a piqué fortement en suivant les zigzags mais l'écho a finalement disparu dans les retours du sol.
Durée du contact visuel s'il n'y a pas eu de combat	-
Courte description des circonstances de la perte de contact visuel	-
Distance et position relative de la cible quand la cible a commencé toute action échappatoire violente	-
Météo	Dégagé, demi-Lune.
Suggestions	Le G.C.I. aurait pu donner plus d'informations concernant les angles de la cible.

Une note de service du 21 juillet 1944 du QG du 85ème Groupe [492] rappelle d'ailleurs qu'il faut prévenir les nouveaux Opérateurs radar du risque qu'il y a de voir disparaître le contact radar dans les retours du sol durant certaines manœuvres, comme par exemple si l'Opérateur radar demande au Pilote de piquer fortement pour perdre de l'altitude : le balayage du radar va alors pointer plus vers le sol et les échos parasites vont "monter" sur l'écran radar, risquant de masquer l'écho de la cible.

Le radar air-air AI Mk. VIIIB (ARI 55588) est identique au Mk. VIII mais avec un interrogateur Lucero permettant de communiquer avec les IFF et les balises radar métriques (1,5 m) en plus des balises centimétriques.

---

[491] Voir Note de bas de page précédente.
[492] Note de service conservée page 176 dans les Annexes du Journal de marche de l'Escadron, sous la référence AIR 27/2086, TNA.

Le radar air-air AI Mk. IX (ARI 5507) : L'AI Mk. IX était un concept d'avant-garde basé sur le Mk VIII grâce auquel le radar était capable de se verrouiller seul sur un écho et de le suivre automatiquement en pointant correctement l'antenne. Lors d'un vol d'essai le 23 décembre 1942, le Beaufighter VI (V8387) dans lequel se trouvait le scientifique chargé de ce projet, Arthur E. Downing, est abattu par les tirs d'un Spitfire Mark VB du 167ème Escadron. Downing et son pilote, le Squadron Leader Henry H. B. Mould sont tués ; le Sergent qui pilotait le Spitfire passe devant une commission d'enquête. [493] Le projet de l'AI Mk. IX est mis en veille au profit du SCR 720 (AI Mk. X), avant d'être finalement abandonné après-guerre.

Le radar air-air AI Mk. X (ARI 5570) est le nom donné par les Britanniques au SCR-720 de fabrication américaine (par la Western Electric Company). En juillet 1941, un Boeing 247D portant un radar centimétrique SCR-520 avait traversé l'Atlantique en bateau pour être testé par la FIU. [494] Le SCR-720 était une version améliorée du SCR-520. La RAF recueille en 1944 les fruits de la mission de septembre 1940 de Sir Henry Tizard aux USA à laquelle participait le Dr Edward G. Bowen. La machine de production américaine a fabriqué plus d'un million de magnétrons durant la guerre à partir du modèle n°12 amené outre-Atlantique par Bowen, et les forces armées du Commonwealth reçoivent des milliers de SCR-720 dans le cadre du prêt bail. [495]

Le principe de fonctionnement de l'AI Mk. X est très similaire à celui de l'AI Mk. VIII, sauf que le réflecteur parabolique tourne sur 360° en s'inclinant vers le haut jusqu'à +40° puis vers le bas jusqu'à -20°. Chaque fois que le réflecteur est orienté vers l'arrière, le tube cathodique est déconnecté. L'AI Mk X offre donc une meilleure couverture latérale par rapport à l'AI Mk VIII (75° de part et d'autre au lieu de 45°), mais il "voit" moins vers le bas (20° au lieu de 45°). [496]

---

[493] Entrée du 23 décembre 1942 du Journal de marche du 167ème Escadron, conservé sous les références AIR 29/1092/15 et 16, TNA. Les conclusions des commissions d'enquête et des cours martiales de cette époque ne sont pas disponibles, à de très rares exceptions près (en juillet 2023, il n'y avait que quelques dossiers consultables aux TNA sur la période 1939-1945 sous les rubriques AIR 2 et AIR 17, couvrant un total de cinq incidents, autant dire rien sur la durée de la guerre).

[494] Pour l'histoire détaillée de cet avion, se reporter au livre de Bob Shaw (voir bibliographie). Les Américains avaient pour leur part opté pour un Douglas B-18 comme banc d'essai volant pour le SCR-520 (premiers essais en vol en avril 1941).

[495] La RAF a reçu 3.644 SCR-720 d'après les tableaux du Volume II, Chapitre V, du rapport *"Quantities of Lend-Lease Shipments: A Summary of Important Items Furnished Foreign Governments by the War Department during World War II"* publié le Chief of Finance du War Department, décembre 1946.

[496] Illustration du chapitre I de la Publication de l'Air 1093D, Volume I *'Introductory survey of radar - Part II'* de 1946.

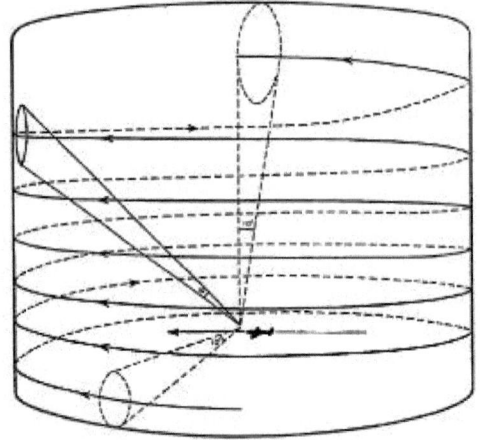 Schéma du balayage de l'antenne du radar air-air AI Mk. X. L'avion est représenté en trajectoire rectiligne de gauche à droite en bas de l'illustration. Ce schéma ne présente que six tours de l'antenne entre -20 et +40° par souci de clarté, mais en fait elle en effectuait douze. L'Opérateur pouvait aussi réduire la hauteur de balayage, par exemple entre +20° et +5° pour éviter les échos du sol et rafraichir plus fréquemment son écran. (Figure 18 du chapitre I de la Publication de l'Air 1093D, Volume I *Introductory survey of radar - Part II* de 1946)

Le premier exemplaire arrive au Royaume-Uni en décembre 1943 et est testé à partir du mois suivant dans le nez d'un Wellington. Ce radar est ensuite monté sur un Mosquito NF XVII dès fin janvier 1944, et sur des Wellington Mk XVII et XVIII pour la formation des radaristes (4 élèves et un instructeur par avion). Le premier succès avec ce radar est remporté dans la nuit du 20 au 21 février 1944 par Mosquito NF XVII du 25ème Escadron : les Pilot Officers Brockbank et McCausland abattent un Ju-188 près de Braintree dans l'Essex après une poursuite de plus de 25 minutes. Le tir de 120 obus de 20 mm en trois rafales dérègle complètement l'horizon artificiel et le conservateur de cap du Mosquito qui est obligé de rentrer à la base en se guidant sur la balise radar "*Mother*" de l'aérodrome de Coltishall dans le Norfolk. [497]

Comme les Beaufighter commencent à disparaitre des unités de première ligne à cette époque, le radar AI Mk. X n'a été monté que sur des Mosquito.

L'afficheur du radar AI Mk X comportait deux tubes cathodiques :
- Celui de gauche, baptisé C ("C-scope") donnait une vue vers l'avant sur laquelle l'Opérateur pouvait facilement voir la position de la cible en azimuth et en élévation, mais cet écran ne donnait pas d'information sur la distance.
- Celui de droite, baptisé B ("B-scope") donnait une vue en plan permettant de déterminer la distance de la cible et son azimuth, mais pas son élévation.

---

[497] Rapport de combat conservé sous la référence AIR 50/13/17, TNA.

Photo du matériel radar AI Mk X dans un Vampire NF10. L'opérateur radar ne pouvait guère étendre les jambes ! (Au repère n°33, l'afficheur avec ses deux tubes cathodiques, en 39 et 42, les commandes du radar) (photo AP4099H, PN, extrait de la Figure 2).

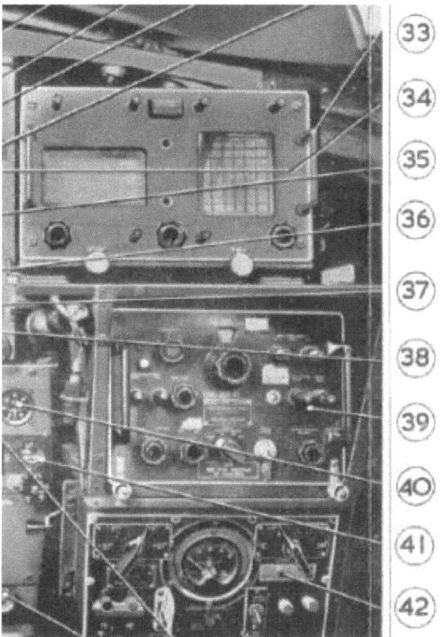

En août 1943, l'Australie envisage d'acquérir près de 200 exemplaires de radars AI Mk X en prévision de la création de trois Escadrons de chasse de nuit, dans le cadre d'un plan ambitieux d'expansion de la RAAF de 20 à 72 Escadrons dans le Pacifique. Le coût d'un exemplaire du radar AI Mk X est alors estimé à 7.500 £. [498] Par comparaison, le coût d'un Beaufighter VI complet (sans radar) était de l'ordre de 22.000 £. [499]

Le radar AI Mk X est resté en service sur les avions de la RAF jusqu'en 1957 (Vampire NF10, puis Sea Venom NF2 et Meteor NF11)

Le radar air-air AI Mk. XV, un radar à cinq noms (ARI 5607) : Ce radar américain (AN/APS-4, ou ASH (Air-Surface, modèle H) avait été développé pour être monté sous l'aile d'un chasseur embarqué de l'aéronavale (Hellcat, Corsair, etc.). Fonctionnant sur une longueur d'onde de 3 cm, il a une antenne de petite taille et l'ensemble du radar rentre donc dans une sorte de gros carénage ressemblant à un réservoir supplémentaire. Les Britanniques l'ont monté sur différents appareils de leur propre aéronavale (Firefly, Barracuda, Avenger) et en juin 1944, l'Unité de Développement de Support aux Bombardiers (BSDU - Bomber Support Development Unit) du 100ème Groupe du Bomber Command (voir le chapitre spécifique) en reçoit un exemplaire. Le 100ème Groupe aurait souhaité disposer de plus de chasseurs de nuit à radar AI Mk X, mais l'organisation de défense aérienne du Royaume-Uni (baptisée alors ADGB (Air Defence of Great Britain) et non plus Fighter Command) ne pouvait pas transférer ses Mosquito XVII puisqu'ils ne pouvaient pas emporter de réservoirs supplémentaires sous les ailes et

---

[498] Note du 5 août 1943 du Membre du Conseil de l'Air australien en charge du matériel "*Provision of airborne RDF equipment for night fighter aircraft*", conservée sous la référence A14487, 35/AB/5152, NAA.

[499] Note du 12 janvier 1943 du Membre du Conseil de l'Air australien en charge du matériel " *Supply of Beaufighter aircraft and spare engines to meet wastage requirements to 30 June 1943*", conservée sous la référence A14487, 29/AB/4547, NAA. Certains auteurs donnent des prix bien plus bas pour certains avions (page 212 du livre de Sebastian Ritchie (voir bibliographie) : autour de 5.000 £ pour un Mosquito en 1943), mais il s'agit probablement de la cellule seule sortie d'usine. Le coût d'un Mosquito T3 sans radar était de 20.000 £ en juin 1946 (référence A14487, 57/AB/7295, NAA).

n'auraient donc pas pu accompagner les bombardiers aussi loin que souhaité. Le radar ASH était donc une alternative tentante en attendant que plus de radars AI Mk X deviennent disponibles. Après avoir tenté de l'accrocher sous l'aile d'un Mosquito VI, il est décidé de retirer les quatre mitrailleuses du nez de l'avion pour y loger ce radar. Les premiers essais de cette "greffe" sont effectués en septembre 1944, et à partir d'octobre la 218ème Unité de Maintenance commence à monter en série des radars ASH sur des Mosquito VI pour les 23, 141 et 515èmes Escadrons. [500] Dans ce rôle de radar embarqué air-air, l'ASH a été baptisé AI Mk XV, alors que l'aéronavale britannique le connaissait sous le nom d'ASV Mk. IX puisqu'il était plus souvent employé en tant que radar air-surface par les avions de la Fleet Air Arm.

Vue du poste de pilotage d'un Mosquito Mk 33 (version navalisée apparue en 1945) avec radar AN/APS-6 (version simplifiée de l'AN/APS-4). (photo © BAE SYSTEMS).

Durant l'automne 1945, un radar AN/APS-4 a été monté dans le nez du Gloster Meteor F.3 EE348, ce qui en a fait le premier chasseur de nuit britannique à moteurs à réaction avec radar air-air. Les Sea Hornet NF21, dérivés du bimoteur monoplace de Havilland Hornet de la RAF, ont été développés après-guerre pour l'Aéronavale britannique en embarquant un radar ASH et un opérateur en place arrière.

---

[500] Page 49 du rapport *"100 Group : review of operations from Nov. 1943 to May 1945"*, conservé sous la référence AIR 14/2911, TNA.

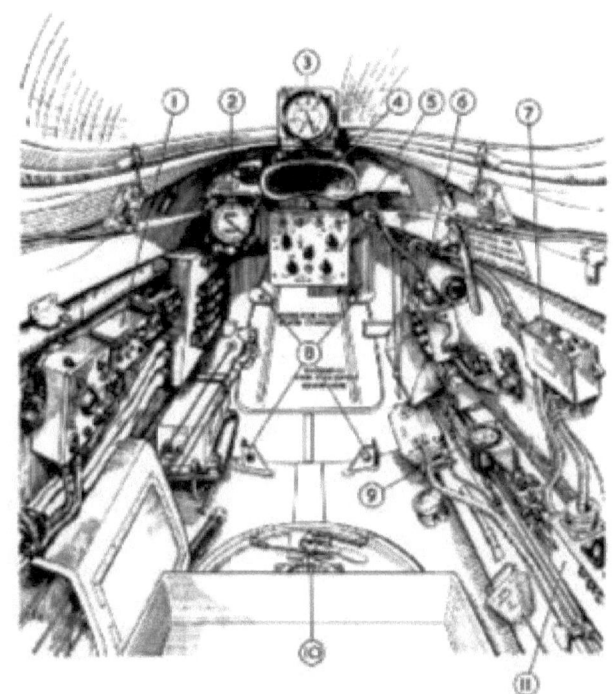

Dessin du poste arrière d'un Sea Hornet NF21 avec radar ASH (en 4, l'écran sous un pare-soleil, en 5 le boitier de commande, et en 6 l'amplificateur de l'écran)
(AP4037, Volume I, Section 3, Figure 3)

Dessin de l'installation du radar ASH dans le nez d'un Sea Hornet NF21. La forme du container de l'émetteur-récepteur et de l'antenne lui avait valu le surnom de "bombe ASH", terme qui était même utilisé dans la documentation officielle comme on peut le voir sur cette image. En insert, en haut à droite, le même container vu en coupe, basculé en position de maintenance.
(AP4037, Volume I, Section 5, Figure 3)

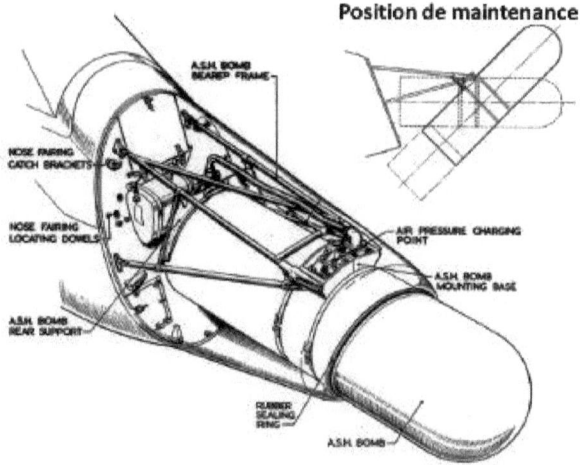

Schéma des éléments d'un radar AN/APS-4 (ici avec deux écrans). De haut en bas :
- Les deux écrans (sans leurs caches de protection)
- Les amplificateurs des écrans
- Le boitier de commande (à gauche)
- Le boitier de connexion des câbles
- Le container dans lequel de trouvent :
  - À l'avant (partie arrondie), l'antenne
  - Au milieu l'émetteur
  - À l'arrière (partie conique), le récepteur.

(source : page 60 du Radar Bulletin n°2a *"The tactical use of radar in aircraft"* publié en 1946 par l'Office of the Chief of Naval Operations, US Navy)

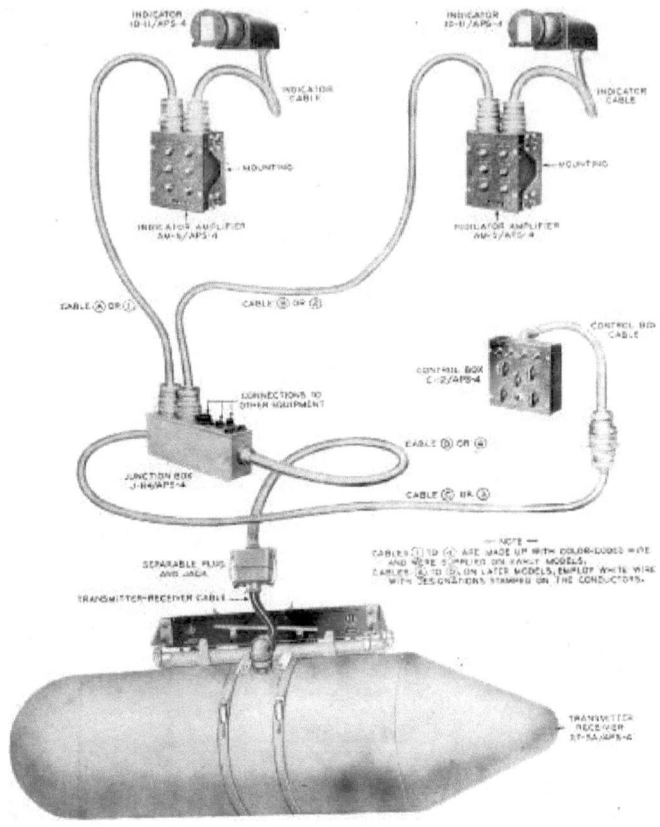

La première victoire avec un radar ASH est remportée par le Squadron Leader Cyril V. Bennett, DFC avec le Flight Lieutenant Robert A. Smith aux premières heures de l'année 1945 lors d'une mission *Intruder* au Danemark. Leur rapport de combat est traduit ci-dessous : [501]

515ème **Escadron - Little Snoring** *[dans le Norfolk]*

RAPPORT DE COMBAT - Nuit du 31 décembre 1944 au 1er janvier 1945

<u>Capitaine</u> : Sq/Ldr Bennett, DFC
<u>Navigateur</u> : F/Lt Smith
<u>Type et version de notre avion</u> : Mosquito VI 'L' n°518
Patrouille Intruder prévue : **Aérodrome de Grove** *[près de Karup au Danemark]* **de 01h00 à 02h00**
<u>Rapport général</u> :

---

[501] Rapport de combat conservé sous la référence AIR 50/272/53, TNA. Ken Delve, page 178 de son livre (voir bibliographie), crédite cette première victoire à radar ASH au Squadron Leader Tweedale et au Flight Lieutenant Cunningham (rapport de combat conservé sous la référence AIR 50/11/112, TNA), mais elle n'a eu lieu qu'à 19h25 le 1er janvier 1945, soit près de 18 heures après celle de Bennett et Smith.

Le Mosquito est arrivé sur l'aérodrome de Grove à 00h55 : la piste Sud-Nord était éclairée par une double rangée de feux.

À 01h05, une piste orientée Est-Ouest au nord des aires dispersées de stationnement de Grove s'est éclairée : il semble qu'il s'agissait d'un leurre. Le Mosquito a pris un cap de 090° vers le prochain point de navigation lorsque qu'un feu vert (peut-être une balise) a été aperçu à environ 8 milles *(12,8 km)* au nord de Grove. Nous étions sur le point de le surveiller de plus près quand un contact A.S.H. a été obtenu à une distance d'environ 1,5 milles *(2,4 km)*, 30° sur la droite et à la même altitude que le Mosquito, c-à-d 2.000 pieds *(610 m)*.

Le contact faisant cap au Nord, est passé de droite à gauche. Dans la zone de Lovns Bredning, à une distance d'environ 600 yards *(550 m)*, un Ju-88 a été aperçu, légèrement au-dessus de l'altitude de 2.000 pieds *(610 m)* du Mosquito.

Le Ju-88 a ouvert le feu sur le Mosquito avec des traçantes qui sont passées sur notre droite. Le Mosquito a tiré une rafale de deux secondes d'une distance de 400 yards *(365 m)*, et des impacts ont été observés sur l'aile gauche. Une seconde rafale d'une seconde a été tirée sans résultat visible, et finalement une rafale de deux ou trois secondes décalée d'un angle de 40°, avec une déflexion d'une aile et demie, a coupé le fuselage du Ju-88 en deux. Il s'est écrasé en vrille dans le Limfjord à environ 01h15.

L'avion ennemi avait effectué des manœuvres échappatoires assez violentes et avait ouvert le feu avant que le Mosquito ne puisse l'identifier.

Le Mosquito s'était approché du Ju.88 avec la Lune derrière lui, ce qui fait que le Ju-88 a probablement vu le Mosquito en premier.

Le Mosquito a mis le cap sur Grove. Alors qu'il se trouvait à environ 18 milles *(29 km)* au nord de Grove, un contact *[radar]* a été obtenu droit devant à une distance de 8.000 pieds *(2,4 km)*. La procédure normale d'approche pour un contact frontal a été effectuée et lors du virage à droite sur le cap opposé *[au cap initial du Mosquito]*, nous avons vu un autre Ju-88 qui a dégagé dans un fort piqué vers un grand bois. Le Mosquito a tiré une rafale d'une seconde mais sans résultat visible et le Ju-88 s'est échappé au ras du sol.

Dans les deux cas, les jumelles Ross ont été utilisées par le Navigateur.

Il est suggéré que les avions patrouillant avec un radar A.S.H. devraient faire des cercles de plus en plus grands à environ 10 - 15 milles *(16 -24 km)* de l'aérodrome ennemi lorsque des pistes-leurres sont allumées, etc. Il est envisagé que cette procédure pourrait permettre aux chasseurs A.S.H. de découvrir des balises de ralliement *[des appareils adverses]*.

Le Mosquito a complété le reste de la patrouille sans événement notable.

<u>Revendication</u> : 1 Ju-88 détruit (cat. Ai. *[?]*).

<u>Armement</u> : 100 obus de 20 mm (50 coups pour chaque canon de gauche). Enrayage des deux canons de droite.

>   Cinémitrailleuse utilisée.
> Le Mosquito a décollé de Little Snoring à 22h52, et y est revenu pour
> se poser à 03h34.
> **SIGNATURES** : C. V. Bennett, Sq/Ldr, Pilote
>   R. A. Smith, F/Lt, Navigateur
>   Charles Price, Sq/Ldr, Officier de Renseignement

Bennett et Smith ont tous deux été tués au retour d'une mission *Intruder* le 13 janvier 1945, probablement dans un accident en mer. Leurs noms sont gravés sur le mémorial de la RAF de Runnymede, dans le Surrey, puisqu'ils n'ont pas de tombe connue.

A.4.5.4 - Les contre-mesures électroniques

Comme chaque fois qu'une nouvelle arme est mise en service, une autre apparaît peu après afin de la contrer. La guerre électronique ne fait pas exception. Pendant la Première Guerre, les Britanniques avaient déjà brouillé les radios allemandes pour perturber la navigation des dirigeables. C'est aussi un dirigeable, le LZ-130 *Graf Zeppelin II*, qui est venu juste avant le début de la Seconde Guerre mondiale pour essayer de déterminer la fréquence de travail des curieuses antennes que des "touristes" allemands avaient noté le long des côtes anglaises. Il est reparti bredouille, les émissions des radars *Chain Home* étant confondues avec celles du réseau électrique. [502] Grâce à leur manque de sophistication, ces radars sont restés un mystère pour les 28 techniciens radio du LZ-130 et n'ont donc subi aucun brouillage avant la fin de la bataille d'Angleterre. Ce n'est finalement qu'en février 1942, que les Allemands ont utilisé massivement des brouilleurs contre les radars *Chain Home* pour permettre aux croiseurs *Scharnhorst, Gneisenau* et *Prinz Eugen* de remonter la Manche.

En juin 1940, les Britanniques réalisent que les Allemands utilisent des faisceaux radio pour guider leurs bombardiers. Lors d'une réunion d'urgence du Comité d'Interception Nocturne, il est notamment décidé de créer une Escadrille spéciale pour rechercher des informations sur ces faisceaux et de demander au Centre de Recherche Aéronautique (RAE) de développer un moyen de les brouiller. [503] Le terme de Contre-Mesures Électroniques (CME) aurait été inventé en 1940 par le Group Captain Edward B. Addison lorsqu'il a pris les rênes de la 80ème Escadre (Transmissions) nouvellement créée pour contrer les aides de radionavigation allemandes. Le Centre de Recherche des Télécommunications (radar) (TRE) se dote en août 1940 d'un Groupe, sous l'autorité du Dr Robert Cockburn, chargé de développer des outils de CME : fort de moins de vingt personnes au début de 1941, il était devenu une Division de plus de cent scientifiques en

---

[502] Article *"LZ-130"* du Dr. Bruce Taylor, publié pages 55 à 59 de la revue Practical Wireless de juillet 2019. D'autres sources, par exemple Yves Blanchard (pages 232-233, voir bibliographie) attribuent ce voyage au LZ-127.

[503] Paragraphe 31 du compte-rendu de la réunion du 16 juin 1940 du Comité d'Interception Nocturne, conservé sous la référence AIR 20/3442, TNA.

juin 1944. [504] Le combat à distance qui a opposé les scientifiques britanniques du TRE à leurs homologues allemands est probablement l'une des histoires les plus méconnues de la Seconde Guerre mondiale. Churchill, avec son éloquence habituelle, avait joué sur l'aspect d'art mystérieux au détriment de l'aspect scientifique en baptisant ce combat de *"guerre des Sorciers"*. [505]

Bien que les matériels électroniques ci-après n'aient pas été directement emportés par les chasseurs de nuit britanniques, il convient de les citer brièvement ici puisqu'ils ont été utilisés pour perturber directement le travail de la chasse de nuit allemande (les autres CME seront détaillées dans les livres de cette série consacré au Bomber et au Coastal Commands). Par ordre chronologique d'utilisation : [506]

- Dès août 1942, des Defiant du Fighter Command équipés de brouilleurs **Moonshine** font croire à l'approche de grandes formations sur les écrans des radars allemands *Freya* [507] et *Würzburg*.
- À partir de décembre 1942, des brouilleurs **Mandrel** perturbent les écrans des radars allemands *Freya*. Ces brouilleurs étaient installés dans un réseau de stations au sol, mais aussi embarqués à bord des Defiant (puis des Beaufighter) du 515ème Escadron du Fighter Command. Le Bomber Command a également plus tard utilisé ces brouilleurs, et notamment *Mandrel IV* et ses dérivés américains **Dina II** et **Piperack** (janvier 1945) pour contrer les radars embarqués allemands FuG 220 *Lichtenstein* SN-2. Également en décembre 1942, les premiers brouilleurs **Carpet** embarqués à bord d'avions s'en prennent aux radars allemands air-sol *Würzburg*.
- Jusqu'à octobre 1942, le Bomber Command imposait le silence radio à ses avions comme unique mesure de protection. Face à l'augmentation des pertes, il a commencé à s'intéresser aux CME déjà déployées par le Fighter Command et a utilisé des microphones montés dans les nacelles de certains bombardiers pour brouiller les communications radio VHF et HF de contrôle des chasseurs de nuit allemands. Ce dispositif étaient baptisé **Tinsel** (décembre 1942), puis d'autres ont suivi, notamment **Special Tinsel** (août 1943), **Airborne Cigar (ABC** - octobre 1943), **Jostle IV** (juillet 1944), **Special Cigarette, Cigar** (juillet 1943), **Corona** (octobre 1943), **Drumstick** (janvier 1944), et **Fidget** (avril 1944). Les quatre premiers énumérés étaient embarqués à bord de bombardiers lourds, les suivants étaient placés dans des stations au sol. Pour trouver d'autres moyens de communication, les Allemands ont utilisé

---

[504] Annexe 4 de la monographie *"The radio war"* (voir bibliographie).
[505] Titre du chapitre XIX des mémoires de Winston S. Churchill *"Their finest hour"*, Mariner Books, 1986, ISBN 978-0395410561.
[506] Chronologie en fin de la Note Historique *"War in the Ether: radio countermeasures in Bomber Command"* de la Branche des Transmissions du Bomber Command, d'octobre 1945, conservée sous la référence AIR 20/8962, TNA Les lecteurs pourront aussi se reporter aux excellents livres d'Alfred Price et de Martin Streetly sur le sujet de la guerre électronique (voir bibliographie).
[507] *Freya* : radar d'alerte lointaine d'une portée maximale 200 km, utilisant initialement une fréquence de 125 MHz, puis entre 75 et 180 MHz.
Würzburg : radar de guidage de la Flak (canons et projecteurs), ainsi que des chasseurs de nuit, fonctionnant à une longueur d'ondes d'environ 53 cm et d'une portée maximale de 40 km.

leurs radiobalises moyenne fréquence pour transmettre les informations tactiques à leurs chasseurs, ce que les Britanniques ont noté dès avril 1944 et brouillé quelques jours plus tard (*M/F Corona*, rebaptisé ensuite *Fidget*). [508] Plus tard en 1944, ces brouillages étaient si bien organisés que les Allemands en ont été réduits à communiquer en Morse, ce qui restait possible d'après les rapports d'interrogation de prisonniers. [509] Ils ont même tenté de donner des indications à leurs chasseurs en diffusant différents morceaux de musique sur la radio nationale, chacun correspondant à une région géographique où les chasseurs devaient se rendre pour trouver leurs proies.

- Fin avril 1943, les stations au sol **Ground Grocer** commencent à brouiller les radars air-air allemands FuG 202, mais leur portée limitée les rend peu efficaces, même si les Britanniques ont la satisfaction d'intercepter quelques messages de frustration des équipages des chasseurs de nuit allemands, comme par exemple celui-ci le 25 juin 1943, émis dans la région d'Amsterdam : *"Je viens de perdre un avion britannique parce que mon radar air-air est perturbé par des interférences."* [510] Des stations au sol émettant dans la bande 460 - 500 Mc/s ont commencé à fonctionner sous l'égide de la 80ème Escadre. En novembre 1944, ces stations sont mises en sommeil puisque les FuG 202 ont quasiment disparu de l'inventaire de la chasse allemande. Des brouilleurs embarqués ont également été développés sous l'appellation **Airborne Grocer** mais trop tard pour être utilisés. Avec le développement de la guerre électronique, des avions de plus en plus lourds ont été utilisés (quadrimoteurs B-17 ou B-24) : par exemple, un B-17 Fortress pouvait embarquer neuf brouilleurs *Carpet* et quatre brouilleurs *Mandrel* pour couvrir le plus de fréquences et de zones géographiques possibles simultanément, ou un *Jostle IV* et quatre *Airborne Grocer*, ou huit brouilleurs *Mandrel* et trois *ABC*.

- Fin mars 1944, la première des trois stations au sol **Tuba** commandées par la RAF et conçues aux États-Unis pour brouiller les radars air-air allemands FuG 202 arrive en Angleterre. Une fois installée, elle souffre des mêmes limites que *Ground Grocer* (portée limitée à 300 kilomètres au mieux, ne fonctionne vraiment que lorsque le chasseur allemand se dirige vers le brouilleur), mais surtout les Allemands ont à cette date presque retiré tous les FuG 202.

---

[508] Page 109 du rapport *"N°80 Wing Royal Air Force : Historical report 1940-1945"*, conservé sous la référence AIR 41/46, TNA.
[509] Paragraphe 50 du rapport d'interrogation ADI(K) n°125/1945 de dix aviateurs allemands de la chasse de nuit, sélectionnés parmi les 59 faits prisonniers les quinze derniers jours de 1944, conservé sous la référence AIR 40/2875, TNA ; et paragraphe 54 du rapport d'interrogation ADI(K) n°599/1944 de trois aviateurs allemands de la chasse de nuit (un pilote et deux opérateurs radar) faits prisonniers le 6 octobre 1944, conservé sous la référence AIR 40/2871, TNA.
[510] Page 92 du rapport *"N°80 Wing Royal Air Force : Historical report 1940-1945"*, conservé sous la référence AIR 41/46, TNA.

Le tableau ci-après résume les quantités et les coûts de quelques CME produites aux États-Unis, certaines étant des copies de matériels britanniques, ou en reprenant le concept : [511]

	Objet	Produits aux USA	Prix unitaire en dollars
APT-3 Carpet	Brouillage *Würzburg* depuis les airs	1.000	400
APT-5 Carpet IV		2.663	968
APQ-9 Carpet III		5.174	551
APT-3 Mandrel	Brouillage *Freya* depuis les airs	1.105	2.200
APT-1 Dina		6.195	1.430
MPQ-1 Tuba	Brouillage FuG 202 depuis le sol	3	600.000

"*Window*" : une contre-mesure secrète mais connue par les deux camps

Lors de la réunion du 25 septembre 1935 du Comité pour l'Étude Scientifique de la Défense Aérienne présidé par Henry T. Tizard, le professeur Frederick A. Lindemann demande s'il est possible de brouiller les stations radar, soit depuis le territoire ennemi, soit depuis un avion. Tizard lui répond que Robert A. Watson-Watt, le spécialiste chargé de la recherche sur le radar, estime que le brouillage serait généralement inefficace. [512] Il est tout de même demandé à Watson-Watt de rédiger une note à ce sujet.

Finalement, au début de 1942, les scientifiques du TRE déterminent que des bandelettes de papier doublées d'une fine feuille d'aluminium renvoient un bon écho si elles sont découpées à la demi-longueur de la longueur d'ondes du radar que l'on souhaite tromper (par exemple, 27 centimètres pour brouiller le radar air-sol *Würzburg* utilisé par la Flak qui fonctionnait à une fréquence de 560 MHz (soit 54 cm de longueur d'ondes)). Ces bandelettes (on dirait aujourd'hui "paillettes") reçoivent le nom de code "*Window*", mais les autorités britanniques refusent que cette invention soit utilisée, craignant que les Allemands ne s'en inspirent pour relancer le Blitz. Pendant plus d'un an, des essais complémentaires et des débats indécis ont eu lieu entre Fighter Command, Bomber Command, TRE et Ministère de l'Air pour juger des bénéfices et risques potentiels de l'emploi de *Window*. En fait, les Allemands avaient déjà découvert par eux-mêmes la possibilité d'employer des paillettes de brouillage, qu'ils avaient nommé *Düppel*, et en avaient eux aussi interdit l'emploi pour les mêmes raisons que leurs adversaires !

---

[511] Document de décembre 1945 repris en annexe C du livre *"The history of US electronic warfare - volume 1"* d'Alfred Price (voir bibliographie). Le système de désignation américain était le suivant :
 1ère lettre : engin porteur (A pour avion piloté, F pour système fixe au sol, M pour système mobile au sol, S pour navire, etc.)
 2nde lettre : type du matériel (P pour radar)
 3ème lettre : objet du matériel (B pour bombardement, N pour navigation, T pour émetteur, Q pour spécial ou multiples, etc.)
[512] Compte-rendu de la réunion du 25 septembre 1935, conservé sous la référence AIR 20/181, TNA.

Finalement, arguant de pertes potentielles importantes si Window n'était pas utilisé, l'Air Marshal Arthur T. Harris, patron du Bomber Command, parvient à obtenir l'autorisation d'utiliser ces paillettes pour le bombardement de Hambourg fin juillet 1943. À la grande surprise des équipages de bombardiers (et des radaristes allemands), cette contre-mesure s'avère très efficace, les projecteurs-'maîtres' normalement orientés par radar pointant désormais au hasard et les radars des chasseurs de nuit étant saturés d'échos. L'un des facteurs importants ayant conduit à enfin autoriser l'emploi des bandelettes de brouillage radar *Window* a été la promesse américaine de pouvoir livrer en grande quantité des radars SCR.720B (baptisés AI Mark X par la RAF) à partir de juillet 1942. Les radars centimétriques (AI Mk VIII, X et XV) avaient l'avantage d'être peu affectés par les paillettes *Window*, et le Mk X avait une meilleure discrimination que le radar Mark VIII alors en service au sein de la RAF, et donc une meilleure résistance au brouillage. [513]

À titre d'exemple, les bandelettes *Window* Type A prévues pour perturber les radars air-sol *Würzburg* et les radars air-air FuG 202 et 212 *Lichtenstein B/C et C-1* mesuraient 27 cm de long par 1,5 cm de large et étaient empaquetés par groupe de 2.000 dans une sorte de papier kraft conçu pour s'ouvrir une fois largué. Les bandelettes se dispersaient alors en tombant à environ 80 mètres par seconde et renvoyaient les émissions des radars allemands comme des bombardiers se trouvant là.

Deux paquets de paillettes Window : celui de gauche est encore presque fermé, celui de droite est ouvert. (Figure du chapitre *"Chaff"*, Section 1 *"Radio and Radar Countermeasures Equipment"* du document *"Graphic survey of Radio and Radar Equipment used by the AAF"*, publié par l'US Army Air Forces Air Technical Service Command en décembre 1944)

Revers de la médaille, les énormes quantités des paillettes *Window* déversées par les bombardiers britanniques à partir de juillet 1943 perturbent fortement le fonctionnement des radars AI Mk IV des chasseurs de nuit chargés de protéger les flancs des quadrimoteurs du Bomber Command. Le tableau ci-après montre d'un côté les fréquences brouillées par les différents types de paillettes *Window* utilisées par les Britanniques [514] (les Américains avaient aussi quatorze types différents de paillettes

---

[513] Page 165 de la Publication de l'Air 1116 'RAF Signals - Volume V: Fighter control and interception' (voir bibliographie).

[514] Données de l'Annexe "T" de *"War in the ether - Europe 1939-45 - Radio countermeasures in Bomber Command - An historical note"*, document rédigé par la Branche des Transmissions du QG du Bomber Command en octobre 1945, conservé sous la référence AIR 20/8962, TNA. Certaines

pour couvrir les fréquences allant de 50 à plus de 10. 000 MHz) [515] et de l'autre côté les fréquences utilisées par les principaux radars air-air allemands et britanniques. On voit bien que seuls les radars centimétriques (AI Mk VIII, X et XV) avaient l'avantage d'être très moins affectés par les paillettes *Window*, mais nous verrons qu'ils n'ont reçu l'autorisation de franchir la Manche qu'en mai 1944. Malgré cela, les paillettes *Window* perturbaient le travail des chasseurs britanniques, comme le note le Flight Lieutenant Thomas, DFC, du 85ème Escadron au retour d'une mission sur Lützkendorf en Saxe-Anhalt dans la nuit du 8 au 9 avril 1945 : *"Nous avions pour mission de patrouiller la zone de la cible de H+6 minutes jusqu'à H+50 minutes, mais comme nous avions peur que cela nous fasse manquer la fête, nous nous sommes arrangés pour arriver là-bas à 22h45, ce qui correspondait à l'heure H. Nous y serions arrivés si nous n'avions pas eu une courte poursuite sur le chemin aller pour un avion finalement identifié comme étant un Lancaster : probablement un appareil de la Force Window du 5ème Groupe, car* **bien qu'il ne lâchait pas de paillettes, la zone en était infestée."** Puis après avoir détecté un Ju-88 *"dans lequel se trouvait un gentleman qui tenait manifestement à obtenir son repas d'après-vol le plus tôt possible puisqu'il poursuivait sa descente"* et l'avoir abattu : *"Nous n'avons pas subi de brouillage, mais* **nous avons, de temps à autre, maudit l'inventeur des paillettes Window."** [516]

Window	Fréquence (MHz)		Radars	Fréquence (MHz)
A, C, E, F, F3	450 - 500	→	FuG 202 BC	490
N et N3	350 - 600	→	FuG 212 C-1	490 puis 420 - 480
MB	70 - 200	→	FuG 220 SN-2	73, 82, 91, puis 37,5 à 118
MC et MC2	85-100 et 140-200	→	AI Mk IV	190 - 195
MD2	65-100 et 140-200	→	AI Mk VIII et X	3000
MM	65 - 200	→	AI Mk XV	10000

Pour une représentation plus visuelle des fréquences utilisées par les principaux radars métriques allemands (et par l'AI Mk IV) et par les principales contre-mesures britanniques, on se reportera à l'Annexe 11.

---

sources donnent des fréquences un peu différentes, par exemple, 450 à 600 MHz pour *Window F3* et 80 à 300 MHz pour *Window MC2* page 57 de la monographie *"The radio war"* (voir bibliographie).
[515] Données page 71 de la Section 1 *'Radio and Radar Countermeasures Equipment'* du rapport *'Graphic survey of Radio and Radar Equipment used by the Army Air Forces'* de février 1945.
[516] Rapport de combat conservé sous la référence AIR 50/36/69, TNA.

A.4.5.5 - Pour conclure sur l'évolution des radars embarqués

Le schéma chronologique ci-dessous montre le passage de relais entre les principaux différents types de radars embarqués utilisés par la RAF et la Nachtjagd en Europe. Les radars métriques sont identifiés en caractères noirs alors que les radars centimétriques sont en caractères blancs. [517]

Trimestre	3T40	4T	1T41	2T	3T	4T	1T42	2T	3T	4T	1T43	2T	3T	4T	1T44	2T	3T	4T	1T45	2T
Défense - RAF	AI Mk IIIA					AI Mk VII									AI Mk X					
				AI Mk IV										AI Mk VIII						
Soutien aux bombardiers - RAF													AI Mk IV					AI Mk XV		
																	AI Mk X			
													brouillage par *Windows*							
Allemagne					FuG 202 et 212 *Lichtenstein* B/C et C-1															
														FuG 220 *Lichtenstein* SN-2						

On voit que les Allemands avaient un retard de quelques mois dans le déploiement d'un radar métrique et qu'ils n'ont pas eu le temps d'utiliser de radar centimétrique bien qu'ils en aient développé un (baptisé FuG 240 *Berlin*) à partir des magnétrons récupérés sur des avions alliés abattus. [518] Il est heureux pour les Alliés que les chasseurs de nuit allemands n'aient pas bénéficié en grand nombre de ce radar centimétrique : un rapport du Centre de Recherche des Télécommunications (radar) de Malvern avait estimé en mars 1943 que le Bomber Command devait s'attendre à des pertes de 25 à 50% dans cette hypothèse. [519] Les Alliés prévoyaient que les Allemands seraient capables de mettre les radars centimétriques en service en nombre fin 1945. [520]

Il faut noter aussi que les radars métriques sont restés en première ligne jusqu'à la fin de la guerre sur d'autres théâtres d'opérations et qu'ils étaient encore employés pour la formation en 1945.

---

[517] Schéma chronologique de l'auteur. Le fait que deux radars soient indiqués sur la même ligne ne veut pas dire que l'un a remplacé l'autre.
[518] Page 292 du livre d'Yves Blanchard et page 160 de la monographie "*RAF Signals - Volume VII*" (voir bibliographie). On notera que cette monographie indique que les Allemands avaient capturé des morceaux plus ou moins abimés de radars centimétriques H_2S dès janvier 1943 et d'un radar Mk VIII d'un Mosquito en juillet 1943. Ce dernier point est curieux puisque ces Mosquito n'étaient pas autorisés à survoler les territoires occupés à cette époque, mais il est possible qu'un appareil en détresse se soit égaré.
[519] Rapport 5/M/78/RC du TRE '*A note on the Enemy's Night Defence potential and projected countermeasures*' du 30 mars 1943, mentionné en Annexe 1 de la monographie "*The radio war*" (voir bibliographie).
[520] Page 9 de la monographie "*The radio war*" (voir bibliographie).

Les caractéristiques des principaux radars air-air utilisés par la RAF sont résumées dans le tableau ci-dessous. [521] Pour plus de détails, se reporter à l'Annexe 10 :

AI Mark	IIIA	IV	V	VI	VII	VIII, VIIIA et VIIIB	X
Longueur d'ondes	1,5 m				9,1 cm		
Puissance max.	10 kW				5 kW	25 kW	70 kW
Portée mini - maxi (en mètres)	275 2.700	120 5.600	150 4.800	130 4.800	140 9.000	90 10.000	
Antenne(s)	fixes				Balayage en spirale par réflecteur parabolique	Balayage hélicoïdal par réflecteur parabolique	
Réponse sur radiobalise ou IFF	non (?)	oui	non	non	oui	oui	
Affichage	Opérateur Radar (OR)		OR + Pilote	Pilote	OR		
Production	140+	3.000+	100	1.125 *	100	2.500 +	3.644
Date d'emploi **	juin 40 - fin 1940	sept. 40 - fin 1944	déc. 41 - fin 1942	déc. 41 - mai 42	mars 42 - début 43	déc. 42 - début 1945	jan. 44 - 1960

* La plus grande partie a été convertie pour la protection arrière des bombardiers du Bomber Command (détecteurs Monica).

** Les dates d'emploi des différents types de radar embarqué en Europe se recouvrent, notamment à cause des restrictions d'emploi pour protéger le secret d'un nouvel équipement : par exemple, les radars métriques étaient jugés obsolètes pour les missions défensives en 1944, mais ils étaient encore utilisés pour opérer au-dessus du territoire ennemi.

---

[521] Données de la Publication de l'Air 1093D, Volume I *Introductory survey of radar - Part II* de 1946, et de la monographie Publication de l'Air 1116 *RAF Signals - Volume V: Fighter control and interception* (voir bibliographie).

Le graphe ci-après montre la course pour développer des émetteurs de plus en plus puissants. [522] On voit que le bond technologique est énorme entre les 100 watts du premier prototype monté sur un Avro Anson en 1937 et le radar AI Mk X de 1940 dont la puissance de crête de l'émetteur est de 70.000 watts.

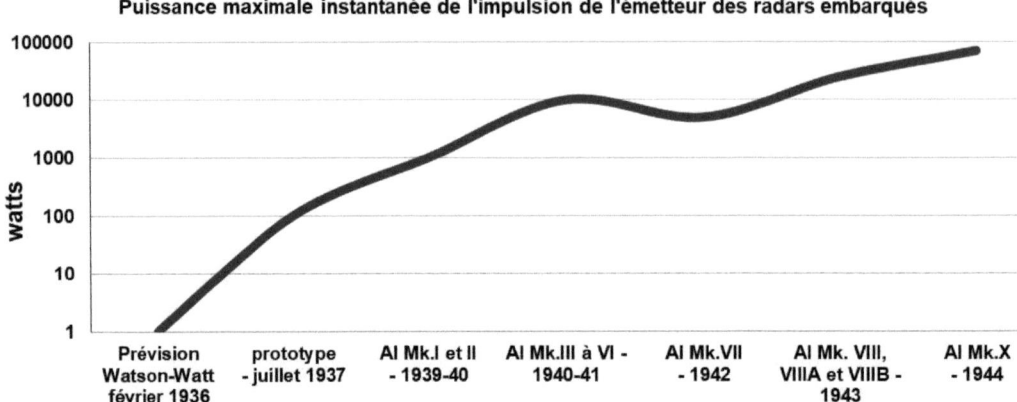

Beaucoup d'historiens ont critiqué la frilosité et le conservatisme du Ministère de l'Air qui aurait été peu ouvert aux innovations (par exemple pour les avions développés sur fonds privés, comme le Blenheim). Le radar est clairement un contre-exemple. Alors que l'on estime aujourd'hui qu'il faut compter une vingtaine d'années *"pour mener une technologie à maturité et l'intégrer à un projet d'armement"*, [523] la rapidité et l'efficacité avec lesquelles les Britanniques ont su développer le radar sous toutes ses formes (air-sol, air-air, air-surface et air-sol) et l'intégrer au cœur de leurs procédures de combat force le respect. Cette avance a été conservée pendant toute la guerre.

---

[522] Graphes de l'auteur à partir des données des Publications de l'Air 1116 *"Signals"* Volume V et 1093D, Volume I *'Introductory survey of radar - Part II'* de 1946, (voir bibliographie).

[523] Article pages 13 à 15 du numéro 50 de la revue "*Fantassins – Le magazine d'information de l'Armée de Terre*".

A.5 - Les autres mesures qui ont amélioré l'efficacité de la chasse de nuit

A.5.1 - Une unité dédiée à l'essai des matériels et des tactiques

Comme l'a indiqué le Group Captain Henry G. Crowe, Directeur Adjoint aux Tactiques Aériennes au Ministère de l'Air dans sa note de service de 1940, les équipages des Escadrons de chasse de nuit n'avaient pas, au départ, une grande confiance dans les radars embarqués. Cette technologie nouvelle était encore peu fiable et les résultats n'étaient pas très convaincants par rapport à la chasse "à l'œil nu". Pour ce qui concerne la fiabilité, on peut citer notamment les facteurs suivants :

- Les circuits électroniques de l'époque sont composés majoritairement de tubes à vide, que l'on peut décrire comme de grosses ampoules supportant assez mal les vibrations, les surtensions, et les basses températures ou pressions rencontrées en altitude. La durée de vie de certains tubes à vide ne dépassait pas quelques heures de vol.
- Certains matériels qui avaient donné satisfaction lors d'essais limités sous la supervision de scientifiques se révélaient impossibles à régler en Escadron ou ne supportaient pas les interférences d'autres équipements à bord (comme par exemple la radio TR.9 dont nous avons parlé, ou l'alimentation électrique mal régulée de certains avions).
- Les premiers avions avec radar ont été livrés sans que les techniciens radio des Escadrons soient formés et renforcés. Il n'est donc pas très étonnant que les premiers radars se soient révélés mal calibrés ou peu fiables.

John Cunningham, pilote au sein du 604ème Escadron au début de la guerre, se souvient des difficultés d'adaptation à ces premiers matériels radar : [524] *"Nous avions reçu les premiers Beaufighter vers la fin de 1940, et l'Escadron était basé à Middle Wallop dans le Hampshire. Il y avait beaucoup d'activités ennemies, ... tous les avions allant bombarder les Midlands passaient par notre secteur. Ce n'est qu'à la fin de novembre 1940 que j'ai eu la chance d'obtenir le premier succès de l'Escadron de nuit. Même avec un radar, nous trouvions difficile, à la fois d'interpréter l'image présentée par le radar, et d'avoir un radar qui fonctionnait de façon satisfaisante : le matériel électrique chauffait ou tombait en panne. En beaucoup d'occasions, nous avions ce que nous appelions un "squint" sur le radar : les avions couchaient systématiquement dehors et lorsqu'il pleuvait beaucoup, de l'humidité pénétrait dans le circuit des antennes et générait une indication fausse de l'emplacement de la cible. À cause de ceci, tous les après-midis avant une mission de nuit, nous avons pris l'habitude de décoller en paire : un avion à tester et un avion cible (plastron), pour vérifier le matériel, par exemple que si l'avion plastron était droit devant, le radar montrait un écho droit devant ; si le plastron était à gauche, le radar montrait un écho à gauche, etc. Très souvent ce n'était pas le cas. ... Nous avons dû apprendre à connaître les limites de l'équipement, aussi bien les Pilotes que les Opérateurs radar. Nous étions tous nouveaux dans ces tâches et apprendre 'sur le tas' n'était pas facile. ... J'ai eu la chance de faire équipe avec Jimmy*

---

[524] Interview de 1989, conservée par l'Imperial War Museum dans la collection 'Oral history', référence 10729 - bobine 1.

Rawnsley qui avait été mon Mitrailleur sur biplan de chasse. [525] *Il est devenu mon opérateur radar et nous sommes restés ensemble toute la guerre. Il était électricien dans le civil avant-guerre, était intelligent, et avait une bonne compréhension du pilotage et du radar. Mais il était facile pour un Pilote de "s'embrouiller" avec son Opérateur radar à cause des problèmes de fiabilité des premiers radars, beaucoup de Pilotes disaient "Oh mon Dieu, ce n'est pas le matériel, c'est Jack qui utilise le radar… !" C'était frustrant pour beaucoup et quand le matériel ne marchait pas bien, tout ce que l'Opérateur radar pouvait faire était de donner un coup de pied ou de poing aux boîtiers électriques, ce qui produisait parfois un résultat, sinon il fallait abandonner la mission."*

Les nouveaux matériels étaient souvent testés par des Escadrons de première ligne sans doctrine d'emploi : par exemple, nous avons vu qu'au printemps 1940, trois avions ont été équipés de l'AI Mk. II au sein de chacun de six Escadrons de chasse de nuit (23, 25, 29, 219, 600 et 604èmes). Ces essais donnaient souvent des conclusions différentes, voire conflictuelles et trainaient en longueur, n'étant pas la priorité des unités opérationnelles qui n'y voyaient pas de bénéfices immédiats. Sous l'impulsion du Comité d'Interception de Nuit dont la première réunion a eu lieu le 14 mars 1940, le Fighter Command a créé une unité dédiée pour tester, améliorer et préconiser les tactiques à utiliser pour la chasse de nuit : l'Unité d'Interception de Nuit (NIU), plus tard rebaptisée Unité d'Interception de Chasse (FIU), a été formée en avril 1940 à Tangmere, dans le Sussex. En plus des pilotes et des mécanos, elle comprend dès le départ dans son effectif un Squadron Leader tenant le rôle de Contrôleur au sol pour travailler les tactiques de coopération entre radar au sol et chasseur de nuit. Durant toute la guerre, cette Unité a permis de s'assurer que les escadrons de première ligne ne recevaient que des matériels ayant été mis au point en conditions opérationnelles et avec une technique d'emploi éprouvée. Son premier commandant, le Wing Commander George P. Chamberlain, parvient à convaincre le QG du Fighter Command que le meilleur moyen de mettre à l'épreuve les matériels et tactiques consiste à les utiliser en situation opérationnelle réelle, ce qui est une nouveauté pour un établissement d'essais et une prise de risque certaine. Au lieu d'utiliser un avion de l'unité comme plastron, c'est la Luftwaffe qui fournit donc les cibles. Les pilotes surnommaient d'ailleurs la FIU *"l'Operational Flying Club"*. Par un tour de passe-passe administratif, un séjour au sein de la FIU comptait comme un tour d'opérations si l'aviateur la rejoignait après son temps de repos, et à l'inverse une affectation après un tour d'opération comptait comme son temps de repos ! [526] Deux avions de la FIU prenaient l'alerte défensive tous les soirs (puis plus tard certains étaient affectés à des missions *Intruder*). Ce statut opérationnel permettait aux équipages de garder le contact avec les besoins du terrain et donnait plus de poids aux rapports de la FIU. Le résumé succinct des activités de la FIU est présenté en Annexe 2. Les équipages de la FIU ont obtenu un très beau palmarès de chasse prouvant que leurs essais se faisaient en conditions réelles et pas en laboratoire. Avec des programmes de vol chargés, ils ont aussi payé un lourd tribut : dans les trois premières années d'existence de l'unité, dix-sept

---

[525] Le 604ème Escadron volait sur Hawker Demon avant de recevoir ses premiers Blenheim.
[526] Page 78 du livre de Jeremy Howard-Williams (voir bibliographie).

hommes sont tués, blessés ou faits prisonniers comme le montre le tableau des accidents ci-dessous : [527]

Date	Avion(s)	Description - sort de l'équipage	Personnels impliqués
16 août 1940	Tous	Avions de l'Unité détruits ou endommagés lors du bombardement de Tangmere	-
2 sept. 1940	Blenheim If	Atterrissage d'urgence à Redhill, Surrey, suite aux tirs fratricides d'un Hurricane : réservoir de l'aile droite percé - indemne	Pilot Officer Colin A. G. Clark, ?
9 sept. 1940	Beaufighter If R2059	Atterrissage d'urgence suite au départ impromptu de la trappe de la verrière du poste de pilotage et collision avec un camion et une remorque "Chance Light", [528] tous deux non éclairés, avion endommagé - indemne	Flying Officer Glyn Ashfield, ?
13 sept. 1940	Blenheim IVF - Z5721 avec AI Mk. IV et IFF	Cause inconnue, les aviateurs sautent en parachute en Manche - prisonniers. Ker-Ramsay était arrivé la veille à l'Unité.	Flight Lieutenant Robert G. Ker-Ramsay, [529] Sergents G. Dixon et E. Byrne
13 oct. 1940	Blenheim If - L6805	Atterrissage forcé dû à une erreur de manipulation des robinets de carburant - Mitchell blessé (clavicule cassée)	Flying Officer Colin A. G. Clark, Aircraftman W. E. Reece, Aircraftman F. H. Mitchell
15 oct. 1940	Blenheim If	Atterrissage trop long après avoir été attaqué par un Me-109, train d'atterrissage rompu - indemne	Pilot Officer C. J. W. White, ?
3 janvier 1941	Beaufighter	Collision avec un bâtiment en bois à l'atterrissage - indemne	Wing Commander George P. Chamberlain, ?
30 mars 1941	Havoc	Accident d'atterrissage - indemnes	Wing Commander George P. Chamberlain, Air Commodore Orlebar, ?

---

[527] Données compilées à partir du Journal de Marche de la FIU sous la référence AIR 29/27, TNA, et des dossiers conservés sous la référence AIR 81, TNA. Ces dossiers n'ont été rendus disponibles qu'à partir de 2018 et certains sont encore inaccessibles aux chercheurs. Ce tableau ne prétend donc pas être exhaustif. Les dates des différentes sources ne concordent pas toujours. Parfois seul le pilote est mentionné, d'où les points d'interrogation dans le tableau.
[528] Les "Chance Lights" étaient des gros projecteurs sur remorque qui pouvaient être placés dans l'alignement de la piste pour aider les atterrissages de nuit ou en présence de brume. Leur nom venait du fabricant : Chance Brothers & Co de Smethwick près de Birmingham.
[529] Prisonnier au Stalag Luft III (en Basse-Silésie, aujourd'hui en Pologne), Ker-Ramsay a participé au travail sur les trois tunnels et à l'organisation de "la grande évasion" de la nuit du 24 au 25 mars 1944. Il a cependant eu la chance de ne pas faire partie des 76 hommes qui se sont échappés : 73 ont été repris dont 50 exécutés par les Allemands.

Date	Avion(s)	Description - sort de l'équipage	Personnels impliqués
17 mai 1941	Havoc	Atterrissage trop long - indemnes	Flying Officer F/O Ricketts, ?
5 août 1941	Havoc I - BJ468 *	Avion disparaît en mer pendant un travail de calibration du radar GCI de Durrington - tués	Sergents Sidney C. Driver, Frederick A. Tysall et Wilfred C. Dean
3 sept. 1941	Beaufighter IIF - R2335 *	Accident lors de manœuvres violentes pour tenter d'abaisser le train d'atterrissage - tués	Flying Officer Donald M. Lake, Flight Sergeant John E. Bignell, Flight Sergeant Frank Greaney
30 oct. 1941	Beaufighter IIF	Train d'atterrissage se replie lors du contact avec le sol - indemne	Flight Sergeant Phillips, ?
10 février 1942	Havoc	Atterrissage trop long, jambe de la roulette de nez cassée - indemnes	Pilot Officer James W. B. Phillips, Sgt Reece, Sgt Kershaw
25 mars 1942	Hurricane II - Z3350	Part en vrille en sortie de tonneau - tué	Pilot Officer James W. B. Phillips
26 octobre 1942	Beaufighter X7672	Panne de moteur, amerrit - Clandillon blessé, Yuill tué	Pilot Officer James A. Clandillon, Warrant Officer Robert W. Yuill
22 nov. 1942	-	Tué au sol par une hélice en rotation	Leading Aircraftman John Martindale
11 décembre 1942	Beaufighter X7773	Accident lors d'un vol d'entraînement à l'interception GCI - tués	Wing Commander Jeffrey McDougall, Pilot Officer Gordon E. White
18 février 1943	Beaufighter VI V8564	Endommagé lors d'un combat aérien - Clandillon tué ; Griffiths saute en parachute, indemne	Flying Officer James A. Clandillon, Flying Officer Griffiths

* Ces avions étaient impliqués dans la mise au point de l'AI Mk. V.

Une anecdote montre bien les risques encourus lors des travaux de recherche sur la mise en œuvre des premiers radars embarqués : le 23 février 1941, durant des essais sur Beaufighter du nouveau radar AI Mk IVA, Robert Hanbury Brown, un chercheur du TRE, perd connaissance lors d'un vol à haute altitude, son alimentation en oxygène s'étant arrêtée. Heureusement, le commandant de la FIU, le Wing Commander George P. Chamberlain qui pilotait, n'ayant plus de contact avec l'occupant du poste arrière, perd rapidement de l'altitude et revient se poser sur l'aérodrome de Ford, sauvant probablement la vie du chercheur. Après trois mois d'hôpital et une opération de l'oreille moyenne, Hanbury Brown a souffert de surdité pendant quelque temps et a été définitivement interdit de vol.

Les deux premières années de travail de la FIU sont difficiles, le personnel et le matériel souffrant souvent de pénuries. Les pilotes doivent fréquemment effectuer des tâches secondaires, que ce soit pour aller chercher des pièces de rechange pour les avions ou les radars, pour tester les candidats au vol parmi les mécanos, pour accueillir les nombreux visiteurs de marque, voire même pour défendre leur terrain pendant la bataille d'Angleterre. Le 16 août 1940, tous les avions de l'Unité sont détruits lors d'un bombardement de la base de Tangmere, ce qui provoque le départ vers Shoreham, dans le Sussex de l'Ouest. Cependant ce terrain est fréquemment impraticable à cause d'une accumulation d'eau au point que l'Unité déménage à Ford dans le même Comté début 1941, mais le rédacteur du Journal de Marche ne semble pas juger ce déménagement de façon favorable puisque les bâtiments *"font penser aux ruines des Derniers Jours de Pompei"* (en référence au roman d'Edward Bulwer-Lytton). Des heures de vol sont perdues quand les salles opérationnelles des Secteurs affectent d'autres escadrons à la poursuite de bombardiers allemands alors que des avions de la FIU attendent une proie pour tester une nouvelle tactique d'interception ou un radar. Ceci n'est temporairement réglé que fin janvier 1941 quand l'État-Major du 11ème Groupe du Fighter Command décide d'accorder une allocation prioritaire des interceptions à la FIU. Durant l'été 1942, ce problème resurgit lorsque certains officiers du 141ème Escadron abusent de leur grade pour s'attribuer les interceptions les plus prometteuses. [530]

Tout au long de son existence, la FIU a attiré un grand nombre de scientifiques, d'éminents visiteurs, et des délégations étrangères, notamment américaines. Ce flux constant a certainement perturbé certains travaux : pour la seule année 1943, le Journal de marche indique que 353 visiteurs ont visité l'unité sur la base de Ford dans le Sussex. [531] Si certains étaient des scientifiques venant pour tester leurs derniers appareils, d'autres avaient un rapport plus lointain avec la RAF, que ce soit le Roi de Yougoslavie ou le Lord Grand Chancelier (secrétaire d'État à la Justice).

Fin août 1944, la FIU a pris le titre d'Escadron de Développement de l'Interception de Chasse (Fighter Interception Development Squadron - FIDS), sous l'autorité de l'Établissement Central de la Chasse (Central Fighter Establishment - CFE). Dans les années qui ont suivi la fin des hostilités, le FIDS est devenu l'Escadron de Développement de l'Interception Radar. L'organigramme ci-après résume de façon simplifiée l'organisation du CFE à la fin de la guerre :

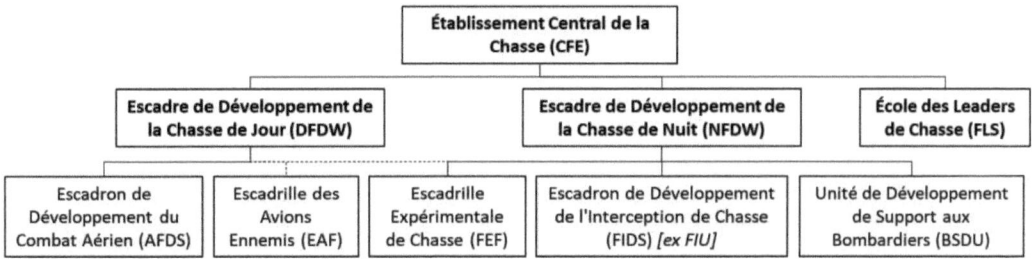

---

[530] Entrées de janvier 1941 et de juillet/août 1942 du Journal de marche conservé sous la référence AIR 29/27, TNA.
[531] Entrée du 2 janvier 1944 du Journal de marche conservé sous la référence AIR 29/27, TNA.

Fin 1941, l'Amirauté s'inquiétant des FW-200 Condor allemands qui pistent les convois maritimes de nuit, la FIU a testé des Fulmar équipés d'un radar AI Mk IV (voir Annexe 2). Fin 1942, l'Aéronavale a créé sa propre unité d'essai pour la chasse de nuit : l'Unité Navale d'Interception de Chasse (NFIU), qui est plus tard devenue l'Escadron Naval de Développement de la Chasse de Nuit (NNFDS). La NFIU était basée à Ford, tout comme la FIU, ce qui a permis une bonne coopération entre les deux unités. Ce n'est qu'en mars 1944 que les premiers Fulmar de chasse de nuit ont été mis en service opérationnel à la mer par le 784ème Escadron. Les derniers ont été remplacés au début de 1945 par des Fairey Firefly.

A.5.2 - La sélection et la formation des équipages de chasse de nuit et des techniciens radar

Avant la guerre, il n'y avait aucun test médical concernant la vision nocturne des aviateurs de la RAF. En 1940, cette question est évoquée à plusieurs reprises puisqu'une méthodologie de test avait été développée par l'ophtalmologiste Group Captain Philip C. Livingston. Il avait visité en 1937 les services médicaux de la Luftwaffe et avait constaté que les pratiques et les équipements allemands étaient plus modernes que ceux de la RAF. [532] Dowding freine des quatre fers lorsqu'il est proposé que ce test soit appliqué aux pilotes déjà en Escadrons de chasse de nuit. Finalement, il obtient gain de cause début octobre 1940 puisqu'il est décidé, lors d'une réunion présidée par le Secrétaire d'État à l'Air, que : [533]

- Ce test ne commencera à être utilisé que pour sélectionner les pilotes de l'Escadrille expérimentale de Hurricane de chasse de nuit qui doit être formée au sein de la FIU ;
- Ce test servira dans les Écoles Militaires de Formation au Pilotage pour choisir quels pilotes seront aiguillés vers les OTU de chasse de nuit ;
- Ce test ne sera pas appliqué aux pilotes déjà présents en Escadrons de chasse de nuit.

Le test mis au point par Livingston était baptisé "l'Hexagone Rotatif". Les faces de cette structure hexagonale pouvaient être tournées pour être présentées au sujet à tester, avec en tout 96 lettres ou objets différents (silhouettes de véhicules, lignes parallèles, etc.). Les lettres étaient orientées de façon variée. Le sujet à tester était préparé en portant des lunettes d'adaptation au noir pendant 30 minutes, puis en restant dans la pièce de test dans le noir durant dix minutes. La procédure consistait à afficher six lettres et deux objets durant une minute d'observation, puis de répéter quatre fois le test à différents degrés d'éclairage avec d'autres lettres et objets. Chaque sujet recevait donc une note de vision nocturne allant de 0 à 32 en fonction du nombre de lettres et d'objets identifiés.

---

[532] Page 126 de son livre, voir bibliographie.
[533] Paragraphe 7.(b) et (c) du compte-rendu de la réunion *"Night Air Defence"* du 1er octobre 1940, conservé sous la référence AIR 20/2419, TNA.

Cette note était enregistrée dans son dossier médical. Le graphe ci-dessous montre la distribution des résultats après le test d'un peu plus de 6.000 aviateurs durant la guerre : [534]

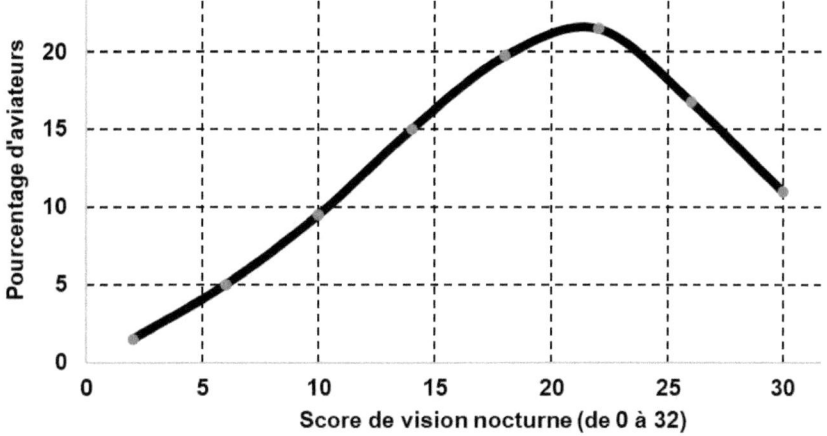

Livingston a confirmé que les meilleurs pilotes de chasse de nuit obtenaient un score largement supérieur à la moyenne des aviateurs testés. [535] L'Unité de Développement des Aides de Formation (TADU - Training Aids Development Unit) basée à Cardington, Bedfordshire, dépendant du Ministère de la Production Aéronautique, a aussi créé deux prototypes de testeurs de vision nocturne, dont au moins un a été essayé par l'École de Vision Nocturne du Bomber Command. [536]

Au début de l'emploi des radars embarqués, la compétence des équipages est assez contrastée. Comme nous l'avons évoqué, la formation des pilotes au vol de nuit est plus que succincte au début de la guerre. À une réticence naturelle à voler la nuit s'ajoute la compréhension imparfaite de la nouvelle technologie du radar, de ses atouts potentiels et de ses limites. La pénurie de pilotes durant la bataille d'Angleterre avait même contribué à réduire le cursus au sein des Unités de Formation Opérationnelle (OTU) : pour comprimer le passage en OTU à deux semaines, toutes les heures de vol de nuit avaient été supprimées, les pilotes n'étant pas jugés *"suffisamment expérimentés sur avion de chasse à ce stade pour commencer le vol de nuit."* [537]

---

[534] Section 4 et Figure 9 du chapitre III du livre *"Dimensions of Personality"* d'Hans.J. Eysenck, 1947 (réimprimé en 1998, ISBN 978-1560009856). Il faut noter que les aviateurs testés ont des résultats supérieurs à la moyenne de la population, puisqu'il s'agit de sujets jeunes et en bonne santé, la RAF ayant des critères médicaux de sélection plus stricts que l'Armée de Terre par exemple.
[535] Article *"Night visual capacity and its relation to survival in operational flying"* de D. D. Reid, British Journal of Statistical Psychology, novembre 1950, Volume 3, Issue 3, pages 141-149.
[536] Pages 21 à 23 du rapport *"The Training Aids Development Unit"* rédigé en 1945 par le Professeur L. S. Palmer, conservé sous la référence AVIA 44/541, TNA.
[537] Paragraphe 3 de la note de service du 29 septembre 1940 rédigée par l'Air Vice-Marshal Arthur J. Capel, Directeur de la Formation Opérationnelle au sujet de la recommandation du Conseil de l'Air de former une OTU de chasse de nuit, conservée sous la référence AIR 20/2419, TNA.

En ce qui concerne les opérateurs radar, le spectre des compétences est encore plus étendu : soit il s'agit d'un scientifique testant son matériel et le connaissant sur le bout des doigts, soit c'est un mitrailleur ou au mieux un opérateur radio. Si quelques-uns se passionnent pour ces nouveaux matériels radar, ce n'est pas le cas de la plupart qui regrettent leurs tourelles de mitrailleuses et qui font plus confiance à leur vision nocturne qu'à ces drôles de boîtes électriques. De même, de la mise en service des premiers AI Mk. I fin 1939 à l'AI Mk. IV fin 1940, les Escadrons de chasse de nuit reçoivent les premiers Blenheim équipés de ces nouveaux matériels sans que leurs opérateurs et mécaniciens radio ne soient véritablement renforcés ou formés, ce qui explique nombre de déboires et de frustrations. Bob Braham explique ainsi que *"le briefing sur ces équipements a été court et nous avions peu de personnes qui savaient quelque chose à leur sujet. Ces avions n'avaient plus leur tourelle et nos Mitrailleurs devaient être formés, ou se former eux-mêmes, sur la façon d'utiliser le dispositif magique qui se trouvait désormais dans les entrailles du bon vieux Blenheim. Les premiers radars étaient très capricieux, ce qui, couplé avec le manque de formation des Mitrailleurs, et je dois l'avouer, le scepticisme des Pilotes, ne laissait pas beaucoup de chances aux radars air-air. ... En raison de notre manque de compréhension de leur fonctionnement et du stade précoce de leur développement, nous ne nous en occupions pas souvent."* [538] Alors que le Comité d'Interception Nocturne vient d'approuver l'installation de l'AI Mk. III sur une centaine de Blenheim If, [539] l'Air Commodore C. W. Nutting, Directeur des Transmissions du Ministère de l'Air, met en garde en mai 1940 que *"les radars air-air tels qu'ils existent pour l'instant sont inadaptés pour l'emploi opérationnel par les Escadrons de chasse."* Il avertit qu'une mise en service prématurée de matériels non fiables ou incomplets pourrait braquer les Pilotes qui sont *"notoirement conservateurs"*. [540]

Lors d'une discussion en juillet 1940 sur la sélection des opérateurs radar, Nutting suggère de n'affecter que les meilleurs éléments, mais l'Air Chief Marshal Sir Hugh C.T. Dowding, patron du Fighter Command, *"espère qu'avec les progrès des radars embarqués, ils deviendront des appareils qui pourront être manipulés par des hommes ordinaires et non plus par des "supermen.""* [541] En septembre 1940, l'Air Chief Marshal Sir Edgar R. Ludlow-Hewitt, Inspecteur Général de la RAF, fait le constat suivant lors d'une inspection de la base de Redhill, dans le Surrey, où se trouve notamment le 600ème Escadron : *"Il y a beaucoup de mécontentement avec le type de personnel qui a été fourni pour manipuler les équipements A.I. des chasseurs de nuit. Le succès des radars air-air dépend certainement en grande partie des compétences des opérateurs. Il est rapporté que le type d'hommes à présent fourni est tout à fait incapable de jamais atteindre un standard satisfaisant dans la manipulation de ces instruments. Les qualités requises intellectuelles et de représentation dans l'espace pour l'emploi satisfaisant des radars air-air sont très*

---

[538] Pages 40 et 50 de son livre (voir bibliographie).
[539] Paragraphe 45 du compte-rendu de la réunion du 2 mai 1940 du Comité d'Interception Nocturne, conservé sous la référence AIR 20/3442, TNA. Cette décision avait déjà été discutée lors des réunions précédentes, mais la réunion du 2 mai lui donne la priorité de production sur les radars ASV.
[540] Avis du Directeur des Transmissions cité page 123 de la Publication de l'Air 1116 *"Signals"* Volume V (voir bibliographie).
[541] Paragraphe 30 du compte-rendu de la réunion du 18 juillet 1940 du Comité d'Interception, conservé sous la référence AIR 20/3442, TNA.

élevées, et il est recommandé de manière urgente que des actions soient prises pour fournir des individus de bon niveau pour ce rôle très important." [542]

Quelques mois plus tard, le 26 novembre 1940, le Group Captain Henry G. Crowe, [543] Directeur Adjoint aux Tactiques Aériennes au Ministère de l'Air décrit ainsi les compétences requises et la situation dans une note de service : [544] *"Bien que les Opérateurs radar de la FIU sont spécialement sélectionnés, ceux qui sont affectés aux Unités de chasse de nuit ne le sont pas. Il est de la plus grande importance que l'Opérateur radar soit intelligent, volontaire et de caractère patient et rigoureux. Il est, après tout, le cerveau de l'avion jusqu'au moment où le Pilote aperçoit finalement la silhouette de l'avion ennemi et ouvre le feu. … Jusqu'à présent, une attention insuffisante a été portée sur l'entraînement aux interceptions de jour. Ceci est essentiel pour convaincre les Pilotes et les Opérateurs radar que les radars embarqués fonctionnent vraiment et pour leur permettre de voir comment les échos sur les écrans correspondent aux mouvements de l'avion-cible. … Il est évident que sur certains avions, l'installation radar n'a jamais été calibrée correctement. Par exemple, lors d'un essai de jour, on s'est aperçu que les écrans radar de deux Beaufighter montraient l'avion-cible droit devant alors qu'il se trouvait quelques 40° sur un côté."*

Sir Henry Tizard était lui aussi convaincu que les résultats décevants des radars air-air fin 1940 étaient dûs *"principalement à un manque de formation, de maintenance et de bonne conception et non pas à des défauts scientifiques. … Tant que nous ne parviendrons pas à utiliser les radars air-air pour accroître considérablement les probabilités d'interception lors [d'entraînements] de jour, nous n'aurons aucune chance d'obtenir des résultats convenables de nuit. À mon avis, tout dépend de la formation diurne, suivie par l'emploi opérationnel nocturne par des pilotes très expérimentés au pilotage de nuit. … Seule une formation complète de jour mettra en lumière les besoins de mise au point des matériels et nous guidera vers la bonne procédure pour utiliser les radars air-air de nuit."* [545] Cet avis est également exprimé de façon assez naïve dans le synopsis de la nouvelle écrite par l'écrivain Herbert E. Bates à la demande du Chef d'État-Major de la RAF, en pointant du doigt les scientifiques : *"Les premiers résultats [des radars air-air et des stations GCI] ont cependant été décevants, mais ils se sont aussi avérés intéressants. Les scientifiques qui avaient conçu les radars air-air étaient devenus, en travaillant dessus tous les jours, très habiles à les employer. Ils ne croyaient pas que leurs matériels étaient infaillibles, mais ils pensaient qu'ils étaient simples d'emploi. Au premier abord, il ne leur semblait pas nécessaire d'imposer une formation poussée. Cependant, les radars air-air … ont initialement obtenu des résultats extrêmement décevants, … à tel point qu'à un moment on a cru que l'ensemble de ces équipements radar étaient inefficaces. Il a alors été réalisé qu'aucune disposition n'avait été prise en matière de formation et de maintenance. Par conséquent, des mesures ont été mises en*

---

[542] Rapport d'inspection n°89 du 17 septembre 1940, conservé sous la référence AIR 20/2419, TNA.
[543] Crowe avait été un observateur-mitrailleur pendant la Première Guerre mondiale : il avait abattu huit avions allemands, mais avait été lui-même descendu plusieurs fois. Il avait ensuite passé son brevet de pilote et commandé des escadrons.
[544] Note citée page 132 de la Publication de l'Air 1116 *"Signals"* Volume V (voir bibliographie).
[545] Mémorandum *"Night Defence"* du 31 décembre 1940 rédigé par Sir Henry Tizard pour une conférence sur l'interception nocturne présidée par le Secrétaire d'État à l'Air le 1er janvier 1941, conservé dans le dossier AIR 20/2419, TNA.

place pour former les personnels et entretenir les équipements, et grâce à elles, des résultats positifs ont commencé à apparaitre en mars 1941 : il était démontré que les radars air-air fonctionnaient." [546]

La 3ème École Radio est donc créée en décembre 1940 à Prestwick en Écosse pour former les nouveaux opérateurs radar avant qu'ils ne soient envoyés dans une Unité de Formation Opérationnelle (OTU) de chasse de nuit. Alors que le Fighter Command commence à se débarrasser de ses Blenheim I équipés de radars AI Mk III avec l'arrivée des Beaufighter, le Comité d'Interception s'inquiète de voir ces avions remisés dans des unités de stockage alors qu'ils pourraient servir à former les futurs opérateurs radar. [547] Malgré l'ouverture de cette école, l'Air Marshal W. Sholto Douglas se montre inquiet dans son rapport sur la chasse de nuit couvrant la période du 10 mai au 19 juin 1941 *"en raison des difficultés qui vont probablement être rencontrées pour fournir des Opérateurs et des Techniciens radar pour répondre aux besoins de l'expansion [du nombre d'Escadrons de chasse de nuit]. Les résultats récents prouvent qu'un niveau trop bas a été accepté par le passé pour les Opérateurs des radars air-air. Ce rôle requiert un haut degré d'intelligence. Une élimination drastique des Opérateurs inadéquats a déjà été nécessaire, mais la pénurie de nouveaux personnels nous a empêché de poursuivre suffisamment cette politique. Un niveau plus élevé de personnel arrive maintenant pour leur formation initiale, mais je crains que la capacité des écoles soit probablement inadéquate pour répondre à nos besoins futurs."* [548] En 1941, la 3ème École Radio pouvait accueillir les futurs Opérateurs radar par classe de 25 élèves pour une formation de six semaines. [549] Ces élèves avaient d'abord suivi une formation abrégée d'Observateur de 8 semaines au lieu des 14 normalement en vigueur dans les AOS (Écoles d'Observateurs Aériens – Air Observer Schools). À partir de juillet 1943, ces élèves ont suivi les 14 semaines complètes, en prévision de missions plus lointaines pour les chasseurs de nuit. [550] En juin 1942, la 62ème OTU est créée en Écosse (puis déménage à Ouston, Northumberland) pour améliorer la formation des Opérateurs radar : après leur école de navigation, ils volent pendant six semaines sur les Anson de cette OTU avant de rejoindre une OTU de chasse de nuit pour y trouver un pilote et former un équipage qui ne se quittera plus avant la fin de leur tour d'opérations.

Pour accélérer la formation des 500 Opérateurs qu'il faut instruire, il est décidé en mai 1941 d'équiper des Anson (et plus tard des Blackburn Botha, un avion torpilleur

---

[546] Document *intitulé "Synopsis of Night Fighter Interception Pamphlet"*, non daté, conservé sous la référence AIR 20/4871, TNA. La nouvelle *"The Night Interception Battle 1940-1941"* du Flight Lieutenant H. E. Bates, conservée sous la référence AIR 20/4870, TNA, n'a jamais été publiée, le sujet du radar étant finalement jugé trop sensible, contrairement à beaucoup d'autres de ses écrits du temps de guerre (voir bibliographie).

[547] Paragraphe 2.a) du compte-rendu de la réunion du 12 décembre 1940 du Comité d'Interception Nocturne, conservé sous la référence AIR 20/3442, TNA.

[548] Extrait de ce rapport envoyé le 20 juin 1941 au Membre du Conseil de l'Air en charge de la Formation par le Secrétaire Personnel du Vice-Chef d'État-Major de la RAF, conservé sous la référence AIR 20/2419, TNA.

[549] Les premières formations semblent avoir été bien plus courtes puisque Michael Allen indique être resté trois semaines à Prestwick et que le taux d'échec était de plus de 30% (pages 43 à 45 de son livre, voir bibliographie).

[550] Pages 837 et 847 du chapitre 18 du document de l'Air Historical Branch *"Flying Training : Volume II, Part 3 – Operationnal Training"*, (voir bibliographie).

initialement destiné au Coastal Command, mais tellement sous-motorisé qu'il a rapidement été déclassé dans des rôles secondaires, comme la formation) avec un radar air-air pour servir comme salles de classe volante et de raccourcir la formation à trois semaines lorsque ces avions seront disponibles. Avec la création des Escadrilles *Turbinlite*, les besoins exprimés sont de 121 nouveaux Opérateurs radar par mois. [551] En juin 1941, la formation enregistre encore des retards liés au manque d'équipements radar (aussi bien pour la 3ème École Radio que pour l'OTU de chasse de nuit), [552] et le premier Anson équipé d'un radar AI Mk IV est en cours d'essai. Une fois brevetés, les élèves reçoivent leur badge marqué des lettres "*RO*" pour "Radio Observer" (Observateur Radio (comprendre "radar")). Mi-1942, ce badge a été théoriquement remplacé par le "*N*" des Navigateurs, mais certains continuaient à porter fièrement leur badge "*RO*", voire "*O*" (Observateur) pour marquer leur cursus et leur ancienneté. [553]

A.5.2.1 - La formation des techniciens de maintenance des radars : Une affaire britannique, mais aussi de l'Empire

De même, la formation des techniciens de maintenance des radars embarqués est assurée par la 3ème École Radio avec des classes de 54 élèves sur six semaines mi-1941 et il est prévu de passer à 100 par classe. [554] À la fin de la bataille d'Angleterre, le Royaume-Uni avait demandé au Canada de lui envoyer le plus possible de techniciens radio, et environ un millier d'hommes avait été envoyé en Angleterre pour y être formés à l'entretien des radars. [555] Ayant épuisé le réservoir des radio-amateurs et des techniciens civils, la RCAF s'est tournée vers les Universités du pays pour y former ses recrues aux bases de l'emploi des ondes radio, avant ensuite de les envoyer dans une école spécialisée dans les radars. À partir de mai 1941, elle a ouvert des "Radio Mechanic Detachements" (Sections de Techniciens Radio) dans treize Universités, le Royaume-Uni ayant donné son accord pour que 2.500 de ces jeunes gens soient formés dans le cadre du Plan d'entraînement aérien du Commonwealth britannique (BCATP). [556] Les élèves des Sections de Techniciens Radio suivaient 13 semaines de cours en université avant de rejoindre soit une école militaire radio, soit la nouvelle école militaire radar de Clinton

---

[551] Note du 21 juin 1941 au Chef d'État-Major en Second de la RAF par le Group Captain Gerald P. H. Carter, Directeur en Second de la Formation Technique, conservée sous la référence AIR 20/2419, TNA.

[552] Paragraphe 3 de la note envoyée le 21 juin 1941 au Chef d'État-Major en Second de la RAF par le Group Captain Victor Tait, Directeur en Second des Transmissions, conservée sous la référence AIR 20/2419, TNA.

[553] Michael Allen indique (page 157 de son livre, voir bibliographie) que la consigne était de remplacer les badges "RO" par les badges "N" par sécurité pour les avions volant au-dessus des zones occupées.

[554] Note du 21 juin 1941 au Chef d'État-Major en Second de la RAF par le Group Captain Gerald P. H. Carter, Directeur en Second de la Formation Technique, conservée sous la référence AIR 20/2419, TNA.

[555] Lettre du Haut-Commissaire du Royaume-Uni, Sir Gerald Campbell, (équivalent d'un ambassadeur) du 4 octobre 1940, conservée sur microfilm sous la référence C-12323, image 540, BAC.

[556] Pour plus de détails sur le Plan d'entraînement aérien du Commonwealth britannique, se reporter au livre de cette série sur les avions de formation de la RAF.

(31ème École RDF : voir ci-après) pour 14 semaines de cours supplémentaires. Dans un rare exemple de lever du voile au sujet de l'existence même du radar, un appel est lancé en avril 1941 sur la radio officielle canadienne pour trouver des recrues adéquates : *"Les Scientifiques anglais ont inventé …une arme moderne contre les attaques aériennes diurnes et nocturnes. Les détails de ce travail sont bien entendu secrets mais on peut décrire ce dispositif de façon générale comme combinant de multiples petits postes radio de conception moderne : des techniciens radio installés dans des stations à divers points des îles britanniques sont capables de détecter les avions ennemis en vol et peuvent diriger les tirs de la DCA avec une précision mortelle. Le Ministère de l'Air britannique a une grande confiance dans cette invention, mais comme tout dispositif, il faut des hommes pour la faire fonctionner. Pendant plusieurs mois, nous avons écumé le Canada pour dénicher les professionnels et les radio-amateurs et les avons expédiés de l'autre côté de l'océan. Cependant, cette ressource est désormais tarie et nous sommes désormais prêts à accueillir des hommes non formés, des hommes ayant une bonne éducation mais qui n'ont jamais vu l'intérieur d'un poste radio. Nous les formerons à ce nouveau travail et dans quelques mois, ils occuperont des rôles capitaux pour la défense de la Grande-Bretagne. …"* [557] En décembre 1941, les Britanniques demandent au Canada s'il serait possible d'ajouter encore 6.000 hommes aux 2.500 prévus, mais faute de disponibilités, les Canadiens décident de fermer le robinet après un total de 5.000 recrues locales formées sur leur territoire (2.500 initialement prévues, plus 2.500 additionnelles). Ces 5.000 recrues (en plus des 1.000 hommes envoyés directement au Royaume-Uni suite à l'appel d'octobre 1940) ont été formées dans le cadre du BCATP, ce qui représentait un investissement estimé à 6,46 millions de dollars canadiens de l'époque. À cette période, les autorités canadiennes commençaient déjà à avoir des retours négatifs des hommes se trouvant en Angleterre et qui étaient soit sous-employés, soit promus bien plus lentement que leurs collègues britanniques (soit les deux). [558] En octobre 1942, les onze Universités ((deux Sections de Techniciens Radio ayant fermé assez rapidement) sont prévenues que les Sections de Techniciens Radio fermeront pour la plupart avant la fin du premier trimestre 1943, une fois les 5.000 Canadiens formés. Fin janvier 1943, 3.375 techniciens radar et 307 Officiers radar canadiens ont été envoyés au Royaume-Uni, il en restait donc encore respectivement 1.125 et 193 à former pour atteindre le quota des 5.000. Après la dernière classe de Canadiens à entrer à la 31ème École RDF en mai 1943, les classes suivantes ont été composées majoritairement de Britanniques.

La 31ème École RDF au Canada sort de terre au printemps 1941 à Clinton, Ontario, pour former des techniciens de maintenance radar. Cette localité rurale a été sélectionnée pour des raisons de sécurité, la présence d'espions nazis étant peu probable au milieu d'immenses plaines agricoles. Alors que les USA sont encore officiellement un pays neutre, les premiers élèves, tous Américains de l'US Navy ou de l'US Army (dont dépend la force aérienne) arrivent en août, et la première classe de Canadiens n'est incorporée

---

[557] Extrait de l'annonce diffusée le 8 avril 1941 sur la Canadian Broadcasting Corporation, conservée sur microfilm sous la référence C-12323, image 545, BAC.
[558] Extrait d'un rapport d'une mission ministérielle canadienne au Royaume-Uni en août-septembre 1942, conservée sur microfilm sous la référence C-12323, image 544, BAC.

que le mois suivant. La plupart de ces Canadiens sont ensuite envoyés au Royaume-Uni (mais aussi en Égypte, en Inde, etc.) pour assurer l'entretien des radars CH, CHL, GCI, ASV et AI. Leurs compétences techniques sont aussi bonnes, sinon supérieures, à celles des recrues américaines ou britanniques car ils ont bénéficié d'un cursus préalable dans les universités canadiennes pour acquérir de bonnes bases en électricité et en montage de matériels radio. Les élèves de l'US Navy étaient eux passés par l'École du Matériel Radio organisée par le Laboratoire de Recherche Navale.

L'installation de cette nouvelle 31ème École RDF qui ne disposait d'aucun avion, contrairement à la 3ème École Radio de Prestwick, n'était pas une mince affaire : [559]

- Alors que les matériels radar sont rares au Royaume-Uni, il a fallu en trouver suffisamment pour assurer une formation pratique et les faire parvenir jusqu'à Clinton. Un nombre de simulateurs d'entraînement, en plus ou moins bon état, y compris des prototypes, sont ainsi récupérés pour démontrer le fonctionnement des stations CH, CHL, GCI et des radars embarqués air-air et air-mer.
- Les premières formations mettent en lumière quelques difficultés. Par exemple, en septembre 1941, 28 élèves de l'US Army et 16 Canadiens sont renvoyés en raison d'un niveau insuffisant. Ces problèmes sont aplanis rapidement par des réunions de coordination entre les instructeurs de la RAF/RCAF et les Américains. Il faut par exemple créer un glossaire des équivalences des termes britanniques et américains, mettre en place des examens de vérification du niveau d'entrée puis des acquis, déterminer les seuils d'élimination, adapter les cursus et la taille des classes aux souhaits "des clients" (par exemple les radars embarqués air-mer intéressent plus l'US Navy que l'US Army).
- Entre avril 1942 et juillet 1943, une moyenne mensuelle de 257 techniciens radar a vu sa formation validée (avec une moyenne de 17 candidats rejetés par mois). En fonction des années et des cours suivis, la plupart des élèves restaient entre 6 et 16 semaines à l'école (par exemple, en 1945, la formation de mise à niveau sur les longueurs d'ondes centimétriques des personnels expérimentés sur les radars métriques dure cinq semaines).
- Sur la même période, il y avait en permanence en moyenne sur site 642 élèves (dont douze officiers), 430 membres d'encadrements (dont 38 officiers) et une vingtaine de

---

[559] Données compilées à partir du journal de marche et ses annexes de l'école, conservés sur microfilm sous les références C-12366 et C-12367, BAC ; de l'article *"The First Class at RAF No. 31 Radio School: August to September, 1941"* de Paul Renard de l'International Journal of Naval History de juillet 2018, Volume 14, Issue 1 ; de l'article *Classified information, part-two of the CFB Clinton"* de Shaun Gregory, publié le 25 janvier 2016 par la Huron Expositor, consulté en décembre 2022 sur https://www.seaforthhuronexpositor.com/2016/01/25/classified-information-part-two-of-the-cfb-clinton et le site des musées numériques du Canada https://www.communitystories.ca/v2/radar-cache-de-london_hidden-radar-history/. Pour plus de détails sur l'école de Clinton, se reporter au livre de cette série sur les avions de formation de la RAF.

civils (ouvriers d'entretien), soit plus de mille hommes. Jusqu'à l'arrivée d'une seconde infirmière (Helen Kerr) mi-1943, Helen McCormick était la seule femme de l'école.
- L'Armée canadienne assure la sécurité du site et la clôture d'enceinte est électrifiée. Tous les élèves sont soumis au secret et les cahiers de ceux qui ne terminent pas la formation sont saisis et détruits.
- Le journal de l'école, baptisé *"Towers Review"* en référence aux tours radio, publie aussi bien des articles sérieux, que les résultats sportifs, des conseils pour les instructeurs et des pamphlets humoristiques sur les techniques à tenter (ou pas !) pour sortir du camp sans permission, sur les différences entre les femmes canadiennes et américaines ou sur les transports locaux pour échapper à la monotonie des champs de Clinton.

En août 1943, l'école de Clinton a été administrativement rattachée à la RCAF et rebaptisée 5ème École Radio avant de commencer à former aussi des techniciens radio (et non plus spécifiquement radar). Le Canada a ouvert une seconde école pour les techniciens radar en juin 1942 (baptisée 1ère École RDF) à Leaside dans l'Ontario. Elle a fermé en mars 1944. [560]

En avril 1941, l'Officier de Liaison de la RAAF à Londres envoie un message urgent au Conseil de l'Air australien pour savoir si l'Australie peut former des techniciens radar en échange de la fourniture de quatre stations CHL et de cinq instructeurs pour une école radar. Le site de Richmond en Nouvelle Galles du Sud est sélectionné car il est proche du laboratoire de radiophysique de Sydney et d'une base d'avions de surveillance maritime équipés de radars ASV. La capacité initiale de cette 1ère École Radio (comprendre "radar") est prévue pour former 35 techniciens et officiers pour la RAAF (principalement ASV), et 50 techniciens (principalement CH) pour la RAF. [561] Les premiers cours commencent le 29 juillet 1941, même si l'inauguration officielle de l'école n'a lieu que le 4 août. Elle est restée en service pendant toute la guerre, sauf pendant une courte période en novembre 1944 pour déménager à Maryborough dans le Queensland.

A.5.2.2 - La formation des équipages de chasse de nuit

Pour former les équipages du Fighter Command à la chasse de nuit, la 4ème OTU (renumérotée 54ème plus tard) est formée fin 1940 à Church Fenton, dans le Yorkshire du Nord, avec des Blenheim initialement équipés d'AI Mk. III ; et la 60ème OTU voit le jour au printemps 1941. [562] Les deux unités emploient des Blenheim et des Defiant, jusqu'à la rationalisation de juin 1941, qui voit les Defiant quitter la 54ème OTU pour qu'elle se concentre sur la formation sur bimoteurs pendant que la 60ème se débarrasse des Blenheim et se charge de la formation sur chasseurs monomoteurs. Peu après, la 51ème OTU, sur

---

[560] Journal de marche et ses annexes de l'école, conservés sur microfilm sous la référence C-12367, BAC.
[561] Télégramme du 12 avril 1941 et mémorandum *"Establishment of radio School"* du 5 juin 1941, conservés sous la référence A1196, 49/501/56, images 27 et 20, NAA.
[562] Annexe B du *'Precis History of fighter Operational Training Units'*, non daté, conservé dans le dossier AIR 16/875, TNA.

Blenheim, est créée pour entrainer les équipages des Escadrilles *Turbinlite*. Les Beaufighter et Havoc sont trop rares pour être affectés dans les OTU, et ceci oblige les Escadrons à effectuer eux-mêmes la formation de conversion des pilotes sur ces appareils : en mars 1942, alors que tous les Escadrons de chasse de nuit volaient sur Beaufighter et Havoc, les trois OTU de chasse de nuit disposaient de 104 Blenheim (les Defiant ayant été retirés) et seulement 5 Beaufighter. Peu à peu, des Havoc ont fait leur apparition en OTU, puis des Bristol Beaufort (pour une étape intermédiaire de conversion entre Blenheim et Beaufighter) et enfin plus de Beaufighter. Chacune de ces OTU recevait 25 nouveaux élèves (chiffre porté à 32, puis à 40 élèves en 1943, avant de retomber en 1944) toutes les quatre semaines, et ils y restaient douze semaines. En plus des équipages de *Turbinlite*, la 51ème OTU instruisait un tiers de ses élèves aux missions *Intruder*, l'Observateur n'étant pas alors formé à l'emploi du radar air-air. Cette mission a été transférée à partir de mai 1943 à la nouvelle 60ème OTU (la première 60ème OTU avait été transférée en novembre 1942 au Coastal Command sous un nouveau numéro), qui formait 16 équipages *Intruder* (puis 21) par mois. [563]

Pour compléter la formation reçue par les opérateurs radar dans les Écoles Radio, une OTU spéciale, la 62ème, est ouverte en juin 1942 avec des classes de 24 élèves, durant cinq semaines. Les classes ont successivement été augmentées jusqu'à 53 élèves pour alimenter les autres OTU puisqu'une fois ce cours terminé, les Navigateurs (Radio) rejoignaient les pilotes dans les 51, 54 et 60 (puis 63)^{èmes} OTU. Avant la création de ces OTU, il avait été décidé en septembre 1940 que les équipages des chasseurs de nuit devaient être formés à la manière du Bomber Command : [564] les élèves fraîchement arrivés à l'OTU sont rassemblés dans un hangar et l'Adjudant de l'Unité leur donne une heure pour constituer des équipages, composés chacun d'un Pilote et d'un Opérateur radar qui ne se quitteront plus pour le reste de l'entraînement, puis pour leur tour d'opération en Escadron. Le Comité Salmond avait même recommandé de s'assurer que les deux membres d'équipage aient le même rang afin qu'ils passent plus de temps ensemble que si l'un était officier et l'autre sous-officier (les mess et baraquements étant différents en fonction des grades). Dowding était d'accord sur le principe mais refusait l'instauration d'une règle dont la rigidité aurait ensuite pu provoquer des blocages, soit lors de la formation des équipages, ou au moment de la promotion de l'un ou l'autre des membres d'équipage. [565]

Au début, les OTU étaient incapables de répondre à la demande, par exemple seule une douzaine de pilotes est formée chaque mois par la 54ème OTU. [566] Le tableau ci-après recense les principales OTU de chasse de nuit par ordre chronologique de formation

---

[563] Chapitre 18 du document "*Flying Training : Volume II, Part 3 - Operationnal Training*", op.cit.
[564] Paragraphe 6 de la note de service du 29 septembre 1940 rédigée par l'Air Vice-Marshal Arthur J. Capel, Directeur de la Formation Opérationnelle au sujet de la recommandation du Conseil de l'Air de former une OTU de chasse de nuit, conservée sous la référence AIR 20/2419, TNA. Voir aussi le témoignage de Dennis Gosling, page 44 de son livre (voir bibliographie).
[565] Note de service du 15 octobre 1940 à propos de cette recommandation du Comité Salmond, rédigée par l'Air Marshal W. Sholto Douglas, Chef d'État-Major en Second au Membre du Conseil de l'Air en charge du Personnel, conservée sous la référence AIR 20/2419, TNA.
[566] Chiffre cité page 99 du livre de Norman Franks sur le Fighter Command (voir bibliographie).

(d'autres étaient prévues comme la 58ème à Grangemouth en Écosse pour les chasseurs monoplace de nuit mais elle a finalement été orientée vers la chasse diurne) : [567]

OTU n°	Date et lieu de création	Avions [568]	Rôle
4 (puis 54)	novembre 1940 - Church Fenton, Yorkshire	Blenheim, puis Beaufighter en oct. 1943, puis Mosquito en sept. 1944	Formation à la chasse de nuit.
60	avril 1941 - Leconfield, Yorkshire	Blenheim et Defiant, puis Beaufighter en juin 1942	Formation à la chasse de nuit jusqu'en novembre 1942 puis transférée au Coastal Command sous l'appellation de 132ème OTU. Nouvelle 60ème OTU créée en mai 1943 pour former les équipage *Intruder* sur Mosquito.
51	juillet 1941 - Debden, Essex	Blenheim, puis Beaufighter en juin 1943, puis Mosquito en juillet 1944	Formation à la chasse de nuit (*Turbinlite* jusqu'à fin 1942 et *Intruder* jusqu'en mai 1943)
62	juin 1942 - Prestwick, Écosse	Anson	Formation des opérateurs de radar air-air.
63	août 1943 - Honiley, Warwickshire	Beaufighter	Formation à la chasse de nuit. OTU fermée en mars 1944.

Ayant pris conscience du besoin de formation, la RAF consent un effort énorme. Peu à peu, les OTU s'étoffent et deviennent de véritables usines à former, avec des aérodromes principaux et des "satellites". Certaines OTU ont plus d'une centaine d'appareils comme on peut le voir sur le tableau ci-après : [569]

---

[567] Pour plus de détails sur les OTU, se reporter au chapitre 18 du document *"Flying Training Volume II Part 3 - Operational Training"*, op. cit. Les dates et lieu de création diffèrent un peu suivant les documents consultés. Par exemple, d'après le dossier AIR 16/731, TNA, la 51ème OTU a été créée à Cranfield, Bedfordshire, le 25 août 1941, alors que dans le dossier AIR 29/680, elle a été formée un mois plus tôt dans l'Essex : le 25 août 1941 est en fait la date du déménagement de l'unité à Cranfield.
[568] Données du dossier AIR 16/731, TNA.
[569] Données de l'article *"Royal Air Force Operational Training Units, 1940-1947"*, publié dans le n°3 de la revue Aeromilitaria (Air-Britain) de 1977.

OTU	année	Hudson III	Blenheim	Beaufighter	Havoc	Boston	Defiant	Mosquito	Beaufort	Hurricane	Wellington	Oxford	Anson	Ventura	Tiger Moth, Master, Magister, Martinet	Remorqueurs de cibles (Lysander, etc.)	Total
	1941	60	-	-	-	-	-	-	-	-	-	10	-	-	5	-	**75**
	1942	-	39	-	26	-	-	-	-	-	-	4	-	-	4	4	**77**
51	1943	-	2	76	-	-	-	18	-	-	-	-	-	-	6	-	**102**
	1944	-	2	54	-	-	-	18	12	-	-	-	-	-	6	-	**92**
	1945	-	-	8	-	-	-	80	12	14	-	-	-	-	8	-	**122**
	1940	-	31	-	6	-	24	-	-	-	-	6	-	-	10	4	**81**
	1941	-	48	-	6	-	-	-	-	-	-	6	-	-	10	4	**74**
54	1942	-	39	30	-	-	-	-	-	-	-	4	-	-	-	4	**77**
	1944	-	2	60	-	-	-	16	-	-	-	-	-	-	8	-	**86**
	1945	-	-	8	-	-	-	78	7	8	-	-	-	-	6	-	**107**
	1941	-	24	-	-	-	6	-	-	-	-	6	-	-	3	-	**39**
60	1942	-	39	30	-	-	-	-	-	-	-	4	-	-	-	4	**77**
	1943	-	2	-	-	-	-	41	-	-	-	-	3	-	5	-	**51**
	1944	-	2	-	-	-	-	41	-	-	-	-	-	3	5	-	**51**
	1942	-	-	-	-	-	-	-	-	-	-	-	42	-	-	-	**42**
62	1943	-	-	-	-	-	-	-	-	-	-	-	32	-	-	-	**32**
	1945	-	-	-	-	-	-	-	28	35	-	-	-	-	-	-	**63**
63	1943	-	2	36	-	-	-	10	-	-	-	-	-	-	3	-	**51**

Au départ, il n'y avait pas de standardisation des cours et ce n'est qu'en juillet 1941 que le QG du Fighter Command publie un programme commun pour toutes les OTU de chasse de nuit. [570] Ce programme est résumé en Annexe 16, à la fois pour les cours au sol et en vol. On voit qu'avec une centaine d'heures de cours au sol et près de cinquante exercices différents en vol, il est prévu pour amener progressivement les équipages à un statut quasi-opérationnel, notamment avec une complexité croissante des appareils utilisés. En février 1943, la formation en OTU de chasse de nuit dure douze semaines : quatre pour la phase initiale, et huit pour les phases intermédiaire et avancée qui sont fusionnées. Chaque classe est divisée en deux Sections : durant la phase initiale, une Section suit les cours au sol à la base principale pendant que l'autre Section vole à partir de l'aérodrome satellite ; le lendemain les deux Sections échangent leurs rôles. Des simulateurs sont utilisés pour le pilotage aux instruments (simulateur "Link"), l'identification des avions (simulateur "Hunt"), les procédures de transmission et de pilotage. Pendant cette phase, au moins huit heures de pilotage de jour sont effectuées en situation de nuit simulée : la piste est balisée par des lampes à vapeur de sodium et le tableau de bord de l'avion est également éclairé par une lampe similaire pour que le pilote, qui porte des lunettes filtrantes, puisse voir ses instruments. Ces cours se poursuivent dans la phase suivante avec notamment des simulateurs d'interception (voir ci-après). [571]

---

[570] Document "*Provisional Night Fighter training syllabus – twin engined aircraft*", conservé sous la référence AIR 16/730, TNA.

[571] Introduction du document secret *"Fighter Command Synthetic Training Manual"*, publié en février 1943 par la Direction de la Formation Opérationnelle du Ministère de l'Air. Document conservé sous la référence AIR16/1146, TNA.

La 60ème OTU, créée en avril 1941, avait rapidement déménagé à East Fortune en Écosse. Eric Mathews, contrôleur aérien civil affecté au Fighter Command avec le grade de Pilot Officer puis Flying Officer, décrit ainsi le régime de vol de cette OTU : *"Quatre Escadrilles se partageaient les missions de vol, chacune étant dirigée par un Squadron Leader. Chaque Escadrille fournissait normalement quatre avions en vol simultanément pour des exercices de deux heures. Six avions se contentaient d'effectuer des circuits et des atterrissages [en restant en communication avec le Contrôleur Aérien de l'Aérodrome] ; six autres étaient passés au Contrôleur du Secteur pour des exercices d'interception ; deux avions s'entraînaient à se suivre discrètement ("shadowing"), et les deux derniers s'entraînaient à l'approche radioguidée. Nous avions régulièrement 30 décollages et atterrissages de nuit par heure, avec une piste complètement dégagée avant chaque mouvement."* 572

Les heures de vol annuelles des OTU de chasse de nuit entre avril 1941 et décembre 1944 sont compilées sur le graphe ci-après. Les Anson de la 62ème OTU ne volaient que de jour, les avions des autres OTU effectuaient en moyenne 28% de leurs heures de vol de nuit, ce qui peut sembler peu, mais il faut tenir compte du fait qu'un certain nombre d'heures de vol de jour se faisait en situation de nuit simulée comme décrit ci-dessus. 573

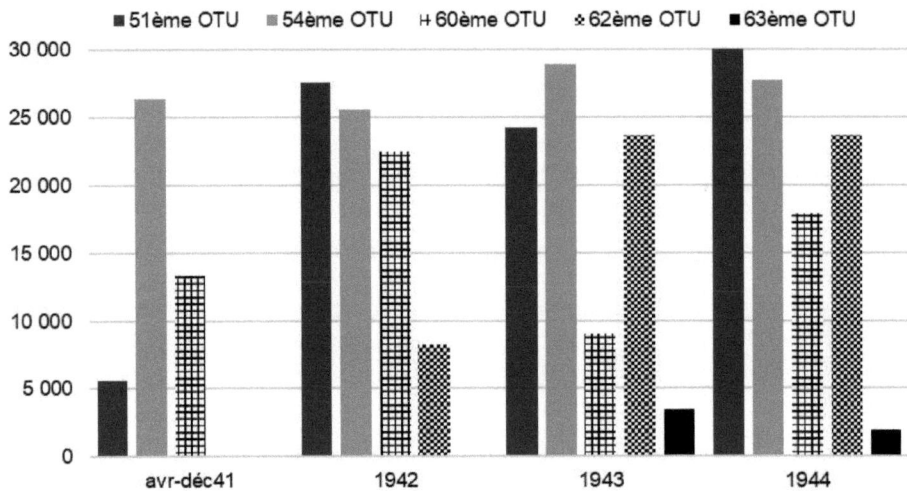

Le nombre d'équipages de chasse de nuit sortant des OTU d'avril 1941 à fin 1944 est présenté par le graphe ci-après (les équipages Intruder formés en 1943/44 par la 60ème OTU sont indiqués par les zones hachurés). Le taux d'échec pour les pilotes dans ces OTU fluctuait suivant les années entre 8% (1943) et 23% (1942). Une bonne part de ces échecs était liée aux accidents, 147 accidents mortels ayant été recensés sur cette période

---

572 Article non daté d'Eric Mathews publié dans la revue Transmit, consulté en ligne le 17 septembre 2022 sur https://atchistory.wordpress.com/wp-content/uploads/2015/11/raf-flying-control-in-ww2.pdf .
573 Graphe de l'auteur à partir des données du tableau *"Fighter Operationnal Training Units – Statistical summaries for the Years 1941 to 1944"* établi par le QG du Fighter Command en mars 1945, conservé sous la référence AIR 16/731, TNA.

pour les OTU listées dans le graphe (soit en moyenne un accident mortel pour 1.784 heures de vol). [574]

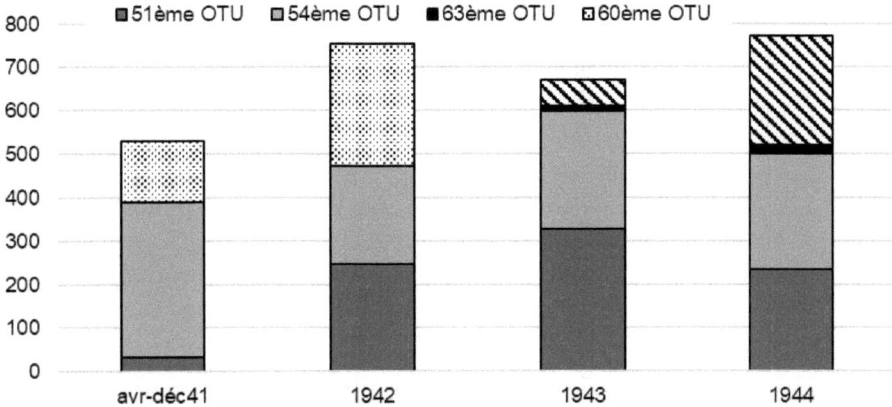

Un peu comme les nouveaux détenteurs d'un permis de conduire apprennent réellement à s'intégrer dans la circulation pendant leur première année au volant, il ne faut pas croire que les équipages sortaient de ces OTU en étant parfaitement compétents. D'ailleurs le programme de formation en OTU de chasse de nuit publié par le QG du Fighter Command reconnaît qu'il est probable que le programme de vol (voir l'Annexe 16) ne pourra pas être complété en OTU et qu'il faudra le terminer en Escadron. Michael Allen, breveté Opérateur radar à la 54ème OTU fin août 1941, indique d'ailleurs qu'il n'avait jamais mené aucun exercice d'interception de nuit à ce stade et que lui et son pilote, Harry White, ont réellement appris les ficelles de la chasse de nuit lors de longues patrouilles infructueuses sur Havoc Turbinlite au sein de la 1.455ème Escadrille (plus tard le 534ème Escadron). Initialement affectés au 29ème Escadron sur Beaufighter, ces deux hommes ont été rapidement "portés volontaires" par leur chef d'Escadrille Guy Gibson (le futur fameux pilote du raid des "briseurs de barrage") pour les Havoc, et Allen reconnaît que *"Guy nous a sauvé la vie et nous a, en même temps, donné l'opportunité d'apprendre notre métier correctement."* [575] Revenus sur Beaufighter en janvier 1943 après la dissolution des Escadrons Turbinlite, Allen et White sont devenus l'un des équipages les plus performants de la chasse de nuit de la RAF avec douze victoires revendiquées (et ont rejoint les rares récipiendaires à trois reprises de la DFC). Le Flying Officer Robert D. Doleman, dont nous parlerons à plusieurs reprises, est un autre exemple de pilote ayant plus tard tiré parti sur les Mosquito du 157ème Escadron de l'expérience acquise pendant de longs mois sur Boston III Turbinlite au sein de de la 1.452ème Escadrille (plus tard le 531ème Escadron).

---

[574] Graphe de l'auteur établi sur la base des données du tableau *"Fighter Operationnal Training Units – Statistical summaries for the Years 1941 to 1944"*, op. cit.
[575] Chapitre 3 de son livre (voir bibliographie).

De même, le Wing Commander John Cunningham, commandant le 85ème Escadron estimait *"qu'un Pilote de Chasse de Nuit atteint son pic d'efficacité lorsqu'il a effectué les douze premiers mois de son tour d'opérations, et il devient réellement utile pour son Escadron lors des six mois restants qu'il doit encore faire pour terminer son tour."* [576]

La sélection des aviateurs pour ces OTU semble ne pas avoir considéré leurs préférences, ce qui mène à un gâchis certain des ressources. Par exemple, début décembre 1941, la 1.456ème Escadrille de Havoc Turbinlite reçoit à Honiley, Warwickshire, trois nouveaux équipages, composés chacun d'un pilote et d'un opérateur radar, fraîchement qualifiés par la 51ème OTU : deux des trois pilotes déclarent immédiatement qu'ils n'aiment pas voler de nuit alors qu'ils sortent d'une OTU de chasse de nuit et un opérateur radar demande carrément à être radié de la liste des personnels navigants ! Ce dernier est immédiatement renvoyé au QG du Groupe, et les deux pilotes sont mis sur la touche jusqu'à leur transfert le mois suivant dans un Escadron de Coopération avec la DCA où ils ont passé leur temps à remorquer des cibles sur des avions de seconde classe (Lysander, Blenheim, Hudson, etc.). [577] De même, le Sergent Dennis Gosling, fraîchement breveté Opérateur radio / Mitrailleur, a accepté en mars 1941 d'être envoyé à la 54ème OTU pour échapper à son affectation à un Escadron de Coopération avec l'Armée de Terre sans savoir qu'il s'agissait d'une unité de formation à la chasse de nuit. [578] Le filtrage en amont des OTU par des interviews et des tests d'aptitude s'est peu à peu amélioré au fil de la guerre.

Pour illustrer les parcours de formation des pilotes et des opérateurs radar, les cursus suivis par certains aviateurs ont été détaillés au fil des rapports de combat traduits (voir par exemple les Flying Officers Frederick S. Stevens et William A. H. Kellett, le Squadron Leader Robert A. Kipp, le Flight Lieutenant Stanley H. R. Cotterill, et le Flight Lieutenant Donald A. MacFadyen). Si la carrière de chasseur de nuit ne semblait initialement pas attractive pour des aviateurs, cette perspective va changer quand la RAF va suivre les recommandations du Group Captain Henry G. Crowe et sélectionner rigoureusement les pilotes et radaristes des Escadrons de chasse de nuit. On verra que beaucoup des pilotes sélectionnés en 1942-43 sont expérimentés, soit avec un premier tour d'opérations, soit par un travail d'instructeur dans une école de pilotage (voir par exemple les cas des Flight Lieutenant Stanley H. R. Cotterill et Donald A. MacFadyen, du Squadron Leader Robert A. Kipp ou du Wing Commander Russell W. Bannock). Le travail d'équipe est également essentiel et un bon pilote ne peut pas engranger les succès sans un bon opérateur radar à ses côtés (et vice-versa). Très souvent l'adage de ne pas changer une équipe qui gagne est suivi à la lettre et des duos sont restés ensemble pendant plusieurs années (par exemple Braham et Gregory ; Cunningham et Rawnsley ; White et Allen ; Mansfeld et Janacek ; Harvey et Wicksteed). On peut imaginer l'excellent degré de coordination acquis au fil

---

[576] Lettre du 5 novembre 1943 du commandant du 85ème Escadron *"Flying hours"*, conservée page 308 des annexes du Journal de marche sous la référence AIR 27/707, TNA.
[577] Entrées du 9 décembre 1941 et du 14 janvier 1942 du Journal de marche, conservé sous les références AIR 27/2004/10 et AIR 27/2004/12, TNA.
[578] Page 41 de son livre, voir bibliographie.

des missions partagées en lisant entre les lignes des rapports de combat, par exemple le 2 octobre 1944 lorsque le Wing Commander W. P. Green perd le contact visuel d'un Ju-87 qui vole si lentement en montant que son Mosquito passe en dessous l'obligeant à virer sur 360° et que son opérateur radar, le Flying Officer D. A. Oxby, retrouve l'avion au radar et ramène son pilote sur la cible. [579] On peut être sûr qu'Oxby a su extorquer quelques bières à son pilote pour ce rattrapage !

En aparté, on retiendra aussi que les personnels "rampants" ("pingouins" dans l'argot de la RAF) sont souvent volontaires pour voler, par exemple les mécanos pour un vol d'essai après une révision d'un moteur, voire même en mission de guerre. Nombre de commandants de base, d'adjudants d'Escadron ou d'officiers de renseignement ont pris place à bord d'appareils, soit comme passager, soit en tenant le rôle d'un membre de l'équipage. Ainsi, lorsque le Sergent G. Willington, opérateur radar sur Havoc Turbinlite de la 1.460ème Escadrille, revient de permission fin novembre 1942 avec le poignet cassé, il est remplacé au pied levé pendant six semaines par le Flying Officer A. Irwin, officier chargé de la maintenance des radars air-air de l'unité, qui fait donc momentanément équipage avec le Pilot Officer Miles. En récompense, Irwin a reçu en janvier 1943 le badge de Navigateur (Radio) (comprendre "Radar"). [580]

La formation liée à la vision nocturne

Le Group Captain Philip C. Livingston, avec d'autres ophtalmologistes et médecins, avait établi au début de la guerre les règles essentielles à respecter pour avoir la meilleure vision nocturne possible :

- Utiliser la vision légèrement périphérique (6 à 10°) pour optimiser l'emploi des bâtonnets (cellules réceptrices dans la rétine) ;
- Adapter les yeux au noir 30 minutes avant le vol en portant des lunettes rouges ;
- Utiliser l'oxygène dès le décollage ;
- Garder les pare-brises propres ;
- N'utiliser que l'éclairage rouge pour les instruments de pilotage, au niveau d'illumination le plus bas possible.

Les cours en OTU comprenaient l'apprentissage de ces règles et des techniques pour améliorer la vision nocturne des équipages. "L'Hexagone Rotatif" de Livingston était utilisé pour démontrer l'adaptation de l'œil à l'obscurité. [581] Des simulateurs permettaient de démontrer l'apparence de silhouettes d'avion, du sol ou de la mer sous différentes conditions d'éclairage (nuit avec ou sans Lune, lumière réfléchie par les nuages ou la brume, etc.), et apprenaient à utiliser la vision périphérique (*"Evelyn synthetic trainer"* mis

---

[579] Ce rapport est traduit plus loin.
[580] Entrées du 23 novembre 1942 et du 17 janvier 1943 du Journal de marche, conservé sous la référence AIR 27/2006/44, TNA.
[581] Article *"The psychological assessment of candidates for aircrew in the RNZAF"* de R. M. Waite, publié dans les Transactions And Proceedings of The Royal Society of New Zealand, Vol. 77, 1948, pages 335-340.

au point par l'Air Commodore Evelyn). L'Unité de Développement des Aides de Formation (TADU) a ainsi mis au point deux prototypes de ce type de simulateurs *("Treshold contrast night vision trainers"* Mark I et II) et en a ensuite produit quatre exemplaires de chaque pour les Écoles de Vision Nocturne des différents commandements. [582] Les façons de balayer systématiquement une zone du regard ou pour se protéger de l'éblouissement par les projecteurs étaient enseignées. Des activités d'apprentissage ludiques étaient aussi menées dans un grand gymnase très peu éclairé : les élèves, dotés de lunettes filtrantes pour simuler une nuit étoilée sombre, devaient suivre un parcours complexe et trouver certains objets. Cet apprentissage permettait d'augmenter la confiance et de réduire l'appréhension naturelle à voler la nuit. [583]

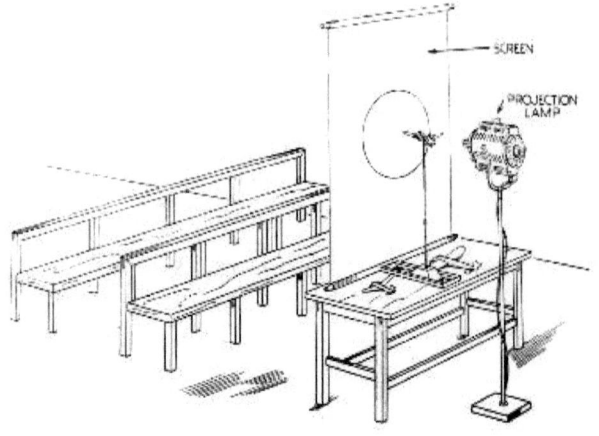

Le "Shadowgraph", un moyen simple de présenter des silhouettes d'avions en ombres chinoises. Un rhéostat permet de régler la luminosité sur quatre niveaux : pleine Lune, demi-Lune, quart de Lune et ciel étoilé (sans Lune). Cet outil est l'un des deux simulateurs de démonstration des seuils de contraste ("TCT - Treshold Contrast Trainers"), le second étant un épidiascope (projecteur de silhouettes). (Images : Figure de l'Air Publication 2655 *"Training aids manual"*, Volume I, Section 1, Chapitre 20 *"Shadowgraph recognition trainer"*, version de juillet 1944).

En juin 1943, la Direction Générale des Services Médicaux de la RAF publie un petit livret d'une quinzaine de pages intitulé "Conseils sur la vision nocturne". [584] Illustré de quelques dessins humoristiques, il reprend l'état des connaissances de l'époque et liste les bonnes pratiques pour adapter l'œil à la nuit ainsi que les techniques de recherche pour balayer le ciel. Il rappelle aussi que le manque d'oxygène réduit la vision nocturne dès le début du vol (5% de perte à 1.200 mètres d'altitude, 10% à 1.800 m, etc.) et que les équipages de chasse de nuit doivent donc utiliser l'oxygène dès le décollage terminé.

Le Bomber Command avait créé fin 1942 une École Centrale de Formation à la Vision Nocturne (Night Vision Training School) pour former des instructeurs et des antennes de cette école avaient peu à peu été disséminées dans 80 autres établissements de formation de plusieurs Commands. Le programme de formation comportait une dizaine

---

[582] Page 40 du rapport *"The Training Aids Development Unit"* rédigé en 1945 par le Professeur L. S. Palmer, conservé sous la référence AVIA 44/541, TNA.
[583] Article *"Preventive Medicine in the Royal Air Force"* de l'Air Marshal Sir Harold Whittingham, publié dans le Journal of the Royal Institute of Public Health and Hygiene, Vol. 7, No. 12 (décembre 1944), pages 306-318.
[584] Pamphlet du Ministère de l'Air n°158 *"Hints on night vision"* de juin 1943.

d'heures de cours et d'exercices. [585] En avril 1944, une École de Formation à la Vision Nocturne (Night Vision Training School) a aussi été ouverte à Llandow à l'ouest de Cardiff, que ce soit pour les pilotes, les mitrailleurs ou les bombardiers. En plus des silhouettes et maquettes d'avions, de grands diaporamas étaient présentés aux élèves sous différents éclairages et sous différents angles, les textures utilisées ayant été soigneusement sélectionnées pour réagir comme le feraient les surfaces naturelles représentées. Les pilotes apprenaient ainsi à repérer à l'avance sur une carte les éléments singuliers du terrain qui leur permettraient de s'orienter plus facilement de nuit.

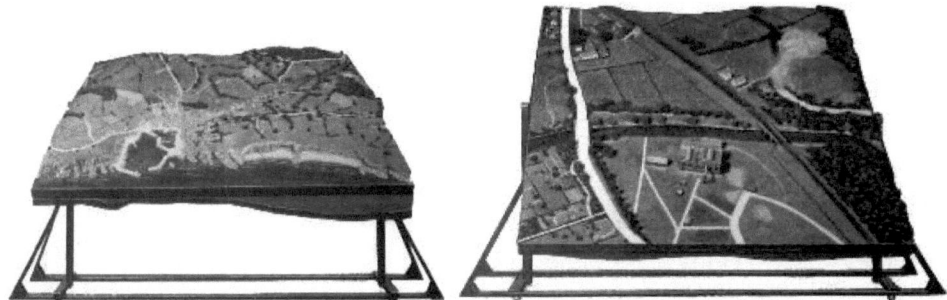

Deux exemples de diaporamas utilisés pour la formation des pilotes d'avions de chasse de nuit et *"Intruder"* : à gauche l'approche d'un port (Breton ?) avec des falaises et des petites plages, à droite une centrale électrique entourée d'une rivière, d'une route et d'une voie ferrée avec une carrière en demi-cercle et des bois. Le montage sur un cadre pivotant permettait d'avoir deux diaporamas dos à dos et de varier l'angle de présentation. (Images : Figures 11 et 12 de l'Air Publication 2655 *"Training aids manual"*, Volume I, Section 1, Chapitre 10 *"Night vision training aids"*, version de novembre 1944).

Sur le sujet de l'entraînement à la vision nocturne, la RAF a publié pendant la guerre six posters grand format : cinq (Air Diagrams 2824) donnent des rappels sérieux, alors que le sixième (Air Diagram 2823) est humoristique et assure que le respect des conseils d'adaptation à la vision nocturne permet de gagner neuf vies de plus. [586]

Les simulateurs radar :

Entraîner un équipage de chasse de nuit en OTU est une opération coûteuse : il faut mobiliser une équipe au sol pour l'aérodrome, un chasseur, un avion cible et un GCI. Pour économiser les heures de vol et limiter les risques, plusieurs simulateurs ont été développés par le TRE afin de simuler au sol une interception. Les plus sophistiqués ont reçu une dénomination officielle et ont été utilisés dans les OTU de chasse de nuit. Ainsi,

---

[585] Page 784 du chapitre 17 du document "*Flying Training : Volume II, Part 3 - Operationnal Training*", op. cit.
[586] Chapitre 36 *"Air Crew Training Diagrams"* de la Section 1 de l'Air Publication 2655 *"Training aids manual"*, Volume I, version de décembre 1945.

au début de 1943, les principaux types de simulateurs permettant la formation des équipages à l'interception avec un radar embarqué métrique sont les suivants : [587]
- Simulateur électronique AI Type 4 : radar AI Mk IV complet installé sur une table, permettant à l'Opérateur radar de se familiariser avec les réglages de base, la correction des pannes simples, etc.
- Simulateur électronique AI Type 6 : identique au Type 4 mais permettant de simuler une interception.
- Simulateur électronique AI Type 8 : simulateur reproduisant dos à dos les postes du Pilote et de l'Opérateur radar et permettant de simuler une interception (voir photo ci-dessous).
- Simulateur électronique AI Type 16 : simulateur de Type 6 pour l'Opérateur radar combiné avec un simulateur Link dans lequel se trouve le Pilote. La table de l'Instructeur comporte à la fois un mouchard qui trace sur une carte la trajectoire du chasseur (simulateur Link) et un mouchard pour la cible qui détermine les informations envoyées au simulateur Type 6.

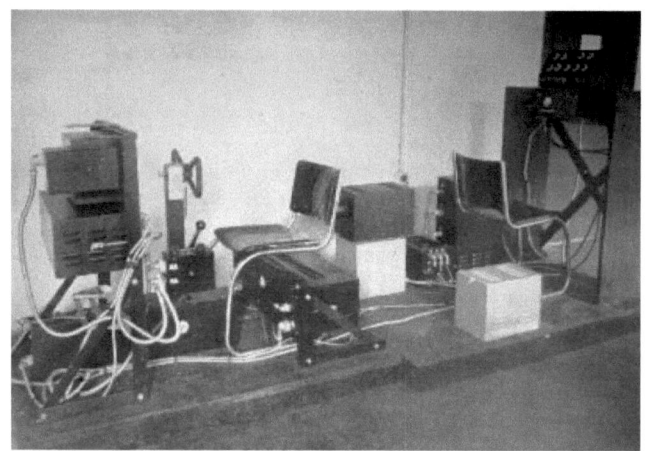

Le simulateur électronique AI Type 8 : à gauche le siège du Pilote, avec tableau de bord, manettes des gaz, manche à balai et palonnier, à droite le poste de l'Opérateur radar avec les écrans radar. Le boitier en haut à gauche du tableau de bord du Pilote est l'indicateur radar du Pilote (AI Mk V).
(Image : Figure 1 de la Section *"Aircraft Interception Trainers (Night Fighters)"* du document secret *"Fighter Command Synthetic Training Manual"*, publié en février 1943 par la Direction de la Formation Opérationnelle du Ministère de l'Air. Document conservé sous la référence AIR16/1146, TNA).

A.5.2.3 - La formation pratique des équipes sur le terrain

Après la mauvaise expérience de la mise en service opérationnel des radars AI Mk III et Mk IV dans l'urgence sans formation, sans manuel de maintenance et sans technique d'emploi, la RAF s'est mieux organisée pour les versions suivantes. Pour aider les Escadrons à intégrer dans de bonnes conditions ces nouveaux matériels, les équipes de techniciens sont renforcées et envoyées en formation, en participant notamment à

---

[587] Section *"Aircraft Interception Trainers (Night Fighters)"* du document secret *"Fighter Command Synthetic Training Manual"*, publié en février 1943 par la Direction de la Formation Opérationnelle du Ministère de l'Air. Document conservé sous la référence AIR16/1146, TNA.

l'installation d'un nouveau type de radar sur la cellule d'un avion. À partir de 1942, des équipes de spécialistes radar, dites "Service Liaison", sont chargées de former ces techniciens de maintenance au fur et à mesure du déploiement des radars Mk VII et Mk VIII. Le TRE accueillait également des techniciens radar pour les former, mais ceci donnait parfois lieu à des rumeurs, comme début août 1942, lorsque le narrateur du Journal de Marche du 456ème Escadron s'interroge : *"Le P/O F. H. Hale a été détaché au TRE à Malvern pour un stage de six semaines sur le radar AI Mk. VIII. La question est donc la suivante : Est-ce que le P/O F. H. Hale va être transféré et quitter notre unité, ou est-ce que notre Escadron va être rééquipé avec le radar Mk VIII ?"* [588]

De même, lors du rééquipement des Escadrons avec le radar A.I. Mk. X, une équipe d'instructeurs se déplace sur le terrain de l'Escadron concerné et forme les Opérateurs radar. Cette équipe, rattachée à la 63ème OTU, reçoit le surnom de *"Mark X Circus"* car elle arrive avec de grands moyens, notamment des bimoteurs Vickers Wellington XVIII avec radar AI Mk X servant de salles de classe volantes. Après une dizaine de jours de cours théoriques et des projections de films sur l'emploi du nouveau radar, les Navigateurs peuvent passer à la pratique dans ces Wellington. La durée totale de la transition est variable, mais il fallait compter une vingtaine d'heures de vol pour passer de l'AI Mk VIII à l'I Mk X plus complexe. Par exemple, pour le 157ème Escadron, elle a commencé le 30 mars 1944 avec l'arrivée du *"Mark X Circus"*, les vols sur Wellington ont commencé le 13 avril, les anciens Mosquito II ont été convoyés vers une OTU début mai et les premiers Mosquito XIX avec AI Mark X ont été reçus entre le 8 et le 23 mai. Les premières sorties opérationnelles avec ces nouvelles montures ont lieu juste à temps pour le débarquement en Normandie, dans la nuit du 5 au 6 juin : les Mosquito XIX MM674, MM630, MM677 et MM401 sont envoyés patrouiller au-dessus des aérodromes de la Luftwaffe aux Pays-Bas. Le *"Mark X Circus"* est revenu le 1er juillet pour un vol sur Wellington visant à tester les connaissances des Opérateurs radar de l'Escadron. [589]

A.5.3 - Les aides au vol de nuit

Nous avons vu qu'au début de la guerre, le cursus de formation des aviateurs de la RAF ne leur donnait pas une expérience au vol de nuit dépassant quelques heures. [590] La formalisation d'une technique de pilotage aux instruments était relativement récente :
- L'américain James H. Doolittle (futur leader du raid de B-25 sur le Japon en avril 1942) avait effectué le premier vol (y compris le décollage et l'atterrissage) aux instruments le 24 septembre 1929 alors qu'il était Lieutenant.

---

[588] Entrée du 4 août 1942 du Journal de marche du 456ème Escadron conservé sous la référence A9186, 142, image 91, NAA.
[589] Journal de marche de mars à juillet 1944 du 157ème Escadron conservé sous les références AIR 27/1046/5 à 11, TNA.
[590] Pour plus de détails sur la formation au vol de nuit des élèves-pilotes, se reporter au livre de cette série sur la formation des aviateurs de la RAF.

- Le Flight Lieutenant W. E. Patrick Johnson, de l'Escadrille D de l'École Centrale de Pilotage (CFS) de la RAF à Upavon, Wiltshire avait reçu l'Air Force Cross en 1931 pour ses efforts pour développer une méthode rigoureuse et enseignable de *"pilotage en aveugle"*. [591]
- Le simulateur de pilotage aux instruments inventé par Ed Link (d'où son nom de "Link Trainer") a été testé à partir de 1934 par l'US Army Air Corps puis acheté en masse par la RAF peu avant la guerre.
- Sur la base des travaux du Flight Lieutenant W. E. Patrick Johnson, la RAF avait adopté en 1937 un panneau standardisé pour les six instruments de base pour le pilotage sans visibilité. Les instruments sont placés sur deux rangées, toujours dans le même ordre, et les élèves pilotes sont formés à les parcourir du regard de façon ordonnée et systématique. De gauche à droite et de haut en bas : badin, horizon artificiel, variomètre, altimètre, conservateur de cap et indicateur de virage et de dérapage. [592] Ce panneau est resté inchangé sur tous les avions de la RAF pendant plusieurs décades

Jusqu'à la fin de 1940, les aérodromes des Escadrons opérationnels ne disposaient donc que d'une balise lumineuse rouge, dite *"Pundit"*, émettant l'indicatif Morse du lieu, [593] et d'un balisage de lampes à pétrole. [594] Il n'y avait encore que peu de pistes en dur : parmi un peu plus de cent-cinquante aérodromes au Royaume-Uni en 1939, seulement neuf avaient une piste en dur, tous les autres étaient une vaste prairie engazonnée d'environ un kilomètre de diamètre. [595] La direction d'atterrissage (et la position de décollage) dans ce grand champ variait donc en fonction du vent, sauf pour les aérodromes longs et étroits, ou lorsqu'il y avait des obstacles trop gênants sur certains

---

[591] Voir la revue Flight du 8 janvier 1932, page 29. Patrick Johnson avait commencé ses travaux sur le vol sans visibilité en suivant une formation à l'école Farman près de Paris. Il a plus tard travaillé de 1940 à 1954 au sein de Power Jets, la société fondée par Sir Frank Whittle, inventeur des premiers moteurs à réaction britanniques. Le terme de *"blind flying"* (pilotage en aveugle) a plus tard été remplacé par celui de *"instrument flying"* (pilotage aux instruments), sans doute pour rassurer les nouveaux élèves !

[592] Voir l'article 'Instrument planning' par le Wing Commander G. W. Williamson publié le 19 août 1937 dans la revue Flight, pages 193 à 195.

[593] Par exemple "DA" pour Middle Wallop dans le Hampshire ; ZG pour la base de Squires Gate (aujourd'hui aérodrome de Blackpool). Ces codes changeaient de temps à autre, et la balise *Pundit* d'un aérodrome, montée sur remorque, était placée à quelques kilomètres du terrain pour éviter qu'il ne soit repéré facilement par les bombardiers ennemis. Il y avait généralement trois emplacements possibles pour la balise *Pundit* de chaque aérodrome, les aviateurs étant informés à l'avance de celui qui était occupé.

[594] Ces lampes, baptisées "Type B - gooseneck flares", ressemblaient à un arrosoir métallique, une mèche dépassant du bec. Un type plus ancien et moins maniable, dit "Type A - money flares" était un simple bac métallique avec une mèche maintenue en hauteur. Les lampes de Type A servaient à marquer le seuil de la piste et les obstacles éventuels. Des lampes électriques sur batteries ("glim lamps"), avec un filtre bleu ou rouge, étaient aussi utilisées pour baliser les taxiways et les obstacles.

[595] Chiffres indiqués respectivement page 76 et page 50 de l'histoire officielle *"The Royal Air Force builds for war - a history of design and construction in the RAF, 1935-45"*, Publication de l'Air 3236 de l'Air Historical Branch, 1956. Re-publié en 1997 par Stationery Office Books, ISBN 978-0117724693.

axes. Les lampes à pétrole étaient espacées d'environ 90 mètres le long de l'axe du vent et ce balisage formait une sorte de "L". La base courte du "L" marquait l'entrée de la piste (comme détaillé dans l'ordre administratif du Ministère de l'Air AMO A.83/1939, puis dans l'AP 3024 "Flying Control in the Royal air Force"). Une lampe était doublée pour marquer le point où il fallait impérativement que la roulette de queue ait touché le sol, sinon le pilote devait remettre les gaz pour une nouvelle approche. Généralement, les avions devaient se poser du côté droit de la longue branche du "L", le côté gauche étant réservée aux urgences. De manière générale, l'équipe au sol mobilisée lorsqu'il y avait des vols de nuit était la suivante (cas d'une piste balisée à l'aide de lampes à pétrole) : [596]

Poste	Remarques
Officier responsable des vols de nuit	1 Flight Lieutenant au minimum
Pilote chargé de la gestion des mouvements au sol lors des vols de nuit (ACP - Aerodrome Control Pilot)	1 Flying Officer ou Pilot Officer (2 si le programme des vols est conséquent)
Opérateur du projecteur "Chance Light"	1 Sélectionné par l'Officier chargé du parc des véhicules
Opérateur de la balise visuelle de l'aérodrome	1 Affecté par l'Officier de Maintenance de la base
Signaleur de piste	2 Opérateurs radio (aviateurs) sélectionnés par l'Officier chargé des Transmissions
Opérateur radio dans la camionnette de guidage d'approche	1 Opérateur radio (aviateur) sélectionné par l'Officier chargé des Transmissions
Chauffeur du tracteur	1 Sélectionné par l'Officier chargé du parc des véhicules
Opérateurs des lampes à pétrole	4 mécanos des Escadrilles

À cette liste, il faut ajouter un ou deux chauffeurs pour transporter les lampes et la réserve de pétrole lampant ainsi que le personnel, le camion des pompiers de la base et l'ambulance (le *"blood wagon"* dans l'argot de la RAF). Sur la plupart des terrains, il n'y a pas de tour de contrôle ; une simple cabane ou une camionnette sert de poste de contrôle pour l'Officier responsable des vols de nuit et ses assistants. La communication air-sol se fait principalement par signaux lumineux ou en cas d'urgence avec des fusées colorées. Le déplacement des lampes à pétrole demande 20 à 25 minutes lorsqu'il faut changer la direction d'atterrissage à cause d'un changement du vent. En cas d'alerte aérienne, il faut faire atterrir tous les avions en entrainement à proximité, puis éteindre les lampes, ce qui peut demander quelques précieuses minutes. Il faut ensuite les rallumer une fois l'alerte passée, toute cette séquence pouvant durer jusqu'à quarante minutes. Nous verrons que ceci sera amélioré par des expérimentations menées officieusement à l'initiative d'un commandant de base soucieux de limiter les risques encourus pas ses aviateurs.

Les pilotes ne disposaient d'aucun système radio leur permettant de s'aligner à peu près correctement avant d'apercevoir les lumières de balisage. La plupart du temps, quand

---

[596] Instruction *"Night flying orders"* du 28 juillet 1942 en Annexe 7 du Journal de marche du 169ème Escadron, conservée sous la référence AIR 27/1095, TNA.

cela se produisait, le pilote devait soit renoncer à se poser et refaire un circuit en espérant revenir plus dans l'axe, soit effectuer un virage serré pour s'aligner ce qui présentait un risque d'enfoncement à proximité du sol.

A.5.3.1 - Les aides radio

Bien que l'aviation civile ait adopté l'approche sur radiobalise depuis son invention en 1932 par la firme allemande C. Lorenz AG, l'utilisation de ce type d'outils est restée très limitée au sein de la RAF. Au milieu des années 1920, des essais ont été effectués par le Centre de Recherche Aéronautique (RAE) de Farnborough pour guider un avion à l'aide d'un détecteur captant les signaux émis par une boucle de câble enterré le long du terrain d'atterrissage, mais sans succès. [597] Ce n'est qu'en 1939 qu'elle publie un *"Manuel du Pilote pour l'Approche en Aveugle"* (Publication de l'Air 1751) et qu'en mars 1941 qu'il est décidé que l'approche radioguidée doit faire partie du cursus élémentaire des pilotes. [598] Les formations en masse ne commencent véritablement que durant l'année 1941 après l'établissement en octobre 1940 de la 1ère École de Pilotage en Aveugle (plus tard rebaptisée 1ère École de Pilotage Radioguidé) à Watchfield, dans l'Oxfordshire. [599] Cette formation durait deux semaines et comportait des cours théoriques, des exercices sur simulateur Link et une douzaine d'heures de vol. [600] Alors que les pertes de bombardiers britanniques restent faibles du fait de l'ennemi, celles dues à la météo durant l'hiver 1940-41 démontrent l'impérieux besoin d'aides à l'atterrissage. Par exemple, dans la nuit du 16 au 17 octobre 1940, les pertes suivantes liées aux difficultés d'atterrissage de nuit par mauvais temps sont enregistrées par le Bomber Command : [601]

- Wellington IC P9278 du 9ème Escadron (4 blessés) : heurte un arbre en tentant de se poser à Abingdon, Berkshire.
- Hampden I X2997 du 44ème Escadron (2 blessés) : entre en collision avec un hangar à Waddington, Lincolnshire, lors de l'atterrissage dans le brouillard.
- Trois Hampden I (L4195, P2143, X2900) du 49ème Escadron (5 tués, 1 blessé) : un détruit en tentant de se poser à Abingdon, Berkshire ; deux autres s'écrasent en Angleterre, dont un à court de carburant.
- Hampden I X2979 du 61ème Escadron (4 tués) : s'écrase en tentant un atterrissage d'urgence.
- Wellington IC L7857 du 75ème Escadron (1 blessé) : à court de carburant, l'équipage saute en parachute.

---

[597] Article *"Early blind landing experiments"*, page 105 de la revue Aeromilitaria (Air Britain) n°4 de 1998.
[598] Page 20 du document de l'Air Historical Branch *"Flying Training - Aircrew Training 1934-1942"*, (voir bibliographie).
[599] Journal de marche de la 1ère École de Pilotage en Aveugle, conservé sous la référence AIR 29/602/8, TNA. Cette école a fonctionné sans interruption d'octobre 1940 à décembre 1946.
[600] Fin 1942, elle n'est plus que de 7 jours (entrée du 30 novembre 1942 du Journal de marche de la 1.456ème Escadrille, conservé sous la référence AIR 27/2004/18, TNA).
[601] Pages 119-120 du livre sur les pertes de 1940 du Bomber Command de W. R. Chorley (voir bibliographie).

- Hampden I X2988 du 144ème Escadron (1 tué) : à court de carburant, l'équipage saute en parachute.
- Wellington IC N2773 du 311ème Escadron (1 tué) : radio en panne, l'équipage saute en parachute.

Il faut ajouter à cette liste un Wellington détruit suite à l'accumulation de glace et un Hampden perdu en mer du Nord. Un seul avion (Hampden I L4129 du 49ème Escadron (4 tués) a été abattu par la Flak cette nuit-là. Confronté nuit après nuit à ce genre de bilan désastreux, le Ministère de l'Air met en place un programme d'urgence pour équiper les aérodromes d'aides à l'atterrissage et, décide en août 1941 de créer une multitude d'Escadrilles spécialisées de formation (Newton, Collyweston, Faldingworth, Dishforth, Feltwell, Shawbury, Cranage, Errol, Hunsdon, Wittering, Prestwick, etc.). [602] Ces Escadrilles avaient reçu l'acronyme approprié de 'BAT' (chauve-souris en Anglais) pour "Beam Approach Training" (Formation à l'Approche Radioguidée). Certaines étaient rattachées aux différents Commandements pour former les pilotes opérationnels, mais la plupart dépendaient du Commandement de la Formation. Par exemple, en mai 1942, la répartition des *"BAT Flights"* était la suivante : [603]

- 15 Escadrilles au sein du Commandement de la Formation,
- 8 Escadrilles au sein du Bomber Command,
- 2 Escadrilles au sein du Coastal Command,
- 2 Escadrilles au sein du Fighter Command.

Dans le cadre de leur formation en AFU, les nouveaux pilotes passaient 5 à 8 jours dans une BAT.

Baptisé par les Britanniques "Standard Beam Approach" (SBA), le dispositif d'approche sur radiobalise (aussi appelée radiophare) transmettait un faisceau radio étroit (4°) à partir d'une antenne placée au fond de l'aérodrome dans l'axe de la piste. Le contrôleur au sol devait tenter d'amener le pilote à intercepter le faisceau à une vingtaine de kilomètres de l'aérodrome pour qu'il puisse commencer à s'aligner. Lorsque le pilote était correctement aligné sur ce faisceau, le signal reçu était continu et il savait qu'il se dirigeait droit vers la piste. S'il était trop à gauche ou à droite, le signal reçu était une série de points ou de traits et il corrigeait sa trajectoire jusqu'à ce que le signal se transforme en son continu (les traits remplissant les temps de silence entre les points). Une radiobalise dite "proche" (bordure de l'aérodrome) et une "éloignée" (à environ 3 km du terrain) permettaient au pilote de juger son approche en superposant un signal sonore spécifique (voir le schéma page suivante). Un indicateur visuel était également installé sur le tableau de bord de certains avions. Une fois maîtrisé, ce dispositif permet d'améliorer notablement la sécurité des atterrissages de nuit en alignant au mieux l'avion avant que les feux de balisage soient aperçus.

---

[602] Page 23 du document de l'Air Historical Branch *"Flying Training - Aircrew Training 1934-1942"*, op.cit. Beaucoup de BAT ont été créées dès le début 1941.
[603] Pages 9 et 10 du *"Monthly Aircrew Training Bulletin n°2"* publié en juin 1942 par le Département du Membre du Conseil de l'Air chargé de la Formation, conservé sous la référence AIR 22/327, TNA.

Antenne principale du faisceau d'approche radioguidée, dûment peinte en rouge et blanc pour réduire les risques de collision. [604]

17 aérodromes du Fighter Command sont listés pour être équipés du dispositif SBA, mais tous ne conviennent pas sans modifications car les collines ou même certains bâtiments peuvent perturber les signaux. En décembre 1940 seul Northolt est équipé (alors qu'aucun Escadron de chasse de nuit n'y est basé !) et le montage est en cours à Tangmere. [605] Il faut plusieurs mois pour produire les émetteurs, et même avec une priorité élevée, ce déploiement doit se poursuivre jusqu'à l'automne 1941. Le 10 février 1941 une réunion sur la "Défense Aérienne Nocturne" présidée par le Premier Ministre examine la question de l'équipement des aérodromes de chasse de nuit en SBA et demande que la recherche sur l'aide à l'atterrissage par radio VHF (guidage "ZZ") soit prioritaire. Puisque les chasseurs monoplaces ne peuvent pas être équipés d'un récepteur SBA faute de place, il est espéré que cette liaison VHF avec un contrôleur pourra les aider. Pour l'approche ZZ, le contrôleur au sol guide l'avion en le faisant passer directement au-dessus de son émetteur, puis en relevant son gisement toutes les trente secondes pour le placer dans l'axe de la piste à environ 13 kilomètres de distance. [606]

---

[604] Figure II de l'AP1751.
[605] Note du 24 décembre 1940 *"Night fighters Squadrons"* du Directeur des Opérations, conservée sous la référence AIR 20/2419, TNA.
[606] Pour plus de détails, voir l'AP 3024 *"Flying Control in the Royal air Force"* ou la Section 4 de l'AP1723 *"Lecture Notes for Pupil Pilots at Flying Training Schools"*. Chaque base de chasse de nuit devait disposer de deux stations de radiolocalisation dédiées à l'aide à l'approche ZZ (Instruction Opérationnelle du Fighter Command n°72, op. cit.). Le code ZZ était le message final autorisant le pilote à se poser droit devant, le signal JJ étant à l'inverse celui donnant l'ordre de remettre les gaz.

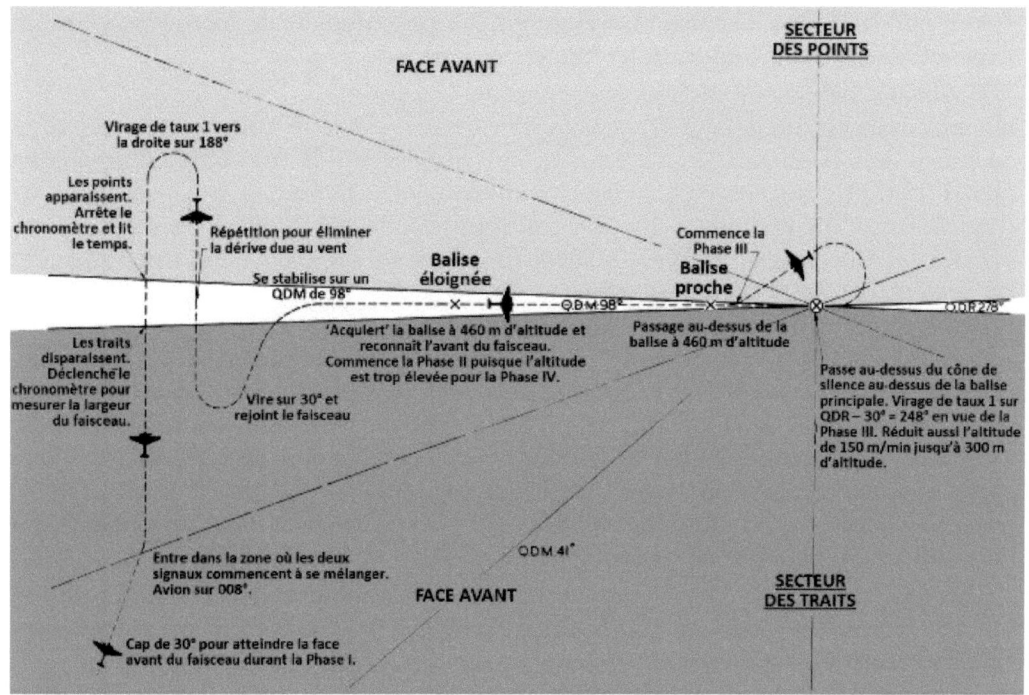

Représentation schématique des deux premières phases d'approche radioguidée, supposant que l'avion croise le secteur avant du faisceau. Les radiobalises "proche" et "éloignée" ne sont présentes que dans le secteur avant du faisceau. [607] La Phase I consiste à localiser le faisceau et à le rejoindre. La Phase II sert à vérifier qu'il s'agit bien du secteur avant en passant au-dessus des deux radiobalises. Après avoir survolé l'antenne principale où il y a un moment de silence, un demi-tour est effectué. L'avion revient alors sur ses pas en descendant d'une altitude de 460 à 300 mètres. La Phase III consiste, une fois au-delà de la balise éloignée, à faire à nouveau demi-tour en descendant à 180 mètres avant la Phase IV d'approche pour l'atterrissage. En passant sur la balise éloignée, le train d'atterrissage est abaissé, les volets hypersustentateurs sortis partiellement et un taux de descente d'environ 100 m/min est adopté jusqu'à une altitude de 30 mètres. En passant sur la balise proche, les volets hypersustentateurs sont déployés en grand et le Pilote quitte les instruments des yeux pour apercevoir les balises lumineuses de la piste. S'il ne voit pas la piste ou est trop haut, il passe à la procédure de remise des gaz pour refaire un circuit (Phase V).

Cette technique ZZ existait déjà pour les avions civils avant-guerre afin de leur permettre de descendre à travers les nuages en sécurité, mais le Flight Lieutenant Vincent Miller, un ex-contrôleur aérien civil enrôlé dans la RAF, l'adapte pour que ce soit le contrôleur qui effectue les calculs d'approche et non plus le pilote. Après de multiples essais à Biggin Hill avec l'aide de pilotes de Defiant du 264ème Escadron puis à Tangmere,

---

[607] Figure X de l'AP1751.

il convainc le Fighter Command d'adopter cette procédure et de mettre en place un dispositif de Contrôle Aérien sur les terrains de chasse de nuit. [608]

L'aviation civile peut fournir quelques dizaines de contrôleurs formés puisque l'activité aérienne civile est très réduite et une quinzaine d'autres doit être formée. [609] Au départ, il est prévu de n'affecter des contrôleurs qu'aux aérodromes de chasse de nuit, [610] et en janvier 1941, les besoins du Fighter Command sont déjà estimés à une centaine de contrôleurs. [611] La première école des contrôleurs aériens de la RAF tient ses classes initiales sur l'aérodrome de West Malling dans le Kent en 1941 et en mai 1942, 250 nouveaux contrôleurs ont été qualifiés ; [612] dans le même temps, 440 pilotes du Fighter Command ont été formés au sein d'une Escadrille "BAT". [613] À cette date, il n'y avait que 25 aérodromes opérationnels équipés pour l'approche radioguidée, le Bomber Command ayant la plus grande proportion. Les progrès sont donc lents et ne concernent pas toutes les unités de chasse de nuit : par exemple, fin 1942, les Escadrons de Havoc Turbinlite sont toujours en bas de la liste pour bénéficier du dispositif SBA et ils ne peuvent donc voler que lorsque la visibilité excède 1.800 mètres étant donné leur faible rayon de virage en approche (à cause de la masse des batteries et du matériel radar). En hiver, ces avions volent donc très peu de nuit. [614]

Parmi les aides radio, on peut aussi mentionner deux mesures de prévention mises en place pour limiter les accidents : les barrages de ballons ont été dotés d'émetteurs radio à faible portée (baptisés *"squeakers"*) donnant un signal audio modulé continu dans un rayon d'une quinzaine de kilomètres et les principales collines ou montagnes jugées dangereuses ont été équipées d'émetteurs similaires (baptisés *"warblers"*) : leur signal était le même que celui des *"squeakers"*, mais il était intermittent (émission d'une demi-seconde toutes les six secondes). [615]

A.5.3.2 - Les aides radar

Disposant des premiers de radars embarqués air-mer, les aviateurs du Coastal Command ont une longueur d'avance : ils se rendent rapidement compte qu'un transpondeur à terre permet de guider un avion vers sa base, même lorsque la météo est

---

[608] Pages 11 et 12 du livre *"A short history of R.A.F. Flying Control : 1937-1945"* de Peter Berry (voir bibliographie).
[609] Note du 13 février 1941 du Secrétaire Personnel du Chef d'État-Major de la RAF à l'Assistant du Chef d'État-Major de la RAF chargé des Transmissions, et note du Directeur de l'Approvisionnement de la veille, conservées sous la référence AIR 20/2419, TNA.
[610] Article non daté d'Eric Mathews, op. cit.
[611] Compte-rendu de la *"Conference on Night Interception held in the Air Council Room at 3 p.m. on 1st January, 1941"* présidée par le Secrétaire d'État à l'Air, conservé sous la référence AIR 20/2419, TNA.
[612] Page 11 du livre de Peter Berry, op. cit.
[613] Pages 9 et 10 du *"Monthly Aircrew Training Bulletin n°2"* publié en juin 1942, op. cit.
[614] Bilan des mois de novembre et décembre 1942 du Journal de marche conservé sous les références AIR 27/2001/15 et 17, TNA.
[615] Ces émetteurs utilisaient une fréquence de 6.440 Hz.

complètement bouchée. [616] En 1940, l'Air Chief Marshal Sir Hugh C.T. Dowding demande au Comité d'Interception d'apporter une attention particulière au développement *"des aides (radio ou autres) à la navigation qui seraient essentielles pour les avions volant de nuit avec du brouillard ou par mauvais temps."* Après discussion, le Comité s'accorde pour dire qu'une balise de ralliement au radar serait l'outil idéal et Sir George Lee, le Directeur du Développement des Communications du Ministère de l'Air, se voit confier ce travail. [617] Cela a abouti à l'installation d'un transpondeur en bout de piste permettant une sorte d'extension radar du dispositif d'approche sur radiobalise. Interrogé par le radar embarqué de l'avion, le transpondeur permettait à l'opérateur radar de guider son pilote vers la base. En décembre 1940, après essai par la FIU, il est décidé de fabriquer une douzaine de balises radar pour les installer sur les aérodromes de chasse de nuit du Fighter Command. [618] Surnommé affectueusement *"MOTHER"* (maman) le signal de ce transpondeur affichait un signal clignotant en Morse sur les écrans radar, jusqu'à 100 kilomètres de distance pour les radars Mk. IV, et 145 kilomètres pour les Mk. VIII. [619] Beaucoup d'équipages égarés après une poursuite ou à cause de la météo n'ont retrouvé leur terrain que grâce à *Mother*. Pour l'anecdote, la balise radar du terrain de Bradwell Bay, Essex, utilisée pour l'entraînement aux approches radioguidées, était baptisée *"GRANNIE"* (grand-maman). [620]

A.5.3.3 - Les aides lumineuses et la conception des terrains

Si un pilote réalisait qu'il s'est égaré et qu'il ne parvenait pas à contacter une station radio pouvant le localiser (par triangulation), la procédure consistait à se signaler visuellement avec les couleurs du jour (fusée éclairante ou signaux lumineux). Quand une batterie de DCA ou un poste de l'Observer Corps détectait ces signaux, il passait l'information à son centre de contrôle, qui décidait s'il fallait demander à un projecteur d'aider cet avion. Si c'était le cas, le projecteur concerné s'allumait à la verticale puis abaissait son faisceau de 20° à 30° dans la direction de l'aérodrome le plus proche. Pendant ce temps, l'officier d'astreinte de cet aérodrome était prévenu et pouvait décider, en fonction des circonstances locales, de tirer des fusées de signalisation et/ou d'allumer la piste et les *"Sandra lights"* (trois projecteurs disposés aux pointes d'un triangle dont les faisceaux formaient un cône au-dessus de l'aérodrome). [621] La revue mensuelle *"Tee Emm"* de la Direction de la Formation du Ministère de l'Air présente les *"Sandra lights"* sous une forme attrayante pour les jeunes pilotes, bien qu'assez éloignée de la réalité : une jeune femme attirante pointe du doigt le nœud permettant de dévoiler ses atours avec la

---

[616] Paragraphe 21 du chapitre 6 de la Publication de l'Air 1093D, Volume I *'Introductory survey of radar - Part II'* de 1946.
[617] Paragraphes 45 à 47 du compte-rendu de la réunion du 26 septembre 1940 du Comité d'Interception, conservé sous la référence AIR 20/3442, TNA.
[618] Paragraphe 2.c) du compte-rendu de la réunion du 12 décembre 1940 du Comité d'Interception, conservé sous la référence AIR 20/3442, TNA.
[619] Données de la Publication de l'Air 1093D, Volume I *'Introductory survey of radar - Part II'* de 1946.
[620] Instruction *"Procedure for obtaining Bradwell A.I. homing beacon"* du 18 avril 1942, conservée page 275 des annexes du Journal de marche du 85ème Escadron, référence AIR 27/707, TNA.
[621] Posters de formation AD1387 *"Aids to homing"* de 1943 et *"Searchlight assistance to lost aircraft"*.

mention *"Sandra vous indique quelque chose ; Sandra vous indique la route à suivre. Ne lambinez plus, pour piloter, faites confiance à Sandra."* [622]

Dans la mesure du possible, les terrains étaient aussi sélectionnés puis améliorés pour réduire les risques d'accident. À compter de 1938, les trajectoires d'approche sont prises en compte dès qu'un site est susceptible de recevoir un nouvel aérodrome : une fois approuvés, leurs plans permettent d'éviter que de nouveaux bâtiments ne viennent perturber la sécurité des vols, ou aident à justifier la destruction de certains obstacles déjà présents. À partir de la même époque, les exigences du système Lorenz d'approche radioguidée (notamment l'emplacement et l'alimentation électrique des radiobalises) sont intégrées pour tout nouveau terrain. [623]

Corollaire de l'évolution des performances des chasseurs de nuit, les vitesses d'atterrissage augmentent, comme l'illustre le graphique suivant : [624]

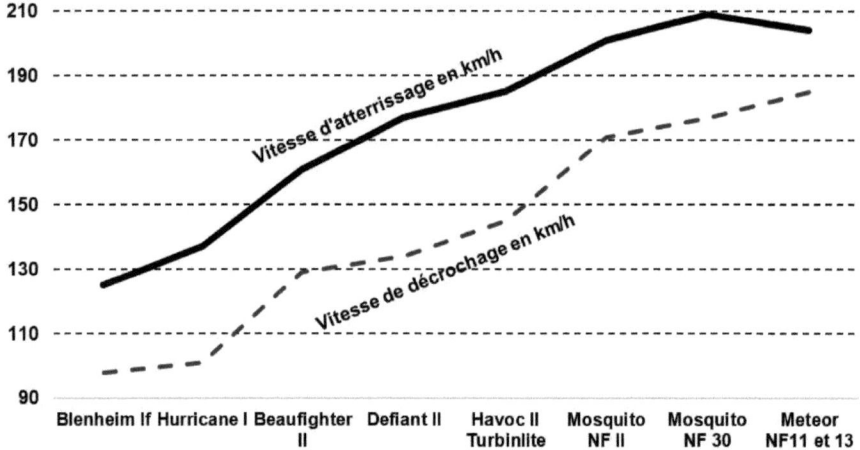

On voit que le pilotage devient de plus en plus délicat puisque si la marge entre vitesse d'atterrissage et vitesse de décrochage était supérieure à 20% pour les premiers chasseurs de nuit (25% pour les deux monomoteurs), elle passe à 15% pour le Mosquito puis se réduit à 9% pour le Meteor.

Début décembre 1940, le nouveau patron du Fighter Command, l'Air Marshal W. Sholto Douglas obtient l'autorisation de dédier douze aérodromes aux chasseurs de nuit, avec un meilleur éclairage et des aides radio et radar pour l'approche. Comme nous l'avons vu, ce nombre a ensuite été porté à dix-sept. En mars 1941, il est décidé que les bases accueillant des chasseurs de nuit doivent bénéficier d'une piste principale sensiblement plus longue que celles des bases de chasseurs diurnes (1.280 m au lieu de

---

[622] Dessin publié page 251 de la revue "Tee Emm" Volume 3, n°10 de janvier 1944.
[623] Pages 50-51 de l'histoire officielle *"The Royal Air Force builds for war - a history of design and construction in the RAF, 1935-45"*, (op. cit.).
[624] Graphe de l'auteur établi sur la base des données des Notes à l'intention des Pilotes des avions concernés (atterrissage en utilisant les moteurs et vitesse de décrochage train et volets sortis).

1.190 m). Les critères d'angle d'approche deviennent aussi de plus en plus stricts, passant de 1:15 en 1939 à 1:50 en août 1942, assurant ainsi des zones plus dégagées. [625] Pour mémoire, en conditions idéales un Mosquito quittait le sol en moins de 400 mètres et se posait, à vide, en moins de 615 mètres ; de nuit sous la pluie avec les volets hypersustentateurs bloqués, la piste paraissait toujours trop courte.

Durant la seconde moitié de 1940, le commandant de la base de Drem en Écosse, le Wing Commander Richard Acherley, effectue des expériences avec un système d'éclairage électrique qui présente l'avantage de pouvoir être éteint ou allumé rapidement, et de n'être visible depuis l'air que par des avions approchant le terrain à la bonne altitude et suivant le bon cap. Pour se procurer le matériel nécessaire, notamment les kilomètres de câbles électriques, Acherley avait demandé l'autorisation de raccorder téléphoniquement un poste d'observateurs situé sur une colline à 10 kilomètres de Drem. On ne sait pas si l'État-Major du 18ème Groupe s'est un jour aperçu de la supercherie, mais Acherley a réussi à convaincre sa hiérarchie que son système d'éclairage réduisait drastiquement les risques d'accident, le nombre d'hommes nécessaire et le temps de réaction en cas d'alerte. [626] En juin 1941, le magazine de formation de la RAF indique que pas moins de cinq systèmes différents sont utilisés pour l'éclairage des aérodromes et que ceci entraîne une certaine confusion. Il appelle donc les Commandants de base à mettre leur égo de côté et à adopter le dispositif mis au point à Drem, avec quelques modifications. [627] Sur la base de l'innovation d'Acherley, un programme mis sur pied en urgence en 1941 permet d'équiper 97 aérodromes, en commençant par ceux du Fighter Command, d'un système d'éclairage électrique commandé depuis le bord de piste. Baptisé Airfield Lighting Mark I, il se distingue des éclairages électriques utilisés jusqu'alors en temps de paix sur les quelques rares aérodromes britanniques équipés : les lampes sont munies de masques qui ne les rendent visibles que dans la direction prévue (par exemple dans l'axe de la piste pour l'atterrissage). La piste est balisée des deux côtés tous les 36 mètres par des lampes encastrées : la trentaine en début de piste (15 de chaque côté, le nombre exact dépendant de la longueur totale de la piste) sont de couleur verte alors que la trentaine en fin de piste sont des feux rouges, celles du milieu étant blanches (en 1943, avec l'arrivée de l'USAAF au Royaume-Uni, tous les filtres colorés ont été retirés pour un temps, puis un nouveau code couleur a été adopté : vert au début de piste et orange à la fin). Le circuit extérieur d'attente, l'approche et les pistes peuvent donc être éclairés comme nécessaire. Le circuit extérieur, marqué par 23 feux placés sur le pourtour d'un cercle d'un diamètre de 1.830 mètres centré sur le milieu de l'aérodrome, est complété sur les terrains de chasse de feux lointains placés à 4,8 km du centre du terrain. Six feux d'approche pointés verticalement marquent "l'entonnoir" qui mène au seuil de la piste (d'où leur surnom de "funnel lights"). Avec l'expérience, d'autres éclairages sont ajoutés

---

[625] Page 77 de l'histoire officielle *"The Royal Air Force builds for war - a history of design and construction in the RAF, 1935-45"*, (op. cit.).
[626] Article *"The Drem system"*, publié dans le n°3 de la revue Aeromilitaria (Air-Britain) de 1983.
[627] Article *"Lighting of aerodromes at night"*, page 7 du n°3 de la revue Tee Emm de juin 1941.

comme des poteaux lumineux marquant le début et la fin des pistes, des indicateurs d'angle d'approche et des projecteurs marquant la zone de touché des roues. Un indicateur d'angle d'approche (inventé par le Wing Commander A. McDonald), placé uniquement du côté gauche de la piste sur la version Mk I, est réglé de façon à être vu par un pilote en approche avec une couleur :
- rouge si son altitude est trop faible,
- verte si son altitude et son angle d'approche sont corrects,
- jaune si son altitude est trop élevée.

À la fin de la guerre, 421 aérodromes étaient équipés de l'Airfield Lighting Mark I ou des versions plus modernes Mark II et III (qui ajoutent notamment des éclairages pour le roulage au sol, deux indicateurs d'angle d'approche plus sophistiqués, et les lettres éclairées d'identification du terrain, et adaptent la taille du circuit extérieur au type d'avion). [628] Pour l'instruction, certaines unités, notamment des OTU, ont fabriqué une grande maquette sur table de leur aérodrome avec des petits circuits d'éclairage permettant de démontrer les procédures de décollage, d'approche et de roulage au sol. [629]

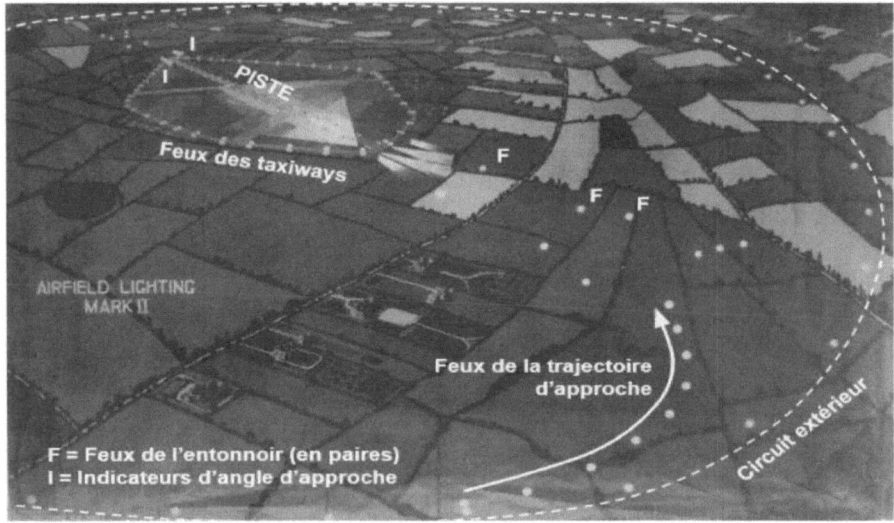

Vue d'ensemble simplifiée du système d'éclairage *"Airfield Lighting Mark II"* en place sur beaucoup d'aérodromes de la RAF durant la seconde moitié de la guerre. [630]

---

[628] Pages 517 à 561 de l'histoire officielle *"The Royal Air Force builds for war - a history of design and construction in the RAF, 1935-45"*, (op. cit.).

[629] Section *"The Drem lighting system"* du document secret *"Fighter Command Synthetic Training Manual"*, publié en février 1943 par la Direction de la Formation Opérationnelle du Ministère de l'Air. Document conservé sous la référence AIR16/1146, TNA.

[630] Illustration page 524 de l'histoire officielle *"The Royal Air Force builds for war - a history of design and construction in the RAF, 1935-45"*, (op. cit.). Les légendes (textes, flèche et trait pointillé) ont été ajoutées par l'auteur.

A.5.4 - Les améliorations des chasseurs de nuit pendant la guerre

Le schéma ci-contre résume l'évolution des matériels de chasse de nuit de la RAF durant la guerre en Europe : [631]

Jusqu'à l'arrivée du Beaufighter, et plus tard du Mosquito, la RAF a sélectionné ses avions de chasse de nuit par défaut parmi son parc existant, sans que ces appareils aient été conçus pour ces missions. En gros, la chasse de nuit a hérité des avions dont les autres organisations de la RAF ne voulaient plus. Il n'est donc pas étonnant que les chasseurs de nuit utilisés au début de la guerre aient présenté de nombreux défauts :

- Le Blenheim et le Defiant ont été écartés peu à peu des missions de chasse diurnes car trop lents, pas assez agiles et peu armés.
- Le DB-7 (Havoc) a été choisi car il était disponible, les commandes françaises d'avions américains ayant été détournées au bénéfice du Royaume-Uni, et le Bomber Command n'en voulait pas car son rayon d'action était jugé insuffisant. [632]

A.5.4.1 - Les performances des appareils

Avec une vitesse de pointe de 420 km/h (pour un avion neuf bien réglé), le Blenheim If avait bien de la peine à rattraper les bombardiers allemands dont les performances étaient sensiblement identiques. En septembre 1940, l'Air Chief Marshal Sir Edgar R. Ludlow-Hewitt, Inspecteur Général de la RAF, rapporte que les pilotes du 600ème Escadron *"se plaignent que les avions ennemis peuvent facilement accélérer pour s'échapper et que le Blenheim n'était pas assez rapide pour rester à portée ; de fait l'opinion générale parmi ces aviateurs est*

---

[631] Schéma de l'auteur. Les dates données ici ne concernent que les missions de nuit (par exemple, le Defiant I a été mis en service au sein de la RAF plus tôt, mais pour des missions diurnes). Certains avions sont restés plus longtemps en première ligne pour d'autres tâches, sur des théâtres d'opération outre-mer, ou dans des unités secondaires (par exemple, les Beaufighter VIF de chasse de nuit sont restés en opérations en Asie jusqu'à la fin de la guerre (176ème Escadron)). Le fait que deux avions soient indiqués sur la même ligne ne veut pas dire que l'un a remplacé l'autre.

[632] Compte-rendu de la *"Conference on Night Interception held in the Air Council Room at 3 p.m. on 1st January, 1941"* présidée par le Secrétaire d'État à l'Air, conservé sous la référence AIR 20/2419, TNA.

que si le Blenheim était plus rapide, ils seraient capables d'abattre plus d'avions ennemis". [633]

Des essais menés le même mois sur un Blenheim prélevé dans une Unité de Maintenance donnent les résultats suivants : [634]

Nacelle ventrale avant (1 mitrailleuse)	Tourelle dorsale arrière (2 mitrailleuses)	Vitesse vraie à 5.500 mètres d'altitude
Démontée	Démontée	394 km/h
	Rétractée	381 km/h
	Déployée	372 km/h
En place	Démontée	375 km/h
	Rétractée	372 km/h
	Déployée	365 km/h

L'Air Vice-Marshal Robert H. M. S. Saundby, Assistant du Chef d'État-Major de la RAF, chargé des Tactiques, recommande donc de supprimer tout l'armement défensif des Blenheim du Fighter Command. En plus de réduire la traînée, le retrait de la tourelle arrière et son occupant permet un gain de masse de 460 kg. Le 1er octobre 1940, une réunion présidée par le Secrétaire d'État à l'Air entérine la décision de retirer la tourelle arrière pour quatre Escadrons sur les six existants, les deux autres devant passer sur Beaufighter. [635] Lors de la même réunion, pour tenter d'améliorer encore les performances des Blenheim, il est décidé de remotoriser les Blenheim avec des moteurs Mercury XV et de les doter d'hélices à pas variable automatique (régulation "à vitesse constante") au lieu d'hélices à deux calages manuels du pas (petit pas et grand pas).

Les Defiant I et II et les Havoc I et II amélioraient un peu la situation avec une vitesse maximale de l'ordre de 500 km/h mais leur armement restait limité à des mitrailleuses de faible calibre, incapables d'assurer un coup mortel avec seulement quelques impacts, contrairement à un canon. En mars 1941, l'Air Marshal Sholto Douglas demande à Lord Beaverbrook, Ministre de la Production Aéronautique, de remplacer le moteur du Defiant I par un Rolls-Royce Merlin XX ou XXV. Le Marshal Charles F. A. Portal, Chef d'État-Major de la RAF, apporte son soutien à cette suggestion en soulignant que *"les Defiant [I] ont été efficaces et que le Commandant du Fighter Command les considère comme des chasseurs de nuit utiles."* [636] Durant l'été 1941, les équipages perdaient le moral à poursuivre en vain des

---

[633] Rapport d'inspection n°89 du 17 septembre 1940 de la base de Redhill, dans le Surrey, conservé sous la référence AIR 20/2419, TNA.

[634] Résultats consignés dans une note du 30 septembre 1940 de l'Air Vice-Marshal Robert H. M. S. Saundby, au Air Vice-Marshal Arthur T. Harris, Chef d'État-Major en Second de la RAF, conservée sous la référence AIR 20/3442, TNA. Il est noté que les deux pas possibles des hélices De Havilland de cet avion étaient mal calés et que les vitesses obtenues étaient donc plus faibles que celles espérées.

[635] Paragraphe 10.(a) du compte-rendu de la réunion *"Night Air Defence"*, conservé sous la référence AIR 20/2419, TNA.

[636] Résumé des correspondances échangées au sujet du Defiant du dossier S.45335 du Ministère de l'Air, conservé sous la référence AVIA 46/111, pièce 9A, TNA.

bombardiers allemands modernes comme le montre le Journal de marche du 96ème Escadron basé à Cranage dans le Cheshire : *"Le Squadron Leader Burns a décollé [dans la soirée du 10 août] pour un vol d'essai, et juste après les sirènes d'alerte aérienne se sont mises à hurler. Les équipages au sol se sont rués sur leurs gilets de sauvetage et leur parachute, espérant, probablement contre toute logique, que la chasse serait bonne et qu'ils rentreraient la besace pleine. Mais ce n'a pas été le cas. Les avions ennemis volant rapidement ont distancé les Defiant et la poursuite a été abandonnée sur ordre du commandant de l'Escadron."* [637] L'arrivée du Beaufighter avec ses canons de 20 mm a résolu cet aspect, mais son avantage de vitesse a vite été comblé par les bombardiers allemands. Dès août 1943, un rapport des scientifiques de la Section de Recherche Opérationnelle du Fighter Command démontre clairement que le Beaufighter ne répond plus aux exigences de la chasse de nuit. [638] Un chasseur, doté d'un radar embarqué et ayant un avantage de vitesse de 15% sur un bombardier ennemi, n'aura besoin que de 6,5 km de poursuite pour arriver à portée de tir, alors que si son avantage de vitesse est marginal (3%), il lui faudra plus de 90 kilomètres pour transformer le contact radar en contact visuel. Une longue poursuite réduit la possibilité d'engager plusieurs cibles lors d'une seule sortie, faute de carburant (nous en reparlerons au chapitre consacré aux opérations *Serrate*). Sans avoir besoin de faire des mesures précises, les équipages font le même constat :

- Dans la nuit du 19 au 20 mai 1942, le Pilot Officer A. M. Hill du 25ème Escadron fait part de sa frustration dans son rapport de vol : *"À peu près deux minutes avant le contact [radar], le Pilote a vu des explosions de bombes et pense que l'avion ennemi a viré et augmenté sa vitesse pour rentrer chez lui. Malgré un virage serré et la vitesse maximale du Beaufighter I, il a été impossible de conserver le contact. Il faut noter qu'avant d'établir le contact, le Beaufighter poursuivait la cible par l'arrière sous le contrôle du GCI depuis 7 à 8 minutes sans gagner de terrain ; ce n'est probablement que parce que la cible a ralenti pour lâcher son chargement de bombes que le Beaufighter I a réussi à se placer à portée de radar air-air".* [639]
- La même nuit, le Squadron Leader J. B. Wray, lui aussi du 25ème Escadron, rapporte une expérience identique après avoir "accroché" un Dornier 217 sur son radar : *"L'avion ennemi ne semblait pas avoir aperçu le Beaufighter et à part quelques légers zig-zags, il n'a pas effectué de manœuvres échappatoires. Toutefois, le S/Ldr Wray a été obligé de rompre la poursuite au bout de 20 minutes puisque le Do-217 s'éloignait graduellement, bien que le S/Ldr Wray ait poussé les manettes à fond à 280 m.p.h. (451 km/h) au badin pendant 10 minutes (même si la pression d'huile du moteur gauche était déjà au minimum de sécurité avant de pousser les gaz). Le Pilote commente que bien qu'une vitesse de 280 m.p.h. (451 km/h) au badin à 14.000 pieds (4.265 m) d'altitude soit une performance acceptable pour un Beaufighter I, elle ne semble pas donner la marge de supériorité nécessaire pour permettre de passer d'un contact [radar] à un combat dans le cas*

---

[637] Entrée du 10 août 1941 du Journal de marche de l'Escadron, conservé sous la référence AIR 27/764/19, TNA.
[638] Rapport n°449 de l'ORS (FC) *"The effect of using A.I. fighters with lower commands of speed with the S/L Box Interception System"* du 24 août 1943, conservé sous la référence AIR 16/1510, TNA.
[639] Extrait du rapport de vol conservé en Annexe C du Journal de marche sous la référence AIR 27/311/4, TNA.

des bombardiers allemands les plus modernes comme le Do-217. Lors du vol retour à 160 - 180 m.p.h. (257 - 290 km/h) au badin, l'Opérateur a obtenu trois brefs contacts [radar] droit devant : le Pilote a viré pour donner la chasse lors des deux premiers contacts, mais étant donné le stress subi précédemment par les moteurs, ces poursuites ont été abandonnées, et le Beaufighter I se serait de toute façon probablement révélé trop lent pour rattraper les bombardiers sur le retour." [640]

- Michael Allen, Opérateur radar au sein du 141ème Escadron : *"Les Me-110 et les Ju-88 étaient trop rapides pour nous et nos Beaufighter VI ne pouvaient pas les rattraper si l'interception tournait en une longue poursuite par l'arrière. En plus de réduire nos chances de les détruire, cela impliquait trop de gaspillage de temps et de carburant à poursuivre un avion ennemi sur de grandes distances (comme pour le second Me-110 que nous avions rencontré [dans la nuit du 17 au 18 août 1943]) au lieu de pouvoir obtenir une victoire rapide et passer à la recherche d'une nouvelle cible."* [641]

Finalement, le Defiant II à moteur Merlin XX, déployé en escadrilles à l'automne 1941, s'avère décevant : le 14 mars 1942, le QG du Fighter Command écrit au Ministère de l'Air pour indiquer que cet avion ne peut pas rattraper un Ju-88 ou un Do-217 et qu'il est donc souhaité de le remplacer par des Beaufighter ou des Mosquito. [642] Comme nous l'avons vu, l'État-Major de la RAF a suivi cette recommandation en décidant le 2 mai 1942 de retirer les Defiant des unités opérationnelles.

Les performances des avions de chasse de nuit de la RAF sont résumées dans le tableau au début de la Partie III. Le graphe ci-dessous résume quelques données :

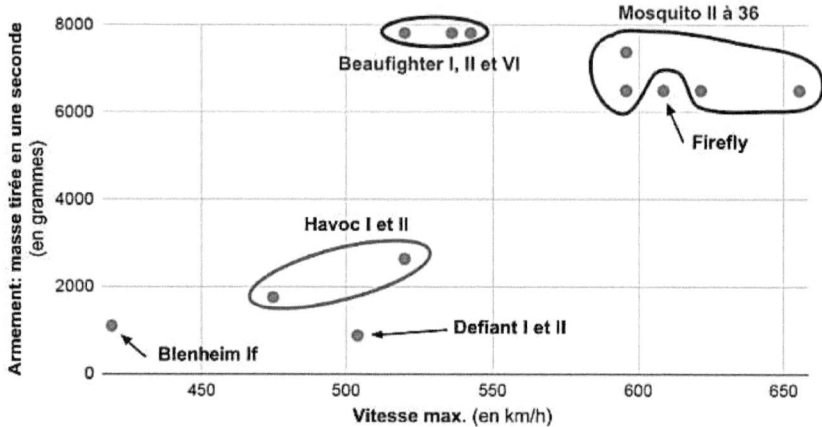

---

[640] Extrait du rapport de vol conservé en Annexe D du Journal de marche sous la référence AIR 27/311/4, TNA.
[641] Page 123 de son livre (voir bibliographie).
[642] Résumé des correspondances échangées au sujet du Defiant du dossier S.45335 du Ministère de l'Air, conservé sous la référence AVIA 46/111, pièce 9A, TNA.

Les graphes ci-dessous montrent que le Beaufighter n'a plus, en 1943, un avantage suffisant, et que même le Mosquito est à la peine contre certains avions allemands modernes : [643]

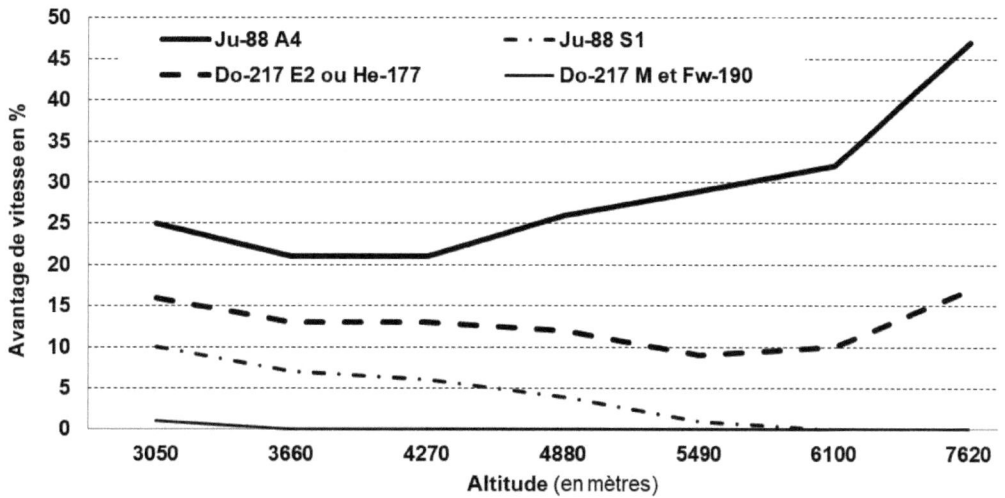

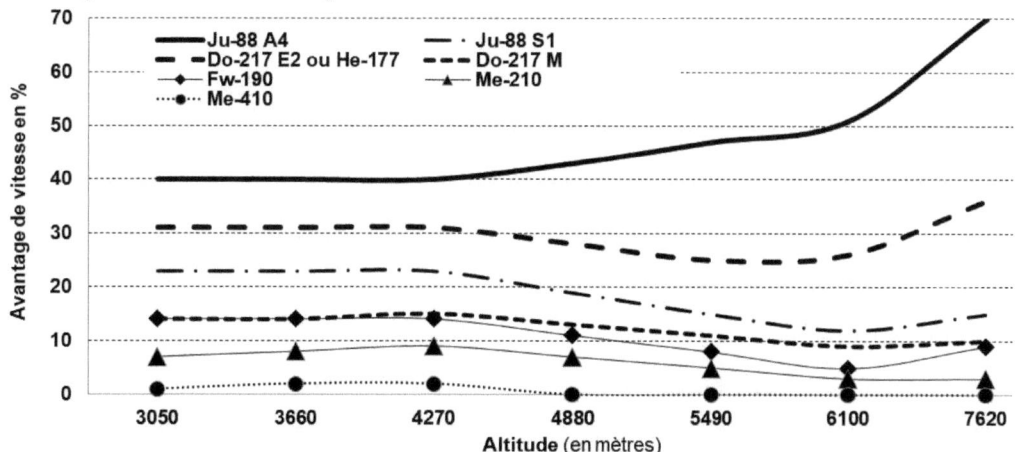

Les zones d'interception en coopération avec les projecteurs au sol étaient calculées pour des chasseurs ayant un avantage de vitesse de 20% sur un bombardier ennemi. Pour

---

[643] Graphes de l'auteur à partir du Tableau I du rapport n°449 de l'ORS (FC) (op. cit.). Pour ne pas surcharger les graphes, seules les configurations "pleine charge interne - vol aller" des bombardiers allemands ont été tracées. Au vol retour, une fois ces bombardiers délestés de leurs bombes et d'une bonne partie du carburant, l'avantage de vitesse de chasseurs est bien plus faible.

regagner un peu de marge sans modifier le dispositif existant, le rapport recommande notamment de placer systématiquement les chasseurs au moins 600 mètres plus haut que les bombardiers dès que l'altitude de ces derniers est connue.

Fin 1942, même le chasseur Monoplace Hurricane IIc commence à s'avérer trop lent pour rattraper les nouveaux bombardiers allemands comme le Dornier 217 (ces deux avions ont une vitesse de pointe en altitude à peu près identique, de l'ordre de 550 km/h). [644] Le Mosquito, avec une vitesse maximale supérieure de 200 km/h à celle du Blenheim, permet enfin aux équipages britanniques d'affronter bombardiers et chasseurs de nuit allemands avec une bonne marge de puissance. Pour réduire les longues poursuites inutiles au radar après une cible qui s'avère finalement être un avion ami, les méthodes d'identification étaient aussi primordiales que les performances des chasseurs de nuit : les hauts gradés du Fighter Command en étaient convaincus, ce qui les a poussés notamment à poursuivre les recherches sur les lampes infrarouges dont nous avons parlé (lampes de Type "F" ou "Z"). [645]

En 1943, la Luftwaffe met en service les premiers Messerschmitt Me 410 Hornisse (frelon). Capables de voler haut avec une vitesse de pointe dépassant les 600 km/h en altitude (presque 150 km/h de plus que les Ju-88A-4), ces avions se sont avérés difficiles à contrer. Seuls les Mosquito avaient de bonnes chances d'intercepter ces chasseurs-bombardiers rapides comme le montre le rapport de combat du Wing Commander E. D. Crew et du Warrant Officer W. R. Croysdill du 96ème Escadron : [646]

```
W/C E. Crew, D.F.C.                                         SECRET
96ème Escadron                                              Ref. 96/2
R.A.F. West Malling [dans le Kent]
              RAPPORT   PERSONNEL DE COMBAT ET DE RENSEIGNEMENT
DONNÉES STATISTIQUES :
Date : nuit du 4 au 5 janvier 1944
Unité : 96ème Escadron
Type et version de notre avion : Mosquito XII avec radar AI Mk VIII
Heure de l'attaque : Première : 02h05 ; Seconde : 02h20
Lieu de l'attaque : Première : au sud-est du cap Béveziers.
                   Seconde : au sud-est de Hastings [dans le Sussex
de l'Est].
Météo : Demi-Lune. Ciel dégagé. Légère brume bien basse.
Dommages subis : Aucun.
Dommages causés à l'ennemi en vol : 1 Me-410 détruit. 1 Me-410
endommagé.
Dommages causés à l'ennemi au sol : Aucun
```

---

[644] Page 142 du document *"The Air Defence of Great Britain, Volume V"* (voir bibliographie).
[645] Paragraphe 11 du compte-rendu de la réunion du 15 mars 1942 du Comité d'Interception Aérienne, conservé sous la référence AIR 20/3442, TNA.
[646] Rapport de combat conservé sous la référence AIR 50/41/253, TNA. La section "émetteur - distribution" a été omise.

Rapport général :

Le W/C E. D. Crew, DFC, Pilote et le W/O W. R. Croysdill, DFM, Navigateur étaient en patrouille sous le contrôle du Secteur et ont été pris en charge par le GCI de Wartling [dans le Sussex de l'Est] (Contrôleur Sgt Moore). "J'ai reçu l'instruction de Wartling de prendre de l'altitude aussi vite que possible, en faisant route à 160°, ayant été affecté à une interception. Je suis monté à 24.000 pieds *(7.315 m)* [d'altitude], après avoir été dirigé lentement en virage à gauche. J'ai établi le contact [au radar] sur un Bandit à 3,25 milles *(5,2 km)* de distance, à midi [647] et 30° au-dessus, défilant de droite à gauche. Ayant établi le contact, le Contrôle m'a indiqué que le Bandit était encore en montée à 160 - 165 mph *(257 - 266 km/h)* au badin, sur un cap de 330°. Je suis monté par étapes de façon à gagner de l'altitude et de la vitesse. La cible a gardé une trajectoire rectiligne jusqu'à ce que j'arrive à 3.000 - 4.000 pieds *(915 - 1.220 m)* de distance, la cible étant toujours au-dessus. L'avion ennemi a alors commencé à virer à gauche et c'est durant ce virage que je l'ai vu passer devant la Lune, laissant une courte traînée de condensation et je l'ai identifié comme étant un Me-410. Aucune lueur d'échappement n'avait été aperçue jusque-là. L'avion ennemi a poursuivi son virage à gauche jusqu'à revenir sur un cap de 330° et je l'ai suivi à l'aide du radar embarqué. Notre altitude était alors de 28.000 pieds *(8.535 m)* et la cible était sur une trajectoire rectiligne. Nous nous sommes approchés à 500 pieds *(150 m)* en ayant vu les lueurs d'échappement à environ 900 pieds *(275 m)*. L'avion ennemi était toujours au-dessus à une distance de 500 pieds *(150 m)* et j'ai pu confirmer mon identification d'un Me-410. Je me suis un peu approché, j'ai cabré doucement l'avion et tiré une rafale de deux secondes à une distance de 100 - 150 yards *(90 - 135 m)* qui a mis le feu au moteur. J'ai tiré une autre rafale qui a mis le feu au fuselage. L'avion ennemi a perdu rapidement de l'altitude en virant à gauche, bien entouré de flammes. Je l'ai regardé descendre quand le Contrôle m'a indiqué qu'il avait un autre Bandit pour nous. Nous avons alors vu une très grande explosion jaune en arrière. Ce combat a eu lieu à 02h05 au sud-est du cap Béveziers (R1604). [648]

J'ai alors reçu un cap à suivre d'environ 160° et une altitude de 25.000 pieds *(7.620 m)*. J'ai établi le contact [au radar] à 4 milles *(6,4 km)* de distance, à 5 heures et 30° [en dessous]. Je me suis rapproché rapidement, ayant l'avantage de l'altitude. Un contact visuel a été obtenu sur un avion effectuant une manœuvre échappatoire non violente 'en tire-bouchon'. [649] Les lueurs d'échappement semblaient correspondre à celles d'un Me-410. Nous nous sommes approchés juste en

---

[647] Désignation de la direction en termes d'heures, voir la note de bas de page précédente sur ce sujet.
[648] Ces coordonnées correspondent à peu près à 18 km au sud-est du cap Béveziers.
[649] Le vol "en tire-bouchon" était la manœuvre échappatoire enseignée à tous les équipages du Bomber Command lorsqu'ils soupçonnaient la présence d'un chasseur ennemi. Au signal du Mitrailleur ayant détecté le chasseur, le Pilote mettait le bombardier en virage d'environ 30° dans la direction préconisée par le Mitrailleur en perdant 150 m d'altitude, puis à virer de 30° dans la direction opposée en montant de 150 m, avant de recommencer. Chisholm, page 119 de son livre (voir bibliographie), mentionne que cette technique a été améliorée par le travail conjoint du Bomber Command et de la FIU.

> dessous (environ 250 pieds *(75 m)* plus bas) pour obtenir la silhouette qui m'a conforté dans l'idée qu'il s'agissait d'un Me-410. J'ai pris un peu de recul ce qui m'a donné une silhouette très claire de la dérive et de la gouverne de direction. J'ai cabré doucement l'avion pour ouvrir le feu. À ce moment, l'avion ennemi a entamé un piqué et j'ai donc tiré immédiatement deux courtes rafales à une distance de 100 - 150 yards *(90 - 135 m)*. Chacune a produit un grand éclair du moteur gauche et une pluie d'étincelles. L'avion ennemi a piqué fortement vers la gauche mais les flammes du moteur se sont éteintes, laissant une traînée d'étincelles qui ont également disparu, les contacts radar et visuel étant perdus. Ce combat a eu lieu à 02h20 au sud-est d'Hastings. La vitesse de l'avion ennemi en vol en palier était de 190 - 200 mph *(306 - 322 km/h)* au badin.
>
> Revendication : 1 Me-410 détruit. 1 Me-410 endommagé.
> Rapport sur l'armement :
> Obus de 20 mm semi perforant incendiaire   144 obus
> Obus de 20 mm explosif incendiaire   136 obus
> Total   280 obus
> Enrayages: Aucun
> Déclenchement de la cinémitrailleuse : non utilisée.
> SIGNATURES
> Pilote: E. Crew - W/C
>   H. Chayau (?) - F/O - Officier de Renseignement de l'Escadron
>   Base R.A.F. de West Malling

Pour lutter contre les Me-410, un Mosquito du 85ème Escadron est équipé en janvier 1944 d'une injection de protoxyde d'azote pour apporter plus de comburant aux moteurs : les essais montrent un gain temporaire de vitesse de l'ordre de 65 km/h, quarante-cinq Mosquito XIII (radars air-air AI Mk VIII) bénéficient de ce dispositif d'injection fin mars 1944 (96 et 410èmes Escadrons). Des Mosquito XII l'ont ensuite également reçu. [650]

A.5.4.2 - L'armement

Pour revenir aux questions de l'armement, comme le montre le graphe ci-après, les différentes versions de chasse de nuit du Beaufighter, du Mosquito et du Firefly pouvaient tirer une masse 6 à 7 fois plus importante par seconde qu'un Defiant ou qu'un Blenheim.

Après-guerre, l'avènement du moteur à réaction a fait faire un nouveau bond à la vitesse de pointe des chasseurs de nuit (Vampire, Venom et Meteor pour les premiers), mais l'armement est resté le même jusqu'à l'arrivée de missiles fiables.

Tout comme lors de leur montage sur des Spitfire et des Hurricane durant l'été 1940, [651] les canons de 20 mm des premiers Beaufighter ont causé de gros soucis aux armuriers et d'énormes frustrations aux aviateurs. L'huile de lubrification gelait en altitude

---

[650] Page 220 du document *"The Air Defence of Great Britain, Volume V"* (voir bibliographie).
[651] Pour plus de détails, se reporter au livre de cette série sur les appareils de la bataille d'Angleterre.

bloquant les culasses, les ressorts de rappel cassaient, les canons s'enrayaient facilement sous des facteurs de charge négatifs, etc. Le rapport de combat des Sergents L. C. Ripley et F. G. N. Thompson du 409ème Escadron (RCAF) sur le Beaufighter VI X.8191 illustre bien les efforts des équipages confrontés à ces problèmes : [652]

RAPPORT PERSONNEL DE COMBAT

29 juillet 1942

Le GCI a pris la main sur notre avion à environ 02h25. Le Pilote a reçu un cap à suivre de 250 degrés à Angels 13 *(3.960 m) [d'altitude]*. La vitesse au Badin était alors de 230 *[m.p.h.] (370 km/h)*. Un contact *[radar]* a été obtenu à la portée maximale et le contact visuel a été établi 7 minutes plus tard. Le Pilote s'est approché à moins de 1.000 pieds *(300 m)* et est parvenu à identifier un Do-217. À ce moment, l'avion ennemi a été pris dans *[le faisceau]* des projecteurs. Le *Bandit* a entamé une manœuvre échappatoire en piquant vers la droite. Les projecteurs ont alors illuminé notre avion et le *Bandit* nous a tiré trois courtes rafales. Le contact visuel a ensuite été perdu, mais le contact *[radar]* a été conservé, ce qui a permis de rétablir le contact visuel. Le Pilote s'est approché à moins de 400 pieds *(120 m)* et a tenté d'ouvrir le feu mais il n'y a eu aucune réponse des canons. Les canons ont été vérifiés et réarmés. Le contact *[radar]* a été récupéré, puis le contact visuel pour la troisième fois. Le Pilote s'est approché à moins de 100 yards *(90 m)* mais les canons sont à nouveau restés silencieux. Le Pilote a alors rompu le contact. La zone de ce combat se trouvait au sud de Birmingham. Le ciel était dégagé avec une Lune brillante. La coopération avec le Contrôleur au sol a été bonne. Il n'y a pas eu de panne technique du radar embarqué ni d'interférence. Aucun dommage subi, bien que l'avion ennemi ait tiré en tout 8 rafales vers notre avion. Aucune revendication.

Signé : F/O Bentley - Officier de Renseignement

On notera que ce rapport succinct n'explique pas pourquoi le Sergent Ripley ne s'est pas résigné à utiliser ses six mitrailleuses puisque ses canons ne fonctionnaient pas.

Sur les 400 premiers Beaufighter, les chargeurs d'obus devaient être changés tous les soixante coups : l'Opérateur radar devait débrancher son oxygène et ses écouteurs, prendre les nouveaux chargeurs et aller remplacer les chargeurs vides dans le noir dans le fuselage, avec peu de place pour les doigts. George William Robertson, un Pilote australien de Beaufighter se souvient ainsi du rôle de l'occupant du poste arrière :

"Il devait garder les canons chargés. Les culasses des canons se trouvaient en arrière aux pieds du Navigateur. Les canons faisaient à peu près trois mètres de long, ils s'étendaient donc de l'avant de l'avion vers l'arrière. Et si vous aviez un enrayage, le canon cessait de fonctionner, et son rôle était d'essayer d'y remédier. Initialement, les canons de 20 mm étaient alimentés par des chargeurs : quand un chargeur était vide, il avait des chargeurs de rechange à ses pieds. Il devait retirer le chargeur vide et le remplacer

---

[652] Rapport de combat conservé sur microfilm sous la référence C-12276, BAC. Voir aussi plus loin la traduction du rapport de combat de mai 1941 du Sergent K. B. Hollowell. Bob Braham cite aussi ses problèmes d'enrayages de canons du Beaufighter page 63 de son livre (voir bibliographie).

avec un plein, et ils étaient assez lourds. Si le Pilote manœuvrait en imposant des "G" ("G" pour Gravité), ils pouvaient peser deux ou trois fois plus que la normale. Si vous faisiez une ressource après un piqué, ou un virage serré, le pauvre vieux Navigateur avait, comme il disait, un sacré boulot pour soulever ces chargeurs pleins et les mettre en position." [653]

Ces chargeurs ont ensuite été remplacés par une alimentation des obus par bande, ce qui a été un soulagement pour les Opérateurs radar.

Deux chargeurs de rechange sont bien en évidence au premier plan de cette photographie du Beaufighter IC conservé au musée de l'USAF de Dayton dans l'Ohio. Le poste de pilotage est visible au bout du fuselage (Photo National Museum of the U.S. Air Force - Ken LaRock - 190423-F-IO108-051)

L'installation des canons sur les Douglas Boston III "Intruder" était également jugée peu satisfaisante. L'Officier de l'Armement du 11ème Groupe, le Wing Commander Healy, et un spécialiste du Fighter Command déplorent, lors d'une visite en janvier 1943 au 418ème Escadron, que l'isolation thermique des canons pour les protéger du gel dans leur caisson sous le ventre de l'avion *"est clairement insuffisante, mais que l'on ne peut pas y faire grand-chose."* [654] On peut se reporter au rapport de combat du Flight Lieutenant Massey Beveridge (en Partie II) pour comprendre la frustration que ces enrayages pouvaient causer : en une seule mission, trois avions allemands et un train de marchandises n'encaissent que moins d'un quart des obus qu'ils auraient dû recevoir si les quatre canons de 20 mm dont disposait Beveridge avaient fonctionné correctement.

Les mitrailleuses Browning de 7,7 mm souffraient bien moins d'enrayages, même si cela se produisait de temps à autre. Par exemple, le 29 février 1940, le 604ème Escadron teste sept de ses Blenheim If équipés chacun d'un pack ventral de mitrailleuses au tir sur cible au sol sur la base de Sutton Bridge, dans le Lincolnshire, lors de dix vols avec les résultats suivants : [655]

---

[653] Extrait d'une interview de janvier 2004, conservée sur le site des archives de vidéos *"Australians at War"*, University of New South Wales, https://australiansatwarfilmarchive.unsw.edu.au/archive/1231 , consultée en août 2022.

[654] Entrée du 9 janvier 1943 du Journal de marche de l'Escadron, conservé sous la référence AIR 27/1820/21, TNA.

[655] Rapport de tir conservé pages 42 et 43 dans les Annexes du Journal de marche sous la référence AIR 27/2086, TNA.

Avion	Pilote	Mitrailleuse fixe de l'aile	Quatre mitrailleuses du pack ventral
L.1226 (T)	F/Lt Anderson	200 coups, pas d'enrayage	200 coups par arme, pas d'enrayage.
L.6611 (K)	F/O Speke	200 coups, pas d'enrayage	200 coups par arme, pas d'enrayage.
L.8715 (R)	F/O Skinner	200 coups, pas d'enrayage	200 coups par arme, sauf une, stoppée après 32 coups, problème de la bande d'alimentation.
L.6609 (J)	F/O Heal	200 coups, pas d'enrayage	200 coups par arme, pas d'enrayage.
L.8680 (Q)	F/O Cunningham	200 coups, pas d'enrayage	200 coups par arme, pas d'enrayage.
L.8675 (S)	F/O Doulton	200 coups, pas d'enrayage	200 coups par arme, pas d'enrayage.
L.1226 (T)	Sgt Havercroft	200 coups, pas d'enrayage	200 coups par arme, sauf une, stoppée après 120 coups, problème de la bande d'alimentation.
L.6611 (K)	Sgt Forrest	200 coups, pas d'enrayage	200 coups par arme, sauf une stoppée après 35 coups, problème de la bande d'alimentation.
L.8715 (R)	F/O Hunter	200 coups, pas d'enrayage	200 coups par arme, pas d'enrayage.
L.6608 (G)	P/O Rabone	200 coups, pas d'enrayage	200 coups par arme, sauf une, stoppée après 50 coups, problème d'évacuation des douilles.

Sur les 10.000 cartouches qui auraient dû être tirées, seules 5,6% n'ont pas été mises à feu, ce qui reste acceptable. Lors des mêmes essais, huit mitrailleurs arrière ont eu l'occasion de tirer avec leur Vickers K (1.200 coups en tout), sans qu'aucun incident de tir ne soit enregistré.

Pour l'anecdote, les mitrailleurs des Defiant n'entretenaient pas les mitrailleuses Browning de leurs avions, puisque les Escadrons du Fighter Command disposaient d'armuriers pour cela (à la différence du Bomber Command dont les mitrailleurs étaient responsables de leurs armes).

À partir de la mi-1942, les canons de 20 mm des chasseurs de nuit sont chargés (comme pour les chasseurs de jour) moitié-moitié d'obus semi-perforants incendiaires (SAPI) et d'obus explosifs incendiaires (HEI), bien que l'on trouve parfois encore mention d'obus pleins *("ball"* - voir par exemple le rapport de combat du Squadron Leader G. McLannahan). On notera que, contrairement aux bombardiers allemands ou britanniques, les chasseurs de nuit de la RAF n'utilisaient pas de munitions traçantes afin de ne pas dévoiler leur position en cas de premier tir raté. La seule exception était le dernier obus de chaque canon qui prévenait le pilote qu'il était à court de munitions et qu'il valait mieux rentrer à la base. [656]

Les armes obliques

Si les Allemands ont largement employé des armes de bord lourdes orientées vers le haut sur leurs chasseurs de nuit à partir de l'été 1942 (dispositif baptisé *Schräge Musik* que l'on pourrait traduire par "musique oblique" en référence au Jazz américain interdit en Allemagne), les Britanniques ont abandonné peu à peu cette capacité en retirant du service le Boulton-Paul Defiant dont tout l'armement se trouvait dans la tourelle arrière. Pourtant, la RAF avait déjà testé ce type d'arme sur l'unique biplan biplace Martinsyde F.1 en 1917 et comptait de fervents partisans des armes obliques, comme par exemple l'Assistant du Chef d'État-Major de la RAF chargé des Tactiques qui écrivait en décembre 1940 : *"Je suis du même avis que l'Air Marshal Joubert que le Beaufighter ne sera probablement pas un bon avion de chasse de nuit puisqu'il ne dispose que d'armes fixes. Nous pensons tous deux que l'armement convenable pour un chasseur de nuit doit être composé de canons fixes de 20 mm et d'une tourelle de mitrailleuses Browning de 7,7 mm. Les canons doivent servir pour les attaques depuis l'arrière, et la tourelle pour les attaques par dessous avec l'avion se détachant en silhouette sur le ciel."* [657] La spécification F.11/37 [658] avait prévu un successeur bimoteur au Defiant, avec une tourelle ambitieuse de quatre canons de 20 mm : Boulton-Paul avait obtenu un contrat pour la construction de deux prototypes (L9629 et L9632). Ce projet a été stoppé par Lord Beaverbrook lorsqu'il a été nommé Ministre de la Production aéronautique afin de concentrer les efforts des constructeurs sur quelques avions prioritaires (Hurricane, Spitfire, Blenheim, Whitley et Wellington).

Ce type d'installation d'armes inclinées de 15° vers le haut a été discuté fin 1940 par le Comité d'Interception pour les chasseurs de nuit monoplaces. [659] En novembre 1940, le cahier des charges F.18/40 pour un chasseur de nuit biplace est envoyé à différents constructeurs aéronautiques. L'armement de cet avion était initialement prévu pour comporter six canons fixes de 20 mm, mais en décembre, un correctif ajoute une tourelle motorisée dorsale. [660] Les sociétés Gloster, Miles, Hawker, Boulton-Paul et Fairey ont proposé différents projets, mais c'est finalement la version de chasse de nuit du Mosquito,

---

[656] Voir par exemple le rapport de combat du F/Lt D. A. MacFadyen du 4 mars 1945 qui mentionne avoir tiré son dernier obus (traçant) dans le poste de pilotage d'un Fw-190 sur l'aérodrome de České Budějovice, en annexe du journal de marche conservé sur microfilm sous la référence C-12272, BAC.
[657] Résumé des correspondances échangées au sujet de la conception technique du Defiant, conservé sous la référence AVIA 46/111, pièce 11A, TNA.
[658] "Spécification" est la traduction littérale du terme anglais "specification". Les puristes préféreront sans doute l'appellation de "fiche-programme".
[659] Sujet 13 du compte-rendu de la réunion du 14 novembre 1940 du Comité d'Interception, conservé sous la référence AIR 20/3442, TNA.
[660] Cahier des charges *"Night fighter aircraft : specification F18/40"* conservé sous la référence AIR 2/5170, TNA.

dérivée du cahier des charges F.21/40 publié fin novembre 1940, [661] qui emporte la décision : le premier prototype de cette version (Mosquito II W4052) fait son premier vol le 15 mai 1941.

Au moment même où le Mosquito de chasse prend son envol, un Havoc (BD126), équipé de six mitrailleuses Browning orientables vers le haut entre +30 et +50° et de 17° de part et d'autre, est testé par le Centre de Recherches Expérimentales sur les Avions et leurs Armements (A&AEE) à Boscombe Down dans le Wiltshire. Cette machine faisait partie d'un lot de quatre qui devaient être modifiées par Nash & Thompson, société spécialisée dans les tourelles hydrauliques, pour tirer vers le haut. Le second appareil devait permettre un débattement plus important en élévation, et de 29° en azimuth de chaque côté. [662] Ces armes étaient installées derrière le poste de pilotage, sous deux trappes qui doivent être ouvertes avant le tir, et étaient contrôlées à distance depuis le nez de l'avion par un mitrailleur. Quatre autres mitrailleuses ventrales fixes tirant vers l'avant étaient mises à feu par le pilote. Ces modifications avaient été demandées lors d'une réunion du 9 décembre 1940 sur les défenses aériennes nocturnes présidée par Churchill lui-même. Une première maquette d'installation grandeur nature est préparée en février 1941 avant le montage définitif. [663] Le Havoc BD126 a été essayé ensuite durant l'été par la FIU (voir Annexe 2). [664] Cette expérience, qui semble avoir brièvement porté le nom de Havoc III, [665] n'a pas eu de suite, les performances du Mosquito étant finalement jugées largement satisfaisantes.

Le Mosquito et le Beaufighter n'ont cependant pas totalement échappé aux partisans de l'armement dorsal puisque deux exemplaires de chaque ont reçu une tourelle :
- Après un essai de montage factice sur le prototype W4050, les Mosquito W4053 et W4073 se sont vus greffer une tourelle hydraulique quadruple Bristol BXI Mk 1. L'équipage prévu était de trois hommes puisque le mitrailleur n'avait pas assez de place dans la tourelle pour jouer le rôle d'opérateur radar. Cette tourelle expérimentale a rencontré des problèmes de puissance lors des essais et a été abandonnée, tout comme cette version du Mosquito dont les performances ont déçu. Les deux avions W4053 et W4073 ont été reconfigurés sans tourelle, avec double commandes, pour servir de prototypes à une version d'entraînement baptisée Mosquito Mk III.

---

[661] Cahier des charges *"Design branch specification n°F21/40 for Mosquito fighter"* conservé sous la référence AVIA 15/682, TNA.

[662] Paragraphe 3.(c) et Tableau 2 du document SR1/12/41 d'avril 1941 *"Technical aids to night fighting"*, classé Most Secret, rédigé par le Ministère de la Production Aéronautique, conservé sous la référence AIR 20/2419, TNA.

[663] Note du 8 février 1941 de suivi du progrès des travaux de l'Air Vice-Marshal Francis J. Linnell, Assistant du Chef d'État-Major de la RAF chargé des Tactiques, au Secrétaire Personnel du Chef d'État-Major en Second, conservée sous la référence AIR 20/2419, TNA.

[664] Rapports d'essais conservés sous la référence AVIA 15/873 *"Installation trials of 6 upward firing guns in Havoc night fighter, 1940-1942"*, TNA. Voir aussi page 56 du livre de Tim Mason (voir bibliographie).

[665] Note du 21 mars 1941 sur les besoins de la RAF pour les différents types d'avions Douglas du Secrétaire d'Etat à l'Air au Ministre de la Production Aéronautique, conservée sous la référence AIR 20/2419, TNA.

- Les Beaufighter II R2274 et R2306 à moteurs Merlin ont reçu une tourelle quadruple Boulton-Paul du même type que celle du Defiant, juste derrière le poste de pilotage. Tout comme pour les Mosquito W4053 et W4073, l'équipage prévu était de trois hommes. Pour compenser en partie ces ajouts, ils ont perdu leurs six mitrailleuses fixes et deux des quatre canons fixes de 20 mm qui équipaient les Beaufighter Mk II. L'A&AEE, la FIU (voir l'Annexe 2) puis des Escadrons opérationnels ont testé ces machines durant l'été 1941. [666] Cette version à tourelle a été prématurément baptisée Beaufighter Mk V, mais aucun autre exemplaire n'a été produit lorsque les essais ont démontré une perte de vitesse de pointe de l'ordre de 40 km/h par rapport à la version sans tourelle.

La rationalité de ce type d'essai en temps de guerre est difficile à défendre, alors que toutes les données étaient disponibles pour démontrer les effets négatifs d'une tourelle sur les performances : le Blenheim venait de suivre la démarche inverse, puisque nous avons vu que les tests effectués en septembre 1940 avaient amené au retrait de la tourelle dorsale. Lorsque les Allemands ont commencé à utiliser des Me-410, des He-219 ou des Fw-190 de nuit, un Mosquito avec tourelle dorsale aurait certainement rencontré les mêmes problèmes de performance que ses prédécesseurs.

Le Beaufighter V (R2274) avec sa tourelle au Centre de Recherches Expérimentales sur les Avions et leurs Armements (A&AEE) de Boscombe Down dans le Wiltshire. On distingue bien l'antenne émettrice du radar air-air sur le nez de l'avion, et l'une des antennes réceptrices en azimuth sur le bord d'attaque de l'aile droite (photo © BAE SYSTEMS).

On peut aussi s'étonner de la tendance britannique à sélectionner dès le départ des concepts compliqués, au lieu de commencer par l'installation d'armes fixes orientées vers le haut comme l'ont fait les Allemands. Une tourelle, ou les mitrailleuses orientables du Havoc, nécessitaient l'installation d'un circuit hydraulique lourd et vulnérable et la présence d'un mitrailleur, sans même parler d'un allongement conséquent des délais de

---

[666] Par exemple, le Journal de marche du 406ème Escadron, conservé sous la référence AVIA 27/1791/1, TNA, mentionne l'arrivée d'un Beaufighter V le 18 juillet 1941 à Acklington, Northumberland, pour essais.

conception et de mise au point. Pourtant, au début des années 30, sur la base du cahier des charges F.29/27, les Britanniques avaient testé des avions proposés par Westland et par Vickers portant un canon de 37 mm orienté vers le haut de 45°.

Les Américains ont repris l'idée de la tourelle sur le chasseur de nuit Northrop P-61 Black Widow.

Pour conclure sur le sujet des armes orientables, il faut aussi mentionner les essais de tourelles à canon. Différents cahiers des charges (par exemple F.9/37, F.11/37 et F.22/39) avaient été rédigés pour tester l'installation de ce type de tourelle, que ce soit pour des canons de 20 ou de 40 mm. En 1941, une maquette en demi-grandeur d'un bimoteur porteur d'une tourelle pour canon de 20 mm avait été préparée pour tester les problèmes d'aérodynamique, et le canon de 40 mm devait être testé sur un Wellington. [667] Ces essais se sont poursuivis durant la guerre mais n'ont pas abouti avant la fin du conflit.

A.5.4.3 - Les viseurs et les panneaux "de vision directe"

Plusieurs types de viseurs ont été testés pour les chasseurs de nuit. Les viseurs non éclairés présentaient l'inconvénient de ne pas avoir un réticule visible par nuit noire, et durant les nuits plus lumineuses lorsque le pilote réglait sa vue sur la cible, il perdait le réticule. Une solution a été de peindre des points radioluminescents 6° de part et d'autre d'une ligne verticale au centre du viseur pour marquer le réticule. [668] Ce type de viseur non éclairé, après avoir été testé pour les pilotes, a surtout été installé dans la tourelle du Defiant.

Les premiers viseurs à réflexion présentaient une image collimatée à l'infini et disposaient normalement d'un réglage pour le jour, et d'un autre pour la nuit. La difficulté était de trouver le bon réglage en fonction du ciel nocturne pour ne pas masquer la cible, la luminosité étant généralement trop forte, même au minimum. Tant que ce problème n'a pas été réglé, la peinture radioluminescente a à nouveau été utilisée, quatre points marquant la position du réticule au lieu de l'image lumineuse projetée sur une vitre inclinée à hauteur des yeux du pilote. [669] Différentes couleurs de l'image collimatée ont également été testées (voir l'Annexe 2).

Pour éviter les réflexions parasites, les pilotes de Hurricane et de Defiant volaient souvent avec la verrière ouverte malgré le froid. En octobre 1940, l'Air Chief Marshal Sir Edgar R. Ludlow-Hewitt, Inspecteur Général de la RAF, signale que malgré cette pratique, les pilotes n'ont pas les meilleures lunettes de protection. L'Air Marshal W. Sholto Douglas, Chef d'État-Major en Second de la RAF, demande donc à l'Air Vice-Marshal Robert H. M. S. Saundby, Assistant du Chef d'État-Major de la RAF chargé des Tactiques, de veiller à ce que les Escadrons de chasse de nuit disposent des nouvelles

---

[667] Paragraphes 3.(e) et (f) du document SR1/12/41 (op.cit.).
[668] Les graduations et les aiguilles des instruments des avions de l'époque étaient recouverts d'une couche de peinture contenant du radium, un élément chimique radioactif dont la désintégration radioactive donne une forme de luminescence. Des lampes UV servaient à exciter la radioluminescence de cette peinture.
[669] Paragraphe 2 du mémorandum SR1/12/41 (op.cit.).

lunettes Livingston. [670] Ces lunettes avaient été développées par un ophtalmologiste de la RAF, le Group Captain Philip C. Livingston.

Toujours pour pouvoir regarder dehors sans l'interférence d'une vitre qui peut être salie, embuée ou givrée, tous les postes de pilotage des avions de chasse de nuit et les tourelles des Defiant sont modifiés pour disposer de panneaux "D.V." ("Direct Vision" ou parfois "Clear Vision", noms compliqués pour une fenêtre ouvrante). L'Air Marshal Sir Philip Joubert de la Ferté, Assistant du Chef d'État-Major (Radio) (ACAS(R)) qui préside la 25ème réunion de mars 1941 du Comité d'Interception s'étonne que le Beaufighter ne soit pas encore équipé puisque *"ce besoin [de panneaux DV] avait été soulevé pour le Blenheim dès janvier 1940."* [671] Ce qui peut sembler une simple modification est en fait relativement complexe : il faut que ce panneau DV puisse être ouvert en force même lorsque le pare-brise est couvert de givre ; la structure de la verrière doit résister à l'entrée d'air lorsque l'avion vole à plus de 400 km/h ; si possible, un déflecteur doit détourner l'air du visage du pilote ou du mitrailleur ; et même lorsque l'installation semble correcte, des essais montrent parfois l'apparition de vibrations anormales ou l'interférence du panneau en position ouverte avec le débattement de certaines commandes. Par exemple, lorsque la FIU teste un Beaufighter II avec un panneau DV en septembre 1942, elle constate que l'ouverture de cette vitre limite la vitesse maximale à 290 km/h, ce qui *"rend donc l'avion inutile d'un point de vue opérationnel."* [672]

A.5.4.4 - Le camouflage des chasseurs de nuit

Au début de l'affectation de certains avions à la chasse de nuit (par défaut pour les Blenheim et les Defiant puisque leurs performances ne leur permettaient plus de les aligner de jour), les appareils portaient le camouflage standard de la RAF. À partir de novembre 1940, les chasseurs de nuit ont reçu une livrée intégralement en noir mat ("RDM 2A Special Night matt black" après mars 1941, puis "Smooth Night DTD308" après le printemps 1942), les lettres étant en rouge mat à partir de janvier 1941. [673] Les changements de camouflage ne se font pas rapidement, car les avions doivent rester opérationnels et ils ne sont repeints qu'à l'occasion d'une inspection des trente heures de vol. Il faut plus de 90 litres de peinture noire pour un seul avion et elle est fragile : les peintres doivent suivre une formation particulière et une sous-couche d'apprêt doit être correctement appliquée. Mi-novembre 1940, le seul Beaufighter peint en noir mat pour les essais voit déjà sa peinture se décoller. [674]

---

[670] Note du 17 octobre 1940 de Douglas à Saundby, conservée sous la référence AIR 20/2419, TNA.
[671] Paragraphe 12 du compte-rendu de la réunion du 27 mars 1941 du Comité d'Interception, conservé sous la référence AIR 20/3442, TNA.
[672] Entrée du 18 septembre 1942 du Journal de marche de la FIU, conservé sous la référence AIR 29/27, TNA.
[673] Pour plus détails, se référer aux publications *Camouflage & Markings* (voir bibliographie).
[674] Note du 16 novembre 1940 de l'Air Vice-Marshal Robert H. M. S. Saundby Assistant du Chef d'État-Major de la RAF en charge des Tactiques, au Secrétaire Personnel du Chef d'État-Major de la RAF, conservée sous la référence AIR 20/2419, TNA.

En octobre 1942, pour réduire la signature visuelle de la silhouette des chasseurs de nuit par nuit claire, il est décidé de peindre leurs surfaces supérieures avec un camouflage gris moyen et vert foncé, avec la dérive et les surfaces inférieures en gris moyen. Les avions Intruder abandonnaient aussi leur camouflage noir intégral pour une livrée de chasseur diurne, sauf les surfaces inférieures en "Smooth Night DTD308" avant d'adopter un camouflage identique à celui des chasseurs de nuit fin 1942. Le 456ème Escadron semble avoir été le premier à tester ces nouveaux camouflages mi-août : *"Une lettre a été reçue indiquant que nos avions ne doivent plus être peints intégralement en noir, car aussi étrange que cela paraisse, ça les rend plus visibles de nuit. Nos appareils doivent être repeints avec le camouflage normal des chasseurs de jour pour les surfaces supérieures, c.-à-d. vert foncé et gris océan, tandis que les surfaces inférieures restent en noir mat. Les casseroles d'hélices doivent être en gris océan (nous n'en avons pas). Aucun marquage tactique, et les lettres-codes restent en rouge mat."* [675]

La recherche du camouflage idéal pour les chasseurs est restée un sujet d'actualité pendant toute la guerre pour le RAE, et les Escadrons ont souvent été mis à contribution pour tester diverses peintures. Par exemple, les 2 et 3 octobre 1943, deux Beaufighter du 604ème Escadron, peints conformément aux demandes du Ministère de la Production Aéronautique (MAP), l'un en noir mat et l'autre en noir poli, ont été envoyés au-dessus de projecteurs à 3.000 mètres d'altitude pour étudier leurs mérites respectifs. [676] L'année précédente, le 68ème Escadron comptait même dans ses rangs des Beaufighter peints avec des rayures, des étoiles ou en livrée intégralement rose. [677] En juillet 1944, ce sont des Halifax du 4ème Groupe du Bomber Command qui sont soumis au regard critique des experts de l'Unité de Développement de Support aux Bombardiers (BSDU - Bomber Support Development Unit) du 100ème Groupe du Bomber Command (voir le chapitre spécifique) pour savoir laquelle d'une peinture mate ou brillante était la moins visible sous les faisceaux des projecteurs : contrairement à ce que l'on pourrait croire, la peinture brillante l'emporte. [678]

Camoufler les avions de chasse de nuit en 1940 était un peu mettre la charrue avant les bœufs, puisque peu d'attention avait été apportée jusque-là aux lueurs émises par les échappements des moteurs. Sur certains avions transférés rapidement du combat de jour aux activités nocturnes, comme les Hurricane Mk I en octobre 1940, les pilotes ont parfois dû se contenter de deux plaques d'acier horizontales sur les côtés du fuselage leur évitant d'être éblouis par les échappements. En décembre 1940, il était espéré qu'une simple peinture à base de craie, d'oxyde de fer et de silicate de sodium serait une solution miracle pour masquer la lueur des échappements. Des essais menés en mars 1941 montraient qu'un détecteur infrarouge permettait de voir les échappements d'un

---

[675] Entrée du 15 août 1942 du Journal de marche du 456ème Escadron conservé sous la référence A9186, 142, image 94, NAA. Le texte souligné reflète le document original.
[676] Entrées des 2 et 3 octobre 1943 dans le Journal de Marche de l'Escadron, conservé sous la référence AIR 27/2083/42, TNA.
[677] Page 81 du livre de Victor Bingham, voir bibliographie.
[678] Page 50 du rapport *"100 Group: review of operations from Nov. 1943 to May 1945"*, conservé sous la référence AIR 14/2911, TNA.

Beaufighter d'une distance de plus de 2 kilomètres. [679] En avril 1941, Rolls-Royce avait produit assez de pare-flammes pour équiper 146 Defiant et bien que le Beaufighter I soit connu pour des émissions de flammes lors des changements de réglage des manettes des gaz, seuls 20 jeux de pare-flammes avaient été commandés pour les moteurs Hercules III ou XI pour essai, leur livraison étant attendue pour juin. Cela faisait pourtant presque un an que cet avion était employé comme chasseur de nuit sans pare-flammes. Les Beaufighter II et les Havoc I et II ont plus tard étaient livrés directement avec ces dispositifs, mais après bien des déboires : par exemple, les collecteurs d'échappements du prototype du Beaufighter Mark II (R2058) à moteurs Rolls-Royce Merlin se rompent après seulement 12 heures de vol. [680] Les avions de chasse n'étaient pas forcément les plus mal lotis, beaucoup de bombardiers allemands et britanniques n'ayant pas disposé de pare-flammes efficaces avant 1943 (voir par exemple les essais mentionnés en Annexe 2 pour les Halifax et Lancaster en février et mars 1943).

---

[679] Entrées 72A et 96A du résumé du dossier B.986504/39 "*Beaufighter engine installation*", conservé sous la référence AVIA 46/108, pièce 10A, TNA.
[680] Paragraphe 1 du mémorandum SR1/12/41, (op.cit.) et entrée 126A du résumé du dossier B.986504/39 "*Beaufighter engine installation*", conservés sous la référence AVIA 46/108, pièce 10A, TNA.

A.6 - Efficacité comparée des avions avec ou sans radar

Dans son premier rapport sur la chasse de nuit, l'Air Marshal W. Sholto Douglas donne les résultats suivants obtenus suite à quelques 500 sorties de chasseurs sur environ trois semaines fin novembre - début décembre 1940 : [681]

	Beaufighter et Blenheim avec radar	Chasseurs à l'œil nu (Defiant, Hurricane et Gladiator)
Contacts au radar air-air	28	-
Contacts visuels	23	8 (dont 7 grâce aux projecteurs au sol)
Combats	6	2
Victoires revendiquées	1	0
Avions ennemis revendiqués endommagés	1	1

Ce tableau montre que l'effort consenti est important pour une récolte bien maigre. Cependant, les radars embarqués permettent un taux encourageant de conversion des contacts radar en contacts visuels (plus de 80%). Une fois l'avion ennemi aperçu, il reste difficile d'arriver à portée de tir puisque seulement un quart des contacts visuels est suivi par un combat.

À force de pratique et de persévérance, l'efficacité des radars air-air commence à se manifester. La courbe ci-dessous montre la répartition des victoires revendiquées entre les chasseurs ayant employé leur radar embarqué pour localiser la cible (142 revendications), et ceux qui ont détecté l'avion ennemi seulement à l'œil (120 revendications dont 12 par des chasseurs avec radar mais qui ne l'ont pas utilisé en cette occasion) de novembre 1940 à décembre 1941. On constate qu'après les premiers mois de mise en place, les radars embarqués ont permis plus de combats, à l'exception du mois de mai 1941 dont la météo a favorisé les contacts visuels. [682]

---

[681] Rapport FC/S.22104 du 8 décembre 1940 *'Night interception',* conservé sous la référence AIR 20/2419, TNA.
[682] Chiffres de l'annexe 13 de la Publication de l'Air 1116 *'RAF Signals - Volume V: Fighter control and interception',* voir bibliographie. Les deux victoires revendiquées par le 93ème Escadron (une en décembre 1940 et l'autre en avril 1941) à l'aide de mines aériennes sous parachute n'ont pas été comptées ici.

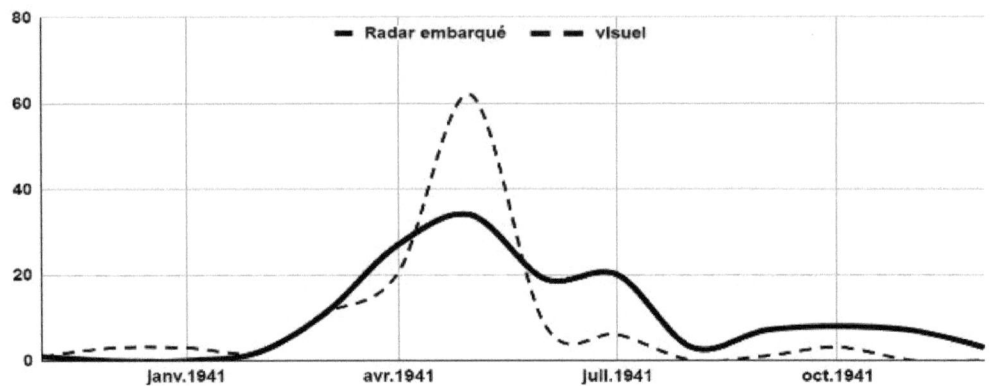

On voit bien, sur le tableau de dotation des différents Escadrons, présenté dans le chapitre *"La montée en puissance de la chasse de nuit britannique"*, le basculement de la chasse à l'œil nu vers la chasse au radar et l'évolution des types d'avions utilisés. Corollaire de ce retrait des chasseurs non équipés de radar des activités nocturnes, le nombre de revendications des "pilotes aux yeux de chat" diminue dramatiquement comme le montre le graphe ci-après. [683] Les chasseurs à l'œil nu revendiquent 116,5 victoires en 1941, un record qu'ils n'atteindront plus ensuite. On constate que le nombre d'avions allemands revendiqués détruits reste stable en 1942, 1943 et 1944, alors qu'il y a 15 à 20 fois moins de survols mensuels du Royaume-Uni que durant le Blitz : un aviateur allemand avait donc bien moins de chances de revenir d'une mission nocturne sur l'Angleterre en 1943 qu'en 1941.

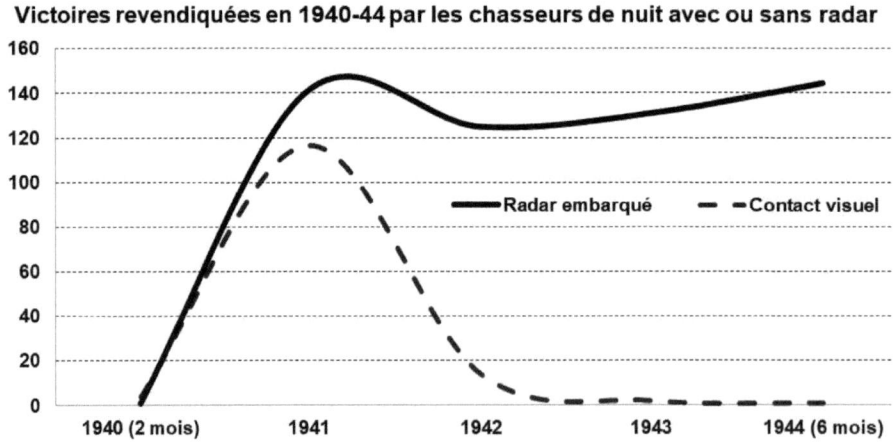

Victoires revendiquées en 1940-44 par les chasseurs de nuit avec ou sans radar

---

[683] Graphe de l'auteur à partir des données des volumes III et V de la monographie *"The Air Defence of Great Britain"* (voir bibliographie).

On peut noter qu'il a fallu attendre mars 1941 pour que les chasseurs de nuit commencent à dépasser le score des canons de la DCA. [684] Le radar, qui avait été un facteur important lors des combats diurnes de la bataille d'Angleterre, a rapidement démontré qu'il était un outil vital pour la défense nocturne du Royaume-Uni.

A.6.1 - Avions et radar : des histoires différentes pour les Britanniques et les Allemands

Concernant la politique d'emploi de chasseurs équipés ou non de radar pour la chasse de nuit, les Britanniques et les Allemands ont suivi des chronologies différentes. On se souvient que Dowding avait, sous la contrainte des événements et malgré sa préférence pour l'affectation de bimoteurs à la chasse de nuit, ordonné l'emploi d'escadrons de Hurricane pour ces missions. Une fois que la pression du Blitz s'est réduite avec le départ de la Luftwaffe vers le front de l'Est mi-1941 et les radars embarqués ayant fait leurs preuves, la RAF a peu à peu retiré tous ses chasseurs monomoteurs sans radar de la lutte nocturne. Fin 1942, il n'y avait plus aucun escadron de chasse de nuit sans radar air-air au Royaume-Uni (les derniers Hurricane de chasse de nuit du 87ème Escadron sont partis pour Gibraltar pour couvrir l'opération *Torch* de débarquement Allié en Afrique du Nord en novembre 1942).

À quelques exceptions près, l'effet des missions du Bomber Command n'a pas été vraiment efficace avant mi-1942, les Allemands cherchant souvent en vain quel était l'objectif que visaient les Britanniques. Avec l'augmentation des raids sur les villes du Reich, la hiérarchie de la Luftwaffe finit par accéder durant l'été 1943 à la demande du Major Hajo Herrmann de créer des unités de chasseurs de nuit monomoteurs sans radar pour abattre les bombardiers britanniques au plus près de la zone bombardée. Tout comme les RAF, les Allemands développent des procédures permettant aux projecteurs et aux batteries de Flak de coopérer avec ces chasseurs. Cette technique de chasse à l'œil nue, baptisée '*Wilde Sau*' (sanglier), s'avère rapidement relativement efficace pour compléter l'action des chasseurs avec radar embarqué, même si elle coûte cher en pilotes et en chasseurs. Beaucoup de pilotes '*Wilde Sau*' finissent leur mission sous un parachute, mais s'ils avaient abattu un quadrimoteur avec sept hommes à bord, la Luftwaffe s'estimait largement bénéficiaire. La technique de chasse '*Wilde Sau*' est restée en service jusqu'à la fin de la guerre.

On notera aussi que les Britanniques ont su tirer profit de la principale faiblesse inhérente à tout dispositif de guidage des chasseurs de nuit depuis le sol : sa faible capacité. Alors qu'au début de leur offensive nocturne, les bombardiers britanniques volaient isolément avec un plan de vol très lâche, l'une des premières mesures prises par

---

[684] 43 victoires revendiquées par l'ensemble des moyens de défense, dont 22 pour les chasseurs de nuit en mars 1941. Chiffres cités dans le paragraphe 37 du rapport *'Air operations by Fighter Command from 25th November 1940 to 31st December 1941'* de l'Air Marshal Sir W. Sholto Douglas, 29 février 1948, conservé dans le dossier CAB 106/1200, TNA.

l'Air Marshal Arthur T. Harris au printemps 1942 a été de concentrer la trajectoire de ses bombardiers pour saturer les défenses allemandes de la *"ligne Kammhuber"* (du nom du Général Josef Kammhuber placé à la tête de la chasse de nuit allemande à l'été 1940). Aux heures et aux points de passage imposés pour les bombardiers britanniques, les quelques contrôleurs allemands concernés se sont retrouvés avec de multiples cibles potentielles alors qu'ils ne pouvaient chacun guider qu'une seule interception à la fois. Le dispositif GCI souffrait de la même faiblesse (même si en théorie il y avait deux Contrôleurs en Second qui pouvaient gérer deux interceptions simultanées chacun et un Contrôleur en Chef pour chaque station. De plus, le réseau GCI a été construit en profondeur avec une forte redondance : voir la carte en Annexe 1). Les Allemands n'ont pas utilisé une stratégie de saturation systématique répétée comme l'ont fait les Britanniques.

A.6.2 - Les questions restant en suspens au printemps 1941

Alors que le Blitz battait son plein, le Ministère de la Production Aéronautique a publié en avril 1941 un mémorandum faisant le point sur les différentes techniques utilisées jusque-là pour la chasse de nuit et les pistes en cours d'exploration : radars, mines aériennes, détection infrarouge, tourelles sur Mosquito ou Beaufighter, armes obliques sur Havoc, etc. [685] Malheureusement, ce document de synthèse est trop long pour être reproduit ici, mais une annexe résumant les questions urgentes à régler permet de faire un point intéressant sur l'état de l'art à ce moment charnière, juste avant que la Luftwaffe ne se tourne vers l'Est :

Questions à régler
1. Performances des avions
    I. Est-il probable que les améliorations des machines existantes qui sont mises en service maintenant ou en projet donnent des performances suffisantes pour les opérations des douze prochains mois ?
    II. Y-a-t-il des suggestions pour les développements à long terme ?
2. Conception générale des avions
    Quels sont les sujets ayant le plus besoin d'amélioration :
    I. Vue depuis le poste du Pilote ou de l'Observateur ?
    II. Caractéristiques d'atterrissage et de décollage ?
    III. Stabilité et maîtrise de l'appareil ?
    IV. Pilotage "en aveugle" *[aux instruments]* ?

---

[685] Mémorandum SR1/12/41, classé "Most Secret", *"Technical aids to night fighting"*, rédigé par le Ministère de la Production Aéronautique, conservé sous la référence AIR 20/2419, TNA.

3. <u>Armement</u>
   I. Des armes orientées pour tirer vers le haut sont-elles nécessaires ? L'expérience opérationnelle durant les derniers mois indique-t-elle que substantiellement plus d'avions ennemis auraient pu être abattus si le chasseur avait été doté d'armes tirant vers le haut ?
   II. Si des armes orientées pour tirer vers le haut sont un avantage, quel débattement doivent-elles avoir ?
   III. Pendant combien de temps est-il probable que les balles de 7,7 mm restent létales, de dessous, en courtes rafales ? Est-ce que l'expérience opérationnelle récente argumente pour la poursuite de l'utilisation de mitrailleuses de calibre 7,7 mm pour les attaques de nuit ?
4. <u>Méthode d'interception</u>
   I. Est-ce le consensus que l'emploi combiné des GCI et des radars air-air donne la meilleure chance d'interception ?
   II. Est-ce que la portée minimale actuelle des radars air-air est satisfaisante ?
   III. Est-ce que la précision des radars air-air est suffisante pour permettre au chasseur de se rapprocher juste au-dessus ou juste au-dessous du bombardier comme nécessaire ?
   IV. Pouvons-nous considérer que les dispositifs anti-brouillage intégrés dans les dernières versions de radars air-air fourniront une protection suffisante contre les brouilleurs ennemis, ou est-il urgent de travailler sur un changement de fréquence ?
   V. Pour quelles situations opérationnelles le radar air-air Mk 10 est-il (a) essentiel, (b) avantageux ? Comment est-ce que son installation va impacter les autres aspects (par exemple : [emplacement et nombre des] armes, visibilité) ?
   VI. Est-ce que les chances d'interception seraient accrues par l'emploi d'un Observateur à plein temps ?
   VII. Est-il probable que les chances d'interception soient grandement accrues par l'emploi de fusées éclairantes ou par le projecteur de l'avion combiné avec le radar air-air ? Si positif, quel impact ceci peut-il avoir sur la conception de l'avion et sur la méthode opérationnelle ?
   VIII. Quelle est la position actuelle sur l'emploi de l'infrarouge comme aide à l'interception ?
   IX. Quelle précision est souhaitable dans la mesure de l'altitude par les stations GCI, pour travailler en combinaison avec les radars air-air ou pour d'autres usages ?
   X. Les dispositions actuelles pour reconnaître les avions amis sont-elles satisfaisantes ?
   XI. Dans quelles conditions les projecteurs au sol dirigés par un projecteur 'maître' guidé par radar sont-ils (a) essentiels, (b) utiles ?
   XII. Comment est-il proposé d'intercepter les avions volant à basse altitude ?

5. <u>Mines Aériennes Longues (LAM)</u>
    I. Quelles sont les preuves qui attestent de l'efficacité des LAM et quelle est la probabilité de détruire un avion ennemi par sortie ?
    II. Quel est le modèle d'avion le plus adapté pour les opérations futures et quel est le plafond nécessaire ?
    III. Est-ce que l'emploi de dispositifs de protection par l'ennemi détruira la valeur des LAM ?

Le Sergent Robert McGugan, Mitrailleur sur Defiant au sein du 141ème Escadron, n'a pas conservé de souvenirs tendres de la chasse de nuit : [686] *"Le travail du chasseur de nuit était ennuyeux. Bien que nous ayons eu des succès, je ne suis pas trop sûr quelle en était la raison. J'ai passé des heures à patrouiller le ciel nocturne pour chercher les Huns. Nous n'avions pas d'assistance [du sol], nous n'avions pas de radar embarqué, chaque Hun que j'ai aperçu semblait aller dans la mauvaise direction car nous ne les avons jamais revus après avoir viré vers eux. ... Le Defiant était un meilleur chasseur de nuit que le Spitfire ou le Hurricane car il n'avait pas leurs échappements brillants [qui éblouissaient le pilote]."* Après le Blitz, les cibles au-dessus du Royaume-Unis sont devenues tellement rares que, durant l'hiver 1941-42, il fallait plus de 250 sorties pour qu'un chasseur de nuit bimoteur ait un combat, et seul un combat sur six finissait par une revendication d'un bombardier allemand détruit (soit 1 victoire pour 1.630 sorties). Les chasseurs monomoteurs sans radar avaient alors une meilleure efficacité avec 73 sorties pour un combat, et un combat sur deux finissait par une revendication de destruction (soit 1 victoire pour 150 sorties). [687]

---

[686] Interview de 1988, conservée par l'Imperial War Museum dans la collection 'Oral history', référence 10223 - bobine 1.
[687] Page 136 du volume V de la monographie *"The Air Defence of Great Britain"* (voir bibliographie).

A.7 - 1942 - 1945 La Défense du Royaume s'installe dans la durée

A.7.1 - Les raids "Baedeker" d'avril à août 1942 : la chasse de nuit britannique prélève un lourd tribut

Dès l'été 1940, Britanniques et Allemands avaient mis le pied sur une sorte d'échelle de perroquet, chaque nouvelle attaque aérienne exigeant une réponse en représailles. Ainsi, lorsque 234 bombardiers britanniques incendient la ville médiévale de Lübeck dans la nuit du 28 au 29 mars 1942, faisant plus de 300 morts, alors qu'elle ne présentait pas d'objectif militaire ou industriel conséquent, Hitler réclame une série d'attaques sur des villes identiques au Royaume-Uni.

En 39 nuits réparties entre le 2 avril et le 27 août 1942, les bombardiers allemands effectuent entre 2.200 et 2.500 sorties contre des villes britanniques dont certaines n'ont que très peu d'industries liées à l'effort de guerre (comme Canterbury). Ces raids ont un important impact sur la presse et la population britannique et ils sont rentrés dans l'histoire sous le nom de raids "Baedeker", d'après le nom du rédacteur du guide touristique allemand sur le Royaume-Uni (équivalent de notre guide Michelin national). Sans vouloir minimiser les souffrances infligées par ces attaques (plus de 1.600 tués en avril et mai), il faut cependant les mettre en perspective des raids "d'un millier de bombardiers" que le Bomber Command a lancé dans les nuits du 30 au 31 mai (1.047 sorties sur Cologne), du 1er au 2 juin (956 sur Essen) et du 25 au 26 juin (960 sorties sur Bremen), d'autant plus que les attaques britanniques comptaient chacune au moins 275 bombardiers quadrimoteurs. La Luftwaffe, qui ne dispose quasiment que de bombardiers bimoteurs, a une force de frappe bien inférieure à celle du Bomber Command.

Sur cette période d'avril à août 1942, les chasseurs de nuit britanniques effectuent plus de 7.000 sorties défensives sur l'Angleterre et revendiquent 113 appareils détruits (chiffres auxquels il faut ajouter les appareils probablement détruits et endommagés, ainsi que 1.173 sorties 'intruder' qui revendiquent 41 victoires supplémentaires au-dessus du continent). [688] Au bas mot, les bombardiers allemands ont donc perdu 6 à 7% des leurs sous les coups de la chasse de nuit, de la DCA et des accidents (non négligeables en opération de nuit). Il n'est donc pas très étonnant qu'après quelques mois, la Luftwaffe décide de réduire cet effort et de se concentrer sur le front de l'Est où commence la bataille de Stalingrad. L'Ouest semble plus tranquille, les Alliés venant de se voir infliger un cuisant revers lors de leur tentative ratée de débarquement à Dieppe le 19 août (opération *Jubilee*). Le graphe ci-après pour 1942 complète celui présenté précédemment pour 1940-1941 en montrant la répartition des victoires revendiquées entre les chasseurs

---

[688] Chiffres de l'Annexe 5 du volume V de la monographie *"The Air Defence of Great Britain"* (voir bibliographie). Ces chiffres ne correspondent pas toujours avec ceux donnés dans le texte du Chapitre 4 de ce volume de la monographie (par exemple pour juin 1942 : 24 avions détruits par les chasseurs de la RAF page 57, alors que l'Annexe 5 donne le chiffre de 21 revendications pour le même mois).

ayant employé leur radar embarqué pour localiser la cible (trait plein), et ceux qui ont détecté l'avion ennemi seulement à l'œil (tirets). On constate que les radars air-air ont clairement pris la part du lion et que les chasseurs "aux yeux de chat" sont en voie de disparition. [689]

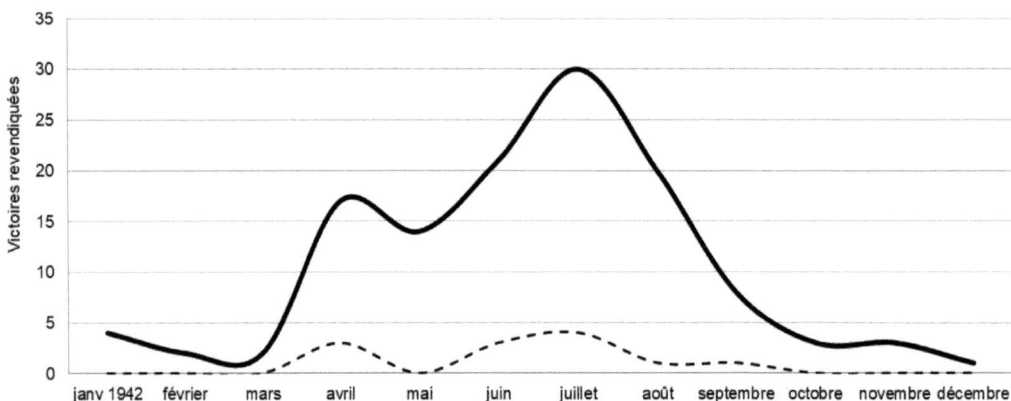

Aux 137 victoires revendiquées de ce graphe, il faut en ajouter 43 au crédit des chasseurs *Intruder*. L'effort consenti est cependant énorme pour obtenir ces résultats : il a fallu 8.368 sorties de chasseurs avec radar air-air (1,5 victoires pour 100 sorties), 439 sorties de chasseurs Turbinlite (0,2 victoires pour 100 sorties), 3.409 sorties de chasseurs sans radar air-air (0,4 victoires pour 100 sorties) et 1.680 sorties Intruder (2,6 victoires pour 100 sorties). La RAF a perdu 40 chasseurs de nuit en 1942.

Dans la nuit du 4 au 5 août 1942, les bombardiers de la Luftwaffe visent le port de Swansea au Pays de Galles. Six d'entre eux ne rentrent pas, au moins trois ayant été abattus par des Beaufighter. Le Flying Officer Gerard K. Ranoszek et le Sergent Jerzy Trzaskowski du 307ème Escadron revendiquent deux de ces victoires aériennes. Leur rapport de combat est traduit ci-dessous, ainsi que le rapport de contact rédigé par l'Opérateur radar : [690]

```
                        RAPPORT PERSONNEL DE COMBAT
DONNÉES STATISTIQUES :
Date : nuit du 4 au 5 août 1942
Unité : 307ème Escadron (Polonais)
Type et version de notre avion : Beaufighter Mk. VI
Heure de l'attaque : 01h30 ; 01h47
```

---

[689] Chiffres de l'Annexe 13 de la Publication de l'Air 1116 *'RAF Signals - Volume V: Fighter control and interception'*, et de l'Annexe 5 du volume V de la monographie *"The Air Defence of Great Britain"* (voir bibliographie). Le Volume V (pages 65-66), présente des chiffres un peu différents de ceux de l'Annexe.

[690] Rapport de combat conservé sous la référence AIR 50/119/27, TNA.

<u>Lieu de l'attaque</u> : Cap de Start Point *[38 km au sud-est de Plymouth]* : Y2939 ; Y2060 [691]

<u>Météo</u> : Ciel dégagé.

<u>Dommages subis</u> : Aucun.

<u>Dommages causés à l'ennemi en vol</u> : 2 Ju-88 détruits

<u>Dommages causés à l'ennemi au sol</u> : Aucun

<u>Rapport général</u> :

L'avion ayant l'indicatif radio "Friday 41", Pilote F.O. Ranoszek, Opérateur *[radar]* Sgt. Trzaskowski, a décollé d'Exeter *[dans le Devon]* à 23h30, et est passé sous le contrôle *[du G.C.I.]* de Hope Cove *[à l'extrême sud du Devon]* à 01h18, Contrôleur P.O. Pratley. Notre avion a été amené de l'Ouest contre un raid (n°45) montant vers le Nord. Un contact *[radar]* a été obtenu à 01h27 sur un cap au 020, notre chasseur se trouvant à 12.000 pieds *(3.660 m) [d'altitude]* et l'avion ennemi étant 5.000 pieds *(1.525 m)* au-dessus. L'avion ennemi effectuait régulièrement d'amples louvoiements. À 17.000 pieds *(5.200 m) [d'altitude]*, un contact visuel a été obtenu sur l'avion: quatre lueurs brillantes d'échappement, pas de feux allumés, reconnu comme étant un Ju-88, 2.000 yards *(1.830 m)* en avant. "Friday 41" a suivi l'avion durant trois louvoiements entiers tout en se rapprochant, mais il a eu des difficultés à se placer correctement. Alors que notre Pilote se rapprochait, des tirs ont été vus provenant de la tourelle arrière. Ces tirs sont passés au-dessus, mais l'avion ennemi n'a pas effectué de manœuvres violentes pour s'échapper. Notre Pilote s'est approché presque à bout portant et a tiré une très courte rafale avec les canons seuls. L'avion ennemi a immédiatement piqué avec le moteur droit bien en feu et notre chasseur a évité la collision de justesse. L'avion ennemi a été vu par les garde-côtes s'écraser en mer en flammes 8 milles *(13 km)* [692] au sud du cap Start Point. Le combat a eu lieu à 01h30.

À 01h35, 13.500 pieds *(4.115 m) [d'altitude]*, "Friday 41" a été envoyé vers un second raid se dirigeant lui aussi vers le Nord. À 01h41, un contact *[radar]* a été obtenu sur un avion ennemi se trouvant 5.000 pieds *(1.525 m)* au-dessus à une distance de 9.000 pieds *(2.745 m)*. Notre chasseur est rapidement monté à 19.000 pieds *(5.800 m) [d'altitude]*, et a obtenu un contact visuel sur des lueurs d'échappement environ 1.000 pieds *(300 m)* au-dessus et droit devant. Se rapportant à 150 yards *(140 m)*, notre Pilote a tiré une longue rafale sans voir aucun résultat mais provoquant un tir défensif non réglé en retour. L'avion ennemi a brusquement piqué, "Friday 41" a suivi et a tiré une autre longue rafale : le tir défensif a cessé et des impacts ont été vus. Le Boche [693] a continué à piquer et à louvoyer mais notre Pilote a placé plusieurs courtes rafales au but, perdant

---

[691] Ces coordonnées correspondent respectivement à peu près à 20 km au sud-est du cap de Start Point dans la Manche, et à 2,5 km au nord du cap de Prawle Point à l'extrême sud du Devon.

[692] Cette distance a été comprise comme étant en milles terrestres puisque c'est l'unité utilisée par la RAF (hormis le Coastal Command et la Fleet Air Arm), mais comme il est probable que les garde-côtes travaillaient en milles nautiques, la confusion est possible.

[693] Le rapport original utilise le terme d'argot anglais 'Hun'.

finalement le contact visuel mais une forte explosion a été aperçue au sol, suivie d'un incendie. Les restes d'un Ju-88 ont été découverts 6 milles *(13 km)* au sud de Kingsbridge *[à l'extrême sud du Devon]*. Le combat entier a été vu par des garde-côtes.
ASPECTS TECHNIQUES : Radar et radio ont bien fonctionné.
Les 4 canons Hispano Suiza ont tiré 620 obus, à parts égales de munitions ordinaires et de munitions explosives.
Les 6 mitrailleuses ont tiré 300 coups : 100 De Wilde *[incendiaires]*, 200 perforants.
SIGNATURES :
???? F/O - Officier de Renseignement - 307ème Escadron (Polonais) R.A.F.
Ranoszek F/O - Pilote

SECRET

RAPPORT DE L'OPÉRATEUR RADAR (R/O)
POUR LES CONTACTS AU RADAR EMBARQUÉ (A.I.)

Escadron et date	Nom du R/O	Type d'A.I.	Type d'avion	Nom du Pilote	Indicatif radio
307ème (Polonais) 05/08/1942	Sgt. Trzaskowski	IV	Beaufighter Mk. VIF	F.O. Ranoszek	Friday 41
Station de contrôle	**Heure du contact [radar]**	**Altitude du chasseur au moment du contact**		**Rapport distance/écho ou photo au moment du contact**	
Hope Cove	(i) 01h27	12.000 pieds *(3.660 m)*		3.000 pieds *(915 m)* au-dessus devant. Distance 8.000 pieds *(2.440 m)*.	
	(ii) 01:40	13.500 pieds *(4.115 m)*		5.000 pieds *(1.525 m)* au-dessus devant. Distance 9.000 pieds *(2.745 m)*.	
Courte description des instructions données au Pilote suite au contact radar et amenant au contact visuel, avec la distance à laquelle la cible a pris une action échappatoire (s'il y a lieu)	(i) Corrections régulières en azimuth suite au louvoiement. Corrections en élévation pendant la montée. (ii) Corrections en élévation pendant la montée.				
Distance et position relative de la cible quand le contact visuel a été obtenu				N/A	
OU : Altitude du chasseur et rapport écho/distance quand le contact radar a été perdu				N/A	

Courte description des circonstances de la perte de contact radar	N/A
Durée du contact visuel s'il n'y a pas eu de combat	N/A
Courte description des circonstances de la perte de contact visuel	N/A
Distance et position relative de la cible quand la cible a commencé toute action échappatoire violente	N/A
Météo	Ciel sombre, mais dégagé.
Suggestions	N/A
SIGNATURES : R/O - 307ème Escadron (Polonais) [illisible] Officier de Renseignement - 307ème Escadron (Polonais)	

Les deux Ju-88A-4 abattus par Ranoszek et Trzaskowski appartenaient au 3/Küstenfliegergruppe 106. Les quatre hommes d'équipage du premier Junkers n'ont jamais été retrouvés, ceux du second avion sont enterrés au cimetière allemand de Cannock Chase dans le Staffordshire, près de Birmingham.

À cette époque, l'Air Chief Marshal Sir Edgar R. Ludlow-Hewitt, Inspecteur Général de la RAF, suggère qu'un bénéfice pourrait être tiré des interceptions ratées en informant les équipages de bombardiers des techniques échappatoires utilisées avec succès par leurs équivalents allemands. La Direction des Tactiques Aériennes du Ministère de l'Air résume donc en août 1942 les rapports du Fighter Command pour transmettre les manœuvres suivies par les bombardiers allemands, à la fois de manière préventive (vol "en tire-bouchon" et tours complets à intervalles plus ou moins réguliers) et pour s'esquiver lorsqu'ils s'aperçoivent qu'un chasseur de nuit s'approche. Ce document conseille d'utiliser des tours complets comme technique préventive pour perturber les interceptions contrôlées par un radar au sol, et reconnait qu'un décrochage brutal suivi d'un fort piqué parvient souvent à faire perdre la piste au chasseur de nuit. [694]

Comme nous l'avons vu, l'État-Major de la RAF décide le 2 mai 1942 de retirer les Defiant des unités opérationnelles. La conversion ne se fait pas sans mal et les Escadrons ne sont plus opérationnels pendant cette phase : il faut réaffecter les mitrailleurs, la plupart rejoignant des unités des Coastal ou Bomber Command, les autres partant en formation pour devenir opérateurs radar ; les mécanos et les pilotes doivent être formés sur leurs nouvelles montures et il faut intégrer les opérateurs radar et reformer les équipages qui doivent apprendre à travailler ensemble. Le pilotage d'un bimoteur étant une nouveauté pour la plupart des pilotes, ils doivent effectuer une dizaine d'heures de vol sur Airspeed Oxford, suivies de huit heures sur Blenheim avant d'être lâchés sur Beaufighter. Le Sergent J. P. Walker, un Américain engagé dans la RCAF a failli subir les

---

[694] Mémorandum S.6513 d'août 1942 *"Night fighter tactics : Evasive measures used by ennemy bombers"*, conservé sous la référence AIR 16/933, TNA.

foudres de la hiérarchie du 256ème Escadron lors de cette conversion suite à une panne de moteur : le rapport de cet accident est traduit ci-dessous : [695]

Formulaire 765(C)
RAPPORT CONCERNANT UN ACCIDENT DE VOL OU UN ATTERRISSAGE FORCÉ N'AYANT PAS ÉTÉ CAUSÉ PAR L'ACTION DE L'ENNEMI
Référence du message envoyé au Ministère de l'Air : P.305 8/6
Référence du Formulaire : 12/42
Unité : 256ème Escadron   Groupe : 9   Commandement : Chasse
Date de l'incident : 8 juin 1942 Heure : 13h45
Lieu de l'incident : Base de la RAF de Woodvale   Comté : Lancashire
Nature du vol : Non-opérationnel, de jour, vol de formation.
Type d'avion : Blenheim Mk.I, L.6730
Catégorie des dommages subis : A.
Moteur en cause :   Moteur droit, Mercury VIII n° RAF 1029, n° fabricant 124943.   322,45 heures. Installé sur cet avion le 5 janvier 1942.   Catégorie des dommages subis : B.
Pilote : WALKER, J. P. (U.S.A., R.C.A.F.).   Rang : Sergent   Matricule : R.84302   Indemne. Heures de pilotage sur ce modèle : 1 heure.   Heures de pilotage en tout : 197,10 heures.
Opérateur radar : BOURQUE, A. D.   Rang : Sergent   Matricule : R.83417   Indemne
Phase de vol de l'incident : F *[en vol]*.   Incendie : Non.
Moment de l'incident : A *[en journée]*.
Résumé du rapport du Pilote : Lorsque j'ai effectué le point fixe du moteur avant le décollage, tout paraissait être en ordre et il n'y avait aucune indication d'un problème potentiel. Les manomètres et thermomètres affichaient des valeurs normales et les deux hélices ont changé de pas sans problème. Le décollage s'est fait normalement et le changement de pas des hélices après le décollage s'est effectué facilement. Lors du retour vers la base, le moteur droit a commencé à cafouiller, a émis de la fumée puis a cessé de fonctionner. La température de l'huile était d'environ 30°C, et la pression chutait rapidement vers zéro d'une valeur normale de 60 livres par pouce carré *(4,1 bars)*. J'ai immédiatement fermé la manette des gaz, coupé les contacts, fermé l'alimentation en essence, et j'ai réglé les compensateurs pour voler sur le moteur gauche. Alors que j'entrais dans le circuit *[d'approche]*, le moteur droit a serré et a éjecté son hélice en émettant aussi de la fumée. J'ai à nouveau ajusté les compensateurs,

---

[695] Rapport d'accident conservé pages 53-54 dans les Annexes du Journal de marche sous la référence AIR 27/1525, TNA. Le formulaire n'a pas été reproduit ici en totalité, beaucoup de cases n'ayant pas été utilisées, et le rapport du Mécanicien en chef ayant été résumé.

puis fait mon approche avant d'atterrir. Je crois que l'hélice a été retrouvée plus tard. Signé : J. P. WALKER, Sgt.

Rapport du Spécialiste approprié : La panne de ce moteur est directement liée à un manque de lubrification. L'inspection du réservoir, du carter d'huile et du moteur a montré que ces équipements étaient à sec, les pignons du réducteur étaient bleuis et ont subi des températures élevées. … La consommation moyenne de ce moteur sur les dernières 25 heures de fonctionnement était de 1,5 gallons *(6,8 litres)* par heure. Le Mécanicien concerné a oublié de refaire le plein des réservoirs d'huile avant quatre vols consécutifs représentant un total de 3 heures et 45 minutes. Signature : I. H. REES, P/O.

Remarques du Responsable de l'Unité :

A. Remarques sur les circonstances : La cause immédiate de la panne du moteur droit et la perte de l'hélice qui en a résulté semble être le manque de lubrifiant.

B. Diagnostic des facteurs contributifs : Une certaine part de responsabilité doit être allouée au Pilote puisqu'il a signé le Formulaire 700, attestant ainsi que l'inspection entre deux vols avait bien été effectuée. De fait, les annotations sur le Formulaire 700 montrent que l'avion avait effectué trois vols pour un total de 3 heures et 25 minutes *[ou 45 minutes comme indiqué dans le rapport du Mécanicien en chef]* depuis le dernier plein d'huile, sans aucune autre mention à ce sujet sur le Formulaire 700.

En prenant en compte le fait que c'était le premier vol solo de ce Pilote sur Blenheim, il est jugé qu'il a fait preuve de sang-froid et d'habileté pour ramener l'avion à la base et se poser correctement sur un seul moteur.

Une sanction disciplinaire a été prise à l'encontre du Mécanicien en cause.

Signature : J. S. ADAMS, W/Cdr, 256ème Escadron. Date : 10 juin 1942.

Remarques du Responsable de la base : Je considère que comme il s'agissait du premier vol de ce Pilote sur un avion bimoteur, comme l'avion était dédié uniquement aux vols de formation pour conversion *[des Pilotes sur bimoteurs]* et qu'il n'était donc pas sous la responsabilité directe d'un seul Pilote, et étant donné le sang-froid et l'initiative du Sergent Walker, il n'y a pas de raison de sanctionner le Sergent Walker.

Sous réserve de confirmation, je propose de prendre des mesures disciplinaires à l'encontre du Mécanicien en cause et d'accroître les vérifications des opérations d'entretien en général, et plus particulièrement durant le difficile phase de conversion qui requiert l'emploi régulier de trois types d'appareils.

Signature : J. A. McDONALD, G/Capt, R.A.F. WOODVALE.
Date : 12 juin 1942

A.7.2 - Organisation d'un Escadron de chasse de nuit

En 1940, les Escadrons de chasse de nuit disposaient théoriquement d'une dotation de 16 chasseurs de première ligne, et d'une réserve immédiate de deux chasseurs supplémentaires. Ces deux avions servaient de "volant" de fonctionnement (voir en fin d'ouvrage la section Glossaire et conventions pour plus de détails sur les dotations des Escadrons en avions opérationnels et en avions de réserve).

Fin 1940, l'Air Marshal W. Sholto Douglas, patron du Fighter Command, demande que le commandant d'un Escadron de chasse de nuit sur bimoteurs ait le rang de Wing Commander et non pas de Squadron Leader étant donné *"le jeune âge des Squadron Leaders disponibles et la taille de l'organisation à gérer"*. [696] Il était prévu que l'Escadrille A devait alors être commandée par un Squadron Leader, et l'Escadrille B par un Flight Lieutenant, mais très vite les deux chefs d'Escadrille ont reçu le rang de Squadron Leader. Cette proposition est acceptée peu après. Durant les premières années de la guerre, l'organigramme typique d'un Escadron est le suivant :

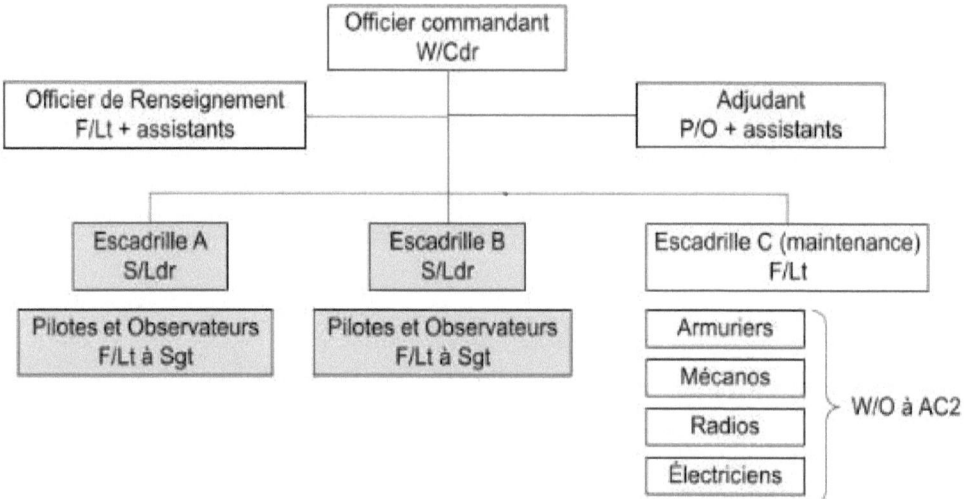

Les Escadrilles A et B sont alternativement opérationnelles pendant deux nuits consécutives. Les aviateurs ont normalement droit à une semaine de permission après six semaines de ce régime "deux jours en opérations - deux jours hors opérations". [697] L'Escadrille C est responsable de la maintenance de routine des appareils (dite "de premier niveau"). Les dispositions ont changé au fil des mois, mais les Escadrons devaient maintenir des avions prêts à décoller sur alerte (*"readiness"*) chaque nuit, en plus d'assurer un certain nombre de missions spécifiques, comme des missions Ranger

---

[696] Compte-rendu de la *"Conference on Night Interception held in the Air Council Room at 3 p.m. on 1st January, 1941"* présidée par le Secrétaire d'État à l'Air, conservé sous la référence AIR 20/2419, TNA.

[697] Pages 51 et 137 du livre de Dennis Gosling (voir bibliographie).

nocturnes dont nous parlerons à la Partie II. Par exemple, mi-1943, le 11ème Groupe demandait aux Escadrons de chasse de nuit d'avoir huit équipages et huit avions prêts à décoller sur alerte du coucher du soleil à l'aube, et deux autres avions et équipages disponibles en renfort sous une heure ; de plus lorsque la météo était mauvaise un avion et son équipage devaient être prêts à décoller sur alerte pendant la journée et un autre devait se rendre disponible en moins de trente minutes après un préavis. [698]

En règle générale, deux Escadrons étaient installés sur une base qui leur fournissait la maintenance de second niveau, ainsi que les services généraux (pompiers, infirmerie, cantine, police militaire, défense anti-aérienne, etc.) dont un bon nombre de métiers était tenu par des Auxiliaires Féminines (WAAF). Les effectifs des Escadrons fluctuaient grandement en fonction des circonstances et des modèles d'organisation. Par exemple, le 406ème Escadron (RCAF), créé en mai 1941, comptait près de 500 hommes fin 1941, et moins de 100 en 1944 : [699]

		fin novembre 1941	fin septembre 1943	fin août 1944
Avions		20 Beaufighter II 1 Beaufighter V 1 Magister 2 Blenheim	16 Beaufighter VI 1 Magister 1 Oxford	1 Beaufighter VI 19 Mosquito XXX 1 Magister 1 Oxford
Aviateurs	Officiers	16 (dont 13 Britanniques)	25 (dont 5 Britanniques et 1 Américain)	50 (dont 4 Britanniques et 5 Américains)
	Sous-Officiers	22 (dont 19 Britanniques)	25 (dont 11 Britanniques)	7 (dont 1 Britannique)
"Rampants"	Officiers	8 (dont 2 Britanniques)	6	4
	Sous-Officiers et Hommes du rang	452 (dont 368 Britanniques)	191 (dont 10 Britanniques et 2 Américains)	3
TOTAL		**498** (dont 19% de Canadiens)	**245** (dont 88% de Canadiens)	**64** (dont 84% de Canadiens)

L'Escadron a commencé avec une grande assistance de la RAF et s'est peu à peu "Canadianisé" : en janvier 1942, plus du tiers du personnel était canadien ; en juillet 1942 plus de la moitié ; en avril 1943 plus des trois quarts ; et en janvier 1945 le maximum de 95% a été atteint. On notera qu'il y avait normalement plus d'équipages que d'avions afin d'optimiser l'emploi des appareils. Les Escadrons canadiens de chasse de nuit ont aussi

---

[698] Instruction n°20/43, S.434/Night Ops du 11ème Groupe du 30 mai 1943, conservée page 285 des annexes du Journal de marche du 85ème Escadron, référence AIR 27/707, TNA.
[699] Journal de marche et ses annexes pour les mois mentionnés, conservés sur microfilm sous la référence C-12272, BAC. La dotation théorique des Escadrons de Beaufighter de chasse de nuit était définie par le document WAR/FC/224.

servi de "pouponnières" pour former les personnels américains qui ont ensuite utilisé des Beaufighter ou des Mosquito sous cocarde étoilée.

En décembre 1943, une réorganisation permettant de rendre certains Escadrons plus facilement mobiles a placé tous les Sous-Officiers et Hommes du Rang non aviateurs sous la responsabilité du 3.072ème Échelon de Maintenance, d'où une forte décrue des effectifs. Ceci était notamment nécessaire pour les Escadrons qui allaient être affectés à le Seconde Force Aérienne Tactique [700] et dont les aviateurs et mécanos devaient apprendre à vivre sous la tente. L'idée était que les équipes au sol seraient affectées à un terrain d'aviation, et qu'elles devraient être capables d'entretenir n'importe quel Escadron séjournant sur ce terrain, au lieu d'être attachées spécifiquement à un Escadron. Dans le cadre de cette réorganisation, le 406ème Escadron se retrouve alors avec un effectif de seulement ... 58 hommes et son commandant, le Wing Commander Robert C. Fumerton, rapporte dans le journal de marche que le moral des équipes de maintenance en a pris un coup. [701] L'effectif est ensuite resté autour d'une soixantaine d'hommes jusqu'à la fin de la guerre. La situation était identique dans tous les autres Escadrons de chasse de nuit qui passaient sous ce régime de mobilité accrue : par exemple les "rampants" du 410ème Escadron (RCAF) sont transférés au 3.062ème Échelon de Maintenance fin novembre 1943 ; [702] pour le 141ème Escadron qui avait été affecté au 100ème Groupe du Bomber Command, cette scission entre aviateurs et "rampants" ne s'est faite que le 25 août 1944 "à titre expérimental". [703]

Comme le montre bien la répartition des effectifs, les aviateurs ne sont que la partie visible de l'iceberg. Les efforts des équipes au sol sont bien souvent oubliés, comme le déplore un poème, que le Flight Lieutenant Warner, Officier en charge de la Maintenance du 418ème Escadron, a retrouvé sur son bureau après la pause déjeuner du 8 mai 1943 : [704]

Version Anglaise	Version traduite *(librement !)*
We're just the boys of Echelon	*Nous sommes juste les techniciens de l'Échelon*
Who don't wear silver wings ;	*Ceux qui n'ont aucun badge d'aviateur au blouson,*
We only keep them flying	*Nous, on se contente de permettre le vol des avions,*
And take the grief that brings.	*Même lorsque cela nous amène du chagrin et de l'affliction.*
We get no glaring headlines	*Pour nous, aucune "Une" dans les journaux*
And hear no songs of praise ;	*Aucune félicitation, ni aucun bravo,*
And when we sign the job as done	*Pourtant quand on signe la fin des travaux,*
Our necks stick out always.	*Ce sont toujours nos têtes qui sont sur le billot.*

---

[700] Pour plus de détails sur la Seconde Force Aérienne Tactique et sur le 100ème Groupe du Bomber Command, se reporter à la Partie II.

[701] Entrée du 8 décembre 1943 du journal de marche et ses annexes conservé sur microfilm sous la référence C-12272, BAC. Fumerton a fini la guerre avec quatorze victoires à son tableau de chasse, faisant de lui le meilleur pilote de chasse de nuit du Canada.

[702] Rapport pour la quinzaine du 27 novembre au 11 décembre 1943 en annexe du Journal de marche conservé sur microfilm sous la référence C-12277, BAC.

[703] Entrée du 25 août 1944 du Journal de marche, conservé sous la référence AIR 27/971/15, TNA.

[704] Entrée du 8 mai 1943 du journal de marche conservé sur microfilm sous la référence C-12290, BAC.

> *Electricians, fitters, riggers*
> *With instruments and guns,*
> *We take a crate to pieces*
> *To see just how it runs.*
> *So aircrew keep them flying*
> *We're all behind you here,*
> *And when you score a victory,*
> *We'll be the first to cheer.*

> *Nous les électriciens, les armuriers, les mécanos*
> *Qui réparons les instruments, les armes, ou les magnétos,*
> *Nous démontons un zinc en morceaux,*
> *Juste pour vérifier qu'il tourne au bon tempo.*
> *Alors les aviateurs, continuez à voler dans le ciel*
> *Pour vous notre soutien est continuel,*
> *À chacune de vos victoires,*
> *Nous serons toujours les premiers pour vous offrir à boire.*

D'après le rédacteur du Journal de marche qui a pris la peine de le recopier, la rumeur attribue ce poème au LAC Wharton du 3.078ème Échelon de maintenance qui aurait été inspiré par la victoire la veille des Pilot Officer Craft et Morton sur Mosquito (un Ju-88 abattu au retour d'une mission *Intruder* sur les aérodromes de Brétigny et Melun).

Pour l'anecdote, parmi les avions "exotiques" présents dans certains Escadrons, on notera qu'en mai 1942, le 604ème Escadron disposait, en plus de ses Beaufighter Mk IF, d'un Chesapeake (Vought SB2U Vindicator) servant de plastron et d'un Fairey Fulmar (qui semble doté d'un radar puisque le Journal de marche mentionne des "essais de radar air-air"). [705]

A.7.3 - La chasse de nuit, une activité hautement risquée

Aux pertes "normales" des écoles de formation de base et avancée au pilotage (EFTS, SFTS (avant 1942) et AFU (à partir de 1942)) dont la plus grande partie des vols étaient diurnes, les pilotes (et les radaristes) de chasse de nuit sont ensuite confrontés à des risques plus élevés que leurs collègues de la chasse de jour en Unité de Formation Opérationnelle (OTU) et en Escadron du fait de leur activité nocturne.

L'Annexe 15 liste les pertes subies de mars 1941 à janvier 1943 au sein des quatre premières OTU de chasse de nuit. On notera que la 54ème OTU a été créée fin 1940 alors que les 60ème et 51ème OTU n'ont vu le jour respectivement que fin avril 1941 et fin juillet 1941. La 62ème OTU de formation des opérateurs de radar air-air n'a été formée qu'en juin 1942. Parmi ces 107 accidents (soit cinq par mois par OTU), on voit que les Blenheim constituent la bête de somme de ces unités (59 accidents), avec les Defiant en second (19 accidents), même si les Beaufighter apparaissent au début de l'été 1942. Il faut souligner la présence d'un avion très inhabituel, le General Aircraft GAL.45 Owlet, un petit biplace monoplan monomoteur construit à un unique exemplaire : rejeté par la RAF, ce prototype a quand même été réquisitionné comme appareil de formation pour apprendre aux pilotes à poser un avion à train tricycle (d'où sa présence au sein de la 51ème OTU qui disposait de Boston et de Havoc). Au moins quatre des événements listés ne concernent pas le personnel navigant : les mécanos aussi couraient des risques en travaillant de nuit près des hélices en rotation, en manipulant essence et munitions, ou lorsqu'un aérodrome

---

[705] Annexes du Journal de marche de mai 1942, conservées sous la référence AIR 27/2083/33, TNA.

était pris pour cible par la Luftwaffe. Ces 107 accidents ont causé la perte de 158 hommes (tués ou blessés). Avec cinq accidents, souvent mortels, par mois en moyenne par OTU, Jeremy Howard-Williams exagère à peine lorsqu'il raconte que les nouveaux élèves qui se plaignent de dormir sous la tente à leur arrivée sont assurés qu'il y aura de la place dans les dortoirs sous une semaine par l'effet des accidents et de l'action de la Luftwaffe. [706] On notera que deux Blenheim (le 13 mars et le 13 octobre 1941) et un Defiant (le 26 avril 1941) ont été abattus par des avions allemands. Le Pilot Officer Henry C. Babington a été témoin de l'incident du 13 mars 1941 et il a fait de son mieux pour aider le Blenheim L6835 du Pilot Officer Matthew G. Calvert et du Sergent Fernleigh W. Mutton comme le montre son rapport de combat : [707]

SECRET	Formulaire "F"
RAPPORT PERSONNEL DE COMBAT	

Code du Secteur : -　　　　　　　N° de l'Ordre de patrouille : -
Date : 13 mars 1941
Escadrille : B　　　　　　　　　Escadron : 54ème OTU
Nombre d'avions ennemis : 1　　　Type d'avions ennemis : Incertain
Heure de l'attaque : 00h10
Lieu de l'attaque : 1 mille *(1,6 km)* au nord de Church Fenton *[dans le Yorkshire du Nord]*
Altitude de l'ennemi : 1.000 pieds *(300 m)*.
Dommages causés à l'ennemi : -
Dommages subis : 1 avion détruit *[le Blenheim L6835]*
Projecteurs (est-ce que l'ennemi était éclairé, si non est-ce que les faisceaux des projecteurs étaient en avant ou en arrière de la cible ?) : Non.
Canons de D.C.A. (est-ce que les explosions d'obus ont aidé le Pilote à intercepter l'ennemi ?) : Aucun tir de DCA.
Distance à laquelle le feu a été ouvert et durée du tir : 50 yards *(45 m)*, trois secondes.
Rapport général :
　J'ai décollé sur Blenheim de l'aérodrome de Church Fenton à 23h45 pour effectuer des entraînements au guidage sur radiobalise. À 00h05, alors que je me trouvais à 6.000 pieds *(1.830 m) [d'altitude]*, j'ai aperçu une courte rafale de munitions traçantes en dessous de moi. Je suis descendu à 2.500 pieds *(760 m) [d'altitude]* et j'ai vu deux autres rafales plus longues être tirées. À ce moment, la cible de l'avion ennemi (un autre Blenheim) était en feu. Je suis descendu à nouveau jusqu'à *[une altitude de]* 1.000 pieds *(300 m)* et j'ai aperçu une nouvelle rafale tirée par l'avion ennemi qui a atteint l'autre Blenheim. J'ai vu que l'avion ennemi n'avait qu'une seule dérive / gouverne de direction et portait le swastika. J'ai alors piqué sous l'avion ennemi avant de remonter par en dessous pour lui tirer une

---
[706] Page 19 de son livre, voir bibliographie.
[707] Rapport de combat conservé sous la référence AIR 50/491, TNA.

> rafale de trois secondes avec toutes mes mitrailleuses d'une distance d'à peu près 50 yards *(45 m)* avec une légère déflexion. J'ai vu les balles incendiaires passer juste en avant de l'avion ennemi et je crois que des impacts se sont produits. Il n'y a pas eu de tir défensif *[de la part de l'avion ennemi]*. J'ai alors dégagé par la droite et vers le haut et j'ai perdu l'avion ennemi de vue. J'ai vu l'autre Blenheim effectuer un atterrissage forcé, pas très loin de la voie ferrée Londres - York.
> La météo était remarquablement bonne, sans étoiles.
> Je me suis posé à Church Fenton à 01h45.
> <u>Signature</u>: Henry C. Babington - P/O - 54ème OTU, Escadrille B - Church Fenton

Babington avait été promu Pilot Officer le 6 décembre 1940 et un an plus tard, il obtenait le grade de Flying Officer. [708] Le 19 mai suivant, il se tue en tentant de poser son Mosquito NFII DD.601 sur l'aérodrome de Castle Camps dans le Cambridgeshire où était basé le 157ème Escadron. Son Navigateur, Cecil V. Reeves a été grièvement blessé.

Le Pilot Officer Calvert est sorti indemne de l'épave du Blenheim abattu, mais le Sergent Mutton a été légèrement blessé. Calvert faisait partie de la même promotion que Babington, et des trois hommes impliqués dans cette action du côté britannique, il est le seul à avoir survécu à la guerre. Le Sergent Mutton servait comme mitrailleur au sein de la 11ème OTU lorsque son Wellington (DV.778) a été porté manquant lors du raid "des 1.000 bombardiers" sur Brême dans la nuit du 25 au 26 juin 1942. De la même façon que pour l'attaque de Cologne dans la nuit du 30 au 31 mai 1942 (opération "Millennium"), et celle de Essen dans la nuit du 1er au 2 juin, le Bomber Command avait réquisitionné tous les avions disponibles, y compris ceux des unités de formation comme les OTU, ou du Coastal Command. Mutton repose au cimetière de Sage, au sud-ouest de Brême.

Les OTU recevaient souvent des avions de seconde main, jugés obsolètes, et ayant perdu une bonne partie de leur potentiel lors d'une première vie en unité opérationnelle. Nous verrons que même ces unités opérationnelles ont souvent dû se contenter d'avions peu fiables ou médiocres (voir la section sur les Mosquito F II du 141ème Escadron) qui ont causé de nombreux accidents. Une fois les nouveaux équipages en escadrille, le stress des opérations de guerre et les risques liés aux combats s'ajoutent aux aléas mécaniques et météorologiques, même si les pertes surviennent majoritairement en l'absence de toute rencontre avec l'ennemi. Ainsi, durant les trois premiers mois de 1941, le 151ème Escadron enregistre les accidents suivants : [709]

- Le 16 janvier, le Squadron Leader Jack S. Adams se retrouve à court de carburant après 1h50 de vol : il abandonne son Hurricane Mark I P3813 à 6h10 de matin et se pose en parachute avec une jambe brisée, ayant heurté la dérive en quittant l'avion. [710]

---

[708] London Gazettes du 14 février 1941 et du 3 mars 1942.
[709] Journal de marche de l'unité pour janvier à mars 1941, conservé sous les références AIR 27/1019/1 à 6, TNA.
[710] Dossier d'accident, conservé sous la référence AIR 81/4872, TNA.

- Le 4 février, le Pilot Officer Edmiston pose son Defiant en catastrophe dans un champ à cause d'une fuite de glycol.
- Le 7 février, le Pilot Officer Haviland se pose trop long et son Defiant N3385 entre en collision avec un biplan Avro Tutor à Upavon.
- Le lendemain, le Pilot Officer Ellacombe pose son Defiant N1807 sur l'aérodrome de Wittering avec les roues rétractées.
- Le 10 février, le Pilot Officer G. Turner se pose trop long et son Magister T9748 est détruit en percutant la haie en fin de piste. Turner est hospitalisé avec un genou en vrac, son passager, le Sergent James Hopewell est indemne. [711]
- La chance de Hopewell n'a pas tenu longtemps puisque le 23 février, son Defiant N3388 se retrouve à court de carburant : il abandonne l'avion et se pose en parachute, mais son mitrailleur, le Sergent Jack F. Wallace, un Néo-Zélandais, est tué, son parachute, ouvert trop tôt, s'étant empêtré sur la dérive de l'avion. Moins d'un an plus tard, le 21 janvier 1942, Hopewell est tué dans l'accident de son Havoc BD116 de la 1452ème Escadrille à Hereworth Wood ; son opérateur radar, le Sergent C. W. Cragg est blessé.
- Le 4 mars, le Flying Officer Peter L. Gordon-Dean et le Sergent George E. Worledge sont tués lorsque le pilote perd le contrôle du Defiant quand le revêtement d'une aile se détache lors d'un piqué.
- Le 8 mars, le Hurricane V7230 du Sergent Bodien fait un atterrissage forcé dans un champ (cause non indiquée).
- Le 30 mars, le Pilot Officer Ellacombe endommage le Defiant N3343 en se posant trop long.

En trois mois, l'Escadron a donc perdu cinq aviateurs (trois morts, deux blessés) et quatre avions dans des accidents et n'a subi aucune perte du fait de l'ennemi.

L'accident impliquant deux Mosquito du 264ème Escadron décrit ci-après met en lumière bien des caractéristiques des conditions de travail difficiles de l'époque avec une technologie naissante (transmissions radio de piètre qualité, radar mal calibré) dans un poste de pilotage bruyant à l'ergonomie inexistante, sans parler de la météo britannique souvent peu clémente : [712]

Formulaire 765(C)
RAPPORT CONCERNANT UN ACCIDENT DE VOL OU UN ATTERRISSAGE FORCÉ N'AYANT PAS ÉTÉ CAUSÉ PAR L'ACTION DE L'ENNEMI

---

[711] Dossier d'accident, conservé sous la référence AIR 81/5109, TNA. Ce dossier date l'accident au 12 février.
[712] Rapports d'accident conservés pages 68 à 72 des Annexes du journal de marche, sous la référence AIR 27/155, TNA. Les formulaires n'ont pas été reproduits ici en totalité, beaucoup de cases n'ayant pas été utilisées.

Référence du message envoyé au Ministère de l'Air : Thorney Island T.82 - 3 février

Référence du Formulaire : 3/43   LIRE AUSSI LE RAPPORT N°4/43 EN LIEN AVEC CELUI-CI

Unité : 264ème Escadron   Groupe : 10   Commandement : Chasse
Date de l'incident : 2 février 1943   Heure : 23h45
Lieu de l'incident : Butts Farm, Brookworth, Bishop Waltham
Comté : Hampshire
Nature du vol : Non-opérationnel, de nuit, exercice G.C.I.
Type d'avion : Mosquito F.II, DD665 Catégorie des dommages subis : E.
Moteurs :   Moteur gauche   Moteur droit
              Merlin XXI   Merlin XXI
              n° RAF 50095   n° RAF 63503
              n° fabricant 242768   n° fabricant 252262
              Dommages subis : E.   Dommages subis : E.
Pilote : FULLER, S. B. (D.F.M.).   Rang : P/O
    Matricule : 49572   Tué.
   Heures de pilotage sur ce modèle : de jour 170 hrs, de nuit 70 hrs.
   Heures de pilotage en tout : de jour 566 heures, de nuit 260 heures.
Navigateur, radariste : MOUNTAIN, F.   Rang : F/O   Matricule: 119468
                Indemne.
Phase de vol de l'incident : F [en vol].   Incendie : Oui, au sol.
Moment de l'incident : D [nuit sombre, sans Lune].
Résumé du rapport du Pilote :   Durée du vol depuis le décollage : 45 minutes

Le rapport du Pilote n'est pas disponible. Le rapport du Navigateur / Radariste, le F/O Mountain est reproduit ci-dessous :

Durant la nuit du 2 février 1943, j'étais le Navigateur / Radariste du Mosquito DD665 effectuant des exercices d'interception sous contrôle G.C.I. avec DZ785. Mon Pilote était le P/O S. B. FULLER, DFM. Nous avions le rôle du chasseur lors du premier exercice et nous avions beaucoup de soucis avec la réception radio des messages émis par la station G.C.I.. Le matériel radar air-air ne fonctionnait pas très bien, avec beaucoup de parasites et un curseur instable qui glissait seul [sur l'écran du radar A.I. Mk V]. J'ai obtenu un contact [radar] à une distance d'un peu plus de 4.500 pieds (1.020 m), avec une cible placée plus bas que nous de plus de 30° et se déplaçant de gauche à droite. J'ai informé mon Pilote qui a indiqué à la station G.C.I. qu'un contact avait été acquis. À peine avait-il fini sa transmission que l'écho a complètement disparu de l'écran, ce dont j'ai informé mon Pilote. Entretemps, nous avions reçu l'ordre d'accroître notre vitesse et le Badin affichait au-dessus de 250 m.p.h. (402 km/h). Je n'avais toujours aucune réponse sur mon écran, et nous avons reçu l'information par radio que notre cible se trouvait sur un cap que j'ai interprété comme étant 160° au travers des graves interférences de la radio. Il s'est alors produit un choc assez violent et l'avion a ensuite manœuvré de façon très brutale ; mon Pilote m'a ordonné de sauter, m'indiquant qu'il me suivrait. J'ai éjecté la porte de sortie latérale et j'ai fait

le signe O.K. à mon Pilote. Il a répondu et j'ai donc évacué l'avion.
Signé : F. MOUNTAIN, F/O. 3 février 1943

Rapport du Spécialiste approprié : Cet accident n'est pas dû à un défaut technique. Signature : A. A. LINES, F/Lt.

Remarques du Responsable de l'Unité :

A. Remarques sur les circonstances : Accident survenu de nuit. Le Mosquito DD665 (P/O Fuller), jouant le rôle de chasseur durant un exercice G.C.I., est entré en collision avec la cible, le Mosquito DZ785 (P/O Corser).

B. Diagnostic des facteurs contributifs : D'après le rapport du Navigateur / Radariste, il semblerait que l'approche du chasseur se soit déroulée de la droite vers la gauche derrière la cible avec pour résultat que lorsque cette dernière était en train de virer d'un cap à 140° à 010°, elle a pris une position plus ou moins par le travers de la trajectoire du chasseur. Par conséquent, la vitesse d'approche du chasseur de 250 m.p.h. *(402 km/h)* était donc très élevée. De plus, le matériel radar air-air apparemment défaillant couplé à une mauvaise liaison radio avec le G.C.I. de Cricklade *[dans le Wiltshire]* ont dû induire le Pilote en erreur quant à la position réelle de la cible.

C. Remarques générales : Aucun reproche ne peut être fait au Pilote, le P/O Fuller, car il était très prudent et faisait preuve de sang-froid, parfaitement fiable en toutes circonstances.

Signature : H. M. Kerr, W/Cdr, 264ème Escadron. Date : 5 février 1943

Remarques du Responsable de la base : Je suis d'accord avec l'analyse du commandant de l'Escadron. Toutefois, une enquête a été ordonnée par le Q.G. du 10ème Groupe.
Signature : H. Eeles, G/Capt, R.A.F. Colerne. Date : 5 février 194.

Formulaire 765(C)

RAPPORT CONCERNANT UN ACCIDENT DE VOL OU UN ATTERRISSAGE FORCÉ N'AYANT PAS ÉTÉ CAUSÉ PAR L'ACTION DE L'ENNEMI

Référence du message envoyé au Ministère de l'Air : Thorney Island T.2/2 - 3 fév. 43

Référence du Formulaire : 4/43   LIRE AUSSI LE RAPPORT N°3/43 EN LIEN AVEC CELUI-CI

Unité : 264ème Escadron   Groupe : 10   Commandement : Chasse

Date de l'incident : 2 février 1943   Heure : 23h45

Lieu de l'incident : Chase Barn, près de Handley

Comté : Wiltshire

Nature du vol : Non-opérationnel, de nuit, exercice G.C.I.

Type d'avion : Mosquito F.II, DZ785   Catégorie des dommages subis : E.

Moteurs :   Moteur gauche   Moteur droit
              Merlin XXI   Merlin XXI
              n° RAF 63453   n° RAF 63429
              n° fabricant 252237   n° fabricant 252225
              Dommages subis : E.   Dommages subis : E.

Pilote : CORSER, D. S.   Rang : P/O   Matricule : 126106
Indemne.
  Heures de pilotage sur ce modèle : de jour 95 heures, de nuit 42 heures.
  Heures de pilotage en tout : de jour 747 heures, de nuit 165 heures.
Navigateur, radariste : CLARK, R. G.   Rang : F/O   Matricule: 109503
Indemne.
Phase de vol de l'incident : F [en vol].   Incendie : Oui, au sol.
Moment de l'incident : D [nuit sombre, sans Lune].
Résumé du rapport du Pilote :
Durée du vol depuis le décollage : 45 minutes

  Je servais de plastron lors d'un exercice G.C.I avec Cricklade à 23h45 le 2 février 1943 et je me trouvais sur un cap de 140° à une vitesse de 230 m.p.h. *(370 km/h)* au Badin. J'ai alors reçu l'ordre de virer à gauche sur un cap de 010°. Durant ce virage, mon Navigateur / Radariste, le F/O Clark, m'a informé qu'il avait un contact [radar] à gauche à une distance de 2.000 pieds *(600 m)*, en approche. J'ai regardé sur la gauche et j'ai vu le Mosquito DD665 du P/O Fuller, DFM, à une distance de 200 pieds *(60 m)* se rapprochant rapidement et à la même altitude que nous. J'ai immédiatement réagi pour sortir de sa trajectoire en poussant le manche à balai vers l'avant mais presque immédiatement j'ai entendu un grand 'bang' provenant de l'empennage de mon appareil. Mon avion a été endommagé au niveau de la dérive, des gouvernes de profondeur, et comme le tube Pitot se trouve sur la dérive, j'ai perdu l'affichage du Badin. J'avais alors peu de contrôle sur les gouvernes de profondeur. J'ai été dirigé vers le plateau de Salisbury Plain *[dans le Wiltshire]*, où, sur instruction de mon Officier Commandant, mon Navigateur / Radariste et moi avons sauté en parachute.
Rapport du Spécialiste approprié : Cet accident n'est pas dû à un défaut technique. Signature : A. A. LINES, F/Lt.
Remarques du Responsable de l'Unité :
  A. Remarques sur les circonstances : Accident survenu de nuit. Le Mosquito DZ785 (P/O Corser), jouant le rôle de plastron durant un exercice G.C.I., est entré en collision avec le Mosquito DD665 (P/O Fuller).
  B. Diagnostic des facteurs contributifs : L'équipage du chasseur était dans l'ignorance de la position exacte de la cible en raison d'un matériel radar air-air apparemment défaillant et d'une mauvaise liaison radio avec le G.C.I. de Cricklade.
  C. Remarques générales : Aucun reproche ne peut être fait au Pilote, le P/O Corser, puisqu'il était en train d'effectuer la manœuvre ordonnée en dernier par radio par le Secteur.
  Signature : H. M. Kerr, W/Cdr, 264ème Escadron. Date : 5 février 1943
Remarques du Responsable de la base : Je suis d'accord avec l'analyse du commandant de l'Escadron. Une enquête a été ordonnée par le Q.G. du 10ème Groupe.
  Signature : H. Eeles, G/Capt, R.A.F. Colerne. Date : 5 février 194.

Le pilote Sydney B. Fuller a été retrouvé dans l'épave de son avion, il avait 28 ans. Il repose au cimetière de Minster-in-Sheppey dans le Kent. La chance a quitté son Navigateur-radariste, Frederick Mountain, un an plus tard : il a disparu en mer avec son pilote (Flight Lieutenant Robert M. Muir, DFC) le 19 mai 1944 au retour d'une mission en France. Denis S. Corser et Robert G. Clark ont survécu à la guerre. Ils étaient encore tous deux dans la RAF au début des années 50.

Même de jour sur un avion bichonné, un imprévu peut parfois survenir comme ici : on voit le prototype de la version de chasse de nuit, W4052, après un atterrissage sur le ventre, probablement en avril 1942. On voit bien la lettre "P" en jaune sur le fuselage qui rappelle qu'il s'agit d'un prototype qui doit être gardé en permanence. Cet avion a servi à de multiples modifications (aérofreins, canon de 40 mm, rack à bombes, etc.) jusqu'à sa mise à la casse en 1946. En mai 1943, après un second atterrissage sans l'aide des roues, il a été repeint avec le camouflage des chasseurs diurnes (photo © BAE SYSTEMS).

Que ce soit au-dessus du Royaume-Uni ou des territoires contrôlés par le Reich, le chasseur de nuit peut facilement passer du rôle de prédateur à celui de proie. L'obligation de s'approcher au maximum de la cible pour garantir l'identification et le succès du premier tir donne toutes ses chances au mitrailleur arrière de répliquer.

Le 16 novembre 1942, le Membre chargé de la Formation au sein du Conseil de l'Air au Ministère, l'Air Marshal Sir Guy Garrod, publie un tableau classé "Très Secret" donnant les chances de survie des aviateurs pour treize affectations. [713] Preuve que la chasse de nuit est une activité à haut risque, les aviateurs concernés se classent dixième sur treize, avec **seulement 39% de chances de survivre à leur premier tour d'opérations, et 15% pour deux tours.** Seuls les équipages d'avions torpilleurs, de bombardiers légers et de chasseurs de reconnaissance ont des chiffres plus mauvais, justifiés par le fait que ces deux premières affectations exposent à la Flak et à la chasse allemande de jour dans des opérations à basse altitude, et la troisième impliquent de longues heures de navigation en solitaire sur un avion peu ou pas armé (Blenheim ou Spitfire notamment) loin en territoire ennemi. À ce sujet, il faut noter que **les règles**

---

[713] Lettre du 16 novembre 1942 conservée dans le dossier ' *Length of operational tours 1941-45'*, référence AIR 20/982, TNA. Le terme 'survie' signifie ici : "pas tué, pas manquant, pas blessé, pas fait prisonnier".

régissant un "tour d'opérations" ont changé au fil de la guerre pour les équipages de chasse de nuit, par exemple :
- En 1942, un tour d'opérations se terminait après **200 heures de vol opérationnel de nuit en Escadron**. Les heures de vol de nuit n'étaient validées comme "opérationnelles" que si *"la patrouille a été ordonnée par le Contrôleur du Secteur alors qu'il y avait une activité ennemie confirmée ou lorsque le Contrôleur souhaitait disposer d'avions en vol pour contrer toute activité ennemie possible."* [714]
- En 1943, un tour d'opérations se terminait au bout de **18 mois en Escadron, ou après 100 heures de vol opérationnel de nuit** si ces 100 heures étaient atteintes avant les 18 mois. Les patrouilles défensives nocturnes n'étaient alors validées comme "vol opérationnel" que si une activité ennemie se manifestait dans le Secteur concerné par la Patrouille. [715]

Dans tous les cas, les Officiers commandant les Escadrons et les Médecins militaires sont incités à rester vigilants pour *"détecter tout cas de fatigue survenant précocement et à affecter alors l'aviateur à un poste non-opérationnel."* Le but de cette détection précoce de l'accumulation de la *"fatigue opérationnelle"* est de limiter les accidents et d'éviter les cas de dépression nerveuse, baptisés à l'époque du nom infamant de *"Manque de Fibre Morale"* (Lack of Moral Fibre - LMF).

Les rapports de combat traduits ci-dessous illustrent les risques encourus lors d'une rencontre entre chasseur de nuit et bombardier : [716]

```
SECRET                                              Formulaire "F"
        RAPPORT PERSONNEL DE COMBAT du Sgt. K. B. Hollowell
Code du Secteur : W.B.          N° de l'Ordre de patrouille : -
Date : 17 mai 1941
Escadrille : B                                    Escadron : 25
Nombre d'avions ennemis : 1     Type d'avions ennemis : He-111
Heure de l'attaque : 03h08
Lieu de l'attaque : Près de la côte à l'ouest de Cromer [dans le
                    Norfolk]
Altitude de l'ennemi : 11.000 pieds (3.350 m).
Dommages causés à l'ennemi : 1 He-111 détruit
Dommages subis : 1 Beaufighter bousillé
Coopération avec les projecteurs : Aucune
Est-ce que les canons de D.C.A. ont porté assistance : Non
Est-ce que notre avion était en mission de couverture d'un convoi
marchand ou de navires de la Royal Navy : Non
```

---

[714] Directive S.23/Night Ops du 11ème Groupe du 25 avril 1942 *"Calculation of 200 hours operational tour of Aircrews in Night Squadrons"*, conservée page 276 des annexes du Journal de marche du 85ème Escadron sous la référence AIR 27/707, TNA.
[715] Lettre du 5 novembre 1943 du commandant du 85ème Escadron *"Flying hours"*, conservée page 308 des annexes du Journal de marche sous la référence AIR 27/707, TNA.
[716] Rapport de combat conservé sous la référence AIR 50/13/57, TNA.

Distance à laquelle le feu a été ouvert et durée du tir : 150 - 200 yards *(135 - 180 m)*, en tout 163 obus tirés, 3 enrayages.

Rapport général :

J'ai décollé à 01h07 de Wittering avec le Sgt. R. G. Crossman de Wittering *[dans le Cambridgeshire]* avec un Beaufighter du 25ème Escadron, sous le contrôle du G.C.I. d'Orby *[dans le Lincolnshire]*.

À 03h00, nous avons été dirigés vers un "Bandit", et le contact visuel a été établi à 03h08 à 400 yards *(365 m)* presque directement depuis l'arrière d'un avion volant vers l'Est à 11.000 pieds *(3.350 m)* *[d'altitude]* près de la côte à l'ouest de Cromer *[dans le Norfolk]*.

Je me suis rapproché à 200 yards *(180 m)*, j'ai identifié l'avion comme étant un He-111 et j'ai aussitôt ouvert le feu d'une distance de 150 yards *(135 m)* directement de l'arrière de l'avion ennemi qui jusque-là volait sur une trajectoire rectiligne et semblait ne pas s'être rendu compte de notre présence. J'ai vu des lueurs *[d'impacts ?]* sur les deux moteurs mais après une rafale d'environ une seconde, trois de mes canons se sont enrayés. Pendant que le Sgt. Crossman tentait de les remettre en service, un feu défensif nourri a été produit par la position arrière et de derrière les deux nacelles de moteurs de l'avion ennemi qui effectuait des manœuvres échappatoires en effectuant deux virages en "S".

Des rafales de munitions traçantes sont passées des deux côtés du fuselage du Beaufighter et le moteur droit a commencé à tourner de façon très irrégulière, mais peu après, alors que le Sgt. Crossman avait réarmé les canons, j'ai tiré une autre rafale de 4 à 5 secondes d'environ 150 yards *(135 m)* directement en arrière de l'avion ennemi et son tir défensif a cessé. Mes canons se sont à nouveau enrayés, mais le Sgt. Crossman les a remis en service et j'ai envoyé une troisième courte rafale de l'arrière à la même distance. J'ai observé des impacts sur les deux moteurs et le fuselage du Heinkel qui est parti immédiatement en fort piqué avec ses deux moteurs vomissant de la fumée et des flammes. À ce moment-là, mon moteur droit s'était arrêté et j'ai été incapable de suivre le Heinkel qui se trouvait alors à 9.000 *[pieds]* *(2.740 m)* *[d'altitude]*. Cependant, à peu près une minute plus tard, le Sgt. Crossman a signalé avoir vu une explosion au niveau de la côte et on m'a dit que je pouvais revendiquer un He-111 détruit.

Comme je continuais à perdre de l'altitude, le Sgt. Crossman a sauté en parachute et s'est posé indemne à Langham *[dans le Norfolk]*. J'ai effectué un atterrissage forcé à environ 03h20 sur un terrain marécageux près de Stiffkey *[dans le Norfolk]*. [717]

La météo et la visibilité étaient bonnes, il n'y a pas eu de problèmes avec la radio ou de défaut technique, à l'exception de mes canons qui nous ont causé pas mal d'ennuis.

Signature : K. B. Hollowell

---

[717] Le rapport de renseignement indique que Ken Hollowell a essayé de se poser sur une bande marécageuse qu'il connaissait, mais il est aussi possible qu'il ait essayé d'arriver à la base du Coastal Command de Langham qui se trouvait à seulement 2 km au sud-est du village de Stiffkey.

En plus du rapport traduit ci-dessus, un rapport "de renseignement" [718] a été rédigé pour ce combat. Le narratif est à peu de choses près similaire, mais les informations suivantes sont ajoutées :

> … Type de viseur utilisé : modèle à réflexion. Aucune déflexion appliquée. … Hollowell a réussi à poser le "Beau" sur le ventre sur la zone marécageuse mais malheureusement, à cause d'une irrégularité dans le sol, le nez du "Beau" s'est enfoncé et l'avion a été sévèrement endommagé. Toutefois, le Sgt. Hollowell s'en est sorti avec des blessures mineures au visage. Le Sgt. Hollowell a réussi à effectuer son attaque surprise de l'avion ennemi en grande partie grâce à l'habileté de son Opérateur radar, le Sgt. Crossman, qui a continué à lui fournir une assistance précieuse pendant tout le combat.
> <u>Signature</u> : R. Castte-Hiller (?) - F/O - Officier de Renseignement du 25ème Escadron
>   Le 18 mai 1941

Même les Mosquito pouvaient se retrouver dans des situations délicates lors d'un combat de nuit, comme le montrent les rapports suivants impliquant un Mosquito II et un Mosquito XIII : [719]

> SECRET
> **BASE DE LA R.A.F. DE HUNSDON** [dans le Hertfordshire]
> **FORMULAIRE "F" DE RENSEIGNEMENT**
> <u>Date</u> : Nuit du 10 au 11 décembre 1943
> <u>Unité</u> : 410ème Escadron (R.C.A.F.)
> <u>Type et version de notre avion</u> : Mosquito II avec radar AI Mk. V
> <u>Heure des attaques</u> : 19h10 - 19h25
> <u>Lieu des attaques</u> : En mer du Nord, entre Clacton[-on Sea, Essex] et Dunkerque.
> <u>Météo</u> : Nuages dispersés épais d'environ 400 pieds (120 m) à 7.000 pieds (2.100 m). Sinon, dégagé avec une excellente visibilité.
> <u>Dommages subis</u> : 1 Mosquito II - Catégorie B [réparable réparé dans une Unité de Maintenance].
> <u>Dommages causés à l'ennemi en vol</u> : 3 Do-217 détruits.
> <u>Rapport du Pilote</u> :
>   1 Mosquito II avec radar AI Mark V (F/O R. D. Schultz - Pilote, et F/O V. A. Williams - Observateur, tous deux Canadiens) a quitté Hunsdon à 18h00 le 10 décembre 1943 pour une patrouille défensive sous le contrôle du GCI de Trimley Heath (F/O Hummell). Le Mosquito a patrouillé du Nord au Sud au milieu de la mer du Nord à [une altitude de] 15.000 pieds (4.570 m) durant environ 50 minutes. Le Pilote a ensuite reçu un cap à suivre de 070° et il lui a été demandé de rechercher un avion non identifié avec prudence. 3 minutes plus tard, il a reçu

---

[718] Rapport de combat conservé sous la référence AIR 50/13/57, TNA.
[719] Rapports de combat conservés sous les références AIR 50/141/83 et AIR 50/104/100, TNA. Les pertes n'ont pas été répétées en fin de rapport.

l'instruction de monter à *[une altitude de]* 20.000 pieds *(6.100 m)*. Le cap à suivre a alors été changé à 010° et l'avion non identifié a été indiqué comme se trouvant droit devant à une distance de 6 milles *(9,5 km)*. L'Observateur a immédiatement obtenu un contact *[radar]* légèrement à droite et bien plus bas à une distance de 14.000 pieds *(4.270 m)*. Le Mosquito a piqué rapidement et est passé devant la cible. Le Pilote a demandé une aide complémentaire et a reçu un cap à suivre de 240°, ce qui a permis de rétablir le contact droit devant à une distance 14.000 pieds *(4.270 m)*. Cet écart a été réduit très rapidement et un contact visuel a été obtenu à *[une distance de]* 6.000 pieds *(1.830 m)* sur un avion arrivant en face à une altitude de 14.000 pieds *(4.270 m)*. Le Mosquito a fait un demi-tour pour se placer derrière, perdant momentanément le contact visuel mais l'Observateur conservant le contact *[radar]*. Le contact visuel a été rétabli à une distance de 7.000 pieds *(2.130 m)*, directement derrière la cible. Le Mosquito s'est approché et aucun feu pour se faire reconnaître n'a été aperçu. La cible n'émettait pas non plus de signal IFF. En se rapprochant rapidement à 50 pieds *(15 m)*, l'avion ennemi, identifié comme étant un Do-217, a tiré une longue rafale bien ajustée avant que le pilote n'ouvre le feu. Le Dornier a dégagé vers la gauche. Le Mosquito a suivi et a décoché une courte rafale en ajustant la déflexion de trois anneaux *[du viseur]*, incendiant le moteur droit. L'avion ennemi a poursuivi des manœuvres échappatoires en perdant rapidement de l'altitude et à 9.000 pieds *(2.740 m)* une longue rafale a été tirée, causant un grand éclair et une explosion du côté droit de l'avion ennemi. Tous les tirs défensifs avaient alors cessé, mais le Pilote *[allemand]* tentait toujours de s'échapper en essayant de rejoindre les nuages à *[une altitude de]* 7.000 pieds *(2.100 m)*, mais il est passé très vite à travers. Le Mosquito a suivi et à *[une altitude de]* 1.500 pieds *(460 m)*, l'avion ennemi s'est stabilisé, a ouvert les portes de ses soutes à bombes et a essayé de se débarrasser de son chargement mais les bombes n'ont pas été aperçues. Le Pilote a tiré une autre longue rafale de trois-quarts arrière et l'avion ennemi a percuté la mer, brûlant furieusement. Des images de l'épave ont été prises à l'aide de la cinémitrailleuse.

Le Mosquito a ensuite reçu l'ordre de monter aussi vite que possible à 15.000 pieds *(4.570 m)*. Une fois cette altitude atteinte, un cap de 010° a été reçu, avec une cible à une distance de 3 milles *(4,8 km)*. L'Observateur a une nouvelle fois immédiatement obtenu un contact *[radar]* à une distance 14.000 pieds *(4.270 m)* et le Mosquito s'est rapproché très rapidement. Le contact visuel a été obtenu à *[une distance de]* 7.000 pieds *(2.130 m)*, et l'avion a été identifié comme étant un autre Do-217. Une rafale a été tirée, directement sur l'arrière, en commençant d'une distance de 300 yards *(275 m)*. Alors que l'écart n'était plus que de 50 pieds *(15 m)*, l'avion ennemi a explosé et le Mosquito est passé entre les débris. Aucune manœuvre échappatoire ou tir défensif n'a eu lieu et il est probable que les bombes aient explosé car le Mosquito a été fortement secoué lorsque l'avion ennemi a sauté.

Juste après avoir traversé le nuage de débris, l'Observateur, qui suivait un autre contact *[radar]* pendant le combat qui venait de se dérouler, a demandé au Pilote de virer à droite de 10 degrés, à une distance de 7.000 pieds *(2.130 m)*, et le Pilote a tout de suite obtenu un contact visuel à une altitude de 12.000 pieds *(3.660 m)*. Le Mosquito s'est rapproché rapidement, identifiant un nouveau Do-217. Un long duel a alors commencé, le Pilote ennemi faisant preuve d'une compétence élevée. Ses manœuvres échappatoires ont toutes été exceptionnelles. Le Mosquito a tiré deux courtes rafales sur l'arrière mais elles ont manqué leur but. L'avion ennemi a dégagé sur la gauche et a tiré une rafale très précise de la position dorsale. Le Mosquito a suivi l'avion ennemi en piqué jusqu'à 9.000 pieds *(2.740 m)*, et le Pilote a tiré une longue rafale qui a mis le feu au moteur droit. Les manœuvres échappatoires se sont poursuivies jusqu'au niveau de la mer et l'avion ennemi a mis le cap sur le continent. Le F/O Schultz pense que c'était une erreur car le Pilote adverse a cessé de manœuvrer pendant un court moment ce qui a permis au Pilote de placer une autre courte rafale qui a attisé l'incendie du moteur droit. L'avion ennemi a établi ce que l'on pourrait presque qualifier de barrage de tirs défensifs de toutes les armes disponibles et le Mosquito a été touché dans le nez avec un obus détruisant le tableau de bord et manquant le Pilote de 3 pouces *(8 cm)*. Une rafale supplémentaire vers l'avion ennemi a mis le feu au moteur gauche. Le Pilote ennemi a toutefois poursuivi son vol avec les deux moteurs en flammes, mais il a fini par heurter la mer de plein fouet.

Le moteur droit du Mosquito a commencé à tousser et le Pilote s'apprêtait à mettre son hélice en drapeau quand le moteur gauche a pris feu. Le moteur droit est reparti et une fois que l'hélice gauche a été mise en drapeau, le feu du moteur s'est arrêté. Le Pilote a émis un appel de détresse préliminaire qu'il a ensuite annulé, réussissant à se poser à Bradwell *[Bay dans l'Essex]* à 19h45 avec un seul moteur. Lors du trajet jusqu'à Bradwell, il n'avait aucun thermomètre pour surveiller le moteur puisque son tableau de bord était détruit.

Durant ces trois combats, le Mosquito s'est comporté de façon exceptionnelle, et après avoir été sérieusement endommagé, le moteur restant a fonctionné parfaitement bien pour ramener l'équipage à Bradwell.

Des swastikas ont été observées sur les dérives du premier et du troisième avions ennemis. Ils avaient le camouflage foncé habituel. Les tourelles dorsales brillaient sous la Lune et ont considérablement aidé à obtenir un contact visuel.

Dans le cas du dernier avion ennemi, il semble qu'il avait des mitrailleuses au niveau de l'empennage puisque des tirs ont été observés de ce point.

NOTE SPÉCIALE :

En ce qui concerne le premier combat, un contact *[radar]* a été observé simultanément sur l'arrière, à une distance de 7.000 pieds *(2.100 m)*, au moment où le contact *[radar]* était obtenu sur l'avant. Ce contact est resté sur l'écran jusqu'à ce que le Mosquito dépasse l'avion ennemi,

> il a été perdu puis ré-acquis à une distance de 10.000 pieds *(3.050 m)*, après qu'un nouveau cap à suivre ait été reçu. Il est resté derrière jusqu'à ce que le Mosquito ait repris de la vitesse en suivant les manœuvres échappatoires de l'avion ennemi et il a finalement été perdu à une distance de 9.000 pieds *(2.740 m)*, à la même altitude.
>
> Le Pilote pense qu'il s'agissait peut-être d'un chasseur de nuit ennemi qui servait de couverture aux bombardiers et il a donc prévenu le GCI de Trimley.
>
> MUNITIONS CONSOMMÉES :
>
> 125 obus pour chaque canon, sauf l'extérieur gauche qui s'est enrayé après 20 obus à cause d'un maillon défaillant.
> La cinémitrailleuse s'est déclenchée automatiquement *[lors des tirs]* et manuellement.
>
> SIGNATURES :
>
> R. D. Schultz, F/O - Pilote
> V. A. Williams, F/O - Observateur
> K. C. Ely (?), F/Lt - Officier de Renseignement de la base de la R.A.F. de Hunsdon
>
> Post-scriptum : L'Observateur indique qu'une balise été allumée dans la zone de Westkapelle sur l'île de Walcheren. Il l'a aperçue peu de temps avant que le premier combat n'ait lieu.

Rayne D. Schultz et Williams ont reçu la DFC pour ce triplé. À la fin de son second tour d'opération (effectué avec un autre opérateur radar), Schultz revendiquait huit avions allemands détruits, et il a ajouté une agrafe à sa DFC. Il est resté dans la RCAF jusqu'à sa retraite en 1977.

> SECRET
>
> **RAPPORT PERSONNEL DE COMBAT DU PILOTE**
>
> **DONNÉES STATISTIQUES** :
>
> Date : Nuit du 14 au 15 mai 1944
> Unité : 264ème Escadron (Présidence de Madras)
> Type et version de notre avion : Mosquito Mk. XIII avec radar AI Mk. VIII
>
> Pilote F/Lt. *[Charles M.]* Ramsey DFC [720]
> Opérateur Radar F/O *[John A.]* Edgar DFC [721]

---

[720] Le Flying Officer Charles M. Ramsey de la RAF Volunteer Reserve a reçu la Distinguished Flying Cross le 25 mai 1943 pour les missions accomplies lors de son premier tour d'opérations au sein du 153ème Escadron (sur Defiant puis Beaufighter) (London Gazette du 25 mai 1943) et a été promu Flight Lieutenant le 19 août 1943 (London Gazette du 10 septembre 1943). Son nom est parfois écrit "Ramsay" (London Gazette du 10 septembre 1943).

[721] Le Warrant Officer John A. Edgar, Observateur, de la RAF Volunteer Reserve a reçu la Distinguished Flying Cross le 25 mai 1943 pour les missions accomplies lors de son premier tour d'opérations au sein du 89ème Escadron (sur Beaufighter) en Grande Bretagne puis en Libye et à Malte (London Gazette du 14 mai 1943). Les Warrant Officers, bien qu'assimilés aux Sous-Officiers, avaient le droit de recevoir les décorations réservées aux Officiers (par exemple la D.F.C. au lieu de la D.F.M.). Edgar

Heure de l'attaque : 02h08
Lieu de l'attaque : Q.1657 *[juste au sud de la petite ville d'Alton, dans le Hampshire]*
Météo : Dégagé, lumière des étoiles, pas de lune.
Dommages subis : 1 Mosquito Mk. XIII - Catégorie E *[détruit]*.
          Opérateur Radar F/O Edgar DFC - Tué.
Dommages causés à l'ennemi en vol : 1 Ju-88 détruit.
Dommages causés à l'ennemi au sol ou en mer : Non applicable.
Rapport du Pilote :

J'ai reçu l'ordre de décoller d'urgence d'Hartford Bridge [722] à 01h18 du matin le 15 mai. On m'a demandé de tourner autour du projecteur-balise "O" à 18.000 pieds *(5.500 m)*. Peu après, on m'a envoyé tourner autour de "5" à 18.000 pieds *(5.500 m)*. Pendant que j'orbitais "5", j'ai proposé à deux reprises de me diriger vers des cônes *[de faisceaux de projecteurs]* au Sud-Ouest, mais ceci a été refusé. À 02h05, on m'a demandé si je pouvais voir des faisceaux de projecteurs à 8 milles *(13 km)* au Sud-Ouest. Je pouvais voir une grande intersection de faisceaux et je me suis lancé en piqué vers ce point d'intersection. Alors que je me trouvais encore à 2 milles *(3,2 km)* de ce point, j'ai aperçu un avion ennemi effectuant de violentes manœuvres échappatoires dans les faisceaux des projecteurs, venant vers moi sur un cap Nord-Est. J'ai viré vers la droite puis en revenant à gauche je me suis rapproché par l'arrière. À un mille *(1,6 km)* de distance, l'Observateur a obtenu un contact *[au radar]*. L'avion ennemi a commencé un piqué assez incliné en zigzaguant. En me rapprochant, j'ai identifié l'avion ennemi par son aspect général comme étant un Ju-88 ou un Ju-188.

À une distance de 300 yards *(275 m)* et à une altitude de 14.000 pieds *(4.300 m)*, j'ai ouvert le feu avec un décalage de 10 à 15° et en prenant une déflexion d'un demi-réticule, mais aucun impact n'a été observé. L'avion ennemi a alors largué ses bombes incendiaires. La deuxième rafale a été appliquée avec une déflexion plus importante mais aucun impact n'a été observé. La troisième rafale a été appliquée avec un décalage de 30° et une déflexion de 2 à 3 réticules, à une distance de 150 yards *(137 m)* et alors que la cible effectuait des virages en piqué. L'avion ennemi a immédiatement pris feu au niveau du poste de pilotage, de l'emplanture des ailes et du moteur droit. J'ai essayé de prendre du champ sans succès et j'ai vu l'aile droite de l'avion ennemi se rompre à hauteur du moteur juste avant que je ne le survole à environ 12.000 pieds *(3.650 m)*. Aucun tir défensif n'a été aperçu, peut-être parce que la cible était éclairée *[par les projecteurs au sol]*. J'étais alors dans un piqué très raide. Les instruments gyroscopiques étaient

---

a été promu Pilot Officer le 31 décembre 1942 (London Gazette du 7 septembre 1943) et Flying Officer le 30 juin 1943 (London Gazette du 10 décembre 1943). Il est enterré au cimetière de l'église St Ives de Leadgate, un village du comté de Durham.

[722] Aujourd'hui l'aérodrome de Blackbushe dans le Hampshire, pas très loin de l'ancien centre de recherche aéronautique de Farnborough.

partis 'en toupie' [723] et les projecteurs étaient éteints. J'ai donc essayé de rétablir avec les instruments restants en tirant le manche à balai en arrière. L'altimètre a continué à montrer une perte très rapide de hauteur. J'ai alors aperçu le sol à la lumière de l'avion ennemi en feu et j'étais en piqué à la verticale. J'ai donné l'ordre de sauter en parachute. J'ai augmenté la pression vers l'arrière sur le manche à balai, mais alors que l'avion était à demi sorti du piqué, quelque chose s'est brisé. Les 'G' ont disparu, [724] les commandes sont devenues molles et la radio était morte, la vitesse a diminué et l'appareil est parti en vrille. L'Observateur a largué la porte et semblait être en train de sortir. Pendant un moment il était accroupi près de la porte et j'ai pensé qu'il avait des difficultés à attacher son parachute. Comme je me trouvais très près du sol et que je ne pouvais rien faire de plus, j'ai décidé d'essayer d'évacuer par la trappe supérieure, ce que j'ai fait avec succès après un court effort. En quittant l'avion, j'ai heurté l'empennage. Lorsque j'ai tiré la sangle d'ouverture, le parachute s'est déployé immédiatement et au même moment j'ai vu l'avion heurter le sol et exploser en flammes. J'ai atterri en bordure d'un champ labouré et j'ai couru jusqu'au site du crash qui se trouvait à une distance de 400 yards *(275 m)*, mais je n'ai trouvé aucun indice sur la localisation de l'Observateur.

SIGNATURE :   F/Lt. Ramsey

La victime de Ramsey et Edgar était bien un Ju-188A-2 appartenant au 1/KG6. Ramsey n'a pas été le seul à se poser en parachute puisque deux des cinq aviateurs allemands ont également réussi à s'échapper de leur avion en feu. On notera qu'il n'est même pas certain que l'avion britannique ait été touché par des tirs ennemis, les manœuvres violentes de nuit pouvant facilement amener l'avion au-delà de son enveloppe de sécurité. Ceci est confirmé par le journal de marche de l'Escadron [725] qui indique *"qu'après avoir abattu le Junkers, notre avion a rencontré des difficultés"*. Le Mosquito était un avion relativement robuste, mais comme tout aéronef il fallait respecter strictement certaines limites structurelles (sans compter les pressions du temps de guerre comme le fait que ces avions en bois passaient souvent la nuit dehors). Beaucoup de ruptures des ailes se produisaient, notamment lors des ressources après un piqué. Un rapport du Conseil de Recherche Aéronautique précise *"qu'il y avait comparativement un grand nombre de ruptures structurelles pour les Mosquito. La fréquence de ce type d'accident par rapport au nombre d'heures de vol pour ces avions a été relativement très élevée, bien qu'elle soit restée remarquablement stable depuis le premier accident en 1942. Durant certaines périodes, plusieurs ruptures se produisaient au

---

[723] Lors de manœuvres violentes, le gyroscope de l'horizon artificiel peut arriver contre ses butées et précessionner alors brutalement. Il y a normalement un bouton de blocage pour le protéger mais lors d'un combat, ce détail peut facilement être négligé.
[724] Forces d'accélération.
[725] Journal de marche conservé sous la référence AIR 27/1553/89, TNA.

Royaume-Uni chaque mois. Dans la majorité des cas, il y avait une désintégration très poussée de la structure." [726]

En plus de remplir le rapport de combat, Ramsey a probablement été confronté à d'autres formulaires administratifs pour la perte d'un avion de combat de sa Majesté, sans oublier de finir par celui des *"Sauts d'urgence en parachute"* qui était imposé par l'Ordre Administratif du Ministère de l'Air 155/40 et devait être envoyé en quatre exemplaires au QG du Fighter Command. Après quelques jours de repos, dès la nuit du 21 et 22 mai, il était à nouveau aux commandes d'un Mosquito avec le Flying Officer Auld à ses côtés. Il a pu porter sur sa vareuse un petit badge doré, non officiel mais toléré, en forme de ver à soie, qui marquait son appartenance au Caterpillar Club dont les seuls membres étaient les aviateurs ayant eu la vie sauve grâce à leur parachute fabriqué par la Irvin Airchute Ltd. [727]

Dans la nuit du 7 au 8 octobre 1943, le Wing Commander Cunningham poursuit un Ju-188 dont le mitrailleur arrière vise juste : le Mosquito reçoit deux impacts dans le pare-brise blindé, juste devant le pilote. Cunningham est légèrement blessé au visage par des éclats mais parvient à revenir se poser à West Malling (photo conservée page 306 des Annexes du Journal de Marche du 85ème Escadron, AIR 27/707, TNA).

La palme de l'accident le plus improbable revient sans aucun doute aux Warrant Officers Sylwester Wieczorek et Henryk Ostrowski du 307ème Escadron (Polonais) le 12 décembre 1944 : leur Mosquito NF.XXX décolle dans la soirée de Hunsdon, dans le Hertfordshire, pour une mission *Intruder* au-dessus de l'Allemagne. Alors que le chasseur entame sa montée dans la couche nuageuse, un tiers de la dérive et du gouvernail est emporté par une fusée V-2 qui s'écrase sur l'aérodrome. Malgré les dégâts, notamment la perte du tube Pitot rendant le Badin inopérant, le Pilote parvient à ramener l'avion pour le poser sur le ventre, dans le noir puisque l'explosion du V-2 a coupé l'électricité sur la base. Les deux aviateurs sont sortis

---

[726] Paragraphe 5.2 du rapport n°2300 *"The investigation of aircraft accidents involving airframe failure"*, de J. B. B. Owen et F. Grinsted, de juillet 1947, publié en 1949, conservé sous la référence AVIA 44/489, TNA.

[727] Fondé en 1922, le Caterpillar Club a gagné environ 23.000 membres durant la guerre (page 18 du livre de Michael Allen, voir bibliographie). Les autres fabricants de parachute avaient également leur propre club (par exemple le "Roo Club" pour les aviateurs australiens ayant utilisé un parachute fabriqué par Light Aircraft Pty Ltd dont l'emblème était un kangourou). Ce type de Club existe toujours, par exemple celui des Éjectés, qui se réunit tous les deux ans en marge du salon international de l'aéronautique du Bourget, est la branche française de l'Ejection Tie Club fondé en 1957 par Sir James Martin, fondateur de la Martin-Baker Aircraft Company Limited.

indemnes de cette expérience unique et ont certainement eu besoin d'un fort remontant, mais le Mosquito MV542 "Y" a été jugé bon pour la casse. [728]

Malgré les risques et les pertes, les aviateurs du Commonwealth ne perdaient presque jamais leur humour. Ainsi, lorsque le Journal de Marche du 418ème Escadron de la RCAF raconte que le Flying Officer J. T. Caine, DFC, envisage de poser son Mosquito VI en Suède car il a perdu un moteur au-dessus du Nord de l'Allemagne en recevant des éclats causés par la destruction de quatre avions au sol, il est noté que son Opérateur radar *"le Pilot Officer E. W. Boal, DFC, avait soupesé le bénéfice de la compagnie de blondes suédoises contre un internement pour le reste du conflit, et que tout compte fait la balance avait penché en faveur d'un retour au bercail."* [729]

Même si les pertes sont durement ressenties, l'ennui et le manque d'activité sont peut-être plus difficiles à supporter pour les équipages. Nous avons vu que la RAF s'était dotée de 28 Escadrons de chasse de nuit en octobre 1942, contre à peine onze deux ans auparavant. Même si la Luftwaffe reste parfois active de nuit sur le grand quart sud-est de l'Angleterre, les Escadrons basés au Pays de Galles ou dans le nord du Royaume-Uni ont peu de chance de rencontrer un intrus. Par exemple, le 96ème Escadron, affecté au 9ème Groupe (Coventry, Birmingham, Liverpool, Manchester, Nord du Pays de Galles, et île de Man) n'enregistre aucune victoire pendant presque trois années après mai 1941 et la fin du Blitz ; ce n'est qu'en passant au 11ème Groupe (Sud-Est de l'Angleterre) qu'il renoue avec le succès en janvier 1944. Pour trouver un emploi utile à leurs unités, en juillet 1943, trois Wing Commanders de la chasse de nuit (John Cunnigham commandant le 85ème Escadron à West Malling dans le Kent, Geoffrey R. Park commandant le 256ème Escadron à Ford, Sussex et Roderick A. Chisholm commandant la FIU, également à Ford) signent une lettre adressée aux QG du 11ème Groupe et du Fighter Command dans laquelle ils suggèrent que les chasseurs de nuit bimoteurs pourraient avantageusement remplacer les chasseurs monomoteurs pour des patrouilles diurnes lorsque les conditions météorologiques sont mauvaises, rendant un atterrissage radioguidé obligatoire. [730] Certains Escadrons essayent aussi de détacher des Escadrilles vers des terrains plus prometteurs, souvent sans succès. Ainsi, à l'automne 1943, le 409ème Escadron (RCAF) basé à Acklington dans le Northumberland, juste sous la frontière avec l'Écosse, envoie régulièrement une Escadrille à Coleby Grange dans le Lincolnshire, 250 kilomètres plus au sud. Le rédacteur du journal de marche résume ainsi la situation : [731] *"Bien que l'Escadrille a été appelée à décoller en urgence en quelques occasions pendant son séjour à Coleby Grange, le Teuton*

---

[728] Entrée du 12 décembre 1944 du Journal de marche, conservé sous les références AIR 27/1676/23 et 24, TNA. Le Journal de marche indique que le Mosquito aurait été heurté par *"un morceau d'une fusée A-4"* dont la tête explosive est tombée ensuite sur l'aérodrome. La terminologie A-4 était le nom allemand *"Aggregat 4"* des fusées V-2.
[729] Entrée du 2 mai 1944 du Journal de marche conservé sous la référence AIR 27/1821/9, TNA.
[730] Lettre FIU/S/503/5/Air du 25 juillet 1943, conservée page 300 des annexes du Journal de marche du 85ème Escadron sous la référence AIR 27/707, TNA.
[731] Entrée du 31 octobre 1943 du Journal de marche, conservé sur microfilm sous la référence C-12276, BAC.

⁷³² *refuse toujours de visiter ce secteur bien qu'il soit assuré d'une réception cordiale ... de derrière le viseur d'un Beaufighter VI. Des entraînements sur simulateur Link, au Morse, à l'estimation de la distance sur le "Hunt recognition trainer" et des cours sur les sujets divers du Renseignement ont eu lieu lorsque le mauvais temps empêchait tout vol."* Il arrive tout de même parfois qu'une cible attractive vienne briser la routine d'une longue patrouille et que les équipages obtiennent finalement plus d'action qu'ils n'auraient souhaité, comme dans le cas décrit dans le rapport traduit ci-après : ⁷³³

SECRET   Formulaire "F"

RAPPORT DE RENSEIGNEMENT ET RAPPORT PERSONNEL DE COMBAT DU PILOTE

DONNÉES STATISTIQUES :

<u>Date</u> : 7 juin 1942

<u>Unité</u> : 600ème Escadron, City of London, A.A.F. *[auxiliaires de la RAF - voir glossaire]*

<u>Type et version de notre avion</u> : Beaufighter Mark VIF avec radar AI Mk IV

<u>Heure de l'attaque</u> : 23h14

<u>Lieu de l'attaque</u> : Environ à 5 milles *(8 km)* à l'Ouest de St. Eval, Cornouailles du Nord

<u>Météo</u> : Bonne, crépuscule, pas de nuages, pas de Lune, légère brume jusqu'à 3.000 pieds *(900 m)*. Bonne visibilité.

<u>Dommages subis</u> : Beaufighter Mark VIF n°X7946 Catégorie "E" *[détruit]*. Pilote et Observateur radio *[radar]* seulement secoués et commotionnés.

<u>Dommages causés à l'ennemi en vol</u> : Un He-111 détruit

<u>Dommages causés à l'ennemi au sol</u> : Aucun

Rapport général :

Un Beaufighter Mark VIF avec radar AI Mark IV équipé de 4 canons et de 6 mitrailleuses, indicatif radio Mulet 32, du 600ème Escadron, City of London, A.A.F., avec le P/O A. B. Harvey et le F/O B. B. Wicksteed, Observateur radio *[radar]*, a décollé de Predannack *[en Cornouailles]* à 22h35 le 7 juin 1942 pour une patrouille sur convoi *[maritime]*. Le Contrôleur du Secteur à ce moment était le P/O Sharman. Le convoi a été trouvé faisant route au nord de St. Eval. Notre Pilote s'est identifié auprès du convoi, et il a ensuite détecté un second convoi 7 à 8 milles *(11 à 13 km)* plus au Nord et se dirigeant vers le Sud. Il a demandé aux Contrôleurs la permission de couvrir les deux convois, ce qui lui a été accordée. Le P/O Harvey s'est donc identifié auprès du second convoi. Alors qu'il revenait vers le premier convoi, on lui a dit que le raid n°145 arrivait du Nord à 5 milles *(8 km)*. Volant à 4.000 pieds *(1.220 m)* *[d'altitude]*, le P/O Harvey a viré cap au Nord et a presque immédiatement aperçu un sillage sur l'eau, semblable à celui que laisserait une vedette. Réduisant rapidement son altitude, il a vu un avion bimoteur se dirigeant à l'Est directement vers le

---

⁷³² Le rapport original utilise le terme d'argot anglais *'Jerry'*.
⁷³³ Rapport de combat conservé sous la référence AIR 50/225/12, TNA. Le rappel des dommages subis et infligés en fin de rapport n'a pas été répété.

navire le plus proche du convoi, manifestement sur une trajectoire de bombardement. Cet avion volait si bas que son sillage soulevait des embruns de la mer. Cet avion a tout de suite aperçu notre Beaufighter et il a viré au Sud-Ouest en augmentant sa vitesse. Notre avion s'est approché à 3.000 pieds *(900 m)* et a identifié l'appareil détecté comme étant un He-111.

Le P/O Harvey a effectué trois tentatives de se placer sur une trajectoire parallèle afin d'attaquer de côté ou de trois quarts arrière, mais chaque fois le Heinkel a viré, n'offrant qu'une silhouette vue de l'arrière. Le P/O Harvey a alors opté pour une attaque de l'arrière et a piqué jusqu'à 30 - 40 pieds *(9 - 12 m)* au-dessus de la mer tandis que l'avion ennemi faisait du rase-vagues à 10 - 20 pieds *(3 - 6 m)*.

Le Heinkel a ouvert le feu d'une distance de 1.500 pieds *(450 m)* avec des balles traçantes rouges depuis la tourelle dorsale. Le P/O Harvey s'est approché à moins de 700 pieds *(215 m)* et les tirs du Heinkel est devenu très précis. Le P/O Harvey a donc ouvert le feu par une rafale de 4 secondes d'une distance de 700 pieds *(215 m)* en utilisant simultanément les canons et les mitrailleuses. Le Heinkel a commencé à monter puis à piquer fortement, en continuant à tirer alternativement des rafales avec ses tourelles dorsale et ventrale. Avec l'avion ennemi désormais à 500 pieds *(150 m)* *[d'altitude]*, le P/O Harvey, qui se trouvait un peu plus bas et derrière, a tiré une nouvelle rafale de 4 secondes d'une distance de 500 pieds *(150 m)* sans se rapprocher, démolissant la tourelle ventrale du Heinkel qui n'a plus ouvert le feu. Il allait tirer une autre rafale lorsque le moteur droit du Beaufighter a été touché, émettant une longue traînée de fumée que le F/O Wicksteed a comparé avec ses souvenirs du meeting aérien de Hendon. [734] Le Heinkel était alors en-dessous du Beaufighter et tirait avec sa tourelle dorsale. Le P/O Harvey a dérapé vers la droite à cause du moteur droit en panne et sa rafale suivante a manqué l'avion ennemi en passant à côté de son aile droite. Le P/O Harvey a réduit les gaz du moteur droit et a mis l'hélice sur grand pas. Le Heinkel était toujours droit devant et ne gagnait pas de terrain sur notre avion, des flammes ont été aperçues sortant de son moteur gauche, accompagnées de brassées de fumée noire. Le F/O Wicksteed a vu ce moteur exploser et des débris voler dans toutes les directions. Le P/O Harvey a de nouveau placé le Heinkel dans son viseur à une distance de 700 pieds *(215 m)* et lui a tiré une nouvelle rafale de 2 secondes, mais il n'a pas pu observer les résultats de ce tir car des morceaux du Heinkel ont alors percuté le nez du Beaufighter dont le pare-brise s'est recouvert d'huile. Mulet 32 a alors pris de l'altitude et ouvert son panneau de vision claire pour essayer de nettoyer le pare-brise afin d'y voir en face du viseur, ce qu'il a finalement partiellement réussi à faire en dégageant une petite surface. À travers le panneau de vision claire, il a vu le Heinkel sur la gauche et plus bas. Il a une nouvelle fois placé son viseur en se basant sur les lueurs des tirs de l'arme

---

[734] Le meeting aérien de Hendon était très prisé avant-guerre et attirait des foules immenses. Cet aérodrome a aujourd'hui disparu mais abrite encore le musée de la RAF.

de la tourelle dorsale et après une rafale supplémentaire de 6 secondes, tous les tirs défensifs ont cessé. Pendant cette rafale, il s'est rapproché de 700 à moins de 200 pieds *(215 à moins de 60 m)*, en visant la silhouette ténue qu'il parvenait à apercevoir à travers le pare-brise souillé d'huile. Notre Pilote est d'avis que le Heinkel était armé d'un canon dans la tourelle ventrale et d'une mitrailleuse pour la tourelle dorsale car il parvenait à entendre les détonations de l'arme inférieure mais pas celles de l'arme supérieure. Autant que l'on puisse savoir, il ne semble pas y avoir eu d'enrayages *[des armes du Beaufighter]* durant le combat. Lors de chaque rafale, les canons et les mitrailleuses ont été employées simultanément.

Le Beaufighter est alors passé au-dessus et près du Heinkel, sans subir de tir défensif. Notre Pilote a demandé à son Observateur radio *[radar]* s'il pouvait voir l'avion ennemi et a reçu une réponse négative en raison de la traînée de fumées du Beaufighter. Mulet 32 a ensuite pris de l'altitude et a demandé un cap à suivre pour rentrer à la base et s'il y avait un autre de nos avions à proximité pour vérifier si le Heinkel avait bien été abattu en mer. À cause des tirs adverses, la radio de Mulet 32 fonctionnait très mal, avec de grosses difficultés pour recevoir ainsi que pour parler via l'intercommunication ; la radio a finalement rendu l'âme. Le P/O Harvey a remarqué à ce moment que son moteur gauche commençait à avoir de gros ratés et tournait moins vite. Il a pris le chemin de la base avec un cap d'à peu près 180° et a aperçu la côte après un moment. Il se trouvait alors 100 pieds *(30 m)* au-dessus de la mer et il savait qu'il ne pourrait pas atteindre les terres : il a donc informé le Contrôleur qu'il allait amerrir au large de Portreath *[en Cornouailles]*. [735] Alors qu'il perdait encore de l'altitude, le F/O Wicksteed est passé vers l'avant et a attaché le harnais Sutton du P/O Harvey, [736] avant de revenir à son poste. La vitesse affichée au badin de Mulet 32 était alors de seulement 110 mph *(177 km/h)* et son moteur restant tournait vraiment de façon très irrégulière. La fenêtre de droite de sortie d'urgence n'avait pas été larguée. À une altitude de 40 pieds *(12 m)*, le moteur gauche a explosé et s'est détaché. L'aile droite s'est abaissée et a touché l'eau, faisant capoter l'avion dans la mer. Le P/O Harvey a libéré son harnais Sutton et a tenté de sortir, son casque le retenant au départ ; une fois débarrassé de sa coiffe, il a réussi à rejoindre la surface sans autre obstacle. Il a gonflé son gilet de sauvetage, a libéré son harnais de parachutage et a gonflé son dinghy *[individuel]*. Lorsque le F/O Wicksteed avait rejoint son poste à l'arrière de l'avion après avoir sanglé son Pilote, il n'avait pas eu le temps de s'attacher ni de fixer son dinghy *[individuel]* sur son harnais. Quand l'avion a heurté l'eau, il s'est retrouvé projeté vers l'avant quelques 30 ou 40 pieds *(9 ou*

---

[735] On notera que ceci semble indiquer que la radio fonctionnait encore à ce moment-là, ou du moins l'équipage l'espérait.
[736] Le harnais Sutton comportait deux sangles d'épaules découplées en un double 'Y' et reliées à la fois à un point d'ancrage derrière le bas du siège et par un câble à un point d'amarrage plus en arrière dans le fuselage (ou à un tambour à ressort derrière le siège sur les avions multiplaces). La tension du câble était réglable pour donner plus ou moins de liberté au Pilote. Les sangles d'épaule se connectaient à deux sangles ventrales.

12 m) ⁷³⁷ et n'a réussi à sortir qu'en trouvant un trou dans l'avion (il s'était entraîné à voir sous l'eau depuis quelques années). Il est sorti sous l'avion, et bien qu'étant un bon nageur, il a eu le plus grand mal à rejoindre la surface. Il a aperçu le P/O Harvey en train de gonfler son dinghy et l'a appelé. Le P/O Harvey l'a rejoint et a gonflé son gilet de sauvetage. Comme le F/O Wicksteed avait perdu son dinghy, les deux hommes ont pris place dans celui du Pilote, mais en essayant de s'asseoir, il a chaviré. Ils ont alors nagé en poussant le dinghy, puis le F/O Wicksteed qui était épuisé a pris place dans le dinghy et le P/O Harvey a continué à le pousser. Finalement épuisé également, il est monté à bord en s'allongeant sur l'Observateur radio [radar]. Il a fallu gonfler encore le dinghy pour prendre cette masse supplémentaire. Avec les pagaies, le F/O Wicksteed, allongé sur le dos, conservait le dinghy sous le vent pendant que le P/O Harvey tenait la bâche du dinghy vers le haut pour servir de voile. De bons progrès ont été faits avec l'aide du feu clignotant de Portreath et il s'est aussi avéré possible de naviguer pour éviter des récifs. La boussole dans leur kit d'évasion était inutilisable à cause du choc, le chocolat était immangeable en raison de toute l'eau salée déjà avalée par les deux hommes, et la houle n'aidait pas. Ils sont d'avis que le chocolat est trop dur et trop sec pour être consommé dans de telles conditions. En arrivant sur les brisants vers 04h30, le dinghy a été retourné par la forte houle : le F/O Wicksteed est resté accroché au dinghy pendant que P/O Harvey a nagé à travers les remous jusqu'à la plage.

Il a appelé son Observateur radio [radar], mais n'ayant pas reçu de réponse et après avoir avalé un caramel, il a escaladé la falaise avant de rejoindre la salle des Opérations de Portreath. Pendant ce temps, le F/O Wicksteed a été rejeté à la côte avec le dinghy, mais il n'est pas parvenu à escalader la falaise, ses bottes étant mouillées ; il a glissé et s'est commotionné en retombant. Une équipe de recherche a été organisée par Portreath et le F/O Wicksteed a finalement été secouru par un groupe de civils et de Marines. Cela s'est passé dans une crique à mi-chemin entre l'île Samphire et l'île Crane, à 1,25 milles *(2 km)* au sud-ouest de Portreath. Le P/O Harvey a commenté qu'il avait été grandement encouragé pendant le combat par les commentaires insouciants, même si certains ne peuvent pas être reproduits, de son Observateur radio [radar] depuis le poste arrière. Notre avion n'était pas équipé de cinémitrailleuse. Le Heinkel avait un camouflage gris olive. Le nombre de munitions utilisées n'est pas connu en raison de la perte de notre avion.

SIGNATURES
    A. B. Harvey, P/O, Pilote
    B. B. Wicksteed, F/O, Observateur radio [radar]
    D. L. Walters, F/O - Officier de Renseignement, 600ème Escadron

Le P/O Harvey a reçu la DSO et le F/O Wicksteed la DFC pour cette nuit mouvementée. Les deux hommes volaient toujours ensemble en 1944 (au sein du 68ème

---

⁷³⁷ Ce qui semble difficile dans un avion de 12,6 mètres de long en tout.

Escadron). Pour la petite histoire, deux des pistes de la base du Fighter Command de Portreath se terminaient par un muret, ce qui surprenait quelques pilotes visiteurs. L'objet de ces obstacles était d'arracher le train d'atterrissage de tout avion qui n'aurait pas réussi à décoller (ou à atterrir) au bout de la piste : les avions s'arrêtaient alors sur le ventre, peu avant la falaise qui surplombait la mer de 85 mètres. Au moins trois équipages ont eu la vie sauve grâce à ce simple dispositif. [738]

Les risques liés au mauvais temps ou au vol de nuit s'appliquaient de la même façon aux aviateurs quelle que soit leur nationalité, ce qui a amené aux deux revendications assez étranges ci-dessous :
- Le 23 mai 1942, le Beaufighter I T4625 du Wing Commander Cunningham et du Flight Lieutenant Rawnsley du 604ème Escadron décolle à 16h15 pour tenter d'intercepter un Heinkel 111 qui profite du mauvais et pense échapper ainsi aux chasseurs de jour qui ne peuvent pas voler. Les deux avions s'entraperçoivent à plusieurs reprises parmi les nuages jusqu'à ce qu'un piqué plus prononcé se termine mal pour le Heinkel. [739]
- Le 18 mars 1943, le Mosquito II (radar AI Mk V) du Flying Officer D. Williams et du Pilot Officer P. Dalton, tous deux Canadiens du 410ème Escadron, sont guidés jusqu'à un Dornier 217 qui les aperçoit et se lance immédiatement dans un piqué dont il ne sort pas.

Dans les deux cas, aucun coup de feu n'a été échangé, mais Cunningham et Rawnsley ont eu plus de chance : leur victoire a été dûment enregistrée, alors que Williams et Dalton ont dû se contenter d'un *"demi-Do-217 partagé avec la DCA"*, bien que leur rapport de combat indique qu'aucun faisceau de projecteur ou aucun tir de DCA n'a été aperçu. [740]

A.7.4 - Des chasseurs de nuit parfois détournés, voire employés à contre-sens

Partie de (presque) rien, la RAF a réussi à bâtir une organisation efficace de défense nocturne en quelques années. Durant l'hiver 1941-42, ce sont plus de vingt Escadrons de chasse de nuit qui attendent le retour du Blitz, mais la Luftwaffe reste empêtrée sur le front de l'Est. Il est difficile de maintenir la motivation des équipages sans réelle perspective de missions opérationnelles et le moral de certaines unités en souffre. Peu à peu, les chasseurs du Fighter Command vont donc se voir confier des missions ayant peu ou pas de rapport direct avec la défense des îles britanniques. Parmi celles-ci, on peut citer :
- Les missions offensives (*Intruder, Ranger, Flower, Serrate, Mahmoud* etc.) que nous étudierons plus en détail dans la seconde Partie.
- Des missions maritimes diurnes sous la tutelle du Coastal Command.

---
[738] Article non daté d'Eric Mathews, op. cit.
[739] Entrée du 23 mai 1942 du Journal de marche et Annexes, conservés sous les références AIR 27/2083/32 et 33, TNA.
[740] Rapport de combat conservé sous la référence AIR 50/141/82, TNA.

- Des missions d'escorte diurnes des quadrimoteurs du Bomber Command.

Lorsqu'il est suspecté qu'un avion manquant d'un Escadron s'est écrasé en mer, et bien que la recherche soit systématiquement menée par les avions spécialisés de l'Air Sea Rescue du Coastal Command (Walrus, Wellington, Warwick, etc.), les avions de l'Escadron participent au quadrillage de la zone concernée. Même si les chances d'apercevoir un aviateur dans son canot individuel sont minces et si risquer pour cela un avion de chasse de nuit avec un équipage qui a coûté des mois de formation n'est pas le meilleur emploi des ressources disponibles, on peut comprendre le besoin pour le moral des équipages qui n'ont ainsi pas l'impression de se tourner les pouces pendant que deux de leurs amis sont peut-être en train de patauger dans une eau à 4°C.

Par extension, et faute d'autres tâches plus intéressantes, les Escadrons basés sur une façade maritime, se retrouvent embauchés pour des missions de patrouille en mer, parfois en compagnie d'une unité du Coastal Command, par exemple pour tenter de localiser un sous-marin ennemi, pour escorter un convoi ou un Mosquito *Tsé-Tsé* (équipé d'un canon de 57 mm), ou pour aller "taquiner" des avions de surveillance maritime allemands. Par exemple, le 26 juin 1942, le Pilot Officer P. A. Day (un Australien) et le Sergent H. W. Mitchell du 456ème Escadron (RAAF) sont envoyés, en fin de matinée, patrouiller en mer d'Irlande au large de l'île de Bardsey. Trois quarts d'heure après le décollage, le pilote aperçoit un Ju-88 qui vole vers l'Ouest au ras des vagues et qui l'a également vu. Les deux avions échangent des tirs et le Beaufighter IIf T3014 se retrouve avec la tuyauterie d'alimentation en essence du moteur gauche sectionnée et le circuit hydraulique inopérant. Perdant de l'altitude, il se pose sur l'eau et coule en moins de deux minutes. Les deux membres d'équipage ont eu le temps de sortir et de s'accrocher au dinghy individuel du pilote, celui de l'observateur ayant été endommagé. Après un peu plus d'une heure à patauger dans une eau fraiche, ils sont repérés par un Spitfire et un hydravion Walrus du 275ème Escadron les repêche une demi-heure plus tard. Les deux hommes sont frigorifiés et mis au repos forcé par le Médecin de la base, et Mitchell a souffert d'une coupure au visage et de deux côtes cassées lors de l'amerrissage. [741]

De même, en 1943 et au début de 1944, les 264, 307 et 157ème Escadrons participent à de nombreuses missions *"Instep"* à longue distance pour chasser, de jour, les appareils allemands des zones de patrouille des avions du Coastal Command. En plus des pannes mécaniques, les rencontres avec des chasseurs allemands tournent parfois à l'avantage de ces derniers : par exemple, en août 1943, le 307ème Escadron (Polonais) perd deux Mosquito II, le premier le 2 août 1943 disparaissait après avoir signalé un souci de pompe à essence, et le second, DZ655, est abattu en mer par des Fw-190 le 22 août. Le Flight Lieutenant Jan Z. Bienkowski, le Flight Sergeant Tadeusz Eckhert et le Flying Officer Konrad Maluszek sont tués ; le Flying Officer Czeslaw Borzemski est fait prisonnier. Le

---

[741] Entrée du 26 juin 1942 du Journal de marche et Annexes, conservés sous les références AIR 27/1899/19 et 20, TNA. Le Journal de marche parle d'un décollage sur alerte, mais les Annexes ne mentionnent qu'une patrouille, qui semble routinière dans ce secteur si l'on se base sur les vols précédents.

25 septembre 1943, le Mosquito HJ658 disparaît après un combat avec des Ju-88 ; les Flight Sergeants Leslie J. Lowndes et Ivor Cotton sont portés manquants. Un mois plus tard, c'est le Mosquito DD781 du Warrant Officer Stanislaw Los et du Sergent Isser Posner qui ne rentre pas d'une patrouille en mer. [742] Le 7 janvier 1944, le Flying Officer Philip E. Huckin et le Flight Sergeant Robert H. Graham du 157ème Escadron ont bien failli laisser la vie lors d'une mission de jour : après un combat entre quatre Mosquito II et deux Ju-88 durant lequel ils abattent un Ju-88, ils sont eux aussi forcés d'aller au bouillon, leurs deux moteurs ayant été touchés. Ayant réussi un amerrissage à environ 270 km au sud-ouest de Brest, les deux hommes partagent le canot gonflable. Le lendemain, huit Mosquito les recherchent et les localisent afin qu'un Warwick leur largue un canot rigide sous parachutes dans lequel ils parviennent à monter. Peu après, trois Mosquito de couverture sont accrochés par sept Ju-88 et le Squadron Leader Roderick A. Chisholm (dont nous avons parlé lorsqu'il commandait la FIU) parvient à rentrer à Predannack en Cornouailles sur un seul moteur. Les naufragés font voile sur plus de 300 km en trois jours pour finalement être repêchés par une vedette de la Royal Navy près des îles Sorlingues. Survivre quatre jours en Atlantique Nord en plein hiver est un exploit rare. [743] Il est curieux que la RAF ait ainsi exposé des équipages expérimentés de chasse de nuit, qu'il avait fallu entraîner pendant des années, dans des missions qui n'avaient aucun besoin de leurs compétences spécifiques (les convoyages de Beaufighter vers l'Égypte effectués par Michael Allen et Dennis Gosling sont un autre exemple, quoique pour le second il s'agissait aussi d'une nouvelle affectation). [744]

Si l'emploi diurne de Mosquito dans des zones en mer où leurs seuls opposants ne pouvaient être que des bimoteurs Ju-88 ou des quadrimoteurs Fw-200 peut encore se justifier, il est plus difficile de comprendre certaines missions confiées à ces chasseurs de nuit, en plein jour, au-dessus des territoires occupés ou de l'Allemagne, comme celles décrites ci-après. En plein jour, un Mosquito, même aux mains d'un pilote très expérimenté, reste une proie très abordable pour les chasseurs monomoteurs, comme le Wing Commander Braham s'en ait rendu compte le 25 juin 1944 (voir seconde Partie).

Pour le premier cas, la mission du Flying Officer P. Gordon Panitz et du Pilot Officer Richard S. Williams (tous deux Australiens) du 456ème Escadron (RAAF) illustre les missions qu'un chasseur-bombardier de type Hurricane ou Typhoon aurait pu accomplir avec de meilleures chances de survie et sans risquer un équipage de chasse de nuit qu'il était coûteux de former. Lors de ces missions, les équipages comptaient sur les nuages pour disparaitre en cas de mauvaise rencontre. [745]

---

[742] Journal de marche des mois cités, conservés sous la référence AIR 27/1675/65 à 70, TNA.
[743] Rapport de combat conservé sous la référence AIR 50/66/48, TNA et Journal de marche conservé sous la référence AIR 27/1046/1, TNA.
[744] Respectivement chapitres 3 et 16 de leurs livres (voir bibliographie).
[745] Entrée du 6 mai 1943 en Annexe du Journal de marche, conservée sous la référence A9186, 142, image 207, NAA. Les informations météorologiques en fin de rapport n'ont pas été reproduites ici.

Date : 6 mai 1943
Type et version de notre avion : Mosquito IIF DZ269
Équipage :   F/O P. G. Panitz - P/O R. S. Williams
Mission :   Opération Ranger
Décollage :   14:10 [de Middle Wallop, Hampshire]
Atterrissage :   17:10
Détail de la sortie :

   Nous avons pris la direction de Portland Bill [cap à l'extrémité de l'île de Portland, au sud de Weymouth, dans le Dorset] qui a été atteint à 14h29, puis rejoint le point N.0320W avant de virer sur un cap de 137° au compas. La côte française a été franchie au ras des vaques à proximité du Mont St Michel. Une voie ferrée a été sélectionnée près de La Boussac à l'ouest de Pontorson. Une locomotive isolée a été aperçue sur la voie en train de quitter Combourg. Nous avons fait une passe d'avertissement, la locomotive s'est arrêtée et le conducteur et le chauffeur ont sauté se mettre à l'abri dans les bois. Deux attaques ont été faites avec les canons et les mitrailleuses. Plusieurs impacts ont été observés et la vapeur montait à plus de 100 pieds [30 mètres]. Nous sommes revenus à Combourg avant de mettre le cap sur la voie ferrée de Montfort-[sur-Meu] qui a été rejointe à St Uniac. Nous avons suivi la voie ferrée et un train de marchandises a été aperçu sur l'embranchement pour St Méen-[le-Grand]. Deux attaques ont été faites avec les canons et les mitrailleuses. Peu d'impacts ont été observés lors de la première attaque, alors qu'il y en a eu de nombreux, ainsi que de la vapeur pendant la seconde. Nous avons viré à droite pour rejoindre la ligne principale à Caulnes où un train de marchandises a été trouvé en stationnement juste après la gare. L'attaque a été faite uniquement avec les mitrailleuses. Des impacts en partie basse de la chaudière et des jets de vapeur ont été observés. Nous avons suivi la voie ferrée et un train de marchandises en mouvement a été aperçu sur cette ligne à environ 2 miles [3,2 km] au sud-est de Dolo. Une attaque a été effectuée avec les canons et les mitrailleuses. Presque tous les impacts ont été observés sur la cible. Le train s'est arrêté en émettant des jets de vapeur. Nous avons continué à suivre la voie ferrée mais la couverture nuageuse commençait à se disperser. Un train a été trouvé à environ 5 miles [8 km] à l'est de Lamballe. Une courte attaque a été faite avec les canons et les mitrailleuses. Elle s'est avérée très efficace avec une grande colonne de vapeur et de fumée. Nous sommes passés sur Lamballe où trois trains de marchandises ont été détectés dans la gare de triage, dont un allant vers l'Ouest. Ce dernier a été attaqué de trois-quarts : plusieurs impacts observés au niveau du foyer, ainsi qu'un nuage de fumée puis de vapeur et le train s'est arrêté. Aucune Flak ne s'est manifestée, malgré le fait qu'il y avait un wagon de Flak sur l'arrière de l'un des trains en stationnement à Lamballe. La côte française a été franchie à Pléneuf [aujourd'hui Pléneuf-Val-André] à [une altitude de] 1.500 pieds [460 m]. Nous sommes montés dans les nuages, et à 15h35, environ un quart d'heure après avoir quitté la côte française et alors que nous étions à [une altitude] d'environ 4.500 pieds [1.370 m], nous sommes passés dans le sillage

> d'un autre avion. Notre Mosquito est resté dans les nuages jusqu'à ce
> qu'ils se dispersent. La côte anglaise a été franchie à 16h10 à environ
> 5 miles *[8 km]* à l'ouest du point de départ.

Le détail des parcours de formation de Panitz et de Williams est donné dans l'ouvrage de cette série consacré aux avions de formation de la RAF. Panitz a reçu son brevet de pilote en Australie en mai 1941 avant sa formation opérationnelle au Royaume-Uni. Williams a effectué la plus grande partie de sa formation d'observateur au Canada (breveté Observateur et Sergent le 3 janvier 1942) avant de se qualifier comme opérateur de radar air-air au Royaume-Uni (breveté Observateur Radio *[radar]* le 9 juin 1942). [746] Affectés au 456ème Escadron, ces deux aviateurs ont reçu la DFC pour avoir détruit 13 trains et plusieurs autres objectifs en quatre mois. Panitz a aussi été surnommé *"train buster"* (bousilleur de trains) par la presse australienne. [747] Après une quarantaine d'opérations de guerre, il a eu une période de repos comme instructeur aux 63 puis 60ème OTU. Il a été promu Wing Commander le 4 juillet 1944 et a pris les rênes du 464ème Escadron (RAAF), toujours accompagné de Williams, promu Flying Officer (Williams avait été affecté au QG de l'ADGB pour sa période de repos entre ses deux tours d'opérations). Le 22 août 1944, le Mosquito NT299 s'écrase près de Bona, dans la Nièvre, tuant les deux hommes, preuve des risques encourus lors de ces missions de mitraillage au ras du sol.

Dans ce second exemple, les Mosquito du 169ème Escadron ont reçu pour mission d'escorter des quadrimoteurs du Bomber Command, une tâche qui conviendrait habituellement mieux à des Spitfire ou à des Mustang. Ce jour-là, la cible était le port de Bergen en Norvège, et notamment la base des sous-marins sur laquelle les Lancaster devaient larguer des bombes *Tallboy* de 5.400 kg chacune. [748]

> SECRET
> **RAPPORT PERSONNEL DE COMBAT DU PILOTE**
> 100ème Groupe / Base de *[Great]* Massingham *[dans le Norfolk]*
> Date : 12 janvier 1945
> Type et version de notre avion : 169ème Escadron (Support Bombardiers) Mosquito VI n°998
> Capitaine : F/O Hart   Navigateur : F/Sgt Scott
> Patrouille planifiée : Escorte rapprochée et recherche de naufragés
> Route planifiée : Base - Peterhead *[en Écosse]* - 60°40'N / 02°30'E *[en mer du Nord, entre Bergen et les îles Shetland]* - 60°45'N / 05°20'E *[Fensfjorden en Norvège]* - Cible - 60°00'N / 03°30'E *[en mer du Nord, entre Bergen et les îles Shetland]* - Peterhead - Base
> Rapport général :

---

[746] Dossier personnel de Panitz et Williams, conservés sous la référence A9300 - 5255046 et 5256671, NAA.
[747] Dossier personnel de Panitz op.cit. ; et édition du 25 novembre 1944 du Daily Mirror de Sydney, consulté en ligne le 19 mars 2021, https://trove.nla.gov.au/newspaper/article/272370874 . Voir aussi le livre de Dominique Bego (voir bibliographie).
[748] Rapport de combat conservé sous la référence AIR 50/225/12, TNA.

Le Mosquito a décollé de Peterhead *[après ravitaillement en carburant]* à 11h55 et a pris contact avec les bombardiers comme prévu. Nous avons volé avec les bombardiers jusqu'à la cible et nous avons franchi la côte norvégienne à 15.000 pieds *(4.600 m) [d'altitude]* à 13h05. Juste à ce moment, cinq Fw-190 m'ont dépassé, plus bas, en passant d'un côté à l'autre. Ils ne m'avaient apparemment pas vu puisque je me trouvais dans le Soleil, mais ils avaient aperçu le S/Ldr Wright qui était dans le Mosquito d'accompagnement et qui se trouvait malheureusement environ 3.000 pieds *(915 m)* plus bas que moi et à peu près 2 milles *(3,2 km)* devant. Ils se sont mis en ligne de front et ont commencé à le prendre en chasse. J'ai hurlé au S/Ldr Wright de regarder derrière et j'ai à mon tour poursuivi les Fw-190. Nous avons filé tous les sept *[les deux Mosquito et les cinq Fw-190]* en descente comme des fondus. [749] Après à peu près trois minutes, les appareils ennemis ont décidé de laisser le S/Ldr Wright pour poursuivre un Lancaster isolé, cinq ou six milles *(8 à 10 km)* plus loin sur la droite. Ils se sont mis en file indienne et je les ai suivis. Ils ont atteint le Lancaster environ 30 secondes avant moi et l'ont attaqué, puis ont dégagé pour faire un looping et piquant pour une nouvelle passe. Je suis arrivé sur place, à peu près 60°13'N / 04°00'E *[en mer du Nord, à peu près 75 km au sud-ouest de Bergen]*, et j'ai attaqué un Fw-190 qui sortait de son piqué par une rafale de 3 - 4 secondes ; j'ai tiré d'une distance d'à peu près 500 yards jusqu'à 250 yards *(460 à 230 m)*, sans voir d'impacts. J'ai dégagé et largué mes réservoirs supplémentaires, puis j'ai attaqué un autre Fw-190. Il a viré serré et je l'ai gardé dans le viseur en tirant tout ce temps : j'ai aperçu des impacts juste en arrière du moteur, au niveau des volets de refroidissement. Je lui ai tiré dessus jusqu'à ce qu'il dégage sur la gauche et passe sous moi, soit environ pendant six secondes. Je ne suis pas resté pour voir ce qui allait se passer car pendant ce temps le F/Sgt "*Cou de caoutchouc*" Scott m'a indiqué, en termes vifs, qu'un troisième Fw-190 avait fait un looping pour se placer derrière nous et se trouvait inconfortablement proche. Tout ceci s'est déroulé à 9.000 - 10.000 *(2.750 - 3.050 m) [d'altitude]*. J'ai poussé les gaz et ai piqué très rapidement. Nous les avons semés au bout de deux minutes, et après une autre minute nous avons fait le point ; ayant largué 160 gallons *(727 litres)* d'essence, et étant incapable de recevoir sur la VHF, nous avons décidé de rentrer. C'est ce que nous avons fait et nous nous sommes posés à Peterhead à 14h20. Nous avons fait le plein de carburant et nous sommes revenus à la base à 16:30.

<u>Revendication</u> : 1 Fw-190 endommagé.
<u>Obus tirés</u> : 400 (100 par canon). Aucun enrayage.
La cinémitrailleuse n'a fonctionné que deux secondes environ.
SIGNATURES
    George V. Hart, F/O - Capitaine de l'avion
    H. N. Tarrant, F/O - Officier de Renseignement

---

[749] L'expression utilisée dans le texte original était *"going like dingbats"*. De même, le surnom du Navigateur mentionné plus loin était *"Rubberneck"*.

Quatre Lancaster sur les 32 engagés par les 9 et 617èmes Escadrons ont été perdus (12,5% de pertes) lors de cette mission. Le Squadron Leader J. A. Wright, que les Fw-190 ont délaissé, a tourné pendant plus de deux heures au-dessus d'un Lancaster ayant amerri à une cinquantaine de kilomètres au large de Bergen, avant de rentrer à Peterhead à court d'essence. [750] L'emploi d'équipages de chasse de nuit pour ce type de mission est d'autant plus étonnant que les Strike Wings du Coastal Command disposaient en Écosse d'escortes de Mustang lors de leurs missions sur la Norvège.

A.7.5 - Un rare exemple de prêt-bail inversé: Beaufighter et Mosquito sous la bannière étoilée

En 1939, conséquence de la crise de 1929 et de la politique isolationniste, les forces armées américaines se retrouvent dépourvues d'hommes (moins de 190.000 pour l'Armée, y compris l'US Army Air Corps: à comparer aux 900.000 hommes de l'Armée française à la même date, sans compter les réservistes) et de beaucoup de matériels modernes : pour ne donner que deux exemples, les grandes manœuvres blindées de la fin des années 1930 se font avec des voitures habillées de bois pour jouer le rôle de chars, et les sous-marins américains commencent la guerre avec des torpilles qui n'ont jamais été testées à la mer et s'avèrent ne pas exploser ! [751] Comme beaucoup d'autres domaines, la chasse de nuit a été négligée et ce n'est qu'à la fin de 1940, à la lumière (sans jeu de mot) des premiers combats en Europe, qu'une spécification est rédigée pour un chasseur bimoteur biplace dédié aux opérations nocturnes. Douglas et Northrop font des propositions et c'est le projet NS-8A de cette dernière compagnie qui est retenu sous la désignation officielle XP-61. Le premier vol de cet avion n'a lieu que le 26 mars 1942, mais dans l'urgence post-Pearl Harbor, une commande de production avait déjà été passée en mars 1941. Début 1942, avant même le premier vol, ce sont plus de 1.700 exemplaires qui ont été commandés ! L'avion est doté d'un radar centimétrique SCR-720, et son armement est en partie inspiré des essais britanniques de tourelle d'attaque (Defiant) et des canons du Beaufighter : le P-61 emporte quatre mitrailleuses de 12,7 mm en tourelle commandée à distance, et quatre canons de 20 mm tirant vers l'avant. Pour les missions Intruder, il peut aussi emporter des bombes. Probablement en raison de sa livrée noire et de son armement, le P-61 reçoit le nom de *Black Widow* (veuve noire). Le Wing Commander Clarkson, chargé de rédiger les Notes à l'intention des Pilotes pour les avions produits aux USA pour la RAF, a donné l'avis suivant sur le *Black Widow* après un vol d'essai en 1942 : *"Pour la chasse de nuit, il avait un certain nombre de défauts. Le Pilote était trop loin en arrière du pare-brise, ce qui pouvait produire des reflets très importants. Son pilotage était*

---

[750] Entrée du 12 janvier 1945 du journal de marche de l'Escadron, conservé sous la référence AIR 27/1094/41.
[751] Les lecteurs intéressés par ce sujet assez éloigné de la chasse de nuit pourront se référer au très bon livre *"Hellions of the deep: the development of American torpedoes in World War II"* de Robert Gannon, Pennsylvania State University Press, 2009, ISBN 978-0271036267.

laborieux, bien que des performances de décollage et d'atterrissage étaient particulièrement bonnes pour les missions nocturnes. La visibilité (à part le problème du pare-brise) était excellente." [752]

La construction de deux prototypes a pris presque un an et demi, et la mise au point s'avère laborieuse, avec une multitude de détails à régler sur ce qui était à l'époque le plus gros chasseur au monde. Les premiers exemplaires sont livrés à une unité d'entraînement de Floride en juillet 1943 et les premiers P-61 opérationnels n'arrivent en Europe qu'en mai 1944 au sein du 422ème Escadron de Chasse de Nuit de l'USAAF.

Ce Northrop P-61C Black Widow a été mis dans la livrée d'un P-61B du 550ème Escadron de Chasse de Nuit par les conservateurs du musée de l'USAF à Dayton, Ohio. L'antenne du radar centimétrique SCR-720 est cachée dans le nez de l'appareil. L'antenne visible sur le côté du fuselage, à hauteur du siège du pilote, semble être celle d'un émetteur-récepteur *Rebecca* (il y en avait une autre de l'autre côté de l'avion) (photo National Museum of the U.S. Air Force, réf. 190314-F-IO108-010).

La première mission de guerre d'un P-61 a lieu au large de la Normandie en juillet 1944. Les versions P-61A et B ont donc été utilisées vers la fin de la guerre en Europe et en Asie.

Début 1944, la RAF a reçu un unique P-61A (immatriculé 42-5496) pour évaluation dans le cadre du prêt bail. [753] Par rapport au Mosquito, elle l'a trouvé trop lent et n'a donné aucune suite, l'avion a été rendu à l'USAAF. Mosquito et Black Widow se sont parfois croisés dans le ciel allemand, comme le décrit le compte-rendu immédiat de mission du 28 janvier 1945 ci-après : [754]

```
De : Station RAF Manston Kent           À : Q.G. 11ème Groupe
Pour info : Biggin Hill                    SECRET QQX BT
AI/6    28/1/45  OPFLASH MAN, n°43
---------------------
```

---

[752] Témoignage de 1971 du Group Captain Clarkson, AFC, *'Pilots notes & development flying of US aircraft : 1940-45'* conservé sous la référence 13955, IWM.

[753] Voir les rapports *"Black Widow (P61A) (2 double Wasp R 2800-10): brief handling trials"* et *"Remote controlled barbette with 4 X .50" guns on Northrop P.61 aircraft: trials"* conservés sous les références AVIA 18/2731 et AVIA 18/1053, TNA.

[754] *"Flash report"* conservé sur microfilm en annexe du Journal de Marche sous la référence C-12273, BAC. Les intitulés de paragraphes étaient codés "A", "B", etc. au lieu de "Mission", "Unité et équipage", etc. pour raccourcir les transmissions. Ils ont été remis en texte pour faciliter la lecture.

> Mission et cible : *Intruder* à haute altitude, 50°N 08°50E *[au sud de Francfort]*
> Unité et équipage : 406ème Escadron ; F/Lt Wedderspoon, F/Lt Lasser
> Type et version de notre avion : Mosquito XXX – Radar embarqué Mk. X
> Heure de décollage : 18h13   Heure d'atterrissage : 20h30
> Rapport général : Est parvenu à moins de 100 km de la cible et a obtenu un contact visuel sur un Black Widow 2.000 pieds *(600 m)* en arrière à 19h23, qui a apparemment reconnu notre avion comme ami. Le moteur droit a ensuite commencé à vibrer entraînant le retour à la base.
> Dommages subis : Aucun
> Dommages causés à l'ennemi : Aucun
> Météo : Dégagée à environ 4.500 pieds *(1.370 m)* *[d'altitude]* jusqu'après la côte française. 100% de nuages dans la zone de la cible.
>   BT 2340A

Ne pouvant compter sur le P-61 avant plusieurs années, pour assurer la couverture nocturne de ses troupes en attendant l'arrivée des P-61, l'US Army Air Corps a donc commencé par reproduire l'exemple du Havoc des Britanniques en adaptant le bimoteur Douglas A-20 en avion de chasse de nuit. Équipé d'un SCR-540 (la version américaine de l'AI Mk IV britannique) et de quatre canons de 20 mm ou de six mitrailleuses de 12,7 mm, cet avion, baptisé P-70, aux capacités limitées a cependant permis d'assurer une première réponse efficace contre les bombardiers de nuit japonais. Les Américains avaient prévu de déployer des P-70, mais cet avion a finalement été jugé inefficace. [755] En 1943, lorsque la RAF a commencé à affecter des Mosquito aux Escadrons de chasse de nuit, elle a proposé une centaine de ses Beaufighter Mk VI (radars air-air AI Mk IV ou Mk VIII) d'occasion à l'US Army Air Force [756] dans un arrangement qualifié de "prêt-bail inversé". [757] En échange, les Britanniques ont obtenu une centaine de Boston dont ils avaient grand besoin pour le 2ème Groupe du Bomber Command. [758] Les P-70A (radar métrique) et P-70B (radar centimétrique) ont donc été relégués à des missions de formation des équipages. [759]

Les aviateurs américains sélectionnés pour la chasse de nuit ont reçu leur formation initiale en Floride jusqu'en décembre 1943 (en Californie ensuite) sur les P-70. Elle se faisait en deux phases : la première se concentrait sur les bases du vol nocturne (pilotage aux instruments, décollage, atterrissage, etc.) avec 200 heures de vol, et la seconde sur les techniques d'interception au radar air-air avec 15 exercices de jour, 10 de nuit et 10 guidages par un GCI. Une fois au Royaume-Uni, les équipages des 414 à 417èmes

---

[755] Page 14 de l'USAF Historical Study n°92 *"Development of Night Air Operations, 1941-1952"*, voir bibliographie.
[756] L'US Army Air Corps a été rebaptisé US Army Air Force en juin 1941.
[757] Page 21 de l'USAF Air Historical Study n°92 *"Development of Night Air Operations, 1941-1952* op. cit.
[758] Article *"Night Fighters for the USAAF"*, page 72 du n°3 de la revue Aeromilitaria (Air-Britain) de 1997.
[759] Page 13 de l'USAF Air Historical Study n°92 *"Development of Night Air Operations, 1941-1952"*, op. cit.

Escadrons de Chasse de Nuit américains ont ensuite été formés en deux vagues de fin mars 1943 au 10 juin au sein des 51 et 61èmes OTU à Cranfield, dans le Bedfordshire et Usworth, Tyne and Wear, avant un séjour dans des Escadrons de la RAF. Ils ont ensuite convoyé leurs Beaufighter Mk VI jusqu'au théâtre d'opération méditerranéen pour les y utiliser jusqu'à l'arrivée des premiers P-61 fin 1944. Les Américains avaient déjà eu l'occasion de tester les performances du Beaufighter puisque deux exemplaires avaient été livrés en caisse aux USA dès mars 1942 : l'un de ces deux avions a été utilisé pour les essais de radars air-air américains du Radiation Laboratory du Massachusetts Institute of Technology (MIT), probablement à l'instigation du Dr Edward G. Bowen qui y travaillait. L'autre a servi pour des essais de performance à Wright Field et d'appareil de liaison pour la Commission Britannique d'Achat de Matériels Aéronautiques. [760]

En 1945, le 416ème Escadron de Chasse de Nuit de l'USAAF a reçu des Mosquito NF30. En tout l'USAAF a reçu près de 150 Mosquito : une quarantaine d'avions a été fabriquée au Canada pour la reconnaissance photographique sous la désignation F-8, et une centaine au Royaume-Uni pour les vols météorologiques, la reconnaissance photographique et la chasse de nuit. Les 414 à 417èmes Escadrons de Chasse de Nuit américains revendiquent 35 victoires à la fin de la guerre. [761]

Le Beaufighter VIF KV912, surnommé *"Fluff"*, du 416ème Escadron de Chasse de Nuit de l'USAAF. On aperçoit bien l'antenne émettrice du radar AI Mk IV sur le nez et l'une des antennes réceptrices sur le bord d'attaque de l'aile gauche, juste à l'extérieur des feux d'atterrissage. Au moins trois Escadrons américains ont plus tard été formés à l'emploi du radar AI Mk VIII sur Beaufighter. [762] Dans les années 1980, le musée de l'USAF a racheté l'épave d'un Beaufighter IC en Australie et le présente aujourd'hui en livrée d'un chasseur de nuit du 415ème Escadron l'USAAF (mais sans les antennes radar).
(Photo National Museum of the U.S. Air Force - 060922-F-1234S-039).

---

[760] Pages 15 à 17 du témoignage de 1971 du Group Captain Clarkson, AFC, *'Pilots notes & development flying of US aircraft : 1940-45'* conservé sous la référence 13955, IWM.
[761] Annexe 1 du livre de Stephen L. Mc Farland (voir bibliographie).
[762] Page 846 du chapitre 18 du document *"Flying Training : Volume II, Part 3 - Operationnal Training"*, op. cit.

A.7.6 - Le *'Baby Blitz'* du printemps 1944 : le bouclier plus fort que l'épée

Depuis la mi-1941, les défenses aériennes Britanniques n'avaient pas été beaucoup sollicitées, à part l'épisode des raids *"Baedeker"* de 1942. En janvier 1944, Goering ordonne des bombardements sur le Royaume-Uni en réponse aux nombreuses attaques effectuées par le Bomber Command lors de ce que les historiens ont ensuite baptisé *"la bataille de Berlin"*. L'opération allemande (baptisée *"Steinbock"* par les Allemands et surnommée *"Baby Bliz - (petit Blitz)"* par les Britanniques) a connu l'échec, tout comme celle du Bomber Command, les défenses en place des deux côtés s'avérant capables d'infliger des pertes élevées aux attaquants. Le tableau ci-après résume les principales attaques allemandes contre les villes anglaises durant les cinq premiers mois de 1944 : [763]

	Cible principale	Sorties Luftwaffe	Avions allemands détruits (toutes causes)	Sorties des chasseurs de nuit de la RAF pendant le mois
21 janvier	Londres	447	43	960 (et 34 sorties Intruder)
29 janvier	Londres	285	17	
3 février	Londres	240	18	1.649 (et 22 sorties Intruder)
13 février	Londres	230	13	
18 février	Londres	200	11	
20 février	Londres	200	12	
22 février	Londres	185	12	
23 février	Londres	161	3	
24 février	Londres	170	8	
1 mars	Londres	120	6	2.057 (et 62 sorties Intruder)
14 mars	Londres	187	17	
19 mars	Hull	131	9	
21 mars	Londres	144	12	
24 mars	Londres	143	16	
27 mars	Bristol	139	10	
18 avril	Londres	125	10	2.157 (et 57 sorties Intruder)
20 avril	Hull	130	2	
23 avril	Bristol	117	11	
25 avril	Portsmouth	193	7	
26 avril	Portsmouth	78	8	
29 avril	Plymouth	101	0	
14 mai	Bristol	80	14	3.050 (et 285 sorties Intruder)
15 mai	Portsmouth	95	7	
22 mai	Portsmouth	60	5	

---

[763] Données des Annexes 23 et 24 du document *"The Air Defence of Great Britain, Volume V"* (voir bibliographie).

On constate que l'effort allemand diminue raid après raid, alors que la chasse de nuit britannique triple ses sorties défensives. Durant les seules attaques contre Londres, les Allemands perdent 139 bombardiers sous les coups des défenses anglaises (63% par la chasse, 37% par la DCA), auxquels il faut ajouter 59 avions perdus dans des accidents ou abattus par les *Intruders* de la RAF. Le taux de pertes frise donc les 7%. Les Britanniques notent aussi que les aviateurs ennemis capturés sont très inexpérimentés, ce qui explique en partie le faible pourcentage de bombes ayant atteint Londres (environ 40%, alors que cette proportion était supérieure à 85% au printemps 1941), et le taux d'accident élevé de la Luftwaffe. [764]

Comme nous l'avons vu, cette recrudescence d'activité allemande se produit au moment où les Britanniques commençaient à équiper les Escadrons de chasse de nuit de radars air-air AI Mk X. Durant les quatre premiers mois de 1944, seuls cinq Escadrons sont équipés de ce nouveau radar, qui s'est avéré relativement efficace pour effectuer des interceptions malgré l'emploi de paillettes de brouillage radar *Düppel* par les Allemands. Jusqu'au 1er mai, les chasseurs à radar centimétrique n'ont pas l'autorisation de poursuivre une interception en Manche, ce qui a certainement permis à quelques bombardiers allemands de s'échapper.

L'Opération *Steinbock* a sonné le glas de la Luftwaffe en tant que force de bombardement stratégique. Les *Vergeltungswaffen* (armes de représailles) V-1 et V-2 (et les moins célèbres canons V-3) ont ensuite tenté de prendre la relève. Certains historiens avancent que les bombardiers allemands auraient été mieux employés et auraient subi moins de pertes en étant conservés jusqu'au printemps 1944 pour cibler les préparatifs du débarquement. [765]

A.7.7 - Une bataille oubliée : la défense nocturne de la tête de pont alliée en Normandie

En juin 1944, un avion allemand avait bien peu de chance de pouvoir traverser durant la journée le dispositif défensif allié pour s'en prendre aux troupes sur les plages ou à la flotte alliée. Par contre la nuit du débarquement, entre 150 et 200 missions ont été lancées par la Luftwaffe et ces assauts se sont poursuivis les nuits suivantes. Pour éviter tout drame, comme il était possible de confondre un Heinkel 111 avec un Dakota chargé de troupes aéroportées, les chasseurs de nuit britanniques reçoivent l'ordre de ne pas tirer sur un He-111 s'ils en interceptent un ; mais les autres avions à croix noires restent des cibles valides. [766] Parmi les nombreux aviateurs qui protègent la flotte alliée dans la nuit qui suit le débarquement, les Australiens du 456ème Escadron se distinguent en revendiquant quatre bombardiers lourds He-177 qui avaient décollé de Bordeaux, dont

---

[764] Page 221 du document *"The Air Defence of Great Britain, Volume V"* (voir bibliographie).
[765] Par exemple Hugh A. Halliday dans son livret *"Le petit Blitz"* (voir bibliographie).
[766] Page 108 du livre de Jeremy Howard-Williams (voir bibliographie).

deux pour le Mosquito des Flying Officers Frederick S. Stevens et William A. H. Kellett. Leur rapport de combat est traduit ci-dessous : [767]

F/O F. S. STEVENS (R.A.A.F.) - Pilote	SECRET
F/O W. A. H. KELLETT (R.A.A.F.) - Observateur	

RAPPORT PERSONNEL DE COMBAT DU PILOTE
456ème Escadron (R.A.A.F.)
Base de la R.A.F. de Ford dans le Sussex

DONNÉES STATISTIQUES :
Date : 7 juin 1944
Type et version de notre avion : 1 Mosquito XVII avec radar AI Mk X
Heure de l'attaque : 02h56 ; 03h14
Lieu de l'attaque : Z7812 ; Z4848 [768]
Météo : Couches nuageuses entre 5 et 8.000 pieds *(1.525 à 2.440 m)*. Bonne visibilité. Lune au-dessus.
Dommages subis : Aucun.
Dommages causés à l'ennemi en vol : 2 He-177 détruits
Dommages causés à l'ennemi au sol : Aucun
Rapport général :
  Le F/O F. S. STEVENS (R.A.A.F.) - Pilote - et le F/O W. A. H. KELLETT (R.A.A.F.) - Observateur - ont décollé de Ford à 00h55 et se sont posés à 03h45. Sous le contrôle du GCI de Black Gang *[à la pointe sud de l'île de Wight]* et alors qu'ils étaient guidés vers un avion non identifié à 8 milles *(13 km)* de distance, un autre contact sur une trajectoire de collision à 0,5 mille *(0,8 km)* de distance, 90° au Sud, a été obtenu. Le Pilote a fait un virage serré pour se placer sur le cap suivi par la cible (100° au compas) en cabrant l'avion et a obtenu un contact visuel à 900 pieds *(275 m)*, 40° au-dessus, à 2 heures, en déplacement de droite à gauche. Tout en virant, le Mosquito a réduit la distance en restant sous la cible, s'est décalé à gauche et l'a identifiée comme étant un He-177. Il a été facile à reconnaître grâce à sa large dérive avec une échancrure et son avant bulbeux et protubérant, ainsi par son envergure extrême semblant hors de proportion par rapport au fuselage. À ce moment, des bombes planantes (une sous chaque aile à l'extérieur des nacelles des moteurs) et une grande antenne à quatre pointes au niveau du nez de l'avion ont été aperçues. En laissant filer la cible à 100 yards *(90 m)*, le Pilote a ouvert le feu avec une rafale de 2 secondes. Le moteur gauche de l'avion ennemi a immédiatement pris feu. Une nouvelle rafale de 2 secondes a été appliquée, causant un grand flash blanc au centre du fuselage. L'avion ennemi a tournoyé jusqu'à la mer et a explosé. Des croix noires ont été vues à la lumière des flammes. Le Mitrailleur arrière de l'avion ennemi a effectué un tir défensif après la première rafale. Un brouillage radar par paillettes de type 'Window' était présent à profusion, mais il n'en a pas été vu provenant de cet avion. Le GCI de

---

[767] Rapport de combat conservé sous la référence AIR 50/157/86, TNA. La section "émetteur - distribution" a été omise.
[768] Ces coordonnées correspondent respectivement à peu près à 14 km au nord du cap Levi, et à 48 km au nord du cap de la Hague.

Black Gang a relevé la position du Mosquito aux coordonnées Z.7812 à 02h56.

Poursuivant la patrouille dans la même zone au nord de Cherbourg, toujours sous le contrôle du GCI de Black Gang (le Flight Lieutenant Evans s'est avéré un Contrôleur très informatif et précis), le Mosquito a rapidement reçu un cap à suivre au 280 vers un autre avion non identifié à Angels 4 *(1.220 m)*. Un contact [sur le radar embarqué] a été obtenu à 3 milles *(4,8 km)* de distance, droit devant et plus bas. La vitesse a été accrue et de l'altitude perdue et la cible a été suivie durant plusieurs virages jusqu'à ce qu'un contact visuel soit établi à 1.200 pieds *(365 m)*, légèrement à gauche et au même niveau, l'altitude du chasseur étant de 3.000 pieds *(915 m)*. La cible a été identifiée comme étant un autre He-177, reconnu à nouveau par les mêmes caractéristiques spécifiques. Le chasseur a pris un peu de champ et a fait une attaque à partir de la partie sombre du ciel en utilisant une déflexion d'un demi-diamètre du réticule à 250 yards *(230 m)*. Le moteur gauche de l'avion ennemi a immédiatement pris feu et une autre courte rafale a été envoyée mais le Pilote a été ébloui par la réflexion et n'a plus vu aucun autre impact. Revenant dans la partie sombre du ciel, il a vu l'avion ennemi virer à gauche et perdre de l'altitude par un léger piqué. L'incendie semblait s'étouffer, et d'autres attaques similaires ont donc été effectuées, chacune de 2 à 3 secondes à une altitude de 2.000 pieds *(610 m)*. Des impacts sur tout l'avion ennemi et un flash blanc lumineux au centre du fuselage juste derrière le poste de pilotage ont été aperçus ; l'avion ennemi a ensuite piqué vers la gauche à la verticale et a plongé dans la mer, explosant à l'impact. Des croix noires ont à nouveau été vues, mais ni bombes planantes ni antenne sur le nez de l'avion. Le Mitrailleur arrière de l'avion ennemi a effectué un tir défensif lors de chaque attaque après la première rafale. Un brouillage radar par paillettes de type 'Window' était toujours présent à profusion (mais pas de la cible). Il n'y avait pas de tir de DCA. Le combat a été localisé aux coordonnées Z.4848 à 03h14. La cinémitrailleuse (en mode automatique) a consommé 5 pieds *(1,5 m)* de pellicule. Il a été noté que lorsque la distance a été réduite jusqu'au contact visuel sur les deux avions ennemis, un groupe de 4 à 6 fusées éclairantes blanches est apparu en arrière à une distance de 12 - 15 milles *(19 à 24 km)*. Ces fusées ont brûlé pendant environ 30 secondes.

REVENDICATIONS : 2 He-177 détruits
MUNITIONS : (canons de 20 mm, aucun enrayage)

Canon	Ext. gauche	Int. gauche	Int. droit	Ext. droit
Obus explosif	86	86	86	86
Obus semi perforant	88	88	88	88

En tout : 700 obus tirés.
SIGNATURES
    F/O F. S. STEVENS (R.A.A.F.) - Pilote
    F/O W. A. H. KELLETT (R.A.A.F.) - Observateur
    F/O ARMSTRONG - Officier de Renseignement

Cette double victoire a fait les choux gras du Melbourne Herald qui a publié un article intitulé *"First good Luftwaffe kill to Australians"* le 8 juin 1944. Né à Brunswick dans l'État

de Victoria en Australie, Stevens avait quitté l'Australie le 22 février 1941 pour rejoindre le Canada. Il avait suivi le parcours classique des pilotes au sein du Programme de Formation Aérienne de l'Empire Britannique (Empire Air Training Scheme) avant de terminer sa formation après son débarquement au Royaume-Uni le 15 juillet 1941 : [769]
- 2ème ITS (Initial Training School) à Lindfield, New South Wales, Australie
- 5ème EFTS (Elementary Flying Training School) à Narromine, New South Wales, Australie
- 2ème SFTS (Service Flying Training School) à Ottawa, Canada
- 60ème OTU à East Fortune en Écosse, sur Defiant
- 54ème OTU à Charterhall dans le Berwickshire, sur Beaufighter
- Stevens a reçu la DFC en septembre 1945. [770]

Kellett était né à Melbourne dans l'État de Victoria en Australie. Dans le civil il était guide touristique, employé par l'État de Victoria. Enrôlé dans la RAAF en décembre 1941, il avait suivi le cursus détaillé ci-dessous en Australie avant d'embarquer le 2 novembre 1942 pour le Royaume-Uni : [771]
- 1ère ITS, Somers, Victoria
- 1ère AOS (Air Observers School), Cootamundra, New South Wales
- 3ème BGS (ou BAGS - Bombing and Gunnery School), West Sale, Victoria
- 2ème ANS (Air Navigation School), Nhill, Victoria

Arrivé le 15 décembre 1942 au Royaume-Uni, il passe un court séjour au Centre n°3 de Réception du Personnel de la RAF de Bournemouth, dans le Dorset, avant de probablement passer par la 54ème OTU à Charterhall dans le Berwickshire où il a fait équipe avec son compatriote Stevens.

En prévision de la réaction de la Luftwaffe au débarquement, un GCI devait être opérationnel dès le soir du jour "J" dans chacun des secteurs Britannique (GCI n°15083 près du village de Meuvaines derrière la plage "*Gold*") et Américain (GCI n°15082) de la tête de pont. En tout, trois GCI étaient prévus pour chaque secteur (Britannique : GCI n°15083, 15121 et 15128 ; Américain : GCI n°15072, 15081 et 15082) et trois autres en réserve (GCI n°15119, 15120 et 15122). Tous les personnels de ces GCI étaient de la RAF, même dans le secteur américain. Les deux GCI de chaque secteur après n°15082 et 15083 devaient être fonctionnels à J+6 et J+9. Tous ces GCI comportaient :
- Un radar AMES Type 15 - GCI servant de radar principal, longueur d'onde 1,5 mètres ;
- Un radar AMES Type 11 - CHL/GCI servant de radar de secours en cas de brouillage du Type 15, longueur d'onde 1,5 mètres : les fréquences 500 - 600 Mhz étant

---

[769] Dossier personnel de Stevens, matricule 400739, conservé par l'Australian War Memorial sous la référence AWM65 4841.
[770] London Gazette du 14 septembre 1945.
[771] Dossier personnel de Kellett, matricule 410343, conservé par l'Australian War Memorial sous la référence AWM65 2960

également utilisées par les radars allemands, il était espéré qu'ils ne les brouilleraient pas. Cependant ce radar ne permettait pas d'estimer l'altitude des contacts.
- Certains avaient aussi quelques radars centimétriques (AMES Type 21) pour pallier l'absence d'estimation de l'altitude du Type 11.

Des équipes de guet visuel avec poste radio (Wireless Observer Units - WOU) étaient également prévues pour compléter le travail de détection des GCI, notamment pour les attaques à basse altitude de jour. Dans les faits, le GCI n°15083 a réussi à s'établir partiellement dans la soirée du 6 juin avec un radar AMES Type 11 (CHL), le reste du matériel ayant été débarqué plus loin que prévu. Par contre, le GCI n°15082 n'a pas pu fonctionner car il a subi de lourdes pertes lors du débarquement sur les plages américaines, certains véhicules étant libérés en eau trop profonde pour rejoindre la terre ferme, ou détruits du fait de l'ennemi. Le débarquement de ce GCI était prématuré puisque son emplacement prévu est resté sous contrôle allemand pendant encore deux jours. Une dizaine d'hommes du GCI n°15082 a été tuée et une quarantaine blessée dans ce premier jour de combat sur le continent. Il n'a commencé à fonctionner que le 10 juin avec un radar AMES Type 14, permettant à un chasseur de revendiquer une victoire dès cette première nuit. [772]

Le rapport de combat ci-dessous [773] est un exemple du travail du GCI n°15121 (dont l'indicatif radio était *"Legion"*) en Normandie en coordination avec les chasseurs de nuit de l'Air Defence of Great Britain venus d'Angleterre : [774]

SECRET
RAPPORT PERSONNEL DE COMBAT DU PILOTE
219ème Escadron, Bradwell Bay *[dans l'Essex]*

DONNÉES STATISTIQUES :
Date : Nuit du 10 au 11 août 1944
Unité : 219ème Escadron
Type et version de notre avion : Mosquito XXX avec radar AI Mk. X
Heure de l'attaque : 22h29 et 22h49
Lieu de l'attaque : 10 milles *(16 km)* au sud-ouest du Havre & 15 milles *(24 km)* au sud du Havre.
Météo : Pas de nuages, très bonne visibilité.
Dommages subis : Aucun. *[Voir note en fin de rapport]*
Dommages causés à l'ennemi en vol : 1 Ju-88 et 1 Fw-190, tous deux détruits.
Dommages causés à l'ennemi au sol ou en mer : Aucun.
Rapport du Pilote :

---

[772] Chapitre 23 de la Publication *"Signals"* Volume IV, voir bibliographie.
[773] Rapport de combat conservé sous la référence AIR 50/84/59, TNA. Les sections émetteur/destinataires ont été ignorées.
[774] Le 15 novembre 1943, une partie des unités du Bomber Command et du Fighter Command a été affectée à la nouvelle 2ème Force Aérienne Tactique en vue du retour des Alliés sur le continent. Le Fighter Command a alors repris son ancienne appellation d'avant juillet 1936 "Air Defence of Great Britain". Finalement, le 15 octobre 1944, il est redevenu le Fighter Command.

Le F/Lt Parker, D.S.M., et le F/Sgt Godfrey ont décollé de Bradwell Bay à 21h30 et se sont dirigés sur *[la zone d'attente]* POOL 1. Ils sont revenus se poser à la base à 23h50. Le F/Lt Parker rapporte :

"Je patrouillais 20 milles *(16 km)* au sud-ouest du Havre sous le contrôle de *LEGION*, à Angels 10 *(3.000 m)* quand j'ai été informé qu'il y avait un avion non identifié 20 milles *(16 km)* au nord-est de ma position. J'ai reçu l'ordre de prendre un cap de 080° et de gagner de l'altitude jusqu'à Angels 15 *(4.570 m)*. L'avion non identifié s'est transformé en trois avions non identifiés volant en file indienne à 15.000 pieds *(4.570 m)* et perdant lentement de l'altitude. J'ai reçu l'ordre de prendre un cap de 040° et un peu plus tard de 340°. J'ai presque immédiatement obtenu un contact *[au radar]* à *[une distance de]* 8 milles *(12,8 km)*, légèrement sur la droite et mon Navigateur a pris le relais pour la suite de l'interception. Un contact visuel a été obtenu à une distance de 4 milles *(6,4 km)*. Une fois la distance réduite à 2 milles *(3,2 km)*, l'avion ennemi a été identifié comme étant un Ju-88 qui manœuvrait en "tire-bouchon". Je me suis approché à 200 pieds *(60 m)*, à une vitesse de 270 *[m.p.h.]* *(435 km/h)* au badin, et ayant confirmé l'identification, j'ai tiré une courte rafale de 5° à droite au moment où l'avion ennemi basculait vers la droite. Son moteur droit a immédiatement explosé et pris feu, et l'appareil ennemi est passé sur le dos et est passé en dessous de notre avion. L'incendie s'est propagé au fuselage de l'avion ennemi et il a finalement basculé dans la mer, toujours en flammes, à 10 milles *(16 km)* au sud-ouest du Havre. *[Avant le combat,]* l'avion ennemi volait sur un cap de 300° à 14.000 pieds *(4.265 m)* *[d'altitude]*. Aucun tir défensif ou brouillage de type "Window" n'a été rencontré.

J'ai informé *LEGION*, qui a eu un peu de difficulté à déterminer ma position, mais qui a fini par me localiser quand je leur ai donné ma position *[sic]*. J'ai reçu l'ordre de prendre un cap de 080°, Angels 7 *(2.130 m)* et il m'a été indiqué qu'il y avait un avion non identifié à une distance de 4 milles *(6,4 km)*. J'ai immédiatement obtenu un contact *[au radar]* sur une cible qui zigzaguait en se dirigeant vers l'Est et en perdant lentement de l'altitude. Le Navigateur a pris le contrôle de l'interception et nous nous sommes rapprochés à 1.500 pieds *(460 m)* : un contact visuel a été obtenu à cette distance, droit devant et légèrement plus haut. Je me suis approché à 50 pieds *(15 m)* et j'ai reconnu un Fw-190 équipé d'un réservoir ventral de vol à grande distance. Son altitude était de 6.000 pieds *(4.265 m)* et sa vitesse était de 250 *[m.p.h.]* *(402 km/h)* au badin. J'ai pris du champ à 100 pieds *(30 m)* et j'ai tiré deux courtes rafales directement depuis l'arrière. Des impacts ont été observés sur le fuselage et à l'emplanture des ailes durant la première rafale. Le réservoir supplémentaire a explosé dès la seconde rafale. Le Mosquito a été recouvert d'essence en feu. L'éclairage à rayons ultraviolets [775] est tombé en panne, de même que le radar embarqué. Le Mosquito a brûlé pendant 4 ou 5 secondes et nous avons décroché,

---

[775] Les lampes UV servent d'excitation de la radioluminescence des instruments. Les graduations et les aiguilles des instruments des avions de l'époque étaient recouvertes d'une couche de peinture contenant du radium, un élément chimique radioactif dont la désintégration radioactive donne une forme de luminescence. Ces instruments ne doivent donc pas être manipulés, démontés ou jetés sans précaution.

perdant de l'altitude, mais la maîtrise de l'appareil a été récupérée à 5.000 pieds *(1.525 m)*. L'avion répondait mollement à la commande de la gouverne de direction mais nous nous sommes finalement stabilisés, l'éclairage à rayons ultraviolets est revenu et le radar embarqué a fini par fonctionner à nouveau. L'avion ennemi a été aperçu en train de brûler au sol environ 15 - 20 milles *(24 - 32 km)* au sud du Havre.

Les deux positions ont été confirmées par *LEGION*. Notre avion vibrait considérablement. À notre demande, nous avons été mis sur la piste d'un nouvel avion non identifié mais aucun contact n'a été obtenu car le radar était encore hors service. Nous souhaitions chasser à l'œil nu, mais nous avons été retirés de cette interception et renvoyés à la base.

Une cinémitrailleuse était à bord et s'est déclenchée automatiquement *[lors des tirs]*."

<u>Revendications</u> : 1 Ju-88 détruit et 1 Fw-190 détruit.

<u>Munitions consommées</u> :

    Obus *[de 20 mm]* explosif incendiaire   77 obus

    Obus *[de 20 mm]* semi perforant incendiaire   81 obus

<u>Dégâts subis par le Mosquito</u> : Côté gauche de la gouverne de direction brûlé. La plupart de l'entoilage du nez de l'avion, du côté gauche du fuselage et de l'empennage a brûlé. Avion classé "Catégorie A". [776]

<u>SIGNATURES</u> :

    Parker - D.S.M. - Flight Lieutenant - Pilote - 219ème Escadron, Bradwell Bay

    (illisible) - Flight Lieutenant - Officier de Renseignement - 219ème Escadron

Avant d'être admis dans le cursus de formation des pilotes, Gartrell R. I. Parker s'était engagé dans la RAF en 1934 et avait eu une carrière d'Opérateur radio et de Mitrailleur dans diverses unités, dont l'Aéronavale (Fleet Air Arm - FAA) ce qui lui a valu d'être affublé du surnom "*Sailor*" (marin) pour le reste de sa carrière. Il a repris sa carrière opérationnelle en mars 1944 au sein du 219ème Escadron de chasse de nuit. Il finit la guerre avec neuf victoires revendiquées plus cinq V-1, qu'il partage avec son Opérateur radar, le Warrant Officer Donald L. Godfrey. En plus de sa DSM reçu durant sa "première vie" au sein de la FAA, Parker a obtenu la DFC en octobre 1944 et une agrafe en février 1945, ainsi que l'AFC en juin 1948, [777] tandis que Godfrey a reçu la DFC et la DFM. [778] Après-guerre, Parker a travaillé comme pilote d'essai pour General Aircraft Ltd. puis pour Blackburn et a été tué le 19 février 1963 dans l'accident du Buccaneer XN952.

Preuve que les chasseurs de nuit ouvrent le feu à très courte distance et traversent parfois un nuage d'essence en feu, les cas de Mosquito rentrant à leur base avec leur peinture et leur entoilage brûlés comme celui de Parker et Godfrey ne sont pas rares :
- Le 26 septembre 1943, le Flight Lieutenant M. A. Cybulski, un pilote canadien, et le Flying Officer H. H. Ladbrook, son opérateur radar britannique, du 410ème Escadron

---

[776] Se reporter au glossaire en fin d'ouvrage.
[777] Suppléments de la London Gazette du 21 novembre 1944, du 23 mars 1945 et du 10 juin 1948.
[778] Suppléments de la London Gazette du 24 novembre 1944 et du 23 mars 1945.

détruisent un Do-217 grâce à 122 obus de 20 mm lors d'une mission *Mahmoud* aux Pays-Bas. [779] Leur Mosquito II DZ757 "Q" est entouré par les flammes de l'essence du Dornier et Cybulski est ébloui au point que Ladbrook est obligé de se saisir des commandes pour redresser l'appareil. Malgré les gouvernes en partie brûlées et le moteur gauche en panne, les deux hommes parviennent à poser leur machine sur leur base de Coleby Grange dans le Lincolnshire. Les réparations du Mosquito sont évaluées être de "Catégorie B". [780]

Le Flight Lieutenant M. A. Cybulski et le Flying Officer H. H. Ladbrook posent devant « Q – Queen » qui est dans un piètre état après avoir subi l'épreuve du feu au sens propre. L'antenne émettrice du radar AI Mk IV, normalement présente sur le nez de l'appareil, a été brisée ou démontée avant la photo. (Photos © BAE SYSTEMS)

- Le 12 juin 1944, le Mosquito II DZ256 du Flight Lieutenant Dennis Welfare et du Flying Officer D. B. Bellis, du 239ème Escadron, s'enflamme en passant dans les débris d'un Me-110 qu'ils viennent de canonner près de Paris. Ils ramènent le Mosquito à sa base de West Raynham dans le Norfolk malgré les dégâts, soit presque 500 km. [781]
- Dans la nuit du 24 au 25 mars 1944, un Mosquito NF XVII à radar AI Mark X du 85ème Escadron subit le même sort lorsque les Flying Officers Edward R. Hedgecoe et Norman L. Bamford abattent un Ju-88 près d'Hastings. Hedgecoe ordonne à son Opérateur radar de sauter en parachute, mais il regagne le contrôle de l'avion et annule l'ordre, juste à temps puisque Bamford avait déjà largué la trappe de sortie. Ils parviennent à revenir à leur base de West Malling dans le Kent et les réparations du Mosquito sont classées "Catégorie AC". [782] Hedgecoe avait déjà le badge du Caterpillar Club pour un saut d'urgence en parachute : dans la nuit du 15 au 16 septembre 1943, son Mosquito NF XII à radar AI Mark VIIIA était devenu incontrôlable en tentant de poursuivre un Ju-88 abattu : le Pilote s'était posé à

---

[779] Voir le glossaire en fin d'ouvrage.
[780] Rapport de combat conservé sous la référence AIR 50/141/13, TNA.
[781] Entrée du 12 juin 1944 du Journal de marche de l'Escadron, conservé sous la référence AIR 27/1456/53, TNA.
[782] Rapport de combat conservé sous la référence AIR 50/36/194, TNA.

Appledore, le Navigateur (le Pilot Officer James R. Whitham) avait fait de même à Woodchurch, et le Mosquito s'était écrasé près de Tenterden, dans le Kent.

D'autre part, les Alliés avaient installé des stations GCI flottantes sur trois navires porte-chars (LST - Landing Ship Tank) baptisés Fighter Direction Tenders (FDT), comme cela avait déjà été fait en 1943 pour supporter l'assaut en Sicile (opération *Husky*). [783] Fabriqués aux USA, chacun de ces navires avait été complètement reconfiguré au début de 1944 en Écosse pour accueillir un radar AMES Type 15 (GCI - radar principal) et un radar AMES Type 11 (CHL - radar de secours en cas de brouillage du Type 15), une salle de filtrage, une salle radio, une salle de chiffrement, une salle radar (réception) et une salle pour les contrôleurs aériens, sans compter les locaux techniques. Mesurant cent mètres de long, ces navires étaient facilement reconnaissables à leurs forêts d'antennes radio et radar. L'équipage de chaque FDT était composé de 14 Officiers et 164 Sous-Officiers et Hommes du rang pour la RAF, et de 8 Officiers et 92 Sous-Officiers et Marins pour la Royal Navy. Conçus à la hâte avec des locaux exigus et trop peu de portes pour autant de personnes, l'histoire officielle raconte que les aviateurs avaient rebaptisé les FDT en "*Floating Death Traps*" (pièges mortels flottants) ! Le FDT n°216 couvrait le secteur Américain, le FDT n°217 faisait de même pour le Secteur Britannique et portait également l'Officier supérieur en charge du dispositif (rattaché initialement au 11ème Groupe du Fighter Command), et le FDT n°13 était plus éloigné des plages pour couvrir les voies maritimes utilisées. Le FDT n°217 devait également assurer la coordination des tâches entre tous les FDT et les premiers GCI établis en Normandie. Ces GCI devaient ensuite passer sous le contrôle du 85ème Groupe de la RAF, chargé de la défense de la zone d'invasion, une fois que son QG serait installé dans la tête de pont. Afin de respecter le silence radio absolu imposé à la flotte d'invasion, les FDT n'ont commencé à utiliser leurs radars qu'à partir de 07h25 le 6 juin 1944. [784] En plus de leur travail de jour causant la perte de 52 avions ennemis, dans les vingt nuits qui ont suivi le débarquement en Normandie, ces FDT ont guidé près de 420 chasseurs lors d'interceptions : 267 se sont révélés être des avions alliés, et 24 appareils allemands ont été abattus (plus deux probables). [785] Toutes les stations allemandes de brouillage connues dans la zone du débarquement avaient été détruites par des bombardements ciblés du Bomber Command. Les Allemands ont bien parfois utilisé des bandelettes *Düppel* pour tenter de perturber le travail des FDT mais les radars AMES Type 15 ont plus été gênés par les bandelettes *Window* larguées par des bombardiers alliés rentrant au pays. Fin juin, les GCI étaient suffisamment implantés en Normandie pour libérer les FDT. Le n°13 et le n°216 devaient se rendre en Méditerranée, notamment pour couvrir le débarquement

---

[783] En Sicile, un premier GCI avait été débarqué dès le Jour J et était opérationnel le soir même. Moins d'un mois après, pas moins de sept GCI étaient opérationnels sur l'île, ce qui s'est rapidement avéré surdimensionné, puisque chacun pouvait contrôler simultanément deux interceptions. Rapport n°493 du 4 août 1943 de l'ORS "*The Operation of n°1 MORU and n°101 MARU in Sicily – up to 4 August 1943, i.e. D plus 25*", conservé sous la référence AIR 16/1510, TNA.
[784] Chapitre 23 de la Publication "*Signals*" Volume IV, voir bibliographie.
[785] Annexe 46 de la Publication "*Signals*" Volume IV, voir bibliographie.

en Provence (opération *Dragoon*). Cependant, dans la nuit du 6 au 7 juillet 1944, le FDT 216 a été sévèrement endommagé en Manche par une torpille libérée par un Ju-88, preuve que la Luftwaffe pouvait encore causer des soucis. Cinq hommes de la RAF ont été tués. Ayant chaviré, le FDT 216 a été coulé pour éviter tout risque de collision.

Un des FDT : on voit bien les deux antennes rotatives à l'avant du navire, et les nombreux mâts des antennes radio à l'arrière (photo publiée dans le *"Radar Bulletin"* du 60ème Groupe d'octobre 1945).

Le rapport de combat du 14 juin 1944 du Mosquito HK476 "O" du Flight Lieutenant Walter G. Dinsdale et du Pilot Officer John E. Dunn, de l'Escadrille B du 410ème Escadron (RCAF) (dont nous avons déjà parlé au sujet de leur combat le 5 août 1944) illustre le travail de coopération des FDT avec les chasseurs de nuit : [786]

```
SECRET                                          Référence : n°410/21
            FORMULAIRE 'F' - RAPPORT PERSONNEL DE COMBAT
         410ème Escadron (RCAF), Hunsdon [dans le Hertfordshire]
DONNÉES STATISTIQUES :
Date : 14 juin 1944                   Unité : 410ème Escadron (RCAF)
Type et version de notre avion : Mosquito XIII avec radar AI Mk. VIII
Heure de l'attaque : 23h40
Lieu de l'attaque : 25 milles (40 km) au sud-est de Caen.
Météo : Couverture nuageuse de 20% à 2.000 pieds (600 m) [d'altitude].
Bonne visibilité.
Dommages subis : Aucun.
Dommages causés à l'ennemi en vol : 1 Ju-88 B détruit.
Dommages causés à l'ennemi au sol ou en mer : Aucun.
Pilote : F/Lt Dinsdale (RCAF)         Navigateur : P/O Dunn (RCAF)
Rapport général :
  Nous avons décollé de la base à 22h35 et avons mis le cap sur la
zone d'attente de Chasse n°1 dans la région de la tête de pont Alliée.
Nous y sommes arrivés à 23h20 et avons commencé à tourner en rond. On
nous a donné un cap à suivre au Sud, puis à 100° en suivant la Seine.
Nous avons été prévenus de la présence d'avions ennemis. Nous avons
reçu pour cap 280°, et nous avons rencontré un fort brouillage par
paillettes. Plusieurs contacts [radar] ont été obtenus simultanément.
Le Pilote a obtenu un contact visuel dès que la distance a été de 2.000
pieds (600 m). Il était alors 23h35 et nous volions à une altitude de
```

---

[786] Rapport en annexe du journal de marche de l'Escadron de juin 1944 conservé sur microfilm sous la référence C-12277, BAC.

```
11.000 pieds (3.350 m). Nous nous sommes approchés à 1.000 pieds (300
m) et, avec l'aide des jumelles de nuit Ross, nous avons reconnu un
Ju-88 B avec une bombe planante montée au-dessus du fuselage. Nous nous
sommes approchés un peu plus à 750 pieds (230 m) et légèrement en
dessous. Nous avons ouvert le feu avec une courte rafale. Le poste de
pilotage et l'emplanture de l'aile gauche ont immédiatement pris feu.
L'avion ennemi s'est incliné lentement vers la gauche puis est parti
brutalement dans un piqué très raide en brûlant férocement, laissant
une traînée d'étincelles sur toute sa trajectoire descendante. Il a
heurté le sol avec une explosion terrible, illuminant tout le paysage.
L'avion ennemi a continué à brûler au sol. Le combat a eu lieu à environ
11.000 pieds (3.350 m) [d'altitude], 25 milles (40 km) au sud-est de
Caen, à 23h40. L'avion ennemi n'a pas effectué de manœuvres
échappatoires pendant le combat.
    J'étais sous le contrôle du GCI mobile FDT 217. Nous avons atterri
à la base à 02h00.
Je revendique cet avion ennemi comme détruit.
Utilisation de la cinémitrailleuse : 1 pied (30 cm).
Munitions consommées :
   Obus [de 20 mm] explosif incendiaire         17 obus
   Obus [de 20 mm] semi perforant incendiaire   15 obus
SIGNATURES :
         W. G. Dinsdale - F/Lt
```

Ce que Dinsdale et Dun ont pris pour une bombe planante au-dessus du Ju-88 était en fait un chasseur Me-109 dans lequel se trouvait le seul aviateur allemand de cette combinaison Ju-88 / Me-109, baptisée *Mistel 1* (ou *S-1* pour la version d'entraînement) par la Luftwaffe. Le Ju-88, truffé d'explosifs, était la bombe (et non pas le Me-109). Les deux Canadiens ont donc remporté la première victoire d'un chasseur allié contre un *Mistel* (appartenant probablement au KG101), comme le confirme le bilan des victoires du 410ème Escadron, rédigé en mai 1945, qui porte la mention "*1 composite aircraft (Ju-88 et Me-109)*" pour ce combat. [787] Les *Mistel* ont été utilisés sans grand succès contre la flotte d'invasion alliée.

Quelques mois plus tôt, le 4 février 1944, Dinsdale et Dunn s'étaient fait une énorme frayeur lorsque le Ju-88 qu'ils traquaient avait brusquement changé de trajectoire et avait percuté leur Mosquito. De retour au bercail avec l'hélice droite un peu tordue, ils n'avaient revendiqué qu'un appareil ennemi endommagé, mais l'Officier du Renseignement avait reclassé leur revendication en "appareil détruit" puisque l'Officier de Maintenance de l'Escadron jugeait que les dégâts prouvaient que la dérive ou les plans fixes de l'empennage du Ju-88 avaient été complètement sectionnés. [788]

La DFC pour ces deux aviateurs canadiens a été officiellement publiée le jour de la capitulation allemande. [789]

---

[787] Bilan en annexe du journal de marche de l'Escadron de mai 1945 conservé sur microfilm sous la référence C-12277, BAC.
[788] Rapport de combat de la nuit du 3 au 4 février 1944 conservé sous la référence AIR 50/141/15, TNA.
[789] Supplément de la London Gazette du 8 mai 1945.

Certains Escadrons de chasse de nuit qui n'avaient pas eu jusque-là beaucoup d'opportunités de rencontrer l'ennemi profitent de la campagne de Normandie pour démontrer leurs compétences, comme par exemple le 125ème basé à Hurn, dans le Dorset (Mosquito XVII avec radar AI Mk X) : le tableau ci-dessous montre l'activité aérienne de cette unité en juin 1944, avec le nombre d'avions tenus prêts après avoir subi un vol d'essai (NFT). [790]

Date	NFT	Patrouilles	Remarques
1er juin	13	5 patrouilles et 1 exercice GCI	RAS
2 juin	15	5 patrouilles et 2 exercices GCI	RAS
3 juin	12	7 patrouilles et 2 exercices GCI et projecteurs	RAS
4 juin	13	6 patrouilles	RAS
5 juin	15	14 patrouilles	RAS
6 juin	17	15 patrouilles	RAS
7 juin	20	12 patrouilles	P/O W. J. Grey blessé par les tirs d'un avion ennemi qu'il tentait d'intercepter
8 juin	19	6 patrouilles	RAS
9 juin	16	12 patrouilles	RAS
10 juin	17	12 patrouilles	RAS
11 juin	14	14 patrouilles	RAS
12 juin	15	13 patrouilles	RAS
13 juin	14	13 patrouilles	RAS
14 juin	16	13 patrouilles + 2 exercices d'interception	RAS
15 juin	7	2 patrouilles et 2 exercices d'interception	RAS
16 juin	?	15 patrouilles et 2 exercices d'interception	RAS
17 juin	17	12 patrouilles	RAS
18 juin	16	12 patrouilles et 2 exercices d'interception	**2 Ju-88 détruits** par W.Cdr J. G. Topham et F/Lt H. W. Berridge
19 juin	12	13 patrouilles	1 Mosquito endommagé par la Flak
20 juin	6	12 patrouilles	**1 Ju-88 endommagé** par F/O R. C. Daly et F/O J. Horsley sous contrôle du FDT 13
21 juin	14	13 patrouilles	1 Mosquito endommagé par la Flak

---

[790] Journal de marche de l'Escadron de juin 1944 sous la référence AIR 27/923/11, TNA.

Date	NFT	Patrouilles	Remarques
22 juin	12	12 patrouilles	**5 Ju-88 détruits** (trois par F/O W. J. Grey et F/O A. Millar, 2 par S/Lt M. H. J. Petrie et Lt F. A. Noyes) et **1 endommagé** par F/O E. M. Gosse et P/O A. W. Bates. 1 moteur de Mosquito à remplacer et 1 autre Mosquito endommagé par des tirs
23 juin	14	12 patrouilles	**1 Ju-88 détruit** par F/Lt R. W. Leggett et F/O R. J. Midlane
24 juin	13	14 patrouilles	**2 Ju-88 détruits** par S/Ldr E. G. Barwell et F/Lt D. A. Haigh ; P/O W. A. Beadle et F/O R. A. Pargeter
25 juin	13	6 patrouilles	**1 Ju-88 détruit** par F/Lt Simcock et P/O N. E. Heijne
26 juin	12	1 vol de test météo	Très mauvaise météo
27 juin	15	13 patrouilles	RAS
28 juin	1	8 patrouilles	RAS
29 juin	11	12 patrouilles	RAS
30 juin	13	2 patrouilles	RAS

Début juin, cet Escadron revendiquait 26 avions abattus, 4 probablement détruits et 14 endommagés. Fin juin, ce score était passé à 37 avions abattus, 4 probablement détruits et 16 endommagés.

Les efforts consacrés entre 1940 et 1944 pour améliorer les matériels de chasse de nuit et les compétences des équipages portent pleinement leurs fruits en cet été 1944. En juillet et août, les Escadrons de chasse de nuit du 85ème Groupe (chargé de la défense aérienne de la tête de pont alliée en Normandie) parviennent à transformer 70% des contacts radar air-air en contacts visuels. Le premier graphe page suivante détaille les raisons pour lesquelles près d'un tiers des contacts radar obtenus par les chasseurs sont perdus en juillet 1944 (322 contacts radar à 217 contacts visuels) : [791]

---

[791] Graphe de l'auteur à partir des données du rapport du 6 août 1944 du 85ème Groupe conservé page 182 dans les Annexes du Journal de marche du 604ème Escadron, sous la référence AIR 27/2086, TNA. Les données complètes pour juillet et août sont détaillées en Annexe 6.

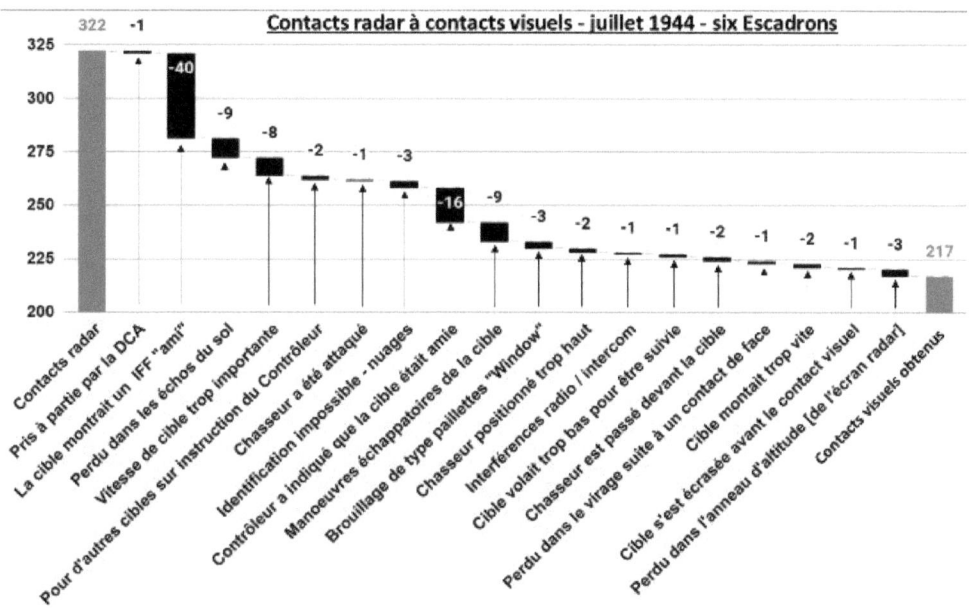

Le second graphe ci-après montre les raisons pour lesquelles certains contacts visuels ne sont pas transformés en revendication de destruction d'un avion ennemi (217 contacts visuels à 36 revendications de destruction) : [792]

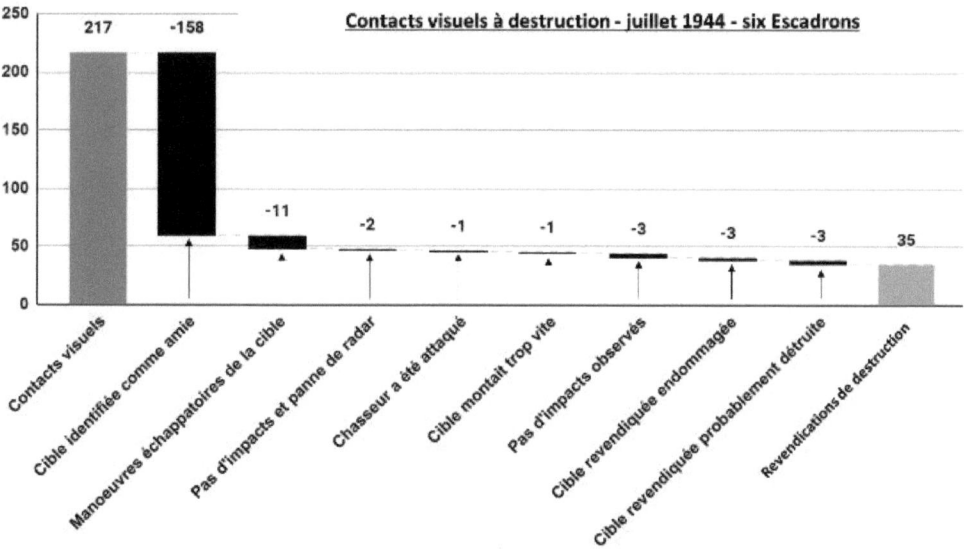

---

[792] Graphe de l'auteur à partir des données du rapport du 6 août 1944, op. cit.

La collaboration entre scientifiques et militaires qui avaient commencé avant la guerre pour le développement et la mise en œuvre de la nouvelle technologie qu'était le radar a été poursuivie par l'analyse détaillée des rapports de combat et des rapports de contact radar. Ce sont des spécialistes de statistiques, sous le patronage de la Section d'Analyse Opérationnelle (ORS - Operational Research Section) du Fighter Command qui suggéraient parfois des améliorations qui ne devenaient évidentes que grâce à un travail minutieux de collecte des données et d'interprétation. [793] Cependant, pour que les analyses ne soient pas faussées, il faut que tous les contacts fassent l'objet d'un rapport, ce que certains opérateurs radar rechignaient à faire. Les Escadrons sont donc relancés régulièrement, les Notes de Service à ce sujet indiquant bien que le but n'est pas de blâmer les Opérateurs pour les contacts perdus, mais d'en tirer les leçons. [794]

Avant même que les rapports de contact radar ne soient étudiés ainsi, un opérateur radar expérimenté, ayant le titre de "Navigator (Radar) Leader" pour son Escadrille était chargé de relire chaque rapport et d'y apporter ses commentaires, critiques et suggestions. On trouve souvent des félicitations pour un bon travail lors d'une interception difficile, parfois une suggestion d'approcher l'avion ennemi d'une autre façon afin de ne pas être repéré trop vite, et quelquefois une touche d'humour ou d'ironie, comme quand le Flying Officer Maurice F. Newton, DFC et agrafe, du 604ème Escadron explique qu'il a perdu le contact radar d'un avion qui a piqué soudainement d'une altitude de 760 mètres et a disparu de son écran en passant sous 215 mètres d'altitude : le "Navigator (Radar) Leader" a écrit le commentaire suivant : *"Quand le contact a été perdu, l'avion-cible devait se trouver à une altitude dangereusement basse (s'il n'était pas en fait sous terre)."* [795] Newton était un opérateur radar expérimenté ; avec son pilote, le Flight Lieutenant Reginald John Foster, il avait abattu trois Ju-88 en moins d'une heure dans la nuit du 1er au 2 janvier 1945, ce qui leur avait valu de recevoir une seconde fois la DFC. [796] Les deux hommes ont fini la guerre avec neuf victoires revendiquées ensemble, et une de plus pour Newton avec un autre pilote.

---

[793] Les lecteurs intéressés par ce sujet pourront se référer à l'ouvrage officiel *"The origins and development of Operational Research in the Royal Air Force"*, publié par Her Majesty's Stationary Office en 1963.
[794] Par exemple, Note de Service *"Reporting of lost contacts"* du 29 août 1944 du 85ème Groupe conservée page 184 dans les Annexes du Journal de marche du 604ème Escadron, sous la référence AIR 27/2086, TNA.
[795] Rapport de contact de la mission du 1er au 2 mars 1945 (Pilote Reginald J. Foster, indicatif radio *Bateman 30*) conservé page 226 dans les Annexes du Journal de marche du 604ème Escadron, sous la référence AIR 27/2086, TNA.
[796] Rapport de combat conservé sous la référence AIR 50/168/6, TNA ; et supplément de la London Gazette du 23 février 1945

A.7.8 - Un épisode particulier de la guerre aérienne : la chasse aux V-1 'by night'

Le 13 juin 1944, les premiers V-1 explosent en Angleterre. Le Journal de Marche du 96ème Escadron (Mosquito NFXIII) basé à West Malling dans le Kent, puis à Ford dans le Sussex de l'Ouest, enregistre cet événement de la façon suivante : [797]

"Et bien, que va-t-il arriver ensuite ! À 03h42, le message d'Alerte Rouge d'Attaque Aérienne a été diffusé, puis la Fin d'Alerte à 04h00. À 04h15, l'Alerte Rouge a été diffusée à nouveau et cette fois la nouvelle est parvenue de Biggin [Hill dans le Kent] que les Boches envoyaient une sorte d'avions sans pilote, son arme secrète peut-être ! À peu près 15 à 20 de ces avions étranges sont arrivés en deux vagues. La cible est probablement Londres mais la plupart ont viré avant d'atteindre la capitale. À 05h00, le F/Lt. Mellersh était juste en approche pour se poser quand il en a aperçu un traverser l'aérodrome à [une altitude de] 1.500 pieds (460 m), allant très lentement et avec une lueur jaune clignotante au niveau de l'arrière.[798] Un autre a survolé l'aérodrome à peu près à la même altitude et s'est écrasé à environ 5 milles (8 km) au Sud."

Dès le 16 juin, le même Journal de Marche utilise l'appellation de *"robot bomber"* (bombardier robot) pour les V-1. Cet Escadron s'est rapidement retrouvé impliqué dans la chasse au V-1 et les deux premières victoires sont enregistrées le lendemain, une chacun pour le Squadron Leader Parker-Rees et le Flight Lieutenant Ward. Avec une envergure de 5,4 mètres et une longueur de 8,3 mètres la cible offerte par un V-1 était petite.

Le graphe ci-dessous montre la contribution du 96ème Escadron à cette chasse aux *'robot bombers'* entre le 17 juin et le 31 août 1944. [799]

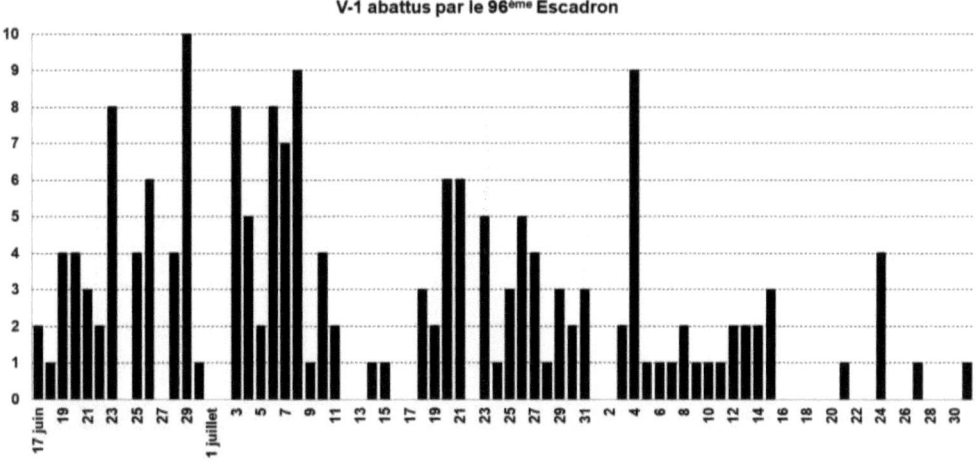

V-1 abattus par le 96ème Escadron

---

[797] Entrée du 13 juin 1944 du Journal de Marche conservé sous la référence AIR 27/765/11, TNA.

[798] Cette lueur est celle émise par le pulsoréacteur Argus 109 dont le bruit particulier a donné le surnom de *'buzz bomb'* au V-1.

[799] Graphe de l'auteur à partir des données du Journal de Marche conservé sous les références AIR 27/765/11 à 15, TNA. Les V-1 détruits recensés des entrées journalières ne s'additionnent pas toujours bien avec les récapitulatifs du Journal de Marche: par exemple, le 23 juin, le Journal de Marche indique que le total est de 24 V-1 détruits mais on n'en trouve que 22 dans les entrées des jours précédents.

Sur cette période, avec ces 176 bombes volantes détruites (sans compter les probables ou endommagées), cet Escadron a à lui seul abattu quasiment 10% de tous les V-1 mis au tapis par des chasseurs. Si le 96ème remporte d'importants succès contre les V-1, le prix à payer est élevé puisque neuf Mosquito sont détruits, huit aviateurs et un mécanicien sont tués sur cette période :

25 juin : L'avant du Mosquito MM.499 du Commandant de l'Escadron, le Wing Commander E. D. Crew, s'ouvre en vol pendant la poursuite d'un V-1. Les deux aviateurs sautent en parachute, le Warrant Officer W. R. Croysdill d'une altitude de 2.135 m et se blesse à la cheville en se posant, Crew quitte l'avion à 1.525 m et s'en sort sans une égratignure. Le Sergent Bernard L. Jaeger remplace Croysdill lorsque le Wing Commander Crew revole à la fin du mois. Une fois remis, Croysdill a repris du service fin juillet.

10 juillet : Le Warrant Officer Stephens et le Flying Officer Bradshaw ramènent leur Mosquito MM.495 sur le seul moteur gauche et se posent sur une seule roue. L'équipage est indemne mais l'avion est détruit.

18 juillet : Le Squadron Leader Parker-Rees et le Flight Lieutenant Bennett sont obligés de sauter en parachute à 03h33 du matin alors qu'ils poursuivaient leur troisième V-1 de la nuit au-dessus de la Manche. Ils ont peut-être été abattus puisque Parker-Rees dit avoir vu des munitions traçantes juste avant l'incident. Les deux aviateurs passent six heures dans leur dinghy avant d'être sortis du bouillon par le destroyer HMS Obedient. Leur Mosquito MM.511 est perdu. Ils avaient aperçu leur premier V-1 volant au nord d'Abbeville avant de le descendre à 02h13 au milieu de la Manche entre Wissant et Folkestone. Le second a explosé à peine sept minutes plus tard en étant tiré, comme le premier, d'une distance de 275 mètres. [800]

26 juillet : Le Mosquito MM.468 du Flight Sergeant Thomas Bryan et du Sergent Bernard L. Jaeger est porté manquant. Les deux hommes n'ont jamais été retrouvés. L'un des Mosquito envoyés à leur recherche a des ennuis de moteur et est touché par la DCA britannique placée au niveau de la côte pour intercepter les V-1. Le Lieutenant Richards parvient à se poser tant bien que mal à Friston dans le Sussex de l'Est avec les deux hélices en drapeau. Lui et le Lieutenant Baring s'en sortent indemnes mais le Mosquito MM.494 est détruit.

30 juillet : À 04h57, le Flying Officer James D. Black et le Flight Sergeant Leslie W. Fox envoient un message radio indiquant qu'ils doivent sauter en parachute au-dessus de la Manche, peut-être après avoir été touché par la Flak de deux navires. Les deux hommes n'ont jamais été retrouvés. Le Mosquito du Wing Commander E. D. Crew et du Flying Officer O. D. Morgan qui les cherche

---

[800] Données du rapport de combat *'Consolidated Diver combat report"* conservé sous la référence AIR 50/41/120, TNA.

à l'aube est lui aussi touché par la Flak : un impact directement derrière le poste de pilotage détruit la radio, perce le circuit hydraulique et rend les instruments de vol inopérants. Crew parvient à ramener le Mosquito à Friston et le pose sur une seule roue : l'avion est détruit mais les deux aviateurs sont indemnes.

1er août : Un épais brouillard de mer envahit les terres et les Flying Officers Raymond F. Ball et Frederick G. Saunders sont tués en essayant de se poser de nuit sur l'aérodrome de Ford dans le Sussex de l'Ouest. Le Mosquito MM.562 est détruit. Le Leading Aircraftman Charles L. Allen est également tué, peut-être en cherchant à porter secours.

14 août : Le Mosquito du Flight Sergeant Leslie R. Read et du Warrant Officer William C. A. Gerrett décolle à 45° de la piste pour une raison inconnue et percute un bâtiment. L'avion prend feu et les deux hommes sont tués.

Les radars au sol sont capables de détecter les V-1 en moyenne à une distance d'une soixantaine de kilomètres [801] mais la vitesse de ces engins rend les radars embarqués peu utiles, sauf pour vérifier l'écart entre chasseur et proie. Il est un peu paradoxal de voir que les équipages des chasseurs de nuit qui ont passé quatre années de guerre à apprendre à manipuler et interpréter la technologie nouvelle du radar et à chercher des avions qui camouflaient soigneusement toute source lumineuse, se retrouvent laisser leur radar de côté pour poursuivre des V-1 à la lueur de leur moteur. Deux équipages exploitent à fond cette technique en abattant respectivement six et sept V-1 en une seule nuit :

- Dans la nuit du 7 au 8 juillet 1944, le Mosquito HK.379 du Squadron Leader Chudleigh et du Flying Officer Ayliffe décolle à 23h00 de Ford et revient à 00h30. Une fois l'avion et les aviateurs ravitaillés, il redécolle à 3h15 et se pose à 5h24. Lors de chacune de ces deux sorties, trois V-1 sont abattus (à 23h30, 23h50, 00h05, 4h30, 4h35 et 5h00). [802]
- Le Mosquito MM.577 du Flight Lieutenant Mellersh et du Flying Officer Stanley décolle à 00h25 de Ford et revient à 03h05 dans la nuit du 4 au 5 août 1944. Ils ont abattu leurs V-1 en 90 minutes au large du cap de Dungeness dans le Kent aux heures suivantes : 01h15, 01h25, 01h50, 02h10, 02h20, 02h45 et 01h22 (?). [803]

Les 85 et 157èmes Escadrons qui avaient été affectés au 100ème Groupe du Bomber Command pour protéger les quadrimoteurs de la RAF sont rappelés en urgence de mi-juillet à fin août 1944 pour contrer la menace des V-1. Le 85ème Escadron revendique 33

---

[801] Chapitre 26 de la Publication *"Signals"* Volume IV, voir bibliographie.
[802] Rapport de combat et annexe du Journal de Marche conservés respectivement sous les références AIR 50/41/95 et AIR 27/765/14, TNA.
[803] Rapport de combat et annexe du Journal de Marche conservé respectivement sous les références AIR 50/41/189 et AIR 27/765/15, TNA. L'annexe indique 00h35 pour l'heure de décollage. L'heure du dernier V-1 abattu n'est pas vraiment lisible.

V-1 abattus. [804] Les aviateurs ont rapidement développé la meilleure technique possible pour rattraper les V-1. Début juillet 1944, le 157ème Escadron la décrit ainsi : *"Après un peu d'expérimentation pour cette tâche, il a été déterminé que la meilleure méthode est de patrouiller à une altitude supérieure de 2.000 à 3.000 pieds (600 à 900 m) à celle du Diver, et d'effectuer un virage en piqué de façon à gagner une vitesse suffisante pour le rattraper. La lueur émise par le groupe propulsif est visible de 10 à 15 milles (16 à 24 km) de distance. Les avions de l'Escadron [Mosquito XIX] sont désormais équipés d'échappements améliorant la vitesse et ils utilisent de l'essence à indice d'octane 150 : la pression d'admission est accrue à 25 livres par pouce carré (1,7 bars)."* [805] Cet emploi d'essence jusqu'alors réservée aux chasseurs de jour est de courte durée : le 12 juillet, les moteurs des Mosquito XIX sont re-réglés pour de l'essence à indice d'octane 100 et les pare-flammes qui avaient été démontés pour gagner un peu de vitesse sont remis en place.

Les appareils bimoteurs de chasse de nuit de la RAF ne sont pas les seuls à tenter d'intercepter les bombes volantes. Puisqu'il est facile de repérer les flammes du moteur d'un V-1 la nuit, de nombreux monomoteurs sont envoyés en patrouille, la principale difficulté restant de juger correctement la distance à laquelle il faut ouvrir le feu : trop loin, des munitions sont gaspillées en vain ; trop près c'est risquer d'être pris dans l'explosion. Les Mosquito se voient parfois obligés de partager leurs victoires avec les Tempest du 501ème Escadron, comme le note le Journal de marche du 157ème Escadron le 28 juillet 1944 : *"Le Flight Lieutenant E. J. Stevens a partagé la destruction d'un Diver avec un Tempest. Ce n'est pas la première occasion durant laquelle plus d'un chasseur intercepte un Diver. Les projecteurs de guidage sont aussi patrouillés par des Tempest, et en fait il y a souvent une affreuse mêlée de plusieurs chasseurs après le même V-1."* [806] Le Squadron Leader Joseph Berry sur Hawker Tempest devient un expert dans cet art difficile, avec plus de cinquante V-1 revendiqués, la plupart de nuit, ce qui lui vaut de recevoir une deuxième agrafe à sa DFC. Son rapport de combat du 13 août est traduit ci-dessous : [807]

SECRET

RAPPORT DE COMBAT 'DIVER' CONSOLIDÉ

501ème Escadron

Base de la R.A.F. de Manston dans le Kent

S/Ldr J. Berry. Heures de la patrouille : 22h25 à 23h10 le 13 août.

1 Diver détruit.

Alors que je patrouillais au nord d'Hastings [dans le Sussex de l'Est], un Diver a été vu approchant sur un cap au 340° à 1.800 pieds (550 m) [d'altitude] à 330 m.p.h. (531 km/h). Je me suis

---

[804] Page 63 du rapport *"100 Group: review of operations from Nov. 1943 to May 1945"*, conservé sous la référence AIR 14/2911, TNA.

[805] Entrée du 3 juillet 1944 du Journal de marche conservé sous la référence AIR 27/1046/11, TNA. Le sobriquet *"Diver"* est devenu le mot-code pour les V-1 en raison de leur plongée finale quand le moteur s'arrête (to dive = piquer). Un autre surnom des V-1 était *"Doodlebugs"* (hannetons).

[806] Entrée du 28 juillet 1944 du Journal de marche conservé sous la référence AIR 27/1046/11, TNA.

[807] Rapport de combat conservé sous la référence AIR 50/162/4, TNA.

> rapproché et j'ai tiré des rafales d'une distance se réduisant de 250 à 50 yards *(230 à 45 m)* depuis l'arrière. J'ai observé des impacts à deux reprises sur le *Diver*. J'ai été obligé de dégager à cause de ballons de barrage alors que le *Diver* se trouvait à 1.200 pieds *(365 m)* [d'altitude] et volant à une vitesse de 280 m.p.h. *(451 km/h)*. Le *Diver* s'est écrasé et a explosé à 22h55 près de Sevenoaks.
> SIGNATURE : J. Berry. - S/Ldr. - Pilote - 501ème Escadron

La veille, Berry avait abattu deux V-1 durant deux patrouilles : une de 22h20 à 00h05 et une de 04h10 à 06h30. On peut facilement imaginer que la fatigue était potentiellement le plus grand facteur de risque lors de ces missions répétitives. Pilote de chasse de nuit accompli, avec une grande expérience opérationnelle sur Defiant et Beaufighter lui ayant valu de recevoir la DFC à deux reprises, Berry avait été affecté à la FIU en 1944. Placé fin août de la même année à la tête du 501ème Escadron (sur Tempest), Berry a été abattu par la Flak lors d'une mission offensive aux Pays-Bas le 2 octobre 1944. Il repose au cimetière de Scheemda aux Pays-Bas. La DFC lui a été accordée un troisième fois à titre posthume en 1946.[808]

Le Flying Officer Régis Deleuze, un Français ayant rejoint la RAF en 1940 alors qu'il venait tout juste d'avoir 18 ans, fait partie des pilotes de Tempest V sous les ordres du Squadron Leader Berry. Il a abattu en tout huit V-1, la plupart de nuit. Dans la nuit du 14 au 15 octobre 1944, il envoie deux V-1 au tapis coup sur coup :[809]

> **SECRET**
> **RAPPORT DE COMBAT 'DIVER' CONSOLIDÉ**
> 501ème Escadron
> F/O DELEUZE - TEMPEST V - En patrouille de 01h38 à 02h35 le 15 octobre 1944.
> REVENDICATION : 2 DIVERS détruits.
> J'étais sous le contrôle de Trimley [*Heath GCI dans le Suffolk*] en patrouille à 5.000 pieds *(1.525 m)* [*d'altitude sur la ligne*] "A" des projecteurs au sol. J'ai aperçu un *Diver* plus bas, pris dans les [*faisceaux des*] projecteurs et subissant les tirs des canons de DCA. Je me suis mis en position d'attaque par l'arrière. Le *Diver* se déplaçait à 400 m.p.h. *(531 km/h)* sur un cap à 270°. J'ai effectué deux attaques, avec une longue rafale à courte distance lors de la seconde. J'ai observé des impacts et le *Diver* a pris feu et a commencé à perdre de l'altitude. Il s'est finalement écrasé et a explosé au sol à 01h52 aux coordonnées M.42.[810]

---

[808] Supplément de la London Gazette du 12 février 1946.
[809] Rapport de combat conservé sous la référence AIR 50/162/14, TNA. La section "émetteur - distribution" a été omise.
[810] Ces coordonnées incomplètes correspondent à un grand espace dans l'Essex.

> J'ai aperçu le second *Diver* 3 milles *(4,8 km)* au nord-est *[sur la ligne]* "A" des projecteurs au sol. Il a viré dès qu'il est sorti de la zone défendue par les canons de DCA et s'est stabilisé sur un cap de 290° au compas à 500 - 800 pieds *(150 - 245 m) [d'altitude]* et se déplaçant à 275 m.p.h. *(443 km/h)*. Je lui ai mis une rafale de 3 secondes d'une distance de 200 yards *(230 à 45 m)* et j'ai observé des impacts. Il a chuté et a explosé au sol à 02h08 aux coordonnées M.33. [811]
> SIGNATURE : R. C. Deleuze - Flying Officer - Pilote - 501ème Escadron

Comme son chef, Deleuze a eu une fin tragique, abattu par la Flak à Verkhoven aux Pays-Bas en février 1945.

Les poursuites de V-1 n'étaient pas sans risques : le vol de nuit à grande vitesse à basse altitude, les débris de l'explosion des cibles et la proximité des zones de barrages de ballons ou de DCA ont causé bien des accidents dont les deux exemples ci-après : [812]

Dans la nuit du 17 au 18 juillet 1944, le Wing Commander Christopher H. Hartley aperçoit un V-1 et met son Tempest EJ530 en piqué pour le rattraper, sans savoir que le Mosquito XIII HK471 du 264ème Escadron, probablement parti d'une altitude un peu supérieure, poursuivait cette même cible. Les deux avions se sont percutés, et seul le pilote du Tempest est parvenu à sauter en parachute, se blessant aux chevilles lors de l'impact avec le sol. Les Sergents Maurice F. Hoare et Edward L. Bishop avaient respectivement 21 et 26 ans. Hartley a poursuivi une brillante carrière au sein de la RAF, jusqu'au poste de Chef d'État-Major en Second avec le rang d'Air Marshal au milieu des années soixante.

Le second exemple n'a occasionné qu'un blessé léger : [813]

> **OPREP *[RAPPORT D'OPÉRATIONS]* 'A' n°1 pour les 24 heures se terminant au coucher du soleil le 15 novembre 1944**
> L'avion n°32 (W/Cdr Mitchell et F/O Cox) du 25ème Escadron a décollé à 17h21 pour patrouiller sous *[le contrôle du GCI de]* Trimley. L'équipage a aperçu le lancement de 7 'Divers' [par des Heinkel 111 au-dessus de la mer du Nord. Alors que le chasseur volait à 150 - 200 pieds *(45 - 60 m) [d'altitude]*, il a obtenu un contact *[radar]* en 'freelance' qui a disparu pendant la poursuite. Un autre contact *[radar]* très faible a été établi mais il s'est effacé. Plus tard, alors qu'il volait sous les

---

[811] Ces coordonnées incomplètes correspondent à un grand espace dans l'Essex.
[812] Journal de marche du 264ème Escadron du mois de juillet 1944 conservé sous les références AIR 27/1553/93 et 94, TNA ; et page 119 du livre de Jeremy Howard-Williams (voir bibliographie). Le Journal de marche mentionne une collision durant l'attente sur balise, alors que Howard-Williams évoque la poursuite conjointe d'un V-1.
[813] Extrait du rapport d'opérations "OPREP 'A'" conservé page 6 des annexes du Journal de Marche du 25ème Escadron sous la référence AIR 50/313, TNA.

```
nuages entre 1.500 et 2.000 pieds (450 à 600 m) [d'altitude],
juste au large du trait de côte, sur un cap à 285° comme demandé
par le Contrôleur de Trimley, l'avion a été touché par notre
propre DCA. Le Navigateur a sauté en parachute à 19h32 aux
coordonnées G.8002 et le Pilote a fait de même à 19h56 aux
coordonnées M.4702. 814
Type et version de notre avion : 1 Mosquito XXX avec radar AI
Mk X
Dommages subis : Avion détruit (pas du fait de l'ennemi) par
notre DCA.
Équipage indemne.
Dommages causés à l'ennemi en vol : Aucun
Munitions consommées / perdues : 700 obus de 20 mm
```

Si Cox s'en sort indemne, le Wing Commander Mitchell souffre d'une cheville foulée. La météo était très mauvaise cette nuit-là, avec des averses de pluie, de glace et de neige. Le Journal de marche conclut philosophiquement que *"comme si les dangers naturels ne suffisaient pas, les gens de zone de défense de la DCA ont eu la gâchette facile et se sont défoulés en tirant sur le W/Cdr L. J. C. Mitchell et le F/Lt D. L. Cox, les obligeant à sauter en parachute."*

Peu à peu, l'avancée des Alliés sur le continent repousse les bases de lancement des V-1 et celles qui restent à portée de tir de l'Angleterre voient leur efficacité réduite par les bombardements. Les Allemands trouvent alors comme alternative de monter un V-1 sous l'aile d'un bombardier He-111 et de lancer le missile depuis la mer du Nord. Voler de nuit au ras des flots permettait aux Heinkel d'échapper aux radars britanniques, mais la moindre inattention du pilote ou la moindre faiblesse d'un moteur pouvait s'avérer catastrophique. Les He-111 n'étaient détectables que pendant environ sept minutes lorsqu'ils prenaient un peu d'altitude pour lancer leur V-1, et la RAF a donc mis des patrouilles de Mosquito en place pour intervenir au plus vite avant la fin de la fenêtre de tir. [815] Parfois c'est la lueur de départ du V-1 qui trahit la position de l'avion lanceur, et l'équipage du Mosquito est alors face à un dilemme : tenter de rattraper le V-1 et laisser filer le bombardier ou l'inverse. Même une fois le contact visuel établi, un Mosquito au bord de la vitesse de décrochage avait bien du mal à se placer correctement pour tirer un He-111 volant lentement et les pilotes allemands savaient profiter de la moindre nappe de brume de mer pour disparaître. Quelques Beaufighter avec radar AI Mk VIII de l'Escadron de Développement de l'Interception de Chasse (nouveau nom de la FIU après l'été 1944) ont repris momentanément du service pour voir si leur vitesse de décrochage

---

[814] Le Journal de marche, conservé sous la référence AIR 27/307/21, TNA, indique que les deux hommes ont sauté près de Thetford, Norfolk.
[815] Page 148 du livre de Jeremy Howard-Williams (voir bibliographie).

moins élevée que celle du Mosquito leur donnait un avantage. [816] L'Amirauté a également profité de ces patrouilles pour tester les capacités de ses Fairey Firefly de chasse de nuit.

Nous avions rencontré les Flying Officers australiens Fred Stevens et Andy Kellett du 456ème Escadron en évoquant les opérations de protection de la flotte alliée du débarquement, Nous les retrouvons ici lors d'une de ces patrouilles nocturnes anti-He-111 & V-1. Leur rapport de combat est traduit ci-dessous : [817]

> F/O F. S. STEVENS (R.A.A.F.) - Pilote
> **SECRET**
> F/O W. A. H. KELLETT (R.A.A.F.) - Observateur
> **RAPPORT PERSONNEL DE COMBAT DU PILOTE**
> 456ème Escadron (R.A.A.F.)
> Base de la R.A.F. de Ford dans le Sussex
> **DONNÉES STATISTIQUES :**
> Date : 25 novembre 1944
> Type et version de notre avion : 1 Mosquito XVII avec radar AI Mk X
> Heure de l'attaque : 05h10
> Lieu de l'attaque : Environ 10 milles *(16 km)* à l'ouest de l'île du Texel
> Météo : Très sombre, pas de nuages
> Dommages subis : Aucun.
> Dommages causés à l'ennemi en vol : 1 He-111 détruit
> Dommages causés à l'ennemi au sol : Aucun
> Rapport général :
> Le F/O F. S. STEVENS (R.A.A.F.) - Pilote - et le F/O W. A. H. KELLETT (R.A.A.F.) - Observateur - ont décollé de Ford à 03h00 et se sont posés à 06h25. Ils patrouillaient sous le contrôle du GCI Bawdsey (FROGSPAWN 2) *[dans le Suffolk]* à 2.500 pieds *(760 m)* quand ils ont aperçu des bombes volantes sur un cap allant vers l'Ouest. Après les avoir signalés, ils ont reçu l'ordre de faire cap au Nord. Ils avaient juste viré sur ce nouveau cap quand trois à quatre flashs lumineux ont été vus juste au-delà de l'aile droite, environ 1.000 pieds *(300 m)* plus bas, et FROGSPAWN a simultanément signalé un avion non identifié à l'Est. Le Pilote a viré à droite et a piqué à 1.500 pieds *(460 m)*. À 04h45, l'Observateur a obtenu deux contacts *[sur son radar]* sur la gauche, tous à peu près à 2 milles *(3,2 km)* de

---

[816] Voir par exemple le rapport de combat du 4 novembre 1944 conservé sous la référence AIR 50/468/1, TNA.

[817] Rapport de combat conservé sous la référence AIR 50/157/86, TNA. La section "émetteur - distribution" a été omise.

distance. Le contact le plus proche a été retenu : il semblait voler vers l'Est et effectuer des manœuvres échappatoires. Le Mosquito est descendu à 500 pieds *(150 m)* en chasse. Le GCI a été informé de cette poursuite mais il semble que le message n'ait pas été reçu du fait de la faible altitude du chasseur. La cible s'est stabilisée sur un cap moyen de 060° au compas à 500 pieds *(150 m)*, avec le Mosquito derrière, tout en louvoyant continuellement d'au moins 30° de chaque côté et en changeant en même temps d'altitude. En se rapprochant très lentement (car l'écran C était hors service), [818] un contact visuel a été obtenu à 800 pieds *(245 m)* mais il a été immédiatement perdu avant une identification car la cible a effectué un violent virage vers la droite. Le Mosquito a fait un demi-tour et le contact *[radar]* a immédiatement été retrouvé. Après dix minutes, le contact visuel a été rétabli ; il n'y avait pas de nuages, mais la nuit était très sombre. À une distance de 800 pieds *(245 m)*, la cible a ouvert le feu à deux reprises sans atteindre le chasseur, et à une distance de 600 pieds *(180 m)*, elle a été identifiée comme étant un He-111 grâce à ses différentes caractéristiques particulières.

À une distance de 600 pieds *(180 m)*, le Pilote a ouvert le feu avec une rafale de deux secondes. Le moteur gauche a immédiatement pris feu, et en se rapprochant à 150 pieds *(45 m)* une nouvelle rafale de deux secondes a été tirée qui a semblé passer directement à travers le fuselage. À la lumière des flammes, il a été possible de voir que la dérive et la gouverne de direction portaient un camouflage gris pâle mat particulier. Le Mosquito a pris du champ vers la droite en passant très près de l'avion ennemi qui a été observé entamer un léger piqué, les flammes du moteur gauche gagnant du terrain. L'avion ennemi a touché l'eau et l'épave a rebondi sur la surface en laissant la mer en feu. La cinémitrailleuse a fonctionné automatiquement durant les attaques et elle a aussi été activée indépendamment pour filmer l'épave en feu.

Le combat a eu lieu à une altitude de 900 pieds *(275 m)*, le Heinkel volant à 170 *[m.p.h.]* *(274 km/h)* au badin, ayant pris de l'altitude et de la vitesse à partir de 500 pieds *(245 m)* et 140 *[m.p.h.]* *(225 km/h)* au badin lors de la première phase de l'interception. Heure et position *[du combat final]* : 05h10, environ 10 milles *(16 km)* à l'ouest de l'île du Texel. Le Mosquito a disparu de l'écran de Bawdsey aux coordonnées H.8900, le contact avec la cible disparaissant en H.9302. [819]

---

[818] L'afficheur de l'AI Mk X comportait deux écrans (voir le chapitre spécifique).
[819] Ces deux coordonnées correspondent à peu près au milieu de la mer du Nord, à la hauteur d'Amsterdam.

```
    Alors que l'avion ennemi tombait après l'attaque, environ une
douzaine de boules vertes incandescentes pas particulièrement
brillantes ont été aperçues s'échappant de l'avion avant qu'il
ne touche la mer. Il n'y a pas eu de brouillage radar par
paillettes de type 'Window'.
REVENDICATION : 1 He-111 détruit
MUNITIONS : (canons de 20 mm, aucun enrayage)
Canon           Ext. gauche Int. gauche Int. droit   Ext. droit
Obus explosif           18          18          18           18
Obus semi perforant 18          18          18           18
En tout : 144 obus tirés.
SIGNATURES
        F/O F. S. STEVENS (R.A.A.F.) - Pilote
        F/O W. A. H. KELLETT (R.A.A.F.) - Observateur
        F/O ARMSTRONG - Officier de Renseignement
```

Les chasseurs de nuit britanniques ont expédié vingt-six He-111 dans la mer du Nord de septembre 1944 à janvier 1945. [820] Puisque les avions allemands lanceurs de V-1 volaient trop bas pour être rapidement détectables par les stations radar côtières, une expérience est tentée en utilisant la frégate HMS *Caicos* comme piquet radar. [821] Faisant feu de tout bois, les Britanniques ont aussi dépoussiéré le dossier des essais effectués en 1941 d'Interception Guidée depuis un Avion (Aircraft Controlled Interception) : le Wellington IC (R1629) avait été équipé par le TRE d'un radar ASV II utilisant une antenne rotative montée sur le dos du fuselage. Cet avion de veille radar, sorte de GCI volant, était l'ancêtre des AWACS (Airborne Warning and Control System - avion d'Alerte Aérienne et de Guidage) d'aujourd'hui. Ce radar ASV fonctionnant sur une longueur d'onde métrique, les essais, bien que prometteurs, n'avaient pas été poursuivis, une fois que les radars centimétriques avaient fait leurs preuves. [822] Fin 1944, ce concept est repris en équipant un Vickers Wellington XIV d'un radar ASV Mark VI modifié (radar centimétrique). Un (ou deux) Mosquito suivait le Wellington grâce aux émissions d'un transpondeur radar *Eureka* et ne le quittait que lorsqu'il recevait un ordre d'interception du contrôleur embarqué de ce GCI volant (mission baptisée "*Vapour*"). Les Allemands ont mis fin mi-janvier 1945 aux sorties de leurs He-111 lanceurs de V-1, au moment où les premières patrouilles *Vapour* étaient mises en place.

---

[820] Page 229 de la Publication de l'Air 1116 *'RAF Signals - Volume V: Fighter control and interception'* (voir bibliographie). Page 190 de son livre (voir bibliographie), Ian White indique que 77 He-111 auraient été détruits lors de ces opérations de lancement de 1.012 V-1 entre septembre 1944 et janvier 1945.

[821] Paragraphe 131 de la Dépêche de de l'Air Chief Marshal Sir Roderic Hill (voir bibliographie).

[822] Pour plus de détails sur ces essais de 1941, se reporter à l'article *"Enigma, Elgar and Vapour : Net-centric warfare in 1944"* P121-123 et 166 de la revue Aeromilitaria (Air Britain) de 2011.

Pour conclure sur les V-1, il faut souligner la performance honorable des barrages de ballons. Organisés en rangs serrés dans une zone dédiée au sud-est de Londres, les 1.354 ballons volant en moyenne chaque jour abattent plus de 230 V-1 entre le 12 juin et le 5 septembre 1944, soit près de 6% des engins descendus. [823] Sur cette période, plus d'un V-1 sur deux est abattu, les chasseurs revendiquant la moitié de ces victoires comme on peut le voir sur le graphe ci-dessous. [824]

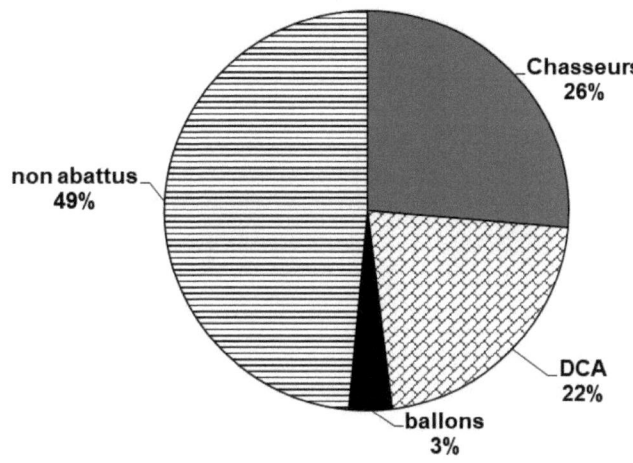

6.726 V-1 entre le 12 juin et le 5 septembre 1944

Chasseurs 26%
non abattus 49%
DCA 22%
ballons 3%

---

[823] 233 V-1 abattus d'après l'annexe K de la monographie "*Balloon Defences*" et 231,8 d'après le paragraphe 147 de la Dépêche de l'Air Chief Marshal Sir Roderic Hill (les revendications étant partagées par fractions) (op. cit.).

[824] Graphe de l'auteur d'après les données du paragraphe 147 de la Dépêche de l'Air Chief Marshal Sir Roderic Hill (op. cit.). Au total, près de 7.500 V-1 et 1.115 V-2 ont été envoyés sur l'Angleterre en 1944 et 1945 (page 336 du Volume V du rapport "*The Air Defence of Great Britain*" (voir bibliographie)).

A.8 - Conclusion

De juin 1940 au 6 juin 1944, les chasseurs de nuit britanniques ont revendiqué un peu plus de 700 avions ennemis abattus au-dessus du Royaume-Uni, avec trois pics : 96 avions détruits en mai 1941 (Blitz), 34 en juillet 1942 ("Baedeker") et 44 en mars 1944 ("Baby Blitz"). Les quatre graphes ci-dessous [825] montrent la part croissante occupée par les chasseurs dans la défense nocturne du Royaume-Uni au cours de la guerre : alors que la DCA revendiquait plus de 80% des avions abattus de nuit pendant la bataille d'Angleterre, sa contribution tombe sous 25 - 30% en 1943 et 1944.

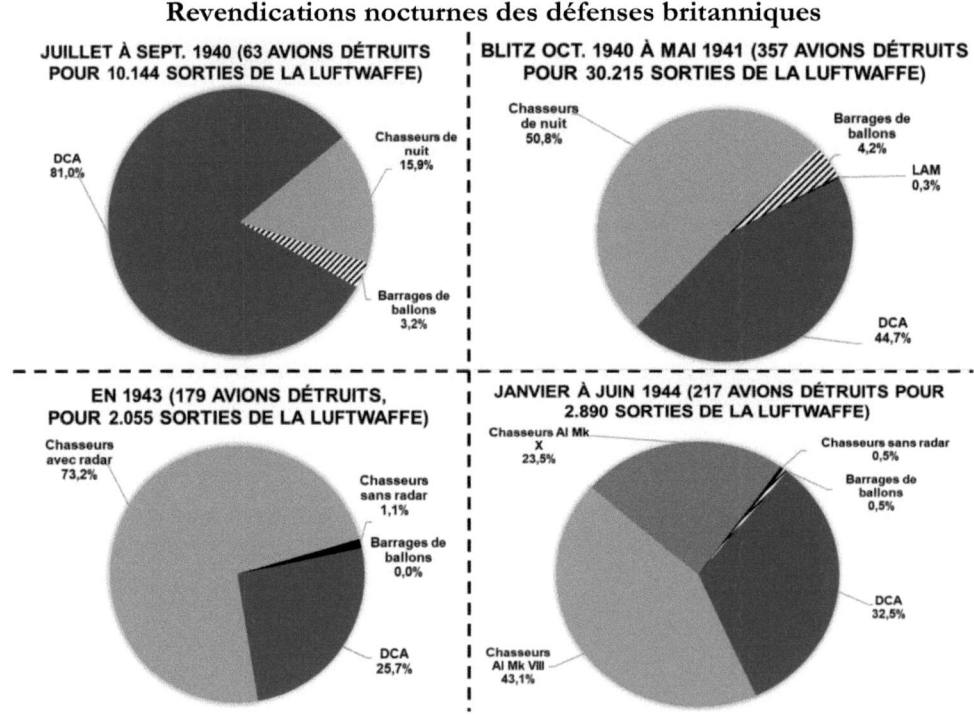

Jusqu'au printemps 1941, le taux de perte infligé par la chasse de nuit britannique reste faible, bien loin de 1% des avions allemands engagés. Par exemple, en janvier 1941, la Luftwaffe subit les pertes suivantes lors de ses 1.965 sorties au-dessus du Royaume-Uni :

---

[825] Graphes de l'auteur à partir des données des volumes III et V de la monographie *"The Air Defence of Great Britain"* et de l'annexe I de la monographie *"Balloon Defences"* (voir bibliographie).

	DCA	Ballons	Chasseurs avec radar	Chasseurs sans radar	Accidents	Total
Nombres d'avions détruits	12	0	0	3	37	**52**
% de perte par rapport au nombre d'avions envoyés	0,61 %	0	0	0,15 %	1,88 %	**2,65 %**

On comprend qu'à cette époque, les aviateurs allemands avaient des raisons de se soucier plus de la météo, des autres risques d'accidents, et à la limite de la DCA, que de la chasse de nuit.

À partir de 1942, les circonstances étaient bien différentes et la chasse de nuit de la RAF avait appris à travailler avec ses nouveaux outils (stations GCI et radar AI Mk IV). Elle impose alors une forte pression sur la Luftwaffe. **Avec un taux de revendication tournant en moyenne entre 5 et 6,5 % des avions allemands engagés nuit après nuit, les Beaufighter et Mosquito saignent littéralement les Kampfgeschwader. Ce chiffre peut sembler faible, mais il faut retenir qu'un taux de perte de 5% chaque nuit signifie qu'un aviateur allemand n'avait qu'une chance sur cinq (21 % pour être exact) de survivre à trente opérations dans ces conditions.** [826] Une fois que l'on ajoute les pertes liées à la DCA et aux accidents, ceci explique pourquoi la Luftwaffe n'a jamais mené d'efforts vigoureux et soutenus chaque fois qu'il lui a été demandé de raviver l'offensive contre le Royaume-Uni (comme par exemple en 1942 pour les raids *"Baedeker"*). Ces chiffres étant des moyennes pour tout le pays, les statistiques du 11ème Groupe du Fighter Command (Sud-Est de l'Angleterre, y compris Londres), qui "accueille" le plus de visiteurs allemands, sont bien plus impressionnantes : ainsi, sur les six mois de mai à octobre 1943 inclus, les chasseurs de nuit de ce Groupe revendiquent 52,5 avions allemands abattus soit 8,3% des 636 avions allemands engagés, auxquels il faut ajouter 2,3% crédités à la DCA. Un avion allemand sur dix qui entre donc en 1943 dans la zone du 11ème Groupe n'en ressort pas : une décimation au sens propre du mot. [827] En fait, plus que le nombre d'avions allemands abattus, le succès de la chasse de nuit britannique se mesure par le fait que la Luftwaffe ne tente plus que très rarement des actions nocturnes, et seulement à très petite échelle. Alors que les usines du Reich sont obligées de se disperser et de s'enterrer pour échapper aux bombes, celles du Royaume-Uni ne sont que peu souvent dérangées par des alertes aériennes. Comme le conclut le rédacteur de l'histoire officielle américaine *"les chasseurs de nuit de la Seconde Guerre*

---

[826] Nous reparlerons plus en détail de ces calculs de taux de pertes dans le livre de cette série consacré au Bomber Command. Le chiffre de trente opérations est arbitraire pour les Allemands puisqu'ils n'ont pas la même notion de "tour d'opérations" que les Britanniques.

[827] Chiffres du rapport *"Summary of ennemy activity in n°11 Group"* du 10 novembre 1943, conservé pages 309 à 311 des Annexes du Journal de marche du 85ème Escadron sous la référence AIR 27/707, TNA. Les revendications mélangent aussi bien les missions offensives que défensives.

mondiale ne pouvaient pas empêcher un bombardement nocturne déterminé, mais ils pouvaient le rendre coûteux." [828]

Albert P. Rowe, Directeur du TRE pendant toute la guerre, note que *"la guerre nocturne a été la seconde victoire Britannique majeure de la guerre [la première étant la bataille d'Angleterre], et que comme la première, cette victoire a été obtenue grâce au radar."* [829] Pour tempérer un peu ce bilan optimiste, il faut souligner qu'en dehors des périodes d'activité intense (Blitz de 1940-41 ou raids *Baedeker*), la Luftwaffe avec des moyens relativement modestes a obligé les Britanniques à immobiliser des ressources énormes dans une posture défensive : fin 1942, début 1943, il y avait ainsi près de 300.000 hommes et femmes affectés à l'AA Command et au Balloon Command et de l'ordre de 10.000 personnels de la RAF dans les Escadrons de chasse de nuit (auxquels il faut ajouter ceux des stations GCI, des salles d'opérations des Secteurs, etc.). Si les radars air-sol ont joué un rôle crucial durant la bataille d'Angleterre pour les Anglo-Saxons, cette *"seconde victoire Britannique majeure"* est **la première vraie guerre électronique dans laquelle les deux camps se sont affrontés sur les ondes dans les airs** pour acquérir du renseignement (interceptions du trafic radio et radar), localiser les moyens de l'ennemi et comprendre ses manœuvres, distinguer les appareils amis des ennemis, brouiller les émissions de l'adversaire et tenter de l'induire en erreur à l'aide de contre-mesures.

À la fin de la guerre, les Escadrons de chasse de nuit de la RAF affichent des palmarès qui peuvent sembler faibles par rapport à ceux de la chasse de jour (certains Escadrons ont revendiqué une centaine d'appareils abattus de jour en 1940, par exemple 126 pour le 303ème, ou 90 pour le 85ème) ; mais les cibles étaient bien plus rares et les difficultés à affronter complètement différentes. Le tableau des pages suivantes montre des bilans typiques d'Escadrons de chasse de nuit. [830]

Cette lutte défensive, qui a duré plus de cinq ans, a connu une transformation complète, passant d'une rencontre "au hasard" et d'un combat "à l'aveugle" à une interception presque scientifique grâce à l'introduction d'outils électroniques tels que le radar ou les systèmes d'identification ami/ennemi. Cependant les unités de chasse de nuit ne se limitaient pas à un rôle de bouclier défensif : le chapitre suivant couvre l'usage offensif des chasseurs de nuit britanniques.

---

[828] Page 261 de l'USAF Air Historical Study n°92 "*Development of Night Air Operations, 1941-1952*", voir bibliographie.
[829] Page 74 de son livre (voir bibliographie).
[830] Données des Journaux de marche des différentes unités concernées et du rapport *"100 Group: review of operations from Nov. 1943 to May 1945"*, conservé sous la référence AIR 14/2911, TNA. Les revendications ne distinguent souvent pas les victoires de jour ou de nuit, ni les appareils détruits en vol ou au sol.

Escadron - Avion	Avions détruits revendiqués	Mois d'activité de nuit	Remarques
85 - Hurricane, Defiant, Havoc, Mosquito	168	56	110 autres victoires de jour. Affecté au 100ème Groupe du Bomber Command en mai 1944.
600 - Blenheim, Beaufighter, Mosquito	165	60	Escadron transféré en Afrique du Nord en novembre 1942, toujours pour la chasse de nuit.
264 - Defiant, Mosquito	148	58	Et 13 victoires probables et 40 avions ennemis endommagés.
604 - Blenheim, Beaufighter, Mosquito	132	60	
605 - Boston, Mosquito	98	36	Et 8 victoires probables, 79 avions ennemis endommagés, 75 V-1 détruits, 19 locomotives détruites et 306 endommagées, 184 péniches endommagées, contre 38 chasseurs de la RAF perdus (dont 4 dans des accidents). Escadron formé en juin 1942 pour les missions *Intruder*.
141 - Blenheim, Defiant, Beaufighter, Mosquito	95	58	110 autres avions détruits au sol. Affecté au 100ème Groupe du Bomber Command fin 1943 (41 victoires durant cette période).
410 (RCAF) - Defiant, Beaufighter, Mosquito	76	47 - (7.072 heures en mission de guerre)	Et 5 victoires probables et 8 avions ennemis endommagés.
23 - Blenheim, Havoc, Boston, Mosquito	66	60	Et 19 victoires probables et 89 avions ennemis endommagés. Missions *Intruder* principalement à partir de fin 1940 ; détaché en Méditerranée de décembre 1942 à juin 1944. Affecté ensuite au 100ème Groupe du Bomber Command.

Suite du tableau page suivante

Escadron - Avion	Avions détruits revendiqués	Mois d'activité de nuit	Remarques
406 (RCAF) - Beaufighter, Mosquito	64	44 - (4.549 heures en mission de guerre)	Et 7 victoires probables et 47 avions ennemis endommagés.
68 - Blenheim, Beaufighter, Mosquito	61	49	Et 14 victoires probables et 21 avions ennemis endommagés.
239 - Mosquito	54	16 - (1.325 sorties opérationnelles)	Et 1 victoire probable et 7 avions ennemis endommagés. Affecté au 100ème Groupe du Bomber Command fin 1943.
125 - Defiant, Hurricane, Beaufighter, Mosquito	44	48	Et 5 victoires probables et 20 avions ennemis endommagés.
515 - Mosquito	42	14	Et 44 avions ennemis endommagés. Affecté au 100ème Groupe du Bomber Command en mars 1944.
456 (RAAF) - Defiant, Beaufighter, Mosquito	41	47 - (2.397 sorties opérationnelles, soit 6.227 heures)	Et 13 victoires probables et 40 avions ennemis endommagés, 24,5 V-1 détruits, 38 trains et 6 navires endommagés.
307 (Polonais) - Defiant, Beaufighter, Mosquito	31	32 - (6.800 heures de vol ; missions Intruder à partir de mai 1943) *	Et 7 victoires probables et 17 avions ennemis endommagés. 4 autres avions détruits au sol. 4 locomotives et 28 trains. * plus 9 mois (2.300 heures) de patrouille maritime de jour.
96 - Hurricane, Defiant, Beaufighter, Mosquito	26	48	Et 181 V-1 abattus.
538 - Havoc Turbinlite, Hurricane	1	16	Ancienne 1.459ème Escadrille. Et 1 victoire probable et 2 avions ennemis endommagés.
533 - Havoc Turbinlite, Hurricane	0	19	Ancienne 1.454ème Escadrille.

PARTIE B : La chasse de nuit comme outil offensif : 1941 - 1945 L'empire contre-attaque
Les chasseurs de nuit du Commonwealth sur les terres de la Nachtjagd

Depuis que la guerre existe, l'idée de frapper les bases ennemies avant qu'il n'ait l'occasion d'attaquer a été mise en pratique. En ce qui concerne l'arme aérienne, il semble que la première mission fructueuse de pénétration visant un aérodrome ennemi ait été menée dans la nuit du 6 au 7 juin 1915 lorsque les avions du 1er Escadron de l'aviation navale britannique basé à Dunkerque détruisent le dirigeable LZ-38 sur la base d'Haren-Evere au nord-ouest de Bruxelles. Le LZ-38 avait mené une semaine auparavant le premier raid contre Londres. Cette mission du 1er Escadron est donc la première des missions *'intruder'* consistant à pénétrer en territoire ennemi pour harceler et perturber les opérations aériennes adverses et démoraliser les aviateurs du camp d'en face.

B.1 - Le passage à l'offensive avant 1944 : Les missions *"Intruder"*

"Il est plus facile et plus efficace de détruire la puissance aérienne ennemie en éradiquant ses nids et ses œufs au sol que de chercher ses oiseaux en vol." Général Giulio Douhet [831]

Il est assez difficile de définir de façon précise les missions de pénétration *("intruder"* en anglais) car l'emploi de ce terme a varié au fil des besoins opérationnels. De manière générale, elles consistent à aller perturber les opérations aériennes de l'ennemi sur son territoire, généralement de nuit, en cherchant à intercepter ses chasseurs en orbite d'attente ou à harasser ses aérodromes soit en les bombardant, soit en cherchant à abattre tout avion en phase d'atterrissage ou de décollage. Il s'agit donc d'une patrouille offensive menée en solitaire, mais coordonnée, d'autres chasseurs ayant pour mission de cibler les aérodromes voisins ou de prendre la relève à une heure précise. Pour l'anecdote, le terme *"Intruder"* a même donné son nom au Grumman A-6, entré en service en 1963 au sein de l'US Navy, et dont les missions principales lors de la guerre du Vietnam et la guerre du Golfe ont été l'attaque de nuit et la guerre électronique. Comme le Mosquito, le A-6 avait deux hommes d'équipage assis côte à côte.

Au départ, le but était de porter le fer en territoire adverse pour soulager la pression que la Luftwaffe exerçait sur le Royaume-Uni. Ainsi, bien que ce soit très peu évoqué par la foule de livres rédigés sur la bataille d'Angleterre, les bombardiers légers du 2ème Groupe du Bomber Command et du Coastal Command ont pris d'énormes risques de jour comme de nuit dès mai 1940 pour aller bombarder les aérodromes utilisés par les

---

[831] Pages 53-54 de *"The Command of the Air"* de Giulio Douhet, Washington, D.C.: Office of Air Force History, 1983 (première publication 1921).

Allemands. Pour ne donner qu'un exemple, dans la nuit du 24 au 25 août 1940, le 2ème Groupe déploie : [832]
- Quatorze Bristol Blenheim des 53 et 59ème Escadrons du Coastal Command pour bombarder les aérodromes de Flessingue, Lannion et Dinard.
- Trois Fairey Battle du Coastal Command pour attaquer l'aérodrome du Crotoy.
- Vingt-cinq Blenheim du 2ème Groupe du Bomber Command pour s'en prendre aux aérodromes de Dinard, Gael, Vannes, Rennes, Coëtquidan, et Lisieux, ainsi que d'autres en Belgique et en Hollande. Dans la journée, neuf autres Blenheim avaient été envoyés bombarder les bases de Schiphol, Hingene et Schellingwoude, sans escorte de chasse, en sautant de nuage en nuage et en espérant ne pas se retrouver soudainement dans un ciel vide.

Espérant profiter du moment où les équipages de bombardiers allemands se concentrent sur le décollage ou l'atterrissage, des chasseurs de nuit (encore sans radar) sont envoyés en territoire ennemi, et les pilotes relèvent la difficulté qu'il y a à repérer des cibles et suggèrent des améliorations qui ont été adoptées plus tard. Ainsi, l'Officier de Renseignement du 604ème Escadron conclut de la façon suivante son rapport sur les patrouilles de six Blenheim If sur Dunkerque - Merville - Saint Omer dans la nuit du 18 au 19 juin 1940 : [833]

"Aucun avion de chasse ennemi ne semble être employé pour les défenses nocturnes. Tous nos aviateurs et nos avions sont rentrés en bon état.

Il a été suggéré par le F/O Budd que l'emport de petites bombes sur les avions Blenheim [de chasse] pour ce type de mission peut s'avérer utile, car lorsque les aérodromes sont en service avec des avions qui s'y posent ou qui en décollent avec leurs feux de navigation allumés, notre avion pourrait piquer et lâcher ses bombes sur la piste, causant ainsi la confusion et des dégâts à l'appareil en atterrissage ou en décollage, si le moment du bombardement est correctement estimé.

Bien qu'il semble assez facile d'effectuer une interception d'un avion ennemi ayant ses feux de navigation allumés, il paraît impossible de voir ce même appareil une fois qu'il a éteint ses feux, même par nuit claire."

B.1.1 - Le 23ème Escadron du Fighter Command, seul à plein temps sur les missions *Intruder*

"La meilleure défense, c'est l'attaque." Citation attribuée à Napoléon

Toujours dans l'idée d'accroître l'insécurité ressentie par les aviateurs allemands, en décembre 1940 le QG du Fighter Command a demandé au 23ème Escadron de chasse de nuit de retirer les équipements radar de huit de ses Blenheim If afin de pouvoir roder au-dessus des côtes ennemies sans risque de voir ces équipements secrets être capturés. [834] Cet Escadron avait déjà commencé, en août 1940, des expériences isolées au-dessus de

---

[832] Données extraites du livre de Larry Donnelly (voir bibliographie).
[833] Rapport conservé page 65 dans les Annexes du Journal de marche de l'Escadron, sous la référence AIR 27/2086, TNA.
[834] Entrée du 10 décembre 1940 du Journal de marche, conservé sous la référence AIR 27/287/28, TNA.

la France avec des avions sans radar empruntés au 2ème Groupe du Bomber Command. Le 21 décembre 1940, des Blenheim du 23ème Escadron sont envoyés sur les aérodromes d'Abbeville, Poix, Montdidier et Amiens. Armés de petites bombes de 9 kg, ils tournent au-dessus des aérodromes utilisés par la Luftwaffe, larguent une ou deux bombes dès qu'un signe d'activité est visible et passent à l'aérodrome suivant, avant éventuellement de revenir plus tard. En l'absence d'un radar embarqué, et en raison des faibles performances du Blenheim, il n'était pas encore question de véritable chasse de nuit en territoire ennemi, à moins de circonstances extrêmement favorables. Faute d'une autonomie plus grande, les zones d'opération sélectionnées se cantonnaient du Nord de la France jusqu'à la Normandie. En avril 1941, des bimoteurs Havoc sont affectés au 23ème Escadron, permettant d'étendre la zone concernée par ces missions *Intruder* du Fighter Command.

De la fin de la bataille d'Angleterre à la fin de 1941, 573 sorties *Intruder* sont effectuées par le Fighter Command, dont 88% par le seul 23ème Escadron. Lors de ces missions, 290 bombardements d'aérodromes ont été réalisés (voir graphe ci-dessous) et 21 avions ennemis ont été revendiqués détruits, dont 14 par le 23ème Escadron qui a perdu 8 appareils (2 avions d'autres Escadrons ont aussi été perdus). Le bilan est donc jugé très positif, surtout si l'on prend en compte l'effet sur le moral et l'augmentation des accidents engendrée par les atterrissages dans le noir et les déroutements vers d'autres aérodromes lors des alertes *Intruder*. [835]

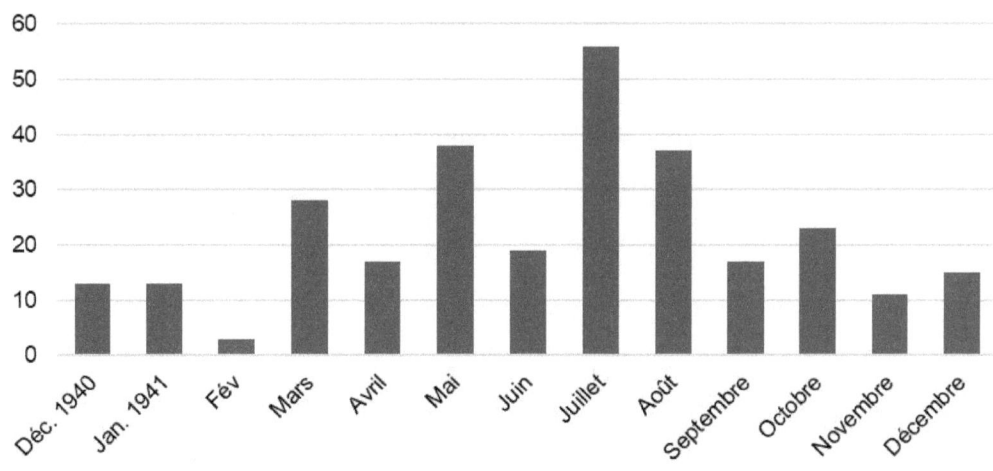

---

[835] Page 135 du document *"The Air Defence of Great Britain, Volume V"* et Annexe 14 du document *"The Air Defence of Great Britain, Volume III"* (voir bibliographie).

B.1.2 - Les Escadrons "à temps partiel" sur les missions *Intruder*

À partir de mars 1941, d'autres unités sur Hurricane (3, 87, 247, 306, 601èmes Escadrons) et Defiant (141 et 264èmes Escadrons) avaient occasionnellement effectué des missions *Intruder*. Avec la fin du Blitz, lorsque la Luftwaffe se détourne vers le front de l'Est, les chasseurs du Fighter Command se retrouvent un peu désœuvrés et même les avions monomoteurs, comme par exemple les Hurricane des 1er et 245ème Escadrons sont alors parfois affectés à des missions de chasse de nuit au-dessus du continent. Les graphes ci-après [836] montrent l'activité du 1er Escadron en avril 1942 (le résumé complet est disponible en Annexe 3a). Sur les 115 sorties opérationnelles conduites ce mois-là, 21 sont des missions *Intruder* sur les aérodromes de la Luftwaffe en France : ces missions concentrent toutes les victoires revendiquées en avril : six avions détruits et trois endommagés. La dotation théorique de l'unité est de seize Hurricane IIc (plus deux en réserve) et un Magister I. Dans les faits, elle commence le mois avec quatorze Hurricane IIc, un Magister et un Master. Pour compléter son équipement, l'Escadron reçoit six Hurricane I et les utilise dès le 11 avril, normalement pour l'entraînement, mais aussi parfois en opérations (douze sorties dont deux de nuit). À la fin du mois, trois machines ont été détruites et l'unité dispose alors de douze Hurricane IIC, six Hurricane I, un Magister et un Master.

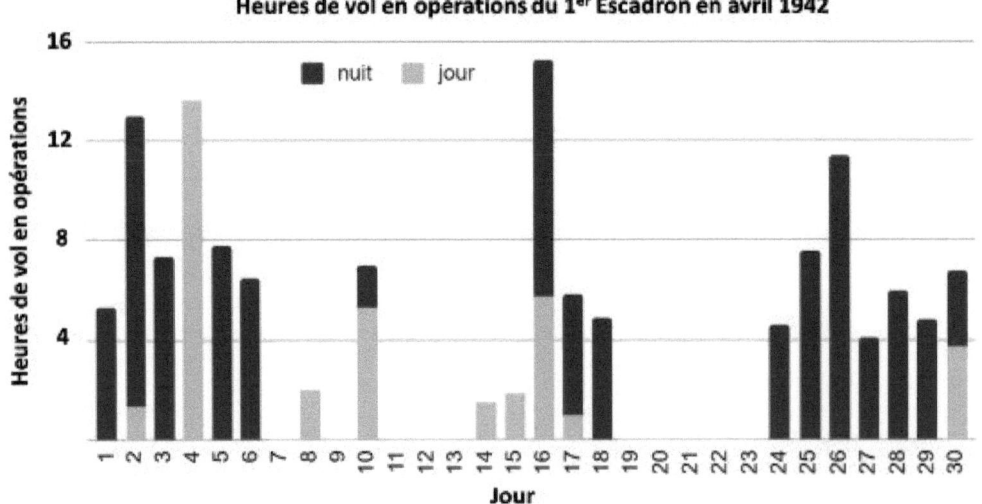

[836] Graphes de l'auteur à partir des données du dossier AIR 27/6/4, TNA.

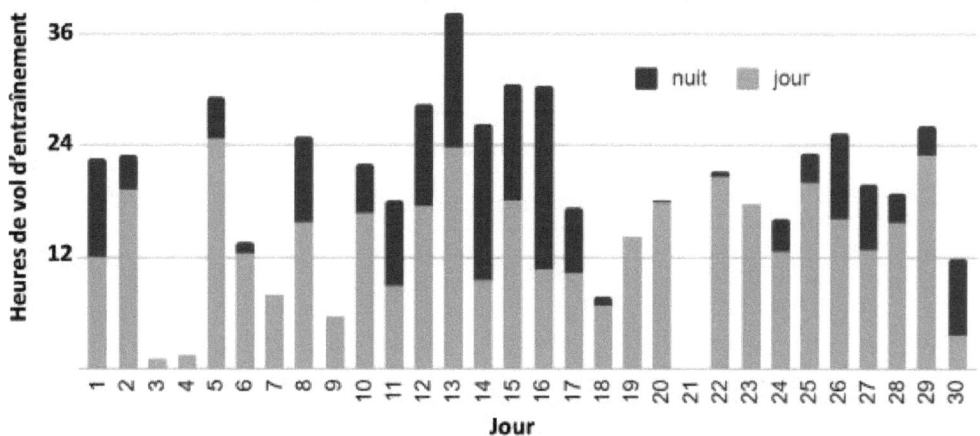

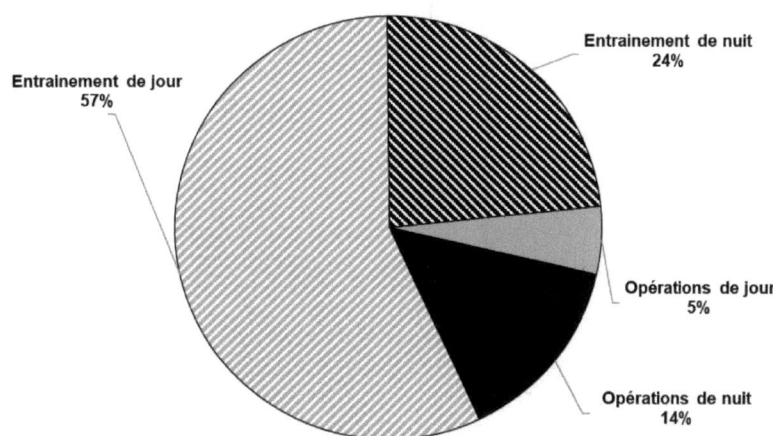

La répartition des 698 heures de vol du mois d'avril (qui ont entraîné la consommation de plus de 150.000 litres d'essence) est résumée par le graphe ci-contre.

L'un des meilleurs pilotes *'intruder'* est certainement Karel M. Kuttelwascher, un tchécoslovaque ayant fui son pays pour la France en 1939. Il avait déjà quelques victoires à son compteur avant de rejoindre la RAF durant l'été de 1940. Affecté au 1er Escadron, il abat trois Me-109 lors de combats de jour en 1941. Au printemps 1942, le 1er Escadron, sur Hurricane IIc, s'est vu confier des missions *intruder* sur la France et entre avril et juillet Kuttelwascher revendique 16 victoires de nuit, [837] dont plusieurs avions d'affilée en une seule mission (3 He-111 dans la nuit du 4 au 5 mai 1942 ; 1 He-111 et 1 Do-217 détruits et 1 Do-217 endommagé dans la nuit du 3 au 4 juin 1942 (le rapport [838] de ce combat est traduit ci-dessous) ; 1 Ju-88 endommagé et 1 détruit dans la nuit du 21 au 22 juin 1942 ;

---

[837] Chiffres donnés dans l'Annexe n°33 du document *"The Air Defence of Great Britain, Volume V"* (voir bibliographie).
[838] Rapport de combat conservé sous la référence AIR 50/1/179, TNA.

2 Do-217 détruits et 1 endommagé dans la nuit du 1er au 2 juillet 1942). Confirmant l'agressivité des pilotes de chasse, le 29 juin 1942, après avoir abattu un Do-217 à l'ouest de Bayeux, il canonne un groupe de sept vedettes allemandes dans la Manche et en endommage deux. Muté quelques mois au 23ème Escadron sur Mosquito, Kuttelwascher a ensuite occupé des postes d'état-major ou effectué des tournées de recrutement aux USA, ce qui l'a empêché d'augmenter son score déjà impressionnant.

FORMULAIRE 'F' DE RENSEIGNEMENT ET RAPPORT PERSONNEL DE COMBAT 'INTRUDER'

Pilote : F/Lt. K. M. Kuttelwascher, D.F.C. (Tchécoslovaque)

Date : Nuit du 3 au 4 juin 1942

Unité : 1er Escadron

Type et version de notre avion : Hurricane IIC "JX/E" [avec réservoirs] grande distance.

Heure de l'attaque : 03h15

Lieu de l'attaque : Aérodrome de St. André.

Météo : Légère brume lors du vol aller, à la fois sur la Manche et sur la France. Bonne visibilité. Dégagé lors du vol retour.

Dommages subis : Aucun

Dommages causés à l'ennemi en vol : 1 He-111 détruit. 1 Do-217 détruit. 1 Do-217 endommagé.

Dommages causés à l'ennemi au sol : Aucun

Rapport général :

Le F/Lt. Kuttelwascher a décollé de Tangmere [dans le Comté du Sussex de l'Ouest] pour une mission Intruder sur St André [à 15 km au sud-est d'Évreux]. [839] Après environ 10 minutes de vol, il a aperçu un Do-217 à 3.500 pieds (1.065 m) [d'altitude], volant vers la France. Apparemment, l'appareil ennemi l'a aussi vu car il a commencé à louvoyer et à perdre de l'altitude, et bien que le F/Lt. Kuttelwascher ait commencé à le poursuivre, le Dornier a effectué un piqué sur un côté et a disparu.

Le F/Lt. Kuttelwascher a traversé la Manche à une altitude de 2.000 pieds (610 m) et a franchi la côte française à la même altitude à Cabourg, au sud-ouest du Havre. Montant à 3.000 pieds (915 m) une fois au-dessus de la France, il a modifié son cap vers St. André où il est arrivé à 03h00. Une unique piste était éclairée avec une partie de ses projecteurs Lorenz [840] [d'approche] visuelle en service. Après un quart d'heure, deux avions ennemis ont été aperçus tournant sur le circuit d'approche avec leurs feux de navigation allumés à 1.500 pieds (460 m) [d'altitude]. Ils ont été identifiés comme étant des He-111. Le F/Lt. Kuttelwascher s'est aligné derrière l'un d'eux et a tiré deux rafales

---

[839] Cet aérodrome disposait de deux pistes en dur et a surtout servi de base aux bombardiers de la Luftwaffe, bien que des unités des JG 2 et JG 3 y aient aussi séjourné.

[840] Les rapports de la RAF mentionnent souvent la présence d'un dispositif d'éclairage "*Visual Lorenz (V/L)*" sur les aérodromes allemands : ces éclairages servaient de référence visuelle pour les atterrissages de nuit par mauvais temps (page 112 du livre de Jeremy Howard-Williams, voir bibliographie).

d'une seconde, directement sur l'arrière à 200 yards *(180 m)*. Le moteur droit a pris feu et l'avion a piqué fortement avant de s'écraser en flammes au sol.

En revenant sur le circuit, le F/Lt. Kuttelwascher a vu un Do-217 à 1.500 pieds *(460 m) [d'altitude]*. Il lui a mis une rafale de deux secondes directement sur l'arrière à 300 yards *(275 m)* et d'un peu plus bas. Des impacts ont été aperçus. L'avion ennemi a viré d'un coup sec vers la droite en piquant et a été perdu de vue. Il ne peut donc être revendiqué que comme ayant été endommagé.

Après avoir tourné sur place pendant 3 à 4 minutes supplémentaires, le F/Lt. Kuttelwascher a vu quatre avions ennemis à 1.000 pieds *(300 m) [d'altitude]*. Il a sélectionné le plus proche qui était un Do-217. S'en approchant par derrière, il a ouvert le feu avec une rafale d'une seconde à une distance de 200 yards *(180 m)*. Le Dornier a immédiatement pris feu du côté droit mais a continué à voler tout droit et en palier. Après une deuxième rafale de même durée, il a piqué fortement vers la droite avant de s'écraser à l'est de l'aérodrome de St. André. Les 3 autres avions ennemis aperçus ont éteint leurs feux de navigation et bien que le F/Lt. Kuttelwascher ait continué à surveiller le circuit pendant 10 minutes supplémentaires, il n'a pas réussi à se placer pour en attaquer un. Les éclairages de l'aérodrome leurre à l'ouest de St. André de l'Eure (c-à-d à St. André le Favril) [841] se sont allumés et éteints deux fois et des tirs de Flak légère ont eu lieu à deux reprises des batteries installées au sud de l'aérodrome principal.

Le F/Lt. Kuttelwascher est rentré à la base en survolant la Seine, Rouen et en passant au nord du Havre. Trois projecteurs se sont allumés à l'ouest de Rouen, mais n'ont pas réussi à le trouver. Il a retraversé la Manche à 3.000 pieds *(915 m) [d'altitude]*, et il s'est posé à Tangmere à 04h40.

<u>Munitions consommées</u> : 236 obus, à parts égales de munitions ordinaires et de munitions explosives.

<u>Dommages causés à l'ennemi en vol</u> : 1 He-111 détruit. 1 Do-217 détruit. 1 Do-217 endommagé.

<u>NOTE</u> : Lors du vol aller, une Flak très intense du Havre a été vue pendant 2 minutes, juste au moment où le W/O Dygryn, qui est porté manquant, devait se trouver à peu près à cet endroit.

SIGNATURES
  K. M. Kuttelwascher - F/Lt
  C. S. Hick (?) - F/O - Officier de Renseignement du 1er Escadron

---

[841] Comme les Britanniques qui avaient établi de nombreux faux aérodromes pendant la bataille d'Angleterre sous le nom de code de "sites Q", les Allemands étaient passés maîtres dans l'art de disposer de faux objectifs (aérodromes, usines, centre-ville) au milieu de champs pour détourner les efforts des bombardiers. Le leurre en question se trouvait à un peu plus de 3 kilomètres au Sud-Ouest, sur des terres du hameau du Favril (commune de Coudres code postal 27220 dans l'Eure, ne pas confondre avec Le Favril, code postal 27230).

Le Warrant Officer Josef Dygryn, un tchécoslovaque comme Kuttelwascher, avait déjà cinq victoires revendiquées et faisait partie des sept pilotes du 1er Escadron en sortie *Intruder* sur la Normandie cette nuit-là. Son corps s'est échoué trois mois plus tard sur une plage du Sussex. Il est enterré au cimetière de Westwell dans le Kent.

B.1.3 - 1942 : un accroissement modeste de l'effort *Intruder*

Au printemps 1941, le 23ème Escadron avait échangé ses Blenheim If pour des Havoc I puis des Boston III (un avion presque identique au Havoc). [842] Ces avions emportaient généralement quatre bombes de 113 kg (dont deux ou trois à retardement pour maximiser la durée de perturbation d'un aérodrome allemand). Le 418èmes Escadron (RCAF), également doté de Havoc I et de Boston III, a été créé en novembre 1941 pour effectuer des missions *Intruder* mais n'a été déclaré opérationnel que fin mars 1942. Depuis la seconde moitié de 1941, les 1er et 3ème Escadrons sur Hurricane effectuaient de plus en plus de missions *Intruder*. Le bon rendement des sorties Intruder est confirmé au printemps 1942 : en deux mois et demi, 532 sorties permettent de revendiquer 25 avions allemands alors qu'en 2.561 sorties nocturnes les chasseurs de protection des îles britanniques (avec radar, Turbinlite et à l'œil nu) n'inscrivent "que" 45 victoires à leur compteur, soit 2,7 fois moins. [843] La Luftwaffe ayant en grande partie délaissé le front de l'Ouest, les missions de nuit des *Intruders* commencent à inclure des cibles variées en plus des aérodromes : par exemple, entre avril et juillet 1942, des gares de triage, des locomotives et des centrales électriques sont attaquées.

Des ouvriers de l'usine Douglas de Long Beach en Californie s'activent pour finaliser l'assemblage de ce A-20. On voit bien l'emplacement de l'une des quatre mitrailleuses dans le nez de l'appareil. La RAF a reçu 1.067 Boston et 99 Havoc. (Photo Library of Congress - LC-USE6-D-008142)

Si les Hurricane n'ont pas l'allonge des bimoteurs américains, ils s'avèrent bien plus létaux en combats aériens puisqu'entre novembre 1941 et mars 1942, il leur a suffi de quatorze sorties intruder pour

---

[842] D'autres Escadrons de la RAF utilisaient également des Boston, principalement au sein de 2ème Groupe du Bomber Command.
[843] Page 137 du document *"The Air Defence of Great Britain, Volume V"* (voir bibliographie), sauf que le ratio semble avoir été mal calculé puisqu'il est donné comme étant 4 fois moins au lieu de 2,7 fois moins.

avoir quatre combats et revendiquer une victoire (plus deux revendications "probablement détruit" et une "endommagé"). Dans le même temps, les Havoc I et Boston III ont eu besoin de 126 sorties pour obtenir seize combats et revendiquer une victoire (plus quatre revendications "endommagé"). Ceci est expliqué en grande partie par la moindre agilité des bimoteurs, et surtout la faiblesse de leur armement (aucun canon, contrairement au Hurricane). Une étude statistique de la Section d'Analyse Opérationnelle (ORS - Operational Research Section) du Fighter Command a plus tard démontré que, grâce à leurs canons, les Hurricane et Mosquito revendiquaient un appareil ennemi détruit ou probablement détruit dans plus d'un combat sur deux, alors que les Havoc I avec leurs quatre mitrailleuses ne le faisaient que dans 17% des combats, et les Boston III modifiés avec quatre canons et quatre mitrailleuses que dans 33% des cas (voir aussi le tableau des victoires sur Boston III du 418èmes Escadron à la section suivante). [844]
Il faut attendre juin 1942 pour que des Boston équipés de canons de 20 mm commencent à arriver au sein des 418 et 23èmes Escadrons, mais cette dernière unité est rééquipée en Mosquito Mk II le mois suivant. Ses Boston sont reversés au 605ème Escadron qui vient d'être recréé en Angleterre (ayant été détruit lors des retraites successives des Britanniques en Asie) pour effectuer des missions *Intruder*. Dès sa mise en service, le Mosquito II se montre plus efficace que les Boston : dans la nuit du 5 au 6 juin 1942, la machine marquée YP-S effectue le premier vol opérationnel du 23ème Escadron sur Mosquito II par une mission Intruder sur Caen, et remporte trois victoires dès ses deuxième et troisième sorties : [845]

- Dans la nuit du 6 au 7 juin, le Wing Commander Bertie R. O'B. Hoare et le Warrant Officer J. F. Potter abattent un Do-217 sur l'aérodrome d'Avord ;
- Dans la nuit du 8 au 9 juin, le Squadron Leader Kendrick H. Salusbury-Hughes et le Pilot Officer W. A. Gregory abattent un Do-217 à Étampes puis un He-111 près de Chartres.

Cependant, même avec des machines neuves et du beau temps, il y a parfois des périodes de guigne : après près de deux mois sans gros incidents sur Mosquito II, le 23ème Escadron traverse ainsi une telle série noire : [846]

- Dans la nuit du 22 au 23 août 1942, le Flight Lieutenant K. Kuttelwasher (passé du 1er au 23ème Escadron) et le Pilot Officer G. E. Palmer rentrent prématurément d'une mission *Intruder* sur des aérodromes hollandais à cause d'une panne électrique.
- La nuit suivante, le Flight Lieutenant N. A. Buchanan et le Pilot Officer V. G. Brevis abandonnent leur mission *Intruder* sur Eindhoven car leur moteur droit tousse et leur radio VHF les lâche.
- Toujours dans la nuit du 23 au 24 août, le Squadron Leader N. J. Starr et le Pilot Officer G. O. Lace font demi-tour à quinze kilomètres de la côte des Pays-Bas suite

---

[844] Pages 136 à 141 du document *"The Air Defence of Great Britain, Volume V"* (voir bibliographie).
[845] Entrées des 5 au 8 juin 1942 du Journal de marche de l'Escadron, conservé sous les références AIR 27/287/65 et 66, TNA.
[846] Journal de marche de l'Escadron, conservé sous les références AIR 27/287/67 et 68, TNA.

à une panne de leur moteur gauche. Le Mosquito est détruit lors de l'atterrissage, mais les occupants s'en sortent sans dégâts.
- Dans la nuit du 25 au 26 août, le moteur droit du Mosquito du Squadron Leader Salusbury-Hughes et du Pilot Officer W. A. Gregory s'arrête au-dessus des Pays-Bas. Il se pose à Manston sur un moteur, endommageant le train d'atterrissage.
- La même nuit, le Mosquito du Flight Lieutenant Kuttelwasher et du Pilot Officer G. E. Palmer est à nouveau victime d'une panne électrique lors d'un vol sur les Pays-Bas.
- La nuit suivante, le Flight Lieutenant Mieczyslaw L. Kaluza, un pilote polonais expérimenté, effectue un entraînement aux atterrissages de nuit lorsqu'il se pose trop long et son Mosquito percute un rouleau compresseur avant de finir dans un emplacement de canon anti-aérien, heureusement vide d'occupant. Kaluza est légèrement blessé, et son Observateur, le Sergent Roberts souffre d'une jambe cassée (voir photo ci-après).
- Toujours dans la nuit du 26 au 27 août, le Mosquito du Squadron Leader Chalmers-Watson et du Sergent J. C. Whitehead connaît une panne électrique partielle, l'obligeant à se fier à des projecteurs pour retrouver son chemin.
- La nuit suivante, le Pilot Officer Shenrilt, un Canadien, pose son Mosquito à Moreton Valence suite à une panne de moteur. L'appareil est détruit, mais les occupants en sortent indemnes.
- Dans la nuit du 28 au 29 août, le Squadron Leader Salusbury-Hughes ne parvient pas à naviguer jusqu'aux cibles prévues aux Pays-Bas en raison d'une panne électrique.

L'épave du Mosquito II du Flight Lieutenant Kaluza et du Sergent Roberts sur l'aérodrome de Manston au petit matin le 27 août 1942. On distingue le rouleau compresseur derrière la nacelle du moteur droit et on peut voir une partie du tableau de bord entre les roues des atterrisseurs principaux. Cet accident a parfois été attribué au Squadron Leader N. J. Starr le 23 août mais le Journal de marche mentionne clairement le Flight Lieutenant Kaluza et le Sergent Roberts le 27 août. De plus, les Annexes du Journal de marche indiquent que l'avion piloté par Starr (DD673) était codé YP-E, alors que l'on distingue le haut de ce qui semble être les lettres YP-K sur la photo, clairement pas un "E". Ce type d'accident était fréquent à l'époque, les aérodromes étant en chantier tout en restant en pleine activité opérationnelle : en février 1941, le Pilot Officer Alexandrowicz, un autre Polonais, avait eu une rencontre similaire avec un rouleau compresseur sur la base de Squires Gate (aujourd'hui aérodrome de Blackpool), endommageant le Defiant N3402 du 307ème Escadron. [847] (Photo © BAE SYSTEMS)

Malgré ces déboires, les Mosquito, et dans une moindre mesure les Boston III, permettent aux Escadrons *Intruder* de commencer à aider le Bomber Command à partir de l'automne 1942 puisque la menace des bombardement allemands sur l'Angleterre s'éloigne. Avec la fin des raids "Baedeker" (avril à août 1942), l'activité *Intruder* perd de son urgence et le nombre de sorties décroit fortement, ce qui est bien visible sur le graphe ci-après : [848]

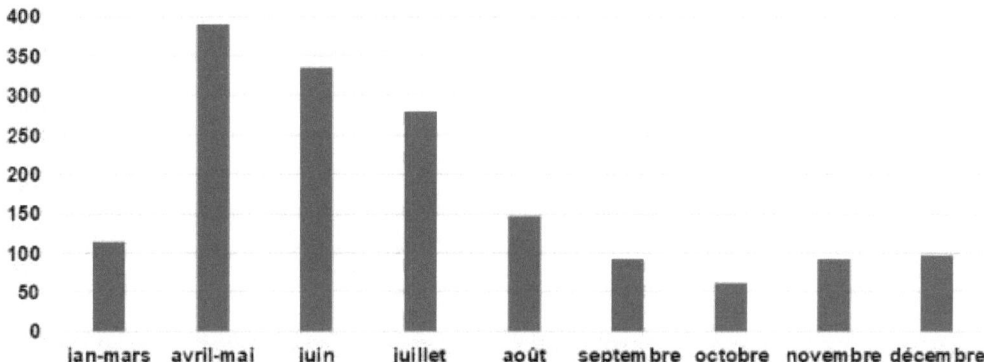

Pour ce soutien au Bomber Command, les avions Intruder s'en prennent notamment directement aux aérodromes de la chasse de nuit allemande qui se trouvent à proximité du trajet qui doit être suivi par les appareils du Bomber Command. En juillet 1942, le 11ème Groupe du Fighter Command a inauguré une Salle d'Opérations *Intruder* qui permettait de mieux planifier et coordonner les missions *Intruder* avec les autres opérations prévues, que ce soit au sein de la RAF (par exemple avec le Bomber Command pour aller soutenir un raid de bombardiers), ou dans le cadre d'opérations combinées (par exemple avec la Royal Navy). Cette Salle centralisait aussi tous les renseignements récents collectés par le Service 'Y' d'écoute des messages radio allemands : si une activité importante laissait présager une attaque nocturne sur l'Angleterre, les avions *Intruder* pouvaient être envoyés sur les bases où avaient été détectées ces activités préparatoires. Deux mois plus tard, cette Salle a été transférée sous le nom de "Fighter Command Intruder Control" au QG du Fighter Command du prieuré de Bentley (Stanmore, Middlesex) pour une meilleure coordination entre les Groupes. Si les objectifs de chaque nuit étaient fixés par le Contrôleur *Intruder* de ce QG, les commandants d'Escadron restaient maîtres de l'itinéraire, des tactiques, de la décision d'annuler en fonction de la météo et des briefings donnés aux équipages.

---

[847] Entrée du 15 février 1941 du Journal de marche du 307ème Escadron, conservé sous la référence AIR 27/1675/5, TNA.
[848] Graphe de l'auteur à partir des données du document "*The Air Defence of Great Britain, Volume V*" (voir bibliographie).

80% des 1.613 sorties *Intruder* de 1942 ont visé des aérodromes ennemis (soit directement en les bombardant, soit en rôdant à proximité en attendant une cible d'opportunité). Le reste des sorties a été consacré à l'attaque d'autres types de cibles au sol (16%) et à des missions *"Nickel"* de largage de tracts de propagande (4%). 48 avions allemands ont été revendiqués détruits (plus 8 revendications "probablement détruit" et 45 "endommagé") pour la perte de 36 chasseurs britanniques. Le graphe ci-dessous montre la répartition des sorties *Intruder* de 1942 entre les différents types d'appareils : [849]

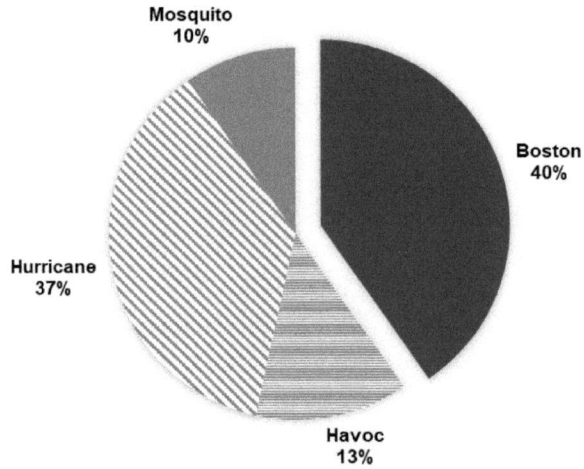

B.1.4 - 1943 : La fin des Boston *Intruder*, de nouvelles cibles avant la réorganisation

Fin 1942, le 23ème Escadron, seule unité *Intruder* dotée de Mosquito, est envoyé à Malte. En 1943, les deux Escadrons consacrant la majorité de leurs sorties aux missions *Intruder* (le 418ème et le 605ème) volaient sur Douglas Boston III (avec ou sans canons). Le tableau ci-dessous, [850] qui ne concerne que les sorties effectuées par le 418ème Escadron entre le 27 février et le 11 octobre 1943, montre bien l'élargissement géographique progressif des missions *Intruder* visant à harceler les aérodromes de la Luftwaffe. Au début 1943, seules des cibles en France sont visées, puis en Belgique et aux Pays-Bas, et enfin en Allemagne. Les aérodromes visés sont détaillés en Annexe 4. Si certains des 89 aérodromes visés n'ont reçu qu'une ou deux visites des Boston ou des Mosquito de l'Escadron, ceux d'Orléans, de Melun, ou de Brétigny ont été particulièrement soignés avec plus de 50 patrouilles *Intruder* chacun en moins de huit mois. Ceci a obligé les Allemands à dépenser beaucoup d'énergie pour les protéger, notamment en immobilisant de nombreuses unités

---

[849] Graphe de l'auteur à partir des données du livre de Ken Delve, page 122, pour 1.576 sorties (voir bibliographie).
[850] Données compilées à partir des rapports établis par quinzaine pour les mois mentionnés, conservés sur microfilm sous la référence C-12291, BAC.

de Flak et en dispersant leurs avions. Par exemple, Melun-Villaroche comptait pas moins de 13 postes de Flak légère en juin 1943 et disposait de deux aérodromes de dispersion ainsi que d'un faux aérodrome à proximité pour détourner l'attention (à Brie-Comte-Robert à 10 km au nord-nord-ouest). [851] L'arrivée des Mosquito VI a permis d'augmenter sensiblement les zones couvertes, non seulement grâce au rayon d'action de l'appareil, mais surtout grâce à sa vitesse le rendant beaucoup moins vulnérable au système défensif nocturne du Reich.

	Quinzaine commençant	27 fév.	12 mars	27 mars	12 avril	27 avril	12 mai	27 mai	12 juin	27 juin	12 juil.	27 juil.	12 août	27 août	12 sept.	27 sept.	
Avions	Boston III	18	18	17	18	17	18	13	12	10	10	5	5	5	2	2	
	Mosquito VI	-	-	-*	-	2	2	11	19	23	29	21	18	19	20	19	TOTAL
Intruder	France	8	5	19	38	31	49	28	41	78	40	67	64	39	31	17	555
	Pays-Bas	12	4	-	-	-	2	-	8	-	14	-	3	-	7	5	55
	Belgique	-	-	-	-	-	-	2	11	7	3	1	7	13	2	7	53
	Allemagne	-	-	-	-	-	-	-	-	-	-	8	13	10	2	27	60
Nickel	France	3	1	2	-	-	-	-	-	-	-	-	-	-	-	-	6
	TOTAL Intruder	20	9	19	38	31	51	30	60	85	57	76	87	62	42	56	723

* 3 Mosquito II *"Intruder"* reçus (le premier le 28 mars). Un Mosquito d'entraînement était utilisé depuis février.

Au début de 1943, pour s'entraîner à moindre risque au-dessus du continent, les Boston III du 418ème Escadron effectuent quelques largages de tracts de propagande sur la France (les opérations '*Nickel*'). Certains voyaient ces missions comme un gaspillage de moyens, comme le patron du Bomber Command, Arthur Harris, qui a écrit que *"le seul résultat de ces opérations Nickel a été de fournir l'ennemi avec cinq années de papier toilette gratuit !"* [852] En tous cas, ces missions n'étaient pas de tout repos, puisque deux appareils et leurs équipages ont été perdus en une semaine fin novembre-début décembre 1942 (voir ci-après), et un autre en février 1943.

Les Boston III, bien qu'étant pour beaucoup équipés de canons de 20 mm après mi-1942, remportent peu de victoires durant leurs quelques mois d'utilisation comme avion Intruder au sein du 418ème Escadron : elles sont détaillées dans le tableau ci-après : [853]

Date	Lieu	Cible et revendication	Équipage
26 avril 1942	Tavaux	non identifiée, endommagée	Sgt Harding, Sherman et Irving
7 mai 1942	Gilze en Rijen	non identifiée, détruite (partagée)	P/O Lukes, Sgt Randolph et Haskell

---

[851] Page 239 du répertoire *"Luftwaffe Airfields 1935-45"* de Henry L. deZeng IV, juillet 2014, disponible sur https://www.ww2.dk/Airfields%20-%20France.pdf , consulté en août 2002
[852] Page 36 du livre '*Bomber offensive*' du Marshal Sir Arthur Harris, Pen & Sword, 2005, ISBN 9781844152103.
[853] Extrait du tableau récapitulatif des victoires de l'Escadron en annexe du Journal de marche de mai 1945, conservé sur microfilm sous la référence C-12290, BAC.

Date	Lieu	Cible et revendication	Équipage
23 juin 1942	Gilze en Rijen	Do-217, détruit au sol	Sgt Douglas, Bradley et Jones
12 juillet 1942	Gilze en Rijen	Ju-88, endommagé	F/Lt Caldwell, F/O Marlett et P/O Bist
17 août 1942	Creil	non identifiée, détruite	S/Ldr Caldwell, F/O Marlett et P/O Bist
25 août 1942	Orléans	Do-217, endommagé	P/O Ventles, F/Sgt Mackay et Sgt Baker
27 février 1943	Melun	non identifiée, endommagée	F/Lt Bennell, P/O Shield et Sgt Dickey
3 mars 1943	Deelen	Do-217, détruit	F/Lt Bennell, P/O Shield et Sgt Dickey
11 avril 1943	Beauvais	non identifiée, détruite	S/Ldr Burton Gyles, Sgt Richards et Wilson
14 avril 1943	Beauvais	non identifiée, détruite	W/Cdr Little, F/Sgt Styles et Ratcliffe
13 mai 1943	Orléans	Ju-88, Ju-87 et non identifiée, endommagés	F/Lt Beveridge, Sgt Bays et F/Sgt Anderson
21 mai 1943	Melun	non identifiée, endommagée	F/Lt Bennell, P/O Shield et Sgt Dickey
26 mai 1943	Étampes	non identifiée, endommagée	Sgt James, P/O Chambers et F/Sgt Dobinson
21 juin 1943	Coulommiers	Do-217, endommagé	F/Lt Beveridge, Sgt Bays et F/Sgt Anderson

Le nez du Boston III "Intruder" AL.468 a été décoré comme il se doit après la victoire revendiquée dans la nuit du 11 au 12 avril 1943 au-dessus de l'aérodrome de Beauvais par le Squadron Leader Burton Gyles et les Sergents Richards et Wilson (Photo Library and Archives Canada/Department of National Defence fonds/PL15889)

Le rapport de combat du Flight Lieutenant Massey W. Beveridge est traduit ci-après pour illustrer ces missions : [854]

418ème Escadron		**SECRET**
	FORMULAIRE "F" DE RENSEIGNEMENT ET	
	RAPPORT INDIVIDUEL DE COMBAT	

DONNÉES STATISTIQUES :

Date : 19 mai 1943   Unité : 418ème Escadron (RCAF)

Type et version de notre avion : Boston III (Intruder)

Heure de l'attaque : 00h52 (à peu près)

Lieu de l'attaque : Orléans-Bricy.

Météo : Bancs de brouillard, bonne visibilité.

Dommages subis : Aucun.

Dommages causés à l'ennemi en vol : Un avion ennemi non identifié, un Ju-88, un Ju-87, tous endommagés.

Dommages causés à l'ennemi au sol ou en mer : Aucun

Rapport général :

   Un Boston III "TH/F" [855] (F/Lt Beveridge, Sgt Bays et F/Sgt Anderson) a décollé de Ford [dans le Sussex de l'Ouest] à 23h23 pour patrouiller [les aérodromes de] Bourges et Avord, et est revenu pour se poser à 02h30. La côte ennemie a été franchie à Ault [dans la Somme] à 23h58, à une altitude de 2.500 pieds *(760 m)*. Le cap a été mis sur Avord, mais en chemin il a été vu à 00h52 que la piste NE/SO et un projecteur Lorenz *[d'approche]* visuelle à l'extrémité Nord de l'aérodrome d'Orléans-Bricy étaient éclairés. Simultanément, différents dispositifs pyrotechniques (de couleur rouge au sol et verte en l'air) ont été observés. Le Boston a décrit un cercle bien à l'est de l'aérodrome et a aperçu un avion ennemi approcher et se poser avec ses feux de navigation allumés. Un deuxième avion ennemi a été vu dans le circuit *[d'approche]* et il a été attaqué durant sa descente sur le projecteur Lorenz *[d'approche]* visuelle. Trois rafales de trois secondes ont été tirées d'une distance de 250 yards *(230 m)* directement sur l'arrière de cet avion ennemi : des impacts ont été vus lors de la seconde rafale sur l'aile droite et à l'emplanture des ailes. Durant la troisième rafale, seul un canon a fonctionné et des impacts ont à nouveau été vus sur l'aile droite. Les feux de navigation de l'avion ennemi se sont éteints et il a été perdu de vue.

   Un autre avion ennemi, identifié comme étant un Ju-88, a effectué son approche avec ses phares d'atterrissage en service et a allumé ses feux de navigation en passant à la verticale du projecteur Lorenz. Le Boston l'a intercepté et a ouvert le feu d'une distance de 130 yards *(120 m)* en s'approchant jusqu'à 75 yards *(70 m)* directement sur l'arrière avec deux rafales de 4 secondes. Un seul canon et les quatre mitrailleuses ont tiré : des impacts ont été vus sur le moteur droit

---

[854] Rapport de combat conservé sous la référence AIR 50/146/231, TNA. Les sections émetteur/destinataires ont été ignorées.
[855] Les deux premières lettres sont celles du code de l'Escadron, la dernière est celle attribuée à l'avion.

et à l'emplanture des ailes lors des deux rafales. L'avion ennemi a éteint tous ses feux et le moteur droit vomissait de la fumée avec une lueur rouge. Le Boston a stoppé son attaque et a fait un cercle complet par la droite et l'avion ennemi a été perdu de vue avec la fumée sortant du moteur endommagé. Un autre avion ennemi a été aperçu en approche avec ses phares d'atterrissage en service et a allumé ses feux de navigation en passant à la verticale du projecteur Lorenz. Le Boston a effectué une attaque de flanc avec seulement les mitrailleuses d'une distance de 100 yards *(90 m)* en s'approchant jusqu'à 20 yards *(18 m)* en une longue rafale. Des impacts ont été observés sur l'emplanture de l'aile droite et l'avion ennemi a éteint ses feux de navigation et a tiré une fusée verte/blanche alors que le Boston passait en-dessous. L'avion ennemi a été identifié comme étant un Ju-87 et a été ensuite perdu de vue.

Le Pilote a ensuite décidé de tourner en rond au nord du projecteur Lorenz *[d'approche]* visuelle et différentes fusées rouges ont été tirées depuis l'aérodrome. Après 15 minutes durant lesquelles l'éclairage de l'aérodrome a été éteint puis rallumé, le Boston a aperçu un train juste au nord d'Orléans, se dirigeant vers le Sud. L'aérodrome a été quitté à 01h05 et le train a été attaqué à 01h09 depuis l'arrière d'une distance de 900 pieds *(275 m)*. Aucun impact n'a été aperçu et le train ne s'est pas arrêté. Le cap a été mis sur la côte française qui a à nouveau été franchie à Ault à 01h50. 3 projecteurs n'ont pas réussi à éclairer le Boston.

SIGNATURES

Flight Lieutenant (Pilote) Beveridge	G. Morris
418ème Escadron (RCAF)	Officier de Renseignement
Base R.A.F. de Ford	418ème Escadron (RCAF)
	Base R.A.F. de Ford

Beveridge (alors Squadron Leader par intérim) et son Observateur, le Sergent Bernard O. R. Bays ont reçu respectivement la DFC et la DFM à la fin de l'année. [856] Nommé à la tête du 409ème Escadron (RCAF) de chasse de nuit, le Wing Commander Beveridge échappe de peu à la mort dans la nuit du 6 au 7 août 1944 lorsque l'empennage de son Mosquito XIII est découpé par les tirs d'un Ju-88 travaillant de concert avec un Fw-190 d'après le Journal de marche de l'unité. Il réussit à s'extraire de l'avion et à ouvrir son parachute, mais son Opérateur radar, le Flight Lieutenant John W. Peacock, est tué. [857] Le mois suivant, Beveridge décolle seul le 20 septembre malgré une météo défavorable à la recherche de deux aviateurs de l'Escadron dont l'avion avait été endommagé la veille lors d'un combat près de Lille et qui avaient été obligés de sauter en parachute. [858] Beveridge ne rentre pas de cette mission et il repose aujourd'hui au cimetière de Flavacourt.

---

[856] Supplément de la London Gazette du 9 novembre 1943.
[857] Entrée du 6 août 1944 du Journal de marche de l'Escadron conservé sous la référence AIR 27/1801/39, TNA.
[858] Entrées des 19 et 20 septembre 1944 du Journal de marche de l'Escadron conservé sous la référence AIR 27/1801/41, TNA.

En moins de 18 mois d'utilisation opérationnelle, 33 Boston du 418ème Escadron ont été détruits, dont 9 lors de vols d'entraînement. Avec seulement 517 sorties, les 24 appareils détruits en mission représentent un taux de perte important de 4,6%, avec des pics à plus de 15% en août et novembre 1942. [859] Certains aviateurs avaient la baraka, comme le Flying Officer Reynolds et le Flight Sergeant Taylor qui survivent à deux accidents en quelques mois (mars et novembre 1942). Beaucoup d'autres ont eu moins de chances puisque 81 aviateurs ont péri à bord de ces avions, douze ont été blessés et 8 ont été faits prisonniers. L'expérience de l'un de ces hommes est décrite ci-après :

Le Pilot Officer Norman W. Mapes, un Observateur canadien, avait rejoint l'unité le 9 décembre 1941 en provenance du Centre n°3 de Réception du Personnel de la RAF de Bournemouth, dans le Dorset. Il a été blessé dans un accident survenu le 16 février 1942 au Boston Z2156. [860] Deux mois plus tard, dans la nuit du 27 au 28 avril 1942, il est le seul survivant du Boston III Z2240 qui semble avoir été abattu par un chasseur de nuit près de l'aérodrome de Gilze en Rijen, aux Pays-Bas, qui était la cible de sa mission *Intruder*, le chasseur britannique étant devenu la proie. L'Escadron reste sans nouvelles de l'équipage jusqu'à ce que la lettre suivante arrive début juillet : [861]

"Cher Marty,

Juste quelques lignes pour t'informer que je suis toujours en vie. Notre séparation a été plutôt soudaine, n'est-ce-pas. Comme tu le sais, j'avais gardé mes comptes à peu près à jour, donc j'espère que la personne qui a fait le bilan n'a pas eu trop de mal à tirer la situation au clair.

Il y a peu de choses à dire sur ce qui m'est arrivé. Nous avons été interceptés et nous avons viré pour attaquer. Et puis "Rideaux !" D'une façon ou d'une autre, j'ai été éjecté à travers le Perspex, je ne sais pas comment puisque j'ai dû être inconscient pendant plusieurs secondes. Je me suis réveillé en flottant en chute libre avec l'avion, y étant relié, je crois, par les cordons de mes écouteurs. Je ne suis pas sûr car j'étais trop près de tomber dans les pommes pour bien me rendre compte. J'ai tenté de me détacher, de tirer la poignée du parachute et "Rideaux !" à nouveau. Quand je suis revenu à moi, l'avion s'était écrasé et brûlait. Je pendouillais sous mon parachute dans une position quasiment horizontale. Mes épaules étaient apparemment sorties des sangles. Je me suis redressé et j'ai atterri d'abord sur les pieds puis sur la tête. Je me suis fait des yeux au beurre noir et j'ai mangé de la terre. Je me suis débarrassé du parachute quand je suis à nouveau revenu à moi, et je me suis alors rendu compte que je souffrais horriblement. J'ai essayé de me lever car je voulais aller à l'avion pour aider les autres, mais je pouvais à peine bouger. Peu à peu, je me suis rendu compte que les copains étaient au-delà de toute aide sur cette terre et j'ai tourné mes pensées vers la façon de m'enfuir. J'ai à nouveau tenté de me lever, sans succès. Je me suis retourné sur le ventre et de cette position, je pouvais tout bouger, sauf la tête. Elle refusait absolument de bouger. La douleur dans mon dos et mon cou était atroce et j'en ai déduit que je m'étais fracturé la colonne vertébrale et qu'il suffisait de trouver la bonne position pour faire pression sur la moelle épinière et que ça serait fini.

---

[859] Ces pertes sont détaillées en Annexe 7.
[860] Cet accident n'est pas mentionné dans le Journal de marche de l'Escadron de février 1942 (référence AIR 27/1820/1, TNA), mais fait l'objet d'un dossier conservé sous la référence AIR 81/13187, TNA.
[861] Lettre copiée dans le Journal de marche de l'Escadron à l'entrée du 3 juillet 1942, Journal conservé sous la référence AIR 27/1820/9, TNA.

J'ai désespérément essayé d'atteindre cette position car la douleur était insupportable, mais ça n'a pas marché. J'ai dû m'évanouir ou m'endormir quelques minutes car la chose suivante dont je me souviens est que l'incendie de l'avion était presque éteint. L'aube approchait et j'ai fait un nouvel effort désespéré pour me lever et m'éloigner avant qu'il ne soit trop tard. J'ai réussi, en soulevant ma tête avec ma main droite (la gauche ne fonctionnait pas pour une raison inconnue) à me mettre péniblement debout. J'ai fait deux pas, ai basculé et suis tombé. Quand je me suis réveillé, le Soleil s'était levé au-dessus des collines.

Je me suis à nouveau relevé péniblement et en portant quasiment ma tête j'ai réussi à parcourir une partie de la distance menant à une ferme, à peu près à 400 mètres de là. Sur la fin de ce trajet, je me souviens avoir été à moitié tiré et à moitié porté par un homme. J'ai été installé dans la grange, sur un tas de foin, aussi confortablement que possible. Il est revenu plus tard avec une boisson bienvenue, du thé ou quelque chose comme ça et m'a dit qu'il avait envoyé chercher le Médecin. Au bout d'un moment, le docteur est arrivé, avec la police militaire pour me transporter à l'hôpital.

Quelques onze radiographies ont été faites sur une période d'une semaine, et la douleur a diminué comme le temps s'est écoulé. Après dix-huit jours au lit, on m'a autorisé à me lever pendant quelques minutes. J'arrive désormais à tenir sur mes quilles à peu près bien. Mon cou et mes épaules sont rigides et endoloris par endroits. Toutefois je crois que je survivrai.

Je ne sais pas quand je serai transféré vers un camp de prisonniers, mais cela ne devrait pas tarder. Je ne peux pas te donner une adresse de réponse mais je t'écrirai ou j'écrirai à l'un des copains dès que j'aurai rejoint mon nouveau terrain de jeu.

Salut, vieux pote, et que tes atterrissages soient nombreux, heureux et légers.

Signé : Frankie."

Les deux autres membres de l'équipage, Canadiens comme Mapes, le Flying Officer Richard J. Askwith et le Sergent Gordon J. Hardy, Mitrailleur-Opérateur radio, reposent côte à côte au cimetière militaire de Bergen-Op-Zoom aux Pays-Bas.

Pour donner aux aviateurs une idée des difficultés qui les attendent pour échapper à la capture, les Escadrons organisent de temps à autre des exercices baptisés *"Hitch-Hike"* : un camion bâché emmène une douzaine d'aviateurs dans la campagne et les dépose un par un pour qu'ils rejoignent la base par leurs propres moyens en échappant aux volontaires de la Home Guard et aux soldats lancés à leurs trousses. Ces exercices sont l'occasion pour les aviateurs de réaliser quelques exploits dont ils peuvent se délecter au mess ou au pub :
- Lors d'un tel exercice le 14 février 1943, huit des douze aviateurs du 418ème Escadron échappent aux recherches, mais malheureusement leurs techniques ne sont pas révélées par le Journal de Marche. [862]
- Le 11 septembre 1943, le 157ème Escadron se fait battre à plate couture par le 515ème Escadron pendant un exercice identique, puisque seulement 6 des 23 participants

---

[862] Entrée du 14 février 1943 du Journal de marche de l'Escadron, conservé sous la référence AIR 27/1820/23, TNA. Ce document est de très mauvaise qualité et le chiffre de huit aviateurs n'est donc pas sûr.

(26%) du 157ème Escadron parviennent à éviter la capture, contre 8 des 11 hommes (73%) du 515ème. Le camion les avait laissés à 15 kilomètres de l'aérodrome de Hunsdon, dans le Hertfordshire, en fin d'après-midi et la Police locale, la Home Guard et cinq Unités de Défense de la base avaient été mises sur les dents.

- Alors que certains aviateurs ont usé leurs chaussures en faisant d'énormes détours à pied, d'autres profitent d'un train tandis que les Flight Sergeants Fallows et Bowden "réquisitionnent" deux vélos de fillettes et se font arrêter et sévèrement sermonner par deux policiers !
- Pendant vingt minutes, le Pilot Officer Brooks et le Flight Sergent McHarty tentent successivement de voler cinq camions de l'Armée américaine à Bishop's Stortford, dans le Hertfordshire, sans succès, et ils jettent finalement leur dévolu sur une camionnette de l'Armée britannique qui leur permet de rejoindre la base dès 20h00 sans être interceptés. Le compte-rendu de l'exercice indique que le Lieutenant Ross, qui se rendait à Londres avec cette camionnette et s'était arrêté au pub pour *"une bière 'vite-fait', n'a pas apprécié cette interruption de son trajet mais que cela l'incitera à voyager en train la prochaine fois !"*
- La palme revient probablement au Pilote Officer Huckin et au Sergent Graham qui saluent la sentinelle du dépôt de l'École de la Police Militaire de l'Armée britannique à Much Hadham, dans le Hertfordshire, entrent, montent dans le dernier camion, se présentent à nouveau à la sentinelle qui arrête la circulation pour les laisser sortir et arrivent à Hunsdon moins de trois heures après avoir été déposés dans la nature, en ayant tout de même forcé le passage à un barrage d'une Unité de Défense.
- Un peu plus tard, la malheureuse sentinelle s'est retrouvée aux arrêts dans la même cellule que le Flying Officer Dibden qui a lui aussi tenté de soulager la même École de la Police Militaire d'un autre de leurs camions. Le partenaire de Dibden, le Flight Lieutenant Robert D. Doleman avait auparavant été capturé sous la menace d'une mitraillette Thomson à Much Hadham par un Policier aidé d'un Home Guard et de sa femme (le rapport ne dit pas si c'est le Home Guard ou sa femme qui tenait le 'Tommy gun' !). [863]

Nombre d'accidents (dont certains non listés en Annexe 7 puisque les avions ont pu être réparés) étaient dus à la fragilité du train tricycle du Boston. Si une large part des accidents est liée à des erreurs de jugement du Pilote, il peut arriver que d'autres membres d'équipages soient en cause, souvent avec des conséquences moins graves, comme quand le Journal de Marche de l'Escadron note que *"grâce à une légère erreur de navigation, le Flight Lieutenant Van Riel a pu nous décrire les attraits de la Tour Eiffel vue sous la lumière de l'astre Lunaire,"* [864] erreur qui rappelle la scène d'ouverture d'un film comique français d'après-

---

[863] Compte rendu de l'exercice *"King-O"* en annexe du Journal de marche du 157ème Escadron, conservé sous la référence AIR 27/1047, TNA. Ce document est de très mauvaise qualité et le déchiffrage du nom des aviateurs est donc incertain.

[864] Entrée du 20 décembre 1942 du Journal de marche de l'Escadron, conservé sous la référence AIR 27/1820/19, TNA. Les lecteurs auront deviné que le film est *"La grande vadrouille"*, sorti en 1966.

guerre. Le Flight Lieutenant Zeger Van Riel était un aviateur Belge, son Observateur, le Warrant Officer Hogg, était Néo-Zélandais, et son Opérateur radio / Mitrailleur, le Sergent John H. P. Higgins était Canadien. Ils étaient partis de leur base de Bradwell Bay dans l'Essex pour harceler l'aérodrome de Gilze en Rijen aux Pays-Bas, mais ont manifestement pris involontairement le chemin des écoliers au retour (un détour de plus de 500 km tout de même) ! C'était la 34ème sortie de guerre de Van Riel qui n'a ensuite plus fait qu'une sortie *Nickel* sur Gand, deux nuits plus tard, avant de quitter le 418ème Escadron. Envoyé en Inde, il est mort dans un accident le 7 novembre 1943 lorsque son Mosquito de reconnaissance photographique du 317ème Escadron s'est écrasé.

Les 23 et 605èmes Escadrons avaient réussi à se débarrasser assez rapidement de leurs Boston III pour des Mosquito II ou VI : le 23ème après seulement sept mois (de février à août 1942 sur Boston) et le 605ème après seulement huit mois (de juin 1942 à janvier 1943 sur Boston). Le 418ème Escadron a dû attendre plus longtemps. Vu les pertes et les faibles victoires enregistrées sur Boston, on comprend que les aviateurs de cet Escadron aient vu l'arrivée du Mosquito avec enthousiasme quand leur tour est enfin arrivé. Après un programme de conversion s'étalant sur trois mois de février à avril 1943, notamment avec un Mosquito TIII à doubles commandes et trois Mosquito II, les sorties opérationnelles du 418ème Escadron avec les Mosquito II puis VI commencent en mai 1943 et le premier succès est obtenu dans la nuit du 7 au 8 mai lorsque les Pilot Officers Craft et Morton (sur Mosquito II) abattent un Ju-88 lors d'une mission *Intruder* sur Brétigny. La transition sur Mosquito ne se fait pas sans douleur puisque le commandant de l'Escadron, le Wing Commander James H. Little, DFC, et le Warrant Officer Douglas H. Styles, DFM, ont été tués lorsque leur appareil a heurté un arbre au décollage après une panne de moteur le 12 juin 1943. En un mois d'emploi du Mosquito, le 418ème Escadron double le score de ses victoires revendiquées sur Boston en 18 mois. [865] Le Mosquito s'avère aussi un avion bien plus facile à entretenir et à opérer que le Boston : en juillet et août 1943, le 418ème Escadron effectue 222 sorties opérationnelles, presque la moitié du chiffre des sorties effectuées en 18 mois sur Boston III. Le Mosquito VI pouvait emporter des bombes de 113 ou 227 kg, ce que seuls les Boston ou Havoc pouvaient faire auparavant : le 418ème Escadron a l'honneur d'être la première unité du Fighter Command à déposer ce type de "carte de visite" à l'aide d'un Mosquito le 21 juin 1943. La visée était cependant approximativement, faute de viseur de bombardement. Le Mosquito VI pouvait également être équipé de réservoirs largables pour atteindre des cibles lointaines, mais il fallait alors se contenter des seuls canons et mitrailleuses. Le graphe ci-dessous montre la durée de patrouille possible, à proximité d'un aérodrome ennemi, pour un Mosquito VI *"Intruder"* chargé de bombes (donc sans réservoirs supplémentaires). À titre indicatif, les distances séparant quelques aérodromes de la Nachtjagd de la base du 418ème Escadron à Ford dans le Sussex de mi-mars 1943 à début avril 1944 ont été marquées (par exemple, les Ju-88C du III Gruppe de la Nachtjagdgeschwader 2 avaient leurs quartiers à Gilze en

---

[865] Page 21 du livre de Dave McIntosh (voir bibliographie).

Rijen aux Pays Bas au début 1944, à environ 390 km de Ford ; à la même époque, les Me-110 du I Gruppe de la Nachtjagdgeschwader 6 nichaient à Mayence, à plus de 630 km). [866]

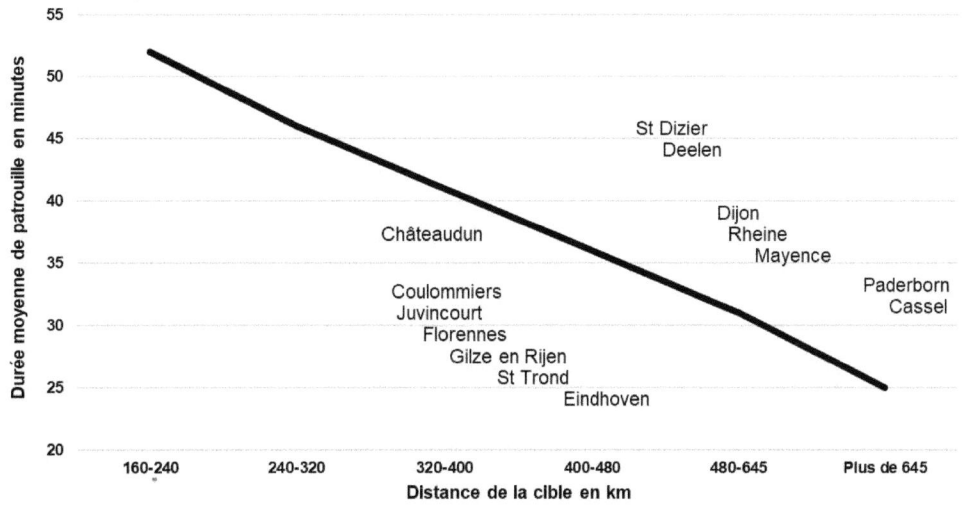

Sous l'impulsion de l'Air Marshal Arthur T. Harris, le Bomber Command effectue de plus en plus d'attaques massives des villes allemandes, et avec l'allongement de la durée des nuits à la fin 1943 frappe de plus en plus loin : en juin, la moyenne parcourue par les bombardiers pour atteindre leurs cibles étaient de 465 km, et passe à 755 km en novembre. [867] Pour couvrir leur trajet, les chasseurs *Intruder* doivent aller également de plus en plus loin, jusqu'à Berlin, Munich ou Leipzig, ce qui les oblige souvent à échanger leurs bombes pour des réservoirs supplémentaires.

Avec l'approche de l'invasion du continent et les cibles aériennes se faisant de plus en plus rares, les missions *"Intruder"* ont continué à s'élargir peu à peu à d'autres objectifs, tout convoi routier ou ferroviaire devenant une cible légitime (même si comme nous l'avons vu dans le cas du Flight Lieutenant Kuttelwascher qui avait endommagé deux vedettes allemandes dans la Manche, certains pilotes n'hésitaient pas à 'pimenter' leurs chasses nocturnes en s'en prenant à d'autres cibles). Ces missions de jour ou de nuit ont reçu le nom de code de *"Ranger"* : alors que les missions *"Intruder"* cherchaient spécifiquement à contrer l'activité aérienne de l'ennemi et n'étaient déclenchées que si cette activité était avérée ou anticipée, les missions *"Ranger"* avaient lieu sans contrainte. Certains commandants d'Escadrons, qui trouvent que leur secteur manque singulièrement de cibles allemandes depuis la fin du Blitz, demandent même la permission de démonter les radars air-air de leurs machines pour pouvoir participer à ces missions puisqu'il leur était interdit de survoler les territoires ennemis. Ainsi, le Wing Commander

---

[866] Graphe de l'auteur à partir des données du tableau page 313 du Volume V du rapport *"The Air Defence of Great Britain"* (voir bibliographie). Dans l'original, les temps des deuxièmes et troisièmes colonnes ont été intervertis.
[867] Page 313 du Volume V du rapport *"The Air Defence of Great Britain"* (voir bibliographie).

Bob Braham obtient le feu vert pour envoyer quelques Beaufighter du 141ème Escadron marauder au-dessus des voies ferrées de Bretagne à partir du 20 mars 1943. [868] Cette décision est élargie à tous les Escadrons de chasse de nuit sur Beaufighter qui peuvent "déshabiller" trois avions de tout équipement radar pour les réserver aux missions *Intruder*. [869]

En 1943, 3.856 sorties offensives nocturnes ont été effectuées par les chasseurs *Intruder* du Fighter Command. Encore une fois, il ne faut pas oublier que d'autres unités que celles du Fighter Command participaient à l'effort de soutien aux bombardiers lourds, comme par exemple trois Escadrons du 2ème Groupe qui, jusqu'à mai 1944, ciblaient les aérodromes de la chasse allemande chaque nuit de raid, mais cela sort du cadre de cet ouvrage. Le graphe ci-dessous montre la répartition des missions offensives de la chasse de nuit effectuées entre janvier et décembre 1943 : [870]

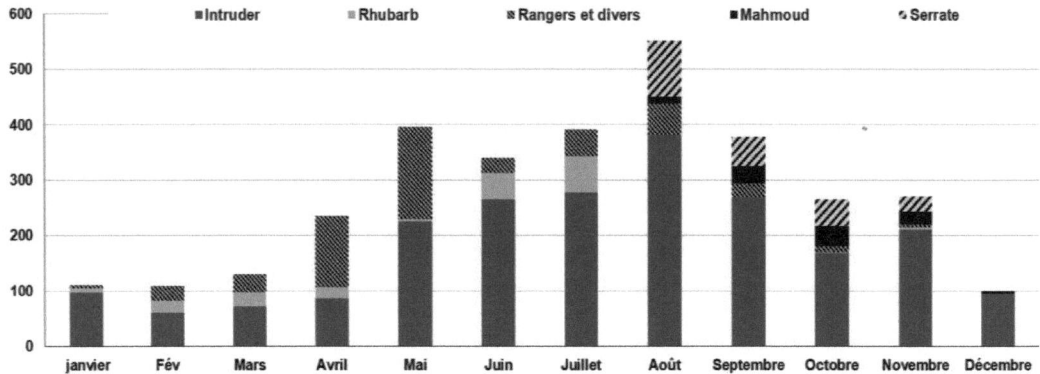

72 avions ennemis ont été revendiqués détruits lors de ces sorties pour la perte de 60 chasseurs britanniques. On constate que ces missions offensives ont pris des noms de code divers et l'on peut résumer ainsi leurs objectifs (nous reparlerons plus loin et plus en détails de certains types de missions et des équipements spécifiques associés) :

- ***Intruder*** : Mission consistant à pénétrer en territoire ennemi pour perturber les opérations aériennes de l'adversaire, principalement en rôdant près des aérodromes dans l'espoir d'engager un avion s'en approchant et à défaut en y déposant quelques bombes avant de partir.
- ***Mahmoud*** : Mission consistant à tourner au-dessus d'une balise radio ou visuelle servant de point d'attente pour les chasseurs de nuit allemands en espérant en repérer un grâce au détecteur *Monica*.

---

[868] Entrée du 20 mars 1943 du Journal de marche, conservé sous la référence AIR 27/970/29, TNA.
[869] Page 300 du Volume V du rapport *"The Air Defence of Great Britain"* (voir bibliographie).
[870] Page 299 et données des Annexes 31 et 32 du Volume V du rapport *"The Air Defence of Great Britain"* (voir bibliographie). Les sorties nocturnes contre les navires ne sont pas décomptées dans ces Annexes (par exemple, elles représentaient 578 sorties en 1943).

- ***Night Ranger*** : Mission nocturne, visant un objectif particulier (aérodrome, trains, convois routiers, vedettes, usines, gare de triage, centrale électrique, garnison, etc.). À compter du 26 juillet 1943, une mission Ranger visant spécifiquement les bases de la chasse de nuit allemande en soutien aux avions du Bomber Command est baptisée *"Flower"*.
- ***Night Rhubarb*** : Mission nocturne de chasse libre à basse altitude au-dessus des territoires occupés, visant à mitrailler toute cible d'opportunité qui se présente. Généralement menée par des chasseurs monomoteurs (Typhoon) lors des nuits de pleine Lune.
- ***Serrate*** : Nom de code donné au dispositif permettant de déterminer la direction d'un radar air-air *Lichtenstein*. Par extension, les missions utilisant ce dispositif étaient baptisées *Serrate*.

Le Mosquito NFII DD-750 du 25ème Escadron montre sa belle livrée noire de chasseur de nuit. Moins de six mois après sa mise en service, cet appareil a été détruit au retour d'une mission *Ranger* le 22 mars 1943. Les Sergents John H. Staples (pilote) et Ralph E. Andrews (Navigateur) ont été tués. (photo © Government of Canada. Reproduced with the permission of Library and Archives Canada (2024). Source: Library and Archives Canada/Department of National Defence fonds/a161124)

Les cibles des missions *Ranger* s'avèrent variées (camions, trains, usines, vedettes, péniches, etc.), mais certains pilotes profitent aussi de ces missions pour augmenter leur score de victoires aériennes, comme par exemple lorsque deux Mosquito du 157ème Escadron abattent un oiseau rare, l'un des treize exemplaires produits de l'hydravion hexamoteur Blohm & Voss BV 222 Wiking. Le rapport de ce combat est traduit ci-dessous : [871]

---

[871] Rapport de combat conservé sous la référence AIR 50/66/105, TNA.

Station R.A.F. de Predannack *[en Cornouailles]*

FORMULAIRE 'F' FINAL DE RENSEIGNEMENT
MISSION *RANGER* DE NUIT SUR BISCARROSSE

<u>Date</u> : 8 février 1944
<u>Unité</u> : 157ème Escadron
<u>Type et version de notre avion</u> : 2 Mosquito II
<u>Heure de l'attaque</u> : 21h20
<u>Lieu de l'attaque</u> : Lac de Biscarrosse
<u>Météo</u> : Couverture nuageuse de 30 à 40% à *[une altitude de]* 2.500 pieds *(760 m)*. Bonne visibilité.
<u>Dommages subis</u> : Aucun *[mais voir la fin du rapport]*.
<u>Dommages causés à l'ennemi en vol</u> : 1 BV-222 détruit par le S/Ldr H. E. Tappin, DFC, Pilote et le F/O I. H. Thomas, Navigateur.
<u>Dommages causés à l'ennemi au sol ou en mer</u> : Aucun
<u>Rapport général</u> :

Deux Mosquito II (S/Ldr H. E. Tappin, DFC, Pilote et F/O I. H. Thomas, Navigateur ; F/Lt R. J. Smyth, Pilote et F/Lt J. McAlister, Navigateur) ont quitté Predannack à 18h55 pour une patrouille *Ranger* de nuit sur Biscarrosse.

Le F/Lt Smyth est rentré presque immédiatement après le décollage en raison d'une panne radio.

Le cap a été mis sur Biscarrosse au ras des vagues à 19h05. La côte française a été franchie à 21h04 à la position 44°15N 01°16W *[à peu près 17 km au sud de Biscarrosse]*.

En volant sur la zone comprise entre 46°30N 04°30W et 45°00N 02°30W,[872] les feux de navigation (ou autres lampes) de plusieurs petits navires qui semblaient pêcher ont été aperçus respectivement à 20h15 et 20h40.

À l'approche de la côte, un léger détour vers la droite a été fait pour éviter une forte tempête, ce qui fait que la côte a été franchie au sud de la cible.

La cible a été atteinte à 21h08 et la patrouille a été commencée du Nord au Sud sur la façade ouest du lac. Aucune activité n'a été aperçue à part deux chaloupes à moteur, bien qu'une barre de sept feux orientés Nord-Sud a été vue sur la bordure ouest du lac, ainsi qu'une autre parallèle au milieu du lac. Il y avait aussi une barre identique de six feux orientée Est-Ouest sur la côte à partir de la pointe nord du lac, avec plusieurs lampes rouges sur le pourtour nord du lac. À 21h16, le chasseur a été "balayé" par les faisceaux de quatre projecteurs du coin nord-nord-ouest du lac. Il est possible que ces projecteurs aient été du type "Canopy" *[éclairage des nuages par dessous]*, leur lumière étant diffuse. À 21h18, les feux de navigation d'un avion ont été aperçus pendant quelques secondes à environ 1.000 pieds *(300 m)* *[d'altitude]* à 1.000 yards *(915 m)* de distance, volant vers l'Ouest. Avant que ces feux de navigation ne soient éteints, le contact visuel

---

[872] Ces positions correspondent à peu près à 200 km à l'ouest des Sables d'Olonnes et à 110 km à l'ouest de Lacanau.

> a été établi sur un avion se dirigeant désormais vers le Sud. Le chasseur s'est approché à 500 yards *(460 m)* et a identifié l'avion comme étant un BV-222. Le Mosquito a alors été illuminé par les projecteurs (lumière diffuse). Le chasseur a tiré une courte rafale de l'arrière mais aucun impact n'a été observé, et deux autres courtes rafales ont été tirées en s'approchant jusqu'à une distance de 300 yards *(275 m)* directement sur l'arrière de la cible : les moteurs de la section centrale des ailes et les moteurs intérieurs ont pris feu.
>
> L'avion ennemi a peu à peu perdu de l'altitude puis est parti en virage en piqué vers la droite et s'est écrasé dans la partie sud-ouest du lac avant d'exploser.
>
> Pendant que l'avion était encore en vol et en feu, des croix noires soulignées de blanc ont été vues sur un camouflage gris.
>
> Le Mosquito a mis le cap sur la base à 21h22 et s'est posé à 23h45.
>
> Aucun tir défensif n'a été observé. Aucune Flak et aucune balise visuelle n'ont été vues.
>
> Des cinémitrailleuses étaient à bord et elles ont fonctionné automatiquement.
>
> MUNITIONS CONSOMMÉES :
>
> | | |
> |---|---|
> | Obus plein | 36 obus |
> | Obus semi perforant incendiaire | 76 obus |
> | Obus explosif incendiaire | 76 obus |
> | Obus traçants | 4 obus |
> | Total | 192 obus |
>
> SIGNATURES
>   H. E. Tappin, S/Ldr - Pilote
>   I. H. Thomas, F/O - Navigateur

Dans la nuit du 19 au 20 mai 1943, le 157ème Escadron envoie trois Mosquito F.II en mission Ranger depuis la base de Hunsdon, dans le Hertfordshire : ceux des Flying Officers Dyke et Plaut-Carcasson et des Flying Officers Beckett et Hedder ciblent les réseaux ferrés ; celui du Flying Officer Deakin et du Flight Sergeant Hurley patrouille au-dessus des aérodromes de Beauvais, Creil, Melun, Brétigny et Évreux sans voir d'autre activité que des projecteurs et rentre à la base sans dommages malgré les efforts de la DCA britannique qui lui tire dessus dans le Kent !

Si l'équipage Dyke et Plaut-Carcasson endommage la locomotive d'un train de marchandises près de Vitry, l'Australien Beckett vide l'ensemble de ses casiers de munitions sur pas moins de sept trains différents : [873]

---

[873] Rapport combiné de missions Ranger conservé en Annexe G du Journal de marche sous la référence AIR 27/1047, TNA.

Train	Heure	Lieu	Armes	Résultats observés
1	01h24	Nord-Est de Toul	Canons	Impacts sur la locomotive.
2	01h28	Nord-Est de Toul	"	Impacts sur tout le train ainsi que la locomotive qui s'est arrêtée dans un nuage de vapeur et une lueur vive.
3	01h33	Nord-Est de Toul	"	Idem que pour n°2.
4	02h05	8 km au S-O de Metz	"	Impacts sur la locomotive et la moitié du train.
5	02h18	Ouest de Toul	Mitrailleuses	Idem que pour n°4.
6	02h23	Sud de Commercy	"	Idem que pour n°4.
7	0230	6 km au S de Bar-le-Duc	"	Impacts sur la locomotive et tout le train.

Si les missions Intruder étaient jugées rentables, elles n'en comportaient pas moins de grands risques, et nombres d'équipages ont disparu sans laisser de trace, que ce soit suite à un accident, une erreur de navigation ou du fait des défenses allemandes, comme l'indique par exemple le message suivant du commandant du 264ème Escadron après une mission sur la Bretagne : [874]

264ème Escadron,　　　　　　　　　　　　　　　　　　　　　　17 mars 1943
Royal Air Force
Colerne, Wilshire

Référence : Message de cette Unité FB – T.3/3 du 12 mars 1943
Monsieur,
　Perte du F/O A. H. Stanley (matricule 119218), Pilote et du P/O C. R. Lawrence (matricule 133007) Navigateur / Radariste du Mosquito D.D.721 au-dessus du territoire ennemi.
J'ai l'honneur de signaler que le F/O A. H. Stanley (matricule 119218), Pilote et le P/O C. R. Lawrence (matricule 133007) Navigateur / Radariste, ont décollé de la base de la R.A.F. de Portreath [en Cornoauilles] à 21h35 le 11 mars 1943 à bord du Mosquito F.II (grande distance) n°D.D.721 pour effectuer une patrouille Night Ranger comme ordonné par le Formulaire D du 10ème Groupe "Night Ranger Operations for night 11/12th March 1943, 3rd aircraft".
L'avion a été suivi quittant le cap Dodman sur un cap correct. Aucune autre information n'est connue et l'avion n'est pas rentré.
Je reste, Monsieur, votre obéissant serviteur,
Signature : H. M. Kerr, W/Cdr, Commandant du 264ème Escadron.
Sous-Secrétaire d'État, Ministère de l'Air (P.4 Casualties) – 2 copies
2 copies pour le Q.G. du 10ème Groupe
1 copie pour l'Officier commandant la base de la R.A.F. de Colerne
3 copies pour les archives

---

[874] Message conservé page 98 des Annexes du journal de marche, sous la référence AIR 27/155, TNA.

Le corps de Charles R. Lawrence a été rendu par la mer et il repose au cimetière de Dinard. Son pilote n'a jamais été retrouvé.

Bon an, mal an, les missions nocturnes *Intruder*, et leurs différents dérivés, ont représenté environ 4 à 5% des sorties offensives du Fighter Command (et de "l'Air Defence of Great Britain" (ADGB) entre novembre 1943 et octobre 1944) pendant la guerre. Les 95 ou 96% restants avaient lieu de jour, que ce soit par des Spitfire, Typhoon, Hurricane et autres Whirlwind. Il ne faut pas oublier qu'en plus des avions du Fighter Command, ceux du 2ème Groupe du Bomber Command, de l'Army Cooperation Command, et parfois même ceux du Coastal Command, ne se privaient pas de s'en prendre aux aérodromes tenus par les Allemands.

Vers la fin du conflit, les missions *Intruder* ont utilisé des bombes au napalm, d'abord de nuit puis de jour pour harceler les aérodromes allemands. Ainsi, le 14 avril 1945, le 141ème Escadron envoie cinq Mosquito, chargés chacun de deux bidons de 455 litres de *"Napalmgel"*, bombarder après 22h00 les aérodromes de Neruppin et de Jüteborg (en grande périphérie de Berlin) pour tester ces nouveaux outils. Ces opérations reçoivent le titre de missions *"FIRE-BASH"*. [875]

B.1.5 - Serrate et l'emploi des radars embarqués en territoire ennemi

Par rapport aux Britanniques, les Allemands avaient à peu près deux ans de retard sur le développement de radars air-air. Ce n'est qu'à l'été 1941 que la première victoire est remportée avec un radar FuG 202 *Lichtenstein* B/C (longueur d'onde 60 cm) et son déploiement en nombre n'intervient qu'en 1942. Durant les premières années de la guerre, la RAF ordonne à tous ses chasseurs de nuit équipés de radar de ne pas survoler les territoires de l'Axe pour éviter toute capture d'un radar AI Mk III, IV, V ou VI. Les missions intruder se font donc à l'œil nu. Même après l'introduction des radars centimétriques en 1942, les radars métriques ne commencent à être utilisés qu'avec parcimonie pour les missions *Serrate*, une forme particulière de mission *Intruder*, qu'en juin 1943. De façon identique, lorsque les premiers Beaufighter à radar AI Mk IV sont utilisés en Égypte au début de 1942 par le 89ème Escadron, ils ne peuvent opérer que dans la région du delta du Nil pour éviter tout risque de capture.

Jusqu'à la fin 1942, le Royaume-Uni et l'Allemagne ont pu employer leurs radars au sol ou embarqués sans qu'un belligérant tente d'interférer ou d'exploiter les émissions de l'adversaire. Les pertes croissantes qu'inflige la chasse de nuit allemande aux appareils du Bomber Command montrent que les missions *Intruder* ne suffisent pas à réduire l'activité nocturne de la Luftwaffe. À cette époque, les Britanniques se doutent que les Allemands utilisent eux aussi des radars embarqués, puisqu'ils ont intercepté dès le début 1942 des conversations des chasseurs de nuit avec leurs contrôleurs mentionnant un appareil sous le nom de code *"Emil-Emil"*. En juillet 1942, le Service du Renseignement du Ministère

---

[875] Journal de marche d'avril 1945 conservé sous la référence AIR 27/971/31, TNA, et pages 286-288 du livre de Michael Allen (voir bibliographie).

de l'Air publie un rapport à ce sujet [876] et le Centre de Recherche des Télécommunications (Telecommunication Research Establishment - TRE) tente de déterminer la longueur d'onde utilisée par les *"Emil-Emil"* (officiellement FuG 202 *Lichtenstein*) depuis des stations en Angleterre. Bien qu'ils parviennent à capter des émissions autour de 61 cm, elles sont trop fugaces pour être sûr, puisque les Allemands, tout comme les Britanniques, interdisent à leurs avions équipés de radar de survoler les territoires adverses. Il est donc demandé à des équipages de la 1.474ème Escadrille d'Enquête Radio ("Wireless Investigation" on dirait aujourd'hui "de Guerre Électronique") d'aller survoler l'Allemagne en espérant que des chasseurs allemands les prennent en chasse, que les détecteurs du bord puissent déterminer la longueur d'onde utilisée par le radar allemand et que l'avion survive assez longtemps pour rendre compte par radio. Dans la nuit du 2 décembre 1942, trois Wellington IC décollent de Gransden Lodge, dans le Cambridgeshire, pour les 18, 19 et 20èmes missions de cette recherche sous la dénomination cryptique de *"Special Duty Flight"*. Cette nuit-là, le Bomber Command envoyait 112 avions bombarder Francfort et ces trois Wellington devaient les accompagner, bien qu'ils n'aient aucune bombe à bord. L'équipage du premier Wellington Mk IC à décoller, DV819 avec la lettre d'identification *"G - George"*, était composé des six aviateurs suivants, tous Canadiens sauf Jordan et Grant :

    Sergent Edwin A. Paulton - Pilote ("Captain" - commandant de bord)
    Flight Sergeant William A. R. Barry - Navigateur
    Pilot Officer Harold G. Jordan - Opérateur du matériel radio spécial
    Sergent William W. Bigoray - Opérateur radio
    Flight Sergeant Frederick P. Grant - Mitrailleur de la tourelle avant
    Flight Sergeant Everett T. Vachon - Mitrailleur de la tourelle arrière

Les Annexes du Journal de marche de l'Escadrille contiennent le compte-rendu suivant décrivant cette mission : [877]

> *Décollage à 02h02 pour un vol "tâche spéciale". Cette opération s'est déroulée sur la côte nord de la France jusqu'à une zone proche de Francfort. L'avion effectuait la 18ème sortie dans le cadre d'une recherche particulière, qui nécessitait l'interception de l'avion par un chasseur de nuit ennemi et jusqu'à cette sortie, tous les efforts pour obtenir une telle interception avaient échoué.*
>
> *A 04h31, l'avion se trouvait, d'après la navigation à l'estime, à la position 49°54'N 07°39'E [à peu près à Spall en Rhénanie-Palatinat, à 80 km au sud-ouest de Francfort] et a mis le cap [plein Nord] sur la position 50°30'N 07°37'E [à peu près à Großmaischeid en Rhénanie-Palatinat, à 80 km au nord-ouest de Francfort]. L'Opérateur du matériel radio spécial, le P/O Jordan, avait signalé qu'il captait des signaux sur son équipement radio spécial qui, selon lui, étaient ceux qui*

---

[876] Rapport mentionné page 151 de l'Air Publication *"Signals"*, Volume VII *"Radio Counter-Measures"* (voir bibliographie).
[877] Entrée du 2 décembre 1942 de l'Annexe du Journal de Marche conservée sous la référence AIR 27/1156/12, TNA.

étaient recherchés. Il a averti l'équipage de s'attendre à une attaque de chasseurs. Sur ce trajet vers le Nord, les signaux captés sont devenus plus forts et Jordan a réitéré son avertissement. Un code avait été préalablement arrangé, afin que si les signaux étaient captés, la fréquence utilisée puisse être immédiatement envoyée à la base [par radio] car il était absolument vital que cette information parvienne à la base à tout prix.

La position 50°30'N 07°37'E a été atteinte à 04h42 et l'avion a pris le cap du retour. L'Opérateur du matériel radio spécial a donné le message codé à l'Opérateur radio pour transmission à la base : en plus d'indiquer la fréquence détectée, ce message précisait qu'il y avait une forte probabilité que cette fréquence soit bien celle qui était recherchée. Jordan a averti l'équipage que son récepteur était saturé et qu'il fallait s'attendre à une attaque à tout moment. Tout de suite après, l'avion a été touché par une rafale d'obus. Le Mitrailleur arrière a décrit l'attaque du chasseur pour que le Pilote puisse réagir de façon correcte et a identifié l'avion ennemi comme étant un Ju-88. De violents virages "en tire-bouchon" ont été utilisés comme manœuvres échappatoires. Jordan a été touché au bras lors de cette première attaque et réalisant qu'il n'y avait donc plus aucun doute sur le fait que le signal était le bon, il a changé le message codé pour indiquer à la base que la fréquence donnée était absolument correcte et qu'elle était avec certitude celle qui était recherchée. Bien que blessé au bras, il a tout de même continué à tenir sa place devant ses postes radio et à noter d'autres caractéristiques du signal. Le Mitrailleur arrière a tiré environ 1.000 coups lors de cette attaque, mais sa tourelle a été touchée et rendue complètement inutilisable et il a été blessé à l'épaule. Durant la seconde attaque, Jordan a été touché à la mâchoire, mais il a quand même gardé son poste et grâce à ses observations il a pu prévenir le commandant de bord et l'équipage de quel côté il fallait s'attendre à la prochaine attaque.

Lors de la troisième attaque, la tourelle avant a été touchée et le Mitrailleur avant a été blessé à la jambe. L'Opérateur radio s'est avancé pour l'aider à sortir de la tourelle mais il a été touché aux deux jambes par l'explosion d'un obus et a dû retourner à son siège. Le P/O Barry, Navigateur, est passé vers l'avant pour aider Grant à sortir de la tourelle. Jordan a été touché une nouvelle fois, à l'œil. Bien qu'il ait continué à faire fonctionner ses équipements et à noter d'autres détails du signal, il s'est rendu compte qu'il ne pouvait pas poursuivre ses recherches en raison de son état et voyant que son intercom avait aussi été mis hors d'usage, il est passé à l'avant et a ramené le Navigateur pour essayer de lui expliquer comment continuer à faire fonctionner l'équipement et ainsi rapporter plus de précieuses informations. À ce moment-là, il était presque aveugle, et bien qu'il se soit efforcé de montrer à Barry ce qu'il fallait faire, il s'est rendu compte que c'était une tâche impossible et a finalement abandonné la tentative.

Le F/Sgt Vachon était alors sorti de la tourelle arrière et avait pris position dans le dôme d'observation astronomique, d'où il continuait à diriger les manœuvres échappatoires, mais il a été de nouveau touché à la main et Barry est passé à l'arrière pour prendre sa place dans le dôme d'observation astronomique. Pendant ce temps, l'avion avait perdu de l'altitude d'environ 14.000 pieds (4.270 m) à 500 pieds (150 m) au-dessus du sol, le Commandant de bord poursuivant de violentes manœuvres échappatoires. Après 10 ou 12 attaques, l'avion ennemi a rompu le combat et a disparu.

Des impacts ont été encaissés par le Wellington lors de cinq ou six de ces attaques, causant les avaries suivantes :

1. Manette des gaz de droite brisée (moteur de droite bloqué à une pression d'admission de +3 livres par pouce carré durant tout le trajet du retour).
2. Manette des gaz de gauche bloquée.
3. Tourelles avant et arrière inutilisables.
4. Aileron droit inutilisable et commandes des compensateurs sans aucun effet.
5. Badin affichant zéro dans les deux positions de la prise de pression en raison de la destruction de la sonde Pitot ou de ses tuyauteries.
6. Réservoir d'essence droit percé.
7. Entoilage troué et arraché sur le côté droit du fuselage.
8. Circuit hydraulique hors service.
9. Fonctionnement irrégulier des deux moteurs.

Malgré ses blessures, l'Opérateur radio, le Sergent Bigoray, a transmis le message codé à la base mais ne recevant aucun accusé de réception, il a continué à émettre en espérant qu'il soit capté. Ce message a été reçu à 05h05. Le Commandant de bord a maintenu le cap sur la base et a réussi à prendre de l'altitude jusqu'à 5.000 pieds (1.500 m) qu'il a maintenue pour le vol retour. À 06h45, l'avion a franchi la côte à environ 10 milles (16 km) au nord-est de Dunkerque, où des projecteurs ont essayé de le repérer, mais leurs faisceaux ont été esquivés en se déroutant rapidement et descendant au ras de la mer. Lorsqu'ils ont été éteints, le Pilote a de nouveau réussi à prendre de l'altitude. L'Opérateur radio a mis l'IFF sur la troisième position [de détresse], a envoyé un S.O.S. et un message indiquant qu'ils avaient été attaqués par un avion ennemi. Il a de nouveau transmis le message codé au cas où il n'aurait pas été reçu la première fois. Vers 07h20, la côte anglaise est atteinte. Le Pilote a testé le phare d'atterrissage pour voir s'il pouvait amerrir en l'utilisant, mais a jugé que c'était impossible. Il a décidé d'attendre la lumière du jour avant d'amerrir et a demandé à l'équipage si quelqu'un préférait sauter en parachute plutôt que d'amerrir. L'Opérateur radio a déclaré qu'il préférait sauter, car l'une de ses jambes était tellement engourdie qu'il ne pensait pas pouvoir sortir de l'avion dans l'eau. Il s'est dirigé vers la trappe d'évacuation à l'arrière du fuselage, d'où il avait l'intention de sauter, mais ayant atteint cette position, il s'est souvenu qu'il n'avait pas serré le manipulateur Morse en émission continue et malgré sa blessure, il est retourné à son poste, a serré le manipulateur et a averti l'équipage de ne pas y toucher. Il a sauté au-dessus Ramsgate, dans le Kent et s'est posé en douceur. Le Pilote a

> amerri vers 08h24 à environ 180 mètres de la côte à proximité de Deal, dans le Kent. Le canot s'est gonflé mais avait été percé par des obus. L'Opérateur du matériel radio spécial a essayé de le rendre étanche en mettant les mains sur certains trous mais c'était impossible et l'équipage a quitté le canot et est remonté sur l'avion. Environ 5 minutes plus tard, un petit canot à rames est arrivé, les a pris à bord avant de les amener à terre.
>
> Le message suivant a été reçu du Chef d'État-Major de l'Air, l'Air Chief Marshal Sir Charles Portal, G.C.B, D.S.O., M.C., pour les P/O Jordan, Paulton et Barry, [878] et les F/Sgt Bigoray, Grant et Vachon : "Je viens de prendre connaissance du rapport de votre vol de recherche effectué le jeudi 3 décembre et je tiens à vous féliciter tous pour une magnifique prestation."

Pour cette véritable mission suicide, Jordan a reçu le DSO, Paulton la DFC et Bigoray la DFM. [879] Les autres membres de l'équipage, qui ont couru les mêmes risques et ont été, pour certains, blessés, n'ont pas reçu de médaille ; ce type d'injustice se retrouve fréquemment dans toutes les armées du monde.

La fréquence identifiée par le Pilot Officer Harold G. Jordan était comprise entre 485 et 505 Mc/s, et le patron du Fighter Command, l'Air Chief Marshall Leigh-Mallory, écrit en janvier 1943 au Ministère de l'Air pour que les recherches commencent afin de doter les chasseurs britanniques d'un détecteur permettant de localiser les chasseurs allemands par leurs émissions. Début avril 1943, le Comité d'Interception Aérienne a approuvé l'étude par le TRE de Malvern, dans le Worcestershire, d'un tel détecteur. La mise au point des antennes est assez laborieuse car il est tenté de développer un ensemble fonctionnant sur une large plage de fréquences et pouvant être installé sur différents types d'avions. Finalement, ces antennes sont montées aux extrémités des ailes, d'abord de Beaufighter et plus tard de Mosquito. [880]

Le système mis au point par les scientifiques du TRE, baptisé *Serrate,* pour détecter un radar embarqué allemand utilise les deux écrans de l'AI Mk. IV : l'opérateur radar doit donc basculer des antennes du radar à celles du détecteur *Serrate* et vice-versa à l'aide d'un commutateur en fonction de la situation tactique. L'appellation *Serrate* se serait imposée en raison de l'affichage en "arêtes de poisson" sur les écrans. Si la portée de ce détecteur était relativement importante (jusqu'à 80 km si le radar allemand pointait directement vers le chasseur britannique), [881] il ne donnait qu'une direction générale ; la distance à laquelle se trouvait le chasseur ennemi ne pouvait être estimée que très grossièrement par un opérateur très expérimenté en se basant sur l'intensité du signal.

---

[878] Barry et Paulton ont été promus Pilot Officers quelques jours après cette mission.
[879] Entrée du 29 décembre 1942 de l'Annexe du Journal de Marche conservée sous la référence AIR 27/1156/11, TNA.
[880] Page 171 du chapitre 14 de l'Air Publication *"Signals"*, Volume VII *"Radio Counter-Measures"* (voir bibliographie).
[881] Page 172 du chapitre 14 de l'Air Publication *"Signals"*, Volume VII (op.cit.).

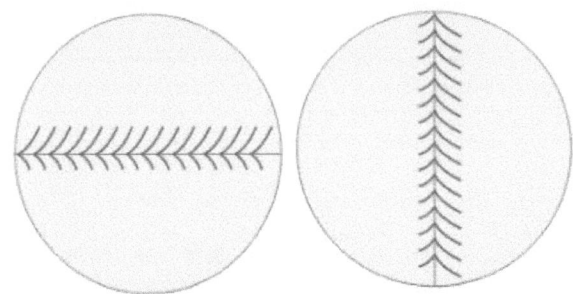

Exemple d'affichage *Serrate* en "arêtes de poisson" montrant le signal du radar d'un chasseur de nuit allemand se trouvant approximativement à cinquante kilomètres, un peu plus haut et un peu sur la droite puisque les "arêtes" sont plus grandes en haut (écran de gauche) et à droite (écran de droite). Si le chasseur britannique se rapproche, les "arêtes" vont grandir sur les deux écrans. [882]

Le 141ème Escadron est choisi pour tester ce matériel en opérations et ses quelques Beaufighter avec radars air-air centimétriques (AI Mk VII) sont retirés pour être remplacés par des machines avec radars métriques AI Mk IV afin de ne pas risquer la capture des matériels les plus récents. Ces avions sont envoyés au nord de l'Angleterre pour affronter d'abord les Defiant et Beaufighter de la 1.692ème Escadrille "Mission Spéciale" (*Special Duty*) qui ont été équipés d'émetteurs radar travaillant entre 485 et 505 Mc/s pour simuler les radars embarqués FuG 202 *Lichtenstein* allemands. Cet entraînement se fait en Écosse, loin des territoires contrôlés par l'Axe afin d'éviter toute détection qui pourrait amener les Allemands à penser que leur radar est compromis.

Le 9 mai 1943, les Britanniques reçoivent un don du ciel au sens propre : un Ju-88 R-1 de la 3ème Escadre de Chasse Nocturne (Nachtjagdgeschwader 3) décolle de Kristiansand en Norvège pour une mission d'interception des Mosquito civils de la British Overseas Airways Corporation qui font la navette entre l'Écosse et Stockholm, notamment pour ramener des roulements à billes que les Britanniques achètent aux Suédois pour en priver l'Allemagne quand ce n'est pas des aviateurs évadés ou des agents du Special Operations Executive. Le pilote et l'opérateur radar sont de mèche et décident de déserter en menaçant le mécanicien navigant d'une arme de poing. À l'approche des côtes écossaises, le Ju-88 est repéré par les radars de la Chain Home et deux Spitfire VB du 165ème Escadron décollent dès que l'alerte est donnée. Lorsqu'ils interceptent le Ju-88 et que ce dernier bat des ailes avec son train d'atterrissage abaissé et tirant des fusées rouges, les deux pilotes, le Flight Lieutenant Arthur F. Roscoe, DFC, un Américain et le Sergent Benjamin R. S. Scaman, un Canadien, ainsi que le Contrôleur au sol, ont l'intelligence de ne pas l'abattre et le ramène sur l'aérodrome de Dyce (Aberdeen). [883] Cinq jours plus tard, escortés par des Beaufighter, le Ju-88 est convoyé jusqu'au Centre de Recherche Aéronautique de Farnborough au sein duquel il a effectué ensuite plus de

---

[882] Dessin de l'auteur.
[883] Rapport de combat de Roscoe et entrée du 9 mai 1943 de l'Annexe du Journal de Marche conservés respectivement sous les références AIR 50/15/101, et AIR 27/1087/26 TNA.

80 vols d'essai. [884] Juste avant son utilisation pour de bon, les scientifiques britanniques peuvent donc vérifier directement le fonctionnement de leur détecteur *Serrate* sur le véritable FuG 202 *Lichtenstein B/C* de cet avion livré intact.

Les antennes du radar air-air d'un chasseur de nuit Ju-88 sont examinées par trois aviateurs américains vers la fin de la guerre. Le Ju-88 R-1 livré aux Britanniques en mai 1943 est aujourd'hui visible dans les collections des musées de la RAF, mais ses antennes radar sont factices, les vraies ayant été démontées durant la guerre. (Photo US National Archives and Records Administration (NARA), référence 204900926).

Le détecteur *Serrate* avait trois atouts majeurs :

- Ce détecteur était passif : se basant sur les émissions du radar ennemi, il n'émettait aucun signal qui pouvait faire repérer le chasseur britannique.
- Sa portée était bien supérieure à celle du radar embarqué puisqu'il détectait directement les émissions du radar allemand alors que le radar AI Mk IV ne captait que les faibles échos de retour d'une cible éventuelle. Ceci augmentait donc grandement les chances d'intercepter un appareil ennemi (et remplaçait en quelque sorte le guidage GCI qui n'était plus disponible lorsque les chasseurs opéraient loin des lignes alliées).
- Puisque les émissions détectées étaient spécifiques aux chasseurs allemands, la question de l'identification ami/ennemi était résolue dès le départ.

Le 14 juin 1943, le 141ème Escadron, le seul spécialement équipé pour les missions *Serrate* (le mot-code utilisé pour le détecteur ayant aussi été donné à ces opérations), envoie cinq Beaufighter VI patrouiller les aérodromes des Pays-Bas dans l'espoir de perturber le travail des chasseurs de nuit allemands, et ainsi protéger les bombardiers britanniques qui doivent bomber la Ruhr. Le Wing Commander John R. D. Braham et son Opérateur radar Flight Lieutenant Bill Gregory obtiennent dès cette nuit-là la première victoire d'un chasseur britannique avec radar embarqué en territoire ennemi grâce à leur détecteur *Serrate*. Leur rapport de combat est traduit ci-dessous : [885]

---

[884] Résumé de l'historique de cet avion *"Individual history : Junkers Ju88 R-1 w/nr. 360043/pj876/8475m ; museum accession number 78/af/953"* rédigé en 2013 par le musée de la RAF de Londres sous la référence A/C Serial w/nr.360043 - section 2b.

[885] Rapport de combat conservé sous la référence AIR 50/61/88, TNA. La météo, le bilan et les heures de décollage et d'atterrissage n'ont pas été répétées en fin de rapport alors que c'était le cas dans le document original.

SECRET   141ème Escadron, Wittering *[dans le Cambridgeshire]*

FORMULAIRE 'F' DE RENSEIGNEMENT ET
RAPPORT PERSONNEL DE COMBAT DU PILOTE

Émetteur : Wittering
Destinataires : QG du Fighter Command et QG du 12ème Groupe
Date : Nuit du 14 au 15 juin 1943
Unité : 141ème Escadron
Type et version de notre avion : Beaufighter VI
Heure de l'attaque : 02h10
Lieu de l'attaque : Au nord de Stavoren *[aux Pays-Bas]*
Météo : Dégagé, lumière de la Lune, avec une excellente visibilité, quelques nuages épars en altitude.
Dommages subis : Aucun *[mais voir la fin du rapport]*.
Dommages causés à l'ennemi en vol : Un Me-110 détruit.
Dommages causés à l'ennemi au sol ou en mer : Aucun
Rapport général :

   Pilote : W/Cdr Braham, D.S.O., D.F.C.
   Navigateur : F/Lt Gregory, D.F.C., D.F.M.

   Nous avons décollé de Coltishall *[dans le Norfolk]* à 23h35 le 14 juin 1943 à bord d'un Beaufighter VI pour une mission Intruder sur *[l'aérodrome de]* Deelen *[aux Pays-Bas]*. Après avoir quitté la côte anglaise entre *[Great]* Yarmouth *[dans le Norfolk]* et Lowestoft *[dans le Suffolk]* et pris de l'altitude au-dessus de la mer du Nord, nous avons retrouvé la terre au niveau de *[l'île néerlandaise de]* Schouwen *[aux Pays-Bas]* à 00h01. De là, nous nous sommes rendus directement sur la zone de la cible sans observer quoi que ce soit d'intéressant à part un peu de Flak lourde et occasionnellement un projecteur isolé qu'il était impossible de localiser à travers les nuages. Une fois arrivés à Deelen à 00h40, nous avons patrouillé sans souci en larges cercles, parfois en volant jusqu'à Venlo *[près de la frontière allemande]* et Wesel *[en Allemagne]* jusqu'à 01h51, heure à laquelle nous avons mis le cap au Nord-Ouest pour rejoindre la côte. À 02h10, alors que nous nous trouvions à la verticale de Stavoren, mon Navigateur a vu *[sur ses écrans Serrate]* un avion ennemi en approche derrière nous pour nous attaquer sur notre côté gauche. J'ai viré serré vers la gauche pour me placer derrière lui mais à ce moment l'avion ennemi a également tourné vers la gauche. Un combat tournoyant a suivi et j'ai finalement manœuvré jusqu'à me trouver de son côté gauche, à une distance de 400 yards *(365 m)*. J'ai ouvert le feu avec canons et mitrailleuses et j'ai terminé cette rafale de 5 secondes 20° sur son arrière à une distance de 200 yards *(180 m)*, couvrant son fuselage d'impacts de l'empennage au poste de pilotage et mettant le feu à son moteur gauche. Alors que je réduisais les gaz pour attaquer à nouveau, l'avion ennemi a piqué à la verticale et s'est écrasé en flammes 8 milles *(13 km)* au nord de Stavoren. Ce combat s'est déroulé à *[une altitude de]* 10.000 pieds *(9.150 m)*, par nuit claire avec éclairage de la Lune au-dessus des nuages. Nous n'avons vu aucun tir défensif. Il n'y avait plus beaucoup

> de carburant restant dans les réservoirs et nous avons donc repris le chemin de la base en franchissant la côte au niveau de *[l'île néerlandaise de]* Texel à 02h14, pour nous poser à Wittering à 03h15.
> SIGNATURES
> C. H. Reynolds - F/O   J. R. D. Braham - W/Cdr
> Officier de Renseignement   Commandant du 141ème Escadron
> 141ème Escadron   Base R.A.F. de Wittering
> Base R.A.F. de Wittering

On notera que, pour des questions de sécurité, le détecteur *Serrate* n'est pas mentionné, mais Braham indique bien dans son livre que c'est grâce à lui que le Me-110 a été initialement détecté après que d'autres signaux plus faibles aient été poursuivis sans succès plus tôt durant la mission. [886] Au moment de cette mission, Braham avait seulement 23 ans. Il avait rejoint la RAF en décembre 1937 et en juin 1944, il revendiquait 29 victoires. Son score s'est arrêté là puisqu'il a été abattu le 25 juin par un Fw-190 lors d'une mission de jour au-dessus du Danemark. Lui et son Navigateur australien, le Flight Lieutenant Don Walsh, ont fini la guerre dans un camp de prisonniers. Braham a été décoré par trois DSO, trois DFC et une AFC. Il est resté dans la RAF jusqu'en 1952 avant de rejoindre la RCAF qu'il a quittée en 1968.

Gregory s'était engagé peu après le début de la guerre. Opérateur radar hors pair, il a contribué à la majorité des victoires de Braham ce qui lui a valu de recevoir la DSO, deux DFC, une AFC et une DFM. Ayant eu la chance, avec Braham, d'être repêché dans la Manche le 12 mai 1944 après une rencontre avec un Me-109, il a parfois laissé son siège à d'autres Navigateurs (dont le Flight Lieutenant Harry Jacobs avec qui Braham a abattu deux Me-110 en une seule mission *Serrate* dans la nuit du 17 au 18 août 1943, les Beaufighter VI du 141ème Escadron opérant cette nuit-là pour protéger les bombardiers participant au raid sur le centre de recherche des fusées V-1 et VB-2 de Peenemünde) ou Don Walsh. Gregory est resté dans la RAF jusqu'à sa retraite qu'il a prise au grade de Wing Commander en 1964.

Pour être tout à fait exact, le 141ème Escadron n'est pas la première unité à emmener un radar A.I. Mark IV en territoire occupé : la nuit précédente, le Flight Lieutenant Davison et le Flying Officer Austin de la FIU avaient reçu l'autorisation de patrouiller deux heures sur Abbeville, mais ils n'avaient obtenu aucun contact. [887]

En moins de trois mois, entre mi-juin et début septembre 1943, le 141ème Escadron complète 179 sorties qui donnent les résultats suivants : [888]

---

[886] Mission décrite au chapitre 22 de son livre, voir bibliographie. Aucun des autres rapports de combat consultés du 141ème Escadron ne mentionne la technique ou le matériel *Serrate*. Michael Allen confirme dans son livre (page 97, voir bibliographie), que ceci était bien une consigne de sécurité. Cette réticence à mentionner un équipement secret ne se retrouve pas ensuite avec les systèmes *Monica*, *Perfectos*, etc.
[887] Entrée du 13 juin 1943 du Journal de Marche de la FIU, conservé sous la référence AIR 29/27, TNA.
[888] Données page 27 du livre de Martin Streetly (voir bibliographie).

	Nombre	Moyenne par sortie complétée
Contacts *Serrate*	1.180	6,6
Contacts *Serrate* convertis en contacts radar	108	0,6
Autres contacts radar (sans *Serrate*)	54	0,3
Contacts visuels directs (sans *Serrate* ni radar)	4	0,02
Combats	21	0,12
Victoires revendiquées	13	0,07

On peut déduire de ce tableau que les Britanniques semblent avoir manqué une opportunité d'infliger des pertes importantes à la chasse de nuit allemande au second semestre de 1943 en affectant plus d'avions plus performants à ces missions *Serrate* au lieu des seuls Beaufighter du 141ème Escadron. Les Allemands n'avaient pas encore basculé sur le radar air-air FuG 220 *Lichtenstein* SN-2 et les contacts Serrate étaient nombreux (presque sept par mission en moyenne !), même si près de la moitié s'avéraient trop brefs ou trop lointains pour être poursuivis (nous avons vu à la Partie I que le Beaufighter VI n'avait qu'un faible avantage de vitesse par rapport à beaucoup d'appareils adverses). Entre les contacts *Serrate* convertis en contacts radar et les contacts radar directs (sans contact *Serrate* préalable), chacune de ces sorties amenait en moyenne quasiment un contact radar, statistique qui aurait fait rêver à l'époque nombre d'aviateurs des Escadrons de chasse de nuit du Fighter Command. Par contre, les Beaufighter se révèlent peu performants, à la fois à cause de leur autonomie insuffisante pour patrouiller loin en Allemagne, mais aussi parce qu'ils ne peuvent pas aller chercher les contacts *Serrate* lointains faute de puissance.

Une fois que le 141ème Escadron a permis de prouver l'utilité opérationnelle de *Serrate*, deux autres Escadrons sont équipés, les 169 et 239èmes, qui se voient affectés fin 1943, tout comme le 141ème, au nouveau 100ème Groupe du Bomber Command. Ce Groupe est dédié à la protection des bombardiers, que ce soit par des activités de guerre électronique (brouillage radar, interférence des transmissions radio, etc.), par l'attaque des chasseurs de nuit allemands (missions In*truder, Flower, Serrate*, etc.) et par des diversions (missions baptisées familièrement *"Spoof raids"*). Pour former les aviateurs à l'emploi de Serrate, les Defiant et Beaufighter de la 1.692ème Escadrille "Mission Spéciale" (Special Duty) sont à nouveau mis à contribution, et cette Escadrille rejoint également le 100ème Groupe. Par exemple, le Capitaine Henri J. Bundervoet d'Hautecourt et son Opérateur radar, le Warrant Officer Charles E. Kocher, deux aviateurs des Forces Aériennes Françaises Libres (FAFL) nouvellement intégrés au 141ème Escadron, sont envoyés le 22 février 1944 suivre un stage d'une semaine au sein de la 1.692ème Escadrille à Little Snoring, dans le Norfolk.[889] Les 169 et 239èmes Escadrons ne commencent donc les opérations *Serrate* qu'à

---

[889] Entrée du 22 février 1944 du Journal de Marche conservé sous la référence AIR 27/971/3, TNA. Le 9 juin 1944, les deux hommes se tuent en tentant de poser leur Mosquito NFII, DD758, avec un

partir du 20 janvier 1944, après la réception de Mosquito II et la formation à l'emploi du détecteur *Serrate*. [890]

Les missions *Serrate*, comme les missions *Intruder*, sont coordonnées par le QG dédié (du moins jusqu'à l'avènement du 100ème Groupe du Bomber Command dont nous parlerons plus loin) : le "Fighter Command Intruder Control" de Stanmore, Middlesex, qui désigne les zones à patrouiller ou les cibles à frapper en fonction des plans d'attaque fournis par le Bomber Command. Pour s'orienter loin de leur base, les chasseurs de nuit du 141ème Escadron ont été équipés de l'aide à la navigation *Gee*, [891] et les opérateurs radar recrutés au début de la guerre sans suivre de cours de navigation ont l'occasion de combler leurs lacunes à l'occasion de la formation à l'emploi de ce nouvel outil. [892]

Malheureusement pour les Britanniques, le détecteur *Serrate* a été introduit en très petit nombre (un seul Escadron pendant les six derniers mois de 1943), sur des avions à trop court rayon d'action (Beaufighter) ou avec une fiabilité douteuse (voir la section spécifique ci-après sur les Mosquito II), avec un radar AI Mk IV sujet au brouillage, et peu avant que les Allemands ne modernisent leurs radars embarqués avec le FuG 220 *Lichtenstein* SN-2 fonctionnant à une fréquence plus basse que les FuG 202 ou 212 (90 MHz au lieu de 420-490 MHz). Du coup, il devient de plus en plus difficile d'obtenir une victoire à l'aide du détecteur *Serrate* comme le démontre la courbe ci-après : [893]

---

moteur en panne sur l'aérodrome de Ford. C'était leur septième sortie opérationnelle, et déjà la deuxième durant laquelle ils rentraient avec un moteur en carafe.

[890] Pages 75 et 91 du rapport *"100 Group : review of operations from Nov. 1943 to May 1945"*, conservé sous la référence AIR 14/2911, TNA.

[891] Le système de navigation sur radio-balise VHF, baptisé TR 1335 *Gee* (AMES Type 7000) commence à être utilisé par le Bomber Command en 1942. Le système demande une grande rigueur au navigateur qui, en chronométrant les impulsions radios reçues de trois émetteurs au sol en Angleterre, peut estimer la position de l'avion. Les signaux apparaissent comme des lignes sur un tube cathodique et sont interprétés avec des grilles spéciales. Le système est relativement facile d'emploi, et fonctionne jusqu'à 640 km de la station émettrice avec une précision d'environ 1,5 km. En même temps qu'une amélioration de la navigation vers la cible, *Gee* permet également aux avions de retrouver leur route au retour, ce qui est un bonus énorme pour des équipages fatigués, des appareils endommagés et parfois à court de carburant. En quelques mois, les Allemands ont trouvé la parade et commencent à brouiller les fréquences de *Gee*.

[892] Voir par exemple le témoignage de Michael Allen (voir bibliographie) qui avait été "extrait" de la formation normale des Observateurs pour être formé comme Opérateur radar sans bénéficier d'aucun cours de navigation.

[893] Graphe de l'auteur à partir des données du chapitre 14 de l'Air Publication *"Signals"*, Volume VII *"Radio Counter-Measures"* (voir bibliographie). Le terme de "sorties" couvre ici les missions effectuées, et non pas le nombre total d'avions envoyés : généralement, 10 à 20% des avions envoyés rentraient prématurément en raison d'une panne radar ou mécanique, mais nous verrons qu'en janvier 1944, les Mosquito NF II avaient une fiabilité catastrophique avec en moyenne 60% de retours prématurés.

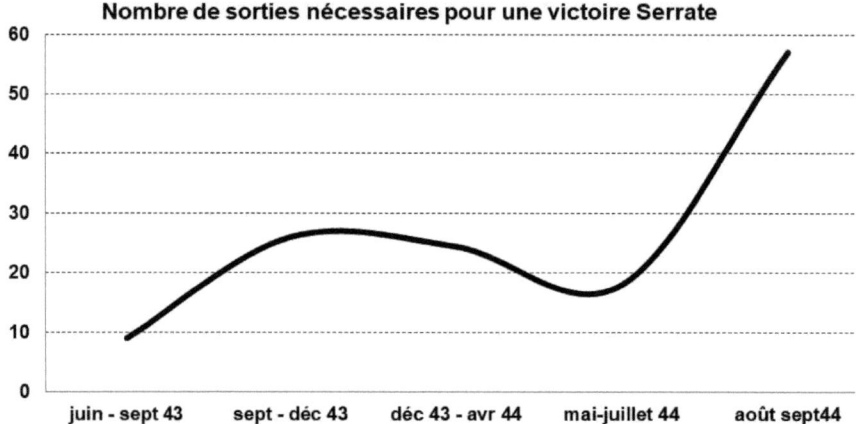

Alors que le Bomber Command envoie des centaines d'avions sur la capitale allemande entre novembre 1943 et mars 1944, dans ce que les historiens ont appelé plus tard la Bataille de Berlin, chacun des Escadrons Serrate ne peut aligner au mieux qu'une poignée d'avions pour les escorter. Toutes les semaines, les scientifiques de la Section de Recherche Opérationnelle (ORS) rédigent un rapport analysant les opérations *Serrate* pour déterminer les méthodes d'emploi les plus rentables. [894] Par exemple, il est trouvé que l'envoi de chasseurs au plus près de la route suivie par les bombardiers est inefficace car les paillettes Window brouillent l'AI Mk IV et les nombreux contacts masquent un éventuel chasseur allemand. Il est bien plus productif d'envoyer les chasseurs au-dessus de la cible des bombardiers ou de leur faire balayer une zone, mais dans les deux cas trente minutes avant ou après l'heure de passage prévue des bombardiers. Des essais sont réalisés de patrouiller à proximité des radiobalises de rassemblement allemandes, mais cela s'avère peu fructueux car il est très difficile pour les chasseurs britanniques de naviguer avec précision, l'attention de l'opérateur radar étant monopolisée par ses écrans. Même si le rendement des missions baisse, l'ORS trouve une justification certaine dans la pression exercée sur la chasse de nuit allemande, arguant qu'un équipage allemand qui se sait poursuivi perd du temps qu'il aurait dû passer à chercher des bombardiers et que la prudence l'amène à moins utiliser son radar embarqué. L'ORS va même jusqu'à décrire l'impact psychologique sur les équipages ennemis en imaginant la scène suivante : *"Les longues chasses au radar air-air qui n'ont pas abouti n'ont certainement pas été une perte de temps, car l'histoire racontée par les membres d'équipage ennemi de chasse de nuit quand ils reviennent à leur Mess va sûrement causer l'effroi et la consternation : "La nuit dernière, j'ai été poursuivi pendant <u>une demi-heure</u> par un chasseur qui est resté collé à mes basques tout ce temps. J'ai tiré les fusées d'identification, mais ce &*@*&*(@* ne m'a pas lâché. Ce devait être un de ces Verdamnte Englischefernnachtjäger que les Contrôleurs au sol nous ont signalé.""* [895]

---

[894] Rapports intitulés *"Synopsis of "Serrate" operations"*, conservés sous la référence AIR 14/2347, TNA.
[895] Paragraphes 17 et 28 du rapport du 18 mai 1944 de l'ORS du Bomber Command n°S.153 *"Report on the Operation of Serrate, December 1943 – April 1944"*, conservé sous la référence AIR 14/2692,

Le radar AI Mk IV offrait une petite couverture vers l'arrière. Pour l'améliorer, les avions *Serrate* sont équipés d'un émetteur radar et d'une antenne d'émission supplémentaire orientée vers l'arrière. [896]

Dès août 1944, en se basant sur les résultats obtenus en juin et juillet (330 sorties avec environ 70 contacts *Serrate* menant à 2 combats en juin ; 338 sorties avec environ 35 contacts *Serrate* menant à 1 combat en juillet), les analystes de l'ORS concluent que *"pour l'instant, Serrate n'est certainement pas un dispositif de guidage très utile et que la recherche a commencé pour produire un détecteur pour le nouveau radar air-air [allemand]."* [897] En effet, en juin 1944, les Britanniques parviennent à découvrir la fréquence utilisée par le radar FuG 220 *Lichtenstein* SN-2 (fonctionnant avec une longueur d'onde de 3,3 mètres alors que le FuG 202 avait une longueur d'onde autour de 0,6 mètre). Pour suivre l'évolution des radars allemands, une nouvelle version de *Serrate* est produite, mais les radars allemands au sol *Freya* posent de gros problèmes d'interférence. Ce n'est qu'en janvier 1945 que ce nouveau détecteur, baptisé *Serrate Mk IV*, est déployé. Les aviateurs reçoivent un briefing détaillé qui est résumé ainsi : *"La théorie de ce dispositif est que le Pilote met en service le boîtier Serrate et s'il y a un chasseur de nuit allemand à une distance de 50 - 90 milles (80 - 145 km), il entendra un bruit particulier dans ses écouteurs. En suivant le principe d'approche habituel sur radiobalises standards, il pourra se diriger vers le chasseur de nuit allemand. Il faut bien sûr que ce dernier ait son radar embarqué SN-2 allumé pour qu'un signal soit reçu par le boîtier Serrate."* [898] Dans la lignée de *Serrate Mk II*, les Britanniques avaient d'abord tenté de développer un indicateur visuel pour capter les émissions du radar FuG 220 *Lichtenstein* SN-2, mais le poste de pilotage des Mosquito XIX avec radar AI Mk X et *Gee* étaient tellement "pleins comme un œuf" qu'ils avaient été obligés de remplacer cet écran supplémentaire par un signal audible.

Chaque Escadron *Serrate* dispose de 16 Mosquito II (plus deux en réserve immédiate), ainsi que d'un bimoteur Oxford avec un radar répliquant les émissions d'un radar allemand SN2 pour permettre d'effectuer des essais (par exemple après calibrage ou réparation d'un détecteur *Serrate*) ou des missions d'entraînement. [899]

TNA. Les mots *"une demi-heure"* étaient soulignés dans le rapport original, et les mots en allemand ont été laissés tels que rédigés dans le texte en anglais.
[896] Paragraphe 2 du rapport de l'ORS du Bomber Command n°S.153, op.cit.
[897] Paragraphe 22 du rapport du 21 août 1944 de l'ORS du Bomber Command n°S.173 *"Serrate operations report during June and July 1944"*, conservé sous la référence AIR 14/2692, TNA.
[898] Entrée du 5 janvier 1945 du Journal de marche du 157ème Escadron, conservé sous la référence AIR 27/1046/23, TNA.
[899] Page 57 du rapport *"100 Group: review of operations from Nov. 1943 to May 1945"*, conservé sous la référence AIR 14/2911, TNA.

Les versions principales de *Serrate* employées en opérations sont les suivantes : [900]

Serrate	Fréquence	Introduction	Remarques
Mk II	500 Mc/s	juin 1943	
Mk IV	90 Mc/s puis 70 - 105 Mc/s	janvier 1945	Ajustement de la fréquence par connexion de bobines. Les Mosquito du 157ème Escadron en sont les premiers équipés (ces avions ont plus tard été transférés au 169ème Escadron).
Mk IVA	70 - 105 Mc/s	février 1945	Ajustement de la fréquence par variateur. Les Mosquito des 157 puis 141èmes Escadrons en sont les premiers équipés.
Mk IVB	103 - 119 Mc/s	mars 1945	Ajustement de la fréquence par variateur.

Pendant longtemps, les AI Mark VII, Mark VIII et Mark X sont restés strictement confinés à la chasse de nuit au Royaume-Uni. Ce n'est que bien après que le Bomber Command ait massivement utilisé le radar air-sol H2S, basé lui aussi sur le magnétron, que les chasseurs à radars centimétriques ont vu leur rayon d'action relaxé : cette autorisation n'a été reçue pour les chasseurs de nuit que le 11 mai 1944. À cette occasion, un briefing de rappel des consignes de confidentialité a été donné aux aviateurs, notamment pour leur donner pour consigne de s'assurer à tout prix de la destruction du radar, de l'IFF, etc. en cas d'atterrissage forcé. [901] En septembre 1944, les missions *Intruder* par des Mosquito équipés de radar AI Mk X étaient devenues monnaie courante. De tous les radars centimétriques, l'AI Mk X était jugé supérieur car sa plus grande portée et son "champ de vision" plus large sur les côtés accroissaient les chances de trouver une cible d'opportunité lors des missions *Intruder* qui ne bénéficiaient pas de l'aide d'un radar au sol à grande portée avec un contrôleur pour les guider.

B.1.6 - Les problèmes de fiabilité des Mosquito F II

Le 141ème Escadron effectue sa dernière mission sur Beaufighter VI le 5 janvier 1944. [902] Si les machines fabriquées par Bristol s'étaient avérées fiables et robustes, elles étaient moins rapides et surtout avaient une autonomie plus faible que celle qu'offraient les Mosquito. Les Beaufighter pouvaient patrouiller le long des routes suivies par les bombardiers, mais ils ne pouvaient pas les accompagner très loin, ce qui obligeait à diviser les chasseurs en deux groupes : un pour la patrouille du vol aller des bombardiers et un

---

[900] Données du rapport "*100 Group: review of operations from Nov. 1943 to May 1945*", conservé sous la référence AIR 14/2911, TNA.
[901] Entrée du 11 mai 1944 du Journal de Marche du 264ème Escadron, conservé sous la référence AIR 27/1553/89, TNA. Le Journal de Marche du 151ème Escadron, conservé sous la référence AIR 27/1022/9, TNA, confirme cette date du 11 mai 1944 pour les premières sorties Intruder de Mosquito à radar Mk VIII. L'histoire officielle, page 319 du Volume V du rapport "*The Air Defence of Great Britain*" (voir bibliographie), indique que la décision d'autoriser l'emploi des radars AI Mk VIII au-dessus de territoires occupés a été prise le 1er mai 1944, et le 4 juin pour les radars AI Mk X.
[902] Entrée du 5 janvier 1944 du Journal de Marche conservé sous la référence AIR 27/971/1, TNA.

autre pour les couvrir au retour. Ainsi, lors du raid sur le centre de recherche des armes V-1 et V-2 de Peenemünde dans la nuit du 17 au 18 août 1943, ces patrouilles de chasse ne peuvent pas aller plus loin que les Pays-Bas avec les cinq heures d'autonomie des dix Beaufighter engagés. Ils abattent quatre chasseurs allemands, mais le gros de l'action a lieu bien plus loin à l'est de l'Allemagne. Le 141ème Escadron avait même pris l'habitude de se poser sur l'aérodrome de Coltishall dans le Norfolk, 125 km plus à l'Est que leur base de Wittering dans le Cambridgeshire (ou sur d'autres bases en fonction des objectifs), pour refaire le plein afin d'optimiser le rayon d'action de ses avions.

Toujours soucieux d'économie, et les usines De Havilland tournant déjà à plein régime pour produire des Mosquito, le Ministère de l'Air décide de récupérer des Mosquito F II, de les doter d'un radar AI Mk. IV et d'un détecteur Serrate, et de les affecter aux 141, 169 et 237èmes Escadrons du 100ème Groupe du Bomber Command. C'est ainsi que les Officiers de Maintenance de ces Escadrons vont se retrouver avec des machines de seconde main (au mieux) qui vont leur causer d'énormes problèmes de fiabilité. Par exemple, pour les six pannes sérieuses de moteur de février 1944 des Mosquito F II du 141ème Escadron : [903]

- Le DD725, qui revient sur un seul moteur à cause d'une surchauffe d'une mission *Serrate* sur Heligoland le 2 février 1944, avait auparavant fidèlement servi les 85 et 25èmes Escadrons.
- Le HJ704, qui rentre prématurément à cause de vibrations anormales sur le rapport haut des compresseurs d'une mission sur Berlin le 15 février 1944, et d'une mission sur Kiel le 24 février, avait été utilisé par la 60ème OTU avant d'arriver au 141ème Escadron.
- Le DD717, qui abandonne une mission sur Kiel le 24 février 1944 pour surchauffe du moteur droit, avait servi au sein du 157ème Escadron puis au sein de la 60ème OTU avant d'être affecté au 141ème Escadron.
- Le HJ943, qui est porté manquant lors d'une mission sur Kiel le 24 février 1944 (panne successive des deux moteurs, l'équipage lance deux SOS par radio), avait servi auparavant au sein du 456ème Escadron (RAAF).
- Le HJ712, qui revient sur un seul moteur à cause d'une surchauffe lors d'une mission sur Kiel le 24 février 1944, avait servi au sein de la 60ème OTU avant d'être versé au 141ème Escadron.

Le Wing Commander K. C. Roberts, en charge du 141ème Escadron, commente fin janvier 1944 que *"les équipements spéciaux [Serrate] sur les Mosquito deviennent peu à peu plus fiables, en grande partie grâce au travail expérimental du Flying Officer Pollard, Officier Radar de l'Escadron, mais malheureusement l'état et l'âge des avions qui nous ont été affectés sont tels que des tracas sans fin sont causés par des pannes mécaniques"*. [904] Comme le constate amèrement Michael Allen, *"le résultat net a été de rendre l'Escadron virtuellement inopérant d'octobre 1943 à*

---

[903] Annexe du Journal de Marche de février 1944 conservée sous la référence AIR 27/971/4, TNA.
[904] Entrée du 31 janvier 1944 du Journal de Marche conservé sous la référence AIR 27/971/1, TNA.

janvier 1944 ; ironiquement il y avait des Mosquito VI flambants neufs dans les Escadrons de Défense de la Grande Bretagne qui étaient sous-employés par manque de visites des bombardiers allemands. ... Pendant ce temps, nos équipages de bombardiers se faisaient décimer par l'efficace chasse de nuit allemande." [905] Au fil des mois, le nombre de sorties augmente, ainsi que la fiabilité des matériels, notamment grâce à la remotorisation des Mosquito II avec des Merlin XXII (au lieu de XXI), comme le montre le graphe ci-dessous : la première colonne illustre la fiabilité typique atteinte sur Beaufighter en août 1943, les suivantes correspondent aux six premiers mois d'activité des Mosquito NF II. [906] On voit que si seulement 40% des missions sont complétées de façon satisfaisante en janvier 1944, ce pourcentage est revenu autour de 80% au deuxième trimestre 1944. L'Escadron revendique 17 appareils ennemis détruits sur ces six mois, mais onze Mosquito F II ont été détruits (sept en opérations, et quatre lors de vols d'entraînement).

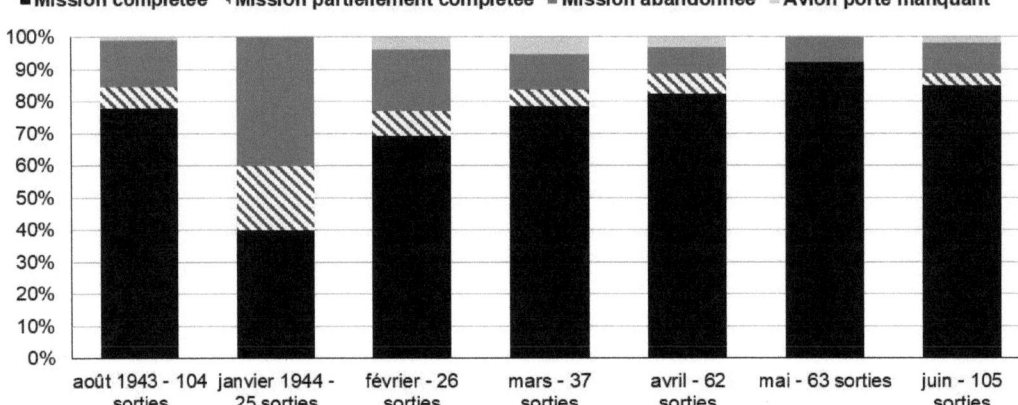

En août 1943, les Beaufighter du 141ème Escadron étaient manifestement réglés comme des montres suisses puisqu'un seul avion est rentré après un incendie de moteur (et encore, la cause n'est pas claire dans le Journal de marche puisqu'il est mentionné que la Flak est peut-être à l'origine de cet incident). 77% des retours prématurés étaient dus à un radar AI Mk IV, ou un détecteur Serrate en panne ; un peu plus de 15% étaient liés à une panne radio ou de l'intercommunication, et un seul avion avait été porté manquant. Avec l'arrivée des Mosquito, les mécanos ont eu du pain sur la planche : les causes de fin prématurée des soixante-quatre missions non menées à terme par l'Escadron sur les six premiers mois de 1944 se répartissent comme le montre le graphe suivant :

---

[905] Page 297 de son livre (voir bibliographie).
[906] Graphes de l'auteur à partir des données des Journaux de Marche conservés sous la référence AIR 27/971, TNA. Les quelques dernières missions de guerre effectuées sur Beaufighter VI en janvier 1944 n'ont pas été comptées pour ne pas fausser les données de fiabilité du Mosquito F II.

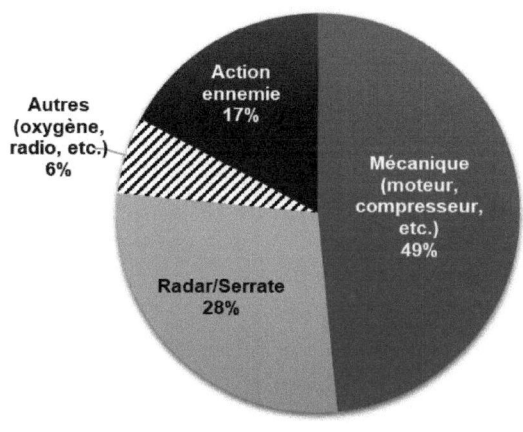

Si les problèmes mécaniques se taillent la part du lion, les radars embarqués contribuent pour près d'un tiers aux abandons de mission. Pour l'anecdote, le jargon des techniciens de la RAF accusait des "Gremlins" chaque fois qu'un circuit électrique se comportait bizarrement (l'équivalent français le plus proche est probablement l'expression *"il y a un zombie quelque part"*). La FIU avait pris l'habitude de baptiser certains avions, connus pour poser des problèmes récurrents, du nom de *"Gremlin Castle"* (Château des Gremlins). Le 2 juillet 1943, le Journal de marche de la FIU annonce le décès du Beaufighter 180 : *"Gremlin Castle I n'est plus, les Gremlins ayant eu le dernier mot, causant la bascule de l'avion sur son aile droite durant l'atterrissage alors que le Flight Lieutenant Davison le ramenait d'un essai en vue d'un vol de nuit."* Dans la plus pure tradition, "Le Roi est mort, vive le Roi", six jours plus tard *"les Flying Officers Phillips et Spurgeon ont effectué le vol inaugural d'un nouveau Beaufighter avec radar AI Mk VIII qui a reçu la lettre-code de l'ancien Beaufighter 180 et a été baptisé Gremlin Castle II. Ils étaient accompagnés par les Flying Officers Norsworthy et Reece dans un autre Beaufighter jouant le rôle de plastron. Les Gremlins du radar embarqué se sont rapidement manifestés."* [907] Autre exemple de l'action de ces lutins maléfiques, le Flight Lieutenant Harry White du 141ème Escadron manque à trois reprises ses tirs sur un Ju-88 repéré au nord de la France dans la nuit du 20 au 21 avril 1944. Son rapport de combat indique qu'il *"n'a aucune idée de la raison pour laquelle les tirs ont systématiquement raté l'avion ennemi"* et que *"ceci ne peut qu'être attribué à l'illumination réglée trop faible du collimateur et à l'interférence de Gremlins."* [908]

Finalement, après avoir amélioré un peu la situation en remplaçant les moteurs des Mosquito II, il est décidé au printemps 1944 de rééquiper ces Escadrons avec des Mosquito VI, en commençant par les 141 et 515èmes Escadrons. [909]

Pour conclure sur les problèmes de fiabilité des Mosquito, on notera que la FIU n'était pas mieux logée avec certains de ses avions. Ainsi, le 10 juillet 1943, un Mosquito à radar embarqué Mark VIII effectue un vol d'essai en vue d'une sortie nocturne ultérieure *"en volant au plus épais d'une importante dépression, mais sans autre intérêt, si ce n'est que le Mosquito prenait tellement l'eau que l'Opérateur radar, le Flight Lieutenant Mitchell, a envisagé de pagayer pour passer le temps."* [910]

---

[907] Entrées des 2 et 8 juillet 1943 du Journal de marche conservé sous la référence AIR 29/27, TNA.
[908] Rapport mentionné page 195 du livre de Michael Allen (voir bibliographie).
[909] Page 148 de l'Air Publication *"Signals"*, Volume VII *"Radio Counter-Measures"* (voir bibliographie).
[910] Entrée du 10 juillet 1943 du Journal de marche conservé sous la référence AIR 29/27, TNA.

B.2 - Évolution de l'organisation des unités de chasse de nuit au début de 1944

Nous avons vu que jusqu'en novembre 1943, les Escadrons de chasse de nuit et *Intruder* étaient placés sous l'autorité du Fighter Command. Avec la fin de Blitz, et La Luftwaffe n'ayant jamais montré de velléités à relancer un second Blitz en 1942, certains Escadrons de chasse de nuit ont été envoyés sur d'autres théâtres d'opérations (par exemple, les 255 et 600èmes Escadrons partent pour le théâtre Méditerranéen en novembre 1942, les 23 et 153èmes suivent un mois plus tard, le 219ème en mai 1943 et le 256ème en octobre 1943). À l'inverse, le 456ème Escadron (RAAF) ajoute des missions *Intruder* de nuit à ses missions *Ranger* de jour à compter du printemps 1943, et le 239ème Escadron a échangé durant l'hiver 1943-44 ses North American Mustang et son rôle de coopération avec l'Armée de Terre pour des Mosquito et la chasse de nuit.

Avec l'approche de l'invasion du continent Européen, le Ministère de l'Air devait répondre à trois soucis à la fois :
- Continuer à protéger efficacement le Royaume-Uni de tout retour possible du Blitz ;
- Mener des missions offensives *(Intruder, Serrate, Flower, etc.)* visant à couvrir les masses de bombardiers lourds envoyés chaque nuit sur l'Allemagne ou les territoires occupés ;
- Fournir une capacité défensive et offensive aux forces d'invasion pour protéger la future tête de pont et lui permettre de progresser.

Plusieurs solutions étaient envisageables, les deux plus évidentes étant de conserver tous les Escadrons de chasse de nuit au sein du Fighter Command comme c'était le cas jusque-là, où "couper le gâteau en trois". C'est cette dernière option qui a été choisie.

À partir de la fin de 1943, le Fighter Command a été délesté de la grande majorité de ses unités opérant de nuit au bénéfice de la nouvelle Force Aérienne Tactique et du Bomber Command :
- Entre juin et novembre 1943, la Seconde Force Aérienne Tactique (2nde TAF) est formée en vue du retour des Alliés sur le continent, en incorporant l'Army Co-Operation Command et différentes unités du Bomber Command (les bombardiers légers du 2ème Groupe) et du Fighter Command. Peu à peu, des Escadrons de chasse de nuit sont transférés à la 2nde TAF : le premier est le 264ème Escadron, en décembre 1943, qui en profite pour remplacer ses Mosquito II pour des Mosquito XIII. Durant le printemps 1944, d'autres suivent. Tous ces Escadrons de chasse de nuit sont affectés au sein du 85ème Groupe baptisé *"Base"*, puisque son rôle est de défendre la future tête de pont Alliée, de jour avec des Spitfire XIV comme de nuit avec des Beaufighter et des Mosquito, alors que les autres Groupes de la 2nde TAF se chargent des missions offensives.
- D'autre part, le Bomber Command, qui pouvait voler de nuit en 1940-41 sans vraiment se soucier de la chasse allemande, voit ses pertes s'accroître en 1942-43. Le Fighter Command avait bien affecté quelques Escadrons aux missions Intruder, mais

pour une meilleure coordination avec les opérations de bombardement, le 100ème Groupe est créé le 11 novembre 1943 au sein du Bomber Command.

Le 15 novembre 1943, le Fighter Command est dissout et les unités restantes sont rassemblées sous l'ancienne appellation d'avant juillet 1936 de "Air Defence of Great Britain" (ADGB). Deux jours plus tôt, le QG de l'Allied Expeditionary Air Force (AEAF) avait été mis en place pour chapeauter la 2nde TAF et l'ADGB. Les Escadrons de chasse et Intruder se retrouvaient donc répartis en juin 1944 comme on peut le voir sur l'organigramme de la page suivante. (Note : Les autres Escadres et Escadrons du Bomber Command, de l'ADGB et de la 2nde TAF n'ont pas été indiqués ici faute de place. Ils seront détaillés dans les ouvrages de cette série consacrés spécifiquement à ces grandes Unités (par exemple, les 138 et 140èmes Escadres de la 2nde TAF sur Mosquito VI sans radar seront traitées dans l'ouvrage sur les chasseurs-bombardiers)).

On constate qu'au lieu d'être centralisé, le contrôle de la chasse de nuit est éclaté entre ces trois nouvelles entités, chacune disposant d'unités à vocation offensive (*Intruder*) et d'autres à vocation défensive (sauf pour le 100ème Groupe). Si l'organisation choisie permet une meilleure réactivité et une grande souplesse si ces entités coopèrent en mutualisant leurs moyens à la demande, la création d'interfaces génère des lenteurs et des pertes dans la transmission des informations et des ordres, voire des malentendus et des incompréhensions. De fait, la création du 100ème Groupe n'a pas totalement résolu le conflit entre les hiérarchies du Bomber Command et de l'ADGB pour le contrôle des chasseurs de nuit soutenant l'effort des bombardiers de la RAF.

L'"Intruder Control" de Stanmore, Middlesex, est resté en fonction mais le 100ème Groupe devait chaque jour informer l'ADGB et le 2ème Groupe des cibles visées pour permettre à chaque entité de développer ses propres plans et de les partager, mais il restait ensuite peu de temps pour les confronter et les coordonner si besoin. Il n'est donc pas étonnant que la déconfliction des missions allouées (pour utiliser un vocabulaire militaire moderne) ait parfois été lacunaire. [911]

---

[911] L'histoire officielle, page 315 du Volume V du rapport *"The Air Defence of Great Britain"* (voir bibliographie), décrit le contrôle de ces opérations comme *"donnant lieu à nombre de litiges acrimonieux"* et comme étant *"informel, et loin d'être satisfaisant, mais semblant convenir temporairement à tous les acteurs impliqués"*. Page 338, les relations entre les États-Majors des Fighter et Bomber Commands et de la RAF sont même qualifiées de *"vendetta, tout en conservant leur sens des responsabilités [pour le bien commun]"* !

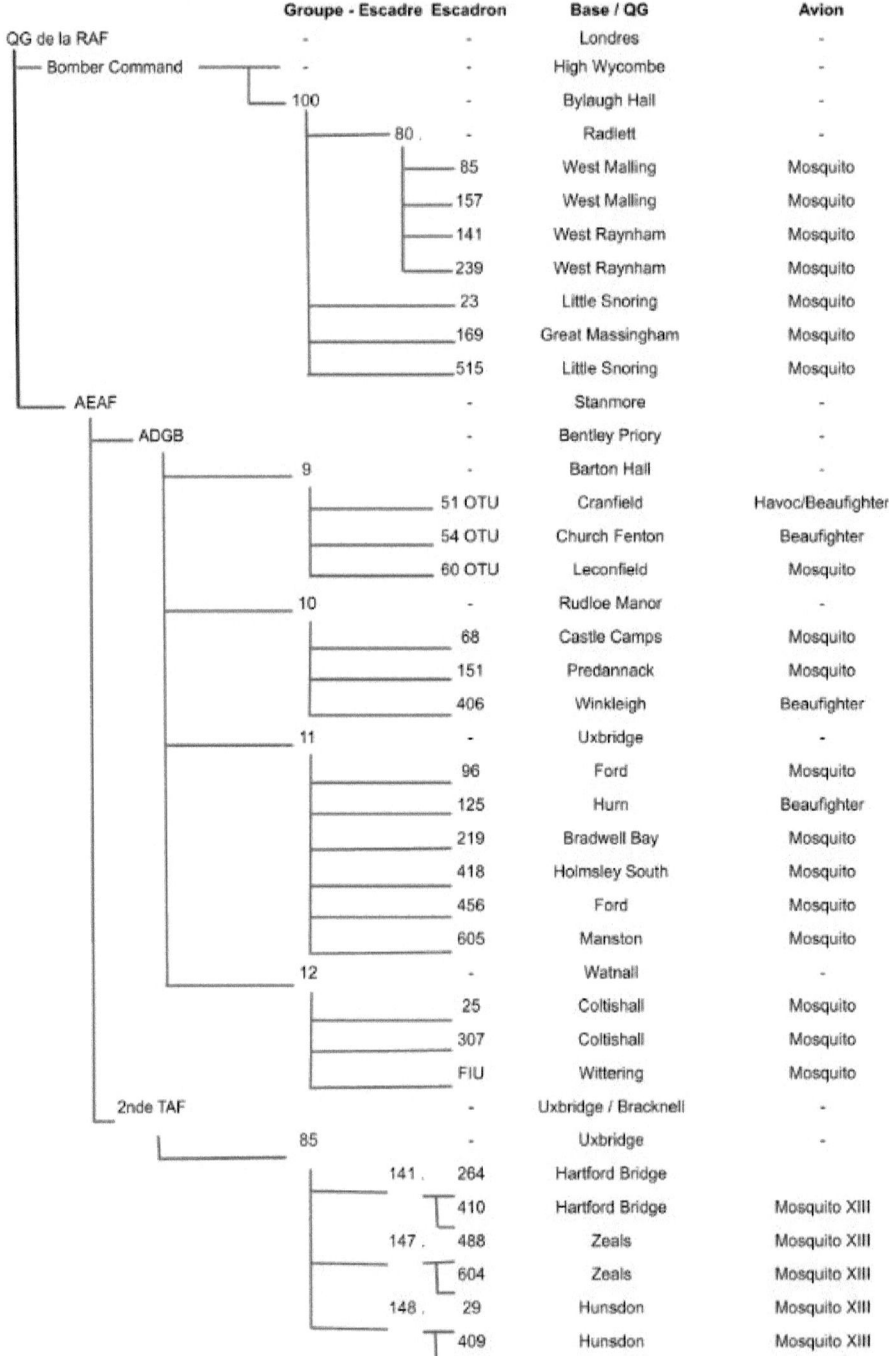

B.2.1 - Le 100ème Groupe de Support aux Bombardiers (BS) du Bomber Command

En 1943, la situation de la RAF concernant les contre-mesures électroniques était plutôt confuse car les équipements ont été développés et mis en œuvre isolément au fil des besoins :
- Le Fighter Command utilisait les Defiant du 515ème Escadron pour dresser un "écran" de brouillage (dispositif baptisé *Mandrel* - voir l'Annexe 11) ou faire croire à l'approche de grandes formations (*Moonshine*) sur les radars *Freya* et *Würzburg* ;
- Les Beaufighter du 141ème Escadron du Fighter Command étaient équipés de *Serrate* pour détecter les radars embarqués allemands qui étaient employés en territoires occupés ;
- En plus des brouilleurs *Mandrel*, le Bomber Command utilisait des microphones montés dans les nacelles de certains bombardiers pour brouiller les communications radio de la chasse de nuit allemande (dispositif baptisé *Tinsel*) ;
- Les spécialistes des Transmissions de la 80ème Escadre (créée en 1940 pour contrer les outils de radionavigation allemands et rattachée directement au Directeur Général des Transmissions du Ministère de l'Air) étaient en charge de la détection et du brouillage des émissions radio/radar de la Luftwaffe depuis des stations au sol (par exemple avec le dispositif baptisé *Ground Grocer* contre les radars FuG 202) ;
- Le TRE recevait des demandes, se dupliquant ou se contredisant parfois, de multiples interlocuteurs (Bomber, Fighter ou Coastal Commands ; Ministère de l'Air ; etc.) sans priorisation.

De plus, le Fighter Command poursuivait des missions *Intruder* commencées dès 1940 mais jugées insuffisantes ou mal ciblées par le Bomber Command face à la montée en puissance des défenses allemandes. Le TRE estime donc en septembre 1943 que la formation d'une grande "Unité Opérationnelle de Contre-Mesures Électroniques" est désormais justifiée. [912] Sir Arthur Harris, patron du Bomber Command, se plaignait d'un manque de coopération du Fighter Command et estimait qu'il fallait qu'une centaine de chasseurs de nuit soutienne ses bombardiers. Le 31 août 1943, il demande même que la responsabilité des chasseurs soutenant les bombardiers soit transférée du Fighter Command au Bomber Command, puisqu'il s'agit d'une mission offensive, alors que le souci principal du Fighter Command est tourné vers la défense du Royaume-Uni. [913] Le Ministère de l'Air leur donne raison et le 100ème Groupe est créé le 11 novembre 1943 pour améliorer la coordination de toutes ces opérations. En plus des unités listées dans l'organigramme ci-dessus, ce Groupe absorbe la 80ème Escadre (Transmissions - CME) et se dote d'Escadrons de bombardiers lourds de guerre électronique (détection et brouillage) ainsi que d'une Unité de Formation de Support aux Bombardiers (BSTU - Bomber Support Training Unit) et d'une Unité de Développement de Support aux Bombardiers (BSDU - Bomber Support Development Unit) (voir ci-après).

---

[912] Lettre du 13 septembre 1943 citée page 7 de la monographie *"The radio war"* (voir bibliographie).
[913] Pages 303 et 309 du Volume V du rapport *"The Air Defence of Great Britain"* (voir bibliographie).

Si certaines unités de chasse du 100ème Groupe du Bomber Command se spécialisent dans les missions de protection (plus ou moins rapprochée) à haute altitude des bombardiers lourds avec radar embarqué, d'autres se concentrent sur le harcèlement des aérodromes de la chasse allemande. Le 515ème Escadron par exemple effectue 120 sorties nocturnes en mai 1944 sur les aérodromes placés à portée du trajet suivi par les bombardiers quadrimoteurs de la RAF (voir le détail de ces missions en Annexe 3b). Ses Mosquito VI n'ont pas de radar et ne peuvent pas se distinguer dans les opérations de chasse de nuit, mais ils se servent de leurs canons de 20 mm et de bombes incendiaires (généralement 60 bombes de 1,8 kg à mise à feu immédiate et 20 bombes identiques mais avec un détonateur à retardement) pour perturber l'efficacité de la Nachtjagd. Ces missions sont risquées puisque la Flak des aérodromes a de la pratique : le 515ème Escadron perd six Mosquito ce mois-là. Les douze aviateurs concernés sont tués, un impact de Flak à basse altitude ne laissant pas beaucoup de chance de pouvoir sauter en parachute ou de faire un atterrissage forcé.

Au début des opérations du 100ème Groupe du Bomber Command en décembre 1943, les Beaufighter VI du 141ème Escadron et les Mosquito II des 169 et 239èmes Escadrons sont les seules machines équipées de radar embarqué. Ces radars sont des AI Mark IV puisque les radars centimétriques sont encore interdits de survol des territoires sous l'emprise allemande. Les pertes subies lors du raid de Nuremberg dans la nuit du 30 au 31 mars 1944 vont prouver que l'organisation et les techniques employées par la Nachtjagd lui permettent de prendre le dessus et que la nuit n'est plus une protection suffisante pour les bombardiers lourds. Sur 795 bombardiers partis d'Angleterre, 95 ont été abattus, la plupart par des chasseurs de nuit, soit un taux de perte de 12%. En réaction, les Britanniques affectent deux Escadrons de chasse de nuit supplémentaires (les 85 et 157èmes) au 100ème Groupe et autorisent l'emploi des radars centimétriques au-dessus des territoires occupés. Le chroniqueur du 85ème Escadron décrit ainsi ce transfert : *"À l'été 1944, le 85ème Escadron avait fermement établi ses quartiers à West Malling. Il avait connu un certain succès contre les Me-410 attaquant Londres et se reposait sur ses lauriers de 211 [avions] Boches détruits en combat aérien depuis le début de la petite mésentente avec l'Allemagne. L'Escadron a été soudainement descendu de son piédestal le 1er mai 1944 et extrait sans ménagement de la belle campagne du Kent et des visages familiers du 11ème Groupe pour partir vers les marais fétides d'un Nord gelé [comprendre "la base de Swannington dans le Norfolk"] et l'autorité quelque peu plus vigoureuse et plus directe du 100ème Groupe."* [914] Il n'est pas sûr que les habitants du Norfolk partagent cette description peu flatteuse de leur région ! Cette affectation au 100ème Groupe est rapidement interrompue puisque les 85 et 157èmes Escadrons sont rappelés en urgence pour contrer la menace des V-1 de mi-juillet à fin août 1944, ou pour reprendre les mots du chroniqueur du 85ème Escadron *"En deux semaines, nous avions détruit sept [avions] Boches. Nous étions naturellement encouragés par ces débuts et le rôle défensif avait été mis aux oubliettes. Quelle a donc été notre surprise lorsqu'une petite voix du nord de Londres nous a susurré "N'oubliez pas les Diver". À ce moment*

---

[914] Rapport *"100 Group: review of operations from Nov. 1943 to May 1945"*, conservé sous la référence AIR 14/2911, TNA.

crucial, nous avons été retirés de la tâche consistant à faire "des trous circulaires dans des têtes carrées" [915] et notre statut et notre caste ont été honteusement, et j'ose le dire de manière injustifiée, réduits à celui de DCA volante."

Le tableau ci-dessous montre de façon simplifiée les nombreux changements d'appareils et de radars qu'ont connus les Escadrons de chasse du 100ème Groupe ("B." pour Beaufighter et "Mo." pour Mosquito). Les équipages ont eu fort à faire pour suivre ces modernisations, surtout si l'on prend en compte les multiples équipements électroniques embarqués *(Serrate, Perfectos, Monica, Gee,* etc.) et leurs déclinaisons *(Perfectos* a par exemple été décliné en quatre versions : Mk I, IA, IB et II).

Escadron	déc43	jan44	fév	mars	avr	mai	juin	juil	août	sept	oct	nov	déc	jan45	fév	mars	avr	mai
141	B.VI	Mosquito NF II (AI IV)						Mosquito VI (AI IV)					Mosquito VI (AI XV)			Mo. NF 30 (AI X)		
169		Mosquito NF II (AI IV)						Mosquito VI (AI IV)					Mo. VI (AI IV)		Mosquito XIX (AI X)			
239			Mosquito NF II (AI IV)						Mosquito VI (AI IV)				Mosquito NF 30 (AI X)					
515			Mo. NF II		Mosquito VI								Mosquito VI (AI XV)					
85						Mosquito NF XIX (AI X)							Mosquito NF 30 (AI X)					
157						Mosquito NF XIX (AI X)							Mosquito NF 30 (AI X)					
23								Mosquito VI					Mosquito VI (AI XV)					

Entre décembre 1943 et avril 1945, les sept Escadrons de Mosquito du 100ème Groupe revendiquent 236 appareils ennemis détruits de nuit en vol (plus 10 de jour et 27 au sol), 12 probablement détruits (plus 1 au sol) et 64 endommagés (plus 62 au sol et 9 de jour). Les chasseurs équipés de radar AI Mk IV et AI Mk X se partagent la plus grande part : 95 victoires revendiquées en quatorze mois d'activité pour les premiers, et 116 victoires en un peu plus de 9 mois pour les seconds (avec une interruption en juillet et août 1944 puisque les 85 et 157èmes Escadrons ont été rappelés pour contrer la menace des V-1). Sur cette même période de 17 mois, 69 Mosquito ont été perdus. Les patrouilles de chasse à haute altitude *(Serrate, Perfectos,* etc.) et les missions à basse altitude *(Intruder, Flower,* etc.) se répartissent comme indiqué par le graphe ci-contre.

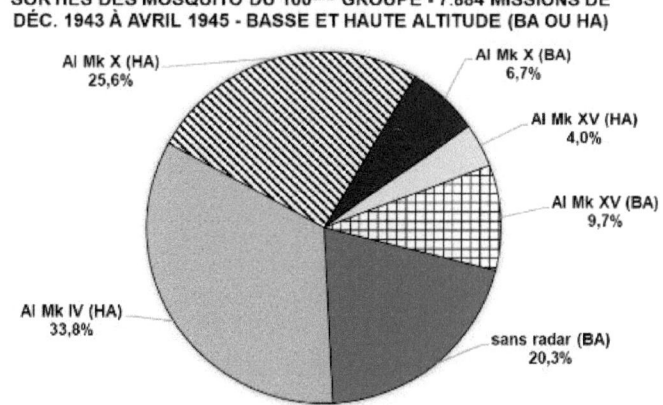

Presque 8.000 missions de chasse de nuit ou Intruder sont effectuées par les Mosquito du 100ème Groupe, ce qui représente 85 missions mensuelles en moyenne par Escadron, mais surtout cela ne

---

[915] "Square heads" : surnom péjoratif donné aux Allemands par les Britanniques.

correspond, en moyenne, qu'à une vingtaine de Mosquito envoyés lors des nuits de raids importants du Bomber Command. Ces vingt chasseurs de la RAF ont pour tâche de tenter de protéger entre 300 et 800 bombardiers visant plusieurs objectifs et faisant face à 200 - 300 chasseurs de nuit allemands au-dessus d'un territoire immense (du moins durant les premiers mois de 1944). Autant dire que même si l'ADGB et la 2nde TAF ajoutent quelques moyens, les ressources allouées sont faibles par rapport à l'ampleur de la tâche.

Le graphe ci-dessous permet de comparer l'efficacité relative des différents chasseurs du 100ème Groupe en fonction des périodes et de leurs équipements respectifs pour la chasse de nuit : [916]

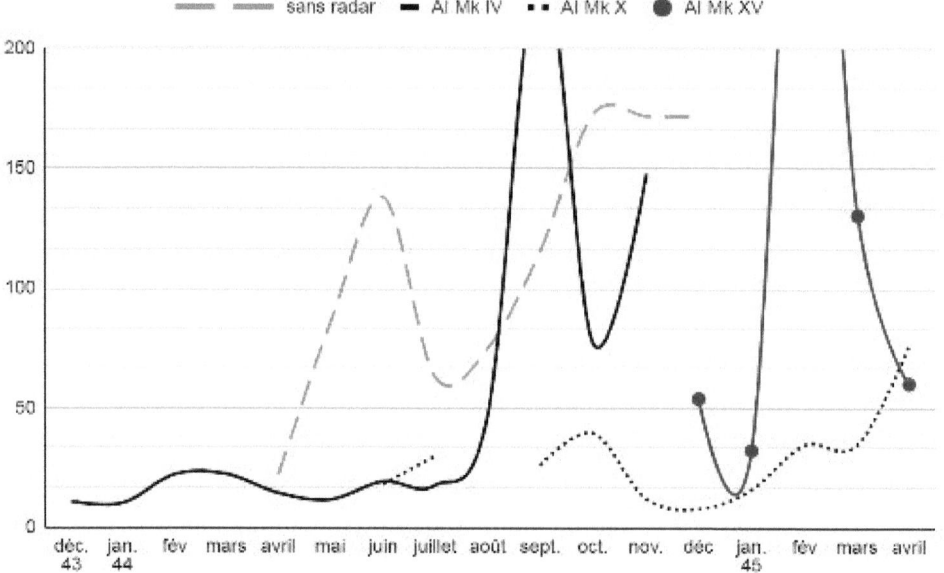

Si l'on suit chaque courbe de ce graphe, on constate que :
- Les Mosquito VI sans radar des 23ème et 515ème Escadrons, chargés de missions *Intruder* à basse altitude, remportent peu de victoires aériennes si l'on fait exception du mois d'avril 1944 (date à laquelle le 23ème Escadron n'était pas encore revenu en Angleterre, étant en Méditerranée depuis fin 1942). Ceci dit, la chasse n'était pour eux que la cerise sur le gâteau, leur tâche principale étant de harceler les aérodromes au canon ou à la bombe pour perturber les opérations de la Nachtjagd.

---

[916] Graphe de l'auteur à partir des données de l'Annexe 1 du rapport *"100 Group: review of operations from Nov. 1943 to May 1945"*, (op. cit.). Seules sont comptées les victoires revendiquées en combat aérien de nuit ; les victoires probables ou les appareils endommagés, ainsi que les avions détruits au sol ne sont pas inclus.

- Malgré les problèmes de fiabilité de leurs Mosquito II, les 141, 169 et 239èmes Escadrons à radar AI Mk IV et détecteur Serrate restent relativement efficaces jusqu'en août 1944 avec une moyenne d'une victoire revendiquée toutes les seize sorties. Malgré l'adoption du Mosquito VI comme nouvelle monture durant l'été 1944, avec la possibilité de rester sur zone plus longtemps grâce à des réservoirs largables, le radar AI Mk IV est fréquemment brouillé et les Allemands modernisent leurs radars embarqués avec le FuG 220 *Lichtenstein* SN-2, rendant les premiers détecteurs Serrate obsolètes. Au-delà de cette date, on voit que l'emploi des Mosquito VI à radar AI Mk IV et détecteur Serrate n'est plus rentable puisqu'il faut en moyenne 130 sorties pour abattre un chasseur allemand, tandis qu'un Mosquito à radar AI Mk IV est perdu en moyenne toutes les 106 sorties.
- Les Mosquito à radar AI Mk X font leur apparition au sein du 100ème Groupe au printemps 1944, mais sont presque immédiatement détournés en juillet et août 1944 pour contrer la menace des V-1. De retour en septembre pour supporter l'effort des bombardiers lourds, ils se montrent les plus efficaces durant les mois de l'hiver 1944-45, mais ensuite les cibles se raréfient. Il en va de même pour les chasseurs à radar AI Mk XV introduits tardivement.

L'intégration d'Escadrons de chasse de nuit au sein du Bomber Command permet une meilleure planification pour couvrir au mieux une zone afin de protéger les Lancaster, Halifax et autres Stirling. La carte ci-après montre le plan de vol établi pour une patrouille Serrate du Mosquito VI NT176 "H" des Flying Officers Wilfrid H. Miller, DFC et Frederic C. Bone du 169ème Escadron. Sa mission était de protéger le flanc Nord de l'approche des aiguillages et de la gare de triage de Dijon visés par 124 bombardiers lourds dans la nuit du 10 au 11 août 1944 dans le but de perturber le déplacement des renforts de la Wehrmacht. Leur rapport de combat est traduit ci-dessous : [917]

```
                                                            SECRET
              RAPPORT PERSONNEL DE COMBAT DU PILOTE
169ème Escadron
Base : Great Massingham [dans le Norfolk]
Type et numéro de l'avion : Mosquito VI / H
Groupe : 100ème Groupe (Support aux Bombardiers)
Cible des bombardiers : Dijon           Date : Nuit du 10 au 11
août 1944.
Équipements spéciaux : Serrate et radar embarqué
Capitaine de l'avion : F/O Miller       Navigateur : F/O Bone
Plan de la patrouille Serrate : Patrouille "B" : 47°40N 04°15E - 47°40N
05°30E - 47°15N 05°35E - 47°15N 05°20E - 41°30N 05°15E - 47°30N 04°15E
- à 47°40N 04°15E à 00h14 à 15.000 pieds (4.570 m) [d'altitude]
Plan de route Serrate : Base - Southwold [dans le Suffolk] - 51°05N
02°35E - 48°40N 04°00E - Patrouille - 48°00N 01°35E - 49°50N 00°35E -
```

---

[917] Rapport conservé sous la référence AIR 50/225/5, TNA.

50°20N 00°20W - Ford [dans le Sussex de l'Ouest] - Reading [dans le Berkshire] - Base

Narratif :

Le Mosquito "H" 176 a décollé de Great Massingham à 22h32. La patrouille a été très calme sur tout le parcours car il ne semblait pas y avoir beaucoup de réaction. Après avoir regardé le bombardement pendant un moment (avec les jumelles de nuit) et n'ayant vu aucun chasseur ni aucun tir air-air, il a été décidé de poursuivre la patrouille sur le chemin du retour.

À 00h45, à la position 49°15N 04°00E, [918] à 18.000 pieds *(5.500 m) [d'altitude]*, un contact *[radar]* a été obtenu à la portée maximale, passant de droite à gauche et en rapprochement. Les réservoirs supplémentaires ont été largués, mais celui de droite est resté accroché. Il a fini par nous quitter après beaucoup de secousses et de jurons, en emportant avec lui l'antenne de mesure d'élévation, ce dont je me suis rendu compte étant donné le langage utilisé par mon Navigateur. Cependant, le contact a été conservé et suite à un calcul rapide, il a été décidé de perdre de l'altitude à environ 9.000 pieds *(2.750 m)* puisque les bombardiers étaient bas. La distance a été réduite à la pleine pression d'admission et aux tours/minute maxima, les températures *[des moteurs]* montant jusqu'à 125°C. À 15.000 pieds *(4.570 m) [d'altitude]*, un contact visuel a été établi, devant et 5° plus bas. L'avion faisait des manœuvres échappatoires modérées. Il a été identifié à l'aide des jumelles Ross d'une distance de 1.000 pieds *(300 m)* comme étant un Me-109. La distance de séparation a été réduite à 800 pieds *(245 m)*, toujours en volant pleins gaz. L'avion ennemi a alors commencé à prendre de l'altitude et la distance s'est accrue à 1.000 pieds *(300 m)*.

J'ai décidé de tirer en visant 2 pieds *(60 cm)* sous le poste de pilotage (pour prendre en compte la montée des balles). Une rafale de 1,5 secondes a été tirée. Des impacts ont été aperçus et l'avion ennemi a basculé vers la droite avec un incendie à l'emplanture de l'aile gauche.

Le Navigateur m'a dit de virer serré à gauche car il y avait un avion 3.500 pieds *(1.065 m)* derrière. Ceci a été converti en contact *[radar]* vers l'avant à une distance de 8.000 pieds *(2.440 m)*, mais l'écho a disparu et n'a pas été revu. Le Me-109 brûlait au sol quand le Mosquito a repris le cap du retour.

Revendication : 1 Me-109 détruit.

60 obus tirés. La cinémitrailleuse a fonctionné.

SIGNATURE : W. H. Miller, F/O, Capitaine de l'avion

Le 169ème Escadron avait échangé ses Mosquito Mark II pour la version VI en juin 1944. Miller et Bone avaient déjà plusieurs victoires à leur actif, dont un triplé (2 Ju-88 et un Me-110) revendiqué dans la nuit du 15 au 16 mai 1944. Le 12 août, deux nuits après le combat détaillé ci-dessus, les deux radiateurs de leur Mosquito VI NT173 sont percés

---

[918] Ces coordonnées sont celle d'une position proche de Reims.

par des débris tombant d'un He-219 lors d'un combat. Les deux hommes sautent en parachute au-dessus des Pays-Bas et finissent la guerre dans un camp de prisonniers.

Le Mosquito NT176 s'est écrasé aux Pays-Bas le 8 février 1945, tuant ses deux occupants le Flight Lieutenant John B. J. Smith et le Flying Officer Kenneth R. Goldthorpe.

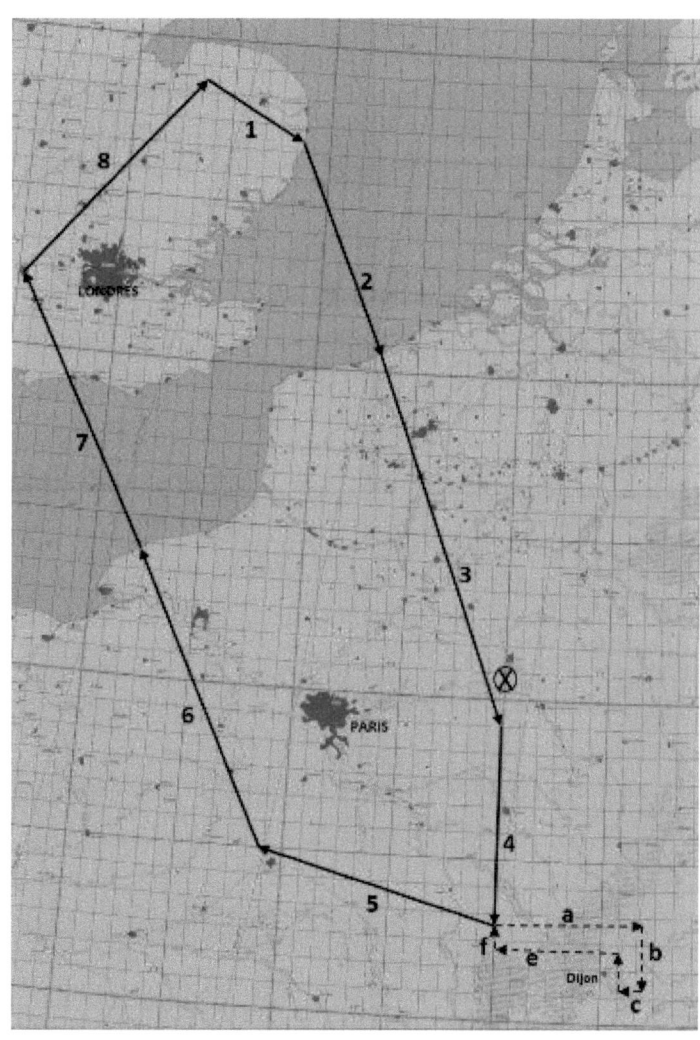

Plan de vol (chiffres) et plan de patrouille (lettres) du Mosquito « H – How » des Flying Officers Miller et Bone. Le lieu approximatif du combat est marqué d'une croix entourée. (Dessin de l'auteur)

B.2.1.1 - Les unités de soutien aux chasseurs de nuit du 100ème Groupe

En plus des unités opérationnelles, le 100ème Groupe se dote notamment :

- D'une Unité de Formation de Support aux Bombardiers (BSTU - Bomber Support Training Unit) (sur la base de la 1.692ème Escadrille dont nous avons déjà parlé) pour former les aviateurs à l'emploi du détecteur *Serrate*.
- D'une Unité de Développement de Support aux Bombardiers (BSDU - Bomber Support Development Unit) à compter d'avril 1944 : avec une dizaine de Mosquito elle teste l'intérêt opérationnel de nouveaux équipements électroniques tels que brouilleurs, détecteurs radar, etc. En plus de ces missions d'expérimentation, elle se charge de la fabrication et du montage de ces équipements sur les avions du 100ème Groupe, et conseille les Escadrons pour leur entretien. Quelques-uns de ces matériels utilisés par les chasseurs de nuit sont décrits succinctement ci-après.

B.2.1.2 - Les autres matériels électroniques des chasseurs de nuit de la RAF

Perfectos : Les Allemands utilisaient leurs radars au sol *Freya* pour interroger un transpondeur IFF FuG 25A monté sur leurs chasseurs de nuit afin de déterminer leur position et les guider vers les bombardiers britanniques. En juin 1944, les scientifiques britanniques développent leur propre interrogateur afin de guider les Mosquito vers les chasseurs allemands. Baptisé *Perfectos*, ce détecteur était capable de fournir l'azimuth et la distance à laquelle se trouvait le transpondeur, mais pas l'élévation. Cependant, cette information n'était pas vitale, les chasseurs allemands se trouvant généralement à la même altitude que leurs cibles potentielles, à peu de chose près. Les premiers essais du Perfectos Mk I montrent une portée de 32 à 64 km, ce qui est jugé très satisfaisant.

Les versions principales de *Perfectos* sont les suivantes : [919]

Perfectos	Remarques
Mk I	Utilise l'écran d'azimuth du radar AI Mk IV. Premier emploi par le 169ème Escadron en novembre 1944 (tous les Mosquito équipés par la BSDU).
Mk IA	Utilise l'écran de *Gee* dans les Mosquito équipés de radar AI Mk X. Système rejeté car cet écran était placé derrière la tête du pilote : il n'était pas possible pour l'opérateur radar de le surveiller longuement.
Mk IB	Utilise l'écran de *Monica IX* dans les Mosquito équipés de radar AI Mk XV. Premier emploi en février 1945 par le 23ème Escadron.
Mk II	Écran indépendant. Premier emploi par le 85ème Escadron fin janvier 1945 (tous les Mosquito équipés par la BSDU, ainsi que certains du 239ème Escadron).

Mis en service en novembre 1944, Perfectos a permis aux Mosquito à radar AI Mk X de remporter plusieurs victoires jusqu'à ce que les Allemands ne commencent à se douter que leur IFF était compromis. Ils ont alors eu pour consigne d'éteindre leur transpondeur, sauf si les circonstances en imposaient l'usage (par exemple lors de l'atterrissage pour ne pas se faire tirer dessus par leur propre Flak).

---

[919] Données du rapport *"100 Group: review of operations from November 1943 to May 1945"*, (op. cit.).

Chaque Escadron *Perfectos* (23, 85 et 239èmes) disposait d'au moins un bimoteur Oxford avec un transpondeur IFF allemand FuG 25 pour permettre d'effectuer des essais (par exemple après calibrage ou réparation) ou des missions d'entraînement. [920]

La première victoire *Perfectos* a été remportée par le Squadron Leader Nevil E. Reeves et le Flying Officer Phillips de l'Unité de Développement de Support aux Bombardiers dans la soirée du 6 décembre 1944. Leur rapport de combat est traduit ci-dessous : [921]

RAPPORT PERSONNEL DE COMBAT DU PILOTE (PERFECTOS)

<u>Date</u> : Nuit du 6 au 7 décembre 1944 <u>Base</u> : Foulsham *[dans le Norfolk]*
<u>Unité et lettre de l'avion</u> : B.S.D.U. / G
<u>Cible des bombardiers</u> : Gießen
<u>Type et version de notre avion</u> : Mosquito Mark XIX
<u>Patrouille</u> : 49°39'N - 07°10'E *[Birkenfeld, en Rhénanie-Palatinat]* 51°21'N - 08°06'E *[Sundern, en Rhénanie du Nord - Westphalie]* à Gießen

<u>Capitaine</u> : S/Ldr Reeves   <u>Navigateur</u> : F/O Phillips
<u>Décollage</u> : 17h45   <u>Atterrissage</u> : 22h46

Nous avons décollé de Foulsham à 17h45 et nous avons franchi la côte à Westkapelle *[en Belgique]* à 18h20 à *[une altitude de]* 4.000 pieds *(1.220 m)*, nous sommes montés à 16.000 pieds *(4.875 m)*, et avons atteint la balise *Kauz* à 19h05. [922] Nous avons patrouillé sans incident pendant 10 minutes puis nous avons mis le cap sur *[la balise]* Ida où nous sommes arrivés à 19h27. Nous avons patrouillé entre *Ida*, Gießen et légèrement au nord-est de Gießen jusqu'à 20h35 ; pendant ce temps, nous avons eu de nombreux contacts sur des bombardiers.

À 20h35, nous avons mis le cap sur 270° (au compas) et en allumant Perfectos, deux contacts sont apparus à une distance de 12 milles *(19 km)*, très proches l'un de l'autre, et presque droit devant. Nous avons mis pleins gaz et réduit graduellement la distance, notre altitude étant de 14.000 pieds *(4.265 m)*. À 4,5 milles *(7,25 km)* (notre radar air-air était bloqué sur l'échelle de 5 milles *(8 km)*, quelle misère !), les deux contacts sont apparus sur l'écran radar, légèrement à droite et toujours proches l'un de l'autre. Alors que la distance se réduisait, le contact le plus éloigné a tourné à droite et semble être descendu. L'autre contact a été poursuivi sur un cap d'environ 230° (cap vrai) et il a été déterminé être bien plus haut. Il s'est avéré difficile de réduire en même temps la distance et de gagner de l'altitude. Un contact visuel a été obtenu sur des échappements légèrement verts, bien plus haut, à environ 1.200 pieds *(365 m)* de distance. Nous étions alors entre deux couches de nuages et la visibilité horizontale était très mauvaise. Nous nous sommes approchés

---

[920] Page 57 du rapport *"100 Group: review of operations from November 1943 to May 1945"*, (op. cit.).
[921] Rapport de combat conservé sous la référence AIR 50/457/1, TNA.
[922] Les balises moyenne fréquence *Kauz* et *Ida* se trouvaient respectivement près de Birkenfeld en Rhénanie-Palatinat et près de Bonn en Rhénanie-du-Nord-Westphalie d'après la carte *"Disposition of ennemy medium frequency beacons from Autumn 1944 onwards"*, Figure 6 de l'Annexe C du rapport *"N°80 Wing Royal Air Force : Historical report 1940-1945"*, conservé sous la référence AIR 41/46, TNA.

des [lueurs des] échappements et la silhouette floue d'un avion a été vue environ 10° au-dessus à 200 pieds (60 m) de distance. Le Mosquito commençait à se glisser en dessous pour avoir une meilleure vue et se trouvait 50° au-dessus et toujours à 200 pieds (60 m) de distance quand l'avion a commencé à virer doucement à droite : deux dérives ont été clairement vues contre les nuages au-dessus en arrière-plan, qui, prises en considération avec les [lueurs des] échappements [de deux moteurs], ne pouvaient correspondre qu'à un Me-110.

Le tir a été effectué de 10° à droite sur l'arrière avec une légère déflexion. Au niveau des échappements, de grands éclairs ont été aperçus autour du moteur droit et le contact visuel a été perdu en raison de l'obscurité profonde. Il a été retrouvé à environ 500 yards (460 m) grâce à la lueur du moteur droit ; la distance a été réduite et une autre rafale a été tirée : aucune lueur d'échappement n'a été vue du côté droit, à nouveau des impacts ont été observés et un grand jet de flammes blanches a été éjecté de l'avion. À peu près trois autres rafales ont été tirées et plusieurs impacts ont été vus avant que l'avion ne disparaisse dans les nuages à environ 14.000 pieds (4.265 m) [d'altitude], le combat ayant commencé au-dessus de 18.000 pieds (5.500 m). Environ trois minutes plus tard, une importante explosion a été vue juste derrière nous sous les nuages et la lueur [d'un incendie] a brillé pendant plusieurs minutes à la position 50°00'N - 07°00'E [près d'Ürzig, en Rhénanie-Palatinat].
Revendication : 1 Me-110 détruit.
SIGNATURES : N. E. Reeves, S/Ldr - Capitaine [de l'avion]
R. O. Burgess - F/Lt - Officier de Renseignement

Le Flying Officer Nevil E. Reeves avait reçu la DFC en février 1943 et une agrafe trois mois plus tard, notamment pour sa contribution à la défense nocturne de l'île de Malte avec le 89ème Escadron sur Beaufighter. [923] Il a reçu le DSO en octobre 1944 pour avoir abattu quatre avions en peu de temps au sein du 239ème Escadron. [924] Il a fini la guerre avec 14 victoires revendiquées, plus deux avions probablement endommagés. Il a été tué dans un accident d'avion le 27 janvier 1949.

Monica : Nous avons vu que la plupart des 1.125 exemplaires produits du radar AI Mark VI avaient été modifiés par le Centre de Recherche Aéronautique de Farnborough pour servir de base au radar d'alerte de secteur arrière "*Monica*" (ARI 5664) des avions du Bomber Command qui commencent à en être équipés au printemps 1943. Plusieurs versions ont été développées, certaines sans indicateur visuel, le pilote de l'avion entendant un cliquetis caractéristique dans ses écouteurs en cas de présence d'un avion en secteur arrière (par exemple la version Mk I, ARI 5122 fonctionnant sur une fréquence de 225 MHz) ; d'autres avec un écran qu'il fallait surveiller. Durant le printemps 1943, la FIU teste des détecteurs *Monica* et développe une technique d'interception, baptisée

---

[923] Suppléments de la London Gazette du 16 février 1943 et du 14 mai 1943.
[924] Supplément de la London Gazette du 24 octobre 1944.

initialement *"Senate"* puis *"Whiting"*, à partir d'une détection *Monica* : lorsqu'un avion est repéré par *Monica*, le chasseur britannique doit effectuer un cercle complet pour se retrouver sur l'arrière de cet avion et tenter de l'intercepter en utilisant son radar AI Mk IV (ou X ou plus tard XV). [925] Le missions consistant à tourner au-dessus d'une balise radio ou visuelle servant de point d'attente pour les chasseurs de nuit allemands en espérant en repérer un grâce au détecteur *Monica* sont baptisées du nom de code de missions *"Mahmoud"*. La première a été effectuée dans la nuit du 22 au 23 août 1943 par le 96ème Escadron, et ayant peu de succès et étant risquée, cette technique est abandonnée à la fin de l'année. Les chasseurs britanniques devaient être équipés d'un IFF Mk IIG pour éviter les interceptions fratricides. [926]

Le radar AI Mk IV avait une petite "vision" vers l'arrière, ce qui n'était pas le cas du radar AI Mk X. Afin de couvrir leurs arrières, les appareils du 100ème Groupe (85 et 157èmes Escadrons à radar AI Mk X, puis plus tard ceux du 23ème Escadron à radar AI Mk XV) sont équipés du radar *Monica IIIE* en juillet 1944. Ils peuvent donc reprendre aussi la technique d'interception *"Whiting"* à leur compte. Développé rapidement à partir du *Monica I* équipant les bombardiers, ce radar n'avait qu'une portée limitée à 1.500 mètres, avec une assez grande zone aveugle de portée minimale. Faute de mieux, les aviateurs des 85 et 157èmes Escadrons ont dû initialement s'en contenter.

Alors que sur les bombardiers lourds l'opérateur radio était chargé de surveiller l'écran *Monica*, sur les Mosquito cette tâche était partagée entre les deux aviateurs, l'opérateur radar ne pouvant le voir lorsqu'il est concentré sur son écran radar. L'écran *Monica* était identique au tube cathodique d'azimuth de l'AI Mk IV, sauf qu'il comportait deux échelles graduées qui pouvaient être sélectionnées à l'aide d'un commutateur : une échelle à courte portée (180 à 2.300 mètres) et une à grande portée (180 à 7.300 mètres). Cependant, tout comme les radars métriques, la portée maximale de *Monica* est limitée par les échos du sol : le radar de l'avion "ne voit" donc plus rien au-delà d'une distance égale à l'altitude à laquelle il vole. D'autre part, il a une portée minimale de 180 mètres (en d'autres termes, le radar est aveugle dans une sphère de 180 mètres de rayon centrée sur l'avion porteur). Les portées maximales de détection (en mètres) sur différents types de cibles sont les suivantes : [927]

---

[925] Entrées de février à juillet 1943 du journal de marche de la FIU conservé sous la référence AIR 29/27, TNA. Voir aussi l'annexe 2. Les chasseurs portant un détecteur Monica sont parfois indiqués dans les rapports de combat comme étant dotés de radars AI Mk IV jumelés ("twin") (par exemple, rapports du Wing Commander Roderick A. Chisholm et du Flight Lieutenant F. Clarke du 19 novembre 1943 AI/558, conservé sous la référence AIR 50/469/25, TNA).
[926] Page 311 du Volume V du rapport *"The Air Defence of Great Britain"* (voir bibliographie).
[927] Données du paragraphe 5 du mémorandum ORS M.78 *"Provisional tactical instructions for visual Monica"*, du 16 janvier 1944, rédigé par la Section de Recherche Opérationnelle du Bomber Command, conservé sous la référence AIR 14/3062, TNA. Les mémoranda (contrairement aux "rapports") de l'ORS du Bomber Command étaient des papiers de synthèse faisant le point sur un sujet particulier mais n'étant pas jugés assez aboutis, ou d'un intérêt secondaire, leur distribution restait donc très limitée.

Position relative de la cible	Quadrimoteur	Bimoteur	Monomoteur
Sur l'arrière et jusqu'à 45° au-dessus ou au-dessous	6.400	4.800	3.200
De flanc	915	685	460
Devant et au-dessus	915	685	460
Directement en dessous	3.650	2.740	1.825
Devant et en dessous	1.830	1.370	915

Tout comme les autres radars métriques, *Monica* a une certaine capacité 'à voir' sur 360° (donc y compris vers l'avant même s'il est pointé sur le secteur arrière de l'avion à protéger), et l'estimation de la position de la cible était possible en mesurant la proportion de l'écho affichée de chaque côté de l'axe de l'écran : [928]

Taille de l'écho de part et d'autre de l'axe	Azimuth de la cible
1 : 1	Droit derrière (ou devant)
2 : 1	10 à 20° du côté dominant
3 : 1	20 à 30° du côté dominant
4 : 1	30 à 40° du côté dominant

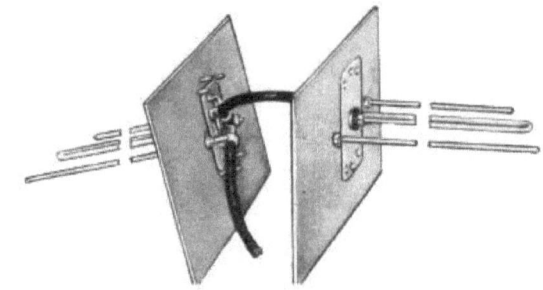

Antennes du détecteur *Monica*
(source: Manuel américain "Handbook of operating instructions for Radio Set AN/APS-13", AN 08-30APS13-2 de juillet 1944)

En décembre 1944, la BSDU a testé un radar AI Mk X orienté vers l'arrière de l'avion pour jouer le rôle tenu jusque-là par *Monica*, mais ce dispositif n'a finalement pas été retenu.

Les versions principales de *Monica* utilisées par les chasseurs de nuit de la RAF sont listées page suivante. [929] Des radars *Monica* ont aussi été produits aux USA, sous l'appellation AN/APS-13 (SCR 718).

---

[928] Paragraphe 12 du mémorandum ORS M.78 (op. cit.).
[929] Données du rapport *"100 Group: review of operations from Nov. 1943 to May 1945"*, (op. cit.).

Monica	Remarques
Mk IIIE	Version développée en urgence. Premier emploi par les 85 et 157èmes Escadrons en juillet 1944 (25 Mosquito équipés par la BSDU à cette date, en tout 100 exemplaires produits).
Mk IV	ARI 5641 - Version conçue pour fonctionner sur la bande de fréquence 390 - 450 MHz avec ajustement à l'aide d'un bouton rotatif pour éviter le brouillage. Pour les avions à radar AI Mk VIII ou X.
Mk VI	ARI 5661 - Version basée sur un émetteur, un modulateur et un écran d'AI Mk V, avec un récepteur SCR 729 et donnant la distance, l'azimuth et l'élévation de la cible. Fréquence : 193 MHz. Mise en service à partir de septembre 1944, conversion terminée pour tous les Mosquito des 85 et 157èmes Escadrons par la BSDU en janvier 1945 (avant de passer à ceux du 169ème Escadron et certains des 141 et 239èmes Escadrons).
Mk VIII	Mise en service en 1945 pour les avions à radar AI Mk X, écran de 7,5 cm de diamètre.
Mk IX	Version équipant certains Mosquitos à radar AI Mk XV (ASH).

Outre son emploi offensif, le détecteur *Monica* donnait aussi une certaine sérénité aux équipages en leur permettant de surveiller leurs arrières. Ainsi, le Flight Lieutenant J. H. Leland, DFC et le Flying Officer R. C. Thornton du 157ème Escadron doivent la vie sauve au détecteur *Monica* de leur Mosquito XXX "A" NT.369 lorsqu'ils ont été surpris par un chasseur, probablement un avion à réaction Me-262, dans la nuit du 3 au 4 avril 1945 au-dessus de Berlin. Ils avaient décollé avec sept autres Mosquito XXX pour une mission *Intruder* sur la capitale allemande et leur combat a été aperçu par l'équipage australien du Mosquito "T" NT.382 (Flying Officer R. S. Hoy, DFC et Flight Lieutenant W. K. Hodge). Le rapport de combat de Leland et Thornton est traduit ci-après : [930]

```
SW/4300/6
           RAPPORT PERSONNEL DE COMBAT INTRUDER
                F/Lt Leland et F/O Thornton
DONNÉES STATISTIQUES :
Date : Nuit du 3 au 4 avril 1945
Unité : Escadrille A du 157ème Escadron
Type et version de notre avion : Mosquito XXX
Heure de l'attaque : 23h35 à 23h45.
Lieu de l'attaque : Berlin.
Météo : Ciel dégagé, peu ou pas de nuages.
Dommages subis : Moteurs droit et gauche du Mosquito endommagés.
Dommages causés à l'ennemi en vol : Néant.
Dommages causés à l'ennemi au sol ou en mer : Néant.
Rapport général :
```

---

[930] Rapport de combat conservé page 153 sous la référence AIR 27/1047, TNA. Ce combat est aussi décrit dans le Journal de marche de l'unité, conservé sous les références AIR 27/1046/29 et 30, TNA.

Un Mosquito XXX du 157ème Escadron, Pilote F/Lt Leland, Navigateur F/O Thornton, a décollé de Swannington *[dans le Norfolk]* à 21h45 le 3 avril 1945. Cette mission consistait à simuler une attaque de la Force des Éclaireurs *[chargée de marquer les cibles à bombarder]* sur Berlin en coopération avec les Mosquito *[de bombardement]* du 8ème Groupe. Alors que le Mosquito était dans la zone de la cible et coincé dans les faisceaux de projecteurs, un contact Monica est apparu. Les actions échappatoires nécessaires ont été effectuées, mais un combat a eu lieu. Décrivant cet incident, le F/Lt Leland écrit :

"En approchant de Berlin sur un cap de 76° (au compas) à une altitude de 23.000 pieds *(7.000 m)*, plusieurs faisceaux de projecteurs ont été vus couvrant la zone de Berlin. En continuant sur le même cap, nous avons dépassé un certain nombre de faisceaux sans être illuminés. Au point déterminé pour virer, nous avons été pris dans deux ou trois faisceaux. Nous avons viré à un cap de 190° (au compas) en étant toujours pris dans les faisceaux dont le nombre s'est accru. Immédiatement après ce virage, un écho *Monica* est apparu, à une distance de 12-14.000 pieds *(3.660 - 4.270 m)*. Cette distance s'est rapidement réduite et lorsqu'elle n'était plus que de 2.000 pieds *(610 m)*, nous avons fait un fort piqué vers la droite. Des munitions traçantes et à autodestruction ont été vues sur la gauche et plus haut, explosant environ 1.000 pieds *(300 m)* en avant.

Ayant perdu environ 3.000 pieds *(915 m) [d'altitude]*, nous avons fait une forte montée vers la gauche. Après être revenu en palier, un contact *Monica* est apparu à environ 6.000 pieds *(1.830 m) [derrière]* et sur la gauche (nous pensons qu'il nous avait dépassés après la première attaque et avait fait un rapide tour complet serré par la gauche). Nous avons laissé ce contact réduire la distance à moins de 2.000 pieds *(610 m)*, et un fort piqué vers la droite a été entamé. À ce moment, des impacts ont été observés sur le côté droit du moteur gauche. Le contact nous a dépassés et a été vu sur la gauche sur *Monica* avec une distance s'accroissant rapidement (un autre tour complet par la gauche).

Les projecteurs nous ont perdus pendant environ 30 secondes, puis nous ont retrouvés. Le contact *Monica* est réapparu à *[une distance de]* 16.000 pieds *(4.880 m)*, se rapprochant rapidement. Nous l'avons laissé venir jusqu'à 2.000 pieds *(610 m)* avant de répéter la manœuvre échappatoire précédente. Les tirs ennemis sont passés plus bas à droite. Cette attaque est probablement celle qui explique l'impact sur le carénage extérieur du moteur droit et sur son hélice. Ce n'était pas une munition explosive. L'avion ennemi a dégagé avant de revenir. Le même scénario s'est répété et des obus ont été vus passant plus haut et sur la droite, explosant plus loin devant. Après ceci, nous sommes passés au-delà de la ceinture extérieure des projecteurs et lors de la dernière attaque, nous n'avions plus que trois faisceaux qui nous éclairaient. Tout de suite après la quatrième attaque, les projecteurs se sont éteints et nous avons mis le cap sur la base. Les attaques ont commencé à 23h35 et se sont terminées à environ 23h45. Nous avons quitté la zone de la cible à 20.000 pieds *(6.100 m) [d'altitude]*.

> À notre avis, si nous n'avions pas eu *Monica*, nos chances d'échapper à l'avion ennemi auraient extrêmement faibles car nous aurions été dépendants de l'avertissement donné par le début des tirs ennemis."
> L'avion s'est posé à la base à 02h14.

L'incident suivant a été signalé par l'avion "T" du 157ème Escadron :

> Position : Bordure ouest de la ceinture de projecteurs de Berlin.
> Heure : 23h43.
>
> "Un avion a été vu pris dans les faisceaux des projecteurs en banlieue sud de Berlin. Au même moment, une lumière blanche a été aperçue très près de l'avion illuminé. Des tirs et des explosions ont été observés à proximité de l'avion illuminé pendant environ 5 à 10 secondes. Peu après l'arrêt des tirs, la lumière blanche a disparu, ce qui nous fait penser qu'un avion à réaction, ou avec l'assistance de fusées, a effectué cette attaque. Les explosions aperçues étaient identiques à celles que produisent des munitions à autodestruction. Aucune autre activité n'a été vue après cette attaque."
>
> SIGNATURES
>   Leland - F/Lt
> Thornton - F/O
> W. Sutton (?) - S/Ldr - Officier de Renseignement - RAF Swannington

Les Allemands avaient modifié plusieurs Messerschmitt Me 262 biplaces pour la chasse de nuit (version B-1a/U1) justement pour contrer la menace des Mosquito. Ces avions ont connu quelques succès autour de Berlin dans les derniers mois de la guerre. Il est probable que Leland et Thornton en aient rencontré un mais la chance (et *Monica*) était de leur côté.

Monica avait l'inconvénient majeur d'être un détecteur actif, autrement dit d'émettre un signal radar qu'un appareil ennemi pouvait détecter et utiliser pour localiser l'avion porteur. Tout comme les Britanniques avaient développé *Serrate* pour se guider sur les émissions des radars *Lichtenstein*, les Allemands ont mis au point un détecteur, baptisé FuG 227 *Flensburg*, pour profiter des émissions métriques de *Monica*. Le 13 juillet 1944, à 4h30 du matin, un chasseur de nuit Ju 88G-1 se pose presque à court de carburant sur l'aérodrome de Woodbridge, dans le Suffolk : un Flight Sergeant britannique venu avec son camion accueillir ce qu'il croyait être un Mosquito égaré se trouve nez à nez avec trois aviateurs allemands tout aussi surpris puisqu'ils pensaient être aux Pays-Bas. Les Britanniques s'aperçoivent alors que les Allemands se servent de *Monica* pour trouver et abattre leurs bombardiers. *Monica* est retiré de l'inventaire du Bomber Command, à l'exception du 100ème Groupe qui continue de l'utiliser sur ses Mosquito pour appâter les chasseurs de nuit allemands. [931]

---

[931] Paragraphes 312 à 317 de la Note Historique *"War in the Ether: radio countermeasures in Bomber Command"* de la Branche des Transmissions du Bomber Command, d'octobre 1945, conservée sous la référence AIR 20/8962, TNA. D'après les rapports des Services de Renseignement (Air Intelligence 2 (g), n°242 ; ADI(K) n°350/1944), le pilote allemand pensait être près de Berlin (!). Les Allemands avaient aussi mis en service un détecteur (FuG 350 Naxos Z) capable de localiser les radars air-sol

Les Allemands avaient également développé leurs propres radars air-air d'alerte de secteur arrière (FuG 216, 217 et 218 *Neptun*). Les Britanniques se sont rendu compte de l'existence de ces radars en octobre 1943 sur des épaves d'avions allemands abattus. [932] Pour faciliter le travail des chasseurs de nuit de l'ADGB, des brouilleurs anti-*Neptun*, baptisés du nom bien peu britannique de *Meerschaum*, ont été développés et activés au printemps 1944. D'après les rapports d'interrogation de prisonniers recueillis plus tard, le radar FuG 220 *Lichtenstein* SN-2 disposait d'antennes orientées vers l'arrière : l'opérateur radar pouvait basculer des antennes avant aux antennes arrière, et vice-versa, à l'aide d'un commutateur. [933]

Boozer : Le TRE a développé un détecteur radar baptisé *Boozer*, qui fonctionnait sans émettre aucun signal (donc de façon passive, contrairement à *Monica*) en détectant les émissions des radars allemands. Utilisé à partir de juin 1943, ce détecteur a été décliné en trois versions. Sur Boozer III, le pilote était prévenu de la présence d'émissions d'un radar *Würzburg* par un voyant rouge et d'un radar air-air FuG 202 ou 212 par un voyant jaune. Ces appareils étaient souvent éteints par les équipages car ils clignotaient presque en permanence au-dessus de l'Allemagne en raison de la saturation des fréquences détectées.

Dernière mise au point avant le départ en mission pour cet équipage d'un Mosquito à radar centimétrique durant l'hiver 1944-1945 (peut-être un Mosquito Mk XXX à radar AI Mk X du 410ème Escadron basé à Amiens à partir du 8 janvier 1945). La lettre individuelle de l'appareil "Z" ("Zebra") est visible sur le radôme de l'antenne radar. (Photo Library and Archives Canada/Department of National Defence fonds/e002013853).

H2S des bombardiers britanniques, mais ceci sera décrit plus en détail dans le livre sur le Bomber Command.

[932] Page 59 du rapport *"N°80 Wing Royal Air Force : Historical report 1940-1945"*, conservé sous la référence AIR 41/46, TNA et rapports d'interrogation de prisonniers repris dans le Journal de marche du 85ème Escadron d'octobre 1943 conservé sous la référence AIR 27/705/19, TNA.

[933] Paragraphe 83 du rapport d'interrogation ADI(K) n°125/1945 de dix aviateurs allemands de la chasse de nuit, sélectionnés parmi les 59 faits prisonniers les quinze derniers jours de 1944, conservé sous la référence AIR 40/2875, TNA.

B.2.2 - L'ADGB et la 2ⁿᵈᵉ TAF

Les aspects défensifs de l'ADGB au-dessus du Royaume-Uni, notamment pour la chasse au V-1, ont été traités dans la Partie I. Les chasseurs de l'ADGB ne se sont pas cantonnés à cela, et ils ont été aussi très sollicités pour intervenir sur le continent. Les livres d'histoire sur les différentes batailles qui ont eu lieu lors de la campagne en Europe de l'Ouest en 1944-45 ont généralement ignoré ou consacré très peu d'attention aux combats aériens de nuit. Pourtant, les chasseurs de l'ADGB et de la 2ⁿᵈᵉ TAF ont été très sollicités pour assurer la couverture des troupes au sol, comme le montrent les trois exemples de combat ci-après.

Le premier exemple s'est déroulé juste après le début de l'opération *Market-Garden*. Pour soutenir les troupes aéroportées alliées larguées plus tôt dans la journée, six Mosquito XII du 307ème Escadron (Polonais) décollent entre 20h10 et 23h55 pour patrouiller aux Pays-Bas. Le Mosquito HK223 "E" du Pilot Officer Kazimierz Jaworski et du Flying Officer Zygmunt Szymilewiscz ne rentre pas, probablement abattu par la Flak ; les deux hommes sont tués. Quatre des cinq autres chasseurs, obligés de se poser à Coltishall dans le Norfolk au retour, redécollent le lendemain pour rejoindre leur base de Church Fenton dans le Yorkshire, mais les Mosquito HK194 "L" et HK228 "R" entrent en collision : le Flight Lieutenant Stanislaw Madej et le Flying Officer Jozef Gasecki périssent dans le premier appareil ; le Flight Lieutenant William J. Griffiths parvient à poser *"R - Roger"* dans un champ malgré un moteur en feu et à en sortir avec le Flight Lieutenant George J. Lane, mais les deux Mosquito sont détruits. Ces déboires n'empêchent pas les Polonais de poursuivre leurs patrouilles en Allemagne et aux Pays-Bas dans les jours qui suivent. [934]

Le second exemple s'est joué peu après l'opération *Market-Garden*, alors que le XXXème Corps Britannique et les parachutistes américains de la 82ème Division Aéroportée tenaient le front à Nimègue aux Pays-Bas après que l'avance sur Arnhem ait échoué. Il est possible que les avions abattus dans la nuit du 2 au 3 octobre 1944 par le Wing Commander Wilfrith P. Green, commandant du 219ème Escadron, et du Flying Officer D. A. Oxby, visaient le pont de Nimègue sur le Wahal puisque les Allemands ont tenté à plusieurs reprises de le détruire. Leur rapport de combat est traduit ci-après : [935]

```
SECRET
                           RAPPORT DE COMBAT
DONNÉES STATISTIQUES :
Date : Nuit du 2 au 3 octobre 1944
Unité : 219ème Escadron
Type et version de notre avion : Mosquito Mk. XXX, radar A.I. Mk. X
Heure de l'attaque : Voir le rapport (3 événements).
```

---

[934] Entrées des 17 et 18 septembre 1944 du Journal de marche conservé sous les références AIR 27/1676/17 et 18, TNA.
[935] Rapport de combat conservé sous la référence AIR 50/84/105, TNA. Les sections émetteur/destinataire ont été ignorées.

Lieu de l'attaque : Voir le rapport (3 événements).
Météo : Lune brillante. Pas de nuages. Excellente visibilité.
Dommages subis : Aucun.
Dommages causés à l'ennemi en vol : 3 Ju-87 détruits.
PILOTE : W/Cdr Green, D.F.C.   **NAVIGATEUR** : F/O Oxby, D.F.M. et agrafe
Rapport général :

Je patrouillais du Nord au Sud à 7.000 pieds *(2.130 m) [d'altitude]* et à l'ouest de Nimègue sous le contrôle *[de la station au sol avec l'indicatif radio]* MILKWAY. [936] Le GCI m'a dirigé sur "un client" venant de l'Est à mon altitude. J'ai perdu de l'altitude jusqu'à 3.000 pieds *(915 m)* (m'étant déjà fait avoir !). Alors que je me trouvais 4 ou 5 milles *(6 à 8 km)* à l'est de Nimègue, le contrôleur m'a dit que "le client" passait de ma gauche à ma droite à une distance de 4 milles *(6 km)* : pas de succès.

J'ai viré sur la gauche sur un cap de 190° et j'ai obtenu un contact bien plus haut (toutes mes excuses à MILKWAY *[qui avait raison sur l'estimation initiale de l'altitude]* !), à une distance de 2 milles *(3,2 km)*. J'ai pris de l'altitude rapidement et deux contacts *[radar]* sont apparus. J'ai sélectionné celui de droite qui larguait des paillettes de brouillage en tournant vers la gauche. Je me suis approché à 3.000 pieds *(915 m)* et j'ai obtenu un contact visuel sur un avion bien plus haut, avec une vitesse très faible d'environ 135 - 140 m.p.h. *(217 - 225 km/h)*. J'ai abaissé les volets hypersustentateurs de 20°, j'ai ouvert les volets des radiateurs et j'ai pris de l'altitude à environ 140 m.p.h. *(225 km/h)*. J'ai identifié l'avion comme étant un Ju-87, et mon Navigateur a confirmé ceci avec l'aide des jumelles de nuit. L'avion ennemi emportait des bombes : une grosse entre les jambes du train d'atterrissage et deux plus petites (ou peut-être des réservoirs supplémentaires) sous les ailes. J'ai ouvert le feu d'une position légèrement en dessous et plusieurs impacts ont été observés. L'avion ennemi a viré vers la gauche et j'ai tiré à nouveau en appliquant une déflexion d'un demi-anneau (viseur sur 100 m.p.h. *(161 km/h)*). L'avion ennemi s'est désintégré et quelques débris ont heurté le Mosquito. L'épave de l'appareil ennemi a pris feu dans un grand bois, à environ 8 - 10 milles *(13 - 16 km)* au sud-est de Nimègue, et a continué à brûler au sol. Il était 20h40, altitude 7.000 pieds *(2.130 m)*.

J'ai appelé MILKWAY pour de nouvelles instructions et on m'a répondu qu'il y avait "des clients" au Nord de notre position. Nous avons obtenu un contact *[radar]*, presque droit devant, à travers pas mal de paillettes de brouillage, à une distance de 3.000 - 4.000 pieds *(915 - 1.220 m)*. J'ai viré serré à droite, la distance étant alors de 1,5 milles *(2,4 km)* et je me suis approché à environ 2.000 pieds *(600 m)*. J'ai obtenu un contact visuel sur un Ju-87 à peu près 10° au-dessus.

---

[936] MILKWAY était une station radar légère d'alerte avancée (Lightweight Warning Set - LWS), n°6090. De fabrication américaine (AN/TPS 1 à 3), ce type de radar était mobile à l'aide de quelques camions, ou était même aérotransportable par planeurs.

L'avion ennemi montait et j'avais du mal à ne pas arriver trop court ; j'ai abaissé les volets hypersustentateurs de 25°, réglé les tr/min au maximum et j'ai pris de l'altitude à 125 m.p.h. *(201 km/h)*. J'ai ouvert le feu d'environ 150 yards *(135 m)* en dessous avec le Mosquito presque en perte de vitesse et j'ai aperçu des impacts sur l'appareil ennemi. Je n'ai pas pu tenir le Mosquito cabré après ce tir. L'avion ennemi a effectué des manœuvres échappatoires assez violentes, en virant serré vers la gauche et en piquant. J'ai tiré une nouvelle rafale avec un anneau de déflexion, mais je n'ai pas vu d'impacts. L'avion ennemi a pris rapidement de l'altitude mais j'avais accumulé trop de vitesse lors du virage en piqué, je suis passé en dessous et je n'ai pas réussi à conserver le contact visuel. J'ai effectué un tour complet en virant serré à gauche et nous avons ré-acquis le contact [radar], à une distance de 1,5 milles *(2,4 km)* et je me suis rapproché plutôt rapidement car je pensais qu'il allait descendre à basse altitude. J'ai obtenu un contact visuel à 2.000 pieds *(600 m)*, 10° en dessous, je me suis approché à 150 yards *(135 m)* avant d'ouvrir à nouveau le feu avec un anneau de déflexion, incendiant l'avion ennemi. Il a basculé sur le dos et est parti en vrille en flammes pour exploser au sol avant de continuer à brûler. L'altitude à la fin du combat était de 2 à 3.000 pieds *(600 - 915 m)*. L'avion ennemi avait des bombes mais les a larguées après la première attaque. Le combat s'est produit à 20h50, approximativement à 7 - 8 milles *(11 à 13 km)* à l'est de Nimègue.

J'ai à nouveau appelé MILKWAY, mais il m'a été répondu qu'ils ne pouvaient pas m'aider à cause du brouillage *Window*, mais que nous leur restions rattachés. Nous avons vu une Flak intense près de Nimègue et j'ai orienté l'avion vers cet endroit. Nous avons détecté un flot de *Window [au radar]* et peu après nous avons eu un contact au départ de ce flot, à une distance de 2 milles *(3,2 km)*. J'ai presque dû dégager à cause de la Flak, mais par chance l'avion ennemi a viré à droite. Je me suis approché à 2.000 - 3.000 pieds *(600 - 915 m)* et j'ai obtenu un contact visuel sur un avion bien plus haut. J'ai abaissé les volets hypersustentateurs et je me suis approché lentement en forte montée. J'ai eu une bonne vue sur un Ju-87 porteur de bombes et j'ai tiré avec une légère déflexion alors qu'il virait. Des impacts ont été observés sur l'avion ennemi qui est parti directement en piqué. Des éclairs du poste arrière pouvaient être des tirs défensifs, mais aucune munition traçante n'a été vue. L'avion ennemi est revenu en vol en palier puis a piqué vers la gauche. J'ai tiré une rafale avec les trois quarts d'un anneau de déflexion, l'avion a explosé et s'est abattu en brûlant. Il a été vu impacter le sol où il a continué à brûler. Ce combat a eu lieu à 21h00, à 7 - 10 milles *(11 à 16 km)* à l'est de Nimègue.

REJOICE *[la station GCI n°15119]* m'a ensuite dit de rentrer à la base, et j'ai viré vers la gauche. Nous avons immédiatement obtenu un contact *[au radar]*, plus bas, à une distance de 5.000 pieds *(1.525 m)*. Malheureusement, ma vitesse était d'à peu près 220 m.p.h. *(354 km/h)* et avant que nous puissions la réduire, nous nous sommes retrouvés 1.000 pieds *(300 m)* derrière l'avion ennemi qui se trouvait plus bas. J'allais tirer au moment de le dépasser, mais il nous a vus et a tiré une fusée pour se faire reconnaître : un groupe de 8 étoiles blanches

> m'ont aveuglé et j'ai été obligé de dégager. Nous n'avons pas réussi à retrouver un contact visuel ou radar.
>
> Nous avons viré pour un cap de 240° pour Bruxelles - Melsbroek à 100 milles *(160 km)* car nous étions plutôt à court de carburant. Du glycol sortait du radiateur gauche mais les températures étaient correctes. Nous avons atterri à Bruxelles - Melsbroek à 21h35. Beaucoup de vapeurs de glycol ont été émises par le radiateur gauche après l'atterrissage : il s'est avéré avoir été percé.
>
> Je revendique trois Ju-87 détruits.
>
> RAPPORT D'ARMEMENT : Aucun rapport d'armement disponible.
> CINÉMITRAILLEUSE : La pellicule a été récupérée sur l'avion par la 148ème Escadre.
> SIGNATURES
>   Pilote   - W/C W. P. Green, D.F.C.
>   Navigateur - F/O D. A. Oxby, D.F.M. et agrafe
>   Officier de Renseignement - P/O Cook

Green a été tué le 1er mars 1945 lors d'un essai d'un Mosquito. Il revendiquait alors 14 victoires et 13 V-1 abattus.

On voit que la RAF retrouve des Ju-87 sur son chemin, alors que ces avions s'étaient fait discrets sur le front de l'Ouest après de sérieux revers durant la bataille d'Angleterre. La Luftwaffe les avait utilisés avec plus de succès sur le front de l'Est, mais sous la pression ils reviennent en 1944 à l'Ouest, mais de nuit cette fois. Quelques mois plus tard, alors que la bataille des Ardennes fait rage, les aviateurs canadiens du 410ème Escadron apportent eux aussi leur contribution à la protection des troupes au sol contre les fameux Stukas comme le montre le rapport de combat du Flight Lieutenant C. E. Edinger, DFC et du Flying Officer C. L. Vaessen dans la nuit de Noël 1944 : [937]

> **SECRET**   **Référence n°410/56**
>   **FORMULAIRE 'F' - RAPPORT PERSONNEL DE COMBAT DU PILOTE**
> **DONNÉES STATISTIQUES** :
> Date : Nuit du 24 au 25 décembre 1944
> Unité : 410ème Escadron   (R.C.A.F.)
> Type et version de notre avion : Mosquito Mk. XXX, radar A.I. Mk. X
> Heure de l'attaque : 19h55.
> Lieu de l'attaque : K.9080 (Wassenberg *[Rhénanie du Nord - Westphalie]*).
> Météo : Bonne visibilité.
> Dommages subis : Aucun.
> Dommages causés à l'ennemi en vol : 1 Ju-87 détruit.
> Dommages causés à l'ennemi au sol : Aucun.
> **PILOTE** : F/Lt C. E. Edinger, D.F.C.

---

[937] Rapport de combat conservé sur microfilm sous la référence C-12277, BAC. Les sections émetteur/destinataire ont été ignorées.

NAVIGATEUR :   F/O C. L. Vaessen, D.F.C.

Rapport général :

Décollage de Lille - Vendeville (B.51) à 17h50. Retour à 20h30.

L'avion a mis le cap sur la balise HV et a été confié par GREENGROCER au G.C.I 15119 (F/Lt Merry). Il a patrouillé dans la zone Sittard - Venlo pendant un long moment durant lequel il a effectué deux poursuites se terminant par un contact visuel sur des Mosquito. Il a ensuite été dirigé après un avion non identifié allant vers le Nord, à 35 milles *(56 km)* de distance, à une altitude de 12.000 pieds *(3.660 m)*. L'altitude de notre chasseur à ce moment-là était de 6.000 pieds *(1.830 m)*. Le F/Lt Edinger poursuit : "Je suis monté à 10.000 pieds *(3.050 m)* et quand la distance a été réduite à 18 milles *(29 km)*, on nous a informé que l'avion non identifié avait perdu de l'altitude très rapidement jusqu'à se retrouver à 6.000 pieds *(1.830 m)* et qu'il avait viré vers l'Est. Nous avons reçu un cap d'interception et l'instruction de perdre de l'altitude. Une fois que la distance a été réduite à 12 milles *(19 km)* à une altitude de 6.000 pieds *(1.830 m)*, on nous a informé que l'avion non identifié se dirigeait toujours vers l'Est à une vitesse de 150 m.p.h. *(241 km/h)*. Nous avons reçu plusieurs corrections de trajectoire qui nous ont placé derrière la cible et un contact a été obtenu *[sur le radar]* à une distance de 2 milles *(3,2 km)*, à une altitude de 3.000 pieds *(915 m)*, 30° sur la gauche. Notre altitude était alors de 2.000 pieds *(600 m)*. Un contact visuel a été obtenu à une distance de 2.000 pieds *(600 m)*, et l'avion a été identifié comme étant un Ju-87 quand la distance a été réduite à 800 pieds *(245 m)*. Les volets hypersustentateurs et le train d'atterrissage ont été abaissés dès l'acquisition du contact visuel en raison de la grande vitesse de rapprochement. J'ai ouvert le feu à une distance de 600 pieds *(180 m)*, directement derrière, à une altitude de 1.500 pieds *(455 m)*. L'avion ennemi volait en ligne droite en perdant lentement de l'altitude. Des impacts ont été observés sur les emplantures des deux ailes, le fuselage et la jambe gauche du train d'atterrissage. Aucune flamme n'a été vue mais des débris se sont détachés de l'avion ennemi. J'ai viré légèrement à droite puis je suis revenu sur la gauche pour tirer une nouvelle rafale d'une distance de 450 pieds *(135 m)*. Des impacts ont été observés sur l'aile droite et le fuselage, causant le départ de plus de débris, mais toujours pas d'incendie. L'avion ennemi a continué à voler en ligne droite en perdant encore de l'altitude. Je suis passé sur son côté gauche avant de revenir sur la droite avant de tirer une nouvelle rafale. Des impacts ont été aperçus sur le moteur, le fuselage et l'emplanture de l'aile gauche. L'avion ennemi a pris feu, a viré doucement vers la droite et a piqué jusqu'au sol d'une altitude de 900 pieds *(275 m)*. La position était K.9080 (à peu dans la région de Wassenberg). Le G.C.I. a relevé notre position. L'avion ennemi n'a effectué aucune manœuvre pour s'échapper durant le combat, et aucun tir défensif n'a été subi. Je revendique un Ju-87 détruit."

La cinémitrailleuse s'est déclenchée automatiquement *[lors des tirs]*. 3 pieds (1 mètre) de pellicule ont été exposés.

MUNITIONS CONSOMMÉES :

```
  Canon extérieur gauche    45 obus
  Canon intérieur gauche    48 obus
  Canon extérieur droit     48 obus
  Canon intérieur droit     47 obus
  Total (Obus semi perforants incendiaires et explosifs incendiaires)
      188 obus
SIGNATURES
  PILOTE : C. E. Edinger - F/Lt
  NAVIGATEUR : C. L. Vaessen - F/O
  Officier de Renseignement du 410ème Escadron - Knight (?) F/O
```

La même nuit, le Squadron Leader I. E. Mactavish et le Flying Officer A. M. Grant du 410ème Escadron revendiquent un autre Ju-87 près de Walbeck en Rhénanie du Nord - Westphalie, pendant que le Flying Officer J. A. Watt et le Flight Lieutenant H. H. Collis abattent un Ju-88 dans la même région. [938]

Au fil des mois, les Escadrons de la 2nde TAF quittent le Royaume-Uni pour opérer depuis des bases plus ou moins sommaires en France, en Belgique, aux Pays-Bas et enfin en Allemagne. Les unités de chasse de nuit ne font pas exception, mais certaines reviennent au sein de l'ADGB (puis du Fighter Command puisque finalement, le 15 octobre 1944, ADGB a repris le nom de Fighter Command) pour la chasse au V-1 ou pour récupérer.

En 1944, le Danemark, l'Autriche, la Tchécoslovaquie ont été peu à peu ajoutés aux zones visitées par les Mosquitos du 418ème Escadron. Cet Escadron est le seul de la RCAF à s'être spécialisé dans les missions intruder jusqu'à la fin 1944, avant que le 406ème Escadron ne reprenne ce rôle. Deux de ses équipages se distinguent en revendiquant quatre victoires aériennes en une seule sortie en mai et juin 1944. Leurs rapports de combat sont traduits ci-après : [939]

```
S/Ldr R. A. Kipp (Pilote) ; F/O P. Huletsky (Observateur)        SECRET
              FORMULAIRE 'F' DE RENSEIGNEMENT ET
              RAPPORT PERSONNEL DE COMBAT DU PILOTE
418ème Escadron (RCAF), R.A.F. Holmsley South [dans le Hampshire]
DONNÉES STATISTIQUES :
Date : [Nuit du 2 au] 3 mai 1944
Unité : 418ème Escadron (Cité d'Edmonton)
Type et version de notre avion : Mosquito VI
Heure de l'attaque : 00h40, 01h40 et 02h05
Lieu de l'attaque : Lac Ammer [en Bavière], Guntzbourg [en Bavière] et
Sarrebourg [en Lorraine]
```

---

[938] Rapports de combat conservés sur microfilm sous la référence C-12277, BAC.
[939] Rapports de combat conservés sous les références AIR 50/146/91 et AIR 50/146/20, TNA. Les sections émetteur/destinataire et la répétition de la météo en fin de rapport ont été ignorées.

<u>Météo</u> : Dégagé, avec des nuages épars à l'est du Rhin.
<u>Dommages subis</u> : Aucun *[mais voir la fin du rapport]*.
<u>Dommages causés à l'ennemi en vol</u> : 4 Fw-190 détruits.
<u>Dommages causés à l'ennemi au sol ou en mer</u> : Aucun
<u>Rapport général</u> :

Un Mosquito VI, S/Ldr Kipp (Pilote), F/O Huletsky (Observateur), a décollé de Holmsley South à 22h15, et a atterri à Manston *[dans le Kent]* à 04h00. Ces aviateurs ont volé directement dans la zone de Munich, et alors qu'ils se trouvaient à 15 milles *(24 km)* au sud-ouest du lac Ammer, ils ont aperçu un Fw-190 à 5.000 pieds *(1.525 m)* *[d'altitude]* qui faisait un exercice avec les projecteurs *[au sol]*. "Nous avons commencé à prendre de l'altitude alors qu'il terminait l'exercice. Il avait ses feux de navigation allumés. Nous nous sommes approchés à 150 yards *(135 m)* en arrière et nous lui avons tiré une rafale de 2 secondes aux canons et aux mitrailleuses. Le Fw-190 est parti directement en piqué et a explosé.

Nous nous sommes ensuite rendus à Munich puis au Nord-Ouest vers Augsbourg *[en Bavière]*. Il y avait quelques terrains d'aviation éclairés mais pas d'activité apparente. Nous avons mis le cap vers la base à 01h20, et à 01h40 nous avons vu un avion ennemi qui volait vers le Sud avec tous ses feux allumés vers le projecteur Lorenz *[d'approche]* visuelle de Guntzbourg. Nous nous sommes approchés à 150 yards *(135 m)* *[de distance]* à 1.000 pieds *(1.525 m)* *[d'altitude]* et après l'avoir dépassé une première fois et refait un circuit, nous lui avons tiré une rafale de 2 secondes. Il a explosé et s'est écrasé directement à environ 2 milles *(3,2 km)* du projecteur Lorenz *[d'approche]* visuelle. La luminosité de la Lune a rendu simple l'identification de tous les avions ennemis.

Notre niveau d'essence commençait à être bas et nous avons donc décidé de rentrer à la base en ligne droite. Toutefois, à 02h05, nous avons aperçu un avion que nous pensions ennemi, au Sud, volant très bas. Nous nous sommes approchés mais l'avons dépassé, non sans identifier deux Fw-190 volant en formation décalée sur la droite avec leur lampe inférieure d'identification et leurs feux de navigation allumés. Nous nous sommes approchés une seconde fois mais nous étions dans une position défavorable pour avoir les deux avions ennemis et nous avons donc repris du champ. Pour la troisième tentative, nous avons abaissé notre train d'atterrissage et nous nous sommes approchés à environ 150 m.p.h *(241 km/h)*. Nous avons mis une rafale de 2 secondes au Fw-190 en queue de formation d'une distance de 150 yards *(135 m)* et nous avons immédiatement déplacé le viseur pour tirer une rafale de 2 secondes sur l'avion ennemi qui était en train de se poser d'une distance de 175 yards *(160 m)*. Les deux avions ennemis ont explosé et une importante quantité de débris s'est détachée du premier attaqué. Son aile gauche entière est venue frapper le bord d'attaque de notre aile gauche. Nous étions alors 600 pieds *(180 m)* au-dessus du sol et le Mosquito est parti en piqué avec l'aile gauche en décrochage. Nous avons récupéré la maîtrise de l'appareil à 100 pieds *(30 m)* *[d'altitude]* dès que nous avons repris un peu de vitesse. Nous avons ensuite pris un cap de 310°, droit sur l'Angleterre, mais nous avons eu des difficultés à gagner de l'altitude pour franchir les sommets car l'aile gauche avait tendance à décrocher à 180 m.p.h *(290 km/h)*. Nous avons volé très bas jusqu'à la côte puis avons pris de l'altitude dans les nuages pour en sortir à Knocks (à 03h25). Nous nous sommes posés à Manston en approchant à 225 m.p.h *(290 km/h)* sur la grande piste."

La cinémitrailleuse s'est déclenchée automatiquement *[lors des tirs]*.

SIGNATURES

R. A. Kipp	G. Morris
Squadron Leader(Pilote)	Officier de Renseignement
418ème Escadron (RCAF)	418ème Escadron (RCAF)
R.A.F. Holmsley South	R.A.F. Holmsley South

Cette mission "Night Ranger" permet au 418ème Escadron de passer la barre des cent victoires aériennes. Robert A. Kipp s'était engagé dans la RCAF en juin 1940 et avait suivi le parcours de formation suivant au Canada :
- 1ère ITS (Initial Training School) à Toronto, Ontario, en septembre 1940,
- 7ème EFTS (Elementary Flying Training School) à Windsor, Ontario, en octobre et novembre 1940,
- 31ème SFTS (Service Flying Training School) à DeWinton, Alberta, jusqu'à fin mars 1941,
- Central Flying School (École des Instructeurs) à Trenton de fin mars à fin juin 1941.
- Ayant été retenu pour assurer l'instruction au pilotage des nouvelles recrues au sein de la 11ème SFTS à Goderich, Ontario, Kipp a dû ronger son frein et n'a pu s'embarquer pour l'Angleterre qu'en mars 1943. Avant de rejoindre le 418ème Escadron le 2 novembre 1943, il est passé par :
- La 12ème AFU (Advanced Flying Unit) à Grantham, Lincolnshire, de fin mai à début août 1943,
- La 60ème OTU à High Ercall, Shropshire, sur Mosquito, de début août à début novembre 1943.

Il a été promu Squadron Leader le 25 février 1944 et a reçu la DFC en mai 1944. [940] Notamment grâce au combat décrit ci-dessus, Kipp a reçu le DSO en juillet 1944. [941] Après un passage en état-major, il a encore engrangé quelques victoires en 1945 en missions *Ranger* au sein du Fighter Experimental Flight basé à Ford. Rentré au Canada en juillet 1945, il est démobilisé en octobre mais re-signe avec la RCAF un an plus tard, toujours au rang de Squadron Leader. Ayant survécu aux cadets de la 11ème SFTS et après 14,5 victoires aériennes revendiquées, Kipp a été tué lors de l'accident du de Havilland Vampire Mk. 3 (17084) de la patrouille acrobatique Blue Devils du 410ème Escadron, le 25 juillet 1949.

---

[940] Supplément de la London Gazette du 26 mai 1944.
[941] Supplément de la London Gazette du 7 juillet 1944.

Peter Huletsky a également reçu la DFC en juin 1944 et une agrafe en juillet pour le combat décrit ci-dessus. [942] Il a survécu à la guerre.

L'équipage composé du Flight Lieutenant Stanley H. R. Cotterill et du Sergent E. H. McKenna est arrivé de la 60ème OTU le jour même où le 418ème Escadron fêtait sa centième victoire aérienne. [943] Les deux nouveaux venus n'ont pas tardé à montrer qu'ils pouvaient faire aussi bien que leurs aînés, comme le montre leur rapport de combat de la nuit qui suivait le débarquement en Normandie. La nuit précédente, l'Escadron avait déjà fourni un effort maximal pour appuyer le débarquement, 18 des 19 équipages disponibles ayant effectué une mission sur la région de Cherbourg ou contre les aérodromes ennemis. Trois équipages (dont Cotterill et McKenna) s'étaient relayés pour harceler les aérodromes d'Orléans et de Châteaudun. Avant de partir, Cotterill et McKenna avaient lâché leurs deux bombes de 227 kg sur un train au sud-ouest d'Orléans. [944] Dans la nuit du 6 au 7 juin, ce sont à nouveau 15 équipages du 418ème qui effectuent des missions *"Flower"* pour clouer l'aviation allemande au sol, et cette fois Cotterill et McKenna vont toucher le jackpot pour reprendre l'expression de l'historien officiel de la RCAF. [945]

```
F/Lt Cotterill (Pilote) Sgt McKenna (Observateur)          SECRET
              FORMULAIRE 'F' DE RENSEIGNEMENT ET
            RAPPORT PERSONNEL DE COMBAT DU PILOTE
           418ème Escadron (RCAF), R.A.F. Holmsley South
DONNÉES STATISTIQUES :
Date : [Nuit du 6 au] 7 juin 1944
Unité : 418ème Escadron (Cité d'Edmonton)
Type et version de notre avion : Mosquito VI
Heure de l'attaque : 00h12, 00h15, 00h23 et 00h32
Lieu de l'attaque : Aérodrome de Châteaudun, aérodrome d'Orléans, au
sud de la ville d'Orléans, aérodrome d'Orléans.
Météo : Couverture nuageuse de 40% à 4.000 pieds (1.220 m) [d'altitude].
Dommages subis : Aucun.
Dommages causés à l'ennemi en vol : 3 Ju-52 et 1 Ju-188 détruits.
Dommages causés à l'ennemi au sol ou en mer : Aucun
Rapport général :
  Un Mosquito VI, avec le F/Lt Cotterill (Pilote) et le Sgt McKenna
(Observateur), a décollé de Holmsley South [dans le Hampshire] à 22h18,
pour Orléans et Châteaudun, et est revenu se poser à 02h26. "Nous
sommes arrivés à un point remarquable sur la Loire à 23h44 et nous
avons commencé à contourner la ville d'Orléans. Nous avons ensuite viré
```

---

[942] Suppléments de la London Gazette du 2 juin et du 7 juillet 1944.
[943] Entrée du 2 mai 1944 du journal de marche du 418ème Escadron conservé sous la référence AIR 27/1821/9, TNA.
[944] Entrée du 5 juin 1944 du journal de marche du 418ème Escadron conservé sous la référence AIR 27/1821/12, TNA.
[945] Page 301 du volume 2 de *"The R.C.A.F. overseas"* (voir bibliographie).

au Nord pour commencer notre patrouille d'Est en Ouest des aérodromes d'Orléans et de Châteaudun. Durant la première partie de notre patrouille, nous avons aperçu un grand feu de couleur orange à Terminiers *[25 km au nord-nord-ouest d'Orléans]*, et peu après nous avons vu un avion qui tournait au-dessus de Châteaudun (que nous avons identifié par sa position et grâce à la balise *[lumineuse]* de couleur blanche de l'aérodrome qui clignotait *[les lettres Morse]* "G.R." comme la nuit précédente). Cet avion volait à 800 pieds *(245 m)* *[d'altitude]* et avait ses feux de navigation allumés. Nous l'avons identifié comme étant un Ju-52 et nous avons tiré une rafale de 2 secondes des canons et mitrailleuses d'un angle de 30° en arrière et sur la gauche, d'une distance de 200 yards *(180 m)*. Des impacts ont été vus sur l'aile gauche et son moteur. Une nouvelle rafale de 4 secondes d'une distance de 75 yards *(70 m)* presque directement derrière a causé une petite explosion et nous avons dégagé par la droite. Nous l'avons vu s'écraser et s'enflammer deux milles *(3,2 km)* à l'ouest de l'aérodrome ; nous sommes descendus pour photographier l'épave en feu.

Nous avons mis le cap sur Orléans en utilisant le feu de Terminiers comme repère. Alors que nous étions encore à 5 milles *(8 km)* de distance, nous nous sommes rendus compte d'une activité considérable sur l'aérodrome d'Orléans. La piste complète était éclairée et le projecteur Lorenz *[d'approche]* visuelle était allumé, mais pas la balise *[lumineuse]*. Un avion était en train de se poser et deux autres étaient dans le circuit d'atterrissage. Tous avaient leurs feux de navigation allumés. Nous avons attaqué le second appareil, un Ju-52, qui apparemment remettait les gaz pour un nouveau circuit, à *[une altitude de]* 500 pieds *(460 m)* en tirant une rafale de 3 secondes des canons et mitrailleuses d'une distance de 150 yards *(140 m)*, 20° en arrière et sur la droite. L'avion ennemi a instantanément explosé et s'est écrasé 40 yards *(35 m)* au nord de la piste orientée Est-Ouest aux trois-quarts de la longueur.

En dégageant vers la gauche nous avons aperçu le dernier de quatre avions quitter le circuit, éteindre toutes ses lumières et filer au Sud. Nous lui avons tout de suite donné la chasse et l'avons dépassé puisque nous étions en piqué en dessous pour tenter de garder le contact visuel. Nous avons vu une série de "points" clignoter par sa lampe blanche inférieure pour se faire reconnaître, et en réduisant les gaz nous sommes parvenus à passer sur son arrière, obtenant une silhouette nette d'un Ju-188. L'avion ennemi a effectué une violente manœuvre échappatoire mais nous avons réussi à garder le contact, et quand il a repris une trajectoire rectiligne, nous lui avons tiré une rafale de 3 secondes d'une distance de 30 yards *(27 m)* depuis l'arrière et légèrement en dessous. Des impacts ont été observés sur le moteur gauche et le fuselage et un feu a commencé sous le ventre de l'appareil. Notre pare-brise s'est couvert d'un liquide huileux et des débris ont heurté notre aile droite. Nous avons dégagé sur la droite et avons suivi l'avion ennemi pendant qu'il descendait doucement vers un champ, l'incendie éclairant le terrain sur plusieurs centaines de mètres. À l'impact, l'avion entier a pris feu. Comme nous nous trouvions alors au sud de la ville, nous sommes retournés à l'aérodrome où nous avons vu que le projecteur Lorenz *[d'approche]* visuelle avait été éteint, mais la piste était toujours illuminée. Un gros projecteur blanc avait été placé sur le côté gauche, à peu près 15 yards *(14 m)* à compter du début de la piste. Nous avons alors décidé de bombarder la piste en service et avons lâché deux bombes de 500 livres *(227 kg)* avec des détonateurs à mise à feu retardée de 11 secondes, [946] *[d'une altitude]* de 500 pieds *(150 m)*. Pendant le dégagement, nous avons vu les bombes exploser, pile sur la piste à environ un tiers de sa longueur.

Tout de suite après, nous avons remarqué un avion avec ses feux de navigation allumés ainsi que son grand phare d'atterrissage qui brillait presque directement vers le bas depuis le nez de l'avion. Il était en phase d'approche pour atterrir, 300 pieds *(90 m)* au-dessus et à 1.000 yards *(915 m)* de la piste. Nous avons viré à gauche et nous sommes approchés à 100 yards *(90 m)*, et nous l'avons identifié comme étant un Ju-52. Nous avons ouvert le feu avec une rafale de 4 secondes d'un angle de 20° en arrière et sur la gauche. À ce moment-là, l'avion était encore à 100 yards *(90 m)* de la lisière de l'aérodrome et à 100 pieds *(90 m)* au-dessus du sol. Il s'est écrasé et a explosé à la limite de la piste. Comme toutes nos munitions avaient été épuisées durant cette dernière rafale, nous avons mis le cap sur la base."
La cinémitrailleuse s'est déclenchée automatiquement *[lors des tirs]*.

SIGNATURES
S. H. R. Cotterill   *[illisible]*
Flight Lieutenant (Pilote)   p/o Flying Officer - Renseignement
418ème Escadron (RCAF)   418ème Escadron (RCAF)
R.A.F. Holmsley South   R.A.F. Holmsley South

Stanley Cotterill s'était engagé dans la RCAF en septembre 1940 et avait suivi le parcours de formation suivant au Canada :
- 2ème ITS (Initial Training School) à Regina, Saskatchewan, de mi-octobre à début novembre 1940,
- 6ème EFTS (Elementary Flying Training School) à Prince Albert, Saskatchewan, en novembre et décembre 1940,
- 4ème SFTS (Service Flying Training School) à Saskatoon, Saskatchewan, de début janvier à mi-mars 1941,
- Central Flying School (École des Instructeurs) à Trenton, Ontario de fin mars à fin juin 1941.

Tout comme Kipp, qu'il a rencontré à Trenton, il a été retenu pour servir d'instructeur au sein de la 6ème SFTS avant de rejoindre fin octobre 1943 la 36ème OTU à Greenwood, Nova Scotia qui volait sur bimoteurs (Hudson et Mosquito). Il arrive en Angleterre le 31 janvier 1944. Un passage au sein de la 60ème OTU à High Ercall, Shropshire, sur Mosquito, en mars et avril 1944 a constitué la dernière étape de sa formation avant son affectation au 418ème Escadron le 2 mai 1944. Le combat décrit ci-dessus a valu à Cotterill

---

[946] Ce court délai permettait au Mosquito de s'éloigner suffisamment avant l'explosion pour ne pas subir de dommages.

de recevoir la DFC en septembre. [947] Avec le Sergent McKenna, il a abattu quatre V-1 durant l'été 1944. Le 30 septembre 1944, en mission de jour au nord de l'Allemagne, les deux hommes rentrent de justesse après un feu au moteur gauche, touché par la Flak : après s'être préparés à sauter en parachute deux fois au-dessus de l'Allemagne et trois fois à amerrir en mer du Nord, ils finissent par se poser sur le ventre à Coltishall. [948] Le 16 octobre 1944, il ne volait pas avec McKenna (malade ?), mais avec le Flight Lieutenant Colin G. Finlayson dont le pilote James F. Luma, un Américain engagé dans la RCAF, avait fini son tour d'opérations. Décollant d'Angleterre en compagnie d'un autre Mosquito (Flight Lieutenant Stuart N. May et Flying Officer Jack D. Ritch) et après un ravitaillement à St Dizier, ils sont allés attaquer l'aérodrome de Piešťany (aujourd'hui en Slovaquie) à l'aube du 17 octobre. L'avion de May et Ritch a été touché par la Flak et les deux aviateurs ont passé les six mois suivants avec les partisans avant de pouvoir rejoindre les lignes soviétiques. Après l'attaque de Piešťany, Cotterill et Finlayson sont allés se poser à Jesi dans la province d'Ancône en Italie. Leur Mosquito VI HR351 a décollé à 10h00 le 18 octobre pour le vol retour avec une mission "*Ranger*" dans la région de Vienne en Autriche puis a été porté manquant. [949] Les deux aviateurs reposent aujourd'hui au cimetière militaire de Belgrade.

Les 41 missions effectuées par le Flight Lieutenant Stanley H. R. Cotterill sont détaillées en annexe 5. Elles se répartissent ainsi : [950]

Flower	20	*Ranger* de nuit	3
Ranger de jour	4	Patrouille anti - V-1	14

Il faut ajouter tous les vols d'entraînement, que ce soit à la navigation, au tir ou simplement d'accoutumance pour explorer les abords d'un nouvel aérodrome, qui ne comptent pas comme des missions de guerre. Chaque fois qu'un vol de nuit était prévu, l'équipage effectuait un vol d'essai (NFT - Night Flying Test) en fin de matinée ou dans l'après-midi pour tester le bon fonctionnement de l'avion et de tous ses équipements.

Finlayson avait suivi le parcours de formation suivant au Canada :
- 2ème Manning Depot à Brandon, Manitoba fin 1941.
- 2ème ITS (Initial Training School) à Regina, Saskatchewan, en janvier et février 1942.
- 2ème AOS (Air Observer School) à Edmonton, Alberta, en mars 1942.
- 8ème BGS (Bombing & Gunnery School) à Lethbridge, Alberta en juin 1942.

---

[947] Suppléments de la London Gazette du 1er septembre 1944.
[948] Rapport de combat conservé sous les références AIR 50/146/20, TNA.
[949] Note de service du Commandant du 418ème Escadron du 26 octobre 1944 au service des personnels disparus (P.4.Cas.) du Ministère de l'Air consultée en août 2022 sur https://www.veterans.gc.ca/fra/remembrance/memorials/canadian-virtual-war-memorial/detail/2224149
[950] Données compilées à partir du listing des missions effectuées par ce pilote, conservé sur microfilm sous la référence C-12291, BAC.

- 1ère CNS (Central Navigation School) à Rivers, Manitoba, de juillet à début septembre 1942.
- 1ère GRS (General Reconnaissance School) à Summerside, sur l'île du Prince Édouard, en septembre et octobre 1942.
- Embarqué le 27 octobre, il débarque au Royaume-Uni le 5 novembre 1942.
- Il passe ensuite par la 1ère Signal School, la 51ème et la 60ème OTU avant de commencer son premier tour d'opérations en septembre 1943 au sein du 418ème Escadron. En mai 1944, il est affecté à la 60ème puis à la 62ème OTU pour sa période "de repos" avant de retrouver le 418ème Escadron à la fin de l'été 1944.

Finlayson, assis sur le plan fixe de l'empennage d'un Mosquito VI, semble se demander si cette nouvelle fenêtre ouverte par la Flak dans la dérive est une bonne chose. Son pilote James F. Luma se distingue par sa casquette d'aviateur américain. [951] (photo Library and Archives Canada/Department of National Defence fonds/e011181062)

À partir du début de 1944, il convient de mentionner la contribution des Escadrons de chasse de nuit du théâtre méditerranéen qui progressent vers le Nord et s'en prennent aux aérodromes où la Nachtjagd pensait pouvoir entraîner ses pilotes novices en toute sécurité. Ainsi, en janvier 1944, en plus de cibles en Italie, le 23ème Escadron visite les aérodromes de Montpellier, Marseille, Toulouse, Bordeaux, Lyon, Perpignan, Pau, Mont de Marsan, Avignon, ou Nîmes. Par exemple, dans la soirée du 6 janvier, les Mosquito VI HX820 "L" du Wing Commander Alan M. Murphy et du Flying Officer R. Reid et HJ788 "F" du Squadron Leader Alexander Lawson et du Pilot Officer Gordon Robertson décollent à quarante minutes d'intervalle de leur nouvelle base d'Alghero, sur la côte nord-ouest de la Sardaigne pour mettre le cap sur Toulouse. Arrivés sur place, ils trouvent des avions allemands se préparant à l'atterrissage, tous feux de navigation allumés. Murphy et

---

[951] D'après le Journal de marche du 418ème Escadron (conservé sous les références AIR 27/1821/5 et 6, TNA), l'avion de Luma et Finlayson a été endommagé dans l'après-midi du 9 mars 1944 lors d'une mission *Ranger* de jour sur Lyon et Clermont-Ferrand mais faute de couverture nuageuse, les deux aviateurs ont décidé de faire demi-tour après 240 km au-dessus de la France : leur avion a été touché par la Flak trois kilomètres au Sud d'Isigny, causant un *"trou dans la dérive plus grand qu'un ballon de rugby"*, ce qui semble bien correspondre à cette photo. Cependant, les Archives Canadiennes datent cette photo du 14 mars, quand un autre Mosquito de l'Escadron a aussi été touché au niveau de l'empennage dans la nuit du 13 au 14 mars lors d'une mission *Intruder* sur les aérodromes de St André, d'Évreux, de Melun et de Brétigny (pilote Warrant Officer M. H Sims, navigateur Pilot Officer J. D. Sharples). Manifestement, les artilleurs allemands savaient viser juste, de jour comme de nuit.

Reid revendiquent un Do-217, puis Lawson et Robertson éliminent un Ju-88 et un He-111. Les deux *Intruder* créent une telle panique que la Flak locale tire sur tout ce qui bouge sans distinction et abat un autre Ju-88. [952]

En mars 1945, l'Escadrille Expérimentale de Chasse (FEF) effectue plusieurs essais d'illumination d'un aérodrome à l'aide de fusées éclairantes de 4,5 pouces (11,4 cm) pour faciliter la localisation de cibles au sol : un Mosquito peut en emporter six dans sa soute à bombes, en deux groupes de trois, ce qui oblige à démonter le réservoir de 286 litres de la soute. Ces essais démontrent que la meilleure tactique consiste à attaquer à deux Mosquito : le premier libère trois fusées d'une altitude de 900 mètres, puis passe à l'attaque après avoir refermé sa soute à bombes, se coordonnant par radio avec l'autre Mosquito. Les fusées s'allument après avoir chuté d'environ 150 mètres et brûlent pendant quatre à cinq minutes en descendant à 150 m/min. Dans les mois suivants, 18 missions sont effectuées en utilisant cette tactique : 84 fusées sont utilisées (12 n'ont pas fonctionné), 18 avions ennemis sont revendiqués détruits au sol et 55 autres endommagés, pour un Mosquito perdu. Lorsque l'aérodrome visé était inactif au moment de l'attaque (lumières éteintes, pas d'avion au décollage ou à l'atterrissage), les Mosquito pouvaient généralement effectuer quatre à six passes de tir avant que les défenses ne se remettent de l'effet de surprise, mais l'expérience montre qu'il faut se contenter d'une seule passe si l'aérodrome était en activité. [953]

Avec l'arrivée du Beaufighter puis du Mosquito, les missions *Intruder* ont évolué pour protéger autant que possible l'avancée et les flancs du parcours suivi par les appareils du Bomber Command lors de leurs attaques massives sur les villes allemandes ce qui explique le transfert d'unités de Mosquito de chasse de nuit du Fighter Command au Bomber Command. Après mi-juin 1944, les chasseurs de nuit engagés au-dessus du continent bénéficient de règles d'ouverture du feu un peu plus simples : l'identification visuelle complète n'est plus nécessaire : tout avion avec ses feux de navigation allumés peut être attaqué s'il n'est pas un quadrimoteur, ainsi que tout avion qui démontre qu'il est hostile en tentant de se poser ou de décoller d'un terrain sous contrôle allemand. [954] À compter du 26 juillet 1943, les missions *Intruder* visant spécifiquement les bases de la chasse de nuit allemande sont baptisées missions "*Flower*". [955]

Par exemple, dans la nuit du 15 au 16 octobre 1944, le Bomber Command envoie 498 bombardiers lourds (Lancaster et Halifax) et 8 Mosquito sur Wilhelmshaven. 54 autres Mosquito sont chargés de raids de diversion sur Hambourg, Sarrebruck, Düsseldorf et

---

[952] Journal de marche du 23ème Escadron, conservé sous les références AIR 27/288/1 et 2, TNA. D'après l'article de Gilles Collaveri "*When two RAF Mosquitos brought down three Luftwaffe Ju 88s*" du 26 mai 2022 (https://www.key.aero/article/when-two-raf-mosquitos-brought-down-three-luftwaffe-ju-88s , consulté en janvier 2023), les Allemands auraient perdu lors de ce combat deux Ju-88 détruits et un troisième aurait réussi à se poser plus tard bien que très endommagé.
[953] Rapport n°32 "*Use of flare when attacking airfields at night*" du 25 mai 1945, conservé sous les références AIR 27/288/1 et 2, TNA.
[954] Page 139 du livre de Ken Delve (voir bibliographie).
[955] Notes du Tableau en Annexe 31 du Volume V du rapport "The Air Defence of Great Britain" (voir bibliographie).

Cassel, pendant que 37 Halifax et Lancaster posent des mines au large des côtes danoises. Pour protéger ces bombardiers, 33 avions de contre-mesures électroniques du 100ème Groupe sont de sortie, ainsi que 42 Mosquito 'intruder'. Parmi ces derniers se trouvait le Mosquito XIX du Flight Lieutenant Nowell et du Warrant Officer Randall du 85ème Escadron dont le rapport de combat est traduit ci-dessous : [956]

F/Lt Nowell   REF. 58/SW/16
W/O Randall

RAPPORT PERSONNEL DE COMBAT 'INTRUDER'

Date : Nuit du 15 au 16 octobre 1944

Unité : Escadrille B, 85ème Escadron

Type et version de notre avion : Mosquito XIX

Heure de l'attaque : 21h25

Lieu de l'attaque : Approximativement 10 milles *(16 km)* au sud-est de l'aérodrome de Schleswig.

Météo : Brumeux ; nuages 2/10 à 4.000 pieds *(1.200 m)*.

Dommages subis : Aucun

Dommages causés à l'ennemi en vol : 1 Me-110 détruit

Dommages causés à l'ennemi au sol : Aucun

Rapport général :

    Un Mosquito XIX du 85ème Escadron (Pilote F/Lt Nowell, Navigateur W/O Randall) a décollé de Swannington *[dans le Norfolk]* à 18h55 pour une mission Intruder sur Schleswig. Le point de début de la patrouille a été atteint à 20h30. L'aérodrome était éclairé par un projecteur-balise flashant la lettre 'H' et après dix minutes un contact a été obtenu *[au radar]* au-dessus, à 4,25 milles *(6,8 km)*. La distance a été réduite à 1.200 - 1.400 pieds *(365 - 425 m)* sur un avion qui louvoyait plutôt violemment à 8.000 pieds *(2.440 m) [d'altitude]*. La cible a piqué à 4.500 pieds *(1.370 m)* et le Mosquito s'est à nouveau approché à 1.500 pieds *(460 m)*. À 3.000 pieds *(915 m) [d'altitude]*, la cible a brusquement piqué à nouveau vers la gauche et le contact a été perdu.

    Le F/Lt Nowell rapporte ensuite :

    "Après quatre poursuites infructueuses, la patrouille a repris 10 - 15 milles *(16 - 24 km)* à l'est de l'aérodrome. Nous avons remarqué que chaque fois que j'approchais, les projecteurs Lorenz *[d'approche]* visuelle placés de chaque côté de l'approche s'allumaient et leurs faisceaux se recoupaient l'un par-dessus l'autre en se déplaçant vers le haut ou vers le bas. Par conséquent, quand cette illumination s'est produite alors que je me trouvais à dix milles *(16 km)* à l'est de l'aérodrome, j'ai mis le cap à l'Ouest et un contact a été obtenu *[au radar]* à 2,75 milles *(4,4 km)*, sur la droite à notre niveau. Nous avons suivi le contact durant son virage vers la gauche en nous rapprochant à 5.000 pieds *(1.525*

---

[956] Rapport de combat conservé sous la référence AIR 50/36/58, TNA.

m) et quand la cible s'est stabilisée sur un cap de 180° nous nous sommes approchés pour obtenir un contact visuel à 600 pieds *(180 m)*. Je l'ai presque dépassée, mais je me suis placé 100 pieds *(30 m)* en arrière et en dessous. La vitesse de la cible était de 190 *[m.p.h] (306 km/h)* au badin, et j'ai reconnu l'avion comme étant un Me-110 grâce à son mince fuselage, ses dérives jumelées et ses saumons d'aile carrés. J'ai pris du champ à 150 yards *(135 m)* et comme une courte rafale n'a pas produit de résultats, j'ai relevé le point de visée et une explosion s'est produite dans le fuselage. L'avion a ensuite pris feu et s'est éparpillé sur toute la campagne environnante en explosant lors de l'impact au sol à 21h25, 10 milles *(16 km)* au sud-est de l'aérodrome de Schleswig.

Je revendique un Me-110 détruit."

Le Mosquito s'est posé à sa base à 22h57.

MUNITIONS CONSOMMÉES :

Obus semi perforant incendiaire	64 obus
Obus explosif incendiaire	56 obus
Total	120 obus

La cinémitrailleuse s'est déclenchée automatiquement *[lors des tirs]*.

SIGNATURES

C. K. Nowell - F/Lt

F. Randall - W/O

W. Burton (?) - S/Ldr - Officier de Renseignement

Nowell et Randall étaient des aviateurs confirmés avec plusieurs revendications (dont un Ju-88 endommagé et un He-177 détruit dans la nuit du 21 au 22 janvier 1944 ; un Me-410 endommagé dans le nuit du 21 au 22 mars 1944).

D'autres équipages du 85ème Escadron remportent d'importants succès, notamment celui composé du Squadron Leader Bransome A. Burbridge (pilote) et du Flight Lieutenant Frank S. Skelton (opérateur radar). Dans la nuit du 12 au 13 décembre 1944, ils revendiquent deux chasseurs de nuit allemands lors d'une unique mission intruder : leur rapport de combat est traduit ci-dessous : [957]

```
S/Ldr. Burbridge, D.S.O., D.F.C.                    REF. 85/SW/35
F/Lt. Skelton, D.S.O., D.F.C.
                    RAPPORT PERSONNEL DE COMBAT 'INTRUDER'
Date : Nuit du 12 au 13 décembre 1944
Unité : Escadrille B, 85ème Escadron
Type et version de notre avion : Mosquito XXX
Heure de l'attaque : (a) 18h53 ; (b) 19h57
Lieu de l'attaque : (a) 5149N 0810E ; (b) 2 milles (3,2 km) à l'ouest
d'Essen.
```

---

[957] Rapport de combat n°85/SW/35, conservé sous la référence AIR 50/36/166, TNA.

Météo : Dégagée ; ciel étoilé ; stratus 8 - 10/10 à 10.000 pieds *(3.050 m)*, quelques nuages en couches en dessous.
Dommages subis : Aucun
Dommages causés à l'ennemi en vol : (a) 1 Ju-88G détruit ; (b) 1 Me-110 détruit
Dommages causés à l'ennemi au sol : Aucun
Rapport général :

Un Mosquito XXX du 85ème Escadron (Pilote S/Ldr. Burbridge, Navigateur F/Lt. Skelton) a décollé de Swannington *[dans le Norfolk]* à 17h30 pour une patrouille en soutien de l'attaque du Bomber Command sur Essen.

La première poursuite et le premier combat ont eu lieu peu après avoir atteint le point de patrouille (position 5200N 0815E). Après ce combat, un avion ami a été poursuivi du sud d'Osnabrück à 5230N 0800E, point où il a été identifié et le Mosquito a viré au Sud vers la Ruhr. C'est sur ce trajet qu'un contact a été obtenu conduisant au second combat.

Le S/Ldr. Burbridge rapporte ensuite :

"En volant à 2.000 pieds *(610 m)* [d'altitude], nous avons atteint le point de patrouille à 18h42 mais il nous était impossible d'apercevoir le sol. Nous avons donc commencé à prendre de l'altitude sur un cap au Nord-Est. Une fois à 7.000 pieds *(2.135 m)* [d'altitude], le F/Lt. Skelton a signalé avoir un contact [au radar] à 60° à droite, à une distance de 2,5 milles *(4 km)*, à notre niveau. Nous l'avons suivi vers la droite, puis sur une orbite vers la gauche à basse vitesse. Dans les dernières phases, nous avons cherché une réponse de Type F *[à la lunette infrarouge]*, sans résultat. À environ 1.000 pieds *(300 m)* de distance, j'ai obtenu un contact visuel sur ce que je pensais être un Ju-88. Le F/Lt. Skelton a confirmé ceci grâce aux jumelles pendant que nous nous rapprochions. Aucune lueur d'échappement n'était visible. En utilisant 10° de volets hypersustentateurs, j'ai réussi à monter à son niveau avec une vitesse de 150 - 160 [m.p.h] *(241 - 257 km/h)* au badin, et j'ai tiré une rafale de 1,5 secondes d'une distance d'environ 500 pieds *(150 m)*. Ceci a mis le feu au moteur gauche, et la lumière de l'incendie a rendu la dérive carrée caractéristique de la version Ju-88 "G" clairement visible. Un objet ressemblant à un parachute a été aperçu quittant l'avion ennemi avant qu'il ne bascule et pique, enveloppé de flammes, de 11.000 pieds *(3.350 m)* [d'altitude] pour exploser au sol à 18h53. Un relevé Gee a été effectué, donnant une position de 5149N 0810E *[40 km au sud-est de Dortmund]*.

En volant vers Essen, à 19h48, le F/Lt. Skelton a obtenu un autre contact [au radar] à une distance de 4 milles *(6,4 km)*, 30° à droite, légèrement au-dessus. Notre position était approximativement 5130N 0800E *[35 km à l'est de Dortmund]* à 12.000 pieds *(3.660 m)* [d'altitude]. Nous avons poursuivi ce contact vers la zone de l'objectif, en nous rapprochant très lentement à 270 [m.p.h] *(435 km/h)* au badin tout en montant à 17.000 pieds *(5.200 m)*. Alors que nous étions à peu près à 2.500 pieds *(760 m)* derrière, la cible a commencé à effectuer des manœuvres échappatoires à cause de la Flak. À une distance d'environ 1.500 pieds *(460 m)*, j'ai obtenu un contact visuel sur une silhouette.

> Ensuite, une explosion de Flak a illuminé une double dérive et nous nous sommes rapprochés à 400 pieds *(120 m)* pour l'identifier formellement comme étant un Me-110 avec des réservoirs grande distance. Il semblait avoir un feu bleu à faible luminosité sur, ou sur le côté intérieur du, moteur droit.
>   Une rafale d'une demi-seconde tirée d'une distance d'environ 500 pieds *(150 m)* a causé l'explosion de l'avion ennemi, et il a basculé violemment en tombant sous notre appareil. L'avion était une masse de flammes durant sa descente en vrille et après quelques instants, l'empennage s'est rompu. Le reste a poursuivi sa chute et s'est écrasé à environ 2 milles *(3,2 km)* à l'ouest des incendies d'Essen à 19h57.
>   Je revendique un Ju-88G et un Me-110 détruits."
>   Le Mosquito s'est posé à sa base à 22h10.
> MUNITIONS CONSOMMÉES :
>   Obus semi perforant incendiaire   64 obus
>   Obus explosif incendiaire   56 obus
>   Total   120 obus
>   La cinémitrailleuse s'est déclenchée automatiquement *[lors des tirs]* avec un dispositif la laissant en marche quelque temps.
>   **SIGNATURES**
>   Burbridge - S/Ldr.
>   Skelton - F/Lt.
>   H. Babington (?) - S/O (?) - Officier de Renseignement

Cette nuit-là, seuls six avions ont été perdus de la force de 540 bombardiers envoyés sur Essen, en grande partie grâce aux 43 patrouilles "intruder" (dont le Mosquito de Burbridge et Skelton) et au travail des 43 avions de contre-mesures électroniques du 100ème Groupe.

Burbridge avait rejoint la RAF en septembre 1940. Un an plus tard, ayant gagné ses ailes de pilote, il est affecté au 85ème Escadron de chasse de nuit et apprend les ficelles de son nouveau métier sur Havoc. En août 1942, l'unité touche ses premiers Mosquito. Burbridge finit son premier tour d'opération fin 1942 avec une victoire probable (sur Havoc) et transmet son savoir en OTU pendant les six mois suivants. En juillet 1943, il revient au 85ème Escadron qui se consacre désormais aux missions Intruder. Il fait équipe avec le Flying Officer Frank S. Skelton. En 1944, les deux hommes enchaînent rapidement les missions et les victoires ; dans la nuit du 4 au 5 novembre 1944, 200 obus de leur Mosquito XIX leur suffisent pour revendiquer un Me-110 et deux Ju-88 "détruits" et un autre Ju-88 "probablement détruit" en une seule mission. [958] À la fin de la guerre, leur compteur affiche 21 victoires de nuit ce qui leur a valu de recevoir deux fois la DFC et deux fois la DSO.

Fin novembre 1944, par une réorganisation quelque peu surprenante, les 418 et 605èmes Escadrons, qui effectuaient des missions nocturnes *Intruder* depuis 1942, sont affectés de

---

[958] Rapport de combat n°85/SW/20, conservé sous la référence AIR 50/36/166, TNA.

l'ADGB à la 2ⁿᵈᵉ TAF pour effectuer principalement des missions d'attaque au sol de jour. L'ADGB nomme à leur place les 25, 29, 151, 307 et 406ᵉᵐᵉˢ Escadrons (tous sur Mosquito XXX dans les derniers mois de la guerre avec AI Mk X, *Perfectos, Monica, Gee*, IFF Mk IIIG, et lampes infrarouges Type "F" et Type "Z") pour participer à la couverture des routes suivies par les bombardiers lourds de la RAF. Cependant, cette conversion à de nouvelles missions avec de nouveaux matériels demande beaucoup de temps, d'autant plus que l'hiver n'est pas une période favorable à l'entraînement. Harris a donc à nouveau l'occasion de se plaindre en janvier 1945 du peu de soutien que reçoivent ses bombardiers, bien qu'à cette époque le Fighter Command ne conservait donc dans une posture strictement défensive que les 68, 96, 125 et 456ᵉᵐᵉˢ Escadrons de chasse de nuit. Finalement, les Allemands vont donner raison au Fighter Command d'avoir gardé cette réserve puisque dans un dernier sursaut ils lancent une grande attaque *intruder* sur l'Angleterre dans la nuit du 3 au 4 mars 1945 : lors de l'opération *"Gisela"* environ 200 chasseurs de nuit allemands s'en prennent aux 785 avions du Bomber Command de sortie cette nuit-là. Plus d'une vingtaine de Halifax et de Lancaster sont abattus (dont le Halifax NA680 du 347ᵉᵐᵉ Escadron de la France Libre), mais les attaquants subissent également de lourdes pertes, notamment en se retrouvant à court de carburant au retour. Quelques dizaines de chasseurs de nuit allemands reviennent encore durant trois nuits en mars 1945 pour les dernières intrusions au Royaume-Uni, perturbant les activités de 42 aérodromes. 19 avions britanniques sont détruits pour la perte de 7 chasseurs allemands (trois par accident), prouvant une fois de plus le bon rendement des opérations *Intruder*. [959]

Les rapports de combat demandent quelques jours pour être rédigés et transmis après une mission. Pour gagner du temps, dès que les équipages ont été interrogés par les Officiers de Renseignement, un court compte-rendu immédiat, baptisé "Flash report" est envoyé par téléscripteur au QG du Groupe. Le message suivant, [960] d'une dizaine de lignes, émis 95 minutes après l'atterrissage, est un exemple de ce type de compte-rendu pour une mission Flower effectuée le 24 décembre 1944 par le Wing Commander Russell W. Bannock, DFC et agrafe, et le Flight Lieutenant Clarence Kirkpatrick, DFC. Le rapport de combat pour cette même mission remplit quant à lui une page entière. [961]

```
De : Manston 250005A
À : Q.G. 11ème Groupe
Pour info : Biggin Hill
SECRET QQX BT
MI/1    25/12/44
----------------------
Mission et cible : Flower, Gütersloh [en Rhénanie du Nord --Westphalie]
```

---

[959] Pages 336-337 du Volume V du rapport *"The Air Defence of Great Britain"* (voir bibliographie).
[960] *"Flash report"* conservé sur microfilm en annexe du Journal de Marche sous la référence C-12273, BAC. Les intitulés de paragraphes étaient codés "A", "B", etc. au lieu de "Mission", "Unité et équipage", etc. pour raccourcir les transmissions. Ils ont été remis en texte pour faciliter la lecture.
[961] Rapport de combat conservé sous la référence AIR 50/139/3, TNA.

> Unité et équipage : 406ème Escadron de la RCAF ; W/Cdr Bannock, DFC et agrafe, et le F/Lt Kirkpatrick, DFC
> Type et version de notre avion : Mosquito XXX - Radar embarqué Mk. X
> Heure de décollage : 17h20   Heure d'atterrissage : 22h30
> Heures de début et fin de patrouille : 19h20 - 20h50
> Rapport général : Côte franchie près d'Egmond *[-aan-Zee aux Pays-Bas]*, puis lac de Dümmer *[en Basse Saxe]*, et la cible. Contact *[radar]* à 20h05, 70° droit devant à 3.000 pieds *(915 m) [d'altitude]*, distance 2.500 pieds *(760 m)*. S'est conclu par un contact visuel sur un Ju-88 qui a été attaqué alors qu'il était sur le point d'atterrir à Paderborn *[aujourd'hui aéroport de Paderborn-Lippstadt, en Rhénanie du Nord - Westphalie]*. Moteur gauche a explosé et l'avion ennemi s'est répandu sur la piste. Un autre contact *[radar]* lors du vol retour, identifié comme étant un Stirling. Aérodrome d'Hesepe *[près d'Osnabrück en Basse Saxe]* éclairé.
> Dommages subis : Aucun
> Dommages causés à l'ennemi au sol : Aucun
> Météo : Nuit claire, lumière de la Lune.
>   BT 250005A
>   B.S. BB

Bannock avait obtenu sa licence de pilote civil à l'âge de 19 ans en 1938. Engagé dans la RAF au début de la guerre, il a été affecté en 1940 comme officier instructeur au sein de l'École Centrale de Formation de Trenton, Ontario et a été promu en septembre 1942 Instructeur en Chef de la 3ème École de Formation des Instructeurs d'Arnprior, Ontario. Après quatre ans d'instruction et avec plus de 2.000 heures de vol à son actif, il a finalement réussi à obtenir son transfert au Royaume-Uni en 1944. Il a été affecté au 418ème Escadron. En octobre 1944, promu Wing Commander, il a pris les rênes de cette unité, puis du 406ème Escadron et a terminé la guerre avec 11 victoires (et 19 V-1) obtenues en dix mois. Il a été décoré deux fois de la DFC et du DSO. En 1946, il a rejoint la de Havilland Aircraft Company of Canada Ltd. en tant que pilote d'essai, puis comme Directeur des Ventes et enfin comme PDG.

Bannock et son Observateur, le Flight Lieutenant Robert R. F. Bruce, DFC et agrafe, un Écossais, en septembre 1944 devant un Mosquito. Bruce a contribué à neuf des victoires (et 19 V-1) de Bannock. On notera le sifflet attaché au col de la vareuse de Bruce pour attirer l'attention en cas d'amerrissage (photo © Government of Canada. Reproduced with the permission of Library and Archives Canada (2024). Source: Library and Archives Canada/Department of National Defence fonds/e011160373).

Malgré la diminution graduelle des moyens de la Luftwaffe, la défense du Reich reste une priorité et l'emploi de radars centimétriques permet aux *Intruder* britanniques de continuer à trouver des cibles. Les combats nocturnes restent acharnés jusqu'au mois de mai 1945. Le Flight Lieutenant R. S. Croome et le Flying Officer H. A. Johnston du 406ème Escadron (RCAF) revendiquent même un oiseau de nuit apparu assez tard durant la guerre : dans la nuit du 14 au 15 février 1945, ils abattent un He-219 Uhu ("Hibou grand-duc"), probablement le chasseur de nuit allemand le plus abouti. Cette nuit-là, le Bomber Command effectuait un effort massif avec 1.316 avions, les deux principaux objectifs étant la ville de Chemnitz et une raffinerie à Leipzig. Le rapport de combat des deux aviateurs, qui pilotaient l'un des 87 Mosquito en mission *Flower* cette nuit-là, est traduit ci-dessous : [962]

```
                                                       REF. 406/23
              RAPPORT PERSONNEL DE COMBAT DU PILOTE
Date : 14 février 1945
Unité : 406ème Escadron de la RCAF
Type et version de notre avion : Mosquito XXX - Radar embarqué Mk. X
Heure de l'attaque : 22h30
Lieu de l'attaque : 51°20N 10°20E
Météo : Couverture nuageuse 100%. Nuages bas.
Dommages subis : Aucun
Dommages causés à l'ennemi en vol : 1 Heinkel 219 détruit
Dommages causés à l'ennemi au sol : Aucun
Cinémitrailleuse : Utilisée.
Rapport général :
```

---

[962] Rapport conservé sur microfilm en annexe du Journal de Marche de février 1945 sous la référence C-12272, BAC.

> Le F/Lt R. S. Croome, Pilote, et le F/O H. A. Johnston, Opérateur Radar/Navigateur, ont décollé de Manston [dans le Kent] à 19h45 pour une mission *Flower* sur Langensalza [aujourd'hui Bad Langensalza en Thuringe] et Erfurt [en Thuringe], en soutien du Bomber Command. Leur indicatif radio était *Verdict 19*. Le F/Lt Croome rapporte :
>
> "Nous avons commencé notre patrouille d'Erfurt/Bindersleben [aérodrome à 4 km à l'ouest d'Erfurt] à 21h45. L'aérodrome était entièrement éclairé et dès notre arrivée, des fusées orange d'avertissement de la présence d'un intrus ont été tirées à intervalles d'environ une minute. Un projecteur sur le côté sud de la bordure de l'aérodrome tournait à un angle de 70°. Après avoir patrouillé pendant une demi-heure, nous avons commencé à prendre de l'altitude. Alors que nous nous trouvions à une altitude indiquée de 4.000 pieds *(1.220 m)* et cap au Nord, mon Navigateur, le F/O Johnston, a obtenu un contact [radar] sur la droite et 50° au-dessus. Nous avons pris de l'altitude en traversant deux couches nuageuses avant d'arriver dans un ciel dégagé à 8.000 pieds *(2.440 m)* [d'altitude] tout en suivant la cible en un lent zig-zag. À environ 3.000 pieds *(915 m)* [de distance], deux paires d'échappements brillants de couleur blanche étaient facilement visibles. Nous nous sommes rapidement approchés en virant légèrement à droite de façon à ne pas dépasser la cible. Nous avons réduit la distance à 200 pieds *(60 m)*, en dessous, et nous avons identifié l'appareil comme étant un He-219 : double dérive et doubles gouvernes de direction, bord d'attaque rectiligne, bord de fuite s'affinant et long nez. Les échappements étaient, bien sûr, extraordinairement lumineux. J'ai repris du champ à 100 yards *(90 m)* avant de tirer une rafale de 1 - 1,5 secondes.
>
> Il y a eu une explosion immédiate et j'ai dégagé sur la droite et vers le haut pour éviter les débris. Le Boche est tombé tout droit, et presque immédiatement, une grande explosion a éclairé tous les nuages sous nous. Il était alors 22h30."
>
> Rapport sur l'armement :
>
> | | |
> |---|---|
> | Obus de 20 mm explosif incendiaire | 36 obus |
> | Obus de 20 mm semi perforant incendiaire | 36 obus |
>
> **SIGNATURES**
> F/Lt R. S. Croome, Pilote
> F/Lt J. A. N. Johnson, Officier de Renseignement de l'Escadron

Le Bomber Command a perdu 23 quadrimoteurs cette nuit-là. D'autres fois, c'était le "Hibou grand-duc" qui avait le dessus, comme le 28 juin 1944, lorsque le Mosquito FII DZ787 "F" du Flight Lieutenant Paddy S. Engelbach et du Flying Officer Ronald S. Mallet, DFC, du 141ème Escadron se désintègre en vol sous les tirs d'un He-219 au cours d'une mission Serrate. Le pilote, qui a la chance d'avoir son parachute sur lui en permanence, se retrouve prisonnier de guerre, mais son opérateur radar est tué. Mallet avait survécu à deux tours d'opérations et faisait équipe avec le "Major" LeBoutte, un pilote Belge, pour son troisième tour jusqu'à ce que ce dernier ait été muté au début du mois. [963]

Cependant, on peut imaginer que les équipages de chasseurs de nuit britanniques en mission de soutien aux bombardiers devaient souvent revenir frustrés et avec un goût amer d'impuissance après de longues heures de vol sans contact alors qu'ils sont témoins des victoires engrangées par la Luftwaffe. Par exemple, le rapport des activités pour la nuit du 23 au 24 février 1945 enregistre le témoignage suivant parmi les cinq missions de cette nuit du 151ème Escadron du Fighter Command, aucune n'ayant été couronnée de succès : [964]

MISSION INTRUDER À HAUTE ALTITUDE À 48°25'N 8°40'E

Un Mosquito Mk. XXX avec radar A.I. Mk. X (S/L Goucher, D.F.C. et F/L Bullock, D.F.C.) a pris l'air de Hunsdon *[dans le Hertfordshire]* à 18h14 pour patrouiller à 48°25'N 8°40'E *[55 km au sud-ouest de Stuttgart]*. La côte a été franchie à Southend*[-on-Sea]* à 18h27 puis à Nieuport à 18h49. L'avion a rejoint le lieu de la patrouille à 19h53. Environ 2 ou 3 minutes après le début du bombardement, l'équipage a vu à peu près quinze bombardiers être abattus en flammes en approximativement 5 minutes. Ils semblaient avoir été attaqués par en-dessous, par des avions dotés d'armes tirant vers le haut. Les appareils ennemis étaient manifestement sous la trajectoire des bombardiers car les avions qui s'écrasaient étaient tous sur une ligne marquant l'approche de bombardement. Le Mosquito volait à 6.000 pieds *(1.830 m)* et les bombardiers étaient à peu près à la même altitude. De nombreuses traînées de condensation étaient aussi visibles sur la trajectoire des bombardiers. La patrouille s'est poursuivie jusqu'à 21h10. Juste à l'ouest de Mannheim, une balise blanche signalant les lettres "GV" a été aperçue. Au retour, la côte a été franchie à Nieuport à 22h17 et à Southend*[-on-Sea]* à 22h38 avant d'atterrir à la base à 22h54.
Météo : Couverture à 100% stratus bas en chemin. Dégagée sur la cible, à part quelques nappes de brouillard.

Cette nuit-là, 380 Lancaster et Mosquito du Bomber Command visaient la ville de Pforzheim (Land de Bade-Wurtemberg). Treize Lancaster ont été perdus (dont deux qui se sont écrasés à l'atterrissage à Manston, Kent) lors de cette mission qui a causé la mort de près de 18.000 personnes et rasé la plus grande partie de la ville. Le Contrôleur en vol du bombardement ("Master Bomber"), le Capitaine Edwin E. Swales, DFC, du 582ème Escadron, a reçu la Victoria Cross à titre posthume pour avoir continué à guider les bombardiers alors que son avion subissait les attaques d'un chasseur de nuit, scène dont ont peut-être été témoins Goucher et Bullock. Swales a ramené l'avion au-dessus des

---

[963] Combat décrit page 225 du livre de Michael Allen (voir bibliographie) et dans le Journal de marche conservé sous la référence AIR 27/971/11, TNA.
[964] Extrait du rapport conservé page 259 des annexes du Journal de Marche sous la référence AIR 27/1024, TNA.

lignes Alliées pour permettre à son équipage de sauter en parachute mais il n'a pas eu l'opportunité de se sauver et est mort aux commandes. [965]

Quelques jours plus tard, les Flight Lieutenants Donald A. MacFadyen et Vernal C. Shail, du 406ème Escadron (RCAF), font preuve d'une combativité certaine en proposant une méthode d'attaque au sol peu orthodoxe à la fin de leur rapport de combat : [966]

REF. 406/28

RAPPORT PERSONNEL DE COMBAT DU PILOTE

Date : Nuit du 28 février au 1er mars 1945
Unité : 406ème Escadron de la RCAF
Type et version de notre avion : Mosquito XXX - Radar embarqué Mk. X
Heure de l'attaque : 00h10
Lieu de l'attaque : Hailfingen [dans le Land de Bade-Wurtemberg]
Météo : Temps dégagé, sans brume. Pleine Lune
Dommages subis : Aucun
Dommages causés à l'ennemi en vol : Aucun
Dommages causés à l'ennemi au sol : 1 avion ennemi non identifié au sol endommagé (rayé et mention manuscrite ajoutée "probablement détruit").
Cinémitrailleuse : Utilisée.
Rapport général :

Le F/Lt D. A. MacFadyen, DFC, Pilote, et le F/Lt V. C. Shail, Opérateur Radar/Navigateur, tous deux Canadiens, ont décollé de Manston [dans le Kent] à 20h35 pour une Opération *Flower* sur Hailfingen et Eutingen [aujourd'hui Eutingen im Gäu dans le Land de Bade-Wurtemberg], en soutien du Bomber Command. Leur indicatif radio était *Verdict 34*.

Le F/Lt MacFadyen rapporte :

"En arrivant sur la zone de patrouille à 22h25, les aérodromes n'étaient pas éclairés, et il n'y avait aucun signe d'activité. Nous avons surveillé Dormettingen et Grosselfingen [deux aérodromes dans le Land de Bade-Wurtemberg] où la situation était identique et nous sommes revenus à 22h45 à Hailfingen qui s'est avéré être éclairé, mais après avoir effectué plusieurs circuits classiques, toutes les lumières ont été éteintes. Les projecteurs Lorenz [d'approche] visuelle sont réapparus à 00h05 et durant notre surveillance, un avion bimoteur que nous pensons être un Ju-88 a été aperçu en stationnement sur l'aire sud-est de dispersion. Cinq attaques distinctes de 800 pieds (245 m) jusqu'à la portée minimale ont été effectuées jusqu'à ce qu'il n'y ait plus de munitions. Plusieurs impacts ont été observés lors de chaque attaque, et durant la seconde passe un incendie s'est déclaré dans le poste de pilotage. Cependant, ce feu s'est éteint et bien que l'avion ennemi a continué de dégager de la fumée durant les attaques suivantes, aucune autre flamme nue n'a été vue. Pendant les attaques, de petits

---

[965] Suppléments de la London Gazette du 24 avril 1945.
[966] Rapport conservé sur microfilm en annexe du Journal de Marche de février 1945 sous la référence C-12272, BAC.

> débris de l'avion ennemi ont été projetés en l'air ; le Mosquito en a reçu un au niveau de la casserole d'hélice droite et de l'aile gauche.
>
> L'aérodrome est resté illuminé durant tout ce temps et il n'y a pas eu de tirs défensifs visibles. Nous avons été tentés d'atterrir et de réduire l'épave en morceaux avec la hache d'incendie mais "Stubby" [Shail] m'a finalement persuadé de rentrer à la base. Nous pensons que cet avion ne devait pas avoir reçu d'essence.
>
> Nous nous sommes posés à Manston à 02h25.
>
> Rapport sur l'armement :
>
> | | |
> |---|---|
> | Obus de 20 mm explosif incendiaire | 330 obus |
> | Obus de 20 mm semi perforant incendiaire | 330 obus |
>
> **SIGNATURES**
> F/Lt D. A. MacFadyen, DFC, Pilote
> F/Lt J. A. N. Johnson, Officier de Renseignement de l'Escadron

Don A. MacFadyen s'était engagé dans la RCAF en mai 1940 et avait suivi le parcours de formation suivant au Canada :
- 1ère ITS (Initial Training School) à Toronto, Ontario, en juin 1940,
- 1ère EFTS (Elementary Flying Training School) à Malton, Ontario, breveté le 19 août 1940,
- 1ère SFTS (Service Flying Training School) à Camp Borden, Ontario, jusqu'à début octobre 1940,
- Central Flying School (École des Instructeurs) à Trenton.
- Ayant été retenu pour assurer l'instruction au pilotage des nouvelles recrues au Canada, il est arrivé en Angleterre en mai 1943. Avant de rejoindre le 418ème Escadron le 7 décembre 1943, il est passé par :
- La 12ème AFU (Advanced Flying Unit) à Grantham, Lincolnshire,
- La 60ème OTU à High Ercall, Shropshire, sur Mosquito.

Il a reçu la DFC en mai 1944 pour ses premiers combats en missions Intruder. [967] À la fin de son premier tour d'opérations en juillet 1944, il retrouve la 60ème OTU, comme instructeur cette fois, avant de passer à la 54ème OTU. Il entame son deuxième tour avec le 406ème Escadron le 20 novembre 1944 et reçoit une deuxième fois la DFC puis le DSO. [968] Il finit la guerre avec sept victoires aériennes et cinq V-1 revendiqués, ainsi que d'autres destructions au sol. Rentré au Canada, il est démobilisé en octobre 1945 avec le rang de Squadron Leader.

Le graphe ci-après montre la répartition des 4.722 missions offensives de la chasse de nuit britannique effectuées entre janvier 1944 et avril 1945 : [969]

---

[967] Supplément de la London Gazette du 12 mai 1944.
[968] Suppléments de la London Gazette du 27 avril et du 19 octobre 1945.
[969] Page 299 et données des Annexes 31 et 32 du Volume V du rapport *"The Air Defence of Great Britain"* (voir bibliographie). Les sorties nocturnes contre les navires ne sont pas décomptées dans ces Annexes.

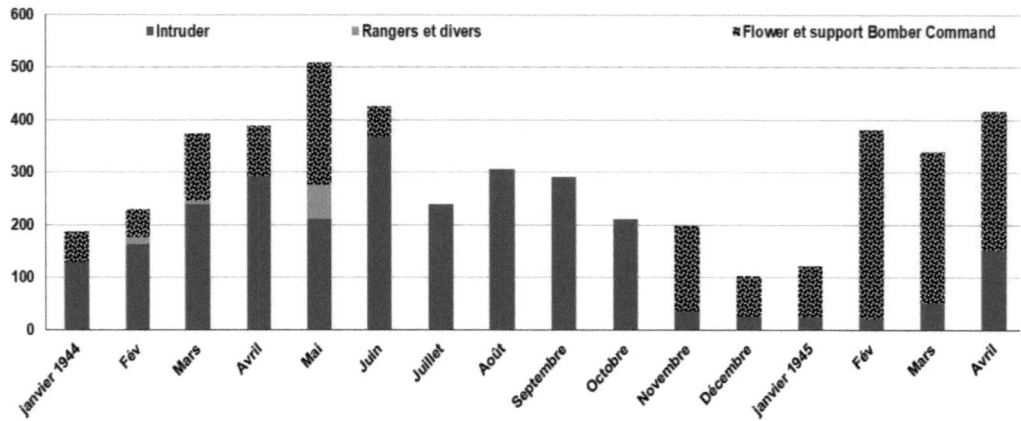

En 1944, 134 avions ennemis ont été revendiqués détruits et 45 en 1945, pour la perte de 52 chasseurs britanniques en 1944 et 10 en 1945. On constate que les missions *Rhubarb*, *Mahmoud et Serrate* ont disparu, notamment à cause de rendements devenus insuffisants.

B.2.3 - L'impact du 100ème Groupe, de l'ADGB et de la 2nde TAF sur la chasse de nuit allemande

Globalement, même si certains ont regretté le peu de moyens alloués au 100ème Groupe [970] qui avait été obligé de greffer des radars ASH sur des Mosquito VI pour pallier au manque de radar AI Mk X pour soutenir les bombardiers, il faut reconnaître que les Escadrons de la 2nde TAF et de l'ADGB ne sont pas restés inactifs. Par exemple en février 1945, les Escadrons suivants de l'ADGB basés dans le sud-est de l'Angleterre effectuent des missions de soutien aux avions du Bomber Command :

- 135 sorties *Intruder* et *Ranger* pour le 406ème Escadron, [971]
- 73 sorties de chasse à haute altitude en Allemagne, 6 sorties *Intruder* et une sortie *Flower* par le 307ème Escadron (soit 262,25 heures en missions de guerre de nuit), [972]
- 89 missions de chasse à haute et basse altitude en Allemagne par le 151ème Escadron (en plus d'une trentaine de missions de chasse libre ou sous le contrôle d'un GCI). [973]

Par contre, il est vrai que les Escadrons postés très loin du front (jusqu'à Predannack en Cornouailles !) ont peu à se mettre sous la dent. Ainsi, le 125ème Escadron de Coltishall, dans le Norfolk, décompte environ 345 vols de tests et de patrouilles en février 1945, pour un résultat nul, voire négatif (deux V-2 aperçus et un Mosquito perdu en mer). [974] Pourtant, nous avons vu que lorsque cet Escadron était basé à Hurn dans le Dorset en

---

[970] Par exemple, Michael Allen aux chapitres 5 et 6 de son livre (voir bibliographie).
[971] Données du journal de marche conservé sous la référence AIR 27/1791/85, TNA.
[972] Données du journal de marche conservé sous la référence AIR 27/1676/27, TNA.
[973] Données en annexe du journal de marche conservé sous la référence AIR 27/1022/27, TNA.
[974] Données en annexe du journal de marche conservé sous la référence AIR 27/924/4, TNA.

juin 1944, il avait revendiqué onze victoires en deux semaines au-dessus de la Manche et de la Normandie. Le graphe ci-dessous montre le fort déclin du rendement de la chasse de nuit du 85ème Groupe et de l'ADGB après le débarquement des Alliés sur le continent.

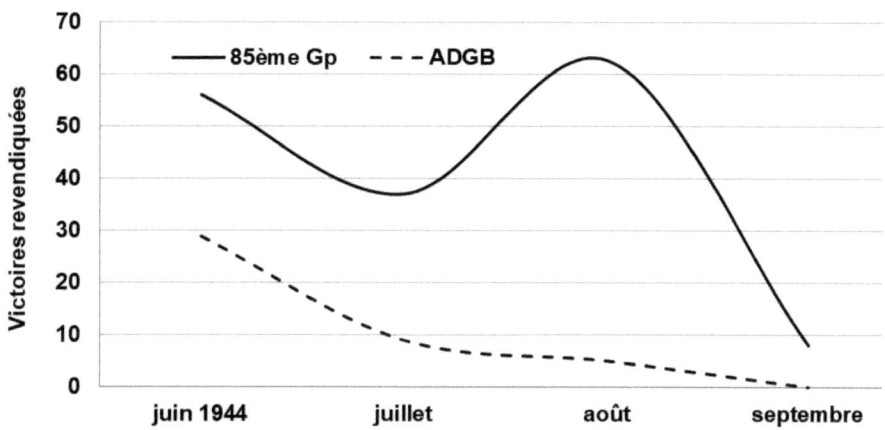

Sur la période considérée, le nombre de sorties est du même ordre de grandeur pour ces deux unités (2.224 pour le 85ème Groupe et 1.994 pour l'ADGB). [975] Le pic enregistré en août est sans doute lié à la montée en puissance des stations GCI mobiles déployées en France.

---

[975] Graphe de l'auteur à partir des chiffres page 240 de la Publication de l'Air 1116 *'RAF Signals - Volume V : Fighter control and interception'*, voir bibliographie. Il faut aussi ajouter 17 avions allemands revendiqués détruits par les Intruders du 85ème Groupe.

Les Escadrons de l'ADGB qui restent principalement dans une posture défensive voient leur rendement rester faible autour de 1 à 2 victoires par mois, comme pour les deux exemples ci-dessous (tableaux à comparer à ceux de la page suivante) : [976]

Victoires revendiquées par le 68ème Escadron			
du .... au ... / base	Zone défendue	victoires	victoires par mois
1er juin 1941 - 28 février 1942 (soit 8 mois) / RAF High Ercall	Pays-de-Galles - Birmingham - Liverpool	5	0,6
1er mars 1942 - 5 février 1944 (soit 24 mois) / RAF Coltishall	Norfolk - mer du Nord	41	1,7
6 au 29 février 1944 (soit 1 mois) / RAF Coleby Grange	Lincolnshire - mer du Nord	0	0
1er mars au 22 juin 1944 (soit 4 mois) / RAF Fairwood Common	Cornouailles - Manche	6	1,5
23 juin au 27 octobre 1944 (soit 4 mois) / RAF Castle Camps	Cambridgeshire - Nord-Est de Londres	0	0
28 octobre 1944 - 31 mars 1945 (soit 5 mois) / RAF Coltishall	Norfolk - mer du Nord	6	1,2

Victoires revendiquées par le 125ème Escadron			
de .... à ...	Zone défendue	victoires	victoires par mois
juin 1941 - mai 1944 (soit 36 mois)	Pays de Galles – Ouest de l'Angleterre	26	0,7
juin - juillet 1944 (soit 2 mois)	Manche – tête de pont en Normandie	12	6
août 1944 - avril 1945 (9 mois)	Norfolk – mer du Nord	12	1,3

On constate que lorsqu'il était affecté à un secteur riche en cibles comme la Normandie, le 125ème Escadron a enregistré plus de victoires en deux semaines (du 18 juin au 4 juillet 1944), que durant les neuf mois suivants. Certains auteurs émettent aussi l'hypothèse que l'impact des chasseurs britanniques aurait probablement pu être bien plus important s'il n'avait pas fallu attendre le désastre du raid sur Nuremberg de mars 1944 pour les autoriser à emporter des radars centimétriques en territoire ennemi. [977] À cette

---

[976] Données pages 125 à 127 des Annexes du journal de marche conservées sous la référence AIR 27/605, TNA.
[977] Voir par exemple l'avant-propos du livre de Dave McIntosh et pages 188-189 du livre de Michael Allen (voir bibliographie).

époque, cela faisait plus d'un an que les Allemands avaient mis la main sur des magnétrons de bombardiers abattus et avaient compris leur fonctionnement.

Il est facile d'estimer aujourd'hui que certaines unités auraient été mieux employées ailleurs, ou que certains équipements gardés secrets auraient dû être employés plus tôt, mais comme disent les Anglais *"Juger en sachant ce qui s'est passé est une chose merveilleuse, mais prévoir est préférable."* [978] Cette critique est également trop simpliste car elle ne tient pas compte des caractéristiques techniques des appareils disponibles : à l'époque du raid de Nuremberg, seuls cinq Escadrons de chasse de nuit sont équipés du radar AI Mark X et leurs Mosquito NF XVII ne peuvent pas emporter de réservoirs supplémentaires sous les ailes : ils ne pourraient donc pas aider le Bomber Command et ils sont de toute façon mobilisés pour répondre au *"Baby Blitz"*. Seules les mises en service des Mosquito NF XIX, puis NF30, respectivement en avril et mai 1944, ont peu à peu permis d'étoffer les moyens du 100ème Groupe.

Le passage d'une orientation massivement défensive des chasseurs de nuit de la RAF à des rôles plus offensifs au-dessus des territoires occupés ou en Allemagne en 1944 a influencé positivement leur rendement. Le bond le plus spectaculaire bénéficiait aux Escadrons *Intruder*, comme on le voit sur les trois tableaux ci-dessous : [979]

Victoires revendiquées par le 85ème Escadron			
de .... à ...	rôle	victoires	victoires par mois
octobre 1940 - avril 1944 (soit 43 mois)	défense (et *Intruder* à compter de mars 1943)	101	2,3
mai 1944 - avril 1945 (soit 10 mois)	100ème Groupe de soutien aux bombardiers (AI Mk X)	67	6,7

Victoires revendiquées par le 141ème Escadron			
de .... à ...	rôle	victoires	victoires par mois
septembre 1940 - décembre 1943 (39 mois)	défense et AI Mk IV / *Serrate* à partir de mi-juin 1943	54	1,4
décembre 1943 - avril 1945 (soit 17 mois)	100ème Groupe de soutien aux bombardiers (AI Mk IV puis XV et *Serrate*)	41	2,4

---

[978] Citation attribuée au poète William Blake entrée dans l'expression britannique *"Hindsight is a wonderful thing but foresight is better"*.
[979] Données du rapport *"100 Group : review of operations from Nov. 1943 to May 1945"*, conservé sous la référence AIR 14/2911, TNA pour les deux premiers tableaux, et en annexe du journal de marche conservé sur microfilm sous la référence C-12277, BAC, pour le troisième.

Victoires revendiquées par le 410ème Escadron (RCAF)			
de .... à ...	rôle	victoires	victoires par mois
6 septembre 1942 - 6 juin 1944 (soit 21 mois)	défense	19,75	0,9
6 juin 1944 - 21 avril 1945 (soit 11 mois)	2nde TAF - *Intruder*	56	5,1

Même si les moyens engagés étaient modestes, la protection indirecte des bombardiers assurée par les chasseurs de nuit était un effort qui s'inscrivait dans la durée. Nuit après nuit, les sept Escadrons de Mosquito du 100ème Groupe ont peu à peu détruit le moral et l'efficacité de la Nachtjagd, avec l'aide de leurs collègues de l'ADGB, de la 2nde TAF et bien sûr des mitrailleurs des bombardiers. Les as allemands de la chasse de nuit sont tombés les uns après les autres, et les Mosquito y ont grandement contribué, ainsi :

- Le 29 septembre 1943, le Hauptmann August Geiger (53 revendications) et son opérateur radar le Feldwebel Dieter Koch sont tués lorsque leur Me-110 G-4 est abattu par le Beaufighter VI du Wing commander Bob Braham et du Flight Lieutenant Harry Jacobs du 141ème Escadron.
- Le Major Heinrich Prinz zu Sayn-Wittgenstein, commandant de la Nachtjagdgeschwader 2 (NJG 2) était le pilote allemand comptant le plus de victoires au moment de sa mort (83 revendications). Le 21 janvier 1944, son Ju-88 est abattu, peut-être par le Mosquito II DZ303 du Pilot Officer Desmond Snape et du Flying Officer L. Fowler du 141ème Escadron qui ouvre le feu sur un Ju-88 volant avec ses feux de navigation allumés. [980]
- Dans la nuit du 20 au 21 juillet 1944, l'Oberfeldwebel Karl-Heinz Scherfling (33 revendications), de la NJG 1, est tué lorsque son Me-110 G-4 est abattu par le Mosquito VI NT113 du Wing Commander Niel B. R. Bromley et du Flight Lieutenant Philip V. Truscott du 169ème Escadron. [981]
- Le 6 août 1944, le Hauptmann Bergmann (36 revendications) de la NJG 4, est tué lorsque son Me-110 G-4 est abattu, peut-être par le Mosquito du Flight Lieutenant John C. Surman et du Pilot Officer Clarence E. Weston du 604ème Escadron. Leur rapport de combat est traduit ci-après. [982]
- Le 6 décembre 1944, l'Oberleutnant Hans-Heinz Augenstein (46 revendications) de la NJG 1 est tué lorsque son Me-110 G-4 est abattu par le Mosquito XXX du Flight Lieutenant Edward R. Hedgecoe et du Flying Officer Norman L. Bamford du 85ème

---

[980] Entrée du 21 janvier 1944 du Journal de Marche conservé sous les références AIR 27/971/1 et 2, TNA.
[981] Entrée du 20 juillet 1944 du Journal de Marche conservé sous les références AIR 27/1094/29 et 30, TNA.
[982] Rapport de combat conservé sous la référence AIR 50/168/92, TNA. Les sections émetteur/destinataire ont été ignorées.

Escadron (que nous avions déjà rencontré à propos des Mosquito brûlés au combat). Après le décollage, Hedgecoe s'était aperçu que le variateur de son viseur ne fonctionnait pas et que la luminosité du collimateur était bien trop élevée. Juste avant d'ouvrir le feu, Bamford a donc démonté la base du viseur pour placer l'ampoule dans un des gants d'Hedgecoe, réduisant ainsi la luminosité. Vingt-cinq minutes plus tard, cette procédure est répétée pour endommager sérieusement un autre Me-110 repéré au radar. [983] Le 1er janvier 1945, Hedgecoe et Bamford ont été tués dans un accident lors de l'atterrissage du Mosquito NF30 NT253 vers leur nouvel Escadron (le 151ème), sur la base de Hunsdon dans le Hertfordshire.

- Le 24 décembre 1944, le Mosquito XIX du Squadron Leader Robert D. Doleman et du Flight Lieutenant Douglas C. Bunch du 157ème Escadron abat deux Me-110 coup sur coup entre Cologne et Duisbourg, dont celui du Hauptmann Heinz Strüning (57 victoires revendiquées). [984]

- Le Major Walter Borchers (57 victoires revendiquées), commandant de la NJG 5, a été tué le 6 mars 1945 lorsque son Ju 88 G-6 a été abattu par le Mosquito XXX du Wing Commander Walter Gibb et du Flying Officer Kendall du 239ème Escadron. En moins de dix minutes, deux Ju-88 subissent les tirs de ce chasseur au sud-ouest de Leipzig, tous deux ayant été détectés grâce au radar AI Mk X. À ce stade avancé de la guerre, Gibb s'étonne du peu de précautions prises par les aviateurs allemands qui se croient encore protégés par l'obscurité. Il note que le premier Ju-88 *volait, comme si de rien n'était, sur une trajectoire rectiligne en palier* et que le second *n'effectuait que peu ou pas de manœuvres échappatoires*. [985]

```
SECRET                    RAPPORT DE COMBAT
DONNÉES STATISTIQUES :
Date : Nuit du 6 au 7 août 1944
Unité : 604ème Escadron (Auxiliaire)
Type et version de notre avion : Mosquito XIII, radar A.I. Mk. VIII
Heure des attaques : 01h05 ; 01h53 ; 03h05.
Lieu des attaques : (1) inconnu ; (2) T.6310 ; (3) T.5220. [986]
Météo : Couverture nuageuse 80% à 1.000 pieds (300 m). Excellente
visibilité.
Dommages subis : Aucun.
Dommages causés à l'ennemi en vol : 1 Me-110 et 2 Do-217 détruits.
Dommages causés à l'ennemi au sol ou en mer : Aucun.
PILOTE : F/Lt J. C. Surman     NAVIGATEUR : P/O C. E. Weston
Rapport général :
```

---

[983] Rapport de combat conservé sous la référence AIR 50/36/194, TNA.
[984] Rapport de combat conservé sous la référence AIR 50/66/22, TNA.
[985] Rapport de combat conservé sous la référence AIR 50/240/32, TNA.
[986] Ces coordonnées correspondent approximativement aux positions suivantes : 3 km à l'est de Mortain (aujourd'hui Mortain-Bocage) ; 1 km au sud-ouest de Lingeard.

Le F/Lt Surman a décollé de A.8 *[aérodrome de Picauville]* à 00h05 le 7 août pour une patrouille défensive sous le contrôle de "YARDLEY" *[GCI n°15082]*. Une attaque était en cours mais il est resté en patrouille de l'Est à l'Ouest au nord de Vire *[aujourd'hui Vire-Normandie]*. L'activité *[ennemie]* a pris fin et les deux autres chasseurs en Manche ont été renvoyés à leurs bases ; le F/Lt Surman a été conservé en contrôle rapproché toujours en patrouille Est-Ouest. Le Pilote raconte :

"À 00h50, alors que nous étions à 4.500 pieds *(1.370 m) [d'altitude]*, un cap de 190° nous a été donné vers un avion non identifié à 15 milles *(24 km)* de distance. Mon Navigateur a obtenu un contact *[radar]* sur cette cible, distance 3 milles *(4,8 km)*, bien plus bas et sur la gauche. La cible a d'abord décrit un cercle sur la gauche, puis un cercle sur la droite. Nous avons obtenu un contact visuel alors qu'elle entamait un autre cercle sur la gauche d'une distance de 2.000 pieds *(600 m)* contre la Lune et avons reconnu un Me-110. Je me suis approché à 600 pieds *(180 m)* pour tirer une rafale de deux secondes avec une déflexion d'un demi-réticule. J'ai vu des explosions au niveau du moteur gauche, du fuselage et du moteur droit. L'avion ennemi est tombé et a explosé en heurtant le sol.

J'ai été orienté vers le Nord et j'ai repris la patrouille. À 01h35, on nous a donné un cap à l'Est vers un avion non identifié qui tournait en rond à 8 milles *(13 km)* de distance et à 6.000 pieds *(1.830 m) [d'altitude]*. Mon Navigateur a obtenu un contact *[radar]* sur cette cible à une distance de 4 milles *(6,4 km)*, légèrement plus haut et sur la droite. La cible tournait en rond vers la gauche en montant. J'ai réduit la distance en montant progressivement et j'ai finalement obtenu un contact visuel alors que j'atteignais 11.500 pieds *(3.500 m) [d'altitude]*. Je me suis approché à 600 pieds *(180 m)* directement en dessous et j'ai identifié un Do-217, les croix noires des ailes étant clairement visibles. J'ai pris du champ directement en arrière et j'ai tiré une courte rafale d'une distance de 500 pieds *(150 m)*. Le moteur droit a explosé et a pris feu, et l'avion ennemi a tiré défensivement avant de piquer à la verticale par la droite, puis d'exploser en heurtant le sol.

Nous sommes revenus à nouveau en patrouille et à 02h45, alors que nous étions en route pour la base, le Contrôleur m'a indiqué qu'il y avait un avion 2 miles (3,2 km) devant moi sur la droite et m'a demandé si je souhaitais y jeter un œil. J'ai viré à droite et mon Navigateur a obtenu un contact *[radar]* sur cette cible à une distance de 2 milles *(3,2 km)*, bien sur la droite. Je me suis lentement approché sur un cap de 280°, puis 240°, et j'ai aperçu l'avion d'une distance de 800 pieds *(3.500 m)* que j'ai identifié par en dessous comme étant un Do-217. Je me suis approché et j'ai tiré une courte rafale d'une distance de 600 pieds *(180 m)*. Le moteur gauche a explosé mais il n'a pas pris feu et j'ai dépassé l'avion ennemi. J'ai viré serré à gauche, me suis réaligné et j'ai vu l'avion ennemi volant sur un seul moteur avec de la fumée émise par le moteur gauche. J'ai tiré deux autres rafales, le moteur gauche a explosé mais il n'a pas pris feu et j'ai à nouveau dépassé la cible. J'ai fait un nouveau circuit pour une troisième attaque. J'ai

> tiré une nouvelle rafale sans voir d'impacts, j'ai encore dépassé la cible et j'ai refait un nouveau circuit. À ce moment, l'avion ennemi se trouvait à 2.000 pieds *(600 m) [d'altitude]*, et j'ai tiré une rafale supplémentaire dans le moteur gauche, j'ai dépassé la cible, j'ai viré serré à gauche et j'ai vu le moteur gauche de l'avion ennemi en feu. Il a viré fortement à droite, a heurté le sol et a explosé.
> Je revendique un Me-110 et deux Do-217 détruits. En raison du manque de communications, nous n'avons aucun moyen de localiser la zone du premier combat.
> Munitions employées : 599 obus. Pas d'enrayage.
> Cinémitrailleuse utilisée."
>
> SIGNATURES
>
> J. C. Surman   W. T. Hewitt (?)
> F/Lt (Pilote)   Officier de Renseignement
>   604ème Escadron

Avec cinq victoires revendiquées, Surman et Weston ont reçu la DFC en octobre 1944. [987]

L'engagement de la chasse de nuit allemande pour tenter de juguler les raids diurnes des bombardiers américains a aussi fortement contribué à son déclin rapide. Même si elle a continué à être une menace jusqu'à la fin de la guerre, elle n'a jamais pu remplacer la perte de ses pilotes les plus expérimentés, notamment parce que la pénurie de carburant réduisait sévèrement autant l'activité des écoles que des unités opérationnelles. [988]

---

[987] Supplément de la London Gazette du 27 octobre 1944.
[988] Voir par exemple les interrogatoires menés après-guerre par les Britanniques et auxquels le Group Captain Roderick A. Chisholm, ancien commandant de la FIU, a participé (pages 205-206 de son livre, voir bibliographie).

B.3 - L'immédiat après-guerre

Avant même la fin de la guerre en Europe, certaines unités de chasse de nuit de la RAF sont dissoutes (par exemple, le 96ème Escadron le 12 décembre 1944 ; les 604, 68 et 488èmes Escadrons respectivement le 18, 20 et 26 avril 1945). Cette tendance se poursuit une fois la fin des hostilités en Europe signée (par exemple, les 515, 239, 169, 157, 141 et 23èmes Escadrons sont dissous entre juin et septembre 1945).

L'arrêt de la guerre a laissé le Royaume-Uni doté d'un dispositif défensif unique au monde, intégrant un réseau complet de radars au sol et d'unités de chasse de nuit aguerries. Bien évidemment, la démobilisation massive de 1945-46 a réduit fortement les effectifs, mais le Ministère de l'Air a eu la sagesse de conserver les Escadrons les plus expérimentés sur Mosquito NF30 et 36. Après quelques années, ces avions ont dû être remplacés par des chasseurs à moteurs à réaction, notamment pour contrer la menace des Tupolev Tu-4 (version soviétique copiée de B-29 américains internés en Union Soviétique pendant la guerre) capables d'emporter la bombe nucléaire RDS-3. En effet, le Mosquito NF36 (ou son successeur envisagé, le NF38) était incapable de rattraper un bombardier B-29. [989]

Concernant les chasseurs de nuit, la politique adoptée après-guerre était de privilégier des bimoteurs pour la chasse de nuit pour des raisons de sécurité, mais De Havilland ayant développé une version pour l'export du Vampire (avion avec un unique turboréacteur de Havilland Goblin), la RAF s'est retrouvée avec ces Vampire NF10 au début des années 1950 lorsque les tensions avec l'Égypte ont provoqué un embargo sur les livraisons d'armes vers ce pays. Cet avion tombait à point nommé puisque les Gloster Meteor de chasse de nuit n'étaient pas encore disponibles. Avec un fuselage initialement effilé, un poste de pilotage côte-à-côte a été greffé sur le Vampire, un peu similaire à celui du Mosquito, au lieu d'une solution plus simple en tandem comme sur le Meteor. Trois Escadrons de la RAF (23, 25 et 151èmes) ont utilisé des NF10 pendant une courte période de deux ans et demi au début des années cinquante, en attendant que les chaînes de production de Gloster sortent assez de Meteor NF11. Ces Vampire NF10 ont ensuite été revendus à l'Inde (trente exemplaires sous la désignation d'exportation de NF54), à l'Italie (14 exemplaires), et à la Suisse (1 exemplaire) ou convertis en avions d'entrainement pour les écoles de navigation, leur radar étant alors démonté (36 exemplaires).

Les techniques d'interception et les radars air-air sont restés identiques à ceux qui avaient été mis au point pendant la guerre jusqu'à l'apparition de bombardiers rapides à réaction (notamment le English Electric Canberra, le Boeing B-47 Stratojet et l'Ilyushin Il-28) au début des années 1950 et des premiers missiles air-air quelques années plus tard. Suite à la priorité donnée fin 1943 au radar air-air SCR-720 (AI Mk. X), la RAF et la FAA vont se retrouver dans une situation de dépendance de l'industrie américaine pendant plus de dix ans, jusqu'à ce que les radars AI Mk. 17, 18 et 23 soient développés pour

---

[989] Rapport d'essai de février 1948 mentionné page 211 du livre de Ian White (voir bibliographie).

équiper les Gloster Javelin, Havilland Sea Vixen et English Electric Lightning. L'AI Mk X ne commence à disparaitre de l'inventaire de la RAF qu'à partir de 1954. Même avec ces nouveaux radars britanniques, la dépendance vis-à-vis de l'industrie électronique américaine a perduré avec les Mk 21 (Westinghouse AN/APS-57, longueur d'ondes 3,1 cm, portée d'une trentaine de kilomètres, pour les Meteor NF12 et NF14 et les de Havilland Venom NF.3) et Mk 22 (AN/APQ-43 pour les Javelin FAW2 et FAW6).

La fin des chasseurs "NF" :

Quelques années plus tard, les radars montés sur les chasseurs de jour ont fini par offrir des performances équivalentes à celles des chasseurs de nuit, voire même permettre de se passer du guidage initial par la station GCI : par exemple, le radar AI Mk 23 du Lightning pouvait détecter un bombardier à plus de 60 kilomètres. Les Britanniques ont repris le concept de chasseur FAW (Fighter, All Weather - chasseur tous temps) adopté dès 1948 par les Escadrons de chasse de nuit de l'US Navy. Cette appellation a ainsi été reçue par les Gloster Javelin FAW 1, de Havilland Sea Vixen FAW 1 et Sea Venom FAW 20. Les trois Wing Commanders de la chasse de nuit (John Cunningham commandant le 85ème Escadron à West Malling dans le Kent, Geoffrey R. Park commandant le 256ème Escadron à Ford, Sussex et Roderick A. Chisholm commandant la FIU, également à Ford) qui avaient signé une lettre suggérant l'emploi de chasseurs de nuit bimoteurs pour des patrouilles diurnes par mauvaises conditions météorologiques avaient clairement posé la première pierre de ce concept. [990] L'arrivée de missiles air-air, et la doctrine du Livre blanc de la Défense de 1957 qui préconisait l'abandon complet des chasseurs au profit de batteries de missiles air-sol, [991] ont également contribué à mettre fin à l'épopée des chasseurs "NF" purement dédiés à la chasse de nuit.

---

[990] Lettre FIU/S/503/5/Air du 25 juillet 1943, conservée page 300 des annexes du Journal de marche du 85ème Escadron sous la référence AIR 27/707, TNA.
[991] Paragraphe 16 de la 8ème version du Livre blanc, datée du 30 mars 1957, conservée sous la référence CAB 129/86, TNA.

PARTIE C : Les avions britanniques de chasse de nuit

C.1 - Résumé des performances des principaux avions de chasse de nuit de la RAF durant la guerre et jusqu'au début des années 1950 [992]

Avion	Moteur	Vitesse max.	Autonomie	Plafond (en m)	Armement offensif	Radar
Blenheim If	Mercury VIII	419 km/h à 4.570 mètres	5 heures et 40 min.	9.145	5 mitrailleuses	AI Mk III ou IV
Hurricane I	Merlin II ou III	521 km/h	2 heures et 40 min.	10.425	8 mitrailleuses	Aucun (quelques AI Mk VI)
Defiant I	Merlin III	489 km/h à 5.180 mètres	1 heure et 18 min.	9.145	4 mitrailleuses en tourelle	AI Mk VI en cours d'essai
Defiant II	Merlin XX	539 km/h à 6.940 mètres	52 minutes	10.425	4 mitrailleuses en tourelle	AI Mk VI en cours d'essai
Beaufighter I	Hercules III ou XI	515 km/h à 4.940 mètres	2 heures et 45 min.	8.780	4 canons de 20 mm	AI Mk IV
Beaufighter II	Merlin XX	567 km/h à 6.700 mètres	2 heures et 24 min.	10.060	4 canons de 20 mm	AI Mk IV en cours d'essai
Beaufighter VIF	Hercules VI ou XI	536 km/h à 4.755 mètres	environ 5 heures	9.145	4 canons et 6 mitrailleuses	AI Mk IV, Mk VII ou Mk VIII
Havoc I	Wasp S3C4-G	502 km/h à 4.570 mètres	2 heures	9.815	8 mitrailleuses	AI Mk IV (puis Mk VI prévu)
Havoc II			1 heure et 30 min.		12 mitrailleuses	AI Mk IV ou VI
Boston III *Intruder*	Cyclone A5-B	526 km/h à 3.860 mètres	3 heures et 30 min.	9.815	4 canons, 4 mitrailleuses, 12 bombes de 18 kg	
Boston III *Turbinlite*			2 heures et 20 min.		-	AI Mk IV
Mosquito [NF II]	Merlin XX	599 km/h à 6.700 mètres	2 heures et 45 min.	9.900	4 canons et 4 mitrailleuses	AI Mk IV (puis Mk VI prévu)
Mosquito NF XII	Merlin 21 ou 23	549 km/h à 6.100 mètres	plus de 6 heures	10.975	4 canons de 20 mm	AI Mk VIII
Mosquito NF XIII	Merlin 21 ou 23	634 km/h à 4.200 mètres	plus de 7 heures	9.145	4 canons de 20 mm	AI Mk VIII
Mosquito NF XVII	Merlin 25	596 km/h à 3.960 mètres	plus de 6 heures	9.145	4 canons de 20 mm	AI Mk X
Mosquito NF XIX	Merlin 25	609 km/h à 4.025 mètres	environ 5 heures	9.145	4 canons de 20 mm	AI Mk VII ou Mk X
Mosquito NF 30 et 36	Merlin 72 ou 76	683 km/h à 8.080 mètres	moins de 5 heures	10.670	4 canons de 20 mm	AI Mk X
Firefly IV	Griffon XII	621 km/h à 4.270 mètres	2 heures et 5 min.	8.660	4 canons de 20 mm	AI Mk XV
Vampire NF 10	Goblin 3	816 km/h à 9.150 mètres	1 heure et 40 min.	11.600	4 canons de 20 mm	AI Mk X
Meteor NF 11 et 12	Derwent 8 ou 9	880 km/h à 9.150 mètres	moins de 3 heures	11.900	4 canons de 20 mm	AI Mk X
Meteor NF 14	Derwent 9	931 km/h à 3.050 mètres	environ 2 heures	13.100	4 canons de 20 mm	AI Mk X
Venom NF2, 2A et 3	Ghost 103 ou 104	1.014 km/h		13.400	4 canons de 20 mm	AI Mk X

Notes : Il est toujours difficile de résumer les performances d'un appareil en quelques chiffres (voir les avertissements en fin d'ouvrage). La vitesse de croisière est généralement de l'ordre de 70% de la vitesse maximale (par exemple, elle est de 320 km/h pour le Blenheim If et de 410 km/h pour le Mosquito NF XIII).

Faute de place, la description et l'historique des avions ont été réduits ici à une simple introduction et seront plus développés dans les autres livres de cette série.

C.2 - Le Bristol Blenheim

Le Blenheim a servi comme chasseur et comme avion *intruder* mais il sera couvert amplement dans d'autres ouvrages de cette série auxquels les lecteurs sont invités à se référer.

Comme nous l'avons vu, le Blenheim a été le premier avion britannique à emporter un radar embarqué au combat et il a remporté des succès malgré sa vitesse souvent insuffisante pour rattraper une cible accrochée au radar. Son armement (cinq mitrailleuses de petit calibre) est aussi faible pour porter un coup mortel rapidement, critère important pour la chasse de nuit, une cible avertie par les premiers tirs ayant souvent l'opportunité de se dérober. On ne peut pas dire que le Blenheim ait trouvé grâce aux yeux de beaucoup de pilotes, non seulement à cause de ses piètres performances mais aussi en raison de l'ergonomie douteuse de son poste de pilotage. Jeremy Howard-Williams, pilote du 604ème Escadron, en faisait la critique suivante : *"D'après le folklore, on pouvait facilement reconnaître un pilote de Blenheim par les cicatrices des jointures de ses mains, causées par les chocs répétés sur les divers angles métalliques lorsqu'il cherchait derrière lui en vain pour les différentes manettes, volants et leviers disposés de façon malcommode … Les instruments du Blenheim, hormis ceux du panneau de pilotage en aveugle, ne sont pas regroupés [logiquement] dans le cockpit : on dirait que quelqu'un les a projetés au hasard. Le poste de pilotage a une multitude de petites fenêtres séparées par des encadrements métalliques, comme une serre de jardinage. La nuit, ces vitrages ont une tendance déconcertante à capturer les réflexions des éclairages du poste de pilotage, ce qui fait que les yeux sont en permanence distraits par des lumières qui semblent provenir de l'extérieur de l'avion."* [993] Comme sur beaucoup d'avions de cette époque, les aviateurs se plaignaient aussi d'un système de chauffage insuffisant et il fallait se couvrir de multiples couches de vêtements pour voler à bord d'un Blenheim. [994]

C.3 - Le Boulton-Paul Defiant

En 1935, le Ministère de l'Air britannique publie la spécification F9 pour un chasseur monomoteur, biplace, avec une tourelle arrière disposant de la puissance de feu considérable pour l'époque de quatre mitrailleuses mais sans armement fixe tirant vers l'avant. Le premier vol du prototype de Boulton-Paul a lieu le 11 août 1937. Le seul concurrent sérieux pour le Defiant est le Hotspur de Hawker Aircraft Ltd, mais le prototype ne fait son premier vol qu'en 1938, trop tard pour être commandé.

---

[992] Les données des avions indiqués en caractères gras proviennent du tableau 1 du document SR1/12/41 d'avril 1941 *"Technical aids to night fighting"*, classé Most Secret, rédigé par le Ministère de la Production Aéronautique, conservé sous la référence AIR 20/2419, TNA.
[993] Pages 19 et 27 de son livre (voir bibliographie).
[994] Page 25 du livre de Roderick Chisholm (voir bibliographie).

À l'époque, les stratèges pensaient que les bombardiers ne pourraient pas venir d'Allemagne avec une escorte. La spécification F9 n'envisageait donc pas que cet avion ait à se frotter à des chasseurs. Avec une motorisation quasiment équivalente, un Defiant prêt au combat pesait des centaines de kilogrammes de plus qu'un Hurricane I. La tourelle Boulton-Paul Type A Mk IIC (de conception française par la Société d'Applications des Machines Motrices) sans le mitrailleur pesait 268 kg. Le Defiant était donc bien moins performant que les chasseurs monoplaces. La tourelle étant relativement exiguë, le mitrailleur portait une combinaison spéciale 'tout-en-un' qui contenait le parachute et le gilet de sauvetage.

La fabrication des Defiant a été retardée par le fait que Boulton-Paul s'est vu confier la production des Blackburn Roc en avril 1937, une version à tourelle du chasseur embarqué Blackburn Skua. Le Ministère de l'Air voulait ainsi désengorger les chaines de production du Skua, mais c'est le Defiant qui en a pâti. Le tableau ci-dessous montre les principales étapes chronologiques de la naissance et de la vie opérationnelle du Defiant. [995] Il est intéressant de noter qu'à l'époque du pic du Blitz (printemps 1941), la conception de cet avion avait déjà six années, une éternité avec les progrès techniques rapides de l'aviation dans les années 1930-40.

Date	Événement pour le Defiant
22 décembre 1933	La spécification F.5/33 pour un chasseur biplace à moteur arrière et tourelle à l'avant est publiée. Boulton-Paul fait partie des cinq constructeurs ayant répondu à cette fiche qui est finalement abandonnée.
Début 1935	Début des discussions entre Boulton-Paul et la Société d'Applications des Machines Motrices pour l'acquisition de la licence de production de la tourelle de conception française.
26 juin 1935	La spécification F.9/35 pour un chasseur biplace à tourelle arrière est publiée.
12 septembre 1935	L'examen des réponses des constructeurs donne la préférence aux propositions de Hawker, Boulton-Paul et Armstrong Whitworth.
9 octobre 1935	Le Chef d'État-Major de la RAF demande que deux prototypes de chaque constructeur sélectionné soient commandés pour éviter tout retard en cas d'accident.
6 janvier 1936	Le Ministère des Finances autorise la commande de 7 prototypes (2 Hawker, 2 Boulton-Paul, 2 Fairey et 1 seul d'Armstrong Whitworth, relégué au second plan car bimoteur puis annulé en mars 1937).
28 février 1936	Examen final d'une maquette d'aménagement à l'échelle 1 à Mousehold Heath, Norwich.
22 août 1936	Première tourelle fabriquée en France livrée à Boulton-Paul.
28 avril 1937	Première commande de série du Defiant I (87 exemplaires). Le même jour (!) commande passée pour 136 Roc.

---

[995] Résumé du dossier "*Type biography – Defiant (Boulton Paul)*", conservé sous la référence AVIA 46/111, TNA.

11 août 1937	Premier vol du prototype n°1.
Décembre 1937 à février 1938	Prototype testé par le Centre de Recherches Expérimentales sur les Avions et leurs Armements (A&AEE).
11 janvier 1938	Commande accrue à 389 exemplaires dans le cadre du plan "F" de réarmement
10 avril 1938	Commande accrue à 450 exemplaires dans le cadre du plan "L" de réarmement
Septembre 1939	Livraison des cinq premiers exemplaires de série.
5 octobre 1939	Commande de 200 exemplaires supplémentaires
Fin 1939	16 Defiant I livrés (alors qu'en septembre 1938, il était prévu que 128 le seraient en 1939).
30 juillet 1940	Rapport d'essai du Defiant I L6954 avec hélice à pas variable (petit pas / grand pas).
Été 1940	Abandon du rôle de chasseur diurne et passage au rôle de chasseur de nuit.
Fin 1940	382 Defiant I ont été livrés (y compris les 16 de 1939).
2 juin 1941	La spécification du Defiant II (moteur Merlin XX) est publiée.
31 juillet 1941	Rapport d'essai du Defiant II N3488.
Automne 1941	Mise en service du Defiant NF.II à radar AI Mk VI.
2 mai 1942	Décision de retirer les Defiant des unités opérationnelles (effective à l'automne suivant). La production des versions de chasse du Defiant cesse le même mois.
Début 1943	Fin de la production des Defiant (version de remorquage de cible).

Les Defiant apparaissent en escadrilles en décembre 1939. Ils sont rapidement surnommés 'Deffy'. Dès le début de la bataille d'Angleterre, ils deviennent des proies faciles. Ainsi le 19 juillet 1940, neuf Defiant du 141ème Escadron décollent de Hawkinge dans le Kent pour intercepter un raid de bombardiers sur Folkestone. Ils font face aux Me-109 de la JG51 et se font tailler en pièces. Seuls trois des Defiant rentrent à leur base grâce à l'intervention des Hurricane du 111ème Escadron.

Le Defiant a fini par trouver sa place comme chasseur de nuit : treize Escadrons en ont été équipés, et certains équipages ont connu de bons succès entre fin 1940 et mi-1941. Par exemple, pendant les raids nocturnes du Blitz les Defiant ont revendiqué neuf avions allemands en avril 1941 et treize le mois suivant. À l'automne 1941, la version Defiant NFII commence à apparaitre en escadrilles : malgré un moteur plus puissant (Merlin XX de 1.260 ch.) et plus de carburant (723 litres au lieu de 472 sur la version Defiant I), cet avion est dépassé par les performances de bombardiers allemands de l'époque. Roderick A. Chisholm, ancien commandant de la FIU, va jusqu'à dire *"qu'en tant que chasseur de nuit, le Defiant a été idéal sous certains aspects, et il était populaire dans ce rôle auprès des équipages."* [996]

La production de Beaufighter et de Mosquito étant jugée suffisante, l'État-Major de la RAF décide le 2 mai 1942 de retirer les Defiant des unités opérationnelles. Le même mois, les derniers Defiant de chasse de nuit sont sortis de l'usine Boulton-Paul de Wolverhampton, Staffordshire, et ces avions ont disparu de l'inventaire opérationnel du Fighter Command durant l'automne suivant. La production s'est poursuivie jusqu'au début 1943 pour la version de remorquage de cibles.

38 Defiant Mark I ont été convertis en avions de secours en mer, capables de larguer un canot gonflable et des vivres à des naufragés. Les Defiant ont aussi été employés pour le brouillage des radars allemands au sein du 515ème Escadron, et en tant qu'avion d'entraînement, notamment pour tracter des cibles.

La production des Defiant s'est arrêtée début 1943 : 2 prototypes (dont 1 converti en monoplace), 713 Mark I, 167 Mark II, 180 Mark TTI remorqueurs de cibles (235 Mark I et II ont aussi été convertis en remorqueurs de cibles TTIII). [997] Un seul Defiant complet a survécu et est conservé par le musée de la RAF à Hendon, dans une livrée de chasseur de nuit.

C.4 - Le Bristol Beaufighter (Bristol Type 156)

Le Bristol Beaufighter (Type 156) est développé, pour obtenir un avion de chasse équipé de canons, sur la base du Beaufort (Type 152), qui était lui-même dérivé du Blenheim (Type 142). Il conserve notamment les ailes, l'empennage et l'arrière du fuselage du Beaufort. Le prototype prend l'air le 17 juillet 1939 aux mains de Cyril Uwins. Trois cents exemplaires étaient déjà commandés avant même ce premier vol.

Le pilote et un radio/navigateur/mitrailleur arrière/opérateur radar (suivant les versions) composent l'équipage. Le Beaufighter dispose de quatre canons de 20 mm dans le nez et six mitrailleuses de 7,7 mm dans les ailes (et une septième en défense sur certaines versions). Les canons sont armés hydrauliquement (quatre pédales manœuvrées par le navigateur). Les chargeurs cylindriques des canons pouvaient être remplacés en vol, mais à condition de voler relativement en palier pendant l'opération. Ces canons s'enrayaient facilement sous g négatifs. Plus tard, une alimentation par bandes d'obus a amélioré la fiabilité et supprimé le besoin de changer les chargeurs en vol. Le poste de pilotage se remplissait facilement de fumées lors du tir des canons et il fallait se méfier des indications du compas après un tir.

L'avion est difficile à maîtriser pour les nouveaux pilotes : les deux moteurs Hercules VI de 1.650 chevaux développent quatre fois plus de puissance que les moteurs des

---

[996] Page 113 de son livre (voir bibliographie).
[997] Données du tableau de l'article sur la production de l'usine Boulton-Paul de Wolverhampton, P73 de la revue Aeromilitaria (Air Britain) de 1995. Le dossier "*Type biography – Defiant (Boulton Paul)*", conservé sous la référence AVIA 46/111, donne le chiffre de 207 Defiant II produits.

Anson et Oxford des écoles ! Le Beaufighter peut voler sur un seul moteur mais il est alors délicat à piloter. Le Beaufighter II a été doté de moteurs Merlin car le Ministère de l'Air craignait une pénurie de moteurs Hercules. Cette version a initialement eu une mauvaise réputation à cause d'une forte tendance à virer au décollage, très difficile à contrôler si un moteur tombait en panne à ce moment. Elle souffrait aussi d'un manque de puissance vue la masse de l'avion (les deux moteurs Merlin XX fournissaient seulement 2.560 ch par rapport aux 3.120 ch du Beaufighter I avec deux moteurs Hercules XI) et du problème d'interruption de l'arrivée d'essence sous g négatifs, souci commun à tous les premiers moteurs Merlin. Le Beaufighter Mk II a été produit à 450 exemplaires, dont deux (R2274 et R2306) ont été modifiés en mars 1941 en Mark V avec une tourelle Boulton-Paul de quatre mitrailleuses, ces avions conservant tout de même deux canons fixes de 20 mm. Les Beaufighter Mk II ont été mis en service en avril 1941 et retirés des unités de première ligne au printemps 1943. Christopher Harrison, un pilote Intruder du 515ème Escadron a comparé ainsi deux versions du Beaufighter : *"Mark II : un des pires avions que j'ai eu à piloter. Mark VI : un des meilleurs."* [998]

Les Beaufighter sont initialement tous instables longitudinalement et ont tendance à tanguer lors du vol en palier, surtout la version Mk II. Une modification a ensuite été introduite pour donner un dièdre de 12° aux plans fixes de l'empennage : ces Beaufighter sont donc plus stables mais moins manœuvrants. Comme sur beaucoup d'avions de l'époque, le chauffage aux postes d'équipage est jugé insuffisant. Jeremy Howard-Williams, pilote du 604ème Escadron, se souvient qu'il pouvait *"voir les collecteurs d'échappement des moteurs chauffés au rouge à moins de 2 mètres, mais que tout ce que le chauffage pouvait produire consistait en un peu d'air chaud à hauteur de mon talon droit."* [999] Autre défaut, la trappe de sortie du pilote est très difficile à ouvrir et il faut que les deux membres d'équipage joignent leurs forces pour y arriver. [1000] Le Beaufighter est un avion très robuste, et dont les versions à moteurs en étoile sont capables d'encaisser des coups sévères sans broncher (bien mieux que la version à moteurs Merlin dont le circuit de refroidissement est le talon d'Achille). Cet avion, initialement développé comme chasseur s'est révélé véritablement polyvalent (on dirait aujourd'hui "multi-rôles") en tant que chasseur-bombardier, chasseur de nuit, ou avion torpilleur. Conçu pour une masse maximale au décollage de 7 tonnes, le Beaufighter s'est avéré capable de supporter de multiples changements d'armement, de motorisation et des matériels électroniques jusqu'à décoller à 11,5 tonnes pour la version Mk X.

---

[998] Page 313 du livre de Tom Killebrew *"The Royal Air Force in American Skies: The seven British Flight Schools in the United States during World War II"*, University of North Texas Press. 2015. ISBN 978-1574416152.
[999] Page 27 de son livre (voir bibliographie).
[1000] Ce souci de trappe est mentionné à la fois par Chisholm (page 84 de son livre) et par Howard-Williams (page 47 de son livre), (voir bibliographie).

Il fallait 36.605 heures de travail pour construire un Beaufighter Mark I en juillet 1941, et 37.933 heures pour un Mark III. [1001]

Chasseur de nuit en Europe :

Dès le début de l'emploi du Blenheim et du Defiant pour la chasse de nuit en 1940, ces deux appareils se sont révélés inadéquats (manque de puissance pour les deux avions ; pas de radar et échappements moteurs devant le pilote difficiles à masquer pour le Defiant). Les premiers Beaufighter sont équipés de radar AI Mk IV en septembre 1940 et testés par la FIU (R2055, R2078 et R2059). Sous la pression des bombardiers allemands durant le Blitz, et avec l'amélioration des radars embarqués, le Beaufighter prend peu à peu la priorité dans ce rôle, et les Blenheim et Defiant sont peu à peu relégués dans les unités de formation à la chasse de nuit. John Cunningham, évoque ainsi les premiers Beaufighter reçus par le 604ème Escadron fin 1940, puis son appréciation de ce type d'appareil une fois les premiers "plâtres" essuyés : [1002] *"Les premiers Beaufighter que nous avons reçus demandaient beaucoup d'efforts pour piloter aux instruments, avec le plein d'obus pour les canons, ils étaient instables en tangage. Piloter aux instruments était presque un boulot à plein temps juste pour voler en sécurité, et en fait nous avons perdu beaucoup d'avions, non pas au combat mais lors d'accidents de pilotage. … Le Beaufighter était un superbe chasseur de nuit, non seulement parce qu'il était le premier à connaître le succès, mais aussi parce qu'il était de construction robuste et pouvait absorber une quantité importante d'impacts, il avait un bon armement, il emportait une quantité conséquente de carburant lui permettant une bonne autonomie, et il était doté des moteurs en étoile Bristol Hercules à refroidissement par air : il n'était donc pas dépendant de gros radiateurs qui pouvaient être endommagés par les tirs défensifs ou les débris des bombardiers attaqués, ce qui était le talon d'Achille des moteurs Rolls Royce Merlin du Mosquito qui a remplacé le Beaufighter. … Les performances du Beaufighter n'étaient juste pas assez bonnes pour intercepter les avions rapides que les Allemands utilisaient à la fin de la guerre pour le bombardement. … Le Beaufighter était une merveilleuse machine de guerre pour le combat rapproché, mais il fallait le remplacer à partir de 1943. De 1940 à 1942, c'était le premier avion qui a rendu possible la chasse de nuit au radar."*

En septembre 1940, l'Air Chief Marshal Sir Edgar R. Ludlow-Hewitt, Inspecteur Général de la RAF, déplore la présence de nombreuses obstructions gênant la vision du pilote d'un Beaufighter : *"En s'asseyant au poste de pilotage d'un Beaufighter, on ne peut qu'être frappé par la vue relativement médiocre pour un avion qui va principalement, sans aucun doute, être employé pour la chasse de nuit. Le siège du pilote se trouve très reculé par rapport aux moteurs qui bloquent la vue vers le bas des deux côtés. Les panneaux vitrés ou en Perspex ont de gros encadrements et une bonne part de la vue est bouchée par ces cadres métalliques, plus que devrait être nécessaire."* [1003] La fiabilité de ces avions souffre des conditions de guerre et du climat britannique,

---

[1001] Données du tableau D d'un rapport du MAP '*Labour at main airframe contractors*' du 21 octobre 1942, classifié HIGHLY SECRET, conservé dans le dossier AVIA 10/267, TNA.

[1002] Interview de 1989, conservée par l'Imperial War Museum dans la collection 'Oral history', référence 10729 - bobine 1.

[1003] Rapport d'inspection n°89 du 17 septembre 1940 de la base de Redhill, dans le Surrey, conservé sous la référence AIR 20/2419, TNA.

comme le note le Journal de marche de la FIU : "*Deux Beaufighter, qui se distinguent en ayant atteint la barre vénérable des 240 heures de vol, la plupart se désintégrant avant cela, ont été envoyés à Bicester pour une révision*". [1004]

La première victoire d'un Beaufighter équipé d'un radar a lieu le 19 novembre 1940, lorsque le Flight Lieutenant Cunningham abat un Ju-88 (voir son rapport de combat traduit dans cet ouvrage). Reconnu au printemps 1941 comme un chasseur de nuit efficace grâce au radar AI Mk IV, le Beaufighter n'avait pas une excellente manœuvrabilité, mais ce critère était secondaire pour un chasseur de nuit. C'est son manque de vitesse qui a fini par le faire passer officiellement au second rang pour la chasse de nuit en fin 1943. [1005] Le Beaufighter est resté en première ligne pour la chasse de nuit en Europe jusqu'à octobre 1943, date à laquelle le 141ème Escadron commence à échanger ses Beaufighter VI pour des Mosquito II. En avril 1944, le 406ème Escadron est la dernière unité à faire de même.

Chasseur de nuit sur les autres théâtres de guerre :

En novembre 1942, le 600ème Escadron de la RAF sur Beaufighter est transféré en Afrique du Nord, toujours pour la chasse de nuit, puis des missions 'intruder' en Méditerranée. Ses équipages ont donc l'occasion d'ajouter des avions plus exotiques à leur tableau de chasse comme des Piaggio P-108, Cant Z-1007 Bis, SM-82, SM-84. Le Flying Officer A. B. Downing et son opérateur radar le Pilot Officer J. Lyons revendiquent même cinq Ju-52 dans la nuit du 1er mai 1943. [1006] Avec une endurance de six heures, presque 2.000 km, le Beaufighter pouvait rejoindre l'Égypte par ses propres moyens, avec des escales à Gibraltar et Malte. Comme nous l'avons vu, les 414 à 417èmes Escadrons de Chasse de Nuit américains ont utilisé des Beaufighter Mk VI à radar AI Mk VIII sur le théâtre d'opération méditerranéen de septembre 1943 à fin 1944.

Le Beaufighter en version de chasse de nuit avec radar embarqué a aussi été transféré en urgence en Inde début 1943, lorsque les bombardiers Japonais apparaissent dans le ciel de Calcutta. Ces avions ont formé le noyau du 176ème Escadron et se sont avérés si efficaces que les Japonais ont cessé rapidement leurs bombardements nocturnes sur la ville pour le reste de l'année. Le fait que la structure en bois du Mosquito supportait mal les climats tropicaux a joué en faveur du Beaufighter qui est resté en service jusqu'à la fin de la guerre.

Autres rôles :

Le Coastal Command a été l'un des premiers utilisateurs du Beaufighter, la concurrence étant rude avec le Fighter Command pour se partager les premières machines, la production étant relativement lente à démarrer. Plus tard, les Beaufighter du Coastal Command ont notamment employé avec succès des roquettes contre les navires. Cet avion a remplacé également les Hampden dans les missions de torpillage, ces versions

---

[1004] Entrée du 26 août 1941 du Journal de marche de la FIU, (op. cit.).
[1005] Entrée du 4 novembre 1943 du Journal de marche de la FIU, (op. cit.).
[1006] Rapport de combat, conservé sous la référence AIR 50/164/41, TNA.

étant surnommées 'Torbeau' par contraction de 'Torpedo' et 'Beau'. Parmi les utilisateurs "exotiques" de Beaufighter, il faut compter … la Regia Aeronautica italienne qui a capturé au moins un avion (T4887) s'étant posé en Sicile.

Le Beaufighter a servi avec succès comme chasseur-bombardier sur les principaux théâtres d'opérations de la guerre. Ainsi les 27 et 177èmes Escadrons se sont illustrés en Birmanie à partir de 1943 en harcelant les lignes de communications japonaises. Ses moteurs à refroidissement par air étaient bien adaptés aux conditions tropicales, et ils disposaient d'une allonge plus importante que le Hurricane II, sans avoir à s'encombrer de réservoirs supplémentaires.

Lorsque la production s'arrête en 1946, presque 6.000 exemplaires ont été produits (dont 365 en Australie). Preuve du succès de cet avion, la RAF a conservé des Beaufighter dans des rôles secondaires d'entraînement ou de tractage de cibles jusqu'en 1960.

C.5 - Le Douglas DB-7 (Havoc en version de chasse de nuit dans la RAF)

En 1937, les ingénieurs de la Douglas Aircraft Company proposent à l'US Army Air Corps un projet de bombardier bimoteur. Cet avion, motorisé par deux Pratt & Whitney R-1830 Twin Wasp, fait son premier vol le 23 janvier 1939. L'USAAC n'est pas initialement intéressé, mais la Commission Française d'Achat de matériel aéronautique aux Etats-Unis passe plusieurs commandes du Douglas Bomber 7 (DB-7) pour des centaines d'exemplaires, suivie ensuite par la Commission Britannique. Quelques dizaines de DB-7 seront livrés à la France à temps pour participer aux combats de mai-juin 1940. Cet avion (version Boston IIIA) retrouvera des équipages français en 1943 au sein du 342ème Escadron de la RAF (groupe de bombardement Lorraine).

Suite à la chute de la France, les commandes françaises sont allouées au Royaume-Uni, qui se retrouve donc avec des DB-7 aux normes de la RAF, et d'autres aux normes de l'Armée de l'Air française. La RAF développe des versions affectées au bombardement, baptisées Boston ; et des versions destinées à la chasse de nuit, baptisées Havoc. Le Havoc est en effet plus puissant et rapide que le Blenheim utilisé dans ce rôle de chasse de nuit jusque-là. La version Havoc I est développée en convertissant des DB-7 Boston II (moteurs Pratt & Whitney R-1830 Twin Wasp de 1.000 ou 1.100ch) avec quatre puis huit mitrailleuses et un radar embarqué. Le Havoc II, sur la base du DB-7A (moteurs Wright R-2600 Cyclone), dispose également d'un radar et de douze mitrailleuses. Sur quelques dizaines de Havoc I et II, les mitrailleuses sont échangées contre un projecteur extrêmement puissant 'Turbinlite', alimenté par une série de batteries, qui permet d'illuminer une cible au bénéfice d'un autre avion de chasse. Si cette idée semblait séduisante, elle ne se révèlera pas vraiment efficace en pratique. Les Havoc ont été remplacés pour la chasse de nuit par les Bristol Beaufighter puis les De Havilland Mosquito.

Le 28 mai 1941, une réunion a lieu au QG du Fighter Command, durant laquelle il est décidé d'équiper les Havoc de quatre canons de 20 mm au lieu de leurs huit mitrailleuses. [1007]

Le Havoc souffrait d'un train d'atterrissage fragile (voir la liste des accidents en Annexe 12), mais il était agréable à piloter. Le Squadron Leader Clarkson, chargé de rédiger les Notes à l'intention des Pilotes pour les avions produits aux USA pour la RAF, a donné l'avis suivant sur les DB-7A après des vols d'essai en novembre 1940 : *"J'ai toujours aimé ces avions. Ils étaient un régal à piloter. Ils n'avaient aucun vice. Les commandes répondaient bien et l'avion était facile à poser, avec une bonne vue [depuis le poste de pilotage]"*. [1008]

En tout, près de 7.500 exemplaires sont sortis des chaînes de montage de Douglas. La RAF a reçu 1.166 exemplaires de DB-7, (moins de 300 ont été employés comme chasseurs de nuit Havoc). Presque 3.000 appareils ont aussi été livrés à l'URSS. L'USAAC (puis l'USAAF) a baptisé sa version de bombardement A-20, et a repris l'idée de la RAF pour une version de chasse de nuit sous la désignation P-70. Quelques exemplaires de A-20 ou DB-7 sont visibles aujourd'hui dans des musées, mais aucun en livrée de chasseur de nuit.

C.6 - Le de Havilland Mosquito

À la fin des années 1930, la société de Havilland peine à convaincre le Ministère de l'Air britannique de l'intérêt de se doter d'un bombardier bimoteur rapide sans armement défensif, en matériaux non stratégiques (notamment un fuselage en contreplaqué et balsa). Ce n'est que le 1er janvier 1940 que la construction d'un prototype est approuvée sous la spécification B1/40/dh. Il prend l'air pour la première fois le 25 novembre 1940 et, lors des essais, atteint 620 km/h, une vitesse supérieure à celle des Spitfire de l'époque.

Quand Lord Beaverbrook est nommé Ministre de la Production Aéronautique par Churchill en mai 1940, il découvre que 37 types d'avions différents sont en production, certains largement dépassés. Il fait stopper la production de 32 modèles et concentre les moyens de production sur le Spitfire, le Hurricane, le Blenheim, le Wellington et le Whitley. Les Halifax et Stirling sont classés comme priorités secondaires. Les équipes de De Havilland font le forcing auprès du Ministère de la Production Aéronautique en démontrant que le Mosquito n'aurait qu'un très faible impact sur l'industrie aéronautique, et de très faibles besoins en matériaux stratégiques. Sous la promesse de fournir 50 Mosquito en 1941, le Ministère place le Mosquito sur la liste des priorités secondaires.

Véritable avion multi-rôles, modifié au fil des ans pour emporter des bombes de plus en plus grosses (jusqu'à un *'cookie'* de 1.815kg), des mines, des roquettes, des caméras ou même un canon de 57 mm (version FB XVIII), le Mosquito a été employé comme avion

---

[1007] Entrée du 28 mai 1941 dans le Journal de Marche du 85ème Escadron, conservé sous la référence AIR 27/704/9, TNA.
[1008] Témoignage de 1971 du Group Captain Clarkson, AFC, *'Pilots notes & development flying of US aircraft : 1940-45'* conservé sous la référence 13955, IWM.

de reconnaissance, bombardier, chasseur de nuit et chasseur-bombardier avec 42 versions différentes. Faciles à construire à faible coût, 6.710 exemplaires ont été fabriqués pendant la guerre au Royaume-Uni, au Canada et en Australie, et encore plus d'un millier après-guerre.

La première sortie opérationnelle des Mosquito IV, par le 105ème Escadron, a lieu fin mai 1942. Dans les trois années suivantes, les Mosquito du Bomber Command ont effectué presque 40.000 sorties de guerre. Certains étaient équipés de système de radioguidage Oboe permettant des frappes de précision. D'autres étaient spécialisés dans la traque des chasseurs de nuit allemands. Cet avion a eu le taux de pertes le plus faible de tous les bombardiers britanniques (0,6% par sortie), ce qui confirme la vision de De Havilland d'un bombardier sans arme défensive mais rapide. Au Coastal Command, les Mosquito des Strike Wings se sont attaqués avec succès aux navires et U-boote au canon et à la roquette.

La première version de chasse de nuit, le Mosquito NF II, a été mise en service au début de 1942 au sein du 157ème Escadron, le premier vol opérationnel étant effectué dans la nuit du 27 au 28 avril. La version ultime utilisée pendant la guerre par seize Escadrons de chasse de nuit, la Mark 30 à moteurs Merlin 72 ou 76 et radar AI Mk X, a été mise en service en juin 1944 et a été remplacée après-guerre par la version NF.36.

Des Mosquito ont été utilisés par de nombreuses autres forces aériennes pendant ou après la guerre. La France a fait l'acquisition d'une centaine de ces avions, en particulier dans les versions T III, FB VI, PR XVI et NF 30 (ces derniers ont finalement été remplacés par des Meteor NF11 au milieu des années 1950).

L'accès au poste de pilotage se fait par une trappe sur le côté droit du poste de pilotage. Elle sert d'issue de secours principale aux deux membres d'équipage, avec une sortie par le toit comme seconde option. Une échelle est généralement fixée par les mécanos, mais il existe aussi une échelle repliable qui peut être embarquée dans l'avion. Cependant, certains Escadrons en ont interdit l'emport, sauf lorsque la mission demande de se poser sur un aérodrome qui ne reçoit pas habituellement des Mosquito : en effet, il est déjà arrivé que cette échelle, mal arrimée, se détache et vienne bloquer la transmission de la gouverne de direction, causant des accidents. Le Flying Officer D. K. Foster du 515ème Escadron a eu cette désagréable expérience en se posant sur l'aérodrome de Little Snoring le 1er mars 1944, son Mosquito TIII (HJ976) finissant sur le ventre après une sortie de piste. [1009]

[1009] Entrée du 1er mars 1944 du Journal de marche du 515ème Escadron, conservé sous la référence AIR 27/1981/25, TNA.

Vue plongeante sur l'atelier de finition des fuselages de l'usine de Havilland de Toronto au Canada. Les deux moitiés d'un fuselage étaient d'abord fabriquées sur des moules en béton puis assemblées (un peu comme pour les maquettes en plastique). Au premier plan, des ouvriers placent un fuselage terminé sous le palan qui le déposera ensuite sur ses ailes. 1.032 Mosquito sont sortis de cette usine pendant la guerre. (Photo Library and Archives Canada/National Film Board of Canada fonds/e000762769).

Le poste de pilotage du Mosquito est relativement étroit, et l'équipage doit faire preuve d'inventivité pour caser le matériel dont il a besoin. Avec le récepteur et l'écran radar devant eux, l'Opérateur radar n'a pas de table pour étaler une carte ou tenir son registre de navigation : les genoux et une lampe-torche (qu'il ne fallait pas laisser tomber !) sont utilisés. Certains inventent leurs propres techniques de pliage ou de déroulement des cartes, se servent d'un grand crayon comme règle de mesure en y faisant des entailles à l'échelle des cartes ou adaptent les formulaires officiels de navigation pour qu'ils tiennent moins de place. [1010] Ces créations sont de temps à autre comparées, comme par exemple le 20 octobre 1944 lorsque le Pilot Officer G. T. Lang reçoit les louanges de ses pairs pour son écritoire "tout en un" avec lampe et crayons attachés. [1011] Même pour ses jumelles de nuit, le Squadron Leader Robert D. Doleman, du 157ème Escadron, ne trouve pas de rangement, comme il le note à la fin d'un rapport de combat : *"Je voudrais ajouter que les jumelles de nuit sont vraiment précieuses, et étant un optimiste incurable, je les avais autour du cou avant de commencer la patrouille (de toutes façons, c'est à peu près le seul endroit disponible dans notre usine volante)."* [1012] L'Opérateur radar doit ranger son parachute à ses pieds car il n'a pas de siège baquet comme le Pilote.

Le Mosquito volait relativement bien sur un seul moteur, ce qui a permis à de nombreux équipages de revenir, parfois sur des centaines de kilomètres. L'évacuation en cas d'urgence n'est pas très facile. Ses seules autres faiblesses sont une légère tendance à embarquer à gauche au décollage sous l'effet de couple, la fragilité du contreplaqué en

---

[1010] Page 38 de son livre (voir bibliographie), Dave McIntosh indique qu'une entaille tous les 2,5 cm correspondait à 6,4 km sur sa carte, que le Mosquito parcourait en une minute à 400 km/h.
[1011] Entrée du 20 octobre 1944 du Journal de marche du 157ème Escadron, conservé sous la référence AIR 27/1046/17, TNA.
[1012] Rapport de combat du 19 octobre 1944, conservé sous la référence AIR 50/66/22, TNA.

cas d'amerrissage, et la vulnérabilité aux dommages de combat du système de refroidissement par liquide des moteurs.

L'arbre généalogique simplifié des versions de chasse (et leurs dérivés) du De Havilland DH.98 Mosquito est présenté ci-dessous : [1013]

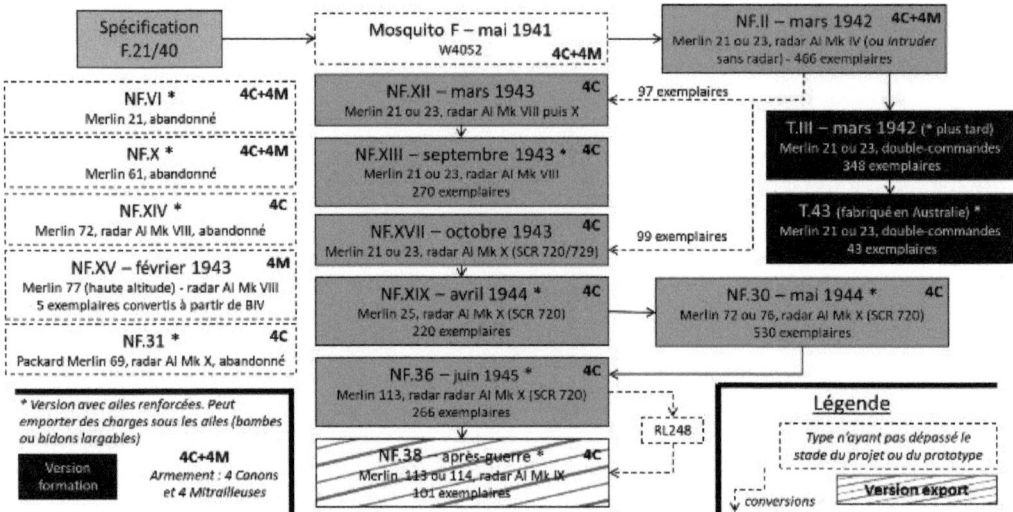

Plusieurs Mosquito, dont un des prototypes, sont conservés dans les musées du Royaume Uni.

C.7 - Le Fairey Firefly

En 1940, le Ministère de l'Air britannique publie la spécification N.5 pour un avion monomoteur biplace de reconnaissance pour l'Aéronavale (Fleet Air Arm) pouvant également tenir le rôle d'intercepteur. Le premier prototype du Fairey Firefly prend l'air le 22 décembre 1941. Motorisé avec un Rolls-Royce Griffon et armé de quatre canons de 20mm, il s'avère rapide et agile. Les premiers appareils de chasse (F.I) sont livrés à partir du printemps 1943, suivis d'une version de chasse et de reconnaissance (FR.I) à la fin de l'année. Une version de chasse de nuit (NF.II) est développée en montant un radar dans les ailes, mais finalement il s'avère plus simple de monter un radar ASH (AN/APS-4) dans un container sous le ventre des FR.I (qui, dans ce cas sont rebaptisés NF.I) et seulement 37 NF.II ont été fabriqués.

658 Firefly ont été livrés avant la fin de la Seconde Guerre mondiale. Ils ont servi notamment en opération contre le Tirpitz en juillet 1944, et dans le Pacifique (trois Escadrons de FR.I). Cependant, tout comme les Grumman Hellcat à radar AN/APS-6

[1013] Schéma de l'auteur à partir des données du dossier "*Type biography – de Havilland Mosquito*", conservé sous la référence AVIA 46/116, TNA.

du 892ème Escadron, les Firefly de chasse de nuit du 784ème Escadron sont arrivés trop tard dans le Pacifique pour participer à la guerre.

Contrairement à bien d'autres appareils, la production et la carrière du Firefly ne se sont pas arrêtées avec la fin des hostilités. Sans compter les versions de cibles volantes télécommandées, les Firefly ont servi jusqu'en 1955. 1.702 exemplaires ont été produits, toutes versions confondues, dont les suivantes sont notables :
- T.1 à T3 : versions d'écolage avec doubles-commandes (par conversion de F.I et FR.I).
- FR.4 : moteur Griffon 74 à compresseur à deux étages ; saumons d'ailes tronqués. Certains exemplaires ont été plus tard convertis en remorqueurs de cibles (TT.4).
- Mk 5 en trois déclinaisons : FR, NF et AS (Anti-Submarine).
- AS.6 mise en service en janvier 1951. Remplacé par le Fairey Gannet à partir de 1955.
- AS.7 : troisième membre d'équipage ajouté. Version T.7 : pour la formation des radaristes.
- Versions cible : 34 U.8 construits (dérivés de la version Mk 7) et 40 U.9 (Mk 5 convertis).

Cinq Escadrons de Firefly de la FAA ont été engagés durant la guerre de Corée, ainsi qu'un Escadron australien. Ces avions ont également participé à la lutte contre les guérilleros communistes en Malaisie. De nombreux pays ont utilisés des Firefly (Canada, Australie, Danemark, Pays-Bas, Inde, Suède, Thaïlande et Éthiopie).

Deux exemplaires sont conservés au musée de la FAA en Angleterre.

C.8 - Le de Havilland Vampire

De Havilland s'associe à l'ingénieur Frank Halford pour développer le moteur à réaction Halford H.1 (renommé Goblin fin 1943) dont les premiers essais ont lieu en avril 1942. De Havilland propose un avion à dérive bipoutre, le DH100. Le Ministère de l'Air britannique passe commande pour trois prototypes en avril 1942 et publie à la fin de l'année la spécification E.6/41 (chasseur monoplace monomoteur à réaction avec cabine pressurisée et quatre canons de 20 mm). Le premier vol a lieu le 20 septembre 1943. Le premier Vampire de série est produit en avril 1945, trop tard pour participer à la guerre, la livraison aux Escadrilles ne se faisant que l'année suivante. L'autonomie de la version F.1 est limitée à 45 minutes environ avec seulement 765 litres de carburant dans trois réservoirs. La capacité interne du F.3 est donc augmentée à 1.250 litres. Il faudra attendre 1954 pour que des sièges éjectables Martin Baker soient installés.

De Havilland a développé, sur fonds propres, une version de chasse de nuit du Vampire pour l'export : le prototype de cette version a effectué son premier vol le 28 août 1949. La RAF s'est retrouvée avec ces Vampire NF.10 au début des années 1950 lorsque les tensions avec l'Égypte ont provoqué un embargo. Cet avion, tombait à point nommé puisque les Gloster Meteor de chasse de nuit n'étaient pas encore disponibles.

Avec un fuselage initialement effilé, un poste de pilotage côte-à-côte a été greffé sur le Vampire, un peu similaire à celui du Mosquito, au lieu d'une solution plus simple en tandem comme sur le Meteor. Il était difficile de s'échapper en cas d'urgence, la seule issue étant au sommet de la verrière et le siège du radariste étant un peu en arrière de celui du pilote : il y avait une forte probabilité de heurter l'empennage faute de système d'éjection. Trois Escadrons de la RAF (23, 25 et 151èmes) ont utilisé des NF.10 pendant une courte période de deux ans et demi au début des années cinquante, en attendant que les chaînes de production de Gloster sortent assez de Meteor NF.11. Ces Vampire NF.10 ont ensuite été revendus sous la désignation d'exportation de NF.54 à l'Inde (trente exemplaires), à l'Italie (14 exemplaires), et à la Suisse (1 exemplaire) ou convertis en avions d'entrainement pour les écoles de navigation, leur radar étant alors démonté (36 exemplaires).

Hors production sous licence, 3.269 Vampire ont été produits. Avec une aile redessinée et un moteur Rolls-Royce Ghost, le Vampire FB.8 sera finalement appelé Venom, un chasseur bombardier qui sera produit à plus de 1.400 exemplaires. En service pendant 46 ans, le Vampire a été le premier jet à traverser l'Atlantique (juillet 1948), à se poser sur un porte-avions (3 décembre 1945) et à breveter les jeunes pilotes de la RAF. De nombreuses autres forces aériennes ont utilisé cet avion, y compris la France qui a fait notamment l'acquisition de F.1 et de FB.5 et a construit des FB.51 et des FB. 53 Mistral (ainsi que des Aquilon, nom français du Sea Venom FAW.20). Quelques rares exemplaires sont encore maintenus en état de vol.

Le prototype du Vampire NF10, photographié en 1949 après avoir reçu une livrée camouflée et le texte suivant sur le nez "DE HAVILLAND VAMPIRE NIGHT FIGHTER, de Havilland Goblin 3 engine", probablement à l'intention des clients égyptiens. Notez la lettre "P" dans un cercle jaune qui indique un prototype (à gauche de l'immatriculation G-5-2) et les bidons supplémentaires sous les ailes (photo © BAE SYSTEMS).

C.9 - Le Gloster Meteor

Au début de la guerre, le bureau d'études de Gloster était sous-employé, la principale usine de la compagnie produisant massivement des Hawker Hurricane. Le Ministère de l'Air passe donc commande le 3 février 1940 à Gloster pour concevoir deux prototypes d'un avion à réaction monomoteur et monoplace sur la base de la spécification E.28/39. Le premier prend l'air le 15 mai 1941 pour tester le moteur conçu par l'ingénieur Wing

Commander Frank Whittle. Trois mois avant ce vol, Gloster avait reçu une commande pour un avion de chasse à réaction bimoteur et monoplace (spécification F9/40). Baptisé Meteor, le premier prototype prend l'air le 5 mars 1943. Le cinquième prototype du Meteor a été utilisé pour tester les moteurs Halford (renommés Goblin) du De Havilland Vampire.

Le Hawker Tempest à moteur à piston a une meilleure performance que les premiers Meteor à moteurs Rolls-Royce Welland, mais ceci s'inverse avec la version F.III. Ces avions sont motorisés par des Rolls Royce, Derwent I de 900 kg de poussée au lieu des Welland I de 765 kg de poussée des Meteor I. Ils sont certifiés pour la voltige, ont une verrière offrant une bien meilleure visibilité au pilote et des réservoirs de capacité plus grande. À part une lourdeur de manœuvre des ailerons et une instabilité en lacet à grande vitesse, le Meteor III est un avion bien conçu. Il n'offre encore que peu d'avantages par rapport aux Tempest ou aux Spitfire, et il souffre aussi d'une autonomie limitée, les premiers moteurs à réaction étant très gourmands.

Le Meteor est le seul avion à réaction allié à avoir été mis en service opérationnel pendant la guerre, mais ses seules victimes ont été des bombes volantes V-1. Le 616ème Escadron de la RAF est le premier à recevoir des Meteor F.I en juillet 1944. La version F.III entre en service en décembre 1944. Début 1945, cet Escadron est basé sur le continent mais les pilotes ont des instructions strictes de ne pas voler au-dessus du territoire ennemi pour éviter toute capture d'appareil.

<u>La chasse de nuit</u> :

Ayant émis plusieurs fiches-programmes pour des bombardiers rapides à réaction capables d'emporter des armes nucléaires (B3/45 pour le Canberra, B35/46 pour le Vulcan, B35/46 pour le Victor et B9/48 pour le Valiant), la RAF était bien consciente que ses Mosquito NF36 de chasse de nuit, mis en service en 1946, allaient être vite dépassés. Une spécification (F44/46) est publiée en janvier 1947 pour un chasseur de nuit biplace capable d'intercepter un avion ennemi volant à 12.000 mètres d'altitude et à près de 900 km/h. De Havilland, Hawker et Supermarine font des propositions, mais c'est finalement une version biplace du Gloster Meteor qui emporte le marché. Gloster confie l'ingénierie de détail à la société Armstrong Whitworth Aircraft. Le prototype de la version NF11, basé sur un Meteor biplace d'entraînement T7, effectue son premier vol en octobre 1949. Sur le Meteor NF11, les canons de 20 mm ont été déplacés dans les ailes pour laisser la place au radar air-air AI Mk 10. Ces avions n'avaient pas de sièges éjectables, la version F.8, livrée en juin 1950, étant la première à en être équipée. Le premier Meteor NF11 entre en service au sein du 29ème Escadron en août 1951, remplaçant les Mosquito NF36.

Les versions de chasse de nuit du Meteor (NF11 à 14, pour un total de 556 avions) sont restées en service une dizaine d'années au sein de la RAF et ont été utilisées par 21 Escadrons.

Production et exportation :

Preuves de l'excellente conception de Gloster, 3.570 Meteor ont été produits, dont certains sous licence à l'étranger. Une fois dépassé dans le rôle de chasseur diurne (versions 'F'), le Meteor a montré ses qualités en biplace pour la chasse de nuit (NF), la formation (T) et même le remorquage de cible (TT).

Le Meteor servit également durant la guerre de Corée dans la RAAF contre des MIG-15. Dans la RAF, ses remplaçants ont été le North American Sabre et le Hawker Hunter pour la chasse diurne, et le Javelin pour la chasse de nuit. De nombreuses autres forces aériennes ont utilisé des Meteor après la guerre, y compris la France qui a fait notamment l'acquisition de NF.11 et 13, T7, TT.20 et F.4. Après avoir testé en 1948 la version F IV, la France a acheté 41 Meteor NF.11 pour la chasse de nuit et 11 T.7 pour l'entraînement. Certains de ces avions ont été livrés directement au Centre d'Essais en Vol et les autres à la 30ème Escadre de Chasse de Nuit (Escadrons 1/30 Loire, 2/30 Camargue et 3/30 Lorraine d'avril 1953 à avril 1958). Ayant reçu six Meteor T-7, le Centre d'Essais en Vol a également utilisé quatorze Meteor NF.11 (puis aussi deux NF.13 et deux NF.14) de janvier 1953 jusqu'en mai 1987 ! Ces avions ont servi à tester radars, missiles, radios, caméras et moteurs pour plusieurs générations d'avions français.

Quelques rares exemplaires de Meteor sont encore maintenus en état de vol et se produisent lors de meetings aériens.

Une belle brochette de Meteor NF11 au-dessus de la campagne anglaise au début des années 1950. Ceux qui portent trois croix rouges de chaque côté de la cocarde du fuselage appartenaient au 29ème Escadron, et les trois au milieu de la photo, en haut, semblaient appartenir au 85ème Escadron (damiers rouge et noir autour de la cocarde). L'appareil au premier plan, WD603, a été détruit le 20 octobre 1953 dans un accident assez commun pour bien des chasseurs de nuit : en manque de carburant au retour d'une mission, l'équipage a sauté en parachute et l'avion s'est abimé en mer (photo © BAE SYSTEMS).

Annexes

Annexe 1 : Carte des principaux sites radar et aérodromes de la RAF mentionnés

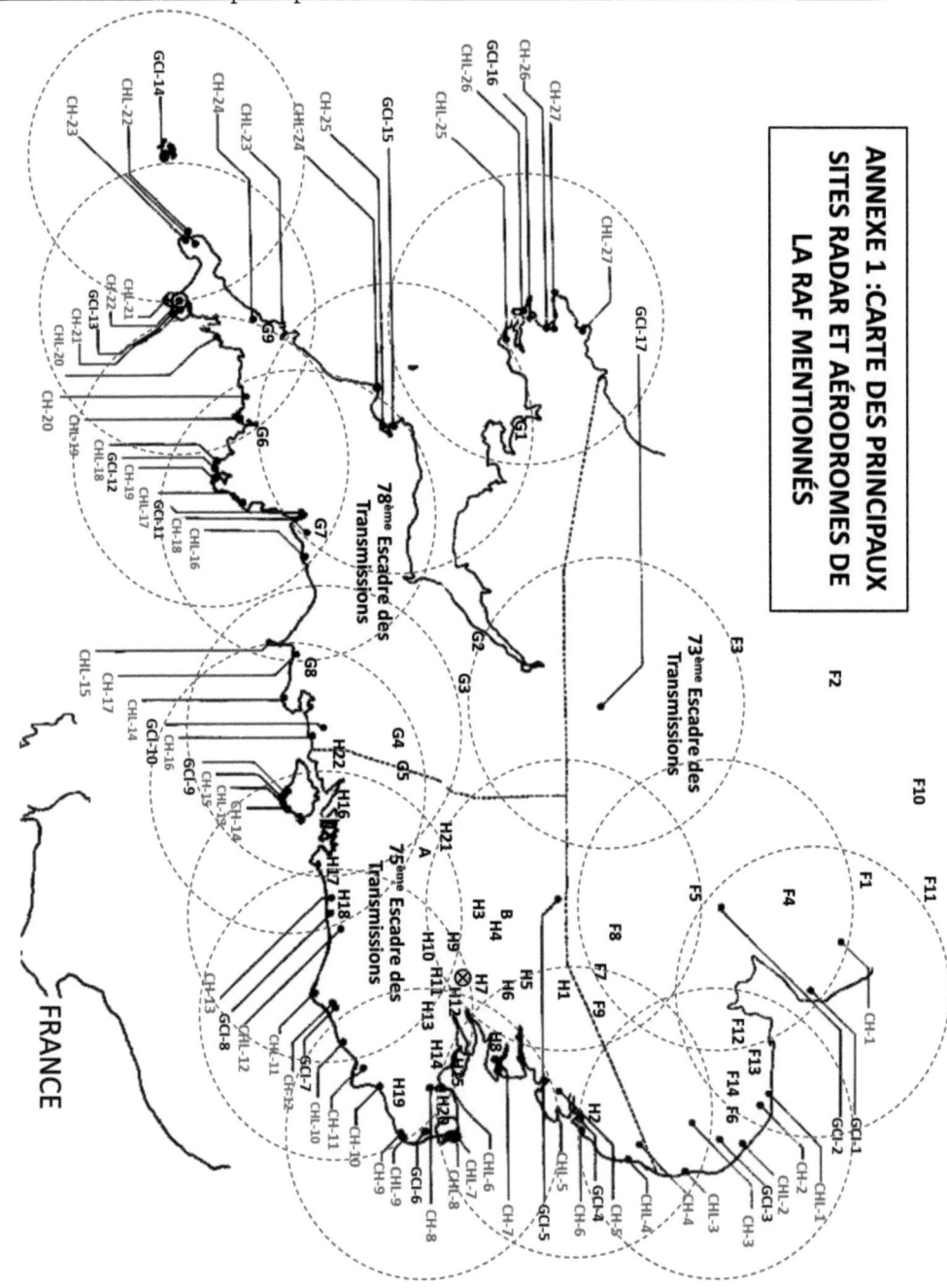

Légende de la carte [1014]

AÉRODROMES DANS LES ZONES GÉOGRAPHIQUES DU FIGHTER COMMAND

10ème Groupe du Fighter Command
- G1 - Pembrey
- G2 - Filton
- G3 - Colerne
- G4 - Boscombe Down
- G5 - Middle Wallop
- G6 - Roborough
- G7 - Exeter
- G8 - Warmwell
- G9 - St Eval

11ème Groupe du Fighter Command
- H1 - Debden
- H2 - Martlesham Heath
- H3 - Uxbridge (QG) et Northolt
- H4 - Hendon
- H5 - North Weald
- H6 - Stapleford
- H7 - Hornchurch
- H8 - Rochford
- H9 - Croydon
- H10 - Kenley et Redhill
- H11 - Biggin Hill
- H12 - Gravesend
- H13 - West Malling
- H14 - Detling
- H15 - Eastchurch
- H16 - Lee on Solent, Gosport et Thorney Island
- H17 - Tangmere, Westhampnett et Ford
- H18 - Shoreham
- H19 - Lympne et Hawkinge
- H20 - Manston
- H21 - Hartford Bridge
- H22 - Holmsley South

12ème Groupe du Fighter Command
- F1 - Kirton in Lindsey
- F2 - Ringway
- F3 - Tern Hill
- F4 - Digby
- F5 - Wittering et Collyweston
- F6 - Coltishall
- F7 - Duxford et Fowlmere
- F8 - Gransden Lodge
- F9 - Castle Camp
- F10 - Church Fenton
- F11 - Leconfield
- F12 - Great Massingham
- F13 - Little Snoring et North Creake
- F14 - Ouston et Swannington

- A - Centre de Recherche Aéronautique de Farnborough
- B - QG du Fighter Command de Bentley Priory

RADARS - Type 7 ou 8 - Ground Controlled Interception (GCI), les zones de couverture sont illustrées par les cercles en pointillés

- 1 - Orby
- 2 - Langtoft
- 3 - Neatishead
- 4 - Trimley
- 5 - East Hill
- 6 - Sandwich
- 7 - Wartling
- 8 - Durrington
- 9 - Blackgang
- 10 - Sopley
- 11 - Exminster
- 12 - Hope Cove

⊗ Centre de Londres

RADARS - Type 1 - CH

- 1 - Stenigot
- 2 - West Beckham
- 3 - Stoke Holy Cross
- 4 - High Street
- 5 - Great Bromley
- 6 - Bawdsey
- 7 - Canewdon
- 8 - Dunkirk
- 9 - Swingate
- 10 - Dymchurch
- 11 - Rye
- 12 - Pevensey
- 13 - Poling
- 14 - Ventnor
- 15 - St Lawrence
- 16 - Southbourne
- 17 - Ringstead
- 18 - Branscombe
- 19 - West Prawle
- 20 - Downderry
- 21 - Dry Tree
- 22 - Trelanvean
- 23 - Sennen
- 24 - Terew
- 25 - Northam
- 26 - Folly
- 27 - Haycastle

RADARS - Type 2 - CHL

- 1 - Bard Hill
- 2 - Happisburgh
- 3 - Hopton
- 4 - Dunwich
- 5 - Walton on the Naze
- 6 - Whitstable
- 7 - Foreness
- 8 - North Foreland
- 9 - St Margarets Bay
- 10 - Fairlight
- 11 - Beachy Head (cap Béveziers)
- 12 - Truleigh Hill
- 13 - Boniface Down
- 14 - Worth Matravers
- 15 - Westcliffe
- 16 - Beer Head
- 17 - Kingswear
- 18 - Bolt Tail
- 19 - Rame Head
- 20 - Jacka
- 21 - Pen-Olver
- 22 - Marks Castle
- 23 - Trevose Head
- 24 - Hartland Point
- 25 - St Twynells
- 26 - Kete
- 27 - Strumble Head

[1014] Extrait simplifié de la carte des sites radar de la page 528 de la Publication *"Signals"* Volume IV, voir bibliographie, sur laquelle les aérodromes ont été ajoutés. L'affectation de certains aérodromes a changé au fil des années, par exemple Middle Wallop était rattaché à certains moments au 11ème Groupe, et à d'autres au 10ème Groupe. Certains aérodromes indiqués ne relevaient pas du Fighter Command (par exemple St Eval ou Lee on Solent) mais se trouvaient géographiquement dans la zone des Groupes de chasse et ont parfois servi de terrains d'urgence à des chasseurs.

Annexe 2 : Principales activités de la FIU d'avril 1940 à octobre 1943

TANGMERE, SUSSEX [1015]
- Avril-mai 1940 : AI Mk III, IFF, coordination avec station CH
- Juin 1940 : Coopération avec projecteurs, coordination avec station CHL, AI Mk IV
  - Utilisation Link pour formation des Opérateurs radar
  - Entretien du radar AI Mk III
- Juillet 1940 : Essais de balisage lumineux de piste
  - Utilisation Link pour entrainement aux interceptions guidées par CHL
  - Essai des antennes EMI (notamment antennes verticales sur AI Mk III)
  - Interception guidée par CH puis AI
  - Aménagement Beaufighter pour recevoir AI
  - Essai viseur fluorescent
  - Essai des AI Mk III et IV à basse altitude
  - Essais radar sur Whitley, Walrus, Sunderland, ballon de barrage, Stirling
- Août 1940 : Éblouissement par projecteurs
  - Interférence des radars embarqués
  - Essais d'emplacement et d'orientation des antennes (notamment antennes EMI verticales sur AI Mk IV)
  - Essai Beaufighter

SHOREHAM, SUSSEX
- Sept. 1940 : Concept de "Ground controlled interception"
  - Essai d'un télescope infrarouge
  - Approche sur balise radar
  - Photographies des écrans AI pour l'instruction
- Oct. 1940 : Écran radar pour le Pilote (sur Blenheim)
  - Interférence entre radar embarqué et radio VHF sur Beaufighter
  - Visibilité nocturne des échappements du Beaufighter après peinture spéciale
  - Essai du Boston DB7 avec radar embarqué AI Mk IV
  - Efficacité camouflage d'usines près de Brighton
  - Calibration GCI Durrington
- Nov. 1940 : Observations de fusées de signalisation tirées par les batteries de DCA
  - Écran radar pour le Pilote (sur Boston)
  - Différents types de viseurs
  - Nouvelle technique d'interception
  - Calibration de la portée sur les écrans des radars embarqués
  - Essais de visibilité nocturne
  - Essai Defiant
- Déc. 1940 : Comparaison Beaufighter à moteurs Hercules et Merlin XX
  - Écran radar pour le Pilote (sur Beaufighter)
  - Essai de lunettes de vision nocturne
  - Essai Beaufighter vs Me-110
  - Calibration de la portée et de l'altitude d'une station GCI
  - Production d'un film pour l'instruction sur les radars embarqués
  - Spécification AI pour l'Aéronavale (FAA)
  - Dispositif tridimensionnel d'interception GCI

[1015] Résumé non exhaustif rédigé à partir des données du journal de marche conservé sous la référence AIR 29/27, TNA. Les sujets étudiés s'étalant parfois sur plusieurs mois, ils n'ont été cités qu'une fois, sauf modification importante (par exemple, les essais de coopération avec les projecteurs au sol se perfectionnent durant plusieurs années).

Janvier 1941 : Guidage radio sur canal de garde
　　　　　　　Essai d'un télescope infrarouge
　　　　　　　Réarmement du Beaufighter à haute altitude
FORD, SUSSEX (jusqu'à avril 1944)
　Février 1941 : Essai de tirs de fusées éclairantes pour illuminer un avion cible
　　　　　　　Production d'un film pour l'instruction sur l'écran radar pour Pilote
　　　　　　　Havoc avec dôme astronomique d'observation
　　　　　　　IFF Mk IIG
　　　　　　　Écran radar pour le Pilote (sur Havoc)
　Mars 1941 : Peinture de masquage des échappements (sur Blenheim)
　　　　　　　Projecteur Helmore (Turbinlite)
　　　　　　　Essai de codage pour l'approche sur balise radar
　Avril 1941 : Photographies de l'écran AI du Pilote pour l'instruction
　　　　　　　Comparaison de vitesse Beaufighter - Havoc
　　　　　　　Écran radar automatique (AI Mk VI) pour le Pilote (sur Blenheim)
　　　　　　　Essai de pointage des projecteurs au sol par un avion de chasse
　　　　　　　Amélioration des techniques d'interception
　　　　　　　Efficacité de roquettes tirées par guidage radar
　　　　　　　Déploiement de Mines Aériennes Longues par guidage GCI
　　　　　　　Installation radar d'un Havoc avec projecteur Helmore
　Mai 1941 :　Dispositif 'Cyclamen' de largage de fusées éclairantes
　　　　　　　Efficacité des projecteurs 'Elsie' guidés par radar
　　　　　　　Méthode standard d'interception avec AI Mk IVA (écran Pilote)
　　　　　　　Simulateur de radar pour le Pilote
　　　　　　　Version de série de l'AI Mk V
　　　　　　　Nouvelle disposition des antennes sur le Beaufighter
　　　　　　　Beaufighter II avec tourelle Boulton Paul [avion ensuite baptisé Mark V]
　Juin 1941 :　Portées mini et maxi de l'AI Mk V sur avion et sur balise radar
　　　　　　　Essais de fusées éclairantes flash
　　　　　　　Expériences au profit des batteries de projecteurs du 70ème Régiment
　　　　　　　Efficacité de l'AI Mk V sans l'écran du Pilote
　　　　　　　Essais de visibilité nocturne
　　　　　　　Système d'approche en aveugle sur balise radar
　Juillet 1941 : Comparaison des Beaufighter Mk I et Mk V
　　　　　　　Essais d'interception à 90° avec AI Mk IV
　　　　　　　Defiant avec AI Mk VI
　　　　　　　Essai de jumelles nocturnes pour le RAE
　　　　　　　Havoc avec six mitrailleuses orientables tirant vers le haut
　　　　　　　Pare-flammes sur Beaufighter II
　Août 1941 : Tournage film sur tirs de roquettes
　　　　　　　Étude du camouflage de l'aérodrome
　　　　　　　Boeing 247D avec radar centimétrique américain
　　　　　　　Attaques simulées sur planeur
　　　　　　　Viseur pour l'aéronavale
　　　　　　　Interférence entre AI Mk VI et GCI ou CHL
　Sept. 1941 : Lampes pour se faire reconnaître spéciales pour coopérer avec les projecteurs au sol
　　　　　　　Test de pare-flammes sur Defiant
　　　　　　　Essais de tube lance-fusées éclairantes pour le RAE
　　　　　　　Interception guidée par AI sur Havoc en pilotage automatique
　　　　　　　Approche guidée par AI sur Havoc en pilotage automatique
　　　　　　　Nouveau viseur télescopique
　　　　　　　Filtres bleus d'entraînement à l'interception radar

                        Échelles graduées pour AI Mk V
Oct. 1941 :   Tests de vol au-dessus d'un point précis sur balise radar
               Essais de patrouille nocturne sur une ligne précise
               Nouveau phare d'atterrissage d'urgence
               Agencement du poste de pilotage
Nov. 1941 :   Havoc à projecteur Helmore et double antenne d'émission
               Interceptions à basse altitude avec AI Mk IV et V
               Voyants d'alarme de décrochage sur Beaufighter
               Fairey Fulmar comme chasseur de nuit
               Nouveau type de filtres d'entraînement de jour
               IFF Mk IIG*
Déc. 1941 :   Essais de radar centimétrique (AI Mk VII sur Beaufighter)
               Mesure du taux de descente sur Beaufighter
Janvier 1942 : Essais de stabilité du Havoc et du Beaufighter
               Échelles graduées pour AI Mk VII
Février 1942 : Essai d'un laryngophone
               Système de destruction de l'IFF
               Essais AI Mk VII sur des cibles de surface en mer
Mars 1942 :   Essais d'illumination de cibles par des fusées éclairantes à retardateur
               Amélioration des écrans du radar AI Mk IV
Avril 1942 :   Possibilité d'utiliser des lampes infrarouges pour l'identification ami-ennemi
               Mustang comme chasseur parasite d'un Havoc Turbinlite
               Spitfire comme chasseur de nuit
               Utilisation d'obus traçants
               Formation à l'AI Mk VII pour quatre opérateurs radar du 68ème Escadron
               Déviation du compas magnétique après le tir des canons du Beaufighter
               Essais de filtres d'entraînement de jour
               Différents types de peintures des circuits d'échappement
               Déclenchement automatique de la cinémitrailleuse par radar
Mai 1942 :   Hurricane avec AI Mk VI
               Essai d'identification ami-ennemi avec un Wellington doté d'une lampe infrarouge
               Éclairage UV du poste de pilotage du Beaufighter
               Éclairage rouge du poste de pilotage du Hurricane
               Essai d'attaque de nuit par Hurricane d'un planeur (simulé par Magister) par fusées
                    éclairantes lâchées par un Beaufighter
               Boston III Turbinlite avec AI Mk V
Juin 1942 :   Essais d'éblouissement d'un chasseur par fusées éclairantes lâchées par un Lancaster
               Typhoon comme chasseur de nuit
Juillet 1942 : Typhoon comme chasseur parasite de Turbinlite
               Beaufighter avec aérofreins
               Mosquito comme chasseur de nuit
Août 1942 :   Comparaison d'échos de différents types d'avions
               Mesures d'accélération et de décélération du Beaufighter pour les GCI
               Éclairage amélioré du poste de pilotage du Typhoon
               Portée maximale du radar AI Mk V sur Mosquito après retrait de deux mitrailleuses
               Essai d'identification avec un Wellington doté d'une lampe infrarouge à codage
               Hurricane avec échappements à émissions infrarouges réduites
Sept. 1942 :   Viseur de tir de nuit sur Typhoon
               Beaufighter II avec panneau de vision directe
               Essai de suppression du phare d'atterrissage gauche du Typhoon
Oct. 1942 :   Beaufighter avec air chaud de dégivrage du pare-brise
               Beaufighter avec air sec entre deux vitres du pare-brise

Beaufighter avec viseur GM2 avec réticule vert
Mosquito avec viseur GM2 avec réticule rouge
Mosquito avec nouvelle casquette pour éviter les reflets
Typhoon avec nouvelle casquette pour éviter les reflets
Spitfire IX comme chasseur de nuit
Comparaison de deux types de télescopes pour l'identification infrarouge
Mesure des émissions infrarouge d'un Wellington
Typhoon avec échappements à émissions infrarouges réduites

Nov. 1942 : Beaufighter avec échappements à émissions infrarouges réduites
Essai d'un système de réduction du brouillage pour l'AI Mk V
Comparaison de vitesse Beaufighter - Mosquito à différentes altitudes
Air chaud entre deux vitres sur Hurricane et nouveau type d'horizon artificiel
Essais d'éblouissement d'un chasseur par fusée-flash remorquée par un Wellington
Projecteur vertical en fin de piste pour garder une trajectoire rectiligne
Comparaison d'échos Beaufighter - Mosquito

Déc. 1942 : Comparaison d'échos de deux Mosquito, l'un étant spécialement modifié
Portée maximale des émetteurs radar à 27.000 pieds (8.200 m) d'altitude
Beaufighter avec éclairage UV, éclairage rouge et éclairage de secours du cockpit
Beaufighter avec AI Mk VIII
Fairey Fulmar avec "AI spécial"

Janvier 1943 : Essais de munitions traçantes (mitrailleuses et canons)
Beaufighter avec AI Mk VIIIA
Mesure des émissions infrarouge de Hurricane
Dispositif de dégivrage du pare-brise d'un Hurricane

Février 1943 : Essais de guidage sur balise Eureka avec Rebecca sur un Wellington
Essais AI Mk VIII sur des cibles de surface en mer
Essai d'un viseur télescopique sur Beaufighter
Éblouissement d'un chasseur par fusée-flash sur détection Monica (Wellington)
Pare-flammes sur Lancaster

Mars 1943 : Pare-flammes sur Halifax
Manœuvres échappatoires Halifax
Manœuvres échappatoires Mosquito sur détection Monica
Essai des modèles de série des télescopes infrarouges

Avril 1943 : IFF Mk IIIE et IIIG
Radar SCR 720

Mai 1943 : Manœuvres échappatoires Stirling sur détection Monica

Juin 1943 : Essai de ralliement sur balise radar "Walter" transportable placée sur vedette

Juillet 1943 : Essai de radar AI Mk IV "orienté vers l'arrière" sur Beaufighter et Mosquito (opération "Senate", puis rebaptisée "Whiting")
Pare-flammes pour B-25 Mitchell

Août 1943 : Modification du carénage du nez du Beaufighter pour réduire les interférences radar
Opération Mahmoud
Essai d'extinction des projecteurs au sol par emploi de l'IFF
Essais d'éblouissement d'un chasseur par fusée-flash remorquée par un Halifax

Sept. 1943 : Premier emploi du radar SCR 720 en opérations

Oct. 1943 : Projection "tête haute" de l'affichage du radar Mk V sur pare-brise d'un Mosquito

Annexe 3 : Résumés des activités de certains Escadrons

3a - Activités du 1er Escadron en avril 1942 (Hurricane IIc), commandé par le Squadron Leader James A. F. MacLachlan, DFC (2 fois), basé à Tangmere en avril 1942 : résumé du journal de marche de l'unité. Source dossiers AIR 27/3/7, 27/3/8 et 27/6/4, TNA."

Date	Avion	Pilote	Mission	Départ	Retour	Durée	Commentaires
01-avr	BE.581	Kuttelwascher (TCH)	Intruder - France	22:20	23:45	01:25	Patrouille sur aérodromes d'Evreux et Melun: abat un Ju-88 qui vient de décoller et en endommage un autre.
	BE.215	MacLachlan	Intruder - France	22:15	22:45	00:30	Rien à signaler.
	28 sorties		Entraînement	-	-	22:40	Plusieurs vols d'entraînement (18 de jour), y compris de coopération avec les projecteurs et avec les Havocs de la 1455ème Escadrille.
02-avr	BE.647	Pearson	Patrouille défensive	23:45	01:15	01:30	Rien à signaler.
	BE.215	MacLachlan	Intruder - France	23:40	01:45	02:05	Patrouille sur aérodromes de Rennes et de Dinard, sans succès. Au retour, effectue deux passes de mitraillage contre un train de marchandises près de Combourg.
	BE.572	W/O Scott (CN)	Patrouille défensive	20:20	21:50	01:30	Rien à signaler.
	BE.232	Bland	Patrouille défensive	20:20	21:50	01:30	Rien à signaler.
	BN.205	Perrin (NZ)	Patrouille défensive	22:30	00:01	00:01	Rien à signaler.
	BD.947	Connolly	Patrouille défensive	23:45	-	accidenté	Panne de moteur en mer au large de Selsey, Sussex. Saute en parachute et est repêché par un chalutier après trois heures dans son dinghy.
	Z.3897	Goy	Patrouille défensive	21:15	22:35	01:20	Rien à signaler.
	BD.770	English (CN)	Patrouille défensive	21:15	22:35	01:20	Rien à signaler.
	23 sorties		Entraînement	-	-	22:55	Sorties d'entraînement, 20 de jour.
03-avr	BE.581	Kuttelwascher (TCH)	Intruder - France	00:20	02:30	02:10	Rien à signaler.
	Z.3970	Corbet (NZ)	Patrouille défensive	01:00	02:50	01:50	Rien à signaler.
	BD.983	Williams (NZ)	Patrouille défensive	01:45	03:05	01:20	Rien à signaler.
	*	Goy	Patrouille défensive	03:40	04:10	00:30	Rien à signaler.
	*	English (CN)	Patrouille défensive	03:40	04:10	00:30	Rien à signaler.
	*	Scott (CN)	Patrouille défensive	02:40	04:10	01:30	Rien à signaler.
	*	Bland	Patrouille défensive	en journée		00:05	Patrouille annulée juste après le décollage.
	*	Scott (CN)	Patrouille défensive	en journée		00:05	Patrouille annulée juste après le décollage.
	Z.3455	Murray	Patrouille défensive	19:30	20:30	01:00	Rien à signaler.
	BN.232	Higham	Patrouille défensive	19:30	20:30	01:00	Rien à signaler.
	12 sorties		Entraînement	-	-	06:25	Sorties d'entraînement, toutes de jour.
04-avr	21 sorties		Entraînement	-	-	15:10	Sorties d'entraînement, toutes de jour.
	Z.3970	Pearson	Patrouille défensive	20:50	22:30	01:40	Rien à signaler.
	BD.983	Williams (NZ)	Patrouille défensive	20:50	22:30	01:40	Rien à signaler.
	BE.215	MacLachlan	Patrouille défensive	21:00	21:55	00:55	Rien à signaler.
05-avr	BE.647	Bachurek (TCH)	Patrouille défensive	22:15	-	accidenté	Panne d'essence par oubli de changer de réservoir. Graves blessures à la tête.
	BN.205	Dennis (AUS)	Patrouille défensive	22:10	00:15	00:15	Rien à signaler.
	32 sorties		Entraînement	-	-	29:15	Plusieurs vols d'entraînement (29 de jour), y compris d'atterrissage radioguidé, et de coopération avec les projecteurs et avec des Havocs.
06-avr	Z.3455	MacLachlan	Escorte de convoi	20:15	21:45	01:30	Patrouille au-dessus d'un convoi maritime. Rien à signaler. Atterrissage par très mauvais temps.
	BD.770	English (CN)	Escorte de convoi	20:15	21:45	01:30	
	BN.205	Goy	Escorte de convoi	20:15	21:45	01:30	
	BN.232	Dennis (AUS)	Escorte de convoi	20:15	22:00	01:45	
	16 sorties		Entraînement	-	-	13:30	Sorties d'entraînement, 14 de jour.
07-avr	6 sorties		Entraînement	-	-	08:00	Sorties d'entraînement, toutes de jour.

Date	Avion	Pilote	Mission	Départ	Retour	Durée	Commentaires
08-avr	BN.205	W/O Scott (CN)	Décollage sur alerte	08:40	09:40	01:00	Hostile signalé proche de la base. Rien à signaler.
	BD.770	English (CN)	Décollage sur alerte	08:40	09:40	01:00	
	26 sorties	-	Entraînement	-	-	23:55	Plusieurs vols d'entraînement (17 de jour), y compris d'atterrissage radioguidé, de vol en formation et de coopération avec les Havocs.
09-avr	5 sorties	-	Entraînement	-	-	05:30	Plusieurs vols d'entraînement (tous de nuit), y compris de coopération avec les projecteurs et le GCI de Durrington.
10-avr	BN.232	W/O Scott (CN)	Décollage sur alerte	12:10	13:30	01:20	Rien à signaler.
	BD.770	Whitmore (CN)	Décollage sur alerte	12:10	13:30	01:20	
	BN.232	Goy	Décollage sur alerte	18:30	19:15	00:45	Rien à signaler.
	BN.205	Murray	Décollage sur alerte	18:30	19:15	00:45	
	BE.572	W/O Scott (CN)	Décollage sur alerte	20:55	22:20	01:25	Patrouille sur Worthing. Rien à signaler.
	BN.205	Perrin (NZ)	Décollage sur alerte	20:55	22:20	01:25	
	24 sorties (plus Z.3970)	-	Entraînement	-	-	22:05	Plusieurs vols d'entraînement, y compris de tirs simulés à la cinémitrailleuse, et de coopération avec les projecteurs et avec des Havocs.
	Z.3970 **	Vlk (TCH)	Entraînement	19:00	-	accidenté	Pilote tué lors d'un entraînement à l'atterrissage radioguidé.
11-avr	27 sorties	-	Entraînement	-	-	18:05	Plusieurs vols d'entraînement (15 de jour), y compris de coopération avec des Havoc et de décollage en aveugle (sur Master).
12-avr	*	Kuttelwascher (TCH)	Patrouille défensive	18:25	19:55	01:30	Rien à signaler.
	49 sorties	-	Entraînement	-	-	28:30	Plusieurs vols d'entraînement (32 de jour), y compris de coopération avec les projecteurs et avec des Havocs, et de décollage en aveugle (sur Master).
13-avr	45 sorties	-	Entraînement	-	-	38:10	Plusieurs vols d'entraînement (30 de jour), y compris de tir air-air, de coopération avec les projecteurs et avec des Havocs, et de décollage en aveugle (sur Master).
14-avr	BD.983	Corbet (NZ)	Patrouille défensive	13:55	14:15	00:20	Rien à signaler.
	AF.980	Cooper	Patrouille défensive	13:55	14:15	00:20	
	BN.232	Goy	Patrouille défensive	13:50	14:15	00:25	Rien à signaler.
	BN.205	English (CN)	Patrouille défensive	13:50	14:15	00:25	
	37 sorties	-	Entraînement	-	-	24:10	Plusieurs vols d'entraînement (18 de jour), y compris de vol en formation et de coopération avec les projecteurs et avec des Havocs.
15-avr	BN.232	Perrin (NZ)	Décollage sur alerte	19:20	19:35	00:15	Rien à signaler.
	?	Bland	Décollage sur alerte	19:20	19:35	00:15	
	V.7744	Perrin (NZ)	Décollage sur alerte	19:50	20:30	00:40	Rien à signaler.
	P.2901	Higham	Décollage sur alerte	19:50	20:30	00:40	
	31 sorties	-	Entraînement	-	-	27:35	Plusieurs vols d'entraînement (19 de jour), y compris de décollage sur alerte, de tir simulés à la cinémitrailleuse et de coopération avec des Havocs.
16-avr	BE.581 (JX-E)	Kuttelwascher (TCH)	Intruder - France	22:45	01:35	01:35	Patrouille sur aérodromes d'Evreux, St André, Dreux et Chartres : abat un Do-217 à St André qui avait ses feux de navigation allumés.
	BE.215 (JX-I)	MacLachlan	Intruder - France	22:25	01:25	01:25	Patrouille sur aérodromes d'Evreux, Brétigny et Dreux, sans succès.
	BN.205	Goy	Patrouille défensive	12:10	12:45	00:35	
	Z.3597	Murray	Patrouille défensive	12:10	12:45	00:35	
	BN.232	W/O Scott (CN)	Patrouille défensive	12:10	12:45	00:35	Rien à signaler.
	BD.770	English (CN)	Patrouille défensive	12:10	12:45	00:35	
	V.7744	Bland	Patrouille défensive	12:10	12:45	00:35	
	BN.232	Goy	Escorte de convoi	19:40	20:50	01:10	Décollage sur alerte pour patrouille au-dessus d'un convoi maritime. Rien à signaler.
	BN.205	Perrin (NZ)	Escorte de convoi	19:40	20:50	01:10	
	Z.3897	W/O Scott (CN)	Escorte de convoi	21:00	21:55	00:55	Relève la patrouille précédente au-dessus du convoi.
	BD.770	English (CN)	Escorte de convoi	21:00	21:55	00:55	
	Z.3151	Goy	Escorte de convoi	21:00	21:55	00:55	
	Z.7744	Higham	Escorte de convoi	21:00	21:55	00:55	
	25 sorties	-	Entraînement	-	-	30:20	Plusieurs vols d'entraînement (17 de jour), y compris de coopération avec des Havocs.

Date	Avion	Pilote	Mission	Départ	Retour	Durée	Commentaires
17-avr	BE.573	Corbet (NZ)	Patrouille de nuit	00:45	02:50	02:05	Rien à signaler.
	BE.215	MacLachlan	Patrouille de nuit	02:00	03:25	01:25	Rien à signaler.
	BE.581	Kuttelwascher (TCH)	Patrouille de nuit	02:15	03:35	01:20	Rien à signaler.
	BN.205	Perrin (NZ)	Décollage sur alerte	16:55	17:25	00:30	
	V.7744	Higham	Décollage sur alerte	16:55	17:25	00:30	Rien à signaler.
	18 sorties	-	Entraînement	-	-	17:20	Plusieurs vols d'entraînement (11 de jour), y compris de coopération avec: des batteries de projecteurs et des Havocs.
	10 sorties	-	Entraînement	-	-	07:40	Plusieurs vols d'entraînement (9 de jour), y compris de coopération avec des batteries de projecteurs et des Havocs.
18-avr	BE.215	MacLachlan	Patrouille de nuit	02:10	03:45	01:35	Patrouilles de nuit en orbitant sur balise dans des zones de chasse de projecteurs. Un chasseur a reçu l'ordre "SMACK" de quitter l'orbite pour se diriger vers une cible potentielle, mais sans succès.
	BE.150	Corbet (NZ)	Patrouille de nuit	02:10	03:50	01:40	
	BE.573	Mossip	Patrouille de nuit	02:10	03:50	01:40	
19-avr	22 sorties	-	Entraînement	-	-	13:05	Plusieurs vols d'entraînement (tous de jour), y compris de décollage en aveugle et de vol en formation.
20-avr	26 sorties	-	Entraînement	-	-	18:10	Plusieurs vols d'entraînement (25 de jour), y compris de décollage en aveugle et de coopération avec des Havocs.
21-avr							Aucun vol
22-avr	27 sorties	-	Entraînement	-	-	21:15	Plusieurs vols d'entraînement (26 de jour), y compris d'attaque simulées de trains, de mission Intruder et de vol en formation.
23-avr	22 sorties	-	Entraînement	-	-	16:45	Plusieurs vols d'entraînement (tous de jour), y compris de mission Intruder et de vol en formation.
	35 sorties	-	Entraînement	-	-	16:10	Plusieurs vols d'entraînement (31 de jour), y compris de mission Intruder et de vol en formation.
24-avr	BE.573	Machacek (TCH)	Intruder - France	23:15	-	manquant	Avion disparaît en mission Intruder (Pilote tué).
	BE.581	Kuttelwascher (TCH)	Intruder - France	23:20	01:40	01:40	Rien à signaler.
	BE.215	MacLachlan	Intruder - France	23:30	01:45	01:45	Rien à signaler.
25-avr	BE.150	Pearson	Intruder - France	00:35	03:15	02:40	Patrouille sur aérodrome d'Evreux, se perd au retour et se pose à Exeter, dans le Devon.
	BD.983	Cooper	Intruder - France	01:35	02:20	00:45	Rappelé à cause du mauvais temps.
	Z.3455	Perrin (NZ)	Intruder - France	01:24	02:29	01:05	Rien à signaler.
	BE.572	F/Lt Scott	Intruder - France	00:55	03:50	02:55	Rien à signaler.
	30 sorties	-	Entraînement	-	-	23:05	Plusieurs vols d'entraînement (26 de jour), y compris de navigation et de vol en formation.
	30 sorties	-	Entraînement	-	-	35:15	Plusieurs vols d'entraînement (22 de jour), y compris de ralliement sur radiobalise et de coopération avec des Havocs.
26-avr	BE.215	MacLachlan	Décollage sur alerte	05:40	06:50	01:10	
	BE.581	Kuttelwascher (TCH)	Décollage sur alerte	05:40	06:53	01:13	
	BE.150	Pearson	Décollage sur alerte	05:50	06:35	00:45	
	BD.983	Cooper	Décollage sur alerte	05:50	06:40	00:50	
	BD.262	Mossip	Décollage sur alerte	05:50	06:40	00:50	Patrouilles dans des zones de chasse de projecteurs. Rien à signaler.
	BE.572	F/Lt Scott	Décollage sur alerte	05:40	06:40	01:00	
	Z.3455	Murray	Décollage sur alerte	05:40	06:40	01:00	
	BN.232	Perrin (NZ)	Décollage sur alerte	05:40	06:45	01:05	
	BD.770	W/O Scott (CN)	Décollage sur alerte	05:50	06:40	00:50	
	BE.215	MacLachlan	Intruder - France	22:05	01:05	01:05	Patrouille sur aérodromes de Brétigny, St André, Evreux et Dreux : abat un Do-217 qui vient de décoller et en endommage un autre.

Date	Avion	Pilote	Mission	Départ	Retour	Durée	Commentaires
27-avr	BE.581	Kuttelwascher (TCH)	Intruder - France	01:35	-	00:00	Patrouille sur aérodrome de Rouen Boos Brétigny : abat un Do-17 mais est attaqué par un Ju-88. Largue ses réservoirs supplémentaires et endommage le Ju-88 par quatre courtes rafales.
	BE.215	MacLachlan	Décollage sur alerte	01:55	02:50	00:55	Patrouilles dans des zones de chasse de projecteurs. Rien à signaler.
	BD.872	Corbet (NZ)	Décollage sur alerte	01:55	03:15	01:20	
	31 sorties	-	Entraînement	-	-	19:45	Plusieurs vols d'entraînement (25 de jour), y compris de navigation, de tir air-air et de vol en formation.
28-avr	25 sorties	-	Entraînement	-	-	18:55	Plusieurs vols d'entraînement (22 de jour), y compris d'attaque simulées de trains, de tir air-air et de coopération avec les projecteurs.
	Z.3455	Murray	Intruder - France	22:55	01:40	01:40	Rien à signaler.
	BE.150	Pearson	Intruder - France	23:20	02:35	02:35	Rien à signaler.
	Z.3455	W/O Scott (CN)	Intruder - France	22:05	00:50	00:50	Plusieurs vols sur aérodromes d'Evreux et Chartres : rien à signaler.
29-avr	BE.150	Corbet (NZ)	Intruder - France	22:30	01:35	01:35	Plusieurs vols sur aérodromes d'Evreux et Chartres : rien à signaler.
	35 sorties	-	Entraînement	-	-	02:00	Plusieurs vols d'entraînement (31 de jour), y compris de vol en formation, de combat air-air, d'atterrissage en soirée et de coopération avec les projecteurs et avec des Havocs.
	11 sorties		Entraînement	-	-	11:45	Plusieurs vols d'entraînement (5 de jour).
	BD.770	Dennis (AUS)	Escorte de convoi	15:50	17:00	01:10	Patrouille au-dessus d'un convoi maritime. Rien à signaler.
	V.7744	Maybee (CN)	Escorte de convoi	15:50	17:00	01:10	Patrouille au-dessus d'un convoi maritime. Le moteur du Sgt Pearson est tombé en panne mais il a réussi un atterrissage forcé sur la base de Thorney Island, dans le Sussex de l'Ouest.
	Z.4577	Kuttelwascher (TCH)	Escorte de convoi	15:30	16:35	01:05	
	P.3862	Pearson	Escorte de convoi	15:30	15:50	00:20	
30-avr	*	Bland	Escorte de convoi	?	?	01:45	Patrouille au-dessus d'un convoi maritime. Rien à signaler.
	*	Chalifour (CN)	Escorte de convoi	?	?	01:45	
	*	Pearson	Escorte de convoi	?	?	01:25	
	*	Glover (CN)	Escorte de convoi	?	?	01:25	
	BE.215 (JX-E)	Kuttelwascher (TCH)	Intruder - France	01:05	04:05	03:00	Patrouille sur aérodromes d'Evreux, Dreux et Rouen : aucun avion ennemi, mais a mitraillé deux train et un remorqueur au retour.
	BE.581	Kuttelwascher (TCH)	Intruder - France	23:30	02:20	02:20	Patrouille sur aérodromes de Rennes et Dinard : 1 He-111 et 1 Do-217 abattus. *
			Durée moyenne des missions :			03:32	

Notes :
- Les grades des aviateurs n'ont pas été notés faute de place, sauf lorsque plusieurs hommes avaient le même patronyme (par exemple les F/Lt et le W/O Scott).
- Seuls les vols opérationnels sont enregistrés dans les Annexes, il n'est donc pas possible de reconstituer l'histoire complète des vols de l'unité.
- CN = Pilote Canadien
- NZ = Pilote Néozélandais
- TCH = Pilote Tchécoslovaque
- AUS = Pilote Australien

* Ces vols sont mentionnés dans le Journal de Marche, mais pas dans les Annexes.

** Ce vol ne figure pas dans les Annexes, mais l'immatriculation de l'avion est mentionnée dans le dossier AIR 81/13258, TNA.

Tués de l'Escadron sur cette période :

Sergent Jan VLK (TCH) 10 avril 1942

Sergent Vlastimil MACHACEK (TCH) 24 avril 1942

Warrant Officer Class I Gerald SCOTT (CN) 26 juin 1942

3b - Activités du 515ème Escadron en mai 1944 (Mosquito VI), commandé par le Wing Commander F. F. Lambert, et basé à Little Snoring en mai 1944 : résumé du journal de marche de l'unité. Source dossiers AIR 27/1981/29 et 27/1981/30, TNA.

Date	Avion "NS"	Pilote	Navigateur	Mission	Départ	Retour	Durée	Commentaires
01 mai Cibles du Bomber Command : Toulouse, St Ghislain, Malines, Chambly, Lyon et Tours	961	Butterfield	Drew	Intruder - Belgique	22:55	01:10	02:15	Patrouille sur aérodrome de Florennes. Un peu de Flak sur le trajet.
	949	McCready	Frodin	Intruder - France	22:45	01:40	02:55	Patrouille sur aérodromes de Juvincourt et de Laon, sans succès. Projecteurs et Flak légère.
	962	Lambert	Morgan	Intruder - Allemagne	22:40	01:10	02:30	Patrouille sur aérodrome de Bonn. Mauvaise visibilité. Bombes au phosphore larguées par navigation à l'estime.
	951	Martin	Smith	Intruder - France	22:35	02:45	04:10	Patrouille sur aérodrome de St Dizier. Un Liberator intercepté.
	847	Stein	Sgt Lindsay	Intruder - Belgique	22:55	-	manquant	Patrouille prévue sur Bruxelles et Le Culot ; avion ne rentre pas (Flak - équipage tué).
	955	L'Amie	P/O Lindsay	Intruder - Belgique	22:30	01:00	02:30	Patrouille sur aérodrome de St Trond. Flak lourde sur le trajet.
02-mai								Aucun vol opérationnel, Escadron au repos.
03 mai Cibles du Bomber Command : Mantes la Jolie, Sable sur Sarthe, Aubigne	950	Shaw	Standley Smith	Intruder - France	23:25	03:05	03:40	Patrouille prévue sur aérodrome de Nancy de 00h59 à 01h40. N'a pas bombardé par peur d'atteindre des maisons.
	931	Foster	Ling	Intruder - Belgique	23:35	01:25	01:50	Patrouille prévue sur aérodrome de Florennes mais n'a pas réussi à déterminer sa position après avoir franchi la côte, a fait demi-tour.
	933	Harrison	Adams	Intruder - Pays-Bas	23:30	02:10	02:40	Patrouille sur aérodrome d'Egmond. Rien à signaler.
	961	Hoskin	Jones	Intruder - France	23:00	02:30	03:30	Patrouille sur aérodrome de Nancy de 23h55 à 00h35. Les lumières de l'aérodrome se sont éteintes à son arrivée.
	132	Martin	Smith	Intruder - France	23:40	04:10	04:30	Patrouille sur aérodrome de Metz. Hangars attaqués au canon et à la bombe incendiaire. Visite St Dizier, rien à signaler.
	953	White	Normington	Intruder - Belgique	22:50	02:00	03:10	Patrouille sur aérodrome de Florennes. Les lumières de l'aérodrome se sont éteintes à son arrivée.
	949	Lewis	Greaves	Intruder - Belgique	22:50	00:50	02:00	Patrouille prévue sur Bruxelles et Le Culot mais n'a pas réussi à déterminer sa position, a fait demi-tour.
4 et 5 mai								Aucun vol opérationnel, mauvais temps.
06 mai Cibles du Bomber Command : Mantes la Jolie, Sable sur Sarthe, Aubigne	931	Foster	Ling	Intruder - France	00:35	04:40	04:05	Patrouille sur aérodrome de Dijon. He-177 aperçu près de Valenciennes mais disparaît.
	954	Ecclestone	Shimmin	Intruder - France	00:40	05:30	04:50	Patrouille sur aérodrome de Nancy. Rien à signaler.
	933	Harrison	Adams	Intruder - France	01:15	04:45	03:30	Patrouille sur aérodrome de Courmelles (Soissons). Rien à signaler.
	932	Louden	Tennant	Intruder - France	00:50	05:40	04:50	Patrouille sur aérodromes de Juvincourt et de Laon. Deux avions ennemis aperçus près de Cambrai mais disparaissent.
	957	McCready	Frodin	Intruder - France	01:10	04:30	03:20	Patrouille sur aérodrome de Courmelles (Soissons) et de Creil. Rien à signaler.
	961	Hoskin	Jones	Intruder - France	22:50	02:40	03:50	Patrouille sur aérodrome de Nancy. Rien à signaler.
	955	L'Amie	P/O Lindsay	Intruder - France	22:30	03:30	05:00	Patrouille sur aérodrome de Dole. Rien à signaler. Rafale de 5 secondes tirée sur avion parqué à Dijon.
07 mai Cibles du Bomber Command : Nantes, St Valéry, Salbris, Tours, Rennes	931	Foster	Ling	Intruder - France	22:40	02:45	04:05	Patrouille sur aérodrome de Metz. Rien à signaler.
	954	Ecclestone	Shimmin	Intruder - France	23:05	03:35	04:30	Patrouille sur aérodrome de St André. Attaque à deux reprises un Me-110 au roulage sur l'aérodrome de Vernouillet (Dreux).
	950	Shaw	Ayling	Intruder - France	23:10	02:25	03:15	Patrouille sur aérodrome de Courmelles (Soissons). Bombarde la zone de stationnement : incendies observés.
	932	Louden	Tennant	Intruder - Belgique	22:50	03:10	04:20	Patrouille sur aérodrome de Florennes. Rien à signaler.
	944	McCready	Frodin	Intruder - Belgique	23:30	02:15	02:45	Patrouille sur aérodrome de Bruxelles et du Culot. Rien à signaler.
	132	Martin	Smith	Intruder - France	23:35	03:35	04:20	Patrouille sur aérodrome de Creil. Rien à signaler.
	949	Lewis	Greaves	Intruder - Belgique	23:40	03:30	03:50	Patrouille sur aérodrome de Florennes. Rien à signaler.
	957	White	Normington	Intruder - Belgique	23:15	02:40	03:25	Patrouille sur aérodrome de St Trond. Tirs de Flak légère.

Date	Avion "NS"	Pilote	Navigateur	Mission	Départ	Retour	Durée	Commentaires
08 mai Cibles du Bomber Command : Haine St Pierre, Brest, Morsalines, Berneval, Cap Gris Nez	961	Butterfield	Drew	Intruder - France	01:10	04:15	03:05	Patrouille sur aérodrome de St Dizier, rien à signaler.
	944	Chown (CN)	Veitch	Intruder - France	01:45	04:50	03:05	Patrouille sur aérodrome de Juvincourt : incendie observé au centre du terrain. Bombarde une aire de stationnement et tire au canon sur des bâtiments.
	933	Harrison	Adams	Intruder - Belgique	02:20	05:00	02:40	Patrouille sur aérodromes de la région de Bruxelles. Tente de bombarder le terrain d'Evere mais les bombes restent accrochées.
	951	Moore	Lake	Intruder - France	01:20	04:10	02:50	Patrouille sur aérodromes de Juvincourt et de Laon. Attaque six péniches au canon, Flak légère.
	953	Newberry	Twyham	Intruder - Belgique	01:50	04:15	02:25	Patrouille sur aérodromes de St Trond et Bruxelles. Rien à signaler.
	949	Lewis	Greaves	Intruder - France	01:35	05:20	03:45	Patrouille sur aérodrome de St Dizier. Aérodrome éclairé au deuxième passage.
	929	White	Normington	Intruder - Belgique	01:50	04:50	03:00	Patrouille sur aérodrome de Florennes. Rien à signaler. Flak à l'aller.
	957	Callard	Townsley	Intruder - Belgique	01:20	04:20	03:00	Patrouille sur aérodrome de Florennes. Rien à signaler. Flak à l'aller.
09 mai Cibles du Bomber Command : batteries du Pas de Calais, Genevilliers, Annecy	961	Hoskin	Jones	Intruder - France	23:05	03:00	03:00	Patrouille sur aérodromes de Melun, Orly, Villacoublay et Villaroche. Rien à signaler.
	955	L'Amie	P/O Lindsay	Intruder - France	22:15	23:40	01:25	Patrouille sur aérodromes de Melun, Orly et Villacoublay. A fait demi-tour en raison de vibrations.
	932	Louden	Tennant	Intruder - France	23:10	02:40	02:40	Patrouille sur aérodromes de Coulommiers et le Bourlet [(sic) Bourget]. Rien à signaler.
	931	Foster	Ling	Intruder - France	22:40	02:25	02:25	Patrouille sur aérodromes de Coulommiers et le Bourlet [(sic) Bourget]. Rien à signaler.
	951	McCready	Frodin	Intruder - France	22:25	01:50	01:50	Patrouille sur aérodromes de Coulommiers et le Bourlet [(sic) Bourget]. Rien à signaler.
	957	Callard	Townsley	Intruder - France	22:50	02:05	02:05	Patrouille sur aérodrome de Laon-Athies. Attaque deux péniches au canon.
	929	Summers	Carmichael	Intruder - France	22:30	23:10	00:40	Patrouille prévue sur aérodrome de Laon-Athies mais a abandonné la mission car le train d'atterrissage n'a pas pu être rétracté.
	949	Byrne (CN)	Payne	Intruder - France	22:30	00:00	01:30	Patrouille prévue sur aérodrome de Juvincourt mais n'a pas réussi à déterminer sa position après avoir franchi la côte, a fait demi-tour.
	933	Butterfield	Drew	Intruder - France	22:45	02:20	02:20	Patrouille sur aérodrome de Coulommiers puis Creil : incendie vu dans un hangar. Bombarde une aire de stationnement avec des incendiaires et observe des feux.
	931	Harrison	Adams	Intruder - France	22:35	01:40	01:40	Patrouille sur aérodromes de Juvincourt et Laon-Athies. Rien à signaler.
	932	Ecclestone	Shimmin	Intruder - Pays-Bas	23:45	-	manquant	Patrouille prévue sur aérodrome de Gilze-Rijen ; avion ne rentre pas (Flak - équipage tué].
10 mai Cibles du Bomber Command : gares de triage de Courtrai, Dieppe, Gand, Lens et Lille	950	Lambert	Morgan	Intruder - France	22:25	02:05	02:05	Patrouille sur aérodromes de Melun puis Brétigny. N'a pas bombardé à cause de la mauvaise visibilité.
	949	Lewis	Greaves	Intruder - Pays-Bas	22:30	00:30	00:30	Patrouille prévue sur aérodrome de Venlo mais n'a pas réussi à déterminer sa position, a fait demi-tour.
	929	White	Normington	Intruder - Pays-Bas	22:40	-	manquant	Patrouille prévue sur Gilze-Rijen ; avion ne rentre pas (équipage tué).
	957	Summers	Carmichael	Intruder - Pays-Bas	22:30	00:10	00:10	Patrouille prévue sur aérodrome de Deelen mais a fait demi-tour à cause d'une panne de radio.
	953	Newberry	Twyham	Intruder - Belgique	22:30	01:25	01:25	Patrouille sur aérodrome de Florennes et sur la zone entre Dinant et Charleroi. Rien à signaler.

Date	Avion "NS"	Pilote	Navigateur	Mission	Départ	Retour	Durée	Commentaires
11-mai							Aucun vol opérationnel, Escadron au repos.	
	950	Hoskin	Ayling	Intruder - France	23:10	03:45	03:45	Patrouille prévue sur aérodrome de St Florentin. Bombarde les lumières de l'aérodrome avec des incendiaires.
	931	L'Amie	P/O Lindsay	Intruder - Allemagne	23:10	01:20	01:20	Patrouille prévue sur aérodrome de Bonn mais n'a pas réussi à déterminer sa position à cause du brouillard, a fait demi-tour.
12 mai Cibles du Bomber Command : Louvain, Hasselt et minage du canal de Kiel	944	Chown (CN)	Veitch	Intruder - Allemagne	23:35	03:40	03:40	Patrouille sur aérodrome de Bonn. Bombarde des lumières groupées à l'est de Bonn avec des incendiaires.
	955	Butterfield	Drew	Intruder - Allemagne	02:15	05:30	03:15	Patrouille sur le canal de Kiel. Se fait tirer dessus par six canons de Flak.
	962	Lambert	Morgan	Intruder - Allemagne	02:15	05:30	03:15	Patrouille sur le canal de Kiel. Se fait tirer dessus par des canons de Flak et réplique au canon à deux reprises.
	957	Summers	Carmichael	Intruder - Allemagne	23:30	02:55	02:55	Patrouille sur aérodrome de [Münster] Handorf. Feux d'un avion aperçus mais éteints et contact perdu.
	420	Law (CN)	Bruton	Intruder - France	23:00	03:00	03:00	Patrouille sur aérodrome de Nancy. Rien à signaler.
	949	Byrne (CN)	Payne	Intruder - Pays-Bas	23:40	-	manquant	Patrouille prévue sur [Enschede] Twente ; avion ne rentre pas (équipage tué).
	951	Martin	Smith	Intruder - Allemagne	02:20	05:35	03:15	Patrouille sur le canal de Kiel. Rien à signaler.
13-18 mai				Aucun vol opérationnel, mauvais temps le 13, le 14 et le 17 ; au repos les 15 , 16 et 18.Mosquito PZ161, PZ162 et PZ163 reçus de l'usine de Havilland de Hatfield.				
	953	Lewis	Greaves	Intruder - France	23:30	03:00	03:00	Patrouille prévue sur aérodrome de Brétigny. Tirs de Flak légère près de Maintenon.
19 mai Cibles du Bomber Command : Boulogne, Orléans, Amiens, Tours, Le Mans, Le Clipon, Merville, Mont Couple	961	Hoskin	Goodwin	Intruder - France	23:10	03:10	03:10	Patrouille prévue sur aérodrome d'Evreux. Rien à signaler.
	957	Groves	Dockeray	Intruder - France	23:55	02:30	02:30	Patrouille prévue sur aérodrome de Coulommiers mais n'a pas réussi à déterminer sa position.
	955	L'Amie	P/O Lindsay	Intruder - Pays-Bas	23:55	02:35	02:35	Patrouille sur aérodrome de Venlo. Rien à signaler.
	992	Summers	Carmichael	Intruder - France	23:35	02:45	02:45	Patrouille sur aérodrome de Juvincourt. Rien à signaler.
	954	Louden	Tennant	Intruder - Pays-Bas	23:50	02:30	02:30	Patrouille prévue sur aérodrome de Gilze-Rijen mais n'a pas réussi à le voir à cause du brouillard.
	933	Graham (CN)	Ayling	Intruder - France	22:35	02:20	02:20	Patrouille prévue sur aérodrome de Coulommiers mais n'a pas réussi à le voir à cause du brouillard.
	993	Callard	Townsley	Intruder - Belgique	23:30	02:05	02:05	Patrouille prévue sur Bruxelles et Le Culot mais n'a pas réussi à le voir à cause du brouillard.
	420	Law (CN)	Bruton	Intruder - France	22:40	01:40	01:40	Patrouille prévue sur aérodrome de Metz mais n'a pas réussi à déterminer sa position, fait demi-tour.
20 mai Cible du Bomber Command : Düsseldorf	993	Lewis	Greaves	Intruder - Allemagne	22:35	00:30	00:30	Patrouille prévue sur aérodrome de Kassel mais n'a pas réussi à déterminer sa position, fait demi-tour.
	931	Foster	Ling	Intruder - Allemagne	22:35	00:55	00:55	Patrouille prévue sur aérodrome de Wertheim mais fait demi-tour à cause du mauvais temps.
	950	Preston	Stanley-Smith	Intruder - Allemagne	23:20	02:30	03:10	Patrouille prévue sur aérodrome d'Ober-Olm mais n'a pas réussi à déterminer sa position, fait demi-tour.

Date	Avion "NS"	Pilote	Navigateur	Mission	Départ	Retour	Durée	Commentaires
21 mai Cible du Bomber Command : Duisbourg	962	Lambert	Morgan	Intruder - Allemagne	00:20	03:00	02:40	Patrouille sur aérodrome de [Münster] Handorf. Météo extrêmement mauvaise : 80 bombes incendiaires de 1,8 kg (60 instantanées et 20 à retard) larguées à l'estime sur l'aérodrome d'Handorf.
	954	Louden	Tennant	Intruder - Pays-Bas	00:45	04:05	03:20	Patrouille sur aérodrome de Venlo. Aérodrome éclairé mais pas d'activité.
	992	Summers	Carmichael	Intruder - France	01:05	04:30	03:25	Patrouille prévue sur aérodrome de Coulommiers mais n'a pas réussi à le voir à cause du brouillard.
	957	Groves	Dockeray	Intruder - Allemagne	00:40	04:30	03:50	Patrouille sur aérodrome de Rheine. Rien à signaler.
	944	Chown (CN)	Veitch	Intruder - Allemagne	00:30	03:20	02:50	Patrouille sur aérodrome de Rheine. Aérodrome éclairé à l'arrivée, Flak légère et projecteurs.
	132	Martin	Smith	Intruder - Allemagne	00:50	04:55	04:05	Patrouille sur aérodromes de [Münster] Handorf, Quackenbruck et Rheine. Rafale de deux secondes tirée sur ce dernier, pas de résultat observé.
	955	L'Amie	P/O Lindsay	Intruder - Pays-Bas	00:25	03:40	03:15	Patrouille sur aérodrome de Venlo. Attaque au retour un avion qui se pose à Volkel mais pas d'impact observé.
22 mai Cibles du Bomber Command : Dortmund, Brunswick, Le Mans, Orléans	961	Hoskin	Goodwin	Intruder - Allemagne	00:10	01:05	00:55	Patrouille prévue sur aérodrome de Hildesheim mais abandonnée à cause d'une panne de Gee.
	931	Foster	Ling	Intruder - Allemagne	00:05	03:55	03:50	Patrouille sur aérodromes de la région de Kasel. Tente de bombarder le terrain de Stade mais les bombes restent accrochées. Se rattrape en bombardant le canal de Wesermünde.
	950	Preston	Verity	Intruder - Allemagne	00:15	04:45	04:30	Patrouille sur aérodrome de Wunstorf. Bombarde un hangar avec des incendiaires. Chasse deux avions avec feux allumés, sans succès.
	955	Harrison	Adams	Intruder - Allemagne	00:25	01:00	00:35	Patrouille prévue sur aérodrome de Rheine mais abandonnée à cause d'une panne électrique.
	951	Moore	Lake	Intruder - Allemagne	00:20	03:05	02:45	Patrouille sur aérodrome de Vechta. Aérodrome éclairé et Flak légère. Passe aussi sur aérodrome de Quackenbruck.
	420	Law (CN)	Bruton	Intruder - Allemagne	00:30	03:45	03:15	Patrouille sur aérodrome de [Münster] Handorf. Rafale de deux secondes tirée sur balises lumineuses.
	161	Lewis	Greaves	Intruder - Pays-Bas	00:35	03:50	03:15	Patrouille sur aérodrome de Volkel. Aérodromes de Volkel, Venlo, Eindhoven et Gilze-Rijen éclairés mais pas d'activité.
	957	Groves	Dockeray	Intruder - Allemagne	00:15	04:40	04:25	Patrouille sur la région de Bonn. Rien à signaler.
23-mai								Aucun vol opérationnel, Escadron au repos.
24 mai Cibles du Bomber Command : Aix la Chapelle, Eindhoven, Anvers, batteries du mur de l'Atlantique	962	Lambert	Morgan	Intruder - Pays-Bas	22:25	01:00	02:35	Patrouille sur aérodrome de Leeuwarden. Rafale de six secondes tirée sur une aire de stationnement. Flak légère en retour.
	961	Hoskin	Stanley-Smith	Intruder - Pays-Bas	00:30	03:15	02:45	Patrouille sur aérodrome de Leeuwarden. Aérodrome éclairé et 80 bombes incendiaires de 1,8 kg (60 instantanées et 20 à retard) larguées sur aire de stationnement : grosse explosion observée.
	954	Harrison	Adams	Intruder - Pays-Bas	01:35	03:50	02:15	Patrouille sur aérodrome de Leeuwarden. Aérodrome éclairé à l'arrivée.
	132	Martin	Smith	Intruder - Pays-Bas	22:30	02:05	03:35	Patrouille sur aérodrome de Leeuwarden et l'attaque avec des bombes incendiaires.
	420	Law (CN)	Bruton	Intruder - Pays-Bas	00:30	02:55	02:25	Patrouille sur aérodrome de Volkel puis celui de Deelen.
	992	Callard	Townsley	Intruder - Allemagne	01:05	03:35	02:30	Patrouille sur aérodrome de [Münster] Handorf mais ne parvient pas à le localiser à cause de la brume. Gee subit un brouillage.
	PZ162	Lewis	Greaves	Intruder - Pays-Bas	01:30	04:10	02:40	Patrouille sur aérodrome de Soesterberg et Volkel. Les deux aérodromes étaient éclairés.
	950	Chown (CN)	Veitch	Intruder - Allemagne	00:05	03:50	03:45	Patrouille sur aérodrome de [Münster] Handorf. 80 bombes incendiaires de 1,8 kg (60 instantanées et 20 à retard) larguées sur aire de stationnement.
25-26 mai								Aucun vol opérationnel, mauvais temps le 25, Escadron au repos le 26.

Date	Avion "NS"	Pilote	Navigateur	Mission	Départ	Retour	Durée	Commentaires
27 mai Cibles du Bomber Command : Bourg Léopold, Aix la Chapelle, Nantes, Rennes, batteries du mur de l'Atlantique	954	Louden	Tennant	Intruder - France	00:10	05:00	04:50	Patrouille sur aérodrome de St Dizier. Rien à signaler.
	931	Foster	Ling	Intruder - Pays-Bas	01:55	-	manquant	Patrouille prévue sur aérodrome de Leeuwarden ; avion ne rentre pas (Flak, équipage tué).
	961	Hoskin	Goodwin	Intruder - Belgique	01:55	05:25	03:30	Patrouille prévue sur aérodrome de St Trond et le bombarde avec des incendiaires. Passe sur le Culot, pas d'activité. Croise un avion ennemi mais ne le retrouve pas.
	955	L'Amie	P/O Lindsay	Intruder - Pays-Bas	01:30	05:30	04:00	Patrouille sur aérodrome de Venlo, aperçoit deux avions ennemis mais ils disparaissent. Attaque six péniches au canon près de Nimègues puis un hangar de l'aérodrome de Bergen-Alkmaar.
	950	Preston	Verity	Intruder - France	00:30	05:30	05:00	Patrouille sur aérodromes de Beauvais, Creil et Courmelles (Soissons). Flak légère sur ce dernier, sinon rien à signaler.
	PZ162	Summers	Carmichael	Intruder - Allemagne	00:30	02:50	02:20	Patrouille sur aérodrome de Bonn, mais n'a pas réussi à déterminer sa position, fait demi-tour.
	420	Law (CN)	Bruton	Intruder - Pays-Bas	01:40	04:45	03:05	Patrouille sur aérodrome de Volkel. Rien à signaler.
	953	Searle	Simpkins	Intruder - Pays-Bas	01:40	05:10	03:30	Cet équipage était détaché du 85ème Escadron pour faire son vol "freshman trip" (sortie des 'bleus') dans la région de Spakenburg et Hoord.
	992	McCready	Frodin	Intruder - Allemagne	01:15	04:35	03:20	Patrouille prévue sur aérodrome de Biblis, mais n'a pas réussi à déterminer sa position à cause du brouillard, fait demi-tour.
	PZ161	Lewis	Greaves	Intruder - France	01:35	03:55	02:20	Patrouille sur aérodrome de Nancy. Rien à signaler.
28 mai Cibles du Bomber Command : Angers, batteries du mur de l'Atlantique	954	Chown (CN)	Veitch	Intruder - France	22:15	23:50	01:35	Patrouille prévue sur aérodrome de Nantes, mission annulée à cause du mauvais temps, avion rappelé par radio, mais message non reçu. Rien à signaler.
	950	Shaw	Stanley-Smith	Intruder - France	22:30	23:50	01:20	Patrouille prévue sur aérodromes de Laon et Juvincourt, mission annulée à cause du mauvais temps, avion rappelé par radio.
	961	Butterfield	Drew	Intruder - France	22:55	23:25	00:30	Patrouille prévue sur aérodrome de Rennes, mission annulée à cause du mauvais temps, avion rappelé par radio.
	933	Harrison	Adams	Intruder - France	23:00	23:30	00:30	Patrouille prévue sur aérodrome de St Dizier, mission annulée à cause du mauvais temps, avion rappelé par radio.
	PZ161	Groves	Dockeray	Intruder - France	23:00	23:20	00:20	Patrouille prévue sur aérodromes de Brétigny et Coulommiers, mission annulée à cause du mauvais temps, avion rappelé par radio.
29-30 mai								Aucun vol opérationnel, Escadron au repos.
31 mai Cibles du Bomber Command : Trappes, Au Fèvre, Mont Couple, batterie de Maisy, gares de triage de Tergnier et de Saumur	957	Groves	Dockeray	Intruder - France	01:15	04:40	03:25	Patrouille sur aérodrome d'Evreux, non aperçu. Rien à signaler.
	953	Newbery	Twynam	Intruder - Pays-Bas	00:40	03:15	02:35	Patrouille prévue sur aérodrome de Leeuwarden. Rien à signaler.
	PZ162	Summers	Carmichael	Intruder - France	01:15	-	manquant	Patrouille prévue sur aérodromes de Beauvais, Creil et Courmeilles ; avion ne rentre pas (Flak, équipage tué).
	992	Lewis	Greaves	Intruder - France	01:55	05:00	03:05	Patrouille prévue sur aérodrome de Rennes mais n'a pas réussi à déterminer sa position, fait demi-tour.
	951	Moore	Lake	Intruder - Pays-Bas	23:59	00:29	00:30	Patrouille prévue sur aérodrome de Deelen mais a fait demi-tour à cause d'une panne du moteur droit.
	961	Butterfield	Drew	Intruder - France	01:10	05:25	04:15	Patrouille sur aérodrome de Nantes. Rien à signaler.
	933	Harrison	Adams	Intruder - France	23:25	03:35	04:10	Patrouille sur aérodrome de Metz. Rien à signaler.
	954	Louden	Tennant	Intruder - Pays-Bas	00:40	04:50	04:10	Patrouille prévue sur aérodrome de Venlo. Tire sur des véhicules éclairés sur une route.
	PZ163	Preston	Verity	Intruder - Belgique	01:30	04:30	03:00	Patrouille sur Bruxelles et Le Culot. Rien à signaler.
				Durée moyenne des missions :			03:05	

Notes :
- Les grades des aviateurs n'ont pas été notés faute de place, sauf lorsque plusieurs hommes avaient le même patronyme (par exemple le Sergent D. S. Lindsay et le Pilot Officer S. H. Lindsay).
- Seuls les vols opérationnels sont enregistrés dans les Annexes, il n'est donc pas possible de reconstituer l'histoire complète des vols de l'unité.
- CN = Pilote Canadien

Avion accidenté :

Nuit du 22 au 23 mai : NS944 finit sur le ventre à l'atterrissage, catégorie AC. Pilote F/Lt House, Navigateur Sgt McKinnon.

Heures de vol du mois :

Opérations : De jour : - De nuit : 366 heures (120 missions).
Entraînement : De jour : 225 heures et 40 minutes. De nuit : 29 heures.
Autres vols : De jour : 25 heures et 30 minutes.

Tués de l'Escadron sur cette période :

Mosquito VI - NS847	Flight Sergeant Argus W. STEIN	1 mai 1944
	Sergent Douglas S. LINDSAY	1 mai 1944
Mosquito VI - NS929	Sergent Douglas J. WHITE	11 mai 1944
	Sergent John E. NORMINGTON	11 mai 1944
Mosquito VI - NS932	Pilot Officer Thomas S. ECCLESTONE	11 mai 1944
	Sergent John H. SHIMMIN	11 mai 1944
Mosquito VI - NS949	Flying Officer Frank P. BYRNE (RCAF)	13 mai 1944
	Sergent Victor D. PAYNE	13 mai 1944
Mosquito VI - NS931	Flying Officer David K. FOSTER	28 mai 1944
	Flying Officer Robert S. LING	28 mai 1944
Mosquito VI - PZ162	Flight Lieutenant Geoffrey J. SUMMERS	1 juin 1944
	Sergent Harry CARMICHAEL	1 juin 1944

Annexe 4 : Missions *Intruder* et *Nickel* effectuées par le 418ème Escadron entre le 27 février et le 11 octobre 1943

	Quinzaine	1	2	3	4	5	6	7	8	9	10	11	12	13	14	15	
	Boston III	18	18	17	18	17	18	13	12	10	10	5	5	5	2	2	
	Mosquito VI	-	-	-*	-	2	2	11	19	23	29	21	18	19	20	19	**Total**
Intruders - France	Orléans	1	2	-	2	2	6	5	2	13	3	7	6	1	1	1	**52**
	Melun	2	-	4	1	5	11	6	9	8	1	2	3	1	2	1	**56**
	Brétigny	2	-	4	1	5	7	6	6	8	1	2	4	1	3	1	**51**
	Avord	1	-	1	-	3	3	1	-	4	2	4	3	-	-	-	**22**
	Beauvais	1	-	-	7	3	4	-	2	-	2	1	1	2	2	-	**25**
	Creil	1	-	3	6	3	3	-	-	3	2	2	1	-	-	-	**24**
	Dreux	-	1	1	2	-	1	-	-	-	2	1	-	-	-	-	**8**
	Chartres	-	1	2	1	-	1	1	-	1	1	-	-	-	-	-	**8**
	Évreux	-	1	3	7	4	3	1	3	2	2	3	6	1	2	-	**38**
	Cormeilles	-	-	1	3	3	1	-	-	1	4	4	-	-	-	-	**17**
	Châteaudun	-	-	-	1	-	3	5	2	8	2	3	3	-	-	-	**27**
	Les Andelys	-	-	-	1	-	-	-	-	-	-	-	-	2	-	**3**
	Rennes	-	-	-	3	-	-	-	2	-	4	5	-	-	-	-	**14**
	Tours	-	-	-	1	-	2	1	-	4	1	-	1	1	-	1	**12**
	St André *[de l'Eure]*	-	-	-	1	-	1	-	1	2	2	4	7	1	-	-	**19**
	Bourges	-	-	-	-	3	3	2	-	4	2	4	3	-	1	-	**22**
	Villacoublay	-	-	-	-	-	-	-	1	-	-	-	-	-	-	-	**1**
	Le Bourget	-	-	-	-	-	-	-	1	-	-	-	-	-	-	-	**1**
	Dijon	-	-	-	-	-	-	-	3	-	-	3	8	-	3	-	**17**
	Juvincourt	-	-	-	-	-	-	-	1	2	-	5	1	7	-	1	**17**
	Villeneuve	-	-	-	-	-	-	-	1	-	-	-	-	-	-	-	**1**
	Coulommiers	-	-	-	-	-	-	-	6	8	2	2	2	1	-	-	**21**
	St Dizier	-	-	-	-	-	-	-	1	2	5	-	2	4	1	1	**16**
	Laon	-	-	-	-	-	-	-	-	1	-	4	1	7	1	-	**14**
	Laon - Couvron	-	-	-	-	-	-	-	-	2	-	-	-	-	-	-	**2**
	Athies-sous-Laon	-	-	-	-	-	-	-	-	2	-	-	-	-	-	-	**2**
	Bordeaux	-	-	-	-	-	-	-	-	1	-	-	2	-	1	-	**4**
	Amiens	-	-	-	-	-	-	-	-	1	-	-	-	1	-	-	**2**
	Poix	-	-	-	-	-	-	-	-	1	-	1	-	2	-	-	**4**

	Location	1	2	3	4	5	6	7	8	9	10	11	12	13	14	Total
	Orly	-	-	-	-	-	-	-	-	-	2	-	-	-	-	**2**
	Clermont-Ferrand	-	-	-	-	-	-	-	-	-	2	2	-	-	1	**5**
	Toulouse	-	-	-	-	-	-	-	-	-	1	-	-	1	-	**2**
	Tavaux	-	-	-	-	-	-	-	-	-	1	-	-	-	-	**1**
	Beaumont Le Roger	-	-	-	-	-	-	-	-	-	1	-	-	-	-	**1**
	Merville	-	-	-	-	-	-	-	-	-	3	-	1	1	-	**5**
	Vannes	-	-	-	-	-	-	-	-	-	1	1	1	-	-	**3**
	Cambrai	-	-	-	-	-	-	-	-	-	1	1	1	-	2	**5**
	Nantes	-	-	-	-	-	-	-	-	-	-	1	1	1	-	**3**
	Kerlin Bastard (Lorient)	-	-	-	-	-	-	-	-	-	-	1	1	-	-	**2**
	Lyon	-	-	-	-	-	-	-	-	-	-	2	-	-	-	**2**
	Lille - Vendeville	-	-	-	-	-	-	-	-	-	-	2	2	1	2	**7**
	Metz-Frescaty	-	-	-	-	-	-	-	-	-	-	-	1	1	-	**2**
	Vitry	-	-	-	-	-	-	-	-	-	-	-	1	-	-	**1**
	Cognac	-	-	-	-	-	-	-	-	-	-	-	-	1	-	**1**
	Montdidier	-	-	-	-	-	-	-	-	-	-	-	-	2	1	**3**
	Châteauroux	-	-	-	-	-	-	-	-	-	-	-	-	1	1	**2**
	Rouen	-	-	-	-	-	-	-	-	-	-	-	-	1	2	**3**
	St Marcouf	-	-	-	-	-	-	-	-	-	-	-	-	1	-	**1**
	Dinan	-	-	-	-	-	-	-	-	-	-	-	-	1	-	**1**
	Biscarosse	-	-	-	-	-	-	-	-	-	-	-	-	-	1	**1**
	Épinoy	-	-	-	-	-	-	-	-	-	-	-	-	-	1	**1**
	Illisible ou large zone	-	-	1	-	-	-	-	-	-	-	-	-	-	-	**1**
Intruders - Pays-Bas	Soesterberg	4	2	-	-	-	-	-	-	-	-	1	-	1	-	**8**
Intruders - Pays-Bas	Deelen	5	2	-	-	-	-	1	-	4	-	-	-	2	-	**14**
Intruders - Pays-Bas	Eindhoven	2	-	-	-	1	-	-	-	-	-	1	-	1	2	**7**
Intruders - Pays-Bas	Gilze en Rijen	1	-	-	-	1	-	3	-	4	-	1	-	-	1	**11**
Intruders - Pays-Bas	Venlo	-	-	-	-	-	-	4	-	5	-	-	-	-	-	**9**
Intruders - Pays-Bas	Leeuwarden	-	-	-	-	-	-	-	-	-	-	-	-	1	-	**1**
Intruders - Pays-Bas	Twente	-	-	-	-	-	-	-	-	1	-	-	-	2	1	**4**
Intruders - Pays-Bas	Woensdrecht	-	-	-	-	-	-	-	-	-	-	-	-	-	1	**1**
Belgique	Bruxelles	-	-	-	-	-	-	1	-	-	-	1	4	-	2	**8**
Belgique	Florennes	-	-	-	-	-	-	1	5	-	1	4	5	-	1	**17**
Belgique	St Trond	-	-	-	-	2	9	2	3	-	1	-	-	-	2	**19**
Belgique	Chièvres	-	-	-	-	-	-	-	-	-	-	1	2	1	2	**6**

	Le Culot (Beauvechain)	-	-	-	-	-	-	-	-	-	-	-	2	-	-	**2**
	Gossoncourt	-	-	-	-	-	-	-	-	-	-	-	-	1	-	**1**
Intruders - Allemagne	Ardorf	-	-	-	-	-	-	-	-	-	2	5	-	-	-	**7**
	Westerland	-	-	-	-	-	-	-	-	-	2	-	-	-	-	**2**
	Vechta	-	-	-	-	-	-	-	-	-	2	-	-	-	-	**2**
	Schleswig-Jagel	-	-	-	-	-	-	-	-	-	2	1	-	-	-	**3**
	Stuttgart - Boblingen	-	-	-	-	-	-	-	-	-	-	1	-	-	-	**1**
	Bernhausen [aujourd'hui Filderstadt]	-	-	-	-	-	-	-	-	-	-	1	-	-	-	**1**
	Mayence (Mainz Ober Olm)	-	-	-	-	-	-	-	-	-	2	5	-	-	-	**7**
	Parchim	-	-	-	-	-	-	-	-	-	2	1	-	-	-	**3**
	Greifswald	-	-	-	-	-	-	-	-	-	-	1	-	-	-	**1**
	Mannheim	-	-	-	-	-	-	-	-	-	-	1	1	-	-	**2**
	Lechfeld	-	-	-	-	-	-	-	-	-	-	1	-	-	-	**1**
	Stendal	-	-	-	-	-	-	-	-	-	1	1	-	-	-	**2**
	Hanovre	-	-	-	-	-	-	-	-	-	-	-	1	4	-	**5**
	Goslar	-	-	-	-	-	-	-	-	-	-	-	-	-	1	**1**
	Halberstadt	-	-	-	-	-	-	-	-	-	-	-	-	-	1	**1**
	Hildesheim	-	-	-	-	-	-	-	-	-	-	-	-	-	1	**1**
	Brunswick	-	-	-	-	-	-	-	-	-	-	-	-	-	1	**1**
	Düsseldorf	-	-	-	-	-	-	-	-	-	-	-	-	-	1	**1**
	Bochum	-	-	-	-	-	-	-	-	-	-	-	-	-	1	**1**
	Krefeld	-	-	-	-	-	-	-	-	-	-	-	-	-	1	**1**
	Munich	-	-	-	-	-	-	-	-	-	-	-	-	-	5	**5**
	Cassel	-	-	-	-	-	-	-	-	-	-	-	-	-	6	**6**
	Francfort	-	-	-	-	-	-	-	-	-	-	-	-	-	5	**5**
	TOTAL	20	9	19	38	31	51	30	60	85	57	76	87	62	42	56	**723**
Nickel	Dumfront (Domfront ?)	2	1	-	-	-	-	-	-	-	-	-	-	-	-	**3**
	Laval	1	-	-	-	-	-	-	-	-	-	-	-	-	-	**1**
	St Lô	-	-	1	-	-	-	-	-	-	-	-	-	-	-	**1**
	Coutances	-	-	1	-	-	-	-	-	-	-	-	-	-	-	**1**

* 3 Mosquito II reçus

Données compilées à partir des rapports établis par quinzaine pour les mois mentionnés, conservées sur microfilm sous la référence C-12291, Bibliothèque et Archives Canada (BAC).

Annexe 5 : Détails des 41 missions effectuées en 1944 par le Flight Lieutenant Stanley H. R. Cotterill, 418ème Escadron (RCAF), dont 39 avec le Sergent E. H. McKenna

n°	Date	Type	Zone	Durée	Remarques
1	6 mai	*1ère Op.*	Loire	2h26	Rien à signaler.
2	10 mai	*2nde Op.*	Tours	3h39	Concentration de projecteurs au bout de la péninsule de Cherbourg. Une panne électrique a mis le compas hors d'usage.
3	23 mai	*Flower*	Nantes	3h07	Pyrotechnie orange larguée au-dessus de Granville.
4	6 juin	*Flower*	Châteaudun, Orléans, Tours	4h05	Flak légère intense mais imprécise de Guernesey. **Train bombardé** avec deux bombes de 227 kg et stoppé 40 km au sud de Tours.
5	6 juin	*Flower*	Châteaudun, Orléans	4h08	**1 Ju-52 détruit** à Châteaudun (de 240 m *[de distance]*, rafale de 2 secondes) ; et **2 Ju-52 et 1 Ju-188 détruits** à Orléans. Piste Est-Ouest bombardée de 150 m *[d'altitude]*, aux ¾ de la longueur.
6	11 juin	*Flower*	Bourges	4h30	Deux bombes de 227 kg libérées **sur un train** depuis 460 m *[d'altitude]* à l'entrée de Nevers : incendie au milieu du train.
7	14 juin	*Flower*	Melun, Brétigny	4h18	Rien à signaler.
8	15 juin	*Flower*	Coulommiers, Romilly	4h29	Flak intense mais imprécise de Guernesey.
9	16 juin	*Flower*	Beauvais, Creil, Cormeilles	2h45	Rien à signaler.
10	18 juin	*Intruder*	Évreux, St André *[de l'Eure]*, Dreux, Chartres	3h01	Rien à signaler.
11	23 juin	V-1	-	3h04	**2 V-1 détruits.** A vu un V-1 exploser en mer. En a poursuivi deux à environ 16 km du Crotois. Un intercepté à 32 km au sud du cap Béveziers : abattu de deux rafales de 2 secondes. Le second a été abattu d'une rafale de 5 secondes et s'est écrasé en mer. Le site de lancement est estimé à 49°59'N 01°24'E *[près de Baromesnil en Seine-Maritime]*.
12	24 juin	V-1	-	3h30	A vu un V-1 s'écraser près de St Valéry *[sur Somme ?]*.
13	27 juin	V-1	-	3h31	**1 V-1 détruit** par une rafale de 3,5 secondes près du Touquet. A vu trois autres V-1 sur un cap de 270° venant de Dieppe à 150 m *[d'altitude]*.

n°	Date	Type	Zone	Durée	Remarques
14	5 juillet	V-1	-	3h30	A poursuivi 7 V-1 en divers endroits, pas de résultats observés.
15	6 juillet	V-1	-	3h04	A poursuivi 7 V-1 mais impossible à rattraper à cause de leur vitesse trop grande, sauf dans un cas : impacts aperçus.
16	9 juillet	V-1	-	5h30	**1 V-1 détruit** par une rafale d'une seconde : s'est écrasé en mer. En avait auparavant pourchassé deux autres sans succès.
17	10 juillet	V-1	-	0h25	Panne du moteur droit, est rentré à la base *[mention manuscrite "DNCO" Does not count for Ops (?)]*
18	11 juillet	V-1	-	3h44	Rien à signaler à part Flak légère imprécise de 50°30'N 00°53'E *[au milieu de la Manche entre Eastbourne et Berck]*.
19	13 juillet	V-1	-	3h42	A ouvert le feu sur un V-1 au sud du cap Béveziers : pas de résultats.
20	17 juillet	*Ranger* (nuit)	Ribnitz	4h40	Rien à signaler *[aujoud'hui Ribnitz-Damgarten]*.
21	20 juillet	V-1	-	4h17	Dix V-1 aperçus, mais aucun combat possible.
22	24 juillet	V-1	-	3h10	Gros incendie vu au sud de Dieppe. Tirs vus de 50°28'N 01°20'E *[au large du Touquet]*.
23	25 juillet	V-1	-	2h31	Cinq V-1 aperçus. Le dernier a été poursuivi jusqu'à la "ceinture" des canons de DCA avec plusieurs rafales, sans résultat.
24	28 juillet	*Flower*	Ober-Olm en Rhénanie - Palatinat	3h51	Aucune activité sur l'aérodrome-cible.
25	29 juillet	V-1	-	3h20	Rien à signaler.
26	5 août	*Ranger* (nuit)	Région de Munich	4h26	Rien à signaler. N'a pas atteint la région de la cible faute de carburant.
27	7 août	V-1	-	3h35	Rien à signaler.
28	17 août	*Flower*	Dole-Tavaux	4h17	Rien à signaler. *[aujourd'hui aéroport de Dole-Jura]*
29	25 août	*Flower*	Haguenau *[dans le Bas-Rhin]*	3h40	Incapable de faire un point à partir de Verberie [dans l'Oise], a volé à l'estime jusqu'à la région de la cible. A réussi à faire le point au retour sur un lac de la Sarre. Un peu de Flak légère et lourde de Baden*[-Baden]*.
30	26 août	V-1	-	3h11	Un V-1 poursuivi : 3 rafales d'une seconde, sans résultat. Un second V-1 poursuivi : 3 rafales d'une seconde, impacts probables sur l'aile droite mais pas de revendication.

n°	Date	Type	Zone	Durée	Remarques
31	29 août	*Flower*	Ardorf, Marx [*près de Wilhelmshaven*] et Varel [*en Basse-Saxe*]	3h53	Aérodrome d'Ardorf complètement éclairé, projecteurs Lorenz [*d'approche*] visuelle + 2 barres, projecteur-balise en rotation clignotant les lettres "KG". Aérodromes de Marx et Vare éteints.
32	2 sept.	*Ranger* (jour)	Côtes allemandes sur la Baltique	4h43	**Un Me-109 endommagé** : aperçu à Anklam [*en Mecklembourg-Poméranie-Occidentale*] au-dessus de Pelsin à 150 m [*d'altitude*]. Attaqué de face jusqu'à 30 mètres, le Me-109 a disparu dans les nuages en émettant de la fumée noire de l'aile gauche. **Train de marchandises détruit** à Jabel par une rafale de 4 secondes. Vapeur vue sortant de la locomotive.
33	4 sept.	*Ranger* (nuit)	Hoya et Rotenburg [*en Basse-Saxe*]	4h25	2 attaques sur une locomotive : aucun impact. 6 attaques contre un train : impacts vus à chaque passe, vapeur sortant de la locomotive et au moins deux wagons en feu. **Attaque de 15 camions** sur une route à l'est de Linden : impacts vus tout le long du convoi qui s'est arrêté.
34	11 sept.	*Spécial (Big Ben)*	-	2h17	Rien à signaler. Gros tirs inefficaces de Flak de Rotterdam.
35	12 sept.	*Spécial (Big Ben)*	-	3h02	Deux groupes de 12 fusées orange largués au-dessus de l'île de Walcheren. Sinon, rien à signaler.
36	16 sept.	*Intruder*	Gütersloh et Paderborn [*en Rhénanie du Nord-Westphalie*]	4h06	Rien à signaler. Deux projecteurs et Flak légère imprécise près de Lippstadt [*dans le Land de Rhénanie-du-Nord-Westphalie*].
37	27 sept.	*Flower*	Ahlhorn et Varrelbusch [*en Basse-Saxe*]	4h25	Rien à signaler.
38	29 sept.	*Ranger* (jour)	Neubrandebourg [*en Mecklembourg-Poméranie-Occidentale*]	4h10	Touché par la Flak, rentré sur un seul moteur. S'est préparé à amerrir trois fois.
39	5 octobre	*Flower*	Hanau [*dans le Land de Hesse*]	4h15	Rien à signaler.
39	9 octobre	*Flower*	Hanau	2h55	A fait demi-tour en raison de la météo.
40	16 oct.	*Ranger* (jour)	Tchécoslovaquie	?	Avec le F/O C. G. Finlayson, Navigateur. Est parti de St Dizier. Se sont posés à Jesi, Italie.
41	18 oct.	*Ranger* (jour)	Vienne	NYR	Retour de Jesi vers l'Angleterre en effectuant une mission *Ranger* de jour. Avion pas encore rentré ("NYR"), aucune nouvelle.

Heures de vol totales en missions de guerre (hors missions n°40 et 41, non connues) : 144 heures.

Répartition des 41 missions : [1016]

Flower	20
Ranger de jour	4
Ranger de nuit	3
Patrouille anti - V-1	14

Revendications :

Avions	4 détruits, 1 endommagé
V-1	4 détruits
Trains	1 détruit, 2 endommagés
Camions	15 endommagés

Note 1 : Les deux premières missions assignées étaient "faciles" pour évaluer les nouveaux et leur permettre de trouver leurs repères avant d'être envoyés plus profondément en territoire ennemi.

Note 2 : Les missions spéciales "Big Ben" visaient à détecter les lancements des missiles V-2. Les Britanniques pensaient que ces missiles pouvaient être radioguidés et cherchaient donc les fréquences à brouiller (alors qu'en fait les V-2 avaient un système de guidage inertiel).

Note 3 : Il y a deux missions n°39 dans le document original, soit par erreur, soit parce qu'il a été considéré que la seconde ne comptait pas puisque l'avion avait fait demi-tour (mais dans ce cas, la même logique aurait dû être appliquée pour la mission 17).

[1016] Données compilées à partir du listing des missions effectuées par ce pilote, conservé sur microfilm sous la référence C-12291, BAC. Les observations météorologiques ont été ignorées.

Annexe 6 : Contacts air-air de l'été 1944 des chasseurs de nuit du 85ème Groupe

Ce tableau comporte 5 parties : [1017]
- Le nombre de contacts radar air-air initialement obtenus (1ère ligne).
- Les raisons de pertes de certains contacts radar (lignes 2 à 25).
- Le nombre de contacts radar ayant débouché sur un contact visuel (page suivante).
- Les raisons de pertes de certains contacts visuels (page suivante).
- Les résultats des combats.

		juillet	août
Contacts radar air-air obtenus		322	213
Raison de perte de certains contacts radar	Pour d'autres cibles sur instruction du Contrôleur	2	1
	Car la cible montrait un IFF "ami"	40	3
	Car l'identification était impossible à cause des nuages	3	0
	Car le Contrôleur a indiqué que la cible était amie	16	4
	Car la vitesse de cible était trop importante	8	5
	Car il a été perdu dans les échos du sol	9	2
	Car la cible a fait des manœuvres échappatoires	9	7
	En raison d'un brouillage de type paillettes "Window"	3	4
	Car le chasseur était positionné trop haut	2	0
	Contact perdu à cause d'interférences radio / intercom	1	1
	Car la cible volait trop bas pour que le chasseur suive	1	1
	Car le chasseur est passé devant la cible	2	2
	Car il a été perdu dans le virage suite à un contact de face	1	0
	Car pris à partie par la DCA	1	8
	Car la cible s'est écrasée avant le contact visuel	1	0
	Car il a été perdu dans l'anneau d'altitude *[de l'écran radar]*	3	2
	Car il prenait de l'altitude trop rapidement	2	2
	Car le chasseur a été attaqué par derrière	1	0
	Car la cible a fait un virage plus serré que le chasseur	0	1
	Car le chasseur a été éclairé par des projecteurs et vu	0	1
	Car une autre cible plus proche s'est présentée	0	1
	Car le radar embarqué est tombé en panne	0	5
	Car un moteur du chasseur a pris feu	0	1
	Car la cible a été abattu par un autre chasseur	0	1
	Par manque d'essence	0	3

[1017] Rapports du 6 août et du 14 septembre 1944 du 85ème Groupe conservés pages 182 et 185 dans les Annexes du Journal de marche du 604ème Escadron, sous la référence AIR 27/2086, TNA.

		juillet	août
Contacts visuels obtenus		217	157
Raison de perte de certains contacts visuels	Car la cible a fait des manœuvres échappatoires	11	6
	Car la cible a été identifiée comme amie	158	84
	Car le chasseur a été attaqué par un autre avion ennemi	1	1
	Pas d'impacts et le radar embarqué est tombé en panne	2	3
	Car il prenait de l'altitude trop rapidement	1	0
	Pas d'impacts observés	3	1
	Car le chasseur a été ébloui par des fusées tirées par la cible	0	1
	Car le chasseur est passé devant la cible	0	1
	Car la cible a fait un virage plus serré que le chasseur	0	1
	Car les canons ont refusé de tirer	0	1
	Car pris à partie par la DCA	0	2
Combats	Détruit	36	44
	Probablement détruit	3	2
	Endommagé	3	10

Notes :

Les Escadrons suivants sont concernés :
- Pour juillet 1944 : 604, 488, 410, 409, 264 et 29èmes.
- Pour août 1944 : 488, 410, 409, 264 et 29èmes.

Le 604ème n'a pas fourni de rapports pour tous ses contacts au mois d'août et a donc été exclu de l'analyse de l'époque.

Annexe 7 : Boston III du 418ème Escadron détruits

Date	Avion	Mission [1018]	Équipage (sort)
25 février 1942	W8335	vol d'entraînement	Sgt. Bernard C. Smith, Francis C. O'Connor et Arthur Kreut, LAC John W. Moore (tués)
9 mars 1942	W8314	vol d'entraînement - décollage raté et incendie	P/O R. H. H. Pawsey et J. K. Reynolds, Sgt Taylor (blessés légers)
29 mars 1942	W8360	vol d'entraînement - atterrissage raté et incendie	P/O Hassall, ? (indemne) (2 blessés au sol)
1 avril 1942	W8333	vol d'entraînement	Sgt C.L. Lewis-Hall et M.H. Brandon, Edward A. Owen, et W. Wright (tués)
2 avril 1942	W8351	*Intruder*	F/Lt A. J. Love, F/Sgt H. E. D. Tilby et M. Bunting (tués)
13 avril 1942	Z2210	*Intruder*	P/O J. D. W. Willis, Sgt. J. E. C. Pringle et B. F. Filliter (prisonniers)
17 avril 1942	W8278	incendie au sol lors du roulage avant décollage	P/O Riseley et Keyes, Sgt Foran (indemnes)
27 avril 1942	Z2240	*Intruder* - Gilze en Rijen, Pays-Bas	F/O Richard J. Askwith, Sgt Gordon J. Hardy (tués), P/O Norman W. Mapes (prisonnier)
3 mai 1942	W8340	vol d'entraînement - rupture du train au décollage et incendie	P/O H. H. Whitfield, Sgt G. E. Fallis et R. E. Williams (tués) + 1 tué (F/Lt H. W. Biggs) et 1 blessé au sol
17 mai 1942	W8318	*Intruder* - Leeuwarden, Pays-Bas	S/Ldr P. S. Q. Anderson (prisonnier), P/O W. F. Young, F/O S. B. De Mier, Cpl F. J. G. Miller (tués)
20 mai 1942	W8281	*Intruder* - Schiphol, Pays-Bas	Sgt G. W. G. Harding, R. P. Shannon et R. G. Dusten (tués)
20 mai 1942	W8268	*Intruder* - Soesterberg, Pays-Bas	F/O N. J. Stabb, Sgt G. M. Riches, P/O D. Duxfield (tués)
17 juin 1942	W8340	*Intruder* - Lille	P/O Frank C. Downing et Perry C. Foster, Sgt Harry A. Potter (tués)
23 juin 1942	Z2171	*Intruder* - Schiphol et Soesterberg, Pays-Bas	P/O R. White et T. E.E. Keyes, Sgt J. A. Foran (tués)
9 juillet 1942	W8304	*Intruder*	Sgt Anthony S. Douglas et Elric C. L. Jones, F/Sgt Frederick Bradley (tués)
1 août 1942	W8326	*Intruder* - Leeuwarden, Pays-Bas	P/O R.S. Patterson et M.G. Abey, F/Sgt. C.O. O'Brien (tués)

[1018] Tableau compilé à partir des données du Journal de marche de l'Escadron, conservé sous la référence AIR 27/1820, TNA. Les grades sont ceux mentionnés dans le Journal de marche et ne correspondent pas toujours à ceux retenus par la Commonwealth War Graves Commission.

Date	Avion	Mission	Équipage (sort)
2 août 1942	W8264	Bombardement de la gare de triage de Rouen	P/O R. G. Blamires, Sgt H. E. Prime et H. L. Green (tués)
17 août 1942	W8350	*Intruder* - Brétigny	Sgt Vincent W. McCabe (prisonnier), Sgt Harold Firth, F/Sgt John W. Hutchison (tués)
19 août 1942	W8298	Abattu en Manche durant l'Opération *Jubilee* (Dieppe)	Sgt W. L. Buchanan et C. G. Scott (blessés), P/O Paul C. Gillicuddy (tué)
28 août 1942	W8262	Voies ferrées Beauvais - Montdidier	Sgt James C. Colter, Ronald J. Blenkarn et Alastair G. McBain (tués)
7 sept. 1942	W8284	*Intruder* (première mission opérationnelle de cet équipage)	Sgt Albert R. J. Millman et Sydney R. Williams, P/O James A. H. McLafferty (tués)
17 sept. 1942	W8331	*Intruder* - Melun et Brétigny	F/Sgt Charles E. Stuart, F/O Arthur T. Persian, P/O Charles G. T. McGregor (tués)
6 oct. 1942	W8359	vol d'entraînement au tir	F/O William M. Poupore et Frederick W. Turvey (tués), Sgt Forester (blessé)
17 oct. 1942	Z2186	vol d'entraînement	Sgt Sims (blessé), P/O Harold F. L. Longworth, Sgt Ronald Walker (tués)
7 nov. 1942	W8358	*Intruder* - Beauvais-Creil	F/Sgt William L. Buchanan, F/O Raymond H. Foote, (tués), P/O Bist (blessé et prisonnier)
18 nov. 1942	W8342	*Intruder* - Juvincourt	S/Ldr Lawrence H. Wilkinson (tué), F/O Reynolds, F/Sgt Taylor (blessés)
30 nov. 1942	Z2165	*Nickel* - Roulers, Belgique	F/Sgt Merton R. Lockwood, Sgt Robert V. Ievers et John J. G. Chabot (tués)
4 déc. 1942	Z2207	*Nickel* - Namur, Belgique	P/O Charles D. Marshall, Joseph W. R. Pavitt et Gilbert J. Lawson (tués)
2 jan 1943	W8292	vol d'entraînement	F/O Peter K. White, P/O John J. A. Field, Air Cadet Colin A. Hull (tués)
8 février 1943	W8380	vol d'entraînement	Sgt Archibald J. Adams, Leonard V. Jackson et Charles H. E. Ross, Cpl Basil Kapusta (tués)
12 février 1943	AL766	*Nickel* - Nantes *(ou Mantes[-la-Jolie] ?)*	F/Sgt Robert R. Jackson, F/O Peter J. Leboldus (tués), Sgt Thomas S. McNeil (prisonnier) (Mission abandonnée 3 jours plus tôt car la trappe du poste de pilotage s'était détachée en vol)
9 avril 1943	W8325	*Intruder* - Melun et Brétigny	S/Ldr Hugh D. Venables, F/O Henry D. Baker et Donald J. McKay (tués)
22 juin 1943	W8394	*Intruder* - Tours et Orléans	F/O Duncan A. Carmichael, P/O Ernest Q. Findlay, W/O John W. Robertson (tués)

Annexe 8 : Les bons mots des rapports ou des Journaux de marche

Faute de place, il aurait été impossible de traduire l'intégralité des rapports ou des journaux de marche consultés : pour donner une idée du volume concerné, une année du journal de marche d'un Escadron (Formulaires 540 et 541) représente en moyenne une centaine de pages, sans les annexes ; à multiplier par cinq années et demie de guerre et par le nombre d'Escadrons de chasse de nuit. Cependant, il aurait été dommage de ne pas partager certains extraits particulièrement savoureux, ou représentatifs de l'état d'esprit des équipages, d'où la présente Annexe. Il a été choisi de présenter ces extraits chronologiquement. Le surlignage en caractères gras de certains paragraphes a été ajouté lors de la traduction.

Le **8 octobre 1940**, trois bombardiers allemands attaquent l'aérodrome de la FIU. Le Journal de marche se satisfait que *"****personne n'ait été blessé, mais beaucoup ont mouillé leur pantalon…****"* avant de préciser avec malice *"… ****en sautant dans les tranchées ou les fossés.****"* [1019]

En **avril 1941**, le 93ème Escadron n'a pas encore de blason officiel. Le Journal de marche s'inquiète du peu d'imagination déployée sur ce sujet vital : *"****Deux projets plutôt insignifiants existent.*** *Il est espéré que l'on pourra développer quelque chose de plus original* ***qu'une soi-disant roue de feu d'artifice, 'roue de Ste Catherine', ou un réseau plutôt bizarre ressemblant à un garrot pour vacciner un patient, avec les taches de sang qui conviennent.****"* Finalement, il ne semble pas qu'une proposition plus attrayante ait vu le jour puisque c'est la roue qui l'emporte : le blason de l'unité est une escarboucle, avec la devise *"Ad arma parati"* (Prêt pour la bataille).

Le même Journal de marche conclut le mois en citant trois vers d'un poème de 1899 de Rudyard Kipling, *"Le fardeau de l'Homme Blanc"*, pour résumer les efforts accomplis :

"Ce n'était pas le régime étincelant des Rois,
Mais la besogne du serf et du domestique,
L'histoire de choses banales." [1020]

Le **20 avril 1941**, le Pilot Officer Stevens, DFC, alerté par des explosions d'obus de la DCA, aperçoit un He-111 au nord-est de Londres un peu après 4h00 du matin. L'Officier de renseignement du 151ème Escadron note dans le rapport de combat qu'après avoir réduit au silence le mitrailleur dorsal du Heinkel et détruit le moteur gauche *"****le Pilote a dit avoir placé "une rafale supplémentaire pour lui porter chance…"****.* Le pilote du He-111 s'apprêtant *"à se poser près de Chatham avec l'aide de son phare d'atterrissage,* ***le P/O Stevens "a donné un coup de pouce à son atterrissage"*** *par une nouvelle rafale et le phare s'est éteint."* Comme l'a indiqué Alastair Goodrum en choisissant le titre de son livre, la chasse de nuit ne laisse *"pas de place pour les actes chevaleresques."* [1021]

Dans la nuit du **8 au 9 juillet 1941**, le Defiant I T4069 du Pilot Officer A. W. Gubb (Canadien) et du Flight Sergeant McCormack du 96ème Escadron décolle de la base de Cranage dans le Cheshire pour une patrouille à 3.650 m d'altitude au-dessus de Birmingham. Huit autres Defiant participent en étant étagés à différentes altitudes. Durant la patrouille, le mitrailleur du Defiant aperçoit un Ju-88 un peu plus bas, sur la gauche. Guidant son pilote à la voix, McCormack décoche deux rafales d'environ trois secondes chacune d'une distance de 65 mètres, mais n'observe aucun

---

[1019] Entrée du 8 octobre 1940 du Journal de marche de la FIU, conservé sous la référence AIR 29/27, TNA.
[1020] Paragraphes 13 et 14 du Journal de marche de l'Escadron d'avril 1941, conservé sous la référence AIR 27/751/13, TNA.
[1021] Rapport de combat, conservé sous la référence AIR 50/63/116, TNA. Voir la bibliographie pour le livre d'Alastair Goodrum.

résultat avant que le Junkers ne disparaisse en piquant fortement vers la gauche. Avant, pendant et après le combat, Gubb n'a jamais vu l'avion ennemi ce qui lui vaut une pique moqueuse dans le Journal de marche lorsqu'il quitte l'Escadron le 23 septembre suivant pour rejoindre sa nouvelle affectation auprès de la 1ère Unité de Reconnaissance Photographique : *"**Durant son séjour au sein de l'Escadron, le Pilot Officer A. W. Gubb a eu un combat nocturne durant lequel son Mitrailleur, le Flight Sergeant McCormack, a endommagé un avion ennemi, qui, il convient de le mentionner, n'a pas été vu par le Pilote !***"* [1022]

En **septembre 1941**, le Journal de marche de la FIU se moque gentiment de l'Adjudant de l'Unité qui ne compte que quelques heures de vol à son actif, mais qui fait de son mieux pour s'intégrer. Par contre, il lui est reproché un impair le 17 septembre : *"Le Flying Officer Gilbert a emmené du courrier au Commandant de l'Unité à Watchfield avec le Flying Officer Ricketts sur un Defiant. Le Flying Officer Gilbert **a humilié la FIU** sur la base de Whatchfield en soulevant son parachute par la sangle d'ouverture."* Faute impardonnable, surtout si elle se produit ailleurs que sur sa propre base ! Et le couteau est à nouveau retourné dans la plaie dans un Erratum à la fin du mois : *"L'Adjudant de l'Unité a protesté contre l'annotation du 10 septembre sur ses débuts en vol **qu'il juge grossièrement trompeuse et diffamatoire**. Ses soi-disant 'débuts' ont été faits en juin … Il indique de plus qu'il compte sept heures de vol sur cinq types d'avions différents de la FIU. Nous sommes heureux de saisir cette opportunité pour corriger l'impression malheureuse créée par la note initiale. **Cependant, la longue expérience de vol de cet Officier aurait dû prévenir toute possibilité qu'il ne saisisse son parachute par la sangle d'ouverture.**"*

En janvier 1942, alors que tout l'effectif de la FIU passe trois jours à déneiger l'aérodrome, le Journal de marche s'en prend à nouveau au malheureux l'Adjudant *"qui a été vu pelleter de la neige sur un camion"* qu'il fallait sans doute dégager. Le même mois, il est noté que *"les essais de stabilité [sur Havoc et Beaufighter] ont occupé beaucoup de temps de vol de ce mois. **Le simulateur Link a été utilisé à plusieurs reprises, y compris par le Flying Officer Gilbert, ce qui a donné lieu à plusieurs vols souterrains.**"* [1023]

Le 21 octobre 1941, les aviateurs du 96ème Escadron quittent l'aérodrome de Cranage pour celui de Wrexham, sans beaucoup de regrets car ils passent d'un terrain engazonné et éclairé de nuit par de simples lampes à pétrole à trois pistes bétonnées correctement balisées. Moins d'un mois plus tôt, le Pilot Officer Pat Phoenix et le Sergent Les Seales avaient dû abandonner leur Defiant I T3999 en parachute après avoir heurté une de ces lampes à pétrole au décollage. Le rédacteur du Journal de marche enregistre ainsi ce déménagement : [1024] *"Nous avons longtemps espéré disposer de notre propre aérodrome, c.-à-d. un Aérodrome du Fighter Command. Il y a beaucoup d'aspects de Wrexham qui vont certainement alimenter les commentaires du présent Journal : ses pistes, ses immenses zones de dispersion des avions, et bien sûr les collines du Pays de Galles **et la bière blonde de Wrexham**."*

En **février 1942**, la 1.453ème Escadrille (Turbinlite) reçoit huit Boston III dont les performances sont meilleures que les Havoc I et II utilisés précédemment. *"**Il est proposé de baptiser ces avions d'après Blanche Neige et les sept Nains. Il y a cependant des doutes sur la façon d'attribuer les noms. L'officier commandant, le Squadron Leader Stewart, ayant, d'après l'avis de beaucoup de personnes, une vision optimiste de son passé, souhaitait être***

[1022] Entrées du 8 juillet et du 23 septembre 1941 du Journal de marche de l'Escadron, conservé sous les références AIR 27/764/17, 18 et 21, TNA.
[1023] Entrées de septembre 1941 et de janvier 1942 du Journal de marche de la FIU, (op. cit.).
[1024] Journal de marche de septembre et octobre 1941 de l'Escadron, conservé sous la référence AIR 27/764/21, TNA.

Blanche Neige, mais étant donné les nombreuses remarques déplacées qui ont circulé, il a décidé d'ajourner cette décision." [1025]

En **avril 1942**, le rédacteur du Journal de marche de la 1.453ème Escadrille (Havoc Turbinlite) s'enthousiasme sur les travaux agricoles de la base de Wittering entre le Cambridgeshire et le Northamptonshire. On apprend ainsi que *"l'Escadrille a fait l'acquisition de douze poulets (tous mâles [le paysan local ayant certainement gardé les poules pour avoir des œufs]) **transférés d'une ferme voisine avec date d'effet immédiate**,"* et un peu plus tard que *"le jardin de l'Escadrille montre des symptômes d'un manque de pluie, bien que certains des jeunes légumes les plus téméraires font toujours de leur mieux pour paraître impassibles."* Cet enthousiasme est douché par l'entrée du 24 avril : *"**Un taux de mortalité élevé, principalement dû au travail sordide de rats, n'a laissé vivants que trois des poulets de l'Escadrille.**"* [1026]

Le **2 avril 1942**, une étonnante rumeur d'invasion oblige la FIU à replier ses avions de l'aérodrome de Ford jugé trop exposé vers Castle Camps et West Malling. Sur ce dernier aérodrome, *"qui ressemblait à la gare de Victoria la veille du Vendredi Saint, puisque c'était ce jour-là, des masses d'avions se battaient jusqu'au dernier homme [pour une place de stationnement], mais sans opposition de l'ennemi."* Le rédacteur du Journal n'hésite pas à parodier Churchill en concluant que *"**jamais dans l'histoire des conflits, autant d'essence n'a été gâchée par tant de pilotes pour aussi longtemps.**"* [1027]

Le **2 mai 1942**, le Flying Officer Davison avec le Flight Sergeant Austin, de la FIU, testent un filtre supposé permettre de s'entraîner à l'interception radar pendant la journée. L'essai ne s'est pas déroulé comme espéré puisque ce filtre *"n'est pas facile à utiliser, il ne sert à rien et il est **tombé à huit reprises sur la tête du Pilote, ce qui s'est avéré à la fois inquiétant et décourageant, et n'a pas incité le Pilote à soumettre un rapport très favorable.**"* [1028] L'art de l'euphémisme britannique dans toute sa splendeur !

Dans le même style d'essai n'ayant pas les résultats escomptés, on peut aussi citer celui du 26 novembre 1942 : *"Le Flight Lieutenant Ryalls a piloté le Typhoon pour voir si un projecteur vertical en fin de piste **permettait de garder une trajectoire rectiligne après l'atterrissage. Il a effectivement roulé en ligne droite jusqu'à ce qu'il regarde le projecteur. Il a ensuite quitté la piste** ..."* [1029]

Le **27 mai 1942**, le Flying Officer Davison de la FIU, décolle de Ford sur un Defiant pour aller chercher un Beaufighter à Middle Wallop. *"Le Flight Sergeant Munroe devait ramener le Defiant. Alors que l'avion se trouvait à peu près 10 milles (16 km) au sud de Winchester, le moteur a rendu l'âme. **'Il y a un bout d'un champ du Hampshire qui appartient pour toujours à la FIU'. Les occupants s'en sont sortis à peu près indemnes, le Defiant beaucoup moins bien, et le maïs a été salement piétiné.**"* [1030] La phrase sur le *"bout d'un champ du Hampshire"* est un bel hommage au pauvre Defiant et fait référence au très beau poème de 1915 "The Soldier" de Rupert Brooke qui commence ainsi:

If I should die, think only this of me :   *Si je dois mourir, souvenez-vous ainsi de moi :*

[1025] Journal de marche de février 1942 de la 1.458ème Escadrille, conservé sous la référence AIR 27/2005/7, TNA.
[1026] Journal de marche d'avril 1942 de la 1.453ème Escadrille, conservé sous la référence AIR 27/2002/17, TNA.
[1027] Entrée du 2 avril 1942 du Journal de marche de la FIU, (op. cit.).
[1028] Entrée du 2 mai 1942 du Journal de marche de la FIU, (op. cit.).
[1029] Entrée du 26 novembre 1942 du Journal de marche de la FIU, (op. cit.).
[1030] Entrée du 27 mai 1942 du Journal de marche de la FIU, (op. cit.).

| That there's some corner of a foreign field | *Il y a un bout d'un champ étranger* |
| That is for ever England. | *Qui appartient pour toujours à l'Angleterre* |

Dans la nuit du **7 au 8 juin 1942**, le Wing Commander Donald R. Evans, commandant de la FIU, et le Pilot Officer Mitchell, son Opérateur radar, sur Beaufighter I, ont *"eu un combat énergique avec un Do-217 voltigeur : le GCI a dirigé le Beaufighter et l'Opérateur a repris la chasse à son compte une fois le contact [radar] établi. Il a conservé le contact durant plusieurs manœuvres échappatoires. Le Pilote a tiré trois courtes rafales mais ne fait pas de revendication au-delà de* **'Un avion ennemi effrayé'***"*. [1031]

Evans a eu une brillante carrière dans la RAF, culminant au grade d'Air Chief Marshal en 1967.

La FIU avait testé les mérites potentiels d'un P-51 Mustang pour la chasse de nuit. Le **11 juillet 1942**, cet avion a été collecté par un pilote du Transport Auxiliaire Aérien (ATA). Ce pilote a fait chavirer le cœur du rédacteur du Journal de marche qui relate ainsi ce départ : [1032] ***"Personne n'osera plus frimer après avoir piloté un nouveau type d'avion. Après le repas, une blonde sexy nommée CURTISS est arrivée pour emporter le MUSTANG. Elle avait passé la matinée à livrer un Spitfire, à convoyer un Wellington et maintenant à enlever un Mustang.***
"Miss CURTISS demande permission de décollage"
Une ravissante blonde élancée que l'on imagine faisant un plongeon
Qui aurait enlevé Énée à la reine Didon [de la mythologie grecque]
A dit "Un Spitfire est vraiment pour les simplets
Comparé à un Wimpey, [surnom du Wellington]
Oh oui, je dois piloter un Mosquito." [jeux de mots intraduisible sur MUSTANG : I MUST ANG a Mosquito]

Le **2 septembre 1942**, la 1.460ème Escadrille (Havoc Turbinlite) est officiellement dissoute et renaît sous l'appellation de 539ème Escadron incorporant ses propres Hurricane IIc. Cependant, le rédacteur du Journal de marche est un peu déçu et note que la nouvelle Unité *"n'est un Escadron que de nom et que nous n'avons reçu aucun nouveau mécanicien [alors qu'il y a sept Hurricane de plus à entretenir]. ... Il y a des papiers d'affectation à profusion mais bien peu de personnels en chair et en os. Nous avons eu plusieurs cas de gens affectés à l'Unité qui avaient déjà été envoyés ailleurs."* Heureusement, le mois se termine par cette mention plus positive sur le front des effectifs : *"Une intense activité de flirt est née au sein de l'Escadron suite à l'arrivée de trois serveuses W.A.A.F.."* [1033]

Le **9 décembre 1942**, le Flying Officer McCulloch de la FIU emmène un Hurricane à Bradwell Bay et *"effectue un atterrissage 'quatre points', rendant l'avion inutilisable"*. La formation normale des pilotes de la RAF insistait sur un atterrissage 'trois-points' (les trois roues touchant le sol en même temps), et cette terminologie était régulièrement employée dans les documents officiels, comme les Notes à l'Intention des Pilotes. Ici, il semble bien que le malheureux pilote ait laissé une aile toucher le sol, peut-être en se faisant surprendre par une rafale soudaine de vent de travers. [1034]

La guerre ne s'arrête pas les jours fériés, et les chasseurs de nuit volent aussi bien la nuit de Noël que durant celle du Nouvel An, parfois avec des effets étranges comme dans la nuit du **24 au 25 décembre 1942** : le Flight Lieutenant Davison et le Pilot Officer Austin de la FIU terminent

---

[1031] Entrée du 7 juin 1942 du Journal de marche de la FIU, (op. cit.).
[1032] Entrée du 11 juillet 1942 du Journal de marche de la FIU, (op. cit.).
[1033] Entrée du 29 septembre 1942 de la 1.460ème Escadrille, conservé sous la référence AIR 27/2006/40, TNA.
[1034] Entrée du 9 décembre 1942 du Journal de marche de la FIU, (op. cit.).

une patrouille sous contrôle d'un GCI lorsqu'ils demandent par radio des instructions à la salle du Secteur de Tangmere car **ils aperçoivent** *"un vieux monsieur sur un traîneau tiré par six rênes, ne montrant aucun des feux pour se faire reconnaître ni aucun signal IFF."* La salle d'Opérations a judicieusement répondu, que bien que n'ayant pas d'information sur ce vol, il s'agissait probablement d'un appareil ami….

Dans la même veine, quelques jours plus tard, le Journal de marche de la FIU enregistre ainsi le vol du Flight Lieutenant Ryalls et du Flight Sergeant Le Conte : ***"Ils ont décollé en 1942 et se sont posés en 1943*** *après un entraînement avec le GCI."* [1035]

Le 12 octobre 1943, puisque le brouillard empêche tout décollage, les aviateurs du 85ème Escadron organisent une fête pour célébrer la remise de la DSO au Flight lieutenant Cecil F. Rawnsley (opérateur radar du Wing Commander Cunningham) : *"Les tirs d'artifice du Flight lieutenant Rawnsley et les tours de jonglage du Pilot Officer Medworth ont été les attractions principales.* ***Lorsqu'il est rentré à l'aérodrome, le Lieutenant Carruthers a découvert que sa moto avait décidé toute seule de monter l'escalier et s'était garée dans sa chambre tout en haut de la maison.****"* [1036]

Le **26 février 1944**, deux Mosquito VI du 418ème Escadron quittent la base de Ford en milieu d'après-midi pour une mission *Ranger* de jour. En arrivant sur l'aérodrome de St Yan, les équipages se répartissent les cibles au sol : le Flight Lieutenant A. D. Cleveland et le Flight Sergeant F. Day incendient un He-177 (ou un Ju-86) pendant que le Flight Lieutenant C. C. Scherf et le Flying Officer C. G. Finlayson prennent soin de deux Ju-52. Près de l'aérodrome de Dôle-Tavaux, ils aperçoivent un He-111Z tractant deux planeurs Go-242 en file indienne, à environ 760 m d'altitude. Les trois appareils sont abattus les uns après les autres, puis un troisième planeur est mitraillé au sol. Au moment de rédiger le rapport de combat, la question se pose du partage du He-111Z à cinq moteurs (accouplement de deux He-111 avec un moteur de plus), et une solution originale, digne d'un jugement de Salomon, est proposée : ***"Puisque le Double-Heinkel consiste en deux Heinkel distincts, il est demandé qu'une revendication d'un He-111 détruit soit accordée à chacun : un He-111 pour le Flight Lieutenant Cleveland et un pour le Flight Lieutenant Scherf.****"* [1037]

Le **31 mai 1944**, l'Échelon de Maintenance de la base de Manston dans le Kent organise une soirée dansante à Ramsgate en l'honneur du 605ème Escadron. Le Journal de marche précise que *"la soirée dansante a été un grand succès et tout le monde a passé un bon moment. Il est noté que* ***certains membres [de l'Escadron] ne se sont pas présentés car ils ont effectué en chemin une sortie "Intruder" dans plusieurs pubs et ont en conséquence perdu leur sens de l'orientation.****"* [1038]

Dans la nuit du **26 au 27 août 1944**, le Warrant Officer Turner et le Flight Sergeant Francis ont pour mission d'effectuer une patrouille Serrate sur une ligne Est - Ouest entre Osterheide et Eschede à une quarantaine de kilomètres au nord de Hanovre, sur un Mosquito VI du 169ème Escadron. En chemin, vers 23h45, alors qu'il leur reste une centaine de kilomètres à parcourir pour atteindre leur ligne de patrouille, ils aperçoivent une forte activité de projecteurs près de Bösel, en Basse-Saxe : *"Nous avons décidé d'enquêter et nous nous sommes immédiatement retrouvés empêtrés

---

[1035] Entrées du 24 et 31 décembre 1942 du Journal de marche de la FIU, (op. cit.).
[1036] Entrée du 12 octobre 1943 du Journal de marche de l'Escadron, conservé sous la référence AIR 27/705/19, TNA.
[1037] Rapport de combat conservé sous la référence AIR 50/146/178, TNA. Le Journal de marche (AIR 27/1821/3 et 4, TNA) parle d'un He-177 à St Yan, mais les mentions du He-177 sont rayées dans le rapport de combat et sont remplacées par "Ju-86".
[1038] Introduction du Journal de marche conservé sous la référence AIR 27/2091/9, TNA.

dans un exercice des [chasseurs] Boches de coopération avec les projecteurs [au sol]. Des contacts fugaces apparaissaient de temps à autre sur le radar, tous très hauts, et de ces indices, de la position des faisceaux des projecteurs, et des tirs des couleurs du jour, nous avons déduit qu'il y avait des avions, peut-être monomoteurs, à environ 25.000 pieds (7.600 m) d'altitude, ce qui rendait les chances d'interception très faibles avec un Mosquito VI. Ayant été pris par les faisceaux des projecteurs en deux occasions, **et la discrétion étant bien évidemment la part la plus importante du courage**, nous avons décidé de quitter la zone pour tenter de rejoindre la zone prévue pour notre patrouille." Bien leur en a pris, puisqu'un peu plus d'une heure plus tard leur radar affiche l'écho d'un Ju-88 qu'ils parviennent à abattre après une chasse de sept minutes. [1039]

Le **21 novembre 1944**, le Mosquito XIX MM629 des Flying Officers A. Mackinnon et J. Waddell du 157ème Escadron décolle de Swannington, dans le Norfolk, pour une mission de support aux quadrimoteurs du Bomber Command qui ciblent la Ruhr. Alors que l'avion approche de l'aérodrome de Gütersloh en Rhénanie-du-Nord-Westphalie, son radar AI Mark X tombe en panne, l'obligeant à rebrousser chemin. Bien que le détecteur Monica semblait fonctionner, il n'y a aucun avertissement lorsqu'à 18h45, le moteur gauche du Mosquito est subitement touché par des tirs d'un chasseur allemand et prend feu. Le Pilote met l'hélice en drapeau, active l'extincteur sans succès, et constate que les instruments, la radio et l'intercom sont hors service. Une nouvelle rafale détruit la commande de profondeur et remplit le poste de pilote de fumées. Le Pilote donne l'ordre à son Navigateur de sauter, ce qu'il parvient à faire par la trappe d'entrée après s'être débattu avec son tuyau d'oxygène coincé dans son parachute, ayant accroché ce dernier sur son harnais dès que l'incendie du moteur gauche s'était déclaré. Une troisième rafale incendie le moteur droit et le Pilote saute à son tour par la trappe de toit en posant les pieds sur l'écran radar, après une première tentative infructueuse d'utiliser la trappe d'entrée (l'avion s'était incliné vers la gauche, la trappe était à droite). Ayant compté jusqu'à huit, il tire la sangle d'ouverture du parachute : *"Le parachute s'est ouvert immédiatement*, **ce dont je bénis la Section des Parachutes**, *et je me suis posé relativement bien quelques dix minutes plus tard."* Les deux hommes pensent avoir sauté à hauteur du front, derrière les lignes allemandes, mais ils sont en fait à Helmond, aux Pays-Bas. Les impressions ci-après sont celles du Navigateur : *"Avant ce moment,* **je n'avais jamais considéré l'idée de sauter d'un Mosquito avec le moindre enthousiasme. Cependant, comme l'avion donnait une excellente représentation de l'enfer de Dante, la trappe de sortie semblait tout à fait donner sur une énorme caverne, et la probabilité d'être guillotiné par l'hélice droite** *était plutôt réduite par le fait que l'incendie sous l'avion donnait un éclairage correct, bien que menaçant, de la scène. Je veux dire que je pouvais voir l'hélice et je savais que je passerais à côté.*

Ayant quitté l'avion, je l'ai vu passer en un éclair en traînant des nuages de fumées et de flammes, ressemblant à l'une des Vergeltungswaffe [arme 'V' de vengeance] de l'ennemi. J'ai un souvenir vague d'avoir compté jusqu'à deux, puis ... j'ai tiré la sangle d'ouverture du parachute. J'avais clipsé mon parachute avec la poignée sur la gauche et j'ai sauté en la tenant de la main gauche au cas où j'oublierais où je l'avais mise et probablement en espérant que je la tirerais automatiquement si j'avais le malheur de perdre connaissance pour une raison ou pour une autre. ... La sangle gauche de l'entrejambe **m'a causé quelques appréhensions pour des perspectives matrimoniales futures**, *bien que mon harnais était plutôt bien serré. Je semblais être immobile dans l'espace interstellaire. ... Il y a eu un moment inquiétant lorsque j'ai entendu une rafale et j'ai cru que notre attaquant revenait pour finir le boulot et m'éliminer également. Je suis resté suspendu probablement dix minutes et j'ai fini par conclure que je descendais en passant à travers un petit nuage. ... J'étais certain que ma descente était observée par des douzaines de spectateurs curieux et hostiles. Le sol a commencé à arriver vite ... et j'ai atterri sur le dos. ... La Flak qui s'élevait semblait indiquer que la Ruhr n'était pas très loin. ... J'ai marché jusqu'à 21h30, deux heures depuis le début de ma randonnée. Je suis sorti du bois et j'étais assez content, étant convaincu que certains trous dans le chemin que je suivais avaient accueilli des mines, et qu'un faux pas de ma part aurait pu en déclencher*

[1039] Rapport de combat conservé sous la référence AIR 50/225/8, TNA.

une. [1040] *… J'ai finalement décidé de déterminer de quel côté des lignes j'étais tombé. J'ai retiré mon insigne [de Navigateur radariste] et mon gilet de sauvetage et les ai enterrés dans un champ avant de passer à l'arrière d'une maison. Heureusement il n'y avait pas de chien.* **En contournant la maison, j'ai reconnu la musique comme étant l'une des chansons absurdes de danse à la mode. C'était plus plaisant à mes oreilles que la Marche Nuptiale pour une vieille fille en manque de sexe***… Finalement j'ai aperçu des uniformes Anglais et je me suis invité à la fête."*

Mackinnon, qui a marché 19 kilomètres avant de tomber sur un camp de l'Armée canadienne, et Waddell se retrouvent à l'aérodrome d'Eindhoven dans l'après-midi du 22 novembre. Le lendemain, un Avro Anson les dépose à Tangmere, dans le Sussex de l'Ouest, et ils terminent leur retour en train le 24 jusqu'à Swannington. [1041] D'après le journal de marche de l'unité, la chanson entendue par Waddell était "Hoki Hoki". [1042] Aucune mention n'est faite de l'ambiance dans le mess au retour des deux hommes, puisqu'il semble que leur Mosquito a été abattu par erreur par le MM630 des Flying Officers K. Bartholomew et N. Ward. [1043] Si c'est bien le cas, on peut vraiment parler de tirs fratricides puisque les quatre hommes appartenaient au même Escadron, et les Mosquito MM629 et MM630 étaient nés à quelques heures d'intervalles sur les chaînes de production. Le rapport de combat de Bartholomew et Ward indique que le premier contact a été établi à 18h34, sur un avion *"identifié sans aucun doute comme étant un Ju-188."* Après avoir incendié le moteur gauche de cet avion, il a été vu s'écraser à 18h46 près de Xanten, à une cinquantaine de kilomètres du point de chute final de Mackinnon et Waddell. [1044]

Le 24 décembre 1944, le Squadron Leader Robert D. Doleman et le Flight Lieutenant Douglas C. Bunch du 157ème Escadron abattent deux Me-110 coup sur coup entre Cologne et Duisbourg, dont celui du Hauptmann Heinz Strüning (56 victoires revendiquées). Revenu se poser à 20h24 en cette nuit de Noël, Doleman écrit son rapport avec l'aide du Flying Officer B. J. Lewis, l'Officier du Renseignement de la base de Swannington, mais il abrège son compte-rendu en concluant *"**Je ne peux pas écrire plus car il y a une fête en cours au mess.**"* [1045]

Dans la nuit du **14 au 15 mars 1945**, le Mosquito XIX TA397, "R", du Squadron Leader Robert D. Doleman, DFC, et du Flight Lieutenant Douglas C. Bunch, DFC, du 157ème Escadron décolle à 18h47 de Swannington pour une patrouille à haute altitude de soutien aux 244 Lancaster et 11 Mosquito qui visent cette nuit-là l'usine d'essence synthétique de Lützkendorf, près de Leuna en Saxe-Anhalt. D'autres avions du Bomber Command ciblent les villes de Deux-Ponts (Zweibrücken en allemand) en Rhénanie-Palatinat et d'Homberg en Hesse. Dès que le Mosquito est en vol, les aviateurs constatent que leur poste *Gee* de radionavigation est en panne, *"**mais nous n'avons pas osé revenir pour changer d'avion car le Flight Lieutenant Bunch venait de faire une présentation sur le fait que Gee n'était qu'une aide à la navigation.** Nous avons donc navigué à l'estime dès le départ, et nous avons pu vérifier notre position grâce au bombardement de Zweibrücken."* Qu'est-ce qu'il ne faut pas faire pour éviter les moqueries du mess ! Ayant obtenu un contact radar, les deux aviateurs parviennent à s'approcher mais doivent rester plus de 15 minutes en formation avec cet avion avant de pouvoir l'identifier comme étant un Ju-88G car **le vol *"se déroulait dans le coin le plus sombre du ciel sur l'ensemble du continent."*** Après deux rafales, le Ju-88G

[1040] Ce paragraphe contient un jeu de mot sur *"a mine"* (une mine), et *"mine"* (la mienne), malheureusement intraduisible : *"an incautious step of mine would cause another one"*.
[1041] Rapport de combat conservé sous la référence AIR 50/66/66, TNA.
[1042] Entrée du 21 novembre 1944 du Journal de marche, conservé sous la référence AIR 27/1046/19, TNA.
[1043] Page 492 du livre sur les pertes de 1944 du Bomber Command de W. R. Chorley (voir bibliographie).
[1044] Rapport de combat conservé sous la référence AIR 50/66/4, TNA. Étant donné les erreurs de navigation de nuit de l'époque et comme les deux avions volaient à 400 km/h, une différence d'une cinquantaine de kilomètres n'est pas significative.
[1045] Rapport de combat conservé sous la référence AIR 50/66/22, TNA.

parvient à s'esquiver, laissant l'équipage britannique exprimer sa frustration *"par des bordées de jurons. Nous nous sommes rendus au-dessus de la cible [du bombardement], mais pas d'autre contact, nous avons mis le cap sur la base et nous nous sommes posés à 00h55, **complètement dégoûtés.**"* [1046] Sur les six Mosquito du 157ème Escadron de sortie cette nuit-là, celui de deux Australiens, les Pilot Officers Bruce E. Miller et Raymond G. Crisford, MM650 "J" ne rentre pas. Ces deux aviateurs reposent côte à côte au cimetière militaire de Rheinberg en Rhénanie-du-Nord-Westphalie.

Doleman et Bunch sont restés au sein de la RAF après-guerre. Doleman avait obtenu dix victoires à son compteur (et deux partagées), plus une probable, auxquelles il faut ajouter trois V-1.

À 23h55 le **14 février 1945**, deux Néo-Zélandais, le Flight Lieutenant F. D. Win et le Flying Officer T. P. Ryan, du 85ème Escadron, obtiennent un contact radar alors qu'ils se trouvent au nord de Stuttgart. *"L'avion n'apparaissait que comme une forme noire indistincte, mais à une distance de 800 pieds (240 m), le Navigateur a réussi à déterminer qu'il s'agissait d'un bimoteur avec une unique dérive/gouverne de direction. Nous avons réduit la distance à 100 pieds (30 m), puis **pendant dix minutes nous avons tenu un 'pow-wow' sur la forme et la position de l'empennage, de la dérive et de sa gouverne de direction, sur les ailes et sur le type de moteurs.*"** Ayant finalement identifié un Ju-88, Win tire une rafale de 2 secondes et *"**manque de s'évanouir de surprise en observant une splendide concentration d'impacts sur le fuselage.** Presque immédiatement, un incendie s'est déclaré dans le poste de pilotage et comme des flots d'étincelles venaient vers nous, **j'ai jugé sage de placer le Mossie sur la droite** pour éviter les débris. En quelques secondes, le Ju-88 a explosé."* [1047]

Le 6 mars 1945, le Wing Commander Walter Gibb et le Flying Officer Kendall du 239ème Escadron abattent deux Ju-88, dont celui du Major Walter Borchers (43 victoires nocturnes revendiquées), commandant de la NJG 5. Alors qu'une seule rafale avait suffi pour le premier Ju-88, Gibb s'étonne ainsi de la résistance du second : *"En tout, j'ai tiré quatre rafales, mais **ce têtu de Boche refusait d'exploser** malgré le fait que des impacts aient été observés à trois reprises."* [1048]

Dans la nuit du **18 au 19 mars 1945**, nous retrouvons le Flight Lieutenant F. D. Win et le Flying Officer T. P. Ryan, qui quittent à 02h12 du matin pour escorter des bombardiers qui visent la ville de Hanau, en Hesse. Le détecteur *Perfectos* de leur Mosquito XXX leur donne un contact à 24 kilomètres de distance, que les aviateurs parviennent à transformer en contact radar en se rapprochant à moins de dix kilomètres, puis en contact visuel à 460 mètres. *"L'avion ennemi volait à une altitude de 5.000 pieds (1.525 m) en slalomant à travers le sommet de nuages de type Stratocumulus. **Le contact visuel était perdu chaque fois que le Boche parait sa nudité de nuages, et rétabli quand il revenait faire une pause à la surface et probablement pour vérifier à l'aide des étoiles qu'il volait toujours à l'endroit.***

Le Boche a vite été fatigué de ce jeu de cache-cache et a entamé une descente progressive. Nous l'avons suivi en espérant qu'il ait bien vérifié sa position avant de descendre dans les nuages dont nous sommes sortis à 1.200 pieds (365 m) [d'altitude]. À la fin de cette manœuvre, le Boche était à une distance de 4.000 pieds (1.220 m) et nous l'avons suivi au radar jusqu'à un aérodrome bien éclairé. ... **Les braves gens qui se couchent tard disent que l'heure la plus sombre est celle qui précède l'aube** : celle du 19 mars 1945 ne faisait pas exception et il a fallu nous approcher à moins de 800 pieds (240 m) pour retrouver le contact visuel. Le Boche a établi sa nationalité en abaissant son train d'atterrissage afin de se poser. Nous nous sommes approchés à 400 pieds (120 m) avant de l'identifier comme étant un Me-110

[1046] Rapport de combat conservé en page 120 de la référence AIR 27/1047, TNA.
[1047] Rapport de combat conservé sous la référence AIR 50/36/88, TNA. *"Mossie"* était le sobriquet du Mosquito.
[1048] Rapport de combat conservé sous la référence AIR 50/240/32, TNA.

..." ¹⁰⁴⁹ La patience des deux aviateurs Néo-Zélandais est récompensée après 31 minutes de chasse : 40 obus tirés en deux rafales envoient le chasseur allemand au tapis près de Kitzingen en Bavière.

À 03h05 du matin le **21 mars 1945**, le Flight Lieutenant G. C. Chapman et le Flight Sergeant J. Stockley du 85ème Escadron parviennent à approcher un Me-110 qu'ils pourchassaient depuis dix minutes, leur détecteur *Perfectos* ayant réagi à l'IFF du chasseur allemand d'une distance de 19 kilomètres. *"Je lui ai tiré une rafale de 3 secondes et il a explosé au niveau du moteur gauche **de la façon la plus satisfaisante possible**, avec des débris se détachant vers l'arrière. Il a explosé au sol à 03h05, à 25 - 30 milles (40 - 48 km) au nord-ouest de Kassel. **Toute cette excitation s'est révélée être insupportable pour le détecteur Perfectos** qui est malheureusement tombé en panne."* Ceci n'a pas empêché Chapman et Stockley d'abattre ensuite un second chasseur allemand, identifié comme étant un He-219 porteur de roquettes air-air. ¹⁰⁵⁰ C'était le 100ème avion ennemi abattu depuis la base de Swannington, dans le Norfolk.

Le **15 avril 1945**, le Mosquito XIX TA391 'N' du Flight Lieutenant R. Smyth et du Flight Sergeant M. Bell du 157ème Escadron s'arrache de la piste de Swannington à 20h22 : *"Nous devions servir d'escorte à une mission de diversion ("Spoof") par largage de paillettes de brouillage sur Augsbourg [en Bavière]. **Ceci ne semblait pas prometteur et nous avons donc décidé de faire une descente sur les balises [des chasseurs allemands] autour de Munich** (AMSEL, MARIENKAFFER et DOMPFAFF [MERLE, COCCINELLE et BOUVREUIL]) puis de revenir. Quand nous avons allumé notre radar avant d'entamer la patrouille, nous avons découvert que le générateur droit était mort, ce qui ne nous permettait d'utiliser que Monica et Gee ou le radar Mark X et Gee. Nous avons donc décidé d'utiliser le radar Mark X pour la patrouille aller et Serrate et Monica au retour. À 22h35, à environ 20 milles (32 km) de Munich, nous avons eu un contact [radar] à une distance de 6 milles (9,7 km). ... Il a commencé à descendre à travers les nuages sur un cap de 90°. Nous l'avons suivi dans cette descente à travers des nuages épais à environ 280 [mph] (451 km/h) au badin. **Au fur et à mesure que nous descendions de plus en plus, nous avons été un peu inquiets au sujet des sommets élevés à proximité (étant toujours dans les nuages) mais comme l'avion ennemi était bien plus bas, nous nous sommes rassurés en pensant qu'il s'écraserait en premier."* Ayant percé la couche nuageuse sans contact imprévu avec le sol, Smyth et Bell identifient un Ju-88 qui semble perdu et se préparent à tirer quand le Pilote s'aperçoit que *"le viseur s'était éteint. **J'ai remédié à ceci avec quelques jurons et me suis approché à nouveau, plaçant ma visée sur le moteur gauche et .... que dalle pendant deux ou trois secondes. J'ai baissé les yeux pour voir si quelque chose était mal réglé et juste à ce moment nos foutus canons ont tiré."*** Évidemment, le Ju-88, prévenu, a profité de la confusion pour s'échapper, et malgré une poursuite au radar, il a fini par disparaître dans les échos du sol, même si pendant un instant Smyth et Bell pensent le retrouver en apercevant ***"Joie, joie"***, un aérodrome. Smyth fait preuve de fair play en *"adressant les plus vives félicitations à mon Navigateur, le F/Sgt Bell qui m'avait été prêté pour la soirée, car il a très bien conservé le contact radar durant les manœuvres violentes et à basse altitude.*

<u>REVENDICATION</u> : ***1 Ju-88 endommagé et plutôt bien secoué.****"* ¹⁰⁵¹

Bell volait habituellement avec le Flight Lieutenant K. Kelway, alors que Smyth ne semblait pas avoir un Navigateur attitré (cinq vols en avril avec cinq Navigateurs différents). ¹⁰⁵²

[1049] Rapport de combat conservé sous la référence AIR 50/36/88, TNA.
[1050] Rapport de combat conservé sous la référence AIR 50/36/19, TNA.
[1051] Rapport de combat conservé en page 155 de la référence AIR 27/1047, TNA.
[1052] Entrées des 4, 7, 10, 15, 23 avril 1945 du Journal de marche, conservé sous la référence AIR 27/1046/30, TNA.

Le **17 avril 1945**, le 409ème Escadron (RCAF) est prévenu qu'il doit se tenir prêt à quitter la base avancée B.51 de Vendeville avec un préavis de 24 heures. Les jours suivants, l'unité déménage pour s'installer sur la base B.108 de Rheine en Rhénanie-du-Nord-Westphalie. Le Journal de marche décrit ainsi l'ambiance : *"Il y a eu beaucoup d'activités sur tout le camp aujourd'hui : des tentes se montent de partout et tout le monde s'agite pour s'installer dans ces nouveaux quartiers sous toile.* **Tous les hommes ont leurs armes personnelles chargées et à portée de main, prêtes à servir en cas de rencontre d'un voisin inhospitalier.** *Ayant été l'un des premiers Escadrons à passer sur le Continent après le jour J, le 409ème est à nouveau en tête en étant le premier Escadron de chasse de nuit à être basé en Allemagne. De nombreuses épaves d'avions allemands brûlés ou accidentés sont visibles dispersées sur l'aérodrome. … Depuis que nous sommes arrivés sur cette nouvelle base, il y a une légère pénurie d'essence, mais c'est en passe d'être résolu rapidement. Les Officiers, les Sous-Officiers et les Hommes du rang mangent tous dans le même mess ces jours-ci et le moral semble être gonflé à bloc. Il y a eu une journée record d'accidents lorsque qu'une volée de Stirling a atterri ici [pour évacuer d'anciens prisonniers de guerre libérés par l'avance Alliée]. Deux des "big boys" ont fait un cheval de bois* [1053] *l'un après l'autre et se sont brutalement arrêtés sur le ventre. Ils ont tous deux pris feu mais ces incendies ont rapidement été éteints par notre camion de pompiers bien entraînés ; pas de blessés. … Tout le personnel est confiné au camp pour éviter toute fraternisation, mais des divertissements ont été organisés en un temps record avec un très chouette cinéma, des courts de volley-ball, des terrains de baseball et des zones de lancer de fers à cheval [la pétanque britannique !]."* [1054]

L'annonce de la capitulation allemande le **8 mai 1945** donne le signal, sur toutes les bases de la RAF, d'énormes célébrations, certaines relativement sages comme des messes de remerciement, des discours ou des défilés. D'autres sont plus animées et certains équipements militaires sont mis à contribution pour leurs effets lumineux ou pyrotechniques (projecteurs, fusées, munitions traçantes) ; [1055] beaucoup de Commandants de base font donc verrouiller les armureries et démonter les magnétos des avions pour éviter tout accident grave. À Swannington, les Sergents du 85ème Escadron s'invitent au mess des Officiers, *"***emmenant avec eux tous les villageois qui assèchent les pompes à bière pendant que leurs enfants se régalent d'eau gazeuse et de limonade** *avant de se rassembler autour d'un feu de joie pour regarder, avec tout le cérémonial nécessaire, l'immolation d'une effigie très réaliste de Goering."* Le lendemain, lors de compétitions sportives, *"***certains n'ont pas été capables de faire plus que lancer la balle de cricket.***"* [1056] Ils ne sont pas les seuls à s'être réveillés avec un gros mal de crâne si l'on en croit leurs collègues du 23ème Escadron : *"Il est impossible de noter ce qui s'est passé dans certaines Sections ou ce qu'ont vécu certaines personnes car il y a eu trop de fêtes et* **le rédacteur du Journal de marche lui-même n'est pas en état de se souvenir.** *… Le matin suivant, les haut-parleurs ont appelé tous les Officiers pour un discours du Commandant de la base, et* **il a fallu en réveiller certains plusieurs fois et d'autres y sont même allés sans avoir le temps de retirer leur pyjama,** *mettant juste leur uniforme par-dessus."* [1057]

[1053] "Cheval de bois" = tête à queue brutal, l'avion finissant souvent sur le ventre avec une ou deux jambes du train d'atterrissage fauchée(s).
[1054] Entrées du 17 au 23 avril 1945 du Journal de marche, conservé sur microfilm sous la référence C-12276, BAC.
[1055] Entrée du 8 mai 1945 du Journal de marche du 605ème Escadron, conservé sous la référence AIR 27/2091/33, TNA.
[1056] Entrées des 8 et 9 mai 1945 du Journal de marche, conservé sous la référence AIR 27/706/33, TNA.
[1057] Entrées des 8 et 9 mai 1945 du Journal de marche, conservé sous la référence AIR 27/288/31, TNA.

Annexe 9 : Quelques indicatifs et codes radio utilisés par les chasseurs de nuit

Exemples d'indicatifs utilisés pour les communications radio :

Cette liste ne consiste que de quelques échantillons, mais elle permet de voir que si certains Escadrons changeaient assez souvent d'indicatif radio (par exemple le 151ème, le 264ème ou le 410ème), ce n'était pas le cas pour les stations radar. On constate aussi que les indicatifs passaient d'un Escadron à l'autre (par exemple *GRAMPUS, RAZOR*).

Indicatif radio	Date d'emploi	Utilisateur
AJAX + n°	mars 1941	Avions du 151ème Escadron
ALARM	mai 1942	*GCI*
AVALON	janvier, mars 1945	GCI *(LWS ?)* n°6342
BANJO	avril 1942	Contrôleur du Secteur de North Weald, Essex
BEEHIVE + n°	avril 1942	Avions du 253ème Escadron (Hurricane "parasites")
BLAZER + n°	novembre 1940	Avions du 604ème Escadron
BRICKTILE	sept. 1944, mars 1945	GCI n°15122
CHARCOAL + n°	début août 1943	Avions du 264ème Escadron
CIRCULAR	août, sept., oct. 1944	*GCI*
COACHMAN + n°	début août 1943	Avions du 264ème Escadron
COCKLE + n°	juillet à octobre 1941	Avions du 25ème Escadron
DIDUS + n°	fin août 1943	Avions du 264ème Escadron
DISROBE	juin 1944	FDT 217
DONOR + n°	septembre 1943	Avions du 410ème Escadron (RCAF)
DORVAL + n°	août 1944	Avions du 410ème Escadron (RCAF)
FERRO + n°	mai à septembre 1944	Avions du 68ème Escadron
FIREWORK + n°	janvier 1943	Avions du 151ème Escadron
FOAMLESS + n°	septembre 1943	Avions du 264ème Escadron
FRIDAY + n°	avril à septembre 1942	Avions du 307ème Escadron (Polonais)
FROGSPAWN	mai 1944	GCI de Trimley
FROGSPAWN 2	novembre 1944	GCI de Bawdsey
GRAMPUS + n°	janvier 1944 février 1944	Avions du 68ème Escadron Avions du 25ème Escadron
GREENGROCER	septembre 1944 à février 1945	*GCI*
HORLICK + n°	février 1943	Avions du 307ème Escadron (Polonais)
HUDDLE + n°	octobre à décembre 1941	Avions du 600ème Escadron
JUNGLE + n°	août 1944	Avions du 410ème Escadron (RCAF)
LEGION	août, sept. 1944, avril 1945	GCI n°15121
LIMBER + n°	mars 1944	Avions du 151ème Escadron

Indicatif radio	Date d'emploi	Utilisateur
LIMESTONE + n°	novembre 1944	Avions du 604ème Escadron
MANDATE + n°	juillet 1942	Avions du 264ème Escadron
MANOR + n°	avril 1943	Avions du 25ème Escadron
MILKWAY	avril 1945	Station radar légère d'alerte avancée (LWS) n°6090
MULET + n°	janvier à juillet 1942	Avions du 600ème Escadron
PALMOLIVE	avril 1945	GCI
PARSNIP	juin, juillet 1942	GCI *(probablement Treleaver en Cornouailles)*
PURLEY + n°	mai 1941	Avions du 96ème Escadron
PYGMY	avril 1944	Avions du 68ème Escadron
RADOX	juin, août 1944, mars 1945	GCI n°15083
RAINBOW + n°	juin 1941	Avions du 85ème Escadron
RAGBAG + n°	mars 1942	Avions du 409ème Escadron (RCAF)
RAJAH + n°	mai à octobre 1942	Avions du 25ème Escadron
RANDOM + n°	octobre 1944	Avions du 410ème Escadron (RCAF)
RAZOR + n°	février 1943 mai, juin 1943	Avions du 219ème Escadron Avions du 604ème Escadron
REJOICE	septembre 1944 à janvier 1945	GCI n°15119
RINGDOVE	mai 1942	Salle d'opérations du Secteur de Coltishall, Norfolk
ROBUST	août 1944	GCI
SHANTUNG	avril 1942	Aérodrome de Bradwell Bay, Essex
SIMLA + n°	août, sept. 1942	Avions de la 1.456ème Escadrille
STEEPLE + n°	avril 1941	Avions du 151ème Escadron
TAILCOAT	août 1944	GCI
TOLLGATE	juin 1944	GCI
VERDICT + n°	juin 1944, février, mars 1945	Avions du 406ème Escadron (RCAF)
VOICEBOX	décembre 1944 à mars 1945	GCI n°15122
VORTEX + n°	juin à août 1942	Avions de la 1.457ème Escadrille
WADDLE + n°	août 1941	Avions du 93ème Escadron
YARDLEY	juillet, août 1944	GCI n°15082

Cette liste a été établie à partir des informations des rapports de combats et des journaux de marche. Lorsque le type exact de station au sol (radar GCI, CHL, ou Secteur) n'est pas connu, le terme "GCI" a été mis en italique.

Mots codes du Fighter Command pour les communications radio : (liste non exhaustive)

ANGELS	Altitude en milliers de pieds (parfois codée en ajoutant ou soustrayant une valeur prédéterminée)
BANDIT	Avion ennemi
BOGEY (parfois orthographié BOGY)	Avion non identifié
BOILING	Avertissement que les volets d'occultation du projecteur d'un Havoc Turbinlite vont être ouverts
BUSTER	Puissance maximale de croisière
CANARY	Enfoncez l'interrupteur de la bande G de votre IFF Mk III G
CANCEL GAUNTLET	Interdiction de partir de la balise d'attente (voir GAUNTLET) sans ordre SMACK
CANDLES	Faisceaux de projecteurs semblant se croiser
CRACKERS	Permission d'engager tout avion illuminé par les projecteurs au sol
CRUMPET	Libérez les mines aériennes longues (LAM)
DOUSE	Ordre d'éteindre les projecteurs au sol
FLASH YOUR WEAPON	Allumez votre radar embarqué
FREELANCE	Utilisez votre radar embarqué pour trouver vous-même une cible
GAUNTLET	Avertissement donné par un chasseur qu'il a aperçu des faisceaux de projecteurs formant une intersection et qu'il se dirige vers cet endroit (l'expression SMACKING est aussi parfois utilisée)
JUDY	Contact radar bien établi, je continue l'interception par mes propres moyens (à partir de 1945 ?)
MAKE YOUR COCKEREL CROW	Allumez votre IFF
MY WEAPON IS BENT	Mon radar embarqué est en panne
MY WEAPON IS FLASHING	Mon radar embarqué est allumé
ORBIT XXX	Place-vous en attente sur la balise visuelle XXX (lettre ou chiffre, par exemple ORBIT LOVE (L))
PANCAKE	Rentrez à la base
ROGER	Bien reçu
SMACK	Quittez votre point d'attente sur la balise et dirigez-vous vers une cible potentielle (direction donnée par projecteur au sol ou par radio "VECTOR")
STRANGLE COCKEREL	Éteignez votre IFF
TALLY HO	Contact établi (visuel uniquement)
TRADE	Avertissement de la présence d'une activité ennemie (suivie des informations de localisation)
VECTOR	Cap à suivre
WARM	Avertissement donné par le Turbinlite pour que le chasseur "parasite" passe vers l'avant pour attaquer
WILCO	Abrégé de "Will comply" : Bien reçu, je me conforme à vos instructions

Annexe 10 : Caractéristiques des principaux radars air-air de la RAF

AI Mark IV [1058]
Désignation officielle : ARI (Aircraft Radio Installation) 5003   Masse : 54 kg [1059]
Longueur d'ondes : 1,5 m   Fréquence : environ 193 MHz (188 - 198)
Émissions par seconde : 750
Puissance maximale des impulsions : 10 kW
Antennes : Une antenne dipolaire d'émission (deux sur Havoc Turbinlite).
Quatre antennes dipolaires pour la réception (deux en azimuth et deux en élévation).
Portée maximale : 5,6 km à une altitude supérieure à 5.500 m.
Portée minimale : 120 m.
Précision angulaire : 5° (droit devant)
Composants principaux : Récepteur R.3102A   Émetteur T.3065
Afficheur à tubes cathodiques Type 48   Modulateur Type 20
Panneau de contrôle du voltage Type 3
Alternateur de 500 Watts, 80 volts, 1.600 Hz.
Utilisation : Uniquement par l'Opérateur radar.
Réponse sur radiobalise ou IFF : oui (radiobalise détectée jusqu'à 100 km)

AI Mark V (identique au Mark IV, sauf ci-après)
Désignation officielle : ARI 5005   Masse : 61 kg
Émissions par seconde : 670
Portée minimale : 120-150 m.
Composants principaux : Récepteur R.3085   Émetteur T.3100
Afficheur à tube cathodique pour le Pilote Type 42   Modulateur Type 29
Panneau de contrôle du voltage Type 87
Utilisation : Par Opérateur radar, guidage du Pilote sur un indicateur visuel 'esclave' à partir de l'écran "maître" de l'Opérateur.

AI Mark VII
Désignation officielle : ARI 5049
Longueur d'ondes : 9,1 cm (bande S)   Fréquence : 3.300 MHz
Émissions par seconde : 2.500
Puissance maximale des impulsions : 5 kW
Balayage : Faisceau de 12° se déplaçant en spirale sur 45° autour de l'axe longitudinal de l'avion.
Antenne : Fixe, placée devant un réflecteur parabolique mobile d'environ 1 m de diamètre dans le nez de l'avion, devant la plaque de blindage frontal, sous un carénage en Perspex. Sert à l'émission et à la réception.

[1058] Cette Annexe est basée sur les informations des Publications de l'Air 1093D, Volume I "*Introductory survey of radar - Part II*" de 1946, 1116 "*RAF Signals - Volume V: Fighter control and interception*" publiée en 1952.

[1059] Ceci semble être uniquement la masse des appareils présents au poste de l'Opérateur, auxquels il faut ajouter le câblage, les antennes, etc. Par exemple, Ian White (page 47 de son livre, voir bibliographie) cite une masse totale de 270 kg en 1940, sans préciser de source ni le type exact de radar (Mk III ou Mk IV). Pour le Mk VI, la masse totale ajoutée à un Hurricane Mk IIc est estimée à 91 kg (Annexe 5 du livre de Ian White).

Mécanisme de rotation du réflecteur : Hydraulique.
Portée maximale : 4,8 km   Portée minimale : 120-150 m
Précision angulaire : 1,3° (droit devant)
Composants principaux : Récepteur R.3124   Émetteur T.3130
Afficheur à tube cathodique Type 56   Modulateur Type 42
Alternateur de 1.200 Watts, 80 volts, 1.600 Hz.   Alimentation Type 149
Panneau de contrôle du voltage Type 5
Utilisation : Uniquement par l'Opérateur radar.
Réponse sur radiobalise ou IFF : Non

AI Mark VIII (identique au Mark VII, sauf ci-après)
Désignation officielle : ARI 5093
Masse : 96 kg (composants principaux uniquement)
Puissance maximale des impulsions : 25 kW
Balayage : Faisceau de 10° se déplaçant en spirale sur 45° autour de l'axe longitudinal de l'avion.
Antenne : Fixe, placée devant un réflecteur parabolique mobile d'environ 70 cm de diamètre dans le nez de l'avion, sous un carénage en Perspex. Sert à l'émission et à la réception.
Portée maximale : 9 km droit devant, 3 km à 45°
Composants principaux : Émetteur TR.3151 (magnétron CV 64)   Récepteur Type 50
Afficheur à tube cathodique Type 73   Modulateur Type 53
Interrogateur IFF TR.3152   Alimentation Type 225
Alternateur de 1.200 Watts, 80 volts, 1.600 Hz et générateur de courant continu de 500 watts.
Panneau de contrôle du voltage Type 5.
Réponse sur radiobalise ou IFF : Oui (radiobalise détectée jusqu'à 145 km)

AI Mark X (SCR 720)
Désignation officielle : ARI 5570   Masse : 227 kg
Longueur d'ondes : 9,1 cm (bande S)   Fréquence : 3.300 MHz
Émissions par seconde : 1.500
Puissance maximale des impulsions : environ 70 kW
Précision angulaire : 5°
Balayage : Faisceau de 10° se déplaçant de façon hélicoïdale (+50° et -30° verticalement et 75° de part et d'autre car l'indicateur est coupé chaque fois que le faisceau balaye vers l'arrière).
Antenne : Placée devant un réflecteur parabolique mobile de 74 cm de diamètre dans le nez de l'avion, sous un carénage en Perspex. Sert à l'émission et à la réception.
Portée maximale : 10 km   Portée minimale : 90 m
Composants principaux: TR.3529 ou TR.3530   Modulateur BC.1142
Afficheur à tubes cathodiques BC.1151 ou BC.1152
Panneau de contrôle du voltage Type 5.
Alternateur de 1.200 Watts, 80 Volts, 1.600 Hz ramené à 115 volts.
Générateur de courant continu de 1.500 watts, 24 volts.
Utilisation: Uniquement par l'Opérateur radar.
Réponse sur radiobalise ou IFF: Non, sauf si un SCR-729 (longueur d'ondes 1,5 m) est ajouté.

Annexe 11 : Fréquences utilisées par les principaux radars métriques allemands (et par l'AI Mk IV) et par les contre-mesures (CME) britanniques

On voit bien par exemple que les bandelettes de brouillage utilisées par le Bomber Command avec l'intention de perturber les radars Freya, impactaient également les radars embarqués AI Mk IV.

Notes :

Étant donné que l'échelle utilisée va de 10 en 10 Mhz, certains équipements sont représentés par une plage de fréquence un peu plus large que dans la réalité.

Seuls les principaux types de paillettes Window britanniques ont été présentés ici. Les Américains disposaient également de 14 types de paillettes différentes.

Graphe de l'auteur à partir des données de la monographie " *The radio war*" (voir bibliographie) et du rapport " *100 Group : review of operations from Nov. 1943 to May 1945*", conservé sous la référence AIR 14/2911, TNA.

Annexe 12 : Principaux incidents ayant marqué la vie des unités Turbinlite

Le Flying Officer Frank Williams, Adjudant du 539ème Escadron, résume très bien le sentiment général sur l'activité et la dissolution des Escadrons Turbinlite : *"L'Escadron n'a pas adopté de devise puisque son futur a toujours été incertain, mais son épitaphe pourrait bien être "Comme ils ont travaillé dur pour peu de récompenses"."* [1060]

Date	Escadrille	Événement [1061]
22 mai 1941	1451	Création de l'Escadrille à Hunsdon, Hertfordshire.
7 juil. 1941	1452 et 1455	Création de l'Escadrille (1452 à West Malling, Kent ; 1455 à Tangmere, Sussex).
10 juil. 1941	1453	Création de l'Escadrille à Wittering entre le Cambridgeshire et le Northamptonshire
14 juil. 1941	1454	Création de l'Escadrille à Colerne, Wiltshire
2 sept. 1941	1451	Le Boston (Havoc I ?) AE472 s'écrase lors d'un entraînement de jour. Le pilote (Sergent James A. Gunn (RNZAF)) parvient à sauter en parachute mais le Sergent Maurice F. Boynton est tué.
11 sept. 1941	1452	Le Havoc I BJ486 s'écrase de nuit en refaisant un circuit après un atterrissage manqué. Le Flying Officer Edward G. Curtice et le Sergent Alex Smalley sont tués.
15 sept. 1941	1457	Création de l'Escadrille à Colerne, Wiltshire avant de partir à Predannack en Cornouailles en novembre 1941.
20 sept. 1941	1459	Création de l'Escadrille à Hunsdon avant de déménager trois jours plus tard à Hibaldstow, Lincolnshire.
27 sept. 1941	1454	Escadrille opérationnelle pour les prochaines nuits sans Lune.
29 sept. 1941	1454	Le Havoc I BJ494 s'écrase durant un essai diurne. Le Flight Lieutenant B. H. M. Winslett saute en parachute est légèrement blessé, le Sergent John H. Vaughan est tué.
4 oct. 1941	1452	Le Havoc I BJ471 est endommagé lors d'un atterrissage trop court (pilote Flight Sergeant W. V. Wilkin).
20 oct. 1941	1452	Le Havoc Turbinlite BB907 est endommagé par un tir accidentel de pistolet lance-fusées (40 jours de réparations en Unité de Maintenance).

[1060] Entrée du 25 janvier 1943 du Journal de marche, conservé sous la référence AIR 27/2006/44, TNA.
[1061] Cette liste, établie à partir des données des Journaux de marche, des dossiers d'accident et des rapports de combat, ne prétend pas être exhaustive puisque certains Journaux de marche sont manquants (par exemple, du 5 juillet au 6 décembre 1941 pour la 1.451ème Escadrille ; le mois de janvier 1942 pour la 1.459ème Escadrille) et certains dossiers d'accidents ne sont pas encore ouverts au public. Les accidents des chasseurs "parasites" n'ont été inclus que lorsqu'ils sont mentionnés dans les Journaux de marche des unités Turbinlite. Seuls les combats significatifs ont été résumés, il y a eu d'autres cas de poursuites (le plus souvent d'un contact radar qui a disparu, le Havoc n'ayant pas assez de vitesse).

Date	Escadrille	Événement
22 oct. 1941	1451	Le Havoc I AX912 s'écrase après une panne de moteur. Le Pilot Officer Joseph A, Deneys (Belge) est tué, les Sergents W. Donald et J. R. Jackson sont blessés.
22 oct. 1941	1453	1er vol opérationnel, mais aucun autre les mois suivants.
23 oct. 1941	1454	Le Havoc I BJ496 s'écrase à 20h00 durant un vol de coopération avec les projecteurs au sol. Le Flight Sergeant Eric V. Sansom est tué ; le Sergent C. M. Faircliffe est sérieusement blessé.
30 oct. 1941	1459	Vers 16h20, le Havoc II AH458 se pose trop long (endommagé (?) cet avion n'est remis en service que le 1er décembre) (pilote Sergent M. W. Beveridge). Pas de blessés.
31 oct. 1941	1455	Le Sergent Williams pose le Havoc BK882 sur le ventre, ayant, semble-t-il, oublié de sortir le train.
16 nov. 1941	1459	Vers 13h30, le Havoc I BJ466 se pose trop court et la roulette de nez est endommagée par une lampe au sol (pilote F/Lt C. V. Winn). Pas de blessés.
17 nov. 1941	1452	Le Havoc AW409 est endommagé de nuit lorsque la jambe gauche du train s'efface à la fin de la course d'atterrissage (2 mois de réparations).
21 nov. 1941	1451	Le Havoc II Turbinlite AH432 heurte des arbres lors d'un vol dans l'après-midi. Le Pilot Officer Maurice C. Woodgate et le Sergent Arthur E. Norrish sont tués ; le Sergent C. S. Smith est blessé.
23 nov. 1941	1455	Le Squadron Leader Latimer pose le Havoc BK882 en urgence, la verrière du poste de pilotage s'étant arrachée en vol, endommageant le fuselage, le poste arrière, l'hélice gauche, le réservoir de carburant et la dérive.
24 nov. 1941	1456	Création de l'Escadrille à Honiley, Warwickshire
28 nov. 1941	1459	Une explosion se produit au sol dans la soute des batteries du Havoc II AH451. Malgré l'acide qui leur ruisselle dessus, les électriciens (P/O J. Rogers et Aircraftman H. Poynton) sauvent l'avion en éteignant l'incendie. Ils sont cités à l'ordre de l'Armée (décoration britannique) en juin 1942.
2 déc. 1941	1453	Le Havoc I BB891 est endommagé lorsque son train est rétracté par erreur pendant une opération de maintenance. Havoc démonté et envoyé par la route à la 43ème Unité de Maintenance.
6 déc. 1941	1458	Création de l'Escadrille à Middle Wallop, Hampshire avec des équipages du 93ème Escadron (les transferts avaient débuté le mois précédent).
15 déc. 1941	1460	Création de l'Escadrille à Acklington, Northumberland.
16 déc. 1941	1451	Le Havoc II Turbinlite AH473 est sérieusement endommagé à l'atterrissage, lorsqu'un de ses deux moteurs s'arrête à 30 mètres d'altitude juste avant la piste. Le Pilot Officer R. H. Lee (RCAF) est blessé aux deux jambes.
17 déc. 1941	1453	Le Havoc BD120 part en vrille et s'écrase. Les Sergents James L. Sudders, William A. Fradley et Eric Welch sont tués.

Date	Escadrille	Événement
22 déc. 1941	1459	Le Havoc II AH448 est endommagé durant le roulage au sol en soirée : la roulette de nez s'enfonce dans un sol meuble et se casse (pilote P/O J. A. Gunn).
27 déc. 1941	1458	Un Havoc Turbinlite prêt à décoller en opérations à partir de ce soir, mais aucune opération dans les mois qui suivent.
29 déc. 1941	1455	Accident au sol (collision ?) pour les Havoc II Turbinlite AH503 et AH446 : endommagés tous les deux.
14 janv. 1942	1452	Le Havoc Turbinlite AW412 est endommagé lorsque la jambe gauche du train s'efface durant l'atterrissage.
19 janv. 1942	1457	*Escadrille déclarée opérationnelle. ?*
21 janv. 1942	1452	Le Havoc Turbinlite BD116 s'écrase lors d'un essai (Catégorie E1). Le pilote, le Warrant Officer James Hopewell est tué, l'opérateur radar, le Sergent C. W. Cragg est gravement blessé.
23 janv. 1942	1454	Le Havoc Turbinlite AW395 s'écrase en fin de matinée durant un vol de convoyage, l'Escadrille déménageant à Charmy Down, Somerset. Le Sergent Jozef Armanowski (Polonais), le Pilot Officer Stanislaw Gasak (Polonais) et le Pilot Officer Lynn F. Hobbs sont tués.
25 janv. 1942	1456	Le Havoc I Turbinlite BB907 est endommagé lorsque la jambe gauche du train se rompt sur la piste gelée (Flight Sergeant Blanshard).
27 janv. 1942	1452	Le Havoc Turbinlite BJ497 est endommagé lorsque la roulette de nez s'efface durant un atterrissage de nuit (Catégorie Ac).
28 janv. 1942	1456	Le Havoc I AW410 (quatre mitrailleuses, pas de radar, utilisé pour l'entraînement) est endommagé lorsque la roulette avant du train s'efface lors de l'atterrissage (Sergent Bridges).
6 févr. 1942	1459	Le Havoc II AH458 est endommagé lorsque la jambe droite du train se rompt durant la fin de la course d'atterrissage (pilote P/O J. A. Gunn). Pas de blessés.
13 févr. 1942	1456	Le Tiger Moth 6944 de l'unité est détruit lors d'un décollage vent dans le dos et soleil de face en heurtant du matériel de réparation de la piste (Pilot Officer R. J. Armstrong légèrement blessé).
13 févr. 1942	1459	Le Havoc II AH480 se pose sans freins ni volets en raison d'une panne du circuit hydraulique (endommagé ? Cet avion n'est plus mentionné en février-mars) (pilote Sergent J. D. Humphreys). Pas de blessés.
28 févr. 1942	1454	**Escadrille déclarée opérationnelle en cas d'attaque massive de plus de 50 avions ennemis.**
2 mars 1942	1458	Le Boston III Turbinlite W8336 est endommagé lors de l'atterrissage. C'était le premier vol du P/O Clements sur ce type d'avion ; il s'en sort indemne.
7 mars 1942	1457	Le Havoc Turbinlite du Sergent Irving est endommagé lorsque la jambe gauche du train se rompt durant un atterrissage en fin d'après-midi.

Date	Escadrille	Événement
8 mars 1942	1454	Le Havoc Turbinlite BB911 est percuté en vol par son Hurricane BN228 "parasite". Le pilote du Hurricane (le Sergent Banks) et l'Opérateur radar (Sgt Arthur J. Matthews) du Havoc sautent en parachute, le pilote du Havoc, le P/O Arthur L. Barge, ramène l'avion malgré de gros dégâts au niveau de l'empennage.
10 mars 1942	1460	Le Havoc Turbinlite BJ487 est endommagé lorsque la jambe gauche du train se rompt durant un atterrissage dans l'après-midi. Pas de blessés.
29 mars 1942	1454	L'Aircraftsman James F. Read est tué par une hélice en rotation à Charmy Down, Somerset.
6 avr. 1942	1460	Le Havoc Turbinlite BJ472 est endommagé lorsque le pneu gauche explose et la jambe du train se rompt durant un atterrissage de nuit. Pas de blessés.
8 avr. 1942	1454	Le Havoc I BJ459 est endommagé lors d'un atterrissage forcé et est envoyé à la 43ème Unité de Maintenance.
9 avr. 1942	1451	Le Havoc II Turbinlite AH476 s'écrase lors d'un entraînement de nuit par mauvais temps. Le Pilot Officer Paul M. Rudgard et le Sergent J. S. Salmond sont tués.
13 avr. 1942	1453	Le Havoc I AX910 s'écrase durant un essai de jour, tuant les trois occupants (Pilot Officers Jacques H. Horrell et Frank Darycott, et le Sergent Samuel Capewell). Darycott, Officier chargé de l'entretien des radars, était passager.
14 avr. 1942	1458	Le Boston III Turbinlite W8310 est endommagé durant le roulage au sol.
18 avr. 1942	1452	Le Boston III Turbinlite W8276 s'écrase lors d'un vol de routine. Le Squadron Leader James E. Marshall, DFC (commandant de l'Escadrille), le Pilot Officer Richard G. Beard (pilote, passager sur ce vol) et le Sergent Charles W. Allen (opérateur radar de Beard) sont tués.
fin avril 1942	Toutes	**Escadrilles déclarées opérationnelles.**
28 avr. 1942	1459	Les Pilots Officers Beveridge et Scott (Havoc II AH460) amènent le Hurricane du Flying Officer Beguin du 253ème Escadron à portée d'un Dornier qu'ils illuminent, mais le chasseur est mal placé et l'avion allemand s'esquive. Premier emploi du projecteur sur un avion allemand.
30 avr. 1942	1460	L'Aircraftsman Raeburn est sérieusement blessé à la main par une hélice en rotation en retirant une cale de roue.
1 mai 1942	1459	Un He-111 revendiqué détruit par les tirs du Hurricane IIc du F/Lt Derek S. Yapp du 253ème Escadron, guidé par le Havoc II AH484 du F/Lt Charles V. Winn, pilote, et du P/O Ray A. W. Scott (Turbinlite pas utilisé ?).
3 mai 1942	1452	Le Boston III Turbinlite W8265 est endommagé au décollage (pas de détails - catégorie B).
3 mai 1942	1455	Le Havoc II Turbinlite AH485 est endommagé à l'atterrissage, le Sergent Taylor n'arrivant pas à abaisser le train.

Date	Escadrille	Événement
4 mai 1942	1454	Alors que le Havoc BB911 a obtenu un contact radar par guidage du GCI de Hope Cove et s'est approché à 1.800 mètres de la cible, le moteur du Hurricane parasite tombe en panne.
4 mai 1942	1455	Un Stirling est abattu par le Pilot Officer F. W. Murray du 1er Escadron (Hurricane) guidé par le Havoc du Squadron Leader George O. Budd, DFC, et du Sergent George Evans, DFM.
9 mai 1942	1459	Le Havoc II AH478 est endommagé lorsque l'atterrissage est fait train rentré. Les Sergents Humphreys et Fullis sont indemnes.
10 mai 1942	1460	Vers 20h40, le Havoc I Turbinlite AW392 s'écrase et prend feu après une panne de moteur. Les Sergents Hugh M. Kent et Leonard Lucas sont tués.
19 mai 1942	1455	Le Havoc II Turbinlite AH434 est endommagé à l'atterrissage, lorsqu'un pneumatique explose (pilote Sergent Morgan).
20 mai 1942	43	En essayant de rejoindre le Havoc Turbinlite BJ491 du P/O O. H. E. Jones pour une patrouille nocturne, le Flight Lieutenant Alexander B. Hutchinson perd le contrôle du Hurricane BD954 dans un nuage et s'écrase. Pilote tué.
26 mai 1942	1455	Le Havoc II Turbinlite AH456, au parking, est gravement endommagé par le Beaufighter X7565 du 219ème Escadron qui rate son atterrissage.
30 mai 1942	1451	Le Havoc II Turbinlite AH452 s'écrase après une panne de moteur. Le Sergent Clinton M. Chute (Canadien) est tué, le Sergent G. W. Powell est blessé. Chute avait rejoint l'Escadrille deux jours plus tôt et c'était son premier vol sur Turbinlite.
2 juin 1942	1452	Lors d'une mission nocturne d'entraînement, le Boston III Turbinlite W8257 et deux Hurricane IIc (Z3842 et BN383 du 32ème Escadron) entrent en collision. Le Pilot Officer Anthony F. McManemy, le Sergent Gordon R. Fennell et le Flight Sergeant Wilbert J. Merrithew (Canadien) sont tués. Le Flight Sergeant J. Walters (Vejlupek - Tchèque) est blessé.
2 juin 1942	1456	Le Sergent Massey rétracte le train d'atterrissage de son Havoc Turbinlite lorsque le pneu droit explose au décollage (Cat. B).
3 juin 1942	1453	Lors d'un décollage de nuit, la roue droite du Spitfire AE246 (emprunté au 616ème Escadron) explose, le train se rompt et l'avion est détruit. Le Squadron Leader Kenneth H. Blair est légèrement blessé.
4 juin 1942	1454	Le Havoc BD115 est endommagé à l'atterrissage après un essai diurne (pas de détails).
20 juin 1942	1459	Lors d'un vol en soirée avec deux cadets à bord, la trappe avant du Boston I BB902 (version d'entrainement à nez vitré – voir photographie ci-après) s'ouvre, empêchant de verrouiller la roulette de nez. Le Cadet W. B. Gunn, âgé de 16 ans et faisant son premier vol, évacue le compartiment avant en parachute sur ordre écrit du pilote, transmis de la main à la main. Le P/O Anderson pose l'avion sur le ventre. Au poste arrière, le Flight Sergeant F. Taylor est blessé lors de l'atterrissage. Le Cadet Wells qui se trouvait avec lui à l'arrière est indemne, de même que Gunn et Anderson.
21 juin 1942	1452	Le Boston III Turbinlite W8296 est détruit à l'atterrissage (pas de détails). Le Sergent J. L. Thompson (Canadien) est légèrement blessé.

Date	Escadrille	Événement
21 juin 1942	1452	Le Havoc I Turbinlite BJ470 est détruit dans un accident peu après le décollage (pas de détails). Les Sergents Victor G. Lambert et Edward A. Brace sont tués.
21 juin 1942	1460	L'Aircraftsman W. G. Wright se casse une jambe en tombant de l'aile d'un avion.
27 juin 1942	1460	Le pneu gauche du Havoc I AW413 du P/O O. H. E. Jones explose en vol. Le pilote parvient à poser l'avion (catégorie Ac). Pas de blessés.
28 juin 1942	1454	Le Tiger Moth T7474 de l'Escadrille, emprunté par deux pilotes du 87ème Escadron, s'écrase, tuant les deux occupants (Sergent William S. Turnbull, Pilot Officer James E. Sainsbury). Un nouveau Tiger Moth (T6110) est perçu le 1er août.
2 juil. 1942	1456	Le Havoc Turbinlite du Pilot Officer Thornton est endommagé à l'atterrissage lorsque la roulette de nez s'efface (Cat AC).
5 juil. 1942	1457	Le Havoc Turbinlite du Flight Sergeant Gallagher est endommagé lorsque la roulette avant du train s'efface lors de l'atterrissage.
9 juil. 1942	1456	De nuit, le Havoc Turbinlite BB990 du Pilot Officer P. E. Biggin se pose trop long à cause d'une panne du système hydraulique (plus de freins) et percute un Lysander qui prend feu et est détruit (Havoc Cat. B, Biggin blessé ; Sergent W. P Daly indemne).
9 juil. 1942	1460	Le Boston I AX926 est percuté et sérieusement endommagé par un Beaufighter qui s'est posé trop long.
18 juil. 1942	1458	Le Boston III Turbinlite W8346 du P/O Griffiths et du Sergent Smith est sérieusement endommagé lorsque la roulette avant du train s'efface lors de l'atterrissage. Pas de blessés.
24 juil. 1942	1456	De nuit, le Havoc I AW410 (quatre mitrailleuses, pas de radar, utilisé pour l'entraînement) du P/O Armstrong se pose sur le ventre à Stoke Orchard à cause d'une panne du moteur droit et du système hydraulique.
28 juil. 1942	1459	Un Do-217 revendiqué probablement détruit par les tirs du Hurricane IIc du F/Lt Ellacombe du 253ème Escadron, guidé par le Boston III W8364 du F/Lt Charles V. Winn, pilote, et du P/O Ray A. W. Scott (projecteur Turbinlite pas utilisé).
30 juil. 1942	1459	Un Do-217 revendiqué endommagé par les tirs du Hurricane IIc du F/O Beguin du 253ème Escadron, guidé par le Boston III W8352 du P/O J. A. Gunn et du W/O Broom (projecteur Turbinlite pas utilisé).
31 juil. 1942	1459	Un avion ennemi (non identifié) réplique après le tir du Hurricane IIc du F/Sgt McCarthy du 253ème Escadron, guidé par le Boston III W8379 du F/Lt Beveridge et du P/O Ray A. W. Scott (projecteur Turbinlite non utilisé). La DCA disperse les combattants sans résultat probant.
1 août 1942	1458	Le Boston III Turbinlite Z2160 des Sergents Vaughan et Roe est endommagé lorsque la roulette avant du train s'efface à la fin de la course d'atterrissage. Pas de blessés.

Date	Escadrille / Escadron	Événement
1 août 1942	1459	Le Havoc II AH484 se pose trop court au retour d'une patrouille de nuit (pilote Sergent E. A. Lampkin indemne ; Sergent E. G. White légèrement blessé, avion Catégorie B).
4 août 1942	1455	Le Havoc I Turbinlite BJ491 part en vrille lors d'un virage serré dans l'après-midi, tuant les deux occupants (Pilot Officer Benjamin J. Leader et Flight Sergeant Donald Gregory).
9 août 1942	1459	Le matériel radar du poste arrière du Boston III W8299 prend feu après une poursuite infructueuse d'un contact GCI. Le P/O Ferry parvient à éteindre le feu et le P/O Anderson ramène l'avion à la base.
12 août 1942	1459	Un He-111 revendiqué détruit par les tirs du Hurricane IIc du F/Sgt McCarthy du 253ème Escadron, guidé par le Boston III W8364 du F/Lt Charles V. Winn, pilote, et du F/O Ray A. W. Scott (projecteur Turbinlite utilisé). Le Hurricane et le Boston ont été touchés par des tirs défensifs du Heinkel. Lors de la poursuite, le GCI a successivement classé ce contact hostile, ami possible puis à nouveau hostile.
12 août 1942	253	Le Hurricane IIc BN227 du Sergent Terrence B. Pepper (RNZAF) disparaît en mer lors d'une patrouille avec le Boston III W8379 du Flight Lieutenant Beveridge et du Pilot Officer Scott. A l'aube, cinq Boston cherchent en mer du Nord, en vain.
20 août 1942	1457	Le Havoc Turbinlite du Flight Sergeant Day est endommagé lors d'un accident d'atterrissage (pas de détails) peu après minuit.
22 août 1942	1459	Le Tiger Moth T7756 est détruit au décollage en s'écrasant sur le dos en bout de piste. Le Pilot Officer J. A. Gunn (RNZAF) est légèrement blessé, le F/O Anderson est indemne.
22 août 1942	1459	Le Havoc II AH470 est endommagé lorsque la roulette avant du train s'efface à l'atterrissage (catégorie Ac). Pas de blessés.
début sept. 1942	-	**Dissolution des Escadrilles et création des Escadrons**
3 sept. 1942	538	Le Boston III W8379 est endommagé à l'atterrissage lorsque la roulette avant du train se casse sur un emplacement de DCA au-delà de la piste, les freins n'ayant pas été efficaces sur l'herbe mouillée de Bramcote, Warwickshire (avion catégorie Ac). Pas de blessés.
10 sept. 1942	534	Le Flight Sergeant J. D. Lewis est sérieusement blessé lorsque son Hurricane IIc HL656 percute un arbre de nuit lors de l'approche pour se poser.
19 sept. 1942	537	Le Boston III Turbinlite W8400 s'écrase et prend feu après une panne de moteur, le pilote ayant tenté une approche sans mettre l'hélice en drapeau. Le Sergent Arthur J. Clague est tué, le Sergent F. Bloor est blessé.
22 sept. 1942	534	Le Boston III Turbinlite AL470 se brise en vol, tuant les trois occupants (Flying Officer William M. E. Winter, Pilot Officer John H. Lindley et Flight Sergeant Wilfred E. Cleal). Lindley, Adjudant de l'Unité, était passager.

Date	Escadron	Événement
24 sept. 1942	534	Le Flight Sergeant Douglas G. Jardine (Canadien) est tué lorsque son Hurricane IIc Z3895 percute un arbre lors d'un atterrissage forcé dans l'après-midi.
4 oct. 1942	539	Le Hurricane IIc BN205 du Sergent Robert S. Timewell percute un obstacle lors d'un vol d'entraînement à basse altitude. Le pilote est tué.
4 oct. 1942	539	Le Hurricane IIc BN382 du Flight Sergeant Bernard C. Williams (RNZAF) s'écrase durant un vol d'entraînement. Le pilote est tué.
13 oct. 1942	539	Lors du décollage, le Boston III W8401 du Pilot Officer Jones percute le Hurricane IIc BD983 du Flight Sergeant Clifford J. Herbert à cause d'un éclatement de pneu. Les deux avions sont détruits, Herbert est blessé. L'équipage du Boston est indemne.
21 oct. 1942	534	Le Hurricane IIc Z3081 du Sergent Arthur Davies et le Boston III AL871 du sergent Norman E. A. Ross (605ème Escadron) entrent en collision. Le Boston servait de cible pour une interception Turbinlite. Les deux hommes sont tués.
4 nov. 1942	539	Le Hurricane IIc AM282 du Sergent Dennis C. Bryant percute le sol lors de l'approche et prend feu après un vol d'entraînement de nuit (pilote tué).
7 nov. 1942	532	Le Sergent Walter H. Carter (RNZAF) est blessé dans l'accident du Hurricane BE581 (pas de détails).
8 nov. 1942	538	Le Havoc II AH458 est détruit en entrant en collision avec un bâtiment lors d'un roulage au sol nocturne, le pilote ayant apparemment perdu ses repères. Le Sergent L. J. Lowndes est sérieusement blessé au visage, le Sergent E. P. Letchford est blessé au dos.
8 nov. 1942	539	Lors du roulage au sol, le Havoc II AH460 du Sergent G. H. J. Wise percute un autre Havoc en stationnement, pliant une aile.
21 nov. 1942	539	Le Sergent J. C. Fletcher est obligé de cabrer son Hurricane IIc BN292 lors de l'atterrissage à cause de deux mécanos traversant la piste à pied. Lorsque l'avion retombe un pneu éclate et le train est très endommagé.
22 nov. 1942	531	Le Boston III Turbinlite W8279 est endommagé durant un atterrissage lorsque la roulette de nez ne s'abaisse pas (Catégorie Ac).
30 nov. 1942	539	Le Sergent Joseph W. Allison fait un atterrissage forcé en raison d'une panne de moteur. Le Hurricane BD770 prend feu et est détruit, pilote blessé.
21 déc. 1942	539	Le Sergent Graeme Butcher fait un atterrissage forcé en raison d'une fuite de liquide de refroidissement. Le Hurricane IIc HL603 est endommagé (catégorie B), le pilote est indemne.
29 déc. 1942	534	Le Sergent Graham K. Bardwell est tué lorsque son Hurricane IIc HW552 part en vrille lors de l'approche pour se poser dans l'après-midi.
1 janv. 1943	538	Le Hurricane IIc BN287 est poussé hors de la piste par une rafale de vent lors du roulage au sol et finit sur le nez. Pilote, P/O Porter, indemne.
17 janv. 1943	531	Le Hurricane IIc HL604 est détruit quand le Pilot Officer A. H. Davidson saute en parachute (avion à court de carburant).
25 janv. 1943	-	**Dissolution des Escadrons Turbinlite.**

Annexe 13 : Traduction de la Directive à l'intention des Contrôleurs

SECRET **DIRECTIVE À L'INTENTION DES CONTRÔLEURS POUR LES OPÉRATIONS DES CHASSEURS DE NUIT DÉFENSIFS** [1062]

Généralités
1. Le premier impératif extrêmement important pour un Contrôleur de nuit est d'obtenir une connaissance détaillée des conditions météorologiques actuelles et à venir. Ce sera un facteur majeur qui influencera ses plans durant la nuit. Ses sources d'information météorologique sont le Prévisionniste Météo, les rapports des Bases, des Pilotes, et des détachements du Royal Observer Corps et des Batteries de Projecteurs.
2. Si la météo est convenable pour voler, la première tâche du Contrôleur doit être, au coucher du Soleil, de s'assurer que les patrouilles décollent à temps pour relever les chasseurs diurnes.

Compatibilité pour l'emploi des Projecteurs
3. Dans certaines circonstances, il peut s'avérer difficile de décider si les "aires tactiques" *[de projecteurs]* doivent être activées ou non. Un vol de confirmation météorologique ("*Sprinkler*") devrait alors permettre de décider si les conditions sont adéquates pour les projecteurs comme indiqué dans l'Annexe A de l'Instruction Opérationnelle du Fighter Command n°90 *[voir Annexe 14]*, dans laquelle la météo est classée comme suit :
   A - Parfaite
   B - Conditions moyennes pour les projecteurs et *Gauntlet* devrait bien fonctionner.
   C - Les faisceaux des projecteurs ou les balises visuelles d'attente ne sont pas bien visibles.
   D – Météo si mauvaise qu'elle proscrit l'emploi des projecteurs à des fins d'interception.

Compatibilité pour les interceptions par radar air-air (A.I.) avec station radar GCI ou CHL
4. Les interceptions par radar air-air (A.I.) avec station radar GCI ou CHL sont toujours la voûte des défenses nocturnes car elles ne sont pas aussi dépendantes de la météo que les interceptions avec l'assistance des projecteurs. Quand le temps est convenable pour voler et que les avions sont disponibles, des patrouilles en attente guidées par stations GCI et CHL doivent être déployées. Si la météo n'est pas adéquate, au moins un avion par station GCI et CHL doit être conservé prêt à décoller sur alerte ("*readiness*") au cas où un raid hostile apparaîtrait. Les Contrôleurs doivent s'informer par les plus récents bulletins météo des aérodromes et savoir si les conditions sont convenables pour recevoir des renforts de la part de, ou pour atterrir sur, les aérodromes voisins en maintenant une liaison étroite et constante avec les autres *Contrôleurs [des Secteurs concernés]*. Le Contrôleur du Groupe doit être consulté en ce qui concerne la météo dans les autres Groupes. S'assurer que cette information est fournie et affichée dans les Salles d'Opérations des Secteurs et transmise aux salles d'attente des Pilotes au niveau des Escadrons, conformément à la lettre du Quartier Général du 11ème Groupe S.80/8/Ops.2 du 7 janvier 1943 fait partie de leurs tâches.

Opérations de dépose de mines par voie aérienne par l'Ennemi
5. Aucune règle générale ne peut être fixée, mais c'est souvent lorsqu'il y a une couverture nuageuse basse et une visibilité médiocre que l'ennemi envoie des avions déposer des mines dans l'estuaire de la Tamise, sur les approches de Spithead *[bras de mer séparant l'île de Wight de l'Angleterre]* et ailleurs à proximité de la côte. Étant donné la basse altitude à laquelle volent les avions poseurs de mines, il ne peut y avoir qu'un court avertissement de leur approche et ils sortent très vite de la zone couverte par les stations radar lorsqu'ils font demi-tour pour rentrer. Il est donc particulièrement important, lorsque la météo est favorable aux opérations de

---

[1062] Cette directive n'est ni datée ni signée, mais elle a probablement été rédigée par le Q.G. du 11ème Groupe du Fighter Command au quatrième trimestre 1943. Document conservé page 286 des Annexes du Journal de marche du 85ème Escadron, référence AIR 27/707, TNA.

minage, que des avions soient positionnés pour patrouiller les zones menacées, ou soient maintenus prêts à décoller sur alerte ("*readiness*") sur les aérodromes proches de la côte si le temps est trop mauvais pour les patrouilles. Une action rapide est bien plus importante vis-à-vis de ce type d'activité que pour tout autre type d'attaque nocturne.

AVERTISSEMENT PRÉCOCE
Service "Y" *[d'écoute des communications radio ennemies]*
6. Quand les avertissements du Service "Y" d'une activité ennemie dans la zone du Secteur sont reçus du Quartier Général du Groupe, le Contrôleur du Secteur doit retirer tous les avions en vols d'entraînement et s'assurer que ses forces sont disposées de façon convenable pour affronter l'ennemi. Si, durant la première partie de la nuit, aucun avertissement du Service "Y" n'est reçu, il doit vérifier auprès de l'Officier d'Opérations du Groupe que le Service "Y" n'a effectivement rien signalé.

Localisations par stations radar au sol
7. Le Contrôleur du Secteur doit surveiller attentivement les trajectoires des avions ennemis qui débutent bien en-dehors des limites de sa table d'opérations pour garantir qu'une action immédiate soit prise au premier signe de localisation d'un ennemi. Il doit prendre les dispositions nécessaires pour être averti immédiatement de toutes les localisations qui sont encore trop éloignées pour apparaître sur la table. Il est de la responsabilité du Contrôleur du Groupe de tenir les Contrôleurs des Secteurs informés des orientations prises par les trajectoires d'avions ennemis qui ne sont pas visibles sur les tables des Secteurs concernés.

Brouillage
8. Une veille attentive doit être maintenue pour détecter les symptômes d'un brouillage radar ou radio. Ces symptômes se sont révélés être parfois de bons indicateurs d'une activité imminente. Les Contrôleurs GCI et CHL doivent signaler les brouillages dès qu'ils se produisent, en indiquant leur intensité, aux Contrôleurs des Secteurs, qui informent à leur tour le Contrôleur du Groupe.

Briefing des Pilotes
9. Les équipages dans les salles d'attente avant décollage doivent être tenus au courant de la tendance que prend l'activité ennemie, en particulier lorsque des brouillages sont en cours. Ils doivent être mis en alerte avancée lorsque l'activité ennemie commence. Un point général de la situation doit être transmis par téléphone aux salles d'attente toutes les demi-heures lorsqu'il y a une activité ennemie.

INTERCEPTION
Par radar air-air (A.I.) avec station radar GCI ou CHL
10. Des avions ennemis sélectionnés doivent être pris en charge par des chasseurs à radar air-air aussi loin que possible en mer. Ces avions ennemis seront sélectionnés par la station GCI, mais cela ne doit pas les empêcher d'être engagés par des projecteurs quand ils franchissent la côte. La station GCI doit poursuivre l'interception après le passage dans les terres, même lorsque les "aires tactiques" *[de projecteurs]* sont actives.
11. Le Contrôleur du Secteur doit faire décoller suffisamment d'avions et les transmettre à son Contrôleur de la Réserve de Chasseurs du Happidrome *[surnom donné aux stations GCI]* en fonction des besoins de ce dernier, que ce soit pour ses propres cabines d'interception, pour toute station CHL satellite, et (quand la météo le permet) pour ses balises visuelles d'attente pour la chasse en coopération avec les projecteurs. Le détail de l'affectation des chasseurs aux cabines d'interception, aux stations CHL satellites ou aux projecteurs relève de la responsabilité du Contrôleur en Chef du Happidrome, travaillant sous la direction générale du Contrôleur du Secteur, qui est lui-même guidé par toute instruction particulière reçue du Contrôleur du Groupe. Il est impératif que les Contrôleurs des Secteurs maintiennent la liaison la plus étroite possible durant la nuit avec leur Contrôleur en Chef du Happidrome.

12. Tant que les moyens ennemis sur le Front de l'Ouest sont restreints, les Contrôleurs ne doivent pas hésiter à utiliser tous les avions disponibles si l'activité ennemie le justifie, DU MOMENT QU'ILS NE SE PERTURBENT PAS ENTRE EUX OU NE DEPASSENT PAS LES CAPACITÉS DES STATIONS GCI ET CHL. Les chasseurs bimoteurs ont une grande autonomie et les renforts des Secteurs voisins sont toujours possibles.
13. Les Contrôleurs doivent garder à l'esprit les différences essentielles entre les différentes versions de radar air-air embarquées à bord des chasseurs, et ils doivent évaluer si l'activité ennemie est de nature à imposer l'emploi d'une version particulière de radar air-air pour s'en occuper. Par exemple, les radars air-air A.I. Mark IV et Mark V sont susceptibles d'être brouillés et ne peuvent pas être employés contre des cibles volant à basse altitude, mais le radar air-air A.I. Mark IV peut être utilisé, sous réserve d'avoir reçu la permission nécessaire, au-dessus des territoires ennemis. Les Contrôleurs doivent également garder en tête les vitesses différentes dont sont respectivement capables les Beaufighter et les Mosquito lorsqu'un choix est possible.

Par projecteurs
14. Lorsque les circonstances sont convenables, les projecteurs ont une plus grande capacité et peuvent traiter plus de cibles pour l'interception que ne le peut un dispositif GCI. L'Instruction Opérationnelle du Fighter Command n°90 *[voir Annexe 14]* doit être étudiée avec attention. Elle établit les bases d'une interception avec l'aide des projecteurs, mais les révisions ou les points de détail doivent être recherchés dans les Rapports Mensuels des Projecteurs.
15. Les avions avec radar air-air sont plus efficaces en coopération avec les projecteurs que les chasseurs "aux yeux de chat". Si possible, ces derniers ne doivent pas être utilisés en coopération avec les projecteurs dans les mêmes "aires tactiques" que les chasseurs bimoteurs équipés de radar air-air.

Balises visuelles principales d'attente
16. Si la nuit convient pour l'interception en coopération avec les projecteurs, les balises visuelles d'attente sélectionnées doivent être activées lorsque le premier avertissement est reçu, après consultation des Secteurs voisins. Les balises visuelles d'attente sélectionnées doivent être changées en fonction des circonstances.

Balises visuelles avancées d'attente
17. Les balises visuelles avancées d'attente sont situées plus près de la côte que les balises principales.
18. Les balises visuelles avancées d'attente ont été installées pour couvrir le cas de raids qui franchissent la côte mais ne s'engagent pas suffisamment profondément dans les terres pour arriver à portée efficace des chasseurs tournant autour des balises principales. Elles sont conçues pour placer les chasseurs à radar air-air à proximité d'une cible sur la côte de façon à leur permettre d'obtenir un contact radar utilisable et compléter ainsi le nombre limité de contacts possibles via un dispositif GCI.
19. Du moment qu'il y a 50 milles *(80 km)* ou plus de mer au large entre nos côtes et celles de l'ennemi, les chasseurs en attente autour des balises avancées ne devraient pas perturber le travail des interceptions GCI.

Effet de harcèlement des Projecteurs
20. Les projecteurs peuvent engager des raids pour leur effet de harcèlement, même lorsque les balises visuelles ne sont pas activées, du moment que cela ne risque pas de perturber d'autres types de défenses par exemple les chasseurs à radar air-air guidés par GCI.

Altitudes
21. Les Contrôleurs doivent se souvenir que si les chasseurs sont dirigés vers des altitudes significativement trop basses ou trop hautes, l'interception sera rendue difficile, soit parce qu'il sera impossible de rejoindre une cible plus élevée, soit parce que le chasseur dépassera la cible ou qu'il n'obtiendra pas de contact *[radar]* (en particulier avec les radars A.I. Mark VIII). Par

conséquent, si les conditions météo sont telles que les altitudes ne peuvent pas facilement être déterminées en observant les croisements des faisceaux des projecteurs, il faut veiller avec soin à fournir aux chasseurs la meilleure information possible en ce qui concerne l'altitude de la "Clientèle".

Les Projecteurs contre des Raids à très basse altitude

22. Si les projecteurs ne sont pas utilisés pour guider l'interception de raids par des chasseurs, ils peuvent engager des Raids à très basse altitude avec des faisceaux diffus et avec leurs mitrailleuses anti-aériennes, du moment que cela ne risque pas de perturber l'interception d'un raid par un chasseur à radar air-air.

L'emploi du tandem radar air-air (A.I.) et station radar GCI au-dessus des terres

23. Dans le cas où le contrôle des projecteurs se fait depuis un Happidrome, l'emploi des chasseurs à radar air-air au-dessus des terres devra être décidé par le Contrôleur en Chef correspondant. Toutefois, normalement, lorsque les conditions météo sont convenables et que la densité des raids est suffisante, la priorité doit être donnée aux interceptions guidées par les projecteurs. Le principe fondamental à toujours garder à l'esprit est que le but est la destruction de l'ennemi et non pas la méthode utilisée pour y parvenir. Les projecteurs et les stations GCI doivent donc travailler en équipe dans ce but. Il n'est ni possible ni souhaitable d'imposer des règles rigides pour toutes les situations envisageables. L'initiative du Contrôleur est la fondation du succès et la coopération entre les méthodes d'interception est essentielle.

24. Tous les facteurs listés ci-après sont nécessaires pour obtenir les meilleurs résultats des méthodes d'interceptions disponibles sans interférences de l'une envers l'autre : une connaissance approfondie des conditions météorologiques dominantes ; la densité les tactiques et la profondeur d'avancée du raid ; le brouillage des stations GCI et du contrôle des projecteurs ; l'entraînement des équipes de manœuvre des projecteurs ; la compétence du Contrôleur d'Interception de veille à la station GCI, et la très bonne gestion de la situation par les Contrôleurs des Secteurs et le Contrôleur en Chef.

Renforts

25. Les renforts doivent être effectués suffisamment tôt pour être utiles. Le besoin de renforts doit toujours être anticipé. Les Contrôleurs ne doivent jamais attendre de se retrouver à court d'avions, et ils ne doivent jamais hésiter à demander de l'aide des Secteurs voisins via le Contrôleur du Groupe chaque fois que cela est jugé nécessaire. De même, si l'un de leurs chasseurs poursuit un raid au-delà de la portée de leur propre station GCI et passe dans la zone couverte par une stations GCI voisine, ils doivent en transmettre le contrôle dès le moment où la station voisine est mieux placée pour le faire.

26. La mise en œuvre des renforts doit être pratiquée régulièrement. Elle s'avère plus facile à déclencher et à réaliser que les personnes inexpérimentées peuvent le penser.

"Nuits de chasse" (*"Fighter Nights"*)

27. Le succès d'une *"Fighter Night"* dépend grandement de trois facteurs :
    (a) Le briefing des Pilotes chaque nuit avant que le Boche n'apparaisse,
    (b) Des conditions [*météorologiques et de visibilité*] convenables,
    (c) La vitesse effective pour placer les chasseurs en patrouille.

28. La décision intervenant tôt de déclencher ou non une *"Fighter Night"* relève de la responsabilité du Contrôleur du Groupe.

29. La vitesse pour placer les chasseurs en patrouille ne dépend pas seulement des Pilotes, mais aussi en grande partie de la vigilance, de l'anticipation et de la rapidité d'action des Contrôleurs.

30. Tous les Contrôleurs doivent avoir une connaissance poussée de l'Instruction du 11ème Groupe *"Fighter Night"*. Il n'y aura pas le temps de la lire lorsque le premier tracé radar apparaîtra sur la table d'opérations.

Restriction du tir sur cible non visible
31. Les Contrôleurs des Secteurs n'ont pas l'autorité de restreindre le tir *[des batteries de DCA]* sur des cibles non visibles, sauf dans certaines Zones Défendues par la DCA (GDA) qui sont listées dans l'Instruction du 11ème Groupe S.452/4/Night Ops. du 14 septembre 1943. Ils doivent donc, via leur Officier de Liaison de la DCA, garder les Salles des Opérations de la DCA au courant de la position de leurs chasseurs. La restriction du tir dans les Zones Intérieures d'Artillerie (IAZ) est la prérogative du Contrôleur du Groupe, qui doit l'utiliser le moins possible. Toutefois, le Contrôleur du Secteur peut demander au Contrôleur du Groupe de restreindre le tir : quand il le fait, il doit effectuer cette demande rapidement et suffisamment tôt pour qu'elle soit utile. La situation la plus probable pour une telle demande est celle dans laquelle un chasseur de nuit est en contact avec un avion ennemi isolé qui se dirige vers une IAZ ou une GDA.

Chasse libre
32. La chasse libre ne doit pas être utilisée contre des raids de densité faible ou moyenne si cela risque de perturber les interceptions à l'aide des projecteurs ou par radar air-air avec station radar GCI ou CHL. Il n'y a pas encore d'expérience positive de chasse libre en opérations, mais il est possible que ce soit la meilleure technique à utiliser contre des raids concentrés et dans certaines situations de brouillage. Le placement des chasseurs pour la chasse libre et les interceptions par chasse libre doivent donc faire l'objet d'exercices.

Brouillage
33. Les Contrôleurs doivent s'organiser pour être avertis immédiatement de tout brouillage de nos communications VHF ou de nos radars GCI, CHL, AI ou de nos radars de contrôle des projecteurs, son étendue et son impact sur les opérations. Ils doivent adapter leur plans en conséquence. Les différents types de brouillage et les contre-mesures pour y répondre sortent du cadre du présent document. Pour l'instant, le brouillage n'est pas un gros souci, mais s'il se développe, il pourrait s'avérer plus efficace d'utiliser les chasseurs à radar air-air A.I. Mark VIII en chasse libre sur la trajectoire suivie par les avions ennemis et/ou en coordination avec des projecteurs guidés par détecteurs de son ; le tout étant complété par un emploi élargi des *"Fighter Nights"*. Ce n'est, pour le moment, que le sujet de débats constructifs entre Contrôleurs et Pilotes et d'entraînements réguliers à la navigation à l'estime, à la chasse libre et à l'emploi des projecteurs guidés par détecteurs de son.

Raids massifs
34. Les meilleurs résultats contre des raids massifs seront probablement obtenus, jusqu'à une certaine densité, par un emploi bien coordonné des méthodes d'interception présentées dans le présent document. Le but doit être d'engager l'ennemi durant le temps disponible avec autant d'armes que possible. Par conséquent, le plan pour l'interception d'un raid massif s'en prenant à une cible dans les terres peut être décrit comme suit :

Au-dessus du territoire ennemi	Avions *Intruder*
En mer, à haute altitude	Interceptions par radar air-air A.I. Mark V et VIII avec station radar GCI
En mer, à basse altitude	Interceptions par radar air-air A.I. Mark VIII avec station radar CHL
Au-dessus des terres, à haute ou moyenne altitude	Interceptions en coopération avec les projecteurs avec les chasseurs dotés de radar air-air et les chasseurs "aux yeux de chat"
Au-dessus des terres, à très basse altitude	Projecteurs et DCA légère
Au-dessus de la cible, à haute altitude	*"Fighter Night"* lorsque les conditions sont convenables
Au-dessus de la cible, à moyenne altitude	DCA lourde et *"Z"* *[batteries de roquettes de 3 pouces]*
Au-dessus de la cible, à basse altitude	DCA légère tirant des munitions traçantes, projecteurs et menace des barrages de ballons

35. Contre des raids très concentrés dans le temps et dans l'espace mais dispersés en altitude, la chasse libre au radar air-air peut s'avérer être la méthode la plus efficace. Les plans concernant l'emploi de la chasse libre à grande échelle sur les trajectoires suivies par les avions ennemis sont détaillés dans l'Instruction sur la Procédure de Raid Massif.

Vols d'entraînement
36. Afin que les équipes et les Contrôleurs des stations radar GCI et CHL, les équipages des batteries de DCA et des chasseurs puissent rester au plus haut niveau d'efficacité alors que l'activité ennemie est faible, il est nécessaire que les avions effectuent des vols d'entraînement. Il est parfois difficile de concilier leurs besoins d'exercices avec les contraintes de leur positionnement pour les patrouilles de chasse afin qu'ils soient disponibles au bon endroit au cas où une activité ennemie apparaîtrait. Les Contrôleurs doivent faire preuve de bon sens pour le déploiement des avions.

Contrôleur du Groupe
37. Le Contrôleur du Groupe est responsable du déroulement des opérations au sein de son Groupe. Ses plus importantes missions de nuit sont les suivantes :
(i) De décréter le niveau de préparation au décollage sur alerte ("*readiness*") que doivent respecter les Escadrons de chasse de nuit [*par exemple deux avions prêts à décoller sous 5 minutes, quatre autres sous 30 minutes*].
(ii) De transmettre les premiers avertissements d'activité ennemie à ses Secteurs.
(iii) De rester informé des conditions météorologiques et de leur tendance, que ce soit dans son Groupe ou dans les autres Groupes.
(iv) D'anticiper le besoin en renforts et de s'organiser en conséquence.
(v) De coordonner le travail des Secteurs du 11ème Groupe entre eux mais aussi avec les Secteurs des Groupes voisins.
(vi) De restreindre le tir des canons de DCA lorsque ceci est essentiel et de commander les barrages de ballons et les écrans de fumée dans la zone du 11ème Groupe.
(vii) Durant la période de Pleine Lune, de donner sans retard le feu vert aux "*Fighter Nights*" lorsque les conditions sont remplies.

Il est également responsable de superviser les opérations des chasseurs de nuit, des stations de contrôle au sol et des projecteurs des Contrôleurs de l'Estuaire [*de la Tamise*] et des Secteurs.

Contrôleur de l'Estuaire
38. Le Contrôleur de l'Estuaire, basé à North Weald, a le rôle important de coordonner les efforts de Trimley Heath, Foreness et Sandwich et d'affecter les raids dans la zone de l'Estuaire de la Tamise lorsque nécessaire à ces stations GCI et CHL. Ses missions sont décrites dans l'Instruction n°21 du 11ème Groupe du 1er juin 1943.

Conclusion
39. Le but du présent document est de donner aux Contrôleurs des conseils sur l'emploi nocturne des chasseurs et de souligner le fait que le contrôle est un art. Les Contrôleurs doivent avoir une connaissance détaillée de l'organisation qu'ils dirigent. Ils ne peuvent l'obtenir que par un contact personnel avec les équipages de chasse, les batteries de projecteurs, les Stations GCI, les Officiers de Contrôle Aérien, le Groupe et les autres Secteurs. Les meilleurs résultats seront obtenus par les Contrôleurs qui étudient en permanence les problèmes de leur Secteur particulier de façon à anticiper les différents scénarios utilisables par l'ennemi pour préparer leurs plans à l'avance et être capable de les mettre en œuvre rapidement et efficacement dès que le Boche apparaît.

Annexe 14 : Traduction de la procédure d'emploi des projecteurs pour la chasse

SECRET
INSTRUCTION OPÉRATIONNELLE N°90 RÉVISÉE DU COMMANDEMENT DE LA CHASSE [1063]
INTERCEPTION NOCTURNE AVEC DES CHASSEURS ASSISTÉS PAR LES PROJECTEURS DE DCA, ET EMPLOI GÉNÉRAL DES PROJECTEURS DE DCA

(Cette Instruction annule l'Instruction Opérationnelle n°90 du Commandement de la Chasse publiée le 3 novembre 1941 sous la référence FC/S.26110/Ops.3)

Sommaire
PARTIE I : Interception nocturne avec des chasseurs assistés par les projecteurs de DCA
PARTIES II, III, etc. : Rôle et emplois des projecteurs de DCA. Ces Parties seront publiées ultérieurement.

PARTIE I
Interception nocturne avec des chasseurs assistés par les projecteurs de DCA
INFORMATION

1. Les opérations contre l'ennemi et de nombreuses manœuvres ont fourni suffisamment d'informations permettant d'établir la procédure à adopter pour utiliser les chasseurs en coopération avec les Batteries de Projecteurs de DCA.

Avions

2. Des chasseurs bimoteurs, qu'ils soient dotés de dispositifs embarqués d'interception ou non, doivent être utilisés de nuit comme les avions standards pour les interceptions effectuées avec l'aide des projecteurs. La majorité des chasseurs bimoteurs seront équipés de radars air-air.

   Les chasseurs monomoteurs non dotés de dispositifs embarqués d'interception (les chasseurs "aux yeux de chat") ne seront normalement pas utilisés de nuit pour travailler en coopération avec les Projecteurs de DCA ; ils seront seulement employés de nuit durant les phases de pleine Lune pour les Opérations "Fighter Night" (référence : Instruction Opérationnelle n°27 du Commandement de la Chasse de 1942, FC/S.27015/Ops.3).

Batteries de Projecteurs de DCA

3. Dans la Zone de Chasse avec les Projecteurs, les batteries de projecteurs de DCA doivent être employées conformément au plan général chaque fois que les conditions météorologiques le permettent. L'emploi des projecteurs ne sera limité que par les critères de temps et d'espace décrits au paragraphe 26. La décision concernant le déploiement des chasseurs pour qu'ils travaillent avec l'aide des projecteurs dépendra de vols périodiques de vérification de la météo (voir Annexe A) et des rapports des batteries de projecteurs.

Contrôle

4. Le contrôle d'un chasseur peut se faire depuis une station G.C.I. (normalement du type Fixe ou du type "Happidrome", ou encore du type Intermédiaire), ou depuis la Salle des Opérations du Secteur. La procédure de contrôle du chasseur doit être la même dans les deux cas.

[1063] Instruction émise par le Q.G. du Fighter Command le 19 mars 1943. Document conservé page 289 des Annexes du Journal de marche du 85ème Escadron, référence AIR 27/707, TNA. L'emploi erratique des majuscules reflète le document original. Cette version de mars 1943 a été préférée à celle du 3 novembre 1941 car cette dernière est disponible en Annexe 20 du volume III de la monographie *"The Air Defence of Great Britain"* (voir bibliographie).

Disposition des projecteurs

5. Les Projecteurs de DCA qui ne se trouvent pas dans les Zones Intérieures d'Artillerie *[IAZ - Inner Artillery Zones - sous-division à l'intérieur d'une GDA]* ou dans les Zones Défendues par la DCA *[GDA - Gun Defended Areas]* sont disposés en ceintures de densité différentes.

Les ceintures dont la densité est la plus grande avec les projecteurs espacés tous les 6.000 pieds *(1.830 m)* sont définies comme étant les Ceintures de Combat ("Killer Belts"). Lorsque les projecteurs sont espacés de 10.000 pieds *(3.050 m)*, ces aires s'appellent les Zones d'Indication ("Indicator Zones").

La profondeur d'une Ceinture de Combat est généralement de 20 milles *(32 km)*, mais dans certaines régions du Pays, elle peut atteindre environ 28 milles *(45 km)*. D'aussi larges Ceintures peuvent avoir deux rangées de balises principales *[visuelles]* d'attente alors que les Ceintures étroites n'ont qu'une seule rangée, mais il y a alors la possibilité de disposer d'une balise *[visuelle]* avancée d'attente ou d'une balise *[visuelle]* reculée d'attente dans la Zone d'Indication.

Balise *[visuelle]* d'attente

6. Une balise *[visuelle]* d'attente est un projecteur orienté verticalement pour servir de point de repère autour duquel les chasseurs peuvent tourner. Pour faciliter l'orientation, les balises *[visuelles]* d'attente sont différenciées de la façon suivante :

   (i) Balises Principales *[visuelles]* d'Attente : Certains emplacements de projecteurs ont été sélectionnés et dotés de deux projecteurs supplémentaires : le premier, baptisé projecteur Balise *[visuelle]* d'Attente, est équipé d'un dispositif d'occultation de façon à pouvoir émettre un signal visuel caractéristique en code Morse ; le second fournit le faisceau *[lumineux]* Gauntlet qui sera expliqué au paragraphe 19.

   Les Balises Principales *[visuelles]* d'Attente sont normalement placées au milieu des Ceintures étroites de 20 milles *(32 km)*, ou décalées vers les côtés extérieurs des Ceintures larges de 28 milles *(45 km)*.

   Les sites des Balises Principales *[visuelles]* d'Attente sont décrits à l'Annexe B *[non reproduite ici]*.

   (ii) Balises *[visuelles]* Avancées d'Attente : Certains emplacements de projecteurs près de la côte ou des G.D.A. peuvent avoir reçu un projecteur supplémentaire servant de balise *[visuelle]* d'attente. Ce projecteur sera habituellement équipé d'un dispositif d'occultation de façon à pouvoir émettre un signal visuel caractéristique (lettre ou chiffre). Lorsque ce n'est pas le cas, le signal sera émis en coupant et rétablissant l'alimentation électrique du projecteur.

   (iii) Balises *[visuelles]* de Secours d'Attente : Toute batterie de projecteurs autre que celles définies comme étant des balises *[visuelles]* Principales ou Avancées peut fournir un faisceau *[lumineux]* d'attente de secours en étant orientée verticalement et en clignotant la lettre ou le chiffre défini.

   Le chasseur identifie la balise grâce à ses caractéristiques et il peut la trouver plus facilement par mauvais temps si on ajoute un filtre coloré ou des fusées éclairantes autour du projecteur.

INTENTION

7. Effectuer une interception par des chasseurs assistés par les Batteries de Projecteurs de DCA.

EXÉCUTION
Initiation de l'action

8. À réception de l'avertissement de l'approche d'un avion hostile ou non-identifié, les Chasseurs recevront l'ordre de décoller par le Contrôleur du Secteur concerné, sur instruction, ou par délégation de l'autorité, du Contrôleur du Groupe. Le chasseur qui doit être guidé par une station G.C.I. passera sous le contrôle de cette dernière, et les autres chasseurs seront dirigés

vers leur balise *[visuelle]* d'attente par le Contrôleur en Second du groupe d'emploi des Projecteurs.

Identification

9. En arrivant au-dessus de la balise *[visuelle]* d'attente, le pilote du chasseur s'identifiera toujours en émettant la même lettre (ou chiffre) avec ses lampes air-sol pour se faire reconnaître que celle que lui envoie l'équipe de balise *[visuelle]* d'attente. Pour aider l'identification, il doit voler en traversant le faisceau vertical. Il signalera également par radio V.H.F. qu'il se trouve "en attente" et le bon fonctionnement de son *[transpondeur]* I.F.F. sera vérifié comme décrit à l'Annexe C *[non reproduite ici]*.

Attente

10. Plusieurs chasseurs peuvent être affectés sur une unique balise, et dans ce cas ils doivent être séparés en altitude par au moins 1.000 pieds *(300 m)*. Les chasseurs tourneront autour de la balise en la conservant sur leur gauche jusqu'à ce que la trajectoire d'un avion ennemi s'approche de la ceinture des projecteurs : à ce moment-là, l'avertissement préliminaire sera donné par le Contrôleur en Second en utilisant le mot-code *"Trade"*. Le rayon de virage des chasseurs autour de la balise ne doit pas être supérieur à 5 milles *(8 km)*.

"Trade"

11. L'avertissement préliminaire *"Trade"* sera suivi par les informations suivantes (si elles sont disponibles) :
    (a) Altitude et nombre des attaquants, tels que connus à ce moment-là.
    (b) Vitesse de(s) attaquant(s).
    (c) Direction générale de(s) attaquant(s) à partir de la balise *[visuelle]* d'attente (N - S - E - O).

Action à la réception du mot-code *"Trade"*

12. (i) Si un unique chasseur est en attente sur la balise, il doit se placer à l'altitude qu'il estime lui donner la vitesse nécessaire pour effectuer l'interception sur la distance la plus courte possible.
    (ii) Lorsqu'il y a plus d'un chasseur en attente sur la balise, le contrôle au sol doit indiquer l'altitude précise à laquelle le chasseur doit tourner autour de la balise. Cette altitude doit toujours être supérieure à celle estimée de l'ennemi.
    (iii) Les pilotes doivent cesser d'effectuer les tours complets qu'ils effectuaient avant l'avertissement "Trade". Ils doivent faire une boucle en forme de "8" du côté opposé de la balise par rapport à la direction d'où vient la cible. La longueur de cette boucle en forme de "8" doit être d'à peu près 10 milles *(16 km)*. Ils doivent toujours virer dans la direction indiquée par le projecteur incliné (se reporter au paragraphe 19).

Mise en service des balises *[visuelles]* d'attente

13. Chaque fois que l'on constate que l'activité ennemie se développe et que les chasseurs ont reçu l'ordre de rejoindre leurs points d'attente, les balises *[visuelles]* à dispositif d'occultation, doivent allumer leur faisceau à la verticale et doivent émettre leurs signaux visuels caractéristiques *[en code Morse]*. De façon à aider les chasseurs à connaître leur position, toutes les balises *[visuelles]* principales des Secteurs concernés doivent être allumées durant les périodes d'action, que leurs zones d'attente soient occupées ou pas par des chasseurs. Les emplacements de toutes les balises principales *[visuelles]* d'attente, leurs caractéristiques et leurs méthodes d'emploi sont décrits à l'Annexe B *[non reproduite ici]*.

Équipes des balises *[visuelles]* d'attente

14. Le Contrôleur du Secteur est responsable d'affecter les chasseurs devant travailler en coopération avec les projecteurs, et le Contrôleur des Projecteurs du Secteur doit décider quelles balises *[visuelles]* d'attente doivent être utilisées par les chasseurs alloués. Lorsque les projecteurs sont contrôlés à partir de Stations G.C.I., le Contrôleur du Secteur est responsable

de la répartition des avions à ces Stations G.C.I. en fonction des besoins opérationnels. Le Contrôleur en Chef de la Station G.C.I. est chargé d'affecter les avions pour travailler avec les cabines d'interception et/ou en coopération avec les projecteurs en fonction des conditions météorologiques et des facteurs tactiques. Pour prendre sa décision, il consultera le Contrôleur des Projecteurs du Secteur basé à la Station G.C.I. qui doit décider quelles balises *[visuelles]* d'attente doivent être utilisées par les chasseurs alloués.

Lorsqu'il semble évident qu'une cible dans la région côtière est en train, ou est sur le point, d'être bombardée, il peut être nécessaire de placer des chasseurs sur les balises *[visuelles]* principales avancées d'attente. Des chasseurs ne doivent pas être mis sur ces balises, sauf si l'on se rend compte que le raid a lieu contre une cible située de telle façon que la trajectoire des bombardiers ne les amènera pas à moins de 10 milles *(16 km)* de la rangée des balises *[visuelles]* principales d'attente. Les balises *[visuelles]* avancées d'attente peuvent être utilisées par un ou plusieurs chasseurs qui doivent être équipés de radars air-air (se reporter à l'Annexe E *[non reproduite ici]*).

Restriction des Opérations C.G.I. - radar air-air dans les Zones de Projecteurs

15. Chaque QG de Groupe doit définir une ligne sur le, ou près du, trait de côte ou des zones de projecteurs au-delà de laquelle les chasseurs effectuant des interceptions au radar air-air après guidage par une station G.C.I. ne doivent pas opérer.

    Cette limite ne s'applique pas aux chasseurs :
    (i) Ayant déjà obtenu un contact sur leur radar air-air.
    (ii) Sous contrôle d'une station G.C.I. ou C.H.L. lorsqu'il a été décidé qu'en raison des conditions météorologiques ou d'autres facteurs, les interceptions assistées par les projecteurs ne devaient pas être tentées à partir des Secteurs / G.C.I. concernés.
    NOTE : Il est possible que des essais complémentaires avec les stations G.C.I. fixes démontrent que l'opération simultanée de chasseurs assistés par les projecteurs et de chasseurs non-assistés par les projecteurs puisse prendre place au-dessus des terres, auquel cas ces restrictions seront levées.

Procédure standard d'Interception

16. L'interception de bombardiers ennemis participant à un raid de densité raisonnable peut être réalisée soit lorsque le chasseur aperçoit une bonne intersection des faisceaux des projecteurs sur laquelle il se dirige, soit par réception d'un ordre aux chasseurs émis par le Contrôleur des Projecteurs du Secteur (se reporter aux paragraphes 17, 18 et 19). Il est essentiel de conserver la plus grande flexibilité possible à cette procédure. Par conséquent, les dispositions sont en place pour que ces deux options soient utilisables durant la même période d'activité ennemie.

"Gauntlet"

17. Puisque qu'il est probable que les meilleurs résultats seront obtenus en permettant aux chasseurs d'utiliser au mieux leur observation du ciel nocturne, la procédure habituelle consistera à donner le droit aux chasseurs de quitter leurs Postes d'attente pour examiner les intersections *[des faisceaux des projecteurs]*. Cette procédure est connue sous le nom de *"Gauntlet"*. Les chasseurs peuvent être rappelés par le Contrôle au Sol (G.C.I. ou Secteur) lorsqu'il est certain que la cible est déjà poursuivie par un autre chasseur, ou pour toute autre raison qui rendrait l'interception envisagée vaine ou peu probable.

Actions à mener par le Pilote du Chasseur

18. Après réception du mot-code *"Trade"* et tout en faisant des boucles en forme de "8" près de la balise *[visuelle]* d'attente, l'équipage du chasseur doit conserver une veille constante pour détecter les intersections des faisceaux *[des projecteurs]*. Si le Pilote a entendu qu'un autre chasseur sur la même balise d'attente a été envoyé pour mener l'interception, il NE DOIT PAS quitter la balise. Dans les autres cas, il peut se diriger vers une intersection *[des faisceaux des projecteurs]*, mais en respectant strictement les règles suivantes :

(i) Il doit informer le contrôle au sol qu'il se rend sur place en émettant par radio le mot-code *"Gauntlet"*, et,
(ii) Il doit indiquer la direction de l'intersection, soit en utilisant le code de la pendule (en se basant sur le faisceau *"Gauntlet"* comme étant midi *[voir le paragraphe 19]*), [1064] soit par un gisement en degrés à partir de la balise *[visuelle]* d'attente, le choix se portant sur la méthode la plus adaptée aux conditions météorologiques dominantes ; et
(iii) Il doit compléter cette annonce avec son estimation de la distance à laquelle se trouvent les intersections, sachant qu'il ne doit pas prendre en considération celles qu'il pense se trouver au-delà de 20 milles *(32 km)* de distance. Un message typique consistera donc en :
"XXX (indicatif radio du chasseur) *"Gauntlet"* – à 10 heures, 10 milles *(16 km)*", ou
"XXX (indicatif radio du chasseur) *"Gauntlet"* – zéro huit zéro, 15 milles *(24 km)*".
(iv) Il doit guetter un accusé de réception à son message de la part du contrôle qui emploiera le mot *"Roger" [signifiant "Bien compris"]*.
(v) Il doit guetter la confirmation de la part du contrôle que son *"Gauntlet"* est autorisé. S'il reçoit le message suivant "XXX (indicatif radio du chasseur) c'est pour vous, terminé", il peut basculer sur l'intercommunication.
(vi) S'il est rappelé par un message radio du type "XXX (indicatif radio du chasseur) ce n'est pas pour vous, restez en attente", il doit revenir immédiatement sur la balise *[visuelle]* d'attente.
(vii) S'il n'a pas été rappelé, il doit revenir sur la balise *[visuelle]* d'attente après 4 minutes, sauf s'il obtient un contact *[radar]*. Il reviendra à la même altitude que celle qu'il avait en quittant la balise, en signalant ce retour par radio.

Le Faisceau *"Gauntlet"*

19. Les emplacements des balises *[visuelles]* principales disposent d'un projecteur supplémentaire, s'ajoutant à celui de la balise. Chaque fois qu'il y a un chasseur en attente, ou lorsque le Contrôleur des Projecteurs du Secteur l'ordonne, (le premier des deux prévalant), ce projecteur supplémentaire sera allumé et orienté aussi proche de l'horizontale que possible dans la direction d'où l'on sait que l'activité ennemie approche. Le faisceau de ce projecteur est appelé le faisceau *"Gauntlet"*.

"Smack"

20. Il faut réaliser que même lorsque la procédure *"Gauntlet"* est en vigueur, le Contrôleur des Projecteurs du Secteur peut toujours ordonner à un chasseur de mener une interception. Pour cela, il utilisera la mot-code *"Smack"* par radio, suivi du gisement en degrés sur lequel se trouve la cible à ce moment à partir de la balise *[visuelle]* d'attente. Cette méthode est baptisée la procédure *"Smack"*. Si, pour toute autre raison, le contrôle *[au sol]* souhaite que les chasseurs cessent de proposer des interceptions *"Gauntlet"*, les chasseurs seront avertis par l'ordre "Annulation de *"Gauntlet"*". Le contrôle *[au sol]* n'utilisera plus alors que la procédure *"Smack"*.

La poursuite

21. Le chasseur volera vers l'avion ennemi en se dirigeant constamment vers l'intersection des faisceaux des projecteurs. Si l'interception est manifestement de face, le pilote, en se rapprochant, devra dévier d'à peu près un mile *(1,6 km)* d'un côté avant de virer pour poursuivre, évitant ainsi un violent demi-tour à la dernière seconde. Si le contact est obtenu au radar air-air, <u>ceci ne sera pas</u> signalé au contrôle *[au sol]*. Le contrôle *[au sol]* supposera après

---

[1064] Pratique établie par les aviateurs pour désigner une direction en termes d'heures, en imaginant que leur avion est au centre d'une pendule: midi est donc droit devant, six heures est derrière, 9 heures à gauche, etc.

4 minutes après le premier signal *"Gauntlet"* ou *"Smack"* que le chasseur a acquis un contact *[radar]*, sauf s'il indique qu'il revient sur la balise d'attente.

Extinction des feux

22. Un pilote de chasseur peut demander l'extinction des projecteurs, soit :
    (i) Parce qu'ils illuminent son avion au lieu de l'avion ennemi, ou
    (ii) Car un bon contact a été obtenu au radar air-air et qu'il préfère terminer l'interception sans l'assistance des projecteurs.

    Le moyen le plus rapide pour demander aux projecteurs de s'éteindre est d'émettre la lettre du moment à l'aide des lampes air-sol pour se faire reconnaître. Ces lampes ne seront visibles du sol que si l'avion vole bien à plat, et comme elles sont difficiles à voir de toute façon, les avions qui disposent de plus d'une lampe air-sol pour se faire reconnaître doivent employer toutes ces lampes.

    NOTE : La lettre du moment doit être émise et non pas une série de points.

    L'extinction des projecteurs peut aussi être demandée par radio en clair. Cette méthode ne peut pas produire une extinction immédiate, et de plus durant la procédure *"Gauntlet"*, le Contrôleur des Projecteurs du Secteur peut avoir du mal à décider avec certitude quels projecteurs doivent être éteints. Si possible, les pilotes doivent utiliser les deux méthodes décrites ci-dessus. Les projecteurs doivent agir en conséquence au premier reçu des deux messages.

    NOTE : En cas d'urgence, l'extinction des projecteurs peut être obtenue en tirant une cartouche de signalisation à deux étoiles des couleurs du jour à l'aide du pistolet Verey. [1065]

Contacts *[radar]* fortuits

23. Le succès entier de la méthode standard d'interception dépend de la bonne discipline du pilote du chasseur. Le Navigateur Radio *[comprendre Radar]* d'un appareil équipé d'un radar air-air peut obtenir un contact pendant que l'avion est :
    (i) En attente autour d'une balise ;
    (ii) En route vers la balise d'attente pour sa prise initiale de station ;
    (iii) En train de revenir sur la balise ou de rentrer à sa base après une poursuite.

    Sauf si l'on se rend compte que le contact *[radar]* se trouve au sein d'un raid engagé par les projecteurs, il ne faut pas en tenir compte et le pilote doit continuer à tourner sur la balise, ou à se rendre sur la balise ou à sa base suivant le cas. Par contre, si le contact *[radar]* se trouve au sein d'un raid engagé par les projecteurs, le pilote demandera un relevé de position et suivra la procédure *"Gauntlet"* habituelle modifiée par les sous-paragraphes (ii) et (iii) du présent paragraphe puisque le gisement qu'il donnera se basera sur sa position à ce moment au lieu d'être basé sur la balise d'attente ou le faisceau *"Gauntlet"*.

    NOTE : La poursuite des contacts *[radar]* fortuits est autorisée par les procédures "Crackers" et des Raids Massifs (se reporter aux paragraphes 28 & 31) mais la nécessité d'adopter un emploi économique des chasseurs associé au niveau actuel des dispositifs air-air d'identification ami/ennemi et la portée en amélioration des radars air-air ne permettent pas de le faire durant des raids de densité ordinaire.

[1065] Le terme de "Very Pistol" (et non pas "Verey" comme écrit dans le document original) est dérivé du nom de l'inventeur américain, le lieutenant Edward W. Very.

Évitement des Zones Intérieures d'Artillerie *[I.A.Z.]* et des Zones Défendues par la DCA *[G.D.A.]*

24. Il est prévu que les interceptions aient lieu dans les zones de chasse assistée par projecteurs. Le pilote d'un avion sans radar air-air n'ayant pas réussi à effectuer une interception dans la Ceinture de Combat doit se méfier des longues poursuites et ne doit pas pénétrer dans une I.A.Z. ou une G.D.A., sauf si l'avion ennemi est bien éclairé et que le chasseur en est si près derrière qu'une attaque décisive est imminente. De même, le pilote d'un avion avec radar air-air doit éviter d'entrer dans une I.A.Z. ou une G.D.A., à moins qu'il n'ait un bon contact *[radar]* proche de la portée minimale.

> NOTE : Une indication par projecteur est fournie pour prévenir le pilote de chasse de son approche imminente d'une I.A.Z. ou d'une G.D.A.. Toutefois, les Groupes peuvent les tester à proximité des Zones de Combat (se reporter à l'Annexe E *[non reproduite ici]*).

Précautions contre l'Illumination des Chasseurs

25. De façon à éviter l'engagement *[par les projecteurs]* d'une cible lorsque le chasseur s'approche pour attaquer, les projecteurs dont la mission habituelle est justement d'initier les engagements (par opposition à ceux dont le rôle est de poursuivre les engagements déjà commencés) ne doivent éclairer aucune cible dont l'écho est affiché en train de se fondre avec un autre écho sur l'Écran Sélecteur des Signaux, que l'un de ces échos présente une réponse I.F.F. ou pas.

La position et la direction suivie d'un chasseur supposé avoir un contact au radar air-air doivent être si possible communiquées aux Salles des Opérations des Batteries concernées de façon à ce que les projecteurs puissent être prévenus de guetter les échos qui fusionnent sur leurs dispositifs de guidage des projecteurs. [1066]

Sélection et Restriction des Engagements par les Projecteurs

26. À tout instant durant les périodes d'activité ennemie, des informations générales sur les raids approchant le Secteur seront communiquées aux batteries de projecteurs concernées. Si l'emplacement précis des cibles en approche est connu, les trajectoires de ces avions peuvent être transmises aux batteries, si le Contrôleur des Projecteurs du Secteur pense qu'il est probable que cette information aidera l'initiation des engagements dans le cadre de son plan tactique.

Pour limiter le nombre d'intersections *[de faisceaux des projecteurs]* dans le ciel et éviter de perturber les pilotes, un intervalle en milles *[entre les projecteurs en service]* doit être imposé par le Contrôleur des Projecteurs du Secteur.

De plus, des ordres peuvent être donnés pour n'engager que les raids se déplaçant dans une certaine direction. Les détails complets de la procédure des projecteurs sont rassemblés dans l'Instruction n°36 de 1942 "Procédure du A.A. Command".

> NOTE : La procédure "Dark" et Bullseye" sera annulée lorsque la nouvelle procédure d'appellation des raids sera mise en place. Les raids précédemment appelés "Bullseye" seront alors baptisés "raids engagés par les Projecteurs". Le mot "Bullseye" sera réservé pour l'emploi exclusif lors des Manœuvres opérationnelles. [1067]

[1066] Le document original parle de "S.C.L.s", ce qui semble être une faute de frappe pour "S.L.C.s" (voir le glossaire).

[1067] La RAF semble avoir manqué d'inspiration dans le choix de ses mots-codes puisque le terme "Bullseye" désignait aussi les fausses attaques menées par les bombardiers des OTU pour tromper ou disperser les défenses aériennes allemandes, ces avions faisant demi-tour avant d'entrer en territoire adverse.

Procédure radio

27. Il est essentiel que les conversations radio soient les plus courtes et les plus précises possible. La procédure radio à suivre est détaillée à l'Annexe D *[non reproduite ici, mais voir l'Annexe 9]*.

"Crackers"

28. En cas de panne des transmissions radio impactant tous les chasseurs, le contrôle *[depuis le sol]* devient impossible. Le Contrôleur des Projecteurs du Secteur donnera l'ordre *"Crackers"* aux sites des balises *[visuelles]* d'attente qui mettront en œuvre la procédure spéciale de signalisation détaillée dans l'Annexe B *[non reproduite ici]*. Une fois ce signal aperçu, les chasseurs tenteront l'interception de toute cible *[détectée]*, qu'elle soit éclairée par les projecteurs ou pas. L'ordre *"Crackers"* ne sera pas donné en cas de panne des communications sol-sol.

Actions en cas de Panne des Communications Sol-Sol

29. En cas de panne des transmissions entre le G.C.I. et la Salle des Opérations du Secteur, ou entre la Salle des Opérations du Secteur et les Salles des Opérations des Batteries, le Contrôleur des Projecteurs du Secteur n'a plus la responsabilité de rappeler les chasseurs qui se sont portés volontaires pour une interception *"Gauntlet"*. Toutefois, lorsqu'il confirmera réception du *"Gauntlet"* au chasseur, le Contrôleur en Second dira "Roger – Allez-y avec prudence".

Restriction des Attaques des Raids à Basse Altitude par les Chasseurs

30. Les pilotes doivent rompre les engagements de cibles qu'ils poursuivent si ces dernières passent sous 3.000 pieds *(900 m) [d'altitude]*.

    Les détachements de projecteurs doivent engager les cibles volant sous 3.000 pieds *(900 m) [d'altitude]* de la façon la plus adaptée pour permettre aux batteries de D.C.A. légère et de mitrailleuses d'ouvrir le feu.

    Les pilotes sont mis en garde que s'ils engagent des cibles entre 3.000 et 5.000 pieds *(900 à 1.500 m) [d'altitude]*, les faisceaux des projecteurs doivent être abaissés avec une forte inclinaison et vont probablement les éclairer et les éblouir, en plus de faire de même pour leur cible.

Emploi des Chasseurs et des Projecteurs lors de Raids de très forte densité

31. Si la densité est telle qu'elle rend improbable l'obtention de bons résultats par la procédure standard décrite au paragraphe 16, la procédure spéciale connue sous le nom de " Procédure de Raid Massif" peut être ordonnée par le Quartier Général du Commandement de la Chasse.

    Les éléments de cette procédure, tels qu'ils sont établis pour l'instant, sont détaillés dans l'Instruction Opérationnelle n°9/1943 du Commandement de la Chasse.

Date d'application

32. La présente instruction sera mise en œuvre à compter du 2 avril 1943.

FC/S.32114/Ops.3(b)

19 mars 1943
ROYAL AIR FORCE

Signature : *[illisible]*, [1068]
Air Vice Marshal, Officier Supérieur de l'État-Major
COMMANDEMENT DE LA CHASSE,

[1068] L' Officier Supérieur de l'État-Major du Fighter Command en 1943 était l'AVM William B. Callaway.

Annexe 15 : Pertes subies de mars 1941 à janvier 1943 de quatre OTU de chasse de nuit

Le tableau [1069] ci-dessous liste les pertes subies de mars 1941 à janvier 1943 au sein des quatre premières OTU de chasse de nuit. On notera que la 54ème OTU a été créée fin 1940 alors que les 60ème et 51ème OTU n'ont vu le jour respectivement que fin avril 1941 et fin juillet 1941. La 62ème OTU de formation des opérateurs de radar air-air n'a été formée qu'en juin 1942. Les accidents non liés aux activités aériennes n'ont pas été listés ici.

OTU	Date	Avion	Tués	Blessés	Type d'incident	Personnels impliqués (tué, blessé ou indemne)
54	9 mars 1941	Blenheim K7114	1		Accident	S/Ldr C. R. J. Pink
54	13 mars 1941	Blenheim L6835		1	Abattu peu après le décollage	Sgt F. W. Mutton; PO M. G. Calvert
54	28 mars 1941	Blenheim L6642	2		Accident	PO A. N. McKelvie, Sgt J. G. Sandfield
54	12 avr. 1941	Blenheim L6611		1	Accident	Sgt D. S. E. Morley
54	12 avr. 1941	Blenheim L6790	1		Accident	PO D. Coard, Sgt S. J. Slade, Sgt H. Doughty
54	26 avr. 1941	Defiant N1568	1		Abattu	Sgt F. C. Crozier, Sgt G. Bell
54	1 mai 1941	Blenheim L6786	1		Accident	PO L. F. C. Mayer
54	10 mai 1941	Blenheim L1494	1		Accident	Sgt B. W. Smeaton
60	12 mai 1941	-	1	1	Attaque de RAF Leconfield	AC J. V. Woolnough, AC F D. Mallett
54	17 mai 1941	Defiant N1573	1	1	Accident	FSgt R. Cowan, Sgt V. N Russell
54	18 mai 1941	Master T8550		2	Accident	F/Lt W. J. Alington, Sgt D. W. Poole
54	19 mai 1941	Defiant N1653	1		Accident	Sgt H. A. R. McBirney
54	29 mai 1941	Blenheim L8377, Defiant N1556	2		Collision aérienne	Sgt K. C. Gemmell, Sgt D. A. Heggie
54	5 juin 1941	Blenheim V5934		3	Accident	PO R. H. Williamson, Sgt Cross, Sgt K. Williamson
54	12 juin 1941	Blenheim V6459	1		Accident	PO J. H. Menary
54	3 juil. 1941	Blenheim L1438	1		Accident	PO M. R. P. Oxley
60	6 juil. 1941	Master N7951		1	Accident	Sgt E. Johnson
60	8 juil. 1941	Master W8466		1	Accident	Sgt D. H. Collier
54	18 juil. 1941	Blenheim L8729	1		Accident	PO A. D. McMurtrie (RNZAF)
54	18 juil. 1941	Blenheim L1449	1		Accident	PO E. J. Woodhead
54	18 juil. 1941	Blenheim K7090	1		Accident	Sgt C. J. Neighbour (RNZAF)
54	20 juil. 1941	Blenheim T2337		1	Accident	Sgt J. Feruga (Polonais)
54	28 juil. 1941	Oxford V3987	1		Accident	Sgt N. Brook
54	30 juil. 1941	Oxford T1064	1		Accident	Sgt C. Woodward
54	4 août 1941	Oxford V3986	1		Accident	Sgt F. N. Cave

[1069] Données compilées à partir des dossiers conservés sous la référence AIR 81, TNA. Ces dossiers n'ont été rendus disponibles qu'à partir de 2018 et certains sont encore inaccessibles aux chercheurs. Ce tableau ne prétend donc pas être exhaustif. Les accidents n'ayant causé que des dommages matériels ne sont pas comptabilisés.

OTU	Date	Avion	Tués	Blessés	Type d'incident	Personnels impliqués (tué, blessé ou indemne)
60	10 août 1941	Master N7989		2	Accident	Sgt E. Rayner, Sgt H. A. Godsmark
60	15 août 1941	Defiant L1692	1		Accident	Sgt F. G. Westoby, Sgt E. S. Kilner
54	16 août 1941	Magister L8232	2		Accident	PO J. M. E. Daniels, Flying Officer H. B. L. Hough
60	20 août 1941	Defiant V1180		2	Accident	Sgt W C Vatcher, Sgt J M Thomans
54	25 août 1941	Blenheim L6603	1		Accident	PO J. L. Okell
60	30 août 1941	Magister V1102		1	Accident	Sgt W. J. McMillan
60	30 août 1941	Master T8627	1	1	Accident	Sgt R. D. Emery, Sgt H. G. Tasker
54	2 sept. 1941	Oxford V3150	2		Accident	Sgt A. C. Howard, Sgt C A Edwards
60	5 sept. 1941	Defiant R1679	2		Accident	PO W. Blasinski (Polonais), Sgt S. Sadawa (Polonais)
54	8 sept. 1941	Blenheim T2228	1		Accident	Sgt C. W. Woolgar
60	26 sept. 1941	Defiant V1138	1		Accident	PO R. C. Colley (RCAF)
51	2 oct. 1941	Blenheim L4849	1		Accident	Sgt G. P. Phitidis
51	3 oct. 1941	Owlett DP240		2	Accident	Flying Officer A. C. R. McLure, Mr J. V. Cross
51	13 oct. 1941	Blenheim R3617	1		Abattu	Sgt F. Filmer
60	16 oct. 1941	Defiant N1739		2	Accident	PO R. J. B. Peacocke (RNZAF), Sgt L. R. Healey
54	17 oct. 1941	Blenheim V5622	1		Accident	Sgt T. C. Bramley
51	7 nov. 1941	Blenheim Z6748	1	1	Accident	PO H. R. Baker; Sgt A. R. Grimstone
54	15 nov. 1941	Blenheim T2324	1		Accident	Sgt J. M. Cohen
54	16 nov. 1941	Blenheim T1924		1	Accident	Sgt A. E. Thomas
60	16 nov. 1941	Master W8528	1		Accident	F/Lt S. Baker
51	17 nov. 1941	Blenheim L1353	2		Accident	Sgt M. R. Cuke, Sgt J. J. Green
60	20 nov. 1941	Defiant T1738		1	Accident	Sgt A. B. Reynolds
51	25 nov. 1941	Blenheim L6761	2		Accident	Sgt C. T. Martyn-Johns, Sgt B. Wright
51	5 déc. 1941	Blenheim N6172	1		Accident	Sgt D. W. Raley
60	8 déc. 1941	Defiant N1570	2		Avion disparu en mer	Sgt T. E. Tressam (RCAF), Sgt C. Martin
54	9 déc. 1941	Blenheim L8732		1	Accident	LAC C. H. Stephens, PO W. F. Gibb, AC1 T. H. Bennison
51	9 déc. 1941	?		1	Contact avec hélice	AC1 S. W. Northy
54	22 déc. 1941	Blenheim N6166	1	1	Accident	Sgt L. H. Tickner, Sgt S. H. Turner
60	30 déc. 1941	Defiant 1680	1		Accident	Sgt S. C. Rhynas
60	1 janv. 1942	Defiant M3432	1		Accident	Sgt H. W. Wolf (RCAF)
60	4 janv. 1942	Defiant N3495	2		Accident	Sgt W. J. McMillan (RAAF), Sgt T. H. Jones
60	5 janv. 1942	Defiant L7032		1	Accident	Sgt J. H. Morrison (RCAF)

OTU	Date	Avion	Tués	Blessés	Type d'incident	Personnels impliqués (tué, blessé ou indemne)
54	9 janv. 1942	Blenheim L8677	2		Avion disparu en mer	Sgt W. T. Higgs, Sgt B. Jepson
51	11 janv. 1942	Blenheim L8661	1		Accident	Sgt F. J. Blenkinsopp
60	14 janv. 1942	Defiant V1182	2		Avion disparu en mer	Sgt K. G. Drinkwater (RCAF), Sgt J. H. Lowry
60	15 janv. 1942	Defiant N3422	2		Accident	PO A. A. W Harris, Sgt G. C. Townsend
51	27 janv. 1942	Blenheim N6163	1		Accident	Sgt R. J. Latham
60	8 févr. 1942	Defiant N1705	2		Accident	Sgt T. Lawrence, Sgt A. Lawrie (RNZAF)
51	12 févr. 1942	Boston AE457	1		Accident	PO C. D. F. Kaye
51	12 févr. 1942	Blenheim V5806	2		Accident	F/O G. E. Fletcher, Sgt K B Jones
60	24 févr. 1942	Master W8623	1		Accident	W/Cdr A. N. Cole
60	18 mars 1942	Defiant N1629	1	1	Accident	Sgt G. A. P. Sanders (RCAF), Sgt R. J. Roberts
54	26 mars 1942	Blenheim R3808	1		Accident	Sgt E. R. Baggott
51	26 mars 1942	Blenheim V5932	1		Accident	Sgt K. R. Mc.Corick (RCAF)
54	28 mars 1942	Oxford V3990	1		Accident	Sgt H. G. Cullen
54	29 mars 1942	Blenheim N3561	2		Accident	Sgt W. H. Bailey, Sgt J. Prince
54	2 avr. 1942	Blenheim V5564		1	Accident	Sgt J. M. Buchan
60	8 avr. 1942	Blenheim Z5871	2		Accident	Sgt S. B. Moffitt (RCAF), Sgt R W. Hunter (RCAF)
54	9 avr. 1942	Blenheim L8674	1		Accident	Sgt H. J. Beck
54	25 avr. 1942	Blenheim V6008	1		Accident	Sgt J. S. Coward
60	1 mai 1942	Blenheim L8696		1	Accident	Sgt D. Wiggins
51	18 mai 1942	Lysander V9795		2	Accident	Sgt B. J. McCaffrey (RCAF), Caporal Monkman
54	25 mai 1942	Blenheim Z6090	2		Accident	PO J. A. Hill, Sgt A E Harrison
51	9 juin 1942	Havoc BD113	1	1	Accident au sol	LAC J. M. Blum, AC G. W. Dearden
60	15 juin 1942	Blenheim BA170		2	Accident	PO J C Barrett, Sgt A. R. Smith
51	22 juin 1942	Blenheim L6758	1		Accident	PO W. P. Gray
54	24 juin 1942	Beaufighter R2472		1	Accident	Sgt R. G. Calder (RCAF)
60	28 juin 1942	Blenheim T2355	1		Accident	Sgt A. A. M. Gagnon
54	30 juin 1942	Blenheim AZ959		1	Accident	PO L. R. Parnell (RAAF), PO R. C. McKnight (RCAF)
51	6 juil. 1942	Havoc AX914	2	1	Accident atterrissage	Sgt J. Whitehead, Sgt A. Jordan, Sgt E. Hinchcliffe
54	23 juil. 1942	Beaufighter R2440	1		Accident	F/Lt W. D. W. Hilton (RCAF)
51	12 août 1942	Havoc AW409	1		Accident	Sgt A. L. Osborne

OTU	Date	Avion	Tués	Blessés	Type d'incident	Personnels impliqués (tué, blessé ou indemne)
54	14 août 1942	Blenheim BA192	2		Accident	Sgt T. A. Rutherford (RAAF), Sgt J. C. Kidd
51	19 août 1942	Blenheim L6623	2		Accident	Sgt R. M. Gilmour (RCAF), Sgt W. J. McQuatiers
60	23 août 1942	Blenheim L1110		1	Accident	FSgt E. Sanetra (Polonais)
51	24 sept. 1942	Blenheim V5382	1		Accident	Sgt D. T. Massey
60	29 sept. 1942	Blenheim BA142	1		Accident	Sgt J. M. Erickson
54	5 oct. 1942	Blenheim L8613 et Blenheim L6788	2		Collision aérienne	Sgt J. Gracey et Sgt J. R. Masters (RAAF)
54	24 oct. 1942	Beaufighter R2313	1		Accident	PO J. Morris (RCAF)
60	28 oct. 1942	Blenheim L6752		1	Accident	Sgt F. G. Terry (RAAF)
54	3 nov. 1942	Blenheim L6719	2		Accident	Sgts A. Keen, et A. Weller
60	6 nov. 1942	Beaufighter R2371	1		Accident	Sgt W. Caughey
54	7 nov. 1942	Blenheim L8720	2		Accident	F/O W. A. M. Birt, FSgt C. Stradling
54	9 nov. 1942	Blenheim L4929	1		Accident	PO K. J. D. Rawlins
51	9 nov. 1942	Havoc BJ492		1	Accident	Sgt R. E. Spelman
54	21 nov. 1942	Beaufighter T3359	1		Accident	PO H. C. Talbot
51	28 nov. 1942	Havoc BJ501	1		Accident	Sgt L. J. Casey (RNZAF)
62	4 déc. 1942	Anson DG916		1	Accident	Sgt W. P. Pallanca, PO A. D. Sommerville, F/Lt V. Rix, Sgt J. Horsley
51	5 déc. 1942	Beaufighter R2204	1	1	Accident	Sgts N. Goodwin (RNZAF) et C. L. Dent
51	23 déc. 1942	Blenheim L4872	2		Accident	Sgts W. D. P. Hindle et R. G. Pearson
51	3 jan. 1943	Blenheim BA249	1		Accident	F/Lt J. S. Simons
54	4 jan. 1943	Beaufighter T3038	2		Accident	Sgts R. F. Norwood et I. Jackson
54	8 jan. 1943	Blenheim BA194	2		Accident	F/Lt R. H. Hilary, Sgt K. W. Y. Fison
54	23 jan. 1943	Blenheim Z5985	1		Contact avec hélice	Caporal A. Thistlethwaite
62	19 fév. 1943	Anson L7908 et DJ686	8		Collision aérienne	Sgts A. C. Dunlop, D. K. Upperton, F. Wickenden, C. Davidson, I. D. McDonald, LAC J. R. Smith, A. J. Kelly, G. M. Johnston

Annexe 16 : Programme de formation dans les OTU de chasse de nuit

Étape	PROGRAMME DES COURS AU SOL [1070]		
A - 50 heures	Compétence aéronautique	1	Accueil par le Commandant. Objectif de la formation. Règles de pilotage.
		2	Utilisation correcte des instruments
		3	Emploi de l'oxygène
		4	Procédure de pilotage de nuit
		5	Pilotage au plafond de l'appareil
		6	Utilisation de la performance maximale du moteur. Utilisation maximale de la manœuvrabilité.
		7	Tactiques et recherche nocturnes
		8	Service du Sauvetage en mer
		9	Vêtements de vol
		10	Accidents aériens
	Navigation	1	Cartes et principes de navigation pour les chasseurs
		2	Interception aérienne. Navigation à l'estime et vols à grande distance
		3	Instruments
		4	Compas
		5	L'organisation de la chasse de nuit pour l'aide à la navigation
		6	Météorologie
	Aspects techniques	1	Le moteur d'aéronef
		2	Emploi du moteur en vol
		3	Instruments : emploi et limites
		4	Entretien des cellules, des moteurs et des instruments
		5	Simulateur Link (15 heures minimum)
		6	Fuselage d'instruction : procédure de transmission et codes du Fighter Command (10 heures minimum)
	Renseignements	1	L'organisation du Renseignement, rapports de combat, etc.
		2	Identification des avions
		3	Document Secret 158 (*"Routes, identification et se faire reconnaître en vol"*)
		4	Identification des avions
		5	Avions allemands : performances, armement, blindage
	Signaux et procédures de transmission	1	Communication "sans fil"
		2	Équipement "sans fil"
		3	IFF

[1070] Programme résumé à partir du document "*Provisional Night Fighter training syllabus – twin engined aircraft*", révision du 4 mars 1942, conservé sous la référence AIR 16/730, TNA.

		4		Équipement embarqué dans les avions
		5		Émetteurs et récepteurs
		6		Radiogoniométrie
		7		Remorque VHF et balise de radioguidage
		8		Organisation au sol
		9		Résumé
		10 à 15		Radio
	Armement	1		Réglage et alignement des armes
		2		Caractéristiques et répartition des différents types de munitions et de dispositifs pyrotechniques
		3		Circuits pneumatiques. Dispositif de tir des fusées pour se faire reconnaître, etc.
		4		Réarmement du Blenheim, du Beaufighter et du Havoc.
		5		Projection de films de combats
		6		Canon Hispano de 20 mm
		7		Viseurs pour les Pilotes
B - 50 heures	Compétence aéronautique	1		Statuts d'alerte des Escadrons. Rôle de l'Officier des Opérations d'un Escadron
		2		Localisation par le son et manœuvres de coopération avec la DCA
	Administration	1		Procédure en cas d'atterrissage forcé
		2		Rôle de l'Adjudant d'un Escadron
		3		Rôles des membres d'un Mess et du Secrétaire du Mess
	Aspects techniques	1		Essai des cellules, des moteurs et des instruments
	Renseignements	1		Test d'identification des avions
		2		Composition, organisation et dispositions de la Force Aérienne Allemande
		3		Films d'identification des avions
		4		Façon de penser et mentalité des Allemands
		5		Document Secret 158 (*"Routes, identification et se faire reconnaître en vol"*)
		6		La Force Aérienne Italienne
		7 à 10		Films d'identification des avions
	Signaux et procédures de transmission	1 à 4		Radio
		5		Radar
		6 à 9		Révision des cours de la partie "A"
	Armement	1		Cinémitrailleuses
		2		Pellicules : différents types
		3		Mitrailleuses Browning

		4	Réarmement des avions
		5	Stand de tir de 22 mètres : mitrailleuse Browning, fusil et pistolet
		6	Entretien général de l'armement et des systèmes sur l'avion
	Aspects médicaux	1	Premiers soins
		2	Maladies sexuellement transmissibles
	Sujets généraux	1	*"Notre confrère : l'ennemi"*
		2	Recherche de nuit
		3	*"Bombardiers au-dessus de Berlin"*
		4	*"Mitrailleur ou Opérateur Radio au-dessus de l'Allemagne"*

PROGRAMME DES VOLS

Étape	Jour / Nuit	Exercice	
Élémen-taire	Pilotage de jour (au moins 20 heures solo, dont au moins 5 à 10 heures sous capote aux instruments)	1	Pilotage en doubles commandes sur avion de formation intermédiaire (Oxford)
		2	Pilotage en solo sur avion de formation intermédiaire et vol local de familiarisation
		3	Pilotage aux instruments en doubles commandes
		4	Vol triangulaire de navigation longue distance en solo (au moins 80 x 80 x 80 km)
		5	Vol de navigation longue distance (au moins 160 km de rayon) en se posant à un aérodrome non visité auparavant
		6	Procédures de transmission, y compris caps et ralliement sur balise
		7	Vol à 4.600 m d'altitude pendant au moins 30 minutes
		8	Procédure de vol sur un seul moteur en doubles commandes et en solo
	Pilotage de nuit * (éclairage de l'aérodrome, repères locaux, procédure d'approche, signaux et roulage au sol)	1 (1 heure)	Pilotage en doubles commandes sur Moth ou Magister
		2 (5 heures)	Pilotage en solo sur avion léger

PROGRAMME DES VOLS (suite)

Intermé- -diaire	Pilotage de jour (au moins 10 heures solo sur Blenheim)	1	Pilotage en doubles commandes sur avion de formation avancée (Blenheim)
		2	Pilotage aux instruments en doubles commandes sur avion de formation avancée
		3	Pilotage en solo sur avion de formation avancée (Blenheim)
		4	Vol local de familiarisation
		5	Procédures de transmission, y compris caps et ralliement sur balise
		6	Pilotage en doubles commandes pour vol en file indienne et estimation des distances
		7	Procédure de vol sur un seul moteur et approche (Blenheim)
		8	Tir air - sol
		9	Tir air - air
		10	Approche d'une cible et estimation des distances
	Pilotage de nuit * (chaque exercice entre 1 et 5 heures ; au moins 15 à 20 heures en solo en tout)	1	Pilotage en doubles commandes sur Oxford
		2	Procédure de vol sur un seul moteur et approche
		3	Pilotage aux instruments sous capote
		4	Test en vol par l'Instructeur avant le lâcher solo de nuit sur Oxford (exercice 7)
		5	Test en vol sur les procédures de transmission et les signaux
		6	Test sur la sécurité lors du roulage au sol
		7	Pilotage en solo sur Oxford : décollages et atterrissages
		8	Procédures de transmission, y compris caps et ralliement sur balise
		9	Orientation à l'aide des projecteurs au sol et des balises lumineuses (guidage par radio jusqu'à être éloigné d'une cinquantaine de kilomètres, puis début de la procédure de guidage par projecteurs)
		10	Vol local en altitude
		11	Entraînement au pilotage sur un seul moteur
Avancée	Pilotage de jour (cinémitrailleuse à utiliser pour toutes les interceptions)	1	Emploi du radar sur Blenheim (15 heures, un tiers sur de vrais contacts radar), pilotage aux instruments, estimation des distances, procédure de vol sur un moteur
		2	Vol local en altitude
		3	Tir air - air (10 heures)
		4	Pilotage en solo sur Beaufighter ou Havoc
		5	Estimation des distances et approche de la cible (5 heures)
		6	Procédure de vol sur un seul moteur
		7	Tir air - sol

544

		8	Tir air - air
		9	Emploi du radar sur Blenheim, Beaufighter ou Havoc (15 heures, dont au moins 10 heures sur de vrais contacts radar)
	Pilotage de nuit *	1	Test en vol par l'Instructeur sur les procédures de pilotage, la technique de vol de nuit, le pilotage aux instruments et l'état d'esprit de l'élève (1 heure)
		2	Pilotage en solo sur Blenheim : circuits et atterrissage
		3	Procédures de transmission, y compris caps et ralliement sur balise
		4	Vol à 5.500 m d'altitude pendant au moins 45 minutes
		5	Orientation à l'aide des projecteurs au sol et des balises lumineuses (guidage par radio jusqu'à être éloigné d'une cinquantaine de kilomètres, puis début de la procédure de guidage par projecteurs)
		6	Tir air - air de nuit
		7	Pilotage en solo sur Beaufighter ou Havoc : vol en altitude et procédures de transmission (5 heures)
		8	Emploi du radar sur Blenheim, Beaufighter ou Havoc sous contrôle d'une station GCI (5 heures)

* 10 minutes sur simulateur Link avant chaque vol de nuit

Annexe 17 : Manuel du radar air-air AI Mk V pour les Pilotes

SECRET [1071]

SD 276
Exemplaire n°321

> Dès l'obtention de ce document, que ce soit en le trouvant ou de quelque autre façon, toute personne autre que le détenteur autorisé doit l'envoyer sous pli scellé, avec son nom et son adresse, au SOUS-SECRÉTAIRE D'ÉTAT, MINISTÈRE DE L'AIR, KINGSWAY, LONDRES, W.C.2. Le port n'a pas besoin d'être prépayé, les autres frais de livraison seront remboursés. L'attention de toute personne est attirée sur le fait que la possession ou la destruction sans autorisation de ce document est une atteinte aux Actes Officiels Secrets 1911-1920.

NOTES OPÉRATIONNELLES POUR L'AFFICHEUR DE RADAR AIR-AIR *[MARK V]* POUR LE PILOTE

L'attention est attirée sur les sanctions prévues pour toute infraction aux Actes Officiels Secrets 1911-1920.

Ce livret est promulgué pour servir de référence et pour l'information de tous les personnels concernés.

Sur ordre du Conseil de l'Air

MINISTÈRE DE L'AIR
Juin 1941

[1071] Ce document a été déclassifié au fil des ans jusqu'à être non-protégé et accessible au grand-public. Il est cependant présenté ici comme il apparaissait au moment de sa publication. Les documents "Secret" étaient attribués nominativement et chaque exemplaire était individuellement numéroté. Leur couverture était de couleur rose bonbon pour être bien visible sur un bureau.

NOTES OPÉRATIONNELLES POUR L'AFFICHEUR DE RADAR AIR-AIR [MARK V] POUR LE PILOTE

TABLE DES MATIÈRES

1. Introduction

2. Comment l'afficheur pour le Pilote est employé
    (a) Cap
    (b) Altitude
    (c) Vitesse
    (d) Approche finale
    (e) Effet produit lorsque la cible change de direction

3. L'afficheur Mark 5 pour le Pilote
    (a) Comment l'écho est interprété
    (b) Le rôle de l'Opérateur
    (c) Les commandes à disposition du Pilote

4. Opérations à effectuer lors d'un vol nocturne d'essai

5. Comment se former à l'emploi de l'afficheur pour le Pilote

6. Instructions pour l'Opérateur du radar air-air Mark 5

ANNEXES
1. Le danger de sur-corriger.
2. Diagrammes montrant la portée maximale du radar embarqué air-air dans différentes directions.
3. Diagrammes montrant des déplacements typiques de l'écho.
4. Graphe montrant la différence d'altitude entre des avions à différentes distances pour un angle constant d'élévation.
5. Graphe montrant la décélération d'un Beaufighter I.
6. Graphe montrant le taux de perte d'altitude d'un Beaufighter I à vitesse constante.
7. Diagnostic de panne du radar embarqué air-air Mark 5 pendant le vol.
8. Écrans de l'Opérateur radar

NOTES OPÉRATIONNELLES POUR L'AFFICHEUR DE RADAR AIR-AIR [MARK V] POUR LE PILOTE

1. **INTRODUCTION**
    (i) L'afficheur de radar embarqué air-air pour le Pilote est un instrument qui montre la position d'un appareil ennemi au Pilote d'un avion de chasse. Contrairement aux types précédents de radars embarqués air-air avec lesquels l'information est transmise par un Opérateur, avec ce modèle elle est directement présentée au Pilote lui-même. En fait, l'Afficheur pour le Pilote [1072] est quasiment un instrument de vol sans visibilité et l'avantage de l'avoir en face du Pilote est similaire à l'avantage d'avoir tout autre instrument de vol sans visibilité à disposition du Pilote plutôt que d'avoir un Observateur qui décrit au Pilote ce qu'il peut voir.
    (ii) L'instrument en lui-même est simple. Il consiste, pour le Pilote en un cadran, ou écran, sur le tableau de bord, avec les informations suivantes :

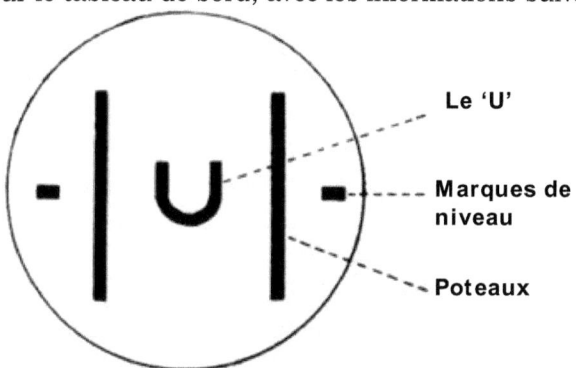

FIGURE I [1073]

   (iii) Sur l'écran, la position de l'avion-cible est indiquée par un point lumineux. Lorsque la cible se trouve droit devant le chasseur au même niveau, ce point est placé au centre de l'écran. Au fur et à mesure que la cible se déplace vers le haut, vers le bas, vers la gauche ou vers la droite par rapport au chasseur, le point lumineux se déplace lui aussi dans ces directions.
   (iv) Le point lumineux montre la position de la cible par rapport à l'axe longitudinal du chasseur. Il est essentiel que le Pilote le retienne lorsque son avion est incliné ou lorsqu'il est en montée ou en piqué.
   (v) Au fur et à mesure que le chasseur approche de la cible et passe sous les 7.500 pieds *(2.300 m)*, le point sur l'afficheur commence à avoir des ailes. Ces dernières grandissent comme la distance décroît, remplissant le U à 3.000 pieds *(915 m)* et reliant les poteaux à 1.000 pieds *(305 m)*. Finalement, ces ailes s'étendent ⅛ème de pouce *(3 mm)* au-delà des poteaux à 300 pieds *(90 m)*

[1072] L'emploi de majuscules reflète la pratique peu consistante du document original (sauf pour les mots 'Pilote' et 'Opérateur' dont les majuscules ont été ajoutées lors de la Traduction). De même, l'emploi de chiffres romains ou arabes est calqué sur le document original.

[1073] Pour toutes les figures représentant l'écran du tube cathodique, il faut en fait imaginer un écran noir avec des indications lumineuses vertes, avec de nombreuses interférences et fluctuations.

qui est la distance la plus faible à laquelle l'Afficheur pour le Pilote peut donner une indication. [1074]

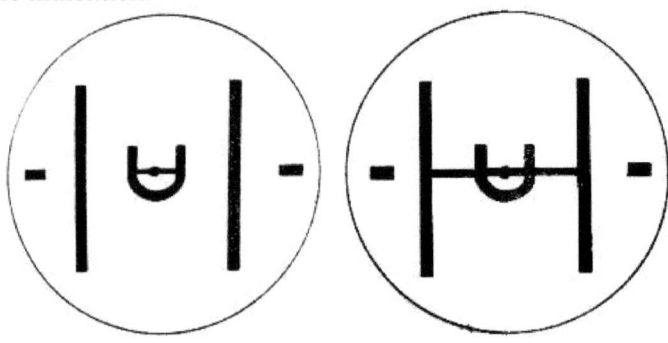

FIGURE 2

(vi) Effectuer une interception avec l'Afficheur pour le Pilote est une évolution du vol sans visibilité, et l'art d'effectuer une approche réside dans la coordination des lectures de l'Afficheur avec celles des autres instruments de pilotage. Pendant le déroulement de l'interception, le Pilote effectue des changements d'altitude, de cap et de vitesse lorsqu'il obtient des informations concernant le comportement de la cible. Ces corrections sont réalisées en suivant certaines règles qui sont détaillées ci-après.

2. **COMMENT L'AFFICHEUR POUR LE PILOTE EST EMPLOYÉ**
   (A)   CAP :
   (i) Lorsqu'un contact avec une cible est effectué avec le radar embarqué, le point lumineux apparaît sur l'écran de l'Afficheur. S'il est en-dehors du U, le Pilote doit immédiatement virer vers la cible en réduisant le virage lorsque le point comme à bouger, et en rétablissant lorsque le point entre dans le U. Le chasseur se dirige alors vers la cible.
   (ii) Cette action élimine le risque de perdre le contact, ce qui se produirait si les avions sont sur des trajectoires divergentes et que le chasseur n'agit pas immédiatement.

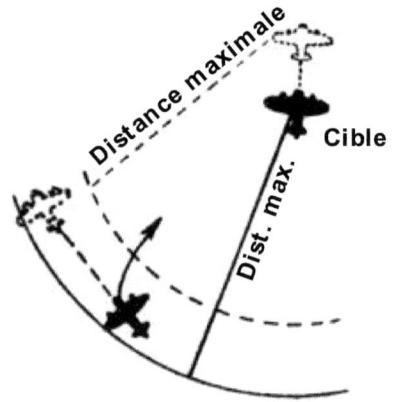

FIGURE 3

[1074] Cette limite n'est en fait pas liée à l'afficheur mais au radar lui-même, le récepteur étant saturé à faible portée par les impulsions de l'émetteur.

(iii) Ayant placé le point lumineux dans le U, le Pilote le conserve ainsi en effectuant de petits changements de cap lorsque le point montre des velléités de s'échapper. Après une ou deux de ces corrections, le point va se stabiliser le Pilote peut noter la direction de vol indiquée par son conservateur de cap. Ce relevé est important : C'EST LE CAP QUE SUIT <u>APPROXIMATIVEMENT</u> LA CIBLE.

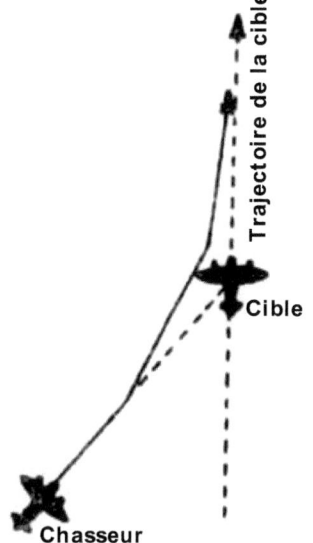

FIGURE 4

(iv) S'étant calé sur ce qu'il pense être le cap de la Cible, le Pilote peut se rendre compte que le point lumineux se décale peu à peu jusqu'à sortir du U. Ce phénomène est dû à une légère divergence entre la trajectoire suivie par le chasseur et celle de la cible. Cette fois, il vire, mais rétablit dès que le point lumineux arrête de bouger. Ceci devrait le placer sur un cap parallèle à celui de la cible, et il notera à nouveau la direction de vol indiquée par son conservateur de cap.

FIGURE 5

(v) Ayant arrêté le mouvement du point lumineux et ayant acquis une meilleure estimation du cap suivi par la cible, le Pilote ramène le point lumineux dans le U. Ceci est fait en tournant de 10 ou 15° vers le point lumineux puis en revenant du même angle sur le cap suivi par la cible. Le timing de cette manœuvre dépend de la distance. Si cette dernière est de plusieurs milliers de pieds *(de plusieurs centaines de mètres à quelques kilomètres)*, le Pilote peut avoir besoin de voler durant presque une minute avant de revenir sur le cap suivi par la cible. Au contraire, si la distance est de 1.000 pieds (300 m) ou moins, un virage sec sur 10° suivi immédiatement par un virage de l'autre côté devrait ramener le point dans le U.

(vi) La raison pour laquelle ce timing varie avec la distance est que le déplacement du point lumineux dépend du gisement de la cible, [1075] et non pas de la distance latérale entre les deux avions.

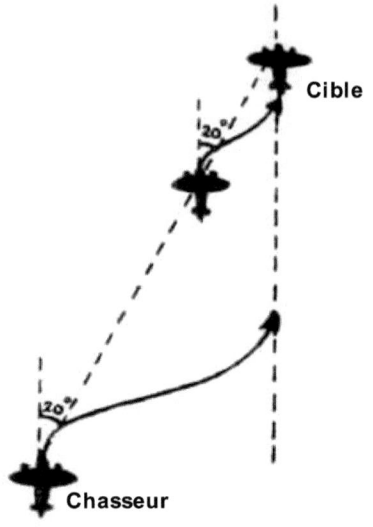

FIGURE 6

(vii) Avec le chasseur aux deux distances montrées sur le dessin, avec le même gisement de la cible, le point lumineux apparaîtra à la même position sur l'écran ; mais il est clair que le chasseur à la plus grande distance doit effectuer une correction plus longue que celui à courte distance pour ramener le point dans le U.

(viii) L'objectif de cette approche consistait à se placer sur le cap de la cible dans la phase initiale, en augmentant la précision au fur et à mesure que la distance diminue. Si le Pilote tente de conserver le point lumineux dans le U quel que soit le cap suivi, ses tentatives entraîneront des virages permanents qui se termineront en oscillations incontrôlables et la cible sera perdue.

(B) ALTITUDE :
  (i) Lorsque le point lumineux apparaît sur l'écran, s'il ne se trouve pas au même niveau, le Pilote doit ignorer ce facteur jusqu'à ce qu'il se soit placé sur le cap suivi par la cible. Il peut ensuite monter ou descendre jusqu'à ce qu'il soit à la même altitude. Des ajustements périodiques sont effectués durant l'approche pour amener le chasseur de plus en plus précisément à l'altitude de la cible.
  (ii) Ces ajustements sont nécessaires car des angles d'élévation de 3 à 4° ne changent quasiment pas la position du point lumineux, mais à une distance de 15.000 pieds *(4.600 m)*, une élévation de 4° correspond à une différence d'altitude de 1.000 pieds *(300 m)*.

[1075] Le gisement est l'angle formé, dans le plan horizontal, entre l'axe longitudinal du chasseur, et la direction de la cible.

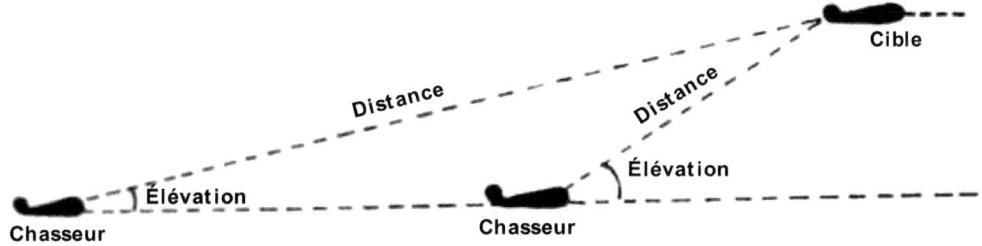

FIGURE 7

(iii) Lorsque l'avion se rapproche en conservant cette différence d'altitude, l'angle d'élévation augmente et le point lumineux va donc se déplacer vers le haut, ce qui nécessite des ajustements réguliers.

(C) <u>VITESSE</u> :
(i) Il est très facile de dépasser la cible lors d'une approche guidée par radar embarqué.
(ii) Une fois que le chasseur est calé sur le cap suivi par la cible, si les ailes ne sont pas apparues *[sur l'écran]*, il va continuer à s'approcher jusqu'à ce qu'elles deviennent visibles. Il va alors immédiatement réduire la puissance des moteurs afin de perdre son surplus de vitesse, en abaissant les volets hypersustentateurs et le train d'atterrissage si nécessaire *[pour augmenter la traînée et ralentir encore plus]*, jusqu'à ce qu'il maintienne une distance constante. Ceci lui permet d'évaluer la vitesse de la cible.
(iii) Dans la situation inverse, si les ailes ont déjà fait leur apparition *[sur l'écran]* une fois que le chasseur est calé sur le cap suivi par la cible, le Pilote devra, bien sûr, immédiatement réduire la puissance des moteurs et déterminer la vitesse de la cible.
(iv) Une fois cette donnée connue, le Pilote doit s'efforcer de se rapprocher à une vitesse n'excédant pas de plus de 30 mph *(48 km/h)* celle de la cible jusqu'à ce que la distance soit réduite à 2.000 ou 3.000 pieds *(610 ou 915 m)*.
(v) Si l'approche est effectuée avec une vitesse de rapprochement dépassant 30 mph *(48 km/h),* le Pilote peut rencontrer des difficultés à réduire sa vitesse avant qu'il ne se trouve à 2.000 pieds *(610 m)* pour entamer la phase d'approche finale.

(D) <u>APPROCHE FINALE</u>:
Le Pilote décide s'il arrive par-dessus ou par-dessous, en tenant compte des conditions de visibilité qui prévalent. Lors d'une nuit éclairée par la Lune avec un tapis de nuages blancs, la visibilité sera bien meilleure par-dessus que par-dessous, même si elle sera bonne dans tous les cas. Par nuit sans Lune, la visibilité peut n'être que de quelques centaines de pieds (quelques dizaines, au plus quelques centaines de mètres), et sera meilleure par en-dessous.

<u>APPROCHE PAR DESSUS</u>:
(i) À une distance de 2.000 pieds *(610 m)*, le Pilote prend de l'altitude jusqu'à ce que le point lumineux soit descendu au fond du U. Ceci réduira automatiquement la vitesse de rapprochement. Ayant rétabli en vol en palier,

le Pilote s'approche lentement. Afin d'éviter que le point lumineux ne descende plus bas que le fond du U, il doit perdre régulièrement de l'altitude, ce qu'il fait sans prendre de vitesse en réduisant la puissance des moteurs chaque fois qu'il se met à descendre.

(ii) Durant cette approche en descente, le Pilote regarde fréquemment à l'extérieur, en étant guidé pour cela par la position exacte du point lumineux. Ce type d'approche ne doit être tenté qu'avec des conditions permettant d'apercevoir la cible à une distance d'au moins 1.000 pieds *(305 m)*. Par conséquent, le Pilote ne doit pas essayer de se rapprocher sous 1.000 pieds *(305 m)* en raison du risque de voir la cible passer sous le nez du chasseur. [1076]

(iii) Lorsqu'il perd de l'altitude, le Pilote ne doit pas prêter attention à la position du point lumineux : il ne doit le faire que lorsqu'il vole en palier. Le point lumineux enregistre l'angle entre l'axe longitudinal du chasseur et la cible : par conséquent il monte légèrement quand le nez du chasseur est abaissé.

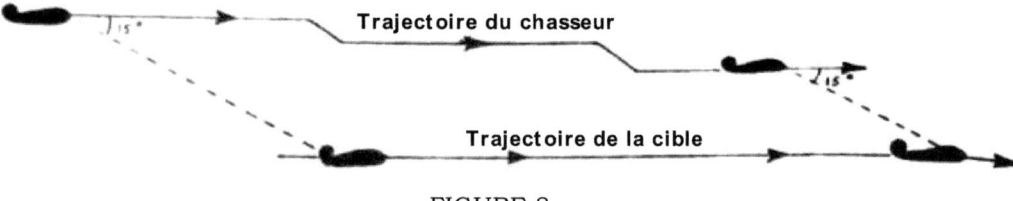

FIGURE 8

APPROCHE PAR DESSOUS:

(iv) À une distance de 2.000 pieds *(610 m)* ou plus, le Chasseur perd de l'altitude jusqu'à ce que le point lumineux soit juste entre le haut du U, en réduisant la puissance des moteurs avant que ce ne soit le cas pour éviter une augmentation de vitesse. Il se rapproche alors et pour éviter que le point lumineux ne se déplace au-dessus du U, il le fait par une série de montées. Il connaît la vitesse de la cible et doit ajuster la sienne de façon à avoir épuisé tout son surplus de vitesse à une distance de 1.000 pieds *(305 m)*.

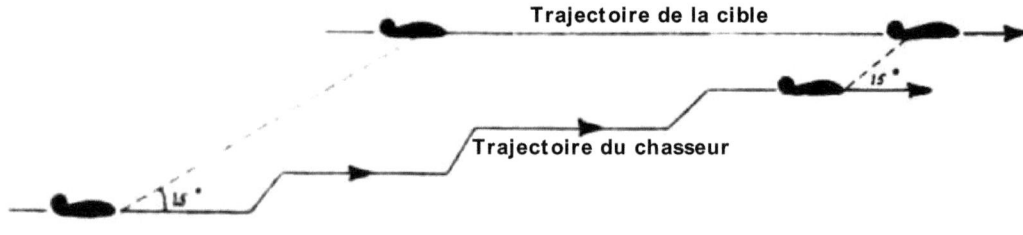

FIGURE 9

(v) À 1.000 pieds *(305 m)*, le Pilote regarde en avant pendant 5-10 secondes avec un rapide coup d'œil de temps à autre pour surveiller ce que fait le point lumineux. Si la cible n'est pas aperçue, il se rapproche un peu, en gardant toujours le point lumineux en haut du U, réduit la puissance des moteurs et regarde à nouveau. Il répète cette séquence jusqu'à atteindre la portée minimale. Si la cible n'a toujours pas été aperçue, le Pilote vole ensuite en

---

[1076] (Sic) Au sens propre et comme au sens figuré !

palier, sur le cap de la cible, en tenant compte du fait qu'il vole désormais en-dessous et très près de la cible. S'il ne la voit toujours pas, il réduit encore la puissance des moteurs pour laisser la cible reprendre de l'avance et quand le contact est rétabli, il effectue une nouvelle approche.

(vi) Il faut retenir que la portée du radar embarqué est la plus courte distance entre les deux appareils, et que le chasseur peut passer à côté ou même dépasser la cible sans même noter la présence de la portée minimale si la cible est plus de 300 pieds *(90 m)* au-dessus, au-dessous ou sur un côté. [1077] Ce risque peut être évité en approchant par dessous et en veillant à ne pas laisser le point lumineux monter au-delà du haut du U.

(E) <u>EFFET PRODUIT LORSQUE LA CIBLE CHANGE DE DIRECTION</u> :

(i) <u>À grande distance</u>: En ce qui concerne le Pilote du chasseur, un changement de cap de la cible ne diffère aucunement de l'effet produit quand il change lui-même de cap. Le point lumineux va dériver en-dehors du U, et le virage qui ramène le point à une position immobile remettra le chasseur sur le nouveau cap suivi par la cible.

(ii) <u>À courte distance</u>: Si la cible change de cap à courte distance, l'effet sur le point lumineux sera proportionnellement plus violent. Le point lumineux va rapidement traverser l'écran et le chasseur doit immédiatement virer pour l'empêcher de sortir de l'affichage. Si le Pilote agit à temps, il peut de cette façon suivre la cible sur un virage à 180°. Son objectif doit être de virer à la bonne vitesse pour conserver le point lumineux quelque part entre le centre et le bord de l'écran et de réduire graduellement le taux de virage de façon à ce que le point lumineux ne parte pas de l'autre côté de l'écran lorsque la cible termine son virage.

3. **L'AFFICHEUR MARK 5 POUR LE PILOTE**

(A) <u>Comment l'écho est interprété</u> :

(i) Le point lumineux de l'Afficheur du Pilote n'indique la position et la distance de la cible que lorsque l'Opérateur radar effectue une tâche simple : elle consiste à placer un point lumineux très brillant (baptisé 'curseur') sur l'écho du tube *[cathodique]* de distance. [1078] En tournant un bouton, il peut déplacer ce curseur et ainsi suivre l'écho au fur et à mesure de son déplacement sur l'écran.

(ii) Si le curseur n'est pas maintenu sur l'écho, la position du point lumineux et la taille de ses 'ailes' sur l'Afficheur du Pilote n'aura plus de relation avec la position de la cible, en fait le point lumineux reviendra à la position centrale.

[1077] Ce paragraphe est relativement obscur (!) dans sa version originale. Une façon plus simple d'expliquer la portée minimale consiste à imaginer une sphère de 90 mètres de diamètre centrée sur le chasseur : le radar est aveugle dans cette sphère à cause des impulsions du transmetteur qui saturent le récepteur juste après l'émission. Contrairement à ce que l'on pourrait penser (et contrairement aux radars à balayage plus modernes), les radars embarqués métriques pouvaient détecter une cible sur une certaine distance derrière ou sur les côtés au-delà de la sphère de la portée minimale (voir les courbes de couverture en annexe 2). Si la cible est juste au-delà de cette sphère, son écho sur l'écran de l'Opérateur ne touchera pas la zone des échos parasites de la portée minimale, et le chasseur peut avoir l'impression que la cible est toujours distante alors qu'elle est en train de passer sur un côté.

[1078] Voir l'Annexe 8 pour plus d'explications sur les écrans de l'Opérateur radar.

(iii) Par conséquent, pour éviter toute confusion, l'Opérateur dispose d'un interrupteur pour allumer ou éteindre l'Afficheur du Pilote. IL NE DOIT JAMAIS ALLUMER L'AFFICHEUR DU PILOTE, À MOINS QUE LE CURSEUR NE SOIT PLACÉ SUR UN ÉCHO.

(B) Le rôle de l'Opérateur :

(i) 1. En plus de la tâche vitale consistant à veiller à ce que le point lumineux de l'afficheur du Pilote indique la position de la cible, l'Opérateur remplit d'autres fonctions.

2. Il est responsable de l'ensemble du matériel *[radar]*, de sa mise en marche et de son arrêt, et de son réglage. S'il tombe en panne, il doit tenter de le réparer ou signaler si cela s'avère impossible.

3. Il est le premier à savoir qu'un contact a été établi avec une cible et il doit le dire au Pilote.

4. Il dispose d'une échelle graduée sur le tube *[cathodique]* de distance grâce à laquelle il peut estimer la distance de la cible jusqu'à ce qu'elle se trouve à environ 1.000 pieds *(305 m)*. Cette information concernant la distance séparant les deux avions est importante pour le Pilote lors des phases initiales de l'approche car les 'ailes' ne se forment pas sur le point lumineux tant qu'il n'est pas à moins de 7.500 pieds *(2.290 m)* de la cible. L'Opérateur peut également détecter si la distance augmente ou décroît et il peut donc dire au Pilote si la cible se rapproche ou pas.

5. L'Opérateur dispose d'un écran indicateur qui réplique l'information montrée sur l'Afficheur du Pilote et il peut donc décrire au Pilote ce que le point lumineux fait lorsque le Pilote cherche à établir un contact visuel sur la cible.

(ii) Un bon Opérateur peut s'avérer très précieux durant une interception en arrêtant l'Afficheur du Pilote dès que l'écho de la cible s'estompe ou est perdu, en tenant le Pilote informé en permanence de la distance et de la vitesse de rapprochement, et en interprétant habilement son propre écran lorsque le Pilote cherche à établir un contact visuel sur la cible. Il incombe au Pilote de s'assurer que l'Opérateur l'assiste de cette manière.

(C) Les commandes à disposition du Pilote :

(i) Une commande sert à régler la luminosité du Point de l'Afficheur. Si elle est réduite au maximum, le point lumineux disparaît.

(ii) Une seconde commande permet d'ajuster la luminosité du fond d'écran de l'Afficheur pour montrer les marquages sur l'écran.

(iii) Le Pilote doit régler ces deux commandes dès le début du vol, en utilisant le moins de lumière possible.

4. **OPÉRATIONS À EFFECTUER LORS D'UN VOL NOCTURNE D'ESSAI**
Des essais diurnes doivent être effectués avec un avion-cible avant de passer au vol opérationnel de nuit.

(i) L'Opérateur du radar embarqué met le matériel en marche et vérifie qu'il fonctionne correctement.

(ii) Le Pilote vole directement derrière et au même niveau que l'avion-cible et vérifie la position de son point lumineux. L'Opérateur doit simultanément vérifier la position de son point lumineux.

(iii) Le Pilote effectue une approche standard sur la cible de dessus ou de dessous et vérifie soigneusement la position du point lumineux par rapport à la cible. Il saura donc exactement où placer le point lumineux lors du vol de nuit pour avoir la cible à la bonne position. Il faut aussi vérifier la portée minimale.

5. **COMMENT SE FORMER À L'EMPLOI DE L'AFFICHEUR POUR LE PILOTE**
Différents types d'exercices sont décrits ci-après, chacun servant un objectif spécifique. Ils nécessitent tous la participation d'un avion-cible.

(i) Étude de l'interception : Une connaissance précieuse s'obtient lors de manœuvres d'interception en volant dans un avion doté d'un radar embarqué air-air en se plaçant de façon à pouvoir observer simultanément le point lumineux [de l'afficheur] du Pilote, la cible et les actions du Pilote. Ceci est possible dans un Beaufighter, mais pas dans un Havoc.

(ii) Interpréter les déviations du point lumineux : Le rapport exact entre les mouvements du point lumineux et ceux de la cible peut être le mieux étudié en volant en ayant une vue dégagée sur la cible et en se positionnant à divers emplacements par rapport à elle, et en surveillant constamment le comportement du point lumineux.

(iii) S'entraîner aux interceptions : Pour que ces entraînements soient utiles, le Pilote du Chasseur doit connaître le cap, l'altitude, la vitesse et la position initiale de la cible.

Ces conditions peuvent être remplies de la façon suivante : Lorsque le Chasseur est derrière la cible à la portée maximale du radar embarqué air-air, le Pilote place un écran [opaque] devant son pare-brise et signale en même temps à la cible qu'il est prêt.

La cible change son altitude, son cap et sa vitesse. Une fois ce changement effectué, l'Opérateur radar, ou une tierce personne dans le Chasseur, dirige le Pilote jusqu'à ce que le contact radar soit établi. Une interception est ensuite réalisée.

Il est prévu de disposer dans le futur d'écrans spéciaux pour ce type d'entrainement, qui permettraient au Pilote du Chasseur d'apercevoir la cible à une distance de quelques centaines de pieds *(une ou deux centaines de mètres)*. Faute de ce matériel, un écran opaque (par exemple en carton) doit être utilisé et une troisième personne doit se trouver à bord pour tenir le rôle d'Observateur de sécurité. Quoi qu'il en soit, le chasseur doit dans tous les cas s'évertuer à maintenir la cible à portée minimale pendant quelques minutes, plutôt que de chercher à s'approcher plus près que cette limite.

(iv) Avec cette méthode, le Pilote du chasseur compte sur la personne qui le guide jusqu'au contact radar pour le confronter à divers types d'interception.

(v) Essais directionnels : Un vol ayant pour but d'enregistrer les mouvements du point lumineux peut être très utile. Le Pilote, ou un passager placé derrière lui, doit avoir un bloc-notes sur lequel sont dessinés six cercles de même dimension que l'écran de l'Afficheur du Pilote et avec des marquages identiques.

Des marques sont faites sur le pare-brise de l'avion pour le point droit devant et à des intervalles de 10° à gauche et à droite.

L'avion équipé du radar vole ensuite en palier et directement derrière la cible à une distance convenable : la position du point lumineux est notée sur le bloc-notes. L'avion se décale ensuite de 10 degrés à droite : la position du point lumineux est notée, puis le décalage est accentué d'encore 10 degrés à droite et ainsi de suite jusqu'à 90°.

Le même exercice est répété à gauche, puis avec l'avion radar volant 2.000 pieds *(610 m)* au-dessus, et finalement au-dessous de la cible.

La calibration de l'élévation peut être effectuée de façon similaire.

Le Pilote aura alors un enregistrement de la position du point lumineux à différents angles d'Azimuth et d'Élévation, ainsi qu'une vue complète des performances du matériel.

6. INSTRUCTIONS POUR L'OPÉRATEUR DU RADAR AIR-AIR MARK V

(A) MISE EN MARCHE ET RÉGLAGE :

(i) Une fois en vol, assurez-vous que l'interrupteur de l'Afficheur du Pilote est ouvert (OFF), puis alimentez le panneau de contrôle du voltage, et placez le commutateur du modulateur sur la position basse tension.

(ii) Après une pause d'environ deux minutes, demandez la permission au Pilote de placer le commutateur du modulateur sur la position haute tension.

(iii) Réglez les commandes de luminosité et de mise au point pour obtenir une image bien lumineuse et nette.

(iv) Accordez le récepteur pour avoir le maximum de parasites et de retours du sol. Si les parasites et les retours du sol s'accordent à différents réglages des commandes, il faut le signaler.

(v) Augmentez la commande de filtrage jusqu'à ce que les impulsions de l'émetteur apparaissent. Réduisez ensuite la commande jusqu'à ce qu'elles deviennent tout juste invisibles.

(vi) Demandez au Pilote de vérifier son point lumineux, et mettez-le en marche pour qu'il puisse effectuer cette vérification. Éteignez-le ensuite.

(B) FONCTIONNEMENT :

(i) L'Opérateur sera le premier à voir un écho apparaître. Il doit donc maintenir une veille rigoureuse. Dès qu'un écho est aperçu, il doit placer le curseur dessus, le signaler au Pilote et allumer l'Afficheur du Pilote.

(ii) Durant l'interception, la tâche principale de l'Opérateur est de conserver le curseur continuellement sur l'écho ; Le méthode correcte à employer consiste à garder la partie arrière du curseur sur la partie arrière de l'écho. Si ce n'est pas fait, l'agrandissement des 'ailes' sur l'écran du Pilote s'affichera de façon inexacte. À la portée minimale, seule la partie arrière de l'écho est visible : par conséquent, si la procédure ci-dessus est respectée, le curseur sera conservé au bon endroit après que la plus grande partie de l'écho aura disparu dans la base-temps à la portée minimale.

(iii) L'Opérateur doit éteindre le point lumineux du Pilote IMMÉDIATEMENT lorsque l'écho s'efface, que ce soit à la portée maximale ou minimale ou à cause d'une disparition temporaire. Retenez que si le curseur n'est pas sur l'écho, le point lumineux du Pilote se déplace au centre de l'écran et le Pilote est complètement trompé sur la position de la cible.

(iv) L'Opérateur peut grandement aider le Pilote en ne lui laissant à aucun moment aucun doute en ce qui concerne la distance de la cible, ou si le chasseur se rapproche ou s'éloigne, ou si la distance est constante ou si la cible est perdue. Il doit annoncer la distance environ tous les 1.000 pieds *(305 m)* à grande distance, et durant cette phase, il doit être particulièrement vigilant sur la nécessité d'avertir le Pilote si la distance s'accroît avec le risque qui en découle de perdre l'écho au sein des retours du sol. L'Opérateur doit augmenter *[la fréquence de]* ses informations avec la réduction de la distance. Il peut détecter même une faible vitesse de rapprochement par le fait que, si la distance de séparation change, l'écho s'éloigne graduellement du curseur.

(v) L'Opérateur doit se rappeler que l'un des plus grands risques lors d'une approche par radar embarqué air-air est d'arriver proche de la cible avec une vitesse de rapprochement élevée et de ne pas être capable de ralentir. Dans une grande mesure, il peut réduire ce risque en donnant au Pilote un avertissement précoce de l'approche de la portée minimale.

(C) <u>DIAGNOSTIC DES PANNES:</u>

(i) L'Opérateur peut souvent corriger de petits défauts qui se produisent en vol, en particulier ceux qui sont dus à des câbles défectueux ou au débranchement de câbles de leurs fiches. Une liste de pannes et leurs causes est incluse en Annexe (Annexe 7).

(ii) L'Opérateur peut grandement aider le personnel au sol en donnant une description précise de toute panne qui ne peut être corrigée en vol.

(D) <u>INTERFÉRENCES:</u>

(i) Des interférences considérables de sources extérieures peuvent être rencontrées. Lors de la couverture d'un écho avec le curseur, ces interférences prendront probablement la forme de plusieurs faibles bases-temps apparaissant sous la base temps normale, et le Pilote peut se plaindre de mouvements instables du point lumineux. Si une interférence est très forte, elle peut infléchir le point lumineux vers la source d'interférence et générer ainsi une indication trompeuse.

(ii) Pour corriger ceci, l'Opérateur doit déplacer le curseur loin de l'écho en veillant à ne pas l'amener sur les retours du sol, et vérifier si le point lumineux sur l'écran de droite est revenu à la position centrale. Si c'est bien le cas, l'interférence n'est pas inquiétante ; mais dans le cas contraire, si le point lumineux est en permanence détourné de la position centrale, l'Opérateur saura que l'interférence est suffisamment puissante pour donner des indications trompeuses.

(iii) Des interférences de ce type sont plus probables de nuit que de jour. Les Opérateurs doivent noter soigneusement où et quand elles se sont produites et les rapporter en détail aux personnels au sol. Avant de signaler que le matériel est inutilisable en raison d'indications instables ou inexactes du point lumineux, les Opérateurs doivent s'assurer que le problème ne provient pas d'interférences extérieures.

ANNEXE I
LE DANGER DE SUR-CORRIGER

La méthode employée durant une approche au radar pour effectuer des corrections d'azimuth garde en permanence le chasseur sur des caps à peu près parallèles à celui de la cible. L'importance de ce point, et de ne jamais se décaler du cap suivi par la cible sans y revenir après un court instant, est expliqué par cette Annexe.

Il est bien évident que si un avion se dirige vers un autre et qu'ils suivent tous deux des caps différents, alors le premier avion ne restera pointé vers le second appareil que pour un temps très court.

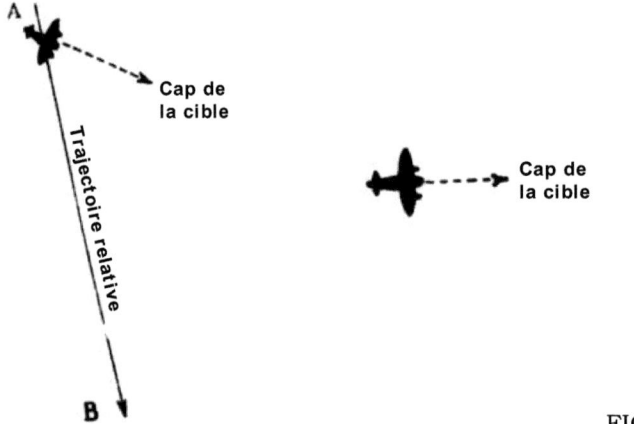

FIGURE 10

Le chasseur se dirige comme indiqué et fait face à la cible quand il est au point A. Cependant, par rapport à la cible, il se déplace sur la ligne AB et par conséquent la cible se trouve rapidement à sa gauche.

Il devrait être évident que la vitesse à laquelle le relèvement de la cible augmente dépend de la distance séparant les deux avions.   FIGURE 11

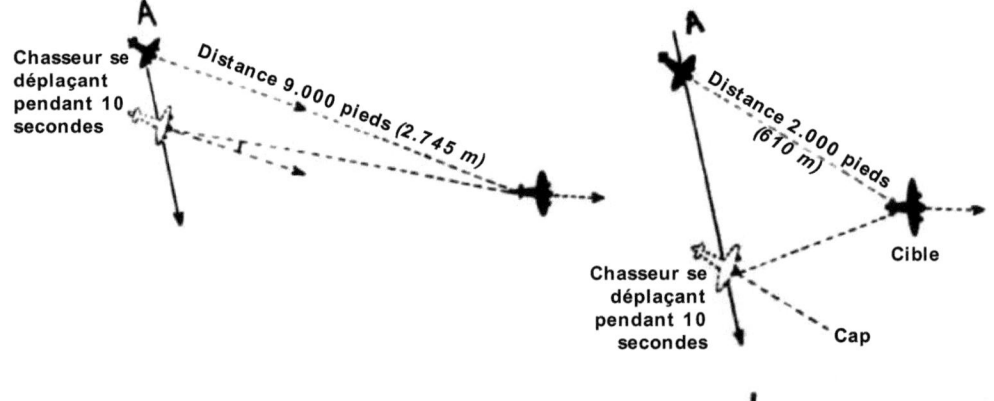

560

Le rapport de ceci avec l'approche 'oscillante' peut maintenant être étudié. Le problème est créé par un Pilote qui place le point lumineux dans le U en virant vers la cible, c.-à-d. en se mettant comme dans la position A ci-dessus. Comme le montre la trajectoire relative, le point lumineux va dériver hors du U, à une vitesse dépendant de la distance. Tant que la dérive est inférieure à une certaine vitesse, elle peut être contrée en virant. Cependant, lorsqu'elle excède cette limite, le chasseur ne sera pas capable de virer assez rapidement pour empêcher le point lumineux d'atteindre le bord de l'écran. En poursuivant le virage, le point lumineux finira par revenir en arrière et jusqu'à l'autre côté de l'écran, causant de la part du Pilote une manœuvre violente de virage dans le sens inverse.

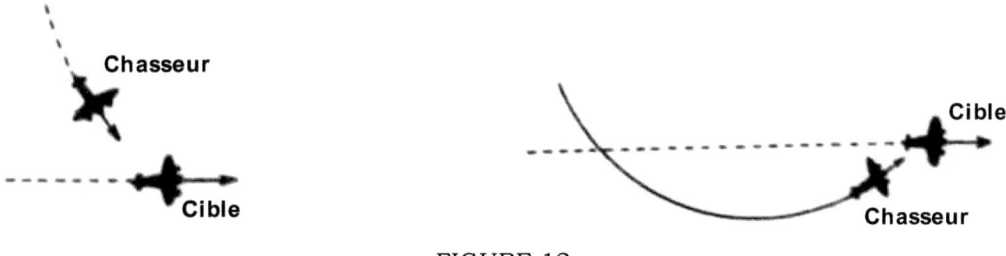

FIGURE 12

Cette oscillation augmente et l'interception n'est jamais effectuée.

C'est pour éviter cela que le Pilote doit se placer dès que possible sur le cap suivi par la cible, et ensuite il doit toujours accompagner un changement de cap dans une direction par une correction similaire dans le sens opposé. Cette manœuvre le ramène sur le cap suivi par la cible après s'être déplacé à gauche ou à droite par rapport à la cible.

ANNEXE 2
DIAGRAMMES MONTRANT LA PORTÉE MAXIMALE DU RADAR AIR-AIR DANS DIFFÉRENTES DIRECTIONS

Ces schémas sont des coupes verticales et horizontales dans l'espace autour d'un avion équipé d'un radar embarqué air-air montrant la zone dans laquelle un contact radar peut être établi. Ils ne concernent que le Beaufighter, mais ils permettent d'illustrer le principe général selon lequel la portée maximale diminue sur les côtés, ainsi que dessus et dessous, et que des contacts peuvent être effectués à faible distance sur l'arrière.

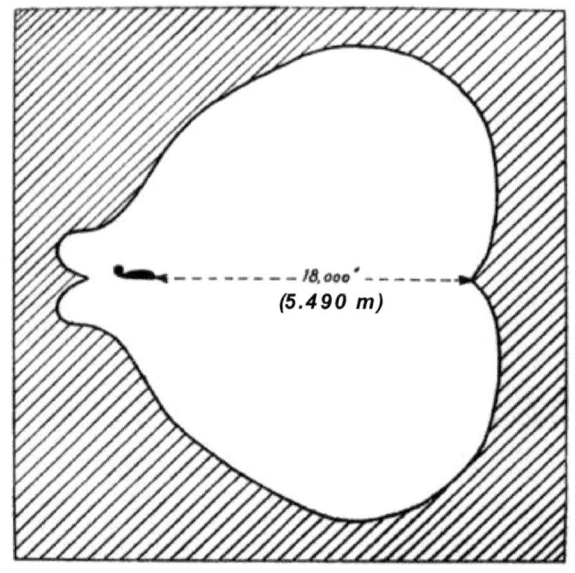

PORTÉE DU RADAR AIR-AIR : vue latérale.
Avion volant au-dessus de 18.000 pieds *(5.490 m)*.

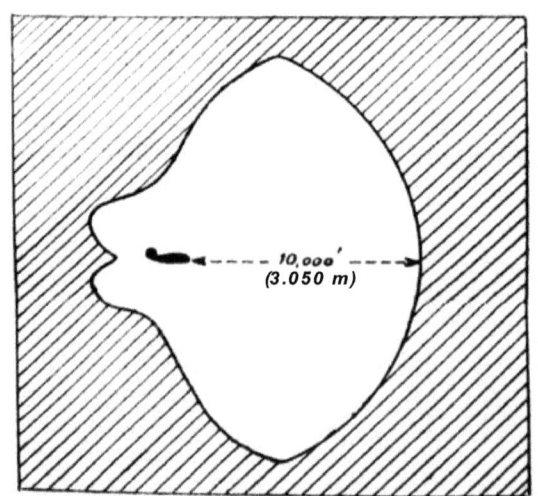

PORTÉE DU RADAR AIR-AIR : vue latérale.
Avion volant au-dessus à 10.000 pieds *(3.050 m)*.

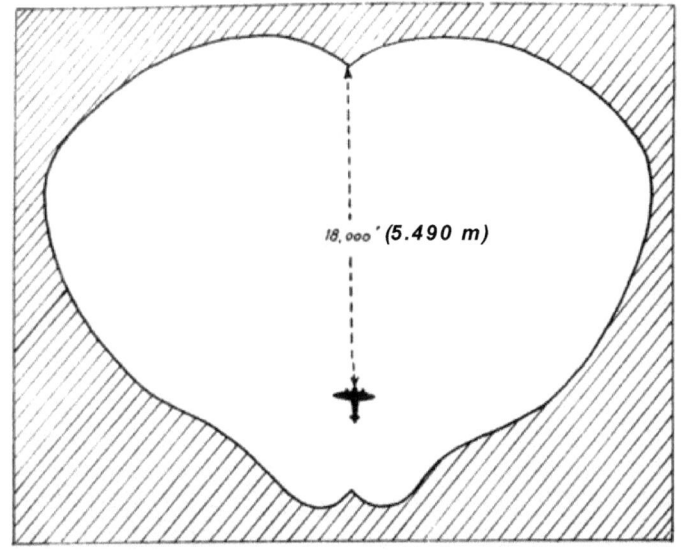

PORTÉE DU RADAR EMBARQUÉ AIR-AIR : coupe horizontale.
Avion volant au-dessus de 18.000 pieds *(5.490 m)*.

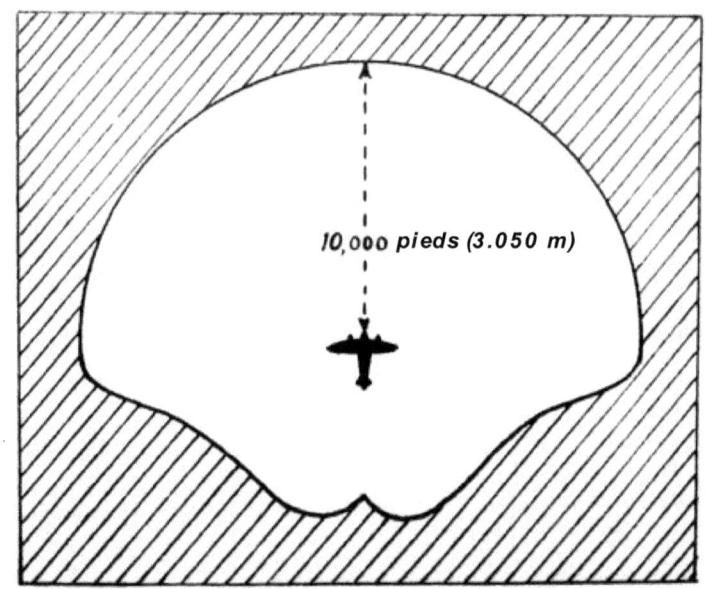

PORTÉE DU RADAR EMBARQUÉ AIR-AIR : coupe horizontale.
Avion volant au-dessus à 10.000 pieds *(3.050 m)*.

ANNEXE 3 - DIAGRAMMES MONTRANT DES DÉPLACEMENTS TYPIQUES DE L'ÉCHO

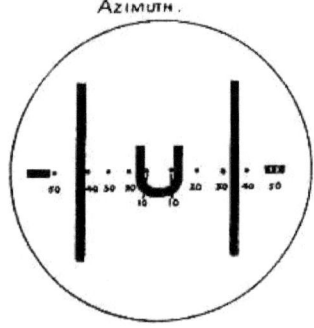
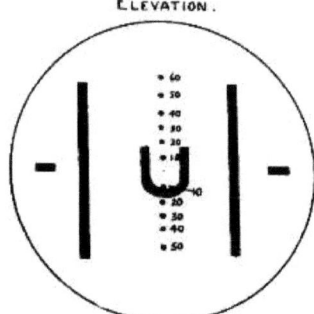

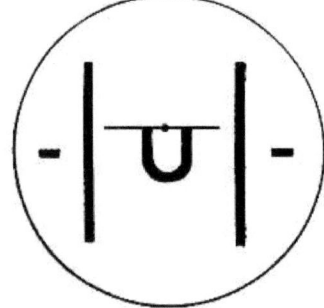

**CIBLE 15° AU-DESSUS
DISTANCE 1.500 PIEDS *(460 m)***

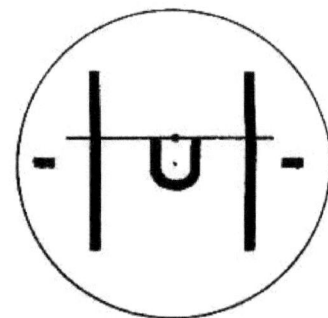

**CIBLE 15° AU-DESSUS
À DISTANCE MINIMALE**

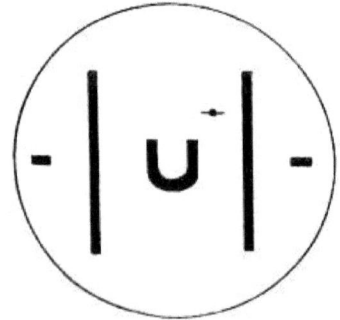

**CIBLE 35° AU-DESSUS ET
20° À DROITE, DISTANCE
7.000 PIEDS *(2.135 m)***

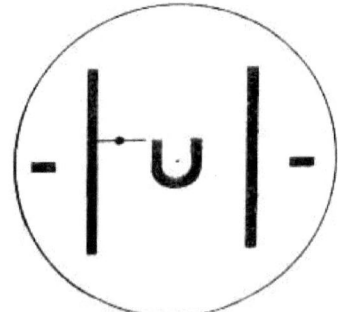

**CIBLE 15° AU-DESSUS
ET 30° À GAUCHE,
DISTANCE 3.000 PIEDS
*(915 m)***

ANNEXE 4
GRAPHE MONTRANT LA DIFFÉRENCE D'ALTITUDE ENTRE DES AVIONS À DIFFÉRENTES DISTANCES POUR UN ANGLE CONSTANT D'ÉLÉVATION

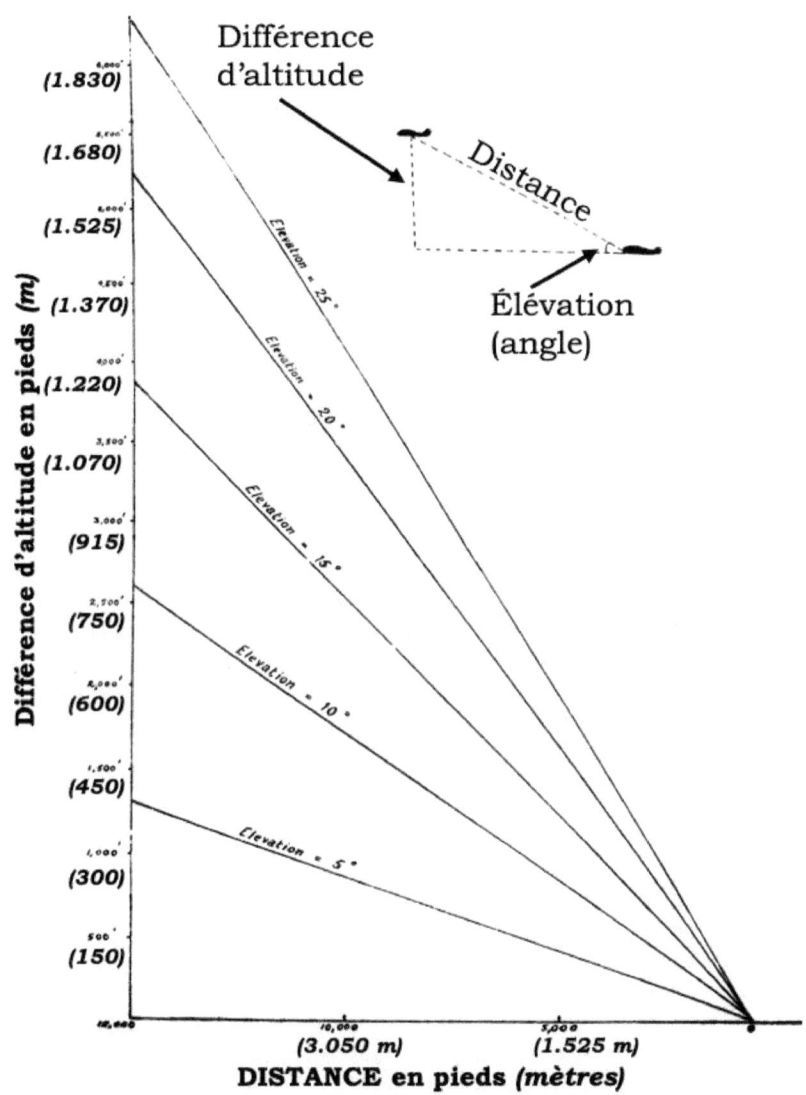

Le graphe montre pour cinq angles d'élévation différents, la façon dont la différence d'altitude dépend de la distance.

ANNEXE 5
GRAPHE MONTRANT LA DÉCÉLÉRATION D'UN BEAUFIGHTER I

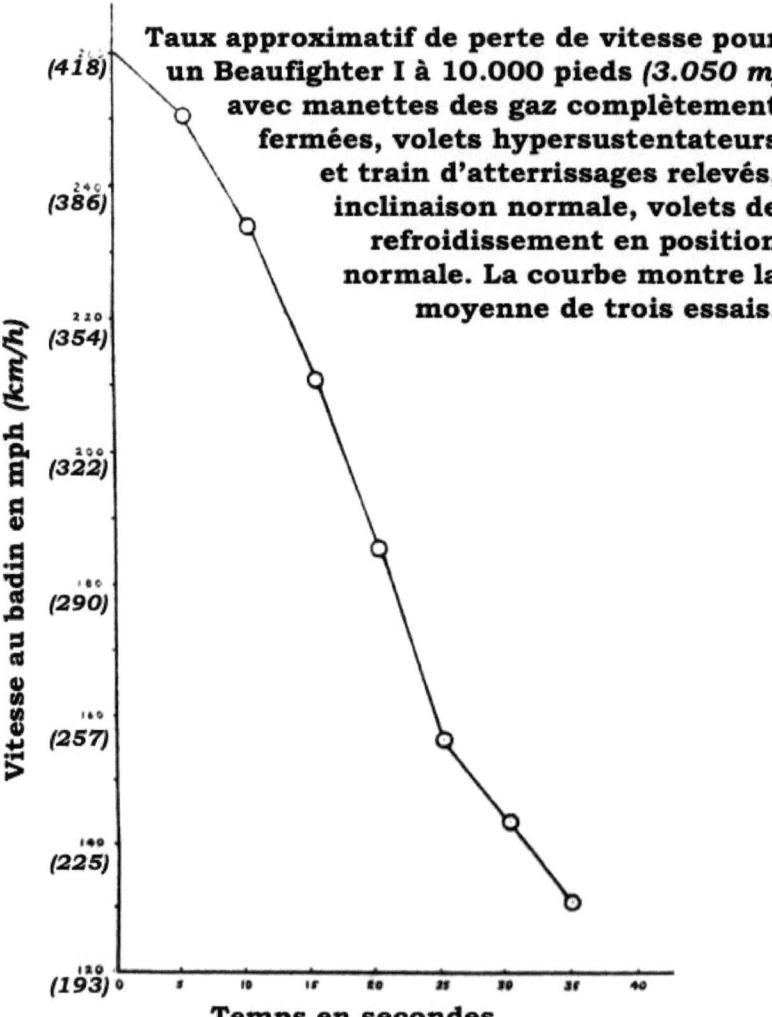

566

ANNEXE 6
GRAPHE MONTRANT LE TAUX DE PERTE D'ALTITUDE D'UN BEAUFIGHTER I À VITESSE CONSTANTE

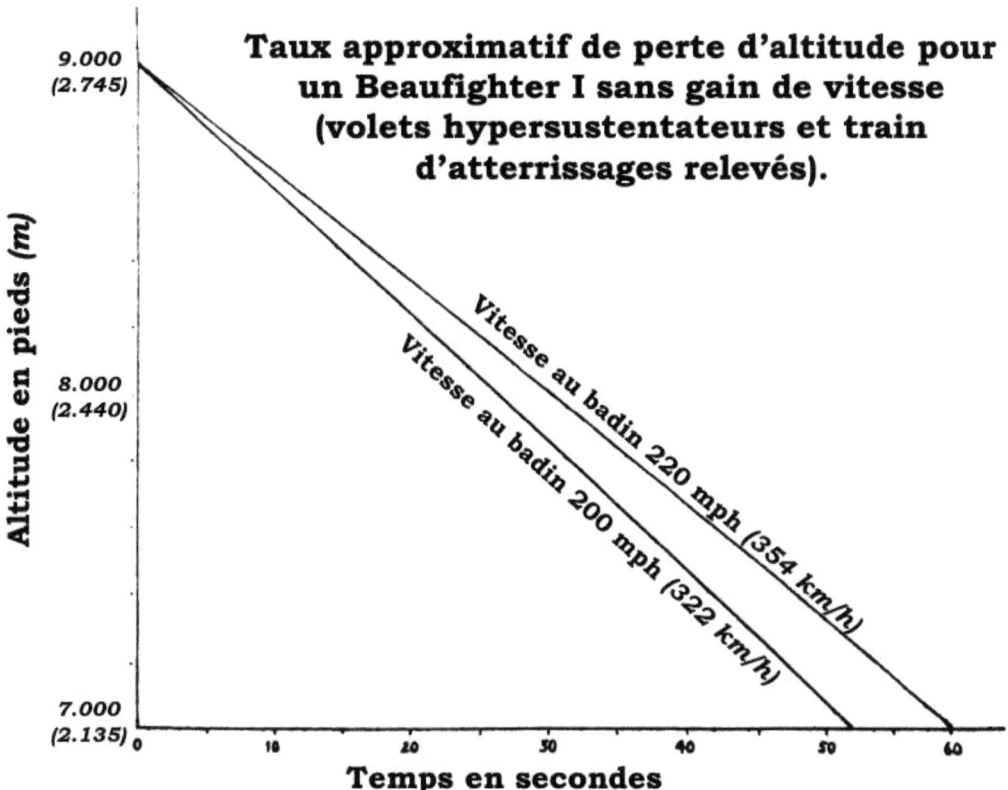

ANNEXE 7 - DIAGNOSTIC DE PANNE DU RADAR AIR-AIR MARK 5 PENDANT LE VOL

SYMPTÔME	CAUSE POSSIBLE
1. PILOTE Incapacité de l'Opérateur à mettre le radar embarqué en service	L'interrupteur de secours de l'alternateur dans le poste de pilote est ouvert (OFF). [1079]
Pas de point lumineux	Commande de luminosité du point réglée trop bas.
Pas d'illumination de fond d'écran	Commande de luminosité du fond d'écran réglée trop bas.
2. OPÉRATEUR Pas d'image	L'interrupteur de secours de l'alternateur dans le poste de pilote est ouvert (OFF). Fusible basse tension défectueux. Fusibles 80 volts défectueux sur le panneau de contrôle du voltage.
Point lumineux sur le tube de distance, pas de base-temps	La synchronisation émission-réception doit être re-réglée. Le Modulateur n'est pas basculé sur la haute tension. Le câble d'impulsion allant du récepteur à l'Afficheur est déconnecté. Le câble d'impulsion allant du Modulateur au récepteur est déconnecté.
Base-temps visible mais pas de parasites ni d'échos	Syntonisation nécessaire. Le câble de sortie du récepteur est déconnecté.
Base-temps et parasites visibles mais pas d'échos	Les câbles des antennes sont déconnectés.
Point lumineux se déplace en direction inverse	Les câbles des antennes sont inversés.
Point lumineux coincé en haut ou en bas, ou sur un côté lorsque le curseur est placé sur un écho	Un câble d'antenne est déconnecté. Moteur de basculement d'une antenne à l'autre défectueux. [1080]

[1079] L'interrupteur de secours permet d'alimenter le radar à partir du circuit électrique à courant continu de l'avion, au lieu du courant alternatif produit par l'alternateur spécifique qui remplit normalement cette fonction.

[1080] Le signal des quatre antennes (deux en azimuth et deux en élévation) est reçu séquentiellement par le récepteur grâce à un moteur qui assure cette commutation 1.750 fois par minute.

ANNEXE 8
ÉCRANS DE L'OPÉRATEUR RADAR [1081]

L'Opérateur radar (en place arrière sur Havoc ou Beaufighter) dispose de deux écrans :
- (i) <u>Tube cathodique de gauche</u> : Cet écran, baptisé 'écran de distance' montre un tracé horizontal partant de gauche à droite, avec à droite les échos correspondant aux retours du sol. Comme les autres radars embarqués métriques précédents, le Mark V est limité en portée maximale par l'altitude à laquelle il vole : plus l'altitude de vol est basse, plus la zone couverte par le radar est limitée puisque les retours du sol reviennent rapidement saturer le récepteur (et donc l'écran). Une zone plate, sans bruit de fond, à gauche, correspond à la base-temps de l'émission : pendant l'émission, le récepteur est masqué. Entre les retours du sol et la base-temps, seul le bruit de fond du récepteur apparaît sous la forme de petits crénelages de la ligne horizontale lorsque le ciel est vide. L'écho d'une cible s'affiche sous forme d'un pic vertical avec un aspect multiple car l'affichage cumule les signaux des quatre antennes de réception. La distance entre la base-temps et l'écho donne une indication de la séparation entre le chasseur et la cible.

   Une partie du tracé horizontal, correspondant à une distance d'environ 500 mètres, est très lumineuse. Cette tâche lumineuse, baptisée "curseur", peut être déplacée horizontalement en tournant la molette marquée "STROBE CONTROL".

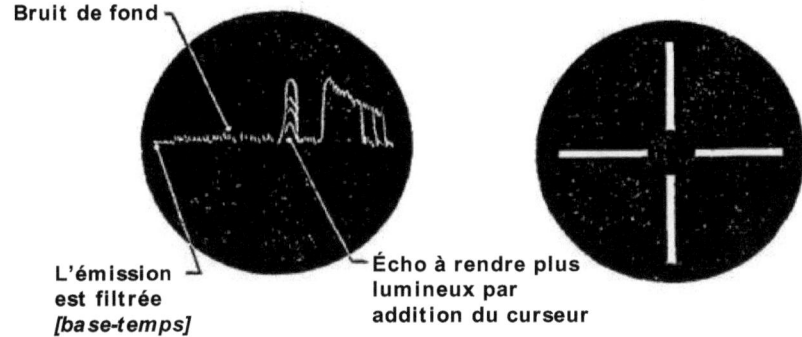

Écran de gauche allumé **Écran de droite éteint**

- (ii) <u>Tube cathodique de droite</u> : Cet écran reste éteint tant qu'un contact n'est pas établi avec une cible, seul le tube de gauche étant utilisé lors de la phase de recherche. Une fois une cible détectée sur le tube de distance, l'Opérateur place le curseur sur l'écho puis met en service le tube de droite : un point unique apparaît sur cet écran. Sa position sur l'écran correspond à la position de la cible par rapport à l'axe longitudinal du chasseur en azimuth et en élévation.

[1081] Cette Annexe ne figurait pas dans le document original mais a été ajoutée lors de la traduction sur la base des informations de la Publication de l'Air 1093D, Volume I *"Introductory survey of radar - Part II"* de 1946.

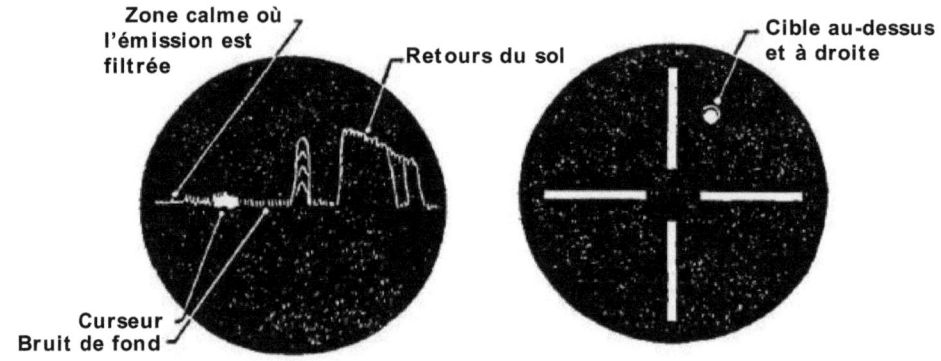

Écran de gauche allumé   **Écran de droite allumé**

(Note : sur l'écran de gauche, le curseur est
montré hors de l'écho pour la clarté du dessin)

Glossaire et conventions

Lors de traduction des rapports de combat, les termes "bâbord et tribord" ont été traduits par "gauche" et "droite" pour faciliter la lecture.

Grades de la RAF :	Abréviation :	Traduction en français : [1082]
Marshal of the RAF	Mshl/RAF	Maréchal de la RAF *(pas d'équivalent)*
Air Chief Marshal	ACM	Général d'Armée aérienne
Air Marshal	AM	Général de Corps d'Armée aérien
Air Vice Marshal	AVM	Général de Division aérienne
Air Commodore	ACom	Général de Brigade aérienne
Group Captain	G/Cpt	Colonel
Wing Commander	W/Cdr	Lieutenant-Colonel
Squadron Leader	S/Ldr	Commandant
Flight Lieutenant	F/Lt	Capitaine
Flying Officer	F/O	Lieutenant
Pilot Officer	P/O	Sous-Lieutenant
Warrant Officer 1st Class	W/O 1	Adjudant-chef
Warrant Officer 2nd Class	W/O 2	Adjudant
Flight Sergeant	F/Sgt	Sergent-chef
Sergeant	Sgt	Sergent
Corporal	Cpl	Caporal
Senior Aircraftman	SAC	Aviateur expérimenté *(pas d'équivalent)*
Leading Aircraftman	LAC	Aviateur confirmé *(pas d'équivalent)*
Aircraftman 1st Class	AC 1	Aviateur de 1ère classe
Aircraftman 2nd Class	AC 2	Aviateur de 2ème classe

Notes : En règle générale, les grades ont été conservés en anglais, sauf lorsqu'il y a une correspondance directe en français (par exemple Sergeant - Sergent, ou Captain (grade de l'Armée de l'Air Norvégienne) - Capitaine).

La plupart des commandements sont associés à un grade : par exemple, après janvier 1941, un Wing Commander doit être à la tête d'un Escadron de chasseurs de nuit bimoteurs. Si l'officier nommé à ce poste est inférieur en grade, il reçoit une promotion temporaire tant qu'il exerce ce commandement. Son rang officiel est alors précédé de la mention "acting" ("faisant fonction de"). Dans notre exemple, un Squadron Leader à la tête d'un Escadron de chasseurs de nuit bimoteurs sera un Acting Wing Commander.

Les grades des WAAF étaient différents.

Unités de la RAF :

Commands : 'Commandements'. En 1936, la RAF est réorganisée en grands Commandements, chacun dédié à un aspect spécifique de la guerre aérienne (par exemple, le Fighter Command pour la chasse, le Bomber Command pour le bombardement, le Coastal Command pour la protection des côtes et du commerce maritime, etc.). Cette organisation en "silos" est assez différente de celle de la Luftwaffe qui privilégiait les Commandements tactiques comportant un "mix" d'appareils (chasseurs, bombardiers, appareils de reconnaissance, etc.). Les appellations britanniques ont été utilisées ici.

Groups : Divisions Aériennes, traduit ici par 'Groupes'. Les Groupes sont sous l'autorité des Commandements, souvent suivant une découpe géographique.

Wings : Traduit ici par 'Escadres'. Les Escadres sont sous l'autorité des Groupes. En règle générale, en 1939, une Escadre a son propre terrain et commande trois Escadrons.

Squadrons : Littéralement 'Escadrons'. Les Escadrons sont sous l'autorité des Escadres. Leur dotation est composée d'un nombre d'avions opérationnels 'IE : Initial Equipment', et d'avions de réserve 'IR : Immediate Reserve', souvent exprimée sous la forme 16 + 2 (exemple d'un Escadron de chasse doté théoriquement de 16 avions opérationnels et 2 de réserve en cours de maintenance

---

[1082] Les termes retenus ici se rapprochent de ceux de l'Armée de l'Air française. Pour une traduction aux accents du "Commonwealth", se reporter au lexique du livre de W. A. B. Douglas "*La création d'une aviation militaire nationale : Histoire officielle de l'Aviation royale du Canada, tome II*", Centre d'édition du gouvernement du Canada. 1987. ISBN 0-660925052.

	ou d'inspection (avions monomoteurs, 18 + 4 pour les bimoteurs)). De même pour les pilotes, la dotation théorique d'un Escadron de chasse est de 20 pilotes (26 dans la deuxième partie de 1940, mais en pratique la norme est aux alentours de 22, d'où le retour à une dotation théorique de 23 pilotes en 1941). [1083] Les Escadrons sont généralement composés de trois 'Escadrilles' (voir ci-dessous) : deux de vol et une de maintenance qui s'occupe de l'entretien. Les Escadrons sont affectés à une base (généralement deux Escadrons par base) et disposent de très peu de moyens de transport motorisés ce qui rend difficile la maintenance d'avions dispersés sur un immense aérodrome ou envoyés sur un aérodrome satellite. À l'époque, l'unité à peu près équivalente dans l'Armée de l'Air française était baptisée 'Groupe'. Ainsi, par exemple, le Groupe de bombardement Lorraine des Forces Aériennes Françaises Libres était le Squadron 342 au sein de la RAF. Ce n'est qu'après la guerre que le terme d'Escadron a remplacé celui de Groupe pour se rapprocher des pratiques des autres pays membres de l'OTAN. On notera que les Belges ont utilisé le terme 'Escadrille' pour leurs Squadrons (par exemple le Squadron 350 est la première Escadrille d'aviateurs belges au sein de la RAF). Pour les puristes, les appellations des Escadrons s'écrivent sous la forme "No. 464 Squadron" (sans adjectif ordinal), mais pour faciliter la lecture, la convention de traduction suivante a été adoptée : "456ème Escadron" (même si la règle de l'Académie française voudrait que l'on écrive "456e Escadron").
Flights :	Sous-unité d'un Escadron. Traduit par 'Escadrille'. Chaque Escadrille est divisée en deux sections de trois avions. Pour poursuivre avec l'exemple du Groupe de bombardement Lorraine, cette unité comportait deux Flights, baptisés Escadrille "Metz" et Escadrille "Nancy". Généralement, il y a deux Flights par Squadron (parfois trois comme pour les unités de Lysander au début de la guerre) et ils sont baptisés plus prosaïquement par les Anglais A, B (ou C) que par les Français.

Classement des dégâts matériels subis par les avions de la RAF : Pendant la guerre, la RAF a utilisé deux systèmes de classement comme le montre le tableau ci-dessous :

Avant 1941	Après 1941 (et jusqu'à 1952)
	U - Aucun dégât
Catégorie M(u) - Réparations possibles par l'Unité opérationnelle elle-même.	Catégorie A - Réparations possibles sur place par l'Unité opérationnelle elle-même.
Catégorie M(c) - Réparations impossibles par l'Unité opérationnelle, nécessite les moyens de la base.	Catégorie Ac - Réparations impossibles par l'Unité opérationnelle, mais peut être réparé sur place par une autre Unité ou par un Sous-Traitant.
Catégorie R(B) - Réparations impossibles sur la base, l'avion doit être démonté et transporté à une Unité de Maintenance.	Catégorie B - Réparations impossibles sur place, mais peut être réparé dans une Unité de Maintenance ou dans l'atelier d'un Sous-Traitant.
-	Catégorie C - Affecté aux tâches d'entraînement au sol (apprentis mécanos, exercices incendie ou d'évacuation, etc.)
Catégorie W - Détruit (ou disparu), à rayer des registres.	Catégorie E - à rayer des registres E1 - Pièces de rechange récupérables E2 - Pour la casse E3 - Incendié Em - Avion manquant pendant plus de 28 jours

---

[1083] Paragraphe 183 du rapport 'Air operations by Fighter Command from 25th November 1940 to 31st December 1941' du Marshal Sir Sholto Douglas, 29 février 1948, conservé dans le dossier CAB 106/1200, TNA.

Avertissements sur les statistiques utilisées : En premier lieu, il faut souligner l'importance du vocabulaire utilisé : une revendication n'est pas une victoire confirmée, mais reflète simplement l'impression d'un équipage (de chasseur de nuit ou d'une batterie de DCA) qu'un avion ennemi a été abattu. Souvent, dans les quelques secondes intenses d'un combat, les pilotes ont eu tendance à croire, de bonne foi, qu'un avion qui partait en piqué en fumant avait son compte, et toutes les forces aériennes ont souffert de statistiques pour le moins optimistes dans ce domaine. Ces chiffres doivent donc être considérés au mieux comme donnant un ordre de grandeur.

Cependant, on peut estimer que les statistiques collectées par l'Air Historical Branch en ce qui concerne la chasse de nuit sont relativement robustes car les revendications de victoires n'étaient généralement validées que lorsqu'une épave était retrouvée à une heure et en un lieu compatibles avec les circonstances du combat. Par exemple, lorsque les chasseurs de nuit de la RAF (intruder inclus) revendiquent 182 victoires en 1942, l'Air Historical Branch estime que le véritable nombre d'avions détruits ainsi est de l'ordre de 150, [1084] une surestimation de 20% qui est bien loin des chiffres surgonflés de la bataille d'Angleterre pour laquelle Dilip Sarkar a calculé qu'il y avait à peu près 1 victoire réelle pour 5 victoires revendiquées. [1085] À ce sujet, il faut remarquer le travail de bénédictin effectué par les auteurs des ouvrages *"The Blitz, then and now"* (voir bibliographie) qui recoupe souvent assez bien les rapports de combats.

Sauf mention contraire, seuls ont été retenus ici les chiffres concernant les appareils revendiqués détruits ; ceux des appareils "probablement détruits" ou "endommagés" ont été laissés de côté car jugés trop peu fiables.

De même, les chiffres des sorties de la Luftwaffe ont été estimés par l'Air Historical Branch à partir des données de détection de raid et croisées avec les archives allemandes ayant survécu à la guerre. Il faut donc également les considérer comme des ordres de grandeur.

Avertissements sur les données de performance des avions : Un avion est le résultat d'un ensemble de compromis, depuis sa conception jusqu'à son utilisation opérationnelle. Toute amélioration d'une caractéristique entraîne systématiquement une (ou plusieurs) dégradation(s) d'autres aspects. Par exemple, si un concepteur souhaite accroître le plafond opérationnel de son avion, il va augmenter la surface alaire, mais ceci va réduire sa manœuvrabilité, augmenter le poids, exiger le renfort de la structure des ailes, etc. De même, en opérations si un bombardier doit atteindre un objectif lointain, il devra emporter plus de carburant au détriment de la charge de bombes. Ainsi, un quadrimoteur Short Stirling pouvait emporter : [1086]
- 4.137 kg de bombes et 5.071 kg (7.046 litres) de carburant jusqu'à Cologne, soit un vol aller-retour de 1.100 km.
- 2.552 kg de bombes et 6.659 kg (9.251 litres) de carburant pour aller bombarder Stuttgart, soit un vol aller-retour de 1.700 km.

Lorsque des données de performance sont données sans précision, il s'agit souvent pour chacune du maximum possible, mais il faut alors garder à l'esprit qu'atteindre ce maximum n'est possible que dans certaines circonstances et pas simultanément avec les autres performances maximales (un avion à pleine charge ne peut pas voler à son plafond maximal, à sa vitesse maximale avec une autonomie maximale).

Enfin, il faut tenir compte du fait que beaucoup de performances étaient mesurées lors de tests réalisés sur des avions neufs aux mains de pilotes expérimentés (comme ceux de l'AFDU par exemple), avec un équipement militaire minimal. Une fois en Escadron, il était quasiment impossible de retrouver ces performances sur des machines surchargées, fatiguées et malmenées. La même remarque s'applique pour les radars embarqués : la transition d'opérateurs de la FIU bien formés et encadrés par des scientifiques ne s'est pas faite sans déboires lorsque ce sont d'anciens mitrailleurs de Defiant ou d'opérateurs radio qui se sont retrouvés face aux écrans des AI Mk. III et IV.

[1084] Page 66 du Volume V de la monographie *"The Air Defence of Great Britain"* (voir bibliographie).
[1085] Page 159 du livre *"How the Spitfire Won the Battle of Britain"*, de Dilip Sarkar, Amberley Publishing, 2013, ISBN 978-1445615042.
[1086] À partir du Lincolnshire, en supposant un vol direct en ligne droite, avec suffisamment de carburant pour effectuer 400 km supplémentaires par sécurité. Données calculées à partir des tableaux *'TABLE II : Bomb loading and fuel planning chart'* en annexe du mémorandum *'Operational planning of Bomb & Petrol loads'* du 23 mars 1944 de l'état-major du Bomber Command aux états-majors des Groupes, conservé dans le dossier AIR 14/557, pièce 60A, TNA.

Notes sur les appellations des avions :
   Messerschmitt : Techniquement, ces avions ont été conçus par la *Bayerische Flugzeugwerke AG* et devraient donc être notés Bf-109 et Bf-110, mais la firme a pris le nom de *Messerschmitt AG* en 1938 et l'abréviation 'Me' est la plus employée dans les documents alliés de l'époque.

   Les Britanniques n'ont pas non plus été consistants dans les appellations de leurs avions. Le "F" de "Fighter" était parfois écrit en minuscule et d'autres fois en majuscule. Jusqu'en 1942, les chiffres romains sont utilisés par la RAF pour les différentes versions (par exemple Mosquito NF Mk. XIII), puis les nouveaux avions reçoivent des chiffres arabes (par exemple Mosquito NF 30).

Note sur les bandes de fréquence radar :
   Par facilité, les plages de fréquence ont été dénommées par des lettres, on parle par exemple d'un "radar fonctionnant dans la bande S". Cependant, il est important de noter que les Américains ont imité les Britanniques en utilisant aussi des lettres, mais pas pour les mêmes plages de fréquence (par exemple, la bande L américaine n'a rien à voir avec la bande L britannique). Pour ajouter à la confusion, ces plages ont été réaffectées et rebaptisées par les Britanniques dans les années 1960 (par exemple les bandes L, S, X et K étaient bien plus larges avant cette réforme).

   Le tableau ci-dessous montre les plages approximatives de fréquence telles que définies par les Britanniques pendant la guerre : [1087]

Bande	Fréquence (GHz)	Longueur d'onde (cm)	Remarques
P	0,2 – 0,38	150 - 80	
L	0,38 - 1,5	80 - 20	
S	1,5 - 5	20 - 6	
C	3,5 - 6,5	8,5 - 5	Recouvre en partie les bandes S et X
X	5 - 12	6 - 2,5	
K	12 - 30	2,5 - 1	
Q	30 - 42	1 - 0,7	
V	42 - 50	0,7 - 0,6	

Notes sur les taux de change et conversions :
   Les taux de change et conversions sont un sujet en soit, d'autant plus que les documents d'archives ne précisent pas toujours quelle devise était sous-entendue. Par exemple, il n'est pas rare de trouver des mémoranda budgétaires australiens pour des achats de matériels au Royaume-Uni qui utilisent le symbole "£" sans ajouter un "A" pour "Livre australienne" ou l'acronyme "Stg" pour "Livre Sterling". Sauf exception, il a été choisi de garder ici les coûts mentionnés dans leur devise d'origine et d'époque. Pour aider les lecteurs, les clefs suivantes sont proposées :

Les taux de change avaient été figés pour la durée de la guerre, de façon simplifiée :
   1 livre sterling   valait   4,45   dollars canadiens
   1 livre sterling   valait   1,254   livres australiennes (£A) ou livres néo-zélandaises (£NZ)
   1 livre sterling   valait   4,03   dollars US
   1 dollar US   valait   1,1   dollars canadiens
   1 livre australienne valait   3,2   dollars US
   1 livre australienne valait   1   livre néo-zélandaise ou 0,8 livres sterling

Avant-guerre, les taux fluctuaient, par exemple 1 livre australienne valait 3,76 dollars US fin 1938.

[1087] Tableau basé sur les données du graphe page 10 du Journal n°28 de la Royal Air Force Historical Society, 2003, ISSN 1361-4231.

L'Australie a donc perdu 15% de pouvoir d'achat pour le matériel américain dans les années suivantes. Pour les équivalences en valeurs actuelles, on peut considérer que :

100 livres sterling de l'année	correspondent en 2024 à	soit en Euros (arrondis)
1935	8.913 livres sterling	10.400
1938	8.435 livres sterling	9.840
1939	8.192 livres sterling	9.560
1940	7.016 livres sterling	8.185
1941	6.327 livres sterling	7.380
1942	5.905 livres sterling	6.890
1943	5.714 livres sterling	6.665
1944	5.557 livres sterling	6.485
1945	5.409 livres sterling	6.310
1950	4.294 livres sterling	5.010
1955	3.288 livres sterling	3.835

Note sur les acronymes :

Par convention, et pour éviter la multiplication d'acronymes, ils ont été conservés tels qu'ils existent en anglais : par exemple, on parlera d'une "OTU" pour une Unité de Formation Opérationnelle au lieu d'utiliser un acronyme artificiel en français "UFO".

2nde TAF - Seconde Force Aérienne Tactique

A&AEE - Aeroplane and Armament Experimental Establishment - Centre de Recherches Expérimentales sur les Avions et leurs Armements à Martlesham Heath dans le Suffolk, puis après le début de la guerre à Boscombe Down dans le Wiltshire.

(R)AAF - Auxiliary Air Force de la RAF : Escadrons formés à partir de 1925 pour attirer des civils qui servaient en quelque sorte de réserve, bien qu'ils ne doivent pas être confondus avec les réservistes habituels qui étaient formés par la RAF et pouvaient être rappelés après leur engagement normal. Les Auxiliaires devaient posséder ou payer leur brevet de pilote, et ils devaient s'entraîner un certain nombre d'heures pendant les week-ends ou durant leurs congés. Ne pas confondre avec l'US - AAF.

Abdullah - Appareillage (et mission) permettant de se diriger vers un émetteur radio ou radar ennemi au sol dans le but de le bombarder (testé par la FIU sur Typhoon au printemps 1944 pour localiser les radars Würzburg).

ACAS - Assistant Chief of the Air Staff (Assistant du Chef D'état-Major). Une lettre additionnelle entre parenthèses indique le département supervisé. Les principaux : G : General Branch ; Ops : Operations ; P : Plans ; T : Operational Requirements and Tactics ; R : Radio (et Radar).

ACP - Aerodrome Control Pilots - Pilotes chargés de la gestion des mouvements au sol lors des vols de nuit

AD - Air Diagram - Poster publié par le Ministère de l'Air sur divers aspects techniques ou tactiques (par exemple, le circuit de lubrification du moteur Merlin XX (utilisé par le Beaufighter II) fait l'objet de l'AD2013).

ADGB - Air Defence of Great Britain. Organisation de la chasse de la RAF, devenue Fighter Command en juillet 1936, puis de nouveau ADGB le 15 novembre 1943, et enfin Fighter Command à partir du 15 octobre 1944.

AEAF - Allied Expeditionary Air Force

AFC - Médaille Air Force Cross

AFDU - Air Fighting Development Unit - Unité de Développement du Combat Aérien (voir AFDS)

AFDS - Air Fighting Development Squadron - Escadron de Développement du Combat Aérien (voir AFDU)

(P) ou (O) AFU - Advanced Flying Unit - Unité Aérienne d'Acclimatation pour les Pilotes (P) ou les Observateurs (O) formés outre-mer et arrivant au Royaume-Uni.

AHB - Service Historique de la RAF (Air Historical Branch)

AI - Air (ou Aircraft ou Airborne sur les versions) Interception *[equipment]* - Radar embarqué air-air.

Airborne Cigar (ABC), Special Cigarette, et Cigar - Contre-mesures électroniques de brouillage des communications VHF et HF allemandes de contrôle des chasseurs de nuit. Les deux premières énumérées étaient embarquées à bord de bombardiers lourds, la troisième était placée dans des stations au sol.

Airborne Grocer - Voir *Ground Grocer*

AIS -	AI radar dans la bande S (longueur d'onde de 7,5 à 15 cm).
Albino -	Nom de code de l'opération expérimentale de lâcher de ballons libres avec une charge explosive sous 600 mètres de câble dans la région de Liverpool en mai 1941.
AMES -	Air Ministry Experimental Station - Acronyme britannique donné aux différents radars basés au sol pour la détection de cibles aériennes, suivi de Type 1, Type 2, etc.
AMRE -	Centre de Recherche (radar) du Ministère de l'Air (Air Ministry Research Establishment). Initialement basé à Bawdsey Manor dans le Suffolk sous le nom de Bawdsey Research Station (BRS), il a pris le nom d'Air Ministry Research Establishment (AMRE) lors de son déménagement au début de la guerre à Dundee en Ecosse, avant de s'établir en mai 1940 à Worth Matravers dans le Dorset. Il a été rebaptisé Telecommunications Research Establishment (TRE - Centre de Recherche des Télécommunications (radar)) vers la fin de 1940. En mai 1942, il a à nouveau déménagé pour s'établir à Malvern dans le Worcestershire par crainte d'une attaque allemande.
AN -	Préfixe des matériels américains Army-Navy, adopté à partir de février 1943. La signification des trois lettres suivantes sont :

1ère lettre : matériel conçu pour	2ème lettre : type de matériel	3ème lettre : fonction
A - Avion C - Aérotransportable F - Fixe, au sol G - Usage Général au sol M - Mobile au sol S - Navire T - Transportable au sol	P - Radar Q - Sonar R - Radio	G - Direction de tir R - Récepteur S - Recherche T - Émetteur

Par exemple AN/APS-4 : radar de recherche Army-Navy pour avion

ANS -	Air Navigation School - École pour la formation à la navigation
AOS -	Air Observer School - École pour la formation des Observateurs Aériens.
AP -	Air Publication - Manuel publié par le Ministère de l'Air (ou celui de l'Approvisionnement) sur divers aspects techniques ou tactiques (par exemple, le moteur Merlin XX fait l'objet de l'AP1590G. Ce moteur est installé sur le Beaufighter II dont le manuel technique est l'AP1721B (plusieurs volumes) et dont le manuel de pilotage est l'AP1721B-PN).
AP -	Munition (obus de 20 mm) perforante
ARI -	Aircraft Radio Installation - Acronyme britannique donné aux différents équipements radio ou radar embarqués
ASH -	Air - Surface, model H - Radar américain AN/APS-4, baptisé ASV Mk. IX et AI Mk. XV par les Britanniques. Utilisé notamment sur les Fairey Firefly de la FAA.
ASV -	Air to Surface Vessel - Radar embarqué air-surface utilisé pour la détection de navires ou de sous-marins naviguant en surface.
ATA -	Air Transport Auxiliary - Transport Auxiliaire Aérien. Organisation chargée de convoyer les avions, par exemple d'une usine à une unité de maintenance de la RAF, ou de là à un Escadron. Ses pilotes étaient recrutés parmi des hommes inaptes au service actif (pour raison d'âge ou de santé), ainsi que parmi les femmes pilotes.
AWACS -	Airborne Warning and Control System - avion d'Alerte Aérienne et de Contrôle.
BADU -	Blind Approach Development Unit - Unité de Développement pour l'Approche en Aveugle
BAC -	Bibliothèque et Archives Canada
BACTP -	British Commonwealth Air Training Plan - Plan d'entraînement aérien du Commonwealth britannique
BAT -	Beam Approach Training – Formation à l'Approche Radioguidée
BSDU -	Bomber Support Development Unit - Unité de Développement de Support aux Bombardiers
Berlin -	Nom de code donné par les Allemands à leurs radars air-air centimétriques (FuG 240).

B&GS (ou BAGS) - Bombing and Gunnery School - École pour la formation des Bombardiers et des Mitrailleurs.
Boozer - Détecteur passif des émissions des radars Würzburg et FuG 202.
BRS - Station de Recherche (radar) de Bawdsey - voir AMRE.
Bullseye raid – Procédure pour l'interception aidée par les projecteurs au sol. Aussi appelée "*Searchlight raid*".
CAS - Chief of the Air Staff - Chef D'état-Major de la RAF.
CFE - Central Fighter Establishment - Établissement Central de la Chasse
CH - Chain Home - Station radar au sol, orientée vers la mer, à antennes fixes.
CHEL - Chain Home Extra Low - Station radar centimétriques déployées à partir de décembre 1942 pour détecter les avions volant au ras des vagues.
CHL - Chain Home Low - Station radar au sol complétant les CH pour la détection d'avion volant bas. Antenne rotative.
CME - Contre-Mesures Électroniques.
CO - Commanding Officer - Officier commandant [une Unité].
Corona - Contre-mesure électronique de brouillage des communications VHF et HF allemandes de contrôle des chasseurs de nuit à partir d'une station au sol.
CSSAD - Committee for the Scientific Survey of Air Defence - Comité pour l'Étude Scientifique de la Défense Aérienne. Créé en 1935 et présidé par Sir Henry Tizard.
Dark raid - Raid Sombre - Procédure pour l'interception en guidant le chasseur par une station GCI (ou CHL).
DCA - Défense Contre Avions (terme s'appliquant généralement aux canons et projecteurs au sol ou sur navires).
DFC - Médaille Distinguished Flying Cross, attribuée uniquement aux Officiers jusqu'à 1993, puis quel que soit le grade du récipiendaire. Les Britanniques marquent toute nouvelle attribution d'une médaille déjà reçue par l'ajout d'une "bar" (barre) sur le ruban, traduite ici par "agrafe" (les Canadiens utilisent le terme "barrette").
DFDW - Day Fighter Development Wing - Escadre de Développement de la Chasse de Jour
DFM - Médaille : Distinguished Flying Medal, attribuée uniquement aux Sous-Officiers jusqu'en 1993, date à laquelle cette décoration a été abolie, la DFC devenant attribuable quel que soit le grade du récipiendaire.
Dina II - Contre-mesure électronique de brouillage pouvant être calibrée pour perturber les radars embarqués allemands FuG 220 Lichtenstein SN-2 (voir Piperack).
DSM - Médaille : Distinguished Service Medal.
Drumstick - Contre-mesure électronique de brouillage des communications VHF et HF allemandes de contrôle des chasseurs de nuit à partir d'une station au sol.
DSO - Médaille : Distinguished Service Order.
EAF - Enemy Aircraft Flight - Escadrille des Avions Ennemis
EFTS - Elementary Flying Training School - École de Formation Élémentaire au Pilotage (sur avions de type De Havilland Tiger Moth)
Eureka - Transpondeur radar répondant à l'émetteur/récepteur embarqué *Rebecca*. Initialement développé pour les troupes aéroportées pour leur permettre de baliser les terrains de largage de matériels ou de parachutistes ou d'atterrissage de planeurs. A ensuite trouvé d'autres applications, notamment pour les missions *Vapour*. Les chasseurs de nuit à radar centimétriques n'avaient pas besoin de *Rebecca* puisque leurs AI Mk VIII ou X pouvaient jouer le même rôle.
FAA - Fleet Air Arm - Aéronavale britannique.
FAW - Fighter, All Weather - Chasseur tous temps. Appellation apparue dans les années 1950.
FDT - Fighter Direction Tenders - Navire porte-chars (LST - Landing Ship Tank) doté d'un radar AMES Type 15 (GCI) et d'un radar AMES Type 11 (CHL) pour servir de GCI flottant.
FEF - Fighter Experimental Flight - Escadrille Expérimentale de Chasse
Fidget - Contre-mesure électronique de brouillage des communications VHF et HF allemandes de contrôle des chasseurs de nuit à partir d'une station au sol.
Fire-Bash - Mission de bombardement au napalm d'un aérodrome ennemi.
FIDS - Fighter Interception Development Squadron - Escadron de Développement de l'Interception de Chasse (voir FIU).

FIU -	Fighter Interception Unit - Unité d'Interception de Chasse. Unité expérimentale chargée de tester les matériels et les tactiques pour la chasse de nuit, créée à Tangmere en avril 1940 et basée ensuite sur les aérodromes de Shoreham (1940-41), de Ford (1941-44) et de Wittering (1944) avant un retour à Ford (1944-1946). Est devenue le Fighter Interception Development Squadron durant l'été 1944 (voir FIDS).
Flak -	Fliegerabwehrkanone - terme allemand utilisé pour la DCA
Flensburg (FuG 227) -	Détecteur embarqué sur les chasseurs allemands profitant des émissions métriques du radar Monica pour localiser les bombardiers britanniques.
Flower -	Mission "intruder" visant spécifiquement les bases de la chasse de nuit allemande.
Freya -	Radar allemand d'alerte lointaine (portée maximale 200 km) utilisant initialement une fréquence de 125 MHz, puis entre 75 et 180 MHz.
FTS -	Flying Training School - École Militaire de Formation (avancée) au Pilotage. Ces écoles ont été rebaptisées SFTS à la déclaration de la guerre.
GCI -	Ground Controlled Interception - Interception contrôlée depuis le sol : par extension, Centre de contrôle depuis le sol (généralement avec un radar AMES Type 7 (fixe) ou 8 (mobile)) où se trouve le contrôleur dirigeant un chasseur pour une interception.
GDA -	Gun Defended Areas - Zones Défendues par la DCA
Gee -	Système radio d'aide à la navigation (TR 1335 *Gee* (AMES Type 7000), puis décliné sous diverses versions) qui a commencé à être utilisé par le Bomber Command en 1942. Ce système demande une grande rigueur au navigateur qui, en chronométrant les impulsions radios reçues de trois émetteurs au sol en Angleterre, peut estimer la position de l'avion. Les signaux apparaissent comme des lignes sur un tube cathodique et sont interprétés avec des grilles spéciales. Le système est relativement facile d'emploi, et fonctionne jusqu'à 640 km de la station émettrice avec une précision d'environ 1,5 km. À partir d'août 1942, les Allemands commencent à brouiller les fréquences *Gee*, ce qui réduit la portée du système. *Gee* n'est pas un système radar au sens strict, puisqu'il n'utilise pas la réflexion des ondes radios.
Ground Grocer -	Contre-mesure électronique destinée à brouiller les radars embarqués allemands FuG 202 Lichtenstein par des stations au sol émettant dans la bande 460 - 500 Mc/s. Des brouilleurs embarqués ont également été développés sous l'appellation Airborne Grocer mais trop tard pour être utilisés.
HEI -	Munition (obus de 20 mm) explosif incendiaire
IAZ -	Inner Artillery Zones - Zones Intérieures d'Artillerie : sous-division à l'intérieur d'une GDA. Par exemple, la GDA de Londres était divisée en trois IAZ : IAZ South, IAZ North et IAZ East.
IE -	Initial Equipment : Dotation normale d'un escadron (16 avions à partir d'octobre 1939 pour les escadrons de chasse).
IFF -	Le transpondeur IFF (Identification Friend or Foe) est un petit transmetteur qui donne une forme caractéristique à l'écho d'un avion ami sur l'écran radar. Des interrupteurs d'urgence permettent de mettre à feu une petite charge explosive pour détruire le transpondeur et éviter qu'il ne tombe aux mains de l'ennemi. Cette charge était mise en place par les artificiers juste avant le vol, et enlevée dès l'atterrissage.
Instep -	Mission de chasse (généralement de jour) à longue distance pour chasser les appareils allemands des zones de patrouille des avions du Coastal Command.
Intruder -	Mission consistant à pénétrer en territoire ennemi pour perturber les opérations aériennes de l'adversaire.
IR -	Dotation de réserve d'un escadron (deux avions pour les escadrons de chasse, sauf ceux de chasse de surveillance maritime à grande distance : quatre avions).
ITS (ou ITW) -	Initial Training School (ou Wing) - École (ou Escadre) Préparatoire d'Aviation destinée à inculquer les rudiments de la discipline militaire aux nouvelles recrues.
IWM -	Imperial War Museum
JG -	Abréviation allemande de Jagdgeschwader : Unité de chasse. Chaque Unité comportait trois Groupes (Gruppen : indiqué en chiffre romains ; par exemple II/JG27), et chaque Groupe était composé de trois Escadrons (Staffeln : indiquée en chiffres arabes ; par exemple 2/JG27) avec un effectif théorique de douze avions par Escadron.
Jostle IV -	Contre-mesure électronique de brouillage des communications VHF et HF allemandes de contrôle des chasseurs de nuit à partir d'une station au sol.

LAM - Long Aerial Mine : Mine Aérienne sur Long Câble : câble de 600 mètres de long comportant une charge explosive, traîné (ou parachuté) par un Harrow ou un Havoc dans l'espoir qu'un avion ennemi le heurte et fasse exploser la charge.
Lichtenstein - Radar air-air métrique allemand (FuG 202, 212 et 220, respectivement Lichtenstein B/C, Lichtenstein C-1 et Lichtenstein SN-2 fonctionnant à une fréquence de 420-490 MHz pour les deux premiers et de 90 MHz pour le troisième).
LMF - Lack of Moral Fibre - Manque de Fibre Morale. Appellation appliquée aux aviateurs souffrant de dépression nerveuse sous l'effet du stress accumulé après une série de missions.
LWS - Station radar légère d'alerte avancée (Lightweight Warning Set).
Mahmoud - Mission consistant à tourner au-dessus d'une balise radio ou visuelle servant de point d'attente pour les chasseurs de nuit allemands en espérant en repérer un grâce au détecteur Monica.
Mandrel - Brouilleur perturbant les radars Freya. Existait en différentes versions, certaines utilisables en vol, d'autres pour des stations au sol.
MAP - Ministère de la Production Aéronautique (Ministry of Aircraft Production) - Ministère créé en mai 1940.
MC - Médaille militaire (Military Cross)
Mc/s - Mégacycle par seconde, dérivé de l'ancienne unité de mesure de la fréquence en cycle par seconde, aujourd'hui remplacée par le Hertz, abrégée Hz (1 Mc/s = 1 MHz).
Meerschaum - Nom de code des brouilleurs britanniques visant les radars air-air d'alerte de secteur arrière allemands (FuG 216, 217 et 218 *Neptun*) pour augmenter la vulnérabilité des appareils allemands.
Mk - Mark - Version (Mk. I = Version I, Mark II = Version II, etc.). Voir la note ci-dessus sur les appellations des appareils.
Monica (ARI 5664) - Radar métrique d'alerte de secteur arrière. Décliné en plusieurs versions.
Moonshine - Brouilleur faisant croire sur les radars Freya à la présence d'une grande formation d'appareils là où ne se trouve que l'avion porteur du brouilleur.
Mother - Surnom affectueux et nom de code donné aux balises radar placées sur les aérodromes pour guider les avions cherchant à rentrer. Chacune affichait un signal clignotant en Morse sur les écrans radar et l'opérateur radar pouvait alors donner le cap à suivre et la distance approximative à son pilote.
m.p.h. - Milles (terrestre) par heure (1 m.p.h. = 1,6 km/h).
NAA - National Archives of Australia – Archives Nationales d'Australie.
Nachtjagd - Chasse nuit allemande.
Nachtjagdgeschwader - Escadre de chasse de nuit allemande, divisée généralement en quatre ou cinq Gruppe (Groupes).
Neptun - Radar allemand air-air d'alerte de secteur arrière (FuG 216, 217 et 218).
NF - Night Fighter - Chasseur de nuit.
NFIU - Naval Fighter Interception Unit - Unité Navale d'Interception de Chasse (NFIU), créée fin 1942, est plus tard devenue l'Escadron Naval de Développement de la Chasse de Nuit (NNFDS).
NFT - Night Flying Test - Vol d'essai en fin de matinée ou dans l'après-midi pour tester le bon fonctionnement de l'avion et de tous ses équipements avant un vol de nuit.
NFDW - Night Fighter Development Wing - Escadre de Développement de la Chasse de Nuit.
Nickel - Missions de largage de tracts de propagande.
NNFDS - Naval Night Fighter Development Squadron - Escadron Naval de Développement de la Chasse de Nuit. Voir NFIU.
ORS - Operational Research Section - Section de Recherche Opérationnelle.
OTU - Operational Training Unit - Unité de Formation Opérationnelle.
Pandora - Mission donnée aux Havoc I du 93ème Escadron avec les LAM.
Perfectos - Interrogateur IFF permettant de guider un chasseur britannique vers le transpondeur IFF d'un appareil allemand.
Petard - Nom de code de l'opération expérimentale de lâcher de ballons libres avec une charge explosive contre les avions allemands larguant des mines dans les estuaires britanniques en février et mars 1942.
Piperack - Contre-mesure électronique de brouillage des radars embarqués allemands FuG 220 Lichtenstein SN-2 (brouilleur Dina II ciblant spécifiquement SN-2).

PPI tube -	Plan Position Indicator - Écran cathodique permettant d'afficher les échos reçus par les antennes à balayage sur une vue en plan comme si l'antenne de réception était au centre de l'écran.
QG -	Quartier Général.
RAAF -	Royal Australian Air Force
RADAR -	RAdio Detection And Ranging - Terme américain, voir RDF.
RAE -	Royal Aircraft Establishment - Centre de recherche aéronautique du Ministère de la Production Aéronautique à Farnborough, Hampshire.
RAF -	Royal Air Force.
Ranger -	Mission de jour ou de nuit, visant un objectif particulier (trains, convois routiers, vedettes, usines, gare de triage, centrale électrique, garnison, etc.).
RCAF -	Royal Canadian Air Force - Aviation Royale Canadienne
RDF -	Range and Direction Finding pour les activités liées aux radars ; plus communément Radio Direction Finding pour la radiogoniométrie. Le terme américain RADAR n'a été adopté que tardivement (1943) par les Britanniques.
Rebecca -	Voir *Eureka*.
(Night) Rhubarb -	Mission (nocturne) de chasse libre à basse altitude au-dessus des territoires occupés, visant à mitrailler toute cible d'opportunité qui se présente. Généralement menée par des chasseurs monomoteurs (Typhoon) lors des nuits de pleine Lune.
RNZAF -	Royal New Zealand Air Force
Rubicon -	Ligne arbitraire à partir de laquelle le Contrôleur doit impérativement choisir un seul chasseur pour intercepter un avion ennemi à l'aide des projecteurs au sol.
SAPI -	Munition (obus de 20 mm) semi-perforante incendiaire.
SBA -	Standard Beam Approach - Approche Radioguidée.
SLC -	SearchLight Control - Projecteur au sol guidé par radar, baptisé "Elsie".
SCR -	Signal Corps Radio - Acronyme américain donné aux différents radars développés pour l'Armée de Terre, dont dépendait l'USAAF (voir AN)
Senate -	Nom de code initial donné à la technique d'interception *"Whiting"* à partir d'une détection *Monica* : lorsqu'un avion est repéré par *Monica*, le chasseur britannique doit effectuer un cercle complet pour se retrouver sur l'arrière de cet avion et tenter de l'intercepter en utilisant son radar embarqué.
Serrate -	Nom de code donné au dispositif permettant de déterminer la direction d'un radar embarqué *Lichtenstein*. Par extension, les missions utilisant ce dispositif étaient baptisées *Serrate*.
SER -	Surface Équivalente Radar.
SFTS -	Service Flying Training School - École Militaire de Formation (avancée) au Pilotage (sur avions plus puissants que dans les EFTS, par exemple North American Harvard). Voir aussi FTS.
Silhouette -	Nom de code donné à des essais d'illumination des nuages par des projecteurs au sol pour que les chasseurs puissent voir la silhouette des bombardiers se détachant sur le fond plus clair des nuages.
Sprinkler -	Vol de confirmation météorologique pour déterminer notamment si les conditions en altitude permettent d'interpréter correctement les éventuels signaux émis par les batteries de projecteurs au sol.
Squeaker -	Avertisseur audible dans un rayon de 13 kilomètres sur la radio de l'avion lors de l'approche d'une zone de barrage.
TADU -	Training Aids Development Unit - Unité de Développement des Aides de Formation.
Tinsel et *Special Tinsel* -	Contre-mesures électroniques de brouillage des communications VHF et HF allemandes de contrôle des chasseurs de nuit. Des microphones capturaient le bruit d'un moteur de l'avion porteur pour le rééemettre sur la fréquence de l'émetteur allemand à brouiller.
TNA -	The National Archives, UK - Archives Nationales du Royaume-Uni.
TRE -	Telecommunications Research Establishment - Centre de Recherche des Télécommunications (radar) - voir AMRE.
USAAC -	US Army Air Corps - Remplacé par l'USAAF en juin 1941 pour les aspects opérationnels et en mars 1942 pour le reste (formation, recherche, commandes, etc.).
USAAF -	US Army Air Force – Succède à l'AAC entre 1941 et 1942, et devient indépendante en septembre 1947 (sous le nom d'USAF, toujours en vigueur aujourd'hui).

V-1 -	Vergeltungswaffen n°1 - Bombe volante "1ère arme de vengeance".
Vapour -	Mission menée par un Mosquito et un Wellington, ce dernier servant de GCI volant, pour intercepter des He-111 porteurs de V-1 loin en Mer du Nord. En plus d'un radar ASV Mk VI modifié, le Wellington emportait un transpondeur *Eureka* pour guider le Mosquito.
VPD -	Vertical Polar Diagram. V.P.D. Diagramme polaire donnant la réponse théorique du radar dans le plan vertical.
WAAF -	Auxiliaires Féminines de la RAF (Women's Auxiliary Air Force).
Whiting -	Voir *Senate*.
WOU -	Wireless Observer Units - Équipes de guet visuel avec poste radio.
Würzburg -	Radar allemand de guidage de la Flak (canons et projecteurs), ainsi que des chasseurs de nuit, fonctionnant à une longueur d'ondes d'environ 53 cm. Portée maximale 40 km.
Y-Service -	Service de collecte des écoutes radio des émissions ennemies.
Y-Station -	Poste d'écoute radio des émissions ennemies.
ZZ -	Procédure d'approche d'atterrissage avec guidage radio par un contrôleur au sol en utilisant des relevés radiogoniométriques. Pour plus de détails, voir l'AP 3024 "Flying Control in the Royal Air Force".

Bibliographie

<u>Notes</u> : L'aviation de la Seconde Guerre mondiale a fait couler beaucoup d'encre et cette bibliographie n'a pas pour but de lister tous les ouvrages disponibles. Malheureusement les ouvrages en français sont rares. Les ouvrages "à lire absolument" sont indiqués par un astérisque et un court commentaire en italique donne les impressions de lecture.

Publications officielles

AIR HISTORICAL BRANCH - Ministère de l'Air britannique. (Certaines sont disponibles sur https://www.raf.mod.uk/our-organisation/units/air-historical-branch/second-world-war-thematic-studies1/ , consulté le 10 janvier 2020)

- **Balloon Defences 1914-1945 (1st draft) : The development and employment of Balloon Barrages with particular reference to the work of Balloon Command, Royal Air Force.**, [s. d.].
- **Royal Observer Corps - RAF Narrative (1st draft)**. Ministère de l'Air britannique. 1946.
- **Signals** :
    - Volume I - **Organisation and Development**. 1958. Air Publication 3237.
    - Volume II - **Telecommunications**. 1958. Air Publication 3237.
    - Volume III - **Aircraft radio**. 1956.
    - Volume IV - **Radar in raid reporting**. 1950. Air Publication 3237.
    - Volume V - **Fighter control and interception**. 1952. Confidential Document 1116.
    - Volume VI - **Radio in maritime warfare**. 1954. Secret Document 736.
    - Volume VII - **Radio counter-measures**. 1950. Secret Document 686.
- **The Air Defence of Great Britain** :
    - Volume I - **Growth of Fighter Command July 1936-June 1940.**, [s. d.].
    - Volume II - **The Battle of Britain July - October 1940**. [s. d.].
    - Volume III - **Night Air Defence, June 1940 - December 1941**. [s. d.].
    - Volume IV - **The Beginning of the Fighter Offensive, 1940-1941**. [s. d.].
    - Volume V - **The Struggle for Air Supremacy, Jan 42 - May 45**. 1958.
    - Volume VI - **The Flying Bomb and Rocket Campaign**. [s. d.].
- **Flying Training - Aircrew Training 1934-1942**. [s. d.]. 2ème draft.
- **Flying Training** :
    - Volume I - **Policy and Planning**. 1952. Air Publication 3233.
    - Volume II - **Organisation**. [s. d.]
        - Partie 1 : Basic Training in the United Kingdom.
        - Partie 2 : Basic Training Overseas.
        - Partie 3 : Operational Training.
- **The origins and development of Operational Research in the Royal Air Force.** 1963. Air Publication 3368.
- **The Royal Air Force builds for War : A history of design and construction in the RAF, 1935-1945.** 1956 (republié par HM Stationery Office en 1997). Air Publication 3236.

BATES, Herbert H.
- **The complete Flying Officer X stories.** Bloomsbury Reader. 2018. ISBN 978-1448217366. *Recueil des courtes nouvelles rédigées par l'écrivain Herbert E. Bates, recruté par la RAF pour ses services de propagande. Deux de ces nouvelles ('The Beginning of Things' et 'There's Something in the Air') concernent les pilotes "intruder" James MacLachlan et Karel Kuttelwascher. Il est dommage que les deux nouvelles de Bates écrites sur la chasse de nuit ('The Night Interception Battle') et sur le radar ('Radiolocation') n'aient pas été incorporées.*
- **Flying Bombs over England**. Motorbooks. 1994, ISBN 978-1872337180. *Reproduction de l'essai historique "Battle of the Flying Bomb", conservé sous la référence AIR 20/4140, TNA. Tout comme le titre précédent, ce document n'a jamais été publié par la RAF.*

BRERETON GREENHOUS, Stephen J. HARRIS, William C. JOHNSTON ET William G.P. RAWLING. **Histoire officielle de l'Aviation royale du Canada :**
- **Vol I - Les aviateurs canadiens dans la Première Guerre mondiale**. Ministère de la Défense Nationale du Canada. [s. d.].
- **Vol III - Le creuset de la guerre, 1939-1945.** Ministère de la Défense Nationale du Canada. 1999. ISBN 0662843622.

COCKBURN, R. **The radio war**. Centre de Recherche des Télécommunications (radar) (TRE). [s. d.].

DOUGLAS, W. A. B. **Histoire officielle de l'Aviation royale du Canada - Vol II - La création d'une aviation militaire nationale**. Ministère de la Défense Nationale du Canada, 1987. ISBN 0660925052.

GAUL, W. **The G.A.F. [German Air Force, Luftwaffe] and the invasion of Normandy, 1944**. U.S. Navy, Office of Naval Intelligence. 1950.

HISTORICAL SECTION OF THE ROYAL AUSTRALIAN AIR FORCE : **Units of the Royal Australian Air Force : A concise history. Volume 2 : Figther Units.** Australian Government Publishing Service. ISBN 0644427949.

HISTORICAL SECTION OF THE ROYAL CANADIAN AIR FORCE. **The R. C. A. F. Overseas**
- **Vol I - The First Four Years**. Oxford University Press, 1944.
- **Vol II - The Fifth Year**. Oxford University Press, 1944.
- **Vol III - The Sixth Year**. Oxford University Press, 1944.
  - MACE, Martin, GREHAN, John et MITCHELL, Sara. **Defending Britain's skies 1940-1945.**, 2014. ISBN 978-1-78346-207-0. *Ce livre contient une reproduction des rapports officiels suivants :*
    - *"Despatches on the Battle of Britain" de l'Air Chief Marshal Sir Hugh C.T. Dowding, septembre 1946 ;*
    - *"The anti-aircraft defence of the United Kingdom" du Général Sir Frederick Pile, décembre 1947 ;*
    - *"Air operations by Fighter Command - from 25th November 1940 to 31st December 1941" du Marshal Sir Sholto Douglas, février 1948 ;*
    - *"Air operations by Air Defence of Great Britain and fighter Command in connection with the German flying bomb and rocket offensives, 1944-45" de l'Air Chief Marshal Sir Roderic Hill, octobre 1944.*

RIDENOUR, Louis N. **Radar System Engineering - MIT Radiation Laboratory Series, Tome 1**. McGraw-Hill. 1947.

USAF Historical Studies. [en ligne]. 1943 [consultés le 12 juin 2022]. Disponible à : <URL : https://www.afhra.af.mil/Information/Studies/Numbered-USAF-Historical-Studies/] :
- N°2 : THOMPSON, Robert L. **Barrage Balloon Development in the United States Army Air Corps, 1923 to 1942.** 1943.
- N°92 : TAYLOR, Joe G. **Development of Night Air Operations, 1941-1952**. 1953.
- N°179 : KAMMHUBER, Joseph. **Problems in the Conduct of a Day and Night Defensive Air War**. 1953.
- N°180 : KAMMHUBER, Joseph. **Problems of Long-Range All-Weather Intruder Aircraft**. 1954.

Radar, guerre électronique, chiffrage et autres technologies

BALDWIN, Ralph Belknap. **The deadly fuze : the secret weapon of World War II**. Presidio Press, 1980. ISBN 978-0891410874.

BERRY Peter. **A Short History of RAF Flying Control, 1937-45**. [S. n.] 1997. *Petit livret traitant de la naissance de la branche militaire des contrôleurs aériens grâce aux initiatives d'un noyau de contrôleurs civils enrôlés au début de la guerre dans la RAF.*

BLANCHARD, Yves. **Le radar 1904-2004 : histoire d'un siècle d'innovations techniques et opérationnelles**. Ellipses. 2004. ISBN 978-2729818029. *Un excellent livre comme on en compte malheureusement peu en français sur un sujet technique. Cet ouvrage remet les pendules à l'heure sur les progrès techniques des différents pays avant-guerre puisque de nombreux inventeurs méritants ont été éclipsés, voire ignorés, dans les histoires publiées par les Anglo-Saxons dans les années 1950-60. Yves Blanchard se met au niveau de lecteurs non spécialistes des ondes électromagnétiques et suit méthodiquement une trame chronologique qui permet de bien mesurer les progrès parallèles des différents belligérants. Le seul reproche possible porte sur l'absence d'un glossaire pour recenser les différents acronymes utilisés. ☆*

BOWEN, E. G. **Radar days**. CRC Press. 1998. ISBN 978-0750305860. *Témoignage de l'un des acteurs principaux du développement de solutions pratiques d'emploi des radars embarqués.*

BRAGG, Michael. **RDF 1: the location of aircraft by radio methods 1935-1945**. Hawkhead. 2002. ISBN 978-0953154401. *Un excellent livre de référence sur la naissance des stations de la Chain Home, basé sur une recherche sérieuse.* *

BRETTINGHAM, Laurie :
- **Royal Air Force beam benders : 80 (Signals) Wing 1940-1945**. Midland. 1997. ISBN 978-1857800401.
- **The origin and effect of n°100 (Bomber Support) Group RAF 1943-45**. Librario Publishing. 2008. ISBN 978-09542960-01.

BROWN, Louis. **A radar history of World War II : technical and military imperatives**. Institute of Physics. 1999. ISBN 978-0750306591.

BROWN, R. Hanbury. **Boffin : a personal story of the early days of radar, radio astronomy, and quantum optics**. Adam Hilger. 1991. ISBN 978-0750301305. *Robert Hanbury Brown a été impliqué dès l'été 1936 dans le développement des stations radar CH, puis des radars air-air à partir de 1937 jusqu'à un accident de vol en 1941. Une fois remis, il a participé aux USA à la mise au point des transpondeurs Eureka qui ont permis de guider notamment les troupes aéroportés Alliées vers leurs zones d'atterrissage.*

BROWN, R. Hanbury, MINNETT, H. C. et WHITE, F. W. G. **Edward George Bowen. 14 January 1911-12 August 1991**. *Biographical Memoirs of Fellows of the Royal Society*. The Royal Society. 1992. Vol. 38, pages 43 à 65.

BURNS, R. W. **The life and times of A D Blumlein**. Institution of Electrical Engineers. 2000. (IEE history of technology series n° 24). ISBN 978-0852967737. *L'histoire d'Alan D. Blumlein l'ingénieur d'EMI chargé de la conception du radar air-sol H2S jusqu'à sa fin tragique en juin 1942 dans le crash du Halifax portant le prototype de ce radar.*

CLARK, Ronald. **Rise of the Boffins**. Phoenix House. 1962.

CLAYTON, Aileen. **The enemy is listening : the story of the Y Service**. Crecy Books. 1993. ISBN 978-0947554286. *Un livre qui retrace le travail de la complexe organisation mise en place pour intercepter et interpréter les communications allemandes et mettre ces informations à la disposition des unités opérationnelles le plus vite possible. Publié pour la première fois 40 ans après la guerre, il lève le voile sur les activités du Service Y, sans lequel les mathématiciens de Bletchley Park n'auraient pas eu les messages bruts à décoder. Clayton montre aussi la contribution primordiale des Auxiliaires Féminines dans des tâches critiques pour la conduite de la guerre, loin des projecteurs de la gloire.*

DOBINSON, Colin :
- **AA command : Britain's anti-aircraft defences of World War II**. Methuen. 2001. (Monuments of war). ISBN 978-0413765406. *Un énorme travail de recherche concentré dans un livre expliquant la disposition des défenses anti-aériennes au fil des années. On regrettera quand même que les performances des différents matériels soient peu détaillées au profit des aspects d'archéologie militaire (disposition des batteries, plans des postes de commandements, etc.).*
- **Building radar: forging Britain's early-warning chain 1935 - 45**. Methuen. 2010. (Monuments of war). ISBN 978-0413772299. *Un ouvrage très complet sur l'histoire de la Chain Home et des développements ultérieurs pendant la guerre des radars au sol du côté britannique.* *

FINE, Norman. **Blind bombing: how microwave radar brought the Allies to D-Day and victory in World War II**. Potomac Books. 2019. ISBN 978-1640122208.

GRANDE, George Kinnear, LINDEN, Sheila Mary et MACAULAY, Horace R. (dir.). **Canadians on radar: Royal Canadian Air Force, 1940-1945**. Canadian Radar History Project. 2000. ISBN 978-0968759608.

GUERLAC, Henry. **Radar in World War II**. Tomash Publishers ; American Institute of Physics. 1987. (The History of modern physics, 1800-1950 ; n° v. 8). ISBN 978-0883184868.

HAMILTON, Tim. **Identification friend or foe : being the story of aircraft recognition**. HMSO. 1994. ISBN 978-0112904960.

HARRINGTON, Janine. **RAF 100 Group : the birth of electronic warfare**. Fonthill. 2016. ISBN 978-1781554586. *Ce livre aurait pu être passionnant mais il s'avère très laborieux à lire tellement l'auteur saute "du coq à l'âne", se répète et évoque des événements très éloignés du sujet. Les aspects techniques, pourtant essentiels au travail du 100ème Groupe sont survolés ou mal décrits. Aucune photo, schéma ou carte ne vient éclairer la lecture et une multitude d'erreurs inadmissibles ont échappé à l'auteur et à l'éditeur. Pour ne donner que deux exemples: il est indiqué page 78 que les bombardements des gares de triage de Malines et de Chambly dans la nuit du 1ᵉʳ au 2 mai 1944 ont entraîné respectivement "la perte de 132 avions dont 110 Halifax" et de "120 bombardiers dont 96 Lancaster" alors que dans les faits un unique Halifax est tombé à Malines et 5 bombardiers ont été perdus pour Chambly en oubliant que le raid le plus meurtrier pour la RAF est celui de Nuremberg dans la nuit du 30 au 31 mars 1944 : 95 bombardiers avaient été perdus. Page 85, le Black Widow est baptisé "Lightning P-38" alors qu'il aurait fallu écrire "Northrop P-61". À lire pour les témoignages, sinon se référer au livre de Martin Streetly.*

HINSLEY, F. H. et THOMAS, E. E. **British intelligence in the Second World War : its influence on strategy and operations**. HMSO. 1979. (History of the Second World War). ISBN 978-0116309334. *Un monument de recherche sur la collecte et l'analyse du renseignement britannique pendant la guerre. Ce volume couvre la période allant de l'avant-guerre jusqu'à l'été 1941.* *

JONES, R. V. **La Guerre ultra-secrète (1939-1945): un savant britannique face à Hitler**. Plon. 1980. ISBN 978-2259005357. *Version française du livre 'Most secret war', un excellent ouvrage qui couvre l'ensemble de la guerre électronique des scientifiques britanniques au service de la RAF.*

JONES, R. V. **Lindemann beyond the Laboratory**. The Royal Society. 1987. Vol. 41, n° 2, p. 191-210.

JUDKINS, Phil. **Making Vision into Power : Power Struggles and Personality Clashes in British Radar, 1935–1941**. *The International Journal for the History of Engineering & Technology* [en ligne]. Taylor & Francis, 1 Janvier 2012, Vol. 82, n° 1, p. 93-124. DOI 10.1179/175812111X13188557854044.

LATHAM, Colin et STOBBS, Anne. **Radar : a wartime miracle**. Sutton Publishing. 1996. ISBN 978-0750911146.

LEWIN, Ronald. **Ultra goes to war: the secret story**. Hutchinson. 1978. ISBN 978-0091344207.

LIVINGSTON, Philip. **Fringe of the clouds**. Johnson. 1962. *Autobiographie de l'Air Vice-Marshal Sir Philip C. Livingston qui a travaillé pendant la guerre au développement de tests et d'entraînements pour la vision nocturne. Il a été nommé Directeur Général des Services Médicaux de la RAF après-guerre.*

LOVELL, Bernard. **The cavity magnetron in World War II: Was the secrecy justified ?** The Royal Society. 2004. Vol. 58, n° 3, p. 283-294.

MCDONALD, Arthur. **Helping Stop Hitler's Luftwaffe: the Memoirs of a Pilot Involved in the Development of Radar Interception, Vital in the Battle of Britain**. Air World. 2020. ISBN 978-1526764799.

ORANGE, Vincent. **Dowding of Fighter Command: Victor of the Battle of Britain**. Grub Street. 2011. ISBN 978-1906502720.

PENLEY, DR W.H. **The early days of Radar in the UK** [en ligne]. 2002 [consulté le 12 mai 2016]. Disponible à : <URL : http://www.penleyradararchives.org.uk/documents/penley/early_radar>.

PHELPS, Stephen. **The Tizard mission: the top-secret operation that changed the course of World War II**. Westholme. 2012. ISBN 978-1594161636.

PILE, Frederick. **Ack-Ack : Britain's defence against air attack during the Second World War**. Harrap & Co. 1949.

PRICE, Alfred :
- **Instruments of darkness: the history of electronic warfare**. Scribner. 1978. ISBN 978-0684158068. *Un très bon livre sur l'émergence d'une nouvelle forme de combat : la guerre électronique, dont l'importance est longtemps restée secrète.*
- **The history of U.S. electronic warfare. Volume 1 : The years of innovation : Beginnings to 1946**. The Association of Old Crows. 1984. ISBN 978-9996430886.

RATCLIFFE, J. A. **Robert Alexander Watson-Watt. 13 April 1892 - 5 December 1973**. *Biographical Memoirs of Fellows of the Royal Society*. The Royal Society. 1975. Vol. 21, p. 549-568.

ROBINSON, Denis M. **British microwave radar 1939-41**. *Proceedings of the American Philosophical Society*. American Philosophical Society. 1983. Vol. 127, n° 1, p. 26-31.

ROHWER, Jurgen. **Signal Intelligence and World War II: The unfolding story**. *The Journal of Military History* [en ligne]. 1999. Vol. 63, n° 4, p. 939-951. DOI 10.2307/120557.

ROWE, Albert P. **One story of radar**. Cambridge University Press. 2015. ISBN 978-1107494794.

SHAW, Bob. **Top secret Boeing : the life story of an elderly American airliner, a Boeing 247-D, a gift from Canada to Britain, which flew with the RAF to play a key part in winning the radar battles of the Second World War**. Publié par l'auteur. 2012. ISBN 978-0954704513. *L'auteur a fait un gros travail de recherche sur un avion qui a apporté autant à l'aviation militaire que civile. Ce livre conte l'histoire du Boeing 247D NC13344 utilisé à partir de 1933 par diverses compagnies aériennes américaines avant de recevoir le matricule 7655 lorsqu'il a été acheté par la RCAF en 1940. En juillet 1941, il a été envoyé par bateau du Canada pour servir de banc d'essai volant au premier radar air-air américain fonctionnant avec une longueur d'onde de 10 centimètres reçu au Royaume-Uni. Il a reçu le matricule DZ203 dans la RAF. Cet avion a ensuite servi à tester les radars dans la bande des 3 centimètres avant d'être le premier à effectuer un atterrissage entièrement automatisé le 16 janvier 1946. Un émetteur/récepteur embarqué Rebecca captait les signaux d'un transpondeur placé en bout de piste et ces données servaient à régler automatiquement le pilote automatique Minneapolis-Honeywell C1. Cet avion historique a malheureusement fini à la casse en 1947.*

SNOW, Charles Percy et MAY, Robert McCredie. **Science and government**. Harvard University Press. 2013. ISBN 978-0674072374.

STREETLY, Martin. **Confound and destroy : 100 Group and the bomber support campaign**. Macdonald and Jane's. 1978. ISBN 978-0354011808. *Un excellent livre détaillant les matériels de guerre électronique déployés par le Bomber Command. On ne regrettera que l'absence de références précises au fil du texte.* *

WILSON, Thomas. **Churchill and the Prof**. Cassell. 1995. ISBN 978-0304346158.

WINTERBOTHAM, Frederick W. **The ultra secret**. Harper & Row. 1974. ISBN 978-0060146788.

ZIMMERMAN, David :
- **British radar organization and the failure to stop the night-time blitz**. *Journal of Strategic Studies* [en ligne]. Routledge. 1er septembre 1998. Vol. 21, n° 3, p. 86-106. DOI 10.1080/01402399808437728.
- **Radar: Britain's shield and the defeat of the Luftwaffe**. Amberley. 2013. ISBN 978-1445608594.
- **Top secret exchange: the Tizard mission and the scientific war**. Alan Sutton. McGill-Queen's University Press. 1996. ISBN 978-0750912426.

Chasse de nuit et intruders

ALLEN, Michael. **Pursuit through darkened skies : an ace night-fighter crew in World War II**. Airlife. 1999. ISBN 978-1840370836. *Probablement le meilleur livre de témoignage d'un aviateur car il contient nombre d'explications techniques que l'on ne retrouve généralement pas dans les mémoires équivalents. Allen, Navigateur/Opérateur radar, faisait équipe avec Harry White, Pilote, avec qui il a remporté de multiples succès, notamment au sein du 141ème Escadron.* *

BAMFORD, Joe et COLLIER, Ron. **Eyes of the night : the air defence of north-western England, 1940-1943**. Pen & Sword Aviation. 2005. ISBN 978-1-84415-296-4. *Livre couvrant les défenses anti-aériennes de la région de Liverpool et Manchester et complétant donc celui d'Alastair Goodrum.*

BEGO, Dominique. **De Boonah à Bona, itinéraire d'un équipage de chasseur-bombardier australien**. Camosine n°175, Annales des pays nivernais. 2019. ISSN : 0153-7121. *Un petit livret sur la carrière et la fin tragique du Wing Commander P. Gordon Panitz et du Flying Officer Officer Richard S. Williams. Panitz était né à Boonah, dans le Queensland en Australie, et leur Mosquito s'est écrasé près de Bona dans la Nièvre, d'où le titre de l'ouvrage. On regrettera quelques erreurs, comme par exemple page 12 pour la formation de Williams : les 5ème B&GS et 1ère ANS sont notées au Royaume-Uni, alors qu'elles se trouvaient respectivement à Dafoe, Saskatchewan, Canada et à Rivers, Manitoba, Canada.*

BENNETT, John. **Fighter nights : 456 Squadron RAAF**. Banner Books. 1995. ISBN 978-1875593101.

BRAHAM, J. R. D., WING COMMANDER. **Night fighter**. Bantam Books, 1984. ISBN 978-0553241273.

CHISHOLM, Roderick. **Cover of darkness**. Chatto and Windus, 1953. *Un livre très bien écrit sur les expériences d'un pilote de l'Auxiliary Air Force Reserve qui rejoint la RAF en 1940 et devient chasseur de nuit sur Blenheim puis Beaufighter. Placé à la tête de la FIU, il a l'occasion de tester toutes les dernières avancées technologiques en mission de guerre, ce qui l'a bien préparé à son rôle suivant au sein du 100ème Groupe du Bomber Command.*

COLEY, James H. **Sticky Murphy lover of life : Second World War clandestine Lysander and intruder Mosquito pilot Wing Commander Alan Michael « Sticky » Murphy DSO and Bar, DFC, Croix de Guerre**. Fighting High Publishing. 2018. ISBN 978-1-9998128-4-3. *Le parcours d'un pilote qui est passé par le transport d'agents en Lysander avant d'effectuer nombre de missions Intruder au sein du 23ème Escadron jusqu'à ce que la Flak trouve son Mosquito VI PZ456 le 12 décembre 1944 près de Wezep aux Pays-Bas. Il repose, avec son Navigateur Douglas Darbon, au cimetière d'Oldebroek.*

CORNWELL, Peter et al. **The Blitz: Then and Now; Vol. 1 à 3** édités par Winston G. Ramsey. After the Battle 1987-88-90, ISBN 978-0900913457, 978-0900913549, 978-0900913587. *Un travail de recherche soigné, détaillant les combats jour après jour (et en ce qui nous concerne ici nuit après nuit), probablement pas encore surpassé dans le décompte des pertes des deux côtés. Indispensable pour toute étude sérieuse du sujet.* *

DELVE, Ken :
- **Nightfighter : the battle for the night skies**. Arms and Armour. 1995. ISBN 978-1854092540. *Un bon livre avec des statistiques détaillées, mais le choix de l'auteur de mélanger tous les théâtres d'opération en respectant un strict cheminement chronologique est un peu gênant. Quelques erreurs qui auraient dû être relevées par l'éditeur sont dommageables, par exemple le Tableau 6, page 110, affiche 36 victoires en juillet 1942 pour les avions Turbinlite, ce qui aurait été apprécié à l'époque ! On regrettera aussi l'absence d'un glossaire, d'une bibliographie et d'explications techniques plus détaillées.*
- **Source book on the RAF**. Airlife. 1994, ISBN 978-1853104510.

DONALD, Eric P. **Moonlight over England : the story of one nightfighter pilot**. Xlibris Corporation. 2013. ISBN 978-1483620985.

DONNELLY, Larry. **The other Few : Bomber and Coastal Command operations in the Battle of Britain**. Red Kite. 2004, ISBN 978-0954620127. *Un très bon livre recensant les missions menées durant la bataille d'Angleterre par les Bomber et Coastal Commands. Le Fighter Command ayant attiré l'attention des médias de l'époque puis des historiens, il est intéressant de sortir ces missions de l'ombre et de rappeler leur importance.*

DUNSFORD, Roger et COUGHLIN, Geoff. **Three in thirteen: the story of a Mosquito night fighter ace**. Casemate. 2017. ISBN 978-1612004402. *L'histoire d'un équipage de chasse de nuit (Joseph Singleton et Geoff Haslam) qui ont commencé sur Defiant puis sur Mosquito avec de nombreuses victoires à leur actif, dont trois en quelques minutes dans la nuit du 19 au 20 mars 1944.*

FOREMAN, John :
- **RAF Fighter Command victory claims** :
  - **Part 1: 1939 to 1940**. Red Kite. 2003. ISBN 978-0953806188.
  - **Part 2: January 1941 to June 1943**. [s. n.], 2006. ISBN 978-0954620158.
  - **Part 3: July 1943 to May 1945**. Red Kite. 2012. ISBN 978-1906592073.
- **The Fighter Command war diaries** :
  - **Vol. 1: September 1939 to September 1940**. Air Research. 2002. ISBN 978-1871187441.
  - **Vol. 2: September 1940 to December 1941**. Vol. 2. Air Research. 1998. (Airwar Europe). ISBN 978-1871187359.
  - **Vol. 3: January 1942 to June 1943**. Vol. 3. Air Research. 2001. (Airwar Europe). ISBN 978-1871187397.
  - **Vol. 4: July 43 - July 44**. Air Research. 2003. ISBN 978-1871187489.
  - **Vol. 5: July 1944 to May 1945**. Vol. 5. Air Research. 2004. (Airwar Europe). ISBN 978-1871187458.

FRANKS, Norman L. R. :
- **RAF Fighter Command 1936-1968**. Patrick Stephens. 1992. ISBN 978-1852603441.
- **RAF Fighter Command operational losses : aircraft and crews**
  - **Volume 1 : 1939 - 1941**. Midland. 1997. ISBN 978-1857800555.
  - **Volume 2 : 1942 - 1943**. Midland. 1998. ISBN 978-1857800753.
  - **Volume 3 : 1944 - 1945 (incorporating ADGB and 2nd TAF)**. Midland. 2000. ISBN 978-1857800937.

GOODRUM, Alastair. **No place for chivalry: RAF night fighters defend the East of England against the German air force in two world wars**. Grub Street. 2005. ISBN 978-1-904943-22-8. *Un livre qui se lit très bien, malgré de petites erreurs (par exemple l'auteur dit page 41 que Sholto Douglas était le nouveau patron du Fighter Command en septembre 1940 et lui attribue donc l'affectation des premiers escadrons de Hurricane à la chasse de nuit alors qu'il n'a pris ce poste que le 25 novembre et que c'est donc Hugh Dowding qui avait pris cette décision). Dommage que l'auteur n'ait pas poursuivi le même travail pour d'autres Escadrons et d'autres régions du Royaume-Uni.*

GOSLING, Dennis. **Night fighter navigator : Beaufighters and Mosquitos in World War II**. Pen & Sword Aviation. 2010. ISBN 978-1-84884-188-8. *Témoignage d'un navigateur sur chasseur de nuit (Beaufighter et Mosquito) depuis son entrée dans la RAF durant l'été 1940 jusqu'à la fin de la guerre, avec six victoires à son compteur. Un livre facile à lire, les chapitres étant courts et écrits dans un style fluide. On regrettera quelques imprécisions (par exemple, il est indiqué page 54 que le projecteur Helmore d'un Havoc "Turbinlight" [sic] fonctionnait grâce à un groupe électrogène à essence monté dans la soute à bombes, alors que c'était grâce à des batteries).*

GREAVES, Douglas. **Diary of a night fighter pilot: 1939-1945**. Suzanne Marshall. 2013. ISBN 978-0955890994.

GUNSTON, Bill. **Night fighters : a development & combat history**. Scribner. 1976. ISBN 978-0684148427.

HOWARD-WILLIAMS, Jeremy. **Night intruder : a personal account of the radar war between the RAF and Luftwaffe nightfighter forces**. David & Charles. 1976. ISBN 978-0715370544. *Livre de témoignage d'un pilote qui a fait des missions Intruder avec le 604ème Escadron avant de tester différents matériels, aussi bien britanniques et américains qu'allemands, au sein de l'Unité de Développement du Combat Aérien (AFDU). Les explications techniques sont simples avec quelques schémas bien conçus.*

KAY, Antony L. **Buzz bomb**. Monogram Aviation Publications. 1977. (Monogram close-up ; n° 4). ISBN 978-0914144045.

LONGMATE, Norman. **The doodlebugs : the story of the flying bombs**. Arrow. 1986. ISBN 978-0099290209.

MCDONALD, Arthur. **Helping Stop Hitler's Luftwaffe : the Memoirs of a Pilot Involved in the Development of Radar Interception, Vital in the Battle of Britain**. Air World. 2020. ISBN 978-1526764799.

MCFARLAND, Stephen Lee. **The U.S. Army Air Forces in World War II: conquering the night : Army Air Forces night fighters at war**. Air Force History and Museums Program ; U.S. G.P.O., Supt. of Docs.. 1998. ISBN 978-0160496721.

MCINTOSH, Dave. **Terror in the starboard seat**. Stoddart. 1998. ISBN 978-0773730892. *Un livre de témoignage plein d'humour (pour une fois canadien au lieu de britannique) relatant le tour d'opérations 'intruder' d'un Navigateur sur Mosquito.* *

OGLEY, Bob. **Doodlebugs and rockets: the battle of the flying bombs**. Froglets Publications. 1992. ISBN 978-1872337227.

PRATT, Derrick et GRANT, Mike. **Wings across the Border : a history of aviation in North East Wales and the Northern Marches :**
- **Vol. I**. I. Bridge Books. 1998. ISBN 978-1872424750.
- Vol. II. Bridge Books. 2002. ISBN 978-1872424941.
- **Vol. III**. Bridge Books. 2005. ISBN 978-1844940103. *Une série de petits livres qui présentent des documents originaux très intéressants, comme des cartes des lignes de patrouilles des chasseurs de nuit.*

PRICE, Alfred. **Blitz on Britain 1939-45**. Sutton. 2000. ISBN 978-0750923569.

PRICE, Alfred et PAVLOVIC, Darko. **Britain's air defences, 1939-45**. Osprey. 2004. ISBN 978-1841767109. *Un ouvrage sérieux, comme tous les livres de cet auteur qui est l'un des premiers à avoir osé aborder les aspects techniques de la guerre électronique dans un livre grand public.*

RAMSEY, Winston G. (dir.). **The Battle of Britain then and now**. Battle of Britain Prints International. 2000. ISBN 978-0900913464. *Même commentaire que pour "The Blitz : then and now".* *

RAWNSLEY, C. F et WRIGHT, Robert. **Night fighter**. Crecy Pub. Ltd. 1998. ISBN 978-0907579670. *Rawnsley a effectué de nombreuses interceptions réussies avec John Cunningham dont il était l'Opérateur radar. Ce livre existe aussi en Français sous le titre "Chasseurs de nuit : combattants aveugles".*

SAUNDERS, Andy. **Lone Wolf : the remarkable story of Britain's greatest nightfighter ace of the Blitz**. Grub Street. 2019. ISBN 978-1911621843.

SHORES, Christopher F. **2nd Tactical Air Force**. Osprey. 1970. ISBN 978-0850450309.

SHORES, Christopher F. et WILIAMS, Clive. **Aces high: a tribute to the most notable fighter pilots of the British and Commonwealth Forces in WWII - Volume 1**. Grub Street. 1994. ISBN volume 1 : 978-1898697008 ; **Volume 2** : 978-1902304038.

THOMAS, Andrew :
- **Defiant, Blenheim, and Havoc aces**. Osprey. 2012. (Osprey Aircraft of the Aces ; n° 105). ISBN 978-1-84908-666-0.
- **V1 flying bomb aces**. Osprey. 2013. (Osprey aircraft of the aces ; n° 113). ISBN 978-1780962924.
- **Hurricane aces, 1941-45**. Osprey Publishing. 2003. ISBN 978-1841766102.
- **Beaufighter aces of World War 2**. Osprey Publishing. 2005. ISBN 978-1841768465.
- et DAVEY, Chris. **Mosquito aces of World War 2**. Osprey Publishing. 2005. ISBN 978-1841768786.

WHITE, Ian :
- **If you want peace, prepare for war : a history of No. 604 (County of Middlesex) Squadron, RAuxAF, in peace and in war**. 604 Squadron Association. 2005. ISBN 978-0954961602.
- **The history of air intercept (AI) radar and the British night-fighter 1935 - 1959**. Pen & Sword Aviation. 2007. ISBN 978-1-84415-532-3. *Probablement le meilleur livre sur ce sujet, consacrant plus de place aux aspects techniques que les traditionnels ouvrages narratifs.* *

Les avions

ANSELL, Mark. **Boulton Paul Defiant: technical details and history of the famous British night fighter**. Mushroom Model. 2005. ISBN 978-83-89450-19-7.

BARNES, Christopher H. **Bristol aircraft: since 1910**. Putnam. 1994. ISBN 978-0851778235.

BINGHAM, Victor F. **Bristol Beaufighter**. Airlife. 1994. ISBN 978-1853101229. *Un ouvrage solide et plaisant à lire, comme tous les autres livres de cet auteur.* *

BIRTLES, Philip. **Mosquito : the illustrated history**. Sutton Publishing. 1998. ISBN 978-0750914956. *Un autre très bon livre sur la "merveille en bois".*

BISHOP, Edward. **The wooden wonder**. M. Parrish, 1959. ISBN 978-0906393048.

BOWYER, Michael J. F. **The Boulton-Paul Defiant**. 1966. (Profile Publications ; n° 117).

BREW, Alec :
- **Boulton Paul aircraft: since 1915**. Putnam, 1993. ISBN 978-0851778600. *Comme tous les livres de la collection Putnam Aeronautical, une excellente référence pour les avions de ce constructeur.*
- **The Defiant file**. Air-Britain (Historians), 1996. ISBN 978-0851302263.

CAIRNCROSS, Alec. **Planning in wartime: aircraft production in Britain, Germany and the USA.**: Macmillan, 1991. ISBN 978-0333538401.

CAYGILL, Peter. **Flying to the limit: testing World War II single-engined fighter aircraft**. Pen & Sword Aviation. 2005. ISBN 978-1844152261.

CLARKE, D. H. **What were they like to fly ?** Ian Allan. 1964.

CONNOR, Sara Witter :
- **Wisconsin's flying trees in World War II: a victory for American forest products and Allied aviation**. The History Press. 2014. ISBN 978-1626193505.

- Wisconsin's flying trees: The plywood industry's contribution to World War II. *The Wisconsin Magazine of History*. Wisconsin Historical Society. 2009. Vol. 92, n° 3, p. 16-27.

COOPER, Geoffrey G. J. **Farnborough and the Fleet Air Arm: a history of the Naval Aircraft Department of the Royal Aircraft Establishment, Farnborough, Hampshire.** Midland. 2008. ISBN 978-1-857803068.

CRAIGHEAD, Ian. **Rolls-Royce Merlin manual 1933-50 (all models): an insight into the design, construction, operation and maintenance of the legendary Second World War aero engine.** Haynes Publishing. 2015. (Haynes owner's workshop manual). ISBN 978-0857337580.

DOUGLAS, Calum E. **The secret horsepower race : Western fighter engine development.** Tempest. 2020. ISBN 978-1911658504.

EISEL, Braxton. **Beaufighters in the night : the 417th Night Fighter Squadron USAAF.** Pen & Sword Aviation. 2007. ISBN 978-1844154838.

FAIRBAIRN, Tony. **The Mosquito in the USAAF : De Havilland's wooden wonder in American service.** Air World. 2021. ISBN 978-1399017336.

FALCONER, Jonathan. **De Havilland Mosquito manual.** Haynes North America Inc. 2013. ISBN 978-0857333605. *Un livre bien écrit mais décevant sur le plan technique : il n'y a, par exemple, qu'une seule page en annexe donnant les performances des versions F II et B XVI ; les autres versions sont purement et simplement ignorées.*

FURSE, Anthony. **Wilfrid Freeman: The genius behind Allied air supremacy, 1939 - 1945.** Spellmount. 2000. ISBN 978-1862270794.

HARRISON, W. A. **Fairey Firefly.** Airlife. 1992. ISBN 978-1853101960.

HARVEY-BAILEY, Alec. **Merlin in perspective: combat years.** Historical series / Rolls-Royce Heritage Trust ; no. 2. 1995. ISBN 978-1872922065.

HOYLAND, Graham. **Merlin: the power behind the Spitfire, Mosquito and Lancaster.** William Collins. 2020. ISBN 978-0008359263.

JACKSON, A. J. **De Havilland aircraft since 1909.** Putnam Aeronautical. 2003. ISBN 978-0851778020.

JOHNSON, Brian et HEFFERNAN, Terry. **A most secret place: Boscombe Down, 1939-45.** Jane's. 1982. ISBN 978-0710602039.

JONES, Barry. **Gloster Meteor.** Crowood Press. 1998. ISBN 978-1861261625.

LUMSDEN, Alec. **British piston aero-engines and their aircraft.** Airlife. 1997. ISBN 978-1853102943.

MASON, T et HEFFERNAN, Terry. **British flight testing : Martlesham Heath, 1920-1939.** Putnam. 1993. ISBN 978-0851778570.

MEEKCOMS, K. J et MORGAN, E. B. **The British aircraft specifications file : British military and commercial aircraft specifications 1920-1949.** Air-Britain. 1994. ISBN 978-0851302201. *Livre de lecture quelque peu difficile, mais une compilation indispensable sur les spécifications des avions de la RAF de l'entre-deux guerres et de la Seconde Guerre mondiale. Les différentes étapes de l'évolution de ces documents sont très bien résumées, on ne regrettera que le manque de détails sur les tractations entre le Ministère de l'Air et les constructeurs pour certains avions célèbres (mais il aurait certainement fallu ajouter plusieurs volumes !).*

MOYES, PHILIP J. R. :
- **The Bristol Beaufighter I & II.**, 1966. (Profile Publications ; n° 137).
- **The Bristol Blenheim I.**, 1966. (Profile Publications ; n° 93).

NELSON, Mark. **Mosquito.** [s.n.]. 2012. ISBN 978-1857803341. *Un livre grand format, très bien illustré et couvrant bien le sujet.*

OUGHTON, JAMES D. **Bristol Blenheim Mk. IV.** [s. d.]. (Profile Publications ; n° 218).

PHILPOTT, Bryan. **Meteor.** P. Stephens, 1986. ISBN 978-0850597349.

PRICE, Alfred. **Fighter aircraft - Combat development in World War Two.** Weidenfeld Military. 1989. ISBN 978-0853689263.

RITCHIE, Sebastian. **Industry and Air Power : The expansion of British aircraft production, 1935 - 1941.** Routledge. 1997. ISBN 978-0714643434. *Un excellent travail de recherche.* *

SHARP, Cecil Martin et BOWYER, Michael John Frederick. **Mosquito**. Crecy Books, 1997. ISBN 978-0947554415. *Probablement le livre le plus complet sur cet avion.* *

SIMONS, Graham M. **Mosquito : the original multi-role combat aircraft**. 1990, Arms & Armour Press, ISBN 978-0853689959. *Un livre détaillé, bien recherché, donnant les performances de chaque variante de cet avion, ce qui n'est pas un petit travail.*

SINNOTT, Colin. **The RAF and aircraft design, 1923-1939: air staff operational requirements**. Frank Cass, 2001. (Studies in air power n°10). ISBN 978-0714651583.

[Auteur inconnu]. Ducimus Books, [s. d.].
- **Boulton-Paul Defiant**. (Camouflage & Markings RAF northern Europe 1936-45 ; n° 8).
- **Bristol Beaufighter**. (Camouflage & Markings RAF northern Europe 1936-45 ; n° 9).
- **Bristol Blenheim**. (Camouflage & Markings RAF northern Europe 1936-45 ; n° 7).
- **de Havilland Mosquito**. (Camouflage & Markings RAF northern Europe 1936-45 ; n° 6).
- **Douglas Boston / Havoc**. (Camouflage & Markings RAF northern Europe 1936-45 ; n° 10).

<u>Autres</u>

CHORLEY, William R. **Royal Air Force Bomber Command losses of the Second World War. Aircraft and crews lost**. Midland Publ. Plusieurs volumes couvrant les différentes années et unités. Les références des deux volumes cités sont : ISBN 978-0904597851 (1939-40) et ISBN 978-0904597912 (1944).

HALLIDAY, Hugh A. **Le Petit Blitz - La série des batailles canadiennes n°4**. Musée canadien de la guerre - Balmuir Book Publishing Ltd. 1986. ISBN 0919511279. *Livret d'une vingtaine de pages.*

GIL, Frédéric. **La formation des aviateurs de la Royal Air Force et du Commonwealth 1934 - 1945. Histoire, programmes et matériels.** BoD. 2025. ISBN 978-2322541973.

PHILPOTT, Ian M.. **The Royal Air Force : An Encyclopaedia of the Inter-War Years**. Pen & Sword :
- **Volume I : The Trenchard Years, 1918–1929**. 2004. ISBN 978-1844151547.
- **Volume II : Re-Armament 1930 to 1939**. 2006. ISBN 978-1844153916.

Index chronologique des rapports de mission, de combat, de contact radar, d'accident et *"Flash"* traduits

Les données en italique ne sont pas précisées dans les rapports de l'époque et sont donc des suppositions.

Date	Équipage	Escadron	Chasseur et radar	Contact(s)
18 juin 1940	F/O Alastair S. Hunter, AC2 Gordon Thomas	604	Blenheim, -	He-115
22 juillet 1940	F/O Glyn Ashfield, Sgt Reginald H. Leyland, P/O Geoffrey E. Morris	F.I.U.	Blenheim If, AI Mk III	Do-17
5 sept. 1940	P/O Michael J. Herrick, Sgt John S. Pugh	25	Blenheim, -	He-111, Do-17
16 oct. 1940	P/O Frederick D. Hughes, Sgt Fred Gash	264	Defiant	Ju-88
19 nov. 1940	F/Lt John Cunningham, Sgt John Phillipson	604	Beaufighter If, AI Mk IV	Ju-88
22 déc. 1940	F/Lt Patrick L. Burke (reste de l'équipage non mentionné)	93	Harrow II (LAM)	2 non identifiés
13 mars 1941	P/O Henry C. Babington	54 OTU	Blenheim, -	*Me-109*
10 avril 1941	Sgt Henry E. Bodien, Sgt Dudley E. C. Jonas	151	Defiant I, -	He-111
8 mai 1941	S/Ldr George H. Gatheral, F/O Denis S. Wallen	256	Defiant I	Ju-88
11 mai 1941	P/O Richard P. Stevens	151	Hurricane I, -	2 He-111
17 mai 1941	Sgt K. B. Hollowell, Sgt. R. G. Crossman	25	Beaufighter, -	He-111
14 juin 1941	F/Lt Gordon L. Raphael, AC1 Nat Addison	85	Havoc I, *AI Mk IV*	2 He-111
26 juin 1941	F/Lt Glyn Ashfield, F/O Randall, P/O Geoffrey E. Morris	F.I.U.	Beaufighter, AI Mk V	He-111
5 avril 1942	F/O Derrick L. Ryalls, F/Sgt Owen	F.I.U.	Beaufighter, AI Mk VII	Do-217
1er mai 1942	F/Lt Derek Yapp	253	Hurricane IIc "parasite", -	He-111
7 juin 1942	P/O A. B. Harvey, F/O B. B. Wicksteed	600	Beaufighter VIF, AI Mk IV	He-111
8 juin 1942	Sgt J. P. Walker	256	Blenheim I, -	Rapport d'accident
29 juillet 1942	Sgt L. C. Ripley, Sgt F. G. N. Thompson	409	Beaufighter, *AI Mk IV*	Do-217

Date	Équipage	Escadron	Chasseur et radar	Contact(s)
5 août 1942 (et *)	F/O Gerard K. Ranoszek, Sgt Jerzy Trzaskowski	307	Beaufighter VI, AI Mk IV	2 Ju-88
12 août 1942	S/Ldr Charles V. Winn, P/O Harding	1.459	Boston III Turbinlite, AI Mk IV	He-111
19 août 1942	F/Lt A. I. Geddes		Station radar CD/CHL de Steamer Point	Ju-88
19 août 1942	S/Ldr G. McLannahan, F/O Wright	264	Mosquito II, AI Mk V	Ju-88
15 janvier 1943	Sgt Earl A. Knight, Sgt William I. L. Roberts	151	Mosquito II, AI Mk V	Do-217
2 février 1943	P/O Sydney B. Fuller, F/O Frederick Mountain	264	Mosquito II, AI Mk V	Rapport d'accident
2 février 1943	P/O Denis S. Corser, F/O Robert G. Clark	264	Mosquito II, AI Mk V	Rapport d'accident
11 mars 1943	F/O Anthony H. Stanley, P/O Charles R. Lawrence	264	Mosquito II, *AI Mk V*	Rapport de perte
6 mai 1943 ***	F/O P. Gordon Panitz, P/O Richard S. Williams	456	Mosquito IIF, -	Six trains
19 mai 1943	F/Lt Massey W. Beveridge, Sgt Bernard O. R. Bays et F/Sgt Anderson	418	Boston III (Intruder), -	1 non identifié, 1 Ju-88, 1 Ju-87
24 mai 1943 *	F/O. John C. Surman, Sgt. Clarence E. Weston	604	Beaufighter VI, AI Mk. VIII	contact radar uniquement
14 juin 1943	W/Cdr John R. D. Braham, DSO, DFC ; F/Lt Bill Gregory, DFC, DFM	141	Beaufighter VI, *AI Mk. IV*, Serrate	Me-110
24 juin 1943 *	P/O Irvine, P/O Barnson	604	Beaufighter VI, AI Mk. VIII	avion ami
15 septembre 1943	F/Lt James A. Gunn, F/O James Affleck	488	Mosquito XII, AI Mk. VIII	He-111
15 octobre 1943	S/Ldr William H. Maguire, P/O William D. Jones	85	Mosquito XII, A.I. Mk VIIIA	2 Me-410 (en fait des Ju-188E-1)
10 décembre 1943	F/O Rayne D. Schultz, F/O V. A. Williams	410	Mosquito II, AI Mk. V	3 Do-217
5 janvier 1944	W/Cdr E. D. Crew, W/O W. R. Croysdill	96	Mosquito XII, AI Mk VIII	2 Me-410
29 janvier 1944	Sgt Leslie W. Neal, Sgt Ernest Eastwood	68	Beaufighter VI, AI Mk VIII	Ju-88
8 février 1944	S/Ldr H. E. Tappin, DFC, F/O I. H. Thomas	157	Mosquito II, *AI Mk IV*	BV-222

Date	Équipage	Escadron	Chasseur et radar	Contact(s)
19 avr. 1944	W/Cdr Charles M. Miller, Cpt L. Lovestad	85	Mosquito XVII, AI Mk X	Ju-188
3 mai 1944	S/Ldr Robert A. Kipp, F/O Peter Huletsky	418	Mosquito VI, -	4 Fw-190
15 mai 1944	F/Lt Charles M. Ramsey, DFC, F/O John A. Edgar, DFC	264	Mosquito XIII, AI Mk VIII	Ju-88
7 juin 1944	F/Lt Stanley Cotterill, Sgt McKenna	418	Mosquito VI, -	3 Ju-52, 1 Ju-188
7 juin 1944	F/O Frederick S. Stevens, F/O William A. H. Kellett	456	Mosquito XVII, AI Mk X	2 He-177
8 juin 1944	F/Lt D. W. Greaves, DFC, F/O F. M. Robbins	25	Mosquito XVII, AI Mk X	1 Me-410, 1 ami
8 juin 1944	P/O R. L. Green, P/O A. W. Hillyew	406	Mosquito XIII, AI Mk VIII	Do-217, Beaufighter, Liberator, Stirling
14 juin 1944	F/Lt Walter G. Dinsdale, P/O John E. Dunn	410	Mosquito XIII, AI Mk VIII	1 Mistel (Ju-88 + Me-109)
4 août 1944	F/Lt Walter G. Dinsdale, P/O John E. Dunn	410	Mosquito XIII, AI Mk VIII	Hs-126 *(Lysander)*
7 août 1944	F/Lt John C. Surman, P/O Clarence E. Weston	604	Mosquito XIII, AI Mk VIII	1 Me-110, 2 Do-217
10 août 1944	F/Lt Parker, D.S.M., F/Sgt Godfrey	219	Mosquito XXX, AI Mk X	Ju-88, Fw-190
11 août 1944	F/O Wilfrid H. Miller, F/O Frederic C. Bone	169	Mosquito VI,, Serrate et AI	Me-109
13 août 1944	Sq/Ldr Joseph Berry	501	Tempest V, -	2 V-1
15 oct. 1944	F/O Régis Deleuze	501	Tempest V, -	2 V-1
15 oct. 1944	F/Lt C. K. Nowell, W/O F. Randall	85	Mosquito XIX, *AI Mk X*	Me-110
2 oct. 1944	W/Cdr Wilfrith P. Green, F/O D. A. Oxby	219	Mosquito XXX, AI Mk X	3 Ju-87
15 nov. 1944	W/Cdr L. J. C. Mitchell, F/Lt D. L. Cox	25	Mosquito XXX, AI Mk X	He-111 et V-1
25 nov. 1944	F/O Frederick S. Stevens, F/O William A. H. Kellett	456	Mosquito XVII, AI Mk X	He-111 lanceur de V-1
6 déc. 1944	S/Ldr Nevil E. Reeves, F/O Phillips	B.S.D.U.	Mosquito Mark XIX, *AI Mk X*, *Perfectos*	Me-110
12 déc. 1944	S/Ldr Bransome A. Burbridge, F/Lt Frank S. Skelton	85	Mosquito XXX, *AI Mk X*	Ju-88G, Me-110

Date	Équipage	Escadron	Chasseur et radar	Contact(s)
24 déc. 1944 **	W/Cdr Russell W. Bannock, F/Lt Clarence Kirkpatrick,	406	Mosquito XXX, AI Mk X	Ju-88, Stirling
24 déc. 1944	F/Lt C. E. Edinger, DFC, F/O C. L. Vaessen, DFC	410	Mosquito XXX, AI Mk. X	Ju-87
1er jan. 1945	S/Ldr Cyril V. Bennett, DFC F/Lt Robert A. Smith	515	Mosquito VI, AI Mk XV (ASH)	2 Ju-88
12 jan. 1945 ***	F/O George V. Hart, F/Sgt Scott	169	Mosquito VI, *AI Mk X*	Fw-190
28 jan. 1945 **	F/Lt Wedderspoon, F/Lt Lasser	406	Mosquito XXX, AI Mk X	Black Widow
14 février 1945	F/Lt R. S. Croome, F/O H. A. Johnston	406	Mosquito XXX, AI Mk X	He-219
23 février 1945	S/Ldr Goucher, D.F.C., F/Lt Bullock, D.F.C.	151	Mosquito XXX, AI Mk X	-
1er mars 1945	F/Lt Donald A. MacFadyen, F/Lt Vernal C. Shail	406	Mosquito XXX, AI Mk X	Ju-88 (?) au sol
3 mars 1945	F/Lt. Tarkowski, F/O. Taylor	307	Mosquito XXX, AI Mk X	Ju-188
3 avril 1945	F/Lt J. H. Leland, DFC, F/Or R. C. Thornton	157	Mosquito XXX, *AI Mk X*	*Me-262* ?
25 avril 1945	P/O Leonard E. Fitchett, P/O Alexander C. Hardy	409	Mosquito XIII, AI Mk VIII	Ju-52 et Mosquito

* Rapport de contact radar
** Compte-rendu immédiat *"Flash report"*
*** Combat de jour

Le Douglas Boston III *Intruder* "T" baptisé "Toronto" du 418ème Escadron et neuf aviateurs sur la base de Debden, Essex, en février 1942. On voit bien la bande d'entoilage collée sur la bouche de la mitrailleuse sous le nez vitré de l'avion. (Photo Library and Archives Canada/Department of National Defence fonds/e011171488).

Les Notes à l'intention des Pilotes de la Royal Air Force

Juste avant la Seconde Guerre Mondiale, la RAF fait face à une véritable révolution : les escadrilles reçoivent les premiers monoplans, à cockpit fermé, avec train escamotable, volets hypersustentateurs, hélices à pas variable, système de carburant complexe, puis de tourelles hydrauliques, d'essence avec un indice d'octane 100 et d'instruments de plus en plus sophistiqués. Face à l'accumulation des accidents, les premiers manuels d'instruction pour les pilotes ("Pilot's Notes") sont imprimés à la fin des années 1930. Le concept est tellement bon que le format ne changera pas beaucoup pendant des décennies.

Si un très petit nombre de ces manuels a été traduit par les Forces Aériennes Françaises Libres, la plupart n'ont jamais été publiés en français. Quelques titres disponibles ou à venir sont listés ici (les chasseurs de nuit ont été surlignés en gras) :

Utilisation principale	Avion
Formation	Tiger Moth II Harvard III (AT-6)
Chasseur et **chasseur-bombardier**	Spitfire F.IX, PR.XI & LFXVI **Mosquito FII, NF: XII, XIII, XVII & XIX** Typhoon IAB ; **Havoc II (A-20)** Airacobra I (P-39) ; Mohawk IV (P-36) Tomahawk I & II (P-40) ; Meteor III Thunderbolt I & II (P-47) ; Vampire F1 **Beaufigther VI**, TFX & TFXI **Hurricane I** et Sea Hurricane I Mustang III & IV (P-51)
Bombardement	Halifax II & V ; Lancaster I, III, X Fortress GRIIA, GRII & III, BII &III (B-17) Mitchell II (B-25)
Planeur de combat ou **transport de parachutistes**	Dakota I, III & IV (C-47) Hadrian I (CG-4A) Hamilcar I Horsa I & II
Aéronavale et **surveillance maritime**	Corsair I à IV (F4U, F3A & FG-1) Hellcat I & II (F6F) Martlet II & III (F4F Wildcat) Avenger I, II & III (TBF & TBM) Swordfish I à IV Catalina I, IB, II & IV (PBY) Wellington III & X
Missions secrètes	Lysander III & IIIA